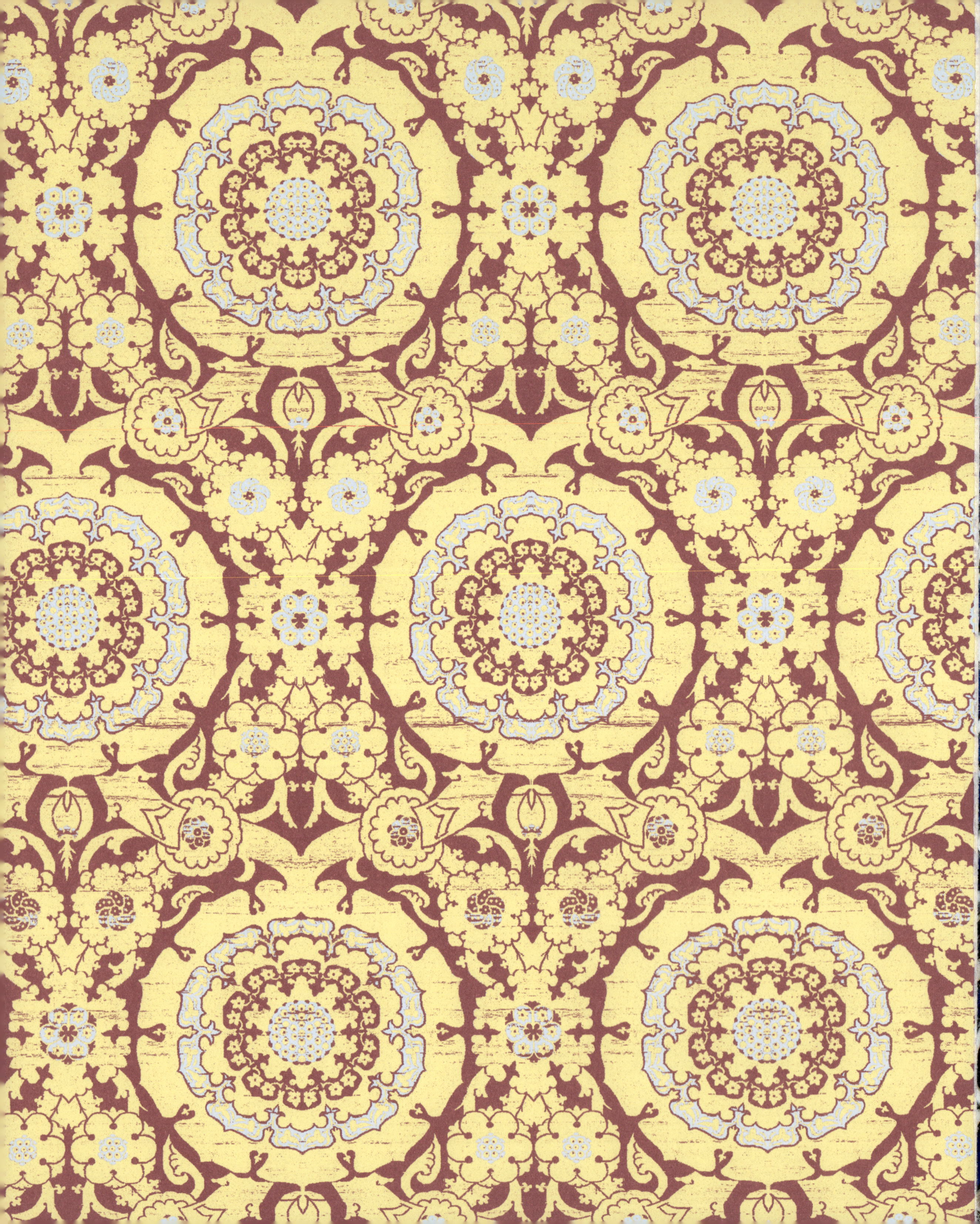

روائع تُحف الفنّ الإسلامي
في متحف المتروبوليتان للفنون

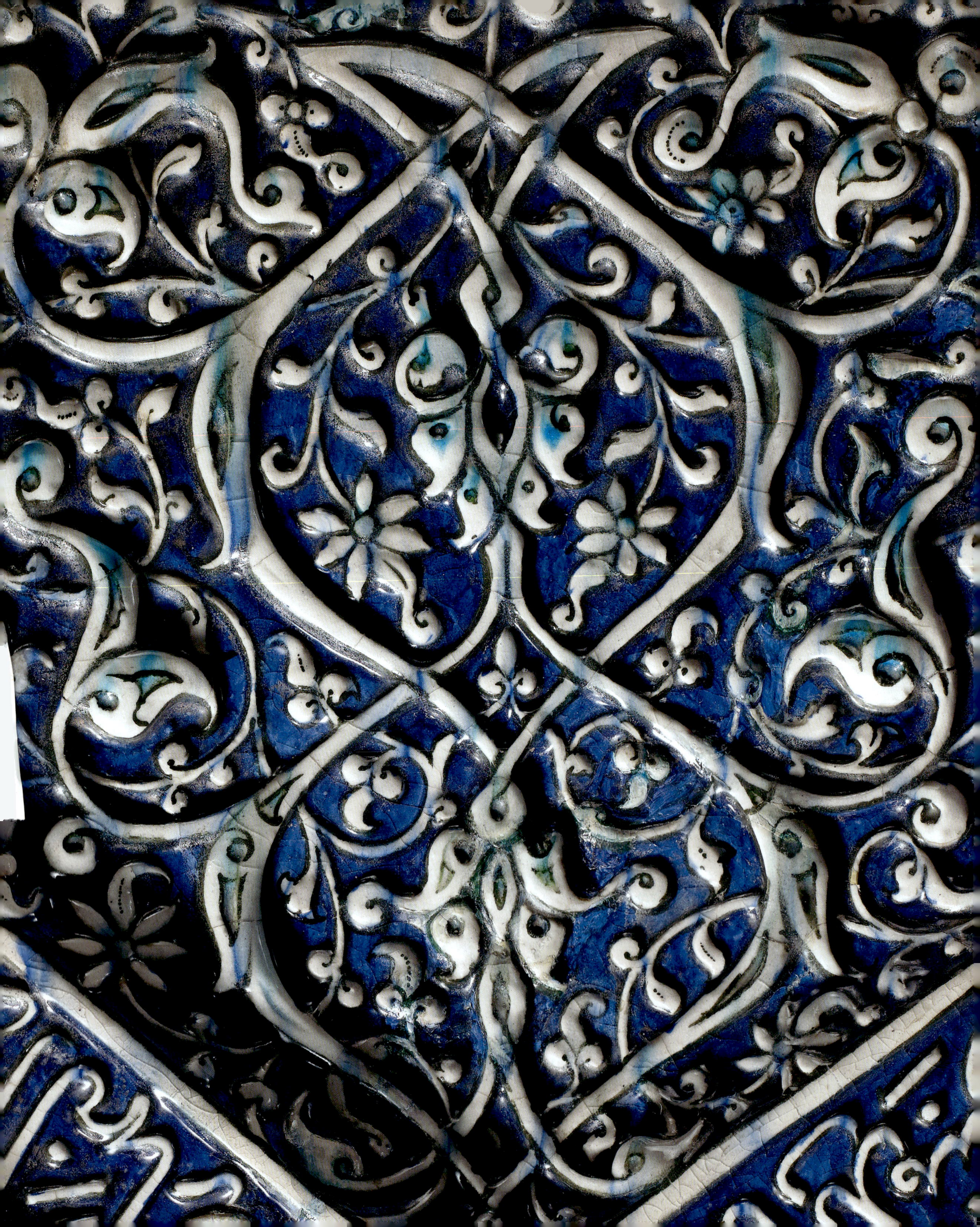

روائع تُحف الفنّ الإسلامي
في متحف المتروبوليتان للفنون

تحرير
مريم د. اختيار وبريسيلا ب. ساوشاك
وشيلا ر. كنبي ونافينا نجاة حيدر

ترجمة
عبدالودود العمراني وبشير بوعائشة

THE
MET
متحف المتروبوليتان للفنون، نيويورك

The American University in Cairo Press
دار نشر الجامعة الأمريكية بالقاهرة، نيويورك، القاهرة

صدرت النسخة الإنكليزية من هذا المؤلّف بالتزامن مع إعادة فتح أروقة فنون الأقاليم العربية وتركيا وإيران وآسيا الوسطى وجنوب آسيا لاحقًا في 1 نوفمبر 2011.

نشر متحف المتروبوليتان للفنون، نيويورك
مارك بوليتزوتي، الناشر ورئيس التحرير
غوان روجنسكي، الناشر المشارك ومدير عام الإصدارات
بيتر أنطوني، مدير الإنتاج
مايكل سيتنفلد، المدير المسؤول عن التحرير

النسخة الإنكليزية
تحرير: سينثيا كلارك ومرغاريت دونوفان
تصميم: بروس كامبل
قائمة المراجع: بيني جونس
الإنتاج: جنيفر فان دالسن
الخريطة: أنداروب روي
المخطط الأرضي (الصورة 1) براين تشا، (الصورة 27) كونسطانس نوركن

النسخة العربية
ترجمة: عبدالودود العمراني وبشير بوعائشة
تصفيف المادة العربية وتصميم النسخة العربية: حسن رياض ومكتب مطرة، تونس
mmattra.com
تدقيق وتصحيح النسخة المطبعية: هيلن مالكو وماثيو صابا
الطباعة: أوفست يابيهاف، إسطنبول

تصوير الأعمال الفنية لمجموعة متحف المتروبوليتان من إنجاز ستوديو التصوير بمتحف المتروبوليتان للفنون، والصورة الجديدة الواردة في هذا الإصدار من إنجاز أنّا ماريا كيلن وكاثرين ذهب.
حقوق ملكية إضافية للصور: ص. 20: قبة الصخرة، القدس 691م (الصورة: بإذن Scala/Art Resource, NY). ص. 53: قاعة الصلاة، الجامع الأكبر قرطبة، القرن الثامن-القرن السادس عشر م (الصورة: Walter B. Denny). ص. 86: الضريح الساماني، بخارى، حوالي 914-943م (الصورة: Walter B. Denny). ص. 136: جامع الأقمر، القاهرة، 1125م (الصورة: Walter B. Denny). ص. 170: القبة، جامع لطف الله أصفهان 1590-1602م (الصورة: Walter B. Denny). ص. 285: جامع السليمية، أدرنة 1568-1574م (الصورة: Walter B. Denny). ص. 338: ضريح ممتاز محل، مركّب تاج محل، أغرة 1632-1648 (الصورة: Wayne B. Denny).

متحف المتروبوليتان للفنون
الجادة الخامسة 1000
نيويورك، نيويورك 10028
metmuseum.org

نشر بالاشتراك مع:
دار نشر الجامعة الأمريكية بالقاهرة
القاهرة، نيويورك
aucpress.com

بيانات فهرسة الإصدارات متوافرة لدى مكتبة الكونغرس
النسخة الإنكليزية:
ISBN 978-1-58839-434-7 (hc: The Metropolitan Museum of Art)
ISBN 978-1-58839-435-4 (pbk: The Metropolitan Museum of Art)
النسخة العربية:
ISBN 978-977-416-815-4 (hc: The Metropolitan Museum of Art)
8471/16 (Dar el Kutub)

تمكّنّا من إصدار هذا الكتاب بفضل رصيد و. ديان وجيمس إ. بورك. أما الإصدار الإنكليزي الأصلي فكان ممكنا بفضل الدعم السخيّ لشرمين وبيجان مظفر رحماني.

قائمة المحتويات

كلمة المدير

منذ غلْق أروقة الفنّ الإسلامي لتجديدها سنة 2003م، انهمك موظّفو المتحف والباحثون الخارجيُّون في عمليّة تقييم دقيقة للمجموعة. وقد اتّخذ هذا العمل شكل بحوث فنيّة تاريخيّة وعلميّة. وقادت النتائج في كثير من الأحيان إلى اكتشافات تتعلّق بالحرفيّين أو العرّابين أو الموادّ المستخدمة في التّحف المكوّنة للمجموعة. وإذ يُنشَر هذا الكتاب بالتّزامن مع افتتاح قاعات العرض المخصّصة لفنون الأقاليم العربية وتركيا وإيران وآسيا الوسطى وجنوب آسيا لاحقًا بعد أن جرى تجديدها وإعادة تسميتها، فهو يُقدّم آخر الاكتشافات حول أجود الأعمال الفنيّة من هذه المناطق والمنتمية لمجموعة متحف المتروبوليتان. وإضافة إلى ذلك تُقدَّم هنا لأوّل مرّة تحف كثيرة جرى اقتناؤها منذ 2003م.

دعم شرمين وبيجان مظفر رحماني بسخاءٍ نشر هذا الكتاب. وقد شارك فيه العديد من المحرّرين وأمناء المتاحف والمحافظين، كما يشمل إسهامات أكثر من خمسة وعشرين مؤلّفًا. وعلى امتداد عمليّة التطوير الطويلة الّتي آلت إلى إصداره، عمل كلّ من مريم اختيار كبيرة الباحثين والبروفيسورة بريسيلا ساوشاك ونافينا حيدر أمينة مشروع الأروقة ومنسّقته على إرشاد المؤلّفين وتحرير المحتويات. أمّا شيلا كنبي وباتي كادبي بيرتش أمينة المتحف المكلّفة بقسم الفنّ الإسلامي، فقد أسهمتا في الجهد الجماعي في مراحله اللاّحقة.

وإذ لا شيء يمكن أن يُعوّض رؤية الأعمال الفنية الراهنة بالعين، فإنّ هذا الكتاب من شأنه أن يُحسّن ويُعمّق إدراك القارئ للروابط البينية وخصوصيات الفنون التي أُنتجت من إسبانيا إلى الهند ما بين القرن السابع وأواخر القرن التاسع عشر الميلاديّين. وتُمثّل الإصدارات من هذا القبيل جوهر أنشطة المتحف الشامل. حلّل أمناء أقسام المتحف والباحثون والاستشاريون وكثير من محافظي متحف المتروبوليتان كذلك أهمّ التحف الفنية في مجموعة المتحف الدائمة على ضوء الدراسات الحديثة وقدموا نتائج أبحاثهم بطريقة علمية تشكل إضافة للخبراء، لكنها متاحة أيضًا لغير المتخصصين. والملاحظ أنّه على امتداد العقود التي تفصلنا اليوم عن تاريخ نشر متحف المتروبوليتان للكتاب الذي يتناول مجمل التحف المنتمية لقسم الفن الإسلامي، فإنّ دراسات هذا الفن قد توسعت مثلما اتّسع الوعي العالمي بالمناطق التي تأتي منها مكوّنات هذه المجموعة. لكن الشيء الذي بقي ثابتًا فهو جمال وأهمية الأعمال الفنية الراقية القادمة من الأقاليم العربية وتركيا وإيران وآسيا الوسطى وجنوب آسيا لاحقًا، ويُقدّم هذا الكتاب الكثير منها.

تطلّب إصدار هذا الكتاب باللغة العربية سنتَين من الترجمة والتدقيق اللغوي، وهو ليس الإصدار الأوّل من ترجماتنا العربية ولن يكون الأخير. ومن خلال ترجمة منشورات مختارة من إصدار متحف المتروبوليتان للفنون، نسعى لتوفير المعلومة حول الأعمال الفنية الرائعة الواردة بالكلمة والصورة في هذه الصفحات، وجعلها متاحة بسهولة للقرّاء الناطقين بالعربية في العالم.

طوماس كامبل
المدير، متحف المتروبوليتان للفنون

التوطئة

من الأطلسي إلى المحيط الهندي، ومن الرباط إلى دكّا، ما إن اعتنق السكان الدين الإسلامي بداية من القرن السابع الميلادي فصاعدًا حتى كيّفوا التعبيرات الفنية المحلية مع الأشكال والمتطلبات الحديثة للعقيدة الجديدة. وإلى جانب الرموز الرسمية للإسلام – المسجد والمخطوطات القرآنية والعملات – تطوّرت أشكال فنية مستحدثة جزئيًّا بسبب تغيّر الواقع السياسي في غرب آسيا وشمال إفريقيا. حملت الغزوات العربية لمصر وإيران دينًا ولغة وأحرف هجاء جديدة وإعادة ترتيب للمسالك التجارية بين المناطق التي اعتنقت الإسلام حديثًا نتج عنه تخصيب إبداعي وفنّي متبادل. وعلى الرغم من قوة النموذج الأموي في دمشق أو العباسي في بغداد والرقة ومجمع سامرّاء، فإنّ النُّسخ التي تحاكي فنونهم في مناطق أخرى من العالم الإسلامي تبقى استثناء وليس قاعدة.

وبفضل ما يزيد عن قرن من الدراسات العلمية حول الفن الإسلامي، ظهرت أكثر فأكثر الميزات الخاصة للفنون من مختلف المناطق التي توجد فيها أعداد كبيرة من السكان المسلمين. ونتيجة لذلك، أُطلقت أسماء جغرافية على الأروقة الجديدة لقسم الفن الإسلامي في متحف المتروبوليتان للفنون: الأقاليم العربية، وتركيا، وإيران، وآسيا الوسطى، وجنوب آسيا لاحقًا. وتعكس هذه التسمية التحوّل من اعتبار الفن الإسلامي كيانًا واحدًا إلى الإقرار بتنوّع الأشكال والدلالات التي تُميّز كلّ فترة وكل منطقة. وإضافة إلى ما سبق، يعتنق الإسلام اليوم أعداد كبيرة من سكّان إفريقيا في جنوب الصحراء الكبرى وجنوب شرق آسيا. وبما أنّ الأروقة الجديدة لا تحتوي على فنون المنطقتَين المذكورتَين، فإنّ التسميات الجديدة تشير دون لبس إلى ما يمكن أن يتوقّع الزائر مشاهدته فيها. ومع ذلك، فإنّ تسمية الأروقة وتنظيمها حسب الخطوط الجغرافية لا ينفي بأيّ حال وجود ما يُطلق عليه عادة "الفنّ الإسلامي". جرى تعريف أعمال الفنّ الإسلامي على هذا النحو بسبب التوليفة الفريدة لخصائصها – على غرار الحروفية العربية والزخرفة الهندسية واستخدام لفيفة الدالية – من إسبانيا إلى جنوب آسيا، ومن القرن السابع إلى أواخر القرن التاسع عشر الميلادي. وإذ كانت في السابق جلّ المناطق الممثّلة في قسم الفن الإسلامي تحت نفوذ الإمبراطوريات القديمة، فقد رافق ظهور الإسلام حقبة جديدة جاءت معها مقاربات مخصوصة للزخرفة تميّز الفن الإسلامي.

يعالج هذا الكتاب عددًا من التحف الفنية التي دخلت مجموعة المتحف منذ سنة 1975م. عُرض البعض من هذه التحف في المتحف بينما لم يُعرض البعض الآخر ولم يُشاهده الجمهور لأنّ المتحف اقتناه منذ غلق أروقة القسم الإسلامي سنة 2003م. وقدّم فريق المؤلفين الذين حرروا الفصول ومقدّماتها المجموعة في سياق الدراسات العلمية الحديثة، معتمدين على جملة من الأدبيات توسّعت في الثلاثة عقود الأخيرة. وإضافة إلى ذلك، فإنّ التطورات في مجال البحث العلمي سمحت لأمناء المتاحف والباحثين بمزيد من الدقة في تحديد تواريخ الإنتاج وجوانب تقنية كانت مبهمة في السابق.

ما تزال مسألة مكان وزمان صنع تحفة فنية تشغل مؤرخي الفن الإسلامي، غير أنّ هؤلاء العلماء أصبحوا يتساءلون أكثر فأكثر عن سبب إنتاج قطعة بعينها حتى إن كان العراب معروفًا. ومع الفهم الأعمق لتعقيد المجتمعات التي صُممت فيها هذه التّحف طُرح السؤال إلى أي مدى أنتج واستخدم غير المسلمين القطع نفسها التي استخدمها المسلمون. وبالتوازي مع الأعمال الفاخرة التي ظهرت في ورشات البلاط للطبقة الملكية والنبيلة، كانت هناك تحف كثيرة جدًّا من الخزفيات الرقيقة والزجاجيات والقطع المعدنية والأقمشة والبُسط عالية الجودة ملكًا لأشخاص غير معروفين يمثلون السكان العاديين للأقاليم من إسبانيا إلى الهند. واللافت أنّ هذه التّحف ما زالت بعد مرور مئات السنوات على صنعها تبدو جذابة وجديدة.

في عالمنا المعاصر، تتّجه الأنظار إلى المناطق الممثلة في الأروقة الجديدة للمتروبوليتان في الغالب تجلب انتباهها الأحداث السياسية المتحركة على غرار الربيع العربي أو الصراعات في شمال إفريقيا والشرق الأوسط وجنوب آسيا. وفي غضون ذلك، يتزايد الاهتمام بمشهد الفن المعاصر المزدهر وبموقع دبي بوصفها مركزًا يقصده الفنانون من شمال إفريقيا والشرق الأوسط لعرض أعمالهم الفنية. إنّ أصالة وعمق الأعمال التي ينتجها الفنانون المعاصرون الذين يعرّفون أنفسهم وفق المنطقة التي يأتون منها أو التي يعيشون فيها، وليس حسب ديانتهم، لها أوجه شبه وخطوط موازية مع فنون الماضي. في ذلك العصر كما هي الحال اليوم، لا تثني عزيمة الفنانين عصور النزاعات ولا ضعف الحكام. وقد تواصل عملهم تقريبا دون انقطاع على الرغم من عدم الاستقرار السياسي. وإذ تغيّرت مواضيع الفن وأشكاله في شمال إفريقيا المعاصرة والشرق الأوسط وآسيا الوسطى وجنوبها، فقد استمرّت الروح الإنسانية في إيجاد تعبيرات في الأعمال الفنية، متواضعة وعظيمة، ودينية ودنيوية في آن واحد.

شيلا ر. كنبي
أمينة المتحف "باتي كادبي بيرتش"، المسؤولة عن قسم الفن الإسلامي

كلمة شكر

يُشكّل هذا الكتاب أول إصدار ذي شأن في هذا القرن مُكرَّس لمجموعة قسم الفنّ الإسلامي، وقد ظهر للاحتفاء بإعادة فتح الأروقة الدائمة سنة 2011م. إنّ إعادة تركيب الأروقة الجديدة لتستضيف فنون الأقاليم العربية وتركيا وإيران وآسيا الوسطى وجنوب آسيا لاحقًا مع هذا الإصدار المرافق، كان نتاج سنوات عديدة من التخطيط والتنفيذ مثّل الجهود المخلصة لعديد الأشخاص من داخل متحف المتروبوليتان ومن خارجه. ونودّ اغتنام هذه الفرصة للتعبير عن امتناننا لكلّ الذين أسهموا بأدوارهم القيّمة في تحديد رؤية الأروقة الجديدة وهذا الكتاب وفي إخراجها إلى النور.

لم يتردّد مديرنا طوماس ب. كامبل في تقديم الدعم الرسمي لهذا المشروع في كل مراحله. ونحن ممتنّون كذلك لمساندة إيميلي رافرتي الرئيس، وجنيفر راسل المدير المساعد للمعارض، وكرّي ريبورا باراط المدير المساعد للمجموعات والشؤون الإدارية، ونينا ديفنباخ نائب الرئيس للتطوير والعضوية، وفريقها. انطلق مشروع إعادة تركيب الرواق تحت إشراف فيليب دي مونتيبلُّو المدير الفخري الذي راقب مراحل تطويره الأولى بمعيّة مهروخ تارابور المدير المساعد للمعارض ومدير الشؤون الدولية سابقًا؛ ونيكولا كاميرون نائب رئيس الإنشاءات سابقًا، وجفري دالي كبير مستشاري المدير في التصميم سابقًا، ودورالين باينس مدير الشؤون الإدارية المساعد سابقًا. كما نعبّر عن شكرنا لشارون كوت نائب الرئيس والسكريتيرة والمستشار القانوني العام، وجفري بلار مساعد المستشار القانوني.

وفي أثناء عملية تحضير الأعمال الفنية للعرض والنشر، أجرى أمناء المتحف والعلماء أبحاثًا مهمّة تتعلق بالمجموعة آلت إلى مزيد من التعمّق في النواحي العلمية والتقنية للمجموعة وإلى كثير من الاكتشافات الجديدة. وتشمل قائمة الأمناء الذين عملوا تحت إمرة لورانس بيكر الوصيّ المسؤول على مجموعة شرمان فرتشايلد كلاًّ من مشثيلد باوماستر، وجان فرنسوا دي لابيروز، وليزا بيلوزي، وكارن سطام، وفيكي باري، وباث إيدلستاين، وسارة ماك غريغور، وأمي جونز، ودنيال هاوسدورف، ورودلف كولبان، وسارة باراك، وجانيس ماندروس، ودرو أندرسون، ونانسي بريتون، وبسكال بتريس، ومارين مانويلس. ويشمل فريق أمناء القِطع المنسوجة تحت إشراف الوصيّ المسؤول فلوريكا زهاريّا كلاًّ من جانينا بوسكروبكو، وكايسوك سوه، ويائل روزنفيلد، وميدوري ساتو، وجوليا كيوستريني، وجوليا كارلسون، وأولها ياريما-واينار، وإيميليا كورتيس، وكريستين كاميّا، وكاثرين كولبورن، وسارة بيكمان. ويشمل فريق أمناء القِطع الورقية تحت إشراف الوصيَّين المسؤولَين مارجوري شيلي وشرمان فارتشايلد كلاًّ من يانا فندايك، وفاليري فافر، ومارتن بانسباخ، ورييبكا كابوا، وأنجيلا كامبل. ونشكر كذلك كريستين جُنتيني من قسم فنون إفريقيا وأقيانوسيا والأمريكتَين على عملها على القِطع المنسوجة. ويشمل فريق العلماء الذين اهتمّوا بالبحث العلمي تحت إشراف ماركو ليونا ودافيد كوخ كلاًّ من نابوكو شيباياما، وأدريانا ريتسو، ومارك وايبايسكي، وطوني فرانتس، ومساهيتو تسوكادا، وجولي أرسلانوغلو. كما نشكر على عمليات فحص وصيانة وتركيب قاعة دمشق والسقف الإسباني كلاًّ من تيموثي هايس، وأنكه شرّاهس، وميلاني بروسات، وأريانا غمبيرازي، ووميغال غارسيا، وروس كيبلر، وإيمي كيم، وأرسولا كوغلر، وستيفاني ماسو، وبطياه شتروم، وإيرين تومي، وويلسون سانتياغو، وجوليا شولتس، وكنسيدير فوسو، ولوران فير، وجان هملمان، وموظفي شركة تراديشيونال لاين المحدودة ولا سيما جيم بورستاين، ودجو وايت. ونشكر على عملهم القيّم في تصميم الحوامل وتصنيعها وتركيب المجموعة كلاًّ من صندي والكوت، وفريد صاغر، ووارن بينيت، وجينا وانورايت، وماثيو كامبي. ونحن ممتنّون أيضًا لأمناء المتحف المقيمين الكثيرين الذين عملوا على المجموعة على امتداد المشروع بما فيهم أليسا إيغلستون، وجنيفر دنيس، وكاري كيبر، وإملي هاملتون، وغراغ بايلي، وكرستينا فيرنر. ونشكر على المساعدة في مجال البحث المتعلق بقاعة دمشق كلاًّ من ديبوراه بوب، وشارون ليتلفيلد، وماجا كلارك في مؤسسة دوريس ديوك للفن الإسلامي بهونولولو، وكذلك أنّي كرستين دسكالاكيس-ماثيوس، وستيفان فيبر. وللمساعدة على الشاكلة ذاتها والمتعلقة بالسقف الإسباني، نشكر أنريكوي نويري، وماري ليفكوف.

قدّم لنا الزملاء من كافة أقسام المتحف كثيرًا من الدعم على امتداد المراحل المتعددة لإعادة تركيب الرواق. ورغم أنّ المقام لا يتّسع لشكر جميع الموظفين السابقين والحاليين، فإنّني أرغب أن أذكر بوجه خاص الواردة أسماءهم: من قسم الشؤون الإدارية ميسي ماكهيوغ، ويتني دنهاوزر، أشلي ويليامز، بتسي ويلفورد، ومن قسم التطوير والفعاليات الخاصة أمي أوريلي ريتسي، كريستين بيغلاي، كرستن ماكدونالد، أشلي بوتر برونز، أيزا كيساي، أيلين دستري، وموظفَي قسم التطوير سابقًا كرستين لارسن وسافيتا موني. كما نشكر من بين زملائنا في أمانة المتحف بيتر بارنت، وتشارلز ليتل، وكورت بيهرند، وأيان واردروبر. وإضافة إلى ذلك، نحن ممتنّون لزملائنا من قسم التربية بيغي فوغلمان وفريقها الذي يشمل كلاًّ من جوزيف لوه، وميرانتين هانس، وويليام كراو، وكلار مور، وفيفيان وك، والاستشاري الخاص زيبا رحمان، والموظفين في راديو أنتينا بما فيهم

ساندي غولدبرغ، ومن قسم الفعاليات والمحاضرات ليمور طومر وفريقها ولاسيما نواي كريستوفر، وباكو لينك، وتيريزا لاي، وستيلا بول، وماثيو مورغن، ومورغن هولزر، وأيلين ويليس، ومن قسم الشؤون الخارجية والمواصلات هارولد هولزر، وإيليز طوباليان، وطوم شولر، ودونا ويليامس، وإيغلا زايغاس وزملائهم، ومن أمانة السجلات أيلين تشاك وزملائها، ومن مركز أنطونيو راطّي للمنسوجات جوفانا فيورينو ياناص، وميلندا واط، ومن المجلس العام ميليسا أوليفر جانياك، ورييبكا جيديون، ومن قسم الأمن جون باريلي وفريقه، كما نشكر من قسم البضائع براد كاوفمان، ودافيد وارغو، ومايكل ناش، وعاطف طور، ونرمين حسين، وروبن لونا، وويل لاتش، ورونالد ستريت، وفاليري ترويانسكي، وماريلين جانسن، وسندرا ويسكاري لوكفسكي، وكارن كلينك والقائمة طويلة...

ونشكر على تصميمهم الرائع للأروقة كلاً من مايكل باتيستا، وليندا سايلنغ، وكلينت كولر، وريتشارد ليشته، وكونسطانس نوركين، وصوفية جيرونيموس، وبراين تشا، وآرون مائستري وغيرهم من الأعضاء السابقين والحاضرين من إدارة التصميم. ونشكر على الهندسة المعمارية كيفين روش، وجيم أونس، وغاري ليونارد، وعلى بناء الأروقة طوم جافيتس، وإريك هاهن، وبول كانغهام، وفيل ذارل، ومهان خاجنوري، وكذلك ستوارت كوشنر، ومايكل ترومينو، وكريم الهندي، وجايمس بابكون، وفريق شركة أرسي دولنر المحدودة. ونشكر أيضًا على رسومات الأروقة باميلا بار، وباملين سميث، وفيلومينا مارياني. كما نشكر على تصميم الأضواء ريتشارد رنفرو، وأيلين بيرس، وريك جيلو، وعلى واجهات العرض الجميلة تيل هان وفريقه من شركة غلاسباو هان ومنهم جايمي بنطون وجورغ شتوبنغن. ونشكر على البلاط المغربي عادل ناجي وعائلة ناجي وحرفيّي شركة أرابيسك من فاس وكذلك نادية الرزيني وأشفي بنزينبرغ شتاين. كما نشكر على الميزات الخاصة للأروقة الأخرى شركة النديم من القاهرة، وشركتَي فريد باورشميدت وباور غلاس من بروكلين. ونشكر على أشغال التركيب في الأروقة كلاً من طوم سكالي، وتايلور ميلر، وكرايتون سوهان، وفرانز شميدت، وكل العاملين في متحف ريدجرز.

وإنّنا ممتنّون لجميع الزملاء من الأكاديميّين وغيرهم لمشورتهم الثمينة ومن بينهم أوليغ غرابار، وماريلين جنكينس مدينة، وستيف كوسّاك، وفينبار بارّي فلود، وجرّيلين دودس، وتيرنس ماكينرني، وليزا غولمباك، وأصوك كومار داس، وغيورا أهيروني. كما نشكر المؤسسة الهسبانية لأمريكا ولاسيّما المدير ميتشال كودّينغ على شراكتهم معنا في الأروقة.

أسهم من قسم الفنّ الإسلامي كثير من الأعضاء القدامى والحاليّين في إعادة تركيب الأروقة وفي تحرير هذا الكتاب. وقد نسّقت نافينا نجاة حيدر الجانب المتعلق بأمانة المتحف في مشروع الرواق منذ بدايته. وإضافة إلى ذلك، تشمل قائمة المساهمين من القسم كلاً من مريم د. اختيار، وإيلن كِلّي، وماريكا سردار، ودونيز ماري تيس، والبروفيسور والتر ب. داني، والبروفيسورة بريسيلا ب. ساوشاك، وستيفان هايديمان، ودونيز بايازيد، وأنّيك دي روش، وتيموثي كاستر، وكنت هنركسون، ووارن بينيت، وريا بريد، وميلودي لورنس، وكورتني ستيوارت، وميشال ريدجلي، وجوليا روني، ورينا إندكتور، وباترسيا سكلاتر بوث. ، مع الشكر الخاص لماري لوكنس سفياتوكوفسكي. ونشكر على الأبحاث وغيرها من أنواع المساعدة كلاً من إيلينا شرداكليسكا، وكندرا فايسبين، وعائشة بينار خوكبينار، وكارين زونيس، ورشمي فيسفاناثان، ومريم أتخميزوري، وإيدا أكسُوي، ومادلين كاسّلاّ، وأريانا موسل، وباولا تشادويك. ونتوجّه بالشكر الخاص إلى كبار زملائنا السابقين دنيال ولكر، ومايكل باري، وستيفانو كربوني. ومن جملة الداعمين المتعددين نشكر اللجنة الزائرة، وأصدقاء الفن الإسلامي، والمتطوعين، والأساتذة، والأدلاء السياحيين.

وأخرج رئيس قسم التحرير مارك بولتسوتي وسابقه جون أونيل هذا الكتاب إلى النور بالتعاون مع موظّفي القسم الآخرين ولا سيما المحررين سنتيا كلارك، ومارغريت دونوفان، وغوان روجنسكي، وبيتر أنطوني، ومايكل سيتنفلد، وروبرت فايسبرغ، وإليزابيت زيكيلاّ، وجنيفر فون دلسن، وبيني جونز، وماري دجو مايس، وقامت شركة إريكسن للترجمة في بروكلين برقن النص الإنكليزي والنصوص المنقوشة بالعربية والفارسية، وقام بالتدقيق اللغوي ستيف شانين. ونحن ممتنّون في ستوديو للتصوير لبربارا بريدجز وفريقها ولا سيما أنّا ماري كيلن، وويلسون سنتياغو، وطوماس لينغ، وكاترين دهب لتصوير التحف الفنية. ونشكر أنندراوب روي على الخرائط في الأروقة وفي هذا الكتاب. كما نشكر على قراءة النصوص المنقوشة وترجمتها كلاً من عبدالله غوشاني، وويلر ثاكستون، وستيفان هايديمان، ومريم اختيار، ودونيز بايازيد. لقد كانت مريم اختيار وبريسيلا ساوشاك المنسقتَين الرئيسيتَين لهذا الكتاب داخل القسم الإسلامي، ونشكرهما بوجه خاص على جهودهما.

ونعبّر كذلك على امتناننا الخاص إلى المؤلِّفين العديدين لهذا الكتاب الذين أسهموا بخبراتهم في المناقشات حول التحف الفنية. وبالإضافة إلى الموظفين والمتدرّبين والمتطوعين من قسم الفن الإسلامي، تشمل قائمة الزملاء من المتحف الذين أسهموا في هذا الكتاب كلاً من هلين إيفنس، وإريك كجالغرن، وجون غي، وفلوريكا زهرية، وجنينة بوسكروبكو، ودنيال هاوسدورف، ومشتهيلد باومايستر، وبيث إدلشتاين، وجان فرانسوا دو لابيروز، وجايمس واط، وستوارت بيهر. ويمتدّ شكرنا إلى المؤلِّفين من خارج المؤسسة: بريسيلا ساوشاك، ووالتر دنّي، ودنيال والكر، وأولغا بوش، وستيفانو كربوني، وفرنشسكا ليوني، وباولا تشادويك، وقمر آدمجي، وعبدالله غوشاني، ويوميكو كمادا، وإليزا غلياردي منجيلي، ومارتا بيكريني، وجوخن سوكولي، ودافيد ألكسندر، ورييبكا ليندسي.

وأتاحت مجموعة من المتبرعين إمكانية تحقيق هذا المشروع، وإنّ ذلك ليذكّرنا بأنّ أيّ مؤسسة تكون حيوية ونشطة بقدر نشاط وحيوية

الأشخاص الذين يساندونها. ونحن ممتنّون للمساهمين التالية أسمائهم على ترميم الأروقة الجديدة وإعادة تركيبها: شرمين وبيجان مظفر رحماني؛ صندوق هاغوب كيفوركيان ولا سيما رالف مينازيان؛ مؤسسة وهبي كوش؛ باتي كادبي بيرتش؛ مؤسسة باتي وإيفرت ب. بيرتش؛ المجموعة الإيرانية الأمريكية؛ سيران ورافي تريهان؛ معهد الخدمات المتحفية والمكتبية؛ تنكو وأجيت جاين؛ الدكتور ريتشارد ر. لينسي وحرمه؛ مؤسسة سالز؛ فكتور وطارا مينيزس؛ أوشا م. ومارتي ج. صبراهمنيام؛ جيريش ورزيقة ردّي؛ يونغي كيم وايت وجاريت ف. وايت؛ أميتا وبورندو شارننجي؛ أنيتا وآش غبطة؛ مؤسسة عائلة ألكسندر شاشاتي؛ سلومي وراجيف سُبتي.

ونرغب كذلك في الاعتراف بالجميل للمتبرعين التالين على دعمهم للبرمجة التعليمية المتعلقة بالأروقة الجديدة: شرمين وبيجان مظفر رحماني؛ مؤسسة باتي وإيفرت ب. بيرتش؛ مؤسسة موريس ديوك للفن الإسلامي؛ مؤسسة أندرو و. ملُّون؛ شركة مؤسسة لافوري سترلينغ؛ مؤسسة آغا خان للثقافة؛ المعهد الأمريكي للدراسات الإيرانية؛ المركز الثقافي المغربي الأمريكي.

وفي الختام نشكر شرمين وبيجان مظفر رحماني على دعمهما لهذا الإصدار وللرسالة التربوية لمتحف المتروبوليتان.

وعلى امتداد هذه المهمة التاريخية، شكّلت المساعدة التي قدّمها لنا العديد من الأصدقاء والزملاء مصدر إلهام لكل عضو في قسم الفن الإسلامي.

شيلا ر. كنبي
أمينة المتحف "باتي كادبي بيرتش"، المسؤولة عن قسم الفن الإسلامي

أعمال صيانة الأروقة الجديدة

أتاحت أعمال تجديد أروقة الفن الإسلامي فرصة استثنائية لأمناء المتحف وخبراء وعلماء الصيانة لفحص مجموعة التّحف برمّتها وتقييم احتياجات الصيانة. كانت القِطع الفنية القادمة من الأقاليم الإسلامية من أوائل مقتنيات المتحف، وجرى اقتناء أكثر من أربعة أخماس الأرصدة الحالية قُبيْل سبعينات القرن العشرين، أي قبل أن يصبح الفحص التقني للأعمال الفنية ممارسة متداولة. ونتيجة لذلك، لم يجرِ التأكد كليًّا قبلها من حال الكثير من القِطع والمنسوجات والتحف الفنية من الورق والرقّ، وكان وصفها الفنّي في كثير من الأحيان غير مؤكَّد أو حتى خاطئًا. أُجريت بعض عمليات المعالجة قبل افتتاح الأروقة السابقة سنة 1975م وخلال السنوات التالية غير أنّ تلك الجهود لم تكن شاملة بقدر ما حصل في المشروع المرافق لإعادة التركيب الحالية. وإضافة إلى ذلك، استُخدمت في غالب الأحيان في المعالجات السابقة موادّ نعرف اليوم أنها غير ثابتة، كما استُخدمت طرق تركيب تخطاها الزمن لا تحمي القِطع الفنية بشكل ملائم. وأخيرًا، أتاحت التطورات الحديثة في مجال التحليل والخبرة العلمية في المتحف تجميع أكثر معلومات من ذي قبل حول المواد وطرق الإنتاج المستخدَمة من قِبل الفنانّين والحرفيّين الإسلاميين.

حصلت كثير من الاكتشافات، سواء كانت ثانوية أو ذات شأن، خلال مدة المشروع. وهكذا على سبيل المثل، اكتُشف في التحف الفنية الصغيرة للمجموعة أنّ طبقات الرواسب الداكنة على سطح الكأس الفضية ذات النقوش الكوفية (الفهرس 83) حجبت حقيقةَ أنّ السطح الداخلي للكأس كان مطليًّا بالذهب بطريقة الزئبق المزوج بينما تُرك السطح الخارجي دون طلاء. وبعد أن جرى تنظيفها، يبرز حاليًّا جيّدًا التباين اللوني المقصود بين الوجهَين ويمكن تقديره حقّ قدره. وعلى نطاق أوسع، كشف الفحص المتأنّي لقاعة دمشق (الفهرس 238) أنّه جرى إعادة ترتيب لوحات الحائط في التركيب السابق على غير هيئتها الأصلية كي تتوافق مع الفضاء المتوافر في الرواق. والآن بعد أن أُعيد باب الدخول والنوافذ إلى مواقعها الأصلية على طول الجدار نفسه، عادت إلى هذه القاعة التي تستقبل الجمهور والمهملة سابقًا، روح الفناء المغمور بأشعة الشمس. وإضافة إلى ذلك، استُعيد التسلسل المنطقي للنص المخطوط الذي يجري من اليمين إلى اليسار في الجانب العلوي للوحات الحائط.

ولكن حصلت في الوقت نفسه اكتشافات أخرى خلال فترة المشروع كانت أقل حظًّا. فقد كشفت الفحوص على سبيل المثال إدخال شظايا غير

أصلية و/ أو إفراط في الترميم في بعض الحالات، بينما حصلت مبالغة في عمليات تجميل بعض القِطع الأخرى بأيدي المرمّمين السابقين. ألقت هذه الترميمات في كثير من الأحيان حجابًا باهت اللون غطّى جزئيًّا العمل الأصلي. وفي حالات أخرى، اكتسبت الترميمات نفسها - التي أُنجز بعضها منذ ما يزيد على قرن - قيمة تاريخية. وهكذا تحاور المحافظون والأمناء فيما بينهم وضمن عمل جماعيّ وناقشوا كل حالة على حدة ليقرروا كيفية التعامل مع هذه التدخلات الحديثة، واضعين في اعتبارهم سلامة البنية الأصلية والمفهوم الفنّي. وقد أثّرت هذه العملية منطقيًّا في القرارات النهائية المتعلقة باختيار الأعمال الفنية للعرض.

حدّد خبراء صيانة المنسوجات سبعة وعشرين قطعة من بين أهمّ منسوجات وبُسط المجموعة تتطلّب معالجة كاملة تشمل إزالة الترميمات السابقة والتنظيف والتثبيت والتحليل المعمّق للألياف والبنية. وضمن هذه المجموعة، كان بساط الإمبراطور (الفهرس 181) البؤرة التي ركّز عليها بكثافة مشروعُ صيانة دام ثلاث سنوات. كما تطلّبت ما يزيد على مئة قطعة منسوجة تثبيتًا شاملاً وحماية داخل حوامل مغلقة لتأمين السند الهيكلي الملائم لها ومناخ محلّيّ فيه رطوبة نسبية ثابتة. وكان العديد من هذه المنسوجات مبطّنًا في الوجه الخلفي و/ أو مرتّقًا بقماش مصبوغ خصّيصًا بلون ملائم. كما صمّم المحافظون وأنجزوا أنظمة حمل إضافية لمئَتَي وخمسين قطعة نسيج وبساط تسمح بعرضها بأمان.

وأتاح إغلاق الأروقة فرصة نادرة لخبراء صيانة الورق والرق لفحص المخطوطات الملفوفة في المجموعة والتي كانت تُعرض بانتظام والقيام بعمليات التثبيت عند الضرورة لرسوم المنمنمات والتسفير. كما أُجريت فحوصات دقيقة على أكثر من ثلاثمئة صحيفة وعُولجت حسب الحاجة وثُبّتت داخل حوامل أرشيف، وهي تشمل صحائفَ مخطوطة شهنامة الشاه طهماسب (الفهرس 138 أ-ز) التي لا تُضاهى. وبالنظر لطبيعتها الحساسة للنور، لا يمكن عرض هذه الصحائف لأكثر من بضعة أسابيع كل مرة. ونتيجة لهذه الجهود، سيجري كل سنة بصفة دورية عرض ما يزيد على سبعمئة عمل فنّي من الورق والرقّ في الأروقة الجديدة.

في سنة 2008م حصل المحافظون القائمون على صيانة التحف على منحة تكميلية من معهد الخدمات المتحفية والمكتبية لمعالجة القِطع الزجاجية والخزفية والجصية التي يفوق عددها أربعمئة قطعة وعُثر عليها ضمن الحفريات الأثرية للمتحف في بيسابور، وقد سبق أن رُمِّم عدد كبير منها بغراء لاصق غير ثابت ويتعذّر تحريكها بأمان. كما جرى فحص ما يزيد على خمسمئة قطعة أخرى على وسائط مختلفة من المجموعة وعُولجت بطرق تضمن ثباتها وتُحسّن مظهرها مع إزالة المواد اللاصقة القديمة والترميمات باهتة اللون والطلاء المعدني المنحلّ. وصنّع المعدّون والحدّادون بالتشاور في غالب الأحيان مع المحافظين مئات الحوامل المهيكلة بمهارة كي تسند القطع دون أن تبرز للعيان.

مكّن تفكيك الأروقة السابقة من تلبية الحاجة التي طال انتظارها لتثبيت الهياكل وتنظيف وتقوية طبقات الطلاء المتهاوية وزخارف الورقات المعدنية المتهالكة في قاعة دمشق وعلى السقف الإسباني. شكّلت هذه المشاريع المعمارية تحدّيات هائلة نظرًا لأحجامها وتعقيداتها ممّا استوجب تعاونًا بين خبراء الصيانة والبناء والمعماريين وأخصّائيي المنشآت المعمارية التاريخية. وبعد إتمام عمليات الصيانة، جرى إعادة تركيب لوحات الجدران والسقوف باستخدام هياكل دعم وأنظمة ربط أكثر ملاءمة مع إتاحة الوصول الكامل عند الحاجة للمراقبة والصيانة.

وقد أوليت كذلك عناية فائقة لتصميم الحاويات والأنظمة البيئية ومراقبة المناخ المحلّي في الأروقة الجديدة، وإن كان كل هذا أقل ظهورًا للعيان رغم أهميته الحيوية للحفاظ على المجموعة على المدى الطويل. وخلال العقود الفاصلة منذ تاريخ تركيب الأروقة السابقة، ظهرت آثار المنتجات الخشبية والمنسوجات والمواد اللاصقة غير المستقرة التي ألحقت الأذى بالأعمال الفنية، وقد جرى تدوين هذه الآثار والتحقق منها. وإذ يكون الضرر في بعض الحالات حادًّا وظاهرًا في إبّانه، فإنّ التقلّبات في حالات أخرى تحدث ببطء تدريجيّ ولا يمكن التفطّن إليها في المدى القصير. وعلى هذا الأساس، فإنّ جميع الموادّ المقترحة للاستخدام كمكوّنات للصناديق الحاوية للتحف جرى اختبارها من قِبل علماء مختصّين في الصيانة ولم تُدمج في عملية التصنيع إلاّ الموادّ المعتمَدة. وإضافة إلى ذلك، راجع خبراء وعلماء الصيانة وغيّروا عند الضرورة تصميم مجمل تصميمات الحاويات.

قبل عمليات الصيانة وخلالها، جرى تجميع المعلومات التحليلية بوسائل غير مدمِّرة أو بأخذ عيّنات من الحوافّ المكسورة ومواقع أخرى غير بارزة. واستُخدمت هذه النتائج لتحديد استراتيجيات المعالجة الملائمة ولتوفير التعريفات المادية لسجلاّت القِطع الفنية ولبطاقاتها في الرواق. وقد انطلقت عملية نشر الاكتشافات التقنية المهمّة والدراسات ذات الصلة التي أُجريت خلال فترة المشروع وسوف تتواصل في إطار المحاضرات والإصدارات العلمية. والأمل قائم في أن تزيد هذه المعارف في درجة تقدير المهارة التقنية والبراعة الفنية الظاهرة في هذه المجموعة الاستثنائية.

جان فرانسوا دو لابيروز
مُرمّم، مركز شرمان فارتشايلد لصيانة القِطع الفنية

المساهمون في فهرس القِطع الفنية

قمر آدمجي، أمين متحف مشارك في فنّ جنوب آسيا، متحف الفنّ الآسيوي، سان فرنسيسكو (الاسم المختصر في المقالات: QA)

ديفد ألكسندر، عالم مستقل، بويسلسي. (الاسم المختصر في المقالات: DGA)

مختيلد باومايستر، محافظ، مركز شرمان فارتشايلد لصيانة القِطع الفنية، متحف المتروبوليتان للفنون، نيويورك. (الاسم المختصر في المقالات: MB)

مارتا بيكريني، باحثة مساعدة سابقًا، قسم الفنّ الآسيوي، متحف المتروبوليتان للفنون، نيويورك (MAB)

أولغا بوش، عالمة زائرة، معهد تاريخ الفن ومعهد ماكس بلانك، فلورنسا. (OB)

شيلا ر. كنبي، أمينة المتحف "باتي كادبي بيرتش"، قسم الفن الإسلامي، متحف المتروبوليتان للفنون، نيويورك. (SRC)

ستيفانو كربوني، مدير رواق الفن لأستراليا الغربية، برث. (SC)

باولا تشادويك، باحثة مساعدة، قسم الفنّ الإسلامي، متحف المتروبوليتان للفنون، نيويورك. (PC)

إيلينا شرداكليسكا، 2010–2011 زميلة كريس ، قسم الفنّ الإسلامي وقسم التعليم، متحف المتروبوليتان للفنون، نيويورك. (EC)

والتر ب. دنّي، أستاذ تاريخ الفن، جامعة مساتشوستس أمهرست. (WBD)

بيث إدلستاين، محافظة مشاركة، مركز شرمان فارتشايلد لصيانة القِطع الفنية، متحف المتروبوليتان للفنون، نيويورك. (BE)

مريم د. اختيار، كبيرة الباحثين المشاركين، قسم الفنّ الإسلامي، متحف المتروبوليتان للفنون، نيويورك. (ME)

هلين إيفنس، أمينة المتحف "ماري ومايكل جهاريس للفنّ البيزنطي"، قسم فنّ العصور ألوسطى ، متحف المتروبوليتان للفنون، نيويورك. (HCE)

عبدالله قوجاني، 2008–2009 و 2009–2010 زميل أندرو ميلون، خبير الكتابة المنقوشة، متحف المتروبوليتان للفنون، نيويورك. (AG)

عائشة بينار كوكبينار، متدربة، قسم الفنّ الإسلامي، متحف المتروبوليتان للفنون، نيويورك. (PG)

جون كاي ، أمين المتحف "فلورنس وهربرت إرفنغ لفنّ جنوب شرق آسيا"، قسم الفنّ الآسيوي، متحف المتروبوليتان للفنون، نيويورك. (JG)

نافينا نجاة حيدر، أمينة المتحف والمديرة المنتدبة، قسم الفنّ الإسلامي، متحف المتروبوليتان للفنون، نيويورك. (NNH)

دنيال هاوسدورف، محافظ مساعد، مركز شرمان فارتشايلد لصيانة القِطع الفنية، متحف المتروبوليتان للفنون، نيويورك. (DH)

ستيفان هايديمان، أمين متحف مشارك، قسم الفنّ الإسلامي، متحف المتروبوليتان للفنون، نيويورك. (SH)

يوميكو كمادا، أستاذة مساعدة، معهد واسيدا للدراسات المتقدمة، طوكيو. (YK)

إيلن كنّي، أستاذة مساعدة، قسم الحضارة العربية والإسلامية، الجامعة الأمريكية بالقاهرة. (EK)

إريك ب. كيالغرن أمين متحف مشارك "إفلين هال وجون فريده"، قسم فنون إفريقيا وأقيانوسيا والأمريكتَين، متحف المتروبوليتان للفنون، نيويورك. (EPK)

جان فرانسوا دو لابيروز، مُرمّم، مركز شرمان فارتشايلد لصيانة القِطع الفنية، متحف المتروبوليتان للفنون، نيويورك. (JFL)

فرنشسكا ليوني، أمينة متحف مساعدة للفن الإسلامي، متحف الفنون الجميلة هيوسطن. (FL)

إليزا غاليااردي مانجيلي، 2006–2007 زميلة لدى صندوق مؤسسة ذكرى سيلفان كولمان وباميلا كولمان، قسم صيانة النسيج، متحف المتروبوليتان للفنون، نيويورك. (EGM)

جنينة بوسكروبكو، مرمّمة مشاركة، قسم صيانة النسيج، متحف المتروبوليتان للفنون، نيويورك. (JP)

ستوارت بير، أمين متحف مكلّف "آرثر أوكس سلزبرغر"، قسم الأسلحة والدروع، متحف المتروبوليتان للفنون، نيويورك. (SWP)

ماريكا سردار، باحثة مساعدة، قسم الفن الإسلامي، متحف المتروبوليتان للفنون، نيويورك. (MS)

جوخن سوكولي، مدير قاعات العرض وأستاذ مساعد، قسم تاريخ الفن، جامعة فرجينيا كومينويلث، مدرسة الفنون بقطر، الدوحة. (JS)

بريسيلا ب. ساوشاك، أستاذة جون ل. لوب، معهد الفنون الجميلة، جامعة نيويورك، نيويورك. (PS)

دنيز ماري تيس، باحثة مشاركة، قسم الفن الإسلامي، متحف المتروبوليتان للفنون، نيويورك. (DMT)

رشمي فيسواناثان، قسم الفن الإسلامي، متحف المتروبوليتان للفنون، نيويورك. (RV)

دنيال والكر، رئيس كرسي بريتسكر وأمين متحف الفن الآسيوي. رئيس وأمين متحف كريستا ماير ثرمان للنسيج، معهد الفن بشيكاغو. (DW)

جايمس س. ي. وات، أمين متحف فخري، قسم الفن الآسيوي، متحف

المتروبوليتان للفنون، نيويورك. (JCYW)

كندرا وايسبين، قسم الفن الإسلامي، متحف المتروبوليتان للفنون، نيويورك. (KW)

كرستينا ورنر، متدربة، مركز شرمان فارتشايلد لصيانة القِطع الفنية، متحف المتروبوليتان للفنون، نيويورك. (KRW)

فلوريكا زهرية، مرممة مكلّفة، قسم صيانة النسيج، متحف المتروبوليتان للفنون، نيويورك. (FZ)

كارين زونيس، قسم الفن الإسلامي، متحف المتروبوليتان للفنون، نيويورك. (KZ)

ملاحظة للقرّاء

السور القرآنية وآياتها وترقيمها مطابقة للمصحف الإلكتروني لجامعة الملك سعود بالمملكة العربية السعودية. وترد السنوات بالتاريخ الميلادي وأحيانا بالتاريخ الهجري، لكنّها ترد بالهجري أوّلا إذا وردت على هذا النحو على القطعة الفنية، عندئذ نتبعها بالتاريخ الميلادي للتوضيح.

فيما يتعلق بتعريب الأسماء الأجنبية اعتمدنا الصيغة المتداولة والأكثر شيوعا، وفي حال غياب استخدام سابق، ترجمنا الأسماء كما تُنطق بلغاتها الأصلية. أما المقاسات فهي بالمتر والسنتيمتر والمليمتر وترد تباعا على النحو التالي: الطول أو الارتفاع، العرض، العمق، كما يجد القارئ قياس القطر في بعض الحالات لمزيد من التوضيح.

كل الكتابات الواردة بالعربية منقولة من القطع الفنية على حالها. أما الكتابات بالفارسية فهي مترجمة إلى العربية، وقد اجتنبنا إيرادها بلغتها الأصلية سعيا لأن تكون الصفحة واضحة للقارئ العربي من أول وهلة واجتنابا لأي لبس قد يحصل لتشابه الفارسية بالعربية التي تتقاسم معها الحروف نفسها.

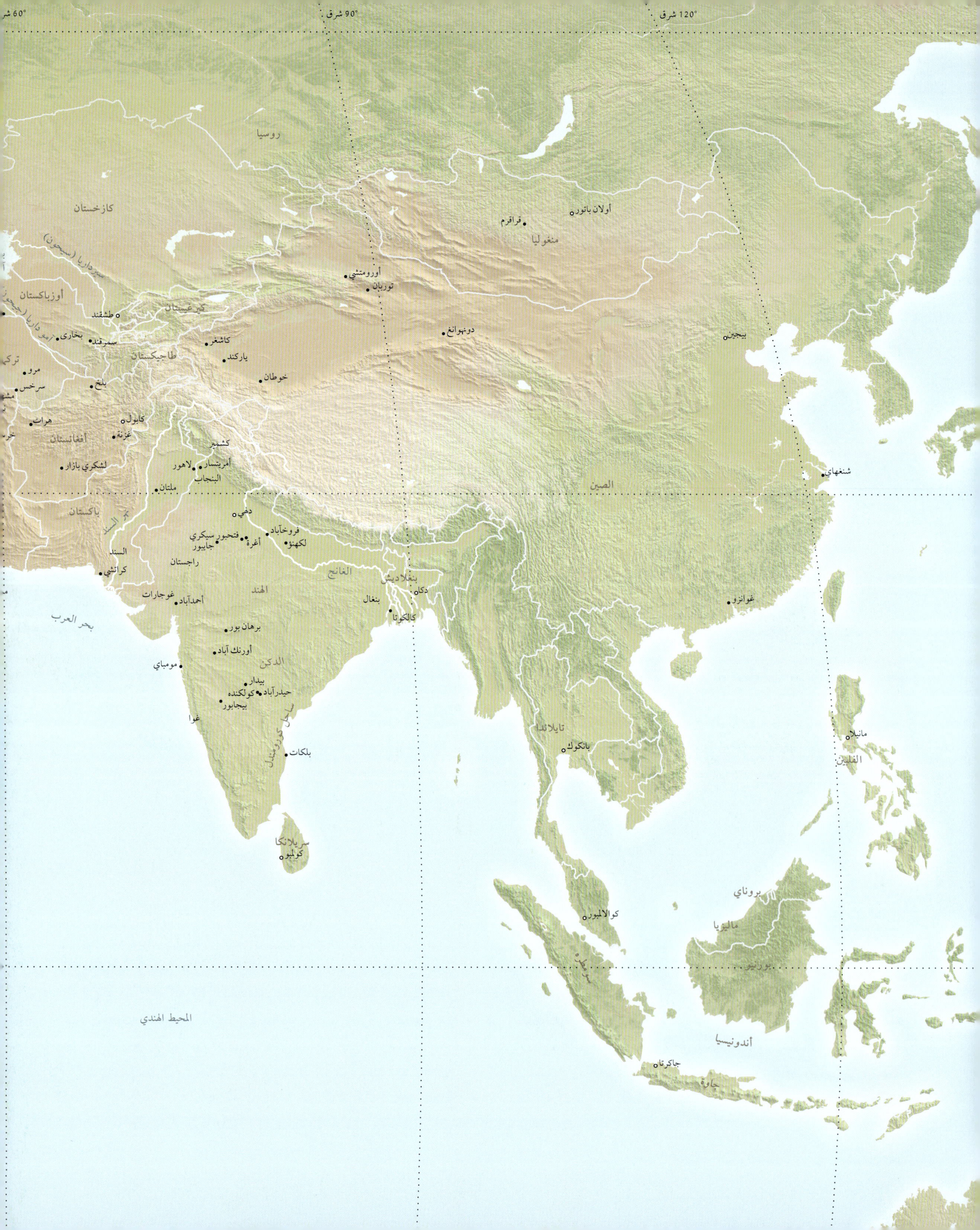

60° شرق
90° شرق
120° شرق
روسيا
كازخستان
سيرداريا (سيحون)
أوزباكستان
آمو داريا (جيحون)
قرغيستان
طاجيكستان
طشقند
بخارى
سمرقند
مرو
سرخس
بلخ
هراة
كابول
غزنة
أفغانستان
لشكري بازار
باكستان
السند
كراتشي
كاشغر
ياركند
خوطان
أورومتشي
توربان
دونهوانغ
قراقرم
أولان باتور
منغوليا
بيجين
شنغهاي
الصين
غوانزو
كشمير
أمريتسار
لاهور
البنجاب
ملتان
دهلي
فروخآباد
لكهنؤ
فتحبور سيكري
أغرة
جايبور
راجستان
الغانج
بنغلاديش
دكا
بنغال
كالكوتا
الهند
غوجارات
أحمدآباد
بحر العرب
برهان بور
أورنك آباد
الدكن
مومباي
بيدار
حيدرآباد
كولكنده
بيجابور
غوا
ساحل كوروماندل
بلكات
سريلانكا
كولمبو
تايلاند
بانكوك
مانيلا
الفلبين
كوالالمبور
سومطرة
بروناي
ماليزيا
بورنيو
أندونيسيا
جاكرتا
جاوة
المحيط الهندي

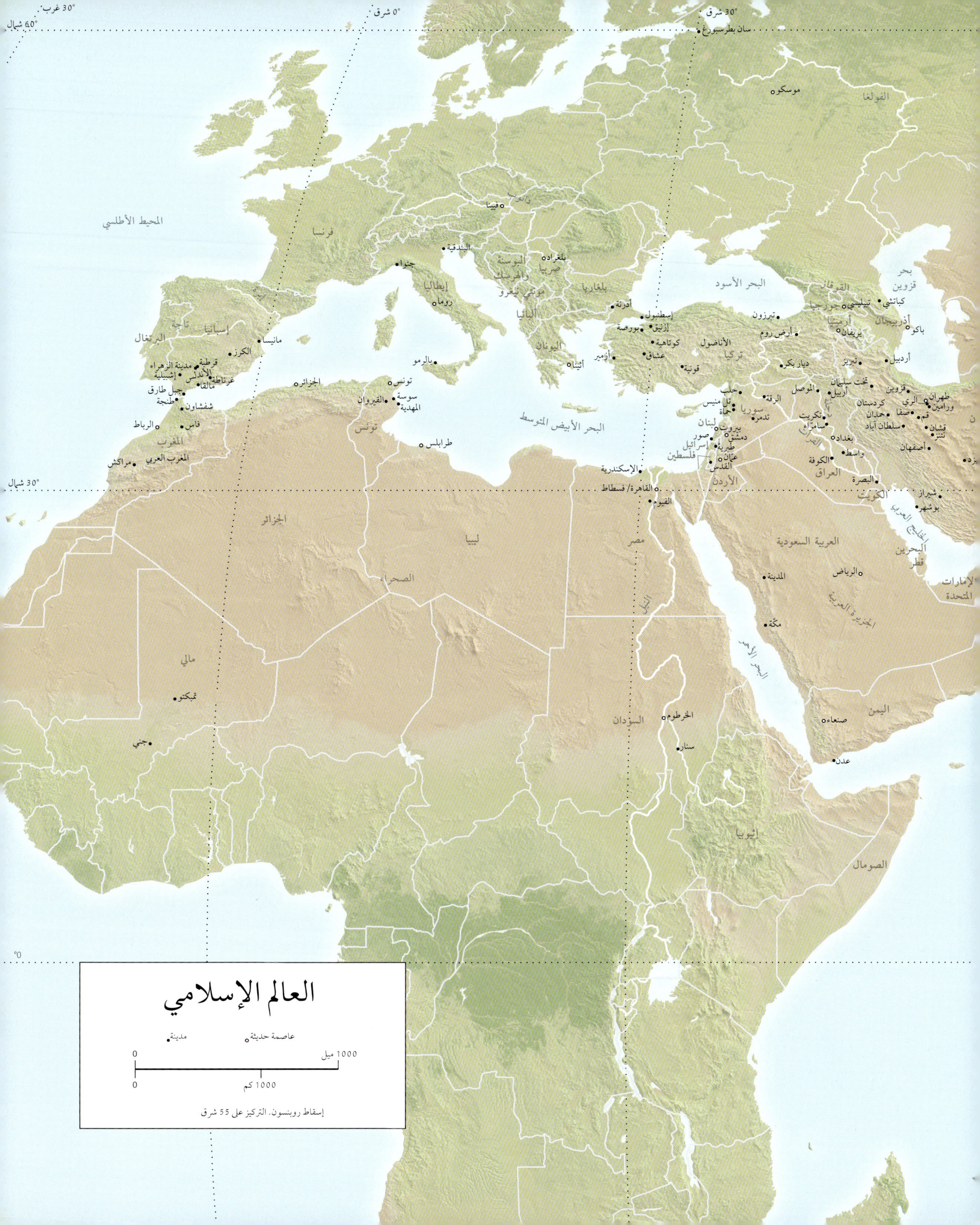
العالم الإسلامي
مدينة
عاصمة حديثة
0
1000 ميل
0
1000 كم
إسقاط روبنسون. التركيز على 55 شرق
30° غرب
50° شمال
5° شرق
30° شرق
30° شمال
0°
سان بطرسبورغ
موسكو
الفولغا
المحيط الأطلسي
فرنسا
فيينا
البندقية
جنوا
إيطاليا
روما
بلغراد
صربيا
البوسنة والهرسك
مونتي نيغرو
ألبانيا
بلغاريا
اليونان
أثينا
أدرنة
البحر الأسود
القوقاز
جورجيا
تبليسي
أرمينيا
أذربيجان
كباتشي
بحر قزوين
باكو
إسطنبول
إزنيق
بورصة
كوتاهية
الأناضول
تركيا
أزمير
عشاق
قونية
تيرزون
أرض روم
يريفان
ديار بكر
تبريز
أردبيل
إسبانيا
البرتغال
مانيسا
الكرز
قرطبة
مدينة الزهراء
الأندلس
إشبيلية
غرناطة
مالقا
جبل طارق
طنجة
شفشاون
فاس
الرباط
المغرب
المغرب العربي
مراكش
الجزائر
تونس
سوسة
القيروان
المهدية
باليرمو
طرابلس
البحر الأبيض المتوسط
حلب
تل منيس
حماة
سوريا
الرقة
تدمر
الموصل
أربيل
تخت سليمان
قزوين
طهران
الري
ورامين
قم
همدان
كردستان
صفنا
سلطان آباد
قشان
نتنز
أصفهان
تكريت
سامراء
بغداد
واسط
الكوفة
العراق
البصرة
الكويت
شيراز
بوشهر
لبنان
بيروت
صور
دمشق
طبرية
إسرائيل
فلسطين
عمان
القدس
الأردن
الإسكندرية
القاهرة/ فسطاط
الفيوم
مصر
ليبيا
الصحراء
الجزائر
مالي
تمبكتو
جني
النيل
السودان
الخرطوم
سنار
البحر الأحمر
العربية السعودية
المدينة
مكة
الرياض
الجزيرة العربية
الخليج العربي
البحرين
قطر
الإمارات المتحدة
اليمن
صنعاء
عدن
إثيوبيا
الصومال

روائع تُحف الفنّ الإسلامي
في متحف المتروبوليتان للفنون

المقدّمة

إنشاء مجموعة للفنّ الإسلامي في متحف المتروبوليتان للفنون، 1870 – 2011م

بريسيلا ب. ساوشاك

يحتفظ حاليًا قسم الفنّ الإسلامي بمتحف المتروبوليتان بأكثر من اثنتي عشرة ألف قطعة من الشرق الأدنى وآسيا الوسطى وشبه القارّة الهنديّة الإسلاميين ومن الغرب الإسلامي – إسبانيا وشمال إفريقيا وجنوب إيطاليا. وهو ما يعكس ذوق المتبرّعين للمتحف وحماستهم وكرمهم، كما يعكس خبرة أمناء المتحف ومهارة علماء الآثار العاملين فيه. امتدّت المرحلة الأولى من تطوّر هذه المجموعة خلال العقود الفاصلة ما بين تأسيس المتروبوليتان سنة 1870م وإنشاء قسم مكرّس لفنّ الشرق الأدنى سنة 1932م، وكانت المجموعة في حينها تتكوّن في جزئها الأكبر من الهبات والوصايا.(1) أمّا المرحلة الثانية لتطوّر المجموعة فكانت على امتداد العقود ما بين 1932م وحتى تخصيص قسم مستقلّ للفنّ الإسلامي في سنة 1963م، أي عندما شارك المتحف في التنقيبات الأثرية في الشرق الأدنى، انطلاقًا من مدينة قطسيفون (المدائن) في العراق ثم نيسابور في إيران. زادت هذه الأنشطة بصفة ملحوظة في حجم ممتلكات القسم؛ ويتأتّى زهاء نصف مجموعة القطع تحت رعاية القسم من هذه التنقيبات الأثرية. وبدأت المرحلة الثالثة من تطور المجموعة سنة 1975م عندما جرى تخصيص مجموعة من القاعات في الطابق الثاني للجناح الجنوبي الشرقي للمتروبوليتان لإيواء العرض الدّائم؛ وهو الفضاء الذي عادت إليه القِطع الفنية الآن (انظر الدراسة اللاحقة حول الأروقة الجديدة بقلم نافينا حيدر).

إنّ الجامعين الذين شكّلت هباتهم ووصاياهم أسس المجموعة الإسلامية للمتحف يعكسون الآفاق الثقافية المتوسّعة باطّراد للمجتمع الأمريكي، وبوجه خاص في نيويورك، في أواخر القرن التاسع عشر والقرن العشرين م. حيث زاروا أوروبا مرارًا وتكرارًا، بل وأقاموا فيها؛ كما توغّل بعضهم في الشّرق الأدنى وأبعد باتّجاه جنوب وشرق آسيا. وكانت أولى هذه المجموعات وأكثرها شمولية مجموعة إدوارد س. مور (1827 – 1891م)، رئيس المصمّمين لدى تيفاني وشركائها من 1868م حتّى وفاته.

وصلت مجموعة مور إلى المتحف سنة 1891م بعد أن أوصى بها قبل وفاته وعُرِضت في البداية للزائرين في السنة التالية، وكانت المجموعة تغطّي مدى واسعا من العصور والوسائط، وتشمل مزهريّات يونانيّة وأتروريّة، وتحف معدنيّة (الفهرس 104)، وزجاجيّات، وخزفيّات، وقِطع نسيج من مختلف العصور والمناطق.

قرن من المنشآت: مقال مصوَّر

ريبيكا ميريواثر ليندساي

سَجّلت هذه الصّور المأخوذة من أرشيف المتحف مختلف منشآت عرض القطع الفنيّة الموجودة اليوم في قسم الفنّ الإسلامي وذلك على امتداد المئة سنة الماضية. وهي تقدّم رؤية مطوّلة للسياقات والتأويلات المتغيّرة للمجموعة.

تتبّع الصّور في تقديمها التطوّرات التاريخيّة. وكانت معظم الأعمال الفنيّة القادمة من العالم الإسلامي تُعدّ منتجات صناعيّة أو زخرفيّة بدلاً من تُحف فنون جميلة، وكانت تُعرَض على هذا الأساس. كما أنّ حجم الهبات الكبيرة في الوقت نفسه بدأ يحثّ على تخصيص معرض دائم لهذه المواد. وهكذا، فإنّ مجموعة "المتبرّعون والفنون الزخرفيّة: المعارض الأولى، 1907 – 1920م" تجمع صورًا للمنشآت الأولى التي كانت تعتمد بشدّة على المحسنين الأوائل. وعلى النقيض من ذلك، فإنّ المرحلة التي تغطّيها مجموعة "قسم الشرق الأدنى: التأسيس والتوسعة، 1921 –1949م" شهدت تهذيبًا في العروض مع تركيز واضح على فنّ الشرق الأدنى بفضل خبرة أمناء المتحف وكذلك الهبات والمقتنيات والتنقيبات في نيسابور. ويعكس قسم مجموعة "معارض ما بعد الحرب، 1949 – 1970م" إقرارًا متزايدًا بمجال الفنّ الإسلامي بلغ أوجه عند تأسيس قسم الفنّ الإسلامي سنة 1963م وأروقته الدّائمة الأولى سنة 1975م.

كانت القطع الفنيّة المعروضة هنا قد عُرِضت في الأصل في فضاءين من الطابق الثاني للمتحف: من حوالي 1907 إلى 1970م في الجزء الشمالي من البناية في الأجنحة "د" و"هـ" و"ح" (حيث يوجد حاليا القسم الآسيوي)؛ ومنذ سنة 1975م في الجناح "ك" فوق الرواقين اليوناني والروماني. وأصبحت القِطع الفنيّة منذ 3691م تنتمي إلى قسم الفنّ الإسلامي. أمّا قبل ذلك فكانت جزءً من قسم الفنون الزخرفيّة (1907 – 1922م) فقسمه الفرعي لفنّ الشرق الأدنى (1923 – 1931م) ثمّ انتقلت إلى قسم فنّ الشرق الأدنى الذي أُنشئ سنة 1932م وفيه وحدتين: فنّ الشرق الأدنى القديم و"فنّ الشرق الأدنى الإسلامي الذي يشمل إسبانيا المورسكية وشمال إفريقيا ومصر تحت حكم العرب وتركيا وأوروبا والقوقاز وآسيا الصغرى وسوريا وبلاد ما بين النهرين والجزيرة العربية وبلاد فارس وتركستان الغربية وأفغانستان والهند وأندونيسيا والصين الهنديّة."

تُقدّم سجلاّت أرشيف المتحف التي أشرنا إلى بعضها هنا، تواريخ مختلفة للبناية والتقسيمات الإداريّة.

وقد اشترطت وصيّة مور أن تُعرَض مجموعته برمّتها في فضاء متجاور (الرسم 2، 6).(2) وكان ذوق مور المتحرّر سمة مميّزة للتيّار الجمالي الذي ركّز على خصائص التّحفة الفنيّة في حدّ ذاتها دون الالتفات إلى عصرها أو مصدرها المكاني. وقد شجّعته هذه الرّوح الانتقائيّة مع غيره من المبدعين على إدماج عناصر من فترات أو ثقافات أو مناطق مختلفة في إبداعاتهم الفنيّة الشخصيّة.(3)

استلم المتحف سنة 1902م مجموعة وصفتها صحيفة نيويورك تايمز بأنّها "سقط المتاع"، وقد جمعها ويليام ب أُصغود فيلد (1823 – 1900م)، وهو رجل أعمال وفاعل خير من نيويورك عاش لعدّة سنوات في روما. أوصى ويليام بمجموعته إلى زوجته كاثرين باركر ثمّ إلى المتروبوليتان بعد وفاتها سنة 1901م.(4) وهكذا دخلت المتحف خزفيّات تركيّة (الفهرس 215 و218أ) وصينيّة وأوروبيّة مع زوج من السّاعات الحائطيّة الإيطاليّة وبعض الدروع الهنديّة.

كما أُهدِيت إلى المتحف قطع من اليشم يمتلكها هيبر رجينالد بيشوب (1840 – 1902م). كوّن بيشوب ثروته من السكّر الكوبي ومن الحديد الخام من ولاية مينيسوتا، وكان جامعًا مولعا بشدّة باليشم المنقوش وغيره من الأحجار الصّلبة شبه الكريمة. وقد رتّب وصيّته قبل وفاته ببضع سنوات كي تؤول مجموعته إلى متحف المتروبوليتان واشترط أن تُعرَض في محيط يستنسخ قاعة الرقص في منزله حيث كانت المجموعة معروضة للعيان. كما أوصى بإصدار كتاب حول اليشم والأحجار المماثلة يشمل تحف اليشم السبع والعشرين المنسوبة إلى آسيا الوسطى (الفهرس 133 و258) أو الهند والمعروضة حاليّا في الأروقة الإسلاميّة.(5)

وعلى الرّغم من أنّ اسم جون بياربونت مورغان (1837 –1913م) يرتبط أكثر بالمكتبة والمتحف الذين يحملان اسمه، إلاّ أنّه أدّى عدّة أدوار مختلفة في المتروبولتان. فقد كان مورغان من الدّاعمين الأوائل للمتحف والتحق بمجلس أمنائه سنة 1889م ثمّ شغل منصب رئيسه الرّابع (1905 – 1912م).(6) وكان دوره محوريًّا عندئذ في تحويل المؤسّسة من شركة يُديرها المتطوّعون عمومًا إلى منظّمة احترافيّة بموظّفين دائمين.

كان مورغان يميل أكثر إلى اقتناء مجموعات التّحف التي يجمعها الآخرون مثلما فعل مع مجموعة جورج هونتشيل للفنون الزخرفيّة التي دخلت المتحف على شكل استعارة سنة 1910م.(7) وقد حفّز حجمُ هذه المجموعة وجودتها المتحفَ على بناء رواق جديد لعرضها في انتظار الحصول عليها نهائيّا كهبة إن أمكن.(8) ورغم أنّ مورغان تُوفِّي قبل توضيح الوضع القانوني للمجموعة، إلاّ أنّ التحف التي اشتراها والمعروضة حاليًّا في القسم الإسلامي وُهِبت سنة 1917م من قِبل ابنه ج.ب. مورغان الأصغر.

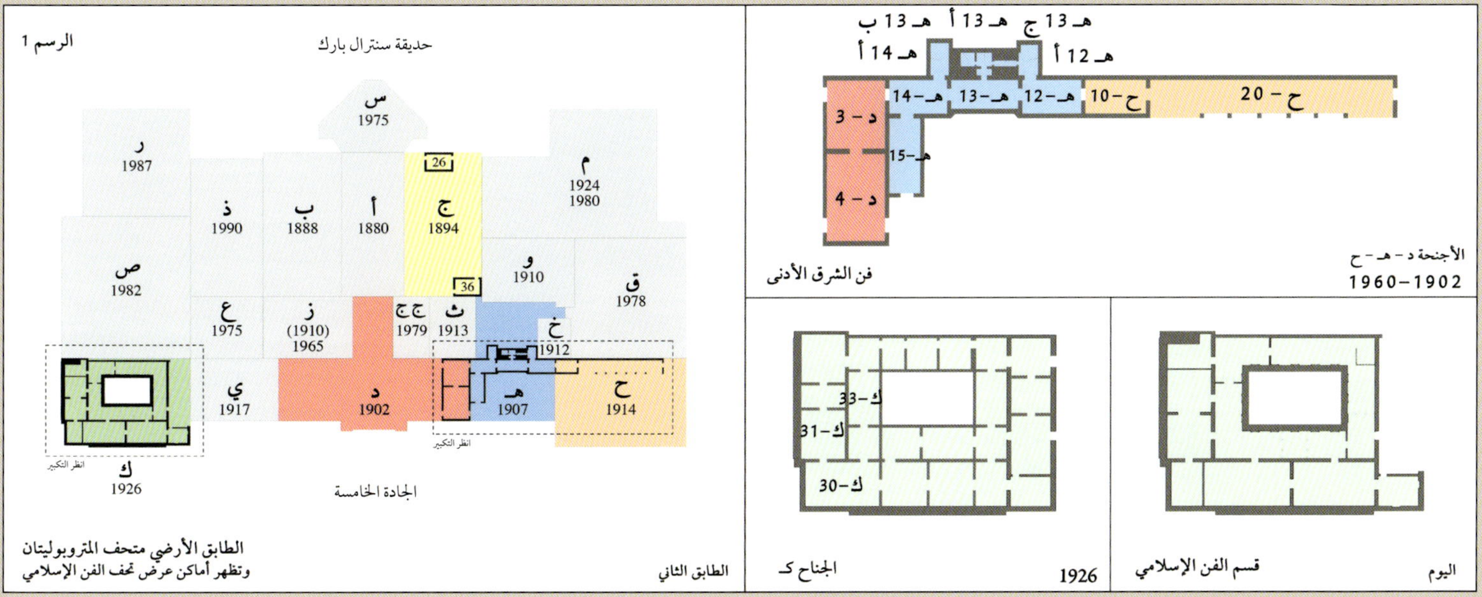

الطابق الأرضي متحف المتروبوليتان وتظهر أماكن عرض تحف الفن الإسلامي

وتبرز من بينها علبة جواهر عاجيّة رائعة من جنوب إيطاليا (الفهرس 39) وزوج من الزرابي الهنديّة (الفهرس 262) ورداء كهنوتي من القماش العثماني ومجموعة من مصابيح المسجد المطليّة بالمينا والمذهّبة من عصر المماليك (الفهرس 109) ولوحات خزفيّة غنيّة بالألوان من من إزنيق العثمانية.

وأهدى ألكسندر سميث كوشران (1874-1929م) مجموعة من المخطوطات المُصوَّرة (الصورة 17). حصل المتحف سنة 1913م على أربعة وعشرين مخطوطة، وثلاثين صورة تحتلّ كلّ واحدة منها صفحة (الفهرس 123أ-ج، 135) مرفوقة بفهرس منشور صنّفه أ.ف. وليامس جاكسون وأبراهام يوهنّان. (9) ورث كوشران عن جدّته من أمّه مصانع للسجاد وكان نشطًا في قيادة اليخوت وشارك في العديد من المسابقات. سافر كوشران وجاكسون سنة 1907م مع بعضهما إلى إيران، وكانا جاران في مدينة يونكرز. والأرجح أنّ جاكسون قدّم النّصح والاستشارة في عمليّة تكوين مجموعة مخطوطات كوشران التي تتألّف من نُسخ مصوّرة من الآداب الكلاسيكية الفارسيّة ونصوص بالتركيّة ونسخة من القرآن.

أمّا وصيّة وليام ميلنه غرينال (1858-1920م) فقد جمعت عشرين لوحة مرسومة بما فيها اثنتا عشرة من شاهنامة الفردوسي (الفهرس 239أ، ب) وتشكيلة مثيرة للإعجاب من الأواني واللّوحات الخزفية (الفهرس 130). (10) كان غرينال ينتمي إلى عائلة من وجهاء نيويورك تعود أصولها إلى سلالة هوغونو، وتخرّج من جامعة يال سنة 1881م، ثمّ تدرّب على الهندسة المعماريّة في جامعة كولومبيا ومارس المهنة لبضع سنوات. غير أنّ سيرته المختصَرة المنشورة في يوميّات المتخرّجين في جامعة يال والمحرَّرة سنة 1910م تُركّز بوجه خاصّ على سنوات سفره وتُشير إلى أنّه زار "كلّ بلد في العالم." (11) وفي وصفه لوصيّة غرينال سنة 1920م، يذكر جوزيف براك أنّ العديد من اقتناءات المُتبرّع اشتراها من القاهرة "حيث قضّى فصل الشّتاء لعدّة سنوات." (12) إذا صحّت هذه الفرضيّة فإنّ كثرة الخزفيّات الفارسيّة ضمن مجموعته الممتدَّة زمنيًا من القرن 12 إلى القرن 19م لافت للانتباه، أمّا تحفه المصريّة فهي في الغالب شظايا من الفخاريّات ذات البريق المعدنيّ. (13) كما جمع غرينال أيضا أوانيَ سوريّة وتركيّة ومن آسيا الوسطى. (14)

قدّم العديد من المتبرّعين إلى المتحف سجاد من الشّرق الأدنى ومن الهند كانت منتشرة على نطاق واسع. وأهدى التاجر بنجامين ألتمان (1840-1913م) بعض الزرابي الفارسيّة الفاخرة المنسوجة من الحرير (الفهرس 182، 183) وبعض البُسط الهنديّة من باشمينا (الفهرس 265). (15) كان القائمون على المتحف يرغبون منذ زمن طويل في الحصول على مجموعة لوحات ألتمان التي تشمل أعمالاً منسوبة إلى رامبرانت، ولذلك فقد قبلوا بشرطه المتمثّل في عرضها مع لوحة رُسِمت عليها صورة المتبرّع في قاعة تحيط بها بقيّة التُّحَف من مجموعته: الزّرابي، والخزفيّات التّركيّة (الفهرس 210)، والخزف الصّيني، واللآلئ والتُّحف المعدنيّة اليابانية، والمنحوتات الأوروبيّة، وأحجار الكريستال، وكذلك مجموعة من الأثاث وتشكيلة عريضة من قنّينات السّعوط (الصّور 3، 13).

ازدادت أهميّة المتحف خلال العقد الثاني من القرن العشرين بوصفه مستودَعًا لفنّ الشّرق الأدنى، وبدأ في جلب انتباه جامعي تُحف أكثر تخصّص. وفي سنة 1921م، اختار جيمس ف. بلاّرد (1851-1931م) الذي أقام طوال حياته في سانت لويس، متحف المتروبوليتان ليقيم فيه معرضًا مؤقّتًا لخمسة وستّين نموذجًا من مجموعة البُسط التي يمتلكها. (16) كوّن بلاّرد ثروته من بيع براءات الاكتشاف الطبيّة ولاسيّما "مرهم الثّلج بلاّرد"، كما كان يروّج بولع للأهميّة الأخلاقيّة والتاريخيّة والفنيّة للزّرابي التي كان يمتلكها. (17)

المتبرّعون والفنون الزخرفيّة: العروض الأولى، 1907-1920م

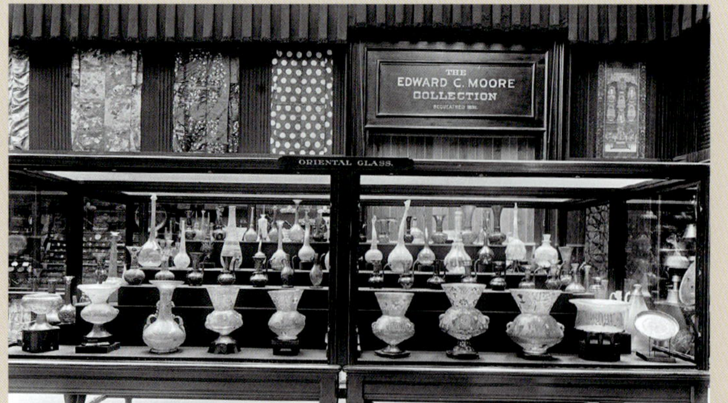

(الصّورة 2) 9 مايو 1907م: الجناح ج، مجموعة إدوارد س. مور للزّجاجيّات الشرقيّة. هذه أقدم صورة للتّحف المعروضة الآن في القسم الإسلامي.

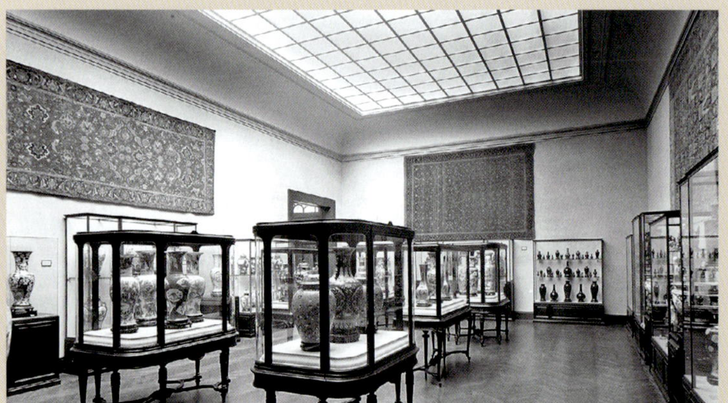

(الصّورة 3) 11 نوفمبر 1914: الجناح ج، مجموعة بنجامين ألتمان التي تشمل 60 بساط شرقيّ وتُحف خزفيّة ومعدنيّة صفويّة وعثمانيّة وخزف صينيّ. انتقلت مجموعة ألتمان سنة 1926م إلى الأروقة ك-30-36.

ونظّم ما بين 1916 و1921م معارض مفتوحة للعموم لمجموعته من البُسط في سانت لويس ونيويورك وشيكاغو وإنديانابوليس ومنيابوليس وبيتسبورغ وبوفالو. وبعد هذا السّيل الجارف من الإشهار أهدى إلى المتروبوليتان 112 بساط (الصورة 10، 11. الفهرس 51، 236، 237) مع عدّة قطع منسوجة أخرى (الفهرس 198أ، ب). كما حرّر ونَشَر فهارس جمعت بين الوصف المُلوَّن للبُسط المعروضة وحكايات مغامراته الشخصيّة المُروّعة وهو يجمع التحف في الشّرق الأدنى.

كان موريس سفان دايمند (1892–1986م) أوّل أمين متحف متخصّص في فنّ الشّرق الأدنى، وله اهتمام شخصيّ بالغ بدراسة الزّرابي.(18) التحق بالمتحف سنة 1923م بعد أن أنهى أطروحة دكتوراه حول النّجود الصوفية القبطيّة لدى جامعة فيينا تحت إشراف جوزيف سترزيبيغوفسكي.(19) انطلقت مسيرة دايمند التي دامت 37 سنة بفهرس المتروبوليتان للأنسجة القبطيّة، وقدّم ركائز احترافيّة متينة لدراسة فنّ الشّرق الأدنى. ألقى الأمين محاضرات ونظّم معارض ونشر أكثر من دليل للمجموعات بالإضافة إلى أعمال مرجعيّة مهمّة. كما شهدت سنوات خدمة دايمند كذلك اقتناءات ذات شأن من قِبل قسم الشّرق الأدنى. ومن بين المجموعات التي تَركّز عليها اهتمام تلك الفترة مجموعةَ جورج دوبون برات (1869–1936م) التي أُهدِيَت عامَي 1929 و1931م. كانت غالبيّة هذه القطع المنسوجة منقوشة لكنّها مصنّعَة بتقنيات مختلفة (الفهرس 26، 27، 29). ويحمل العديد منها نقوشَ "الطّراز" التي تشير إلى إنتاجها في الورشات المدعومة رسميًا من الدولة، بينما يحمل غيرها نصوصًا منسوجة أو مدموغة أو مطبوعة.(20)

أثرى بعض المتبرعين عدّة أقسام من المتحف. عُرِف م. دافيس (1837–1915م) في الأصل بمشاريعه الأثريّة في مصر، وقد أوصى لقسم الشرق الأدنى بمجموعة مهيبة من الرّسومات الفارسيّة والهنديّة العائدة للقرن السابع عشر الميلادي (الفهرس 190) بالتوازي مع 80 قطعة فنية من إسبانيا وتركيا وإيران والهند – وهي تشمل عمودَين من مدينة الزهراء في إسبانيا وزرابي من إيران والقوقاز. لم تصل وصيّته إلى المتحف إلاّ سنة 1930م(21) وذلك بسبب عوائق قانونية حالت دون تنفيذها.

إنّ هبات أسرة هافماير إلى مجموعة المتحف من اللوحات الأوروبية معروفة للجميع، غير أنّ الأسرة كانت تمتلك أيضا قطعًا فنيّة من الشرق الأدنى. ويبدو أنّ الأب المؤسّس للأسرة هنري أسبورن هافماير (1847–1907م) كان المحفِّز الأوّل لجمع نماذج من "الفنّ الزّخرفي"، ثمّ أصبح منبهرا بالقطع الفنيّة القادمة من مناطق قصيّة والتي شاهدها في المعارض الدّوليّة.(22) قدّمت الأسرة أوّل هديّة سنة 1929م تخليدًا لذكراه وتُعرف اليوم باسم مجموعة هـ. أ. هافماير وتشمل خزفيّات فارسيّة وسوريّة وتركيّة مع بعض الصّحائف المخطوطة الفارسيّة (الفهرس 43أ، ب، 53). وتواصل كرم الأسرة تجاه المتروبوليتان على يدَي هوراس هافماير (1886–1956م) ابن هنري ولويزين، وقد وصلت آخر دفعة من هديته على شكل وصيّة سنة 1956م.(23) كانت مجموعته تتألّف في الغالب من الخزفيّات وتشمل تُحفًا فنيّة كانت على ملك والدَيه (الفهرس 97)، أمّا اقتناءاته الشخصيّة فقد اشتراها تبعًا لنصيحة تاجر التحف وجامعها دكران كيليكيان (1851–1896م).(24)

كورا تيمكن بورنات (حوالي 1865–1957م)

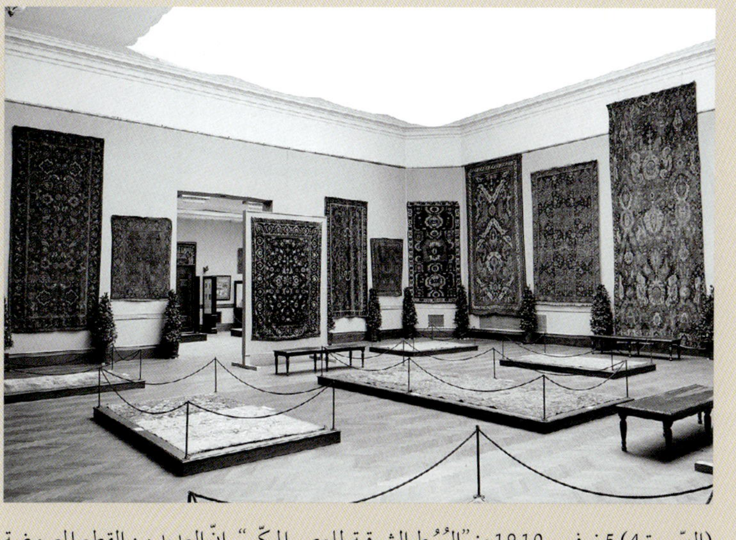

(الصّورة 4) 5 نوفمبر 1910م: "البُسُط الشرقية للعصر المبكّر". إنّ العديد من القطع المعروضة هنا ضمن المعرض الخاص الأول للفن الإسلامي دخلت لاحقًا المجموعة الدائمة. وقد تضمّنت التكاليف الإجمالية للمعرض البالغة 4,000 دولار 100 دولار مقابل إيجار أشجار العنبر من محلات بلومنغدايل.

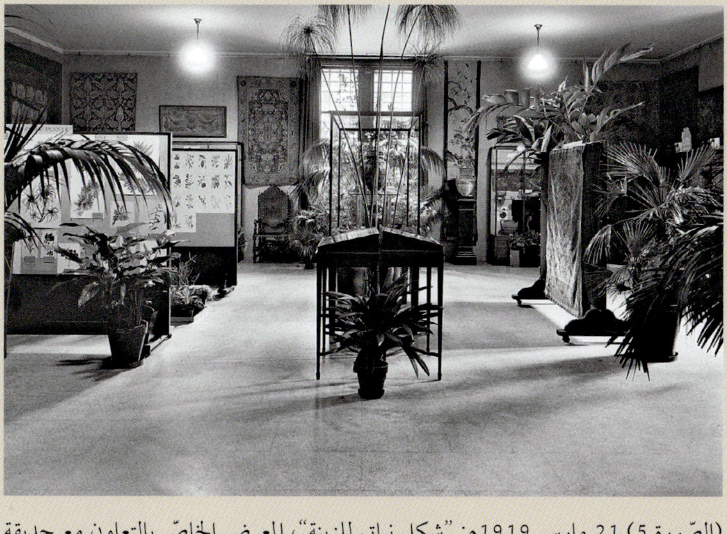

(الصّورة 5) 21 مارس 1919م: "شكل نباتي للزينة"، المعرض الخاصّ بالتعاون مع حديقة نيويورك النباتية الذي جرى تصميمه خلال الحرب العالمية الأولى بوصفه وسيلة للتعبير عن الروح الوطنيّة "أن نقدّم للمصمّمين الفنيّين توجُّهًا وإيحاءً جديدين... أفضل من ألمانيا والنمسا." وقد تضمّن 19 قطعة فنية من العالم الإسلامي بما فيها خزفيّات من هبة أسغود فيلد لسنة 1902م. (رسالة من بريتون إلى كانت، 4 سبتمبر 1918م)

متبرّعة أخرى ذات شأن من فترة ديماند. وُلد أبوها هانري تيمكن (1831–1909م) في ألمانيا وهاجر إلى سانت لويس سنة 1847م. اشتغل عدة سنوات في الزراعة ثم تحوّل إلى تصنيع العربات، وجمع ثروة من براءة اختراع كان يمتلكها لحوامل الكريّات الحديدية المستخدمة في محاور عجلات العربات. (ومازالت حتى اليوم شركة تيمكن التي أسّسها سنة 1889م تعمل في عدة بلدان).(25) في سنة 1897م انتقلت عائلة تيمكن إلى سان دييغو حيث نشطت كورا في مجال النحت والرسم رغم أنّ أعمالها لم تصلنا.(26) وبعد أن تزوّجت في يوليو 1920م بطبيب متخصص في تقويم العظام يُدعى جون كلوسون بورنيت، سافرت كورا كثيرا وجمعت أعمالا فنية. بعد وفاتها في يناير 1957م قُسِّمت مجموعتها بين متحف الفنّ بسان دييغو وهي مؤسسة يدعمها أعضاء آخرون من أسرتها، ومتحف الميتروبوليتان. حصل سان دييغو على مطبوعات يابانية على كتل خشبية ومنحوتات هنديّة.(27) أمّا جزء الوصيّة التي أوصت به إلى متحف الميتروبوليتان والمعروض الآن في القسم الإسلامي فيتضمّن ما يزيد على 25 صورة تحتلّ كلّ واحدة صفحة حالها، وورقات ألبوم (الفهرس 55، 59، 92، 120، 121، 202). وقد مرّ بعضها عبر مجموعة ف.ر. مارتن (1868–1933م) الذي حصل عليها على الأرجح في إسطنبول.(28)

كانت مجموعة بُسط الميتروبوليتان في خمسينات القرن العشرين كبيرة إلى حدّ ما، لكنّ تشكيلتها وجودتها تحسنتا كثيرا بفضل هدايا ووصايا جوزيف ف. ماكمولان (1896–1973م) الذي استمرّ كرمه تجاه المتحف من 1955 إلى 1974م. كانت مجموعة ماكمولان تتميز بوجه خاص ببُسُطها من تركيا (الفهرس 235) والقوقاز وآسيا الوسطى، لكنّه أعطى إلى المتحف كذلك نماذج رئيسية من إيران والهند وإسبانيا. نُسجت بعض هذه الزرابي في مراكز مهمّة من إنتاج البلاط، غير أنّ ماكمولان كان له ميل شخصيّ للأعمال ذات التصاميم غير المألوفة التي أبدعها البدو الرحّل أو القرويون (الصورة 18).(29)

يمتلك قسم الشرق الأدنى تحفًا ذات شأن حصل عليها عبر عمليات اقتناء تحت قيادة ديماند. وهي تشمل قارورة زجاجية مطليّة بالمينا من العصر المملوكي كانت سابقًا ضمن مجموعة آل هابسبورغ (الفهرس 111)(30)، وزربيّتين من مجموعة إيديث روكفيلر عُرفت إحداها على أنّها زربيّة الإمبراطور (الفهرس 181) (31)، ومبخرة مهيبة على شكل أسد مؤرّخة في سنتي 1181–1182م (الفهرس 85)(32). شكّلت مرحلة ديماند كذلك بداية علاقة العمل الوثيقة بين القسم ومؤسّسة كيفوركيان وخلفها رصيد كيفوركيان.(33)

شهدت ثلاثينات وأربعينات القرن العشرين إطلاق المتحف لحملة في الشرق الأوسط لإجراء البحوث الأثرية في المنطقة، وقد سبق أن اشتغل عضوان مؤسّسان لهذه المجموعة في مصر، وهما والتر هاوزر وشارلز ك. ولكينسون (1897–1986م)، بينما قدم الثالث، جوزيف م. أبتون، من قسم الفنون الزخرفيّة. كانت مهمّتهم الأصلية سنة 1391م تقتصر على المشاركة في البعثة الألمانية إلى قطسيفون في العراق.(34) عمل الفريق من 1932 إلى 1934م في قصر أبو نصر في إيران قرب شيراز.(35)

وبعد هذه البعثات المتواضعة، قبل الفريق دعوة الحكومة الإيرانية إلى تركيز اهتمامه على موقع نيسابور قرب مدينة مشهد الحديثة حيث كان يتوقّع أعضاء الفريق أن يعثروا على بقايا تعود لعصر ما قبل الإسلام.

العروض الأولى 1907–1920م

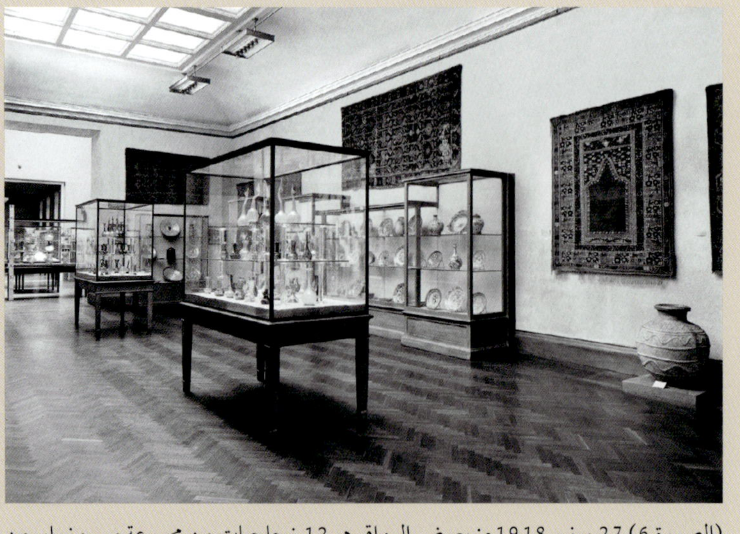

(الصورة 6) 27 يونيو 1918م: يعرض الرواق هـ 12 زجاجيات من مجموعة مور وزرابي من القرن التاسع عشر الميلادي. بعد فتح الجناح هـ سنة 1910م خصص المتحف أروقة لفنون الشرق الأدنى في الأجنحة د، هـ، وبعد 1912م، في الجناح ح. وخُصّصت في الطرف الشمالي من الجناح هـ، الأروقة هـ 12 و13 و14 لتكون قاعات العرض الثلاث الرئيسة للتحف الإسلامية على امتداد خمسين سنة تقريبا.

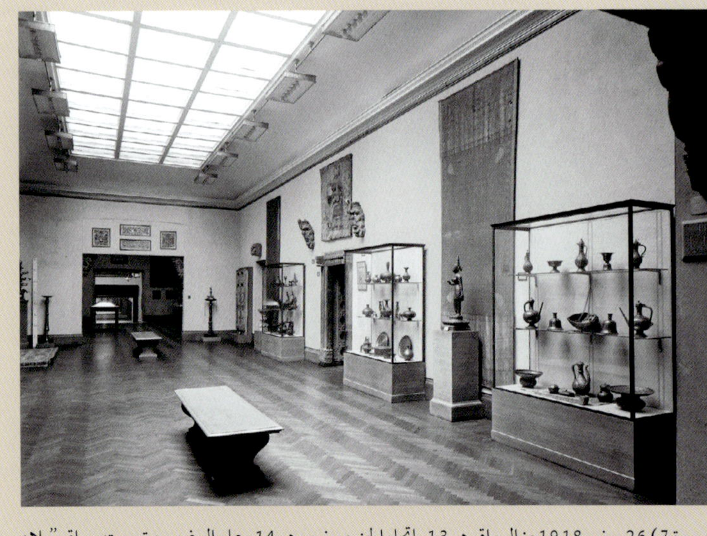

(الصورة 7) 26 يونيو 1918م: الرواق هـ 13 باتجاه الجنوب نحو هـ 14. على الرغم من تسميته رواق "بلاد فارس الوسطى"، فقد عرض رواق هـ 13 بالأساس الفنون الهندية وكان أحد أهم الأروقة الثلاثة المخصصة لفنون الشرق الأدنى من سنة 1910 إلى 1958م. استُخدِمت كذلك في تلك السنوات عبارتا "فارسي" و"آشوري" في كثير من الأحيان لتمييز الفترة الإسلامية عن فنون الشرق الأدنى القديم. وقد كتب أحد أمناء المتاحف "قد يكون من الضروري آخر المطاف أن نفصل بين الفارسي والآشوري وأن نكلّف خبراء مختلفين لكل واحد منهما." (رسالة، كوفين إلى براك، 14 أكتوبر 1931م).

غير أنّهم وجدوا بدلاً من ذلك كميات كبيرة من الأواني الخزفية عالية الجودة، كثيرٌ منها مزدان بنقوش عربية. كما اكتشفوا كذلك بقايا بنايات مهمة من بينها مسجد. وكانت جدرانها مزخرفة بالجص الملوّن واللوحات الجصية المحفورة والمربّعات الخزفية المزججة. وكان الاتفاق المبرم مع السلطات الفارسية ينص على أن يحتفظ المتحف بنصف المواد المستخرجة، وهو ما سمح بإثراء مجموعة ممتلكات قسم الشرق الأدنى (الصورة 16 و 21). أجبرت الاضطرابات الدولية في سنة 1939م البعثة على إيقاف عملياتها، لكنّها عادت سنة 1941م لفترة وجيزة سمحت باستكمال المهمة. وقد كُلِّف أصغر أعضاء البعثة سنًّا، شارلز ويلكينسون، بنشر الوصف المفصّل للتحف الخزفية (الفهرس 68) وزخارف الجدران (الفهرس 60) والآثار المعمارية (الفهرس 61) التي استُخرجت من نيسابور.(36)

بعد تقاعد ديماند عن العمل سنة 1960م، اختِير ويلكينسون ليترأس قسم الشرق الأدنى، وكانت مجموعته في ذلك الحين تمتد من فترة ما قبل التاريخ إلى القرن التاسع عشر الميلادي. لم يبقَ ويلكينسون مدة طويلة إذ تقاعد بدوره سنة 1961م. وقد شكّل رحيله نهاية مرحلة وآل إلى إنشاء قسمَين جديدَين: قسم فن الشرق الأدنى القديم وقسم الفن الإسلامي.

أصبح إرنست ج. غروب أوّل مدير لقسم الفن الإسلامي الجديد.(37) وبالتزامن مع هذا التغيير، جرت إعادة وضع جزء منتقى من المجموعة في الجناح الشمالي للمتحف وفق تسلسل زمني، وهي مقاربة مستحدثة أقرّت بالفترات التاريخية المميزة للثقافة الإسلامية (الصورة 24). وازدادت المجموعة تحت إدارة غروب بمشتريات ذات شأن من الأواني الفخارية والزجاجية. (38) كما أسّس غروب أصدقاء القسم الإسلامي، وهي مجموعة دعم تواصل مساعدة القسم لتكوين مجموعاته. (39)

في ديسمبر 1966م، أحدثت الوفاة الفجئية لجايمس روريمر (1905–1966م) مدير المتروبوليتان تغييرات في القسم الإسلامي. وقد كلّف خلفه توماس هوفينغ (1931–2009م) ريشارد إتّنغهاوزن (1906–1979م) بإدارة القسم الإسلامي، وهو أستاذ في جامعة نيويورك عمل أمينًا لرواق فرير في واشنطن دي سي لمدة طويلة.

تميّزت فترة إتنغهاوزن باقتناءات مهمة وكذلك بعمليات كبيرة لإعادة تثبيت المجموعة الإسلامية في الطابق الثاني للجناح الجنوبي للمتحف (الصورة 25). وقد احتوى العرض لوحات جدار داخلي وسقف من قاعة استقبال دمشقية تعود للقرن الثامن عشر الميلادي (الفهرس 238) وحوض ونافورة مطعّمة بالرخام وهبتها مؤسسة كيفوركيان. (40) واقتنى المتحف سنة 1970م أي في عام مئويّته بساطا رائعا من العصر المصري المملوكي (الفهرس 116) يتميّز بزينته الهندسية المعقدة وبمجموعة ألوانه المتنوعة وغير المألوفة. (41)

أمّا الهبات البارزة التي أوصى بها المتبرعون خلال سبعينات القرن العشرين الميلادي فقد شملت اثنتين وخمسين زربية من جوزيف ماكمولان شكّلت المجموعة الأخيرة من هداياه الثمينة للمتحف. (42). ويبرز من بين الأحداث الممتازة لسنوات إتّنغهاوزن معرض 1972م الذي عُرضت فيه ثمانية وتسعين صفحة من نسخة رائعة من شاهنامة الفردوسي يمتلكها أرتور هوفتون (الفهرس 138أ–ز)، وأهديت منها سنة 1970م ستة وسبعون للمتحف.

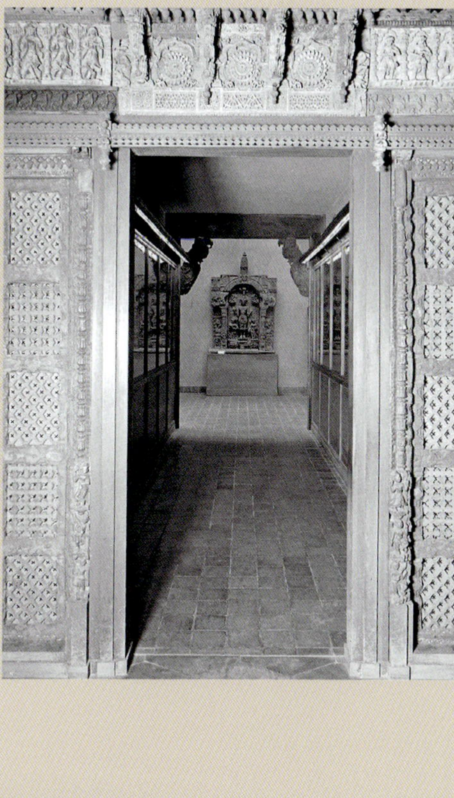

(الصورة 8) 19 أبريل 1921م: الرواق هـ13ج. ممشى صغير جرى بناءه بموازاة الرواق هـ13 واستُخدم على عجل رواق عرض سنة 1919م عندما استأنف المتحف عمليات الاقتناء بعد الحرب العالمية الأولى. وتظهر فيه صناديق جواهر هندية مصففة على الجداريَن باتجاه الشمال نحو الرواق هـ12 حيث تظهر منحوتة هندية.

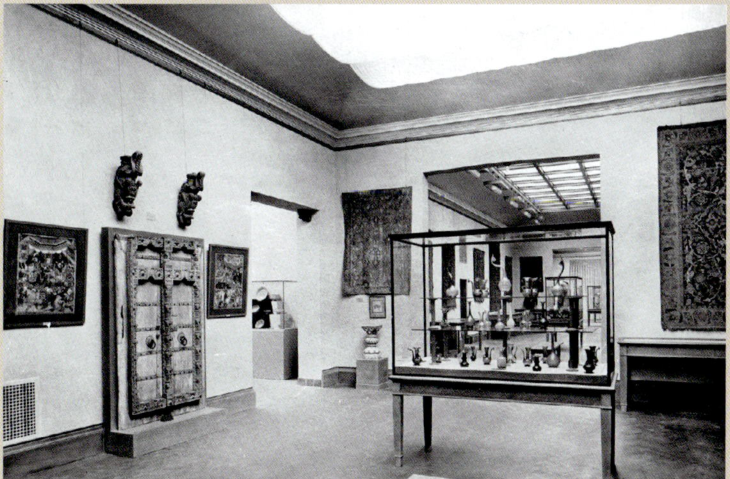

(الصورة 9) 2 أكتوبر 1912م: الرواق هـ14. "القاعة الفارسية" باتجاه الشمال نحو الرواق هـ13، وتظهر هنا في صورة لبطاقة بريدية للمتحف. وتُلاحظ الستائر التي تغطي إضاءة السقف حماية للتحف الفنية من نور الشمس المباشر.

وبقي المعرض في الذاكرة بفضل الإصدار المصوّر الفخم الذي ألّفه ستيوارت كاري والش (43) بعنوان "كتاب ملك الملوك". كما حصل المتحف في تلك الفترة على عدد من الهدايا من المجموعة الخاصة لإتّنغهاوزن.(44)

ثم مرّت قيادة القسم الإسلامي في أكتوبر 1979 إلى ستيوارت كاري والش. (45) برزت في مشتريات هذه الفترة والهبات التي تلقّاها المتحف فنون شبه القارة الهندية، ومنها على وجه الخصوص رسومات مميزة لفنانين هنود ينتمون لفترات مختلفة وكذلك ستارةَ نافذة من الرخام المخروم وحوض رخامي من معلم مغولي.(46) وقُدّمت هذه القطع الجديدة للجمهور خلال معرض الإعارات الدولية "الهند" الذي أُقيمَ في المتحف بين سنتَي 1985–1986م. (47) وشجّع ولع والش بالفن الهندي أليس هيرامانك وغيرها على إهداء عدة أعمال فنية لمتحف المتروبوليتان من بينها دراسة تشكيلية بديعة لأسد رابض ومعطف طفل يعود للقرن التاسع عشر الميلادي من البنجاب مصنّع من طنافس الصوف ومزدان بدالية (الفهرس 284).

ازدادت بدورها في ثمانينات القرن العشرين الميلادي مجموعة الجواهر وتطوّرت دراساتها. ويظهر هذا التركيز من خلال المشتريات ولاسيما تلك التي تمّت بالأموال التي وفّرها باتي كادبي بيرش إضافة إلى القطع التي جرى اقتناؤها بدعم من مؤسسة لويس سيلي.(48) وهكذا، منذ سنة 1982م أصبحت مجموعة المتحف من الجواهر كافية لتشكّل مادة لتحرير الكتاب الذي ألفته ماريلين جنكينس مع مانويل كين.(49) وشملت المشتريات اللاحقة من الجواهر عقدًا مصوغًا من ورق الذهب ومرصّعًا بالأحجار. (الفهرس 88).(50)

في العقود الأخيرة، كان للوصية التي أوصى بها لويس سيلي (توفّي سنة 1986م) أهمية كبيرة في زيادة حجم مجموعة القسم (الصورة 25. الفهرس 185). كما أضافت بعض المقتنيات التي اشتراها الأمناء قطعًا فنية مهمة إلى المجموعات الكبيرة وقتها من الخزفيات والجواهر والتحف المعدنية، بينما عززت قطع أخرى التّحف ذات العلاقة بممارسة شعائر الإسلام على غرار صحائف مخطوطات القرآن وكتب الأدعية والإرشاد للحج. كما سمحت الأموال التي حصل عليها المتحف من وصية سيلي وغيره من المتبرّعين بإدخال الجديد من خلال اقتناء رسومات أحادية الصفحات مُنتجة في الهند وإيران وتركيا ومؤرخة إلى القرنين الثامن عشر والتاسع عشر م.، وهي تدحض الفكرة الرائجة التي تربط الفن الإسلامي بالعصر الوسيط.(51)

برزت مجدّدًا دراسة الزرابي مع قدوم دنيال والكر على رأس القسم، وهو ما يظهر من خلال الهدايا ومشتريات القسم وبرنامج المعارض، ومن بينها قطعة من بساط "رقعة شطرنج"عرضتها مؤسسة وولف وبساط يظهر عليه زوج من حيوانات رباعية الأقدام يُسند إلى الأناضول في القرن الرابع عشر الميلادي (الفهرس 234). واصل والكر تكوين مجموعات القسم بتحف فنية من شبه الجزيرة الهندية، وأضاف بوجه خاص عناصر معمارية مثل المدوّرات الخشبية من الخط العربي (الفهرس 278ب) وزوج من "الجالس" وهي مشبكات للنوافذ من الحجر الرملي المخروم، وكذلك قطعًا مختلفة من التحف المعدنية تشمل دورق ماء من النحاس المنحوت ومهماز فيلة حديدي مطعّم بالذهب والفضة وعلبة خشبية مزدانة بالخط ومغشّاة بصفائح حديدية وزينة حريرية (الفهرس 276).

قسم الشرق الأدنى: التأسيس والتوسعة 1921–1949م

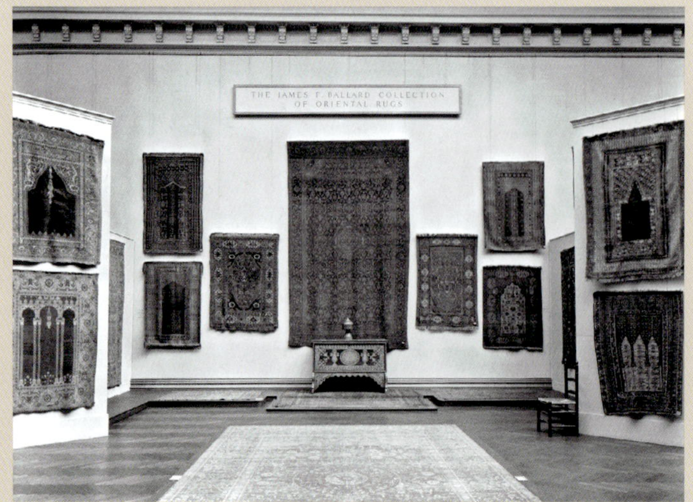
(الصورة 10) 3 أكتوبر 1923م: هبة بُسُط بلاّرد. "هناك جلال وفخامة في هذه الألوان التي لا تخفت وقد لطّفتها السنين دون أن تمحوها وفي التصاميم الرائقة التي تجعلها محبّبة إلى النفس وعزيزة أكثر من أي شكل آخر من الأشكال الفنية، وعندما تتجلّى تحت الإضاءة الملائمة يبدو كل تصميم ينافس التصميم المحاذي له ضمن جهد جماعي لإبراز كل السحر الفخم للجمال" (رسالة بلاّرد إلى أمناء المتحف، 20 مايو 1922م)

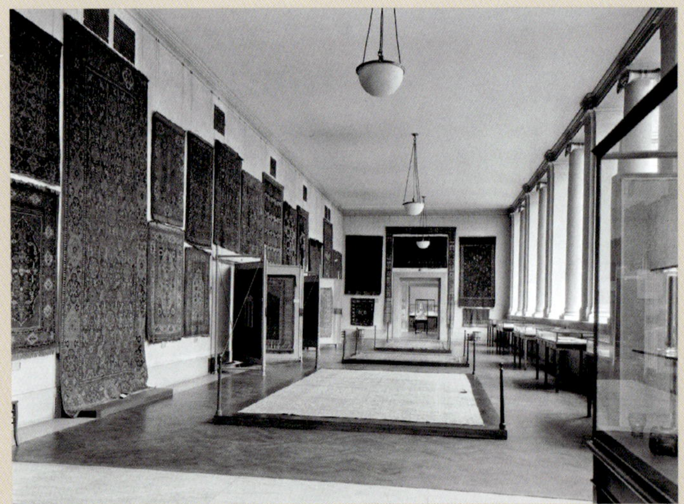
(الصورة 11) 31 مارس 1925م: الرواق ح–20. أُضيف الجناح ح سنة 1914م إلى الجناح هـ ليشكّل أكبر أروقته. وجرى تخصيص الرواق ح–20 للسجاد والأنسجة "الشرقية" التي تشمل عدة بسط من ترانسيلفانيا من مجموعة بلارد، تظهر في اليسار. لاحظ اللوحات المتأرجحة على الجدران والمستخدمة لعرض البُسط صغيرة الحجم.

كانت نتيجة توقيع الاتفاق مع عائلة ستيوارت كاري والش في عام 1988 مهمة جدا إذ سمح لكلّ من قسم الفن الإسلامي بالمتروبوليتان ومتحف الفن بجامعة هارفارد بعرض لوحة الرسام سلطان محمد العائدة للقرن السادس عشر الميلادي (الفهرس 137). وكانت علاقات والكر بمؤسسة ولف مفيدة لاتخاذ قرار إهداء مجموعة من التحف الفضية التركمانية للمتحف (الفهرس 199)، فقد عززت القطع المهداة التي فاق عددها مئتَي وخمسين تحفة مجموعة القسم. نشرت ليلى ديبا في سنة 2011م كتابًا مصوّرًا مخصصًا كلية لهذه المجموعة الفضية.(52) وقبل رحيل والكر سنة 2005م لتقلّد منصب مدير متحف النسيج في واشنطن دي سي، كان قد بدأ في تطوير الخطط لإعادة تركيب مجموعة القسم الإسلامي.

تركّزت طاقات القسم منذ سنة 2005م على دراسة مجموعة تحفه الفنية وإعادة تركيبها، وكانت العملية شاسعة لدرجة أنها تطلّبت بعث إدارة جديدة داخل القسم. وقد ساهم خلف والكر، مايكل باري (2005–2008م) في منصب الرئيس المستشار، في التصميم الذي أدى إلى إعادة تركيب المجموعة. ثم أصبح ستيفانو كاربوني سنة 2005م مدير القسم حتى تاريخ رحيله في صيف عام 2008م. وكانت نافينا حيدر المنسقة العامة لمشروع عمليات تنسيق الرواق متعدد الأوجه من سنة 2005م حتى اكتماله في خريف عام 2011م كما تولت إدارة القسم بين سنتَي 2008–2009م.

ثم تولّت شيلا كانبي قيادة القسم في سنة 2009، وقد تجدد منذ قدومها نشاط عمليات الاقتناء وتمّت عمليات اقتناء كبرى على غرار اللوحة التي تعود لمغول الهند والخنجر الهندي المُصنّع بدقة وعناية.(53) ويعود الفضل لمبادرتها، لمّا انطلق القسم لأول مرة في اقتناء أعمال الفنانين المعاصرين من المشرق العربي وجنوب آسيا.

كانت عملية بعث قسم الفن الإسلامي على امتداد قرن من الزمن في متحف المتروبوليتان مهمة جماعية. وسمحت حركة التذوق الجمالي للجامعين بالاعتماد على أذواقهم الشخصية وأتاحت لهم توسيع تقييمهم لأعراف فنية متنوعة. قيّم الجامعون الأوائل التحف الإسلامية بناءً على جمالها ولم يولوا أهمية كبرى للظروف التي نشأت فيها. ومع تراكم المعارف حول المنطقة وأعرافها الفنية، اتّسعت الإضافات وظهر مزيد من التركيز على صنف أو فترة بعينها ضمن عملية زيادة ممتلكات القسم. أما التحف التي حصل عليها المتحف بواسطة التنقيبات الأثرية فقد فتحت آفاقًا جديدة على فنّ الشرق الأدنى وثقافته. وضمن تطلعاته المستقبلية، لا يسعى القسم إلى توسيع إدراكه وإلمامه بالتحف ذاتها فحسب، إنما أيضًا بالسياقات الثقافية والدينية التي نبعت منها.

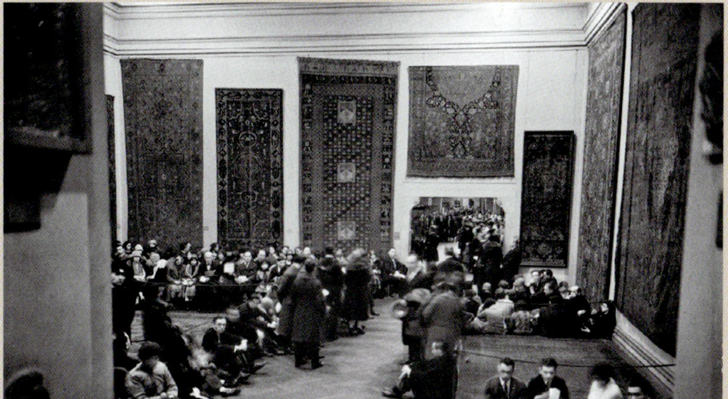

(الصورة 12) 9 يناير 1926: رواق البُسط د–3. أقام دافيد مانس على امتداد أربعين سنة حفلات موسيقى سنفونية في شرفة البهو الكبير (الذي نراه من فتحة الباب في قاع الصورة). ويبدو في هذه الصورة جمهور غفير من زائري المتحف والناس جالسون على البُسط للاستماع إلى بيتهوفن وباخ ولولي وغلوك وتشايكوفسكي وسانت–سانس وبراهمس وشتراوس وسميتانا.

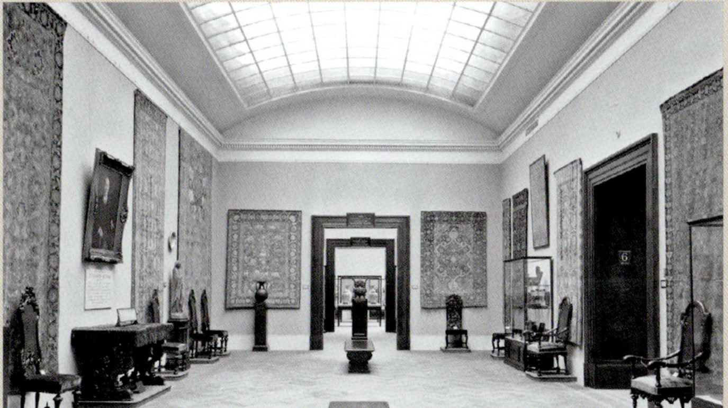

(الصورة 13) 13 أبريل 1926: الجناح ع، الرواق ع–33 زمن افتتاح هذا الفضاء الكبير المبني في الأصل لاستقبال مجموعة ألتمان. ولمّا قرر أمناء مجموعة ألتمان السماح بعرض المجموعة مع تحف فنية من أصول أخرى في المتحف، أتاح قرارهم استخدام الفضاء من قِبل القسم الإسلامي.

الأروقة الجديدة لفنون الأقاليم العربية وتركيا وإيران وآسيا الوسطى وجنوب آسيا لاحقًا

نافينا نجاة حيدر

تمثّل الأروقة الجديدة لفنون الأقاليم العربية وتركيا وإيران وآسيا الوسطى وجنوب آسيا لاحقًا خطوة جديدة لمقاربة تأويلية حديثة للمجموعات التي كانت معروضة بصفة دائمة في الجناح نفسه منذ سنة 1975م إلى 2003م. (الصورة 25). (54) وتُبرز عملية إعادة التركيب الممتدة على مساحة تسعة عشرة ألف قدم مربع التنوّعَ الفني والثقافي للعالم العربي في خمسة عشر رواقًا مجمّعة وفق المناطق الجغرافية تُطل على الفناء الروماني أسفلها. وينعكس التركيز الجديد على المنطقة في التسميات الجغرافية للأروقة التي تشكّل نقطة فاصلة عن التسمية السابقة للفن الإسلامي التي تظل بدورها تسمية واسعة الاستخدام داخل الأروقة والبرنامج التعليمي المرافق لها.(55) وتسمح خارطة العالم الإسلامي المعروضة قرب مدخل الأروقة بتفسير المبررات الكامنة وراء عملية جمع هذه التحف الفنية في مكان واحد.

جرى اختيار زهاء الألف قطعة المعروضة، التي تشكّل جزءًا من المجموعة الدائمة المكوّنة مما يزيد على اثنتي عشرة ألف قطعة، بناءً على قيمتها الجمالية وندرتها وحالتها وأهميتها التاريخية. كما يُبرز التسلسل التاريخي عمومًا في تنظيم المواد داخل كل رواق المراكزَ الفنية، متّبعًا الامتداد التاريخي للحضارة الإسلامية عبر العالم العربي وتركيا وإيران وآسيا الوسطى وما أطلق عليه لاحقًا جنوب آسيا، وذلك بداية من القرن السابع الميلادي فصاعدًا. ويسعى هذا التقسيم إلى إعطاء الزائر فكرة واضحة عن المكان والزمان، وهما عنصران حيويّان لفهم السياقات التاريخية والثقافية للمجموعة وللحفاظ على المقاربة السائدة عمومًا في المتحف برمّته.

ومع وجود مسار تعليميّ رئيسيّ عبر الأروقة يعتمد على التسلسل التاريخي، فهناك كذلك مداخل متعددة تسمح للزائر باختيار برامج زيارة متنوعة أخرى. ومع ذلك فقد جرى إيلاء العناية اللازمة لضمان أنّ العرض له مغزى من الناحية البصرية والسياقية دون أن يتأثر ذلك بنقطة دخول الزائر. وكما كان الحال في الأروقة السابقة تُقدّم خزائن العرض مجموعة من الوسائط الفنية المختلطة تربطها علاقات أسلوبية أو تاريخية. وهي تتقاطع في بعض الحالات ضمن مجموعات من التحف الفنية تستكشف محاور بعينها على غرار تطوّر أساليب الحروفية وتقدّم العلوم على امتداد العصر الإسلامي الوسيط أو تقنيات الإنتاج الخزفي من بين المواضيع الأخرى.

الترابط، السياقات، المناطق

يسمح المخطط المفتوح والمسلك الدائري الجديد لفضاء الرواق الواسع بعرض أوجه الترابط الثقافي واسع المدى ويمكن اقتفاء أثرها من خلال خطة العرض (الصورة 27). ويكتسي الترابط الثقافي أهمية خاصة في ضوء المناخ الجيوسياسي المشحون خلال الفترة التي جرت فيها عمليات إعادة تركيب المجموعة وبالنظر إلى الجمهور العالمي الذي تسعى إلى مخاطبته. (56)

مبادرات قسم الشرق الأدنى، ثلاثينات وأربعينات القرن العشرين

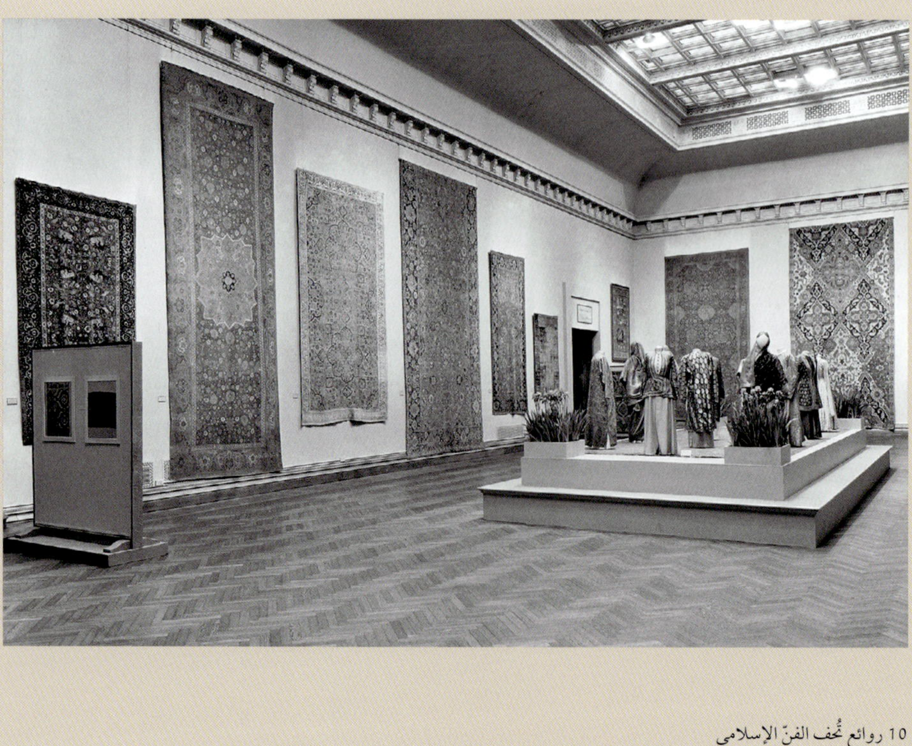

(الصورتين 14 و 15) 15 مايو 1935م: "معرض البُسط والمنسوجات الشرقية". والأرجح أن هذا المعرض الوحيد في تاريخ المتحف الذي استُخدمت فيه عارضات أزياء آدمية لتقديم الأزياء الهندية الكثيرة التي عُرضت في تلك المناسبة. (انظر أدناه)

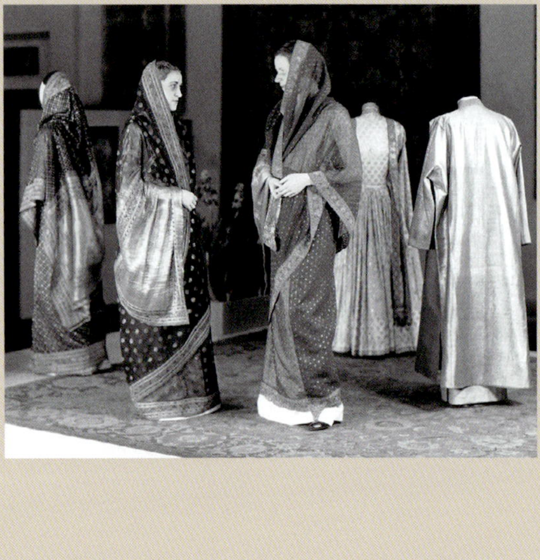

إن بروز الفن الإسلامي من بوتقة تراثه العائد إلى ما قبل الإسلام ومبادلاته الفنية الراسخة مع غيره من الأعراف الفنية الأوسع والمعاصرة له ولا سيما في أوروبا والشرق الأدنى، يجعلا من الثقافة الإسلامية ثقافة مستقبِلة وباثة لتأثيرات واسعة بالإضافة إلى مواضيع متعددة ومنفصلة تتعلق بأصولها وتطورها. لقد خُصّص فضاء جديد (457) للغرب الإسلامي (إسبانيا وشمال إفريقيا وجنوب إيطاليا) مباشرة بعد الأروقة التمهيدية لإبراز الفنون والثقافة الإسلامية على امتداد ثمانية قرون في أوروبا ما قبل الحداثة. ويوجد مدخل ثان للأروقة عبر فضاء يقود إلى قسم جنوب آسيا لاحقًا (الصورة 464، وبالأساس جاين وراجبوت وبهاري والتقاليد المتصلة بها) الواقع خارج المسلك الرئيسي للأروقة الرئيسية لكنه متصل بها عبر الأروقة المغولية ورواق السلطنة. ويسمح هذا التجديد في التوزيع الفضائي بتقديم موحّد لفنون العصر المتأخر لشبه الجزيرة الهندية بوصفها متصلة بالأعراف الإسلامية مع كونها مستقلة عنها.(57) وهناك نقطة دخول أخرى إلى الأروقة لها مغزاها وهي تربط ما بين مصر وسوريا في العصر الوسيط بأورقة المتحف المتعلقة بـ "الاستشراق" في القرن التاسع عشر الميلادي والتي تعرض طريقة تناول الفنان الأوروبي للمواضيع الشرق أوسطية (454).

يوجد توتّر مستمرّ في ترتيب العرض، وهو تحدّي يتمثّل على شكل توازن بين قوّتَين ثقافيّتَين مهمّتين: المنطقة والدين. تقرّ التقاليد الإسلامية ذاتها بالثنائية بين وحدة العقيدة وتنوّع الناس كما يعبّر عنها القرآن الكريم: (يَا أَيُّهَا النَّاسُ إِنَّا خَلَقْنَاكُمْ مِنْ ذَكَرٍ وَأُنْثَى وَجَعَلْنَاكُمْ شُعُوبًا وَقَبَائِلَ لِتَعَارَفُوا) الحجرات، 13. إنّ تأويل الأعمال الفنية بوصفها جزءًا من العرف الإسلامي عوضًا عن كونها مرحلة في التطوّر الفني الطويل لمنطقة أو ثقافة بعينها يبرز بصورة مستقلة من خلال المخطط الأرضي الجديد وطرق العرض المستحدثة جنبًا إلى جنب وتضمين قطع رئيسية من أقسام أخرى ومن خلال العناوين والنصوص التعليمية المُحيّنة. وفي ضوء الشبكات السياسية والتاريخية المعقّدة والمبادلات الكثيرة عبر التجارة والأسفار والناس والأفكار فإن الحدود الإقليمية ليست محسومة بطريقة قطعية بل يجري تقديمها بطريقة مرنة حسب طبيعة المادة الفنية. كما تُشرح الروابط العابرة للحدود بإدماج قطع فنية ما بعد ساسانية وقبطية وبيزنطية مع الأعمال العائدة للعصر الإسلامي المبكّر، وكذلك بعرض المخطوطات اليهودية والمسيحية والإسلامية مع أعمال أخرى من إسبانيا الإسلامية، وبتقديم الخزفيات الصينية جنبًا إلى جنب مع نسخ مكيفة فارسية أو عثمانية من بين أمثلة أخرى. وتتوسّع هذه الطريقة لمعالجة الموضوعات في المعايير المفهومية لتعكس المعارف الحديثة ولتبرز الطبيعة متعددة الأوجه للفن الإسلامي الذي يشمل الفنانين والعرّابين المسلمين وغير المسلمين.(58)

لقد أصبح وضع الأساليب الفنية في سياقها ضمن رعاية بلاط السلالات الإسلامية مركزيًّا لمقاربة المجال المعرفي الأشمل، وعلى هذا الأساس فهو ينعكس في الأروقة كما كان الحال من قبل. ويساعد التصنيف على غرار تركيا العثمانية وإيران الصفوية أو الهند المغولية في تحديد مواقع الأعمال ضمن هذه المعايير الثقافية. كما أنّ فن القبائل وفن البدو الرحّل والإنتاج التجاري والتجارة ما بين الأقاليم والرعاية الأجنبية تُحظى بمكان لها داخل كل دائرة. (وعلى سبيل المثال، في ثلاثة فضاءات متجاورة يعرض الجناح العثماني فنون البلاط في إسطنبول السلطانية، وتعرض القاعة الدمشقية الترتيب المنزلي الداخلي من مركز محافظة عثماني في دمشق، ويعرض الأخير بُسط كلاسيكية وقروية.)

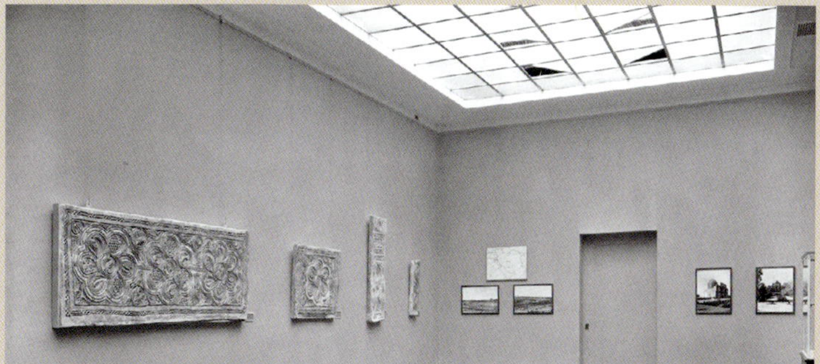

(الصورة 16) 25 أكتوبر 1937م: الرواق هـ15. ازدادت مساحة قسم الشرق الأدنى من خلال تحويل فناء مفتوح. افتتح الرواق هـ15 بأول معرض مؤقت للمواد الأثرية من نيسابور حيث كانت التنقيبات الأثرية جارية وقتئذ. وتظهر في الصورة لوحات من المكعبات الجصية التي عثر عليها في سبز بوشان وصور من مواقع التنقيب.

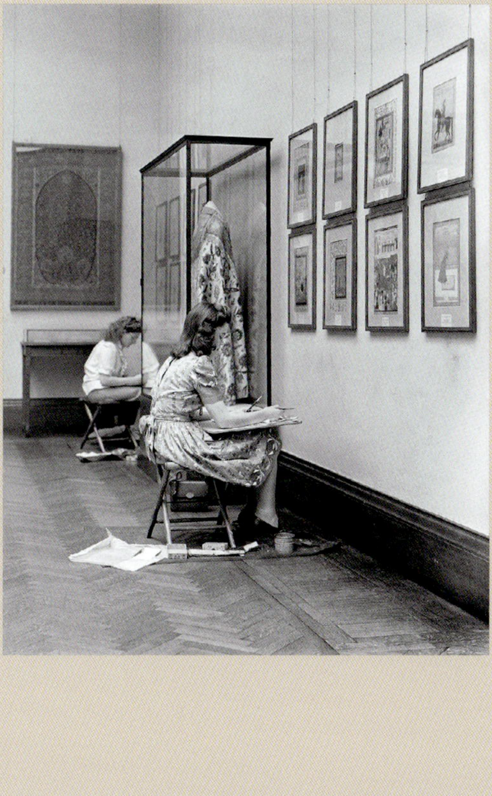

(الصورة 17) 18 مايو 1943م: الرواق هـ13. بعد هجوم بيرل هاربور سنة 1941م أرسل المتحف القطع الفنية الكبيرة والهشة إلى بلدة ريفية في بنسيلفانيا اعتُقد أنها أكثر أمانًا لحمايتها من الهجمات الجوية، كما أغلقت بعض الأروقة بسبب تجنيد العاملين ضمن الجهد العسكري. وبقيت أروقة الشرق الأدنى مفتوحة مع عرض محدود بينما تواصلت البرامج التعليمية. ونشاهد في الصورة منمنمات مغولية من مجموعة ألكسندر سميث كوشران.

وهكذا، فإنّ ترتيب العرض سعى إلى جمع هذه السياقات الواسعة والتوليف بينها لإتاحة فهم أوسع وأدق للمواد المعروضة. وتمثّل هذه المقاربة تحوّلاً في نقاط التركيز مقارنة بالوحدة الكامنة والمسار الخطي الأوضح الذي ميز الأروقة الإسلامية السابقة من خلال تأصيلها للفنون في الأقاليم الجغرافية والثقافية واللغوية للعالم الإسلامي.(59) وجرى في الوقت نفسه إيلاء العناية اللازمة للحفاظ على حس الاستمرارية للتحف ذاتها وللفصول العديدة للتاريخ الإنساني والتأويلات المختلفة التي مرت بها.

ميراث الماضي وتصميم الحاضر

يعود تاريخ ترتيب معارض هذه المواد في المتحف إلى زهاء قرن من الزمان، وهو ما آل إلى إنشاء قسم الفن الإسلامي سنة 1963م.(60) إنّ الأروقة السابقة زمنيًّا للأروقة الحالية تأسست في الفضاء نفسه سنة 1975م، وقد مثّلت أوّل عرض للفن الإسلامي في أي متحف من متاحف أمريكا الشمالية وأكبرها على الإطلاق.(61). وهذا الترتيب الشهير للمعارض ضمن عشرة أروقة الذي أنشأه ريتشارد إتّنغهاوزن وأعضاء آخرون من القسم الإسلامي قدّم تجربة مثيرة للزائر وأداة تعليمية لأجيال من مؤرّخي الفن والطلاب. (62) لقد أبرزت طريقة العرض وحدة التعبير الفني من خلال تقديم متشابك للمواد العائدة إلى فترة زمنية امتدت على ألف سنة. كما تضمّنت الفضاءات الخاصة داخل الأروقة قسم مخصص للقطع الأثرية التي عُثر عليها في نيسابور، وقاعة للفنون الدينية، وقاعة للفترة الدمشقية إضافة إلى الأروقة الخارجية لفنون العصر المتأخر من إيران وتركيا وشبه الجزيرة الهندية. وقد احتفظ الترتيب الحالي بالعديد من السمات التي لاقت استحسانًا كبيرًا في الأروقة السابقة نذكر منها مناطق الجلوس لمشاهدة الرسومات والأرضيات للزرابي كبيرة الحجم واستخدام الوسائط المختلطة لصناديق العرض وصيانة الفضاءات المفتوحة العريضة. كما احتفظ العرض الحالي بسمات كثيرة من الرسم الرئيسي للمخطط الأرضي للجناح ع الذي جهزه ماك كيم، وميد، ووايت. (الصورة 1). (63)

كان أحد أهم الأهداف لدى تصميم الأروقة الجديدة خلق بنية ملائمة للقطع الفنية ضمن الحفاظ على التوجه العام الذي يركّز على التنوع الجغرافي.(64) واستُخدمت البنية واللون لخلق الإحساس بالمكان الفردي. وهكذا جُلبت جلّ الأحجار في بلاط الأروقة من المناطق الممثَّلة مع استخدام الرخام الأبيض لمناطق العبور بوصفه مادة شائعة.(65) كما أنّ زوج الستارات المغولية "جالي" العائدة للقرن السادس عشر الميلادي والمركبة في الجدار الشرقي للرواق التمهيدي (450) تنسجم مع زينة البلاط المطعّم على شكل الخرطوشة والميدالية. ونجد هذه الزخارف المعمارية المغولية الكلاسيكية كذلك على امتداد العالم الإسلامي في تشكيلة واسعة من الوسائط من البُسط إلى تجليد الكتب.

ونجد نماذج مماثلة في المعمار الإسلامي منها القاعة الدمشقية والبوابات مقوّسة الشكل الفاصلة بين بعض الأروقة وكذلك الأشرطة المتدرجة في تصميم السقف.

توسعة قسم الشرق الأدنى، ثلاثينات وأربعينات القرن العشرين الميلادي

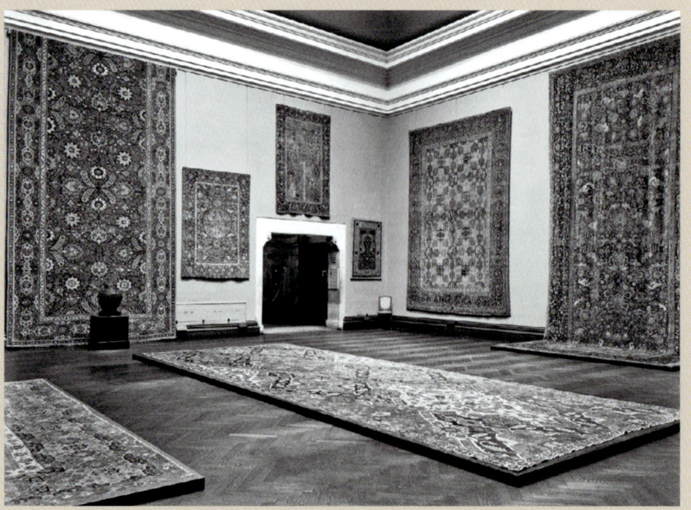

(الصورة 18) 2 ديسمبر 1944م: الرواق د-3. عندما استعاد المتحف القطع التي جرى استبعادها بعد معركة بيرل هاربور، احتفل قسم الشرق الأدنى بعودتها بإقامة عرض احتفالي بعنوان "20 بساط رائع من الشرق". وتظهر إلى اليمين زربية الإمبراطور (لم تُعرض قبل سنة 2011م سوى مرّتين) مع بُسُط أخرى من مجموعة هدايا مورغان وماك مولان.

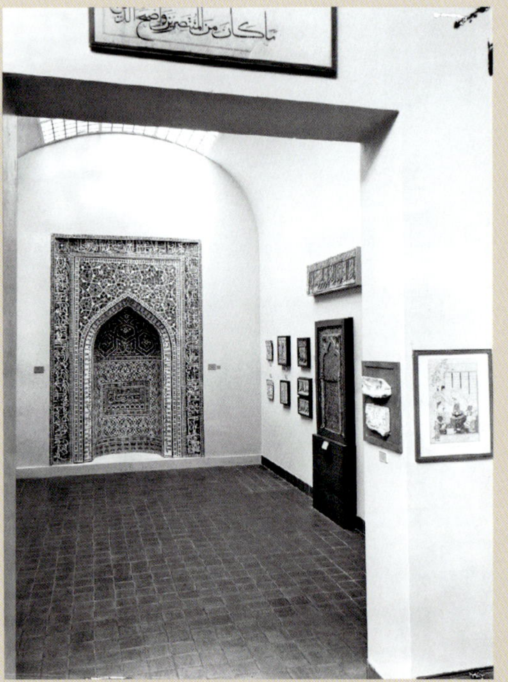

(الصورة 19) 12 سبتمبر 1939م: الرواق هـ-14أ. أول عرض للمحراب العائد لسنة 1354م من مدرسة إمامي بأصفهان. بقي المحراب معروضًا للعموم منذ زمن شرائه ويظل تحفة أيقونية في المتحف.

وتؤشّر مصابيح المساجد الزجاجية العصرية المتدلية من سقف رواق سوريا ومصر العصر الوسيط (454) إلى نقطة أخرى لدخول قاعات العرض.(66) وتسمح فتحات النوافذ العلوية المحيطة بالفناء الروماني بمشاهدة كامل النحت أسفلها والواضح من خلال المشربيات الخشبية بثقوبها، وهو ما يعزّز الروابط التاريخية مع المواد المستخدمة في العصر الإسلامي المبكّر ويضفي العنصر البصري والرمزي المتمثل في النور المصفّى.(67) أما التأثيرات السمعية والبصرية للماء في الينابيع المتموجة للقاعة الدمشقية والفناء المغربي فهي تبعث الحياة في محيط الرواق وتوحي برمز موحد للعالم الإسلامي.

ويمثل الفناء المغربي الأندلسي على طراز العصر الوسيط الميزة الخاصة للأروقة الجديدة، وقد أنشأه خصّيصًا حرفيون من فاس (الصورة 26). (68) ويوفّر هذا الفناء المغربي الإيبيري مكانًا للاستراحة تملؤه الأنوار والألوان، وهو بمثابة امتداد للرواق المجاور المخصص لفنون إسبانيا وشمال إفريقيا والغرب الإسلامي. وتحيط به أعمدة أصيلة من عصر بني نصر ومن ممتلكات المتحف، وتجمع زينة الفناء بين مربعات الزليج التقليدي والجص المحفور وقطع من خشب الأرز المنقوش وحوض نافورة قليل الارتفاع. يمثل الفناءُ التقاليدَ الحرفية الحية للعالم الإسلامي وهو مصمم بعناصر زخرفية وتشكيلة لونية تعتمد على نماذج من طراز سلالتَي بني مرين وبني نصر العائدتَين للقرنَين الرابع عشر والخامس عشر الميلاديين.(69) أما تصميم قرميد الجدران فهو مُستَوحى من لوحة مكعبات قرميد قصر الحمراء التي عرضها المتحف سنة 1992م.(70)

الآليات، الاستراتيجيات، الاكتشافات

لقد تطور النهج ألتنظيمي الراهن للأروقة انطلاقًا من تحري ودراسة الكثير من الأفكار البديلة التي جرى استكشاف العديد منها في التصميمات المبكرة.(71) وقد شارك في النهج العلمي الحالي المجتمع الأكاديمي الواسع كما ساهمت جهات أخرى في فهم التجربة المتحفية للزائرين والجمهور وذلك على امتداد عملية إعادة ترتيب الأروقة.(72) وشملت الاستراتيجيات اللقاءات الأكاديمية،(73) وبرنامج متواصل من التركيبات الخاصة والمعارض والمحاضرات والندوات، ومبادلات مع مجموعات متنوعة من الجماهير، وكذلك استبيانات لدى الزائرين.(76) ونذكر من بين أهم النتائج التي جرى رصدها: إجماع عدد كبير من مؤرخي الفن على قصور مصطلح "الفن الإسلامي" ولا سيما في سياق المتحف؛(77) والاهتمام الكبير بتقديم الصلات بين الثقافات؛ والصدى القوي الذي لقيته فكرة الفن الإسلامي الغربي؛ واهتمام العموم بأعمال الصيانة؛ وقلة اطلاع الجمهور على تاريخ العالم الإسلامي وسلالاته الحاكمة؛ والأفكار المسبقة الخاطئة حول دور التصوير التشخيصي في فنون العالم الإسلامي. كما كشفت الاستبيانات التي أجريت مع الزائرين درجة عالية من الاهتمام بالإقليم وبالمواد بسبب الأحداث الراهنة.

كانت التحضيرات لعملية الترتيب وراء الدراسات والبحوث العلمية المهمة التي أجريت حول المجموعة من قبل الموظفين والباحثين، وقد تقاسموها على نطاق أوسع من خلال الأنظمة التربوية والمعلوماتية للمتحف.(78) ونتج عن مسح المقتنيات إعادة اكتشاف العديد من الأعمال التي لم تُعرض في السابق إلا نادرًا، بل لم تُعرض البتة في بعض الحالات.

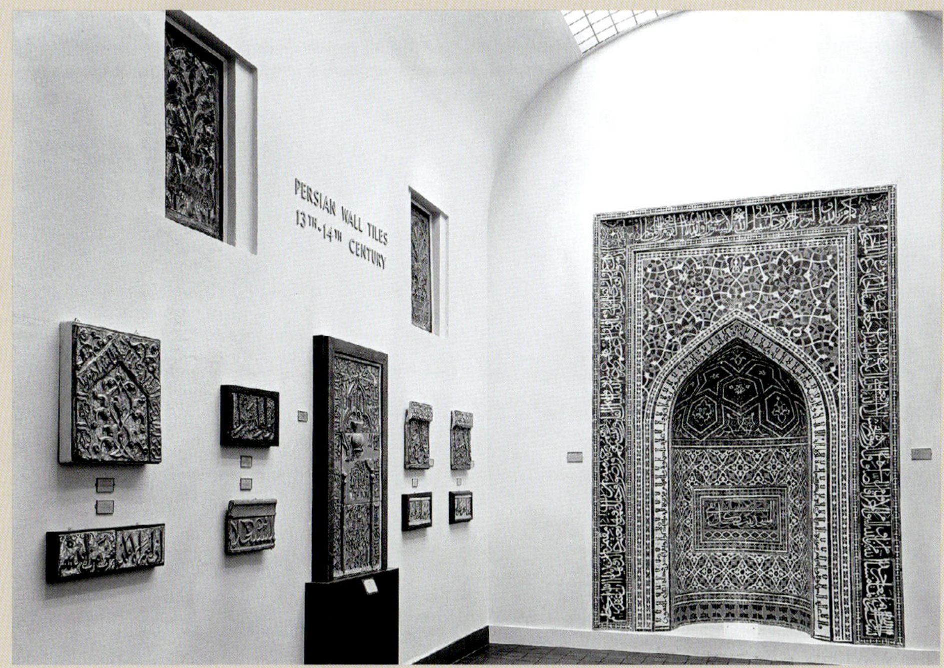

(الصورة 20) 20 مايو 1949م: الرواق هـ-14أ. بعد إغلاقها كلية من 1947 إلى 1949م، أعيد فتح أروقة قسم الشرق الأدنى إثر توسعتها في الفضاء السابق نفسه مع إشارات جديدة وعروض أكثر. لكن أروقة الشرق الأدنى أغلقت مجددًا للأسف ما بين 1958 و 1962م بسبب أشغال إعادة بناء المتحف، ولم يُفتح إلا رواق واحد قبل بناء أروقة 1975م. لم تتغير النوافذ العثمانية الزجاجية الملوّنة العائدة للقرن الثامن عشر الميلادي التي تُشاهد في الجانب العلوي الأيسر، مقارنة بتركيبها ما بعد الحرب العالمية الأولى.

كما شكّلت عملية الجرد فرصة لإصدار صور رقمية جديدة للمجموعة وتحديث السجلات وتيسير الوصول إليها عبر الإنترنت من كل بقاع العالم. وإضافة إلى ذلك، فقد نتجت عن أعمال الصيانة المهمة التي أجريت على القطع الفنية تحسينات في حال العديد منها وفهم أفضل لبعض الاكتشافات الجديدة. (79) ونذكر من بينها تحليل البنية الأصلية لقاعة دمشق وزينتها العائدة لسنة 1707م والذي أنتج ترتيبًا جديدًا أقرب إلى التصميم الأصلي للقاعة. كما أنّ ترميم زربية الإمبراطور (الفهرس 181) العائدة لبداية القرن السادس عشر الميلادي فتح الباب لتحسين المعارف حول بنيتها وتشكيلة ألوانها ثم إدخالها للعرض في الرواق على المدى الطويل. وشملت مشاريع الصيانة الأخرى الجديرة بالذكر ترميم راية حريرية عثمانية مهمة تعود للقرن الثامن عشر الميلادي وعدة مخطوطات ورسومات أخرى. وجرى فحص دقيق للمواد الأثرية من نيسابور وخزف المينا المتأخر من إيران من بين تحف أخرى، وفي هذا الصدد، طوّر كل من قسم الصيانة والقسم العلمي وقسم الأمانة مقاربات جديدة تتعلق بترميمها وتقديمها.

ونُشرت المعلومات المتعلقة بالمجموعة بوسائط متعددة في الأروقة بداية من التسميات التقليدية للقطع في صناديق العرض وصولاً إلى أحدث الطرق التكنولوجية على غرار الأجهزة الإلكترونية المحمولة والدليل المسموع.(80) وكان الغرض عمومًا جمع المعلومات وتوفيرها للمهتمين على مختلف مستوياتهم مع عرض مختصر وحيّ في بطاقات تسمية التحف الفنية، واستخدام الرسوم البيانية وغيرها من الطرق غير المكتوبة لإضافة التفاصيل والبيانات المعمّقة أكثر على الشاشات المرافقة والأجهزة المحمولة التي تعمل باللمس، وفي الكتب الإرشادية للمعلّمين، وفي الفهرس، وعلى موقع المتحف على شبكة الإنترنت. أما البطاقات الجدارية والخرائط والرسوم المعمارية للأروقة فتهدف إلى تقديم سياق المجموعة ضمن المقاييس التاريخية والثقافية ومساعدة الزائر على الإلمام بالجغرافيا المعقدة ذات الصلة بالمجموعة.

الأروقة الجديدة (الأروقة 450 إلى 464)

جرى تصوّر الرواق التمهيدي (450) ليكون فضاءً يقدّم روائع المجموعة والاقتناءات الجديدة وليمثّل موقع مراقبة يمكن للناظر أن يرصد منه الفكرة التي تقوم عليها الفضاءات الداخلية، ويقدم هذا الرواق مدخلاً بصريًا وماديًا إلى جناحَين يمتدان حول الفناء المركزي بالإضافة إلى مَشاهدَ من الأروقة الآسيوية المجاورة من خلال ستائر "جالي" المغولية العائدة للقرن السادس عشر الميلادي. أما التحف المعروضة فتشمل زوجًا من أبواب المنابر العاجية المحفورة من مصر المماليك وهبها إدوارد مور في أواخر القرن التاسع عشر، وهو أحد مؤسسي المجموعة. وفي فن الكتاب، تتمثل نقطة القوة في صحائف قرآنية تيمورية ضخمة جرى ترميمها حديثًا، وحامل كتاب إلخاني، ومجموعة من الصحائف المخطوطة والملونة اقتُنيت حديثًا كذلك. وتظهر جليًا العناصر الرئيسية لفنون الإقليم التي تعبّر عن التأثير الإسلامي الكامن في كل من الإناء النيسابوري بكتابته العريضة السوداء على الخلفية البيضاء والعائد للقرن العاشر الميلادي، وقطعة المحراب بالخزف الكاشاني المصبوب والمزجج وزينته على شكل الدالية المتفرعة، والحجر المنقوش بالخط العربي من سلطنة البنغال وغير ذلك من القطع الفنية.(81)

عروض ما بعد الحرب 1949–1970م

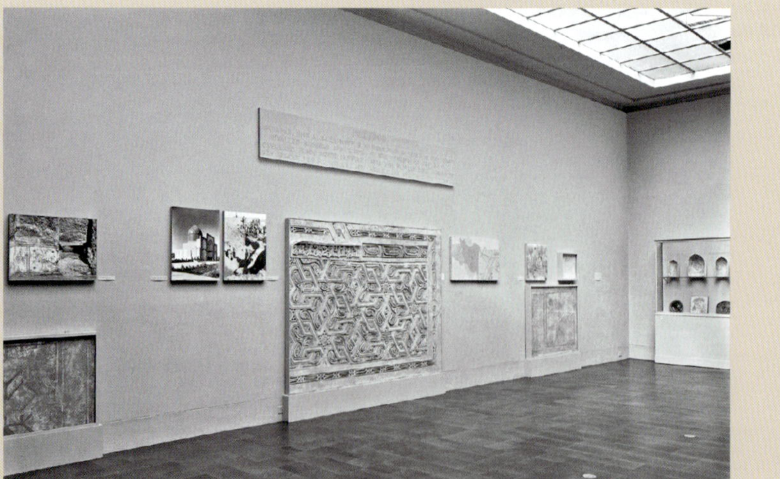

(الصورة 21) 20 مايو 1949: الرواق هـ-15. تتمثّل النقطة البارزة في إعادة ترتيب أروقة قسم الشرق الأدنى سنة 1949م في أول عرض دائم للقطع الأثرية المستخرجة من تنقيبات نيسابور. وتظهر لوحات جصية، وخزفيات، وصور فوتوغرافية لضريح عمر الخيام على مقربة من الموقع الأثري.

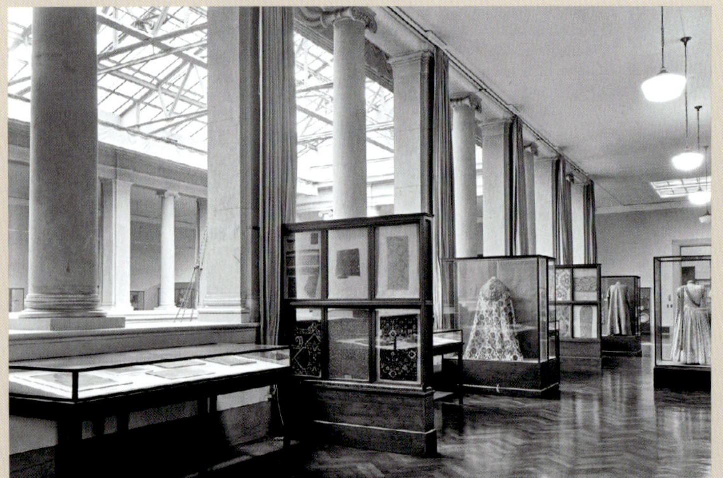

(الصورة 22) 1949م: الرواق ح-20. إعادة التركيب في فترة ما بعد الحرب. عُرضت في الصناديق أقمشة حريرية عثمانية وصفوية. كان الرواق ح-20 مزوّدًا بستائر يمكن إسدالها لحماية الأقمشة والرسومات من أشعة الشمس، وهو يفضي على عرض دروع وصفائح الشرق الأدنى من الناحية السفلى.

الأقاليم العربية (الأروقة 451، 454، 456، 457)

يخرج المسلك الرئيسي من الرواق التمهيدي عبر صفوف من الأعمدة ثلاثية الأقواس من الطراز الإسلامي ليدخل بالزائر إلى فضاءات عرض المواد من العصرَين الأموي (661–750م) والعبّاسي (750–1258م) في المنطقة الشرقية للبحر الأبيض المتوسط وإيران، وهي مناطق أصبحت تحت نفوذ المسلمين منذ هذه المرحلة المبكّرة (الرواق 451). ويظهر العبور من تقاليد العهد القديم المتأخر والتقاليد الساسانية باتجاه مفردات جديدة متأثرة بالإسلام من خلال الأقمشة القبطية والقطع المعدنية الإيرانية ما بعد الساسانية ونماذج من التحف الخشبية المتأثرة بالتيار الكلاسيكي المتأخر. وهناك عرض شامل لصحائف قرآنية من العصر المبكر والوسيط يستكشف نشأة الحروفية العربية وتطوّرها على امتداد أربعة قرون ويبرز الأعراف الفنية الإسلامية الأكثر رفعة وفخامة. تركز الفن العباسي في بغداد ويمكن مشاهدة تأثيره الثقافي بعيد المدى في قطع المتحف من الخشب المنقوش باستخدام "الأسلوب مائل الحواف" والقادمة من سامراء، وفي المصابيح الخزفية من مختلف المراكز في الرقة والقاهرة ولاحقًا قاشان. للمتحف مجموعة من قطع النسيج المزدانة بالكتابة من منتجات "الطراز" تعطي فكرة عن الأقمشة الفاخرة التي كانت تصنّعها الورشات الملكية في عدة مراكز في مصر واليمن وإيران في ذلك العصر المبكّر.

يقود المسلك الجنوبي انطلاقًا من الرواق التمهيدي إلى فضاء مخصص لفنون إسبانيا وشمال إفريقيا وجنوب إيطاليا (الرواق 457) ثم يمتد إلى الفناء المغربي المجاور (456) عبر أعمدة إسبانية من عصر بني نصر. ويمثل هذا الفضاء المؤلَّف مفهومًا جديدًا للمكان ككل، إنه الفضاء الذي يقدّم ثمانية قرون من الثقافة الفنية في الغرب الإسلامي. وقد ازداد العرض أهمية بفضل التعاون القائم مع الجمعية الهسبانية لأمريكا التي أقرضت المتحف على المدى الطويل مجموعة من التحف ذات الشأن. وتبرز من بينها مجموعة من العاجيات المنقوشة المبكّرة تعود لفترة الحكم الأموي في إسبانيا (756–1031م) ومجموعة أخرى متأخرة من جنوب إيطاليا تشمل علبة مورغان، وهي من أول القطع الفنية التي ضمّتها المجموعة. أما المخطوطات المجمّعة خصيصًا فهي تهدف إلى استكشاف المبادلات في مجال زينة الكتب بين المنتمين لمختلف العقائد والأديان إبان حكم بني نصر (1232–1492م) وفترات أخرى.

وتُعرض فنون مصر وسوريا خلال العصر الوسيط في رواق آخر (454) يتّصل برواق رسومات المستشرقين في الجناح الأوروبي للقرن التاسع عشر عبر مدخل مستقل. ومن بين التحف المعروضة تبرز بوجه خاص القطع المصنّعة للحكام المماليك (1250–1517م) والرسوليين (1228–1454م) وتشمل الزجاجيات المذهبة المطلية بالمينا والتحف المعدنية المطعّمة والمخطوطات والرسومات. كما تتضمن الأعمال العائدة للفاطميين (909–1171م) والأيوبيين الأوائل (1171–1260م) قطع قماش وعناصر معمارية من الخشب المنقوش. ثم يمتد خارج هذه البوابة رواق رصيد كيفوركيان للمعارض الخاصة (458) الذي يوفر فضاء للمعارض المؤقتة.

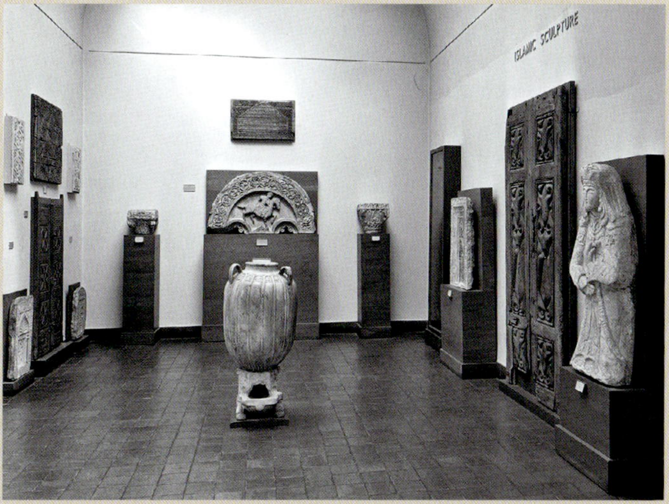

(الصورة 23) 20 مايو 1949م: الرواق ه-13أ. رواق "المنحوتات الإسلامية" بعد ترتيبه الجديد. ويلفت المسمى الانتباه إلى مجموعة الأعمال المحفورة أو الناتئة المعروضة هنا.

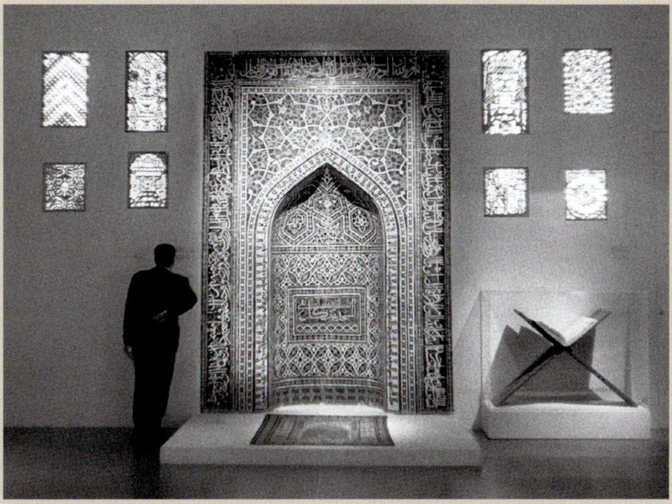

(الصورة 24) 1965م: بعد مرور سنوات لم يعرض فيها القسم الإسلامي الذي تأسس سنة 1963م أي قطعة، خُصّص له رواق مؤقت يتيم جرى إنشاؤه من خلال دمج الأروقة الرئيسية لقسم الشرق الأدنى ه-12-14. ومنذ ذلك الحين إلى تاريخ قريب قبل افتتاح الأروقة سنة 1975م، عرض هذا الفضاء المفعم بروح الحداثة عدة تحف فنية من أماكن وعصور مختلفة.

تركيا (الأروقة 459، 460، 461)

لقد تضاعف فعليًا حجم الأروقة المخصصة للعالم العثماني ثلاث مرات منذ ترتيبه الأخير. ويتمثل الهدف الرئيسي من هذه التوسعة في تقديم صورة تتوافق مع مدى نفوذ الإمبراطورية العثمانية (1299–1923م) وفي عرض يسمح بإدراك أفضل لأصالة هذه المجموعة وتجذرها في هذه المنطقة. أصبحت الآن الفضاءات المتجاورة الثلاثة تعرض مستويات وأعراف مختلفة من الفن العثماني: إسطنبول وفنون البلاط في الرواق الأوسط (460)؛ وبُسط وقطع من النسيج من الأناضول ومناطق أخرى (459) (82)؛ والقاعة المخصصة للعام 1707م في دمشق العثمانية (461) (83). وقد سمحت القطع المستعارة من قسم الأسلحة والدروع بتكبير حجم المجموعة.

يجمع الرواق الأوسط أعمالاً من الفترة العثمانية الكلاسيكية بما فيها "الطغراء" السلطانية لسليمان القانوني (حكم ما بين 1520–1566م)، ومجموعة من خزفيات إزنيك مؤرخة إلى فترة تمتد على قرابة مئتين وخمسين سنة، ومجموعة من المخطوطات المهمة أُسند بعضها مؤخرًا إلى بغداد العثمانية. أُجريت تحريات معمّقة أكثر لقاعة دمشق بهدف إعادة ترتيبها، وقدّمت قراءات جديدة وعمليات تعرّف على النصوص المنقوشة وفهم أفضل للتقنيات المعقدة للزينة الخشبية المرسومة وإعادة تأريخ النافورة في العصر المملوكي المبكّر (1250–1517م). يعلو رواق البُسط المجاور سقفٌ مذهّب ومرسوم بتصاميم هندسية على شكل نجوم من إسبانيا في القرن السادس عشر الميلادي، وتسمح أرضية من القوالب أسفله بعرض البُسط التركية الأكثر هشاشة بمختلف أشكالها وأحجامها. أما الفضاء الجداري فيتيح عرض بسط القبائل والبدو الرحل من العالم العثماني الأوسع. (84) من الناحية البصرية، يعبّر التوهج الناجم عن الزينة بالميداليات والنجوم والأشكال الهندسية عن عنصر شكلي أساسي في الفن الإسلامي.

إيران وآسيا الوسطى (الأروقة 452، 453، 455، 462)

تمثل فنون إيران زهاء 60٪ من المجموعة وهي تُعرض في أربعة أروقة على الأقل من إجمالي الجناح. (85) وهكذا، فإنّ الفن الإيراني بمثابة الخيط الذي يمر عبر كل المكان ويجري إعادة إدخاله في نقاط عدة. تُعرض القطع الإيرانية المبكرة التي تلت الفتح العربي للإقليم مع قطع أخرى من العصر الإسلامي المبكر في الرواق الأول (451). وتُعرض في الرواق الذي يليه (452) مواد الحفريات الأثرية التي أنجزها المتحف ما بين 1935 و 1947/ 1940م في موقع مدينة نيسابور العائدة إلى العصر الوسيط مع إعادة بناء فضاء داخلي فيه لوحات من الجص المنقوش من سابز بوشان. (86) وعند الاطلاع على مزيد من الأعمال من إيران وآسيا الوسطى وأفغانستان تبرز إسهامات العرابين من السلالات السامانية (819–1005م) والغزنوية (977–1186م) والغورية (1000–1215م) والسلجوقية (1040–1194م). (453)

وعلى إثر الغزوات المغولية في بدايات القرن الثالث عشر الميلادي، انعكست في فنون إيران صلاته المتجددة مع الشرق الأقصى وتطوّر أسلوب كانت له تأثيرات ذات شأن على فنون العالم العثماني والصفوي والمغولي. وعلى المسلك الذي يقود إلى أروقة الإمبراطوريات المتأخرة، يعرض الرواق (455) قطعًا من إيران وآسيا الوسطى أنتجت في عالم السلالات المغولية الإلخانية (1256–1353م) والتركمانية (1380–1508م) والتيمورية (1370–1507م). وتشكل فنون الكتاب في هذا العصر الكلاسيكي جزءًا كبيرًا من العرض. كما يشمل هذا الرواق المحراب الشهير المزدان بالخزف الأزرق المؤرخ إلى سنة 1354م والعائد إلى مدرسة في أصفهان.

هويّة جديدة لقسم الفن الإسلامي 1975–2011

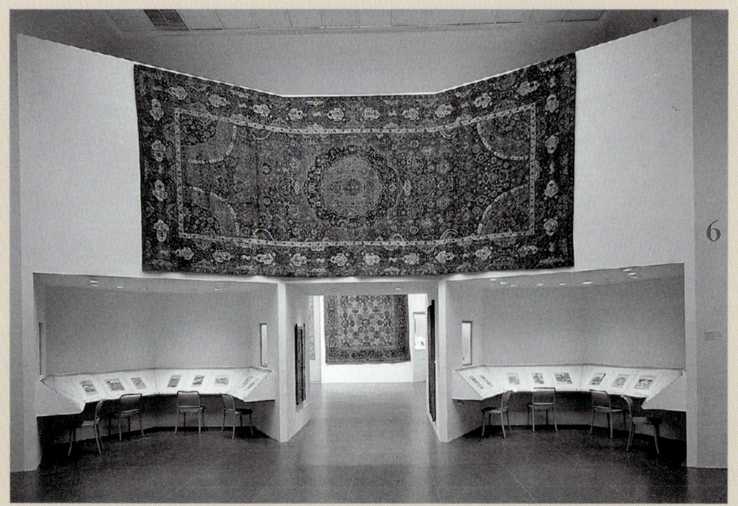

(الصورة 25) 24 سبتمبر 1975م: الرواق ع–31. أول الأروقة الدائمة للقسم الإسلامي، جناح كبير من عشر قاعات افتُتح في شهر سبتمبر 1975م. وكان هذا الفضاء المعروف بالرواق 6 يحتوي على قطع فنية تيمورية وصفوية بما فيها بساط سيلي وكذلك مقاعد تسمح بالاطلاع على المنمنمات، وهي من التدابير الرائجة لدى الجمهور التي جرى المحافظة عليها في الأروقة الجديدة.

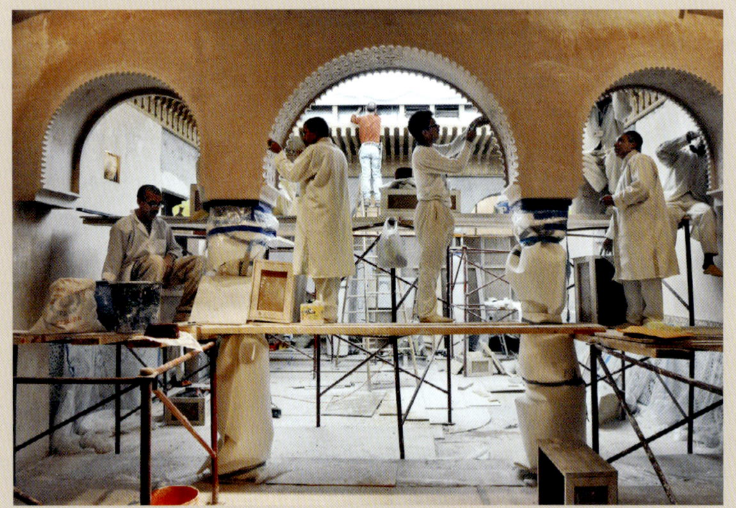

(الصورة 26) 1 مارس 2011م: الجناح ع، الرواق 457 (انظر الصورة 27). حرفيون من فاس بصدد إنشاء الفناء المغربي ضمن إعادة ترتيب الأروقة لسنة 2011م لفنون الأقاليم العربية وتركيا وإيران وآسيا الوسطى وجنوب آسيا لاحقًا.

ويتركز الاهتمام في أكبر الأروقة الإيرانية (462) على التحف الصفوية الفاخرة مع عرض أعمال أخرى من الفترات التاريخية اللاحقة إلى حدود القرن التاسع عشر الميلادي.(87) وتبرز من بين الروائع الفنية زربية الإمبراطور وصفحات من شاهنامة تهمسب و"ركن للعرّيفين" مخصص لعرض الرسومات الفارسية. ويستكشف هذا الرواق علاقات إيران بالصين والهند وأوروبا من خلال الخزفيات والرسم والعرابين الداعمين للفنون في أصفهان.

جنوب آسيا لاحقًا (الأروقة 463، 464)

يجمع الرواقان المخصصان لفنون جنوب آسيا لاحقًا بين مجموعتَي القسم الإسلامي والقسم الآسيوي في فضاء متجاور، ويعرضان سويًّا قطعًا من المراكز الفنية المتعددة لشبه القارة الهندية تعود لبدايات القرن الخامس عشر الميلادي تقريبًا. رُتِّبت الأعمال الفنية وفق التسلسل الزمني وجُمعت حسب البلاط أو الإقليم مع التركيز على الأعمال السلطانية والمغولية والدكانية في رواق (463)، وتلك القادمة من رجبوت وتلال البنجاب والمنتمية إلى "شركة"الهند البريطانية وبعض الأعراف الهندية الجنوبية المتأخرة في الرواق الثاني (464). وتضفي المشتريات الجديدة مزيدًا من نقاط القوة إلى المجموعة بما في ذلك الخنجر الغلكندي المذهب الذي ينتهي مقبضه بشكل حيواني والعائد لأواخر القرن السادس عشر أو بدايات السابع عشر الميلادي، ورسم للآلهة بهيرافي يعود لحوالَي 1635م يُسند للأستاذ المغولي باياغ، ودراسة فنية لخفاش الفاكهة الهندي (الفهرس 285) المؤرخ إلى حوالَي 1780م. وقد خُصّصت عارضة زجاجية كبيرة الحجم لعرض قطع النسيج الهندية وهي تقدّم على مستوى البصر ولأول مرة المجموعة المتنوعة للمتحف من الخيام المغولية وتُضفي على المكان مسحة تكاد تكون معمارية.

تتميز أروقة جنوب آسيا لاحقًا بخاصية مهمة تتمثل في موقعها المادي ضمن الجناح برمته، ومنها المدخل المستقل من البهو الرئيسي. ويسمح هذا الموقع الذي يتجاوز المسلك الرئيسي لباقي الأروقة باستخدام الفضاء للعروض الحرة والمختلطة للتحف الفنية المنتمية لتيارات مختلفة من الأعراف الفنية في العصر المتأخر مع التأثير القوي للفن المغولي (1526–1858م) البائن للعيان عبر الأروقة.

وكما هو الحال مع كل ترتيب للعرض، فإنّ الأروقة الجديدة للأقاليم العربية وتركيا وإيران وآسيا الوسطى وجنوب آسيا لاحقًا ليست مصممة بصفة نهائية بل هي تكييف للفضاء الذي يمكن أن يستوعب مزيدًا من التحف الفنية ويمكن أن يتحمّل تأويلاً جديدًا في المستقبل. إنّ إتاحة الإمكانية للتغيير والتطور داخل الفضاء إقرار ضمني بالتغييرات الحيوية لفنون الأقاليم الممثَّلة وببروز تعبيرات فنية مستحدثة وبإعادة اكتشاف الأعراف المنسية. ومن منظور التنظيم العام للمتحف، يمكن اعتبار الطابق الأول للبناية فضاءً يقدم نظرة مطوّلة لفنون آسيا بشرقها وغربها وللأعراف المبكرة المعروضة في القسمَين الشمالي والأوسط، وبهذا الجناح من الأروقة في الطرف الجنوبي الذي يحمل مجموعات المتحف إلى مسافة أقرب إلى لحظتنا الراهنة.

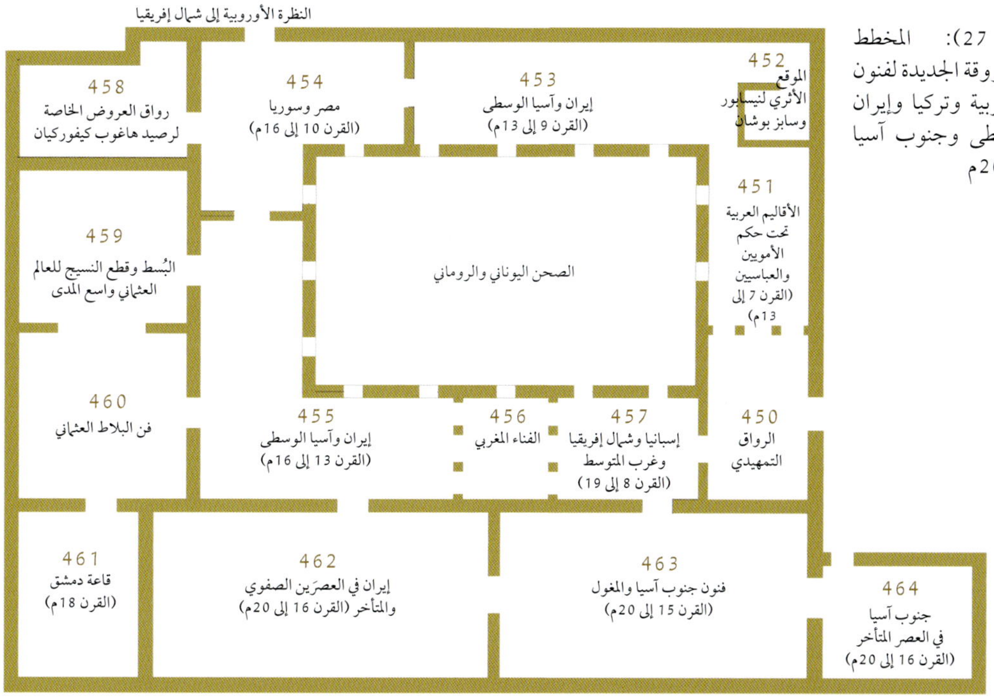

(الصورة 27): المخطط الأرضي للأروقة الجديدة لفنون الأقاليم العربية وتركيا وإيران وآسيا الوسطى وجنوب آسيا لاحقًا، 2011م

1. انظر Breck 1932
2. انظر Hewitt 1907 في MMA Annual Report 23 (1892) ص. 552
3. انظر Stein 1986-87
4. صحيفة نيويورك تايمز 1901
5. رغم أنّ هذه التحف معروضة في الأروقة الإسلامية، فهي تحت رعاية قسم الفن الآسيوي. للاطلاع على سيرة Bishop انظر صحيفة نيويورك تايمز 1902-a. وبخصوص مجموعته انظر Kunz 1903 ومجموعة Bishop 1909، صفحات 82-86
6. انظر Howe 1913 ص 289
7. المصدر نفسه ص 310
8. هذا الجناح الذي يُشار إليه بالحرف اللاتيني F في التصاميم الموجزة للمتحف كان يُطلق عليه كذلك جناح مورغن. وتُعرض فيه حاليا مجموعة المتحف من الأسلحة والدروع.
9. انظر Jackson and Yohann 1914، Valentiner 1913
10. انظر Breck 1920
11. انظر Daggett 1910 ص 313-311
12. انظر Breck 1920
13. تشمل التحف الذي يقال إنها من مصر تسع شظايا فخارية: الفهرس 20.120.192 إلى 201، وصحفة مزججة باللون الأخضر 20.120.207
14. يبدو أن النماذج السورية تأتي من الرقة. انظر Jenkins-Madina 2006 ص. 122. وتشمل النماذج السورية الإضافية تحف الفهرس 20.120.202 و 20.120.220 إلى 224، و 20.120.226
15. انظر Dimand 1955 و Dimand and Mailey 1973 صفحات 41، 43، 96، 104-101، 114-111، 132-130
16. انظر نيويورك تايمز 1921، نيويورك 1921
17. انظر Ballard 1916، Minneapolis 1922، Chicago 1923-1922، Pittsburgh 1923، Buffalo 1926
18. نيويورك 1930 و 1935 و 1961 و 1966
19. انظر Dimand 1924
20. انظر Dimand 1933a، Dimand 1932b
21. انظر نشرية MMA Bulletin 1930
22. انظر Havemeyer 1999 صفحات 297، 76-70، 16، xiv-xv وكذلك Frelinghuysen 1993 صفحات 102-101
23. انظر Dimand 1957
24. انظر Jenkins-Madina 2006 صفحات 19، 139-124، 157-146 وكذلك Frelinghuysen 1993 صفحات 113-107
25. فيما يتعلق بتاريخ هذه المؤسسة، انظر Pruitt 1998
26. يقال إنّ أعمالها الشخصية تلفت جراء حريق في إقامتها في نيو جيرزي في شهر مارس 1939. بخصوص الوصية انظر MMA Annual Report 87 (1957-1956) ص. 68
27. مجموعة من المطبوعات التي وهبتها Cora Timken كانت من جملة المعروضات في معرض المطبوعات اليابانية في متحف سان دياغو للفن بعنوان "أحلام وتحويلات وجهة: 250 سنة من المطبوعات الخشبية اليابانية" الذي أقيم في Founders Hall، University of San Diego من 26 فبراير إلى 5 يونيو 2011
28. انظر Roxburgh 1998 صفحات 57-50 والصور 10-9
29. انظر Ettinghausen 1970a وكذلك McMullen 1965
30. انظر Dimand 1944b
31. انظر (1944-1943) MMA Annual Report 74 صفحات 38-37 وكذلك Dimand and Mailey 1973 ص 101 عدد 12 الصورة 76. الفهرس 43.121.1 وصفحات 110-109 عدد 37 الصورة 104 الفهرس 43.121.2
32. انظر Dimand 1952
33. حرر كتالوج لعرض بُسط تمتلكها مؤسسة Kevorkian Foundation (New York 1966)
34. انظر Fino 2010، تحف عُثر عليها في تنقيبات قطسيفون وهي تحت رعاية القسم الإسلامي وتشمل 174 بقايا قطع خزفية و20 قطعة أو بقية قطعة زجاجية
35. انظر Whitcomb 1985 وكذلك Frye, ed. 1973
36. انظر Wilkinson 1973 and 1986
37. انظر Ernst J. Grube في MMA Annual Report 94 (1964-1963) صفحات 76-74
38. المصدر نفسه 95 (1964-1965) صفحات 63-65. و 96 (1965-1966) صفحات 84-83. و 97 (1966-1967) صفحات 74-78
39. المصدر نفسه 98 (1967-1968) ص 103
40. انظر Richard Ettinghausen في MMA Annual Report 99 (1968-1969) صفحات 79-81. هبة قاعة "نورالدين" (التي تُسمى اليوم قاعة دمشق) مذكورة في المصدر نفسه 100 (1969-1970) صفحات 84-85.
41. المصدر نفسه 100 (1969-1970) ص. 83، 86
42. قدم McMullan هداياه من البُسط سنة 1970 (المصدر نفسه ص. 84، 85) وسنة 1972 [1971-72 MMA Annual Report 102] ص. 44، 45. وسنة 1973 (المصدر نفسه [1973-1974] ص 47
43. انظر MMA Annual Report 102 (1971-72) ص 45 نيويورك 1972
44. انظر MMA Annual Report 106 (1975-76) ص 12، 47-49. و 107 (1976-1977) ص 55
45. انظر Stuart Cary Welch في MMA Annual Report 110 (1979-80) صفحات 38-40
46. الحوض الرخامي العائد للقرن السابع عشر فهرس 1984.213 وستارة النافذة من الرخام المخروم فهرس 1984.193. وتمثل قائمة كبار المتبرعين بالتحف الهندية Wendy Findlay و Alice C. Heeramaneck. للاطلاع على قائمة المشتريات انظر Welch in MMA Annual Report 112 (1981-82) ص 33-34. و 113 (1982-1983) ص 36-37. و 114 (1983-1984) ص 36-37. و 115 (1984-1985) ص 39-40. و 116 (1985-1986) ص 30-31. Daniel Walker in MMA Annual Report 118 (1987-88) ص 29-30
47. انظر نيويورك 1985-1986
48. جرى اقتناء هذه المجوهرات بواسطة رصيد Patti Cadby Birch وتشمل الفهرس 1981.122.1 إلى 1981.122.6 و 1976.405 و 1976.406. وتشمل القطع التي جرى اقتناءها برصيد Seley الفهرس 1978.141 و 1978.142 و 1979.7.1 إلى 1979.7.4
49. انظر نيويورك 1983
50. جرت مناقشة هذه القطعة في نيويورك ولوس أنجليس 2002-2003 ص. 86، 275 عدد 148 الصورة 89
51. يشمل اقتناء النصوص الدينية الفهرس 1990.265، لفيفة صلاة مؤرخة في سنة 1810م
52. انظر Diba et al. 2011
53. رسم الإلهة بهايرافي العائد لسنة 1635م تقريبا يُسند إلى Payag. والخنجر (الفهرس 2011.236) مزود بمقبض مذهّب له شكل حيواني.
54. انظر الدراسة المصورة بقلم Rebecca Lindesy في هذا الفصل، وكذلك صفحة الموقع التي تفصل الحديث في هذا الموضوع في www.metmuseum.org
55. مصطلح "الفن الإسلامي" يُستخدم للتعريف بالمجال الأكاديمي الواسع وبوصفه عنوانا لهوية القسم
56. انطلق مشروع إعادة تركيب المتحف على إثر أحداث 11 سبتمبر 2011م والتغيرات السياسية المستمرة في الأحداث السياسية العالمية. والملاحظ أنه في الوقت نفسه قامت العديد من المتاحف الكبرى بدورها بإنهاء مشاريع مماثلة أو هي بصدد الانتهاء منها. للاطلاع على رؤية جزئية انظر Bloom and Blair 2009.

57. هذا الرواق نتاج التعاون مع قسم الفن الآسيوي الذي يشرف حاليا على جزء من مجموعات جنوب شرق آسيا في العصر المتأخر مع المنحوتات المبكرة.

58. تطورت خلال الثلاثين سنة الأخيرة من البحث العلمي تخصصات في دراسات الأقمشة وعلم المخطوطات والقطع المعدنية، كما ظهرت أعمال جديدة تتعلق بالترابط الثقافي.

59. انظر Ettinghausen et al. 1975a صفحة 4، حيث يوجد تقديم للمقاربات الفلسفية للتركيب السابق للمتحف. ويناقش Adamova 1999 ص 7–8 مسألة عرض مفهوم الوحدة مقابل التنوع في الفن الإسلامي. ويجري في الكتاب نفسه استكشاف مقاربات وطرق عرض أخرى كذلك.

60. بالإضافة إلى الدراسة المصورة والدراسة السابقتين، تُقدم Jenkins-Madina 2000 إضاءات حول التاريخ المبكر للمجموعة. ويناقش في المؤلف نفسه كتاب آخرون مواضيع ذات صلة. كما توجد مناقشة أوسع في Vernoit, ed. 2000.

61. انظر Ettinghausen et al 1975a الذي رافق افتتاح الرواق. ويشمل MMA Annual report 1975–1976) صفحتَي 9 و 47 تقريرا رسميا حول افتتاح الأروقة.

62. يورد Grabar 1976 و Goldin 1976 ردود أفعال حول التركيب السابق للأروقة. وتجري مناقشة ردود الأفعال الآنفة مع موجز للتطورات وأفكارٌ جديدة في Komaroff 2000.

63. انظر Heckscher 1995 لتاريخ البناية بما فيها الجناح ك. وتشمل المخططات الأصلية ثلاث نوافذ تطلّ على الصحن الروماني، وقد جرى فتحها مجددا مع فتحات لاحقة فوق الصحن.

64. تصميم الأروقة الجديدة إبداع جماعي بين أقسام المتحف للأمانة والتصميم ومؤسسة Kevin Roche John Dinkaloo Associates

65. نتقدم بالشكر إلى Michael Spink على اقتراحاته في استخدام اللون والنسيج. وتأتي الأحجار المستخدمة على البلاط من تركيا ومصر وإسبانيا والهند وأماكن أخرى.

66. هذه المصابيح للمساجد من إبداع Kevin Kutch and Mary Ellen Buxton من شركة Pier Glass, New York.

67. صُنعت هذه الستائر في القاهرة بمصر بأيدي أدهم نديم وزملائه من شركة النديم.

68. الصحن المغربي من إنتاج شركة الحرف اليدوية Arabesque Moresque التي تديرها عائلة ناجي من فاس في المغرب. والدليل العلمي للمشروع من تحرير Nadia Erzini أمينة متحف مدرسة لوقش بتطوان. والصحن بدوره من تصميم Achva Benzinberg من City College, New York بالتعاون مع مصمم رواق المتحف Michael Batista and Garry Leonard من شركة Kevin Roche John Dinkaloo Associates. ولتوثيق المفهوم ومناقشة صنع الصحن المغربي يوجد برنامج تعليمي مكثف وشريط وثائقي وإصدارات لاحقة.

69. تصميمات الجص والسقف مستوحاة بدرجة كبيرة من مدرسة العطارين والمدرسة البوعينانية في فاس.

70. لموتيفات الجليز واللوحة الخزفية، انظر Granada and New York 1992 ص. 375 عدد 119

71. توجد سجلات توثق المقترحات والمخططات البديلة وهي محفوظة في الملفات الخاصة لقسم الفن الإسلامي. وإضافة إلى ذلك نتقدم هنا بالشكر الجزيل للعديد من المساهمين ولمقترحات الزملاء والجامعيين والمصممين والفنانين والأصدقاء من المتحف، وهذه كلها تنعكس في مفهوم الأروقة وتصميمها وتنفيذها.

72. توجد مناقشات حديثة وثيقة الصلة بمحور تركيب أروقة الفن الإسلامي في Blair and Bloom 2003 و Folsach 2006–2007 و Crill and Stanley 2006. أما Guha-Thakurta 2004 فيقدم نظرة نقدية حول ممارسات المتاحف في الهند خلال القرنين التاسع عشر والعشرين م.

73. نظم المتحف في 27 أكتوبر 2004 مائدة مستديرة حضرها علماء وأمناء متاحف وغيرهم. وتحفظ ملفات قسم الفن الإسلامي محاضر الجلسات الداخلية التي توثقها. كما يحتفظ المتحف إضافة إلى ذلك بوجهات نظر أكثر من أربعين عالمًا عُرضت عليهم المخططات المتتالية وأخذت ملاحظاتهم بعين الاعتبار.

74. خلال فترة إعادة التركيب (2003–2011) عُرضت مجموعة من التحف المختلفة من قسم الفن الإسلامي في أماكن أخرى من المتحف. وشملت المعارض والمشاريع "Pearls of the Parrot" (من 14 أكتوبر 2005 إلى 12 مارس 2006)، و "Venice and the Islamic World" (من 27 مارس إلى 8 يوليو 2007)، و "Masterpieces of Islamic Calligraphy" (من 2 يونيو إلى 1 سبتمبر 2009). وشملت المحاضرات والندوات سلسلة المحاضرات السنوية Schimmel and Wilkinson وندوة "Art for India's Deccan Sultans" (يومي 25–24 أكتوبر 2008).

75. شملت المبادلات الرسمية وغير الرسمية المبادلات مع المجموعات الثقافية المحلية والوطنية والدولية، والهيئات الرسمية والمستشارين الأكاديميين، وجرى ذلك أحيانا بالتعاون مع مبادرة Museum's Multicultural Audience Initiative (MADI) ومع أقسام أخرى.

76. جرت استطلاعات الزائرين خلال صيف سنة 2009، واحتفظ قسم الفن الإسلامي في سجلاته بتحليل النتائج. وجاءت الردود من زائرين مختلفين تتراوح أعمارهم من أواخر العقد الثاني إلى أواخر العقد السابع وتشمل زائرين محليين وأجانب، مسلمين وغير مسلمين، ومن خلفيات ثقافية ومهنية ولغوية متنوعة. وشملت مواضيع الاستطلاعات أسباب الاهتمام، وفهم تطلعات الزائرين المستقبلية، وهل مواضيع تاريخ الفن والتاريخ والجغرافيا والمصطلحات مألوفة لديهم، وردود أفعالهم حول تسمية الأساليب والمحتويات، ووجهات نظرهم في مسائل المحافظة وأمانة المتاحف، وهل يوجد سوء فهم للفن والأعراف والتاريخ الإسلامي.

77. يوجد الكثير من التعريفات المختلفة أحيانا للفن الإسلامي في الأدبيات العلمية، ويمكن الاطلاع على نماذج منها في Ettinghausen, Grabar, and Jenkins-Madina 2001 ص. 3، و Brend 1991 ص. 10، و Ettinghauen 1984، و Issa 1994، و Grabar 1987a صفحات 1–18، و Burckhardt 1971 ص. 31، و Folsach 2001 صفحات 19–21. ونجد واحدا من أكبر التحديات التي تواجه مفهوم الفن الإسلامي في Melikian 2001، ص. 94.

78. انظر موقع المتحف على الشبكة، www.metmuseum.org

79. انظر ملاحظات Jean-François de Lapérouse في هذا المؤلف للاطلاع على مختصر لأعمال الصيانة التي جرت لهذا المشروع.

80. تُبرز Canby 1999a بعض الإشكاليات الفلسفية والعملية حول مسألة التسميات والمواد التعليمية والإخبارية في المتاحف.

81. يقدّم Komaroff 1992a نظرة عامة حول عناصر الأروقة السابقة. وفي سنة 1976 رافق تركيب الأروقة نشرية خاصة وكذلك كتيّب صغير بعنوان Notes on Islamic Art in Its Historical Setting من تأليف Ettinghausen et al. 1975a, b

82. يُطلق على الرواقَين Koç Family Galleries

83. القاعة الدمشقية جزء من هبة رصيد كيفوركيان Kevorkiqn Fund للمتحف.

84. انظر Shtrum et al. 2010 صفحات 29–50

85. يعود السبب في وجود العدد الكبير من الأعمال الإيرانية في المجموعة إلى ما عُثر عليه خلال حفريات نيسابور. كما تعكس جذور قسم الفن الإسلامي التي كبر انطلاقا من قسم الشرق الأدنى ومن وجود عنصر إيراني مهم في مجموعة قطعه.

86. يأتي اسم هذا الرواق من مجموعة الإيرانيين الأمريكيين

87. يطلق على هذا الرواق اسم Sharmin and Bijan Mossavar-Rahmani Gallery

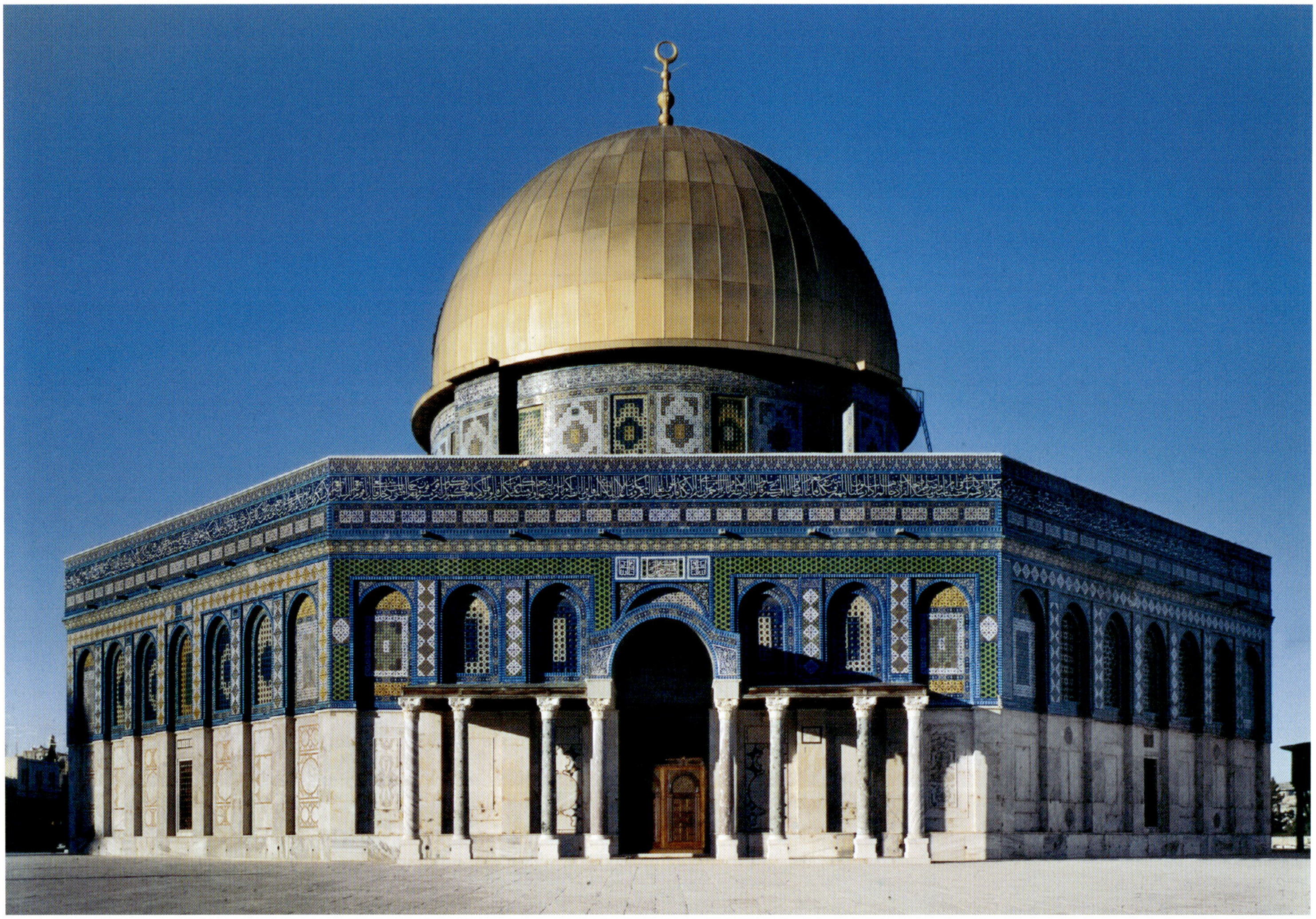

فن عصر الخلافة المبكّر (القرن السابع إلى القرن العاشر الميلادي)

مريم د. اختيار

يبدأ تاريخ الفن والمعمار الإسلامي قبل ظهور الإسلام بفترة طويلة. وقد سعى العلماء في السنوات الأخيرة إلى تحديد إطار جديد لفنّ وثقافة هذه الحقبة الانتقالية عبر دمجهما ضمن دراسات العالم القديم في عصره الأخير.(1) وسمحت هذه المقاربة الضمنية والمتدرجة أكثر بدراسة فيها المزيد من التنوع وتعدد الاختصاصات للمجتمعات الرومانية والساسانية والإسلامية المبكّرة من خلال كسرها لحواجز الجغرافيا والفواصل الزمنية التاريخية.(2) ومن وجهة النظر هذه، لم يعد يُنظر إلى ظهور الإسلام في القرن السابع الميلادي بوصفه قطعًا حادًّا مع ثقافة العالم القديم في عصره الأخير والتي يُعتقد أنها امتدت إلى حدود بداية القرن التاسع الميلادي.

وقبل ظهور الإسلام بمدة طويلة، كانت القوّتان العظيمتان الثقافيتان والسياسيتان والعسكريتان، الإمبراطوريتان البيزنطية والساسانية، قد طوّرتا لغة بصرية وثقافية مشتركة أرست بها شرعيتها. وقد شملت المبادلات الثقافية البينية لهذين الكيانَين تبادل اتّسم بروح الصداقة وآخر ظهرت فيه العدوانية والتصريحات التنافسية الخصامية. (3) وتمثل النقوش الحجرية في بيشابور التي يظهر عليها الإمبراطور الساساني شابور الأول منتصرًا على الإمبراطور الروماني فاليريان سنة 260 بعد الميلاد نموذجًا من الصنف الثاني من العلاقات بين الإمبراطوريّتَين.(4) كما شملت عمليات التواصل والتأثير المختلفة الهجرة القسرية نتيجة الحرب عندما انتقل الحرفيون والفنانون والموهوبون بحثًا عن فرص جديدة، والعلاقات الدبلوماسية وكذلك تبادل الهدايا والتجارة بين بلدان البحر الأبيض المتوسط وآسيا الغربية والوسطى

والمحيط الهندي. إنّ التشابه في الأسلوب وفي المفردات الزخرفية بين فنون القرنَين الخامس والسادس الميلاديّين
المتمثل في عمارة ولوحات الفسيفساء المنزلية في مدينة أنطاكية والأختام الساسانية والقطع الزخرفية والوظيفية التي يمكن أن تكون قد أُنتجت في أيّ من الإمبراطوريتين إذا اعتمدنا على أسلوبها، تحمل أدلة تشير إلى التملك الانتقائي للذوق الفني أو إلى التقاء الأذواق.
لقد وفّر سقوط الإمبراطورية الساسانية وخسارة البيزنطيّين لنفوذهم في الأقاليم الشرقية أرضًا خصبة لظهور عقيدة جديدة في مكة في شبه الجزيرة العربية ومن ثمّ نظامًا سياسيًّا جديدًا في الشرق الأوسط. اعتمد الإسلام على الرسالة الإلهية التي أوحيت إلى الرسول محمد (ص) عبر رئيس الملائكة جبرائيل (س) بداية من سنة 610م تقريبًا. وجرى لاحقًا تجميع هذه النصوص الموحاة وتصنيفها لتكوّن كتاب الإسلام المقدّس: القرآن الكريم. وفي غضون عشرين سنة من تلقّي الرسول للوحي كان لرسالة محمد (ص) أتباع في مكة والمدينة وكان هدفها الأساسي تحرير سكان الحجاز في شبه الجزيرة العربية من عبادة الأوثان للإيمان بالله الواحد الأحد.(5) وإذ يشمل الإسلام عناصرَ من الديانتَين اليهودية والمسيحية فهو آخر الديانات التوحيدية. إنّ ظهور الإسلام في الشرق الأدنى وضع المسلمين على قدم المساواة مع اليهود والمسيحيين بوصفهم "أهل الكتاب" وآخر ورثة التراث الإبراهيمي.
يؤشّر عام 622م تاريخ الهجرة، أو انتقال النبيّ محمد (ص) وأتباعه من مكة إلى المدينة، إلى بداية التأريخ الإسلامي الذي يعتمد على السنة القمرية. وسرعان ما انتشر الفتح الإسلامي من شبه الجزيرة العربية إلى المناطق المجاورة من الإمبراطوريّتَين البيزنطية والفارسية الساسانية. ومع حلول سنة 714م كان المسلمون قد نشروا رسالتهم إلى حدود إسبانيا غربًا والهند والصين شرقًا ضامّين أقاليمَ شاسعة إلى دار الإسلام الجديدة.
بعد وفاة النبيّ محمد (ص) سنة 632م جاء حكم "الخلفاء الراشدين" الأربعة (632–661م) المختارين من الدائرة المقرّبة مباشرة من الرسول (ص). وخلال هذه الفترة، ضم الحكام المسلمون الجدد بنايات أو شيدوها بالقرب من الكنائس المسيحية أو المعابد الزردشتية لتكون أماكن عبادة للمسلمين. وعلى هذا المنوال فقد حذا الخلفاء الراشدون ماديًّا حذو التجمعات الدينية المحلية في المدن التي فتحوها.(6) وبعد مرور تسعة عشرة سنة على وفاة الرسول (ص) أمر الخليفة الثالث عثمان (ر) الذي حكم من 644 إلى 656م مجموعة من العلماء بإنتاج نسخة معيارية مكتوبة من النص القرآني يُشار إليها عمومًا بالمصحف العثماني. إنّ هذا النص الذي جرى تقسيمه إلى 114 سورة لم يتغيّر جوهريًّا عبر الزمن وما زال مستخدَمًا إلى يومنا هذا بوصفه النسخة المعيارية للقرآن.
وعلى الرغم من أنّ تاريخ الهجرة يؤشر لبداية العصر الإسلامي، إلا أنّه لا يتوافق بالضرورة مع بداية أعراف فنية جديدة. لقد كان تطوّر الهوية الفنية الإسلامية عملية بطيئة وتراكمية. وبالفعل، لم تكن فنون العصر الإسلامي المبكّر مختلفة جذريًّا عن الأعراف الفنية التي سبقتها.(7) وهكذا، فإنّ الفنانين والحرفيين الذين عملوا سابقًا تحت رعاية العرّابين البيزنطيين والساسانيين واصلوا في اتّباع الأعراف السابقة تحت إمرة العرّابين المسلمين. وقد عكست الأقمشة المنتَجة في مصر خلال هذه الفترة على سبيل المثال التقاليد القبطية الراسخة منذ زمن بعيد،(8) كما يصعب في غالب الأحيان فصل الزجاجيات والتحف الإسلامية المبكرة عن نظيراتها السابقة من العصر القديم المتأخر ومن الحقبة الساسانية. وبالنظر إلى التفاعل بين القوّتَين الذي دام قرونًا قبل الفتوحات العربية، نادرًا ما يمكن في حالات معينة تحديد أي من الثقافتَين قد شكلت مصدر الإلهام الفني الأوحد.
ولدى محاولاتهم تأريخ هذه التحف الفنية الميكرة وتحديد مصادرها، اعتمد العلماء على أشكال متنوعة من التحليل التقني والمقارنة الأسلوبية مع معالم معمارية معلومة التاريخ وعلى بعض القطع الأثرية القليلة المؤرّخة أو التي يمكن تأريخها والتي عُثر عليها خلال الحفريات الأثرية. وعلى سبيل المثال يوجد شبه شديد بين التصاميم الزخرفية المحفورة على الإناء الذي يُطلق عليه "إبريق مروان" المستخرج من حفريات أبوسير الملك في مصر حيث يُقال إنّ آخر الخلفاء الأمويين مروان الثاني (حكم 744–750م) قُتل على أيدي العباسيين سنة 750م، وتصاميم قطعة قماش منسوج تحمل نصًّا عربيا بالخط الكوفي يرد فيه اسم مروان.(9) وقد ساعد هذا الدليل البصري متحف المتروبوليتان في تحديد تاريخ قريب زمنيًّا لإبريق مماثل له فوهة على شكل ديك. (الفهرس 7) وعلى الشاكلة ذاتها تقريبًا ساعدت المقارنة النصية والخطية باستخدام النصوص الزخرفية في قبة الصخرة في القدس الشريف (690م تقريبًا) على تأريخ المخطوطات والصحائف القرآنية المبكرة.(10)
وقادت الأدلة النصية الجديدة التي توثّق ظهور الخط العربي انطلاقًا من جذوره النبطية في سوريا في مواقع أثرية على غرار زبد (512م) وجبل عسيس (529م) وحرّان (568م) إلى تأريخ أكثر دقة للمواد النصية المبكّرة ومكّنتنا من تأريخ أولى أوراق البردي العربية المتبقية (643م) وأولى قطع المخطوطات القرآنية المكتوبة على الرق، أو المصحف (من 633 إلى 644–656م) وظهور الخط الحجازي الذي يُعدّ من أوّل الخطوط العربية وكذلك الخط الكوفي. كما كشفت هذه الأبحاث عن تشابه كبير بين المخطوطات القرآنية المبكّرة والكُتب المقدسة السريانية والعبرية واليونانية بالإضافة إلى التقاليد الخطية.(11)
أما اللوحات الفسيفسائية العائدة للقرن الثامن الميلادي التي عُثر عليها قرب قرية أم الرصاص الأردنية وفي مواقع أخرى والتي أُنتجت لعرابين مسيحيين خلال القرون الأولى من العصر الإسلامي، فهي لا تعكس تواصل أعراف فسيفساء العصر القديم المتأخر فحسب، بل تُستخدم وثائقَ تاريخية غنية بالمعلومات مثل النصوص الأدبية والنقوش والعملات والمنحوتات والبنايات.(12) وهي تحتوي على نصوص باليونانية وتصور مناظر مدن كلاسيكية إضافة إلى مشاهد من الأساطير الكلاسيكية. وتعكس هذه اللوحات الفسيفسائية استمرارية الذوق اليوناني الروماني في الأقاليم التي دخلها الإسلام حديثًا.

الأمويون (661-750م)

وصل الأمويون، وهم أول سلالة إسلامية، إلى الحكم سنة 661م واتخذوا دمشق في سوريا عاصمة لهم. حوّل معاوية مؤسس السلالة (حكم ما بين 661-680م) الخلافة إلى حكم وراثي واضعًا حدًّا لنظام الشورى الذي اختير بموجبه "الخلفاء الراشدون". كان الحكم الأموي عصر التفوّق الإسلامي وكانت العربية لغة السياسة والإدارة والعلوم في معظم أرجاء الإمبراطورية الجديدة.

وكان لتدوين القرآن في نسخة كتابية أثر لم ينمح على إنتاج المخطوطات وتطوير الخط العربي كشكل من الأشكال الفنية. أجرى الخليفة الأموي عبدالملك (حكم ما بين 685-705م) إصلاحات على نظام السكة سنة 77 هجري الموافق 676-677م بالتخلي عن الصور التشخيصية واستبدالها بالنصوص الخطية المحضة (الفهرس 8-9) كما أمر ببناء المساجد الخالية من أي تمثيلات تشخيصية.(13) وقد شهدت الفترة ذاتها تطورًا آخر في ضرب السكة إذ جرى توحيد منطقتَين نقديّتَين: الإمبراطورية البيزنطية التي سكت عملات ذهبية ونحاسية على امتداد قرون، والإمبراطورية الساسانية التي كانت عملتها الفضية الأكثر انتشارًا في الشرق الأدنى.(14)

وبصفته الخليفة، فقد أمر عبدالملك ببناء قبة الصخرة في القدس التي انتهت أشغال بنائها سنة 691م وتُعدّ أقدم بناية إسلامية متبقية حتى اليوم وأول وأهم إنجاز فنيّ للسلالة الأموية. ويكتسي جبل مروة الذي أقيمت عليه قبة الصخرة في القدس الشرقية معاني مهمة للثلاث الديانات السماوية، مما أعطى البناية الجديدة زخمًا من القداسة والمغزى.(15) وتغطّي جانبًا كبيرًا من الفضاء الداخلي لوحات فسيفسائية زجاجية، وهي ممارسة فنية بيزنطية راسخة اعتمدها عبدالملك. وتدمج تصاميم هذه الفسيفساء خليطًا من رموز السلطة الملكية تعود للفترة الفارسية والبيزنطية ما قبل الإسلام مثل التيجان والجواهر مع الزخارف النباتية. أما إدخال النصوص القرآنية والصلوات فيعكس بكل وضوح الرؤية والمعتقدات الدينية للخلفاء الأمويين. وبوصف هذه النصوص أقدم النصوص العربية المنقوشة بهذا الحجم في البنايات، فهي تؤسس خطًّا فاصلاً في استخدام الخط الكوفي بهذا المقدار.

تفيد الأدلة التاريخية والمادية أنّ مقاطع عديدة من الجامع الأموي بدمشق الذي بُني خلال العقد الأول من القرن الثامن الميلادي بأمر من الخليفة الوليد بن عبدالملك (حكم ما بين 705-715م) كانت مغطاة بلوحات فسيفسائية زجاجية فاخرة تمثّل مناظر طبيعية وبنايات.(16) وكما هي الحال في قبة الصخرة، يتميز زخرف الجامع الأموي بغياب تام لأي صور بشرية أو حيوانية. إنّ استبعاد الخلفاء الأمويون لهذه الرسوم التشخيصية من البنايات الدينية أرسى ممارسة ما زالت تميّز العمارة الدينية الإسلامية حتى يومنا الحاضر. ولم يقتصر هذا الاجتناب الواعي للتصوير التشخيصي في السياقات الدينية على ألعمارة فحسب، بل امتد إلى العملات والمخطوطات القرآنية والنسيج وغيرها من الوسائط الفنية. وبما أنّ القرآن في حد ذاته لا يشير إلى الفن التشخيصي، فقد اعتمد الخلفاء الأمويون على الحديث والسنّة النبوية لتبرير هذه الممارسة. وإضافة إلى ذلك، كان الأمويون يبحثون عن هُويّة بصرية واضحة المعالم لا تقتصر على ترسيخ سلطتهم وشرعيتهم، بل من شأنها أن تبرزهم ككيان منفصل عن منافسيهم البيزنطيين وسابقيهم الساسانيين: كانت البنايات الدينية الخالية من الصور التشخيصية تشير إلى سلطتهم على تلك المناطق التي فتحوها منذ عهد قريب.

ومن بين الكم الهائل من الفنون وألعمارة المدنية التي رعاها وموّلها الأمويون، تعكس العقارات الزراعية المجهزة بسرايا الصيد على غرار قصير عمرة (شرق الأردن) وقصر الحير الغربي (سوريا جنوب غرب تدمر) والقصور الكبرى في مشطة (الأردن) وخربة المفجر (الأردن غير بعيد عن أريحا) الأذواق الملكية الأرستقراطية لأصحابها. لقد كانت أماكن للراحة يقصدها الحكّام للصيد وللابتعاد عن حياة المدينة وبروتوكولات القصور. ومثل المساجد وغيرها من البنايات الدينية لهذه الفترة، نشأت المخططات والأشكال والتقنيات من المفردات المعمارية للعصر القديم المتأخر. وكان من المألوف داخل هذه البنايات إعادة استخدام قطع من بنايات سابقة: وفي غالب الأحيان كانت الأعمدة وقواعدها وتيجانها من العناصر المعمارية القديمة التي جرى تكييفها لتتلاءم مع الذوق الأموي وتحسينها لتجد مكانها في البنى المشيّدة حديثًا.(17) وكانت السرايا تحتوي على تشكيلات رائعة من اللوحات الفسيفسائية التشخيصية وغير التشخيصية والجداريات وكذلك المنحوتات ثلاثية الأبعاد التي تمثل مواضيع ملكية ظهرت في فترة ما قبل الإسلام، ويشير ذلك إلى أن اجتناب الرسوم التشخيصية اقتصر على البنايات الدينية. وقد شكل هذا الفصل بين ما هو ديني وما هو دنيوي أحد أول التطورات في تاريخ الفن الإسلامي.

عرفت منطقة شرق المتوسط وإيران صناعات فاخرة مزدهرة في قطاع النسيج. ومن أهم إسهامات الورشات الأموية في هذا المجال إنتاج قطع النسيج المزدانة بالنصوص المكتوبة ومنها قطع كثيرة مطرّزة بخيوط ذهبية ملونة عليها أسماء وألقاب الخلفاء والأعيان الأمويين. كما أنتجت هذه الورشات ملابس تشريفات فاخرة كانت تُهدى لكبار المسؤولين والوجهاء الأجانب. ويعود أول دليل نصي عن وجود لورشات النسيج الملكية هذه التي أطلق عليها "الطراز" إلى الخليفة الأموي هشام (حكم ما بين 724-743م) بينما يتضح أنّ أقدم نموذج مؤرّخ من هذه المنسوجات قطعة قماش من الحرير من ورشة "طراز" من إفريقية (تونس الحالية) تحمل نصًّا يعود إلى حكم الخليفة مروان الثاني.(18) لم تكن هذه المؤسسات من قطاع النسيج تخضع لنظام مركزي تحت حكم الأمويين ويبدو أنّ إدارتها كانت محلية.(19) وتظهر على هذه الأنسجة تصاميم و زخارف من سوريا والعراق وبلاد فارس مما يشير إلى عالمية اللغة الفنية خلال هذا العصر المبكّر من التاريخ الإسلامي. كما يصوّر إنتاج الزجاجيات خلال هذه الفترة استمرار التقنيات والأشكال والزخارف الساسانية واليونانية الرومانية. وتواصل كذلك استخدام الفسيفساء الزجاجية (الألف زهرة) والزجاجيات المصقولة والمنفوخة في القالب.

وينطبق الأمر ذاته على التحف المعدنية والخشب المنقوش الإسلامي في العصر المبكّر.

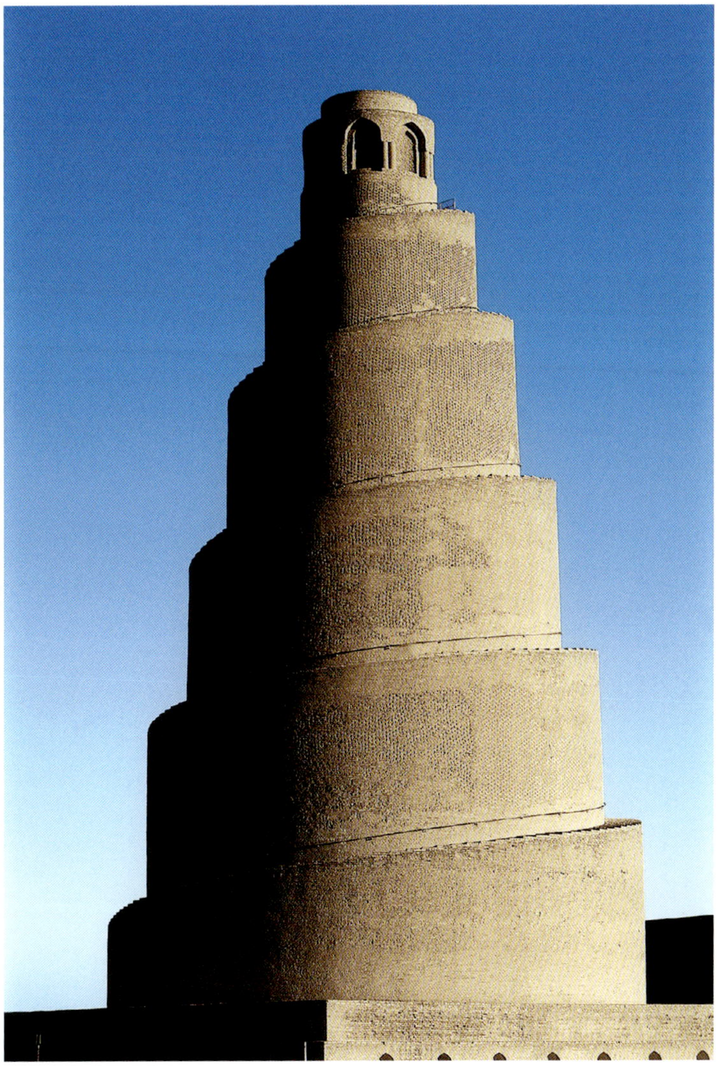

الصورة 28: منارة جامع أبو دلف، سامراء (859-861م)
دي أغوستيني، جاتي إيماجس.

لقد تميزت الفنون الأموية بوصفها نتاج توزيع وإعادة تأويل جديدَين للأشكال الفنية من كل الأقاليم الخاضعة لسلطة هذه السلالة بالتزامن مع إدخال عدد محدود من المستجدات، وكما يتبين من المعالم المعمارية والتحف الفنية التي ناقشناها آنفًا، فهي فنون مختلطة وتجريبية وترويجية.(20) غير أنه مع قرب نهاية العصر الأموي، ظهر تدريجيًا توجه للابتعاد عن النماذج الفنية لما قبل الإسلام مع بروز "الأسلوب العبّاسي".

العباسيون (750-1258م)

في سنة 750م خلف العباسيون الأمويين إثر ثورة قادها المسلمون غير العرب (الموالي) والشيعة وآلت إلى إسقاط حكم الأمويين وانتقال عاصمة الخلافة من سوريا إلى بغداد في العراق. شهدت هذه الفترة تخليًا عن فنون العصر القديم المتأخر كمصدر فني مباشر للإلهام والبروز التدريجي لهُويّة فنية جديدة.(21) وتلاشى التفوق العربي إبان حكم العباسيين، وأصبح المسلمون من غير العرب، مثل الفرس، عماد الأمة. وظهر الدهاقنة الفرس من الطبقة الأقطاعية المحلية ليحتلوا المناصب الأساسية في الدولة الإسلامية الجديدة ويسعَوا لإعادة إنتاج ثقافة الرخاء والثراء التي كانت مألوفة لدى سابقيهم في البلاط الساساني.(22) لم تكن هناك قرابة حقيقية بين مدينة بغداد - مدينة القصر أو مدينة السلام - بسورها الدائري والمدن الكبرى للإمبراطورية الرومانية: بل كانت إحياء متأخر للمدن دائرية الشكل المعروفة في بلاد أشور وإيران وآسيا الوسطى.(23) واللافت أن بغداد كانت تقع على بعد زهاء خمسة وثلاثين كيلومترًا شمال العاصمة الساسانية السابقة قطسيفون (المدائن)، مما يشير إلى أن العلاقة مع الثقافة السابقة أمر متوقع وملائم.

تُعدّ القرون الثلاثة الأولى من حكم العباسيين العصر الذهبي لهذه السلالة ظهرت خلالها تطوّرات فنية عباسية واضحة بقي أثرها الدائم على امتداد القرون اللاحقة.(24) وعلى الرغم من أن العاصمة العباسية تأسست في البداية في بغداد إلاّ أنها انتقلت سنة 836م إلى سامرّاء بسبب الصراعات بين حرّاس القصر الأتراك التابعين للخلفاء العباسيين وسكّان بغداد الآخرين. قادت تقلبات التاريخ والتنقيبات الأثرية في هذا الموقع خلال القرن العشرين مؤرّخي الفن إلى التركيز على القطع الفنية من سامراء لتفسير تطورات الفن العباسي في العصر المبكّر. ومن أبرز التطورات الفنية الجديدة لبغداد وسامراء العباسيّتَين "الأسلوب مائل الحواف" (تقنية ذات قص مائل مميّز) الذي استُخدم في الأساس لتزيين مساحات جدارية كبيرة في القصور والمساجد. وعلى الرغم من أنّ الزينة مائلة الحواف صيغت للجص في الأصل، إلاّ أنها سرعان ما طُبِّقت على وسائط أخرى مثل الخشب المنقوش (الفهرس 23) والزجاج المنفوخ في القالب والبلور المصقول. ثم انتشر "أسلوب سامراء" في تزيين المساحات (ويشمل تقنية الحواف المائلة) آخر المطاف إلى مناطق قصية مثل إيران ومصر وآسيا الوسطى حيث جرى تكييفه مع الأذواق المحلية.

تكاثرت في العصر العباسي ورشات "الطراز" للنسيج وامتدت من البلاط إلى ساحات الأسواق. وقد تركز جلها في دلتا النيل المصري الذي كان مركزًا نشطًا لإنتاج النسيج في العصور السابقة للإسلام. و قد نجت قطع النسيج المصري بأعداد أكبر من تلك القادمة من إسبانيا أو اليمن أو العراق أو إيران. ويحمل العديد من أقمشة الطراز العائدة لتلك الفترة اسم الخليفة، وهو دليل يساعد على تأريخها بدقة. وعلى الرغم من أنّ جل النصوص مطرّزة إلا أنّ منها ما كان منسوجًا أو مرسومًا أو مطبوعًا في الكتلة.(25)

شهد العصر العباسي كذلك توسعًا هائلاً في حركة التجارة الدولية ولا سيما افتتاح طريق بحرية مباشرة من العراق إلى صحراء واد السند وإلى السند والصين حوّلت العراق إلى سوق دولية تباع فيها السلع الثمينة من الصين وجنوب شرق آسيا مثل الحرير والورق والشاي والخزفيات وخشب الساج.(26)

ويسّر الانتشار الواسع للخزفيات الصينية في أقاليم الدولة العباسية إدخال تقنيات وأساليب فخارية جديدة إلى الشرق الأدنى. وقد وصلتنا أعداد كبيرة من الخزفيات المستوحاة من الصين بطلائها المزجج والمعتم بالقصدير وبأبدانها

المتميزة بخفة التلوين التي أنتجها الحرفيون لزبائنهم العباسيين. وتُعدّ الفخاريات ذات البريق المعدني تحديثًا آخر جرى إدخاله إلى قطاع إنتاج الفخاريات خلال هذه الفترة. وعلى الرغم من أنّ تقنية البريق المعدني ظهرت على الزجاجيات لأول مرة خلال القرن السادس أو السابع الميلاديين، فإنّ صانعي الفخار في بغداد خلال القرنين التاسع والعاشر الميلاديين وضعوا طلاء ذي بريق معدني على أسطح الأواني الخزفية سعيًا منهم لمحاكاة التحف الفنية الذهبية والفضية.(27) لقد جرى تطبيق هذه التقنية وتقنيات أخرى مماثلة على تحف فنية تنوعت وتعددت أشكالها وأساليبها وسرعان ما انتشرت إلى مناطق أبعد من العراق وصولاً إلى مصر وإيران وشمال إفريقيا وإسبانيا.

مع حلول القرن ال تاسع الميلادي ضعفت السلطة المركزية للخلافة العباسية، وظهرت مراكز نفوذ إسلامية مستقلة مع حكام محليين لهم ولاء اسمي للخليفة العباسي في بغداد. ولما ازدادت سلطتهم وتأكد اكتفاءهم الذاتي اتّبع هؤلاء الحكام منوال الخليفة وأصدروا عُملتهم وأمروا بإنتاج أقمشة من "الطراز" تحمل أسماءهم. وقد أسهم تفتيت الدولة العباسية وتجزأتها إلى انتشار أوسع للأسلوب العباسي وبداية مرحلة جديدة من تطوّر الفن الإسلامي في العصر المبكّر والعصر الوسيط.

1. تتميز الدراسات التالية بأهمية خاصة: ,Hoffman 2007, Bowersock 2007 ,Bowersock 2006, Canepa 2009, Brown 1989, George 2010 Cutler 2009. وتمثل الدراسات الأخرى: ,Grabar 1987a, Allen 1988 ,Ettinghausen, Grabar, and Jenkins-Madina 2001, Fowden 1993 .Fowden 2004
2. بحسب Eva Hoffman، يشمل ذلك أيضا هدم التصنيفات المضللة على غرار الشرق والغرب، والبيرنطس والإسلامي، واليهودي والمسيحي والمسلم والزردشتي، والعصر القديم والعصر الوسيط. Hoffman 2007 ص. 1.
3. انظر Canepa 2009 ص. 7.
4. المصدر المذكور ص. 188
5. انظر Brown 1989 ص. 190
6. انظر Genequand 2008
7. يرى Prudence Harper أنه "بالمواد المؤرخة بالتأكيد القليلة المتبقية، ما زال العبور من فترة ما قبل الإسلام إلى العصر الإسلامي غير مرئي تقريبًا بالنظر إلى المعالم الموجودة في بلاد ما بين النهرين وإيران والأناضول." نيويورك 1978، ص. 153.
8. كان الأقباط مسيحيي مصر الذين اعتنق أسلافهم المسيحية خلال القرون الأولى بعد المسيح. وعبر القرون، أصبح اسم "قبطي" يشير إلى المصري المسيحي.
9. انظر Whelan 1990a ص. 42-43، O'Kane, ed. 2006 ص. 20-21.
10. انظر Ettinghausen, Grabar, and Jenkins-Madina 2001 صفحات 79-15، George 2010 صفحات 55-93.
11. انظر George 2010 صفحات 27-28 و 33-38. وكذلك ,Déroche 2004a Déroche 1992, Déroche 1999, Roxburgh 2007 ص. 8-9، Déroche .2004b, Blair 1998
12. انظر Bowersock 2006 ص. 5.
13. كان العبور إلى أنواع العملات الخالية من التشخيص وعليها الكتابات المنقوشة محور ثلاث دراسات حديثا، لكل واحدة منها مقاربتها الخاصة. ,Heidemann 2010 .Bacharach 2010, Treadwell 2009
14. أريد أن أتوجه بالشكر إلى Barry Flood لاقتراحه أن أدمج هذه النقطة المثيرة للانتباه. انظر كذلك Hillenbrand, R. 1999 ص. 20، Heidemann 1998، .Treadwell 2009
15. انظر Ettinghausen and Grabar 1987 ص. 28، Raby and Johns, eds. .1992
16. لدراسة مستفيضة حول الجامع الأموي انظر Flood 2001.
17. انظر Allen 1988 ص. 47-48.
18. توجد أجزاء من قطعة القماش هذه في متحف Victoria and Albert Museum في لندن، وفي متحف Brooklyn في نيويورك، وإلى حدود 1960م في Whitworth Art Gallery في مانشستر، وفي Musées Royaux des Arts Décoratifs في بروكسيل، وفي Pushkin Museum في موسكو. انظر كذلك ,Whelan 1990b no. 20، و Kühnel and Bellinger 1952.
19. انظر نيويورك 1992-1993.
20. انظر Grabar 1987a ص. 197. وانظر كذلك Hillenbrand, R. 1999 ص. 34.
21. انظر Hoffman 2008, Northedge 2005.
22. انظر Brown 1989 ص. 201.
23. المصدر المذكور، ص. 202
24. ضمن المساعي الرامية لدحض التعارض بين الشرق والغرب الذي تركّز في بدايات القرن العشرين م، ترى Eva Hoffman أنّ فنون العصر العباسي ليست بالضرورة نقطة تحوّل كما اقترح Ernst Herzfeld بل هي بالأحرى مرحلة "إدماج نشط"، أي سلسلة من الشبكات الحيوية من التفاعل والترابط جمعت بين الأعراف الفنية الشرقية والغربية. وهي تفترض أن التسمية الفاصلة: غربي (بيزنطي ويوناني-روماني) للفن الأموي، وشرقي (فارسي ساساني وآسيوي أوسط) للفن العباسي، هي تبسيط مشط لسلسلة من العناصر الأكثر تعقيدًا. انظر Herzfeld 1923، و Hoffman 2008.
25. انظر نيويورك 1992-1993.
26. انظر Flood 2009.
27. يشمل الطلاء ذو البريق المعدني استخدام عجين من أكسيد الفضة والنحاس المخلوط بالطين الدقيق يوضع على سطح خزفي مطبوخ مسبقًا، وعادة فوق مساحة مزججة معتمة. بعد الانتهاء من الزخرفة، يعاد وضع الإناء في فرن قليل الأكسيجين، مما ينتج عنه تخفيض الأكسيدات المعدنية لتتخذ شكلا معدنيًّا وتنتقل إلى المساحة المزججة. بعد استخراج الإناء من الفرن، يُصقل السطح لإزالة بقايا الطين وإبراز البريق المعدني. للاطلاع على التاريخ المبكر لهذه التقنية، انظر Carboni 2001 ص. 200، و Corning, New York and Athens 2001-2002 صفحات 209-211.

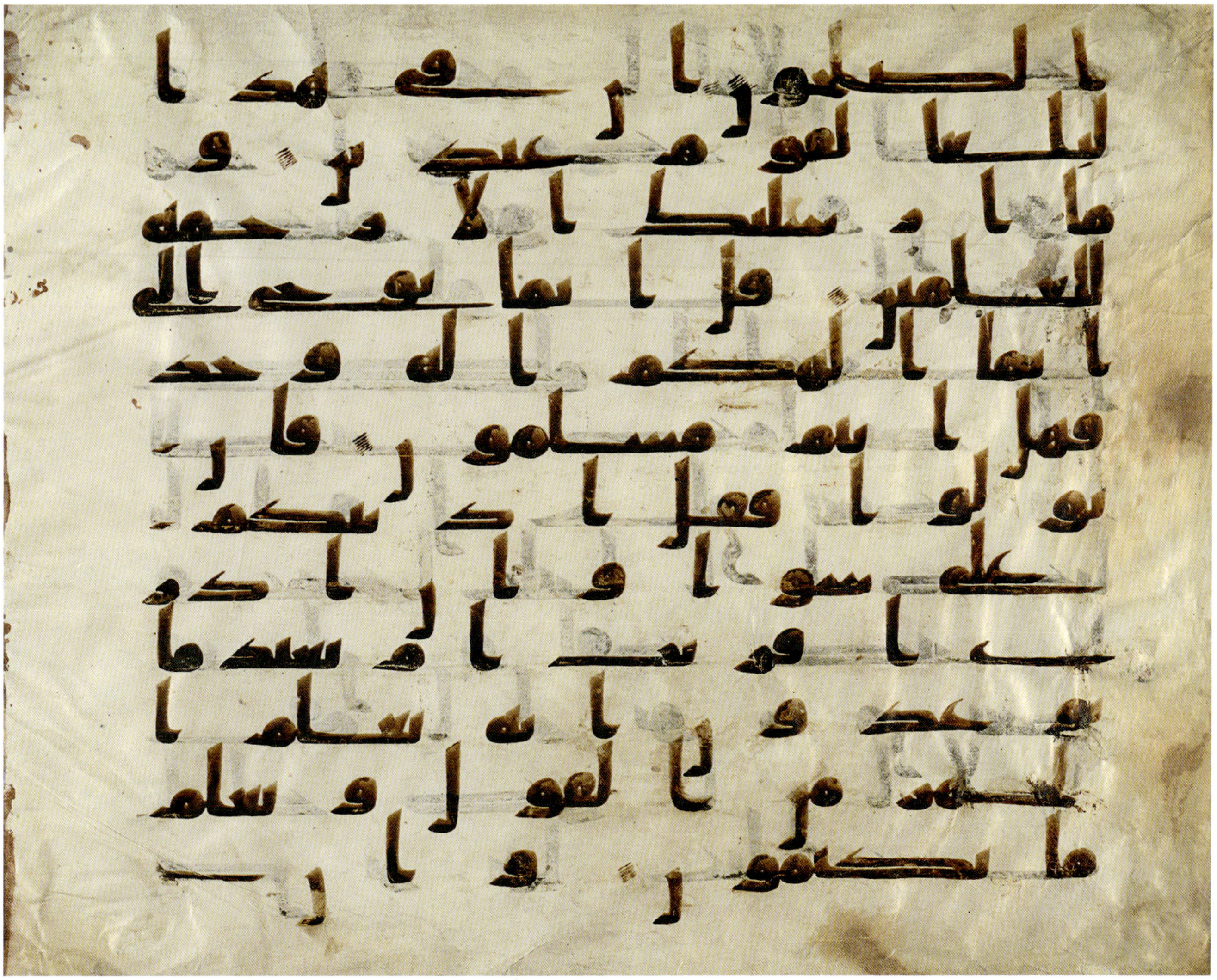

1. صحيفة قرآن كبيرة الحجم

سوريا أو شمال إفريقيا. نهاية القرن الثامن – بداية القرن التاسع م
حبر على الرق
(55x70سم)
اقتناء. هبة ليلى أشيزون والاس 2004. 2004.87

تأتي هذه الصحيفة كبيرة الحجم من واحدة من أقدم المخطوطات القرآنية الموجودة. وإذ يُشار في الغالب إليه باسم قرآن عثمان أو قرآن طشقنت، فالأرجح أنّ هذا المخطوط هو أكبر الصحف المتبقية على الرق. ويتكون النص من الآيات 103 إلى 111 من السورة 21: الأنبياء، وفي الصحيفة اثني عشرة سطرًا بالخط الكوفي. ولم يتبقّ من هذا المخطوط سوى صحيفتان مذهّبتان (واحدة في باريس والثانية في غوتا) (1) أما الباقيات مثل هذه الصحيفة فخالية من خطوط الذهب ومن رموز التنقيط.

والخط المستخدَم في هذه الحالة نسخة مبكرة من الخط الكوفي، وبالفعل فإنّ استقامة عصيّ الحروف وميلانها الخفيف وموقعها على القاعدة كل ذلك يثبت رواسب ممكنة من الخط الحجازي (الذي استُخدم قبل تطوّر الخط الكوفي).

وعلى الرغم من أنّ أصوله ما زالت غير مؤكدة فإننا نعلم يقينًا أنّ الخط الحجازي كان لايزال مُستخدَمًا في القاهرة و دمشق أو في صنعاء خلال نهاية القرن الثامن وبداية القرن التاسع الميلاديين.(2) وبالاعتماد على علم الإملاء وضبط التهجئة وعلى التأريخ بمادة الكربون اقترح العديد من العلماء تاريخًا لهذا المخطوط القرآني يتراوح ما بين نهاية القرن الثامن وبداية القرن التاسع الميلاديين.(3) كما وجد أحد العلماء أوجه مقارنة بين صفوف العقود في الصحيفة المذهّبة المتبقية في باريس وتلك الواردة على صحيفة قرآن صنعاء(4) وأكد أنّ تلك الصور تشبه الفسيفساء المتموجة في قبة الصخرة وفي المسجد الأموي في دمشق وقد وضع ذهبها وأنجزها في كل الاحتمالات حرفيون بارعون تدربوا في ورشات الكتابة البيزنطية (أو السريانية).(5)

والجزء الأكبر من المخطوط الذي تنتمي إليه هذه الصحيفة محفوظ في الوقت الحالي في مكتبة المدرسة التابعة لمسجد الشيخ تلية في منطقة بمدينة طشقند القديمة. ولم تتضح كلياً حكاية وصول المخطوط الى هناك ولكن من المرجّح أنه سافر على امتداد طريق الحرير من الشرق الأدنى أو شمال إفريقيا عبر مرو وبخارى وسمرقند.(6) ومن ثُمَ نُقل إلى سان بطرسبورغ سنة 1868م إثر الاحتلال الروسي لآسيا الوسطى ليستقر في المكتبة الإمبراطورية هناك (المكتبة الوطنية الروسية حاليًا) (7) وفي هذه ألفترة اقتُلعت منه عدد من الصفحات منها هذه الصحيفة. وبعد الثورة البولشيفية، يُذكر أنّ فلاديمير لينين وفي حركة تشير إلى حسن النوايا تجاه مسلمي روسيا أهدى القرآن إلى شعب أوفا في باشكورتستان الحديثة. وتبعًا للمطالبات المتكررة من شعب تركستان، أعيد القرآن سنة 1924م إلى آسيا الوسطى حيث ظل محفوظًا حتى الساعة. (8) ومنذ سنة 1905 إلى 1971م خضعت هذه النسخة المميزة من القرآن إلى بحوث مكثفة في علم الكتابات القديمة، وقدّمت معلومات قيّمة حول المخطوطات القرآنية المبكّرة المحررة بالخط الكوفي ومساراتها التاريخية.(9)

ME

1. انظر Forschungs- und Landesbibliothek, Gotha (Or. A462) وكذلك Bibliothèque Nationale de France, Paris (BN Arabe 324c). انظر Déroche and Gladiss 1999 ص. 20 عدد 5، وباريس 2001-2002 ص. 37 عدد 14.
2. انظر Déroche 1992 صفحات 27-33. وانظر كذلك George 2010 ص. 87-88.
3. جرى في أكسفورد تأريخ صحيفة مرافقة باستخدام الكربون، وظهر احتمال ٪68 أن يكون التاريخ من بين 640 و 765م، واحتمال ٪95 أن يكون التاريخ من بين 595 و 855م، مما يُثبت التأريخ المعتمد على الأسلوب. انظر Fendall 2003 ص. 12.
4. هذا القرآن المؤرخ في سنة 649م / 90 هجري محفوظ في دار المخطوطات اليمنية في صنعاء اليمن. انظر Amsterdam 1999-2000 صفحات 101-104.
5. انظر George 2010 ص. 87-88. للاطلاع على صورة من الصفحة المزخرفة المحفوظة في المكتبة الوطنية الفرنسية في باريس (BN Arabe 324c)، انظر المصدر المذكور الصورة 57.
6. انظر Déroche 1999.
7. جرت دراسته بتمعن في سان بطرسبورغ من قبل A. F. Shebunin. انظر Fendall 2003، ص. 12-13.
8. انظر MacWilliam 2006
9. نُشرت نسخة من المخطوط سنة 1905م من طرف Uspenskii and Pisarev، وأجريت سنة 1971م دراسة دقيقة على جزء من المخطوط بالاعتماد على علم الكتابات القديمة، أنجزها صلاح الدين المهجّد. انظر Pisarev 1905.

المصدر: مجموعة خاصة، النرويج [سام فوغ، لندن حتى سنة 2004. بِيع إلى متحف المتروبوليتان للفنون]

2. جزء من القرآن

سوريا أو العراق. نهاية القرن التاسع - بداية القرن العاشر م
حبر وألوان مائية معتمة وذهب على الرق
(10.2x17.1سم)
هبة فيليب هوفر 1937 37.142

ينقسم القرآن حسب الأعراف إلى ثلاثين جزءًا متساوية في الطول، وتنعكس هذه التقسيمات في الغالب عند نسخ النص. ويحتفظ هذا النموذج الكامل من الجزء الثاني (2: 142-252) بزوجين من الصحائف يفصلان الصفحات المكتوبة عن التسفير ويحميانها (الصحائف من 1ب إلى 2أ ومن 100ب إلى 101أ). وتزدان كل مجموعة من هذه الصحائف بتصميم خاص يتكون من شرائط ذهبية متعانقة تضمّ نقاطا حمراء وخضراء مرقّطة تحاكي التصاميم المشتقة من حياكة النسيج أو التطريز. وتمتد نبتة ذهبية تشبه الشجرة في الهامش (الطرّة) الخارجي من الجانب القصير لكل صفحة. ويتضح الشبه القريب في التصميم والحجم بين هذه الصفحات وصحيفة القرآن المذهبة في المكتبة الوطنية في تونس التي حُفظت في غرفة لإيداع التحف الثمينة لدى الجامع الكبير في مدينة القيروان.(1) وقد عُثر على مجموعة غير صالحة للاستخدام من صحائف التسفير في الجامع ذاته مزدانة بزخارف متعانقة توحي بأنّ تصميم التسفير المفقود لهذا الجزء كانت تشبه على الأرجح زينة صحيفتَيه

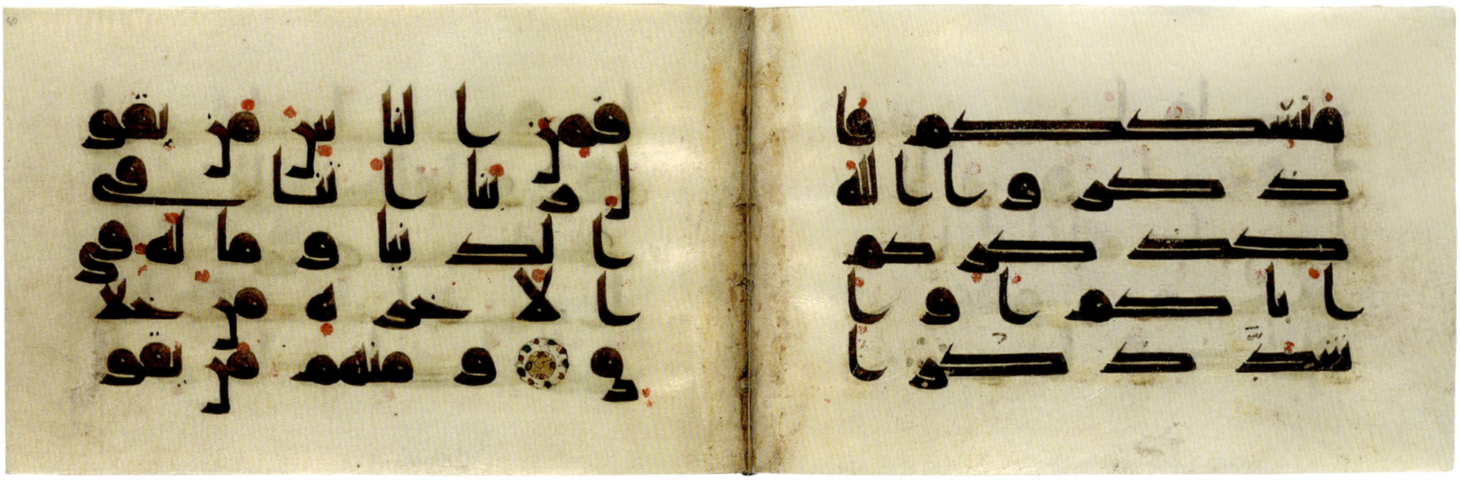

الافتتاحية والختامية.(2)

تسمح الحالة الممتازة لهذا المخطوط بتحليل مفصّل لكتابته. تعرض كل صفحة خمسة سطور من النص مع تحديد في غالب الأحيان للهامشَين الداخلي والخارجي. ويلفت الانتباه التناسق الجمالي للخط اليدوي والعناية التي أُنجز بها التصميم المنسجم من خلال التوازن بين العناصر العمودية والأفقية لكل صفحة. تشبه أشكال الحروف ونِسبها تلك المجموعة المختارة من المخطوطات العائدة إلى نهاية القرن التاسع وبداية القرن العاشر م قُدّمت هدايا للمساجد. وهي تشمل نسختَين من القرآن قُدّمت للجامع الأموي في دمشق: الأولى سنة 876م هدية من أماجور الوالي العباسي على المدينة (حكم 870–878م)، والثانية سنة 911م من قبل عبدالمؤمن. (3) ويتّضح أنّ الصفحات المزخرفة لهذه النسخة الأخيرة من القرآن تشبه بصفة ملحوظة المخطوط الراهن في التصميم وفي الإنجاز. (4)

إنّ خطّه الفخم وقرابته لنسخ من القرآن يُعرف أنها أُهديت إلى المساجد تضع جزء متحف المتروبوليتان من بين الأمثلة الأكثر اكتمالاً للخطوطية العباسية المبكرة. وتُسند نسخ القرآن من هذا القبيل إلى كل من سوريا والعراق. (5)

PS

1. انظر باريس 1982–1983، ص. 258–259، عدد 343.
2. انظر Marçais and Poinssot 1948–1952 الجزء الأول، اللوحات 21، 13b، وكذلك Peterson 1954 الصورة 16.
3. انظر Déroche 1992 ص. 36–37، Blair 2006 ص. 105–106 و 111.
4. انظر Arberry 1967, Ms. 1421 ص. 8 عدد 16 ولوحات 19، 20.
5. انظر Whelan 1990b صفحات 119، 124–125.

المصدر: Philip Hofer, Cambridge, Mass. (حتى سنة 1937م).

3. صحيفة من مخطوط قرآن

الأقاليم الإسلامية الوسطى، القرن التاسع الميلادي
حبر، ألوان مائية معتمة، ذهب على الرق
المقاسات: 3.8x7.3 سم
رصيد رودجرز، 1962م 62.152.2

استُخدمت النُّسخ صغيرة الحجم للقرآن في عصور عديدة وفي مناطق كثيرة كتمائمَ تُلبس أو تُحمل في مناسبات خاصة. والأرجح أنّ المخطوط الذي اقتُطفت منه هذه الصحيفة استُخدم لهذا الغرض. تحتوي الصحيفة على الآيات من 22 إلى 40 من سورة الفرقان (الخامسة والعشرين)، أما الجانب المعروض هنا ففيه الآيات من 32 إلى 40.

ما زال تاريخ نسخ القرآن بحاجة إلى إعادة تركيب، غير أنّ هذه الصحيفة بحد ذاتها جزء من مخطوطة على الرق ذات سمات مميّزة ت ربطها بنسخ أخرى أكبر حجمًا. ونذكر من بين هذه السمات استخدام عدد أسطر زوجي في كل صحيفة (أربعة عشر سطرًا في هذه الحالة) وخطًّا مفرطًا في التمدد مع الضغط على العناصر العمودية في آنٍ واحد. إنّ إضفاء الكثافة المركّزة التي تُبرز الشكل الأفقي للصحيفة من الخصائص التي تربط صحيفة متحف المتروبوليتان بمجموعة قِطع مخطوطات قرآنية درستها إستيل ويلان وأشارت إليها باسم المجموعة 2 (1).

ومن المحتمل أنّ صغر حجم الصحيفة يفسّر حصر رموز التنقيط في النقاط الحمراء التي تشير إلى حروف العلة. كما يتميز هذا المخطوط بحبره الشفاف بُنيّ اللون، عوضاً عن الحبر الأسود المعتم المستخدم في معظم النسخ المبكرة، وهو الحبر الشفاف ذاته الذي خُطّت به المخطوطات المتأخرة من شمال إفريقيا وإسبانيا. صحائف أخرى من هذا المخطوط محفوظة ألأن كجزء من مجموعة مكتبة نيويورك العامة (2). وتحتوي هذه الصحائف على خواتم سورة النساء

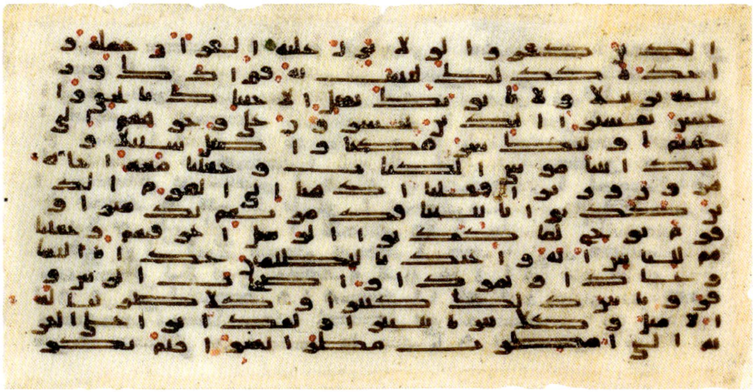

(الرابعة) والآيات الافتتاحية لسورة المائدة (الخامسة) مع إشارة تفصل بين السورتَين اتّخذت شكل نقش ذهبي مرسوم فوق النص القرآني. ويُثبت وجود هذه الإضافة أنّ ترويسة السورة لم تكن جزءًا من التصميم الأصلي للمخطوط.

1. انظر Blair 2006 ص. 111–116. و
2. انظر Schmitz et al. 1992 ص. 251 الصورة 296. قرآن 4:172–176 و 5:1–7

المصدر: William Irvins Jr., New York (حتى وفاته سنة 1691م) ثم ابنته Barbara Irvins, Milford, Conn. (1961–1962، بيع للمتروبوليتان)

4. ساق عرش على شكل عنقاء

غرب إيران على الأرجح، نهاية القرن السابع - بداية القرن الثامن الميلادي
برونز، مصبوب حول قالب خزفي ومُحزَّز
المقاسات: 8.7 x 57 سم
اقتناء، وصية جوزيف بوليتزر، 1971م 1971.143

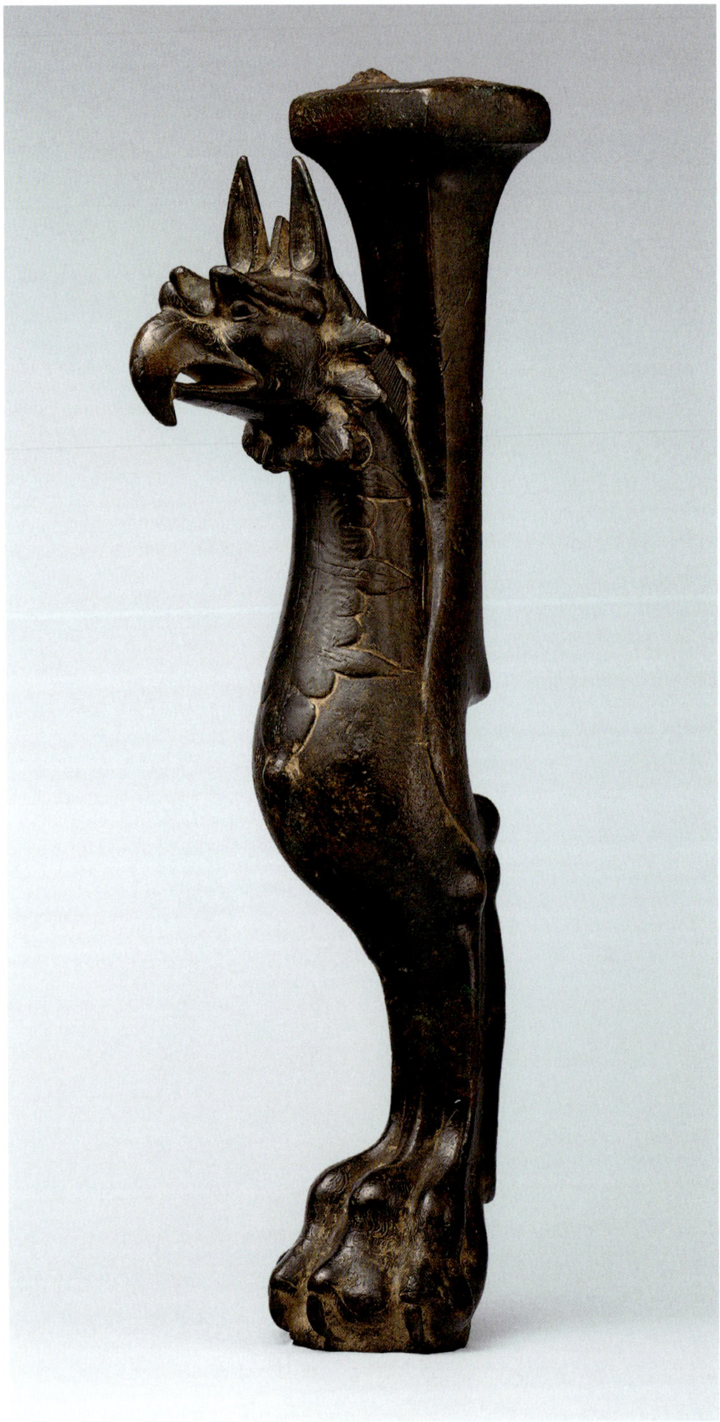

تشكّلت ساق هذا العرش على هيئة الوجه الأمامي للعنقاء، ذلك المخلوق الهجين الهائل، من خلال الصب في البرنز المنصهر مع الرصاص، وتنبثق من وراء رقبة الكائن دعامة كانت تسند العرش في الأصل. وتُزيّن الرأسَ والصدر والوجنتَين موتيفات نباتية مُحزَّزة تشمل نماذج ورقية وتفاصيل زهرية بينما رُسم الفرو على وجه الكائن ووجنتيه بتصاميم على شكل خطوط. وتمثّل هذه القطعة الفنية التشخيص الرمزي للملكية بالحيوانات القوية ذات الأجنحة (الواقعية والمتخيَّلة)، لتواصل التاريخ الطويل من الأشكال الحيوانية الغرائبية للعروش وغيرها من القطع الفنية الزخرفية الساسانية وما بعد الساسانية. كانت العنقاء التي تجمع رمزَين شمسيَّين (الأسد والنسر) تُعتبر في عصر ما قبل الإسلام وسيلة للارتقاء الذي يعني ضمنيًّا تأليه الحاكم، بينما اعتُبرت هذه الرموز الملكية والدينية في الفترة المبكرة للعصر الإسلامي مناسبة لتلقي هالة من السلطة والشرعية.(1) وإذ يُفترض أن تكون هذه الساق واحدة من زوج (2)، فهي تتميز أسلوبيًّا عن النماذج الأخرى المتبقية ذات الصلة.(3) ومما عقّد عملية إسنادها وتأريخها عدم وجود أمثلة متبقية من العروش الساسانية. وتُعد أكثر القطع قرابة منها دعامتان على شكل عنقاء: واحدة في متحف الهرميتاج بسان بطرسبورغ والثانية في المتحف النظامي للأدب في باكو بأذربيجان.(4) وعلى الرغم من أن إسناد ساق المتروبوليتان ليس نهائيا، إلاّ أنّ الزينة النباتية على صدر العنقاء تقدم بعض المفاتيح المفيدة للقراءة. لا توجد سوابق لهذا المزيج الخاص من الأشكال والموتيفات في المناطق الممتدة غرب الإمبراطورية الساسانية، غير أنّ الرسوم الجدارية والأختام الحجرية من بانجيكنت (طاجيكستان الحالية) تعود للقرنَين الخامس والسادس الميلاديَّين تحمل شخصيات ملكية جالسة على عروش تدعمها سيقان عليها رؤوس تشبه رؤوس العنقاء ومزدانة بزينة على شكل ورقات نباتية. ومن المحتمل أن تكون هذه الأشكال الأيقونية وتفاصيل هذه الزينة المميزة قد دخلت إيران خلال القرن الأخير من الحقبة الساسانية عندما تكثفت الاتصالات بآسيا الوسطى السغدية. ومثلما هي حال الطبق الفضي من مجموعة المتحف (الفهرس 6)، من المناسب تصنيف هذه الساق بأريحية ضمن الفن ما بعد الساساني.

ME

1. انظر Welch, S. C., et al. 1987 ص. 15
2. انظر Orbeli 1938-1939 ص. 719، اللوحات B, C 240. ووفق نيويورك 1978 صفحات 97-100 الأرجح أن الصورتين تظهران القطعة نفسها وليس قطعتَين مختلفتَين.
3. نيويورك 1978، ص. 99. . Prudence Harper، الأمين الفخري، قسم الشرق الأدنى القديم في متحف المتروبوليتان للفنون درس هذه القطعة بالتفصيل سنة 1978م ونشر النتائج في المرجع المذكور صفحات 97-100.
4. انظر Bretaniskii and Veimarn 1976 ص. 40 (ساق العرش متحف نظامي). انظر نيويورك 1978 ص. 99.

المصدر: د. دافيد وايل. باريس (من 1938 إلى 1971م. بيع، فندق دروو باريس في 16 يونيو 1971م الرزمة 49 إلى فندق المتروبوليتان للفنون)

5. إبريق

إيران، القرن السابع م.
برونز. مصبوب، محزّز، مطعّم بالنحاس
المقاسات: الارتفاع، 48.5 سم، والقطر، 21.1 سم
رصيد فليتشر، 1947م 47.100.90

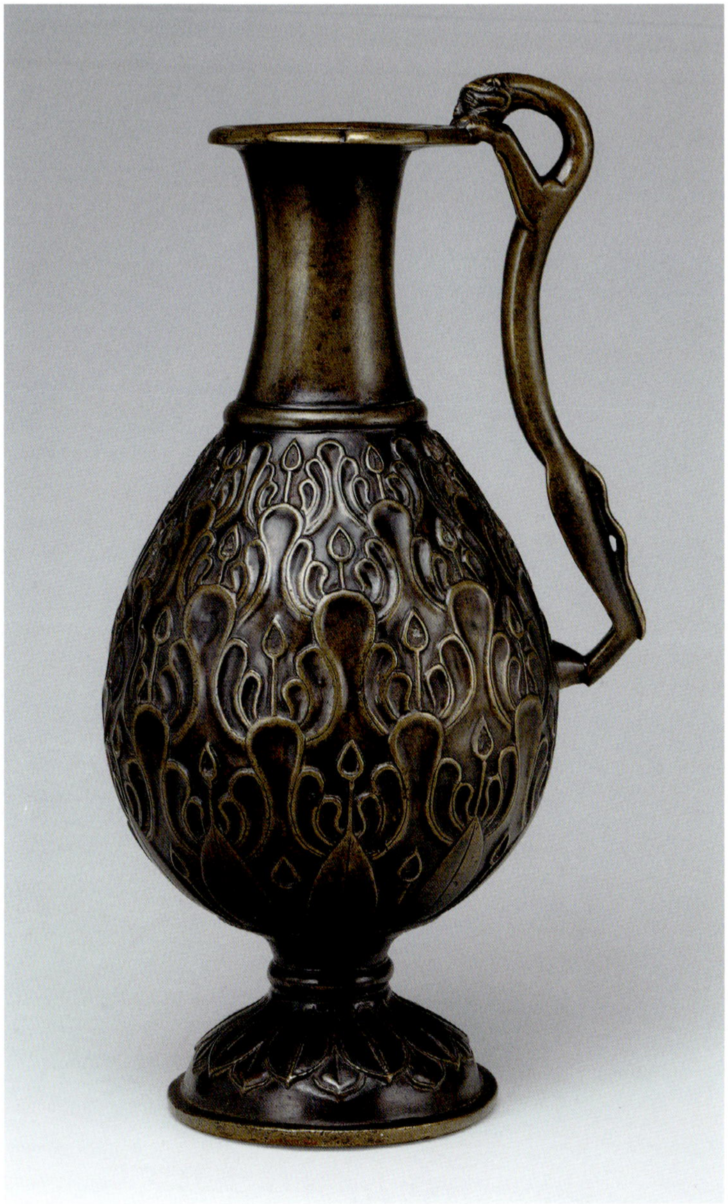

يَبرز هذا الإبريق من بين الأواني المعدنية المُنتَجة خلال العصر الإسلامي المبكّر بفضل شكله الأنيق وحجمه الضخم. يعلو الجسمَ البيضويّ عنقٌ اسطوانيّ ويرتكز على سبيكة على شكل حلقة فوق قاعدة نصف كروية. ويحيط بفوهة الإناء رأسا بطّتَين في مظهر جانبي، وتتّخذ يده شكل يغور مُلتوٍ يضع قائمتَيه الأماميّتَين على حافة فوهة الإبريق بينما يمتدّ جسمه وقائمتاه الخلفيّتان نحو أسفل الإناء. وتتباين المساحة الملساء لعنق الإبريق ومقبضه مع المساحة المتموجة لجسمه المغطّى بصفوف منمنمة من الفصوص والبراعم كانت في الأصل مطعّمة بالنحاس. وتحيط بتلات اللوتس بقاعدة الإناء ويتكرر الموتيف نفسه على القدم وهو مرتّب ضمن شريطَين متشابكَين.

كثيرا ما نشاهد الشكل البيضويّ الممدود لهذا الإبريق في الإنتاج المعدني لإيران الساسانية من القرن الثالث إلى القرن السابع الميلاديين. وكان هذا الشكل منتشرا بوجه خاص في الأواني الفضيّة المنتَجَة في العصر الساساني المتأخر حيث يظهر مركّبا مع قواعد أصغر حجما وأعناقا أضيق اتّساعا غالبا ما تنتهي بحافة على شكل فوهة. (1) أما زينة الإبريق التي جرى تأويلها على أنّها مشهدًا جبليًّا منمنمًا فقد رُبطت بدورها بالإنتاج الساساني. (2) وتظهر الجبال والنباتات أحيانا عند قاعدة الأواني لكنّها تنتظم في أغلب الأحيان في شرائط متشابكة تُغطّي جلّ مساحات التّحف، وتبدو الجبال والنباتات بأسلوب طبيعيّ أكثر على عديد الأباريق والأطباق الساسانية المتأخرة يرافقها في كثير من الأحيان صيّادون وحيوانات. (3)

خلال القرون الأولى للخلافة، كان مواصلة استخدام أشكال ما قبل الإسلام أمرًا مألوفًا في منتجات الأواني المعدنية، لاسيّما في الجزء الشرقي من العالم الإسلامي حيث كان هناك تقليد راسخ في إنتاج الأواني المعدنية على امتداد قرون. وبالتوازي مع أنواع خاصة من الأواني واصل الحرفيون خلال العقود التي تلت الفتح الإسلامي استخدام تشكيلة واسعة من الموتيفات ذات الأشكال النباتية والحيوانية. وقد عقّدت هذه الاستمرارية تأريخ التحف المنتجة خلال المرحلة الانتقالية من الإمبراطورية الساسانية إلى الخلافة الإسلامية. وهكذا، فقد اعتُبِر هذا الإبريق على سبيل المثال أحد الأعمال الفنية المميَّزة للإنتاج المعدني الساساني. وفي الوقت نفسه، فإنّ حجمه الهائل وقدمه الأكثر اتّساعا ومظهره بصليّ الشكل والأكثر استدارة مع الأسلوب المنمنم لزينته – التي يُنذر إيقاعها وتكرارها بخاصيتّين مميّزتين للزخرفة الإسلامية – تخلق جمالية تخرج عن المألوف في العرف السابق. وهكذا، فالأرجح أنّ هذا الإبريق ينتمي إلى الفترة الإنتقالية للإنتاج المعدني في إيران إبّان العقود الأولى للإسلام عندما كانت الأشكال والموتيفات الموروثة عن الأعراف السابقة مستخدَمة بعد أن أعيدت صياغتها لتستجيب للأذواق الجديدة.

FL

1. انظر Ann Arbor 1967 ص. 105-106 عدد 18-19. New York 1978 ص. 60-61 عدد 18
2. انظر New York 1978 ص. 66.
3. المصدر المذكور ص. 33 عدد 3. ص. 39 عدد 6. ص. 58-59 عدد 17. ص. 67-65 عدد 22. Ann Arbor 1967 ص. 111 عدد 24.

المصدر: الأمير أرلوف، روسيا (على الأرجح حوالي 1912م)
[G. J. Demotte, New York]،
[Brummer Gammery, Inc., New York, 1940-1947]، بيع لمتحف المتروبوليتان.

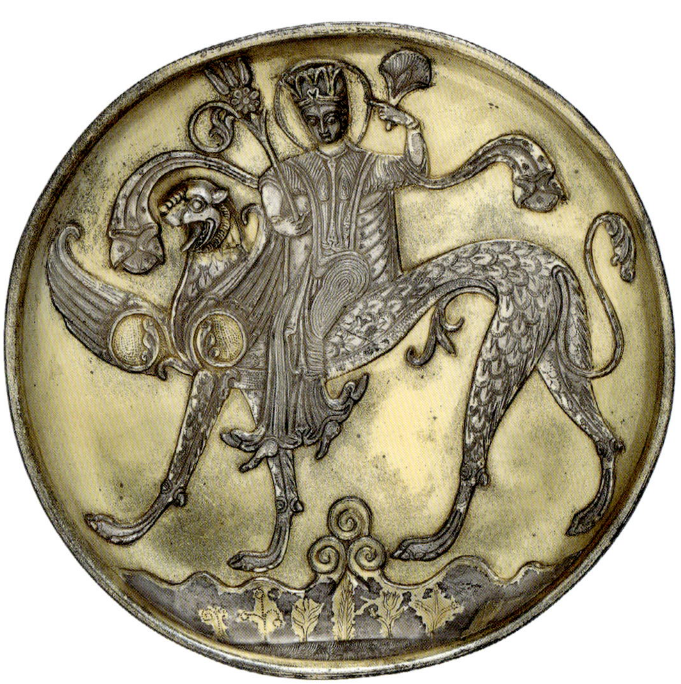

6. طبق فضي

على الأرجح القرن الثامن م
فضة؛ مذهّب ومحزّز ومحفور مع عناصر مضافة
القطر 20.6 سم
رصيد هاريس بريسباين ديك. 1963م 63.186

يمثّل هذا الطبق الفضي الجميل بصورة جيدة التحف المعدنية ما بعد الساسانية، وتظهر عليه صورة أنثى قد تكون إلهة تحمل على رأسها تاجًا ذي ثلاث زوايا وتحيط به هالة وهي تركب كائنًا مجنّحًا غرائبيًّا يكسو جسمه المشوق الشعر وله رأس سبع وقوائم كلب، وقد أنجز رأسا الشخصيتين البشرية والحيوانية بتقنية القطع النافر البارز. تشكّل وضعية الأنثى وهي تمتطي الوحش الخرافي والأجسام النحيلة والممشوقة والزينة الورقية على الجسم سمات شوهدت في المنحوتات الخشبية العائدة لنهاية القرن السابع أو بداية القرن الثامن الميلاديين في بانجيكنت (طاجيكستان الحالية) في آسيا الوسطى.(1) وإضافة إلى ذلك تُعدّ الوضعية الرسمية والمصطنعة لذراعَي المرأة وحركة اليد (مُدرَى) مألوفة جدًّا في فن آسيا الوسطى، لا سيما على الرسومات الجدارية، كما أنّ التمثيل الأسلوبي في أسفل الصحن للأرض والماء والسماء تذكر برسومات الكهوف في آسيا الوسطى (ولا يوحي ذلك بأنّ صحن المتروبوليتان أُنتج في الأقاليم السغدية بل أنّ هذه الملامح تشير إلى المبادلات مع تلك المناطق). (2) والملاحظ مجدّدًا أنّ الزهرة ذات الست بتلات والساق الطويلة التي تمسكها الإلهة موتيف شُوهد على إبريقَين فضيين أحدهما في المتحف الوطني الإيراني في طهران والآخر في المتحف البريطاني في لندن وأُسند كلاهما للعصر الساساني،(3) بينها يظهر ذات اللحاف غير المألوف للباس الإلهة ولا سيما تقنية الالتفاف المستخدمة لتحديد الثنيات الواسعة فيه على إبريق فضي من العصر الساساني رسم عليه ديونيزوس/أناهيتا ينتمي لمجموعة متحف المتروبوليتان.(4)

إن كلاًّ من تصميم وتصنيع هذا الإناء معقّدان ويبعثان على الحيرة، وهو ما أثار نقاشات مفصلة حول إسناده ومكان إنتاجه.(5) وقد ساعد شبه هذا الطبق بعدة قطع فضية من مجموعة متحف هرميتاج في سان بطرسبورغ عُثر عليها في مواقع مختلفة من جبال الأورال على إسناده إلى غرب إيران في العصر ما بعد الساساني.(6) ويُعد بالفعل أقرب شبه لوضعية المرأة ما نشاهده على طبق فضي مطلي بالذهب من مجموعة هرميتاج قادم من طوميز في فيادكا (في جمهورية تتارستان الحالية جنوب روسيا) يحمل عبارة باللغة البهلوية، وهي عبارة تواصل استخدامها في بعض مناطق إيران إلى حدود القرن الثامن الميلادي.(7) ويظل هذا الطبق بتأثيراته المتعددة شاهدًا على مدى المبادلات الثقافية بين إيران والمناطق المجاورة لها خلال القرن الثامن الميلادي. ولعل أفضل تأويل للمعاني التي يحملها يجري ضمن هذا السياق.

ME

1. انظر Harper 1972.
2. المصدر المذكور.
3. انظر Marshak 1971 اللوحة 29.
4. متحف المتروبوليتان (عدد 67.10)
5. انظر Harper 1972.
6. المصدر المذكور.
7. انظر Harper 1972 ص. 154.

المصدر: [ج.ج. كليجهان نيويورك حتى سنة 1963م ثم بيع إلى متحف المتروبوليتان]

٧. إبريق

سوريا، القرن الثامن – بداية القرن التاسع م
برونز، مصبوب ومثقوب
الارتفاع: 39.4 سم
رصيد ساموئيل د. لي، 1941م 41.65

هذا الإبريق واحد من طاقم يتألف من خمسة أواني له جسم كروي يرتفع على قدم مفلطحة، وهو مزوّد بعنق أسطواني طويل ومقبض مستقيم، أي تلك السمات التي تُنسب إلى إبريق مروان المعروض في متحف الفن الإسلامي في القاهرة.(1) وإبريق متحف المتروبوليتان أصغر حجمًا من مثيله المصري، ويتّسم بالبرنامج الزخرفي نفسه دون أن يبلغ درجته في التهذيب والعناية بالتفاصيل. جرى إبراز القسم العلوي من العنق بواسطة شريط مخرّم من شجر النخيل بالنقش النافر. وتلتفّ دالية معرشة بالعنب على امتداد المقبض وتسترسل حتى جسم الإناء مزهرة على شكل توليفة من أنصاف السعفات والرمّان تحيط بها دلافين منمنمة. أخيرا، ومثلما هي الحال في نموذج القاهرة، يقبع ديك على الفوهة فاتحًا منقاره ليصبّ السائل من داخل الإبريق.

أشار الدارسون إلى نقاط الشبه بين الشكل الخصوصي لهذا الإبريق والقوارير الزجاجية البيزنطية، كتلك التي استُخرجت من الحفريات الأثرية في هانيتا وبيت شعاريم وبيت الرأس في إسرائيل، ممّا يوحي بأنّ أصل الشكل يعود إلى الشرق الأدنى.(2) كما أنّ زخرفه ينطلق من الأشكال النباتية والحيوانية المستخدمة في أواخر لعصر القديم: كان الديك موتيفًا منتشرًا في العصر القديم الكلاسيكي عندما كان يرتبط بالرموز الملكية، وكانت أيقونته منتشرة في مناطق البحر الأبيض المتوسط التي أصبحت جزءًا من الخلافة الإسلامية.(3) كما يتّضح تأثير الموتيفات الزخرفية الشرقية على غرار نصف السعفة مع الرمّان التي تمتدّ انطلاقًا من المقبض والتي تأتي على الأرجح من إيران الساسانية حيث ظهرت في الزخارف الجصية والحجرية.(4) وتبدو كذلك على إبريق مروان في القاهرة عناصر مستوحاة، لا سيّما زينة الدوائر اللؤلؤية التي يمكن مشاهدتها في الجص والأقمشة الساسانية. وتوجد قطعة قماش ساسانية من الحرير تحمل موتيفات الدوائر اللؤلؤية ذاتها يعود تاريخها إلى حكم مروان الثاني (744–750م)، مما يسمح بتأريخ إبريق مروان في متحف القاهرة، ومنه تأريخ هذا الإبريق بدوره.(5)

يُمثّل إدماج الأشكال والموتيفات العائدة لعصور ما قبل الإسلام سمة مميزة لإنتاج القطع المعدنية خلال القرون الأولى للإسلام، ممّا يؤكّد تاريخًا أقدمَ لهذا الإبريق وغيره على السواء. إنّ ربط إبريق القاهرة بآخر الخلفاء الأمويين مروان الثاني يعتمد على أنّه عُثر عليه في ضواحي قرية أبوصير الملق في منطقة الفيوم حيث قُتل ودُفن مروان الثاني.(6). ولا يوجد للأسف حتى الساعة أي دليل تاريخي أو أثري يؤكد العلاقة المباشرة بين هذا الإناء – أو الأواني ذات الصلة – والخليفة الأموي.

FL

1. متحف الفن الإسلامي، القاهرة (عدد 9281). انظر O'Kane, ed. 2006 ص. 21 عدد 11. توجد قائمة للأباريق مراجع ذات صلة يقدمها Fehérvári 1976 ص. 33.
2. انظر Baer 1983 ص. 86 عدد 198.
3. في العصر الإسلامي، ارتبط الديك بالمعتقدات الشعبية الدينية واعتُبر صياحه أذانا للصلوات اليومية.

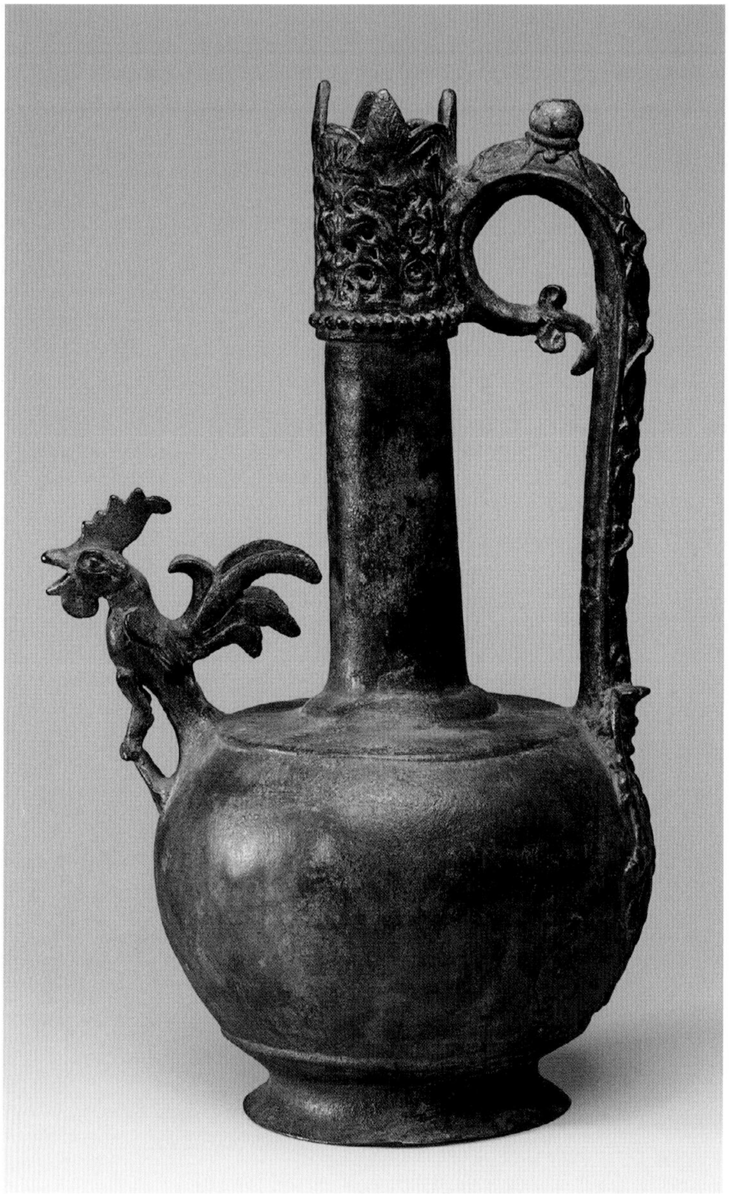

4. ثبتت بعض الأمثلة في كيش وقطسيفون. انظر نيويورك 1978، ص. 107 عدد 40.
5. للاطلاع على قطعة من هذا القماش انظر Brend 1991 ص. 43، الصورة 23 (متحف فيكتوريا وألبرت، لندن). توجد قطعة أخرى في مجموعة متحف بروكلين، نيويورك.
6. انظر Sarre 1934.

المصدر: مجموعة Bobrinsky Collection في روسيا. Henry Harris لندن (حوالي 1931–38، ثم Brummer).
[Brummer Gallery, Inc., New York, 1938–41 ثم بيع إلى متحف المتروبوليتان]

8. قطعة نقدية (دينار)

سوريا، مؤرخة 79 [هجري]/ 698–699م
ذهب
القطر 2.1 سم
وصية جوزيف ه- دوركي 1898م 99.35.2386

الوجه
نص الشهادة بالعربية في المتن
لا إله إلا الله وحده لا شريك له

نص الشهادة بالعربية في الحاشية
محمد رسول الله أرسله بالهدى ودين الحق ليظهره على الدين كلّه
(اقتباس من القرآن من سورة التوبة الآية 33) (1)

القفا
نص قرآني في المتن
الله أحد الله الصمد لم يلد ولم يولد
(قرآن، سورة الإخلاص)

نص بالعربية في الحاشية
بسم الله ضرب هذا الدينار في سنة تسع وسبعين

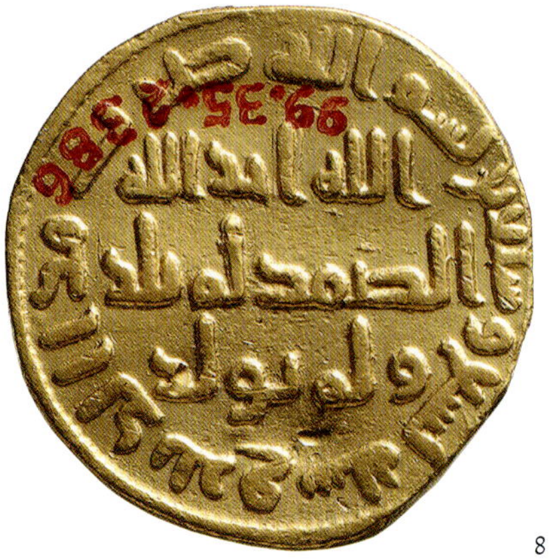

8

9. قطعة نقدية (درهم)

العراق، واسط، مؤرخة 93 [هجري]/ 711–712م
فضة
القطر 2.7 سم
هبة داريوس أوغدن ميلس 1904م 04.35.3343

الوجه
نص الشهادة بالعربية في المتن
لا إله إلا الله وحده لا شريك له

نص بالعربية في الحاشية
بسم الله ضرب هذا الدرهم بواسط في سنة ثلث وتسعين

القفا
نص قرآني في المتن
الله أحد الله الصمد لم يلد ولم يولد ولم يكن له كفوا احد
(قرآن، سورة الإخلاص)

نص بالعربية في الحاشية
محمد رسول الله "أرسله بالهدى ودين الحق ليظهره على الدين كله ولو كره المشركون"
(اقتباس من القرآن من السورة 9 الآية 33)

9 (الوجه)

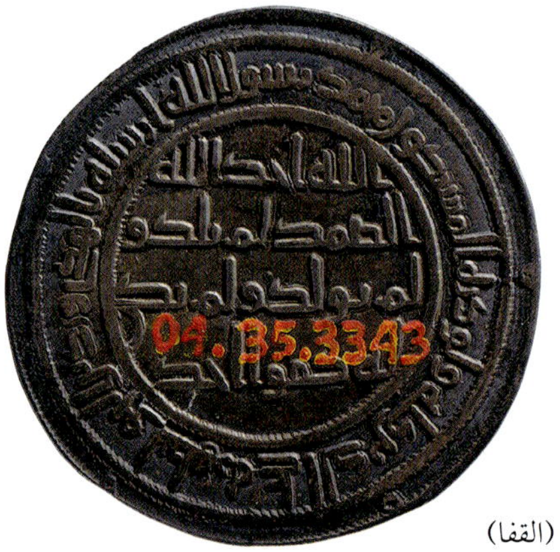

9 (القفا)

خلال السنوات الأولى لحكم الأمويين اعتمدت العملة النقدية التي ضربوها على عملات سابقيهم – الأباطرة البيزنطيون في الجانب الغربي والملوك الساسانيون في الجانب الشرقي. غير أنّ الخليفة عبدالملك (حكم ما بين 685–705م) سكّ سنة 697م دنانير ذهبية جديدة لا تحمل سوى الكتابة وتشمل سورًا من القرآن ونص الشهادتَين. ثم ضُربت في السنة التالية دنانير فضية بذات الخصائص في المحافظات الشرقية.(2) وعلى الرغم من أنّ العملات النقدية الأموية السابقة كانت تحمل كتابة عربية وصيغًا مختلفة من الشهادتَين إلا أنّ الآيات القرآنية ولا أي نصوص مقدسة أخرى لم تظهر على العملات النقدية لهذه المنطقة. كانت الصور على غرار المذابح والصلبان والوجوه البشرية بدلاً من

النصوص المكتوبة هي المؤشرات المعيارية الدالة على السلطات الدينية التي سكت العملة أو السلالات التي تنتمي إليها. وقد تساءل كثير من العلماء حول أسباب هذا التحول إلى النقود التي تستخدم الكتابة كليّة. واقترح بعضهم منذ مدة وجيزة أنّ عبدالملك أسّس منظومة أيقونية لم يقتبس بإفراط من الرموز المرتبطة بالحكام البيزنطيين والساسانيين السابقين له لكنها تظل مفهومة في مناطق الإمبراطوريتَين اللتين تُستخدَم فيهما العملات ممّا أنتج ابتكارًا أمويًّا مُوحَّدًا يُستخدم عبر مناطق نفوذه.(3) وهناك فرضية أخرى تعتمد على السياق التاريخي للحقبة التي ظهرت فيها هذه العملات، ومفادها أنّ الرسالة موجهة مباشرة لأشد منافسي عبدالملك في ذلك العهد، أي الإمبراطورية البيزنطية: تحمل النقود شهادة وحدانية الله الذي لم يكن له كفؤًا أحد وهي رفت للاعتقاد المسيحي في الثالوث، في إشارة للساحة السياسية في المناطق الغربية للخلافة الأموية.(4) غير أنّ نجاح هذه العملات واستخدامها المتواصل ارتبط في آخر المطاف بالظروف التجارية فوق كل الاعتبارات الأخرى.(5)

والدينار الذي نشاهده هنا يكتسي الشكل نفسه الذي يتّسم به أقدم دينار معروف ترد عليه نصوص مكتوبة فقط، وقد ضُرب بعده بسنتَين.(6) أما الدرهم المؤرخ بعده بأربعة عشرة سنة فهو يعكس التغييرات الناتجة عن الاختلافات في تسمية القطعتَين النقديّتَين وتاريخ إصدارهما. وإذ تحمل القطعتان النص نفسه تقريبًا، فإنّ الدينار بوصفه قطعة أصغر حجمًا لا يحمل اسم السكة (التي يُعتقد أنها دمشق) ولا النص الكامل للآيتَين القرآنيتين من السورة التاسعة الآية 33 ولا السورة 112. وتظهر الآية 33 من السورة التاسعة على حاشية القفا وليس على حاشية وجه القطعة النقدية.(7) وإضافة إلى ذلك، تقع الكتابة على وجه الدرهم داخل ثلاث دوائر متقاربة مع خمس حلقات في الحافة، بينما يُحاط نص المتن في القفا بدائرة عريضة ونص الحاشية بدائرة مقرّبة مع خمس حلقات. وعلى الرغم من أنّ هذه العناصر مستقاة من القطع النقدية الساسانية التي ضُربت لتخلفها، فهي علامات مميزة لإدارة السكة وتختلف من إصدار لآخر.(8)

MS

1. الاقتباس فقط آية قرآنية. وترد الآية كذلك في سورة الفتح الآية 28، وسورة الصف الآية 9.
2. تشمل الدراسات ذات الشأن المتعلقة بالعملات الأموية: Walker, J. 1941, Walker, J. 1956, and Bates 1986. أما الدراسات العلمية للسنوات الأخيرة حول هذا الموضوع، بما في ذلك التسلسل الزمني الجديد ومسألة القطع الفضية (التي كان يُعتقد سابقًا أنها ظهرت بداية من سنة 79 هجري)، فهي مختصرة ومضاف إليها في ثلاث دراسات حديثة حول العملات الأموية: Treadwell 2009, Heidemann 2010, Bacharach 2010. وأريد أن أتوجه بالشكر للبروفيسور Bacharach لإطلاعي على نص مقاله قبل نشره.
3. انظر Treadwell 2009 ص. 379.
4. يلاحظ Bacharach أنّه على الرغم من أنّ العلماء يذكرون أنّ "الشهادة" تظهر على بعض العملات، لا يمكن أن نؤكد بدقة نص الشهادة بسبب الاختلافات بين صيغها في القرن السابع والقرن الواحد والعشرين م، وكذلك بين مختلف صيغها في القرن السابع م. واعتمادًا على العملات من الشرق، يقترح أن الصيغة كانت: "لا إله إلا الله وحده، محمد رسول الله". وبالاعتماد على العملات والنقوش المعمارية والعلامات في الغرب الإسلامي، كانت الصيغة "لا إله إلا الله وحده لا شريك له". انظر Bacharach 2010.
5. 5. للاطلاع على تطبيق Bacharach لقانون غريشام Gresham's Law على هذه الحالة، انظر Bacharach 2010. وهو يؤكّد أنّ النجاح النهائي لهذه العملات واعتماد شكلها الأساسي من قبل كل السلالات الإسلامية اللاحقة تقريبًا، لا يمكن تطبيقه بشكل رجعي لفهمنا لظروف ظهورها ولقبول هذه العملات في السوق في ذلك الزمن.
6. انظر American Numismatic Society, New York (no. ANS 1002.1.406) منشور في Bates 1982 ص. 14.
7. أصبح هذا الحجم معياريًّا بعد سنة 79 هجري الموافق لسنتي 698–699م. انظر Orientalisches Münzkabinett Jena (no. 305-H10) المؤرخ في تلك السنة والمنشور في Heidemann 2010 ص. 185.
8. هذا الموتيف من الحواف والحلقات كان معياريا إلى حدود سنة 99 هجري الموافق لسنتي 717–718م. والأسباب المحتملة للتغييرات اللاحقة جرت مناقشتها في DeShazo and Bates 1974.

المصدر

الفهرس 8: جوزيف ه- دوركي، نيويورك (حتى وفاته سنة 1898م)

الفهرس 9: داريوس أوغدن ميلس، نيويرك (حتى سنة 1904م)

10. صحفة عليها كتابة بالكوبالت الأزرق

العراق، البصرة على الأرجح، القرن التاسع م

إناء من الفخار، ملوّن بالأزرق على خلفية مزججة بيضاء معتمة

القطر: 20.3 سم

رصيد هاريس بريسباين ديك 1963م 63.169.4

كتابة عربية بالخط الكوفي:

غبطة / غبطة

كانت الخزفيات والفخاريات الصينية من عصر سلالة تانغ (618–907م) تُصدَّر بكميات كبيرة إلى آسيا الغربية خلال القرنَين الثامن والتاسع الميلاديين. وتُشكّل النماذج المستخرجة من عدة مواقع على امتداد العراق أدلة على شعبية هذه الأواني لدى البلاط العباسي. ولدى سعيهم إلى تقليد الجسم الصلب للخزفيات الصينية التي تُشوى في أفران ذات درجات حرارة مرتفعة، أعاد الخزفيون العراقيون خلال القرن التاسع الميلادي اكتشاف التقنية السابقة المتمثلة في طلاء الأواني الفخارية بالقصدير المزوج بالزجاج الرصاصي فاتح اللون ممّا أنتج مساحة بيضاء معتمة عالية الجودة يمكن أن تُرسم عليها تشكيلة واسعة من التصاميم. ولعدم وجود مناجم القصدير في المنطقة، كان هذا المعدن يُستورد بحرًا من جنوب شرق آسيا.(1) زيّن الخزفيون العراقيون أوانيهم في الغالب باللون الأزرق (كوبالت) والأخضر (نحاس) والمنغانيز البنفسجي. كما سعوا إلى نسخ أشكال الخزفيات الصينية وأغلبها، مثلما هي حال هذا الإناء، صحاف ذات قدم قصير وجوانب مطلية بالقصدير وحواف مقلوبة.

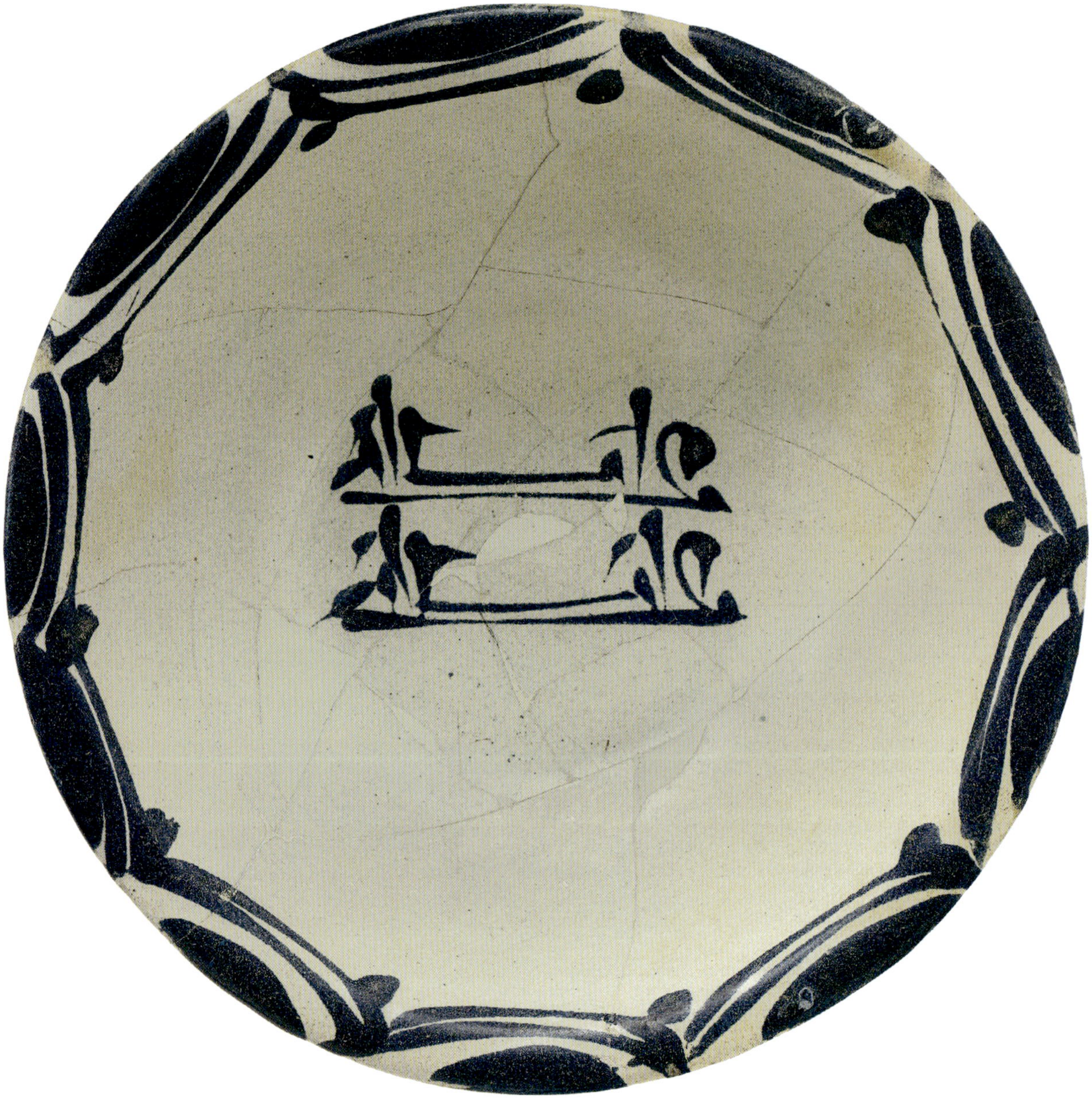

تتميز الصحفة بنِسَبِها المتناسقة الأنيقة وهي مزدانة بكتابة بالخط الكوفي الأزرق الكوبالتي على خلفية بيضاء معتمة. وعلى غرار الأمثلة الأخرى التي تنتمي لهذا الصنف، فهي أحد الأمثلة الأولى للفخاريات من العصر الإسلامي المبكر التي أدمجت الخطوطية العربية بوصفها العنصر الزخرفي الرئيسيّ. ومع صعوبة قراءة النص فقد تبين أنها كلمة "غبطة" مكررة في وسط الصحفة.(2) وتظهر على كثير من هذه الصحاف تصاميم حروفية تحمل رسائل لجلب الحظ أو اسم الحرفي مع أنّ بعضها مزدانة كذلك بتصاميم نباتية أو رشّ باللون الأخضر. وكانت الأواني العراقية المعتمة بالقصدير أوّل من أدمجت تصاميم زرقاء على مساحة بيضاء، وهي توليفة لافتة اعتمدها حرفيو الفخاريات الصينيون من عصور سلالات يُوان (1271–1368م) ومينغ (1368–1644م) وكينغ (1644–1911م) ثم استُخدمت لاحقًا بكثافة في كل أنحاء أوروبا.(3)

ويتضح في هذه الحال أن التركيبة الحروفية والأثر البصري الإجمالي كانت لهما الأولوية على مقروئية النص. فالتباين الشديد بين الأزرق الكوبالتي للحروفية والخلفية المعتمة البيضاء يخلق انطباعًا بصريًا شبيهًا بالحبر الملطّخ بينما تتناسق الموتيفات الشبيهة بالمعلقات النباتية على الحواف مع الكتابة المركزية لتؤسس تركيبة متوازنة.

ME

1. انظر Allan 1991a ص. 6
2. توجد صحفة تكاد تكون شبيهة تماما مع كتابة مماثلة في مجموعة Harvey B. Plotnick في شيكاغو. انظر شيكاغو 2007 ص. 42
3. المصدر المذكور. انظر كذلك Watson 2004 صفحات 171–180.

المصدر: [نصلي هيرامانك، نيويورك، حتى سنة 1963م. بِيعت لمتحف المتروبوليتان للفنون]

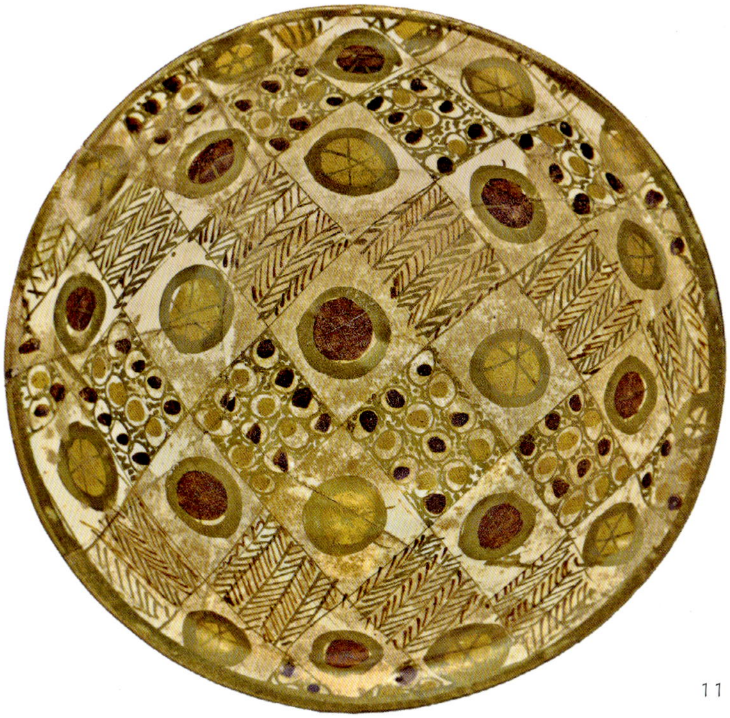

11

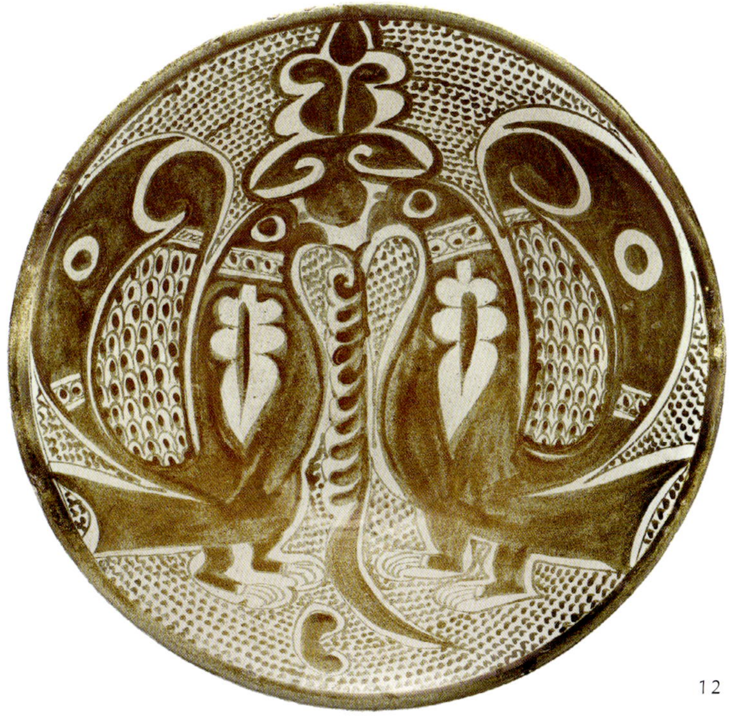

12

11. صحفة

العراق، على الأرجح البصرة، النصف الأول من القرن التاسع م
إناء من الفخار، ألوان متعددة ذات بريق معدني على خلفية بيضاء مزججة معتمة
الارتفاع: 6 سم. القطر: 19.7 سم
رصيد رودجرز 1952م 52.114

12. صحفة

العراق، على الأرجح البصرة، الربع الثاني أو الثالث من القرن العاشر م
إناء من الفخار، بريق معدني على خلفية بيضاء مزججة معتمة
الارتفاع: 9.5 سم. القطر: 30.5 سم
رصيد فليتشر 1964م 431.46

تتقاسم كلتا الصحفتَين نسيج الجسم الأصفر زبديّ اللون المميز بكل وضوح لفخاريات البصرة، لكنهما تمثلان مقاربتَين مختلفتَين لرسم وتصميم الفخاريات ذات البريق المعدني، وتعكسان بذلك المراحل الدقيقة لتاريخ الفخاريات العباسية ذات البريق المعدني.(1) تنتمي الصحفة 11 للمرحلة المبكرة المرتبطة تاريخيًّا بالنصف الأول للقرن التاسع الميلادي. تنتصب على ساق قليلة الارتفاع وتنتهي جوانبها المستديرة بشفة مقلوبة. أما الرسوم متعددة الألوان فهي سمة مميزة للفخاريات العباسية المبكرة ذات البريق المعدني وتزخرف الوجه الداخلي والخارجي، وقد استخدم الفخاريون في هذه الحال ثلاثة ألوان: الأخضر الزيتوني والأصفر الذهبي والأحمر النحاسي. وتحمل جلّ الفخاريات العائدة لهذه الحقبة المبكّرة تصاميم غير تشخيصية تستكشف نماذج وأنسجة ضمن تشكيلة من الموتيفات النباتية المنمنمة والأطر الهندسية. والملاحظ أنّ الحرفي قد نجح باقتدار في هذه الصحفة في خلق توتر بين الهيكل من ناحية والشكل على هيئة رقعة الشطرنج، وفي تنويع النماذج داخل التقسيمات، وفي الحرية التي منحها لريشته في إنجاز الرسم. يذكّرنا الرسم بنموذج للموتيفات ويشمل تصاميم حسكة السمكة وموتيفات "عين الطاووس" ونقوش بالتنقيط والرقط مستوحاة على الأرجح من موتيف "الألف ورقة" المستخدم في الزجاجيات.(2) ويتوافق تنوّع تصميم الفخاريات ذات البريق المعدني المبكرة وحيويّته مع عصر المعتصم (حكم ما بين 833–842م) المتّسم بالتوسع والنابض بالحياة ومع تأسيسه لمدينة سامراء التي ازدانت قصورها الجديدة باللوحات الخزفية ذات البريق المعدني وقد انتشر في هذة الفترة توزيع الخزفيات الفخارية طولاً وعرضًا انطلاقًا من البصرة.(3)

وتمثّل الصحفة الثانية (الفهرس 12) فخاريات البصرة ذات البريق المعدني بعد مرور قرن تقريبًا. ويتّسم مظهر الصحفة بجدار وشفة أكثر استقامة. لكنّ المقاربة الجديدة في الرسم والتصميم تجلب مزيدًا من الاهتمام. هناك تواصل مع الفخاريات العباسية ذات البريق المعدني المبكّرة من خلال الخلفيات المزركشة بكثافة والتمادي في استخدام بعض الموتيفات مثل "عين الطاووس". لكنّ الحرفيين تخلّوا في هذا العصر عن الرسم متعدد الألوان ولجؤوا إلى التصاميم أحادية اللون. أصبحت تصاميمهم في غالب الأحيان تشخيصية مع أشكال مركزية بشرية أو حيوانية لوحدها أو ضمن أزواج متناظرة. ويظهر على هذه الصحفة طاووسان متقابلان يحيطان بنبتة وخلفهما أرضية ممتلئة بشكل مُتكرر يشبه قمة الجبل. ويُحتمل أن هذا التحول في الزخرفة يعكس ذوق النخبة الجديدة بما أنّ الفترة التاريخية تتوافق مع وصول البويهيين إلى العراق.(4) EK

1. يعرّف Ernst Kühnel ثلاث مراحل للأواني العباسية ذات البريق المعدني، وهو ما يدعمه تقريبًا التحليل الصخري الحديث. انظر Kühnel 1934، و Mason 2004. حدد Mason نماذج وحلل التركيبة الصخرية لكلتا الصحفتَين ونشر رسوما لشكليهما، المصدر المذكور ص. 192–193.
2. تحمل المساحة الخارجية للصحفة موتيف "الدائرة بالقاطع والمقطوع" المميز للإنتاج المبكّر للبصرة.
3. توجد في مجموعة المتروبوليتان قطعة من بلاطة خزفية مستخرجة من حفريات سامرّاء

(الفهرس عدد 23.75.25). للأمثلة الأخرى انظر Sarre et al. 1925 اللوحات 21، 22، و Porter, V. 1995 صفحات 24-27، الصور 10، 12، و Watson 2004 ص. 184 عدد (LNS 1057 C) E.1. بخصوص التوزيع الواسع للأواني الفخارية من إنتاج البصرة، انظر Mason 2004 ص. 44.

4. انظر Mason 2004 صفحات 159-160.

المصدر:
الفهرس 11: إي. سافاني، نيويورك (حتى وفاته سنة 1952م). بيع لمتحف المتروبوليتان
الفهرس 12: خليل رابنو، نيويورك (حتى سنة 1964م) بيع لمتحف المتروبوليتان.

13. قارورة

مصر أو سوريا، القرن السابع – بدايات القرن الثامن م
زجاج، مائل إلى الزرقة، منفوخ، عليه زخرف أزرق
الارتفاع: 20.1 سم القطر: 8.2 سم
حصل عليها المتحف 21.210.×

تمثّل هذه القارورة بوضوح الفترة الانتقالية لتطوّر التحف الفنيّة من العصر القديم المتأخّر إلى العصر الإسلامي المبكّر ومن بين كلّ الحِرف، يمكن القول ربما أنّ صناعة الزجاج كانت الأكثر محافظة فيما يتعلّق بالاستمرارية الفنيّة عبر الزمن وبانتقال المهارات والأفكار من جيل إلى آخر. ومنذ الاكتشاف الثوري لتقنية نفخ الزجاج خلال القرن الأول قبل المسيح في مناطق النفوذ الروماني شرق البحر المتوسط، سمحت الإمكانيات الهائلة المرتبطة بهذه الممارسة لصنّاع الزجاج بتوسيع آفاقهم الإبداعية على نحو شاسع، ولاسيّما توسيع تشكيلة التقنيات الزخرفية والأشكال.

زُخرفت هذه القارورة الزرقاء فاتحة اللون ذات النسب الأنيقة والعنق الطويل الضيّق بخطوط زرقاء داكنة وُضعت بحركة لولبيّة حول العنق بأكمله وبأشرطة واسعة حول جسمها. والملاحظ أنّ خشونة الزينة حول العنق قسّمتها إلى قسمين بينما منح تصميمُ "النظّارات" حول الجسم الإناء مظهرًا حيويًّا، وجاء التصميم نتاج إلصاق الخيوط ببعضها على مسافات منتظمة. وقد ترسّخ خلال القرنين الرابع والخامس الميلاديين هذا الشكل والزخرف الخيطي ونموذج النظارات كزينة ملصقة، واستمرّ استخدامها على الأقل حتى القرن الثامن الميلادي.(1). أمّا قاعدة هذه القارورة فلا تقدم أي دليل على استخدام أداة للجسر، وتشير هذه السمة التقنية إلى تاريخ سابق لظهور الإسلام. ومع ظهور الإسلام اعتمد حرفيو الزجاج بصفة معمّمَة استخدام أداة للجسر (قطعة من قضيب معدنيّ قصير كانت تلصق بقاعدة الإناء قبل قطع أنبوب النفخ) لتيسير مسك الإناء وتطبيق التقنيات الزخرفية. وتثبت هذه التحليلات مدى صعوبة التمييز بين القطع المنتَجَة قبل ظهور الإسلام أو بعده بسبب الاستمرارية الثابتة في الإنتاج على امتداد قرون. بل إنّ تاريخ هذه القارورة داخل المتحف يقدّم لنا كذلك إيضاحات في هذا الصّدد: جرى اقتناء القارورة في زمن غير معلوم وفي ظروف مجهولة، وحصل عليها في البداية قسم الفنّ اليوناني والروماني ثمّ انتقلت إلى قسم الشرق الأدنى (الذي انقسم لاحقا إلى قسمَي فنّ الشرق الأدنى القديم والفنّ الإسلامي) سنة 1960م.

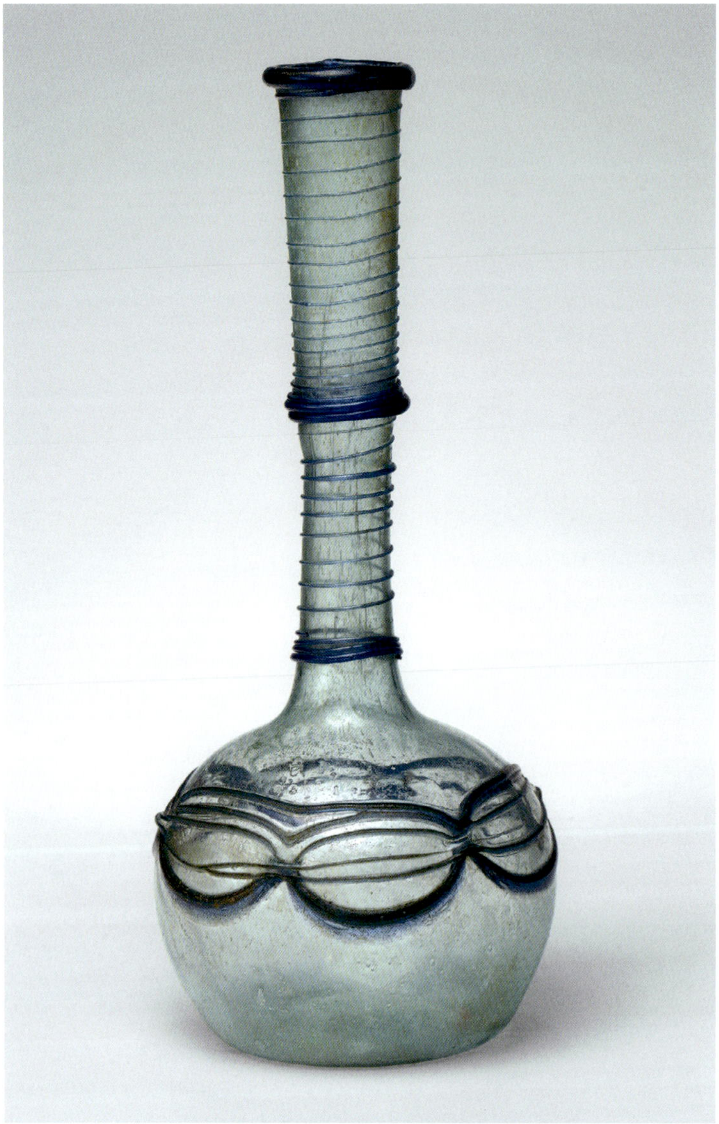

ومع أنّه يمكن المحاججة أنّ القارورة لا تنتمي إلى العصر الإسلامي، إلا أنّ أهميّتها تكمن في أنّها ترمز إلى التحوّل بين فترتين تاريخيّتين. وعلى هذا الأساس، فهي تحتلّ مكانها عن جدارة في أروقة الفنّ الإسلامي المبكّر.

SC

1. ثبتت الاستمرارية في الاستخدام في المنطقة المصرية بوجه خاص، وكذلك في مناطق قصية تصل إلى شرق إيران. انظر Ann Arbor 1978 no. 34، و Kröger 1995 no. 151، و Scanlon and Pinter-Wilson 2001 ص. 56 اللوحة I23. ويشير هذا المرجع الأخير إلى مصباح مخروطي من فسطاط (القاهرة سابقًا) في محيط أثري يتراوح ما بين 750-800م.

المصدر: حصل عليها متحف المتروبوليتان سنة 1921م. المصدر مجهول.

14أ، ب. قارورتان على شكل حيوانين

أ. سوريا على الأرجح، نهاية القرن السابع – القرن الثامن م
زجاج، لون يميل إلى العنبر، منفوخ، عليها زخرف
المقاسات: 11.1 × 8.3 سم
هبة السيّدة تشارلز س. بايسون، 1969م 65.153
ب. سوريا على الأرجح، نهاية القرن السابع – القرن الثامن م
زجاج، لون يميل إلى الأصفر والوردي، منفوخ، عليها زخرف
المقاسات: 8.6 × 8.8 سم
اقتناء، هدايا أصدقاء الفن الإسلامي، 1999م 1999.145

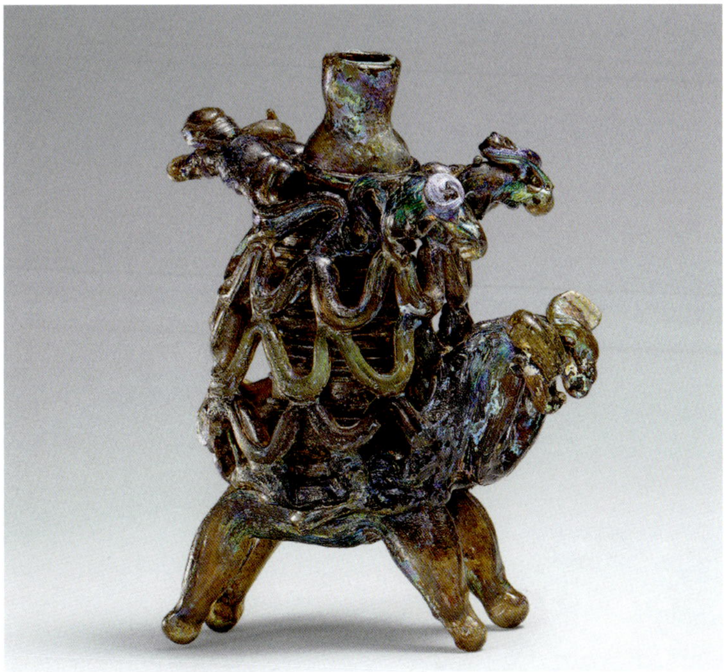

أ

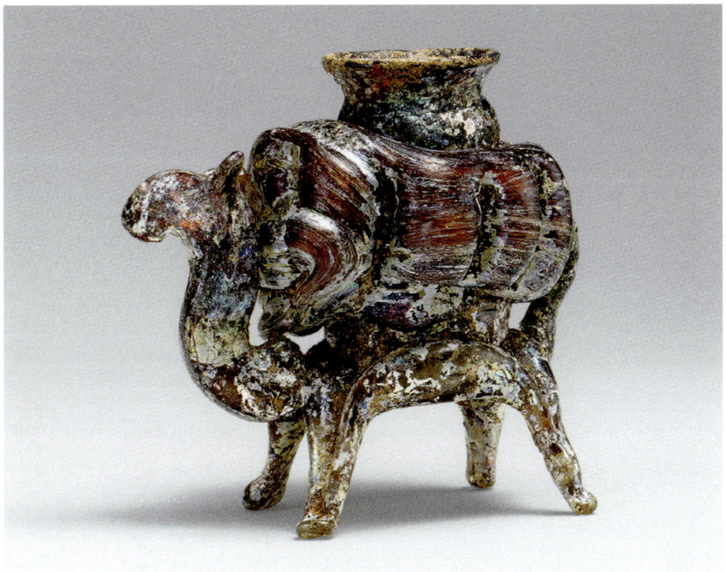

ب

على غرار القارورة الزرقاء المزدانة بخيوط من الزجاج الأزرق (الفهرس 13) فإنّ هذه القطع الوظيفية ذات الروح المرحة تشهد على الانتقال بين عُرفَين في صناعة الزجاج، الروماني والإسلامي، على امتداد سواحل منطقة البحر الأبيض المتوسط. وهي كذلك نماذج عن قابلية الزجاج لتعدّد الوظائف ومرونته كوسيط لا يضع قيودًا للإبداع الحِرفي للزجاج. ونشاهد في هذه الحال إناءين بسيطين هما في الأصل قارورتان صغيرتان للدهون أو السوائل الثمينة مثل خلاصات العطر أو العطور، تحوّلتا إلى تمثالين صغيرين شكلهما حيواني "يحملان" القارورة الحاوية كجزء من مهمّتهما.

بعد نفخ القارورة وإعطائها شكلها، يُبنى حولها باقي التمثال لاستخدام خيوط وفقاعات الزجاج السّاخن فيتشكّل الجسم المُنمنم والأقدام والرأس والحمل المحيط بالإناء. ويشكّل الحيوان ذو أربعة أربعة أقدام بالقارورة (الفهرس 14أ) مثالا نموذجيًا للإنتاج الإسلامي المبكّر وهو على الأرجح متأخّر زمنيًا بعض الشيء عن الجمل (الفهرس 14ب) لأنّه أقرب أسلوبيًا إلى أعراف العصر القديم والشّرق الروماني. تجمع التحفة بين الشّكل الحيواني الذي يحمل قنّينة أسطوانيّة مرهفة تُعرف باسم "بلسماريو" (حاوية المرهم) وقفص يحويها بدوره. وقد تطوّرت هذه السّمة إنطلاقا من صحاف القرنين الثالث والرابع الميلاديين مكتملة الجمال المعروفة باسم "الزجاج المشبّك"، عندما كانت تُنتج الأواني المثبّتة داخل أقفاص مفتوحة بقطع الزجاج وهو بارد.

أمّا في التحف التي قلّدت هذه الممارسة (شبيهة بتقنية الزجاج المشبّك) المنتجة في الإسكندرية على الساحل المصري فكان القفص يُبنى باستخدام خيوط الزجاج الساخنة.(1) ومن الواضح أنّ حرفيي الزجاج في العصر الإسلامي المبكر اعتمدوا فكرة بناء القفص حول الإناء وصهروها مع سمات قنّينة المرهم. تشكّلت القارورة (الفهرس 14أ) كلّها من قطعة من الزجاج عنبريّ اللون اتّخذ سطحه سحنة قزحيّة الألوان نتجت عن تعرّضه للظروف المناخيّة (التجوية). تحتفظ مجموعات مختلفة حول العالم بالعديد من هذه القوارير حيوانيّة الشكل، وهي تحمل قفصا مشكّلا من خيوط زجاجيّة مختلفة ذات لونين متباينين، عادة زجاجا يكاد يكون شفّافًا مقابل زجاج أزرق داكنًا(2)، وهو ما ينتج عنه تشكيلة لونيّة ممتعة. ويكتسي التمثال في هذا النموذج مزيدا من الغرابة في المظهر برأسه المزدوج وبإضافة أربعة رؤوس منمنمة بارزة في أعلى القفص وكأنّ الحرفيّ يسعى لتمثيل قافلة كاملة من الخيول والحمير والجمال حاملة سلعها الثمينة.

لكنّ التمثال 14ب في المقابل غير تقليدي مقارنة بهذه المجموعة لأنّ الحمل المحيط بالقارورة صلب. وقد تأثّر جدًّا سطح الزجاج نتيجة الرّدم لمدّة طويلة تحت الأرض، لكنّ الناظر إلى هذه التحفة الفنيّة عبر الضوء يكتشف أنّها تتألّف من لونين وما من شكّ أنّها تمثّل بعيرًا راسخ الأقدام على الأرض وواعيًا بمهمّته في نقل الحمولة، وتُوحي هذه القطعة الحيّة بالدّور الحيويّ الذي أدّته هذه الدوابّ على امتداد طرق القوافل التجاريّة غرب آسيا خلال عصر من التحوّل ما بين إمبراطوريّتين.

SC

1. لمزيد الاطلاع على تقنية (diatreta) انظر Corning, London, and Cologne 1987 الأعداد 134–139. لتقنية (pseudodiatreta) انظر Bussagli and Chiappori 1991 الصورة ص. 56.
2. انظر Corning, New York, and Athens 2001–2002 الصفحات 112–114 والأعداد 29، 30.

المصدر
الفهرس 14أ: السيّدة شارلز س. بايسون، نيويورك (حتّى سنة 1969م)
الفهرس 14ب: [سوق الفنّ، إسرائيل]، [طايو المحدودة، طوكيو، حتى سنة 1999م، بيعت إلى متحف المتروبوليتان]

15. صحفة

على الأرجح العراق، القرن التاسع م
زجاج، أخضر، أصفر معتم، فسيفساء حمراء معتمة. منصهر مرخي، مطحون مصقول، قدم مثبّتة
الارتفاع 5.1 سم
القطر: 14.3 سم
رصيد رودجرز، 2001 2001.66

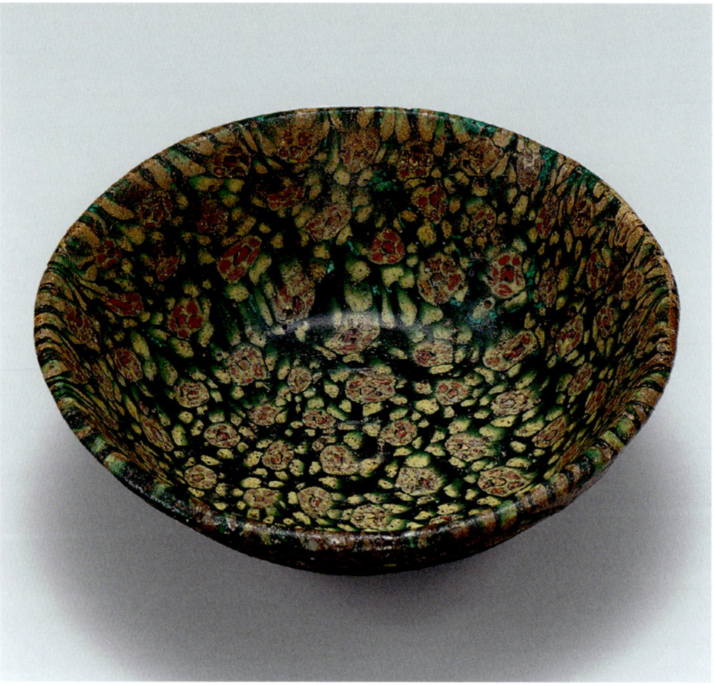

تُعدّ المرحلة النهائية لإنتاج الزجاج الفسيفسائي بسيطة نسبيًّا: تُرتّب المكعّبات الصّغيرة جنبا إلى جنب وفق التصميم المختار واحدًا تلو الآخر فوق قالب مقاوم للحرارة يعطي للتحفة شكلها. وتُوضع بعد ذلك في فرن عالي الحرارة كي تنصهر حوافّها، ممّا ينتج قطعة واحدة متماسكة يجري تبريدها ببطء، ثم تُصقل القطعة في ختام العمل.(1)

غير أنّ المرحلة التحضيرية تستهلك وقتًا طويلا جدًا لأنّ كل مكعّب يمثّل شريحة مصغّرة من قصبات الزجاج الطويلة والضيّقة الذي تتشكّل في الأصل عبر لفّ طبقات من الزّجاج مختلف الألوان حول نواة صلبة حتّى يحصل الحرفي على المزيج المطلوب. والأرجح أنّ قطر القصبة النهائي يتراوح ما بين 7.5-10 سم ويبلغ طوله على الأقل 35-50 سم. ولتقليل القطر ليصل 2.5 مم تقريبًا، تُليّن القصبة وتسحب من طرفيها لتتمدّد مع الحفاظ على نموذج المقطع العرضي الأصلي، ثمّ تُقصّ إلى قطع صغيرة بعد أن تبرد. كانت القصبات تتكوّن في الأصل من نماذج بسيطة من الدوائر المتراكزة أو اللوالب ثنائية اللّون ثمّ بدأت خلال العصور الرومانية المتأخرة تشمل تصاميم أكثر تعقيدًا وطموحًا. ورث حرفيّو الزجاج الإسلاميون تقنية صنع القصبة ثمّ حسّنوها في العراق العبّاسية عند نهاية القرن الثامن أو بداية القرن التاسع الميلاديين.

كانت الأواني المصنّعة من الزجاج الفسيفسائي صغيرة الحجم حتما ولها أشكال مفتوحة بسيطة، ولم يكن ذلك بسبب تعقيد التقنية فحسب بل لأنّها كانت تُشكَّل على القالب ولا يمكن نفخها لتكون أكبر حجما. ويبدو أنّ هذه الصحفة التي يكاد يبلغ قطرها 15 سم تمثّل أكبر القطع حجما بهذه التقنية. وعندما يشاهدها الناظر من خلال الضوء تتوهّج الصحفة بالألوان لأنّ الحوافّ الخارجية المنصهرة لكلّ قطعة لها لون أخضر زمرّدي نصف شفّاف.

نشأ الزجاج الفسيفسائي في البداية لتقليد شتّى أنواع الحجارة مثل العقيق لكنّه اكتسى وظيفة تزيينية أكثر في العصر الإسلامي. ونعلم على سبيل المثال أنّ الأرضيّة أمام عرش الخليفة العبّاسي في سامرّاء كانت مكوّنة من البلاط الفسيفسائي متعدّد الألوان على غرار الزهور.(2). وبعد أن أحيى حرفيو الزجاج في البندقية هذه التقنية التي أصبحت معروفة باسم "الألف زهرة" في أوروبا خلال القرن الخامس عشر الميلادي، استخدموها كذلك لإنتاج الأواني المنفوخة.

SC

1. يمكن الاطلاع على عرض بالصور لمختلف مراحل صنع قصب الزجاج وعمليات الصهر والإسالة أنجزها William Gudenrath من متحف Corning Museum of Glass في: Corning, New York, and Athens 2001-2002 صفحات 58-59.
2. أكبر قطعة متبقية من هذه الفسيفساء الزجاجية معروضة في متحف Museum für Islamische Kunst, Staatliche Museen zu Berlin. للاطلاع على صورة بالألوان توحي جيدا بالتأثير المدهش الأصلي للفسيفساء الزجاجية، انظر المصدر المذكور ص. 148، عدد 61.

المصدر: [رواق منصور، لندن حتى سنة 2001م. بيعت إلى متحف المتروبوليتان]

16. كوب

على الأرجح سوريا أو العراق، القرن الثامن – القرن التاسع م
زجاج، أخضر يميل إلى الزرقة، منفوخ، عليه قاعدة صلبة وقدم من الزجاج المنفوخ، نقش محزّز، خربشة
الارتفاع: 11.7 سم القطر: 9 سم
اقتناء، وصية جوزيف بوليتزر، 1965م 65.173.1
نص بالخط الكوفي: اشرب بركة من الله لصاحب الكأس

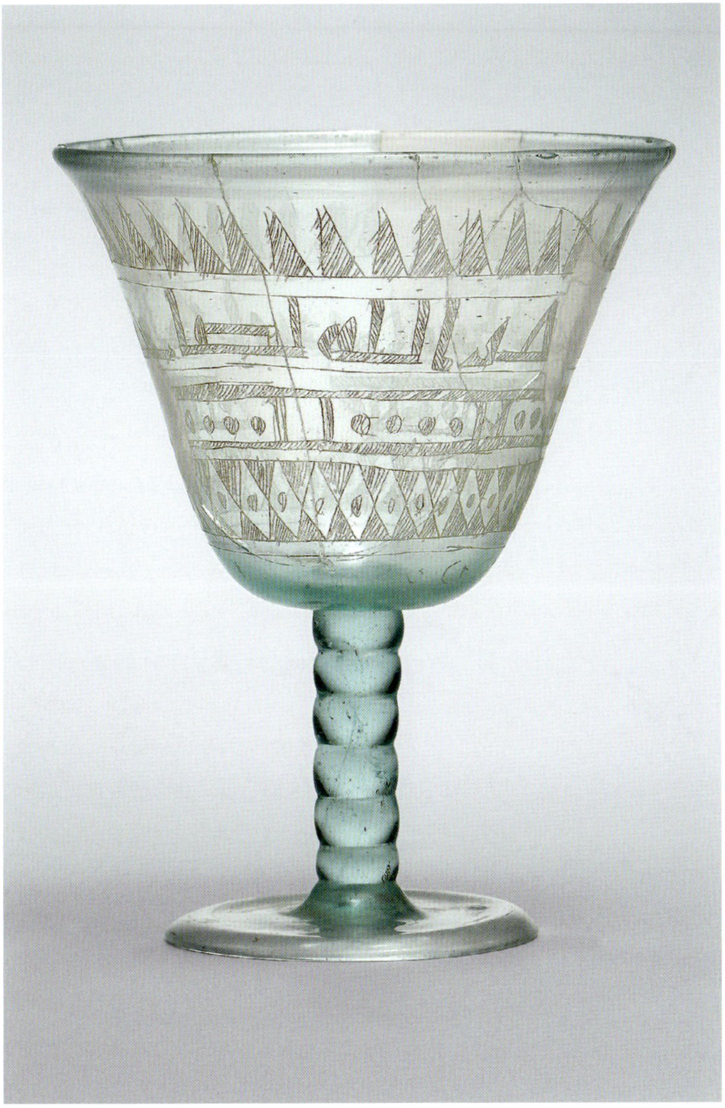

تُعرف عادة التقنية الزخرفية المستخدمة على هذا الكوب الأنيق وغير المألوف بقاعدته المسطّحة وقدمه الصلبة والمُجزّئة (المجزّأة، المجزءة) في آن واحد وبلونه الأخضر المائي أو الأزرق الفاتح ونصه العربي بتقنية "التحزيز" الخربشة أو "النقش" الحفر. وعلى الرغم من تميّزه، توجد علاقة بين هذا الكأس ومجموعة من الأواني والكسور الأثرية تستخدم ذات التقنية في النقش عُثر عليها شرق مصر وفي مناطق قصية مثل الصين. ولم يظهر أيّ جدال في مسألة تأريخها: تضع الاكتشافات الأثرية هذه القِطع بالتأكيد في سياق القرن الثامن والتاسع الميلاديين بما أنّ الشظايا الأولى استُخرجت من مواقع مثل سامراء في العراق وفسطاط في مصر ثم في زمن أقرب إلينا في قبر داخل معبد بوذي أُغلق سنة 478م في مقاطعة شانكسي شمال غرب الصين.(1) وعلى امتداد عقود، حيّر الانتشار الواسع لهذه القِطع العلماء إلى أن عُثر في ثلاثينات القرن العشرين الميلادي على صحن مكسور من الزجاج الأزرق الداكن في الموقع الأثري لنيسابور (2) غرب إيران، فرجحت الكفة لفائدة الأصل الإيراني. غير أنّ الاكتشاف المدهش خلال ثمانينات القرن العشرين الميلادي لستة صحون مكتملة وعشرات القطع الأثرية وغيرها داخل المعبد الصيني دفعت العلماء إلى دراسة هذه المواد بمزيد من المنهجية والانتظام. وقد اقترحت كاتبة هذه السطور المصدر السوري أو العراقي للمجموعة برمّتها (رافضة الأصل الإيراني) وهي النتيجة ذاتها التي خلص إليها جانس كروغر.(3)

ويمثّل هذا الكوب أفضل عرض لهذه التقنية الزخرفية بفضل شكله النادر وحفاظه على هيئته الأصلية ولونه الأزرق الباهت الرقيق (80 بالمئة من هذه القِطع لونها أزرق داكن). كما يُعدّ وجود نص مقروء أمرًا استثنائيًا: "اشرب! بركة من الله لصاحب الكوب." أمّا التصاميم الواردة داخل أشرطة أفقية (من الأعلى إلى الأسفل: شريط كأسنان المنشار مباشرة تحت الحافة، النص، شريط من الدوائر الصغيرة داخل خانات مستطيلة الشكل، صف من التصاميم على شكل الألماس) فمن المحتمل أنها لا تكتسي التعقيد ولا دقة التنفيذ التي أُنجزت بها غيرها من الأعمال المنتمية لهذه المجموعة. ومع ذلك، يظل هذا الكوب نموذجًا رائعًا من المنتجات التي لم تُعمّر طويلاً وكانت مطلوبة جدًّا وبلغت أماكن قصية على امتداد الطُّرق الآسيوية بواسطة التجارة وتبادل الهدايا.

SC

1. للاطلاع على ما عُثر عليه في سامراء، انظر Lamm 1928 صفحات 79–82 أعداد 251–259 الصور 51–52 واللوحة 8. لفسطاط، انظر إصدار أحدث، Scanlon and Pinder-Wilson 2001 ص. 82–83 الصورة 39 اللوحة 39a. للصين انظر An 1991.
2. وكذلك في متحف المتروبوليتان (فهرس عدد 40.170.131)
3. انظر Carboni 2001 صفحات 76–81 عدد 17. وكذلك Kröger 2005

المصدر: [محمد يجانه، فرنكفورت حتى سنة 1985م. بيع إلى متحف المتروبوليتان]

17. فنجان

إيران، القرن الثامن – القرن التاسع م
زجاج، بلا لون مع اخضرار، منفوخ ومصقول
الارتفاع: 7 سم القطر: 9.2 سم
اقتناء، وصية جوزيف بوليتزر، 1965م 65.172.1

18. دورق

إيران، القرن التاسع – القرن العاشر م
زجاج، بلا لون، منفوخ ومصقول
الارتفاع: 13.6 سم القطر: 14.3 سم
اقتناء، رصيد رودجرز، وهدايا جاك جوزفسون والدكتور والسيدة لويس بالاموث والسيد والسيدة ألفين بيرسون 1974م 1974.45

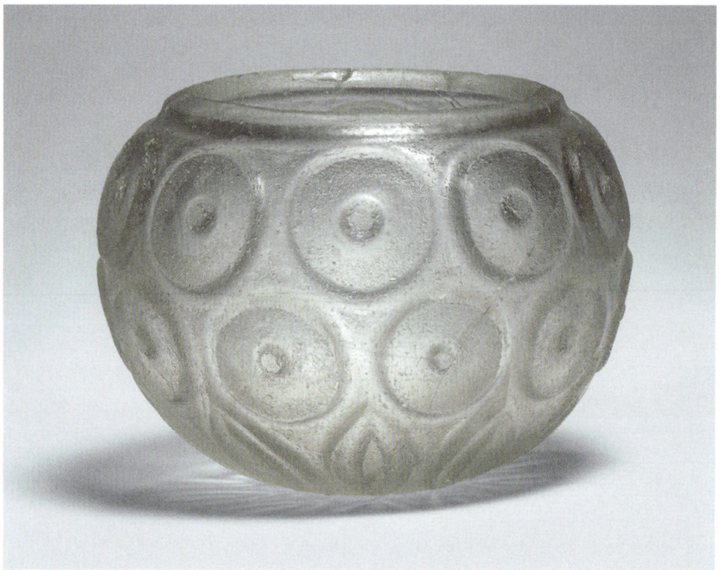

17

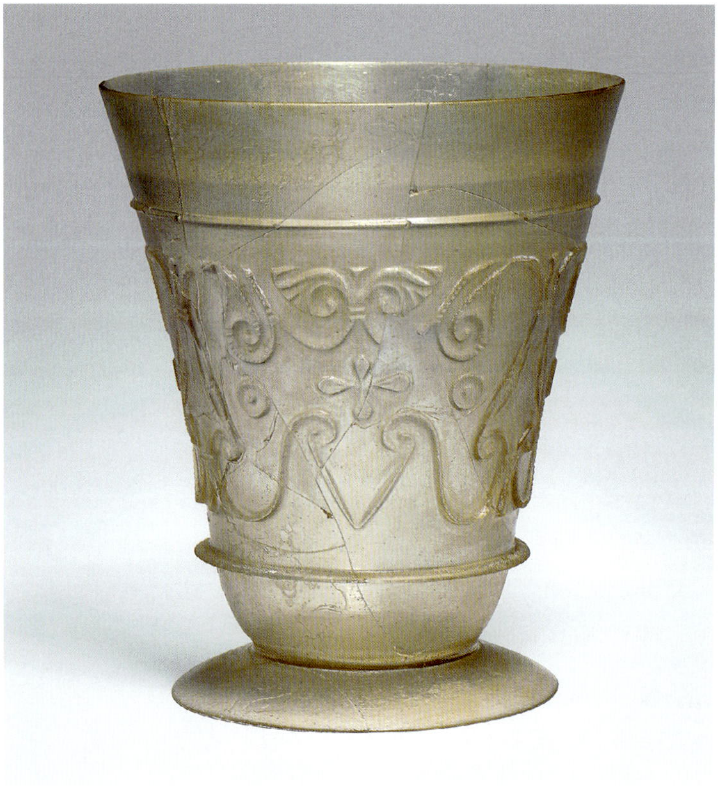

18

لا مناص من كون النماذج التي استخدمها حرفيّو الزجاج الإيرانيون إثر ظهور الإسلام تنتمي إلى تراثهم الساساني، وهو تراث قد تطوّر بدوره انطلاقًا من تقاليد فنية عريقة ومتميّزة وخصوصية في المنطقة الجغرافية المكونة لإيران الكبرى. وارتفعت جودة هذه المقاربة في العصر الإسلامي بإنتاج زجاجيات مصقولة وشفافة، تكاد تكون دون لون، مُزخرفة باستخدام عجلة دوّارة، وهكذا كانت المادة تُعالَج كأنها حجارة بدل الاستفادة من ليونتها الشديدة عندما تكون ساخنة. وبعد إنشاء المادة الخام بلا لون (بنزع اللون من الزجاج باستخدام أكسيد المنغنيز المناسب) يُستخدم أنبوب لنفخ الزجاج أو قالب محفور لإنتاج إناء خام جدرانه سميكة (عادة إما صحفة مفتوحة أو دورق أو قارورة منتفخة لها عنق ضيّق مستطيل) يقترب شكله من الشكل النهائيّ المطلوب. وبعد أن يبرد الإناء ليبلغ درجة الحرارة السائدة في الغرفة يُنقل إلى منطقة أخرى من ورشة الزجاج أو على الأرجح إلى ورشة أخرى مختلفة كلية تتخصص في الزجاجيات وفي صقل الحجارة.

وتتقاسم التحفتان الراهنتان هذه الأصول المشتركة، لكن يبدو أنّ الغرض الفني ومن ثمّ النتائج النهائية مختلفة جدًّا لدى مقارنتهما جنبًا إلى جنب.

يظهر الفنجان الصغير (الفهرس 17) متينًا ومتوازنًا تمامًا في توزيع وزنه وزخرفته، وتُطبق عليه يد الشارب بكل راحة ويسر. وقد زُخرفت تصاميمه بالنقش النافر وهو ينتمي بالتأكيد لمجموعة النماذج السابقة زمنيًّا: فالبتلات أو الورقات المدبّبة التي تنمو انطلاقًا من القاعدة تُذكّر بشدة بالتصاميم المستخدمة في إيران إبان حكم الأخمينيين (القرن السادس إلى القرن الرابع قبل الميلاد). كما رُتِّبت ما يُطلق عليها دوائر "السرّة" (أمفالوس باليونانية بسبب النتوء المركزي البارز) على صفّين متناوبَين متداخلَين، وهي تُمثّل نموذجًا من الزينة كان رائجًا جدًّا وناجحًا من العصر القديم المتأخر إلى حدود العصر الإسلامي المبكّر. ومن الواضح أنّ إناء الشراب الثمين هذا صُنع ليحاكي إناء البلور الذي يفوقه قيمة وثمنًا. وعندما يكون فارغًا يضع الشارب فنجانه مقلوبًا ليقبع على حافّته المُسطّحة وتنكشف الزينة الزهرية الجذابة حول قاعدته.

وعندما يُمسك الشارب الدورق (الفهرس 18) يحصل تأثيرًا يكاد يكون مختلفًا كلية: إنه عديم الوزن ويبدو شديد الهشاشة. تتّسم زينته بالحيوية والخفة ويبدو الدورق ذاته بلا مادة لدرجة أنّ حامله يشعر برعشة تسري في يده لدى مسكه. وعلى الرغم من كسوره وإصلاحها، يكاد يكون بقاؤه مكتملاً حتى اليوم ضربًا من المعجزة. كما أنّ مهارة الحرفيّ الذي تمكّن من إنشاء التصاميم على سطحه مهارة مدهشة حقًّا. فهو لم يكتف بتصغير سمك جدرانه إلى ما يقارب المليمتر دون كسر الكوب، بل إنّه أنتج كذلك نقشًا نافرًا لا يبلغ سمكه مليمترَين اثنيَن. وتُشكّل الحافة السفلى الناتئة حوالي مليمترَين نقطة مرجعية مثالية. إنّ تلك الحافة مع الجودة الرفيعة للزينة المصقولة – تصميم من السعفات المُكرّرة في ست

وحدات، ونصف سعفات، وموتيفات على شكل الكأس متصلة بلفائف مُرتّبة أفقيًا حول المحيط – تجعل من إناء الشراب هذا إحدى الروائع الفنية القليلة المتبقية التي وصلتنا في مجال الزجاج المصقول النافر من الألفية الأولى بعد الميلاد. وعلى الرغم من إسناده إلى كلّ من إيران ومصر في الوقت نفسه (وإلى مصر لا سيّما بسبب الارتباطات القوية في التقنية وفي التصميم بأواني البلّور المصرية ذائعة الصيت)، (1) فالأرجح ألاّ مجال للشك في أنّ هذا الدورق يُمثّل قمة في الإبداع الإيراني في مجال الزجاج المصقول. أمّا التعرّف على تقاليد البلّور المصقول في الأقاليم الشرقية للعالم الإسلامي التي برهن عليها حديثًا ظهور تحف في السوق تعود أصولها إلى إيران وآسيا والوسطى، فمن شأنه أن يقدّم مزيدًا من التأكيدات حول الأصل الإيراني لهذا الدورق البديع.(2)

SC

1. حصل ذلك حديثا في David Whitehouse in Corning, New York, and Athens 2001-2002 صفحات 172-173 عدد 79
2. انظر على سبيل المثال Kröger 1993. على حد علمي لا توجد دراسة مخصوصة منشورة حول هذا الموضوع. ؤأكبر عدد من التحف من الكريستال البلوري التي يعود أصلها إلى الأقاليم الإسلامية الشرقية معروضة في دار الآثار الإسلامية، مجموعة الصباح في مدينة الكويت.

المصدر:

الفهرس 17 [سعيد معتمد، فرنكفورت حتى سنة 1965م. بيع لمتحف المتروبوليتان]

الفهرس 18 [سعيد معتمد، فرنكفورت حتى سنة 1974م. بيع لمتحف المتروبوليتان]

19. قارورة

على الأرجح إيران، القرن العاشر – القرن الحادي عشر م

زجاج أصفر مخضوضر منفوخ في جزئَين ومطبوع بالألسنة وعليه حافة زرقاء

الارتفاع: 18.5 سم القطر: 8.7 سم

اقتناء، رصيد رودجرز، رصيد اقتناء لويس وتيريزا سيلي للفن الإسلامي، هبة السيدة شارلز كيليكيان، 1994م 1994.211

استُخدم بديلٌ أقلّ استهلاكًا للوقت وأدنى تكلفة من الأواني المصقولة بالبارد (انظر الفهرس 17 و 18) ويتمثّل في الأواني التي تُزخرَف سطوحها باستخدام القوالب أو الأدوات الشبيهة باللسان التي تدَع أثرًا دائمًا على ملمس الزجاج. وعلى عكس تقنية صقل الزجاج وهو بارد، تُطبّق هذه التقنيات عندما يكون الزجاج ساخنًا وتُعطى التحفة شكلها النهائي قبل أن تبرد. وعوضًا عن إنتاجها على مرحلتَين منفصلتَين تتطلّبان مهارات مختلفة وورشًا مختلفة إن أمكن، يعتمد المُنتَج النهائي في هذه الحال كلية على مفهوم نافخ الزجاج ومهارته. وعلى الرغم من قلة تعقيدها ونقص تفاصيلها مقارنة بنظيراتها من الزجاج المصقول، إلاّ أنّ هذه التحف المُصنّعة وهي ساخنة تحتل مكانها عن جدارة ضمن يوميات الزجاجيات الإسلامية بفضل تنوّع أشكالها وألوانها وزخارفها، وكذلك بفضل الروح الإبداعية المرحة للحرفيين الذين أنتجوها.

وينتمي الموتيف الزخرفي المستخدم على هذه القارورة التي يذكّر شكلها وهيئتها بقوة بالأواني المعدنية للأقاليم الإسلامية الشرقية بتصميم السرّة (المشار إليه آنفًا في الصحفة (الفهرس 17) ويُمثّل ديمومة هذا النمط الزخرفي الشعبي الذي بقي حتى انتشاءة الألفية الأولى. وقد استُبدلت في هذه الحال زوايا الزجاج المصقول بالخطوط والمنعرجات المتسمة بمزيد من الليونة والتي يحصل عليها الحرفي بنفخ الزجاج ومعالجته، وهو ما يُعطي انطباعًا عامًّا مختلفًا.

تُنتج غالبية القوارير – شكل مغلق له عنق طويل وفوهة ضيّقة – بسرعة باستخدام قالب من البرونز يحمل التصميم المقلوب للنموذج المزمع إنتاجه: تُوضع كتلة الزجاج المنصهرة على أنبوب النفخ داخل القالب وتُنفخ قليلا حتى ينطبع عليها التصميم المقلوب، ثم تُستخرج من القالب لتُنفخ مجدّدًا وتُعالج بالأدوات. ولا تدوم العملية برمّتها سوى بضع دقائق. لكنّ الحرفيّ في هذه الحال – وهو ما يضفي مزيدًا من القيمة على هذه القارورة – عقّد عمدًا مهمّته: تتألف القارورة من وحدتَين (ويبرز بوضوح ما بين صفَّي السرّات الشق الخطي الأفقي الفاصل بينهما).

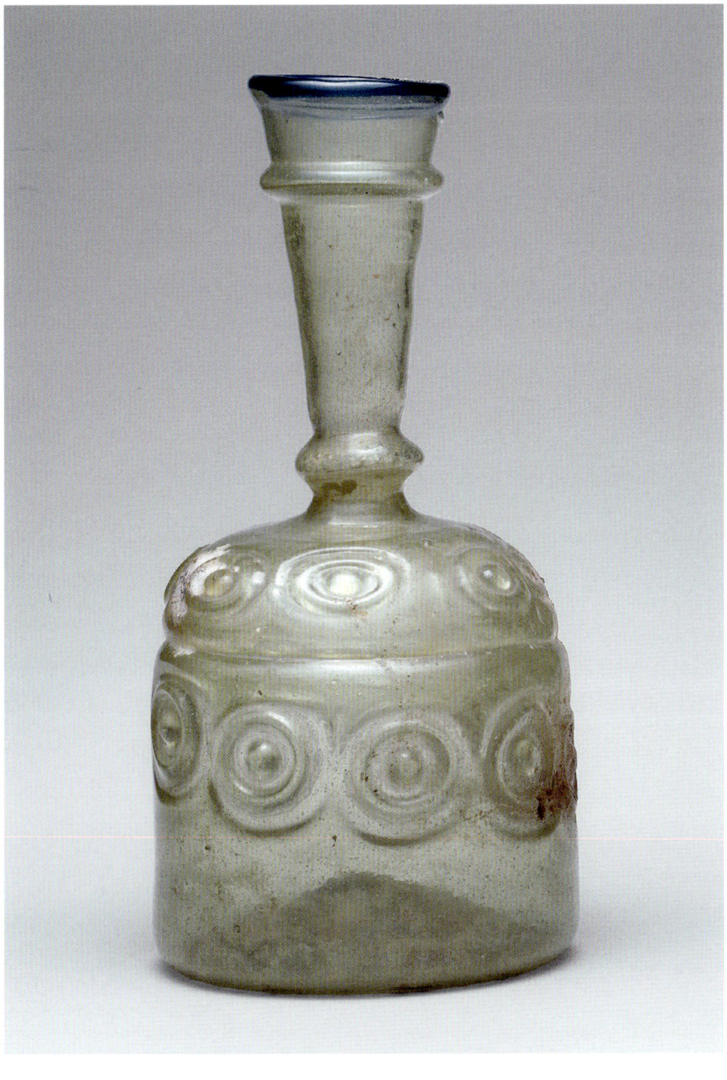

وتتأتّى الزخرفة من تطبيق متكرر بلسان يحمل موتيف السرّة (أمفالوس باليونانية) وذلك قبل انصهار الوحدتَين. وحتى تقنية لصق الوحدتَين المعروفة بالإيطالية باسم "إنكالمو" فهي شديدة البساطة لكنّها تتطلّب مهارة عالية لضمان تزاوج النصفين.

توحي الهيئة النهائية على شكل قارورة أنيقة بالمتانة، وتُلطّفها الحافة الزرقاء الداكنة والزينة البارزة تحتها التي تتّسم بروح أريحية تخفي عن الناظر تصنيعها المعقّد.

المصدر: [فينيكس للفن القديم، جينيف حتى سنة 1994م، بيعت لمتحف المتروبوليتان]

20. تاج عمود

سوريا، على الأرجح الرقة، أواخر القرن الثامن م
مرمر وجبس، منحوت
المقاسات: 28.6×31.1سم
رصيد ساموبل لي، 1936م 36.68.3

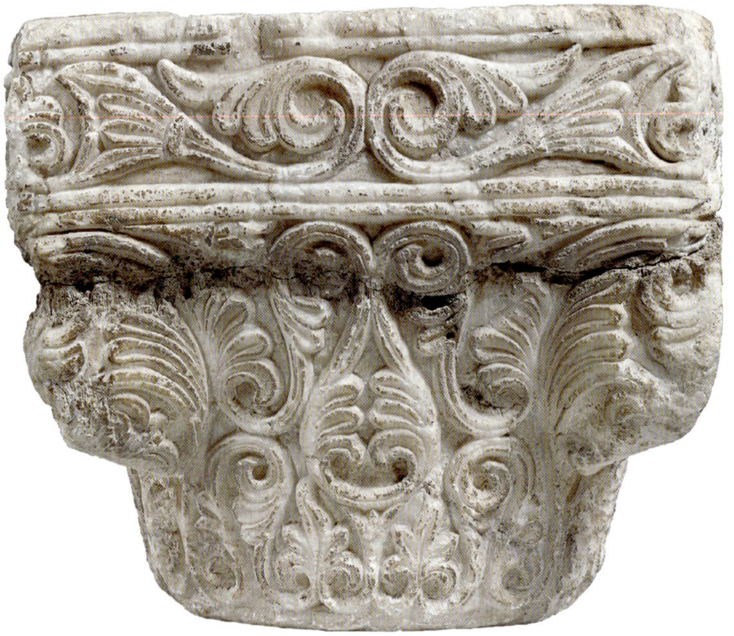

يأتي هذا التاج على الأرجح من موقع الرقة في منطقة الفرات الأوسط في سوريا. شيّد الخليفة العباسي المنصور (حكم ما بين 754–775م) مدينة جديدة سنة 772م أطلق عليها "الرفيقة" وتمتد بجوار مدينة الرقة القديمة، لكنها لم تبلغ أوج ازدهارها إلا بعد مرور 24 سنة على إنشائها، أي لمّا اتّخذها الخليفة هارون الرشيد مقرّ إقامته، ممّا حفّز عمليات بناء وتشييد واسعة النطاق.(1) في القرن التاسع عشر الميلادي عثر الزائرون للأطلال القديمة لما يزيد على عشرين مجمّع من القصور على تيجان أعمدة مماثلة لهذا التاج، كما استخرج المنقّبون عن الآثار حديثًا لوحات من الجص المنقوش تحمل تصاميم ذات صلة.(2) وتتناثر في مجموعات مختلفة تيجان مماثلة يُقال إنها تأتي من الموقع ذاته.(3) وتشير هذه الأدلة بالإضافة إلى التصميم المنمّق والمهارة الحرفية الراقية في النحت إلى أنّ هذا التاج أُنتج لمبنى ضخم مثل القصر أو المسجد.

ومن المرجّح أنّ تيجان المرمر من هذه المجموعة تعود إلى فترة إقامة هارون الرشيد في الرقة ما بين 795 و 808م.(4) وعلى الرغم من قصر الفترة الزمنية إلا أنها تختلف كثيرا فيما بينها في أسلوبها. وعلى غرار هذا النموذج، يستوحي بعضها من صنف من الزخرف النباتي نجده في الزخرفة المعمارية للعصر القديم المتأخر في مدينة تدمر الواقعة على بعد 120 كم جنوب الرقة.(5) ويُذكّر شكلها من بعيد بتيجان الأقنث غير أنّ موتيفات الورقة لا تكتسي سمة الأبعاد الثلاثة مثلما هي حال سابقاتها الكلاسيكية، كما أنّ عناصرها الورقية منمنمة أكثر. ويتألف التصميم على كل وجه من الوجوه الأربعة من صفَّين من أنصاف السعفات داخل تصميم على هيئة لفائف متناظرة ومُعبّئة بأغصان برسيم ثلاثية الوريقات. أما في منطقة الناصية التي تعلو التاج، فتُزيّن أزواج من السعفات المزهرة شبيهة بالأجنحة وجهَين من الوجوه الأربعة بينما تحيط اللفائف النباتية براعم الزهور على الوجهَين الآخرَين. وتُعطي حدبات ورقات الأقنث البارزة إيقاعًا للزوايا الخارجية الأربع. وهناك تيجان مرمرية أخرى تنتمي إلى هذه المجموعة – من بينها مثال معاصر معروض في متحف المتروبوليتان وآخر في مجموعة دافيد في مدينة كوبنهاغن – استخدمت أسلوب الحواف المرتبط بالنقوشات الجصية في القصور العباسية التي شُيِّدت بعدها بثلاثين سنة تقريبًا.(6) وتشير هذه التيجان والزخرفة الجدارية ذات الصلة كما أسلفنا، إلى أنّ أساليب "سامرّاء" الجصية قد تطوّرت في سوريا.(7)

EK

1. لنظرة عامة حول هذه التطورات، انظر Heidemann 2003.
2. انظر Sarre and Herzfeld 1911–20 الجزء 2، ص. 352، الصورة 321؛ والجزء 4 اللوحة 140. يظهر عمود آخر مشابه في Heidemann and Becker, eds. 2003 ص. 275، اللوحة 17.2 أسفل، كما رُسمت لوحات جصية منقوشة وهي في موقعها الأصلي مع التصاميم ذات الصلة في Daiber and Becker, eds. 2004، اللوحات 40، 41، 73.
3. يمتلك متحف المتروبوليتان عمودَين لهما صلة (الفهرس عدد 36.68.1 و 36.68.2). انظر Dimand 1936 ص. 155. ويوجد عمود من المرمر يكاد يكون شبيها تماما في مجموعة متحف Museum für Islamische Kunst, Staatliche Museen zu Berlin (no. I. 2195)، وعمود آخر منشور في Kühnel 1938 اللوحة 5 أعلى اليسار، وتشمل الأمثلة الأخرى ذات الصلة اثنين في مجموعة David Collection, Copenhagen: nos. 35/1986 (وتظهر صورهما في Folsach 2001 ص. 242، عدد 384)، و كذلك 2.2001 (منشور في Boston and Chicago 2006–7 ص. 156، عدد 81).
4. انظر Dimand 1936 ص. 157.
5. للاطلاع على مناقشة أوجه الشبه بين الزخرف المعماري لهذه الموقعَين، انظر Meinecke and Schmidt-Colinet 1993 وكذلك Meinecke 1999.
6. انظر متحف المتروبوليتان (فهرس 36.68.1)، وكذلك مجموعة David Collection, Copenhagen (عدد 2/2001). وانظر الملاحظة 3 أعلاه.
7. انظر Meinecke 1998 وانظر كذلك Haase 2007.

المصدر: [أوستاش دو لوراي، باريس، حتى سنة 1936م. بيع إلى متحف المتروبوليتان]

21. لوحة (غطاء صندوق؟)

على الأرجح مصر، النصف الثاني من القرن الثامن م
خشب (التين)، فسيفساء بالعظم وأربعة أصناف من الأخشاب
المقاسات: 47.6×194.3 سم
رصيد ساموبل د. لي، 1937م 37.103

جرى اقتناء هذه اللوحة الخشبية سنة 1937م من بائع التحف بولس مالون في باريس، وتُعدّ من أكثر القطع سحرًا وغرابة في الفن الإسلامي المبكّر ضمن مجموعة المتحف. وهي الأكبر حجمًا والأكثر اكتمالاً من بين اللوحات الشبيهة بها والمعروضة في كلّ من متحف الفن الإسلامي التابع للمتاحف الوطنية في برلين، ومتحف الفن الإسلامي في القاهرة، ومتحف كلية الآثار في جامعة القاهرة، ومتحف اللوفر في باريس.(1) ويُشاع (دون تأكيد) أنّه عُثر عليها في مقبرة عين الصيرة قرب فسطاط (القاهرة القديمة). (2) وهو ما يفسّر تعريفها الأكثر شيوعًا والقائل بأنّها قِطع من تابوت. وهو احتمال وارد بالفعل نظرًا لطول اللوحة الكاملة المعروضة في المتحف (مترَين تقريبًا). لكن يمكن تقديم وجهات نظر أخرى مختلفة تدحض هذا التأويل. أُولاها أنّه لو كان هذا الصندوق الخشبي المزخرف تابوتًا (3) لاستوجب ذلك وضعه وسط غرفة صغيرة داخل ضريح مخصص لشخص ذي مركز اجتماعيّ مرموق. وعلى الرغم من أنّ المعارف محدودة فيما يتعلق بطقوس الدفن خلال القرنَين إلى الثلاثة قرون الأولى للعصر الإسلامي عندما صُنِّعت دون شك هذه اللوحات، فمن غير المحتمل نظرًا لنقص الأدلة الأثرية والأدبية معًا أن تكون مقبرة عين الصيرة قد أَوَت معلمًا معماريًا معقّدًا يحتوي على هذا التابوت.

وإضافة إلى ما سبق، تشير المعاينة الدقيقة التي أجراها قسم صيانة التُّحف على لوحة المتحف إلى أنّ المسامير الحديدية على الحافة العلوية قد تكون استُخدمت في الأصل لتثبيت المفاصل، ويوحي مكانها بأن اللوحة أدّت وظيفة الغطاء لصندوق. وإذا كانت الحال على هذا النحو، فإنّ مقاسات اللوحة تتطابق مع طول الصندوق وعرضه (عوضًا عن ارتفاع لوحة خشبية وطولها) وتجعل مقاساتها غريبة إذا كانت تشير بالفعل إلى محيط الجسم الذي يرقد تحتها.

وهناك احتمال بديل قُدِّم في الماضي ويكتسب اليوم دعمًا متزايدًا مفاده أنّ الصندوق بدلاً من ذلك قد كان ربّما حاويًا لنسخة مبكّرة من القرآن. كان القرآن منسوخًا في كثير من الأحيان على رقّ سميك ملفوف ليشكّل مجموعة متعددة الأجزاء، ولم تكن النّسخ المبكّرة من القرآن مقدّسة فحسب، بل كانت كذلك مخطوطات ثمينة وباهظة الثمن. جرى تقسيم القرآن في مرحلة مبكّرة إلى ثلاثين جزء معترف بها، ومن المحتمل أنّ تقسيم بعض المجموعات كان أكبر. وتشير مقاسات الصحائف الفردية التي وصلتنا إلى أنّ المجلدات التي يبلغ ارتفاعها 40–45 سم كانت رائجة نسبيًّا وتجد مكانها على نحو مناسب داخل هذا الصندوق حيث يمكن ترتيبها واحدًا حذو الآخر وركنها عموديًّا في بضعة صفوف.(4) وكما ثبت في نُسخ القرآن من أواخر القرن السابع وبدايات القرن الثامن الميلاديين التي عُثر عليها منذ بضعة عقود داخل سقف الجامع الكبير في صنعاء اليمن، كانت المخطوطات القرآنية المزخرفة المبكّرة مزدانة بعقود معمارية ونماذج هندسية في آن واحد شبيهة بالتصميم المركزي الوارد على هذه اللوحة، وهو ما يقدّم صلة مباشرة بين زخرفة المخطوطات القرآنية والزينة الخارجية لصناديق القرآن.(5)

من الناحية التقنية كما من وجهة نظر تاريخ الفنّ، تشكّل هذه اللوحة مثالاً مبكّرًا نادرًا لزخرفة الفسيفساء الخشبية وهي لافتة بإنجازها عالي الجودة. وترتكز مادتها على خشبة واحدة من شجر التين.

وللحصول على الزخرفة الهندسية المعقدة على سطح الصندوق، جرى تطعيم اللوحة بخشب الأبنوس أو الخشب الأسود الإفريقي، وخشب الطقسوس

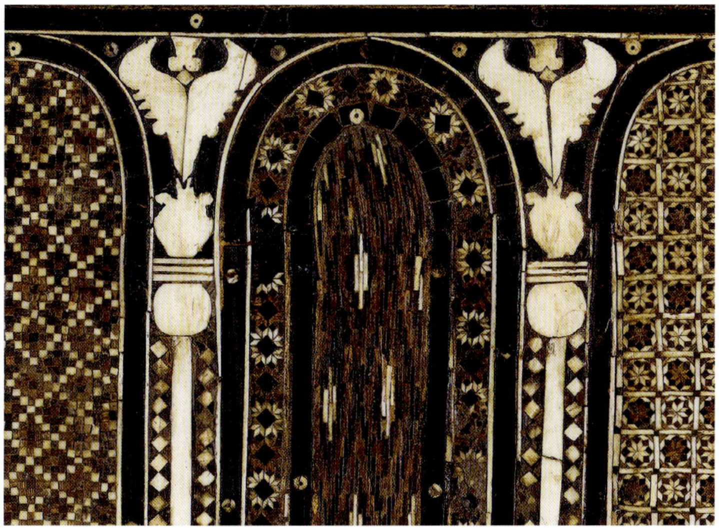

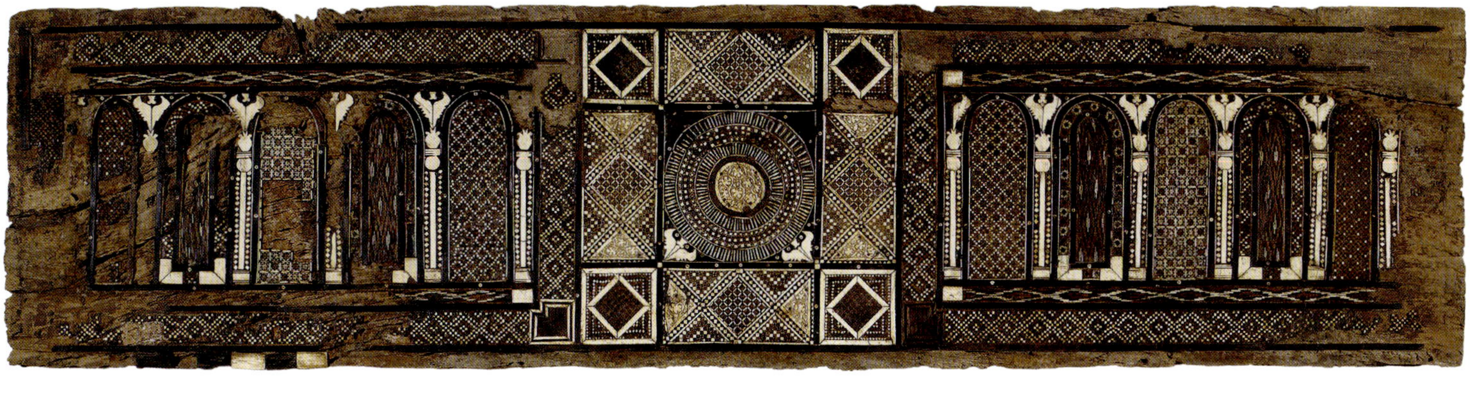

الأوروبي، وخشب غير معروف من فصيلة السذابية من مجموعة الحمضيات، وبالعظم (وليس العاج كما قد يخطر على البال). كما اقتُطعت من أعواد الخشب الأشكال المصغرة على هيئة المثلثات والمربعات والمستطيلات والماسات حسب ستة أحجام مختلفة ثم جرى لصق كل قطعة على حدة في موضعها باتباع النماذج المُصمَّمة. وتشير العلامات التي تركت أثرها على العظم إلى استخدام منشار وسكين ومبرد وأدوات حفر ذات أشكال مختلفة تحمل شفرات مثلثة المقطع. وأُحدثت الثقوب باستخدام مثقاب مقوَّس. وكشف التصوير بالأشعة عن مسامير حديدية على الحافة العلوية للوحة تُشكّل أدوات الربط الصلبة الوحيدة. كما لوحظ وجود مسامير حديدية مماثلة أو ثقوب مطابقة لها في المواضع ذاته على اللوحات الخشبية التي لها صلة قريبة بهذه اللوحة في المؤسسات الأخرى المذكورة آنفًا في برلين والقاهرة. يتّسم التصميم بالتناظر مع مربع مركزيّ مركّب يذكّر بشدة بأرضيات الفسيفساء الحجرية الرومانية. ويشمل كل واحد من الجانبَين سلسلة من خمسة عقود ضيقة تفصل بينها أعمدة منمنمة (انظر التفاصيل في ص. 43). ولا يوحي التصميم بالعمق المعماري بما أنّ الفضاء الداخلي لكل عقد ممتلئ بنموذج فسيفسائي كثيف ومعقّد في بعض الأحيان. وتُشدّد الأعمدة البارزة على الجانب الزخرفي لهذه اللوحة ولا سيما عند حوافها العلوية التي تذكّر بتيجان الملوك الساسانيين. إنّ استخدام عناصر من المفردات الفنية لعُرفَين عظيمَين ورثهما الفنانون المسلمون الأوائل، العرف الروماني على سواحل المتوسط والساساني في منطقة إيران الكبرى، يجعل من هذه اللوحة قطعة محيّرة للدارسين. كما يساعد ذلك على تأريخها وإسنادها إلى القرنَين الأوّلَين – ومن غير المحتمل الثالث – بعد ظهور الإسلام.

SC/DH

1. انظر Museum für Islamische Kunst, Staatliche Museen zu Berlin (no. I. 5684 a-b)، ومتحف الفن الإسلامي، القاهرة (عدد 9518، 11636)، ومتحف كلية الآثار بجامعة القاهرة للآثار (عدد 58)، ومتحف اللوفر، باريس (عدد AA 201).
2. القاهرة، تأسست على أيدي الفاطميين سنة 969م، وفقدت مدينة فسطاط المجاورة لها أهميتها السياسية مع المحافظة على مجتمع نشط وأنشطة اقتصادية وتجارية حية. هناك لوحات ذات صلة من الخشب المنقوش في متحف اللوفر حاليا، وتذكر التقارير أنها تأتي من عين الصيرة: انظر Anglade 1988 صفحات 23–26، الصور 8–10a.
3. تبعا للممارسات الجنائزية وطقوس الدفن الإسلامية، يُلف جسم الميت في قطعة قماش بسيطة ويودع في الأرض. وهكذا فإنّ التابوت معلمًا فخمًا على شكل قبر فارغ يوضع فوق الأرض مباشرة أعلى مكان الدفن.
4. أظهرت مراجعة سريعة لإصدار George 2010 ص. 45 و 92 (الصورة 61) على سبيل المثال أنّ نسخة القرآن في المكتبة الوطنية الفرنسية (no. Arabe 331) مقاساته 34.8x41.3 سم، ونسخة مجموعة الخليلي في لندن (no. KFQ 27) 33x47 سم. ويلاحظ George كذلك (ص. 44) أنّ "مقاسات بقايا الحجازي المحفوظة كبيرة (عادة 24x33 سم فما فوق...)" ويعرض صورة (ص. 87 الصورة 57) لصحيفة من "نسخة قرآن ضخم" بأسلوب C.Ia (بدوره في المكتبة الوطنية عدد no. Arabe 324c) يبلغ 62x53.7 سم.
5. المصدر المذكور، صفحات 79–86 الصور 53–56.

المصدر: [بولس مالون، باريس، حتى سنة 1937م. بيع إلى متحف المتروبوليتان]

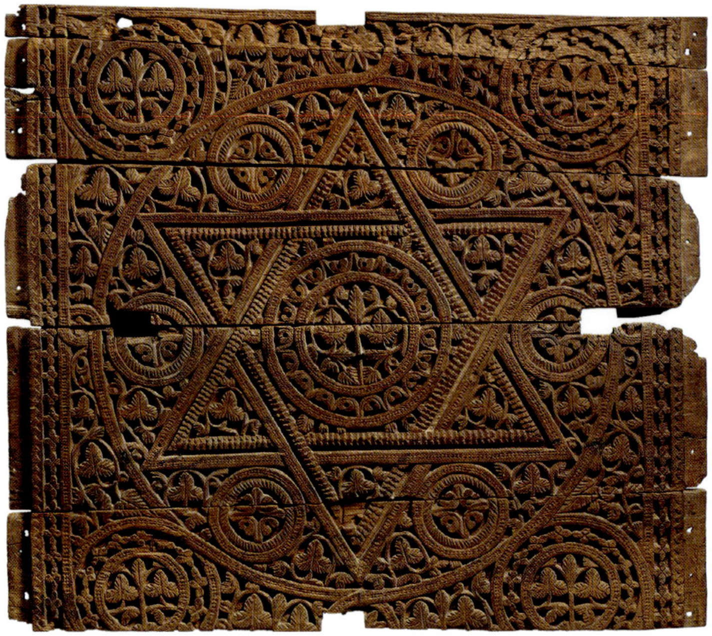

22. لوحة

العراق، على الأرجح بغداد، بدايات القرن التاسع م
خشب (الساج)، منقوش
المقاسات: 85.1×74.9سم
رصيد رودجرز، 1933م 33.41.1 من أ إلى هـ

تنتمي هذه اللوحة إلى مجموعة اقتُنيت كاملة وتتكوّن من أربعة عشر عنصرًا خشبيًّا منقوشًا تقول التقارير إنّها عُثر عليها في أطلال تكريت في العراق.(1) صُنِّعت اللوحة من خشب الساج ويبدو أنها جزء من قطعة أكبر حجمًا قد تكون بابًا أو قطعة أثاث. وتحيط الأشرطة المتعانقة بالتصميم داخل مربّع بقي منه جانباه وقطعة من الجزء العلوي، ويتضمّن المربّع بدوره دائرة كبيرة تتوسطه وعُقد دائرية أصغر حجمًا حول محيطه. وداخل الدائرة الكبرى تضمّ نجمةٌ سداسية دائرةً أخرى. ويمتلئ إطار المربّع بلفائف دالية كثيفة ومتجعدة تزدان بموتيفات أغصان البرسيم ثلاثية الورقات المحززة، وبراعم مشرطية وفلقات السعف.
يذكّر كلّ من أسلوب هذه اللوحة وأيقنتها بواجهة الحجر المنحوت لقصر مشطة العائد للقرن الثامن الميلادي (في الأردن وهي معروضة اليوم في متحف الفن الإسلامي التابع للمتاحف الوطنية في برلين) لكن بقدر أقلّ من التنوّع وبمزيد من النمنمة في الأسلوب.(2) ومع ذلك، فإنّ الموتيفات في هذه الحال ليست مكررة وتجريدية مثلما هي حال النقش على الخشب والجص المرتبط بقصور القرن التاسع الميلادي في سامرّاء. وحتى هذا الذي يُطلق عليه أسلوب سامراء "أ" فهو أكثر انتظامًا في صوره وأقل تنوعًا في طريقة نقشه. وقد يكون الأقرب إليها من بين السياقات المؤرخة – رغم كونه الأبعد جغرافيًا – المنبر الخشبي للجامع الأكبر في القيروان بتونس الذي صُنّع ما بين 856–863م. وسواء كانت لوحات المنبر القيرواني نُقشت في بغداد كما كان يُعتقد سابقًا، أو أُرسلت خاماتها إلى شمال إفريقيا لتُنقش على عين المكان وفق النماذج العباسية المبكّرة، فهي تتقاسم مع لوحة

المتروبوليتان موتيفاتها ومقاربتها التصميمية.(3)
وهناك تصميم يكاد يكون صِنو التصميم الذي نشاهده على هذه اللوحة يُزخرف دفّتَي باب متحف بيناكي في أثينا. يتكوّن الجزء المركزي لورقات الباب المستطيل من نجمة متداخلة ذات ثمانية رؤوس داخل دائرة يحيط بها مربّع، وتتضمّن عناصر نباتية مماثلة.(4) أُسند بابا بيناكي إلى بغداد في أواخرالقرن الثامن أو بدايات القرن التاسع الميلاديين، والأرجح أنّ هذه اللوحة تأتي في الأصل من ذلك الوسط كذلك.(5)

EK

1. انظر Dimand 1933b.
2. لمناقشة حول تطوّر هذا النقش، انظر Dimand 1937. وانظر كذلك Ettinghausen 1979 ص. 20.
3. انظر Ettinghausen, Grabar, and Jenkins-Madina 2001 ص. 94
4. للاطلاع على مناقشة مختصرة حديثة لموتيف "ختم سليمان"، انظر Hasson 1998.
5. انظر Pauty 1931b ص. 77 و 81. وانظر Moraitou 2001 الذي يُثبت استمرار زينة وتركيب الأسلوب الأموي في العصر العباسي، ويقترح تاريخ في أواسط القرن الثامن م لأبواب بيناكي.

المصدر: سيدني بورني، لندن (حتى سنة 1933م. بيع لمتحف المتروبوليتان)

23. زوج من الأبواب

العراق، على الأرجح سامرّاء، القرن التاسع م
خشب (الساج) منقوش
المقاسات: 221×51.4×3.8سم
222.9×53.3×3.8سم
رصيد فليتشر، 1931م 31.119.1 و 31.119.2

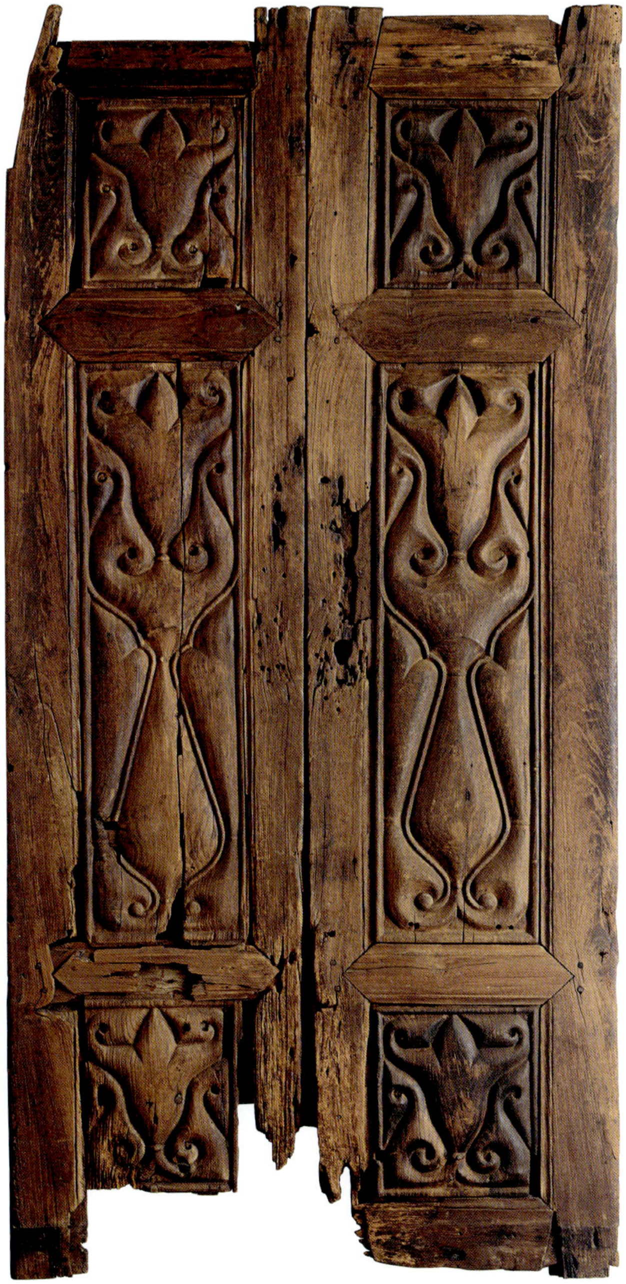

عُثر على دفّتَي هذا الباب حسب سجلاّت المتحف في قرية تكريت شمال وسط العراق. غير أنّ الباحثين استخلصوا أنّ السكان المحليين في العصور الحديثة قد جلبوها لإعادة استخدامها من آثار سامراء الواقعة على الضفة الشرقية لنهر دجلة على بعد 125 كم شمال بغداد.(1) وكان الخليفة العباسي المعتصم (حكم ما بين 833–842م) قد أسس في سامراء سنة 836م مركزًا إداريًا وفسطاطًا عسكريًا جديدًا، وتُغطّي أطلاله ما يزيد على 80 كم مربع. كشفت الحفريات الأثرية في سامراء عن سلسلة من مجمعات القصور الشاسعة المشيدة بالآجر الطبيعي أو المجفف في الأفران وكذلك بالتربة المدكوكة (طين أو صلصال يخلط بالماء في قوالب) (2)، وجدرانها مزخرفة بمكعبات من لوحات الجص المنقوش أو المصبوب في قوالب وبالرسوم الجدارية واللوحات الخزفية والفسيفساء الزجاجية.(3) ويشبه باب المتحف آثار سامراء لدرجة أنه يمكن القول إنه صُنّع على الأرجح هناك.
لم يكن الخشب مادة متوافرة بكثرة في هذه المنطقة، ويظهر أنه استُخدم باعتدال في الفضاءات الداخلية للبنايات وبالأساس للأبواب والسقوف وأعضاد الأبواب والنوافذ. وقد صُنّع باب المتحف من الساج، وهو خشب ثمين يُجلب بحرًا من جنوب شرق آسيا.(4) وتتألف كل دفة من لوحة مستطيلة فوقها لوحة مكعبة وتحتها أخرى، وهي مرتّبة عموديًا ومُثبّتة داخل إطار عاري من الزخرفة. وتمثّل اللوحات المطعّمة الست المزيّنة بالتصاميم المتناظرة نماذج متطورة جدًا مما أُطلق عليه الزينة مائلة الحواف التي تطوّرت في العصر العباسي وتتميز بالهيئة المنحدرة لنقوشها والتموّج الإيقاعي لسطوحها.(5) تمثّل تصاميم هذا الباب على نحو جيد أسلوب الزينة مائلة الحواف، وهي توحي من بعيد بالنبات بأشكالها الشبيهة بالسعف ولوالبها الشبيهة بالنبتة المعرشة مع حفاظها في آن واحد على طبيعتها التجريدية. ويُبرز هنا النتوء النافر الخطوط المحيطة بالموتيفات.

والأرجح أنّ الطلاء الملوّن والذهبي كان يُبرز في السابق التصاميم المنحوتة كما هي الحال على جلّ القطع الخشبية ذات العلاقة بقصور سامرّاء.(6)

EK

1. انظر Dimand 1932a ص. 135
2. أوّل من قام بالحفريات الأثرية في سامرّاء كان Ernst Herzfeld ما بين 1911 و 1914م. وتُعرض جهوده كاملة في Gunter and Hauser, eds. 2004، وانظر كذلك Leisten 2003. أما الحفريات الأثرية العراقية في سامرّاء فجرت ما بين 1936-1939م وما بين 1979-1982م (انظر الجنبي، 1983م). للاطلاع على تحليلات حديثة لسامرّاء العباسية، انظر Northedge 2005.
3. انظر Herzfeld 1923.
4. انظر Milwright 2001 ص. 86-87.
5. يُعرف هذا الأسلوب كذلك باسم أسلوب سامرّاء "ج" بعد Herzfeld 1923. انظر كذلك "الأسلوب مائل الحواف" Beveled Style في Bloom and Blair, eds. 2009 الجزء الأول، ص. 280-281.
6. من بين الأمثلة المشابهة في مجموعات أخرى توجد أمثلة في متحف Benaki Museum, Athens (no. GE 9128، وفي متحف اللوفر باريس (no. AA 267) التي حُصل عليها كهدايا سنة 1938م ويمكن أن تكون قرينًا للوحة بيناكي (أمّا إسنادها إلى جوسق الخاقاني، فيعتمد على الشبه مع اللوحة الجصية التي عُثر عليها هناك، انظر Anglade 1988 ص. (18-20)، وفي British Museum, London no. 1944، 0513.1-2) وهي إفريز وباب جرى اقتناؤها من مجموعة خاصة سنة 1944م. انظر كذلك Canby 2000 صفحات 132-135 بخصوص مناقشة تشتت القطع التي عُثر عليها في سامرّاء.

المصدر: ب. كوكه، هارو أون ذو هيل، إنكلترا (حتى سنة 1931م. بيع إلى متحف المتروبوليتان)

24. قطعة غطاء

مصر، القرن الخامس م
صوف، كتّان، نسيج قماش، نسيج نجود
المقاسات: 64.9×97سم
هبة جورج بايكر، 1890م 90.5.807

نُسجت هذه القطعة من القماش الأخضر الفاتح والبنفسجي بإتقان وتحمل تصميما متداخلا من لفائف الدالية وتصاميم هندسية متعانقة، وهي موتيفات منتشرة في كل الوسائط خلال الحكم البيزنطي في شرق البحر الأبيض المتوسط من أرضيات الفسيفساء الضخمة إلى المنسوجات. وتنبثق هنا أشجار العنب من مزهريات مزخرفة صغيرة على جانبَي القماش لتشغل مربّعين مائلين كبيرين ثم تمتدّ لتلتقي داخل ميدالية صغيرة مليئة بأوراق العنب تتوسط المساحة. ويغطّي كلَّ مربّع مملوء بأشجار العنب مربّعٌ آخر وميداليةٌ مزدانة بالمشبّكات الهندسيّة تُشكّل نجمتين بثمانية رؤوس. والأرجح أنّ التصميم المدروس والشريط الجانبي الأحمر الرفيع عند شراريب القماش يتكرَّرا في الطرف الآخر لهذه القطعة. وتظهر كذلك شراريب على امتداد جانب من القماش. وإذ يشير حجم هذه القطعة أنّها كانت ربّما غطاء منزليًا، فقد عُرِّفت نجمة مماثلة ذات ثمانية رؤوس في برلين بأنّها جزء من سترة.(1) كانت أشجار العنب رموزًا شعبية تشير إلى الخصوبة والإنتاجية، ومن المحتمل أنّ التصاميم المتداخلة للنجمتين كانت تهدف إلى الحماية من إصابة العين.(2)

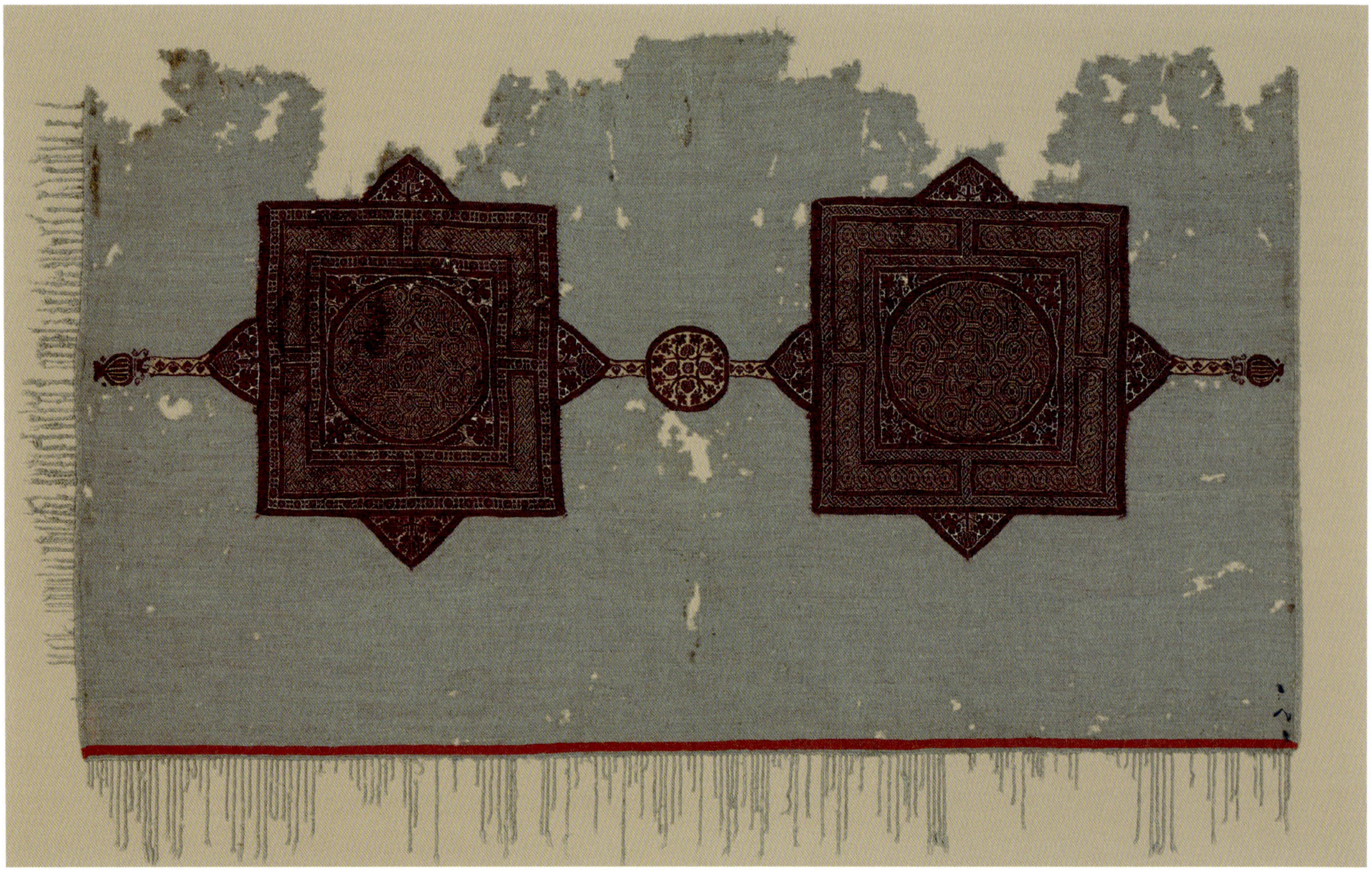

على غرار جلّ الأنسجة من مصر خلال العصر البيزنطي، يُحتمل أنّ قطعة القماش هذه استُخدمت لتكفين الميت ودفنه، وكانت الملابس والأقمشة المنزلية تُستخدم لهذا الغرض. وقد سُمّيت هذه المنتجات لمدة طويلة "القبطية" بسبب الاعتقاد السائد أنها نُسجت بأيدي السكان المصريين الأصليين المنتمين للكنيسة القبطية، أي الكنيسة المسيحية المصرية. أما اليوم فيقرّ أصحاب الشأن بأنّ هذه الأنسجة تشمل العديد من الأعمال المستوردة وتعكس تصاميم رائجة عبر الإمبراطورية البيزنطية كلها.(3) وتشير الجودة الاستثنائية لهذه القطعة إلى معرفة جيدة في سوريا بالبضائع الفاخرة المنتَجة شمال مصر.(4) ثم أصبحت في القرون اللاحقة النجمة ذات ثمانية رؤوس موتيفًا رائجًا بكثرة في الفن الإسلامي.

HCE

1. في متحف Museum für Spätantike und Byzantinische Kunst, Staatlische Museen zu Berlin (no. 9239a). انظر Hamm and other cities 1996-98 ص. 346-347، no. 395c.
2. انظر Hoskins 2004 ص. 101-102، وكذلك نيويورك 1995-1996 ص. 13-14، وكذلك Maguire 1990 ص. 215-217.
3. انظر Thomas 2007، ونيويورك 1995-1996 صفحات 5-15، و Gonosovà 1989.
4. انظر نيويورك 1995-1996 ص. 9.

المصدر: إيميل بروغش باي، القاهرة (حتى سنة 1890م) جورج بايكر، نيويورك (1890م)

25. قطعة نسيج

إيران أو العراق أو مصر، أواسط القرن الثامن م
صوف، نسيج نجود
المقاسات: 47.6×30.5سم
رصيد رودجرز 1950م 50.83

كانت الأقمشة الحريرية الفاخرة ذات الرسوم الكبيرة مُحبَّبة لدى النخبة الساسانية الحاكمة خلال القرون التي سبقت ظهور الإسلام في إيران. وتظهر على النقوش الحجرية في القبور الملكية وغيرها من المواقع المهمة للسلالات الساسانية رسوم مُنجزة بعناية لشخصيات ترتدي ملابس مُصنّعة بقماش من هذا القبيل.(1) وتُقدّم لنا هذه النقوش مع بعض الأنسجة المتبقية النادرة صورة مقتضبة عن ذوق العصر في مجال الملابس، وكان هناك ميل إلى الأزياء المزركشة بصفوف مائلة من الدوائر العريضة المحاطة باللؤلؤ والوُرَيدات متعددة البتلات وميداليات الزهور المتفتحة. وكانت وقتئذ الأقمشة المزركشة بهذه الموتيفات مستوردة من الصين إلى البحر الأبيض المتوسط كما تُثبت الأمثلة المستخرجة من الحفريات.(2) وقد نتجت عن المبادلات التجارية الدولية بهذه الأقمشة على امتداد طريق الحرير وما وراءها نماذج مختلفة محلية تحاكيها.(3) وما من شك في أن النسّاجين النشطين خلال القرون الأولى للفتح الإسلامي كانوا قد ألِفوا هذه المنتجات التجارية الفاخرة، بل لعلهم كانوا ينظرون إليها كمصدر يستلهمون منه إبداعاتهم.

كانت الأقمشة الحريرية غالبًا ما تُصنع باستخدام تقنية المنسج المرسوم حيث كان التصميم "مُبرمجًا" في المنسج مسبقًا ممّا يسمح بسرعة إنتاج نسخة من التصميم خلال عملية النسج. لكنّ هذه القطعة أُنتجت باستخدام تقنية نسج النجود التي تتطلب مزيدًا من الوقت. وعلى عكس الأقمشة الحريرية خفيفة الوزن التي تُحاكيها هذه القطعة على الأرجح، فنسيجها أثقل وزنًا ممّا يشير إلى أنها أُنتجت لتُستخدم غطاءً للبلاط أو نسيجًا للأثاث المنزلي.

ومع أنّ تصاميم هذه القطعة قد تُحاكي تلك النماذج المُحببة لدى النساجين الساسانيين، فقد جرى تأريخها في الفترة المبكرة للفتوحات الإسلامية. وبعد أن أجرى العلماء مقارنة بينها وبين مجموعة من الأنسجة الحريرية ذات الصلة تحمل نصوصًا مؤرخة في فترة حكم الخليفة الأموي مروان الثاني (744-750م) أسندوا قطعة المتروبوليتان إلى أواسط القرن الثامن الميلادي.(4) وهناك قطع منسوجة أخرى تحمل أشكالاً زهرية وتشكيلة لونية وتقنيةَ نسج تكاد تكون مماثلة أُرِّخت بدورها في القرن الثامن الميلادي.(5) وأُسند مركز إنتاج كثير من هذه القطع المبكّرة إلى إيران أو العراق، غير أنّ وجود صوف مغزول في الاتجاه المعاكس لعقارب الساعة في بعض النماذج قاد العلماء إلى اقتراح موقع إنتاج محتمل ثالث: مصر التي عُرفت منذ قرون بإنتاج النسيج بغزل الصوف على عكس اتجاه عقارب الساعة.(6)

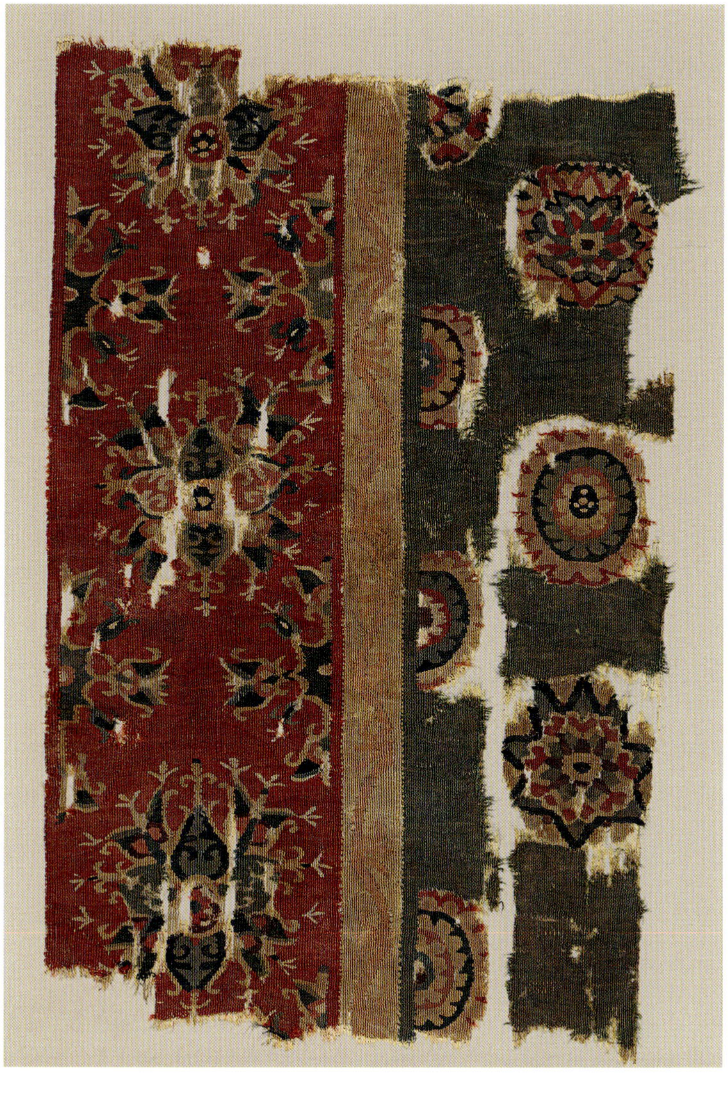

وبغضّ النظر عن مكان إنتاجها، تشهد هذه القطع المنسوجة بمهارة على استمرارية فن نسج النجود وتكيّفه خلال القرون الأولى للفتح الإسلاميّ في هذه المناطق.

DMT

1. انظر New York 1978 ص. 119ff، وكذلك Fukai and Horichi 1984 وبوجه خاص ص. 80ff واللوحات ذات الصلة.
2. للاطلاع على مناقشة لانتشار الموتيفات وتقنيات النسيج على امتداد طريق الحرير، انظر Cleveland and New York 1997-98 وبوجه خاص الفصل الأول "Early "Exchanges: Silks from the Eighth through the Eleventh Centuty صفحات 20-51، وكذلك Feng 2004-5.
3. على سبيل المثال، انظر التصاميم الشاملة لقطعة حريرية استُخرجت في مقاطعة Qinghai وأسندت للقرنين الثامن والتاسع م (Feng 2004-5 ص. 75 الصورة 74)، وكذلك لقطعة من نجد منسوج أسند لإيران أو العراق في القرن الثامن (New York 1978 ص. 138 عدد 62).
4. انظر Walker, D. 1995-96. فيما يتعلق بالمدخل لهذه القطعة، انظر ص. 14 و 28. وتشمل أولى الدراسات التي ظهرت حول أقمشة مروان الحريرية Guest and Hendricks 1932 وكذلك Day 1952 (ويدافع داي عن تاريخ أقدم زمنيا، ليسند القطع إلى حكم مروان الأول). للاطلاع على نسخ ملونة من بعض الأقمشة، انظر Baker, P. 1995 ص. 39.
5. بعضها منشور في Geneva and Paris 1993-94، انظر بوجه خاص ص. 51 عدد 6.
6. المصدر المذكور.

المصدر: [ج. أشروف، باريس، حتى سنة 1950م. بيعت إلى متحف المتروبوليتان]

26. قطعة نسيج طراز

إيران، خراسان، مؤرخة في 266 [هجري] الموافق 879-880م
حرير، قطن، نسيج بسيط، مطرّز
المقاسات: 30.5×15.9سم
هبة جورج د. برات 1931م 31.106.27

نص عربي بالخط الكوفي، مُطرّز بالحرير الأحمر:
[... امير ال_]مؤمنين ايد[ه] الله مما امر ابو احمد اخو امير المؤمنين في طراز نيشابور سنة ست ستن [?] مئتين أبي عبدالله الخامس

تمثّل قطعة الطراز هذه نموذجًا فريدًا من نوعه يكتسي أهمية تاريخية، وعليها زينة بأشرطة باللونَين الأزرق والأمغر منسوجة بالحرير والقطن.(1) ولكي يتيح إمكانية إضافة نص مكتوب لاحقًا، عمد الحرفيّ إلى إنشاء شريط سادة من الحرير الخالص. ويذكر هذا النص المطرّز بخيط الحرير الأحمر على الوجه الأمامي للقماش اسم الزبون وتاريخ الإنتاج ومكانه. ويتوافق التاريخ المذكور (266 هجري الموافق 879-880م) مع فترة حكم الخليفة العباسي المعتمد (حكم ما بين 870-892م) أما صاحب القطعة فهو شقيقه أبو أحمد الموفَّق الذي كان نائبه في الشرق وعاصمته مرو.

ورغم أنّ المعتمد عيّن سنة 875م ابنه جعفر المفوّض وليًّا لعهده ونائبًا له في الغرب، إلاّ أنّ سلطاته كانت محدودة. وكان الموفّق شقيق الخليفة قائد العساكر الأتراك خلال الأعوام التي شهدت ثورة الزنج في العراق (869-883م)

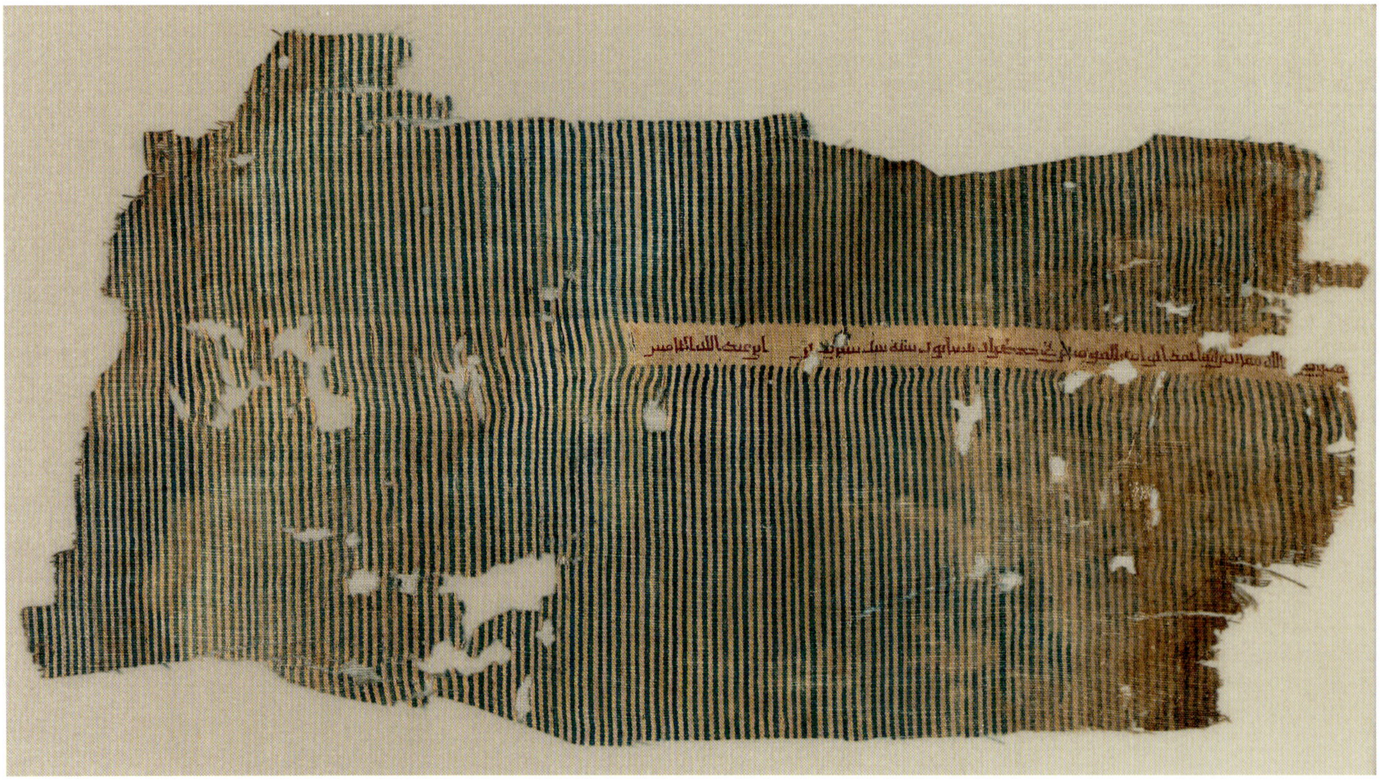

ونعرف قطعتَين من النسيج صُنعتا لحساب الموفّق في مرو، إحداهما مؤرّخة سنة 260 هـ/ 873-874م، (3) والأخرى سنة 277 هـ/ 890-891م (4). إنّ سيطرة الموفّق الكاملة على خراسان لمدة عشرين سنة تقريبًا يمكن أن يساعد على التعرّف على مكان الإنتاج المذكور على النص الوارد على القطعة، وقد يكون إمّا "بيشابور" في مقاطعة فارس أو "نيسابور" في خراسان.
تشير الأدلة المتعلقة بسك النقود الإسلامية بعد الإصلاح أنّ بيشابور المعروفة بالعربية باسم سابور كانت لها سكة نشطت إبان حكم الأمويين أكثر مما كانت في بداية حكم العباسيين. ومن جانب آخر، أظهرت حفريات متحف المتروبوليتان للفنون في ثلاثينات القرن العشرين الميلادي بإشراف تشارلز ولكينسون أنّ نيسابور كانت في العصر العباسي مركزًا تجاريًّا نشطًا يسكّ العملة. وتذكر المصادر الأدبية العباسية أنّ نيسابور كانت شهيرة بمنسوجاتها ولا سيما الأقمشة الحريرية و"المُلحَم" (انظر الفهرس 27)، ولا غرابة عندئذ أن يذكر الجغرافي الإدريسي في القرن الثاني عشر الميلادي أنّ المدينة كانت لها ورشة طراز خاصة بها.
ونظرًا لبقاء قطعتَين من القماش من مرو كُتب عليهما اسم الموفّق إضافة إلى الأدلة النقدية والأثرية والأدبية حول أهمية نيسابور كمركز لصنع النسيج، فمن المناسب إسناد هذه القطعة إلى نيسابور. بل يتعيّن كذلك إعادة النظر في عملية إسناد الأقمشة الأخرى إلى بيشابور.

JS

1. يمكن مقارنة القطعة الراهنة إلى جزء من قطعة طراز ملحم عليها أشرطة، وهي في متحف المتروبوليتان (الفهرس 31.106.41) التي قد يكوت مصدرها ورشة شرقية.
2. انظر Kennedy 1993
3. انظر Kühnel and Bellinger 1952 ص. 10 اللوحة 5.
4. انظر Répertoire chronologique d'épigraphie arabe 1932 ص. 246 عدد 753.
5. انظر Jaubert, ed. 1936-40 الجزء الأول، ص. 352-353.

المصدر: جورج د. برات، نيويورك (حتى سنة 1931م)

27. قطعة نسيج طراز

شرق إيران أو خراسان، 902-892م تقريبًا
سدو حرير ولحمة قطن، (ملحم)
المقاسات: 37.5×35.6سم
هبة جورج د. برات 1931م 31.19.2

نص عربي بالخط الكوفي مُطرّز بالغرزة المتسلسلة بخيط الحرير الأحمر:
بسم الله الرحمن الرحيم الحمد لله الملك الحق المبين وصلى الله على محمد النبي نعم الله للخليفة أبي العباس الإمام المعتضد بالله (...)
في الهامش الأيمن بالغرزة الدقيقة: بن الخشوعي [أ]عانه [الله]

تحمل قطعة النسيج هذه عبارة مجاملة باسم الخليفة العباسي المعتضد (حكم ما بين 892-902م). تفتتح الجملة بالبسملة والصلاة على النبي وتشير إلى الخليفة إمام الإسلام والأمة في العصر المبكّر. ومن المحتمل أن يكون النص قد ذكر مكانًا كورشة التصنيع وتاريخ الإنتاج، لكنّ هذه البيانات المحتملة فُقدت للأسف. كما تشير كتابة صغيرة في الهامش الأيمن إلى اسم ابن الخشوعي الذي يمكن أن يكون نسّاج القطعة.
ويلفت الانتباه بوجه خاص على هذه القطعة المنسوجة أسلوبُ النص ومادة القماش التي كُتب عليها.

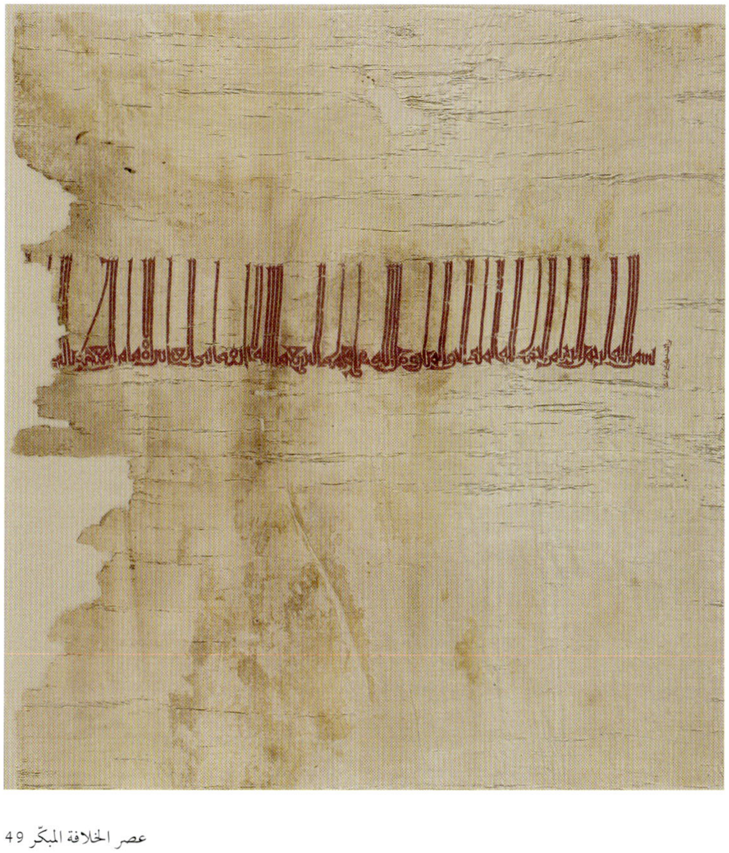

وتتّسم الكلمات في هذا السطر بخط كوفي منتظم السُّمك لا يتغيّر، وتنتهي الحروف بأسافين مدققة كالأوتاد مُطرّزة بالغرزة المتسلسلة بخيط الحرير الأحمر، وهي تتميز بالمعالجة الفردية لشكل كل حرف على حدة مع الالتزام بنسب معينة بين الحروف القصيرة والحروف الطويلة وبإيقاع متجانس. وتتكوّن مادة القماش من سدو من الحرير ولحمة من القطن يُطلق عليها في الأدبيات العربية المعاصرة "ملحم". ويعرض متحف النسيج في واشنطن دي سي قطعة طراز تحمل كتابة تؤرّخها في سنة 283 هجري الموافق لسنة 896-897م وعليها اسم المعتضد وأُنجزت بأسلوب حروفيّ مماثل على قطعة قماش من "الملحم".(1) وتذكر المصادر العربية العائدة للعصر الوسيط أنّ إنتاج "الملحم" كان من اختصاصات مدينة مرو، عاصمة مقاطعة خراسان العباسية،(2) وقد بقيت عدة قطع طراز من صنف "الملحم" تشير الكتابات الواردة عليها أنّها أُنتجت في مرو.(3)

وتلفت الانتباه إحداها، وهي قطعة في المتحف الإسلامي للفن التابع للمتاحف الوطنية في برلين، لأنها أُنتجت في مرو سنة 287 هجري الموافق لسنة 899-900م أي خلال حكم المعتضد.(4) ورغم أنّ أسلوب الكتابة على قطعة برلين وإنجازها لا يبلغان جودة وأناقة هذه القطعة، فكلتاهما تتقاسمان التفاصيل اللافتة ذاتها في الخط، ومنها نهايات الحروف بأسافين مدققة كالأوتاد والأشكال المثلثة والدائرية للحروف والتطريز بالغرزة المتسلسلة. وعلى هذا الأساس، من المحتمل جدًّا أن تكون هذه القطعة قد أُنتجت في خراسان، بل من الممكن في مرو بعينها.

JS

1. انظر Kühnel and Bellinger 1952 ص. 14-15 اللوحة 6.
2. انظر Lamm 1937 ص. 105-106، وكذلك Serjeant 1972 صفحات 89-92 و ص. 15 عدد 32.

المصدر: جورج د. برات، نيويورك (حتى سنة 1931م)

28. حصير للصلاة

طبرية (إسرائيل الحالية)، النصف الأول من القرن العاشر م
قنّب (السدو) قشّ (اللحمة) نسيج بسيط على وجه اللحمة، مُطرّز
المقاسات: 161×86سم
اقتناء، وصية جوزيف بوليتزر
كتابة بالعربية بالخط الكوفي:
بركة كاملة ونعمة شاملة وسعادة متواصلة وغبطة وسرور لصاحبه

كان الناس فيما مضى يحبّذون أغطية البلاط من هذا القبيل حسب ما يروي لنا المؤرخون المسلمون من العصر الوسيط في كتاباتهم التاريخية ومن بينهم المقدسي (قبل 985-986م) والرحالة الفارسي نصر الدين خسرو في القرن الحادي عشر الميلادي والجغرافي الإدريسي في القرن الثاني عشر الميلادي.(1) ولعل الجدير بالذكر من بينهم الإدريسي الذي لاحظ أنّ طبريّة كانت تُنتج حُصُرًا يحبّها الناس على نطاق واسع تُسمّى "السمنيّة" ولا تُصنع إلا في فلسطين، وهو ما جعل طبريّة مركز إنتاج مهم تُصدّر منه الحُصُر إلى عدة أماكن. وقد وصل إلينا حصير كامل من طبريّة يحمل كتابة وهو معروض اليوم في متحف بيناكي في أثينا. ويتألف النص المكتوب من مجموعة من الدعوات موجهة "لصاحبه" كما يشير بوضوح إلى مكان الصنع بالجملة التالية: "ممّا أُمر بعمله في الطراز الخاصة بطبريّة".(2) وتوجد صلة بين هذا الحصير ونموذج متحف المتروبوليتان إذ يتقاسمان المقاسات ذاتها تقريبًا وكذلك نمط النسج والجودة الاستثنائية والجمالية الصارمة وأسلوب الكتابة بالخط الكوفي. كما يتألف نسيج القطعتَين من خيوط القنّب المنسوجة مع لُحمتَين من الجدائل تتكوّنان من القصب المسطّح والمفتول. إنّ استخدام خيوط النسيج المغزولة في اللحمة عوضًا عن القصب ووجود الأهداب والحاشية، كل ذلك يوحي أنّ هذه الحُصُر كانت تُنسج على أنوال تقليدية. أمّا الخط المزوي للكتابة ونهايات الحروف المدققة كالأوتاد ومعكوسة الاتجاه وكذلك حجم الحروف الكبير فتذكّر بالكتابات الواردة على أنسجة الطراز المصرية العائدة لعصر المستكفي والمطيع، الخليفتَين العباسيين من القرن العاشر الميلادي. وإضافة لما سبق، فإنّ مقاسات الحُصُر إلى جانب الاستخدام المحتشم للزخرف وتخصيص سطر واحد للكتابة يعيد إلى الأذهان شال الكتّان أو العمامات التي كانت تُلبس في ذلك العصر والتي لم تنج منها إلا بعض القِطع في مصر. وتوجد عدة أجزاء من حُصُر شبيهة في دار الآثار الإسلامية من مجموعة الصباح في الكويت العاصمة، ولدى مجموعة بوفيي في جنيف، وفي المكتبة الرسولية في مدينة الفاتيكان.(3)

وقد استُخدمت حُصُر مماثلة في البلاط الفاطمي في مصر كما وثّق ذلك مقطع من "سيرة الأستاذ جوذر" التي تروي سيرة أحد أبرز كتّاب المعزّ حررها بنفسه أبو علي منصور العزيزي الجوذري. ويقص كيف طلب المعز (حكم ما بين 975-996م) من جوذر جلب حُصُر صلاة من المهدية وقد كُتب عليها نص اختاره المعزّ بنفسه.(4) كما نجد إشارات أخرى لحُصُر البلاط الفاطمي في وصف المؤرّخ المقريزي لمحتويات "خزائن الفرش"، وهو كنز من الأثاث يحتوي على الخيام ومحتوياتها وعلى الحُصُر.(5)

أجريت حديثًا حفريات مراقَبة في المجمّع الجنائزي إسطبل عنتر الكائن في المقبرة الجنوبية للقاهرة، وظهرت حُصُر استُخدمت في عدة قبور للف جثامين الموتى وتوفير عازل إضافي يفصل بين جسد الميت وتراب الأرض.(6) وقد يفسر هذا الاستخدام الحالة الرثة لجلّ النماذج المتبقية. غير أنّ حُصُر إسطبل عنتر بقيت كاملة تقريبًا كما هي حال المثال الراهن وكذلك حصير متحف بيناكي. وفي مؤلّفه "كتاب ذكر الموت وما بعده" للإمام أبي حامد محمد بن محمد الغزالي (توفّي سنة 1111م)

العالم الشافعي الشهير الذي عمل مع الوزير السلجوقي نظام الملك، يصف في أحد الفصول وفاة النبيّ محمد [صلى الله عليه وسلم] ودفنه: (فغُسل رسول الله صلى الله عليه وسلم في قميصه حتى إذا فرغوا من غسله كُفن... قال أبو جعفر فُرش لحده بمفرشه وقطيفته وفُرشت ثيابه عليها التي كان يلبس يقظان على القطيفة والمفرش ثم وُضع عليها في أكفانه). (7) ويصعب الاستخلاص من هذه الرواية وحدها أن كان هناك عرف في الإسلام يتمثل في وضع الميت على حصير. لكن استخدام الأحياء لهذه الحُصُر أحيانًا سجادات للصلاة كما ذُكر في رواية سيرة جوذر كاتب المعزّ قد يفسّر سبب دفن الأموات فيها: لعله كان يُعتقد أنها تحمل بركة تمرّ إلى المُتوفّى.

JS

1. المقدسي 1906 ص. 180؛ ونصير الدين خسرو 1881، الجزء الأول ص. 58
2. انظر Combe 1939.
3. مجموعة الصباح، مدينة الكويت، عدد LNS 54 T. مجموعة Bouvier Collection, Geneva and Paris 1883-94, pp. 130-31,) Geneva no. JFB I 45 (no. 65; JFB I 46 (ibid., pp. 131-32, no. 66). ومكتبة الفاتيكان في مدينة الفاتيكان عدد 6940 (Cornu et al. 1992, p. 60). وأظهر تحليل الألياف على JFB I 45 في مجموعة Bouvier أن المواد المستخدمة هي القنّب للسدو، والقشّ للحمة.
4. الجوهري 1954، ص. 88، الجوهري 1957، ص. 129-130.
5. المقريزي 1853-1854، الجزء الأول، ص. 416-417. مترجم في Serjeant 1972 ص. 159.
6. القبور رقم 49، و 15، و 10؛ وكذلك Gayraud 1995 ولاسيما ص. 8 الصور 16-17.
7. للمرجع الإنكليزي انظر Al-Ghazali 1989, pp.73-74، [وللنص الأصلي العربي المنقول هنا، انظر أبي حامد الغزالي، إحياء علوم الدين (الجزء الرابع، الكتاب العاشر). كتاب ذكر الموت وما بعده. المترجم]

المصدر: [موريس نهان، القاهرة، حتى سنة 1939م. بيع إلى متحف المتروبوليتان]

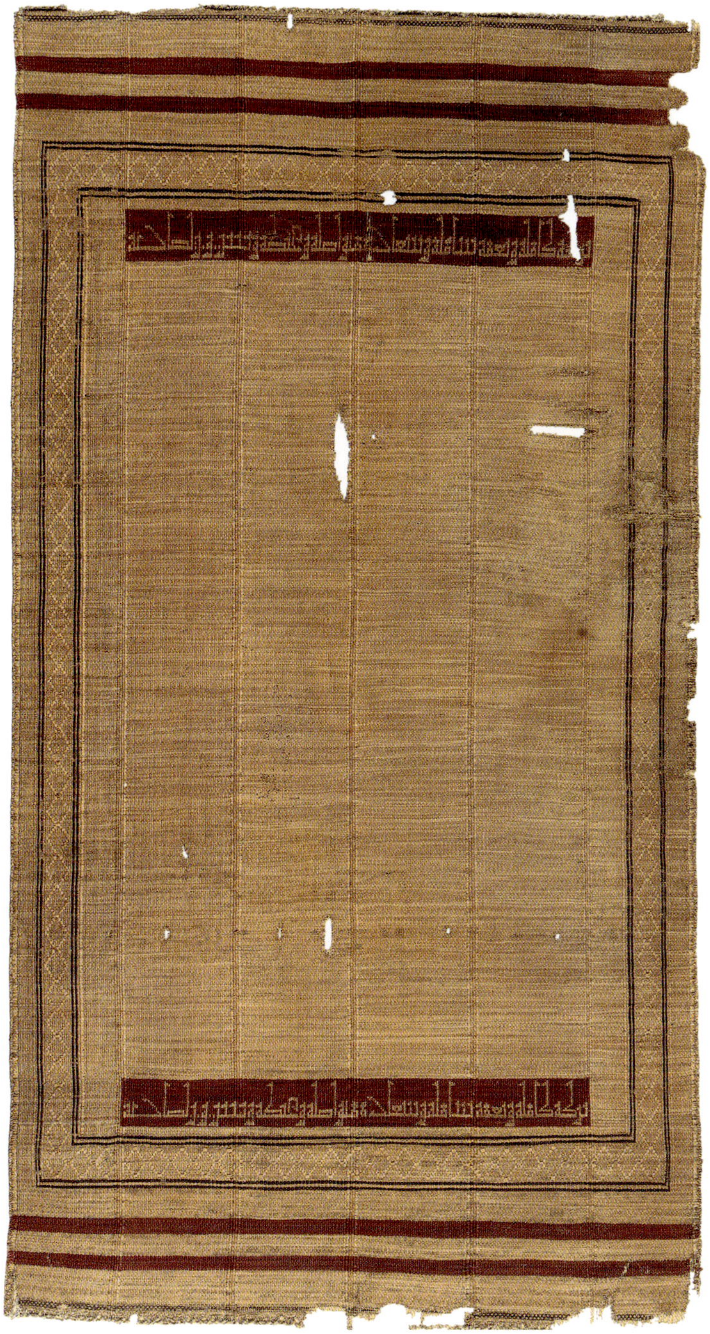

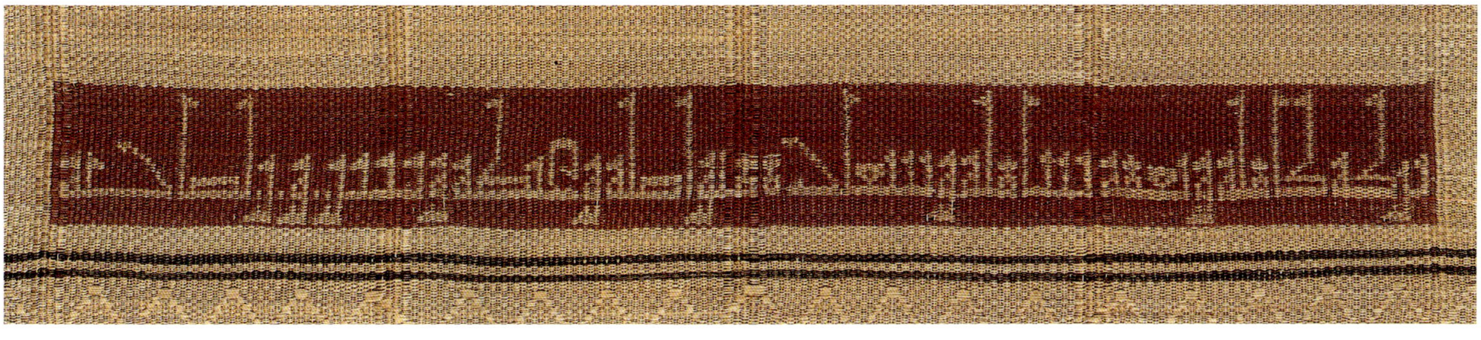

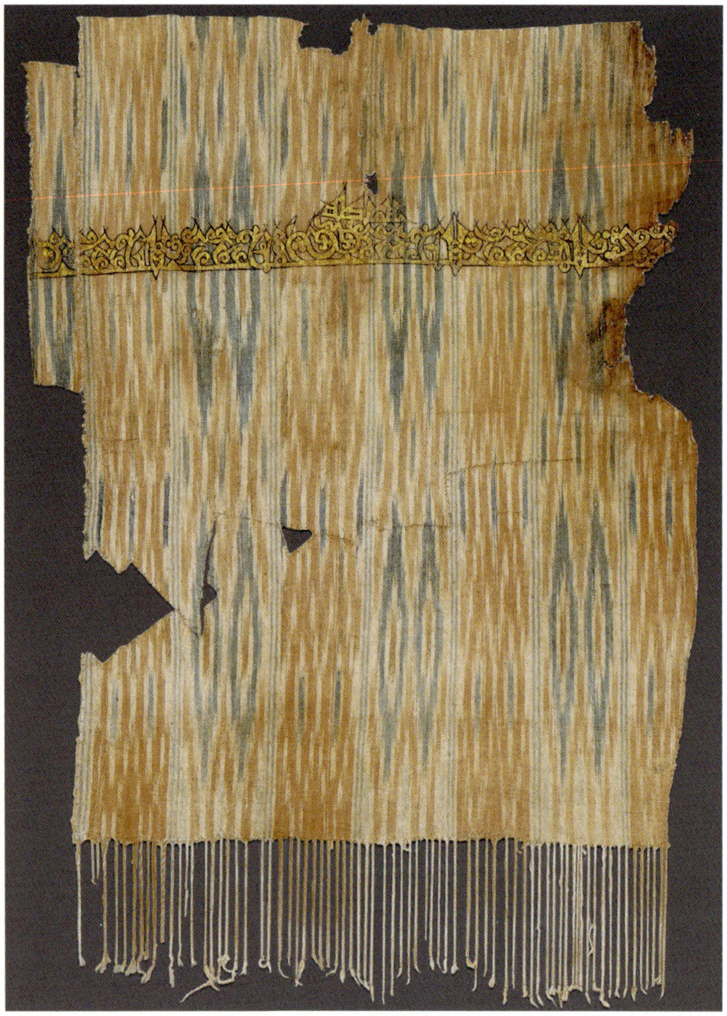

29. قطعة من نسيج طراز

اليمن، نهاية القرن التاسع – بداية القرن العاشر م
قطن وحبر وذهب. نسيج بسيط، صبغة مقاومة (إيقات)، مرسوم
المقاسات: 50.4×40.6سم
هبة جورج برات 1929م 29.179.9
شريط كلمات بخط يشبه الخط الكوفي مُحاطة بالحبر ومذهبة تعلوها عبارة: الملك له

تتمثّل تقنية "الإيقات" في استخدام خيوط فردية مفتولة وملونة بصبغة مقاومة، وكانت من تخصص اليمن خلال العصر الإسلامي كما تشهد على ذلك المصادر الأدبية المعاصرة. ويقابل ذلك باللغة العربية مفردة "عصب" التي تشير إلى الربط والعقد. وكانت أنسجة الإيقات تُنتَج كذلك في أماكن أخرى من منطقة المحيط الهندي. وتمثّل هذه القطعة نموذجًا رائعًا من هذا الصنف من النسيج، سواء من ناحية صُنعها – دقة الخيوط القطنية وانتظام النسج في تزاوجه مع المنوال والأهداب المضفورة بعناية – أو من ناحية نص الابتهال المذهّب المكتوب بالخط الكوفي المنمّق. بقيت إلى حد اليوم عدة قطع من أنسجة الإيقات تحمل كتابات مُطرّزة مشخصنة بأسماء الخلفاء العباسيين وتذكر بعضها العاصمة اليمنية صنعاء كمركز الإنتاج، لكن لم تتبقّ إلا قطعتان مكتوب عليهما كتابات الخلافة مُحاطة بالحبر ومُذهّبة.(1) وتشير كلتاهما إلى الأمير أبي إبراهيم، وهو ابن الخليفة العباسي المنتصر. تولى المنتصر الحكم من سنة 861 إلى 863م وشغل قبل ذلك منصب والي عدة محافظات عربية قد تكون اليمن إحداها. ويشترك النصان المذكوران مع نص هذه القطعة في أسلوب الخط الكوفي ذاته بنهايات الحروف المدببة على شكل الكلاّب واللام ألف المتعانقتَين والمورقتَين، وهي خصائص نموذجية منتشرة في عدة مناطق من الخلافة العباسية خلال نهايات القرن التاسع وبدايات القرن العاشر الميلاديين. وتشهد الأنسجة مثل هذا الإيقات المكتوب على أهمية اليمن كمركز لإنتاج السلع العباسية الفاخرة يربط بين الطرق التجارية للبحر الأحمر والمحيط الهندي.

JS

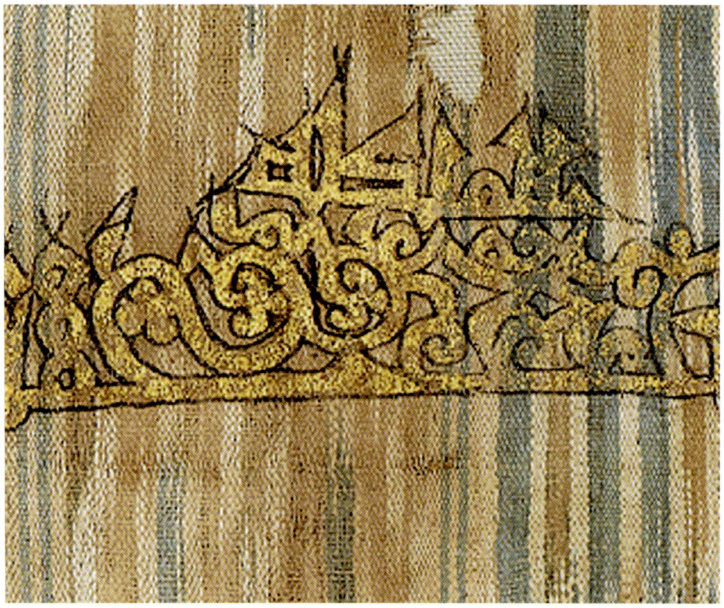

1. مكتبة الفاتيكان، مدينة الفاتيكان، عدد 6744 (Cornu et al. 1992 ص. 63-65)، ومكتبة Dumbarton Oaks Research Library and Collection, Washington, D.C., عدد 33.37 (Glidden and Thompson 1989, صفحات 89-91 عدد 12).

المصدر: جورج د. برات، نيويورك (حتى سنة 1929م)

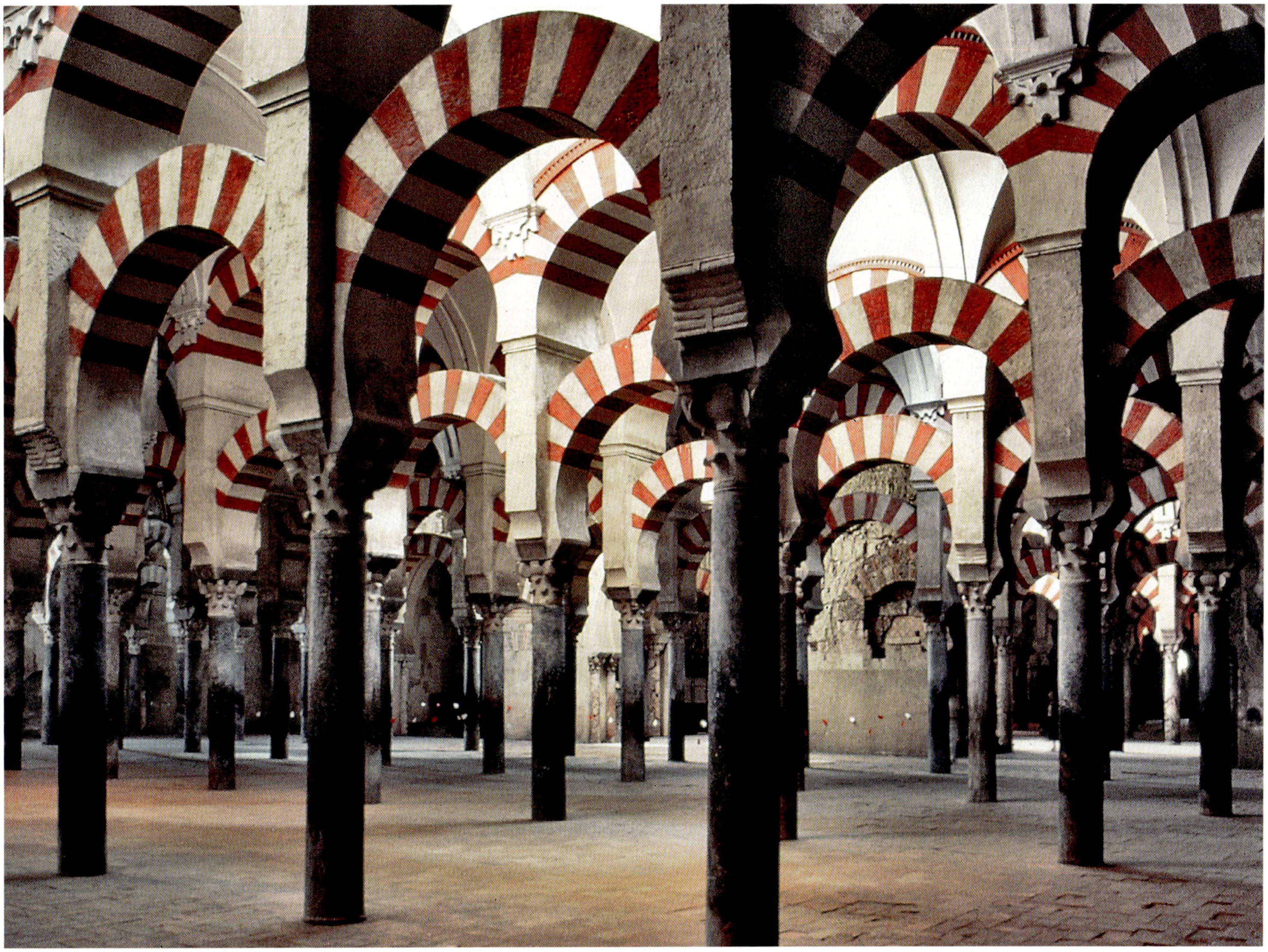

فنون إسبانيا وشمال إفريقيا والمنطقة الغربية للبحر الأبيض المتوسط

أولغا بوش

في القرن الأول للهجرة ومع امتداد العقيدة والنفوذ الإسلاميَّين، بدا كأنّما أصبحت شبه الجزيرة الإيبيرية (التي دخلتها جيوش البربر سنة 711م) النقطة التي تنتهي عندها الأراضي المأهولة، غير أنه في الوقت الذي اتّخذ فيه الحاكم الأموي للأندلس عبدالرحمن الثالث (حكم ما بين 912-961م) لقب الخليفة سنة 929م كانت قرطبة عاصمة فيها ما يناهز أربعمئة مسجد وسبعون مكتبة وآلاف المتاجر وسكة لضرب العملة وورشة ملكية لحياكة الأنسجة الفاخرة. وبلغ عدد سكّانها ثلاثمئة ألف مع تنوّع ديني ولغوي وعرقي يشمل المسلمين - بما فيهم العرب من سوريا والبربر من شمال إفريقيا والمولّدين (المسيحيين الذين اعتنقوا الإسلام) - والذِّمّيين (الرعايا المحميّون) من اليهود والمسيحيين الذين كانوا يقطنون في أحياء معينة ويمارسون دياناتهم مقابل دفع الجزية. كانت قرطبة واحدة من أكبر المدن في العالم.(1) لقد جرى إعادة رسم خارطة عالم العصر الوسيط!

يقدّم لنا نصّ مجهول الكاتب يعود للقرن الرابع عشر أو الخامس عشر الميلاديَّين دليلاً مؤهّلاً لقراءة هذه الخارطة الجديدة من خلال وصفه لمدينة الزهراء، تلك المدينة القصر الموسرة التي أقام فيها عبدالرحمن الثالث في ضواحي قرطبة.

ويسرد أنّ بلاط مجلس الخلافة المزيَّن بفخامة تتوسّطه لؤلؤة عظيمة الحجم ذات بريق ساطع أهداها للخليفة الإمبراطور البيزنطي، وقد عرّفها ابن حيان المؤرخ القرطبي من القرن الحادي عشر الميلادي باسم "اليتيمة".(2)

إنّ اختيار مركز بهو البلاط لتتوسّطه هذه الهدية يعكس عالمًا موجَّهًا بصريًّا وثقافيًّا نحو نقاط التماس والتواصل ضمن شبكة مركّبة من المبادلات عوضًا عن انغلاقه والتفافه حول مجموعة مثبّتة من الحدود الجيوسياسية والهُويّات الراكدة والمحدودة. وفي ضوء العلوم الراهنة التي تميل إلى اعتبار الحدود في أي مكان - ويمكن النفاذ من أيّ مكان منها - يمكن أن نطلق على فنون الغرب الإسلامي ما سمّاه أوليغ غرابار "ثقافة الأشياء المشتركة". كانت جغرافيا هذه الثقافة على أقل تقدير عابرة للبحر الأبيض المتوسط، إن لم تكن أوسع. وكانت آلية الربط الرئيسية بين مكوّناتها في مستوى ثقافة البلاط الاقتصاد القائم على الهدايا، أمّا أساسها الإيديولوجي فهو مفهوم المَلَكيّة.(3)

وتلقي قصة "اليتيمة" مزيدًا من الضوء على هذه النظرة.(4) عندما حكم الأمويون المشرق بصفتهم أول سلالة حاكمة عُرضت اللؤلؤة في قبة الصخرة في القدس. ثمّ أرسلها الخلفاء العباسيون لاحقًا إلى الكعبة في مكة بعد أن نزعوا السلطة سنة 750م في دمشق عن كل أفراد الأسرة الملكية الأموية باستثناء فرد فقط. رحل الناجي عبر شمال إفريقيا وأسّس دولة السلالة الأموية مجدّدًا في قرطبة تحت لقب عبدالرحمن الأول (حكم من بين 758-788م). تقدّس ذكر اللؤلؤة اليتيمة من خلال ارتباطها بالحرمَين الشريفين وازداد رأس مالها الرمزي كحاملة للذاكرة الجماعية. وبِلُغة الهدية دافعت اللؤلؤة عن استمرارية الوراثة الشرعية، فلمّا تدلّت في مدينة الزهراء، بلّغت رسالة مفادها اعتراف الإمبراطورية البيزنطية بعبد الرحمن الثالث بوصفه الحاكم "الأوحد" الحقيقي لدار الإسلام في زمن كان العبّاسيون كما الفاطميون في شمال إفريقيا يطالبون بالخلافة. غير أنّ التّحف الثمينة تخلق توازنًا في هذه المفاهيم المشتركة، إذ يمكن أن تكتسي دلالات محلية بما أنّ اللؤلؤة اليتيمة تُذكّر كذلك بحاملها الأموي الأصلي عبدالرحمن الأول الذي كان السالم الوحيد من بين أفراد سلالته.

إنّ دراسة بعض التّحف النموذجية على وسائط مختلفة واتباع مسارها التاريخي يسمح بإيضاح بعض الجوانب من ثقافة منطقة التماس في البحر الأبيض المتوسط ولا سيما عالمها المُصغّر في الأندلس. تتكوّن نقطة الانطلاق التي لا مناص منها من جامع قرطبة بقاعته المغطاة المستطيلة القائمة على أعمدة رخامية تعلوها على مستويَين عقود حدويّة، وقد أضحى الجامع إبّان العصر الوسيط أيقونة الفن في الغرب الإسلامي.(5) وتُعبّر الأشكال الهندسية والزخرفية للجامع عن ادّعاء الأمويين شرعية خلافتهم من خلال صياغتهم لروابط فنية ذات صلة بجامع الأمويين في دمشق وقبة الصخرة المبنية في عصر الأمويين في سوريا. غير أنهم في الوقت نفسه يزيدون التقاليد ثراءً عبر استخدامهم المسرد المعماري المحلّي للمعمار الروماني والقوطي الغربي في شبه الجزيرة الإيبيرية.(6) وإضافة إلى ذلك، تؤشّر عظمة جامع قرطبة على السلطة السياسية وعلى انتصار الإسلام: على إثر توسعته الرابعة سنة 981م، أصبح ثاني أكبر مسجد في دار الإسلام بعد الجامع العباسي في سامرّاء (في العراق الحالي). وهكذا، بالإضافة إلى أعمال الحرفيين المهرة المسيحيين والمسلمين على السواء في أشغال التشييد الداخلي، فقد أرسل الإمبراطور البيزنطي بناء على طلب الحكم الثاني (حكم ما بين 961-976م) خبراء في الفسيفساء والتبليط لتزيين محراب الجامع والقبة المرتفعة أمامه. كان أثر الآيات القرآنية المكتوبة بالخط الذهبي على خلفية زرقاء في منطقة المقصورة ترسيخ الارتباط بقبة الصخرة حيث استُخدمت الألوان والتقنية ذاتها للآيات القرآنية كذلك. كما تُذكّر هذه الألوان بالقرآن الأزرق (الفهرس 30) الذي أُنجز بالخط الذهبي على رقّ مصبوغ بالأزرق على الأرجح في ما أصبح يُعرف اليوم بتونس حوالي أواسط القرن العاشر الميلادي تحت رعاية الفاطميين. ثمّ إنّ هذا المخطوط الفاخر يُذكّر بالوثائق الملكية البيزنطية المكتوبة بماء الذهب والفضة على رقّ مدبوغ بنفسجيّ اللون التي كانت تُرسل بالساعي إلى الحكّام المسلمين.(7) وتشير هذه المحاذاة الأسلوبية إلى الدورة متعددة الاتجاهات والعابرة للثقافات والمتداخلة لجماليات عموم البحر الأبيض المتوسط.

نقلت حركة المسارد المعمارية والزخرفية المذكورة فهمًا مشتركًا - وبوجه خاص الفرضيات الأيديولوجية المتعلقة بالحكم الملكي - عبر استخدام عبارات مجازية بصرية يمكن تمييزها. كانت السمات الملكية للقوة والفخامة تُنقل عبر أيقنة تعود للعصور الساسانية، وحتى قبل ذلك كما نُشاهد على سبيل المثال في العُلب العاجية المنقوشة الكثيرة التي صُنعت في مدينة الزهراء والتي تظهر عليها النسور والأسود والطواويس ومختلف أصناف العنقاء التي تحمل عادة حاكمًا على عرشه (الفهرس 36، 37). كما أُضيفت الفيلة منذ القرن العاشر الميلادي إلى هذه التشكيلة في نحت في حديقة مدينة الزهراء وظهرت بأكثر وضوح لاحقًا في جنوب إيطاليا وصقلية التي افتكّها النورمان سنة 1091م من أيدي الفاطميين. تُزيّن الفيلةُ المنحوتة واجهةَ كاتدرائية سان نيكولا بيليغرينو في تراني (شُيّدت ما بين 1159-1186م) بينما تظهر أنطولوجيا حقيقية للموتيفات الملكية في عرش رئيس دير كاتدرائية سان سابينو في كانوسا (أُمر ببنائها ما بين 1078-1089م) الذي تدعمه منحوتات فيلة وأسود ونسور فاتحة أجنحتها وأعداد من حيوانات العنقاء الخرافية.(8)

كان ناب الفيل بوصفه العضو الأكثر شراسة يُمثّل الحيوان برمّته ويُهدى في كثير من الأحيان إلى حكّام العصر الوسيط في بيزنطة وفي الغرب المسيحي والإسلامي لدفع الجزية وكرمز للولاء.(9) كما كان يُنحت على هيئة تحفة فاخرة جاهزة، أي قرن محفور يُستخدم إناءً للشراب ويمنح قوة سحرية للسائل الذي يحتويه أو آلة نفخ تُستخدم في الطقوس الشعائرية أو في الصيد (الفهرس 38). وكانت العبارة الأيديولوجية الأساسية تُكتب باقتضاب على هذا الصنف من التُّحف: المُلك. (10) واشتُهر في الغرب قرن الفيل بارتباطه بنشيد رولاند.

أمّا إذا انطلقنا من سياق ثقافة مشتركة للقِطع الفنية فيمكن النظر إلى البطل الملحمي رولاند ليس كمدافع عن مملكة المسيحية "ضدّ" الإسلام فحسب، بل كذلك بوصفه مشاركًا في اقتصاد الهدايا "مع" الإسلام. إنّ هشاشة الحدود والهويات والولاءات تظهر بمزيد من الوضوح في الملحمة القشتالية المسمّاة "السيّد" (لو سيد).

في خضمّ هذه الجغرافيا الثقافية المتقلّبة التي تتخلّلها "مسالك الحمل" قد تُصبح عملية تحديد مراكز الإنتاج عرضة للشك (11) (وكذلك الأمر فيما يتعلق بالتحديد التقليدي للأساليب والقِطع الفنية لسلالات بعينها). وهكذا على سبيل المثال، جرى تأريخ خمسة وسبعين ناب فيل وعدة عُلب عاجية (الفهرس 39) في الفترة الفاصلة بين القرن العاشر ونهاية القرن الثاني عشر الميلاديَّين وارتبطت تقليديًّا بالحكم الفاطمي. غير أنّ هناك احتمال أن تكون قد صُنعت في

عصر أيّ عرّاب في أحد المراكز الثقافية للبحر الأبيض المتوسط كمصر أو سوريا أو جنوب إيطاليا أو صقلية أو الأندلس أو بيزنطة، وهو ما يشهد عليه الأسلوب "الدولي" ومبدأ المفاهيم المشتركة.(12) وكانت هذه القِطع مُشفّرة كذلك بدلالات إضافية مقتبسة من السياقات المحلية. ففي السياق السياسي الأندلسي على سبيل المثال، جرى تأويل أيقنة السلطة الملكية على علبة عاجية على أنها تحذير خاص موجه إلى حاكم أدنى رتبة مفاده أن يترك جانبًا طموحاته في الوصول إلى كرسيّ الخلافة.(13)

وتوجد علبة عاجية أخرى على شكل صندوق أسطواني يعلوه غطاء على هيئة قبة نُقشت عليه أبيات من الشعر ذات طابع إغرائي تبدأ على النحو التالي: "منظري أحسنُ منظر، نهدُ خَوْدٍ لم يُكسّر"(14)، وقد أثارت نقاش حول مسألة الجنس والجنوسة.(15) وتلقي الدراسات الحديثة الضوء على دور نسوة البلاط في الأندلس ووظيفتهنّ كعرّابات ومتقبّلات في اقتصاد الهدايا (16) وكذلك كواهبات ومنجزات لأعمال ضخمة ومؤسسات عامة.(17) كما بدأت تظهر اكتشافات تتعلق بإسهامات النساء كقوة عاملة حرفية في إنتاج التحف الفاخرة وكذلك القِطع المنزلية الأكثر شيوعًا على السواء.(18) وينكبّ العلماء الآن على دراسة دور المرأة بوصفها حافظة وناقلة للثقافة، ولا سيما في تلك الديار مركّبة البنية التي تختلط فيها الأصول العرقية والدينية.(19)

وحتى في الحالات التي يمكن فيها تحديد مواقع الانتاج فإنّ النتائج يمكن أن تعكس ثقافة مشتركة في التحف الفنية بدل أن تشكّل خريطة نقاط منفصلة وحدود غير نافذة. ويكفي مثالان اثنان لتصوير ذلك. أولا منبر من الخشب والعاج أمر بصنعه على الأرجح السلطان المرادي لمسجده في مراكش سنة 1120م ويحمل نصًّا يفيد أنه أُنتج في قرطبة.(20) ومما يؤكد هذا التصريح بقابلية التحف للنقل من مكان لآخر أدلة المهارة الحرفية الأموية في نقش وتطعيم المساحات وتزيينها بأحزمة هندسية متشابكة مع رقش نباتي كثيف تذكّر بالعاجيات والتحف المعدنية القرطبية. وقد نُقل المنبر في وقت لاحق إلى جامع الكتبية في مراكش من قِبل حاكم الموحدين (1130–1269م) الذي أنهى حكم المراديين في كل من المغرب والأندلس.

أما المثال الثاني فيُطلق عليه رداء الكاهن سان خوان دي أورتيغا، وهو يدحض الافتراضات التي يقدمها المثال الأول. تشير تقنية النسج والألوان ونص الطراز (شريط مكتوب) إلى أنه صُنع في الأندلس غير أنّ الميداليات الكبيرة المزدانة بأزواج الأسود والخفافيش تحمل الجملة: "صُنع هذا في بغداد حفظها الله". (21) وقد توحي هذه الجملة بأننا أمام قطعة مزيفة وأن القصد من النص السعي للحصول على سعر أفضل. لكن في المقابل يمكن أن يشير إلى حقيقة معينة: إنّ حركة التحف والأساليب تلمّح إلى إعادة تشكيل الهوية الثقافية اعتمادًا على الإدماج (بغداد وقرطبة على سبيل المثال) أكثر من الأصل والمصدر. كما أنّ استخدام هذا الرداء كجزء من اللباس الشعائري الكهنوتي أمر لافت بدوره: في شبه الجزيرة الإيبيرية بوجه خاص، حُفظ الكثير من الأقمشة المرتبطة تقليديًّا بالحكام المسلمين ضمن كنوز الكنائس أو هي استُعيدت من القبور المسيحية (الفهرس أ–ج). (22)

ويمكن طبعًا أن ينتج عن عملية عبور الحدود ترسيخ للهويّتَين المنفصلتَين للذات وللآخر. وهكذا فإنّ الاستيلاء على راية الموحدين إثر معركة العُقاب الحاسمة (لاس نافاس دي تولوزا) سنة 1212م مثّلت هزيمة العدو الإسلامي من منظور الجيوش المسيحية دون أن تُمثّل نهاية العداوة بين الغريمَين. وبالفعل وإلى حد اليوم ما زال الاستعراض السنوي لنسخة من الراية عبر طرقات مدينة برغش التي تأوي الأصل يحمل دلالات تشير إلى طريقة تشكيل الهوية الوطنية الإسبانية المعاصرة حول انتصار الـ "نحن" المسيحيون على الـ "هم" المسلمون. (23) وعلى الرغم من ذلك لا تعكس سياسات القومية الحديثة بالضرورة تعقيدات فترة العصر الوسيط. ويمكن أن نذكر كمثال آخر دون رودريغو خيماناز دي رادا (توفّي سنة 1247م) رئيس أساقفة طليطلة والمدافع الحماسي عن الحملة الصليبية ضد الموحدين والقائد الروحي للقوات المسيحية في معركة العُقاب الذي جرى تكفينه في رداء من الحرير الموشّى بخيوط الذهب والفضة والمزخرف بطراز تكررت عليه الكلمة العربية رخاء. واتّضح أنّ هذا الرداء هدية قُدّمت إليه بعد موته من قِبل الملك فرديناندو الثالث ملك قشتيلية وليون (حكم ما بين 1217–1252م) الذي تسلمها من تابعه الملك محمد بن يوسف بن نصر بن الأحمر (حكم ما بين 1232–1273م) مؤسس دولة بني الأحمر التي حكمت الأندلس من غرناطة عاصمة الملك.(24) ويُعدّ الرداء هدية ملائمة ليس لأنه تذكار آخر من معارك الاسترداد بل لأنه قطعة من دزّينتَين من الأثواب الكنسية المُصنّعة من الأقمشة الفاخرة المنسوجة في الأندلس كان خيمينيز دي رادا قد جمعها طَوال حياته. ورداء الكفن شأنه شأن الأقمشة الأخرى التي جمعها يُشكّل جزءًا من مجال الإنتاج الثقافي الذي تتشابك فيه الذات عن قرب مع الآخر على حدود متداخلة.(25)

ونجد في بوابات بهو السفراء في قصر إشبيلية رمزًا مميّزًا للثقافة المختلطة العابرة لشبه الجزيرة الإيبيرية (مثال مصغّر للثقافة العابرة للبحر الأبيض المتوسط). أمر بطرس الأول ملك قشتيلية وليون (حكم ما بين 1350–1369م) ببناء هذا القصر الذي أصبح مقرّ تابعه الملك محمد الخامس من بني الأحمر (حكم ما بين 1354–1359م وما بين 1362–1391م) بعد عودته سنة 1362م من منفاه في بلاط المرينيين في فاس (المغرب).

نُقشت على الوجه الداخلي للبوابات الخشبية مقاطع من مزمور 53 باللغة القشتيلية، وعلى الوجه الخارجي يجري تمجيد بطرس الأول باللغة العربية: "مولانا السلطان."(26) وعوضًا من أن تكون حدودًا فاصلة بين من هم في الداخل ومن هم في الخارج، كانت البوابات ثنائية اللغة، كما هي حال الأشخاص الذين يعبرونها. بل يوجد مثال مشابه "بثلاث لغات" في كنيس ترانزيتو المعاصر في طليطلة أمر ببنائه ساموبل حلوي أمين صندوق بطرس الأول وتظهر عليه نقوش بالعبرية والعربية تختلط مع الأسود والقصور المميزة لشعار نبالة القشتيليين.(27) وتتوسّع هذه الاستعارة باستخدام عدة لغات في رسوم أسقف بهو القضاء في قصر الأسود في مدينة الحمراء الذي بُني تحت حكم محمد الخامس بعد أن استعاد عرشه في غرناطة بدعم من بطرس الأول.(28)

يُشرف قصر الحمراء على غرناطة عاصمة بني الأحمر ويُعدّ أفضل ما تبقّى من المجمّعات الفخمة من العالم الإسلامي في العصر الوسيط. دُرس معماره وزخرفه من منظورات عديدة.(29) وفي هذا الاستعراض المختصر الذي يعتمد في كثير

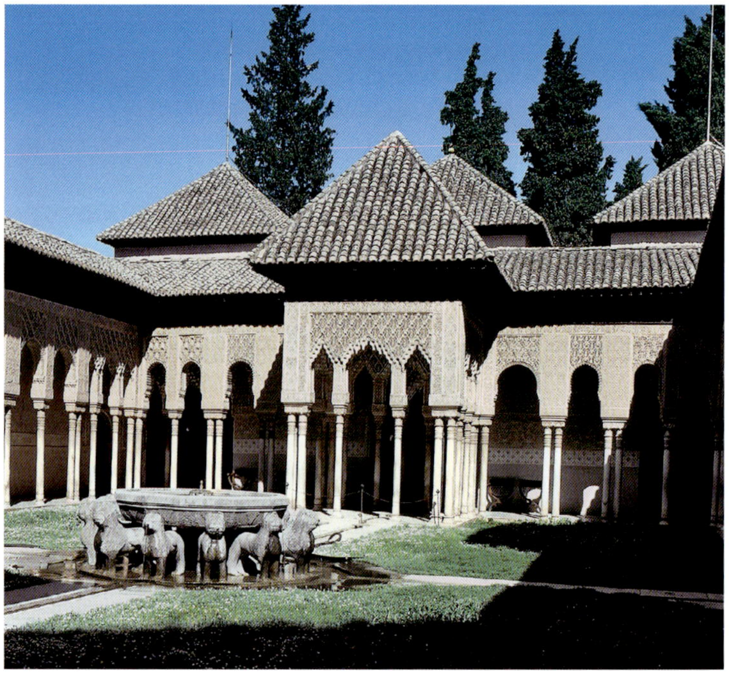

الصورة 29 – بهو الأسود في قصر الحمراء، غرناطة. أواسط القرن الثالث عشر – أواخر القرن الرابع عشر م. صورة والتر ب. ديني

من الأحيان بالأساس على الكتابات المنقوشة يمكن ذكر قصر الحمراء لنقوشه الجدارية الوفيرة ولا سيما للاستخدام المميز فيها للاستعارات التجريدية، وهي صيغة شعرية تتيح للجماد أن يتحدث بضمير المخاطب. فعلى سبيل المثال نقرأ في أبيات لابن زمرك نُقشت في قاعة الأختَين: "أنا الروض قد أصبحت بالحسن حاليا، تأمّل جمالي تستفد شرح حاليا." ويلي في الأبيات التالية مديح الملك محمد الخامس إذ من أهمّ وظائف الكتابات المنقوشة وملامح التصميم المعماري الأخرى ترسيخ أيديولوجيا الحكم الملكي. وتشكّل مساحات الجدران فرصة سانحة لتتحدث باسمها فتُقدّم ملاحظتَين أخريَين تميّزان قصر الحمراء: ترجمة عنصر إلى عنصر آخر – في هذه الحال تشبيه المعمار بالحديقة وفي أماكن أخرى مقارنته بالأنسجة – وتوجيهات للحامل تدعوه إلى ممارسة ضرب من التمارين الجمالية.(31) وتلتقي النقطتان. توحي استعارة الأنسجة بجمالية مندمجة في كل من الثقافة الأندلسية والمتوسطية التي تكوّن جزءًا منها. وعلى ضوء ذلك، يجوز أن ننظر إلى الأقمشة كبيرة الحجم المستخدمة في التأثيث على غرار الستائر المزدوجة المرتبطة ببني الأحمر على أنها معمار قماشيّ مؤقت يُحاكي بحيوية الفضاءات متعددة الاستخدامات كما هي حال الأقمشة أصغر حجمًا (الفهرس 48) والتحف المحمولة في وسائط أخرى.

مع سقوط دولة بني الأحمر سنة 1492م أصبح الغرب الإسلامي نهائيًّا تحت سلطة المشرق. هاجر الحرفيّون من شبه الجزيرة الإيبيرية المسيحية ليستقرّوا مجدّدًا حيث تمكّنوا من ممارسة حرفهم الأندلسية، وهو ما يظهر بوجه خاص في معمار وزخرفة المدارس التي بُنيت تحت حكم المرينيين (1269–1541م) في المغرب الأقصى الحالي. لكن القرون اللاحقة لم تشهد بروز مركز سياسيّ أو فنّي فاخر في الغرب الإسلامي يضاهي تفوّق الدولة العثمانية (1299–1923م). وما بين إرهاصات العالم المسيحي وأفول القوة الإسلامية حافظت العلاقات بينهما من القرن السادس عشر إلى حدود القرن الثامن عشر الميلاديين على بعض ملامح خريطة العصر الوسيط المتوسطي بينما كان الاستعمار الأوروبي بصدد تغيير العالم وزرع بذور التحوّل في شمال إفريقيا كذلك. ونتيجة لذلك أصبحت فنون الغرب الإسلامي معروفة بالأسماء الرمزية للاستشراق، وهو عبارة عن كناية غرائبية أعادت تملّك الفنون الإسلامية وانتشرت عبر أوروبا والولايات المتحدة في القرن التاسع عشر الميلادي.(32) غير أنّ الخريطة بصدد التحوّل مجدّدًا، وهناك الآن مسجد جامع يعلو تلة البائسين قبالة قصر الحمراء، بعد غياب دام خمسة قرون.

أنا ممتنة للراحل أوليغ غرابار الذي علّق على مسودة هذه الدراسة.

1. انظر Hillenbrand, R. 1992 ودليل معرض مدينة الزهراء 2001. ومن بين الدراسات [بالإنكليزية] التي تناولت الإنتاج الأدبي لبلاط قرطبة، انظر Menocal 2002.
2. للفقرة الكاملة [بالإنكليزية] المقتبسة من كتاب "ذكر بلاد الأندلس"، انظر Fierro 2004 ص. 312. وتجري مناقشة [بالإنكليزية] الملاحظة من كتاب ابن حيان "المقتبس" في Labarta and Barcelo' 1987 ص. 102. للاطلاع على فحص للمصادر النصية حول هذه القطعة وتاريخها ودلالتها، انظر Rabbat 1993 ص. 73–71، و Shalem 1997. لوصف آخر لليتيمة في نص مجهول المؤلف من القرن الحادي عشر م، انظر Al-Qaddumi, ed. 1996 ص. 181 و353.
3. انظر Grabar 1998. حول اقتصاد الهدايا في العصر الوسيط والقيمة المالية للسلع الفاخرة، انظر Cutler 2001 وعديد الأمثلة في Al-Qaddumi, ed. 1996، وكذلك Hoffman 2001. وللاطلاع على دراسة نظرية شاملة حول تبادل الهدايا وتحليل للشبكات الثقافية ذات الصلة في سياق جنوب أسيا في العصر الوسيط، انظر Flood 2009.
4. انظر تطوير Avinoam Shalem لمفهوم Grabar "لثقافة الأشياء المشتركة" في Shalem 2004a. وانظر كذلك المفهوم التنظيري المتعلق به في Nora 1989.
5. يمكن الاطلاع على قائمة مطولة من الدراسات حول مختلف نواحي علم الآثار والمعمار وزخرف جامع قرطبة في Souto 2007.
6. لموجز حول الأشكال الرومانية والفيزيقوطية التي جرى تكييفها في الأندلس، انظر Dodds 1992، وكذلك Dodds 1990.
7. انظر Bloom 2007 ص. 42–44.
8. انظر Cilento and Vanoli 2007 ص، 222–225. تتحدث عن المصادر النصية عن فيل في حديقة حيوانات عبدالرحمن الثالث في مدينة الزهراء وآخر أهداه الخليفة العباسي هارون الرشيد إلى شارلومان حوالي سنة 801 (انظر Shalem 2004b ص. 102).
9. يسجّل ابن حيان على سبيل المثال أنه في سنة 991، تلقى الخليفة الأندلسي هشام الثاني عدة هدايا من أمير بربري من شمال إفريقيا. انظر de Gayangos 1840–43 الجزء الثاني ص. 190–191 وهذا الكتاب The History of Muhammedan Dynasties in Spain تكييف لمؤلف المقري "نفح الطيب".
10. انظر Shalem 2004b ص. 67. في السياق الأموي، نجد كلمة "الملك" في الخزفيات الفخارية المنتجة في مدينة الزهراء، والأهم أنها تذكّر بدار الملك، أي اسم قصر عبدالرحمن الثالث هناك. وترد كلمة "الملك" مكتوبة على قطع من مناطق أخرى من المتوسط، أما في سياق الأندلس مباشرة فيجدر التذكير أنّ الكلمة ظهرت على مزهرية فخارية نصرية ذات بريق معدني من "الحمراء"، عُثر عليها في حفريات مزارة دل فالو في صقلية (ومعروضة

الآن في Galleria Regionale della Sicilia, Palermo). انظر Guillermo Rossello' Bordoy in Granada and New York 1992 ص. 354 عدد 10. ويشير مرة أخرى تصدير الأواني الفخارية الفاخرة ذات البريق المعدني إلى الدلالات المشتركة في السياق المتوسطي كله.

11. انظر Hoffman 2001. للطرق التجارية والمسالك البحرية والتجارة والشبكات القنصلية في المتوسط من القرن الثالث عشر إلى الخامس عشر م. انظر Barcelona 2004.

12. قدمت Priscilla Soucek وجهة نظر ذات صلة حول أوجه الشبه بين الموتيفات الزخرفية في الأقمشة البيزنطية والعاجيات الأموية في Cordoba. انظر Soucek 1997 ص. 409-410 و 517. للاطلاع على دراسة شاملة حول مصادر العاج والطرق التجارية وتقنيات النقش والحفر خلال العصر الوسيط في منطقة المتوسط، انظر Cutler 1994 و Shalen 2004b ص. 50-79. لمجموعة من المراجع ذات الصلة حول العاجيات في العصر الوسيط المصنوعة في الأقاليم الإسلامية، انظر Galàn y Galindo 2005.

13. انظر Prado-Vilar 2005. كل العدد من Journal of the David Collection الذي تظهر فيه أعمال Prado-Vilar مكرس للمقالات من ندوة بعنوان "عاجيات إسبانيا الإسلامية"، انتظمت في كوبنهاغن في 20-18 نوفمبر 2003 (انظر Folsach and Meyer, eds. 2005).

14. انظر Ettinghausen, Grabar, and Jenkins-Madina 2001 ص. 95 اعتمادا على Kühnel 1971 ص. 43-44. للاطلاع على تأويل شهواني لهذه الأبيات، انظر Washington, D.C. 2004 ص. 125-126.

15. للاطلاع على أحدث قائمة مراجع حول النساء في الأندلس، انظر مؤلف Anderson القادم. وأريد شكر الكاتبة لأنها أطلعتني على مخطوط مقالتها قبل النشر.

16. للاطلاع على ربط الزخرفة الورقية بخصوبة الحريم الملكي، ومنه بدور النساء في توريث العرش، انظر Holod 1992 ص. 43، و Prado-Vilar 1997، و Blair 2005.

17. حول نساء البلاط الأموي عرّابات المساجد والمقابر وغيرها من المؤسسات الدينية، انظر مؤلف Anderson القادم. وتشير الكاتبة إلى أن الدراسة الوحيدة حتى اليوم المتعلقة بالعرابات خلال عصر الخلافة (1236-660م) أصدرها Cortese and Calderini 2006.

18. لأمثلة من النساء الموظفات في البلاط الأموي ـ طباخات وخادمات وكذلك أمينات الأقمشة الحريرية الفاخرة – والنساء من طبقات اجتماعية أخرى كالنساجات والطرازات والبائعات، انظر Marin 2000 صفحات 270-272 و 283-291، وحول الشاعرات والخطاطات والناسخات، انظر Avila 1989 و Avila 2002.

19. حول تكوين السلالات المختلطة للأمويين في قرطبة وتأثير الأمهات غير العربيات وغير المسلمات على الهويات الثقافية للحكام، انظر Ruggles 2004a، وتتسع هذه المقالة لتشمل الملوك المسيحيين لشبه الجزيرة الإيبيرية في Dodds, Menocal, and Krasner Balbale 2008 ص. 22-28، وبخصوص النساء بوصفهنّ "حاميات الهويات الثقافية لمجتمعاتهنّ" في الحقبة الأخيرة للعصر الوسيط، انظر Jesus Fuente 2009.

20. انظر Jonathan M. Bloom in Granada and New York 1992 ص. 362-327 عدد 114.

21. انظر Shepherd 1957 و Partearroyo Lacaba 1992 ص. 106. يمكن أن يكون الشال قد صُنع في المرية التي كانت مركزا نشطا لإنتاج الأقمشة وميناء تجاريا، لأنّ الكلمات المنقوشة على طراز آخر من القماش نفسه، شال القديس طوماس بيكيت، تشير إلى هذه المدينة. انظر Simon-Cahn 1993. للاطلاع على نظرة شاملة على الأقمشة المصنعة في الأندلس، انظر Partearroyo Lacaba 2005.

22. للاطلاع على فهرس الأشياء المحفوظة في كنوز الكنائس وذات الصلة بالعرابين من السلالات الإسلامية في العصر الوسيط، ومناقشة وظائفها ودلالاتها في سياق الغرب المسيحي، انظر Shalen 1998.

23. للاطلاع على أحدث دراسة لهذه القطعة، انظر Ali-de-Unzaga 2007 و Antonio Fernandez-Puertas in Madrid 2005 ص. 262-269 عدد 66.

24. للاطلاع على مناقشة أردية الدفن للملوك والنبلاء ورجال الكنيسة المسيحيين الإيبيريين، بما في ذلك Jimenez de Rada، وفي سياق موقف الحجاج حول جماليات عابرة لشبه الجزيرة الإيبيرية، انظر Feliciano 2005. وانظر كذلك Madrid 2005. وعلى الرغم من الذوق المشترك في الأقمشة الفاخرة، كانت ملابس النبلاء المسيحيين تختلف في التصميم عن كلابس المسلمين، كما كان هناك ميل لموتيفات زخرفية مختلفة. انظر Fernandez Gonzalez 2007.

25. اقترح Dodds, Menocal, and Krasner Balbale 2008 مفهوم "الحميمية" بدلا من فكرة "التعايش". وبعلاقة بهذه المراجعة المهمة للمفاهيم حول العلاقات الثقافية المشتبكة في الأندلس، حصلت مراجعة نقدية جديدة لمصطلح mudéjar style الذي سكّه José Amador de los Rios سنة 1859 وما تبعه من أدبيات في هذا الاتجاه حول تاريخ الفن الإيبيري منذ ذلك الحين. ويشترك المصطلحان (– convivenza mudejar style) في افتراض حدود واضحة المعالم بين الأنا والآخر، وإضافة إلى ذلك يعكسان توجها لرسم الحركة الثقافية في اتجاه واحد، بوصفها جزء من تاريخ إسبانيا المسيحية. وبالإضافة إلى Dodds, Menocal, and Krasner Balbale 2008، انظر المقالات في المؤلفات التالية للاطلاع على نقد المصطلحَين الذي يمثل نقطة مركزية في التطورات الحديثة لدراسة الإسلام الغربي: Robinson, C., and Rouhi, eds. 2005; Feliciano, Rouhi, and Robinson, eds. 2006; Robinson, C., and Pinet, eds. 2008; Valdés Fernàndez, ed. 2007. وانظر كذلك Robinson, C. 2003; Ruiz Souza 2004; Ruiz Souza 1998.

26. يشمل المعمار الإيبيري من القرن الثاني عشر إلى الرابع عشر الميلاديين عديد الأمثلة عن الكتابات المنقوشة الكبيرة تجمع بين الجمل العربية واللاتينية. فيما يتعلق بالنقوش باللاتينية والعبرية والعربية والقشتالية على قبر فردينان الثالث، يحاجج Dodds, Menocal and Krasner Balbale أنها "تقدم دلالات شديدة الوضوح عن الحميمية بين ملوك قشتالة والمجتمعات التي يمثلونها" (2008 ص. 199). وتشمل الدراسات الأخيرة حول قصر بيدرو الأول في قصر إشبيلية Almagro Gorbea 2007 and Ruggles 2004b.

27. حول المعابد اليهودية (البيعة) الإيبيرية، انظر Ben-Dov 2009. من بين الدراسات الحديثة حول تاريخ الفن السيفارادي، انظر Kogman-Appel 2004 and Harris 2005.

28. حول تأويل السرديات البصرية في رسوم السقف في قصر المحكمة، انظر Robinson, C., and Pinet, eds. 2008.

29. يرد الكثير من برنامج البحث المذكور في Grabar 1978. انظر Orihuela Uzal 1995, Fernàndez-{uertas 1997, Angustias Cabreras et al. 2007.

30. من بين الدراسات حول الشعر في الحمراء، انظر Garcia Gomez 1996, Puerta Vilchez 1990, Puerta Vilchez 2007, Jarrar 1999, Robinson, C. 2008, Bush 2009, Rubiera Mata 1970, Rubiera Mata 1981, Rubiera Mata 1994, Sumi 2004 ص. 155-193.

31. بخصوص العلاقة بين معمار الحمراء والحدائق والمناظر المذكورة في الأشعار المنقوشة على جدران القصر، انظر Ruggles 2000 ص. 199-208، و Ruggles 1997، و Bush 2006.

32. للاطلاع على مناقشة حديثة للاستشراق في مسألة إرث الأندلس، انظر Rosser-Owen 2010 صفحات 109-145.

30. صحيفة من القرآن الأزرق

على الأرجح من القيروان في تونس، النصف الثاني من القرن التاسع – أواسط القرن العاشر م.
ذهب وفضة على رق مدبوغ باللون الأزرق
المقاسات: 30.4×40.2سم
اقتناء، هبة ليلى والاس آشيزون 2004 (2004.88)

هذه الصحيفة المخطوطة على كلتا جهتَيها جزء من القرآن الأزرق الذي يُعدّ من أفخم المصاحف التي أُنتجت على الإطلاق وتحتوي على أربعة عشر سطرًا من الخط الكوفي المخطوط بماء الذهب على رقّ مدبوغ باللون الأزرق. وعلى غرار جلّ المصاحف العائدة للقرن الثامن إلى القرن العاشر الميلاديَّين، تتميّز الصحيفة بشكلها الأفقي وباستخدام الرق والخط الكوفي. لا توجد على جهتَي هذه الصحيفة كما هي حال القرآن الأزرق برمّته علامات التشكيل كما تنحصر الزخرفة في الحد الأدنى الضروري. وتقتصر الزخرفة الوحيدة الواردة على العديد من هذه الصّحف على دوائر فضية تأكسدت بالكامل تقريبًا وتلاشت كانت تفصل بين الآية والأخرى. ويسمح الاقتصاد في الزخرف بسريان الحروف والحركة بجسارة ودون انقطاع من اليمين إلى اليسار. وتتألف الصحيفة في جهتَيها من الآيات 24 إلى 32 من سورة الروم.

يُعوزنا دليل قاطع يُثبت أصل المخطوط وتاريخه الصحيح وعرّابه على الرغم من أنّ كل الصفحات السبع والثلاثين المتبقية والمتفرقة اليوم عبر العالم بين المتاحف والمجموعات الخاصة تأتي على الأرجح من مخطوط واحد يحتفظ به المعهد الوطني للآثار والفنون في تونس.(1) وقد اقترح عدة علماء تواريخ للقرآن الأزرق تتراوح بين القرن التاسع وأواسط القرن العاشر الميلاديَّين ونسبوه إلى القيروان في تونس الحالية أو إلى قرطبة في إسبانيا الأموية.(2) اعتمد بعضهم التأريخ على أساس القرابة الأسلوبية بين الصُّحف المزخرفة للقرآن الأزرق في القيروان ورقّادة وأشكال سعفات النخيل والتصاميم النباتية في زخارف منبر الجامع الأكبر في القيروان ومحرابه.(3) أمّا إسناد جوناثان بلوم المخطوط إلى القيروان فيعتمد على نظام الترقيم الأبجدي الخاص في المخطوط والمميّز للغرب الإسلامي.(4) وإضافة إلى ذلك عُثر على وصف لمخطوط بالمواصفات نفسها في جرد أُجري في جامع القيروان سنة 693 هجري الموافقة لسنة 1293م. وهو ما يشير ضمنيًّا إلى أنّ العمل بقي في المدينة التي أُنتج فيها على الأرجح حتى نهايات القرن الثالث عشر الميلادي.(5)

لا يُعرف إلاّ عدد قليل جدًّا من المخطوطات القرآنية على الرق الملّون. وجلّ المخطوطات المبكّرة نُسخت بالحبر البنّي أو الأسود على خلفية بيضاء زُيِّنت فيها حروف العلّة وعلامات التشكيل باللون الأحمر. إنّ استخدام الحروف الذهبية جعل من هذا المخطوط نموذجًا نادرًا وفاخرًا على نحو خاص. وقد يكون الخليفة نفسه من أمر بخطّه أو ربّما بعض العرّابين الأثرياء الورعين مثل الولاّة. وهناك احتمال كبير أن تكون الكتابة بماء الذهب أو الفضة على رقّ أزرق أو بنفسجيّ عُرْف قادم من الإمبراطورية البيزنطية المسيحية حيث كانت الوثائق والمخطوطات الرسمية عادة ما تُنجز بهذه الطريقة.

ME

1. المكتبة الوطنية التونسية في تونس العاصمة والمتحف الوطني للفن الإسلامي في رقّادة يمتلكان الجزء الأكبر من الصحائف. وما يُوازن جزءًا واحدًا كاملا موجود في الوقت الحالي[1 نوفمبر 2011، تاريخ نشر النسخة الإنكليزية الأصلية] في المتحف الوطني للفن الإسلامي في رقادة. انظر Ettinghausen, Grabar, and Jenkins-Madina 2001 صفحات 98–99 و 312.
2. انظر Bloom 1989. وانظر كذلك Ettinghausen, Grabar, and Jenkins-Madina 2001 ص. 98–99.
3. انظر Ettinghausen, Grabar, and Jenkins-Madina 2001 ص. 98.
4. تلاحظ Bloom أنّ الخطاطين من المغرب العربي الكبير أو الأقاليم الإسلامية الغربية بما

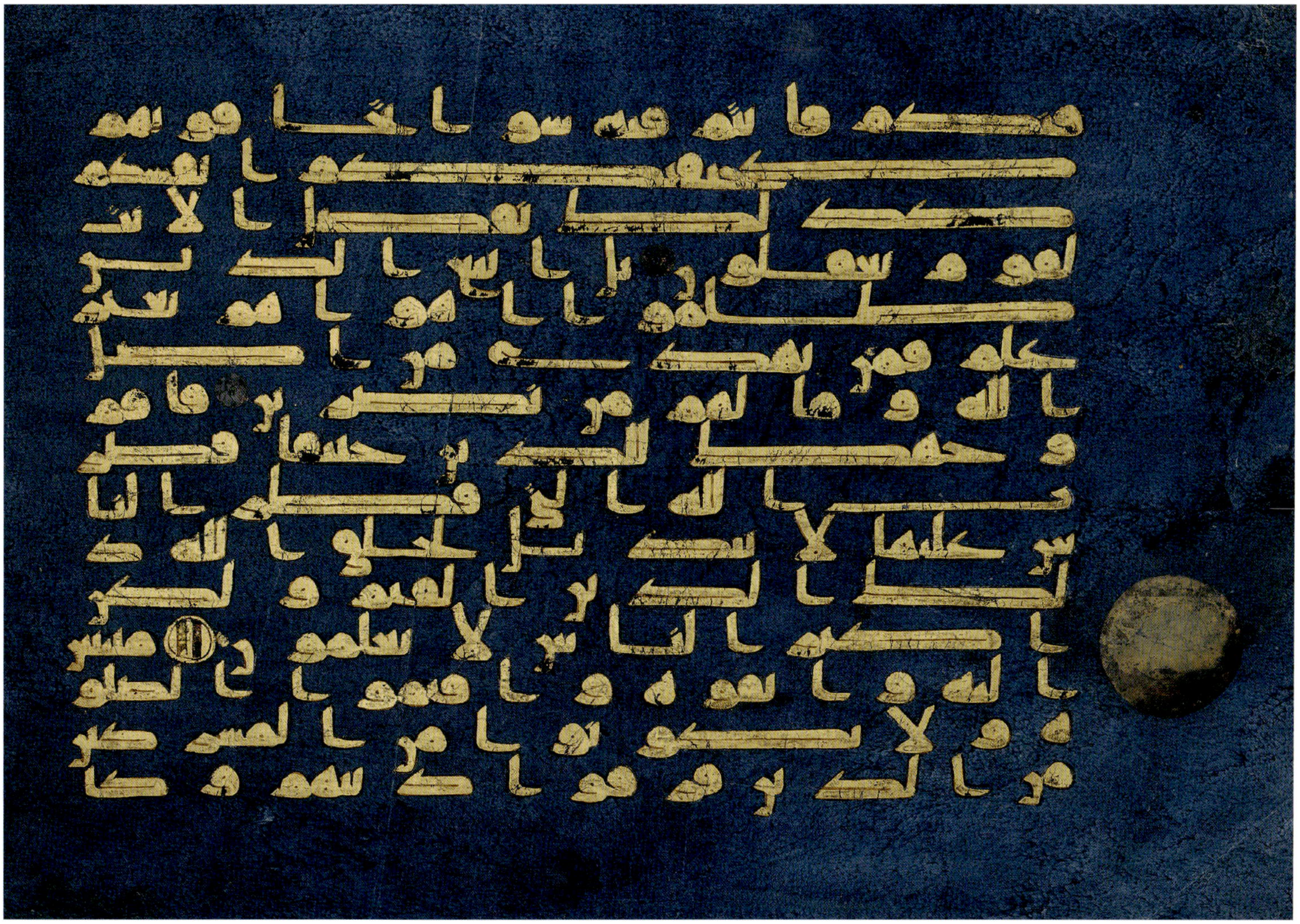

فيها إسبانيا وشمال إفريقيا استخدموا في بعض الأحيان حروفًا مختلفة عن نظرائهم المسلمين في الشرق لرسم الأرقام في المنظومة الأبجدية. وقد علل حجّته بالفوارق الواردة في ترقيم الأسطرلابات العراقية والأندلسية التي أنجزت في الزمن نفسه. انظر Bloom 1989.

5. انظر London 1980 ص. 22. قام بهذا الربط العالم إبراهيم شبّوح سنة 1956م. انظر Neumeier 2006 ص. 13.

المصدر: على الأرجح الجامع الأكبر في القيروان، تونس (منذ حوالي 900م)؛ [سام فوغ في لندن ما بين 2002–2004م؛ بيع إلى متحف المتروبوليتان]

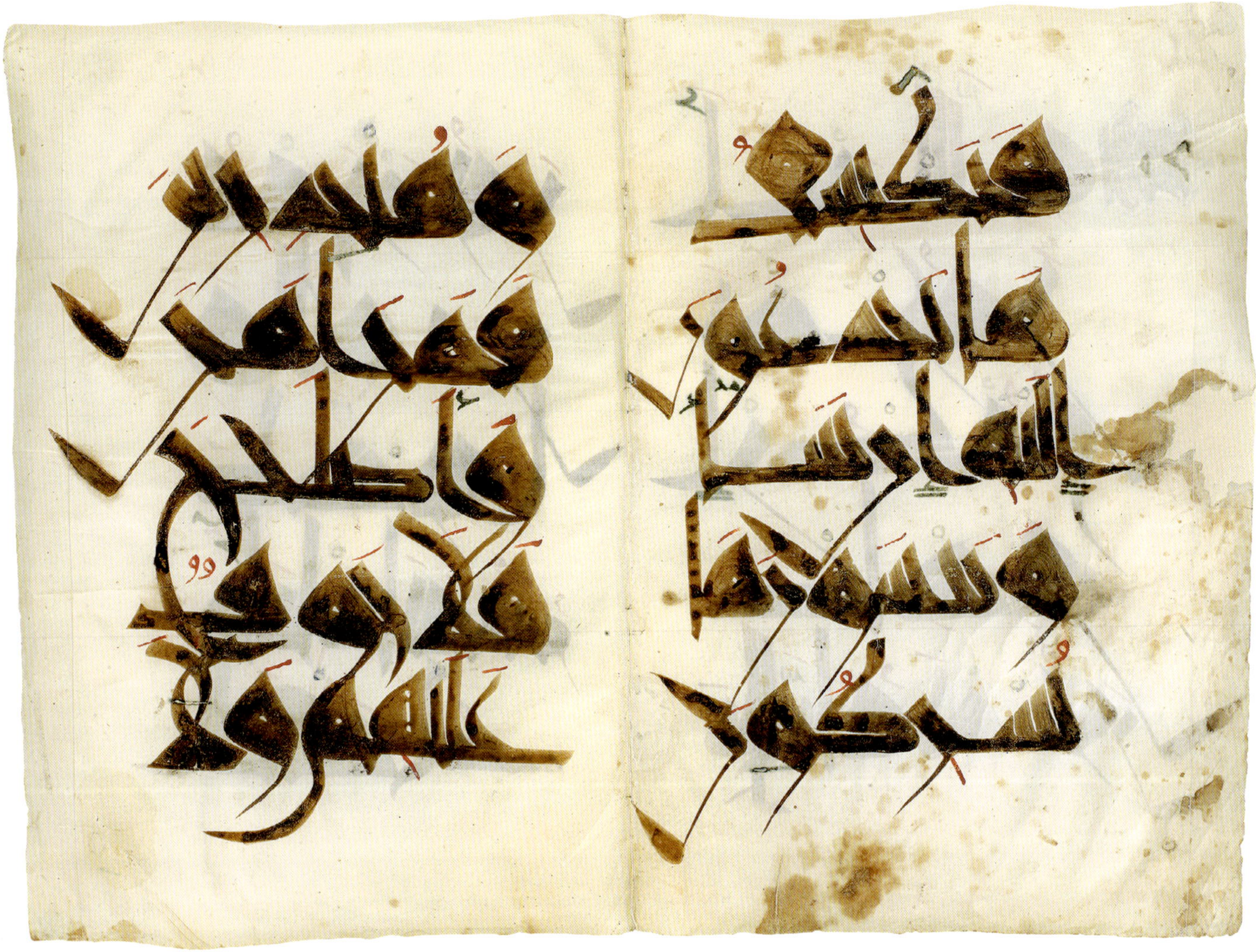

31. صحيفة مزدوجة من مصحف الحاضنة

الخطاط: علي بن أحمد الورّاق
على الأرجح القيروان في تونس، حوالي 410 [هجري] / 1019–1020م
حبر وألوان مائية معتمة وذهب على الرق
المقاسات: 44.5×60سم
اقتناء، هبة جايمس وديان بورك إكرامًا للدكتورة مارلين جنكينس مدينة 2007، 2007.191

تأتي هذه الصحيفة المزدوجة من مصحف أُنتج في شمال إفريقيا ويُعدّ من أضخم المخطوطات القرآنية ويُطلق عليه مصحف الحاضنة. والصحيفة من بين الصفحات الأفضل حفظًا واكتمالاً في المخطوط (1) خُطّت بالحبر البنّي على الرق بينما رُسمت عليها علامات التشكيل بالأحمر والأزرق والأخضر. لا تحتوي الصحيفة الواحدة إلا على خمسة أسطر وقد أَوْلى الخطاط عناية فائقة لإبراز التباين بين الأشكال العريضة المُدوّرة والمستقيمات الرقيقة المُميّزة لهذا الخط المسمى "الأسلوب الجديد". وهذا المخطوط من بين المخطوطات القلائل التي تشير إلى أن خط "الأسلوب الجديد" المرتبط تقليديًّا بالممالك الشرقية انتشر أكثر مما كان معروفًا سابقًا ليبلغ الأقاليم الغربية للعالم الإسلامي. وتظهر على الوجهَين الآيات 40–41 و 48–49 من سورة الأنعام.

يتطلّب إنتاج مصحف ضخم الحجم مثل مصحف الحاضنة ورشة مجهّزة بالكامل يعمل فيها خطاطون موهوبون وحرفيّو زخرفة وتجليد. ولا يمكن أن يكون خطاطًا واحدًا قد أنجز العمل كله بسبب تنوّع الخط في المخطوط القرآني.(2)
وتُعدّ هذه الصحيفة مُوثَّقة على نحو غير مألوف. حُرِّرت سلسلة من بيانات النسخ (3) بخط النسخ المغربي على المخطوط الأصلي الذي يُحفظ جزء منه حاليًّا في المتحف الوطني للفن الإسلامي في رقادة في تونس، وهي تفيد أنّ فاطمة

حاضنة أحد الحكام الزيريين أمرت بصنعه. والزيريون سلالة من أصل بربري حكمت المنطقة الشمالية الوسطى لشمال إفريقيا (إفريقية) نيابة عن الفاطميين الذين أسسوا القاهرة عاصمةً لملكهم. وبما أنّ المخطوط غير مؤرّخ لا يتّضح تمامًا اسم الأمير الزيري الذي صُنع في عهده، لكن إدراج شهر رمضان 410 هجري / يناير 1019–1020م بوصفه تاريخ إهداء المخطوط إلى الجامع الأكبر في القيروان رسّخ إسناده الشائع وارتباطه بالمعز بن باديس رابع الحكام الزيريين لإفريقية (حكم ما بين 1016–1062م). (4)

هناك عدد من المخطوطات القرآنية المتبقية أمرت بصنعها أميرات زيرية وشخصيات نسائية أخرى نافذة في البلاط الزيري وقُدّمت هدايا للجامع الأكبر في القيروان. ومن بين هذه المخطوطات مصحف أم ملال ومصحف أم العلو شقيقة المعز بن باديس.(6) غير أن مصحف الحاضنة يظل على الأرجح أكثر المخطوطات شهرة وأهمية من بين المصاحف المتبقية التي أمرت بصنعها عرّابات نسوة من شمال إفريقيا.(7) وهذه شهادة تدلّ على كرم العرّابات في البلاط الزيري وعقيدتهنّ وتأثيرهنّ.

ME

1. تشير التقديرات إلى أنّ المخطوط الأصلي فيه ما يناهز 3.200 صحيفة أو 1.600 صحيفة مزدوجة، وهو مقسّم إلى ستين جزءًا (وثائق أمانات القسم، قسم الفن الإسلامي، متحف المتروبوليتان).
2. انظر Roxburgh 2007.
3. انظر موقع: اكتشف الفن الإسلامي [بالإنكليزية]: http://www.discoverislamicart.org.
4. انظر Ettinghausen, Grabar, and Jenkins-Madina 2001 ص. 285–286.
5. انظر Blair 2006 ص. 155. وانظر كذلك Paris 1982–83 ص. 272–273.
6. انظر Paris 1982–83 ص. 272–273. وكذلك موقع: اكتشف الفن الإسلامي [بالإنكليزية]: http://www.discoverislamicart.org.
7. توجد أقسام من هذا القرآن فيها صحائف مزخرفة في المتحف الوطني للفن الإسلامي في رقادة، وفي متحف الفن الإسلامي في القيروان، وفي المتحف الوطني بباردو، تونس. كما توجد صحائف أخرى متفرقة في مجموعة Khalili Collection, London ومجموعة David Collection, Copenhagen وفي مجموعات خاصة في الرياض، المملكة السعودية وفي هيوستن، الولايات المتحدة.

المصدر: فاطمة الحاضنة، تونس (حتى 1019–1020م)؛ الجامع الأكبر في القيروان بتونس (من 1019–1020م)؛ [رواق شريف للفنون الجميلة، دبي. بيع إلى فوغ]؛ [سام فوغ في لندن حتى 2007م؛ بيع إلى متحف المتروبوليتان].

32. صحيفة من مخطوط قرآني

إسبانيا، أواخر القرن الثالث عشر – بدايات القرن الرابع عشر م.
حبر وألوان مائية معتمة وذهب على الرق
المقاسات: 53.5×55.9سم
رصيد رودجرز 1942م، 42.63

هناك عدد قليل من المصاحف الفخمة القادمة من إسبانيا وشمال إفريقيا والعائدة للقرنَين الثالث عشر والرابع عشر الميلاديَّين التي يتجاوز حجمها نصف المتر طولاً وعرضًا، بل إنّ المخطوطات على الرق من ذلك الحجم أقل عددًا. ويبدو أن هاتين الخاصيّتَين اجتمعتا في نموذج واحد كانت تنتمي إليه في الأصل هذه الصحيفة. تأسست الصفات المميّزة للمخطوطات القرآنية الإسبانية والمغربية خلال العصرَين المرادي والموحّدي وما زالت بيّنة على هذه الصحيفة المخطوطة: الشكل المربّع تقريبًا، والاستخدام المهجور وقتها للرق في زمن أصبح فيه الورق الوسيط الأكثر شيوعًا، والخط العنكبوتي المعروف بالخطّ المغربي (نسبة إلى الغرب الإسلامي).

وعلى هذا الأساس، تنتمي الصحيفة إلى أحد المخطوطات الأكثر طموحًا والأكبر حجمًا (إن لم يكن الأكبر إطلاقًا) التي أُنتجت في المغرب الإسلامي في العصر الوسيط. ويوجد الآن في المتحف التركي للفن الإسلامي في إسطنبول مصحف قرآن في جُزئَين يبدو أنه يتوافق في المقاسات وأسلوب الخط والزخرف مع هذه الصحيفة.(1) نُسخت الصحيفة على وجهَيها وهي تحتوي على الآيات الأربع الأولى والجزء الأكبر من الآية الخامسة من سورة الزّمر المكية التي تتألف من خمس وسبعين آية. نُقش السطر الأول الذي يُعطي ترويسةَ السورة بخط كوفي مذهّب متداخل ومثير محاط بالأحمر وينتهي بحلية دائرية عجيبة. والملاحظ أن الحلية نفسها محاطة بالأزرق ومملوءة بتشكيلة حلزونية حمراء وذهبية مزخرفة بكثافة لكنها متوازنة على نحو كامل. كما جرى إبراز نهاية كل آية بواسطة ميدالية دائرية صغيرة لكنها لافتة تحتوي على موتيف هندسي أبيض اللون ومتعانق وكلمة "آية" باللون الأزرق. أما على الظهر فتبرز الآية الخامسة بواسطة ميدالية مدببة أكبر حجمًا رُسمت على هامش الصحيفة وبداخلها كلمة "خمسة" باللون الأبيض.

كُتبت على كل صفحة الأسطر السبعة المتباعدة فيما بينها بالحبر الأسود الذي تغيّر

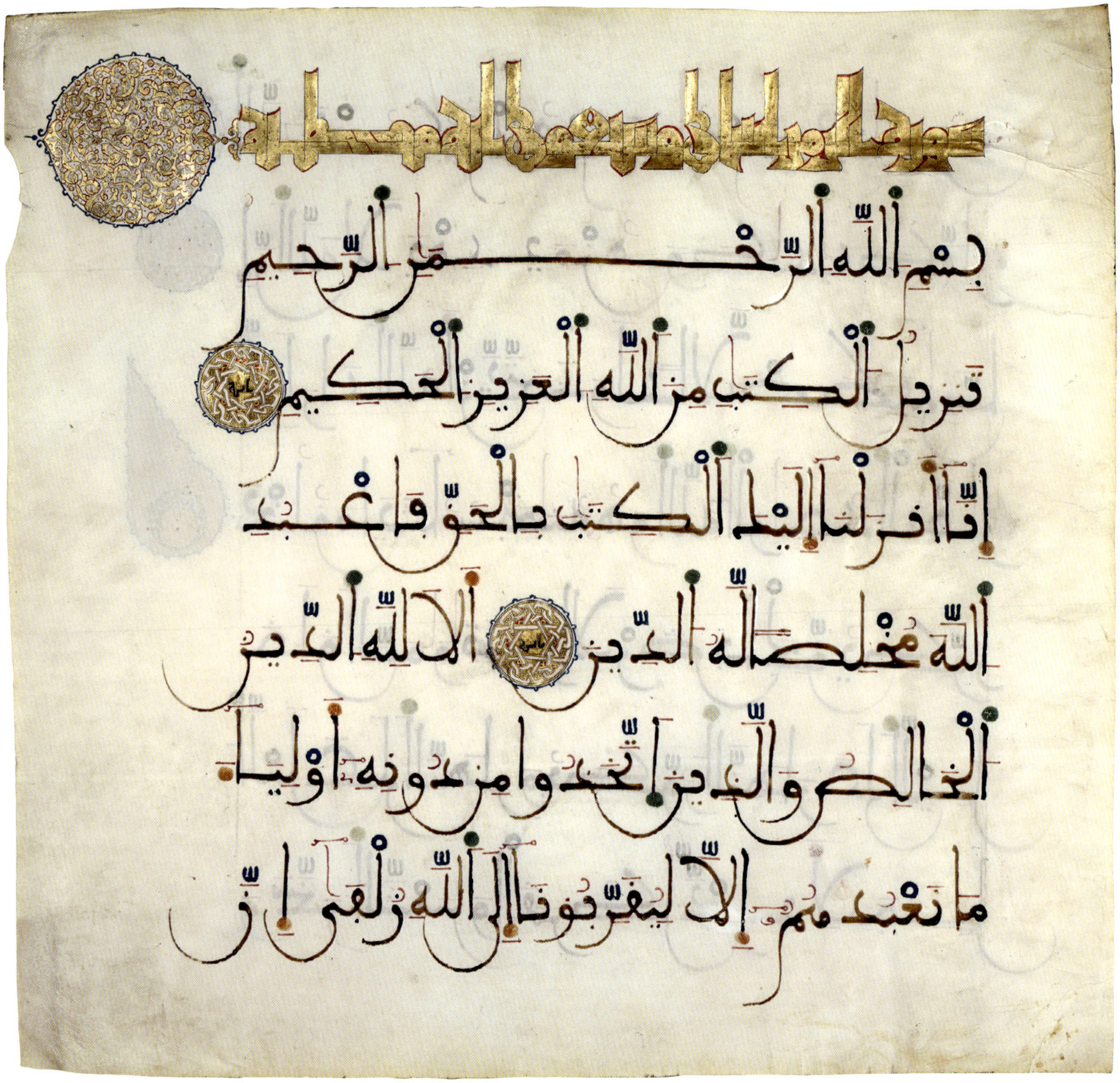

لونه لاحقًا ليصبح بنّيًا على السطح الأملس للرق. وأُضيفت علامات التشكيل والهمزات بالخضاب الأزرق والبرتقالي والأخضر. وعلى الرغم من أنّ الانطباع العام للخط يبدو تربيعيًا ورتيبًا ومتوازنًا إلاّ أنّ نهايات بعض الحروف العميقة والمستديرة ونصف الدائرية تقريبًا تربط مجمل النص بعضه مع بعض وتعطيه إيقاعه وكأنما هي نوتات موسيقية. وبما أنّ كلمة قرآن تشير إلى ما يُقرأ ويُرتَّل فإنّ هذه الخطوطية المغربية الفخمة تصوّر على نحو رائع كيف تتزاوج الكتابة والقراءة والترتيل ضمن توليفة بديعة حقًا.

1. انظر Sahin 2009 ص. 86–89، و Lings 2005 ص. 52 اللوحات 166–169.
2. تذكر الترويسة أنّ عدد الآيات 72، ممّا يتوافق مع تقسيم معيّن للنص القرآني كان مستخدمًا في المغرب العربي الكبير.

المصدر: [السيدة قمر آغا أوغلو، آن أربور، ميشيغان حتى سنة 1942م؛ بيع إلى متحف المتروبوليتان]

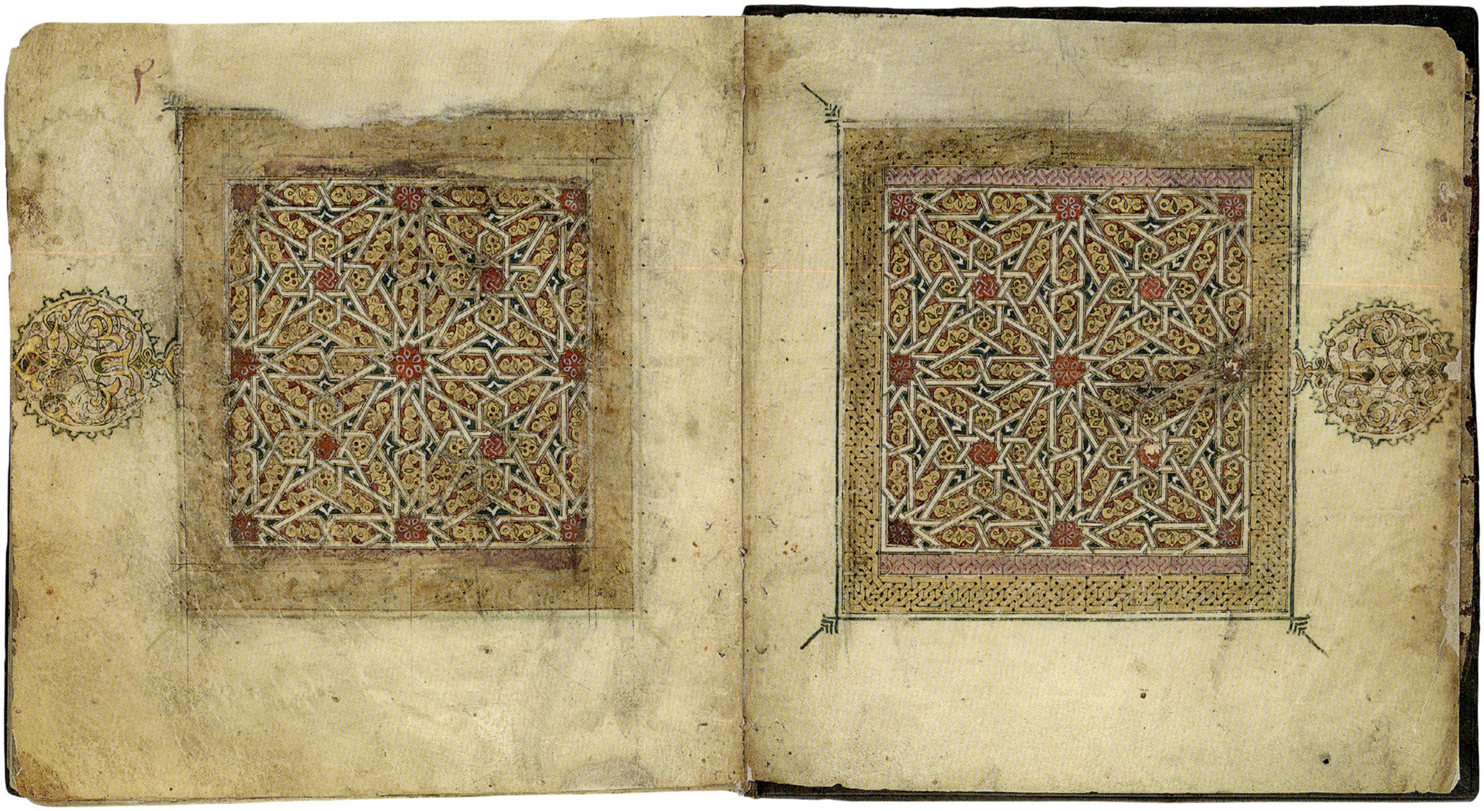

33. جزء من مخطوط قرآني

المغرب أو جنوب إسبانيا
حبر وماء الذهب وألوان مائية معتمة على الرق
المقاسات: 20.2×19.2سم
اقتناء، هبة ليلى آشيزون والاس 2004م، 2004.90

يتألف هذا الجزء من السور الخامسة إلى التاسعة من القرآن وهو الثاني من سبعة أجزاء.(1) وكما هي حال مخطوطات العصر الوسيط لا يشتمل على بيانات النسخ لكنّ بعض الصفحات تحمل توصيات وقف تشير إلى إهدائه إلى رباط إحدى المدن يُعرّف باسم رباط سيّدنا عثمان.(2) وكانت وظيفة الرباط في مكة والمدينة إيواء المحتاجين من المسلمين أو المتصوّفة أو المسافرين. وقد أسّس معظم هذه المرافق أشخاص من مناطق أخرى خصصوا الرباط في نص الوقف في كثير من الأحيان إلى أبناء بلدهم.(3) وهو ما ينطبق على رباط سيدنا عثمان المخصص للسكان من أصول مغربية.(4) وما من شك أنّ هذا المخطوط وصل إلى مكتبة الرباط عبر هذه القناة، والأرجح أنّه صُنع في المغرب.
وتتّضح في كل ملامح المخطوط المقاربةُ التقليدية النموذجية لإنتاج القرآن في المغرب.(5) وعلى الرغم من دخول الورق إلى المنطقة قبل صنع هذا الجزء بمدة طويلة إلاّ أنّ الرق ظلّ هناك الوسيط المفضّل للقرآن والنصوص الدينية الأخرى إلى حدود القرن الرابع عشر الميلادي. ويُمثّل الشكل المربّع وكتلة النص هنا سمة أخرى مميزة. نُسخت الصفحتان الأوّليتان كلها بالحروف الذهبية المُحاطة بالأسود غير أنّ جلّ الصفحات الأخرى أُنجزت بالحبر البنّي وبالخط المغربي.(6) وعندما لا توجد ترويسة مزخرفة تتألف الصفحة الافتتاحية والتي تليها من أحد عشر سطرًا لكل واحدة منها. ومن خصائص الكتابة أن توضع نقطة واحدة فوق حرف القاف وأخرى أسفل حرف الفاء كما استُخدمت النقطة الخضراء لهمزة الوصل والصفراء لهمزة القطع بينما تظهر الشَّدَّة والسّكون باللون الأزرق المخضرّ وحروف العلة بالخط الأحمر. تجمع الحروف بين سمات النوعَين الفرعيَّين للخطوطية المغربية: الالتفاف المتراصّ الإيقاعي للخط الأندلسي من ناحية والتموّج الزهري طويل المدى للخط الفارسي.(7)
وتظهر على المخطوط سمة مميزة أخرى على الصفحات التي نُسخت حروفها بماء الذهب: جرى ملأ أنشوطة الحروف على غرار الصاد والطاء والتاء بالخضاب.

يُفتتح المخطوط بصفحة مزدوجة مزخرفة عليها تصميم حزام أبيض مذهّب الحواشي يحتوي على سعفات ذهبية على خلفية زرقاء. وتزدان كل آية خامسة بموتيفات البرسيم الذهبي المزيّن بالنقاط الحمراء والزرقاء بينما تزدان كل آية عاشرة بأقراص ذهبية أضيفت إليها دوائر في الهامش على كلمة "عشرة". وتشير الزخارف المستديرة العريضة بالذهب والخضاب إلى تقسيمات الحزب. تبرز جلّ ترويسات السور بخطّها الكوفي الذهبي وميدالياتها على هيئة السعفات المنشطرة في الهامش. إلاّ أنّ ترويسة الصفحة الافتتاحية تكمن داخل لوحة مزخرفة على خلفية زرقاء وحوافّ لؤلؤية إلى جانبها ضفيرة وتحيط بها جديلة ذهبية مع ميدالية على هيئة السعفة في الهامش. كما تحيط هذه الزخارف نفسها بالنص القرآني في النصف السفلي للصفحة قبل الأخيرة (الصحيفة 88v) والأخيرة (89r).

EK

1. أعيد تسفير الصحائف التسعة والثمانون من هذا المجلّد، كما يظهر من الكعب الحديث والصفحات المزركشة. وعلى الرغم من أنّ الصفحتَين الأمامية والخلفية المجلدتَين بالجلد البنّي داكن اللون والمطبوعتَين بالساخن بنماذج من الوريدات تحيط بعنقود زهري، يمكن أن تكون تاريخية، إلاّ أنهما ليس أصليتان، والأرجح أنّ جمعهما مع هذه الصحائف يعود لزمن إعادة إنتاج غلاف الكتاب.
2. كان يُعتقد في السابق أنّ هذا المخطوط كان وقفًا على مؤسسة في الرباط، المملكة المغربية (Fendall 2003 ص. 62-63). وأتوجّه بالشكر إلى Priscilla Soucek, Abdullah Ghouchani, Stefan Heidemann, and Werner Ende لمساعدتهم في هذا البحث.
3. انظر Mortel 1998.
4. يُذكر أنّ رباط سيدنا عثمان كان يقع بالقرب من مسجد الرسول [ص] في المدينة إلى حدود سنة 1951م (Ansari 1985 ص. 30). لمزيد من المراجع حول هذا الرباط، انظر Ibn Silm 1993 ص. 39-40، وكذلك Badr 1993 الجزء الثالث ص. 111-112.
5. انظر Baker, C. 2007 ص. 28-29.
6. انظر Blair 2006 صفحات 221-229 و 392-399.
7. انظر Fendall 2003 ص. 62-63، و Blair 2006 ص. 392.

المصدر: رباط سيدنا عثمان، المدينة المنوّرة، المملكة العربية السعودية، بيع، سوثبيز في لندن يوم 12 أكتوبر 2000م، المجموعة رقم 39؛ [سوق الفن بداية من سنة 2000م]؛ [سام فوغ في لندن حتى 2004م؛ بيع إلى متحف المتروبوليتان]

34. مخطوط قرآني

المغرب أو تونس
حبر وألوان مائية معتمة وذهب على الورق؛ تسفير بالجلد المطبوع والمذهّب
المقاسات: 20.3×15.2سم
اقتناء، هبة جورج بلومنطال، عبر التبادل 1982م، 1982.120.2

ينتمي هذا القرآن إلى مجموعة مخطوطات من شمال إفريقيا تبرز باستخدامها تشكيلة واسعة من الألوان الزاهية، وهي سمة تميّزها عن المخطوطات السابقة زمنيًا من المنطقة نفسها (انظر على سبيل المثال الفهرس 33). تطغى في صدر الكتاب وظهره الألوان البرتقالية والحمراء والصفراء والخضراء والوردية والزرقاء المشبعة بكثافة، وهي تُبرز علامات السور والآيات على امتداد النص المخطوط. وقد زُخرفت هذه التركيبة البرّاقة بماء الذهب وصُمّمت على هيئة وحدات رقش حلزوني وموتيفات زهرية منمنمة.

وعلى الرغم من أنّه جرى تأريخ هذا المخطوط في عصر ازدهار الفنون تحت إمرة السلاطين العلويين في القرن الثامن عشر الميلادي في المغرب إلاّ أنّ الختم التركي الوارد على الصفحة البيضاء يوحي بأنه قد يكون صُنع في تونس تحت حكم العثمانيين. ومع ارتباط المغرب ثقافيًا وجغرافيًا بتونس إلاّ أنّ المملكة لم تقع أبدًا تحت سيطرة الإمبراطورية العثمانية. وممّا يدعم هذا الإسناد البديل وجود بصلات الخزامى المتشعّبة على الطراز العثماني على صدر المخطوط وبطانته والجهة الداخلية للسان البطانة.

يحتوي المخطوط على الأجزاء الخمسة الأخيرة (26 إلى 30) من القرآن في أربعين صحيفة. كُتب النص بالحبر الأسود بخط مغربي مُمدَّد أفقيًا ليُحدث تركيبة خطوطية ذات أثر بصريّ درامي.(1) ولإضفاء مزيد من الحيوية على النصّ استُخدمت علامات التشكيل الملوّنة بالأحمر والأصفر. أمّا ترقيم السّور القرآنية على شكل برسيم وموتيفات نباتية مجنّحة ذهبية وزرقاء وحمراء فهو ترقيم تقليدي في مصاحف شمال إفريقيا استُخدم منذ القرن الثالث عشر الميلادي.(2) والخطّ المغربي خطّ نسخ مُبكّر تطوّر على الأرجح من الكوفي المزوي وكان أسلوب الخطوطية الأساسي في شمال إفريقيا وظل في المنطقة دون تغيير تقريبًا من القرن الثاني عشر الميلادي تباعًا.(3) غير أنّ هذا المصحف مثل غيره من مصاحف القرن الثامن عشر الميلادي استبدل الحبر البنّي التقليدي في مصاحف شمال إفريقيا المبكّرة بالحبر الأسود السائد عصرئذ.

كما أنّ إطارات النص لا تنتمي للتقليد المغربي، وقد اقترح بعض العلماء أنّها

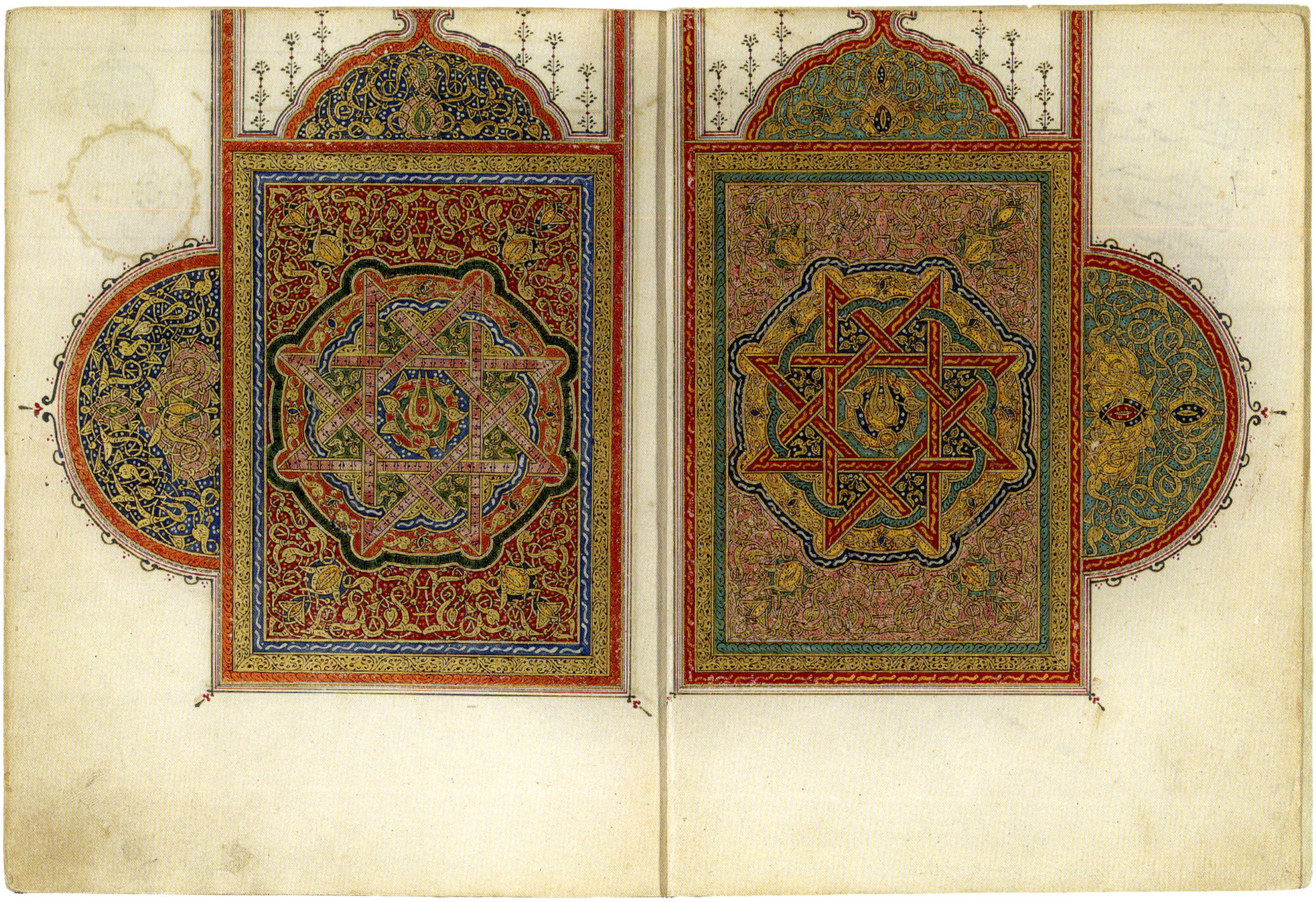

اعتُمدت عن قصد لمحاكاة المخطوطات العثمانية.(4) وهكذا يمكن القول إنّ هذا القرآن يُمثّل استمرارية العناصر التقليدية لشمال إفريقيا على غرار الخط المغربي والترقيم الزخرفي للسّور وفي الوقت نفسه قطعًا مع النماذج المحلية المبكّرة باستخدامه الحبر الأسود والألوان الفاقعة.

ME/KW

1. هذا النوع من التمدّد الذي تتمطط العروف الفردية فيه أفقيًّا يُسمّى ''المشق'' ويظهر في النصوص الكوفية المبكّرة كذلك. انظر Roxburgh 2007 ص. 8-10.
2. موتيفات البرسيم ثلاثية الوريقات (بالأساس ثلاث دوائر مذهّبة مجتمعة ومتعددة الألوان) يمكن مشاهدتها في مخطوطات أقدم زمنيًّا على غرار مخطوط قرآني من القرن الثاني عشر م. من إسبانيا في مجموعة (Cleveland Museum of Art (no. 1993.440a لكن يبدو أنها لا تظهر مع الموتيف النباتي المجنّح إلا في القرن الثالث عشر م (انظر على سبيل المثال المخطوط القرآني من مراكش في مكتبة قصر توبكابي، إسطنبول عدد R. 33).
3. انظر Roxburgh 2007 ص. 35.
4. انظر Stanley 1999 ص. 42. الأرجح أن هذه السمة أُدخلت في بدايات القرن الثامن عشر م، تقريبا في الزمن الذي بدأت نسخ القرآن وغيرها من المخطوطات في شمال إفريقيا تتخذ الشكل العمودي عوضًا عن الشكل المغاربي المربّع المستطيل.

المصدر: حاجي أحمد، تركيا؛ Philip Hofer، كمبريدج، ماساشوستس (حتى سنة 1982م؛ بيع إلى متحف المتروبوليتان)

35. كيس لحفظ المصحف

إسبانيا، غرناطة على الأرجح. النصف الثاني من القرن الخامس عشر م.
جلد مطرّز بخيوط فضية مذهّبة
المقاسات: 12.4x10.8 سم
صندوق رودجرز 190404.3.458

نص بالعربية بخط النسخ يتكرر على الوجه والظهر:
لا غالب إلاّ الله

يُعدّ هذا الكيس مثالاً نادرًا وعاليَ الجودة من التحف الجلدية المطرّزة القليلة التي نجت والعائدة لحقبة بني الأحمر أو النصريين. وله شكل مربّع ولسان فتحة على هيئة درع مع لفائف نباتية متعانقة على الواجهة وشعار السلالة النصرية. كما تحيط زخارف أخرى مماثلة بالأهلة الفضية على جانبَي النص. أما على الظهر فهناك نجمة متعانقة وزخارف منحنية الأضلاع وتكرار لشعار السلالة. ويبدو أنّ هذا النوع من الأكياس استُخدم لحمل جزء من القرآن (وكما هو معلوم، ينقسم القرآن إلى ثلاثين جزءًا، بحساب جزء لكل يوم من الشهر). (1) وتُميز الأشكال الصغيرة المربّعة مصاحف القرآن الأندلسية من القرن الثاني عشر الميلادي فصاعدًا.

وتنتمي ألزخارف المطرّزة على هذا الكيس للخزين الزخرفي المرتبط بغرناطة في عصر النصريين. ويظهر التطريز بالخيط المعدني على الجلد على سطح الصفائح المعدنية الواقية مثل أغمدة الخناجر والدروع وغيرها من التحف الاحتفالية. ويحمل غمدا سيفَين لفارسَين نصريَّين زينة متعانقة مُطرّزة ودرعَين مزخرفَين بشعارات عليهما كتابات مماثلة للتي نشاهدها على هذا الكيس الجلدي. (2)
ويظهر شعار السلالة النصرية على قطع فنية متنوعة على غرار الأقمشة الحريرية والمربعات الخزفية المعمارية.

يتميّز النص العربي بمظهره الشبيه بالصندوق وبحروف ذات نهايات منفتحة وخطوط أفقية صاعدة على شكل كُتل، وتجتمع هذه الخاصيات مع استخدام شعار السلالة والخيوط المعدنية المذهّبة لتُشير إلى المصدر الملكي لهذه القطعة. وتعكس هذه التّحف الفنية أناقة البلاط النّصري وبذخه. وبالفعل، تشير ورقة وُجدت داخل الكيس من زمن اقتنائه إلى أنّه كان مُلك محمد الثاني عشر (أبو عبد الله، حكم ما بين 1482–1483 و 1487–1492م) آخر الحكام المسلمين لغرناطة.

PC

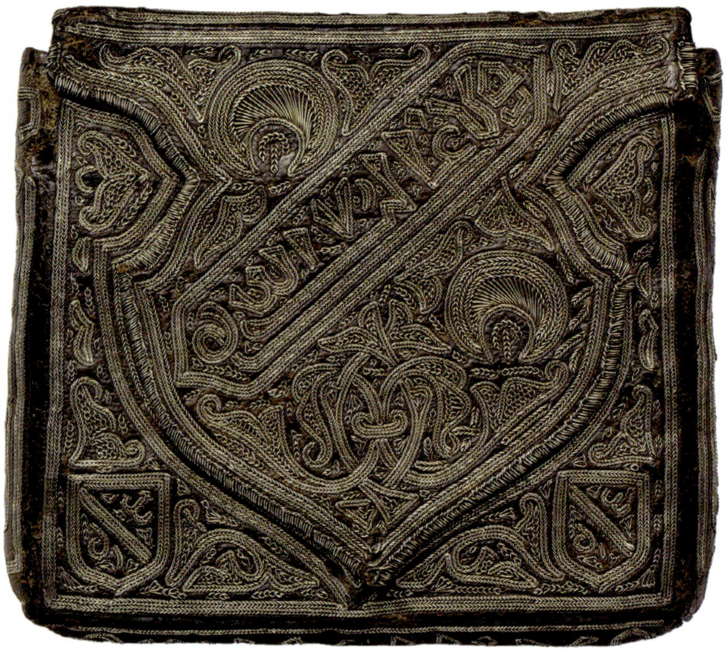
وجه

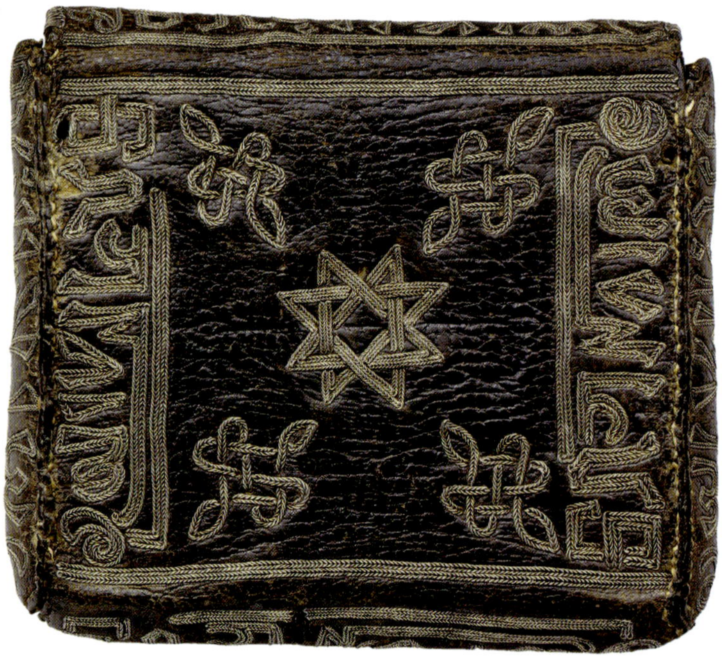
قفا

1. انظر James 1988 ص. 266.
2. يوجد الغمدان في المكتبة الوطنية الفرنسية، خزانة الميداليات باريس (عدد 959) انظر غرناطة ونيويورك Granada and New York 1992 ص. 284–286 عدد 61.

المصدر: Marquis de Dos Aguas, Valenca; [Duc de Dino, Paris,] حتى سنة 1904، بيع لمتحف المتروبوليتان.

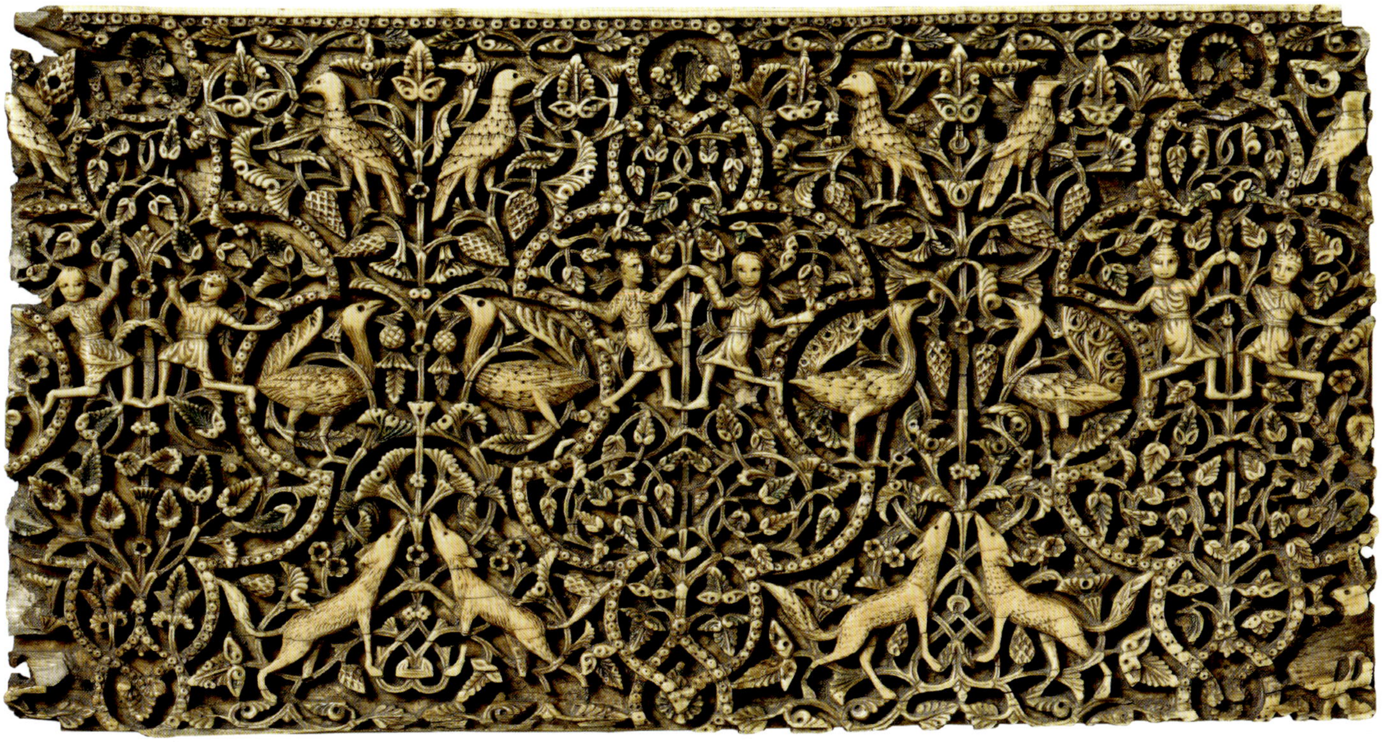

36. لوحة

إسبانيا، على الأرجح قرطبة، القرن العاشر-الحادي عشر م.
عاج. منقوش ومطعّم بالأحجار مع بقايا خضاب
المقاسات: 1x20.3x10.8 سم
رصيد جون ستيوارت كيندي، 1913م 13.141

يُفترض أنّ الأحياء الملكية في مدينة الزهراء، أي البلاط الملكي في الأندلس، كانت في وقتها تشكّل مشهدًا مدهشًا بزخرفتها المعمارية الباذخة وأثاثها وستائرها ومنسوجاتها المترفة وتحفها الفنية الفخمة. كان عاج الفيل مادة محبذة غالبًا ما استُخدمت لإنتاج تحف صغيرة الحجم مُصنّعة بإيلاء عناية فائقة إلى التفاصيل وإلى جودة النقش. وحسب المعلومات المتوافرة لم يكن الناس يحتفظون في إسبانيا تحت حكم الخلافة بأنياب الفيل كاملة بوصفها تذكارًا للنصر أو رمزًا للسلطة، كما لم يحوّلوها إلى قرون محفورة تُستخدم أبواقا (انظر الفهرس 38).

كانت التحفة الفنية الأكثر شيوعًا هي علبة اسطوانية الشكل ذات غطاء مقبّب تُسمّى "حُقّة" (انظر الفهرس 37). (1) وكانت هذه العُلب تُنحت من قطعة واحدة من العاج تُستخرج من جزء من الناب قابل للتحويل إلى حاوية ذات جدران مستقيمة. ومن أجل صنع علبة لها أربعة جوانب وغطاء وشفة يجب أن تكون قطع العاج مسطّحة، بل الأفضل استخدام أنياب سميكة توفّر قطعًا كافيا للاستخدام.

وقد تبدو هذه اللوحة المسطّحة بالنقش النافر مصغّرة بعض الشيء بسبب مقاساتها التي تبلغ 11 سم عرضًا على 20 سم طولا وسنتيمترا واحدا في سمكها، بيد أنّ تصنيعها تطلّب بالتأكيد قطعة ناب عريضة. وهي تمثّل في الأصل إحدى اللوحات الأربعة من علبة جواهر مربعة أو مستطيلة الشكل تتميز بالجودة الرفيعة لنقشها. أمّا دقة التفاصيل بالتزامن مع التخطيط الدقيق للتصميم فتضع هذه التحفة من بين الأعمال النادرة التي تظلّ تفاصيلها واضحة ومرهفة حتى عند تكبيرها بالرؤية المجهرية. وممّا يزيد من استحسان الناظر لهذا العمل الاستثنائي تلك السمات على غرار أحجار المرو البرّاقة صغيرة الحجم التي ترصّع أعين الشخصيات وكذلك الخضاب الأحمر والأخضر والأزرق الذي يُبرز العناصر المنقوشة.

وقد اقترح البعض أنّ زينة اللوحة مستوحاة من الأنسجة المعاصرة، (2) وبالفعل فإنّ الوحدات المتكررة وكثافة التصميم تذكّر بالنماذج الواردة في الأقمشة المنسوجة والمطرّزة. وبدورها، تذكر بشدة السمات الرئيسية، أي أزواج الشخصيات الراقصة المرحة المتقابلة على جانبي شجرة منمنمة وأزواج الطيور الجارحة والطواويس وبنات آوى، بأعراف أقدم زمنيا من العصر القديم المتأخر وكذلك بأعراف معاصرة من جنوب أوروبا في العصر الوسيط المبكّر. بيد أنّ النموذج الرئيسي يظلّ إسلاميا في جوهره: زخرفة تغطي كل المساحات وتناظر متناسق ضمن تقسيم هندسي بارع للفضاء.

أمّا نقاط التشابه التي نجدها مع الجص المنقوش والزخرف المعماري الحجري من مدينة الزهراء فهي تشهد على الذوق الزخرفي الرائج في بلاط الخليفة. (3)

S.C.

1. من أكثر هذه التحف شهرة ما يطلق عليه حقة المغيرة في متحف اللوفر في باريس (الفهرس OA 4068). انظر الصور بالألوان من زوايا مختلفة في Paris 2000 ص. 120-121 عدد 103. وتظهر صور العديد من هذه الحاويات في .Folsach and Meyer, eds 2005, pt. 2 ص. 314-324، 330، 332، 336-337، 339
2. Granada and New York 1992 ص. 203 عدد 6.
3. انظر Rosser-Owen 2010.

المصدر [Jacques Seligmann باريس حتى سنة 1913؛ بيع لمتحف المتروبوليتان]

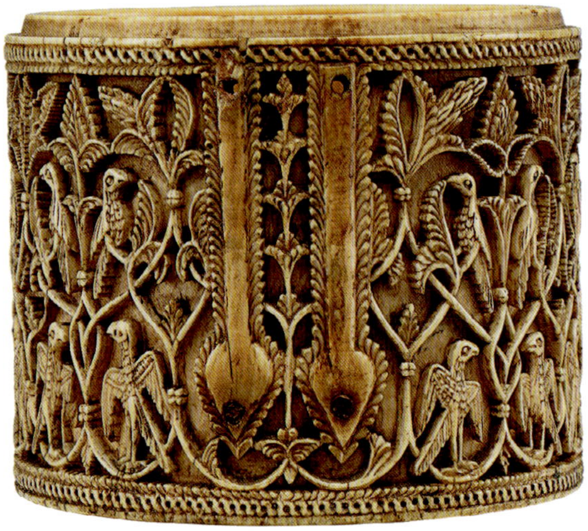

37. صندوق (حقّة)

إسبانيا، القرن العاشر م
عاج، منقوش
المقاسات: الارتفاع: 6.7 سم؛ القطر: 8.3 سم
مجموعة تيودور م. دافيس
وصية تيودور م. دافيس، 1915م، 30.95.175

هذه الحقّة، أو الصندوق اسطوانيّ الشكل، تنتمي إلى مجموعة من الصناديق العاجية وعلب الجواهر التي أصبحت تشير إلى التحف الفاخرة المنجزة خلال حقبة الخلافة الأموية في قرطبة. كانت هذه التّحف منقوشة بمهارة ومذهّبة أو مطلية بخضاب ملوّنة في كثير من الأحيان، وعادة ما كانت تُهدى لتخليد حدث أو مناسبة، ويُذكر في بعض الأحيان الشخص الذي قُدّمت إليه. (2) وكانت لهذه الحاويات المزخرفة بعناية وظيفة النواقل للدلالات الاجتماعية والسياسية المتعددة والمضمّنة في أيقنتها، (3) وكذلك وظيفة التحفة الفنية المستساغة. وهي تحتوي في كثير من الأحيان على مواد عطرية ثمينة على غرار الكهرمان والمسك والكافور، كما تشير النصوص الشعرية المنقوشة على أحد النماذج. (4) وتذكر النصوص المنقوشة عادة على غطاء الحاويات أسماء العرّابين وألقابهم ودعوات الرحمة للمالك وحتى توقيعات الحرفيين وأسمائهم. غير أنّ هذا النموذج غير المكتمل يفتقد الغطاء المقبض والمشدات المعنية التي تشدّ الغطاء في موضعه.

تظهر على جسم الحقّة زخرفة منقوشة بعمق تتألف من كروم معترشة تُشكّل صفّين من المقصورات على هيئة القلب تضمّ طيورًا جوارحَ. تُدير الطيور ظهور بعضها بعضًا وقد رُسمت جاثمة على غصن أو منتصبة وفاتحة أجنحتها. وتنتهي جذوع الكروم الرقيقة ما بين الأغصان العريضة المخضرّة في الجانب الأعلى لتذكّر بتاج الشجرة التي تحتمي تحتها الطيور. وتحيط بهذه التركيبة حافة متشابكة ضيّقة مألوفة في هذه الصناديق العاجية.

وتظهر على العاجيات الملكية المنتجة في الورشات الملكية في الفترة ذاتها برنامجًا زخرفيًّا أيقونيًّا مركّبًا يتضمّن رسوما بشرية وحيوانية على خلفية من الزخرفة الورقية المنوّعة والكثيفة. (5) غير أنّ التركيبة المبسّطة والنباتات المتناثرة على زخرفة هذه الحقّة دفعت إلى الاستخلاص أنّها أُنتجت في ورشة ثانوية. (6)

O.B.

1. لوحة على علبة جواهر في متحف المتروبوليتان (عدد 13.141) عليها بقايا خضاب أحمر وأخضر. انظر Daniel Walker في غرناطة ونيويورك 1992، ص. 203 عدد 6
2. على سبيل المثال، النصوص المنقوشة على علبة في متحف فكتوريا وألبرت، لندن (عدد 301-1866) تذكر أنها صُنعت لابنة الخليفة القرطبي عبدالرحمن الثالث (حكم 912-961). وهي إشارة سمحت بعد احتساب تاريخ وفاة الخليفة بتأريخ العلبة بما بعد 961. انظر Renata Holod في غرناطة ونيويورك 1992، ص. 192 عدد 2
3. Prado-Vilar 1997، Prado-Vilar 2005
4. Hispanic Society of America، نيويورك (عدد D752)
5. Prado-Vilar 2005
6. Galan y Galindo 2005 ص 44. من الناحية الأسلوبية، هذه الحقّة تقترب كثيرًا من مثالين آخرين، أحدهما لدى Hispanic Society of America (عدد D752) والآخر في متحف المتروبوليتان، قسم الأديرة (عدد 1970.234.5)

المصدر: Theodore M. Davis نيويورك (حتى وفاته سنة 1915)، وعلى سبيل الإعارة من مؤسسته خلال تسويتها (1915-1930)

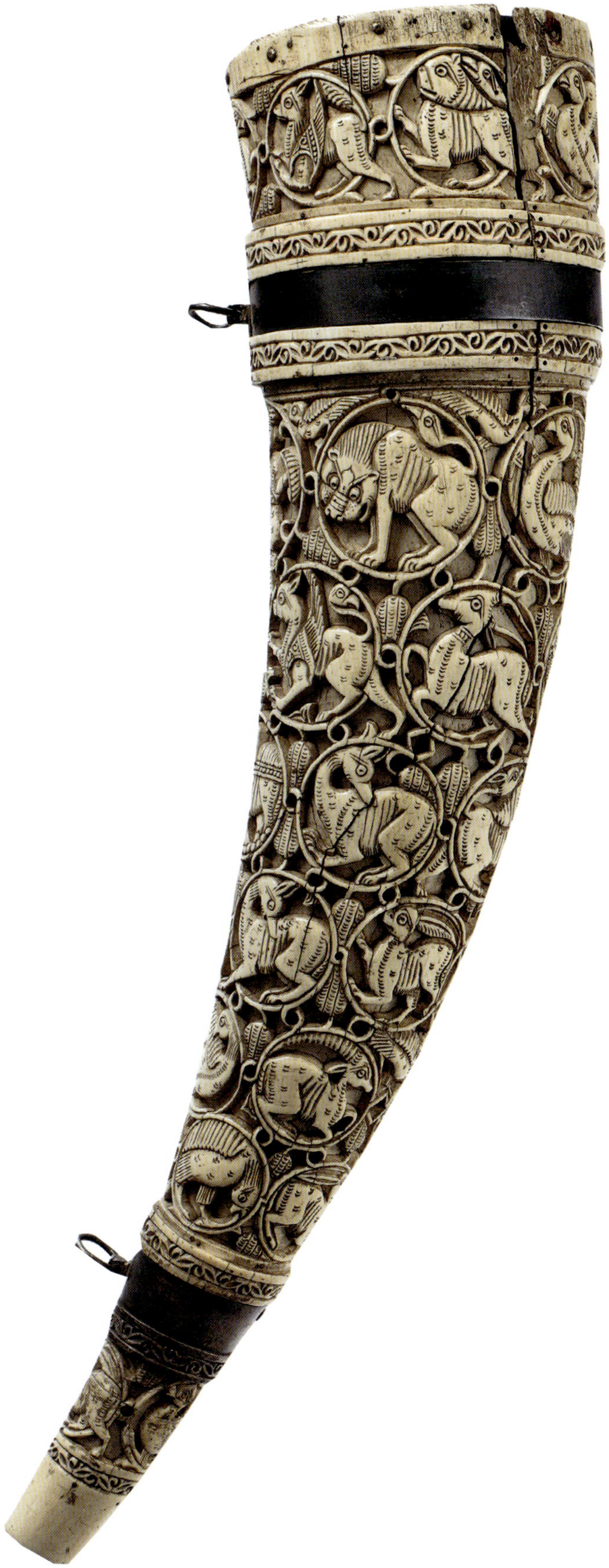

38. بوق على شكل قرن

جنوب إيطاليا، القرن الحادي عشر – القرن الثالث عشر م
عاج؛ منقوش
المقاسات: الطول: 55.9 سم، القطر عند الفتحة: 12.4 سم
رصيد رودجرز، 1904م 04.3.177a

كان استخدام قرون الحيوانات أو الأصداف لإصدار أصوات وللتواصل ممارسة مألوفة لدى العديد من الثقافات والمجتمعات القديمة، سبقت تطوير الآلات الموسيقية المعقّدة. كما كان استخدام أنياب الفيل المنحنية بأناقة والمقصوصة بطول يتراوح حول نصف المتر بحيث يمكن مسكها وتصدر نوتة وحيدة شائعًا في أوروبا خلال العصر الوسيط منذ القرن الثامن إلى القرن الثالث عشر الميلادي على أقل تقدير. (1) كما أنّ الغرائبية المرتبطة بتوريد العاج وثمنه الباهظ وقدراته السحرية المعتقدة وكذلك الانبهار القديم الدائم بالقارة الإفريقية "المُحاطة بالأسرار" خلقت هالة خاصة حول هذه التّحف. كان النبلاء الأوروبيون يرغبون فيها عن غيرها لاستخدامها قرونا للصيد، ولا سيما في المناطق التي تأثرت بفرنسا. أما المجتمع الإسلامي الذي يبدو أنه لم يستخدم هذه القرون فقد أدّى دورًا رغم ذلك في نشرها عبر أوروبا من خلال إسهامه في تجارة العاج.

نجا عدد كبير من هذه القرون (2) – في أوروبا فقط دون أن نعثر على قطعة واحدة في العالم الإسلامي – لأنها كانت تُعدّ تُحفًا ثمينة عادة ما تودع في الكنوز الكنسية وغيرها من المؤسسات حيث تحوّلت في بعض الأحيان إلى ذخر أو عُرضت خلال الاحتفالات. (3) وإضافة إلى وضيفتها الأصلية كقرون تُصدر صوتًا معروفًا يبدو أنّ هذه التّحف كانت كذلك رموزًا للأقطاع وملكية الأرض: فالحلقتان المعدنيّتان هنا كانتا على الأرجح مشدودتان إلى سلسلة معدنية تُستخدم لتعليق القرن عند المدخل المقوّس للعزبة.

ويبدو أنّ هذا القرن كان ملكًا لدير بندكتي في ديجون ثم انتقل إلى مجموعات ملاّكين مختلفين في فرنسا قبل أن يقتنيه المتحف سنة 1904م. واللافت أنّ جعبته الجلدية المستخدمة في السفر قد نجت بدورها. (4)

يتّفق العلماء على أنّ القرون العاجية من هذا القبيل كانت تُنتج في جنوب إيطاليا (5) لفائدة النورمان ما بين القرنين الحادي عشر والثالث عشر الميلاديين. غير أنّ "هيئتها" إسلامية الأسلوب لدرجة أنّ البعض أشار إلى أنها نُقشت بأيدي حرفيين مسلمين كانوا يعملون تحت حكم المسيحيين أو ربما بأيدي مسلمين تحوّلوا إلى المسيحية. لكن التفسير ببساطة هو أنّ صقلية وجنوب إيطاليا تحت حكم النورمان بقيت نقطة تلاقي بين الثقافات الإسلامية واللاتينية واليونانية. وسواء كان الصنّاع مسلمين أو مسيحيين فإن ذلك غير مهمّ نسبيًّا: إنّ اللغة الفنية المتوسطية المشتركة هي التي سمحت بأن تتوسط الوحوش والطيور والشخصيات الغريبة الواقعية والمتخيلة والمقاتلين المعمّمين لفائف الكروم والأقنث على هذه التّحف الرائعة.

1. وترتبط في كثير من الأحيان في الأدب الأوروبي المبكّر بشخصيات ذائعة الصيت وشبه

أسطورية على غرار شارلومان ورولاند والسيد الكمبيادور.

2. تُعد دراسة Shalem 2004b الأحدث والأشمل.

3. يبدو أنها كانت تُستخدم للشعائر الدينية كذلك خلال الأسبوع المقدس المسيحي عندما كانت أصوات الأجراس محجّرة. وحول استخدام القرون في الكنائس المسيحية انظر بوجه خاص الفصل السابع في "Oliphants in Church Treasuries, III: How Were They Used and Displayed?" في Shalem 2004b الصفحات 125-130.

4. متحف المتروبوليتان (عدد 04.3.177b).

5. أمالفي هي إحدى الجمهوريات الإيطالية البحرية جنوب نابولي، وكانت على الأرجح مركزا لنقش العاج على الرغم من وجود عدة مراكز نشطة في صقلية أولها في العاصمة باليرمو.

المصدر: Henri Baudot ديجون فرنسا؛ Maurice de Talleyrand-Périgord باريس [دوق دينو باريس حتى سنة 1904؛ بيع إلى متحف المتروبوليتان]

39. علبة جواهر مورغان

جنوب إيطاليا، القرن الحادي عشر - القرن الثاني عشر م

المقاسات: 20x 38.6x22.3 سم

هبة ج. بياربونت مورغان، 1917م 17.190.241

تُعدّ التحفة المسمّاة علبة جواهر مورغان من أكثر التحف العاجية براعة واكتمالا وكذلك من أقلّها دراسة وتحليلاً. صُنعت هذه العاجيات في بيئة استثنائية ارتبطت فيها الأعراف الفاطمية (بعد تصفيتها عبر المجتمع الإسلامي في جنوب شبه الجزيرة الإيطالية) بالمقاربات الفنية الجديدة التي ظهرت في فرنسا وشمال إيطاليا والعالم الجرماني. وقد حصل كل هذا التلاقح في منطقة شهدت مزيجا إنتاجيا من الثقافات الرومانية واليونانية البيزنطية على امتداد قرون قبل وصول المسلمين والنورمان.

صُنع هذا الصندوق الكبير من خلال تجميع تسع لوحات مزخرفة، أربع منها للجسم وخمس للغطاء. واكتمل الهيكل بشد أربعة أشرطة ضيقة في الجزء العلوي من الغطاء. وكان هذا التقسيم ضروريًّا لأنّ اللوحات على هذا الغطاء مائلة لتُشكّل هرمًا مقتطعًا على عكس غالبية الصناديق العاجية المكونة من أربع لوحات عاجية موصولة على جوانبها. كما تتميز هذه العلبة بتصميم غير مألوف

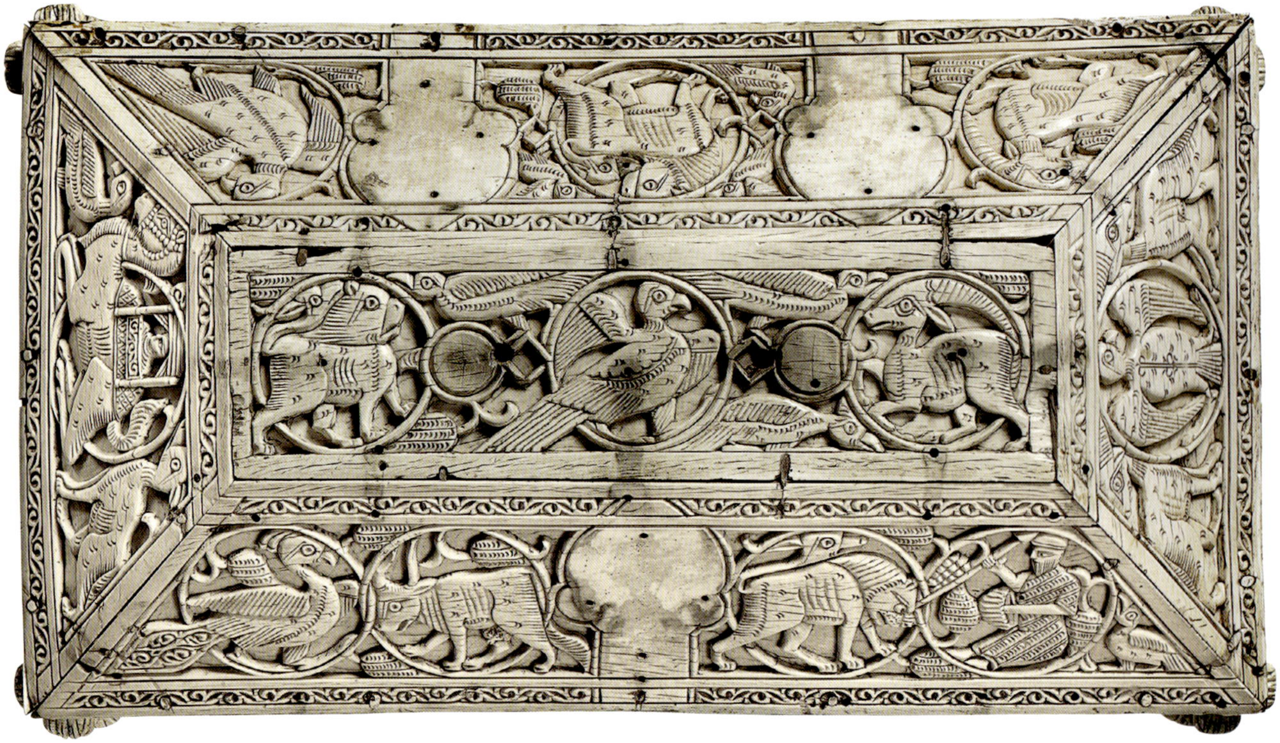

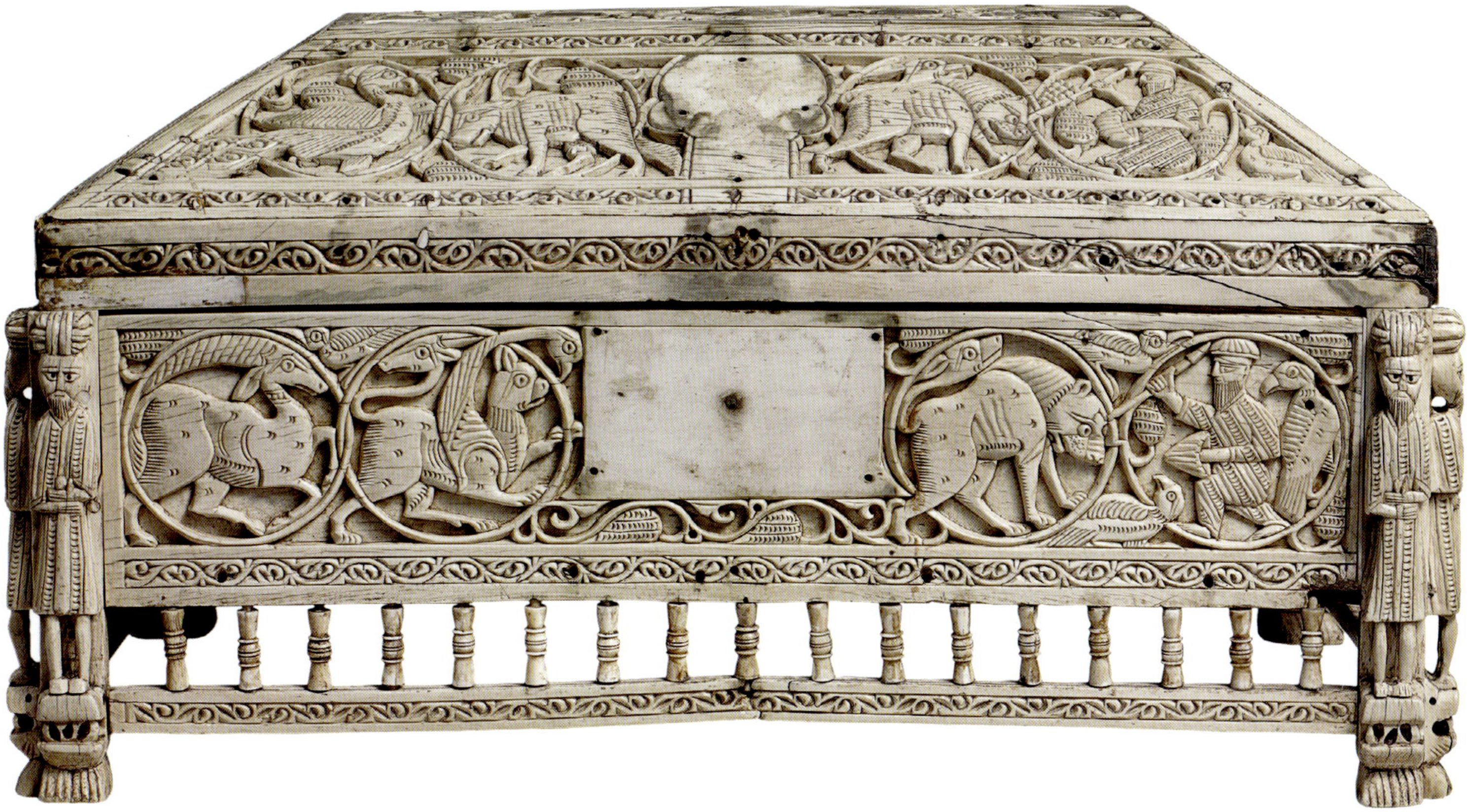

في زواياها. يقف على مصطبة في كل زاوية رجلان ملتحيان يمعنان النّظر، يرتدي كل منهما سترة قصيرة ويحمل سيفًا مستقيمًا وكأنهما حارسان للمحتويات الثمينة داخل العلبة. نُحتت في الأصل وحدات الأربع زوايا في كُتل منفصلة ثم أُضيفت الشخصيتان البارزتان ضمن زاوية بتسعين درجة تديران ظهريهما للعلبة وتمثّلان مساحتين بارزتين من دائرتها.

وبسبب زوايا الوحدات، فإنّ لوحات جسم العلبة أقصر طولا من جوانب الغطاء وتسمح القطعتان الضيقتان بالعبور بسهولة من جهة إلى الجهة الأخرى.

تُعطي العلبة انطباعًا بأنها فائقة الرقة وعالية الخفة بسبب النقوش المخرمة على الجسم: أربعة قطاعات ضيقة موصولة عموديًّا بالجوانب السفلى للوحات بواسطة أوتاد اسطوانية متباعد بعضها عن بعض بانتظام. (1) وكانت المشدات المعدنية، المفقودة حاليًّا، تزيد كثيرًا في أصالة مظهر العلبة. كان هناك مشبّك ولوحة قفل في الوجه الأمامي ومفصلين عريضين في الجانب الخلفي يمكن التعرّف عليها من آثارهما، كما تظهر كذلك آثار أماكن المقبض في أعلى الغطاء.

استُخدمت تقنية النقش النافر قليلة البروز لإنجاز موتيفات الزخرف التشخيصي على كل اللوحات، وكان ذلك مألوفا في مثل هذه العاجيات التي لا تتضمّن سرديات. وتحيط لفائفُ نباتية مسترسلة بالحيوانات والشخصيات البشرية المنفصلة الكبيرة بينما تُعمّر الفضاءات المتبقية الأخرى طيور صغيرة الحجم وورقات أشجار. يطغى التناظر على المظهر العام مع أزواج الحيوانات المتقابلة أو الرجل الذي يحمل رمحًا ويهاجم سنورًا وجها لوجه رغم أنّ اللوحة الأمامية تُظهر ظبيًا وكائنا بأربعة قوائم يشبه العنقاء ينظر كل منهما إلى اليمين. وتتميز النقوش عموما بجودة استثنائية مقارنة بأعمال أخرى مماثلة. وتبرز بوجه خاص بعض الميداليات بما فيها واحدة تضمّ امرأة متحجبة تجلس داخل هودج على ظهر جمل قابع عظيم البنية نُقشت على إحدى جوانب الغطاء، ويمكن القول إنّ هذا الموتيف ينتمي أكثر من غيره للنماذج الفاطمية من إفريقية الإسلامية التي نشاهدها على هذا النوع من التحف.

اقتنى جي بي مورغان هذه العلبة من رواق إيمبرت بروما سنة 1880 عندما كانت ملكًا لجي فرميرش. (2)

SC

1. كانت الأوتاد في الأصل سبعة عشر على امتداد الجوانب الطويلة وثمانية على الجوانب الأقل طولا؛ وقد استُبدل الكثير منها اليوم.
2. كان فرميرش Vermeersch عضوا في المتحف الملكي للآثار القديمة في بروكسيل. انظر Roddaz 1882 ص. 196، الصورة 2 للاطلاع على الرسوم المبكرة والمراجع المتعلقة بهذه العلبة.

المصدر: G. Vermeersch بروكسيل (سنة 1880) [الإخوة Bourgeois في مدينة كولن الألمانية حتى سنة 1904. مبيعات Krings and Lempertz كولن، أكتوبر 27–29 سنة 1904، الحزمة 1055]؛ [رواق A. Imbert روما حتى سنة 1910؛ بيعت إلى مورغان]؛ J. Pierpont Morgan نيويورك (1910–1917)

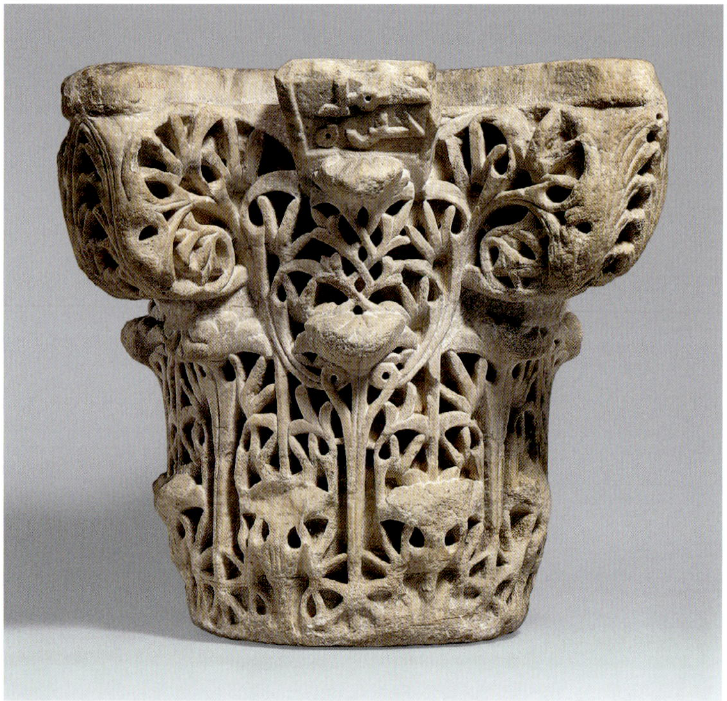

40. تاج عمود

إسبانيا، على الأرجح قرطبة، القرن العاشر م
رخام، منقوش
المقاسات: 36.8x34.3 سم
مجموعة تيودور م. دافيس
وصية تيودور م. دافيس، 1915م 30.95.134
نص بالعربية بخط النسخ بارز على جانب من العمود
عمل خبرة

نُقش تاج العمود كورنثي الطراز هذا بمهارة، وقد كان بالتأكيد يزيّن بهوًا قائمًا على الأعمدة أو رواق صحن في أحد القصور المزخرفة بفخامة والتي شُيّدت خلال القرن العاشر الميلادي تحت رعاية السلالة الأموية في العاصمة قرطبة وفي ضواحيها. وتتألّف العناصر الزخرفية الرئيسية من ثلاثة تيجان من ورق الأقنث السميك المكتنز تنبثق من جذوع أنيقة مزدانة بورقات رقيقة؛ أمّا الأطراف الملتوية للورقات فهي مفقودة. ويبرز تأثير المساحة المنقوشة بكثافة من خلال الجذوع القوية للنبتة التي تلتف حول بعضها بأغصانها الخارجة وتضم بداخلها الورقات والموتيفات النباتية الأخرى. وبينما تمتد إلى الخارج لتملأ فضاءات زاوية العقد تُبرز الرشّة النباتية الرقيقة حجم العقد وتعقيد التصميم ومهارة الحرفيين الذين أنجزوا العمل. وقد أُنجز النقش بالحفر العميق ليبرز بوضوح وحدة على الخلفية. يظهر اسم الحرفي المسؤول عن النقش في النص الذي بقيت منه أجزاء على حدبة في أعلى جانب من التاج وأوسطه. (1)
إنّ المقاسات المتناسقة للتاج وزخرفته الفاخرة وتقنية النقش وأسلوبه ومحتوى النص وموضعه، كل ذلك يشير إلى أنّه أُنجز على الأرجح في الورشات الملكية لمدينة الزهراء. (2) وقد انطلق الخليفة الأموي عبدالرحمن الثالث (حكم ما بين 912-961م) في تأسيس هذه المدينة القصر سنة 936م في ضواحي قرطبة وواصل المهمّة ابنه وخليفته الحكم الثاني (حكم ما بين 961-976). وتمثّل قصور مدينة الزهراء وأبهائها المزدانة بفخامة بالتيجان الحجرية المنقوشة والملوّنة وأروقتها ولوحاتها الجدارية - الكائنة كلها ضمن الحدائق المخضرة والباحات المفتوحة والأحواض المائية المتلألئة - شهادة على ثراء الخلفاء الأمويين في أوج حكمهم وعلى نفوذهم وإنجازاتهم الفنية.

OB

1. يمكن تأويل النص "عمل خبرة" أي من إنجاز شخص يدعى خبرة، مع إمكانية قراءات أخرى للاسم. وكان العديد من الحرفيين في الورشة الملكية إبان الخلافة الأموية يُعرفون بأسمائهم التي كانوا ينقشونها على العناصر المعمارية في البنايات الملكية. وللتعرف على الحرفيين الذين عملوا على بهو من أبهاء مدينة الزهراء انظر Martinez Nunez 1995.
2. بقيت تيجان أعمدة مماثلة على عين المكان في أحد أبهاء الاستقبال في مدينة الزهراء وكذلك في المتحف المحلي. انظر Cressier 1995. ومن بين الأمثلة الأكثر شبها بهذا العقد من الناحية الأسلوبية تلك المعروضة في متحف Museo Arqueologico Provincial في قرطبة (عدد 28.609) وفي دار الآثار الإسلامية، مجموعة الصبّاح، مدينة الكوين (عدد LNS1S)

المصدر: Theodore M. Davis نيويورك (حتى وفاته سنة 1915)، وعلى سبيل الإعارة من مؤسسته خلال تسويتها (1915-1930)

41. لوحة

المغرب، القرن الرابع عشر م
خشب (الأرز)؛ منقوش ومطلي
المقاسات: 7x307.3x48.3 سم
مجموعة السيد والسيدة إسحاق د. فليتشر
وصية إسحاق د. فليتشر ورصيد رودجرز، عن سبيل التبادل، 1985م 1985.241

يرد تسع مرّات النص العربي بخط النسخ، أربعة منها في صورة منعكسة
يمن

استُخدم هذا الباب الخشبيّ الضخم المزدان بزخارف منقوشة عنصرًا معماريًا. وكانت الأبواب الخشبية المنقوشة من هذا القبيل مع لوحات الجص المقولبة والمنقوشة في أعلى الجدران والمكعبات الخزفية أسفلها تُشكّل الزخارف المعمارية الثرية في البنايات المشيدة في المغرب أبان العصر الميريني. ولذلك نشاهد على سبيل المثال في الباحات الداخلية لمدرستَين في فاس هما مدرسة بوعنانية والعطّارين زينة تستخدم لوحات خشبية منقوشة شبيهة وُضعت في أعلى عارضة خشبية تحيط بمداخل الرواق الأرضي.
وتكتمل الزخرفة المعمارية للفضاء بفسيفساء من المكعبات الخزفية ولوحات من الجص المنقوش والمقولب.

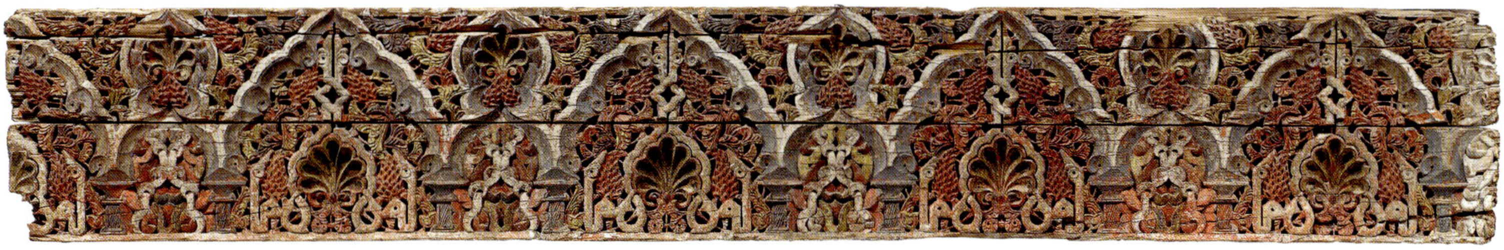

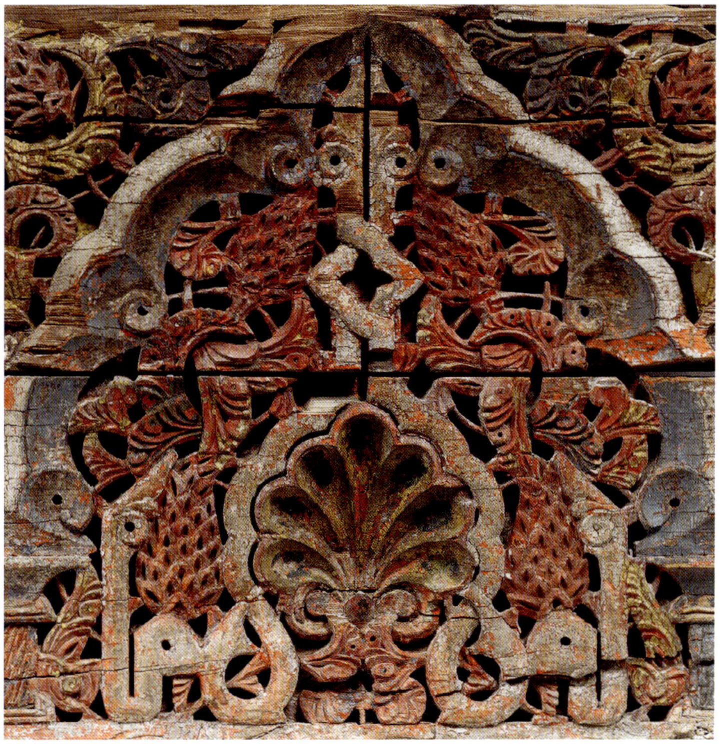

تتكوّن هذه اللوحة من قطعتَين مستطيلتَين وما زالت عليها آثار متعددة من الطلاء متخلف الألوان. أمّا الزخرفة المنقوشة فتتألف من رواق من العقود المُحدَودبة الطويلة يضم كل واحد منها تحت قمّته موتيفًا صدفيًّا ذي سبعة فصوص تحيط به كلمة "يمن". وهناك موتيف مماثل للعنصر تحت الرواق المحدودب وأصغر حجمًا بصدفة ذات خمسة فصوص يملأ الفراغات الفاصلة بين الأروقة الكبيرة. نُقشت خلفية اللوحة بزخرفة نباتية متنوعة وكثيفة تشمل .أكواز الصنوبر وسعفات منقسمة وغيرها من الموتيفات النباتية

تظهر على الأشكال والمواد المعمارية والزخرفية الرائجة إبان العصر الميريني صلات تماثل مع معمار وفنون السلالة النصرية الإيبيرية، وهي تعكس إسهام الحرفيين الذين هاجروا إلى المغرب عندما كان الملوك المسيحيون يستعيدون سيطرتهم تدريجيا في شبه الجزيرة الإيبيرية.

إنّ جزءًا كبيرًا من زينة المساحة متعددة الألوان التي ما زالت تُشاهد على هذه اللوحة المصنّعة من خشب الأرز، أي الطلاء الأحمر والأصفر والأخضر والأبيض والأسود المُذاب في مادة بروتينية، على الأرجح من أصل حيواني، تمثّل في الواقع إضافة لونية لاحقة. ويشمل الخضاب في هذه الطبقات معدن الأوربيمنت الأصفر والرصاص الأحمر والقرمز والرصاص الأبيض والنيلة، وكلها خضاب تقليدية لا تسمح بتأريخ حملة الطلاء المذكورة. وتظهر كذلك بالعين المجردة المساحة المطلية الأصلية في المواضع التي تآكلت فيها طبقات الطلاء اللاحق. كانت زخرفة المساحة الأصلية تبدأ بطلاء طبقات تحضيرية على كل المساحة من الرصاص الأحمر أو معدن الأربيمنت المسحوق الذين يوضعان على التوالي تحت العقود وفي السبندل. ورغم أنّ المخطط الزخرفي الكامل لم يتّضح حتى الآن، فإنها تظهر في المساحات المحفوظة جيدا خلفيات حمراء فاقعة وزرقاء مزدانة بالتنقيط والتسطير بالأبيض والأسود، أما في السبندل فالمساحة الأصلية لبعض الأماكن مزججة بخضاب برتقالي مطلي فوق الطبقة التحضيرية الصفراء، وهو ما أنتج لونا أصفرَ برتقاليا كثيفًا. وقد جرى التعرّف على المادة المثبتة في طبقة الطلاء الأصلية بالرصاص الأحمر على أنّها تمبرا. (1)

كانت القطعتان المستطيلتان من خشب الأرز اللتين تتألف منهما اللوحة مشدودتين ببعضهما بواسطة خمسة مسامير حديدية مصنّعة يدويًّا مُفتّقة في أطرافها. والملاحظ أنّ مسماران منهما منكسران وفقدا نصفيهما مما يشير إلى أنّ اللوحات قد فُصلتا في وقت ما. كما تدلّ المسامير الإضافية في الجوانب العليا والسفلى والثقب الفارغة فيها أنّ هذه العناصر استُخدمت لشد اللوحة لمكونات معمارية محاذية لها. وفي الجهة العليا كانت هذه المسامير بالتأكيد تشدّ حافة زهرية ضيقة مطلية ومنقوشة كما نشاهد ذلك في لوحة مماثلة في مجموعة الصبّاح.(2) وتدلّ بقايا لسان وآثار نقر في الطرف الأيمن على عملية الشد الأصلي بالعناصر الخشبية المعمارية.

OB/BE/KrW

1. قام بتحاليل الخضاب والوسائط في قسم البحث العلمي بمتحف المتروبوليتان العلماء Adriana Rizzo, Mark T. Wypyski & Tony Frantz. وقد تعرّف على التمبرا Daniel P. Kirby في مركز ستراوس للترميم، متاحف هرفارد للفنون، جامعة هرفارد، كمبريدج. ماساتشوستس.
2. دار الآثار الإسلامية، مجموعة الصبّاح، مدينة الكويت، الكويت. (عدد LNS62W).

المصدر: [Spink & Son Ltd، لندن حتى 1978-1979؛ بيع إلى Homaizi]؛ جاسن هومايزي، الكويت (1979-1985 إلى متحف المتروبوليتان على سبيل التبادل)

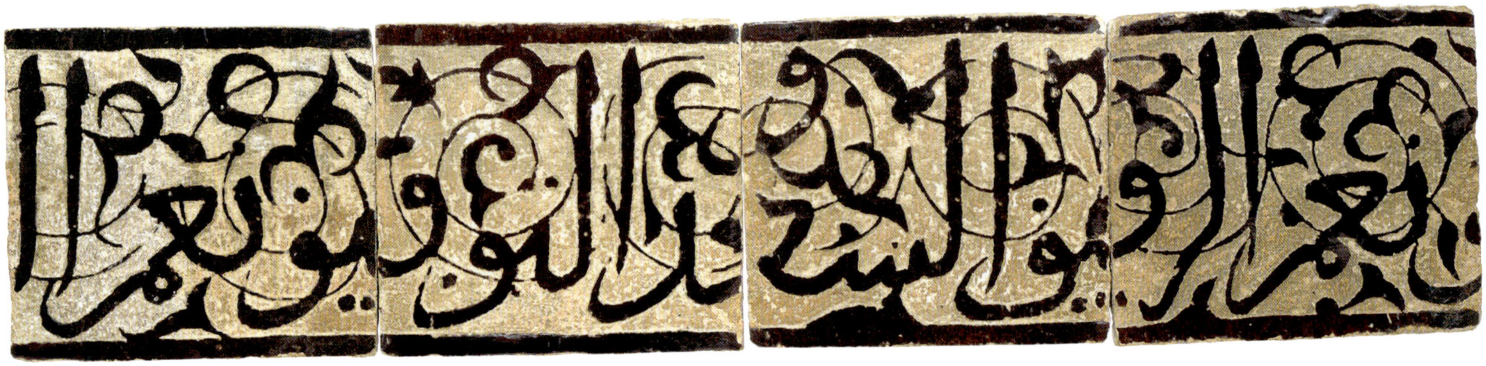

42. لوحة من أربعة مربعات مخطوطة

المغرب، القرن الرابع عشر - بدايات القرن الخامس عشر م
عجين خزفي، مزجج ومحفور
المقاسات: 56.6x12.4 سم
اقتناء، هبة ليون ب. بولسكي وسينثيا هازن بولسكي تكريما لباتي كادبي بيرش، 1999م
1999.146

نص عربيّ بخط الثلث:
نعم الرفيق السعد والتوفيق

كانت لوحات المربعات الخزفية المزدانة بالنصوص والمستخدمة إفريزات جزءًا لا يتجزّأ من الزخرفة المعمارية للبنايات في المغرب الأقصى بداية من القرن الرابع عشر الميلادي فصاعدًا. كانت توضع على الجدران تحت مستوى العين بقليل ممّا ييسّر قراءتها وتُجمع مع لوحات الفسيفساء والجص والخشب المنقوش لتخلق مساحات مزركشة بالألوان ومنسوجة داخل البيوت الداخلية والباحات. تأسّست مدرسة بوعنانية والعطّارين في فاس تحت الرعاية الملكية في سنة 1323-1325م و 1350-1355 على التوالي، وهما نموذجان يمثّلان على أفضل وجه المعمار الميريني للقرن الرابع عشر الميلادي. وقد استلهمت أشكالُ المعمار والزخرفة لذلك العصر من فنون ومعمار السلالة النصرية في إسبانيا التي تُمثّلها قصور الحمراء في غرناطة. كما يسّرت الروابط السياسية والثقافية الوثيقة بين السلالتين انتقال الأفكار الفنيّة عندما هاجر البنّاؤون والحرفيّون من الأندلس إلى المغرب بينما كان الملوك المسيحيون يستعيدون تدريجيًّا سلطتهم على شبه الجزيرة.

تتألّف هذه اللوحة من أربع قطع خزفية مستطيلة الشكل، وهي مزخرفة بالتقنية المسمّاة "زليج" في المغرب، حيث تُغطّى كامل المساحة بتزجيج أسود أرجواني ثم تُحفر ليبقى النص المنقوش واللفائف الورقية بارزة ونافرة على الخلفية. ويوحي محتوى النص الميمون للجملة التي تتكرّر أنّ اللوحة كانت في الأصل جزءًا من إفريز أطول استُخدم لزخرفة بناية مدنية. (1) وتُكمّل التركيبةَ الزخرفية لفيفة ملتوية رقيقة بموتيفات مورقة وإطار يحيط بالنص في الجانبين العلوي والسفلي.
OB

1. انظر Carboni 2000.

المصدر: [Spink & Son Ltd لندن حتى سنة 1999؛ بيع لمتحف المتروبوليتان]

43أ. ب.: مربعان خزفيان على شكل نجمة

أ. إسبانيا، على الأرجح مالقة، النصف الأول من القرن الخامس عشر م
فخار ذو بريق معدني على تزجيج أبيض معتم
العرض: 23.5 سم
مجموعة ه. أ. هافنماير، هبة ه. أ. هافنماير 1941م 41.165.40

نص عربي بخط النسخ على الحافة السفلى:
[...] ولاول [هكذا] [والأول؟] ان كان الغرض منه الاحتراز عن الخطأ في تأدية الفن المراد فهو الفن الاول وإلا فهو مايع فيه وجوه التحسين وهو الفن الثالث وعليه ميع ظاهر يدمع بالكـ...
بعد ما اعرق وقيل رتبه على مق[ـاطع] [...]

ب. إسبانيا، على الأرجح مالقة، النصف الأول من القرن الخامس عشر م
فخار ذو بريق معدني على تزجيج أبيض معتم
العرض: 24.8 سم
مجموعة ه. أ. هافنماير، هبة ه. أ. هافنماير 1941م 41.165.41

كانت مالقة التي تقع على الضفة الجنوبية لإسبانيا أحد المراكز الرئيسية لصناعة الخزفيات خلال عصر المملكة النصرية.(1) والأرجح أنّ هذان المربّعان على هيئة نجمة ثُمانيّة وعليهما زخارف ذات بريق معدني نحاسي قد أُنتجت هناك. ويحمل أحدهما (الفهرس 43أ) نموذجًا زخرفيًّا يتألف من الورقات والزهور

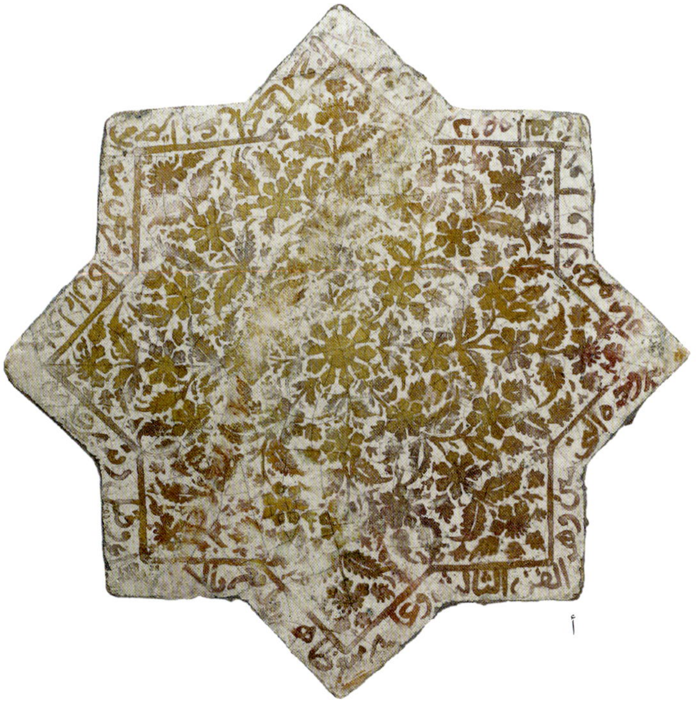

أ

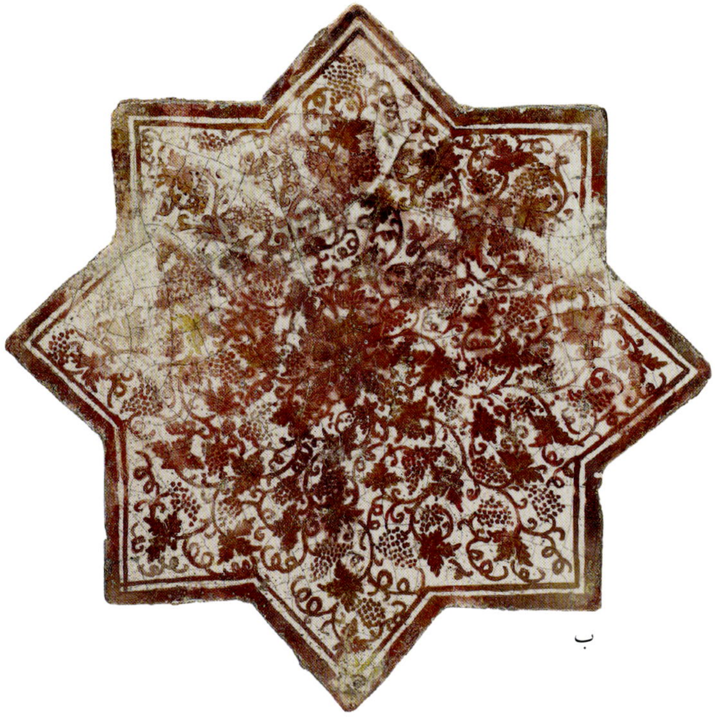

ب

المرصوصة ونصًّا عربيًّا في حافته السفلى، بينما الآخر (الفهرس 43ب) مُغطّى بلفيفة دالية متشعّبة تحمل ثمارًا وتُشعّ إلى الخارج انطلاقًا من ميدالية زهرية مركزية.

وعلى الرغم من أنّ استخدام المربّعات الفخارية كان مألوفًا في زخرفة المعمار النصري، إلا أنّه لم يتبقَّ سوى عدد قليل من المربعات ذات البريق المعدني على شكل نجمة ثُمانيّة. إنّ الدالية والأغصان المتشعّبة والموتيفات الزهرية المُشعّة التي نشاهدها هنا تنتمي إلى المسرد الفنّي لعصرها. ويرى البعض أنّ المربّعات من هذا القبيل كانت تُغطّي في الماضي جدران القصور الغرناطية مثل قصر الحجر وقصر الحمراء.(2) كما يوجد مثالان آخران شبيهان بمربّعَينا في تقنيتهما وزينتهما، أحدهما مربّع مالقي معاصر في مجموعة متحف الفنون الزخرفية بباريس (3) والآخر في اللوحة الشهيرة "فرتوني" في معهد فالنسيا دون خوان في مدريد.(4) يعود تاريخ المربّع الباريسيّ إلى بدايات القرن الخامس عشر الميلادي ويحمل كرمة مورقة ومثقلة بعناقيد العنب رُسمت بطريقة واقعية وهي مُؤطرة داخل نجمة ثُمانيّة؛ ويتشابه رسم الأغصان بما نشاهده على الفخاريات المالقيّة. أمّا اللوحة الكبيرة التي كانت في السابق ملكًا للفنان فرتوني فتنتمي للوحات ذات البريق المعدني التي توضع على القبور وكانت مفيدة في تأريخ المربّعات الخزفية لتلك الفترة الزمنية. ويشمل نصها الطويل إهداء للسلطان النصري لغرناطة يوسف الثالث (حكم ما بين 1408-1417م). كما توجد لوحة مأتمية أخرى ذات بريق معدني من مدينة ولبة تحمل زخرفًا نباتيًّا مماثلاً ومؤرخة في شهر ذو القعدة سنة 811 هجري، الموافق لشهر مارس 1409م. (5)

إنّ الخفة الساحرة وحرية إنجاز الدالية المتشعّبة والأشكال النباتية الطبيعية في المربّعَين تعيد إلى الأذهان المخطوطات القوطية المزخرفة المعاصرة في إسبانيا. غير أنّ هذه التصاميم النباتية تكتسي شبهًا أكثر قربًا من الأعمال الخزفية العائدة للقرن الرابع عشر الميلادي في بهو السفراء في قصر إشبيلية والتي أنجزها حرفيون مسيحيون من الضفة الشرقية لشبه الجزيرة الإيبيرية كانوا يعملون لحساب الملك بدرو الأول لقشتيلية وليون (حكم ما بين 1350-1369م). ومن المحتمل أنّ هؤلاء الحرفيين المتنقلين يقفون وراء التصاميم القوطية التي نشاهدها على العديد من الفخاريات العائدة لأواخر القرن الرابع عشر وبدايات القرن الخامس عشر الميلاديَّين.(6)
ورغم أنّ المسألة أسالت في السابق كثيرًا من الحبر، فيُعتقد حاليًّا أنّ الولع بتقنية الفخاريات ذات البريق المعدني في إسبانيا الإسلامية جاء على الأرجح على أيدي الحرفيّين الفاطميّين المصريّين الذين انتقلوا من الساحل المالقيّ بعد سقوط الدولة الفاطمية سنة 1171م.(7) ومع وصول النصريين للحكم سنة 1232م كان قد تكوّن سجلاً حافلاً بالتصاميم من شمال إفريقيا والعالم الإسلامي الغربي وتسرّب إلى الفنون الأندلسية.
ويُعدّ النص المكتوب على حافة أحد هذه المربعات (الفهرس 43أ) غير مألوف. ورغم أنّ أجزاء من النص أصبحت غير مقروءة فإنّ ما تبقّى نصًّا عربيًّا يشيد بمهارات الفنان الخزفي في تزجيج وزخرفة المربعات ذات البريق المعرني. وهذه المراجع التي لا يُعرف لها مثيلا في الفن الأندلسي يُقدّم لنا معارف حول تقنية صناعة الخزف ذي البريق المعدني في إسبانيا النصرية.

ME/RV

1. وقد اقترح العلماء كذلك أنّ غرناطة ربما كانت مركزًا كبيرًا لإنتاج الخزفيات ذات البريق المعدني، لكن لم تظهر للنور أدلة وثائقية أو أدبية تسند هذه الفرضية. انظر Frothingham 1951 صفحات 21-27.
2. المصدر المذكور، ص. 66.
3. انظر Degeorge and Porter 2002 ص. 64.
4. انظر Granada and New York 1992 صفحات 360-361 عدد 113
5. المصدر المذكور، ص. 72.
6. المصدر المذكور، ص. 73.
7. اقترح Frothingham أنّ تقنية البريق المعدني وصلت إسبانيا نتيجة هروب الحرفيين الفارسيين زمن الاجتياح المغولي في بدايات القرن الثالث عشر الميلادي. غير أنّ Sheila Blair و Jonathan Bloom حاججوا بأنّ الاختلافات بين التركيبة في الخزفيات الأندلسية والإيرانية تدحض هذه الفرضية. انظر Frothingham 1951 صفحات 21-27؛ و Rosser-Owen 2010 صفحات 66-70؛ و Blair and Bloom 1995 صفحات 129-131.

المصدر: مجموعة H.O. Havemeyer نيويورك (حتى سنة 1941)

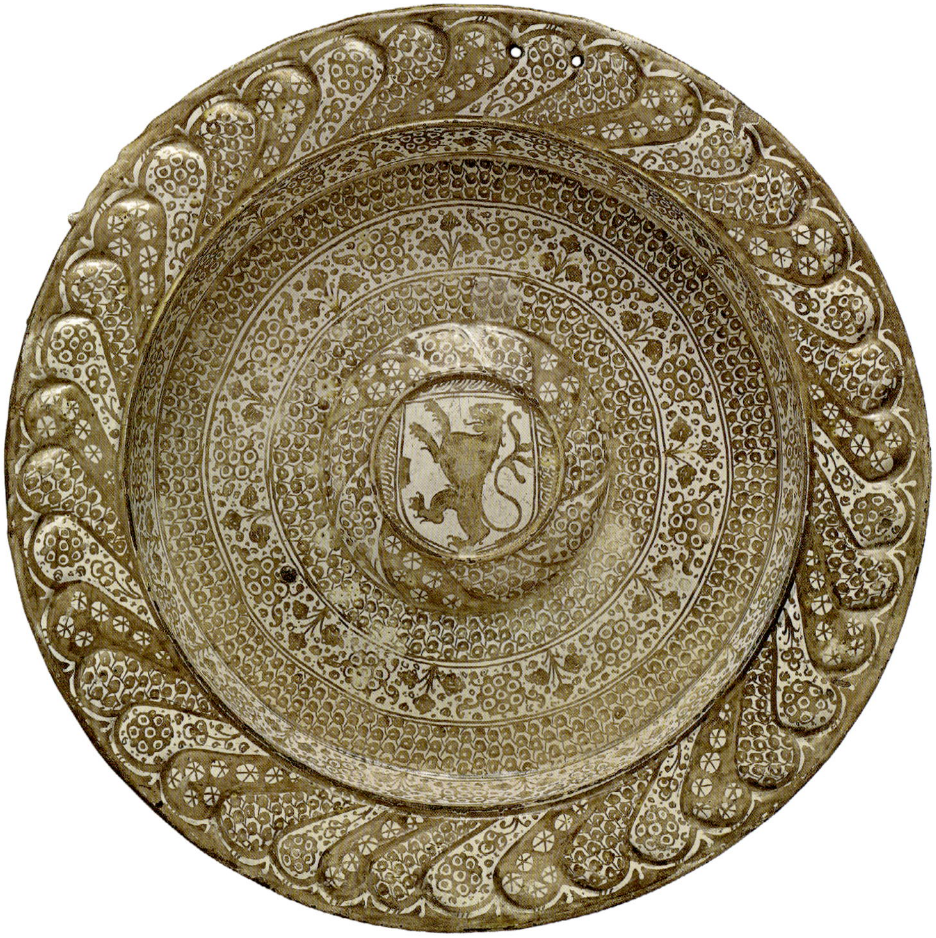

44. إناء (موقد)

إسبانيا (فالنسيا)، أواخر القرن الخامس عشر - بدايات القرن السادس عشر الميلاديَّين
فخار، مقولب ومطلي بالبريق المعدني على تزجيج أبيض معتم
القطر: 46.4 سم
مجموعة إدوارد س. مور، هبة إدوارد س. مور، 1891م أ91.1.427

تظهر في وسط هذا الموقد أو الصحفة العميقة ذات البريق المعدني صورة أسد متربّص داخل شعار على هيئة درع وتحيط به في التجويف شرائط دائرية تتناوب في تصميمها موتيفات قشور السمك وأخرى زهرية. وتتناوب التصاميم ذاتها على الأخاديد المائلة الشبيهة بالعجلات والمُصنّعة بالنقش النافر التي تُغطي الحافة المقلوبة العريضة.

يُمثّل هذا الموقد نموذجًا للأواني الخزفية المنتجة في مانيسيس في مقاطعة بلنسية خلال العقود الأخيرة من القرن الخامس عشر الميلادي. وتحمل عدة مواقد ذات بريق معدني تعود للفترة نفسها ميداليات بشعارات لأُسود متربّصة. ومع ذلك فإنّ مالكيها غير معروفين لأنّ الشعارات كثيرًا ما استُخدمت في تلك الحقبة كرموز للهيبة والترف وليس للتعريف بالمالك. وبما أنّ الأسد في هذه الحال قد انتُزع من سياق شعار النبالة، لا يمكن ربطه بأي أسرة على وجه التحديد.

يُذكّرنا الأسد المتربّص وبرنامجه الزخرفي الوارد على هذا الموقد بذلك الذي نشاهده على "طبق كويلو" (حوالي 1480-1499م) في مجموعة الجمعية الهسبانية لأمريكا في نيويورك، وهو يحمل شعار نبالة أسدي وكذلك تصاميم مماثلة من الأخاديد وقشور السمك والموتيفات الزهرية.(1) وبوصفه من أوّل النماذج المبكّرة لما أطلق عليها الأواني ذات الأخاديد، فقد ساعد "طبق كويلو" في تحديد الربع الأخير من القرن الخامس عشر كأوّل حقبة تاريخية استُخدم فيها هذا المنوال الزخرفي.(2)

توجد عدة قطع خزفية ذات بريق معدني يعود تاريخها للقرن الخامس عشر الميلادي فصاعدًا - في متحف المتروبوليتان ولدى الجمعية الهسبانية لأمريكا وأماكن أخرى - تُظهر الاستخدام المتكرّر للتصاميم الواردة على هذا الموقد وعلى "طبق كويلو". والأرجح أنّ تقنية الطلاء ذي البريق المعدني جُلبت إلى مالقة ومرسية في جنوب إسبانيا على أيدي الخزافين الفاطميين من مصر في أواخر القرن الثاني عشر الميلادي.(3) ويُعتقد أنّ هذه التقنية وصلت إلى مانيسية في بداية القرن الرابع عشر الميلادي.(4)

إنّ ظهور المنوال الزخرفي لشعار النبالة على نماذج كثيرة يُثبت أنّ الفخاريات ذات البريق المعدني كان تُعدّ منتجات فاخرة من قِبل الطبقة النبيلة في بلنسية خلال القرنَين الرابع عشر والخامس عشر الميلاديين وأنها كانت مطلوبة، وتُصدّر إلى أماكن قصية كمصر والجزائر وصقلية.(5)

PC

1. انظر Esker Heather في واشنطن دي سي. 2004 عدد 77. يحمل "طبق كويلو" شعار النبالة Joan Payo Coello الذي ينتمي إلى أسرة برتغالية نبيلة وكان رئيس دير Poblet.
2. المصدر ذاته
3. انظر Lane سنة 1946 ص. 252؛ Rosser-Owen سنة 2010 ص. 66-67.
4. انظر Rosser-Owen سنة 2010 ص. 66-67.
5. Frotingham سنة 1951 ص. xlviii. انظر كذلك Rosser-Owen سنة 2010 وواشنطن دي سي، ومدن أخرى سنة 2004، ص. 120-121.

المصدر: إدوارد سي مور، نيويورك (حتى وفاته سنة 1891م)

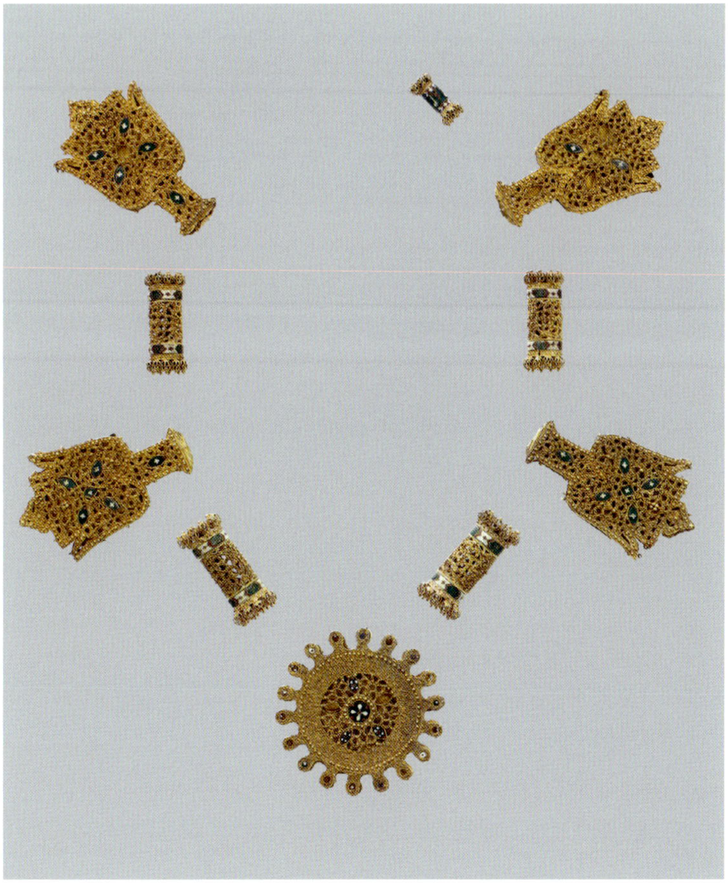

45. مكوّنات عقد

إسبانيا، على الأرجح القرن الخامس عشر الميلادي
ذهب؛ مينا مصوغة؛ تخريم؛ تحبيب
القلادة الدائرية: القطر 7.6 سم
القلادة: الطول 8.3 سم
الحبّات: الطول 5.1 سم، 3.8 سم، 2.5 سم
هبة بياربونت مورغان، 1917م 17.190.161
كتابة باللاتينية على القلادة المستديرة ave maria gracia plen [a]n : السلام عليك مريم الممتلئة نعمة

من المرجّح أنّ العناصر الرئيسية لهذا العقد الدقيق المُصنّع خلال العصر النصري المتأخّر في الأندلس تتألّف في الأصل من قلادة دائرية كبيرة وأربع قلادات على شكل سعفات منمنمة وخمس حبّات أسطوانية الشكل لها ثلاثة أحجام مختلفة. وقد توصّل الحرفيون إلى هذا الثراء في المساحات الرقيقة الملوّنة باستخدام توليفة من تقنيات الصياغة. جرى ثقب ورقة الذهب للحصول على المخرم الذي يُشكّل نموذج القاعدة الخلفية العامة بينما استُخدمت تقنية المساحة المرفوعة في الشريط المحيط بالقلادات. صُنعت المساحات بتقنيتَي المخرم والصياغة، وفي هذه الأخيرة تتكوّن الخلايا من أسلاك ملحومة مُلئت بالمينا الملوّنة. ومن شأن المينا الخضراء والبيضاء والحمراء القانية أن تُبرز الموتيفات الزهرية التي تتوسّط

القلادات، أمّا الحبّات أسطوانية الشكل فهي مزدانة على كل جانب بشريط من المينا الملوّنة ومُكلّلة بصفّ من الكريّات الجوفاء المخرمة. وتُضفي العناقيد الصغيرة من الكريات الذهبية المصنّعة بتقنية التحبيب انطباعًا بالبنية المنسوجة على كل المساحة. وكانت الحلقات الصغيرة حول محيط السعفات تشدّ سلكًا تتدلّى منه حبات اللؤلؤ أو الأحجار الكريمة. وعلى عكس ذلك، كان محيط القلادة الدائرية مختومًا بتيجان مستديرة مزدانة بالمينا، ومفقودة في الوقت الحاضر.

تتميّز حرفة صياغة الذهب في العصر الوسيط من أوروبا الغربية إلى الصين (1) باستخدام توليفة من تقنيات الصياغة المختلفة. ونجد أوجه شبه شديد بين مكوّنات هذا العقد والمجوهرات المنتجة تحت حكم الفاطميين. (2)

من الناحية الأسلوبية يمكن إيجاد علاقة بين الحبات الأسطوانية والقلادات الأربع على شكل سعفات من ناحية وعناصر العقد النصري الذي عُثر عليه في بنتاريكوي (مقاطعة المرية، إسبانيا) (3) بينما يمكن ربط القلادة المستديرة بمثالَين أخريَين. (4)

يُعبّر النص الوارد على القلادة المستديرة عن تعقيدات ثقافة الأندلس. يحمل الشريط العريض المحيط بالوريدة المركزية الكلمات الافتتاحية اللاتينية "السلام عليك مريم"(5) بحروف كبيرة تُبرزها الحاشية المحبّبة، ويسبق الجملة صليب مصنّع بتقنية المساحة المرفوعة. ونجد هذا النص في كثير من الأحيان على قطع محمولة أخرى انطلاقًا من بدايات القرن السادس عشر الميلادي فصاعدًا، (6) وهي تشير إلى أنّ العقد صُنع لعرّاب مسيحي، ممّا يعني أنّ القيم الجمالية كانت متقاسمة لتتخطّى الحدود الدينية.

OB

1. يُعزى على نحو مطلق انتشار الأساليب والتقنيات الفنية، لا سيا في العصر الوسيط، إلى إمكانية حمل القطع الفنية. وتُسهم المواد الثمينة والتقنيات الدقيقة والزخارف المعقدة – بوصفها حمالة للدلالات الجمالية والاجتماعية – في جعل التحف الفاخرة محبّبة ومرغوبة، وفي تكييفها على أيدي ثقافات أخرى.
2. نيويورك 1983، ص. 92–93
3. يشير Juan Zozaya إلى أنّ القلادات من مجموعة بنتاريكوي (المتحف الأثري الوطني، مدريد) لديها هيئة منحنية الشكل تشبه النماذج الأصلية الإلخانية. انظر زوزايا في غرناطة ونيويورك 1992، ص. 302–303 عدد 73. وتؤكد أكثر قلادات بنتاركوي اقتراح جنكينس Jenkins التي تشير إلى أنّ السمات الأسلوبية الإلخانية انتقلت إلى المجوهرات المملوكية ثم كيّفها بدورهم الصاغة في الأندلس خلال الحقبة النصرية. انظر Jenkins 1988 ص. 37.
4. متحف الفن الإسلامي، المتاحف الوطنية في برلين (عدد I. 4940). متحف بيناكي، أثينا (عدد 1856).
5. تجدر الملاحظة أنّ الخراطيش في شرائط الحبات الأسطوانية مزدانة بتفصيل أُنجز بسلك ذهبي من تقنية الصياغة، ويمكن أن يكون عملاً متدني الجودة لنص يحمل اسم "الله".
6. انظر Zozaya في غرناطة ونيويورك 1992، ص. 302 عدد 73.

المصدر: ج. بياربونت مورغان، نيويورك (حتى سنة 1917م)

46 أ–ج. بقايا قطع نسيج: أردية القديس فاليريوس

إسبانيا، القرن الثالث عشر م

أ. قطعة من نسيج دلمطيق مع نجد
حرير، مستخلص حيواني مذهّب حول نواة حريرية، نسيج نجود
المقاسات: 8x21 سم
رصيد فليتشر 1946م 46.156.10

نص عربي بخط النسخ مكرّر: اليمن والعز والرفعة والعظمة

ب. قطعة من نسيج دلمطيق
حرير، مستخلص حيواني مذهّب حول نواة حريرية؛ لمباس بطبقات منفصلة في النسج الخلفي
المقاسات: 7.6x12.1 سم
رصيد فليتشر 1946م 46.156.4

ج. قطعة من شال
حرير، مستخلص حيواني مذهّب حول نواة حريرية، نسج على وجهَين (taqueté)
المقاسات: 15.2x13.3 سم
رصيد فليتشر 1946م 46.156.3

تنتمي هذه القطع إلى ما كان في الماضي مجموعة من الأردية الكهنوتية تتألف من رداء كاهن وقطعتَين من الدلمطيق وغفّارة تحمي من المطر. (1) صُنعت هذه الأردية في القرن الثالث عشر الميلادي في كاتدرائية رودا دي إيزابينا (مدينة وشقة)، وقد خصصت لعبادة القديس فاليريوس، أسقف سرقسطة من سنة 290م إلى وفاته سنة 315م تحت حكم الإمبراطور الروماني ديوكلسيانوس. صُنعت لتقديس بقايا القديس وكانت تظهر بوجه خاص لدى الاحتفال بيوم عيده. (2)

في القرن الحادي عشر الميلادي، حُملت بقايا القدّيس إلى كنيسة القديس فيسانتي في رودا، ثم أُرسل البعض منها لاحقًا إلى كنائس أخرى. (3) وليس معلومًا بدقة متى حُملت الأردية نفسها إلى كاتدرائية لاريدا حيث بقيت حتى عام 1922م. غير أنّ هناك وثيقة صادرة عن اجتماع رجال الكنيسة مؤرخة في سنة 1498م تصرّح أنّ الاجتماع يعتزم إصلاح الملابس. (4) وكنتيجة التحويرات التي حصلت في أزمان مختلفة من ذلك التاريخ إلى حدود سنة 1851م، لم يبق أيّ من الأردية المعروضة حاليا في متحف النسيج والملابس في برشلونة على حاله الأصلية. (5) وتحتفظ مختلف المتاحف في الولايات المتحدة وفي أوروبا بعدة قطع من هذه الأردية، كما نُشرت دراسات حول أغلبها.

وتُعدّ القطع الثلاث المعروضة هنا بنماذجها المتألفة من موتيفات صغيرة الحجم مُميّزة للأقمشة الحريرية الفاخرة المنسوجة في الأندلس خلال القرن الثالث عشر الميلادي. وفي قطعة النجد المنسوجة من الدلمقطي (الفهرس 46أ) يتكوّن التصميم الهندسي المتشابك المرهف من خيوط رقيقة من الحرير الأبيض. أمّا الموتيفات الثانوية الصغيرة – المنجزة بخيوط لماعة زرقاء وخضراء ووردية والمحشوة داخل فرجات التصميم المتشابك على الخلفية البراقة الموشاة بالذهب – فهي تُذكّر بالمساحات المرصّعة بالجواهر في صياغة الذهب. وتتكرّر كلمات دعاء ميمون في الشريط المكتوب بالأحمر الفاقع على الأرضية الذهبية.

وتتألّف زينة القطعة الثانية من الدلمقطي (الفهرس 46ب) من شبكة مربّعة

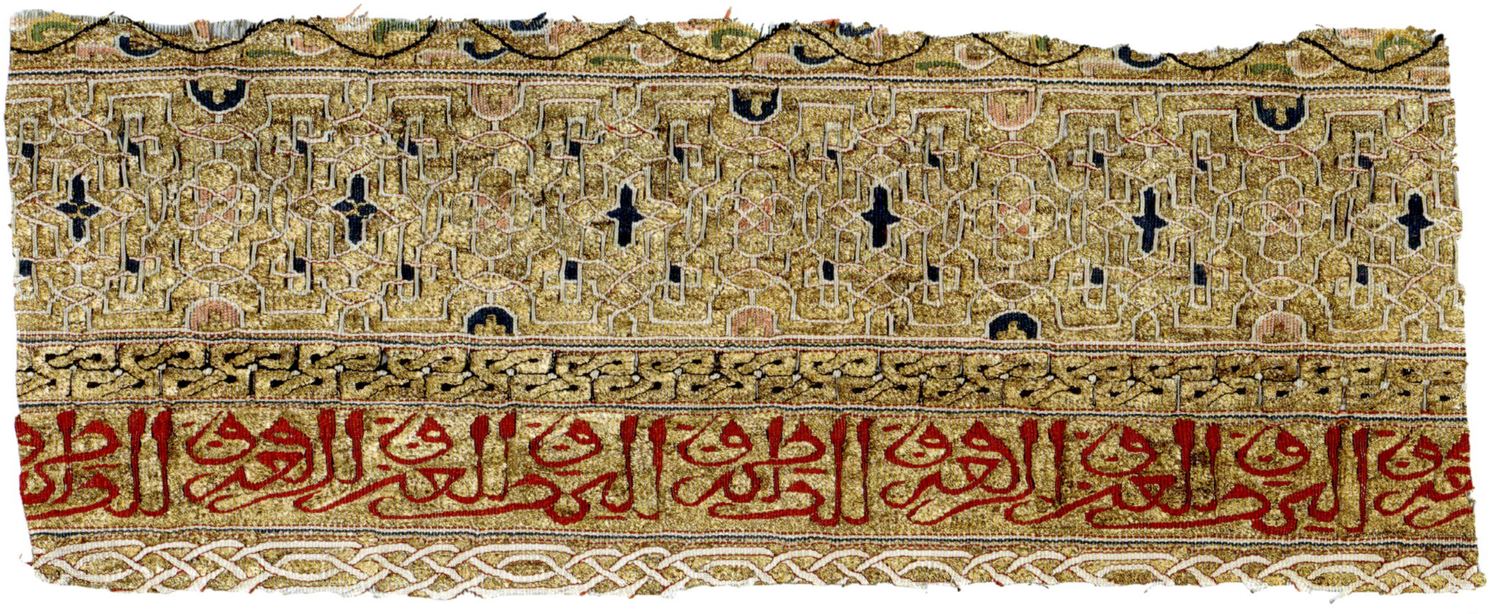

أ

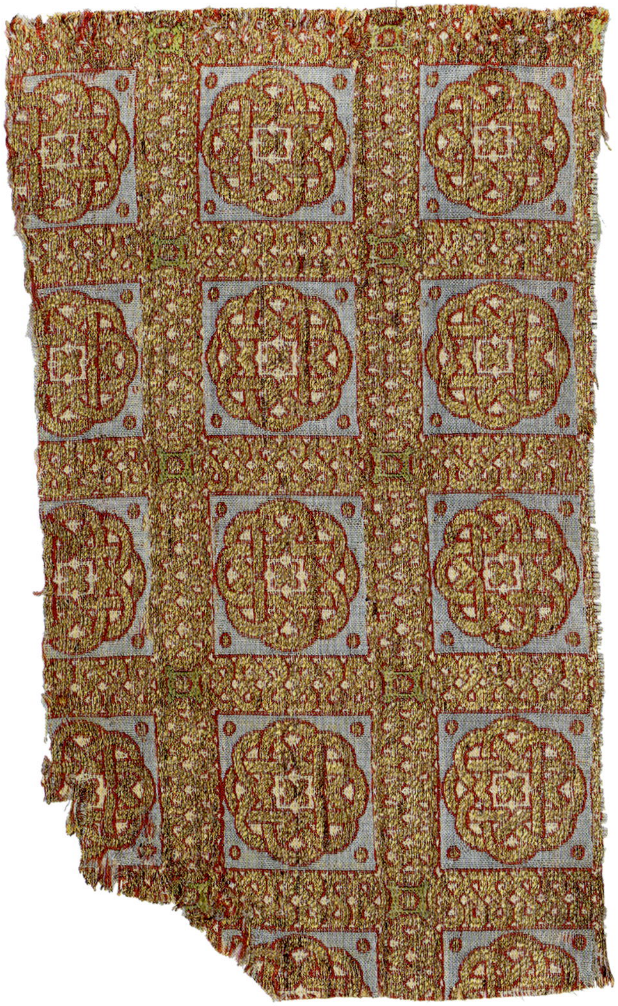

ب

تتشكّل من موتيف متشابك من الذهب الموشّى على خلفية زرقاء فاتحة. يحتوي كل مربّع من الشبكة على وريدة من موتيف ذهبي متشابك في الوسط وتنقيط ذهبي دقيق في الزوايا. ويُبرز الحرير الأحمر البرّاق كل العناصر. أمّا قطعة الرداء الكهنوتي (الفهرس 45ج) فتزدان بصفوف متناوبة فيها نجوم ثُمانيّة وصلبان. تحتوي كل نجمة على زوج من الأسود المزمجرة المنتصبة ظهرًا لظهر بينما تتخلّل الصلبانَ موتيفاتٌ ورقية كثيفة. أُنجزت كل العناصر الزخرفية بالذهب الموشّى على أرضية زرقاء داكنة واستُخدم اللون الوردي لإبرازها بوضوح.

في شبه الجزيرة الإيبيرية، كانت المنسوجات الحريرية الفاخرة المزدانة بسخاء بالذهب الموشّى مطلوبة جدًّا من قِبل المسلمين والمسيحيين واليهود على السواء بوصفها رموزًا للثراء والسلطة والذوق الجمالي الرفيع. كان هذا النوع من النسيج الفاخر يُصمّم على شكل ملابس شديدة الفخامة للمناسبات في البلاطات الملكية تُستخدم كذلك خلال الاحتفالات الدينية على الرغم من أنها مُصمّمة في الأصل لأغراض مختلفة. إنّ الأقمشة المنتجة في الأندلس خلال القرن الثالث عشر معروفة جيدًا اليوم ويعود السبب الرئيسي إلى اكتشافها داخل قبور الملوك والنبلاء ورجال الكنيسة المسيحيين، حيث وُضعت كملابس مأتمية وأقمشة للأكفان. (6)

OB

1. للاطلاع على التحاليل التقنية لبنية نسيج قطع الأردية المحفوظة في معهد فالنسيا Instituto de Valencia de Don Juan في مدريد، انظر Borrego Diaz 2005 ص. 102-105 وص. 111-115
2. انظر Partearroyo Lacaba 2005 ص. 58
3. انظر May 1957 ص. 75
4. بينما يقترح Partearroyo Lacaba أنّ الأردية حُملت إلى لاريدا في القرن الخامس عشر الميلادي لإصلاحها، تذكر Rosa M. Martin i Ros وثيقة تشير أنها قد تكون حُملت هناك بعد فترة وجيزة من سنة 1275م. انظر Martin i Ros في غرناطة ونيويورك

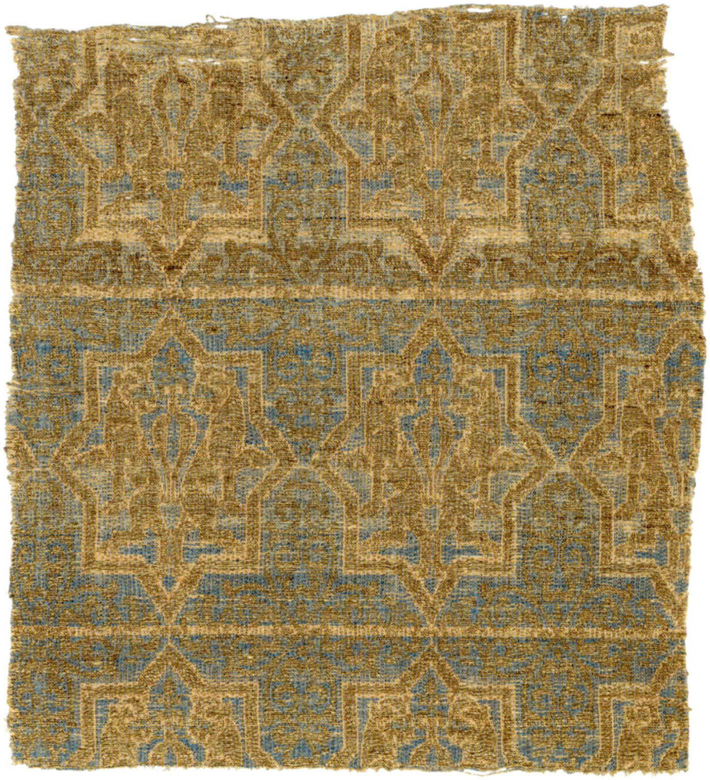

جـ

1992 ص. 332 عدد 95.

5. انظر May 1957 ص. 75 و Martin i Ros في غرناطة ونيويورك 1992 ص. 332-333 عدد 95. تجدر الإشارة إلى أنّ قطعًا من الرداء الكهنوتي أُعيد استخدامها لأكمام أحد الملابس الدلمقطية. وهناك مجموعة من القطع الصغيرة من الرداء الواقي من المطر للقديس فاليريوس ما زالت في مجموعة متحف المتروبوليتان. (حسابات عدد 46.156.2 و 27.52).

6. في مناقشتها لمسألة استخدام المنسوجات الفاخرة في شبه الجزيرة الإيبيرية خلال القرنَين الثاني عشر والثالث عشر الميلاديَّين، تجادل Maria Judith Feliciano بحجج مقنعة عن وجود جماليات مشتركة بين النخبتَين المسلمة والمسيحية. وبدلاً من إسناد منسوج ما إلى سلالة مسلمة حاكمة، اقترحت حلاً يُضفي الكثير ويتمثّل في تسميته "أندلسي" ممّا من شأنه أن يأخذ من الحسبان وجهة نظر أوسع ويعكس المارسات الفعلية في المجتمع الإيبيري. انظر Feliciano 2005.

المصدر: الفهرس 46أ: [Giorgio Sangiorgi روما ما بين 1920-1946؛ ثم إلى Loewi] ؛[Adolph Loewi البندقية ولوس أنجيليس 1946؛ بيع إلى متحف المتروبوليتان]
الفهرس 46ب: [Giorgio Sangiorgi روما حتى سنة 1946؛ ثم إلى Loewi] ؛ [Adolph Loewi البندقية ولوس أنجيليس 1946؛ بيع إلى متحف المتروبوليتان]
الفهرس 46ج: [Giorgio Sangiorgi روما ما بين 1920-1946؛ ثم إلى Loewi] ؛ [Adolph Loewi البندقية ولوس أنجيليس 1946؛ بيع إلى متحف المتروبوليتان]

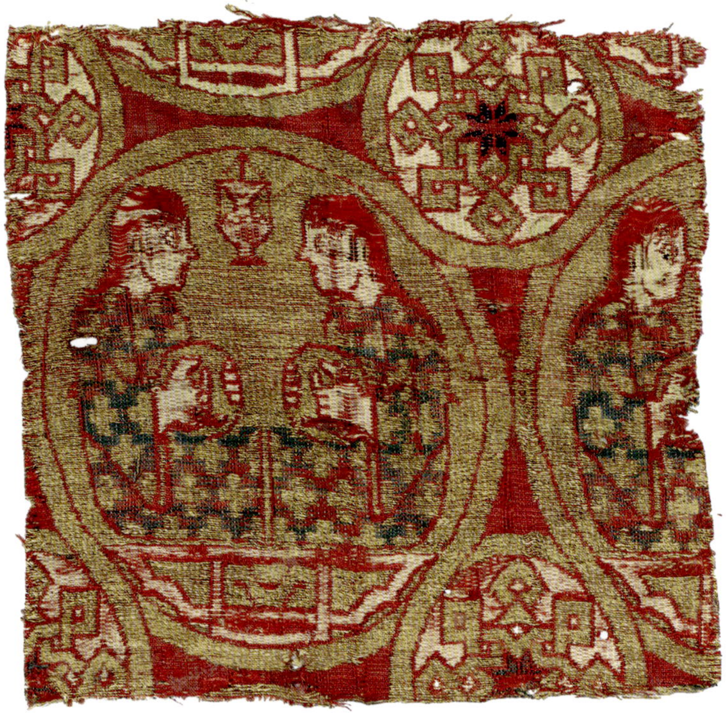

47. قطعة نسيج

إسبانيا، القرن الثالث عشر م.
حرير، مستخلص حيواني مذهّب حول نواة حريرية، لمباس
المقاسات: 10.8x10.3 سم
رصيد رودجرز 1928م، 28.194

كانت الأقمشة الفاخرة المصنّعة في الأندلس مُحبّذة بسبب موادها الباهظة وتصميمها الرفيع وحرفيّة مصنّعيها، وكان الحكّام والنبلاء ورجال الدين مُعجبين بها وساعين لاكتسابها. (1) وكانت تُعدّ من بين السّلع الأغلى قيمة في اقتصاد العصر الوسيط التي تُجمع ضمن الكنوز الملكية وتُستخدم في كثير من الأحيان هدايا في السفارات. وإضافة إلى ذلك ظهرت أقمشة أخرى مُعقّدة وإن كانت أقلّ بذخًا في بيئات أكثر تواضعًا كجزء من جهاز العروس على سبيل المثال أو كقطع ذات قيمة يتوارثها أفراد الأسرة. وظهرت الأقمشة الحريرية المُصنّعة في الورشات الملكية الإسلامية المسمّاة "طراز" في الأقاليم المسيحية لشبه جزيرة إيبيريا في عصر الوسيط، سواء صُنعت خصّيصًا للعرّابين المسيحيّين أو هي قِطع جرى قصها وإعادة تصميمها لاستخدامات جديدة كليًّا. ومهما يكن، بطريقة أو بأخرى كانت هذه الأقمشة تُستخدم في كثير من الأحيان لصُنع ملابس رجال الدين أو أثاث الكنيسة على غرار أقمشة المذبح أو أكفان بقايا القديسين. ونتيجة لكل ذلك، توجد نماذج كثيرة من هذه الأقمشة محفوظة ضمن الكنوز الكنسية. (2)

وهذه القطعة الحريرية المزدانة بالديباج المذهّب مزخرفة بصف من الحلقات العريضة تحتوي على زوج من العازفات الجالسات.(3) ترتدي العازفتان فستانين مزركشَين بتصميم متكرر وهما يضربان على الطار.

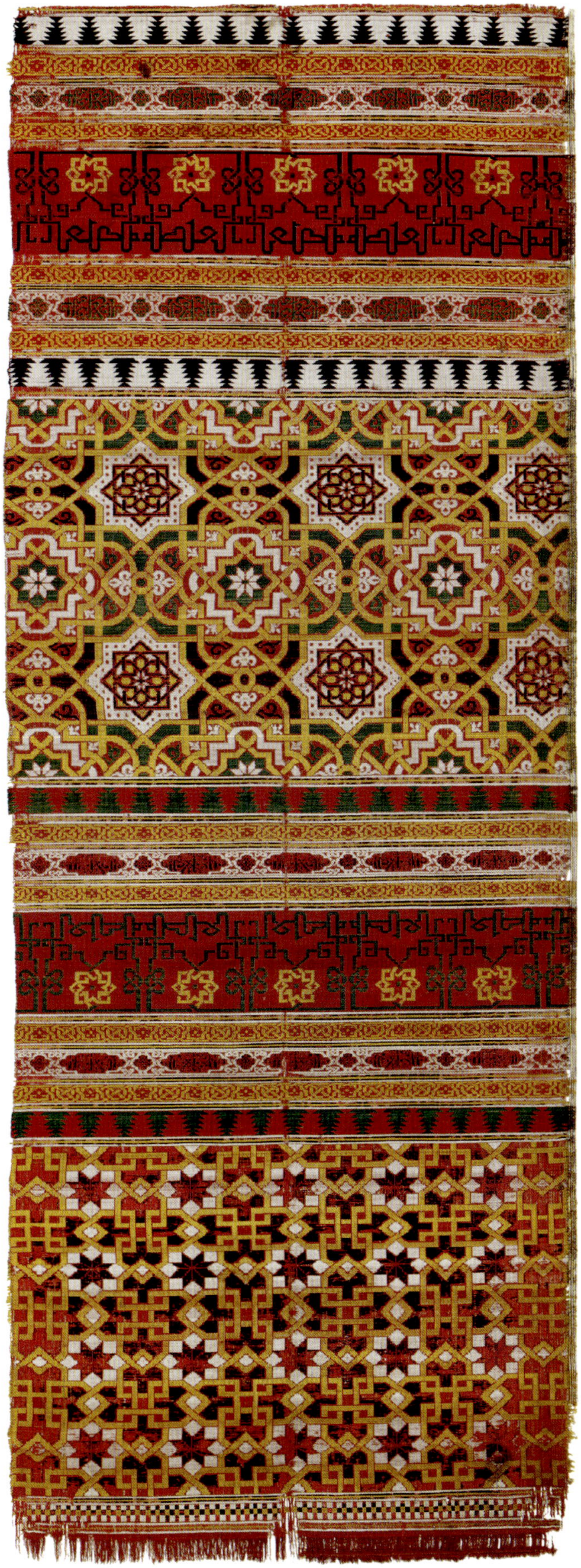

ويوحي المصباح المتدلي بين العازفتَين بفضاء داخلي فخم. تتشابك الحلقات الكبيرة بأخرى أصغر حجم تحتوي على نجوم. ويحصل انطباع بالثراء والانبهار من خلال تجاور الألوان الحمراء البراقة مع الديباج المذهّب. إنّ الأشكال الدائرية للحلقات، والديباج المذهّب المستخدم في التشبيك، والنجوم تمثّل سمات مميزة للأقمشة الحريرية الفاخرة في القرن الثالث عشر م.(4) وتنتمي في الأصل هذه القطعة مع أربعة عشرة قطعة أخرى (بعضها مفصّل على شكل دائري ليتناسب مع الحدبة المعدنية لكُتب الجوقة الكنسية) للقماش نفسه. وقد عُثر على هذه القطع بين صفحات مخطوط من القرن الثالث عشر في كاتدرائية فيش في إسبانيا.(5)

OB

1. قدّمت Maria Judith Feliciano حجة مقنعة تثبت وجود جماليات مشتركة بين النخب المسلمة والمسيحية في شبه الجزيرة الإيبيرية خلال العصر الوسيط، واقترحت مصطلح "أندلسي" لتعويض الممارسة العلمية السابقة المتمثلة في تصنيف الأقمشة بإسنادها لسلالة إسلامية معينة. وسمحت لها التسمية الجديدة بأن تأخذ في الاعتبار نظرة أكثر تعقيدًا ـ وإقناعا – للمجتمع الإيبيري في العصر الوسيط. انظر Feliciano 2005.
2. جرت بحوث مسترسلة حول هذا الموضوع ونُشرت لأول مرة في مايو 1957م.
3. فحصت May قطعا لها التصاميم نفسها، ونسبت تاريخها للقرن الرابع عشر م. انظر المصدر المذكور، ص. 134-141.
4. انظر Cristina Partearroyo Lacaba in Madrid 2005 ص. 248.
5. انظر May 1957 ص. 139. توجد أغلبية هذه القطع الآن في أرشيف Archivo Episcopal of the cathedral of Vich، انظر Partearroyo Lacaba in Madrid 2005 ص. 249. لتحليل التقني لبنية النسيج للقطعة المحفوظة في Instituto de Valencia de Don Juan, Madrid، انظر Borrego Diaz 2005 ص. 107-108.

المصدر: H.A. Elsberg, New York (حتى سنة 1928م ثم بيع لمتحف المتروبوليتان)

48. قطعة نسيج

حرير، لمباس
المقاسات: 102x36.3 سم
رصيد فليتشر 1929م 29.22

نقش بالخط الكوفي مكرر مرتين على الشريط (أحدهما انعكاس في المرآة):
الغبطة

نقش ثان بخط النسخ في خراطيش:
واليمن والإقبال

كانت ورشات النسيج الملكية في الأندلس شهيرة عبر عالم العصر الوسيط في زمن كانت الأقمشة الفاخرة تمثّل فيه أثمن ممتلكات كنوز الحاكم وجهاز العرائس الثرية.(1)

كانت النُّجد والستائر والحشايا والوسائد والمخدّات المصنوعة من الحرير والمزدانة بديباج الذهب والفضة معروضة للاستخدام في أبهاء وأفنية المنازل والقصور الفخمة. تُقدّم المصادر النصية للعصر الوسيط أدلة كثيرة عن هذه المفروشات والأقمشة الوفيرة وعن الدلالات السياسية والاقتصادية والجمالية التي كانت تحملها خلال المراسم في البلاط الملكي.(2)

ويُحتمل أنّ هذه القطعة الحريرية المنسوجة بألوانها البراقة وزينتها بالموتيفات الهندسية والنصية قد صُنعت بغرض الاستخدام في المراسم.

وتوحي مقاساتها الكبيرة بشراشيبها الجانبية المحفوظة وحاشيتها السفلى أنها استُخدمت ضمن المفروشات وليس اللباس. ويؤكّد هذه الفرضية حجم العديد من القطع الشبيهة المتبقية غير المكتملة والمماثلة لها في المقاسات.

يتألف تصميم هذه القطعة من شرائط عريضة وأخرى ضيقة، يحتوي الشريطان العريضان على موتيف هندسي متشابك ينطلق من نجوم ثمانية مشعة، بينما تزدان الشرائط الضيقة بنقشة معقودة متكررة بالخط الكوفي وبخراطيش صغيرة عليها جملة بخط النسخ.

وتكتمل المجموعة بشرائط إضافية فيها شرائف وموتيفات متشابكة صغيرة الحجم.

إنّ التشابه في التصميم للشريط المتشابك الأعلى مع لوحات الجص المنقوش في قصور الحمراء للسلالة النصرية في غرناطة، ولشريط الحاشية السفلى مع مكعبات الفسيفساء الخزفية على جدران الحمراء حمل العلماء إلى الاستخلاص أنّ هذه القطعة والقطع المنسوجة المماثلة لها تنتمي إلى أوساط البلاط النصري عندما كان في أوج عطائه الفنّي.(3)

OB

1. رغم شح الأدلة النصية المتوافرة فيما يخص استخدام المفروشات المنسوجة في بلاط حكام الأندلس، وبوجه خاص في البلاط النصري، هناك معلومات أكثر غزارة فيما يتعلق بالسلالات الإسلامية الأخرى في العصر الوسيط. وعلى سبيل المثال، كانت السلالة الفاطمية، المستقرة في مصر، لها مخازن للمفروشات والأثاث المنزلي ضمن كنوزها الملكية وفيها جرد لآلاف المنسوجات. بخصوص الكنوز الفاطمية، انظر al-Qaddumi, ed. 1996 ص. 237، و Serjeant 1972 صفحات 157-160. وبخصوص دلالة المنسوجات في الممتلكات المنزلية للنخبة في العصر الوسيط خلال الحقبة الفاطمية، انظر Goitein 1983a، صفحات 328-331.
2. من أشهر التقارير تقرير يسرد استقبال السفراء البيزنطيين في البلاط العباسي في بغداد سنة 917م، عندما استُخدمت 60.000 قطعة نسيج لتزيين القصور العديدة للخليفة. للاطلاع على وصف لهذا الاستقبال، انظر al-Qaddumi, ed. 1996 ص. 148-150.
3. انظر May 1957 صفحات 118-170، و Fernandez-Puertas 1973، و Wardwell 1983، و Partearroyo Lacaba in Granada and New York 1992، ص. 335 عدد 97.

المصدر: [Adolph Loewi, Venica حتى سنة 1929م، ثم بيع للمتروبوليتان]

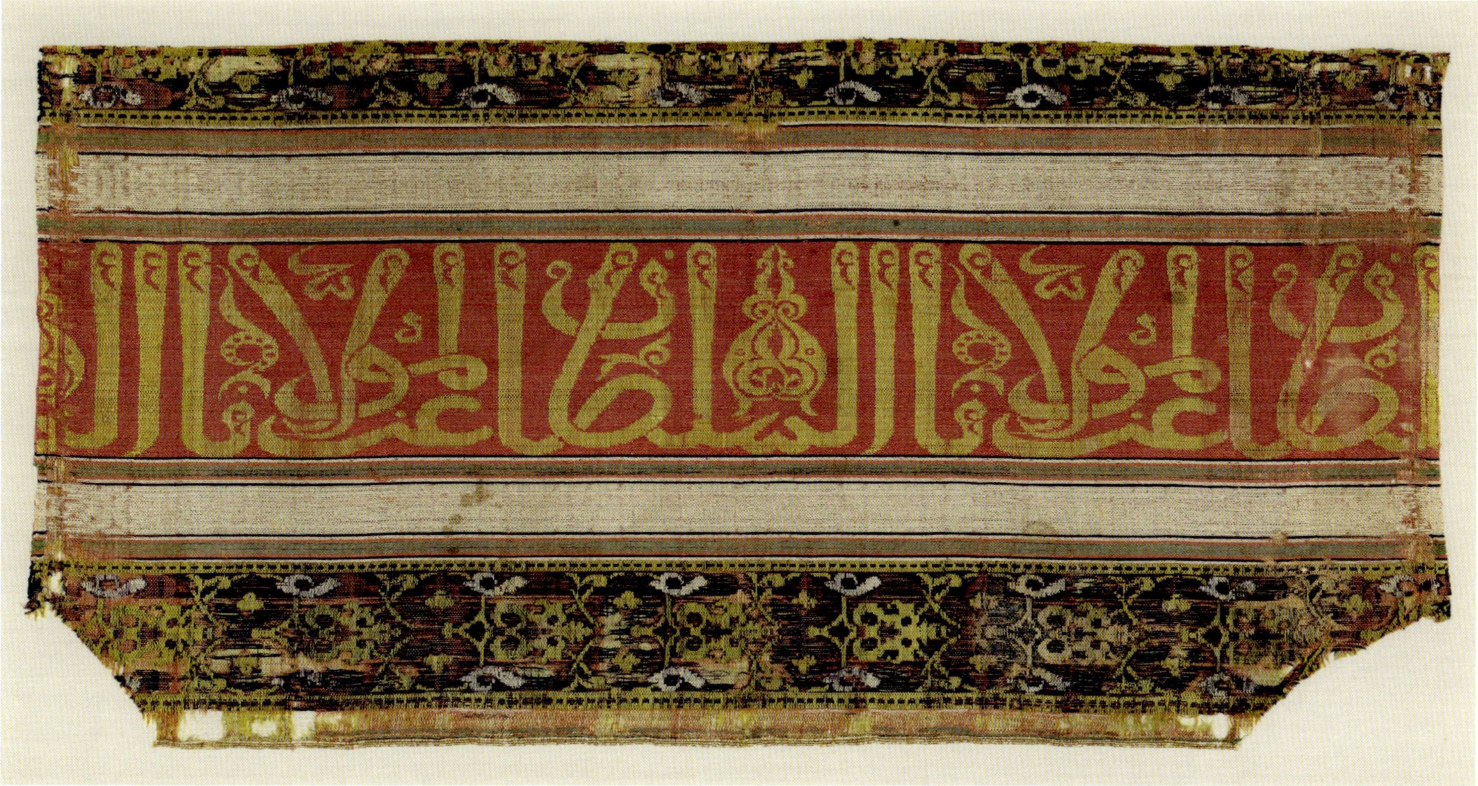

49. قطعة نسيج

إسبانيا، نهايات القرن الرابع عشر – بدايات الخامس عشر م
حرير، لمباس
المقاسات: 54x27 سم
رصيد رودجرز 1918م، 18.31
نقش بالعربية بخط الثلث على الشريط الأوسط، مكرّر:
[السلـ]ـطان عز لمولانا السلطان عز لمولانا الـ[ـسلطان]

هذه القطعة المنسوجة بحرير فاقع الألوان منتظمة ضمن أشرطة. ويتمثّل موتيفها الزخرفي الرئيسي في جملة بالعربية منقوشة بخط الثلث في شكله الأندلسي على الشريط الأوسط العريض.(1) ويتكرر التعبير التمجيدي داخل الشريط على طول القطعة بالخيط الأصفر على خلفية حمراء. وتزدان نهايات الحروف والفضاءات الفاصلة بينها بعناصر مورقة. ونجد صدى هذه العناصر الواردة على الشريط المنقوش في السعفات وأنصاف السعفات وغيرها من العناصر المورقة التي تتكرر على غرار الإفريز في الأشرطة الأقل عرضًا. ومع ذلك فهي تختلف بالفعل عن الشريط الأوسط من خلال استخدام الألوان البرّاقة: الأصفر القشدي والأحمر على خلفية زرقاء. ويكتمل التصميم بشريط ضيق جدا فيه زخرفة متشابكة أُنجزت باللون القشدي على خلفية بدرجة مختلفة من اللون نفسه.

لقد استُخدمت العبارات الذي تُمجّد السلطان في كثير من الأحيان لتزيين الفنون والمعمار في العصر النصري، لا سيما في القرنَين الرابع عشر والخامس عشر م. نُقشت في الخشب والجص في زينة قصور الحمراء، مقرّ السلالة النصرية في غرناطة، وظهرت كذلك على التحف الفخمة ولا سيما الأقمشة. كانت الأقمشة الحريرية المصنّعة في الأندلس لتتحوّل إلى ملابس فارهة ومفروشات مكلفة من بين البضائع المرغوبة من النّخب المسلمة والمسيحية في شبه الجزيرة الإيبيرية وخارج حدودها على السواء.

نجت إلى حد اليوم أجزاء من أمثلة عديدة من الأقمشة النصرية المنقوشة بالعبارة نفسها الواردة على هذه القطعة وعليها زينة مماثلة لها. لم تتضح وظيفتها الأصلية بسبب إعادة تفصيلها واستخدامها في الأزمان اللاحقة. ومن أروع هذه الأجزاء المتناثرة اليوم في مجموعات مختلفة (2)، رداء مطران (لباس كهنوتي) محفوظ في كنز كاتدرائية برغس في إسبانيا.

OB

1. حُفظت حاشية على هذا الجزء.
2. من بين المجموعات التي تتضمن أجزاء مماثلة نذكر: ,Victoria and Albert Museum London; the Museo Làzaro Galdiano, Madrid; the Cooper-Hewitt, National Design Museum, New York; the Museo Nazionale del Bargello, France. وقد اقترح بعضهم أن النص المنقوش على الشريط الإضافي الثاني على القطعة المماثلة في Instituto de Valencia de Don Juan, Madrid قد يشير إلى السلطان محمد الخامس (حكم من بين 1354–1359 و 1362–1391م). وإذا صح ذلك فإن المرجع يبرر تأريخ تلك القطعة والقطعة هذه في النصف الثاني من القرن الرابع عشر م. انظر Partearroyo Lacaba 1995 ص. 126. للتحليل التقني للهيكل المنسوج في القطعة المحفوظة في مدريد، انظر Borrego Diaz 2005 ص. 118–119.

المصدر: [Dikran G. Kelekian, New York حتى سنة 1918م ثم بيع لمتحف المتروبوليتان.]

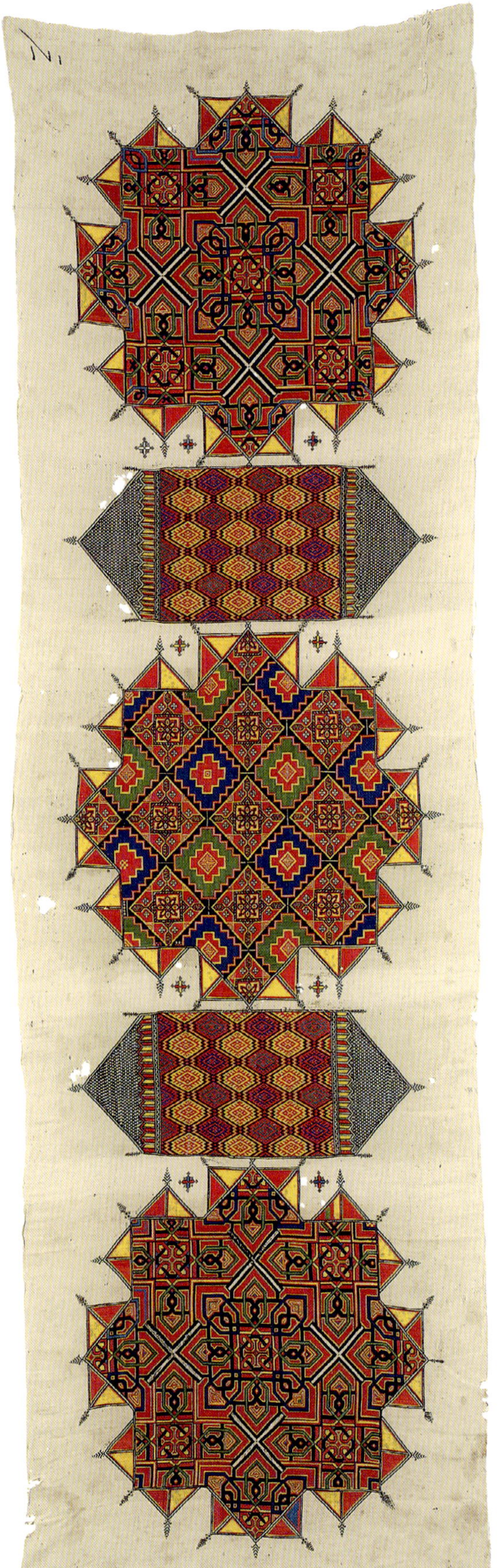

50. نجد (عارض)

شفشاون، المغرب، حوالي 1800م
كتّان وحرير. منسوج ومطرّز
المقاسات: 80.6x270.5 سم
اقتناء، هبة شركة إفرلاست فابريك، 1970م 1970.272

هذا مثال من القطع المطرّزة من شمال إفريقيا التي تُسند عادة لمدينتَي شفشاون وتطوان قرب الساحل الشمالي للمغرب الأقصى. (1) وتُعرّف القطعة بناء على شكلها ومقاسها بمسمّى العارض، أي النجد الذي يُعلّق على الجدار. كان هذا الزخرف المطرّز من عمل النساء وفي سياقه الأصلي كان النجد يزيّن البيوت في المناسبات الاحتفالية والأعياد.(2) وعلى الرغم من أنّه لم يتأكّد مكان تثبيت هذه النّجد داخل البيوت، فالأرجح أنها كانت تُعلّق على الجدران وهي مثبّتة (وليست متدلية) ويمكن وضعها أفقيًا أو عموديًا.(3) واللافت أنّ هذا العارض بالذات قد يكون أعيد استخدامه كستار مذبح داخل كنيسة نسطورية في القدس.(4)
أُنجزت القطعة بخيوط حرير متعددة الألوان على خلفية من الكتّان الأبيض. في تقنيتها ومقاساتها العامة تُشبه هذه القطعة مجموعة كبيرة من الأقمشة المطرّزة من شمال المغرب الأقصى، إلا أنّ هذه الأخيرة عليها موتيفات وأشكال مختلفة.(5) وعلى الرغم من عدم التمييز عادة بين التطريز الوارد على هذا المثال وذلك الذي نشاهده على المجموعة الكبيرة، فإنّ تشكيلة ألوان وموتيفات هذا النجد تمنحه مكانة خاصة ضمن المجموعة الفرعية لقطع شفشاون المطرّزة التي لم يتبقّ منها إلا أمثلة قليلة.(6) وهكذا، فإنّ ندرة هذه القطعة تمثّل عوائق في التأريخ: الأمثلة الوحيدة المعروفة تعود للقرنَين الثامن عشر والتاسع عشر م، غير أنّ هذا النوع لديه تاريخ أكثر قدمًا على الأرجح.

1. ظهر الأسلوب في شفشاون لكنه انتقل إلى تطوان، ولذلك يستحيل تحديد مكان إنتاج أي قطعة عارض. لمزيد الاطلاع على الروابط بين المدينتين انظر Denamur 2003 ص. 75.
2. انظر Guérard 1974 ص. 229.
3. للاطلاع على صورة تساعد في فهم هذه الأقمشة على عين المكان، انظر Denamur 2003 ص. 53.
4. هذه المعلومة أخذت زمن الاقتناء لكنها غير مؤكدة، وتأتي من صفحة كتيّب في قسم الفن الإسلامي في متحف المتروبوليتان.
5. لأمثلة حول النوع السائد أكثر، انظر Vivier 2002-3 ص. 64-65.
6. يمكن العثور على قطع مماثلة في مجموعة Eliza M. and Sarah L. Niblack المنشورة في Vivier 2002-3 ص. 62-63؛ وفي مجموعة مجهولة منشورة في De La Nézière 1924 اللوحة 46؛ وفي مجموعة خاصة منشورة في Denamur 2003 ص. 88-90 وفي المطوية. انظر كذلك Guérard 1974 ص. 38-236 والصور 160-156. وهناك مثال آخر نشر حديثا في Denamur 2010 ص. 57.
7. انظر Stone 1985 ص. 19 و Guérard 1974 ص. 226. بالإضافة إلى التأثير الأندلسي، كان هناك إلى حدّ ما تأثير تركي في الفن المغربي، لا سيما في القطع المطرزة لتطوان (جارة شفشاون). انظر Olagnier Bey 1961. وهذه الفرضية مغرية بوجه خاص في ضوء الموتيفات التي تكاد تصنف ضمن مركز Holbein للنجمتين المتقبلتين لهذه القطعة.
8. انظر Vivier 2002-3 ص. 75.
9. فيما يتعلق بتصميم الخرطوشة والنجمة في المربعات الخزفية، انظر على سبيل المثال القصر

الملكي بالرباط في Castéra 1999 ص. 58. في الأعمال الخشبية على عكس القطع المطرزة تكون الخرطوشة أكثر عرضا من النجمة، انظر على سبيل المثال الستائر الخشبية لمتحف المتروبوليتان من المغرب (الفهرس 2008.567a,b) أو اللوحة 73 في De La Nézière 1921.

المصدر: Mrs. Benjamin Ginsburg, Tarrytown, N.Y. (حتى سنة 1970م، ثم بيع لمتحف المتروبوليتان)

1. انظر Sherrill 1996 ص. 28-55.
2. انظر Kühnel and Bellinger 1053.
3. انظر Partearroyo Lacaba 1992 وكذلك Granada and New York 1992 ص. 342-345 عدد 101 و 102.
4. بساط بلاّرد الإسباني في متحف المتروبوليتان تحت عناية قسم فنون العصر الوسيط.

المصدر: جايمس ف. بلاّرد، سان لويس ولاية ميزوري. (حتى سنة 1922م)

51. بساط بزخرفة مشبّكة

جنوب إسبانيا، على الأرجح الكرز، أواخر القرن الخامس عشر م.
صوف (السدو واللحمة والوبر)، سدو فردي (أسباني)، وبر بالعقدة
المقاسات: 137.1x273.5 سم
مجموعة جايمس ف. بلارد، هبة جايمس ف. بلارد 1922م 22.100.124

توجد علاقة مخصوصة بين بُسط إسبانيا الإسلامية وتلك المنتجة في باقي مناطق العالم الإسلامي. والعديد من النماذج المبكّرة المتبقية والعائدة للقرنَين الرابع عشر والخامس عشر م تقتبس جلّ ملامح تصاميمها من البُسط الأناضولية في تركيا. والأرجح أنّ بعض البُسط الإسبانية شكّلت أمثلة أقل جودة من البُسط الأناضولية الأصلية باهظة الثمن التي كانت مطلوبة جدّا في إسبانيا في ذلك العصر.(1) وهناك نماذج أخرى نسجها على ما يبدو فنانون مسلمون معروفون باسم "المدجّنون" تحت رعاية المسيحيين الإسبان لمّا سقطت الأندلس واستعادت قشتالة وأراغون وليون سلطتها تدريجيا على إسبانيا من الشمال المسيحي إلى الجنوب المسلم. وفي كثير من الأحيان، استخدمت هذه البُسط على غرار بساط المتروبوليتان من مجموعة بلاّرد تصاميم مكيّفة من الأقمشة الحريرية. غير أنّ كلّ البُسط الإسبانية بالوبر لديها خاصية غير مألوفة: الوبر منسوج حسب "عقدة إسبانية" مربوطة في سدو واحد مع براعم متوازية متعددة من اللحمة ما بين كل صفّ من العُقد.(2)
تطغى على بساط بلاّرد تدرّجات الأحمر والأزرق وعليه تصميم جذاب متكرر: تدفقات زهرية تحيط بها ورقات طويلة تكوّن شكلا منحرف الأضلاع من المقصورات المتكررة على هيئة الميداليات. والأرجح أنّ هذا الموتيف يأتي من الأقمشة الحريرية المنتجة في إسبانيا تحت حكم النصريين (3) الذين ركّزوا ولايتهم الصغيرة في غرناطة في القرنَين الرابع عشر والخامس عشر م. وقد واصل النصريون إنتاج الأقمشة الحريرية الفاخرة عالية الجودة خلال انهيار حكم المسلمين في جنوب إسبانيا، وكانت لفنونهم تأثيرات كبيرة جدا على فنون المماليك المسيحية الزاحفة دون توقف من الشمال. ومثلما هي حال "قصر" ملوك قشتيلية الذي شيده الفنانون المسلمون على طراز قصر الحمراء النصري، فإنّ البُسط مثل هذا البساط أنجزها الفنانون المسلمون للعرابين المسيحيين وهي تعكس تصاميم وأنماط وأساليب الثقافة الإسلامية الإيبيرية التي كانت سائدة في الماضي.(4)

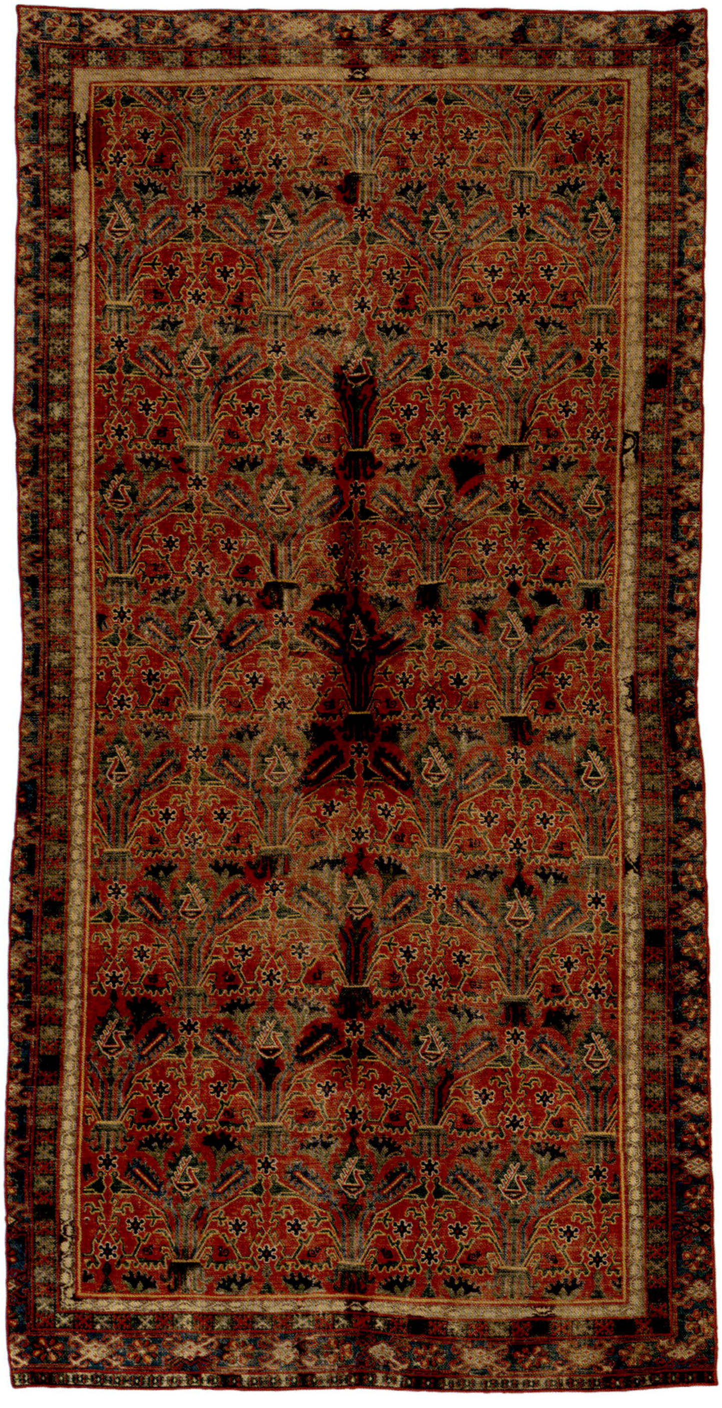

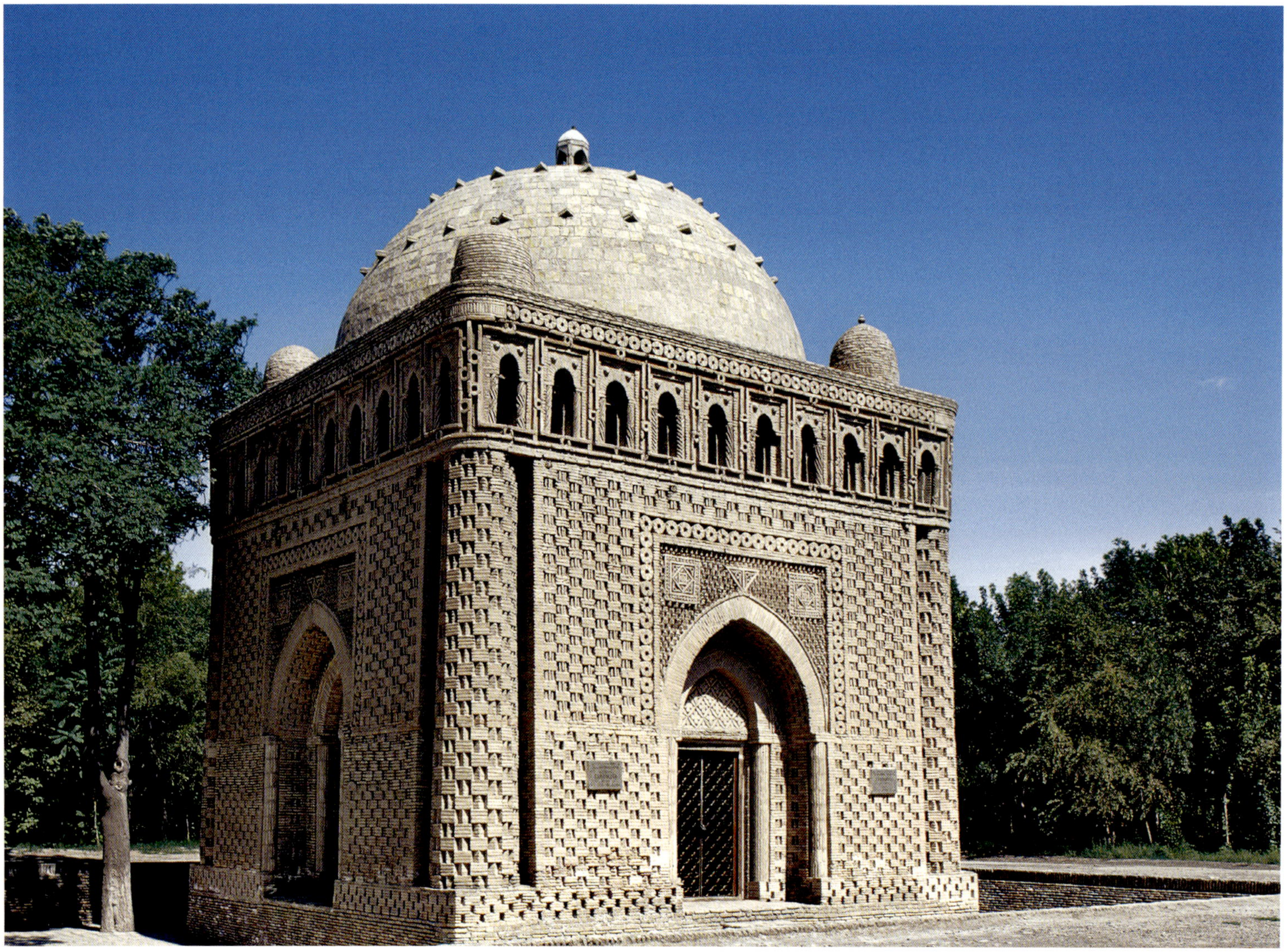

فنون الأقاليم الإسلامية الشرقية
(القرن التاسع إلى القرن الرابع عشر الميلاديّين)

بريسيلا ب. ساوشك

كانت الإنجازات والابتكارات الفنية تحظى في الغالب برعاية سلالة أو فئة حاكمة معيّنة خلال الفترة الممتدة من القرن التاسع إلى القرن الخامس عشر الميلاديين، وهي الفترة التي شهدت أوج الإنتاج الفني في الشرق الأدنى الإسلامي، ومع ذلك يبدو أنّ الحرفيين أنفسهم كانوا يحددون معايير التميز الإبداعي. وبالرجوع إلى السلالات والبصمات التي تركتها في هذا المجال، يمكن تقسيم فترة الخمسمئة عام التي تغطي تاريخ القطع الفنية المناقَشة هنا إلى فترتين مختلفتي الطول. امتدت الفترة الأولى من 900م إلى 1258م، وتزامنت مع اعتلاء الخليفة العباسي (750-1258م) سدّة الحكم، بينما تميزت فترة المئة والخمسين سنة التالية بتواجد المغول الإلخانيين (1256- 1353م) ومختلف السلالات المحليـّة التي تَلَتهم في الأقاليم التي سيطروا عليها في إيران والعراق وآسيا الوسطى(1).

قد يكون الخلفاء العبّاسيّون في بغداد هم القادة الاعتباريون للأمّة الإسلامية ولكنّهم كانوا في واقع الأمر مضطرّين بالإقرار بأنّ الحكم الفعلي كان بيد السلطات الإقليمية، بما في ذلك السامانيون في شرقي إيران وآسيا الوسطى، والأمراء البويهيون في العراق وإيران، وغزنويّو أفغانستان وغرب الهند والسلاجقة الذين سيطروا في وقت من الأوقات على منطقة شاسعة تمتدّ من أوزبكستان الحالية إلى إيران والعراق وسوريا وتركيا. وفي كثير من الأحيان انعكس تكاثر المراكز السياسية الإقليمية المتنافسة في خلق مواز لتقاليد فنيّة

إقليمية. ويبدو هذا على وجه التحديد في التقنيات المختلفة التي تبرزها الخزفيات والقطع المعدنية المنجزة خلال هذه القرون.(2)

ولكن هشاشة الدولة العبّاسية بوصفها قوّة عسكرية وإدارية لا تنفي أهميّة الروابط التي تولّدت جرّاء الشبكات الاقتصاديّة والتجارية التي نشأت داخل سلطاتها، الأمر الذي يسّر انتقال الأفكار والتقنيات عبر مسافات شاسعة. وفعلا، فإنّ السّمة المميّزة للحقبة العبّاسيّة فيما يتعلّق بالفنون البصرية جاءت ثمرة تبادلات من هذا القبيل بين مركز الإمبراطورية ومحيطها أكثر منه نتيجة لأيّة إدارة فنيّة مورست في العراق.(3)

ومع ذلك، فإنّ دور بغداد، بوصفها مركزا فكريا، حفّز تنمية الأنشطة الفنيّة وكانت بعض المناطق تتلقّف بحماسة مبادرة الخليفة في هذا الصدد. وقد لاقت ترجمة النصوص من الإغريقيّة إلى العربيّة خلال الفترة ما بين القرنين الثامن والعاشر الميلاديين تشجيعا ودعما من قبل الخلفاء وكانت بمثابة دافع لتنمية معرفة علميّة في الإمبراطورية العبّاسية.(4) وقد زُخرفت بعض النّسخ الفاخرة من مثل هذه الترجمات برسوم. وتقدّم الصفحة من الترجمة العربية لكتاب "خواص الأشجار المفردة" لديسقوريدوس المؤرخ في 1224م والذي يوضّح إعداد شراب طبيّ من العسل (الفهرس 55) لمحة نادرة عن الحياة اليومية في عراق القرن الثالث عشر الميلادي.

ارتكزت هيبة الخلفاء العبّاسيين على مكانتهم كمفسرين للسيرة النّبويّة التي تتجلّى بوضوح أكبر في دورهم كمحكّمين في الخلافات الدينيّة، وهو دور أعطى أهميّة خاصّة للأشكال الحروفية التي كانوا يحبّذونها. وهكذا فإن المخطوطات القرآنية المنجزة في العراق العبّاسي كانت تحظى بمكانة خاصّة، وهو ما شجّع بدوره استخدامها كنماذج يحتذى بها في مناطق أخرى. وغالبا ما كانت مخطوطات القرآن تنسخ من قبل الأيادي الأكثر دقّة الرائجة في فترة أو منطقة محدّدة مع إحاطة نصوصها بمجموعة كاملة من الأشكال على الحروف لإزالة أي لبس في المعنى أو النطق. ويُعدّ متحف المتروبوليتان للفنون محظوظا بامتلاكه ضمن مجموعته صفحات من مخطوطات قرآنية شهيرة تعود إلى الإمبراطورية العبّاسية أُنجز بعضها في بغداد. دُوّنت كلّها على الورق، غير أنّها تختلف عن بعضها البعض من حيث شكل الخط وزخرفة الترويسات. وتوجد ضمن هذه الصفحات صفحة من مخطوط مؤرّخ في 993م نُسخ في أصفهان وصحائف من مخطوطات نُسخت في بغداد في 1192م و 1307م. (فيما يتعلّق بالأخيرة، انظر فهرس 54ب).(5)

وتُقدّم هذه السلسلة من الصفحات عيّنة من التاريخ الأشمل لإنتاج الحروفية والمخطوطات. فبينما تُبرز صحيفة أصفهان لسنة 923م خطّا مبتكرا، يكرّر تصميمها ومقاساتها شكل المخطوطات القرآنية السابقة المدوّنة على الرق. وبداية من القرن الحادي عشر الميلادي فلاحقا، كان ناسخو المخطوطات العراقيّون يحبّذون استخدام خط متناسب من حيث الشكل الهندسي يكون فيه لكل حرف على حدة حجم وشكل متّسقان، وتُستبدل فيه الأشكال المغايرة السابقة الأكثر تميزا والتي يمكن فيها تمطيط أو تقليص حجم بعض الحروف لتتناسب مع المساحة المتوافرة (6). وامتدّ اتّساق المخطوطات اللاحقة ليشمل مقاساتها. فكانت نسختا القرآن المؤرختان لسنة 1192م وتلك العائدة لسنة 1307م مصمّمتَين لتتضمنا تسعة سطور من النص في كل صفحة، ولكن النموذج المتأخر زمنيا كان له حجم يعادل مرّتين حجم النسخة الأولى، وهو اختلاف يعكس توحيد قياس أحجام الورق.(7) وتجدر الإشارة إلى أن نسخة القرآن التي تعود لسنة 1307م أُنجزت خمسين سنة تقريبا بعد النهاية الرسمية للسلالة العبّاسية ممّا يشير إذن إلى أنّ أهميّة بغداد كمركز لصناعة الكتب والمخطوطات ظلّت مستمرّة حتى بعد زوال الخلفاء أنفسهم.

خلال القرنين الحادي عشر والثاني عشر الميلاديين، خُطّت أيضا مقاطع من القرآن على قطع كانت تستخدم لأغراض دينية. من ذلك مثالان يحملان تقريبا التاريخ نفسه ويعود إنتاجهما إلى المكان عينه، وهي مدينة يزد في إيران الوسطى. وهما ضمن مجموعة المتحف: شاهد قبر من الحجر يعود تاريخه إلى 1150م (الفهرس 64) وأجزاء من منبر خشبي لمسجد محلّي يحمل تاريخ 1151م (الفهرس -65 م). إنّ التشابه اللافت للنظر بين السجلّين الحروفي والزخرفي لهاتين القطعتين يبرهن على أنّ حرفيّين ماهرين في هاذَين الوسطَين عملوا سويا بشكل وثيق.

وعلى امتداد قرون من الزمن، كانت العمارة الضخمة التذكارية تُبنى من الآجر المجفف بالتشميس وذلك المجفف في الفرن على حدّ السّواء. ولإضفاء شيء من الحيوية على الأسطح طوّر البناؤون المحليّون تقنيات زخرفية من شأنها أن تخلق أطيافا مزركشة بالألوان وملمس على مساحات من الجدار قد تظل دون ذلك رتيبة. وانتشرت بدورها التقنيات الزخرفية المعتمدة في منطقة ما بسهولة في المناطق الأخرى حيث كان الآجر كذلك مادّة محبّذة للبناء. وهكذا فقد برز الجصّ المنقوش والمطلي كوسيط فنّي رئيسي استُخدم في المباني المشيّدة تحت الرعاية العبّاسية في العراق وقد انتشر استخدامه سريعا عبر مختلف المراكز في إيران وآسيا الوسطى. حبّذ العبّاسيون أو بنّاؤوهم استخدام الأنماط التجريديّة التي غالبا ما كان لها أصل نباتي، ويبدو أنّ رواج هذه التصاميم في إيران وآسيا الوسطى كان يعكس العلاقات الثقافية مع المناطق العبّاسيّة. وأعطت مدينة نيسابور الإيرانية مثلا عن هذه الاتّجاهات، كما يمكن مشاهدة ذلك من خلال الزخرفة المعمارية التي كشفت عنها الحفريات هناك والتي هي الآن معروضة في نيويورك (الفهرس 60 و61). وقد جرى استنساخ الأنماط التجريديّة المستلهمة من الزخرف المعماري العائد إلى الحقبة العبّاسية حتى على الأواني الخزفية في شرق إيران ووسط آسيا.(8)

مثّلت العناية والاهتمام بإنشاء موتيفات على أعمال صُنعت من مواد بسيطة، مثل الأواني الخزفية أو القطع المصنوعة من المعدن البسيط إحدى الميزات الخاصة للإنتاج الفنّي في مناطق تخضع للنفوذ الإسلامي. ويعود الفضل إلى الحرفيين أنفسهم في استنباط الطرق المختلفة التي نجحت هذه الممارسة من خلالها في تشجيع الإبداع الفني. فقد صُنّعت أواني خزفية متواضعة للاستعمال اليومي على نطاق واسع مع وجود اختلافات إقليمية هامّة في المعالجة الإبداعية والدقيقة لهذه المادة لصنع قطع ذات جمال رائع. وقد استخدم الخزّافون النشطون في شرقي إيران والمناطق المتاخمة لآسيا الوسطى دهان الفخار لإنتاج حروفية ذات مستوى راق (الفهرس 69) (9).

وتقدّم هذه النصوص أحيانا لمستعمل الإناء دعوات بالنعمة ودوام العافية، أو

تتضمّن في أحيان أخرى أقوالا مأثورة فيها مزيد من الورع.(10)
لا يُعرف الكثير عن الأشخاص الذين أنتجوا هذه الروائع الخزفية خلال القرنين التاسع والعاشر الميلاديين ولكن، ولحسن الحظ، تتوافر لدينا معلومات أفضل حول الهوية والتاريخ الشخصي للخزّافين النيطين في مدينة كاشان في إيران الوسطى خلال الفترة الفاصلة بين القرنين الثاني عشر والرابع عشر الميلاديين لأنّ عددا من القطع التي أنتجوها تحمل إمضاءات وتواريخ.(11) ويزيد هذه المعرفة قوة ما جاء في رسالة حول إنتاج الخزف كُتبت من طرف عضو ينتمي إلى هذه الورشة خلال القرن الرابع عشر الميلادي. وبفضل نصّه، يمكننا متابعة إنتاج الورشة قبل وبعد الغزوات المغولية التي حصلت في أواسط القرن الثالث عشر الميلادي.(12)
توطّدت السمعة العالمية لهذه الورشة جرّاء قدرة حرفييها على استخدام الأكسيدات المعدنية لصنع قطع اكتسبت ميزات المعادن الثمينة البصرية ولكنّها كانت تُصنع في أفران خزفيّة. وكانت بعض القطع التي صنعوها ذات حجم كبير مثل المحاريب ذات البريق المعدني المعدّة للمساجد أو المزارات. غير أنّ أكثر خزفياتهم انتشارا كانت مجموعات من المربّعات الخزفية تستعمل لتبليط الجدران في المباني الدينية والمدنية على السواء.(13)
وتمثّلت إحدى الانجازات المميّزة الأخرى لورشة كاشان الخزفيّة في قدرتها على رسم صور على مساحات خزفيّة، وبذلك إنتاج صور كانت تماثل دقة وثراء الرسوم على الورق. وتذهب تارة هذه القطع إلى تصوير قصص مستمدّة من الأدب الفارسي، موحية بذلك بالإطار الاجتماعي الذي استُخدمت فيه مثل هذه الأعمال وكانت ممتعة لأصحابها.(14) ويبدو أن المهارات التي كان يتطلّبها هذا الصنف الدقيق من الزخرفة الخزفية تلاشت مع حلول العقود الوسطى للقرن الثالث عشر الميلادي، ويعود ذلك على الأرجح إلى تعطّل الحياة وتقهقر الأذواق بسبب الغزوات المغوليّة.
وشكّل أيضا التخصّص الإقليمي والإبداع الفردي دعامتَي إنجازات الحرفيين المعدنيين النشطين خلال الفترة الممتدة من القرن العاشر إلى القرن الخامس عشر الميلاديين. فقد هذّب الحرفيون في مدينة هرات في أفغانستان الحالية تقنية تطعيم القطع المعدنيّة بمواد متباينة لخلق مساحات زخرفيّة، الشيء الذي زاد في أهمية هذه القطع وتقديرها.(15) وعادة ما كان مثل هذا التطعيم يتضمّن نصوصا تُشير إلى وظيفة القطعة وتحديد الشخص التي صُنعت من أجله.(16).
طُعّمت الأدوات المصنوعة من الفضّة بمواد اسودّ لونها بمرور الزمن، بحيث أن التصميم الذي أُضيف إليها أصبح واضحا للعيان. فعلى سبيل المثال، يُشير النص المطعّم على الكوب الفضّي الصغير ذي الجوانب المطليّة بالقصدير (الفهرس 83) إلى أنّه كان كوبا معدّا لشرب النبيذ، وهو ما يؤكد رواج شرب النّبيذ داخل دوائر البلاط رغم القيود الدينيّة التي تنهى عن ذلك.
واستُخدمت كذلك طرق جديدة لمعالجة المعادن البسيطة مثل البرونز والنّحاس الأصفر، وذلك باللجوء إلى تطعيمات معقّدة اقتُطعت من صفائح رقيقة من الفضّة أو الذهب وثُبّتت من خلال تغضين سطح الإناء. وهنا أيضا، تدلّنا المواضيع الزّخرفية المستخدمة على وظيفة القطعة أو المغزى منها. وتتضمّن أكثر الكتابات شيوعا دعوات أو إشادة بمالك القطعة جاعلة منها عربون يمن وحسن طالع. واستُخدمت المحبرات لأغراض عمليّة وكانت تُستعمل كرموز لدواوين الكاتبين. بالإضافة إلى ذلك، كانت الأواني الدائرية مثل محبرة المتحف (الفهرس 86) تُزَيّن برموز البروج أو أجرام سماويّة أخرى، ممّا يوحي بوجود تشابه بين شكلها وتصاميم الأجرام السماوية. (17)
رغم أن القطع المعدنية والأواني الخزفية المستخدمة في سياق مدني يمكن أن تتضمّن زخرفا تشخيصيّا، فإنّه عادة ما كانت تُنجز هذه الزخارف من خلال بُعدَين اثنين. فقد كانت الرسوم الجداريّة في بعض الأحيان، تصوّر شخصيات بالحجم الطبيعي تقريبا، مثلما هو الشأن في بزار لشكاري في أفغانستان.(18) وما لم يكن مألوفا هو تلك الرسوم التشخيصية الثلاثية الأبعاد للبشر أو الحيوانات. يمتلك المتحف زوجا من المنحوتات بالحجم الطبيعي يحملان ملابس وأسلحة متقنة (الفهرس 62-63) وكذلك رأس شاب منحوت من الحجر(19). وما زلنا في حاجة إلى مزيد البحث والتدقيق لوضع هذه الشخصيات داخل سياقاتها الأصلية بشكل صحيح.
كان لغزو آسيا الوسطى والشرق الأدنى من قبل الجيوش المغولية في الفترة ما بين 1218م و1220م تأثير مدمّر على مدن هذه المناطق. ومع ذلك، فقد مكّن العرف المغولي المتّبع والمتمثّل في استبعاد الحرفيين ونقلهم إلى أماكن أخرى من ضمان تحوّل بعض المهارات الفنيّة من منطقة إلى أخرى ضمانا فعليا.
ومع أنّ مرحلة ثانية من الغزو المغولي في خمسينات القرن الثالث عشر الميلادي كانت أقلّ وحشيّة من الغزوة الأولى، إلاّ أنّها أدّت في 1258م إلى زوال الخلافة العبّاسية. ورغم هذه الأحداث المؤلمة، ومع حلول ستّينات القرن الثالث عشر الميلادي، بدأت بعض الأماكن في الشرق الأدنى تنتعش، ويسّر توسّع الإمبراطوريّة المغوليّة على مساحات واسعة الاتّصال بعيد المدى بين مناطق كانت في السابق مستقلّة عن بعضها البعض.(20)
لم تعمّر الامبراطوريّة الخاضعة لسلطة المغول الجنكيزيين طويلا، لكن بعض أوجه إرثهم وصلت إلى وأفادت الرعاية الفنيّة في الدول التي تولّت السلطة من بعدهم في أجزاء من سلطانهم. كان على ما يبدو للرّوابط الاقتصاديّة التي جاءت نتيجة للسفر والتجارة البعيدة المدى تأثير أكثر تواصل من الايديولوجية السياسية والعسكريّة المرتبطة مباشرة بالحكم المغولي، وأحد هذه الميادين هو إنتاج وتجارة المنسوجات الفاخرة. وقد حظيت الأقمشة المزركشة بالذّهب بقيمة فنيّة واقتصادية عالية لدى المغول، ربّما بسبب نمط حياتهم المتجوّل. تبعا لذلك، تطوّر إنتاج الأقمشة في آسيا الشرقيّة والغربيّة سويّا من حيث التصميم والتقنية في أواخر القرن الثالث عشر الميلادي وأوائل القرن الرابع عشر الميلادي. وقد ساهمت الشبكات التجارية النشطة خلال هذه الفترة في انتشار هذه الأقمشة على نطاق واسع، التي هي الآن محفوظة في الكنائس الأوروبيّة وكذلك في متحف مجموعات المتاحف عبر العالم. (21)
وتقف عدّة قطع في متحف المتروبوليتان شاهدا على انتعاش الفنون في حقبة ما بعد المغول. عومل على ما يبدو خزّافو كاشان معاملة طيّبة من قبل المغول، واستعملت المربّعات الخزفية التي صُنعت هناك منذ ستينات القرن الثالث عشر الميلادي فصاعدا مفردات فنّية جديدة كان منشؤها آسيا الشرقية.(22)
ومن بين هذه المربّعات الخزفيّة، توجد مربّعة مقولبة ذات بريق معدني تتضمّن

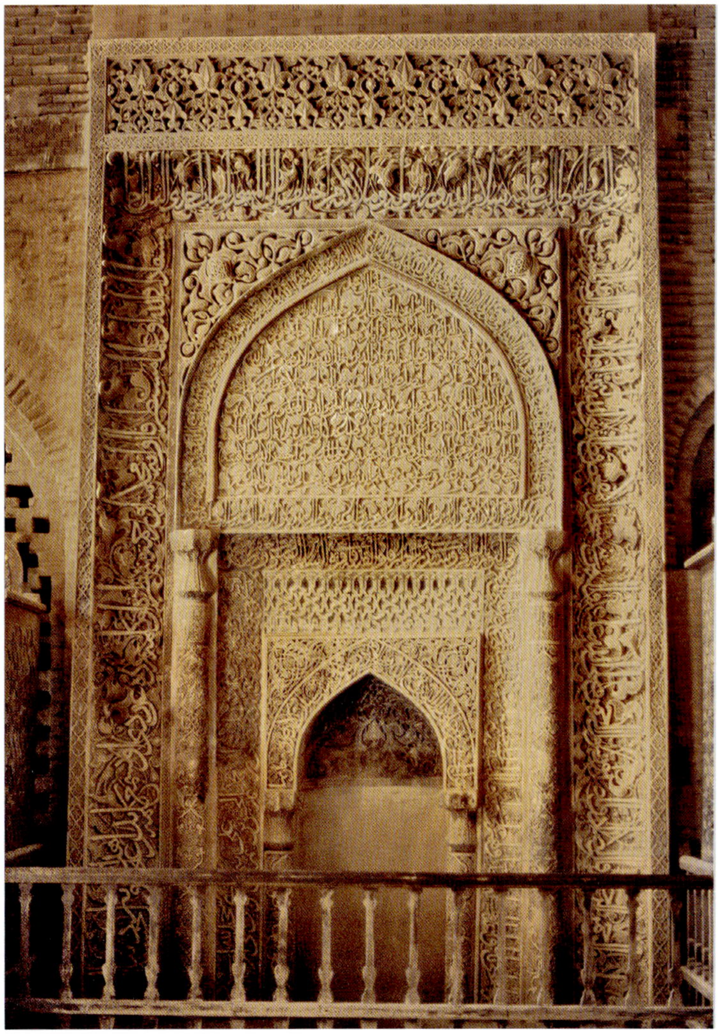

الصورة 30: منظر داخلي لضريح أولجايتو، المسجد الجامع بأصفهان، بُني سنة 1310م. تصوير والتر ب. دنّي.

أزهار لوتس وطائرا مستفيض الرّيش (الفهرس 78) ويتجلّى هذا السّجل نفسه عبر وسائط أخرى، بما في ذلك، صفحة من مخطوط مصوّر رُسم عليها زوج من الطيور. (الفهرس 56)

في تسعينات القرن الثالث عشر الميلادي أدّى اعتناق المغول للإسلام، فضلا عن الانتعاش الاقتصادي التدريجي الذي شهدته إيران وآسيا الوسطى، إلى تنشيط حركة بناء وإعادة تزيين المزارات والمساجد والأضرحة بتبليطها بمربّعات خزفيّة مزجّجة. يُبرز أحد الأشكال المختلفة في هذه الزينة، وهو أكثرها صعوبة، تصاميم معقّدة تتضمّن عدّة ألوان من المربعات الخزفية المزجّجة قُصّت حسب نموذج معين ورُكّبت مع بعضها البعض لخلق مساحة موحّدة. استُخدمت هذه التقنية في الأصل لإبراز الأجزاء الرئيسية لبناء ما مثل محراب مسجد أو مدخل مبنى.(23) ويُبرز المحراب المؤرّخ في 1354م وهو لمدرسة في أصفهان، (الفهرس81) التأثير المرئي القوي لهذه التقنية.(24) ورغم أنّه من الصعب تحديد منشأ هذه التقنية بدقّة، إلاّ أنه يُرجّح أن تكون قد نشأت في إيران الغربية من أين انتشرت إلى باقي الإقليم. وحظيت زخرفة المخطوطات المدنيّة برسوم باهتمام جديد في هذه الفترة عقب الغزو المغولي. وما شدّ الانتباه أكثر هي التغييرات التي أُدخلت على تزيين النصوص المكتوبة بالفارسية خاصّة تلك المتعلّقة بالقصيدة الملحميّة لتاريخ السلالة الفارسية، الشاهنامة (كتاب الملوك). نُظِم هذا النص حوالي سنة 1000م من قبل الشاعر فردوسي من طوس في شرق إيران. ولكن لم تبق على قيد الوجود إلاّ أثار قليلة لمخطوطات أُنجزت قبل النصف الثاني من القرن الثالث عشر الميلادي. غير أنّ عدد وتنوّع النّسخ المصوّرة تكاثر بداية من القرن الثالث عشر الميلادي فصاعدا.(25)

وأصبحت الرّسوم المدرجة في المخطوطات أكثر تنوّعا في القرن الرابع عشر الميلادي. فبعض النسخ، مثل صفحة من الشاهنامة يعود تاريخها إلى 1341م، (الفهرس 58) تتضمّن رسوما بسيطة على شكل شرائط مُلئت بشخصيات بشريّة وهي لا تكاد تُعير أي اهتمام لسياق الأحداث.(26) وفي نفس الفترة تقريبا، تضمّنت نسخة أخرى من هذا النص صورا ركّزت على وصف العواطف، كما يظهر ذلك في مشهد الجنازة (الفهرس 57) الذي صِيغ فيه التعبير عن الحزن ببداهة عاطفيّة وتصويريّة.

تبدو بعض الابتكارات وكأنّها تعكس إبداع الرسّامين بينما تبدو الأخرى وكأنّها جاءت استجابة لطلبات من الزبائن.

وتضمّنت مجموعة من هاته رسومات الغاز استُخدمت فيها الألفاظ والرسوم معا لتكملة أشعار قصيدة، ويمتلك المتحف صفحة من هذا الطراز من مخطوط أُنجز في أصفهان في أربعينات القرن الرابع عشر الميلادي. (الفهرس 59) (27) وكإضافة لهذا التنوع، تضمّنت بعض رسوم القرن الرابع عشر الميلادي السّجل المرئي الجديد الذي جلبه المغول، بينما تولّت أخرى سرد قصص قد تكون حملت معاني شخصيّة للزبون.(28) وعلى امتداد القرن الرابع عشر الميلادي، اختبر الرسّامون طرقا جديدة لرواية القصص بإدماج شخصيات في مناظر طبيعية باذخة أو بوضعها في مبان مزخرفة بإتقان ، وهي نُهج اتّبعها الفنّانون العاملون في إيران خلال القرنين الخامس عشر والسادس عشر الميلاديين.

1. م1996 Bosworth ، ص.6-10، 250-251، 264-268.
2. أ1976 London، ص. 23-35، 54-77، 136-152؛2004 Watson، ص. 45-61.
3. م1975 Grabar، ص. 349-351.
4. م1998 Gutas
5. حول قرآن أصفهان لسنة 993 م (متحف المتروبوليتان حساب عدد 40.164)، انظر م 1992 Déroche، ص.154-155، عدد83 ؛ للفهرس 54ب، انظر أيضا James 1988، ص. 77، 81، 83، 235، عدد 39. توجد الصحيفة من مخطوط 1192م ضمن مجموعة متحف المتروبوليتان(حساب عدد 2004.89)
6. م2006 Blair ، ص. 157-178
7. المصدر السابق، ص. 247-251
8. م1986 Wilkinson، ص.229-242
9. قارن م1973 Wilkinson ، ص.96-104، 113-122، والصحفة المطلية بدهان الفخار (الفهرس 69).
10. م2002 Pancaroğlu؛ م1986 Ghouchani.
11. م1936 Ettinghausen؛ م1985 Watson، ص. 176-182

12. Allan 1973م.
13. Watson 1985م، ص. 22-140
14. Simpson 1981م؛ Watson 2004 م، ص. 363-371
15. Barrett 1949م، ص. x-ix؛ Baer 1983م، ص. 4-5، 71، 102
16. Melikian-Chirvani 1973م، ص. 70-91
17. London 1976أ، ص. 69-70، 123-124.
18. Schlumberger 1952م.
19. حول الرأس من الحجر المنحوت (حساب عدد 33.111)، انظر Riefstahl 1931م.
20. Masuya 2003 -2002م .
21. Watt and Wardwell 1998-1997م.
22. Masuya 2003 - 2002م؛ Watson 2006م.
23. Wilber 1939م.
24. Crane 1940م؛ Wilber 1955م، ص. 103، 183-184، عدد 100.
25. Simpson 1979م، ص. 40-41.
26. Swietochowski 1994م.
27. Carboni 1994م.
28. Grabar and Blair 1980م، ص. 13-28؛ Soudavar 1996م، ص. 97-101.

52. صحيفتان من مخطوط قرآني

إيران ، أصفهان ، رمضان 383 [هجري] الموافق لأكتوبر- نوفمبر 993م.
حبر وذهب على ورق.
المقاسات: 24× 35.1سم.
رصيد رودجرز 1940م .40. 164. 5 أ، ب.

53. صحيفة من مخطوط قرآني

إيران الشرقيّة أو أفغانستان، حوالي 1180م.
حبر، ألوان مائيّة معتّمة ، وذهب على ورق.
المقاسات: 8. 29. × 2. 22سم
مجموعة هـ . أ . هافماير، هبة هوراس هافماير 1929م . 29. 160. 23.

استُخدمت بعض الخطوط الجديدة التي تشكّلت بين القرنين العاشر والثاني عشر الميلاديين في الشرق الأدنى أساسا في النصوص الدينية. تنتمي الصحيفة الأقدم زمنيا (الفهرس 52) إلى مخطوط كان محافظ في استعماله للشكل الأفقي الذي كان يميّز نسخ القرآن الرقية العائدة للقرن التاسع الميلادي، ولكنّه كان مجدّدا من حيث الخط الذي اعتُمد لكتابة ذلك النص. وتنتمي هذه الصحيفة إلى المجلّد الأخير من مخطوط قرآني من أربعة أجزاء، وتحمل صحائف أخرى تابعة لهذا المخطوط (موجودة في متحف الفن الإسلامي والتركي باسطنبول) تاريخ رمضان 383هجري الموافق لأكتوبر- نوفمبر 993م وتشير إلى أنّه نُسخ في مدينة أصفهان الإيرانية. (1) النص على صحيفتي متحف المتروبوليتان، وهو من السّورة 54 (القمر)، غير متواصل، بحيث تتضمّن الورقة (أ) الآيات من 6 إلى 13، بينما تحمل الصحيفة الأخرى (ب) الآيات من 31 إلى 39، ممّا يوحي بأن صحيفتين أخرتين فصلتا هذين في ما مضى. لابد أن تكون صحيفة توجد الآن بمجموعة الخليلي بلندن وتتضمّن أواخر السّورة 53 (النجم) مع ترويسة السورة 54 والخمس الآيات الأولى منها قد سبقت صحائف متحف المتروبوليتان.(2) وتعطي معرفة التاريخ المحدد لهذا المخطوط ومكان نشأته أهميّة خاصّة له. تحتل خطوطيته منطقة متوسّطة بين الخط المزوي الذي تتسم به المخطوطات القرآنية السابقة والمستعمل هنا في ترويسة السورة 53 وبين الخطوط النّسخية الأكثر بروزا وانسيابا التي كانت رائجة منذ القرن الثاني عشر الميلادي. ويُظهر هذا الشكل المغاير والذي يطلق عليه تارة تسمية "الخط الجديد". أو "الخط النسخي غير متّصل الحروف" تنوّعا كبيرا في حجم حروفه وسعة خطوطه. فالحروف التي تتدنّى تحت القاعدة هي طويلة على غير العادة وتُحدث تناغما بصريّا يدفع بالعين إلى الأمام عبر النص. وتتمثّل إحدى الخصائص الأسلوبية البارزة الأخرى في الاختلاف بين أحجام الحروف في كلمة "الله" التي تظهر في كل من الآية الأخيرة من السورة 53 والسّطر الأوّل من السورة 54. وفي كلتا الحالتين نلاحظ أنّ الألف الاستهلالي أطول مرّتين من باقي الحروف وهو تباين يُستخدم لإبراز الكلمة.

شهدت بعض خصائص "الخط الجديد" نوعا من المبالغة في الصفحة الأخرى المعروضة هنا (الفهرس 53) وهي تتضمن قرآنا من 5: 20-21 من نسخة قرآن متناثرة. ومن بين هذه الميزات ارتفاع حروفها العموديّة وتأكيد بصري مماثل على لفظ "الله". وتتضمّن كل صفحة أربعة سطور من النص فقط بسبب الحجم الكبير للكتابة. ويتميّز المخطوط أيضا بأنّ المساحات الواقعة بين سطوره زُيّنت بخلفيّة تتكوّن من لفائف. وقد قدّر ب. سانت لورانت الذي رتّب الأجزاء المتبقّية من هذه النسخة، أنها تتكوّن، عندما تكون مكتملة من 2502 صحيفة. وفيما عدا زخرفة خلفيته، فإن المخطوط الحالي يشبه تلك المخطوطات الموجودة

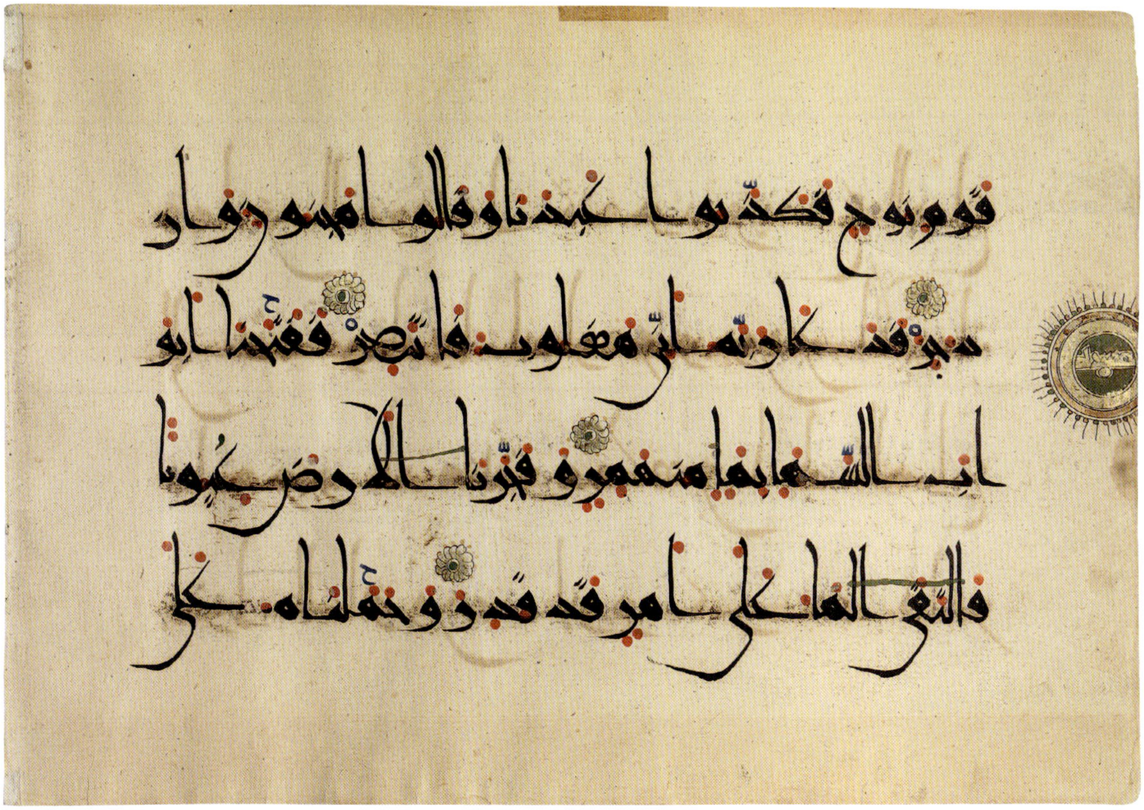

52

في مجموعة أنتجت في إيران الشرقية أو أفغانستان بين أواخر القرن الحادي عشر وأواخر القرن الثاني عشر الميلاديين، بما في ذلك مخطوط يعود تاريخه إلى 1092م، كان سابقا ضمن مجموعة آقا مهدي كاشاني وآخر في مكتبة قصر طوب كابي في إسطنبول، نُسخ في 1177م من قبل كاتب من أصل أفغاني ويمكن هذان النموذجان من تحديد التاريخ التقريبي ومكان إنتاج هذه الصحيفة والصحائف الأخرى من هذا المجلّد. (3)

PS

1. Déroche 1992م، ص. 154-155، عدد 83
2. Déroche 1988 -1989م، ص. 24-27، الصورة 6؛ 13 ، Sotheby's London أكتوبر 1989م، الرزمة 76؛ Déroche 1992م، ص.154-155، عدد83
3. Saint Laurent 1989م؛ Lings 2005م، ص. 57-59 و اللوحات 14-15، 20-21، 24.

المصدر: الفهرس 52: [Mrs. Kamer Aga-Oğlu, Ann Arbor, Mich، حتى 1940م، بيع لمتحف المتروبوليتان للفنون]

الفهرس 53: مجموعة H. O. Havemeyer، نيويورك (حتى 1929م)

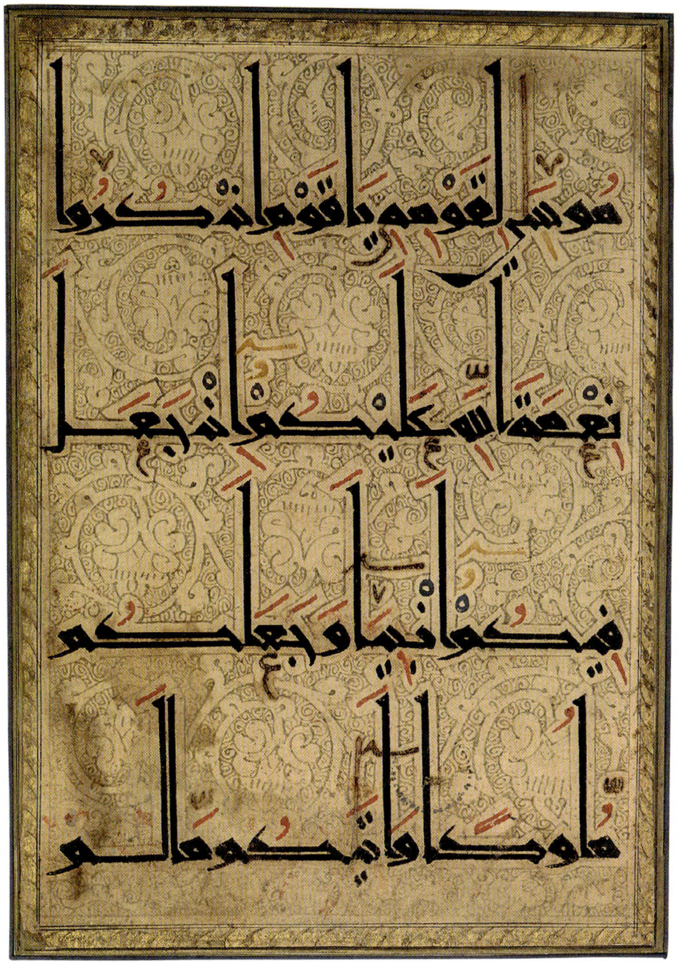

53

54. أ- ب . صحيفتان من مخطوط القرآن البغدادي المغمور.

أ. صدر الكتاب، الجهة اليمنى جزء 26.
الخطاط : بن السهروردي.
المُذهّب: محمد بن أيبق بن عبد الله.
العراق، بغداد، 706 [هجري] الموافق لـ 1306-1307م
حبر، ألوان مائيّة معتّمة وذهب على ورق.
المقاسات : 43.2 ×35.2سم
رصيد رودجرز 1950. 50. 12.

ب. شارة الاختتام، الجانب الأيسر، الجزء 30
الخطاط: بن السهروردي
المُذهّب: محمد بن أيبق بن عبد الله.
العراق، بغداد، بتاريخ 707 [هجري] الموافق لـ 1307-1308م
حبر، ألوان مائيّة معتّمة وذهب على ورق.
المقاسات : 51.3 ×36.8سم
رصيد رودجرز 1955. 55. 44.

الفهرس 54 أ.
نص بالعربية بخط "الأسلوب الجديد" في أعلى وأسفل الحواشي
وإنّه لكتاب عزيز لا يأتيه الباطل من بين يديه ولا من خلفه. (القرآن 41-41:42)

نص عربي بخط "الأسلوب الجديد" في أعلى وأسفل الحواشي:
بغداد حماها الله تعالى في شهور / سنة سبع وسبعمائة هلالية

نص عربي بخط المحقق في الوسط:
أحمد بن السهروردي البكري / حامدا ومصلّيا على نبيّه / محمد وآله وصحبه مسلما.

تعود هذان الصحيفتان المذهّبتان إلى أجزاء مختلفة من إحدى الروائع الثمينة في الحروفية وإنتاج الكتب في العالم الإسلامي.

أُنجز ما يُعرف بقرآن بغداد المغمور تحت الرعاية الإلخانية في العشرية الأولى من القرن الرابع عشر الميلادي، وتحديدا في الفترة ما بين أواخر 1301م (أو مبكّرا جدّا في 1302م) و1308م (1). أُعطي الأمر بإعداد عدّة نسخ فاخرة من القرآن إبّان فترة الحكام الإلخانيين الذين اعتنقوا الإسلام في أواخر القرن الثالث عشر الميلادي، وذلك بغرض توزيعها عبر أرجاء البلاد، إمّا كهبات مقدمة للمساجد الرئيسية أو لوضعها في مزارات الأضرحة التي شُيّدت وزبائنها لايزالون على قيد الحياة. وما كان حاسما في هذا الصدد هي التوجيهات التي قدّمها الوزير الإلخاني رشيد الدين، (توفي 1318م) وهو يهودي إيراني اعتنق الإسلام وأنشأ في تبريز ورشة لنسخ و توزيع النصوص الأدبية. بالإضافة إلى قاعدة التدوين تلك، كانت لعدّة مدن الخانية هامّه أخرى تقاليد راسخة في مجال إنتاج الكتب. وجاءت في مقدّمة هذه المدن بغداد العاصمة السابقة للعبّاسيين التي استولى عليها الإلخانيون في 1258م. رغم أنّنا نعرف أن هذا المخطوط المتكوّن من ثلاثين جزءا والتي انتمت إليه في وقت ما هاتان الصفحتان أُنجز في بغداد، فإنّنا لا نعرف اسم الزبون الذي أمر بإنجازه أو وجهته المقصودة. وقد جرى تداول أسماء كمرشّحين محتملين ضمّت السلطان غاران (حكم ما بين 1295م و 1304)، وخليفته السلطان أُولجيتو (حكم ما بين 1304 و1316م)، أوأحد وزرائهم المتمكنين، ربما رشيد الدين أو سعد الدين سفاجي. كما يحتمل أن يكون أُنجز بغرض إيداعه في ضريح السلطان غازان والذي فُرغ من تشييده في 1301م.

و في المقابل ، فإنّنا نعرف بالفعل أسماء كل من الخطاط والمذهّب لهذا المخطوط الرائع. ولا غرابة في ذلك، فقد كانا من ضمن أكثر الفنّانين في البلاط الإلخاني إنتاجا وشهرة. وقد يكون الخطاط بن السهروردي حفيدا لصوفي شهير جدّا من مدينة سهرورد الصغيرة الواقعة في شمال غرب إيران. كان تلميذا لياقوت المستعصي (توفي في 1298م) وهو الخطاط الأكثر صيتا في زمانه. وقد يكون بن السهواردي قد تفوّق على أستاذه في نسخ هذا القرآن. يُعزى لابن السهروردي فضل تصميم نصوص لعدد من المباني في بغداد وإنجاز ثلاث وثلاثين مخطوطا قرآنيا كاملا. لكن للأسف فإنّ قليلا من أعماله بقيت حتى اليوم. أمّا المُذهّب محمد بن أيبق بن عبد الله فقد وقّع اسمه عدّة مرّات في هذا المخطوط مضيفا أنّه كان يعمل في مدينة السلام بغداد. ورغم أن توقيع بن أيبق ظهر أيضا في بعض المخطوطات الأخرى، فإنّه لا يعرف الكثير عن حياته.(2) وتُوثّق التواريخ المقدّمة من قبل الخطاط والمذهّب خلال الأجزاء المتبقّية من هذا المخطوط مختلف أوجه السرعة أو الوتيرة التي عملا بها.

فقد تمكّن ابن السهروردي من نسخ ثمانية أجزاء تقريبا كل سنة بينما نجح بن أيبق في تذهيب أربعة منها فقط. (3) يُمثّل الفهرس -54أ الجانب الأيمن من الصورة

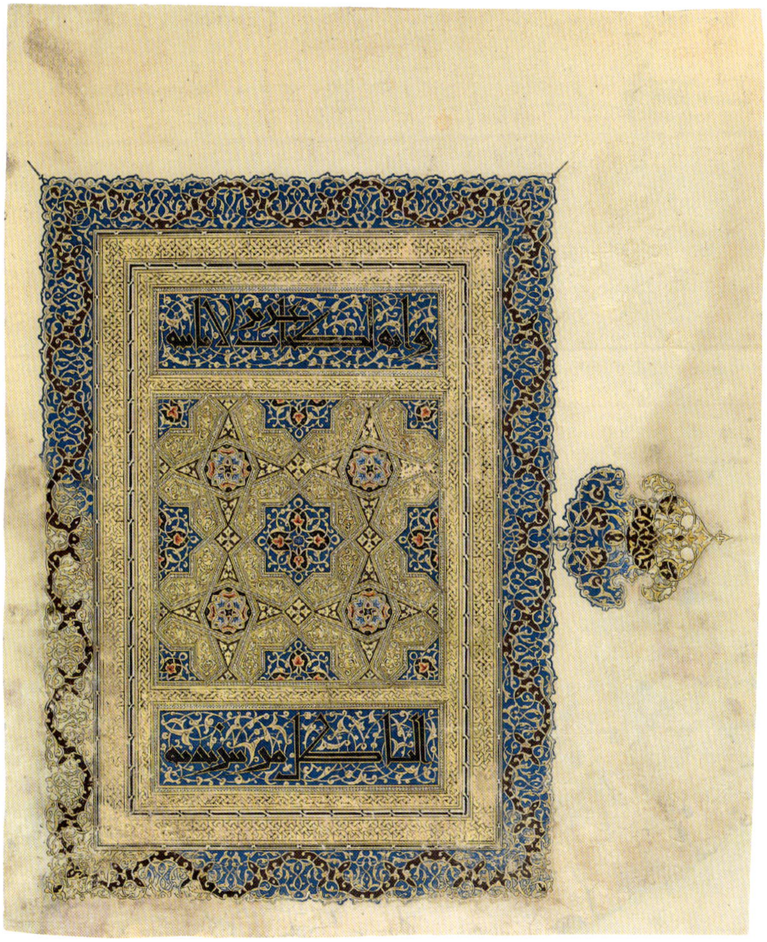

أ

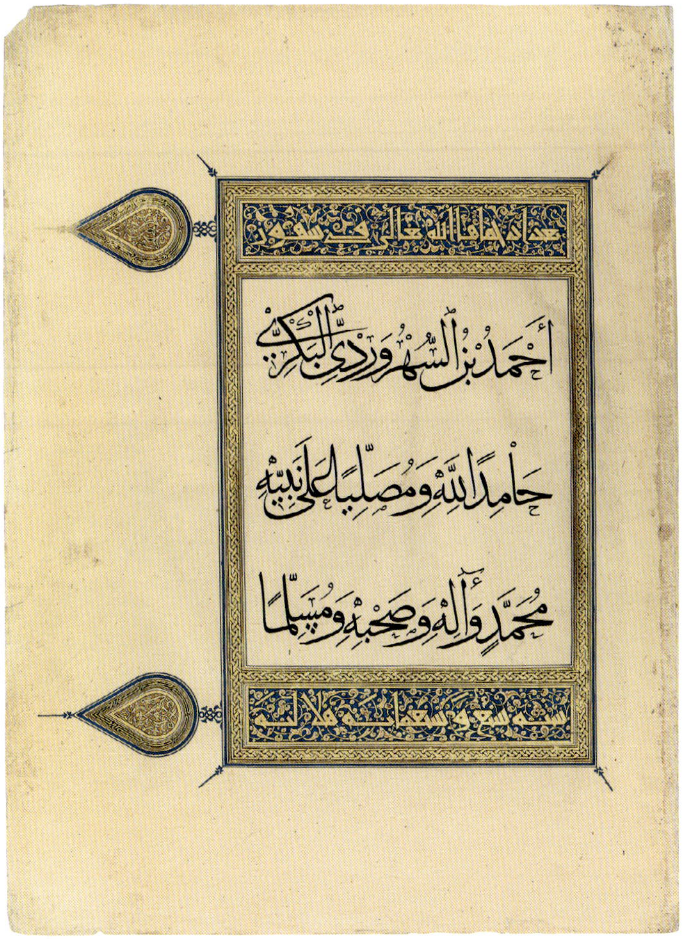

ب

في صدر الكتاب الممتدة على صفحتين للجزء السادس والعشرين لهذا القرآن (4).وبحسب شارة الاختتام لهذا الجزء الموجودة الآن في متحف باستان الإيراني بطهران، جرى ختمه من قبل بن السهروردي في 706 هجري الموافق لـ 1306ـ 1307م.

أقل ما توصف به جودة تذهيب بن أيبق أنها رائعة. فالنجمة المركزيّة ذات الثمانية رؤوس الموجودة على خلفية زرقاء سماوية تتكرّر ضمن موتيف آخذ في التوسّع لا يقف دونه إلاّ الإطار المربّع، وبذلك تتشكّل رؤية أنصاف نجوم في وسط الجوانب الأربعة وأرباع نجوم في الزوايا. ويصبح الموتيف الهندي المتعانق والمعقّد الذي يفصل النجوم عن بعضها البعض التصميم المهيمن ويخلق مساحة لأربعة '' أزهار'' صغيرة متعددة الألوان. ويمثّل النص الأنيق باللون الأسود والمحاط بالذهب نصف النص الذي نُسخ في الأصل على هذه الصورة المصدرة مزدوجة الوجهين.(5) وكانت الحافة الخارجية، ولئن تغيّر لونها قليلا بسبب التلف، مذهلة أيضا بشريطها البنّي المتموّج في تباين مع الخلفية الزرقاء والقلادة الكبيرة الموجودة على الجانب الأيمن.(6) كان الجزءان المُذهّبان من الفهرس 54 ب من إنجاز أيبق ويتضمّن النص النصف الثاني من شارة اختتام المخطوط، ربّما للجزء الثلاثين والأخير من القرآن. وتعدّ أبرز ميزة لهذه الصحيفة هي الثلاثة سطور من النص الموضوعة على خلفية بيضاء من الورق المصقول، التي نُسخت من قبل بن السهروردي بخطّ المحقق النافر الأكثر براعة، فنيّة وتوازنا وتدفقا. واستطاع الإنجاز الرائع لهذا الفنان جعل حتّى أؤلائك الذين لا يعرفون قراءة العربية من التفاعل معه وإبداء تقدير وجداني تجاهه. ويخلّد الخطاط اسمه ربما في ما يعتبر آخر الكلمات من الجزء الأخير من هذا المخطوط الاستثنائي، أحمد بن السهروردي البكري. (8).

SC

1. نظرا لأن أيّ من الأجزاء أوالصحائف المنفردة المتبقية تتضمّن وقفية أو وثيقة تكليف، فقد أشير إلى هذا المخطوط على كونه قرآن بغداد المغمور. انظر م1988 James، ص. 78- 92.
2. المصدر المذكور، ص. 89-92
3. المصدر المذكور، ص. 90
4. منشور في المصدر ذاته، الصورة 58.
5. انظر الترجمة أعلاه. من المحتمل أن تكون بقية الآية قد وردت على الوجه الآخرعلى النحو التالي: ''ولا من خلفه تنزيل من حكيم حميد.''
6. لابد للمرء أن يتذكر أن صفحة مذهبة بصورة معكوسة كانت موجودة قبالة الصفحة الحالية، محدثة بذلك توازنا في التصميم ومضاعفة استمتاع للعين. يبدو أن هذه الصفحة فُقدت.
7. نُشر في م1988 James، الصورة 47؛ م1992 Schimmel and Rivolta، ص.16؛ New York and Los Angeles ، ص. 204، 258-259، عدد 64، الصورة 245؛ 2006 Blairم، ص. 252.

8. على ما أعلم فإن بن السهروردي أضاف كلمة 'البكري' لاسمه على هذه الصفحة فقط، مما يجعل منها صفحة ذات أهمية خاصة. وهي تؤكد انتماءه إلى طريقة سهروردي الصوفية

المصدر: الفهرس 54أ: [J. Acherof، باريس، حتى 1950م؛ بيع لمتحف المتروبوليتان للفنون]
الفهرس 54 ب: [Khalil Rabenou، نيويورك 1955م؛ بيع لمتحف المتروبوليتان للفنون]

55. صحيفة من كتاب ديسقوريدوس 'خواص الأشجار المفردة' (De Materia Medica)

" تحضير أدوية من العسل"
الخطاط: عبد الله بن الفضل.
على الأرجح بغداد، العراق أو الجزيرة الشمالية ، بتاريخ رجب 621 [هجري] الموافق لحزيران-تموز 1224م.
حبر، ألوان مائية معتّمة وذهب على ورق.
المقاسات: 31.4× 22.9سم.
وصية كورا تمكن بيرنت، 1956. 57. 51. 21.

أُخذت هذه الصحيفة المزخرفة من مخطوط باللغة العربية لكتاب ديقوريدوس (كتاب خواص الأشجار) المنجز على الأرجح في بغداد بتاريخ 621 هجري الموافق لـ 1224 الميلادي. ويصوّر الرّسم الفضاء الداخلي لمنزل من طابقين تقف فيه شخصيتان من الذكور على جانبي قِدر كبيرة موضوعة على نار تشتعل، أحدهما يخلط دواء مصنوعا من العسل يسمّى "أبوما علي" يوصف لعلاج الهزال. وتوجد شخصيّة أخرى على الطابق الثاني تسكب هذه الطبخة الدوائية في أباريق كبيرة. ويمكن مشاهدة صف من الأواني، ربما كانت تُستعمل لحفظ الدواء، في وسط الطابق الأعلى. كان كتاب 'خواص الأشجار' أحد المخطوطات العلميّة الإغريقية المترجمة إلى العربية الأكثر رواجا. وكان المؤلّف ديسقوريدوس طبيبا من آسيا الصغرى، عمل في الجيش الروماني في القرن الأول قبل الميلاد. تُرجم الكتاب في بغداد في منتصف القرن التاسع الميلادي، وتصف الرّسالة طرقا لإعداد الأدوية من ما يناهز الخمسمئة نبتة. تطوّرت التقاليد الإغريقية في مجال التّداوي بالأعشاب في القرن الرابع قبل الميلاد، وتواصلت خلال الحقبة البيزنطية وقدّمت نموذجا حذت حذوه النصوص الإسلامية المختصة في الأعشاب والعقاقير.(1)

تطوّرت زخرفة مخطوطات الأعشاب الإسلامية في اتجاهين: رسم النباتات على حدة، ورسم ميداليات تتضمّن شخصيات بشريّة، كما هو الشأن في هذا المثال. (2) وما تنفرد به المدرسة البغدادية في منتصف القرن الثالث عشر الميلادي من سمات هي ثنائية أبعاد الرسم وتَضمّنه ألوان لامعة، وشخصيات مفعمة بالحيويّة مرتدية ملابس محليّة معاصرة وهالات تتوّج رؤوسها وكذلك التماثل المزدوج الذي يطبع العمل. تُمثّل الرسوم مزيجا متقنا من الخصائص الفارسية والبيزنطية والعربية المميّزة لمدرسة بغداد، (3) وهي شبيهة من حيث الموضوع والأسلوب بتلك التي ازدان بها مخطوط المقامات للحريري المنجز في بغداد بتاريخ 634 هجري الموافق لـ 1237م والموجود حاليا بالمكتبة الوطنية الفرنسية بباريس. (4)

تنتمي هذه الصحيفة إلى مخطوط يعود تاريخه إلى رجب 621 هجري الموافق لـحزيران-تموز 1224م والذي يوجد معظمه بالمكتبة السليمانية باسطنبول.(5) أُنجز النص وهو بخط النّسخي من قبل الخطّاط عبد الله بن الفضل. ويُحتفظ بصحائف إضافية من نفس المخطوط في رواق آرثر م. ساكلر في واشنطن، ومجموعة دافيد في كوبنهاغن والمتحف البريطاني في لندن من ضمن مجموعات أخرى. (6)
ME

1. Hoffman 2000م
2. James and Ettinghausen 1977م، ص. 88
3. المصدر المذكور، 87.
4. مكتبة فرنسا الوطنية، باريس (مخطوط عربي 5847). المصدر ذاته، ص. 121
5. المكتبة السليمانية، اسطنبول (آية صوفيا عدد 3703)
6. انظر لندن 2009 م، ص. 204

المصدر: Frederik R. Martin، ستوكهولم (مع حلول1910 م)؛ V. Everit Macy، نيويورك؛ Cora Timken Burnett، آلبين، نيوجرزي (حتى وفاته 1956)

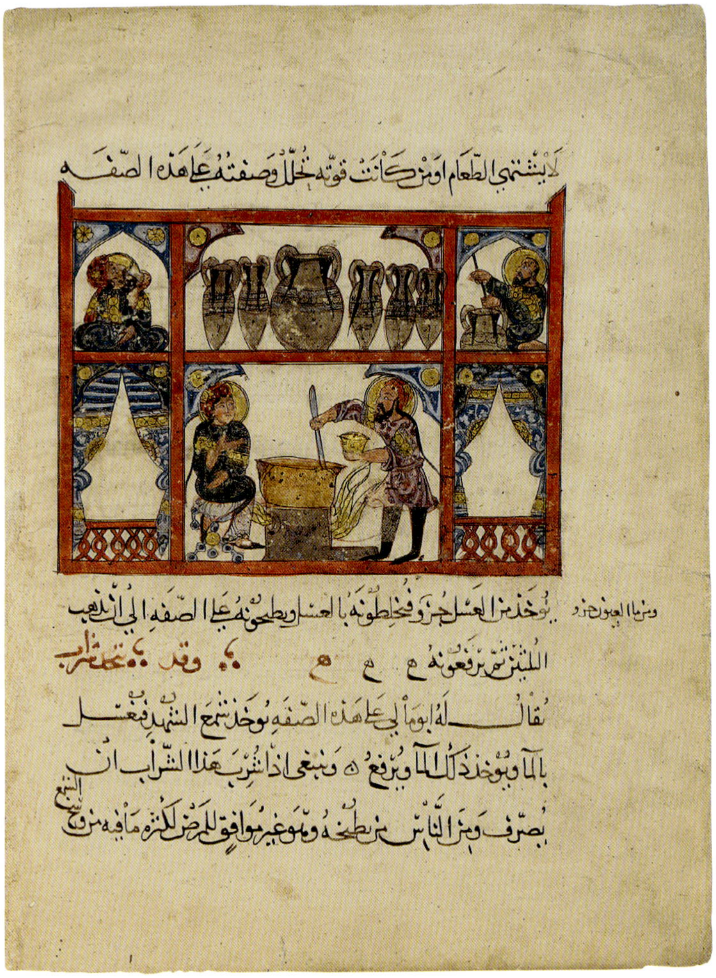

56. صحيفة من "منافع الحيوان" لابن بختيشوع

حبر، ألوان مائية معتّمة وذهب على ورق.
الصورة: المقاسات: 14.6 × 15.7سم، الصفحة: المقاسات: 40.3 × 31.8سم.
رصيد رودجرز، 1918. 18. 26. 2.

شكّلت هذه الصحيفة في وقت من الأوقات جزءا من مخطوط " منافع الحيوان" وهو كتاب عن الحيوانات أُلّف في القرن العاشر الميلادي من قبل أبوسعيد بن بختيشوع لفائدة الخليفة العبّاسي المتقي (حكم ما بين 940 و944م).(1) وقد حظي هذا النص على وجه التحديد بشعبية في القرن الثالث عشر الميلادي، وقد أُنجزت ثلاثة من المخطوطات المبكّرة المتبقّية من هذا النص في ذلك الوقت، بما في ذلك النسخة الفارسية الأولى(2) والمخطوط المتناثر الذي تنتمي إليه هذه الصحيفة.(3)

يستحوذ على الصفحة رسم إيضاحي كبير لِنسرَين لهما ريش وافر. يقبع الطائر الأول على الأرضيّة ورأسه ملتفت إلى الوراء صوب قرينه الذي كان يطير في اتّجاهه. تُحيط بالرّسم بضعة سطور من نص تناقش خصائص النسور وبالتحديد فترة تخصيب بيضها والظروف التي يتطلبها تفريخها. أُنجز هذا الرسم خلال المرحلة الانتقالية للإنتاج التصويري التي حدثت خلال حكم المغول الإلخانين وهو يُدمج خصائص من الرسم العربي مع عناصر صينية.

ويمكن تحسّس تأثير الرسم العربي في نوعية المنظر الطبيعي التي هي بالأساس زخرفية وثنائية الأبعاد خاصة في رسم السماء مِضلّية الشكل وسيقان النبتة والأزهار المنمنمة. وتمتزج هذه العناصر العربية بامتياز مع تلك التأثيرات الصينيّة مثل الخط القوي الذي يكاد يكون حروفيا، وتشكيلة الألوان الرقيقة والاهتمام بالعلاقات الفضائية. ويستجيب الرسم إلى النص خصوصا باحتوائه شمسا ذهبية منمنمة والتي أتت سطور النص الموجودة تحت النّسرين على وصفها.

ويتحمّل التبادل الثقافي والسياسي بين الحكام الجدد لإيران والإلخانيين وسلالة يوان في الصين التي كان الإلخانيون تابعين لها، الجزء الأكبر من مسؤولية إدماج الموتيفات الصينية في السّجل الفنّي الإلخاني. وبالإضافة إلى الموتيفات الأخرى المستوحاة من الصينيين، فإنّ نباتات الفاونيا، أشرطة السحاب الدوّارة والوحوش الأسطورية كالطائر الخرافي، العنقاء، والتي يبدو أن أيقنتها الكلاسيكية بأجنحة ممدودة ألهمت هيئة أحد الطيور في هذا العمل، أصبحت جزءا من الذخيرة الزخرفية الإلخانية والإسلامية لهذه الحقبة.

FL

1. العنوان الأصلي للكتاب هو "كتاب نعت الحيوان ومنافعه"

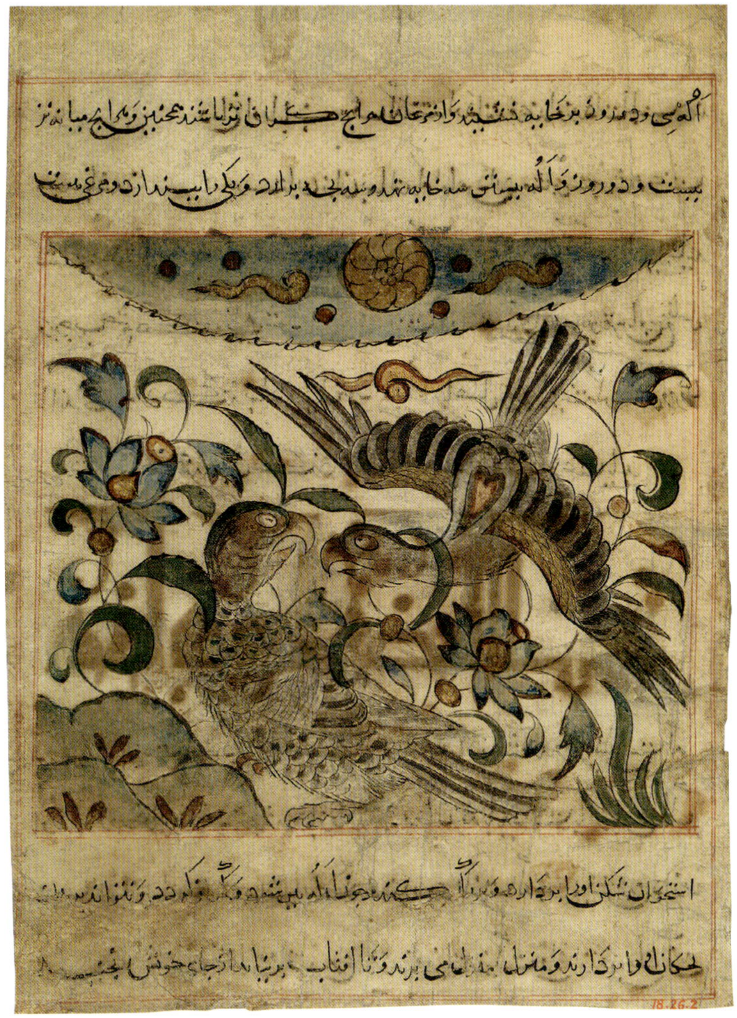

2. يحمل المخطوط، وهو الآن في مكتبة ومتحف مورغن، نيويورك (MS. M. 500)، تاريخ 1297–1298م وأنجز خلال فترة حكم الإلخاني غزان خان (1295–1304م)
3. توجد صفحة ثانية من نفس المخطوط في مجموعة متحف المتروبوليتان للفنون (عدد 57.51.31).

المصدر: [Hagop Kevorkian، نيويورك، مع حلول 1914–1918؛ بيع لمتحف المتروبوليتان للفنون]

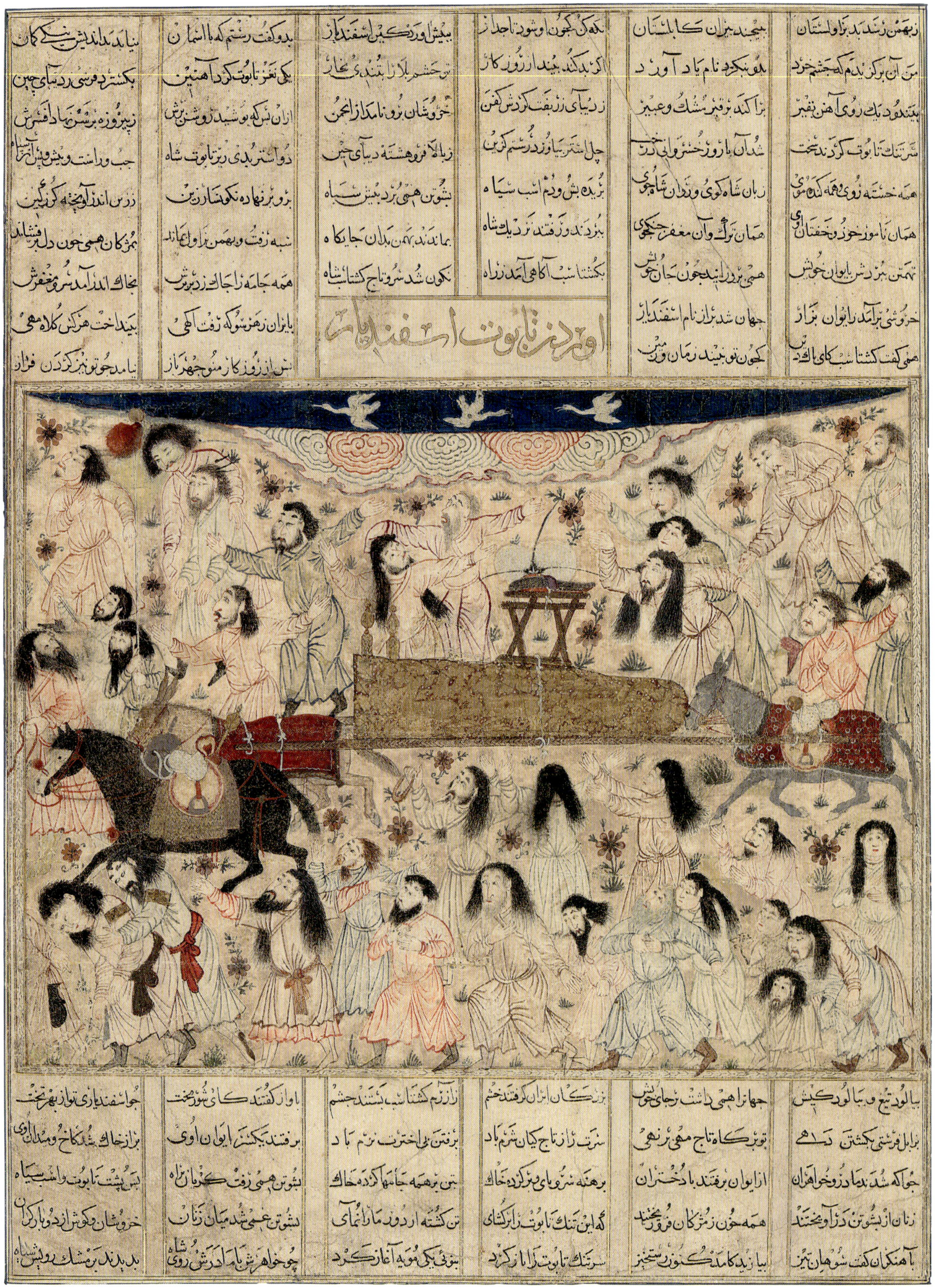
آوردن تابوت اسفندیار

57. صحيفة من الشاهنامة (كتاب الملوك) للفردوسي

"جنازة اسفنديار".
إيران، تبريز، ثلاثينات القرن الرابع عشر الميلادي.
حبر، ألوان مائية معتّمة وذهب على ورق.
المقاسات: 58× 40سم.
شراء، وصية جوزيف بولتزر، 1933. 33. 70.

تشهد هذه الصحيفة التي تمزج بين الأسطورة الإيرانية والتقاليد المغولية والموتيفات الصينية، على ثراء التبادلات الفنية والثقافية التي حصلت في إيران تحت حكم السلالة الإلخانية. وهي تأتي من نسخة متناثرة من الشاهنامة (كتاب الملوك)، المعروف كـالشاهنامة المغولية العظيمة، وتُقدّم رسما إيضاحيا لمراسم جنازة اسفنديار، أحد الشخصيات المحورية في الملحمة. أمر الملك كاشتاسب اسفنديار بأن يأتي بالبطل رستم إلى بلاطه مقيّدا بالسلاسل (مقابل وعده بتنصيبه ملكا). غير أنّ اسفنديار كان غير راغب في أن يقوم بذلك بسبب ولاء رستم الدائم للتّاج الإيراني، فحاول إقناع هذا الأخير بالرجوع إلى إيران. وأدّى رفض رستم الانصياع للأمر الملكي إلى معركة انتهت بموت اسفنديار. كما هو الشأن في الرسوم الأخرى في هذا المخطوط، يجاري الرسم عن كثب الرواية ولكنّه مفعم أيضا بتفاصيل مأخوذة من تقاليد الحداد المغولية(1). وتذكر المصادر التاريخية المغولية أنه جرت العادة أن يتصدّر مراسم الدّفن حصان الميّت مع وضع السرج معكوسا. وفعلا وكما ينبغي، تُظهر الصورة حصان اسفنديار الأسود وهو يتقدّم الموكب، مقصوص الذيل والسّرج مقلوب علامة عن الحِداد. وتبعا لذلك، رُسم التابوت الذي قيل أنّه كان ملفوفا بالحرير الصيني وهو محمول على أبغال، ويرافقه عدد كبير من المعزّين الذين تبدي فعلا حركاتهم المتوثّبة وأوضاعهم المضطربة الحزن العميق الذين يشعرون به جرّاء وفاة الأمير. وتشدّ أيضا التشكيلة الأحاديّة اللون للمشهد انتباه المشاهد وتوجّهه إلى التعابير الفردية للمشاركين، معزّزة بذلك الطابع الدرامي للصورة. أُنجزت الشاهنامة المغولية العظيمة لحساب الحاكم الإلخاني أبو سعيد (حكم ما بين 1317–1335م) قبيل انتهاء حكمه. لم يكتمل المخطوط قطّ، ولكن من المحتمل أن يكون صدر في نسخته النهائية في مجلّدين وضمّ 280 صحيفة وما بين 180 و200 رسم إيضاحي.(2) ممّا يجعل منه أكثر المخطوطات كثافة في الزخرف في تاريخ فنون الكُتب الفارسية.(3)

وقد أدّت بعض الرسوم في المخطوط وارتباطها مع الممارسات المغولية المعاصرة بالعلماء إلى الحديث عن تطابقها و'أبو سعيد نامه'، وهي قصّة بطولية حول حكم الحاكم الإلخاني الذي ورد ذكرها في مصادر لاحقة ولكنّها مفقودة الآن.(4) رغم أنّ هذا التأويل مثير للاهتمام إلاّ أنّه لا يحظى بقبول شامل. (5)

لقد قيل أن اهتمام الإلخانين بالتقاليد الملحمية الفارسية كان بمثابة طريقه منهم لاستيعاب الثقافة المحليّة في ثقافتهم ولدعم زعمهم أنّهم الحكام الشرعيين لإيران. فما أن مرّت بعض العقود فقط على اعتلاء الإلخانيين سدّة الحكم حتى أصبحت مشاهد وأبيات شعرية من الشاهنامة تُستعمل على اللوحات الخزفية ذات البريق المعدني لتزدان بها الإقامة الإلخانية الصيفية بـ'تخت سليمان' في شمال غرب إيران. وفي الآن نفسه ومن خلال تبنّي التقاليد الملكية المحليّة، انخرط الإلخانيون في ممارسة، كانت موثّقة في أوقات سابقة، تربط بين السلطة والأسطورة(6). وما تكرُّر الشاهنامة في إنتاجهم الثقافي إلاّ دليل يُبرز، في نهاية المطاف، كيف أن الملحمة وفّرت صيغة مثالية لمنصب الملك أعربت عن تطلّعات عديد الأجيال من الحكام.

FL

1. كما لاحظ ذلك أولا مGrabar and Blair 1980، ص. 100
2. مBlair 1989
3. أُنجزت نسخة أخرى مصورة تصويرا مفرطا من الشاهنامة لحساب شاه طهماسب (حكم ما بين 1524 و 1576 م) ابتداء من عشرينات القرن السادس عشر الميلادي. توجد سبع وسبعون صحيفة من هذا المخطوط حاليا بمتحف المتروبوليتان (عدد–1970.301.01–77) انظر مثلا الفهرس 138 أ– ز.
4. تُذكر الـ'أبوسعيدنامه' من قبل محمد داست في علاقة بالرسام أحمد موسى، وذلك في افتتاحية ألبوم جُمّع للأمير الصفوي بهرم ميرزا في 1544م؛ انظر Thackston 2001م، ص. 12 أُقترح تأويل الشاهنامة المغولية العظيمة كـ'أبو سعيدنامه' في مSoudavar 1996
5. من بين الانتقادات المختلفة لهذا التأويل، انظر مBlair 2004، خاصة ص. 46–47
6. حسب مؤرخ القرن الثالث عشر الميلادي، بن بيبي، فإنه كان لعلاء الدين كاي قُبَد الأول اقتباسات من الشاهنامة على جدران قصوره في كونيا و سيفاس (نيويورك ولوس انجلس 2002–2003م، ص. 102)

المصدر: [Demotte, Inc ، نيويورك، مع حلول 1926–1933م؛ بيع لمتحف المتروبوليتان للفنون]

58. صحيفة من الشاهنامة (كتاب الملوك) للفردوسي. "بيزهان يذبح خنازير إرمان البرية"

إيران، شيراز، بتاريخ 741[هجري] الموافق لـ 1341م
حبر، ألوان مائية معتّمة وذهب على ورق .
مقاسات الصورة: 8.9× 24سم، مقاسات الصفحة: 36.5× 30.3سم.
مجموعة هـ. و. هافماير، هبة هوراس هافماير، 1929. 29. 160. 22.

تصوّر هذه الصحيفة لحظة الذروة في قصّة بيزهان وخنازير إرمان البرية. وهي واحدة من قصص عديدة من الملاحم البطولية التي يتضمّنها الشاهنامة (كتاب الملوك). في هذه القصة، يقدم بيزهان مساعدته إلى قبيلة إرمان– وهي منطقة تقع على الحدود بين إيران وتوران، في الوقت الذي طلب فيه وفد قادم من تلك المنطقة مساعدة كيخسرو وللتصدّي لحشود من الخنازير البريّة الشرسة اكتسحت غاباتهم. يُعتبر الرسم الإيضاحي ترجمة حرفية للأبيات الشعرية التي تسبقه والتي تصف كيف أن بيزهان، وهو مدرّع بالسلاح، راكب على مطيّته يلاحق الخنازير ويقتلها. وعلى الرّغم من الأسلوب المفكك للرسم وبساطة تصميمه، فهو يُقدّم بشكل بليغ جسامة مهمّة بيزهان من خلال تقليص حجم المنظر الطبيعي ومضاعفة عدد وحجم الخنازير التي ينبغي على البطل قتلها.

ويضفي هذا الأسلوب التصويري البليغ والثاقب على النسخ المصوّرة المتبقية من الشاهنامة العائدة إلى بداية القرن الرابع عشر الميلادي ميزة خاصّة.

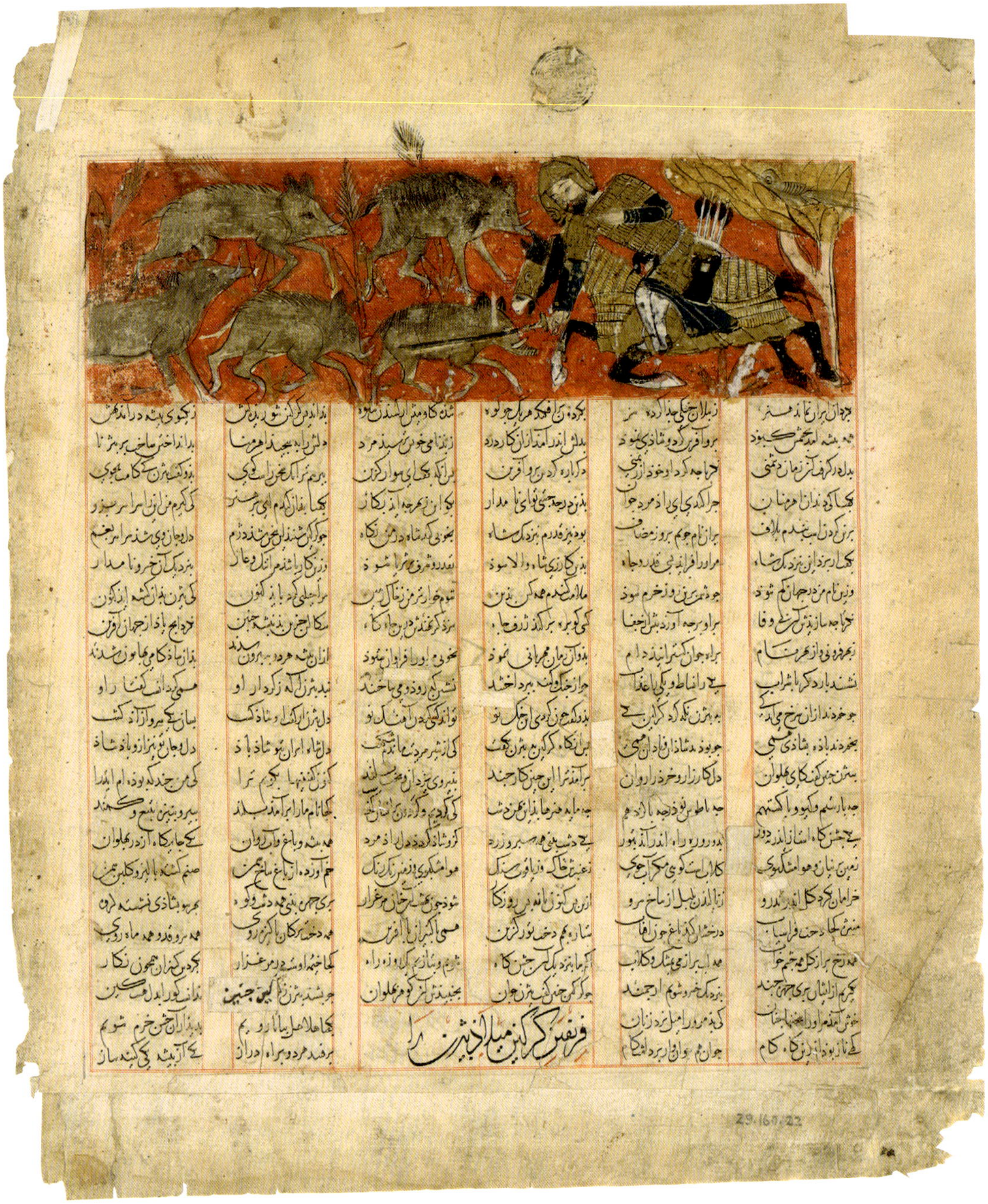

تعود هذه الصفحة إلى مخطوط متناثرالآن ولكنّ شارته الختاميّة تحمل تاريخ 741هجري الموافق لـ 1341م مع إهداء إلى قوام الدولة والدين حسن.(1) وكان قوام الدولة (حوالي 1303-1357م).وزير آل إنجيو الذين برزوا كحكّام مستقلين بعض الشيء لمحافظة فارس الإيرانية في العقود التي سبقت وتلت مباشرة سقوط السلالة الإلخانية. (2). وتُسلط الصحائف المتبقية من هذا المخطوط الضوء على الطبيعة الرّاقية للمخطوط الأصلي الذي لا يمكن مقارنته في المقابل، لا من حيث الجودة أو مدى التعقيد، بالنسخة المصوّرة المعاصرة تقريبا لنفس النص والتي أُنجزت لحساب الإلخاني أبو سعيد (حكم مابين 1317 و1335م) والمعروفة تحت مسمّى الشاهنامة المغولية العظيمة (3). وفي الوقت نفسه، ما تزايد عدد المسئولين الذين قرّروا الإذن بإنجاز نسخ مصورة من الملحمة الفارسية لحسابهم إلاّ شاهد على الاهتمام المتزايد بالتقاليد الملكية العريقة لإيران(4).

FL

1. م1988 ،Lowry et al، ص. 69-70.
2. توجد الآن ثمانون صحيفة مصورة متناثرة ضمن مجموعات خاصة وعامة، سبع منها في متحف المتروبوليتان (بالإضافة إلى الفهرس 58، عدد 29. 160. 21 ، 36. 113. 1 -57،3. 51. 35 و 57. 51. 36)، بينما توجد صفحة الإهداء في the Arthur M. Sackler Gallery ، مؤسسة سمثسونيان ، واشنطن دي سي (عدد 0110 /S86).
3. انظر الفهرس 57.
4. يمكن نسبة سبع مخطوظات على الأقل إلى آل انجيود، وأربع منها نسخ من الشاهنامة (نيويورك ولوس انجلس 2002-2003م ص. 217). تتوفر قائمة بهذه المحطوطات في م1978 Grube. ص, 16-51 وفي رقم 43.

المصدر: مجموعة H. O. Havemeyer، نيويورك، (حتى 1929).

59. صحيفة من "مؤنس الأحرار في دقائق الأشعار" لمحمد بن بدر الدين جاجرمي.

إيران، أصفهان، 741 [هجري] الموافق لـ 1340 – 1341م.
حبر، ألوان مائية معتّمة، وذهب على ورق.
المقاسات: 23.2× 16.8سم.
مجموعة كورا تمكن برنت من المنمنمات الفارسية والتحف الفنيّة الفارسية الأخرى. 1956. 25. 51 .57
وصية كوراتنلن برنت، 1956. 57. 51. 25.

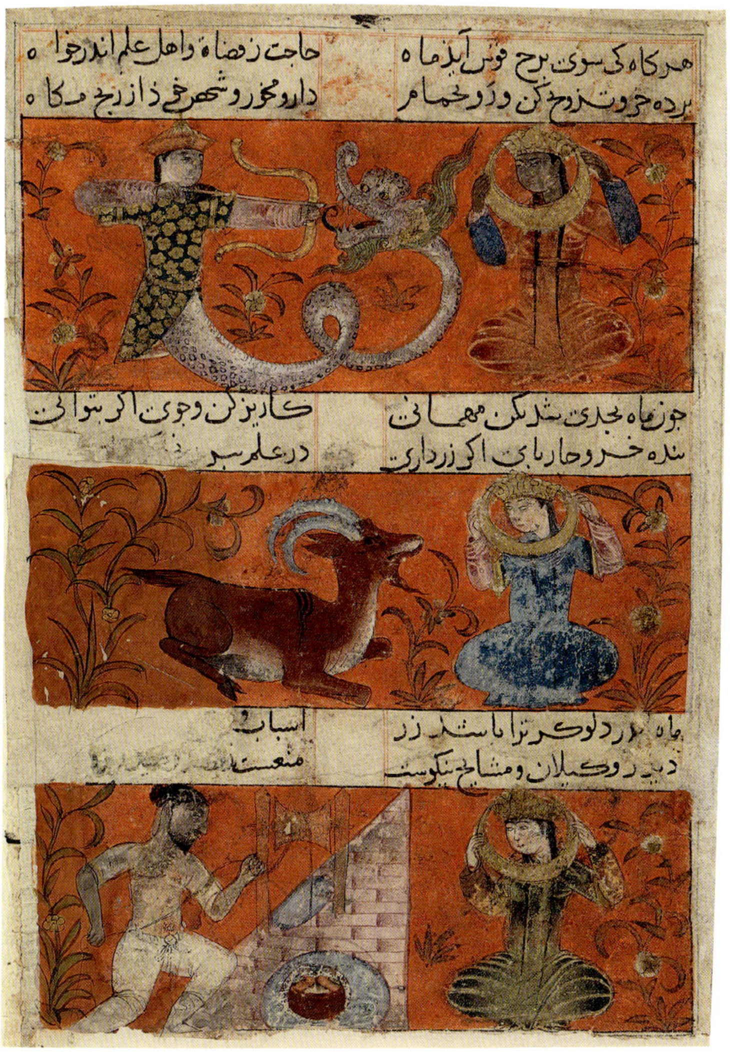

كانت هذه الصفحة المصوّرة في الأصل جزءا من مجموعة قصائد جُمّعت من قبل المفكّر والشاعر الفارسي محمد بن بدر الدين الجاجرمي اختار لها عنوان "مؤنس الأحرار في دقائق الأشعار". وتُشير دلائل قويّة من داخل المخطوط أن الجاجرمي كان متواجدا في أصفهان عندما كان بصدد نسخ النص وتذكر شارة نهاية المخطوط أنّه فرغ من ذلك في رمضان 741 هجري الموافق لفبراير- مارس 1341م. وعليه، فإن هذا النص واحد من بضع نصوص مصوّرة مؤرّخة تعود إلى الحقبة الإلخانية وهو أيضا الوحيد المتبقّي الذي يُمكن نسبته إلى أصفهان. كان المخطوط وهو معروف لدى العلماء منذ 1914م موجودا في مؤسّسة كيفركيان، نيويورك حتّى اقتنته دار الآثار الإسلاميّة، مجموعة الصباح في مدينة الكويت عن طريق دار سوثبي للمزاد في لندن في 1979م.

يتضمن المخطوط الآن صورة تشخيصية مصدرة ذات صفحتين تُبرز زوجا أميريا في أسلوب ناضج ولكن إقليمي إلخاني. لكن الصفحات الستّ التي شكّلت فيما مضى الفصل التاسع والعشرين من هذه المختارات الشعرية. وهي الصحائف الأخرى المصوّرة الوحيدة في عمل نصّي بالحصر، اقتُطعت في بداية القرن العشرين الميلادي واقتُنيت من قبل خمس مؤسسات مختلفة في الولايات المتحدة.(2).

يتضمّن الفصل التاسع والعشرين، إذا ما أُعيد تجميعه، نموذجا فريدا ومشوّقا من الشعر التصويري(4) وقصيدة فلكية ورباعية ختامية (5). تغطّي الصحيفتان الموجودتان في متحف المتروبوليتان (والمقتناتان في 1919م و1957م) (6) تقريبا كامل القصيدة الفلكيّة(7) التي تُفسّر في شعر موزون الأشياء الواجب فعلها عندما يكون القمر في اقتران بكل واحدة من علامات البروج الإثنتي عشر.

ما هو مصوّر هنا هو قفا الصحيفة التي تتضمّن نص وصور أبراج القوس والجدي والدلو. وقد رُتّبت هذه العلامات الثلاث على نحو تعليمي على اليسار أمام كل شخصيّة نسائيّة تحمل هلالا حول رأسها يرمز إلى القمر. من السهل التعرّف على هذه العلامات، فهي تباعا، نبّال يطلق سهما تجاه ذيله المرسوم على هيئة تنّين، وجدي له قرون طويلة معقوفة، وكوكب زحل (الحامل للماء)، وهو يرفع دلوا من بئر. وُضعت كل ميدالية مستطيلة على خلفية حمراء تغطّيها نباتات كبيرة متناثرة. ويقول الشاعر، على سبيل المثال: "عندما يكون القمر في اقتران مع الدلو، إذا ما كان لك مال/ اشتري أثاثا وبضائع وعبيدا هنودا./ أن نرى موظّفين وشيوخا هذا طيّب/ هناك حظر على النزيف والصيد والزواج والسفر".(8)

SC

1. اقتنع Alexander Morton في تحليله للنص بأن المؤلف كان يكتب في أصفهان. انظر نيويورك 1994م، ص. 51
2. هذه المؤسسات هي: the Arthur M. Sackler Museum، كامبردج، ماساتشوستس؛ Cleveland Museum of Art؛ Princeton University Library؛ مجموعة Robert Garrett؛ Freer Gallery of Art؛ Smithsonian Institution؛ واشنطن دي سي ومتحف المتروبوليتان، وهو المؤسسة الوحيدة التي تمتلك صفحتين.
3. التأم شمل خمس من الصحائف الستّ وكذلك المخطوط الموجود بالكويت بمتحف المتروبوليتان كجزء من معرض 1994م الذي قُمتُ بتنظيمه بمعيّة Marie Lukens Swietochowski تحت عنوان: "الشعر المصوّر والصّور الملحمية: الشعر الفارسي خلال عشرينات وأربعينات القرن الرابع عشر الميلادي." يتناول الكتاب المصاحب الذي يحمل نفس العنوان (نيويورك 1994) بدقّة الجوانب الأدبية والتاريخية للمخطوط.
4. تُنسب هذه القصيدة إلى الشاعر الرّوندي حيث نُظِم الشّطر الأول من كل بيت بكلمات بينما جاء الشّطر الثاني في شكل لغز مصوّر أو رسم يمثّل كلمة. انظر نيويورك 1994م، ص.26-37 عدد 2-4.
5. نسب الجاجرمي القصيدتين الأخيرتين إلى والده، وهو أيضا شاعر ذائع الصيت.
6. الصحيفة المقتناة هي عدد 19.68.1.
7. لم يُدرج هنا البيتان الأخيران و الرسم التوضيحي الذي يُظهر القمر في برج الحوت.
8. في ترجمة Alexander Morton في نيويورك 1994م، ص. 44

المصدر: Cora Timken Burnett، ألبين، نيويورجزي (مع حلول -1933 وفاتها 1956م)

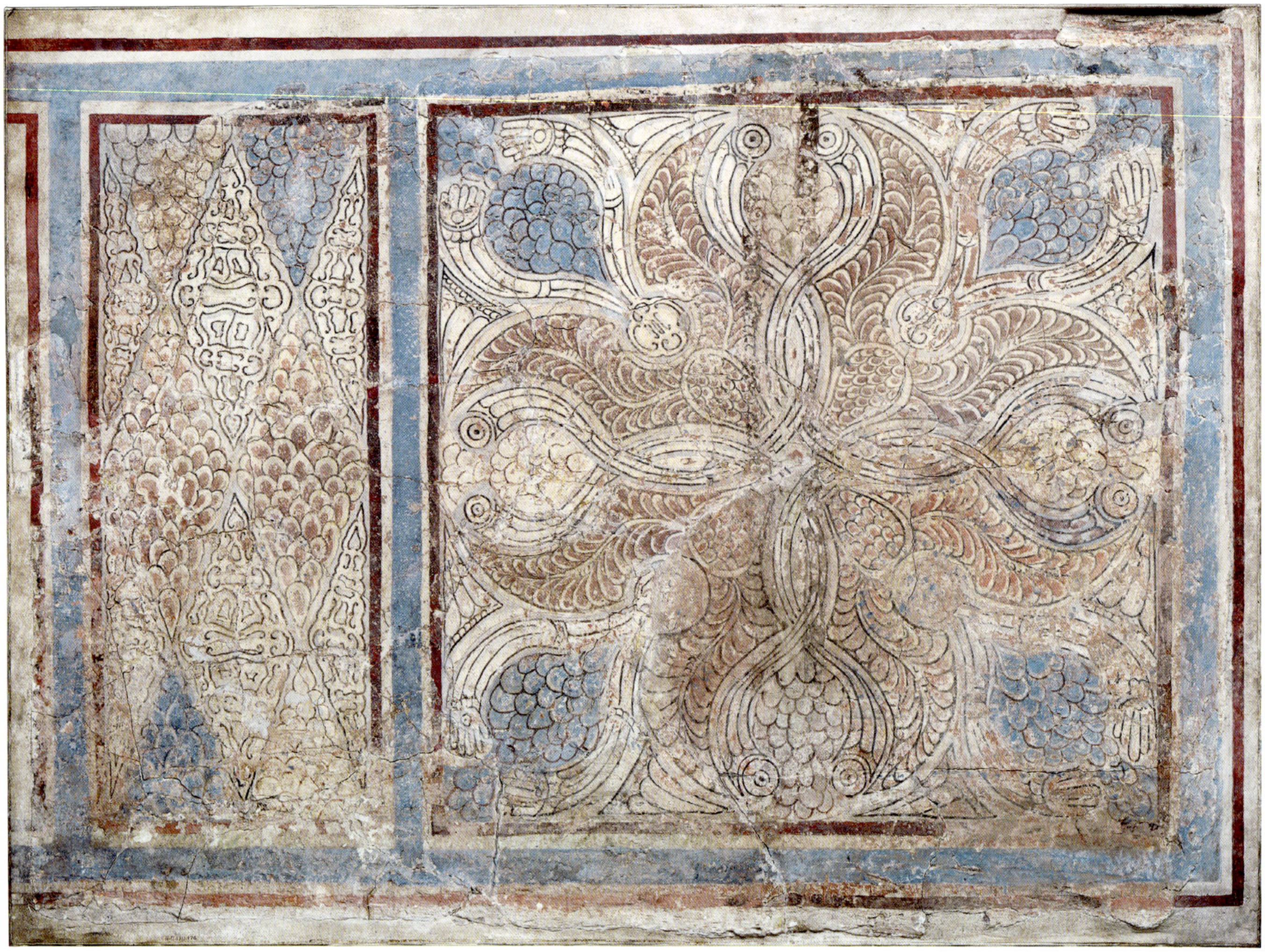

60. لوحة مكعّبات.

إيران، القرن التاسع الميلادي.
عُثر عليها بحفريات بـ' تبة مدرسة' نيسابور
جصّ مطلي.
المقاسات: 102.6× 135.9× 5.1سم
رصيد رودجرز، 1940 .40 .170 .176

كان للغرفة في نيسابور، إيران، التي استُخرجت منها هذه اللوحة تخطيط زاه من الزخرفة المطليّة. فقد لُوّن الجزء الأعلى من الجدار باللون الأحمر الداكن وكان يوجد أسفله إفريز أفقي قصير يتكوّن من مسدّسات ومعينات ومكعب يبلغ ارتفاعها أربعة أقدام وتضمّ لوحات مستطيلة ومربّعة متناوبة. وتحيط بكل لوحة مكعّبات خطوط حمراء وزرقاء وبيضاء. ضمّت اللوحات المستطيلة معينا أو موتيفا على شكل معين مُلأ بتصميم يشبه الرخام المنشور نشرا رُبعيا أو خراشف السّمك، بينما احتوت اللوحات المربّعة موتيفا يتكوّن من تشكيلة من أشكال ريشيّة، وعناصر مغطّاة بالقشور وشرائط متعانقة تنتهي بأياد وعيون منمنمة. وأنجزت هذه الموتيفات بدرجات من الألوان الزرقاء والحمراء والصفراء والبُنيّة(1).

كان يعرف هذا الجزء من نيسابور أين وُجدت هذه اللوحة محليّا بـ 'تبة مدرسة'. وبمجرّد الاعتماد على اسمها المعاصر، كان علماء آثار متحف المتروبوليتان يأملون في أن يعثروا على إحدى مؤسسات نيسابور التعليميّة الشهيرة أو إحدى المدارس الدينيّة. خلال الحفريات التي جرت في 1938-1940م، توصلوا بدلا من ذلك إلى كشف منطقة سكنيّة كبيرة بها مسجد أُنشأ وأُعيد بناؤه على مراحل عدّة بين القرنين التاسع والثاني عشر الميلادي. ولقد جرى اكتشاف هذه اللوحة داخل أحد المنازل في هذه المنطقة وبالتحديد داخل غرفة تبلغ مساحتها تقريبا ستّة عشر على سبعة عشرة قدم (أي ما يناهز خمسة على ستّة أمتار).

وقد حدّد المنقّبون في وقت لاحق أنّ المبنى الذي استُخرجت منه المكعّبات المطليّة يمكن نسبته إلى القرن التاسع الميلادي وارتأوا أن الغرفة كانت فيما مضى جزءا من قصور حقبة الطاهريين المذكورة في مصادر تاريخيّة (2). تُمثّل اللوحة هنا وكذلك العديد من النماذج الأخرى الموجودة بنيسابور، وكلها بأساليب مختلفة، النماذج الأوائل المعروفة للرسم الجداري خلال الفترة الإسلاميّة في إيران.

بينما يبقى معنى زخرفة هذه اللوحة لغزا، يعتقد معظم العلماء والباحثين أنّه كان

لرسومها وظيفة تعويذية وقائيّة. ويتمثّل أحد الافتراضات في أن رمزي العين واليد استُمدّا من تشخيص يد "الله".

وقد أشير أيضا إلى أنّه يجب ربط الأيقنة بموتيفات الطير والأفعى التي تعود إلى ما قبل الإسلام والتي يعتقد أنها كانت ترمز إلى أرواح الموتى. (3)

ولكن أيّا من هذه التفسيرات تقلّل من احتمال أن تكون الغرفة التي تضمّ هذه اللوحات جزءا من قصر، رغم أنّه لا توجد إلى حد الآن أيّة مؤشرات أخرى عن وظيفتها مثلما ذهب المنقّبون إلى ذلك.

MS

1. من مجمل مساحة اللوحة التي عثر عليها المنقّبون لم يكن بالإمكان المحافظة إلاّ على لوحتين مربعتين و أخرتين مستطيلتين ذهبت مجموعة منها إلى متحف باستان الإيراني بطهران وجيء بمجوعة إلى متحف المتروبوليتان. انظر م1986 ،Wilkinson، ص. 159-184. وُضعت على البنية التي وُجدت بها اللوحات علامة "W20".

للإطلاع على نقاش دائر وتحديد الموقع، انظر م1942 Wilkinson and Hauser، ص. 97-100؛ م1976 Bulliet، ص. 75؛ م1986 Wilkinson، ص.181؛ و م2002 Sims, Marshak, and Grube، ص. 28.

2. م1986 Wilkinson، ص. 173؛ و م1995 Rührdanz، ص. 593.

المصدر : 1939م، أُكتشفت بـتبة مدرسة، نيسابور، ايران من قبل بعثة متحف المتروبوليتان بترخيص من مجلس الوزراء بايران أُعطي بناء على توصية من وزارة التربية بإيران؛ تحوّل سند الملكية تبعا لذلك إلى متحف المتروبوليتان للفنون.

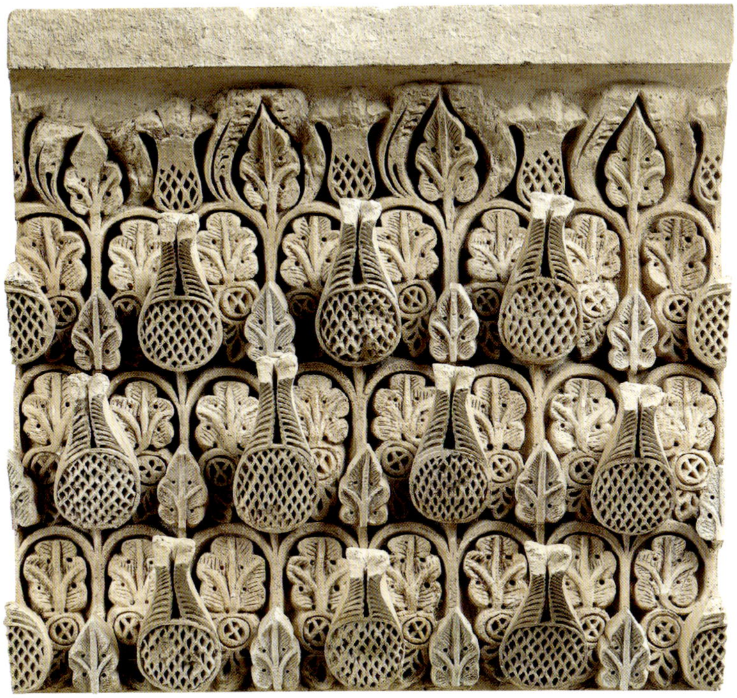

61. لوحة كورنيش.

إيران، القرن العاشر الميلادي.
استُخرجت بـ'تبة مدرسة'، نيسابور.
جصّ، مقولب، عليه زخرف، منقوش.
المقاسات: 71.3× 74.5× 17.5سم.
رصيد رودجرز، 1940. 40. 170. 441.

وُجدت هذه اللوحة، التي تتضمن أوراق عنب وحليات ناتئة على شكل أناناس، بـ'تبة مدرسة'، نيسابور وهي جزء من أجزاء أخرى من الجصّ كانت فيما مضى تُزيّن مجموعة من المباني شمال غرب مسجد هذه المنطقة. ونظرا لأنّ هذه الشظايا كانت تتكدّس ضمن بقايا ركام المباني المهدّمة. كان من المستحيل تحديد المكان الذي ظهرت فيه هذه اللوحة بالذّات في الأصل وحتّى معرفة نوع الغرفة التي كانت تنتمي إليها. ومع ذلك، دفعت الحافة العليا المتقوّسة لهذه اللوحة المنقّبين إلى استنتاج أنّها شكّلت فيما مضى جزءا من كورنيش.(1)

تختلف زينة اللوحة إلى حدّ ما عن الزخرف المجصّص الموجود في أجزاء أخرى من نيسابور مثل الذي استُخرج من جزء من الموقع المعروف بـ'سابز بوشان' وحتّى في مبان مجاورة في 'تبة مدرسة'. غير أنّه يمكن مقارنة تصميمها إيجابيّا بالنقش المجصّص الذي يتضمّن موتيفات شبيهة موجودة بـ'مرف' وبقصر أفرسياب الساماني (سمرقند الحالية)، ويُعتقد أن كلاهما يعودان إلى القرن التاسع الميلادي (2)، وبـ'حيرة' القرن الثامن الميلادي على الأرجح.(3)

وتوضّح الاكتشافات من هذه المواضع استعمال الجصّ في العالم الإسلامي القروسطي، وتقف شاهدا على رواج هذا الوسيط خلال القرنين التاسع والعاشر الميلاديين خاصّة في مملكات السامانيين في شمال شرقي إيران التي تضمّ نيسابور. رغم أنّ العلماء يميلون إلى إسناد الفضل في استعمال الجصّ بالعاصمة العبّاسية سامرّاء إلى انتشار الجص من خلال الدائرة الثقافية العبّاسية، إلاّ أنّ أثارا متبقية من فترات سابقة في أفراسياب، مرف، راي، والمواقع الساسانية الأخرى اللاحقة في إيران تدلّ على ما يبدو على تاريخ محلّي طويل لموتيفات الجص الموجودة في مباني الحقبة الإسلاميّة، ممّا يشير إلى إمكانية أن يكون للزخرف المنقوش في فترة السامانيّة منشأ أهلي. وتقدّم الاكتشافات بإيران أيضا الدليل على الاستعمال المتزامن لعدّة أساليب نقش في موقع واحد، كما توحي عمليات إعادة البناء التي قام بها المنقّبون في أفراسياب أنّ المباني تضمّنت جدرانا وأسقفا كاملة مغطّاة بلوحات الجصّ، تحمل كل واحدة منها تصميما مختلفا. وكانت هذه اللوحات تحمل في الغالب الألوان الزرقاء والصفراء والحمراء البرّاقة، ووجدت رواسب خضاب مثل هذه على هذه اللوحة أيضا.

MS

1. وُجدت هذه الأجزاء في البناية C2؛ انظر م1986 Wilkinson، ص. 116-136. رُممت هذه اللوحة كما هو موضّح هنا. للإطلاع على هذه الأجزاء كما استُخرجت، انظر نفس المرجع، ص. 133، الصورة 1.142

2. م1971 ،A khrarov and Rempel، ص. 45، الصورة 22.

3. م1934 .Rice, D. T، ص. 63، الصورة 14

المصدر : 1938م، اكتُشفت بـ'تبة مدرسة'، نيسابور، إيران من قبل بعثة متحف المتروبوليتان بترخيص من مجلس الوزراء بإيران أُعطي بناءا على توصية من وزارة التربية بإيران؛ تحوّل سند الملكية تبعا لذلك إلى متحف المتروبوليتان للفنون.

62. شخصية أميرية تحمل تاجا مجنّحا

إيران، منتصف القرن الحادي عشر – منتصف القرن الثاني عشر الميلادي
جصّ، مشكل، محفور، مطلي بعدة ألوان، مذهّب
الارتفاع : 119.4سم
كورا تمكن بيرنت، مجموعة المنمنمات الفارسية والتحف الفنية الفارسية الأخرى، وصية كورا تمكن بيرنت 1956.57.51.18

63. شخصية أميرية تحمل تاجا مرصعا بالجواهر

إيران، منتصف القرن الحادي عشر – منتصف القرن الثاني عشر الميلادي
جصّ، مشكل، محفور، مطلي بعدة ألوان، مذهّب
الارتفاع: 144.1سم
هبة السيد والسيدة لستر وولف، 1967 .67 .119

الفهرس 62:
كتابة بالعربية بالخط الكوفي: على شريط طراز، الكمّ الأيسر:
عليكـ[م] بالـ
على شريط طراز، الكمّ الأيمن:
ــمؤمنيــن
[حريص] عليكم بالمؤمنين [رؤوف]
(من القرآن 9: 128)
الفهرس 63:
كتابة بالعربية بالخط الكوفي: على شريط طراز، بخراطيش على الكمّين الأيمن والأيسر:
الملك [لله]

تحمل هاتان الشخصيتان المهيبتان، اللتان تكادان تكونان بالحجم الطبيعي وذات وجهين كالبدر المرسوم بأسلوب تركي، معاطف أو قفاطين مطرّزة بالغة الزخرف فوق أثواب تحتية وسراويل. طرّزت الأكمام العليا للقفاطين بأشرطة طراز لا تبدو نصوصها للعيان إلاّ جزئيّا. تظهر كلتا الشخصيّتان بشعر طويل وغزير وتحملان تاجان متقنان، زيُن أحدهما بسعفة مجنّحة، (الفهرس 62) بينما كان الآخر(الفهرس 63) مزخرفا بالجواهر بكثافة. بالإضافة إلى ذلك، تُمسك اليد اليمنى لكلّ شخصيّة بحزم على مقبض سيف أو خنجر مقوّس قليلا.

رغم أنّ وقفة الشخصيّتين تعيد للأذهان الشخصيات الملكية الساسنية وشخصيات الخلفاء الأمويين المنتصبة، فإنّها تعدّ أيضا نموذجيّة لصور حرّاس القصور في تاريخ لاحق.(1) ويمكن مشاهدة المنديل الملكي، هذا المنديل الذي يرمز للأسرة المالكة، باليد اليمنى للشخصيّة الثانية ومن المحتمل أن يكون قد وُجد أيضا باليد اليمنى للشخصيّة الأولى ولكنّه مفقود الآن. وتبرز الشخصيات الجصيّة بألوان مختلفة من بينها اللازوردي والأحمر والبرتقالي والأسود. لا تزال توجد رواسب صغيرة جدّا من رقائق الذهب على العناصر الناتئة مثل الزهور والجواهر وأغطية الرأس. رغم أن هاتان الشخصيتان وصلتا إلى متحف المتروبوليتان في أوقات مختلفة، فإن تقنيتهما وأسلوبهما وحجمهما وتزينهما يوحي بأنّهما كانتا فيما مضى تنتميان إلى نفس البرنامج الزخرفي لنفس مجمّع القصور الذي لم تحدد هويته إلى الآن. تتضمّن هذه الرسوم المحفورة والذي نُسب تاريخها في البداية إلى أواخر الفترة السلجوقيّة أي حوالي القرنين الثاني عشر والثالث عشر الميلاديين، (2) عدّة سمات توحي بأنّها تعود إلى تاريخ اسبق بين منتصف القرن الحادي عشر ومنتصف القرن الثاني عشر الميلاديين. شهدت إيران بعد سقوط الإمبراطورية العبّاسيّة في أواخر القرن العاشر الميلادي صحوة للأشكال والصّور الملكية الساسانيّة وحتى الصغديّة التي كانت سائدة ما قبل الإسلام، وكان الغرض من هذه الصور تسليط ضوء إيجابي على السلالات الجديدة ذات الأصول الإيرانية والتركيّة بوصفها باعثة من جديد للأمجاد الماضية. وتعدّ صور التيجان المجنّحة مثل تلك المعروضة في الفهرس 62 مؤشّرات لهذا الأسلوب التجديدي. ويُمكّن التصميم الحروفي، خاصّة ذلك المتّصل بأشرطة التراز(في الفهرس 63) من الحصول على تأريخ تقريبي. نشأت الزعانف الثلاثيّة المدبّبة للحروف العموديّة القصيرة لمثل هذه الكتابات في أوائل القرن العاشر الميلادي ثمّ تطوّرت لتصل إلى ارتفاع عصيّ الحروف العموديّة الطويلة، كما نرى هنا. كان هذا الأسلوب شائعا من القرن الحادي عشر الميلادي حتّى العقود الوسطى من القرن الثاني عشر الميلادي.(3) وتُظهر لوحة منبر في متحف المتروبوليتان تحمل تاريخ 546 هجري الموافق لـ 1151م (الفهرس 65 ب) نموذجا جيّدا لهذا الأسلوب الحرفي.

أقتُنيت عدّة تماثيل شبيهة لكنّها أصغر يرجّح أنّها أتت من غرب إيران من قبل عدد من المتاحف وذلك قبل الحرب العالميّة الأولى. في شمال بلاد الرافدين وفي آسيا الصغرى السلجوقيّة، صُنعت نقوش نافرة كبيرة لشخصيات أميريّة وبشريّة من الحجر بدلا من الجصّ ولكنّها كانت مختلفة من حيث الأسلوب. تُقدّم نماذج جصيّة في قصور آسيا الوسطى، بـ'باستا' (أفغنستان الحاليّة) وسمرقند أقرب مثيل لهذه الشخصيات، وتُنسب اللوحات الجصيّة الجداريّة في باست بمجمّع قصر لانشكاري بازار إلى تاريخ حكم الحاكم الغزنوي مسعود الأوّل (حكم ما بين 1031و1041م).

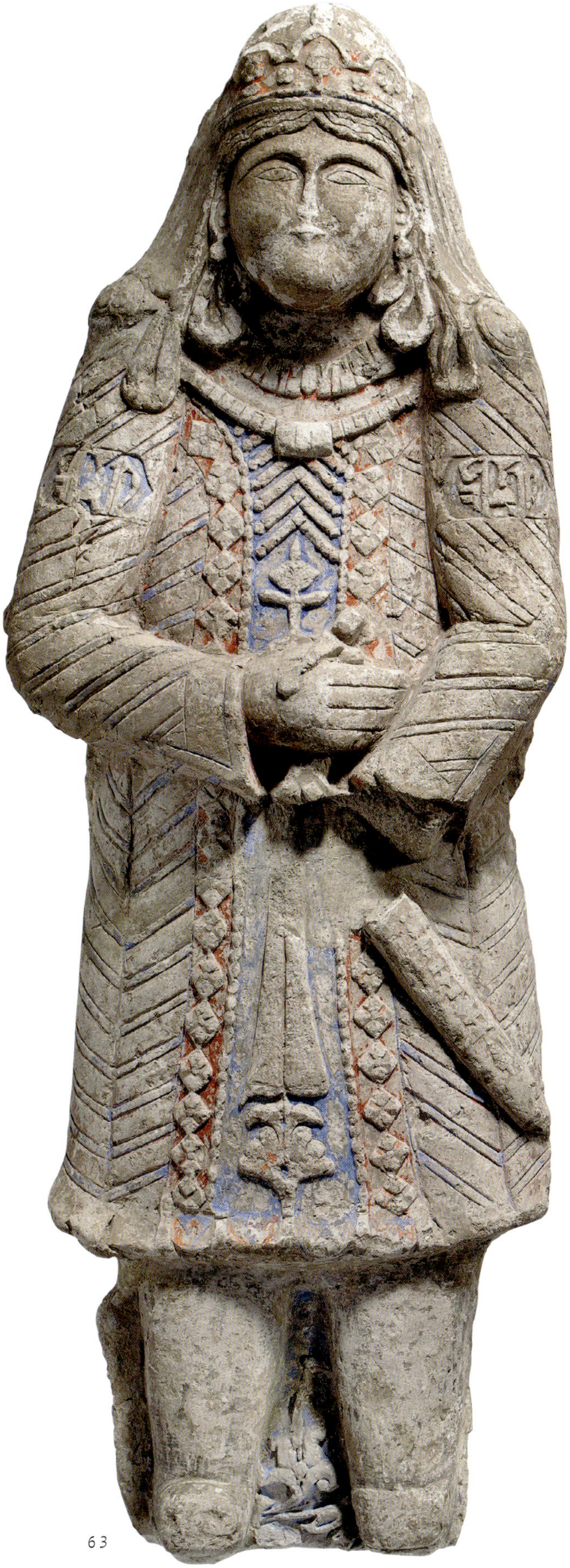

63

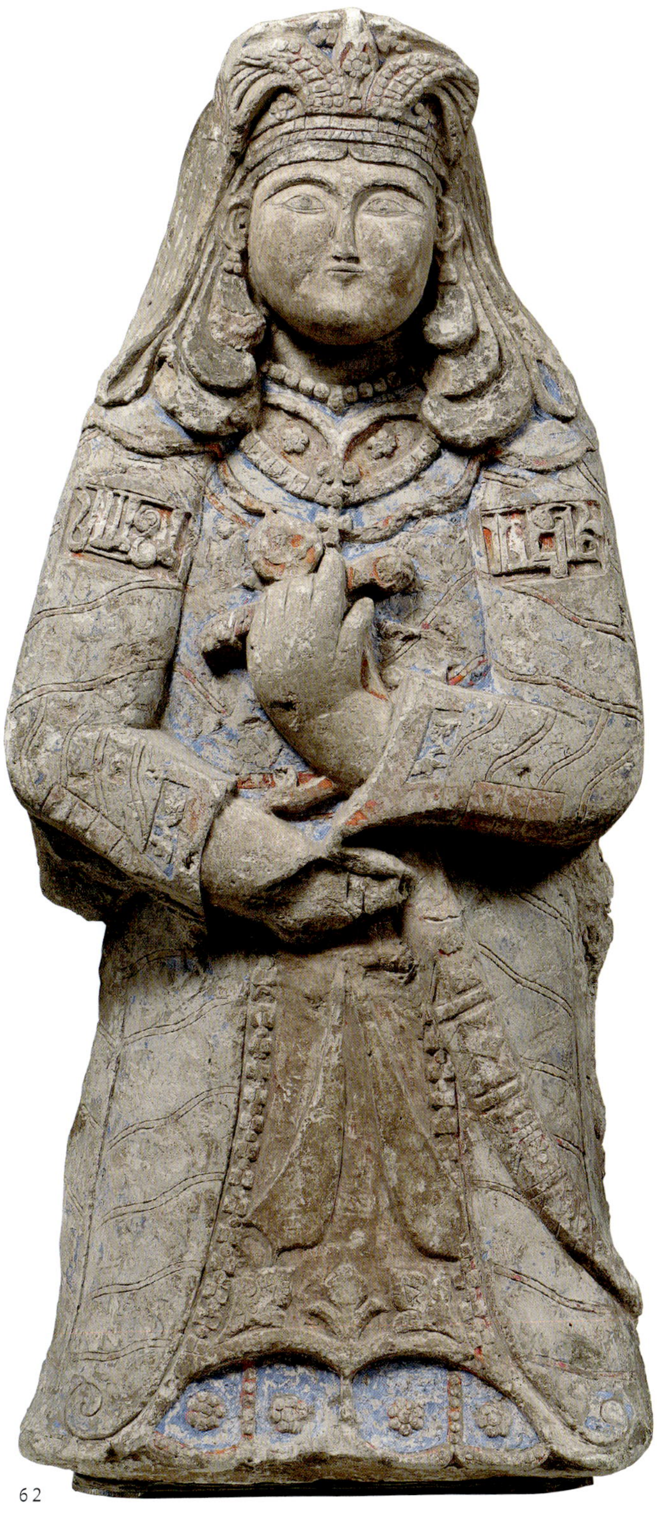

62

ترسُم هذه اللوحات أربعة وأربعين شخصيّة من البلاط واقفة تظهر صورتها إلى حد الثلاثة أرباع وكلّها تحمل سمات وجوه بدريّة تركيّة آسيويّة وترتدي قفاطين باللونين الأحمر والأزرق. ويبدو أن المشهد هو لاجتماع ملكي يلتفت فيه الخدم والحرّاس إلى شخصيّة مركزيّة هي مفقودة الآن.(4). وتشبه هذه اللوحات إلى حدّ ما الجداريّات في جناح في سمرقند يعود إلى الحقبة الغزنوية (992. 1212م) وتُنسب إلى منتصف القرن الثاني عشر الميلادي. (5).

وقد يكون تمثالي الجصّ الكبيرين ومتعددي الألوان والاستثنائيين لشخصيتين أميريتين الموجودين في متحف المتروبوليتان استُخدما فيما مضى كقطع مركزيّة لمشهد بلاط أكبر من تكسيات جصّية كانت تُكمّل مجمّع قصر في إيران في الفترة من حوالي 1050 إلى 1150م.

SH

1. Gibson ينشر قريبا
2. 1931م Riefstahl.
3. 1978م Sourdel-Thomine حول الكتابات الغزنوية، انظر 1925م Flury، بالخصوص ص. 83–84، عدد 12، لضريح لشخص يُدعى أسعد بن علي، والذي نسبه Flury إلى أوائل القرن الثاني عشر الميلادي.
4. 1978م Casal. تحمل بعض الشخصيات نوعا من القضيب أو العصا على الكتف الأيمن.
5. 2005م Karev.

المصدر: الفهرس 62: Cora Timkin Burnett، ألبين، نيوجرزي (مع حلول 1940 – وفاتها 1956م)

الفهرس 63: Mr. and Mrs. Lester Wolfe، نيويورك (مع حلول 1966–1967م)

64. شاهد قبر أبو سعد بن محمد بن أحمد بن الحسن كاروية

النقاش: أحمد بن محمد عستق.
إيران، يزد، بتاريخ محرم 545 [هجري] الموافق لأفريل – ماي 1150م.
رخام، منقوش، مطلي.
المقاسات: 56.5×37.1×7.3سم.
رصيد رودجرز، 1933. 33. 118.

نص بالعربية بخط الكوفي على الحافة الخارجية:
بسم الله الرحمان الرحيم إنّ الذين قالوا ربّنا الله / ثم استقاموا تتنزّل عليهم الملائكة ألاّ تخافوا ولا تحزنوا وأبشروا بالجنّة التي كنتم [توعدون]. (القرآن الكريم 41: 30).
نصّ بالعربية بخط الثلث على الحافة الداخليّة:
بسم الله الرحمان الرحيم شهد الله أنّه لا إله إلاّ هو والملائكة وأولوا العلم قا/ ئما بالقسط لا إله إلاّ هو العزيز الحكيم. (القرآن 3: 18).
نص بالعربيّة بخط الكوفي على شريط إلى الأعلى (بين الحوافي).
لا إله إلاّ الله محمد رسول الله.
توقيع بالعربية بخط الكوفي على شريط إلى الأسفل (بين الحوافي).
عمل أحمد بن محمد استك.
نص بالعربية بخط الكوفي على اللوحة الوسطى:
هذا قبر/ أبي سعد بن/ محمد بن أحمد/ بن الحسن/ كا/ رويّة توفي/ في محرّم سنة/ خمس وأربعين/ وخمس مائة

تعدّ هذه القطعة من النّماذج القليلة المتبقّية في مجموعات المتاحف من شواهد القبرالعائدة للقرن الثاني عشر الميلادي والمنسوبة إلى يزد (مدينة جنوب شرقي أصفهان في إيران الوسطى). وهي منقوشة من الرخام البنّي الفاتح (قندومي) وتتضمّن محرابا مركزيّا تحيط بها نصوص قرآنيّة.(1) تتضمّن الحافة الخارجيّة، وهي الأعرض، آيات من سورة 'فصّلت' (السورة 41:30) بينما تتضمّن الحافة الداخليّة آيات من سورة 'آل عمران' (3:18) ويُبرز صفان موجودان بين الحواف الداخليّة والخارجيّة في الأعلى والأسفل الشهادة وتوقيع النقّاش " أحمد بن محمد عستق " (2).

تحتوي اللوحة المركزيّة محرابا مقوّسا مع ذكر اسم الميّت، أبو سعد بن محمد بن أحمد بن الحسن كاروية وتاريخ وفاته، محرّم 545هجري، الموافق لأبريل ▯ مايو 1150م. وتوحي رواسب من الطلاء الأحمر والأسود أن أجزاء من شاهد القبر هذا كانت في الأصل مطلية، ربما لإبراز النصوص. (3) يتزيّن الجزء الأعلى من الفجوة بموتيفات نباتية منحنية الشكل لها أطراف حلزونيّة.

وما يجعل هذا الشاهد أكثر إثارة للاهتمام هو محرابه. فتطوّر المحاريب والعلاقة

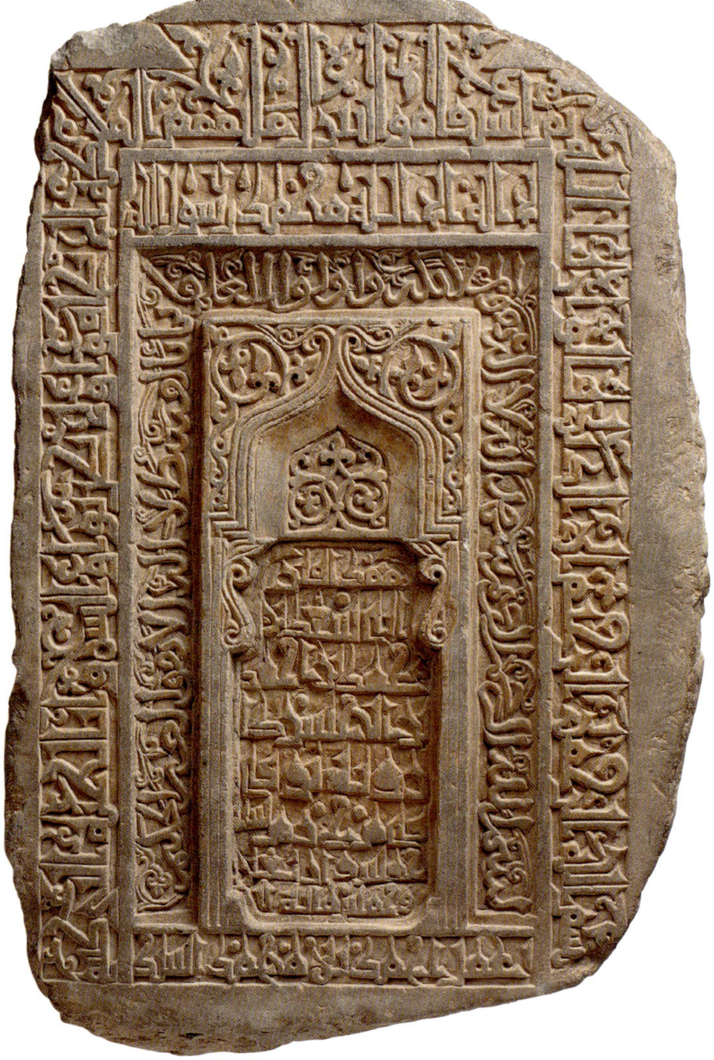

بين المحاريب المعاصرة وشواهد القبر هذه أثارا الكثير من النقاش بين العلماء والباحثين. رغم أنّ تصاميم مماثلة للمحراب استُعملت في الإنتاج المحلّي في آسيا الصغرى ، إسبانيا، وشمال إفريقيا، فإنّ تعقيد النماذج الإيرانية، التي تحمل عدّة أشرطة من النصوص. يضعها على حدة من شواهد القبر من أماكن أخرى.(4) ويمكن مشاهدة أسلوب مماثل جدّا للخط الكوفي والتصاميم النباتية على جزأين من منبر يعود إلى القرن الثاني عشر الميلادي موجودين في مجموعة متحف المتروبوليتان، (الفهرس 65 أ، ب) وهو ما يوحي بأنّ هذا النمط من الخط الكوفي كان سائدا في إيران في القرن الثاني عشر الميلادي وكان مستعملا في مختلف الوسائط في الفنّ السلجوقي.(5) ويوجد شاهد قبر أخر من القرن الثاني عشر الميلادي يكاد يكون مطابقا في يزد يعود تاريخه إلى تسع سنوات قبل نموذج المتروبوليتان. (6) ويحمل توقيع نفس النقّاش، أحمد بن محمد. وتتقاسم نماذج أخرى في متحف الفنون الجميلة ببوستن (7) ومتحف آرثر م. ساكلر بكامبردج ماساتشوس(8) ومتحف الفنون بكليفلاند (9) مع هذا الشاهد نفس الموضوع، وزخرفة المساحة وأسلوب الخط. ومن الأفضل أن تنكبّ المزيد من الدراسات في مجال الكتابة والنقوش القديمة على تحديد قطع أخرى منجزة من قبل نفس نقّاش الحجر في يزد.

AG/PG

1. توجد أحجار 'القندومي' هذه ذات اللون البني الفاتح وشواهد القبر المماثلة ب'ميبود'، تاباس، غزنوي وبـ'بفك' في منطقة يزد. للاطلاع على دراسة حول شواهد القبر في يزد ولمزيد من المعلومات حول هذا الصنف من العمل، انظر مAfshar 1969 و مAfshar1973، لوحة 42.
2. لمزيد من المعلومات حول النص، انظر القاهرة 1931م، ص. 27، عدد 22.
3. حددت الفحوص التقنية رواسب من الأحمر (أكسيد الحديد) و الأسود (الأسود المرتكز على الكربون غير المتبلور).
4. مFehérvári 1972، ص. 241؛ مWhelan 1986، مKhoury 1992؛ مKhoury1998؛ هانوفر ومدن أخرى 1991-1992م، ص. 96، عدد32 .
5. لمزيد من المعلومات، انظر أDimand 1944، ص. 91-97.
6. نشر شاهد القبر في Pope، A.U. ، و م1938-1939 ، Ackerman, eds.، المجلد 5، الجزء 1، لوحة 519E.
7. متحف الفنون الجميلة، بوسطن (عدد 31.711)، منشورة في "المقتنيات [MFA]" م1931، ص. 95.
8. متحف Arthur M. Sackler ، كامبريدج، ماسا تشوستس (عدد 1963.18)، منشور في هانوفر ومدن أخرى 1991-1992م، ص. 79، الصورة 14.
9. متحف كليفلاند للفنون (عدد 1950.9)، منشور في بنغهمتن 1975م، الصورة 18. يحمل شاهد القبر تاريخ 545 هجري الموافق لـ 1150م، والنص الداخلي من القرآن (30: 41) هو نفس النص الخارجي لشاهد قبرالمتروبوليتان.

المصدر: [A. Rabenou، باريس، مع حلول 1931-1933م؛ بيع لمتحف المتروبوليتان للفنون]

65. أ، ب – جزءان من منبر.

إيران ، يزد، بتاريخ 546.[هجري] الموافق لـ 1151م
خشب (ساج) منقوش ومطلي
أ. جزء المنبر العمودي.
المقاسات: 120.7× 31.4× 83سم.
رصيد فليتشر، 1934 .34 .150 .2.
نص بالعربية بخط الكوفي على الجزء العمودي (أ):
[...تفا]وت فارجع البصر هل ترى من فطور ثمّ أرجع البصر كرّتين ينقلب / إليك الـ(ب)صر خ/ [سئا و] هو حسير ولقد زيّنا السماء الدنيا بمصابيح وجعلناها رجوما للشـ[ياطين]
(القرآن 67: 3-5)
نصّ بالعربية بخط الكوفي على اللوحة الأفقية (ب):
أمر هذا/
المنبر عبد مذنب/
أبوبكر بن محمد بن أحمد كلاي/
ثمانية(؟) تقرّبا إلى الله ورجاء إلى رحمة الله/
في زمن الأمير الأجل السيد المؤيّد المظفر/
المنصور عضد الدين شمس الملوك/
والسلاطين علاء الدولة كرشاسب/
بن علي بن فرامزر بن علاء الدولة حسام أمير/
المؤمنين في جمادى الأولى سنة ست وأربعين وخمس مائة
[أوت / سبتمبر 1151م]
نص بالعربية بالخط الكوفي على اللوحتين العلويتين اليمنى واليسرى (ب):
لا إله إلاّ الله / محمد رسول الله

ينتمي هذان الجزءان الخشبيان اللذان كانت لهما وظائف عملية وزخرفية لمنبر مسجد في يزد في إيران الوسطى.

كان الجزء الأفقي (الفهرس 65 ب) يتوّج فيما مضى اللوحة العمودية الطويلة الموجودة على قفا المنبر، أين يجلس الإمام، بينما شكّل الجزء العمودي (الفهرس 65 أ) الجزء الجانبي الأسفل الحامل ربما للدرجة الرابعة للسلّم. (1) نُقش كلا الجزءين بنصوص عربية بخط الكوفي.

يتضمّن الجزء الأفقي نص التأسيس الذي جاء فيه أن المنبر أُنجز بتكليف من أبو بكر بن محمد في زمن علاء الدين كرشاهب حاكم يزد تحت السلطة السلجوقية، وهو يحمل أيضا تاريخ 546هجري الموافق لـ 1151م. تُمثّل زوايا الحروف مثالا نموذجيّا للأساليب العتيقة المتّبعة في شواهد القبر والمحاريب والمنابر الإيرانية المنقوشة في أواخر القرن العاشر والقرن الحادي عشر الميلادي. (لمثال عن شواهد القبر من يزد العائد للفترة من القرن العاشر إلى القرن الثاني عشر الميلادي والتي لها أسلوب حرفي مماثل، أنظر الفهرس 64). (2)

ويُعدّ الموتيف النباتي المتشعبّ المنقوش نقشا نافرا والذي نشاهده هنا سمة نموذجية لشواهد قبر يزد.

ويتكوّن الجزء العمودي من ستّ قطع خشبية ثُبّتت بوصلات نقرة ولسان. ويرد نص قرآني من السّورة 67 (الملك) مسترسلا على طول الأعمدة وكذلك على القطعة العريضة العليا(3). وكمحور مركزي بين القطعتين العرضيتين العلويتين، يشكل صفّان من أشكال سداسية مرتبة عموديا موتيفا متكرّرا من نجمات ذات ستة رؤوس في المساحة السلبية. يتضمّن الجزءان رواسب من الطلاء الأحمر والنيلي والأبيض على السطح ممّا يوحي بأنّهما كانا في ما مضى طُليا

لإبراز النصوص والزينة. (4)

وتعدّ الموتيفات النباتية على الجزئين سمة نموذجية لتلك الموجودة في الخشب الإيراني المنقوش خلال القرن الثاني عشر الميلادي، ولو أن أصل هذه الموتيفات يمكن أن يعود إلى القرن التاسع الميلادي. ومع نهاية القرن الحادي عشر الميلادي، تطوّر هذا الموتيف ليصبح أسلوبا أكثر طبيعية وأكثر انحناء بأطراف حلزونية، ومع حلول القرن الثاني عشر الميلادي، أصبح يضمّ أشكالا هندسية ونباتية متقنة من لفائف العنب، وهي تُشاهد هنا في القطعتين العرضيّتين للجزء العمودي. (5)

ويُظهر شاهد قبر بفراشة في يزد(6). تصميما نباتيا متشعّبا يكاد يكون مطابقا. ويوجد هذا الأسلوب الزخرفي أيضا في منبر خشبي في المسجد الكبير لـ'أبيانا' بإقليم أصفهان الإيراني يحمل تاريخ 1073م. (7) وتُزيّن موتيفات نباتية مماثلة تحفا خشبية سلجوقية منقوشة في كونيا وأنقرة خلال القرنين الثاني عشر والثالث عشر الميلاديين.(8) ممّا يشير إلى الانتشار الكبير لهذه الموتيفات خلال هذه الفترة.

AG/PG

1. يمكن رؤية تركيبة مطابقة تطابقا كبيرا لهذا المنبر في مسجد نادوشان للجمعة في يزد. انظر مAfshar 1975، و مGhouchani 2004. أُجريت فحوص فنية لهذين الجزءين من قبل Daniel Hausdorf ، أمين متحف مساعد، متحف المتروبوليتان للفنون، مركز شرمان فارتشيلد للترميم.
2. توجد قطعة أخرى ذات صلة في المتحف (حساب رقم 34.152) وهي شاهد قبر من الرخام من إيران يعود إلى القرن العاشر الميلادي نُقش عليه بالخط الكوفي اسم يوسف والعقيدة ودعوات للميّت.
3. يبدأ النص من النصف الثاني للسورة القرآنية 67 :3 ، ويتواصل إلى نهاية 67: 4 وينتهي عند النصف الأول من 67: 5. من المحتمل أن تكون بعض الآيات الناقصة نُقشت في الأصل على القطعة العرضية السفلى. للمزيد من المعلومات حول هذا النص، انظر م Ghouchani 2004.

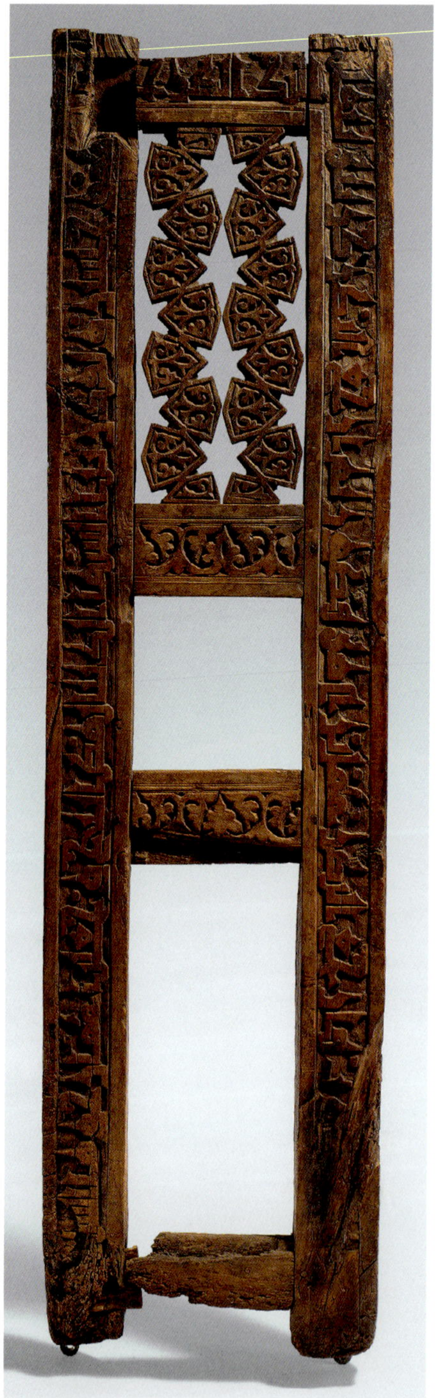

أ

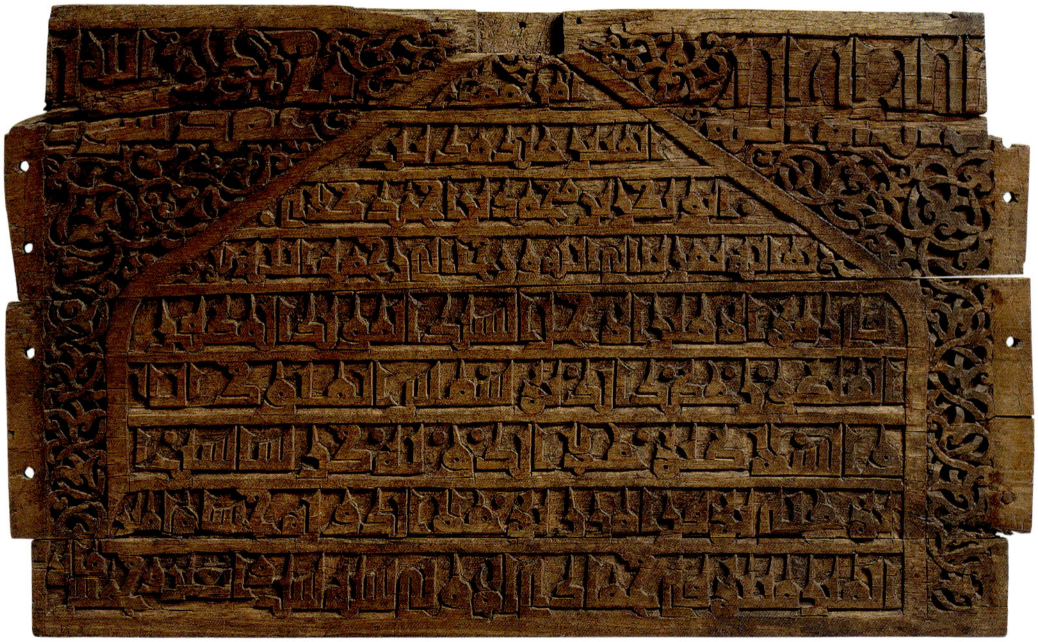

ب

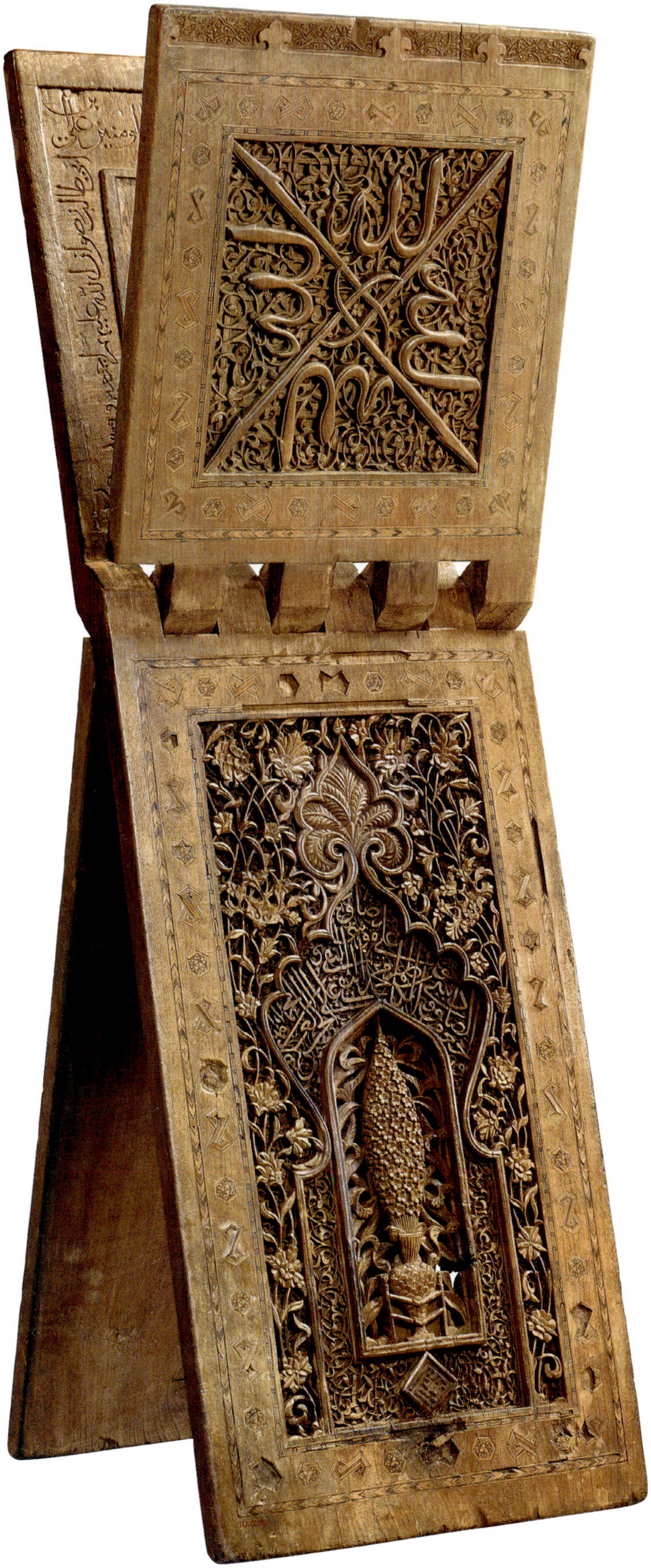

4. أُجري التحليل الفني من قبل محافظَي الخشب بمتحف المتروبوليتان Daniel Hausdorf و Mechthild Baumeister.
5. Ettinghausen, Grabar, and Jenkins-Madina، 2001م، ص. 213، وأيضا الفصلان 2 و4: "الأقاليم الإسلامية الوسطى" و"الأقاليم الإسلامية الشرقية"
6. انظر Afshar 1973م، اللوحة 42.
7. انظر أيضا نموذجا في مجموعة دفيد، كوبنهاغن (عدد 11.1977)، منسوبا إلى إيران الشرقية ومؤرخا في سنة 1109م. للإطلاع على المصادر، انظر Schimmel and Rivolta 1992م و Ettinghausen 1952م، ص. 76-81. انظر أيضا Afshar 1973م.
8. تعود اللوحة المنصوبة فوق الباب الرئيسي لمنبر مسجد سلجوقي في كونيا، ومنبر مسجد أرسلنهان في أنقرة إلى 1290م.

المصدر: [A. Rabenou، باريس، حتى 1934م؛ بيع لمتحف المتروبوليتان للفنون]

66. حامل مخطوط قرآني (رهلة)

الحرفي المُنتج: زين (؟)حسن سليمان أصفهاني
إيران بتاريخ 761 [هجري] الموافق لـ1360م
خشب (ساج)، منقوش، مطلي، مطعّم
المقاسات: وهو مغلق 130.2×41 سم، وهو مفتوح: 114.3×127×41.9 سم
رصيد رودجرز 1910 .10 .218

مكتوب بالعربية بخط الثلث على الوجه الداخلي للحامل ضمن ستة أقسام، ينقص منها ثلاثة الآن:
اللهم صل على محمد وعلى آل محمد سلّم و [.......] [.......] وأمير المؤمنين علي بن...أبي طالب رضوان الله عليهم أجمعين.
وقف مدرسة صدر آباد أنار صانها الله عن الآفات – في ذي الحجّة حجّت أحدا وستّين وسبع مائة
[أكتوبر- نوفمبر 1360م] (1).
على اللوحة المربّعة العليا الخارجيّة (على كل جانب) يتكرر أربعة مرّات بخط الثلث:
الله
على اللوحات السفلى بخط الثلث:
[دعوات شيعيّة للنبي محمد والأئمّة الإثني عشر (في جانب حتّى محمد باقر وعلى الآخر حتى المهدي].
على اللوحة السفلى تحت مزهرية بخط الكوفي المزوي:
الملك لله
على الجانب الآخر:
الشكر لله
على زاويتين من جانب واحد، إمضاء بخطّ النّسخي :
عمل زين ؟ حسن سليمان أصفهاني.

يُعدّ حامل الكتاب المنقوش هذا أو "الرحلة" كما يسمىّ إحدى روائع التصميم وقد قُدّ من صفيحة يتيمة من خشب السّاج تحيط بها تطعيمات تشكّلت من أخشاب مختلفة ملوّنة بدرجات من البنّي والأسود. وتشير الكتابات العديدة التي تتخلّله إلى وظيفته الدينية وتقدّم معلومات عن مصدره. يكون الحامل مسطّحا إذا ما كان مغلقا، أمّا إذا كان مفتوحا فيكون على هيئة الحرف اللاتيني x، ويبلغ فيه الجزء الأعلى نصف ارتفاع الجزء الأسفل تقريبا. استُخدمت الأذرع العلوية فيما مضى لحمل كتاب يُرجّح أنه كان قرآنا. وتمثلت أغلب الكتابات في دعوات مع وجود نصوص منقوشة نقشا نافرا بارزا ومحاطة بزخارف على خارج اللوحات بينما كانت النصوص المحفورة على الجانب الداخلي لهذه اللوحات غير مزخرفة. وتغطّي شبكة من اللفائف النباتية مقسمة إلى أربعة أرباع دائرية من خلال خطوط منحرفة الأوجه الخارجيّة للأذرع العليا لشكل x. ويظهر في كل ربع من أرباع الدائرة لفظ " الله" منقوشا نقشا نافرا بارزا. وتتشكّل زينة اللوحات السفلى التي تُستخدم أيضا كدعائم لـ'الرّحلة' من ثلاثة مساحات مركزيّة مُلئت المساحة الخارجية بنبتة ملتوية تنطلق من القاعدة وتحمل زهورا مختلفة الأحجام تتلوّى وتنعطف وهي في طريقها نحو الإطار الأعلى. وتشبه بعض النبتات نباتات الفاونيا بينما تشبه الأخرى اللّوتس. ومن الواضح أن رسم النبتة كانت حصيلة الخيال لا اعتمادا على الملاحظة والمشاهدة.

وضُمّمت المساحة الوسطى للوحة السفلى على هيئة زوجين من الفجوات مُلئتا وعُزلتا بزخرفة منقوشة تزداد تناسقا حول المحور المركزي. وفي الوسط تستند مزهرية على هيئة قلب وذات قاعدة مسنّنة على رافده سداسية الشكل. تحمل المزهرية، وهي مغطّاة بقشور متداخلة، باقة من الزهور لها محيط واضح المعالم على هيئة شجرة. ويفصل إطاران مركزيان المزهرية عن " كروم الفاوانيا". ففيما كان الإطار الداخلي قوسي الشكل، يتمدد الإطار الخارجي ليتحوّل إلى سبعة فصوص وليُتوّج بخمسة ورقات تشبه سعفات النخل. ونُقش في المساحة التي تفصل هذه الإطارات نقشا نافرا بارزا دعاء بالبركة للنبيّ، ولعلي وللأمّة الإثني عشر الذين ذُكروا كلهم بالاسم والصفة. ورد أسماء الخمسة الأوائل على جانب فيما تضمّن الجانب الآخر أسماء الأئمة بدءا من السادس حتّى الثاني عشر. ونقش الحرفي زين (؟) حسن سليمان أصفهاني اسمه على السطح الخارجي وتحديدا فوق القدم، وهو موضع ينمّ عن التواضع.

وتظهر كتابة محيطيّة خارجية محفورة على السطح الداخلي للأذرع العليا، من المحتمل أنه أريدَ لها أن تكون واضحة للعيان حتّى عندما يكون الكتاب موضوعا على 'الرحلة'. تضمّنت هذه الكتابة في الأصل دعوات للنبي وخلافئه المباشرين، ولكنها تعرّضت للتشويه بصفة فجّة، ربما لاستئصال أجزاء أثنت على أبوبكر، وعمر، وعثمان. لم يُحتفظ إلاّ باسم وصفات الخليفة الرابع علي فقط. ويرد في نفس الكتابة أن 'الرحلة' صُنعت في 761هجري الموافق لـ 1360م لحساب مدرسة صدر باد في آنار.

رغم أن الموقع الدقيق لهذه القرية يبقى غير معروف، فإن نفس مجموعة الدعوات للأئمّة الإثني عشر والتي حجبت كتابات لأبي بكر وعمر وعثمان وُجدت في المسجد الجامع في آشتار خان بالقرب من أصفهان يعود تاريخها إلى 1315م. ولم يُكشف عن وجود نصوص تُمجّد الخلفاء الراشدين إلاّ من خلال أعمال ترميم أُنجزت في القرن العشرين الميلادي.(2)

كان وجود نصوص تمجّد كلاّ من الخلفاء الأربعة الأوائل والأئمّة الإثني عشر في إيران أمرا مألوفا وسمة من سمات القرن الرابع عشر الميلادي. لكن اعتبارا من القرن السادس عشر الميلادي فصاعدا ، أدّى الاستقطاب المتزايد بين جماعات السنّة والشيعة إلى إخفاء أو تشويه النصوص المبكرة مثل تلك المنقوشة على هذه 'الرحلة' وهي نصوص كانت تُمجّد الخلفاء الراشدين.

PS

1. يمكن أن تكون بداية الكتابة المشوّهة تضمّنت أسماء الخلفاء الثلاثة الأوائل. و يُرجّح أن تكون التصاميم المنقوشة على خارج الحامل والتي تحمل أسماء الأ ئمة الشيعة الإثني عشر قد نُقشت في وقت متأخر عن تاريخ الحامل.
2. حول حالة كتابات أشترجان قبل الترميم، انظر مMiles 1974، خاصة ص. 92 و اللوحات I أ-ج؛ حول حالتها بعد أن رُممت، انظر م1971 Hunarfar ،ص. 269-271.

المصدر: صدرباد مدرسة، أنار، ايران؛ [Tabbagh Frères، باريس ونيويورك، حتى 1910م؛ بيع لمتحف المتروبو ليتان للفنون]

67. صحفة

إيران، نيسابور، القرن العاشر الميلادي
إناء من الفخار، طين منساب أبيض مع زينة بالطين المنساب الأسود على خلفية مزججة شفافة
المقاسات : الارتفاع 17.8سم؛ القطر : 45.7سم
رصيد رودجرز 1965. 65. 106. 2.
كتابة عربية بخط الأسلوب التجديدي حول الحافة الداخلية:
التدبير قبل العمل يؤمنك من الندم اليمن والسلامة

أُنجزت هذه الصحفة الكبيرة في شمال شرقي إيران في محافظة خرسان خلال الحقبة السامانية. وهي بجوانبها العالية المطلية بالقصدير، وكتابتها العريضة وذات الحروف المتباعدة بشكل منتظم بخط الأسلوب التجديدي، تجسّد الأناقة والتناغم التام التي تختصّ به الأواني 'ذات الكتابة السوداء على الخلفية البيضاء' التي أكتُشِفت في مدن نيسابور وسمرقند. كانت أهم مساهمة للفخاريين السامانيين هي ابتكار الإناء المطلي طلاء خلفيّا وإتقان صنعه. فوضوح التصميم كان شيئا يُدرك من خلال استعمال طلاء خلفي أبيض (طلاء خفيف من مستعلق طيني أو صلصال منساب مع خضاب يُستعمل كخلفية) لتغطية إناء الفخّار الأحمر التي يُرسم عليه النص باستعمال خضاب يميل إلى اللون البنّي ممزوج بالطين المنساب. بإضافة الطين المنساب إلى الخضوب يكون الفخاريون قد حالوا دون تداخل الكتابة مع الموتيفات.

نظرا لأنّ هذه الصحفة لم تكن ضمن القطع التي اكتُشفت في نيسابور إبّان حفريات متحف المتروبوليتان للفنون، فإن نسبتها تعتمد كليّا على التحليل البصري. تُعدّ الصحفة مثالا رائعا لصنف الأواني ذات الكتابة السوداء على الخلفية البيضاء الأكثر رواجا والمرتبطة بذلك المركز.

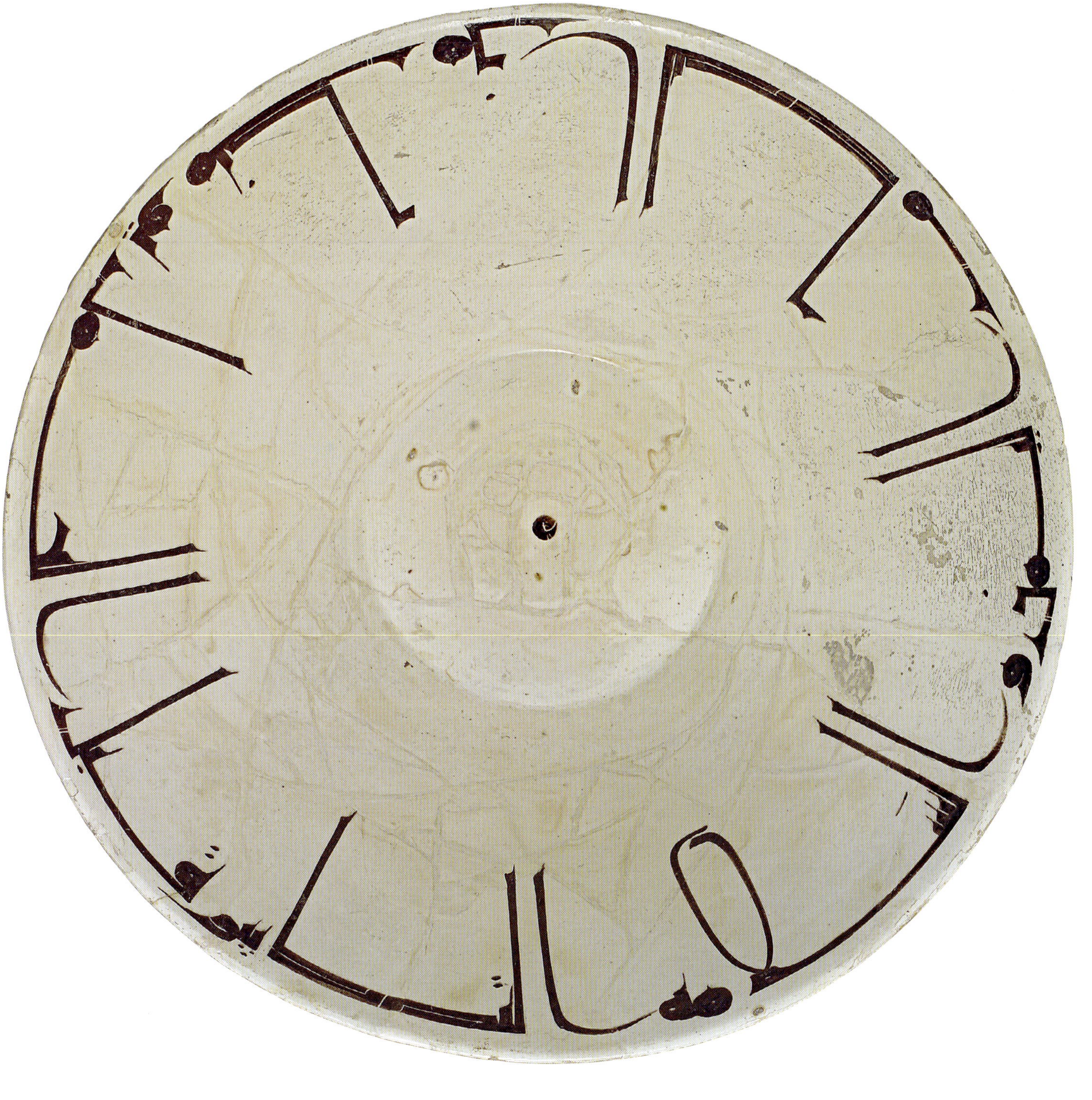

ويُرجّح أن يكون فن الخط المتميّز بوجود عصى أفقية طويلة نحيلة وحروف مزوية من ضمن النسخ الأقدم زمنيا لخط "الأسلوب الجديد". وتتضمّن تحويرات لاحقة أُدخلت على هذا الخط تغييرات مزخرفة بأزهار ومجدولة. وتدلّ أناقة الحروفية وحبكتها على وجود علاقة وثيقة بين الخطاط والفخّاري.

مع حلول عام 875 م، كان السامانيون تمكّنوا من إقامة دولة مستقلّة بذاتها تبسط نفوذها على منطقة شاسعة وهامّة من العالم الإسلامي الشرقي. وفي 1900 م، مُنحوا ولاية خراسان من قبل الخليفة العبّاسي في بغداد. رغم أن السامانيين كانوا كثيرا ما ينظرون إلى ماضيهم الامبراطوري كمصدر إلهام ، فإنه من غير المحتمل أن تكون هذه الصحفة قد أُنجزت لزبون ينتمي إلى الأسرة المالكة. وفعلا ، تشير الكتابة إلى أنها صُنعت على الأرجح لشخص ذي منزلة أكثر تواضع.

وتُمثّل كتابات مثل هذه وغيرها على أواني مماثلة النماذج الأولى التي وصلتنا من الأمثال والحكم التي ظهرت في العالم الإسلامي.(1). وتحيل الكثير منها إلى النواميس الاجتماعية والمقاييس العالمية للسلوك الأخلاقي المتّبع من قبل المقيمين

في نيسابور السامانية في وقت كان فيه الكرم وحسن الضيافة يحضيان بتقدير عميق .(2).

ينتمي هذا الحديث إلى النبيّ محمد، ورواه علي.(3) وهذا القول الذي يأخذ طابع الأمثال ينصح المالك ويحذره من الأعمال والقرارات المضرّة أو الطائشة.

1. مEttinghausen and Grabar 1978، ص. 230
2. شيكاغو 2007م
3. مGhouchani 1986، ص.80

المصدر: [E. Safani ، نيويورك، حتى 1965م؛ بيع لمتحف المتروبوليتان للفنون]

68. صحفة

أوزباكستان الحالية، على الأرجح سمرقند، أواخر القرن العاشر - القرن الحادي عشر الميلاديين
استُخرجت من 'تيبي مدرسة'، نيسابور، إيران
إناء من الفخار، طين منساب أبيض مع زينة بطلاء خلفي متعدد الألوان على خلفية شفافة مزجّجة.
المقاسات: الارتفاع: 10.8 سم ؛القطر: 35.6 سم.
رصيد رودجرز، 1940. 40. 170. 15.
كتابة بالعربية بخط "الأسلوب الجديد" حول الحافة:
البركة والغبطة والنعمة والسلامة والسعادة.

تُجسّد هذه الصحفة الخصائص الأساسية للمجموعة المميّزة من خزفيات الحقبة السامانيّة المعروفة بالأواني المزدانة بالنصوص المكتوبة والتي مثّلت الحروفية الشكل الرئيسي لزينتها. ويغلب على النصوص المكتوبة على هذه القطع طابع الأمثال أو التبريكات العامة، ورغم أن النص على هذه الصحفة يتنزّل في خانة هذه الأخيرة، فإنّ صياغته تبدو طريفة.(1) خلافا للعديد من القطع المعروفة المزدانة بالنصوص المكتوبة وذات خلفيات من الطلاء الخلفي الأبيض أو الأسود المطلق، تغطي جدران هذه الصحفة خطوط حمراء وسوداء متناوبة وتتضمن قاعدتها من الداخل موتيفا يتكوّن من أشرطة متشابكة، على خلفية مرقّطة. اعتمادا على هذه الخصائص ، نُسبت الصحفة إلى سمرقند رغم أنها وُجدت بنيسابور خلال حفريات متحف المتروبوليتان بهذا الموقع.(2) ويبدو أن أدلّة من الإنتاج المعدني تدعم هذه النسبة لأنّه يمكن ربط استعمال موتيف الأشرطة والخلفية المرقطة بتزيين الأواني المعدنية من خرسان في منطقة نيسابور.(3)
وتتمثّل خاصية مميّزة أخرى للصحفة، يمكن أن توحي بمكان مصدرها، في طريقة انحناء أطراف الحروف العمودية الطويلة في النص إلى الأمام. وفي حين أنه أُشير إلى أنّه جرى تمديد الحروف استحضارا لرأس الطير، (4) لم تتولّ أيّة دراسة إلى حد الآن محاولة ربط استعمال بعض الخطوط أو تعديلاتها الزخرفية بمكان إنتاج معيّن. ولا يزال ازدهار الأواني المزدانة بالنصوص المكتوبة، الذي تختصّ به مناطق سمرقند، ظاهرة تحتاج إلى التفسير فلربما كانت هناك تقاليد لصنع أواني معدنية بنصوص مكتوبة في هذه المنطقة شبيهة بالقطع الفضيّة من مخزون همدان في إيران الغربية والتي يمكن أن تكون الخزفيات المزدانة بنصوص مكتوبة على صلة بها. (5)

MS

1. تتضمن المراجع المفصّلة حول هذه المجموعة مKrachovskaya 1949 وم Krachovskaya 1955؛مBol'shakov 1958-1966، مDavidovich 1960؛ مVolov1966؛ مVentrone 1974؛ مGhouchani 1986؛ باريس، وكان و تولوز 1992-1993م، ص. 54-58، 92، 96، 103-104؛ Grube et al. 1994م، ص. 51-53، 76-91، 94-105؛ و مPancaroğlu2002.
2. انظر مWilkinson 1973، ص. 130-131 وص.146 اللوحة 1. وُجدت هذه الصحفة بـ'تيبي مدرسة' في بئر مع صحفة أخرى لها زخرف مماثل وهي الآن بمتحف باستان الإيراني بطهران. لمزيد من المعلومات حول نسبتها، انظر نفس المصدر.
3. مRaby 1985، ص. 198-199
4. مGrube et al 1994، ص. 55، 98، 102، 105.
5. مRaby 1985، ص.190.

المصدر: 1939م، أُكتُشفت بـ'تيبي مدرسة'، نيسابور، ايران من قبل بعثة متحف المتروبوليتان بترخيص من مجلس الوزراء بإيران أُعطي بناءا على توصية من وزارة التربية بإيران؛ تحوّل سند الملكية تبعا لذلك إلى متحف المتروبوليتان للفنون.

69. صحفة

أوزباكستان الحالية، سمرقند، القرن العاشر الميلادي
إناء من الفخار، طين منساب أبيض مع زينة بطلاء خلفي متعدد الألوان على خلفية مزجّجة شفافة.
المقاسات: الارتفاع: 5.7 سم؛ القطر: 26.7 سم.
رصيد رودجرز 1928 82.28.

رغم أن زينة هذه الصحفة لها نفس خصائص الأسلوب الذي كان يُستخدم في قلب المناطق العبّاسية في القرن التاسع الميلادي، تُشير ملامح صنعها إلى أنها أُنتجت بعيدا إلى الشرق بالقرب من سمرقند خلال القرن العاشر الميلادي. ويمكن تفسير هذه الثنائية بالروابط الموجودة بين بلاد ما وراء النهر والعراق التي نشأت بتولّي الامبراطورية العباسية بسط نفوذها على كامل هذه المنطقة، وهو ما عزّز انتشار هذا الطراز من الزينة ، المعروف بالأسلوب المائل الحواف، عبر أراضيها. وينعكس رواج هذا الأسلوب في بلاد ما وراء النهر ليس في زخرفة هذه الصحفة فحسب، بل أيضا في تصميم اللوحات الجصيّة في القصور السامانية في افراسياب (سمرقند الحالية) (1).
بعد نشأة الأسلوب المائل الحواف بسامرّاء ومروره بوسيط الجص في بداية استعماله، آل به المطاف إلى الظهور في وسائط عدّة، من مصر إلى إيران (2). عندما استُعمل هذا الأسلوب على اللوحات الخشبية والتيجان الجصّية، كان ذلك يسرًا إلى حد ما، نظرا لإمكانية نسخ كلّ من الموتيفات المميّزة المتمثلة في خطوط منحنية تنتهي بلوالب محاطة بنقاط وشقوق وفتحات دون مقدمة أو خلفية واضحة. وقد استخدمت طريقة للنقش مزوية أو مائلة.
لكن في حالة القطع الأخرى، كان الانتقال إلى هذا الأسلوب أقل وضوحا.

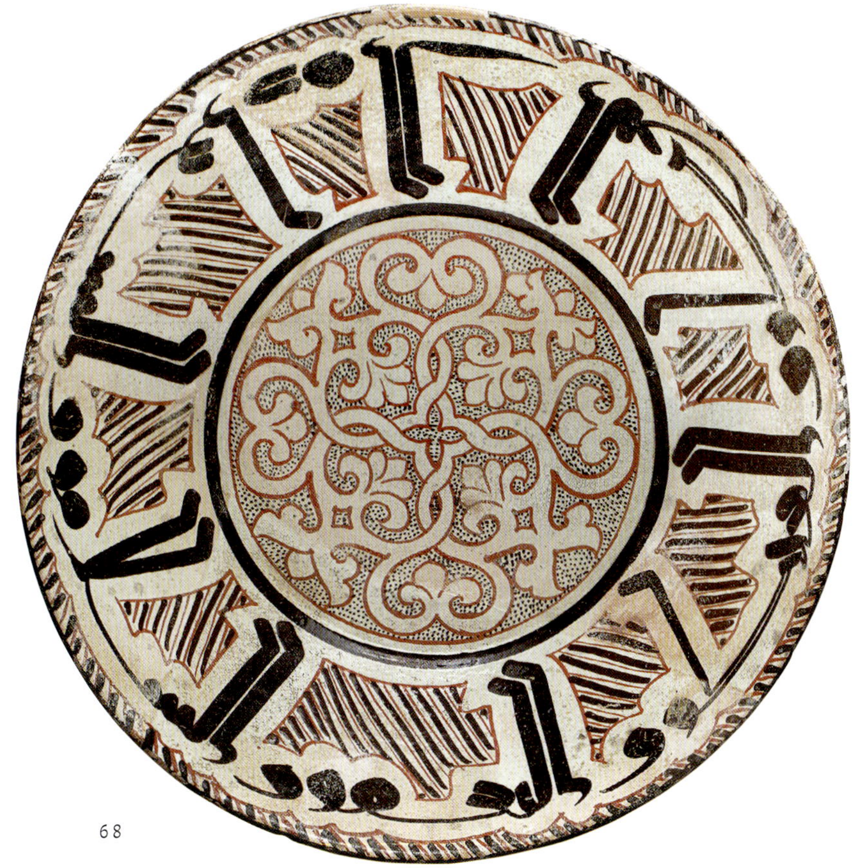

68

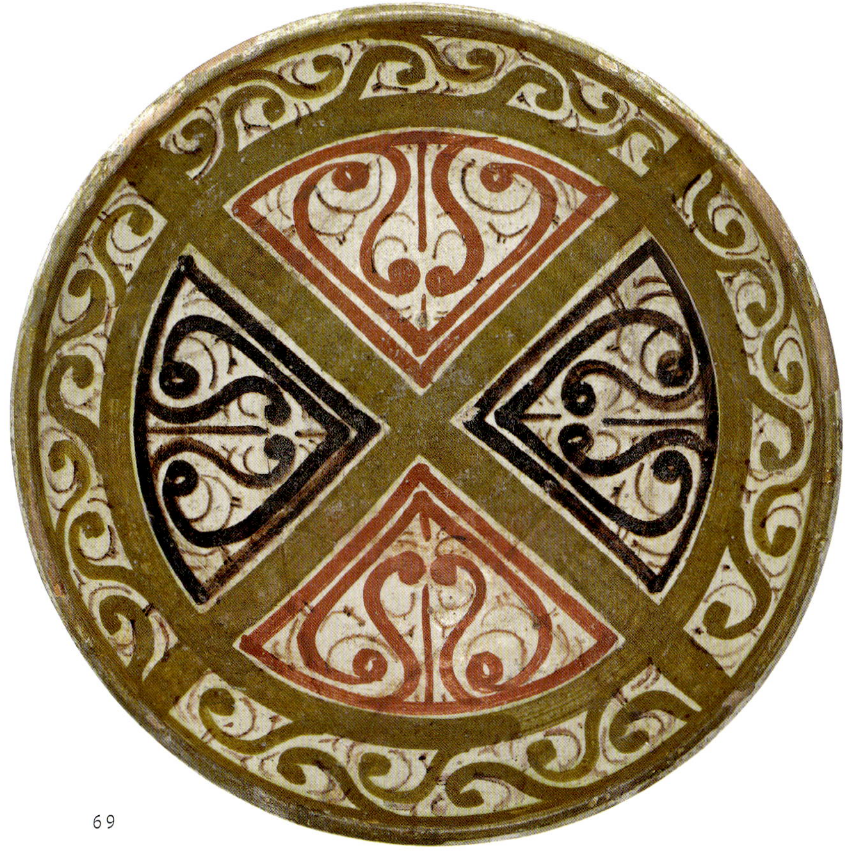

69

التقط هذا الفخاري من سمرقند جوهر الموتيف الأساسي للأسلوب وحاول إعادة خلق المظهر الجانبي المائل الحواف للأشكال من خلال استعمال خطوط ذات سمك مختلف. ومع ذلك ، فيعكس الممارسةَ المحلية قرارُ ملاءمة الزينة داخل أرباع الدائرة الأربعة الناتجة عن استعمال الخطوط المائلة وتشكيلة الألوان المتكونة من الأخضر الزيتوني والأحمر الآجري والأرجواني المنغنيزي. كانت سمرقند لعدّة قرون مركزا لصنع الخزف، وكان الفخاريون المحليّون ينتجون ثلاثة أصناف كبرى من الخزف المزجّج وهي الأواني المزدانة بموتيفات حروفية والأواني المطلية بالطلاء الخلفي الأحمر والأسود والأواني المرشوشة بثلاثة ألوان ولكل زينتها المميزة الخاصّة بها. رغم أن عددا صغيرا فقط من هذه الصحاف بهذه الزينة المائلة الحواف معروف،(3) فإنه يمكن مشاهدة أسلوب الرسم وتقسيم التصميم إلى أجزاء على نماذج من خزفيات أخرى من هذه المنطقة.

MS

1. مصوّر في م1971 Akhrarov and Rempel.
2. كان Richard Ettinghausen أوّل من تابع انتشار الأسلوب المائل الحواف (م Ettinghausen 1952).
3. للاطّلاع على نماذج أخرى، انظر باريس وكان و تولوز1992-1993، ص.98.

المصدر [Charles Vignier، باريس، حتى 1928م؛ بيع لـمتحف المتروبوليتان للفنون]

70. طقم شطرنج

إيران، منسوب إلى نيسابور، القرن الثاني عشر الميلادي
عجين خزفي، مصبوب ومزجّج.
المقاسات: القطعة الأكبر: (الملك) الارتفاع: 5.5 سم؛ القطر: 4.4سم .
القطعة الأصغر: (البيدق) الارتفاع: 3.2 سم؛ القطر: 2.9سم
رصيد بفايفر 1971 م1971 193 أ– وو.

تَنسب التقاليد الأدبية أصل الشطرنج إلى شمال الهند (1)، ومع أواخر الحقبة السامانية، أُدخلت هذه اللّعبة إلى إيران. تُفسّر إحدى الروايات المحتفظ بها في الملحمة الوطنية الإيرانية، الشاهنامة (كتاب الملوك)، اختراع الشطرنج كطريقة استُعملت مع ملكة حزينة لمحاكاة المعركة التي قُتل فيها ابنها في مواجهة أخيه. وتذكر رواية أخرى كيف أن اللعبة أُدخلت إلى إيران، حيث بعث حاكم الهند بطاقم من قطع الشطرنج مع رسول كتحدّي، معلنا أن تواصل خلاصه للجزية يتوقّف على قدرة الملك الإيراني، على فكّ رموز أمر الشطرنج(2). وبينما تؤكد هذه الأساطير جذور الشطرنج المرتبطة بالبلاط، توضّح مصادر أخرى أنّ هذه اللعبة اكتسبت شعبية على كل مستويات المجتمع في العالم الإسلامي القروسطي. (3)

يُعتبر هذا الطقم واحدا من الأطقم الأولى التي لا تزال موجودة حتى الآن، ويكاد يكون كاملا غير منقوص. سُبكت القطع من عجين خزفي وأُضيفت

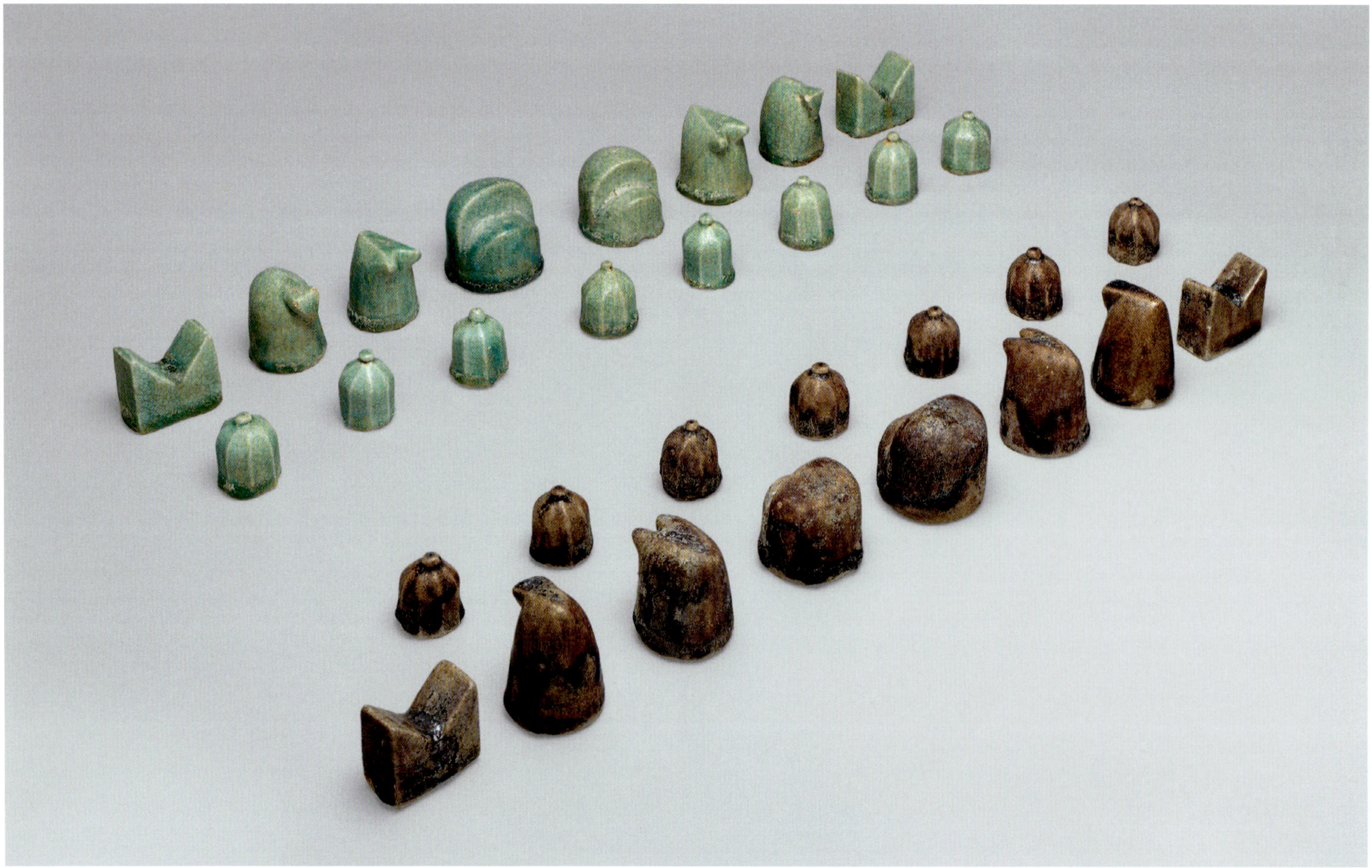

اللّمسات الأخيرة عليها يدويًا. ولُبّست سبعة عشر قطعة من هذه القطع بطلاء تزجيجي فيروزي غالبا ما يُستخدم في الخزفيات المزجّجة ذات اللون الواحد في إيران السلجوقية . وزُجّجت الخمسة عشر قطعة الأخرى بالمنغنيز.(5)

كانت القطع الفردية نسخا جدّ تجريدية للشخصيات التي تُشير إليها.(6) يُجسّد الشاه (الملك) كعرش كبير والفرزان أو الوزير (الملكة في الشطرنج الأوروبي) كعرش أصغر. أمّا الفيل (الذي أصبح أسقفا) فله قاعدة دائرية وجزء أعلى مسطّح يخرج منه نتوءان يذكران بأنيابه، وللفرس (الحصان، الفارس) قاعدة دائرية مع مقبض ثلاثي يُمثّل الرأس. وللرّخ (العربة، المعادل للرخ أو القلعة) قاعدة مستطيلة ذات وتد مقلوب في الجزء العلوي . البيادق هي أشكال مقبّبة منحوتة تعلوها مقابض صغيرة. ولم تكن الطبيعة شبه التجريدية لهذه الأشكال وليدة تطوّر حديث كما يتبيّن ذلك من قطع الشطرنج الأولى المؤرخة والتي نُسبت بما لا يدع للشكّ للعالم الإسلامي. فهناك مجموعة من النماذج التي لها أشكال شبيهة استُخرجت بنيسابور ويُنسب تاريخها إلى وقت يعود إلى أوائل القرن التاسع الميلادي(7).

EK

1. م1997 Rosenthal، ص.366.
2. م2004-2005 Gunter، ص. 139-148، هي تصوّر رسمان يعودان إلى القرن الرابع عشر الميلادي من إيران موجودان ضمن مجموعة متحف المتروبوليتان (عدد 34.24.1، 1974.290.39) والتي تصف فيهما واقعة الانتقال، و توجز روايات أخرى لنشأة لعبة الشطرنج أيضا.
3. حول شعبيّة الشطرنج، انظر م2004 Cassavoy؛ حول جواز اللعبة، انظر م 1975 Rosenthal، ص. 37-40. للإطلاع على رؤية أشمل عبر الثقافات، انظر م 1943 Wilkinson.
4. أثبت اختبار التألق الحراري المجرى من قبل مخبر البحوث لعلم الآثار وتاريخ الفنون بجامعة أكسفورد على قطعتين من هذاالطقم أنهما أنجزتا ما بين حوالي 1080 و حوالي 1530م (ملفات أمانة المتحف، متحف المتروبوليتان، قسم الفن الإسلامي) انظر أيضا نيويورك وواشنطن دي سي 2004م، ص. 150-151.
5. حول استعمال المنغنيز في التزجيج، انظر م2004 Watson، ص. 305
6. ترتبط بالصنف الذي اصطلحت Anna Contadini على تسميته ب'الأسلوب أ'، والذي يعود أغلب نماذجه إلى ما بين القرنين الحادي عشر والثالث عشر الميلاديين. (م 1995 Contadini، ص. 121)
7. استُبعد التفسير القائم السابق القائل أن تجريد الأشكال كان يعزى للتحريم الديني الإسلامي للتشخيص (م1995 Contadini ، ص. 143 عدد 4؛ لكن انظر م 2004 Cassavoy، ص. 331)

المصدر: [Saeed Motamed، فرنكفورت، حتى 1971م؛ بيع لمتحف المتروبوليتان للفنون]

71. كوب

إيران، على الأرجح راي، النصف الثاني من القرن الثاني عشر الميلادي
عجين خزفي، زينة محفورة على خلفية من الطلاء الخلفي الأسود تحت تزجيج فيروزي(إناء ظلّي).
المقاسات: الارتفاع: 12.7 سم؛ القطر: 14.3سم
شراء، وصية جوزيف بوليتزر 1967 .67 .104.

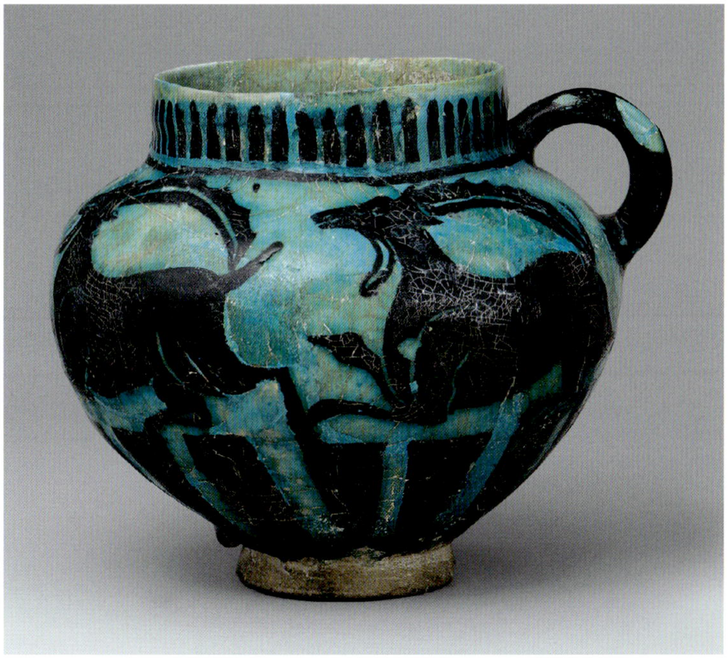

تطوّرت تقنية الأواني ذات النقوش الظلّية بُعيد إدخال العجين الخزفي إلى إيران حوالي القرن الثاني عشر الميلادي، ويعدّ هذا الكوب الصغير من ضمن أروع الأنواع من هذا الصنف. يتكوّن هذا الكوب بصلي الشكل من مقبض مدوّر وجسم مزجّج ذات لون فيروزي شفاف مع صف من الوعول السوداء تمتدّ عرض البطن. تبرز معالجة وتصوير الوعول على امتداد البطن وكذلك الشأن فيما يتعلق بالأشعّة المنتشرة من القدم والخطوط السوداء على الحافة على نحو نافر، كاشفة بذلك عن وجود تشابهات مع الأواني المعدنية التي يمكن أن يكون الفخاري استمدّ إلهامه منها. تستوجب تقنية الأواني ذات النقوش الظلّية استعمال طلاء خزفي ذي لون أسود تحت الطبقة المزججة وعجين خزفي على جسم الإناء يُحفر بعدئذ للكشف عن تصميم يظهر في الخلفية نافرا. ثمّ يوضع على الإناء تزجيج فيروزي شفاف وهكذا يحدث أثر الصورة الظلية السوداء على الخلفية الفيروزية الذي نشاهده في هذا الكوب. وفي بعض النماذج يقع اللجوء إلى التزجيج الشفاف عوضا عن التزجيج الفيروزي ممّا يؤدّي إلى الحصول على موتيف أسود على خلفية بيضاء قشديّة اللون(1). ويُرجّح ان تكون هذه التقنية تعديلا لتقنية زخرفة خزفية كانت استُعملت في نيسابور وسمرقند في القرنين التاسع والعاشر الميلاديين، والتي يجري بمقتضاها استعمال الطين المنساب الملوّن على خلفية بيضاء من الطلاء الخلفي.(2). ومن المحتمل أن يكون الانتقال الى استعمال تقنية الحفر البارز والنافر مرتبط بصنف جديد من الأجسام المستوردة في إيران من الأقاليم الإسلامية الغربية في أوائل القرن الثاني عشر الميلادي، والمسمى بالعجين الخزفي او المسحوق المزجّج. تتكون هذه المادة من زجاج وصلصال وبلور صخري، وبذلك فهي تسمح بصنع جسم أبيض وقليل السمك وكذلك بإمكانية أكبر لاختبار اللون والتصميم مقارنة بما كان متاحا للفخاريات الإيرانية السابقة. لم تصلنا نماذج مؤرخة من هذا الصنف من الأواني ولكن حسب العلماء فإنه يرجّح أن تكون هذه الأواني قد استُعملت في إيران

حوالي سنة 1200م.(3).

رغم أن هذه التقنية استُعملت على أوان من أشكال وأحجام مختلفة مثل الصحاف والأباريق والدوارق والأقداح، فإن أكثر الأواني رواجا كان الكوب. وتضمّنت هذه الأواني تشكيلة واسعة من الموتيفات تراوحت من المخلوقات البشرية والحيوانية والأسطورية إلى الإفريزات الحروفية والكتابية التجريدية، تماشيا مع تكاثر الرسوم التشخيصية الحيوانية والبشرية في عديد الوسائط بما في ذلك المخطوطات المصوّرة والأواني المعدنية خلال الفترة السلجوقية.

ورغم أن أسباب هذه النزعة لم تفهم بالكامل، فإنّ الرأي المتداول هو أن تصوير الحيوانات مثل الغزلان والوعول كان يكتسي وظائف تعويذية تقدم لمالكي الأواني الوقاية وحسن الطالع(4).

1. Grube وآخرون، 1994م، عدد 198-199
2. Watson 2004م، ص. 188
3. نفس المصدر، ص. 333-345، انظر أيضا Fehérvári 2000م، ص. 107-108.
4. Ettinghausen 1970ب.

المصدر: Mousa Settareh Shenas، نيويورك (حتى 1967م؛ بيع لمتحف المتروبوليتان للفنون)

72. صحفة تصوّر بهرام جُور وأزادا وهما يصطادان

إيران ، كاشان، القرن الثاني عشر - القرن الثالث عشر الميلاديين
عجين خزفي، تزجيج متعدد الألوان وطلاء الطبقة الخارجية بالذهب والمينا على خلفية معتمة ومزججة ذات لون واحد.
المقاسات: الارتفاع: 8.7 سم؛ القطر: 22.1 سم.
شراء، رصيد رودجزر، وهدية مؤسسة شيف 1957. 57. 36. 2.

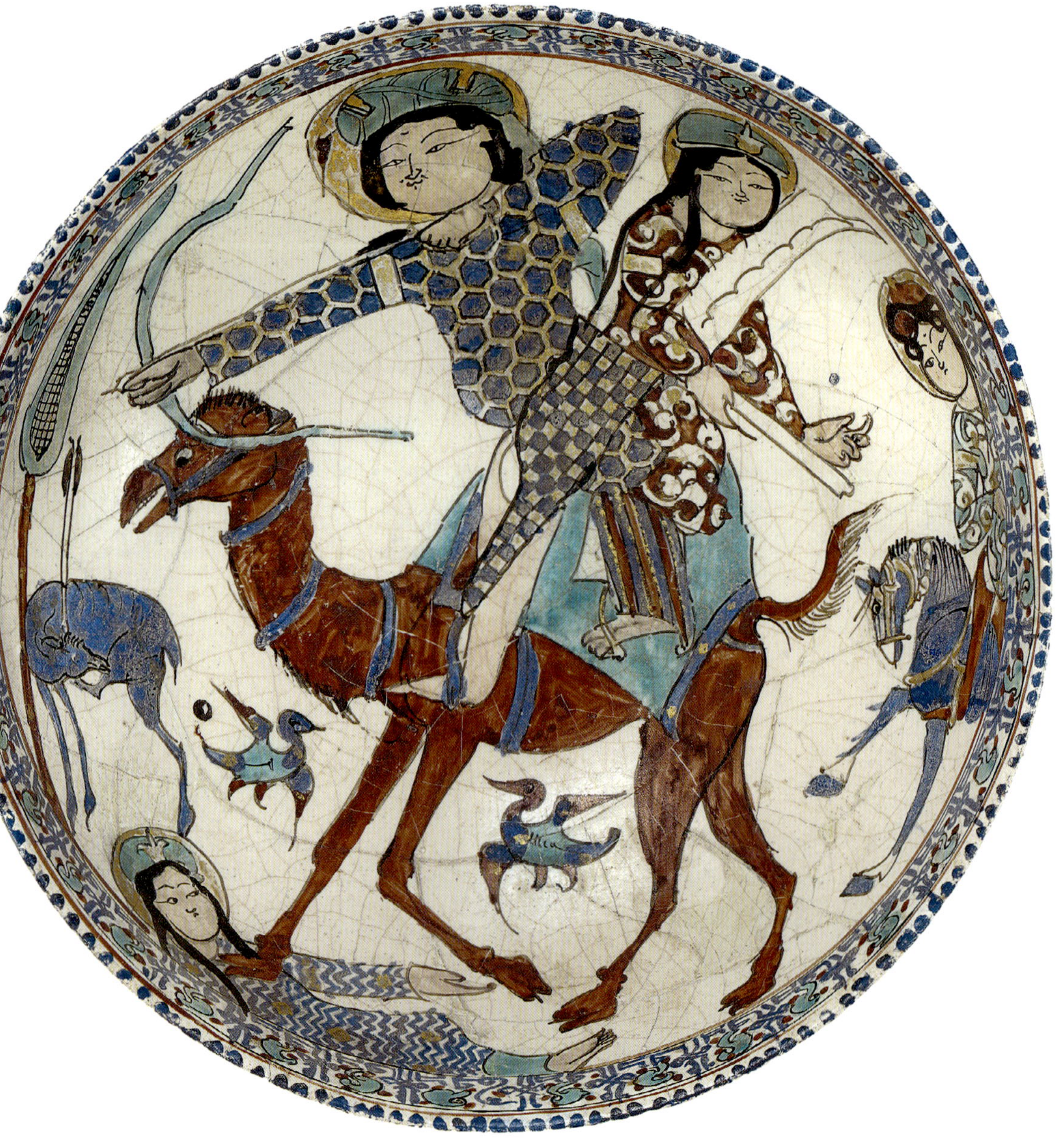

كان يوجد ضمن الأواني المزجّجة الأكثر بذخا وتعقيدا من الناحية التقنية المنتجة خلال الفترة السلجوقية صنف يعرف ب"المينا" (الكلمة الفارسية للمينا). تُعيد أغلب الرسومات الموجودة على أواني المينا للذاكرة تصوير المخطوطات من خلال دمجها لتشكيلة من الألوان والأعمال والرسوم المعقّدة. وكما هو الشأن مع الأواني السلجوقية ذات البريق المعدني، تصوّر العديد من هذه الأواني مواضيع بصرية وشعرية مستقاة من الأدب الفارسي مثل الشاهنامة (كتاب الملوك)، تصف أبطالا ومحاربين وعشّاقا وحيوانات خيالية.

يبدو أن كاشان، وهي أيضا مركز لإنتاج الأواني ذات البريق المعدني، كانت المركز الرئيسي لإنتاج خزفيات المينا يوفّر أواني مختلفة الأصناف مثل الصحاف والأباريق والقوارير.

تمثل هذه الصحفة نموذجا جميلا من أواني المينا وتصوّر واحدة من القصص المحبّذة من الشاهنامة للفردوسي، أي قصة بهرام جور وآزادة وهما يصطادان ممتطيين جملا. والقصّة هي كالآتي: تُسلّي آزادة، خليلة بهرام جور، الحاكم من خلال العزف على القيثارة وتتحدّاه لحفلة صيد. لكن عندما ينجح في اصطياد فريسة، تُشفق على الحيوان المقتول وتؤنبه لكونه عديم الرحمة ومتغطرسا. فيتملّكه الغضب ويدوسها تحت اقدام الجمل. هنا، تُدمج لحظتان من القصّة في مشهد واحد وتُرسمان بروعة وبداهة استثنائيتين.

جرى تداول هذه القصة على مدى زمني طويل حيث يعود تاريخها إلى فترة ما قبل الإسلام. ويُصوّر عدد من الأطباق الفضيّة الساسانية، بما فيها واحد موجود بمتحف المتروبوليتان، (1) نفس القصة، غير أننا نرى في معظم هذه النماذج زوج الصيادين يمتطيان جوادا عوضا عن جمل. تتضّمن النصوص الموجودة حول الحافة على خارج الصحفة عبارات أماني بحسن الطالع ووفرة الصحّة للمالك.

ME

1. متحف المتروبوليتان (عدد 1994.402) موجود سابقا في مجموعة Guennol. انظر أيضا نيويورك 1978، ص.48.

المصدر: Mortimer L. Schiff، نيويورك (حتى وفاته 1931م)؛ ابنه John M. Schiff (مع 1940–1957؛ هدية وبيع لمتحف المتروبوليتان للفنون)

73. إبريق مشبّك.

إيران، على الأرجح كاشان، بتاريخ 612 [هجري] الموافق لـ 1215. 1216م.
عجين خزفي، زينة مخرّمة، مطلي بألوان متعددة تحت تزجيج فيروزي
المقاسات: الارتفاع: 20.8 سم؛ القطر: 16.8 سم.
رصيد فليتشر 1932. 32. 52. 1.
نصّ حول فوهة الإبريق، رباعية فارسيّة لركن الدين دافيدار قمّي:
أنا بغيرك حقير؛ كن خالي الذهن من الهموم.
أنا مضطرب على الدوام؛ كن خالي الذهن من الهموم.
[أنصرف عنك]، وأتطلّع إلى عطف شخص آخر، بسببك أنت
رغم أنني قمت بذلك. فإنني احتقرت الأمر؛ كن خالي الذهن من الهموم. (1).
نص حول قاعدة الإبريق، رباعية فارسية لشاعر لم تُحدد هويته إلى حد الآن:
قلت "[ألا] تعرف أنه إذا ما تصل يدي إلى خصلاتها،
فإنه يمكنني أن أستردّ قلبي وأكون متحرّرا من كل ألم."
للحظة، عندما كنت جالسا معها وجها لوجه،

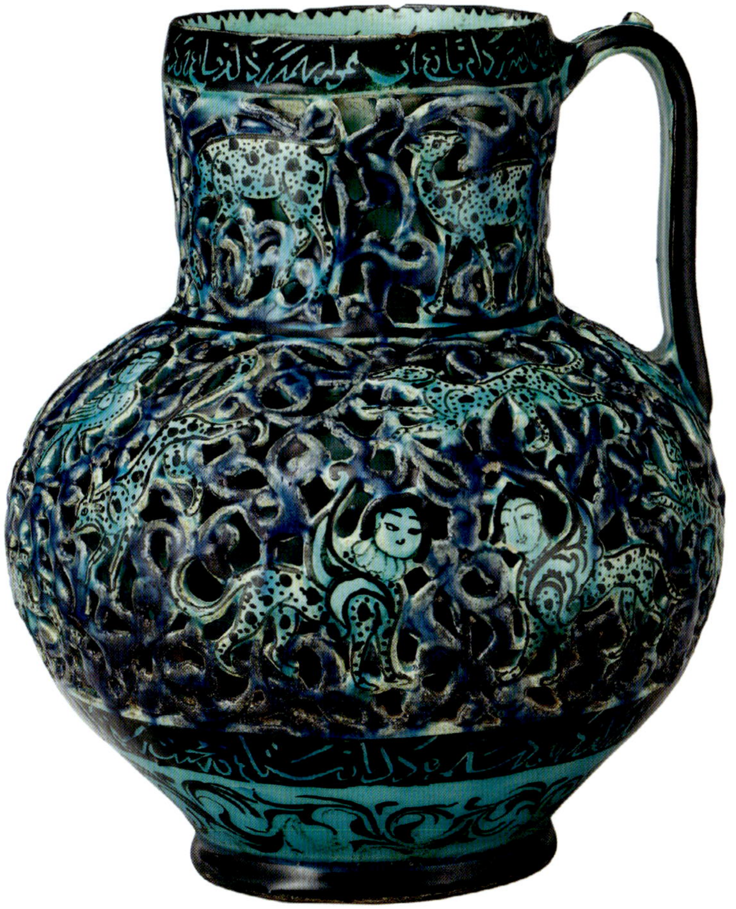

كبّلتُ روحي كما فؤادي إلى طرف ضفائرها (2).
نص يلي النصوص المذكورة أعلاه:
في شهور سنة اثني عشر وستمائة (612 [هجري] الموافق لـ [1215 – 1216م].

تقفز وتتوثّب طيور خرافية ذات اجنحة ووحوش مخيفة ذات رؤوس بشرية وبهائم ليّنة ومبقّعة تمشي على أربع داخل تشابك لفائف العنب على سطح هذا الإبريق المشبّك المصنوع برقّة وإتقان. يقدّم رسم هذا الإبريق السلس والمسترسل والمتحرّك ضمن طلاء أسود على خلفية مزجّجة فيروزية ساطعة وزرقاء داكنة مزيجا ملفتا للنظر من الألوان والتصميم.

ولئن كانت تزاجيجها المتباينة وصورها الحيوية استثنائية، فإن ما يضع هذه القطعة ضمن أروع الخزفيات الإيرانية المتبقية هو التنفيذ البارع لتشبيكها الدقيق والشبيه ببيت العنكبوت.

يُمثّل الإبريق عملا مبهرا من حيث التركيب والتقنية وله هيكل ذات حائط مزدوج لا يمكن أن يكون صَنَعه إلاّ فخاري فائق المهارة. وبالنظر إلى الطبيعة المعقدة والمستنفذة للوقت التي تتسم بها عمليّه الإنتاج هذا بالإضافة إلى الصعوبات الناجمة عن التخزيف، فإن تكلفة صنع هذا النوع من الخزف كانت بكل تأكيد باهضة جدّا وبالتالي لم تكن متاحة إلاّ للأثرياء من الزبائن.

رغم هشاشة هذه الأواني الخزفية المشبّكة ورغم مرور قرون عليها، فإنّ عددا مفاجئا من هذا النوع لا يزال موجودًا.

بحكم الطبيعة الصعبة لإنتاج مثل هذا الإناء من الصلصال فإنه من غير المحتمل أن يكون الشكل والتركيب المتجسدان في هذه القطعة قد عرفا مصدرهما من خلال الفنون الخزفية. وبدلا من ذلك فإن هذا النوع من الأواني يحاكي على الأرجح أشكال الأواني المعدنية، نظرا لأن عددا من الأباريق المعدنية الفارسية التي تُظهر هذه الملامح الإجمالية لا تزال موجودة.(4) ولمزيد التأكيد على كونه مستلهم من أنموذج معدني، يحتفظ هذا الإبريق بالحلية الصغيرة المستديرة فوق مقبضه وهو أمر مألوف في العديد من النماذج من الأواني المعدنية. يُبرز عدد كبير من هذه الأباريق المعدنية نصوصا غالبا ما تكون داخل أشرطة ضيّقة ضمن سجلات زخرفية متعددة. وتُظهر هذه القطعة الخزفية زخرفة نصوصية مماثلة حول الحافة العليا للإبريق وعلى قدمه منجزة باللون الفيروزي على خلفية سوداء. وتتضمن هذه النصوص رباعيتان تعبّران عن لوعة المحب. في آخر إحدى القصائد أضاف الفنان بالقرب من قاعدة الإبريق تاريخ 612 هجري الموافق لـ 1215-1216م وبذلك مكّننا من نسبة هذا الإبريق الاستثنائي وغيره من هذا الطراز بدقّة إلى اوائل القرن الثالث عشر الميلادي.

DMT

1. يظهر النص الفارسي في Da'vidar Qummi 1986م.
2. شكري لـ Sina Goudarzi لتفضلها بمساعدتي في ترجمة هذين الرباعيين الاثنين.
3. حول القطع ذات االصلة، انظر Grube وآخرون، 1994م، ص. 197، عدد 212، مع لوحة ملونة على ص.196. يذكر Grube على ص. 151، أننا نعرف واحدة وعشرين قطعة على الأقل تستخدم هذه التقنية. انظر حاشيته 14، ص. 135، لمزيد من المراجع حول هذه القطع التخريمية الأخرى. وتتضمن القطعتان اللتان تبدوان من الصور الأكثر ارتباطا بإبريقنا هذا واحدة في مجموعة خليلي ، لندن. انظر Grube وآخرون، 1994م، عدد 212؛ وواحدة أخرى وجدت سابقا في المجموعة المحبوبية وهي موجودة الآن في مجموعة رضا عباسي، طهران؛ انظر م Austin 1970، عدد ولوحة 211.
4. للإطلاع على مظهر جانبي ذي صلة، انظر أيضا الفهرس 132.

المصدر: V. Everit Macy ، نيويورك (مع -1923 وفاته 1930م؛ مؤسسته حتى 1932م؛ بيع لمتحف المتروبوليتان للفنون)

74. صحفة

إيران ، أواخر القرن الثاني عشر الميلادي
عجين خزفي؛ ذو بريق معدني على تزجيج أحادي اللون معتّم
المقاسات: الارتفاع: 8.3سم ؛ القطر: 20.3 سم.
رصيد رودجرز 1916. 16. 87.

بسقوط السلالة الفاطمية في مصر ومآل الأمر إلى صلاح الدين في 1171م، بحث حرفيوها المهرة على أسواق جديدة لأوانيهم. وهاجر البعض منهم ، مثل صناع الخزفيات ذات البريق المعدني إلى سوريا وإيران. كانت صناعة الأواني الفخارية ذات البريق المعدني تتطلب معارف محدّدة ومهارة فنية كانت على ما يبدو، من أكثر الأسرار المحاطة بكتمان شديد.

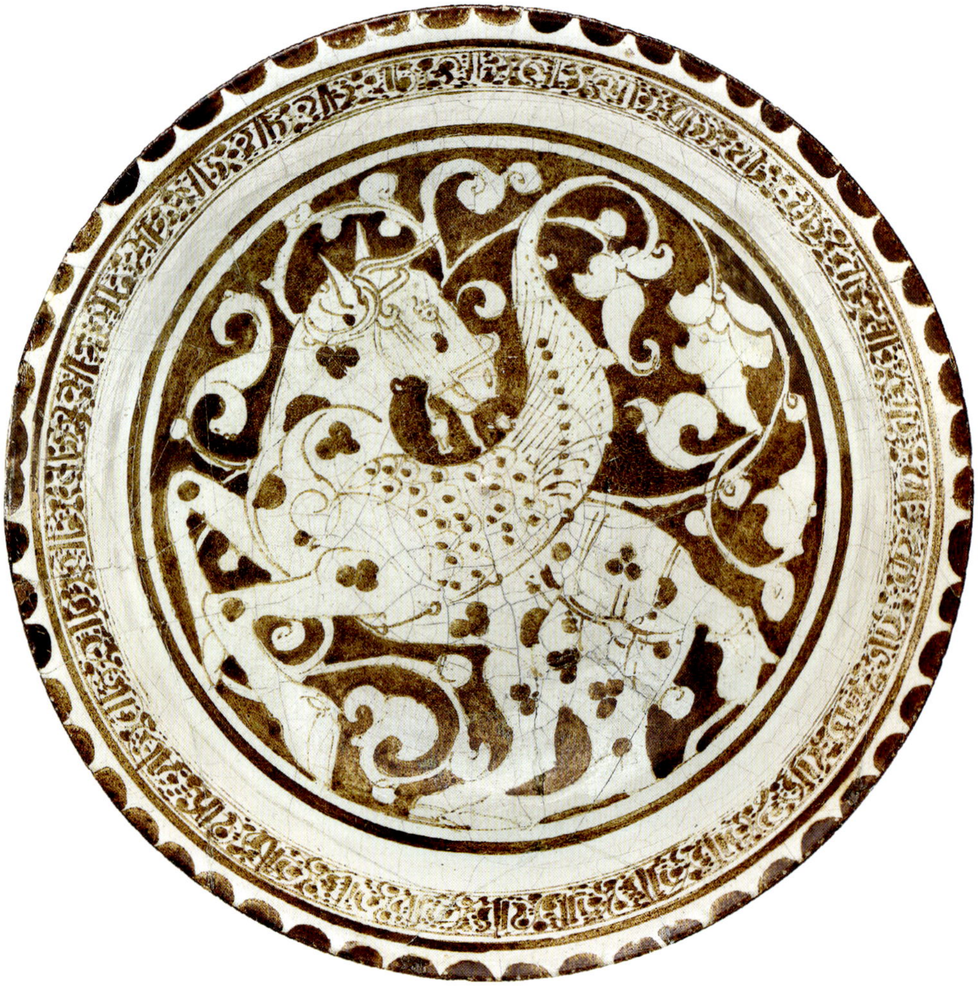

وتبعا لذلك، فلم تكن هذه الأواني تُصنع في آن واحد في مختلف المراكز في العالم الإسلامي خلال القرن الحادي عشر الميلادي، بل انتقلت تقنية الأواني ذات البريق المعدني من العراق العبّاسية إلى مصر الفاطميّة، وثمّ و في القرن الثاني عشر الميلادي من مصر إلى سوريا وإيران . ويتجلّى تأثير أسلوب الأسلاف الفاطميين على نحو بالغ في أوائل الأواني الإيرانية ذات البريق المعدني.(1)
يبدو الموتيف الأساسي لهذه الصحفة، وهو حصان ذو أجنحة، مثلما هو الشأن في مجموعة مميزة من الأواني الفاطمية ذات البريق المعدني، محتفظا بلون مساحة الصحفة الأصلي على أرضية من البريق المعدني. وتشقّ لفيفة دالية حية تنتهي بأوراق مشقوقة وأشكال ثلاثية الوريقات طريقها على نحو متلو لتملأ الفضاء المحيط بالحصان. ويجتمع انتصاب الحيوان الخلفي بعض الشيء وتأرجح رأسه إلى الوراء والانحناءة الدرامية على شكل لجناحه لتُتمم كلّها الشكل الدائري للصحفة. على جدران الصحفة الداخلية وفوق شريط بسيط من التزجيج الأبيض، يظهر نص كوفي متكرر ولكنه غير واضح ضمن شريط من العناصر النباتية الصغيرة. ويُعدّ الحجم الصغير للموتيفات النباتية على شكل فاصلة وكثافتها بوادر طلائعية استبقت ما يسمّى بالأسلوب الكاشاني للأواني المعدنية الإيرانية ذات البريق المعدني الذي اكتمل ونضُج حوالي 1200م. لكن التضليع المطلي بالبريق المعدني حول الحافة الداخلية للصّحفة إضافة إلى الصورة الكبيرة الوحيدة للحصان المجنّح يمتّان بصلة قوية إلى الأواني المعدنية ذات البريق المعدني الفاطمية ويشيران إلى أن هذه القطعة أُنتجت ما بين 1180 و1200م.

رغم أن البُراق، الحصان ذات الرأس البشري الذي امتطاه محمد ليلة معراجه إلى السماء مجنّح أيضا، فإن المرجّح أكثر هو ان يكون الحصان على هذه الصحفة مستمدا من الفرس الأعظم، ذلك الحصان المجنح في الاسطورة اليونانية. ويبقى من غير الواضح إذا ما كانت الايقنة القديمة للفرس الأعظم كحامل صواعق زيوس مفهومة من قبل صانعها أو مالكها ام لا، لكن الأكيد هو أنّ الإيرانيين في القرون الوسطى كانوا مطلعين على مجموعة الكواكب المساة بالفرس الأعظم. وبينما تظهر كتل الثلاث نقاط التي تُزين جسم الحصان في كثير من الأواني المعدنية ذات البريق المعدني والخزفيات المبكرة في نيسابور، فإنّها تشير أيضا إلى النجوم التي يمكن للمرء أن يراها في صورة مرسومة لمجموعة الفرس الأعظم الفلكية. (2) وفي مجتمع لعب فيه الفلك وعلم التنجيم دورا هامّا ، لابدّ أن تكون لصحفة تتضمّن حصانا مجنّحا مدلولات إيجابية لمالكها.

SRC

1. Watson 1985م، ص. 48-52.
2. Wellesz 1959م، الصورة 30.

المصدر:[Georges Tabbagh ، نيويورك حتى 1916م؛ بيع لمتحف المتروبوليتان للفنون]

75. صحفة (صحن كبير)

إيران ، كاشان ، منتصف القرن الثالث عشر الميلادي.
عجين خزفي ، مطلي بالبريق المعدني على تزجيج ذي لون واحد معتّم
المقاسات : الارتفاع : 11.1سم؛ القطر: 49.8سم.
رصيد فليتشر: 1932. 2.52.32.

76. مربّعة خزفية

إيران ، ورامين ، بتاريخ 661 [هجري] ، الموافق لـ 1262م.
عجين خزفي ذو بريق معدني على تزجيج أبيض معتم .
المقاسات : الارتفاع : 31.1سم.
مجموعة ادوارد س. مور، وصية ادوارد س. مور 1891. 91. 1. 100.
الفهرس 75:
نص مقسّم إلى أربعة صفوف تبدأ من الحافة الخارجية وتتواصل إلى الداخل.
الصف الأول بالعربية بخط النسخي:
والعز والإقبال والدولة والسعادة والسلامة والكرامة والغالب والدولة والسلامة والغالب والدولة والعز والإقبال والدولة والسعادة والكرامة والنعمة والبركة والتأييد والكرامة والسعادة والسلامة والعز.
الصف الثاني أربعة رباعيات باللغة الفارسية ودعاءين بالعربية وكلها بخط النسخي:
الرباعية الأولى:
محياك الجميل لا يغادر مقلتيّ أبدا،
آه يا حبيبي افعل ما تبتغي.
آه يا حياة البعث، إن قلبي مليء بالبهجة؛ وأستطيع ان أُقسم
أنّ ذلك بفضل نظرة سريعة ألقيتها عليك.
الدعاء:
عزّ اقبال دولة سلامة بقاء... لصاحبه
الرباعية الثانية:
قلت ” ألن يغفر لك ذلك الحبيب العفيف مفطور القلب؟“
كيف لي أن أعرف أن الزنديق سيشهر السكين على جسمك ورقبتك؟
الرباعية الثالثة المنسوبة لصدر الدين خوجندي: (1)
من يصبر على العيش وحزن فقدان الحبيب في قلبه
سيجد سعادة وهدفا.
القمر مضيء لأنه لم يفرّ من الليل؛
والزهرة عطرة لأنها تعيش مع الشوكة.
الرباعية الرابعة:
من يشقى بروحه في هذا العالم هو سيّد الافاضل.
لا تُضع دموعي لأن الفلاح يمكنه ان يحي الأرض بفضلها.
دعوات:
عز اقبال دولة سلامة بقاء عز اقبال دولة سلامة عز اقبال دولة سلامة

الصف الثالث : نص بالعربية بالخط الكوفي المزخرف على التجويف:[غير مقروء]
الصف الرابع : أبيات شعرية فارسية من تأليف الشاعر الصوفي سنائي (2) تليها دعوات باللغة العربية:
نظر البدر التام إليك وابتسم.
وأنت، توجّسا من عداوتي، استرقتَ النظر إليّ خفية من مسافة.
تخفّت السماء واختفى القمر تحت سحب داكنة.
كن كالقمر في الربع الأوّل وتخلّص مماّ يعكرّ صفوك
متى سيكون بوسعي أن أتدلى عليك مثل الذهب والفضة؟
كنت تفركين وجهي بأناملك المتعبة بينما كنت أمطر شفتيك بوابل من القبل.
دعوات بالرحمة:
عز اقبال دولة سلامة بقاء . . . لصاحبه

أُنتج البعض من الأواني ذات البريق المعدني الإيرانية الأكثر جمالا في مدينة كاشان، خلال القرنين الثالث عشر والرابع عشر الميلاديين. ويُعدّ هذا الصحن الكبير(الفهرس 75) المطلي ببريق معدني يميل إلى اللون البنّي نموذجا رفيعا من طراز يعرف بأسلوب كاشان للأواني ذات البريق المعدني. (3) تغطي نصوص مرتّبة في أربعة شرائط دائرية أغلب المساحة الداخلية للصحن وتحيط بميدالية حيث يجلس موسيقيان- أحدهما يعزف على آلة الناي بينما يمسك الآخر بصنجات على خلفية مكوّنة من لفائف نباتية.

وتُجسّد الصحفة حرص الفنان على تصميم المساحة بحيث لم يترك إلا بعض مساحات مختارة باللون الأصلي للإناء. (4) وتتّسم أبياتها الشعرية التي يتضمن كل واحد منها دعوات، إلى حد كبير بالطابع الصوفي. أُنجز النص على الحافة الخارجية وهو بخط النّسخي مباشرة على المساحة الأصلية للإناء ويتضمّن دعوات بالرحمة وأماني طيبة للمالك. وتضم المنطقة الموالية ، وهي مكتوبة أيضا بخط النسخي، أربعة رباعيات تلتها دعوات بالرحمة وأطيب الأمنيات للمالك. (5) ويُزيّن تجويف الصحفة شريط عريض من الخط الكوفي المضفور غير المقروء منقوش على خلفية مرقّطة من اللفائف النباتية. ويتضمن شريط النص الموجود صلب باطن الصحفة والذي يحيط بالزوجين من الموسيقيين أبياتا شعرية من تأليف الشاعر الصوفي سنائي (توفي 1131م) وتتلوها دعوات بالرحمة للمالك.

و من حيث جودته المعمارية يشبه الخط الكوفي المضفور والمعروف بالأسلوب الجديد المكتوب على التجويف النصوص الموجودة على واجهات شواهد القبر الإلخانية والسلجوقية، بما في ذلك بيري ألمدار في دامغان وامام زادة يحي في وارمين. ويوجد ارتباط وثيق بين المعالجة المتميّزة للّفائف النباتية على خلفية مرقطة وبين تلك التي نشاهدها على المربعات الخزفية ذات البريق المعدني في امام زادة يحي في ورامين والتي توجد مجموعة منها ضمن مجموعة متحف فيكتوريا وألبرت في لندن وتحمل تاريخ 661-663 هجري الموافق لـ 1262 – 1264م. كما قُرنت أيضا مربعات مماثلة من محراب يعود لـ 1264 موقّعة من قبل الفخاري الكاشاني المعروف علي بن محمد بن ابي طاهر وكذلك هذه المربعة الموجودة في متحف المتروبوليتان المؤرخة في 661-662 هجري الموافق لـ م1262-1263 (الفهرس 76) بإمام زادة في ورامين. 6)

بعد تدمير 'الرّي' على يد المغول في 1222م، توقف فخاريو تلك المدينة عن لعب أي دور يذكر في انتاج الخزفيات الإيرانية. وفي المقابل، زاد فخاريو كاشان، الذين انتجوا مربعات خزفية لمباني ومساجد المدن الأخرى بما فيها قم وورامين ومشهد وباكو، من إنتاجهم آنذاك من الأواني ذات البريق المعدني والأصناف الأخرى من الخزفيات(7).

ويُعزي الإنتاج المتزايد من الفخار الممتاز خلال هذه الفترة إلى النشاط التجاري المتعاظم وإلى صعود بورجوازية حضريّة (8).

يمتلك صحن المتروبوليتان الكبير هذا طابعا غنائيا. فما صورة الموسيقيين في وسط الصحن إلا إشارة ضمنية لوليمة أميرية (بزم) تجمّع خلالها الناس والقوا فيها شعرا غزليا واستمتعوا بعزف الموسيقيين. إنّ كون النصوص كل النصوص تقريبا تتضمن دعوات بالرحمة وتبريكات للمالك يشير إلى أن الإناء كان مخصّصا كهدية في احتفال مثل حفلة زفاف او حفلة نيروز(العام الفارسي الجديد). وتضفي

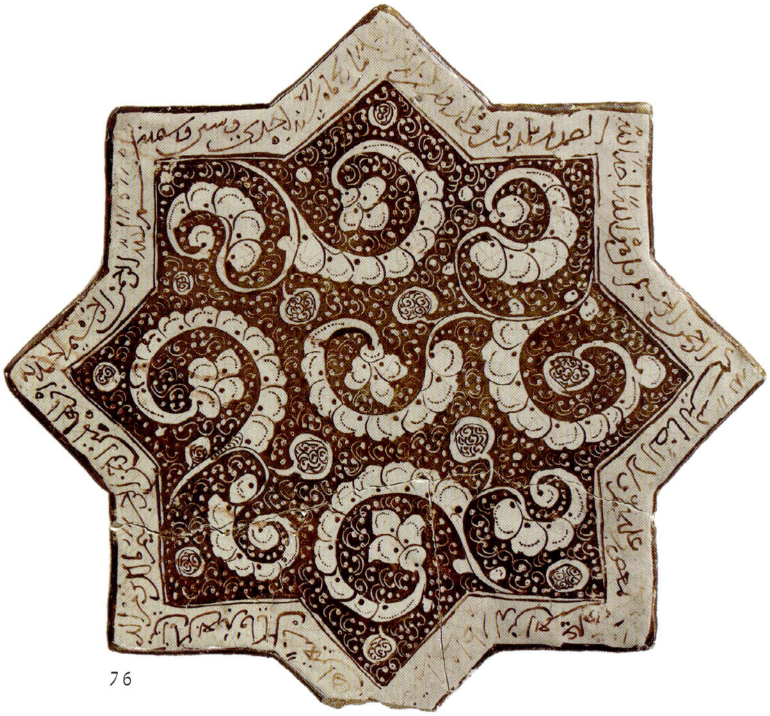
76

النصوص على القطعة طابعا شخصيا وتنفخ فيها شيئا من الحيوية. ويدل استعمال نفس الأبيات على تشكيلة من القطع ذات البريق المعدني انه كان للفخاريين سجلّ يختارون منه الأبيات لقطع في حد ذاتها (9) وبفضل زخرفتة الحروفية وأشعاره الصوفية وموسيقيّيه العازفين، حُقّ للصحن الكبير ان يكون هديّة جذابة ومستساغة.

ME

1. يبدو أن هذه الرباعية التي جاءت بكلمات مختلفة هي من تأليف شمس تبريزي في رومي 1984م، ص. 1334، ينسب أيضا إلى صدرالدين خودنجي ويظهر في Shirvani 1987م، ص. 208، عدد 767. أود أن أشكر عبد الله غوشاني لتفضله بقراءة النصوص وتحديد هوية الشعراء.
2. سنائي 1983-1984م، ص. 1010. كان سنائي (توفي في 1131م) شاعرا صوفيا فارسيا عاش في غزنة في أفغانستان الحالية وعمل بالبلاط الغزنوي لـ بهرمشاه (حكم ما بين 1152-118م).
3. Watson 1985م، ص. 90 ، 93 ، 104، الصورة 65.
4. نفس المصدر، ص. 90، و Dimand 1994أ، ص. 199.
5. حُددت هوية شعراء ثلاثة من الأربعة رباعيات كالآتي: مولانا رومي (107-1273م) وصدرالدين خودنجي (توفي حوالي 1200م) وخوارزمشاه أبوالفرج روني (توفي حوالي 1200م).
6. توجد نماذج أخرى في مجموعات المتحف البريطاني لندن، ومتحف اللوفر، باريس،
7. Dimand 1944أ، ص. 199. وفعلا فإن نفس الفخاري الذي أنتج محراب ورامين هو مسؤول أيضا على إنتاج محراب قم لسنة 1264م، الموجود حاليا بمتحف Islamische Kunst, Staatliche Museen ببرلين.
8. Ettinghausen 1970ب، ص. 113، 115.
9. من خلال بحث أُجري بمتحف المتروبوليتان في 1998م، اكتُشف أن عددا من القطع في مجموعات أخرى تضمّنت نفس الأبيات.

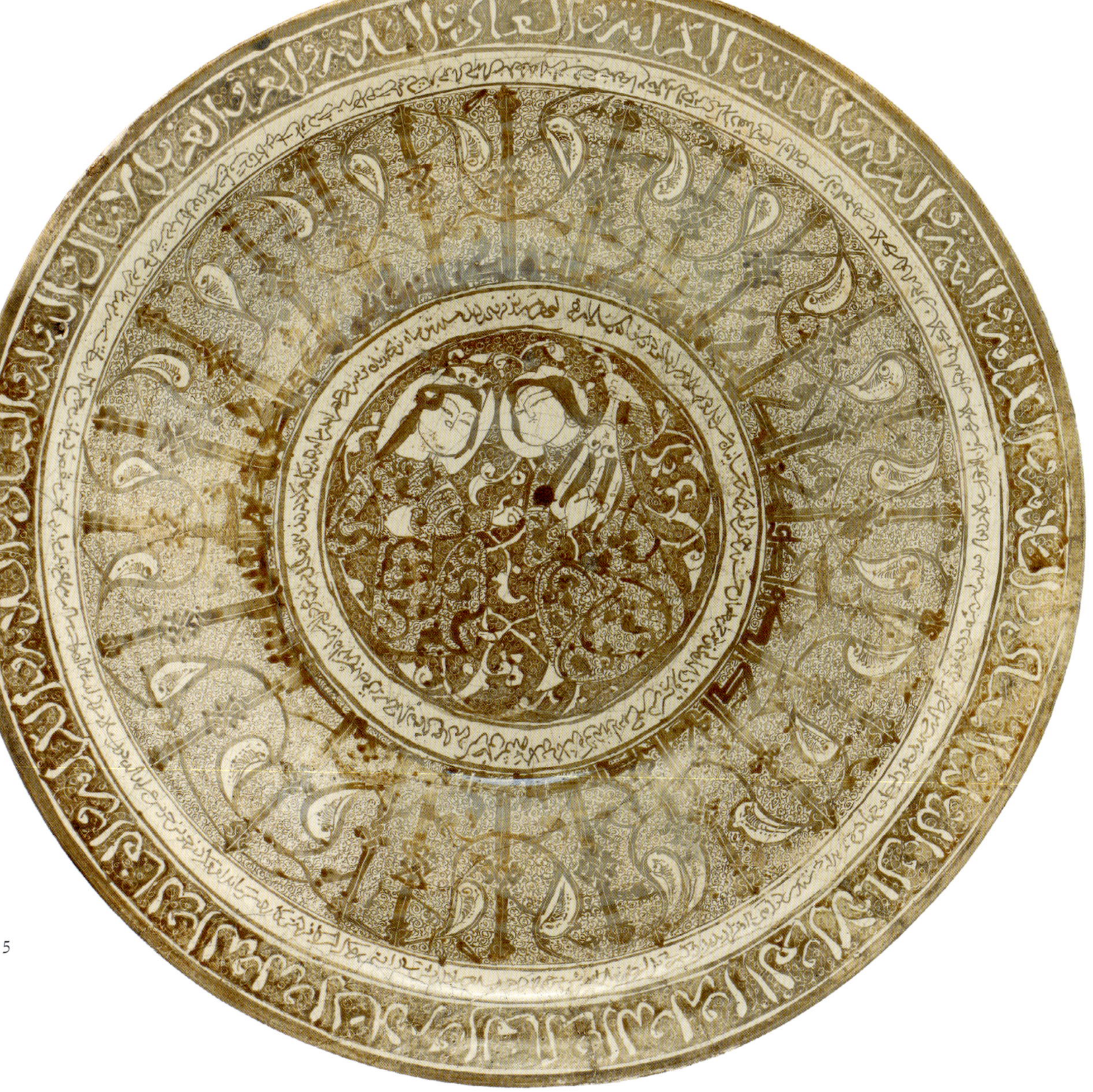

75

المصدر:
الفهرس 75: V. Everit Macy ، (نيويورك حتى وفاته 1930م؛ مؤسسته حتى 1932م؛ بيع لمتحف المتروبوليتان للفنون)
الفهرس 76: Edward C. Moore، (نيويورك حتى وفاته 1891م)

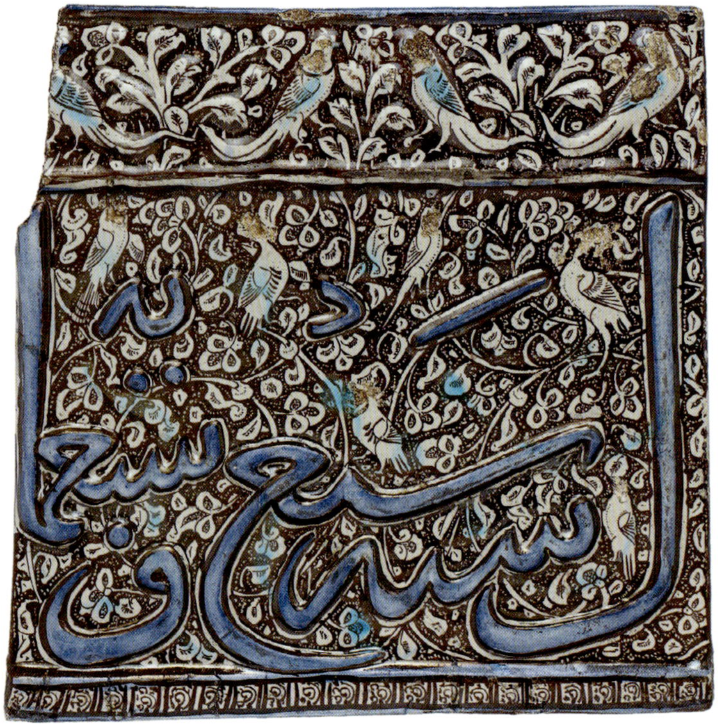

77. مربعة خزفية

إيران ، على الأرجح نطنز، من ضريح عبد الصّمد، بتاريخ [شوا]ل 707 [هجري] الموافق لـ
24 مارس – 22 افريل 1308م (1)
عجين خزفي ، مقولب ومزجّج بالأزرق ومطلي بالبريق المعدني على خلفية بيضاء معتمة.
المقاسات : 38.1 × 38.1سم.
هدية إميل ريي، 1912 12. 44.
كتابة بالعربية بخط الثلث.
[شوا]ل سنة سبع وسبعماية.(2).

تُزين كتابة حروفية أنيقة بخط الثلث الشريط الأوسط لهذه المربعة الكبيرة ذات الزخرفة المعقدة.استُخدمت تقنية النقش النافر قليلة البروز لانجاز الكتابة المزجّجة بالكوبالت الأزرق على خلفية حقل يتضمّن كروما متشعبة حيث تقبع طيور صغيرة جدًا ضمن نبات ورقيّ؛ والبعض من هذه الطيور حاطّ على الحروف نفسها. ويتواصل موضوع الطيور المنتشرة ضمن النبات في الشريط الأصغر الموجود أعلى المربعة والذي يتضمّن سلسلة من الطيور المتقابلة بين غرس صغير.(3).

تحظى السطور المتجلّية والممتدّة للحروفية بالإعجاب سواء كان ذلك عن بعد أم من خلال الفحص الدقيق وهي تتناقض تماما مع التصوير المفصّل لما يظهر في الساحة الخلفية المأهولة المنجزة بتزجيج ذهبي ذات بريق معدني مع لمسات من اللون الأرجواني. كانت هذه المربعة الخزفية على الأرجح واحدة من سلسلة شكلت إفريزا نصوصيا لمّاعا طوّق الجدران الداخلية لجناح ضريح يعود الى القرن الرابع عشر الميلادي يقع في نطنز بإيران.(4) يصل ارتفاع الإفريز الى مستوى العين ويُتوّج مكعبة تتكوّن من مربّعات هي أيضا فخمة ونجمية وصليبية الشكل.(5).

شُيّد هذا الضريح تكريما لنور الدين عبد الصمد وهو شيخ الطريقة الصوفية الشهروردية. بعيد وفاة عبد الصمد، أي حوالي 1300 م، شُرع في بناء مجمّع ضريح تكريما له في نطنز، وهي مدينة تقع على بعد بضعة أميال شمال أصفهان.(6) وسرعان ما أصبح المجمّع مزارا يحجّ إليه الزائرون لإحياء ذكرى الشيخ(7). ما أن يدخل الزائر الضريح حتى تعترضه جدران مغطاّة بلوحات جصّية منقوشة ومربعات ذات بريق معدني بما فيها هذه القطعة. وتتضمّن مربعات أخرى مكتوبة ومزخرفة على نحو مماثل ومنسوبة أيضا إلى جناح ضريح عبد الصمد آيات قرآنية من السورة 76 التي تتطرق إلى الثواب الذي ينتظر الصالحين في الجنّة.(8) لكن هذه المربعة تتضمن كتابة بالعربية تحمل تاريخ 707 هجري الذي قيل أنّه يؤشّر إلى السنة التي أُتمّ فيها العمل على الضريح.

DMT

1. أُشير إلى أن حرف اللام الوارد في بداية النص قد يكون الحرف الأخير من شهر شوال، ممّا يسمح لنا بتأريخ المربعة بمزيد من الدّقة بحيث يكون التاريخ هو ما بين 24 مارس و22 أفريل 1308م. انظر نيويورك 1993م، ص. 25 عدد 20.
2. تقدَّم تهجئة كلمة 'سبعماية' كما يظهر على المربعة.
3. يبدو أن رؤوس الطيورعلى مربعة المتروبوليتان وكذلك تلك التي تظهر على الكثير من المربعات الأخرى من المزار قد شُوّهت عمدا، على الأرجح بسبب شعور بالرغبة في تحطيم الأيقونات.
4. للاطلاع على قطع مقارنة، انظر م1939–1938 Ettinghausen و بBlair1986، ص. 100–101 والحاشية 23. تذكر Blair، ص. 64، أن حوالي عشرين من مثل هذه المربعات معروفة. صوّرت Blair قطعة المتحف على ص. 137، اللوحة 53. انظر أيضا م2003–2002 Blair، ص. 128–162 و الصورة 149، عدد114 . للمزيد حول انتقال المربعات من نطنز إلى المجموعات الخاصة والعمومية، انظر م2000 Masuya، خاصة ص. 41–44.
5. تُظهر Blair، ص.134، اللوحة 47، جزءا من المكان الذي وُضعت فيه في وقت من الأوقات المكعبة الخزفية الصليبية والنجمية الشكل وكذلك الإفريز ذات الصلة المطلي ببريق معدني. وفي المصدرالمذكور، ص.64، تذكر Blair أن ارتفاع هذه المكعبة يبلغ حوالي 165سم. انظر أيضا ص. 50، 64، أين تتناول بالحديث وضع مربعة المتروبوليتان فيما يتعلق بالمكعبة.
6. المصدرذاته، ص. 5، يقال أن الشيخ قد يكون توفيّ حوالي 699 هجري الموافق لـ1300–1299 م. للمزيد حول تأريخ مختلف أجزاء المركبّ، انظر ذات المصدر، ص.17 و 20 وو.
7. المصدر ذاته، ص. 21.
8. في ذات المصدر، تذكر Blair، ص. 64، أن مربعات أخرى في المجموعة تحمل أجزاءا من آيات 76: 1–7.

المصدر: مزار أبو الصمد، نطنز، إيران (من 1307م)؛ Émile Rey، نيويورك (حتى1912م)

78. مربّعة خزفية

إيران على الأرجح تخت سليمان، أواخر القرن الثالث عشر الميلادي
عجين خزفي ، مقولب، مطلي بتزجيج تحتي أزرق وارجواني مطلي بالبريق المعدني على خلفية بيضاء معتّمة.
المقاسات : 37.5× 36.2 سم.
رصيد رودجرز، 1912 .12 .49 .4.

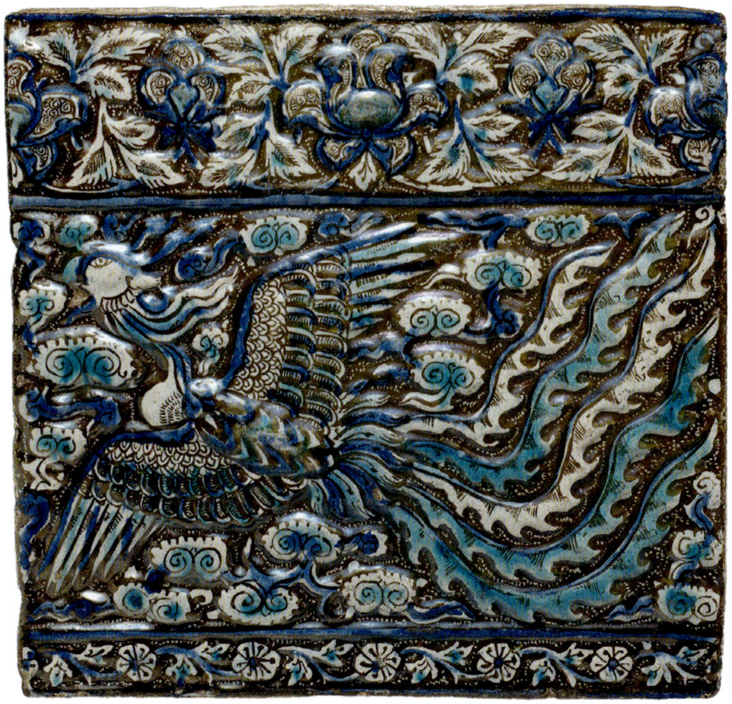

تمثّل هذه الصورة لعنقاء محلّقة ذات رأس متوّج وريش منمّق ومحاطة بسحب دوّارة نموذجا ملفتا للنظر لمحاكاة وأقلمة التصوير الصيني من قبل الفنانين الفارسيين.

كانت للحكّام الإلخانيين المغول الذين انحدروا من سلالة ضمّت جنكيزخان والعظماء ممّن حملوا لقب الخان في الصين روابط وثيقة مع آسيا الشرقية ، الشيء الذي يسّر حركة الأشخاص والبضائع عبر القارة. وتبعا لذلك يُبدي الفن الفارسي المنتج خلال الحكم الإلخاني امتزاج موتيفات جديدة تتضمن رسوما للعنقاء والتنين. وكلاهما رمزان صينيان تقليديان للسيادة الإمبراطورية.(1)

وتُشير الصّلة بين هذه الأيقنة الفارسية الجديدة وأيقنة الصين المعاصرة إبّان حقبة يوان الصينية بقوّة إلى أن الفنّانين الإلخانيين كانوا على دراية بالنماذج الصينية. وتشير أدلة الحفريات على أن هذه المربعة الخزفية زَيّنت فيما مضى جدران قصر الخاني يعود إلى القرن الثالث عشر الميلادي يُعرف بـ " تخت سليمان " وتقع في منطقة جبليّة جنوب شرقي تبريز. شُيّد القصر على ضفاف بحيرة صغيرة خلال حكم أباقا (توفي في 1282م) واستُخدم كمخيّم موسمي ،حيث أن موقعه وارتفاع المكان كانا يسمحان للحاكم وحاشيته من الهروب من حرّ الصيف(3). زُخرفت العديد من غرف القصر بكثافة باللوحات الجصية والمربّعات الخزفية حسب تشكيلة ثرية من التقنيات بما فيها مزيج من التزجيجات بالكوبالت وبالبريق المعدني كما نشاهده هنا على هذه المربعة المقولبة.(4)

وقد يعكس ظهور موتيفات مثل التنين والعنقاء ضمن سياق هذا القصر الإلخائي نظام أيقنة مزدوج. فقد فُهمت هذه الصور بوصفها رموزا صينية تقليدية للأسرة المالكة فهما جيّدا من قبل الحكام الإلخانيين المغول وحاشيتهم الذين جاءوا للسلطة للتوّ.

وفي الآن نفسه، شرع الفنانون الفارسيون في ملاءمة تصوير 'الفنغ' (العنقاء) الصينية كطريقة لتصوير الطائرالخرافي الفارسي المعروف بـ " السيمرغ"(5). ويؤكد وجود إمكانية لقراءتين متوازيتين لأيقنة هذه المربّعة الخزفية الطبيعة العالمية والهجينة للفنون المُنتجة في البلاط الإلخائي.(6)

DMT

1. م1997 Masuya؛ انظر ص. 564. للإطلاع على مناقشتها لهذه الموتيفات و معانيها ذات الصلة. انظر أيضا م2003-2002 Masuya، بالخصوص ص. 96-97.
2. تذكر م1997Masuya، ص. 577، أنّ "الخاصيات التي تتقاسمها موتيفات 'الفينيق' (العنقاء) خلال حقبة يوان والطيور الخرافية من فصيلة العنقاء المنقوشة على المربعات الخزفية الموجودة بـ'تخت سليمان' تتضمن زوجا من أعراف طويلة متدلية من جبهتها وعرفا طويلا تحت منقارها وريشا طويلا يشبه الشعر ينساب من عنقها وأشكال متعرجة تُزين ريش جسمها وريش ذيل طويل." للمزيد حول العلاقة بين الفنون الفارسية والصينية في هذه الفترة ، انظر م1999 Soucek
3. م2003-2002 Masuya، ص. 84وو.
4. المصدر ذاته، ص. 96، و م1997Masuya، ص. 128-134، 577، و621، انظر ذات المصدر، ص. 514وو، للإطلاع على وصف للمربعة من صنف -2-2-2-6ب و أماكن الاكتشافات في الحفريات والمزيد من المراجع و الدراسات المقارنة. انظر أيضا في م 2003-2002Masuya، ص. 98 مخطط بياني لمجمّع القصر.
5. انظر م1997Masuya، ص. 580-581. تذكر أنه منذ تسعينات القرن الثالث عشر الميلادي بدأ رسم السيمرغ من قبل الفنانين الفارسيين مستخدمين أيقنة الفينيق الصينية.
6. لكن كما تشير Masuya إلى ذلك، لم يكن من الواضح ما إذا كان السكان المحليون يربطون بين صورة الفنغ والسيمرغ على أن الأولى تشخيص للسيمرغ. انظر المصدر ذاته، ص. 578. للإطلاع على نظرية أخرى لكيفية تلقي مثل هذا التصوير، انظر م1984Melikian-Chirvani، بالخصوص مناقشته لموتيف السيمرغ الموجود في تخت سليمان والتي تبدأ على ص.317. انظر أيضا م1991Melikian-Chirvani ، خاصة ص. 102وو.

المصدر: [الأخوة Indjoudjian، باريس، حتى 1912؛ بيع لمتحف المتروبوليتان للفنون]

79. إناء تخزين

إيران، النصف الثاني من القرن الثالث عشر – القرن الرابع عشر الميلاديين.
عجين خزفي، طلاء خارجي من التزجيج وتذهيب بطريقة 'Lajvardina'
المقاسات : 37.5 سم.
مجموعة هنري دجي ليبرتون، هدية السيّد والسيّدة أ. ولاس شونسي، 1957. 57. 61. 12.
أ. ب.

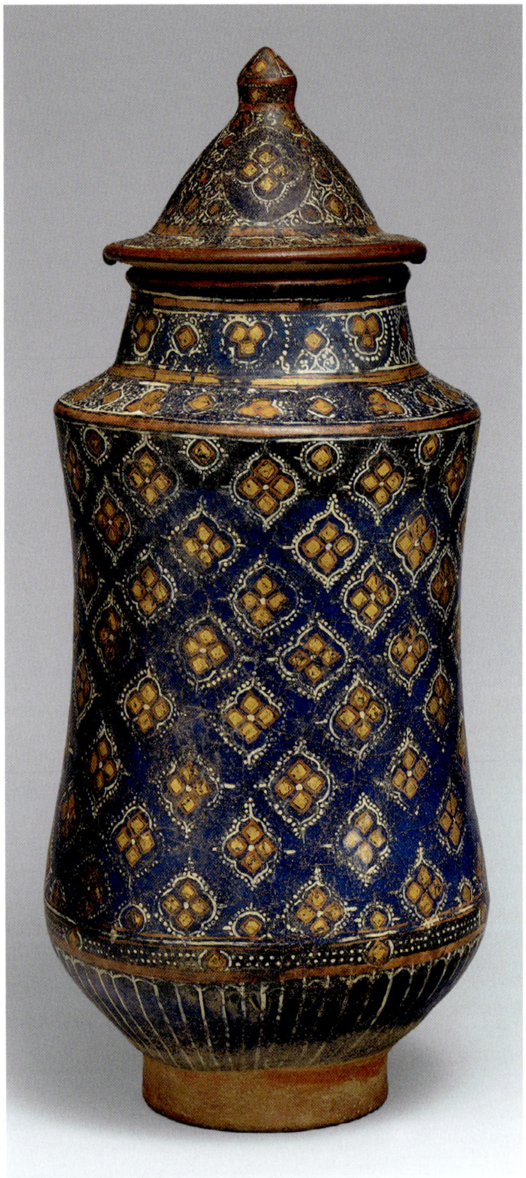

غالبا ما يُشار إلى هذه الأواني التي لها هذا الشكل المتميّز المتمثل في أسطوانة مستطيلة ذات وسط مقعّر كـ 'ألبرلّي' (جمع ألبرلّو). ومن المحتمل أن يكون استعمال هذا اللفظ الإيطالي عائدا إلى شعبية مثل هذه الأواني في إيطاليا ابتداء من القرن الخامس عشر الميلادي عندما كانت تستعمل لتخزين المستحضرات الدوائية والأعشاب الطبية والعلاجات الطبيعية الأخرى.(1) وقد ساعد شكلها العملي في جعل استعمالها وترتيبها على الرفوف أمرا يسيرا.

لكن منشأ هذا الشكل يعود إلى خارج أوروبا حيث أن خزفيات بهذا الشكل عُرفت منذ فترات أسبق بسوريا ومصر وأجزاء أخرى من العالم الإسلامي. وقد أُنتج هذا النموذج الفخم والذي لازال في حالة جيدة، بتصميمه المتكوّن من ميدالية على شكل حلية رباعية متكرّرة باللون الذهبي والأبيض والأحمر على خلفية زرقاء داكنة، في إيران خلال حكم السلالة الإلخانية. ويكشف هذا الإناء عن نوع نادرمن التزجيج يشار إليه بـ " Lajvardina "، وهو مشتق من الكلمة الإيرانية لـ لازورد(2).

يجد الشكل الأنيق المقوّس لهذا الإناء تتمة له في التزجيج الأزرق الساطع للإناء وزخرفته بالرقائق الذهبية. يتكوّن التصميم من مربّعات صغيرة من الورقات الذهبية مرتبة في أنماط معينة الشكل تغطي السطح. يحيط بكل مربّع بكل دقّة تزجيج أحمر وهو بدوره محاط بميدالية بيضاء. وقد وُصفت هذه التقنية التي تستغرق حيزا كبيرا من الوقت والمكلّفة والمتمثلة في استخدام الرقائق الذهبية على الخزف في رسالة تعود إلى أوائل القرن الرابع عشر الميلادي من تأليف الكاتب الفارسي أبو القاسم عبد الله الكاشاني.(3) ويذكر هذا المؤلف الذي كان فردا من أسرة شهيرة من الفخّاريين تواصلت على امتداد عدّة أجيال في كاشان، أن مثل هذه الخزفيات كانت تخضع لكرّتين من خبز الخزف بالنار الأولى لتثبيت الخلفية المزجّجة الزرقاء الداكنة والثانية لوضع المينا الحمراء والبيضاء المطلية بكثافة وكذلك الورقات الذهبية.(4) بينما يمكن أن نشاهد تقنية إضافة طبقات من الطلاء إلى الطلاء الأصلي في الخزفيات الفارسية المبكرة المعروفة بأواني المينا. فإن مزج التزجيج التحتي الأزرق الشديد والطلاء المكثف باللون الذهبي بالدرجة الأولى يعدّ سمة من سمات الحقبة الإلخانية. كانت هذه ظاهرة قصيرة الأجل نسبيّا فالمعلوم أن أواني 'لاجفردينا' الخزفية لا تدوم طويلا ولم تبق منها إلا أعداد صغيرة محدودة.(5) وتقف هذه الأواني المتبقّية إلى جانب المربعات الخزفية من طراز 'لاجفاردينا' التي عُثر عليها في حفريات القصر الملكي الإلخاني المعروف بتخت سليمان شاهدا على الطبيعة الفاخرة والثمينة لهذا الصنف من الخزفيات.التي ربما لا تُعتبر لائقة إلا بالأسرة المالكة فقط.(6)

DMT

1. م1904 Wallis. انظر "مقدّمته" للمزيد حول الشكل.
2. انظر الفهرس لهذه القطعة في نيويورك ولوس أنجلس 2002–2003م، ص. 271، عدد 131، الصورة على ص. 200، الصورة على ص. 200، الصورة 241. وصف لتقنية تزجيج 'لآجفردينا' على ص. 201–202
3. م1973 Allan، خاصة ص. 114–115. انظر أيضا الطبعة الفارسية التي يشير إليها Allan (المصدر ذاته، ص. 120): 'عرائس الجواهر والنفائس الطيبة' (طهران، 1345م). نسختان مخطوطتان من هذه الرسالة معروفتان، تحمل إحداهما تاريخ 700 هجري الموافق لـ1301م.
4. انظر م1973Allan؛ م2002–2003 Masuya، ص. 92وو
5. تتضمن نماذج أخرى في متحف المتروبوليتان عدد 91 . 1 . 1529؛ 20 . 120 .73؛ 34 .151؛ 40 . 181.16؛ 66. 95 .8؛ 1975. 30؛ 1976. 245؛ و 1991 .224. 1.
6. انظر 2002–2003 Masuya، ص. 96وو؛ و 2002–2003 Carboni، ص. 201–202،

المصدر: Henry G. Leberthon، نيويورك (مع 1931 –وفاته 1939م)؛ Mrs. Louise Ruxton Chauncey نيويورك (1939–1957)

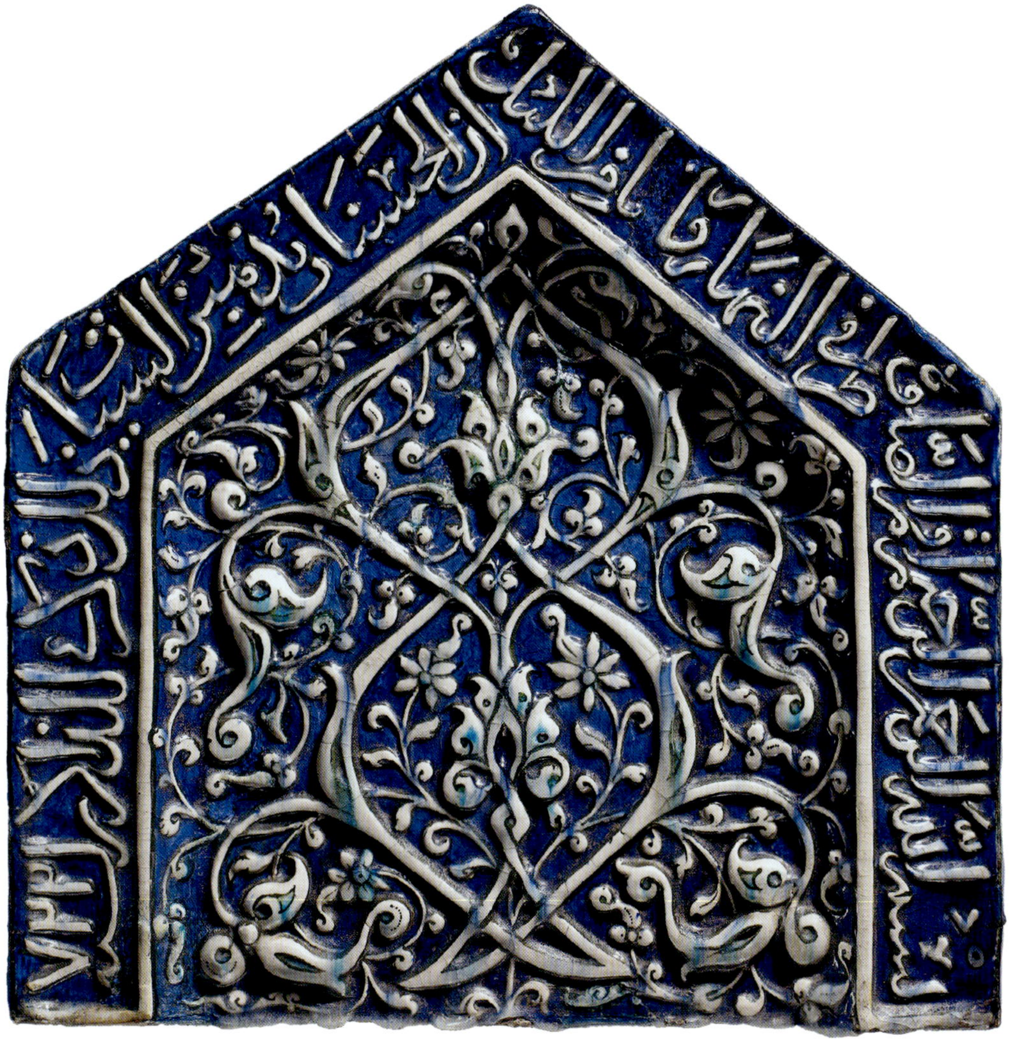

80. مربعة خزفية من محراب

إيران بتاريخ 722 [هجري] الموافق لـ 1322 – 1323م.
عجين خزفي، مقولب مطلي تحت خلفية مزجّجة شفافة (1)
المقاسات: 69.5 × 66سم.
هدية وليام ماندل، 1983 1983–. 345.
كتابة بالعربية بالخط النّسخي المزخرف
بسم الله الرحمان الرحيم.
أقم الصلاة طرفي النهار وزلفا الليل إن الحسنات يذهبن السيّئات ذلك ذكري للذاكر[ين].(القرآن 11. 114) (2).
لسنة 722[هجري] [الموافق لـ 1322–1323م].

شكّلت على الأرجح هذه البلاطة الخزفية كبيرة الحجم ذات القوس مستدق الطرف غير المألوف والكتابة القرآنية، والتي زخرفت بنبات متشابك جزءا من محراب، وهو فجوة تدل على القبلة في المساجد والمباني المقدّسة الأخرى (3). وتوجد مجموعات من محاريب ذات هيئة مماثلة باقية في مجموعات المتاحف عبر العالم بينما بقي البعض الآخر في اطاره المعماري الأصلي.

صُمّمت هذه اللوحات من المربعات الخزفية المعقدة ذات التوليفات الشبيهة بالألغاز خصيصا كأعمال منجزة بموجب تكليف ومجهّزة بكل عناية للتركيب في مواقع محددة.

أُنجزت العديد من اللوحات الخزفية الموجودة من هذا الصنف من قبل أسرة من الفخاريين تشترك في نسبة 'كاشاني'، مشيرين بذلك إلى أصولهم في مدينة كاشان، ذلك المركز التقليدي لإنتاج الخزف الفارسي. وفي الفترة الممتدة من أوائل القرن الثالث عشر إلى أوائل القرن الرابع عشر الميلاديين، أنتج رب الأسرة أبو طاهر

وذريته مجاميع كثيرة من القرميد الخزفي لزخرفة المحارب لفائدة المساجد والمعالم الرئسية في المنطقة. (4) من حيث الشكل والمحتوى ، تشبه بعض المربّعات الخزفية الفردية في هذه التوليفات نموذج المتروبوليتان.

وبينما نجد أن المربّعات الخزفية التي أنتجتها هذه الأسرة كانت كلّها تقريبا ودون أي استثناء مزجّجة ذات بريق معدني(5) فإن الأمر ليس كذلك فيما يتعلّق بالمربّعة في هذه الحال. بل انها واحدة من مربّعات المحراب القلائل الباقية المزجّجة تزجيجا تحتيّا. وهي بما تظهره من تشكيلة ألوان منعشة تتكوّن من الأزرق الداكن الساطع واللون الأبيض مع لمسات من اللون الأرجواني أقرب ما يكون لمربّعة خزفية في متحف الفن الإسلامي بالقاهرة منجزة أيضا بتقنية التزجيج التحتي.(6)

وتُبرز مربّعة القاهرة الخزفية وهي تقريبا بنفس حجم وشكل قطعة المتروبوليتان تصميما مماثلا نوعا ما يتكوّن من لفائف العنب وكتابة حروفية مماثله.(7) ترتبط مربعة المحراب الموجودة بالقاهرة بلوحتين أخرتين، تضمّ الواحدة كتابة تشير إلى مجموعة المربّعات على أنها محراب وتذكر أنّها طُلبت بأمر (أماره) من علي بن أبي طالب بن أبي نص[ر] في سنة 719 هجري الموافق لـ 1319-1320م (2). أُنتجت مربعة المتروبوليتان التي تظهر تاريخ 722 هجري الموافق لـ 1322-1323م قليلا بعد ذلك. ولئن لا يمكن الجزم بنسبة مجموعة القاهرة ولا كذلك بنسبة مربعة المتروبوليتان إلى الفنّانين من أسرة أبي طاهر، فإنّ هذين النموذجين يبقيان شاهدين على الممارسة العريقة في مجال صنع المحاريب الخزفية التي أرستها أجيال متعددة ومتعاقبة من الفخّاريين في هذه المنطقة.

DMT

1. أتوجه بالشكر لعبد لله غوشاني لحصافته القيمة حول هذه القطعة وكذلك لـ Jean-François de Lapérouse (قسم حفظ القطع، متحف المتروبوليتان للفنون) لتأكده من أن أجزاء من هذه المربعة كانت مشكلة وليست مصبوبة، كما اعتُقد سابقا،
2. ترجمة نقلا عن Arberry 1955م ص. 252-253. يعكس النقل المقدم هنا الحروفية كما تظهر على المربعة. بسبب تلف أصاب الكتابة بالقرب من أعلى المربعة فإن حرف الـ "ف" مفقود من العبارة 'وزلفا من'. يبدو كذلك أن حرفي 'و' و 'ل' قد جُمعا على الأرجح خلال مرحلة ترميم سابقة. شكري لــ Stefan Heidemann لمساعدته في مراجعة النص وكتابته.
3. انظر نيويورك ولوس أنجلس 2002-2003، ص. 199، 270، رقم 125، و ص. 128، الصورة 152.
4. لمزيد الإطلاع على الأسرة والأعمال المختلفة التي أنجزتها، انظر Watson م 1983وم Watson 1985، خصوصا الفصل 10: "المربّعات"، ص. 122وو، والملحق 1: "فخاريو البريق المعدني وإعمالهم ص. 176وو. في الآونة الأخيرة تناولت Sheila Blair بالنقاش علاقة أسرة أبوطاهر بأسر الفخاريين الكاشانيين الأخرى في Blair 2008م.
5. عُرف عن فخاري واحد فقط من هذه الأسرة هو يوسف بن علي بن محمد بن أبي طاهر أنه عمل في تقنية التزجيج التحتي، انظر Watson 1983م.
6. انظر القاهرة 1931م، 134-135، رقم 719، واللوحة 2. نُشرت حديثا بكامل اللون (مع الترميم) في O'Kane, ed 2006م، ص. 274-275، رقم 236. متحف الفن الإسلامي، القاهرة (رقم 3745).
7. نيويورك ولوس أنجلس 2002-2003، ص. 270 حاشية 2، رقم 125، يقدم مقاسات مجموعة القاهرة للمربعات.
8. انظر القاهرة 1931م، ص . 135

المصدر: William Mandel، نيويورك (مع 1967-1983)

81. محراب

إيران ، أصفهان ، بتاريخ 755 [هجري] الموافق لـ 1354-1355م
فسيفساء من المربّعات المزجّجة والمتعددة الألوان على جسم من العجين الخزفي المصقول على خلفية من البلاط.
المقاسات : 3.43×2.88م.
رصيد هاريس بريزبان ديك. 1939. 39. 20.
كتابة عريضة بالعربية وبخط المحقق على الحافة الخارجية (القرآن 9: 22-18)
كتابة بالعربية بالخط الكوفي محيطة بالفجوة:
قال عليه الصلوة والسلام بني الإسلام على خمس شهادة أن لا إله إلاّ الله وأن محمد رسول الله وإقام الصلوة وإيتاء الزكوة والحج وصوم رمضان وقال عليه الصلوة والسلام من بنى لله مسجدا ولو بمفحص قطاة على التّقى [بنى الله له قصرا في الجنّة].(1)
كتابة بالعربية بالخط الكوفي والثلث في وسط الفجوة:
قال النبيّ عليه الصلوة والسلام / المسجد بيت كل تقي

كان هذا المصلّى أو المحراب في الأصل عنصرا معماريّا في مدرسة دينية (مدرسة في مدينة أصفهان. توجد بفناء هذه المدرسة السابقة التي تعرف الآن بمدرسة إمامي كتابة يعود تاريخها إلى سنة 754 هجري الموافق لـ 1354-1355م. وقد شُيّدت المدرسة بُعيد انهيار السلالة الإلخانية عندما كان التنافس بين آل أنجو والحكام المظفرين على أشدّه من أجل السيطرة على أصفهان. وتَزيّن جدار القبلة، الذي أصبح الآن مطليّا بالأبيض ، في الأصل بهذا المحراب الضخم والمثير للإعجاب. أُنجز المحراب بضمّ عدد كبير من المربعات الخزفية المزجّجة صغيرة الحجم كانت الغاية منه إحداث تصاميم معقدة من الأرابيسك والحروفية.

صُنع المحراب بالدرجة الأولى من مربّعات خزفية ذات لون أزرق داكن متضارب مع تزجيجات بيضاء لبنية، ويضمّ كذلك ألوانا أرجوانية ومغرّة صفراء وخضراء داكنة بحيث أثْرت التصاميم الهندسية والنباتية والحروفية المعقدة.

إنّ ما أُنجز من زينة إضافة إلى التحدّي المتمثّل في خلق عمل ثلاثي الأبعاد يضمّ فجوة عميقة مدوّرة ذات قبة مدبّبة ليجعل من هذا المحراب أحد أقدم وأروع النماذج من الفسيفساء الخزفية الباقية إلى حد الآن. وتُجسّد أشرطة نصوصية ما في البرنامج الزخرفي من تخطيط محكم : فالإطار الخارجي يحمل كتابة قرآنيّة بخطّ المحقّق الأبيض، الذي تتجه فيه الكلمات والحروف في خطّين متشابكين من أسفل اليمين إلى أسفل اليسار ،(القرآن 9: 18-22) بينما تحيط كتابة بخط الكوفي تشتمل على أحاديث للنبي محمد بقوس الفجوة المستدق الطرف باللّون الأزرق على خلفية بيضاء، وكانت تتخللها على نحو إيقاعي نهايات حروف عموديّة مسترسلة. وتوجد الكلمات الأكثر وضوحا داخل الخرطوشة المستطيلة في وسط الفجوة : وهي كتابات ذات لون أصفر مغرة بالخط الكوفي يرد فيها ذكر النبي وهي مشفوعة بإشارة واضحة وأكبر متصلة الحروف وبيضاء إلى وظيفة المسجد .

وقد خضع محراب الصلاة هذا إلى سلسلة من عمليات الترميم والنقل من مكان إلى آخر قبل أن يقتنيه متحف المتروبوليتان(2). نُقل المحراب من مدرسة إمامي في أواخر العشرينات من القرن العشرين الميلادي بعدما قدّم الفخاريون المحليّون المهرة ترميما شاملا (لا يكاد يُستبان) في المنطقة التي توجد أسفل الكتابة المركزية ثم أُرسل إلى فيلادلفيا وحُفظ بمتحف الجامعة هناك. كما قضّى بعض

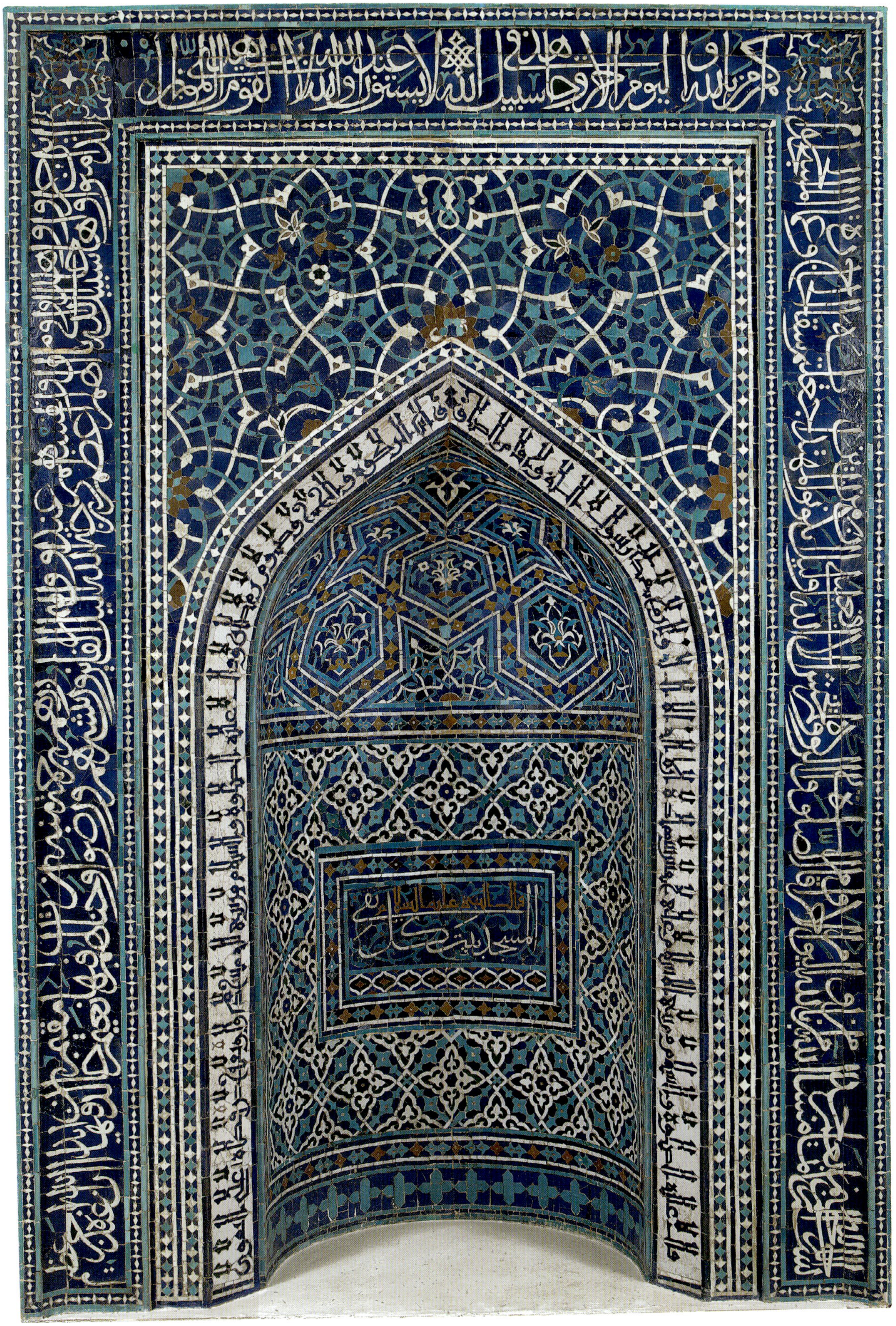

الوقت في لندن حيث قُدّم في معرض اسطوري للفن الفارسي بـ "برلنغتن هاوس" في 1931م. وفي نهاية المطاف، أقتناه متحف المتروبوليتان في 1939م. يُعرض محراب مدرسة إمامي حاليّا كنموذج بديع للزخرفة المعمارية الدينية للفن الإسلامي الإيراني، ويمثّل واحداً من الأعمال الأكثر أهميّة وجدارة بالانتباه في مجموعة المتحف.

SC

1. يمكن للقارئ المسلم أن يتمم العبارة بالجزء الأخير من الجملة.
2. للاطلاع على تاريخ موجز للمحراب، انظر نيويورك 1993م، ص. 36، رقم 31.

المصدر: مدرسة إمامي، أصفهان، ايران (1354 - أواخر عشرينات القرن العشرين الميلادي)؛ [A.Rabenou، باريس، مع 1931-1939م، بيع لـ Arthur U. Pope لحساب متحف المتروبوليتان للفنون

وُجد هذا الإبريق في أحد المجاري على المستوى الأسفل للموقع. رغم أنّه لم توجد أيّة أفران للزجاج بنيسابور، فإن حجم الاكتشافات ومداها يُشير إلى وجود صناعة مزدهرة ومتطوّرة جدّا في القرنين التاسع والعاشر الميلاديين.

QA

1. انظر م1995 Kröger و كورنينغ ونيويورك وأثينا 2001-2002م، ص. 157، للاطلاع على قائمة مفصلة لنماذج مقارنة.
2. م1995 Kröger، ص. 14

المصدر: 1938-1939م، أُكتشفت بـتيبي مدرسة، نيسابور، ايران من قبل بعثة متحف المتروبوليتان بترخيص من مجلس الوزراء بإيران أُعطي بناء على توصية من وزارة التربية بإيران تحوّل سند الملكية تبعا لذلك إلى متحف المتروبوليتان للفنون.

82. إبريق

على الأرجح إيران، القرن العاشر الميلادي.
أُستخرج من 'تيبي مدرسة'، نيسابور.
زجاج، عديم اللون منفوخ، ساق مثنية، عليه يد، مصقول
المقاسات: الارتفاع: 14.5سم؛ القطر: 10.2 سم
رصيد رودجرز، 1939. 39. 40. 101.

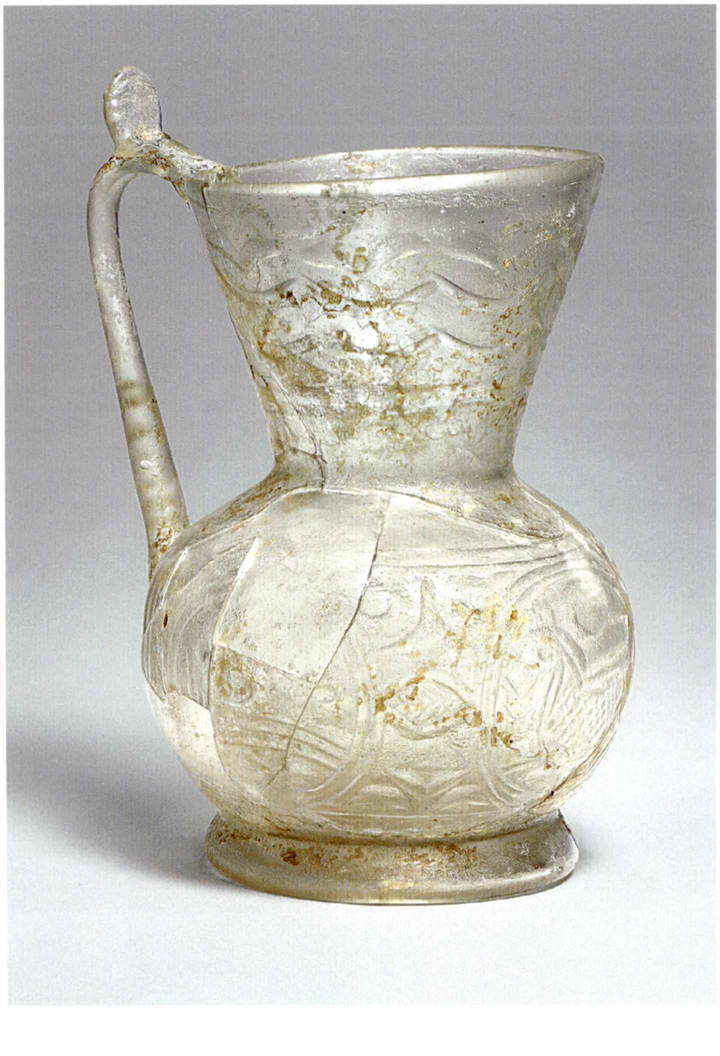

صُنع هذا الإبريق من زجاج عديم اللون مصفر وشفّاف وله جسم مستدير يضيق عند قاعدة العنق وفوهة مفلجة. يستند الإبريق على قدم دائرية تحمل علامة لاحمة على مستوى القاعدة. و يتّصل بحافة الإبريق وجسمه مقبض يتضمّن مسند ابهام. تحطّم الإبريق عند استخراجه من الحفريات ثمّ أعيد تجميعه اعتمادا على 20 قطعة تقريبا. ولا يزال سطحه يحتفظ بآثار خفيفة من التقزّح اللوني. ويزدان كامل السطح بموتيفات صُقلت بواسطة تقنية التدوير لتبقى بارزة ونافرة على الخلفية وتظهر الزخرفة الرئيسية على الجسم متمثلة في ثلاث دوائر تفصلها تصاميم هندسية ونباتية. وتُظهر الدائرتان على كل جانب من المقبض طيورا ذات أذيال طويلة، بينما تتضمّن الدائرة الثالثة أسدا رابضا وكلّ هذه الكائنات متّجهة إلى اليسار. ويعتبر هذا الإبريق الإناء الزجاجي الوحيد الموجود بنيسابور له زينة تتضمن دوائر حول جسمه، وهو صنف من الزينة يُعهد في نماذج أخرى من الإنتاج المعدني والأنسجة والخزفيات والزجاج الساساني والإسلامي. (1)

وقد عُثر بموقع 'تيبي مدرسة'، بالإضافة إلى العناصر الجصّية المعمارية المنقوشة، على عدد كبير من الرسوم الجدارية والقطع النقديّة وأواني ذات درجة عالية وقطع معدنية، أي ما مجموعه 115 إناء أو قطعة زجاجيّة. (2) لم يكن ما عثر عليه من زجاج مصدره المسجد نفسه بل كان الكثير منه متأتّيا من غرف من أجزاء مختلفة من المجمّع، بل أكثرها عُثر عليه فيما يرجّح أنه كان حيّا سكنيّا. وجاء العديد الآخر من آبار ومصارف صحية ومراحيض ممّا يشير إلى أنها ربما وقع رميها هناك للتخلّص منها.

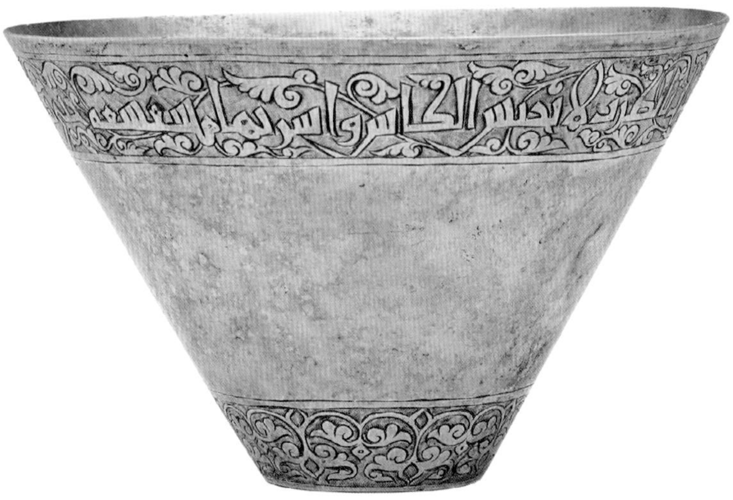

83. كوب

إيران، القرن العاشر – القرن الثاني عشر الميلاديين
فضّة، مذهب، مطروق، ومحزز.
المقاسات: الارتفاع: 8.3 سم؛ القطر: 12.7 سم.
رصيد هاريس بريسبان ديك، 1964 .64 .133 .2.
كتابة بالعربية بالخط الكوفي أسفل الحافة:

اشرب فلليوم فضل لو علمت به	بادرت باللهو واستعجلت بالطرب
[ورد الحدود، وورد الوض قد جمعا	والغيم منتشر والشمس في الحجب]
لا تحبس الكأس واشربها مشعشعة	حتى تموت بها موتا بلا سبب (1).

(لا يظهر بيتا الشعر بين القوسين أعلاه على الكوب).

ينتمي هذا الكوب إلى تلك الأواني الفضية التي بلغت صناعتها أوجها تحت حكم البويهيين والسلاجقة. (2)

كانت مثل هذه الأواني تُستعمل من قبل النبلاء في البلاط أو تُحمل من قبل كبار القادة العسكريين خلال حملاتهم العسكرية، (3) وهي غالبا ما تمثّل جزءا من أطقم أكبر من أواني المائدة. ويتقاسم هذا الكوب عدّة خصائص مع طاقم من الأواني الفضيّة هو موجود الآن في طهران يحمل اسم الأمير أبو العبّاس فالكن بن هارون، ومن المحتمل أن يكون شكّل فيما مضى جزءا من مجموعة مشابهة. (4) وعلاوة على الشكل المتّسم بالجوانب المتّسعة تدريجيا والقاعدة الضيّقة المستقيمة، يتقاسم الكوب مع هذه الأواني زينتها المتمثّلة في شريط مكتوب منقوش موجود مباشرة تحت الحافّة. وفيما يتعلّق بهذا النموذج، فقد حُفرت الكتابة على خارج الكوب بخط الكوفي المورق، وهو أسلوب نراه أيضا على مجموعة من الأواني الخزفية الحاملة لكتابات منقوشة والمنجزة في شمال شرقي إيران بين القرنين العاشر والحادي عشر الميلاديين.(5) وتتميّز الأواني من هذا الطراز بكتابات محاطة بعجين أسود يستعمل لإبراز الكتابات وخلق جمالية أكبر. وهنا، يوجد أيضا شريط ثان أضيق يتضمّن أرابيسك نباتي يحيط بالقاعدة وهو أيضا محاط باللون الأسود.

وتشير الأبيات الشعريّة ضمنيّا إلى أن الكوب سبق أن استُعمل لشرب النبيذ. وتوجد أبيات شعريّة ذات توجّه خمري مثل هذه على صحفة ذهبية كانت جزءا من مخزون عثر عليه بالقرب من همدان،(6) ممّا يشير إلى أن عادة شرب النبيذ من أواني ثمينة التي كانت سائدة في فترة ما قبل الإسلام تواصلت خلال الفترة الإسلاميّة.

فحسب السنّة النّبويّة يحرّم على المسلمين استعمال الأواني الذهبية أو الفضيّة للأكل أو الشرب، وهو تحريم تأكّد في عمل موسيقي يعود إلى القرن الثاني عشر الميلادي خَصّص فصلا كاملا للاستعمالات الجائزة وغير الجائزة للأواني الذهبية والفضيّة.(7) لكن الدلائل الماديّة التي يُقدمها هذا الإناء وغيره من الأواني، فضلا عن كثير من مراجع موثّقة في مصادر تبرهن على أن الممارسة الفعلية كثيرا ما تعارضت مع القواعد الثابتة.

FL

1. توجد القصيدة، من تأليف بن سكارة الهاشمي (توفي 995–996م) في 'يتيمات الدهر في محاسن العصر'، مجموعة من تأليف أبو منصور الثعالبي (توفي 1038 م). انظر أبو منصور الثعالبي 1956م، مجلّد 3، ص. 19.
2. تتضمن نماذج رائعة منجزة تحت حكم هذه السلالات إبريق ذهبي بنقوش بارزة و مكتوب عليه اسم الحاكم البويهي عزالدولة بختيار بن معزالدولة (حكم ما بين 967–978م) وهو موجود الآن في رواق فريير للفن ورواق آرثر م. ساكلر، واشنطن دي سي (عدد 43 .1.)؛ مستنسخ في Pope, A. U., and Ackerman, eds. 1938–1939م، مجلد 6، اللوحة 1343. انظر Marshak 1986م، اللوحة 146.
3. Ferrier, ed 1989م/ ص. 171
4. صُورت القطع الموجودة حاليا في متحف باستان الإيراني، طهران في Pope, A. U., and Ackerman, eds. 1938–1939م،مجلد 6، اللوحتان. 1345–1346 . تُناقش هذه الكنوز وغيرها في Ferrier ed 1989م، ص. 171–174، الصور 1–2 و6–7؛ و Ward 1993م، ص.53–55،
5. Baer 1983م، ص. 191.
6. المتحف البريطاني، لندن (رقم 1939 .11–12). انظر Ward 1993م، ص.54 والصورة 38.
7. منقول في أ1982 Melikian-Chirvani، خصوصا ص. 158–159.
8. يشير كتاب الأغاني إلى الأقداح الذهبية المستعملة من قبل الوليد الثاني الأموي في حفلاته الخمرية (منقول في Baer 1983م، ص. 103 حاشية 235). ويسجل الوزير السلجوقي نظام الملك في عمله 'سياستنامه' استعمالها خلال وليمة لمسؤولين عسكريين (نظام الملك 1891–1897م، مجلّد 3، ص. 190)

المصدر: [Nasli Heeramaneck، نيويورك، حتى 1964م؛ بيع لمتحف المتروبوليتان للفنون]

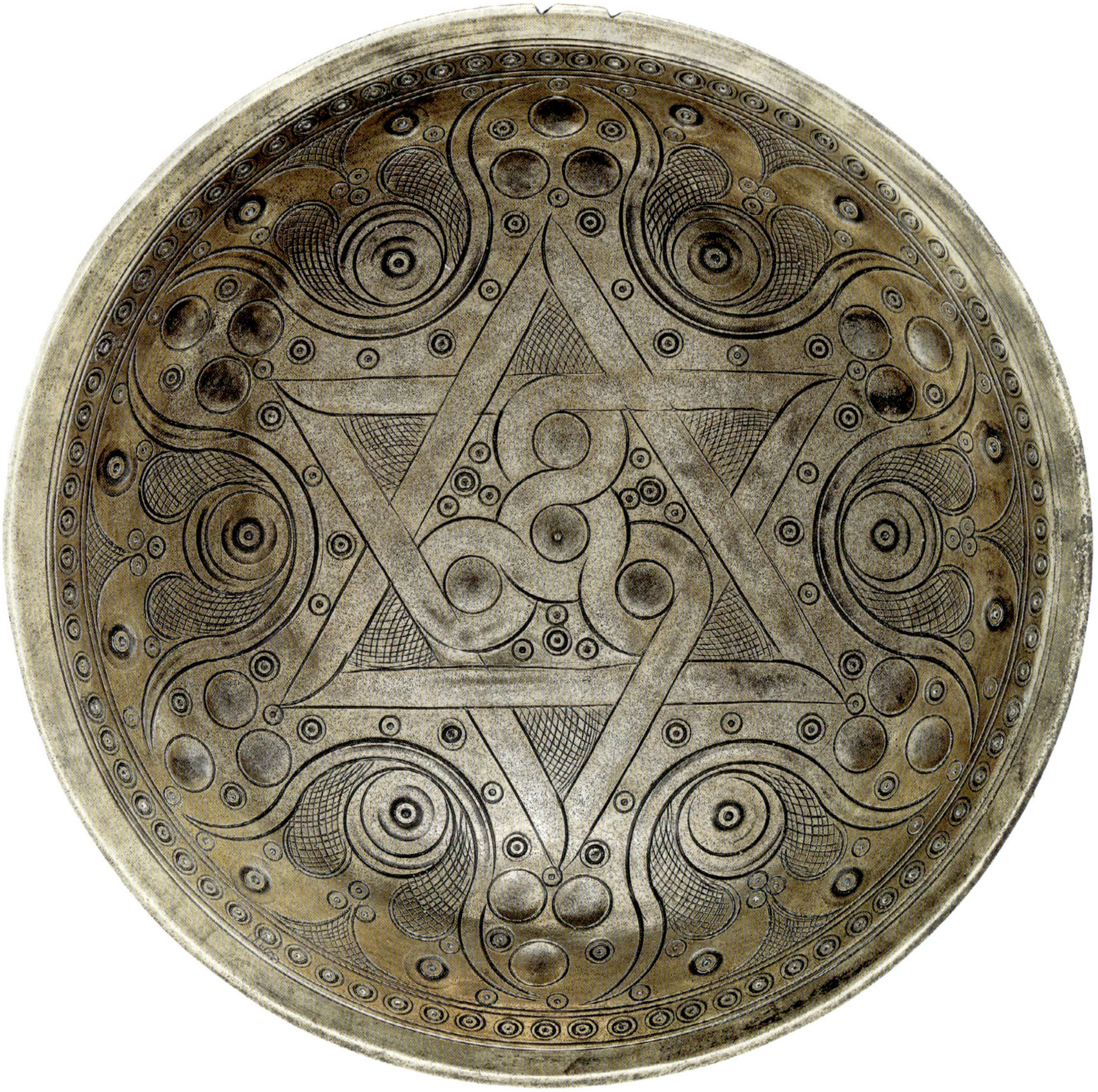

84. صحفة

أفغانستان، القرن الثاني عشر الميلادي.
برونز عالي المحتوى من القصدير؛ مصبوب ومُحزّز ومخروم ومحفور.
المقاسات: الارتفاع: 4 سم؛ القطر: 17.9 سم.
رصيد لويس إ. وتيريزا أس. سالي. لشراء الفن الإسلامي ورصيد رودجرز، 2000 2000 . 57.

تتضمّن هذه الصحفة المعدنيّة وهي نموذج من الأواني الإسلاميّة البرونزية القصديرية المنجزة خلال العصر الوسيط نجمة سداسية بجوانب متعرّشة محاطة بزهور منمنمة وموتيفات أصغر، وهو ما يمثّل فعلا حدّا أدنى من الزخرفة لا يزدان بها إلاّ داخل الإناء فقط.

وتنتمي الصحفة إلى مجموعة من القطع المرتبطة بالإنتاج المعدني للعالم الإسلامي الشرقي الذي يتّسم بالنزعة إلى تحبيذ الأشكال المفتوحة واستعمال الموتيفات الزخرفية المحفورة أو المخرومة وكذلك اللون الفضّي.(1)

وتأتي هذه السمات كمحصّلة للخليط المعدني المستعمل في الصبّ المسمّى بالبرونز ذي المحتوى العالي من القصدير والمعروف أيضا في التراث الإسلامي بــ" البرونز الأبيض" (صفيد راي) ويُعزى انحصار السجلّ الزخرفي الموجود هنا في حدوده الدنيا جزئيا إلى محدودية استعمال الوسيط. فاستخدام نسبة عالية من القصدير في الخليط المعدني أدى إلى الحصول على معدن برّاق وكثير الليونة. ونتيجة لذلك، لم تكن تقنيات العمل التقليدية مثل الطرق لتتلاءم مع البرونز عالي المحتوى من القصدير واضطُرّ الخزافون عوضا عن ذلك إلى التحزيز والحفر والتخريم كما نرى ذلك في هذا المثال.

ورد ذكر إنتاج هذا الخليط المعدني لأول مرّة على لسان عالم القرن الحادي عشر

الميلادي 'البيروني' الذي وثّق الأسباب التي يُرجّح أنها كانت وراء استحداثه. (2) وتبعا لتحريم وارد في القرآن، أصدر الوالي الأموي بالعراق وإيران، الحجّاج (حكم ما بين 694 – 714م) قانونا يحظر استعمال الأواني الذهبية والفضّية التي راج استعمالها في الشرق الأوسط منذ عهود ما قبل الإسلام.

ورغم أنّ وجود القطع المصنوعة من البرونز بنسبة عالية من القصدير قبل تاريخ هذا التحريم، فإنّ مظهرها النّفيس جعل منها فعلا بديلا جذّابا للأواني المصنوعة من الذهب والفضّة، وهكذا تحقّقت الاستجابة إلى الولع بالقطع الفاخرة مع احترام الأمر الجديد الصادر عن الوالي في الآن نفسه. بالإضافة إلى ذلك، فإن مكوّن القصدير في الخليط يُجنّب الأواني القصديرية تشكيل غشاء أكسيدي أخضر اللون وسامّ معروف بالزنجار، وبالتالي فإنّ هذا العامل ساهم جزئيّا في رواج هذه التقنية ودوامها.(3)

ورغم أنّ انتاج البرونز بنسبة عالية من القصدير بلغ الذروة في إيران خلال القرون الوسطي، فإن المعدن كان مستعملا في الهند منذ القرن الثالث الميلادي، وكذلك الشأن في الصين قبل أن يُعتمد في الامبراطوريّة البارثية (238 قبل الميلاد – 226م) في السيستان وسوقديانا. وعليه، فإن الحرفيين المسلمين ردّوا الاعتبار لتقنية قديمة بغرض الاستجابة لمتطلبات جديدة.

FL

1. يمكن مشاهدة صحفتان من البرونز بنسبة عالية من القصدير ذات صلة في مجموعة المتحف، واحدة تحتوي على زخرف تشخيصي (عدد 1971.42) والأخرى على تصاميم هندسية (عدد 1973 . 338. 8)
2. Al-Biruni 1936م، خاصة ص. 264-266؛ نصير الدين توسي 1969 م، ص. 228، منقول في Allan et al. 1979م، ص. 47ff؛ الكشاني 1966 م، منقول في Allan et al. 1979م، ص. 47ff.
3. Ward 1993م، ص. 30.

المصدر: بيع Christie's London، 26 أفريل 1994م ، رزمة 310؛ [Momtaz Islamic Art، لندن، حتى 2000م ؛ بيع لمتحف المتروبوليتان للفنون]

85. مبخرة

الحرفي: جعفر بن محمد بن علي.
إيران بتاريخ 577 [هجري] الموافق لـ 1181 – 1182م.
برونز؛ مصبوب، محفور، محزّز ومخروم.
المقاسات الإجماليّة : 85.1 × 22.9 سم؛ الطول : 82.6 سم.
رصيد رودجرز 1951. 51. 56.
كتابة بالعربيّة بالخطّ الكوفي حول العنق وتتواصل على الصدر:
أمر به الأمير العادل العالم / سيف الدنيا والدين بن محمد / الماوردي
كتابة بالعربيّة بالخط الكوفي على الحدبتين اليسرى واليمنى والحدبة على الصدر:
السعادة الإقبال السلامة.
الإمضاء بالعربيّة بالخط الكوفي، إلى اليسار على الصدر وعلى القدم اليمنى:
عمل جعفر بن محمد بن علي سنة سبع وسبعين وخمسمائة [هجري] [1181 – 1182م].

صبّ على حده كلّ عنصر من عناصر هذه المبخرة المهيبة التي تجسّد التألّق الذي بلغته صناعة المعادن تحت رعاية السلاجقة، قبل أن تُلحم بعضها مع البعض، وبقي الرأس قابلا للفصل حتى يمكن إيلاج البخور وإشعاله ليندفع بعدئذ هذا الأخير من الجسم لتطييب الهواء. يُحتمل أن تكون هذه القطعة وغيرها على غرارها، قد استُخدمت في محيط منزلي مدنيّ نظرا لأن شكلها الحيواني وسماتها التبخيرية لا تؤهلها للاستعمال في محيط ديني(2).

تُظهر هذه القطعة برنامجا زخرفيّا يمزج بين الأشكال المخرمة والأشرطة الخطيّة. فقد جرى ثقب العنق والجسم والجزء الأعلى للفخذين بزينة ثلاثية الأوراق أحدثت تصميما تشابكيا. وتنعكس موتيفات لفيفة دالية متشعّبة تميّز أذني الحيوان في انعطاف زوايا العينين، وحُزّز الأنف بشعرات منمنمة من شارب الحيوان. توجد أشرطة خطيّة منجزة بالخط الكوفي المورق على امتداد قاعدة العنق والصدر، ذُكر فيها اسم الزّبون، سيف الدنيا والدين محمد الماوردي، واسم الفنّان، جعفر بن محمد بن علي وتاريخ 577 هجري الموافق لـ 1181 – 1182م. إلى جانب ذلك، تظهر كلمات: السعادة والإقبال والسلامة، على الثلاث حدبات المستديرة والموجودة على صدر الأسد وعلى جانبي أرجله الأماميّة.

كانت الأواني ذات الأشكال الحيوانية رائجة خلال العصر الوسيط وكانت المباخر على شكل أسد مألوفة بالخصوص في القرنين الحادي عشر والثاني عشر الميلاديين، ولو أنّ النموذج الحالي أكبر من أغلبها وينتمي إلى مجموعة صغيرة من الأعمال ذات الصلة.(3)

وتتقاسم المجموعة سمات مشتركة تتضمّن الزخرفة المخرومة على الجسم والخصائص الوجهية المنمنمة والعيون والشوارب المحزّزة والأذيال المقلوبة. وتختلف النماذج ذات العلاقة على نحو مثير جدّا من حيث حجمها وتصميم الزينة المخرومة ومن حيث نمذجة الجسم. ويُعتبر نموذج المتروبوليتان الأكبر في هذه المجموعة ويُظهر نمذجة صلبة وتركيبة ناعمة تعطي مجتمعة شعورا ببنية عضليّة.

ويوجد نموذج آخر، في متحف كليفلاند للفنون، وإن كان أصغر حجما ويفتقد الكتابات الزاخرة لأسد المتروبوليتان، فإنّه يُبرز صلابة مماثلة وسمات متقاربة

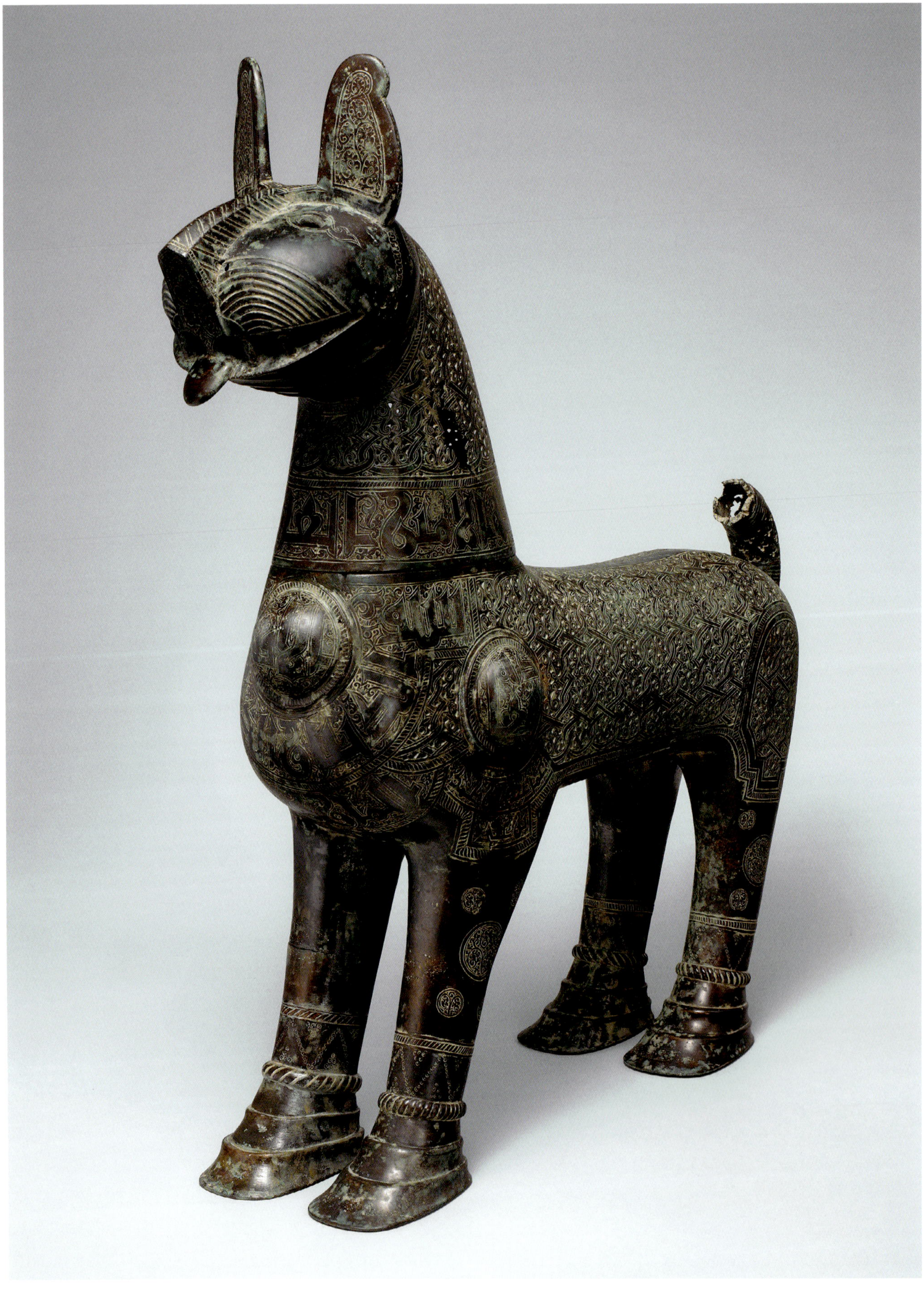

ويعطي ذيله الطويل المنحني إحساسا بما كانت ستكون عليه مبخرة المتروبوليتان لو أنها ظلّت سليمة غير منقوصة.(4)

FL

1. كُتب اسم الأسرة 'ماوردي' على الصدر بين اسم صانع الأدوات المعدنية وتحت اسم الأمير، إذن من غير الواضح لمن يعود الاسم. رغم أن اسم ماوردي يعني 'بائع ماء الورد'، فان حجم الكتابة يتطابق مع كتابة اسم الأمير وليس مع كتابة اسم الصانع التي هي أصغر بكثير.
2. بوسطن وشيكاغو 2006–2007 م، ص. 197.
3. يمكن العثور على نماذج اخرى بمتحف كليفلاند للفنون (عدد 308.1948 a) وفي متحف State Hermitage بسانت بطرسبورغ (عدد IR-1565) وفي مجموعة دافيد بكوبنهاغن (عدد 1981/ 48). تُقدم قائمة بالنماذج في Baer 1983 م، ص. 58 حاشية 114. يجب إضافة نموذج آخر موجود في متحف الفنون الجميلة بهيوستن (عدد A.B 2007.1301)
4. انظر 3 أعلاه

المصدر: [Khalil Rabenou، نيويورك، حتى 1951 م؛ بيع لمتحف المتروبوليتان للفنون]

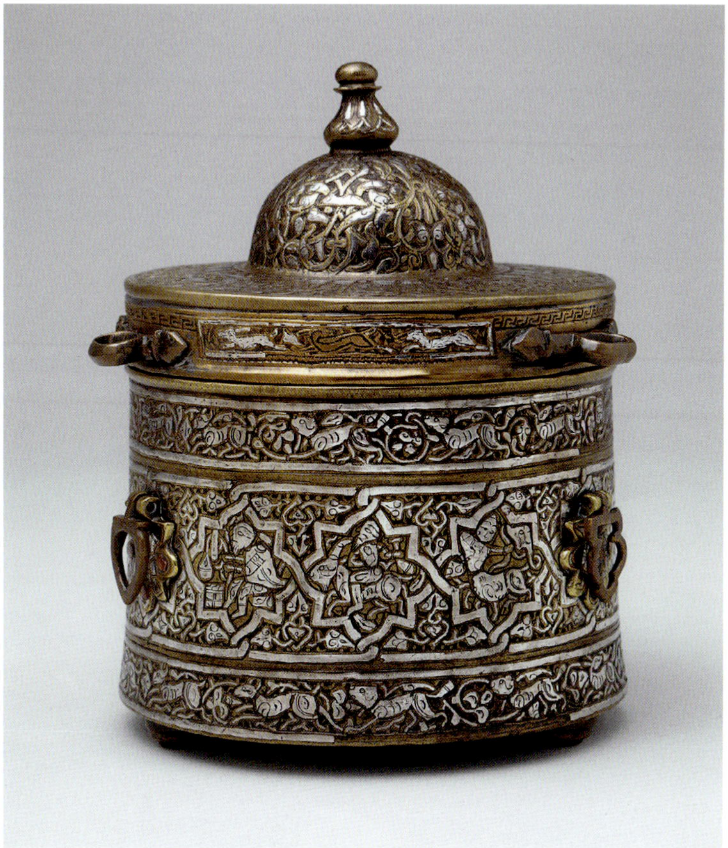

86. محبرة

إيران على الأرجح، أوائل القرن الثالث عشر الميلادي
نحاس أصفر؛ مصبوب، مطعّم بالفضّة والنحاس ومادة سوداء مركّبة.
المقاسات: الارتفاع: 14.9 سم؛ القطر: 11.6سم.
رصيد هاريس بريسباين ديك. 1959. 59. 69. 2 .أ. ب.

تُعدّ هذه المحبرة المحفوظة جيّدا مثالا رائعا عن التزويق المدروس المستعمل في القطع الوظيفية النفعية في العالم الإسلامي القروسطي. فقد كانت أدوات ولوازم الكتابة مزخرفة على وجه خاص، وغالبا ما كانت تُصنع من النحاس الأصفر أو سبائك النّحاس الأخرى، وتزيّن بموتيفات مخرومة دقيقة أو تصاميم مطعّمة.(1) وكانت تنطوي على برنامج زخرفيّ كثيف يتكوّن من كتابات عربيّة دعائيّة منجزة بالخط النّسخي والموتيفات الحيوانية والأبراج الفلكيّة. وينقسم الجسم إلى ثلاثة صفوف؛ كان الأوسط فيها هو الأعرض وقد زُخرف بالأبراج الفلكيّة الإثني عشر التي نُقشت داخل ميداليات متداخلة على شكل نجوم. ويوجد أعلى هذا الشريط الأوسط العريض وأدناه صفّان أقل عرضا يحملان التصميم الثانوي لحيوانات على خلفية من الدوالي المتعرّشة. وينعكس موتيف الحيوانات الرّاكضة على الغطاء، رغم أنّ الغطاء والقاعدة ينتميان في الأصل إلى قطعتين مختلفتين.

أنتجت محابر أسطوانيّة شبيهة بهذه المحبرة في إيران الكبرى خلال القرن الحادي عشر الميلادي تحت حكم السلالة السلجوقية، وتواصل إنتاجها في إيران خلال القرن الثالث عشر الميلادي. تشير شعبية المحابر وزخرفتها التي غالبا ما كانت باذخة خلال هذه الفترة إلى الأهميّة الثقافية التي كانت تُعلّق على فنّ الكتابة.(2) ويعكس كذلك اختيار الأبراج الفلكيّة كموضوع أوّلي للزخرفة الذوق المعاصر حيث يمكن مشاهدة تصاميم مشابهة على العديد من النماذج في متحف المتروبوليتان والمجموعات الأخرى(3). أُدخل فن التنجيم لأول مرّة في العالم الإسلامي من خلال النصوص الإغريقية واعتُبر جزءا لا يتجزأ من علم الفلك،(4) ورسمت الأبراج الفلكيّة على القطع الثمينة في العالم الإسلامي القروسطي. إلى جانب ذلك، كان الاعتقاد سائدا بأن وجود مثل هذه الصور على هذه القطع سيمنح هذه الأخيرة خواص كونية وطلسمية، وبالتالي وضع مالكيها تحت التأثير الميمون للأبراج.

FL

1. انظر، مثلا، مقلمة تعود للقرن الثالث عشر الميلادي موجودة أيضا في قسم الفن الإسلامي بمتحف المتروبوليتان (حساب عدد 89.2. 194). انظر نيويورك1997 a –ص.18، عدد 6.
2. المصدر ذاته، ص. 30.
3. يأوي متحف المتروبوليتان للفنون محبرة أخرى فاقدة لغطائها و لكنها مزدانة بالأبراج الفلكية، (حساب عدد 44. 133.) إلى جانب ذلك، تُزين المواضيع الفلكية اثنان من أباريق المتحف (عدد 44. 15 و91 .1. 530) وإناء منقور (حساب عدد 91 .1. 527 أ) وهي كلها على صلة بإنتاج الأواني المعدنية لإيران الوسطى أو إيران الشرقية خلال القرنين الثاني عشر والثالث عشر الميلاديين (المصدر ذاته، ص. 16، عدد 5؛ ص. 22، عدد 8؛ وص. 24، عدد 9).
4. نفس المصدر، ص. 3.

المصدر: Charles Mège، باريس (مع 1903)؛ [Brimo de Laroussilhe، باريس، حتى 1959م؛ بيع لمتحف المتروبوليتان للفنون]

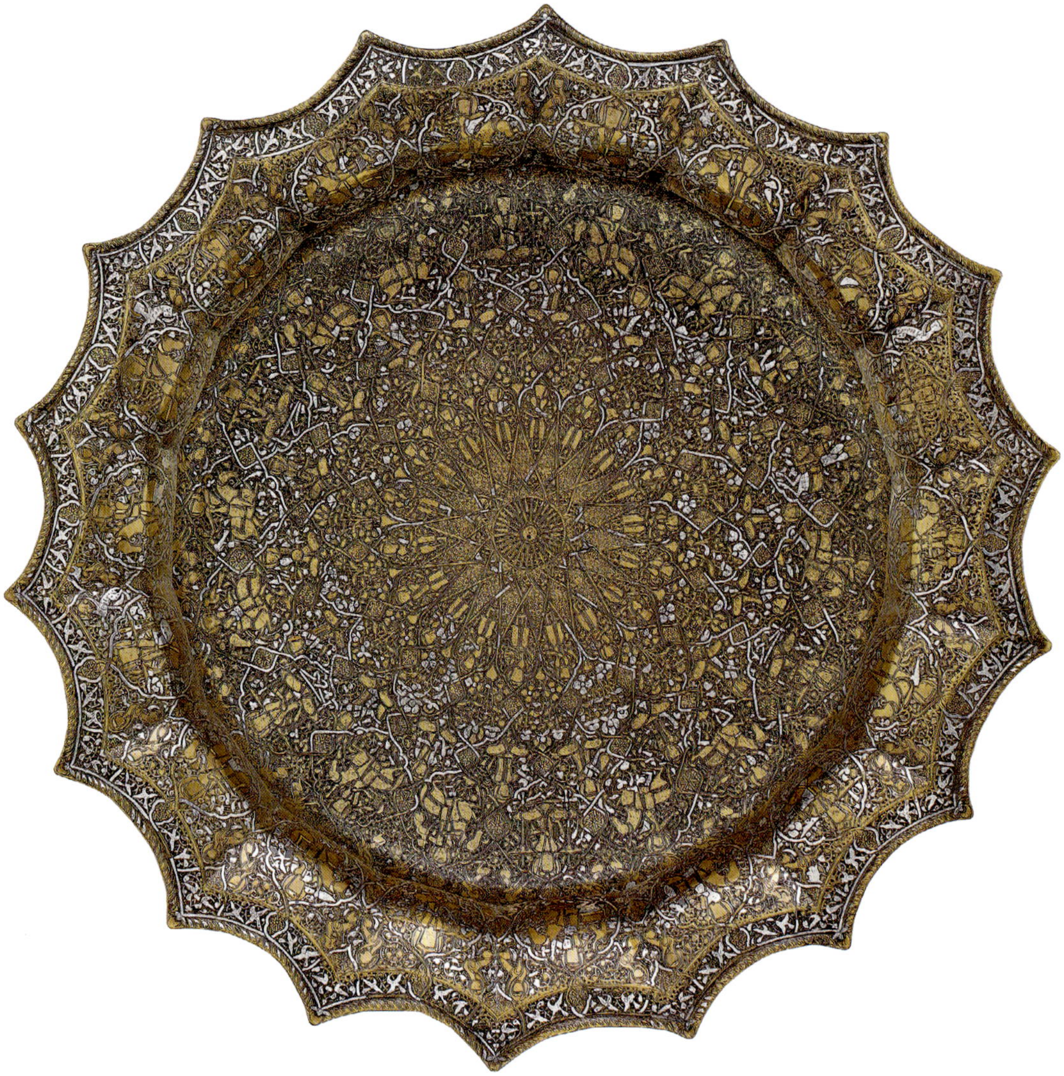

87. طشت

إيران على الأرجح، أوائل القرن الرابع عشر الميلادي.
نحاس أصفر؛ نافر ومحفور ومطعّم بالذهب والفضّة.
المقاسات: الارتفاع: 13سم؛ القطر: 51.1سم.
مجموعة أدوار دسي مور، وصيّة إدوارد سي مور 1981. 91. 11. 52.

جرى توثيق مثل هذه الأواني الكبيرة التى كان يُطلق عليها اسم طشت أو 'لاغان' منذ أواخر القرن الثاني عشر الميلادي فصاعدا في العالم الاسلامي الشرقي(1).

لكن يبدو أن الشّكل الصدفي المميّز لهذه القطعة أُنتج على وجه التحديد تحت حكم السلالة الإلخانية، مثلما يُشاهَد في نموذج مماثل يعود تاريخه إلى حوالي 1300-1320م، وموجود الآن بمتحف فكتوريا وألبرت بلندن(2)

تغطّي الزينة التي كانت في وقت من الأوقات مطعّمة كلّيا بالذهب والفضّة داخل الطشت، ورُتّبت في شرائط مركزيّة. تُشعّ الصفوف من ميدالية مركزيّة على شكل شمس وتتضمن رسوما لحاشيّة وموسيقيّين جالسين يعزفون آلات موسيقية وحشم وخمس شخصيات متوّجة محاطة بصيّادين ولاعبي كرة الصولجان (وهو موتيف يظهر كرّتين، مرّة على القاعدة وأخرى على جدار الطشت). وتنطوي تفاصيل إضافية على رسوم لطيور على الحافة المشرفة، وطيور أسطورية مصورة ظهرا لظهر، وحيوانات مجنّحة ذات رؤوس بشريّة، وأزهار ذات سيقان طويلة موزعة بين الفراغات الموجودة في الفضاءات المنجرّة عن استعمال شبكة هندسية معقّدة لتأطير الزينة.

رغم أن هذه الصور نُقشت في صفوف وميداليات مستقلّة واستُعملت بالتالي كوحدات زخرفية لحالها، فإن الشخصيات متلازمة من حيث الموضوع. فكلّها تنتمي إلى الدائرة الأميرية، أي مجموعة من المواضيع التي تصوّر حياة الأسرة المالكة وهواياتها. وقد مثّلت المواضيع المتعلّقة بالبلاط موتيفات متكرّرة على أواني نحاسية مطعّمة وخزفيّة فخمة منجزة لزبائن من الطبقة الأرستقراطية.(3)

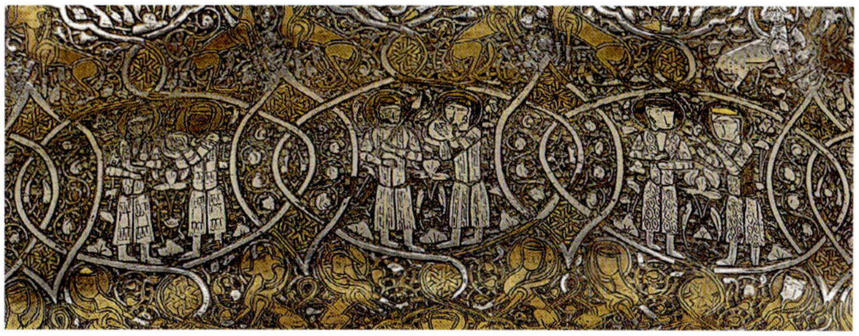

في بعض الحالات القليلة، تستعمل القطع موتيفات مستوحاة مباشرة من نصوص أدبيّة مجّدت العائلة الملكيّة، مثلما هو الشأن في حالة طشت متحف فكتوريا وألبرت الذي ازدان بمشاهد من قصّة بهرام جور، الواردة في كتابي الفردوسي، الشاهنامة (كتاب الملوك) ونظامي "خمسة" (خماسية).

لكن في أغلب الحالات تتمثل الزخرفة في صيغ موحّدة مثل مشاهد مواكبة اعتلاء العرش وحفلات موسيقيّة ترفيهية وأنشطة في الهواء الطلق شبيهة بتلك التي تمتزج بشكل مبدع على الإناء الراهن. يُشير اختيار هذه الموتيفات وتنفيذها المفصّل واستعمال مواد رقيقة أن هذه القطعة أُنتجت على الأرجح في ورشة ملكيّة.

FL

1. يُناقَش أنموذج من غزني في Melikian-Chirvani 1982 ب، ص. 61-62 .
2. متحف فكتوريا وألبرت ، لندن(عدد 1905-546)، منشور في المصدر ذاته، ص. 202-207، عدد 93، في نيويورك ولوس انجلس 2002-2003، ص. 180-179، وص.280 ، عدد 169، وفي Ward 1993 م، ص. 87، لوحة 66.
3. انظر مثلا طبق النحاس العائد للقرن الثالث عشر الميلادي بإمضاء علي بن عبدالله العلوي النقاش الموصلي الموجود حاليا في Museum für Islamische Kunst, Staatliche Museen zu Berlin (عدد 6581-I)، او الطبق العائد للقرن الرابع عشر الميلادي الموجود الآن في متحف الفنون الجميلة بتبيلسي (عدد 48/ I). نوقش وصُوّر الإثنان في Komaroff 1992 ب، ص. 10-11، الصور 2 و4.

المصدر: Edward C. Moore، نيويورك (حتى وفاته في 1891م)

88. مكوّنات عقد

إيران أو آسيا الوسطى، أواخر القرن الرابع عشر – القرن السادس عشر الميلاديين.
ورق ذهب؛ مصوغ مشكّل ومحزّز ومرصّع بالعقيق الأرجواني والرمادي والزجاج.
المقاسات: الميداليّة الكبيرة: 7.3 × 7 سم.
نصف الميداليّة: 4.4 × 7سم.
الخراطيش: 1.9 × 1.3 سم.
اقتناء، هبة رصيد رودجرز وحبيب آنافيان، 1989 - 1989.1 .87 a.

تمثّل نسبة وتأريخ الجواهر الذهبيّة من العالم الإسلامي عدّة تحدّيات للعلماء ومؤرّخي الفنون. فلا يكاد يوجد ضمن النماذج الموجودة واحد يحمل تاريخا أو كتابات. إلى جانب ذلك، وبسبب قيمتها الكامنة فإنّ معادن الذهب وغيرها من المعادن الثمينة صُهرت وأُعيد استخدامها في زمن الأزمات الاقتصادية. ونتيجة لذلك، قليلة هي النماذج التي وصلتنا، ممّا تسبّب في تعقيد مهمّة البحث والتحليل المقارن مثلما هو الشأن مع مكوّنات هذا العقد. لكن الشكل الأساسي لعقود مماثلة وترتيبها جاءت ضمن رسوم لسيّدات من أواخر القرن الرابع عشر إلى أواخر القرن السادس عشر الميلاديين في إيران وآسيا الوسطى(1).

تعدّ كلتا الميداليتين في العقد - ميداليّة قلادة كبيرة ومستديرة ذات فصوص وأخرى أصغر على هيئة مروحة - من قبيل ما يُصنع للعلب. طعّمت القلادة المركزيّة الكبيرة بخرطوشة من العقيق الرمادي مع حبّة أرجوانية في وسطها محاطة بحبّات فيروز وعقيق وزجاج من أشكال وأحجام مختلفة. وينقص المكوّن على شكل مروحة خرطوشة كبيرة، وهو مطعّم أيضا بتشكيلة من الأحجار الكريمة والزجاج. وتصل بينهما عشرة مكوّنات صغيرة على شكل خراطيش تتضمن كل واحدة منها فيروز مركزي.

جرى تحزيز وتخريم قفا كل من المكونين الكبيرين بموتيفات حيوانيّة مستلهمة من الشرق الأقصى تتضمّن غزلانا وبهائم تهاجمها أسود، بينما احتوت الميداليّة

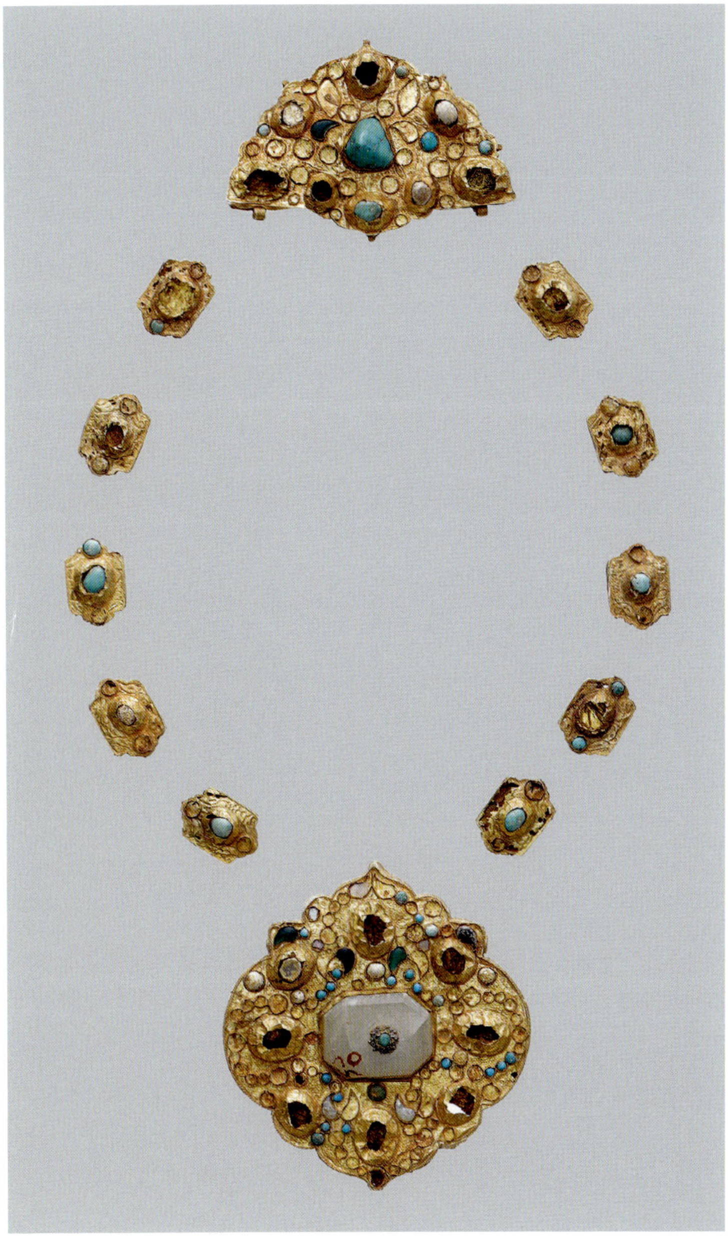

التي هي على شكل مروحة على عدد من الحلقات الصغيرة لتشدّ على الأرجح سلكا رقيقا من اللؤلؤ.

وبإلقاء نظرة متمعّنة على رسوم لنساء تتراوح بين الصحيفة المصوّرة في الشاهنامة المغولية العظمى لحوالي 1330 م وبين صور من بخارى تعود إلى القرنين الخامس عشر والسادس عشر الميلاديين، يتبيّن أن عقودا ذهبيّة مماثلة كانت فعلا تُحمل من قبل سيدات.(2) وكانت كل القلادات في هذه الصوّر على شكل نصف ميداليّات ذات فصوص (عوضا عن ميداليات كاملة)، وكانت شبيهة بتلك الواردة في مشهد "رودابة تُعاقب من قبل أمّها" من الشاهنامة المغوليّة العظمى. (3) تُظهر الرسوم أيضا مكوّنات على شكل خراطيش تتناوب مع أشكال أخرى، ولكن هذه القطع الرابطة هي مفقودة من توليفة متحف المتروبوليتان. وقد نشرت ليزا كولمبك وهي التي درست عقد المتروبوليتان دراسة مفصّلة عددا من هذه الرسوم. لكن دراستها لم تتعدّ القرن الخامس عشر الميلادي، آتية على ذكر القرن السادس عشر الميلادي بصفة عرضيّة فقط. تنسب ليزا مكوّنات عقد المتحف هذا إلى إيران أو آسيا الوسطى خلال أواخر القرن الرابع عشر أو أوائل القرن الخامس عشر الميلاديين، اعتمادا على علاقتها بالرسوم والصوّر والرسوم التخطيطية الأوليّة في واحد من الألبومات التيموريّة في مكتبة قصر توبكابي (2152.) والذي استُعمل من قبل فنّانين وحرفيين لاستنساخ أنماط في تشكيلة من الوسائط. ويوجد شبه شديد وجليّ من حيث الأسلوب بين الموتيفات المحزّزة على قفا المكوّنات الكبيرة بهذا العمل وتلك الموجودة في رسوم توبكابي، وتجد هذه العلاقة تأكيدا من 'ري قونزالس دي كلافيو' في تقرير حي للمبعوث الإسباني للبلاط التيموري في 1405–1406م (4).

لكن من غير الواضح تماما أن تكون مكوّنات هذه المجوهرات تنتمي إلى طقم واحد. وفعلا فإن للميداليّة المركزيّة الكبيرة المفصّصة شبه أقرب للمكوّنات في أحزمة الرجال الظاهرة في الرسوم. ولا يكاد يُعرض هذا الصنف من المكوّنات أبدا كقلادة مركزيّة في عقد، وعندما كان يُصوّر، فإنّه كان يظهر على خلف عنق المرأة التي ترتديه. ويعقّد الأمر أكثر عدم وجود ثقوب لنظم المكوّنات. فبعد فحص دقيق، يبدو أن هذه المكوّنات صُنّعت في نفس الورشة ولكنّها تثير أسئلة تبقى دون أجوبة. وحتى يظهر رسم بتشكيل مماثل للمكوّنات، فإننا نكتفي بالقول إنّ مكوّنات قائمة بذاتها من هذا العقد المزعوم تقف شاهدا على شعبية وأقدمية الأذواق والأشكال والتقنيات في مجال صناعة المجوهرات في إيران وآسيا الوسطى من القرن الرابع عشر إلى غاية القرن السادس عشر الميلاديين.

ME

1. انظر م1991 Golombek.
2. انظر، على سبيل المثال، صورة امرأة شابة من مجموعة رُسمت من قبل محمود (بخارى، حوالي 1550 م) في متحف قصر توب قابي باسطنبول (Revan1964 م، صحيفة2 a؛ Titley 1983 م، ص. 90) وصحيفة من ألبوم بتاريخ ذو القعدة 935 م [جويلية 1529 م] منجز ببخارى (الأكادمية الروسية للعلوم، سانت بيترسبورغ، عدد c-860).
3. رواق Arthur M. Sackler، مؤسسة سميثسونيان، واشنطن دي سي (عدد S1986.0102). Golombek 1991 م، ص. 66؛ نيويورك ولوس أنجلس 2002–2003 م، ص. 86–87.
4. م1991 Golombek، ص. 65.

المصدر: [Habib Anavian، نيويورك، حتى 1989 م؛ بيع لمتحف المتروبوليتان للفنون]

89. قطعة نسيج

الأقاليم الإسلاميّة الشرقيّة، النصف الثاني من القرن الثالث عشر – القرن الرابع عشر الميلاديين.
حرير مطلي بالفضّة، ومستخلص حيواني حول نواة قطنية، نسيج حريري (لمباس)(1)
اقتناء أصدقاء هدايا الفن الإسلامي، 1996–1996. 286.

كانت الأقمشة الفاخرة المنسوجة من خيوط الحرير والذهب والمشار إليها كـ 'نسيج الذهب الحرير' مثمّنة لدى النخبة المغولية الحاكمة وحكّام السلالة الإلخانية التي جاءت من بعدها.(2) وتتمثل النماذج المتبقية الأكثر بذخا في أقمشة منسوجة من خيوط الذهب على أرضية من الذهب بحيث أنجز كل من التصميم والخلفية بأنواع مختلفة من خيط الذهب.(3) تُعدّ قطعة النسيج هذه، وهي تتضمن موتيفا من طيور تواجه بعضها بعضا وميداليات على شكل كوز الصنوبر على خلفيّة من الحرير الأزرق، من ضمن أكثر الأقمشة بذخا في زمانها ولو أنها كانت أقلّ زخرفة بعض الشيء.

بعد الغزو المغولي لبلاد فارس في القرن الثالث عشر الميلادي، انتشرت شبكة تجارية واسعة النطاق من الصين إلى منطقة المتوسّط، مفسحة بذلك المجال لتنقل السلع بأكثر يسر من ذي قبل. وسلكت الأقمشة الفاخرة هذا المسار، وفي طريقها من مكان إلى آخر، نُسخت موتيفاتها على نحو واسع وتوزعت لدى نسّاجين كانوا يسعون إلى محاكاة مظهرها الفاخر.(4) وما أنجزه هؤلاء النسّاجين يجعل من الصعب تحديد أصول النسيج بالاعتماد على موتيف المساحة فقط. وتبعا لذلك، فقد جرت نسبة هذا النسيج وغيره بشكل مختلف على مرّ السنين إلى إيطاليا ومصر المماليك وسوريا وإيران والصّين.(5)

وقد بيّنت آن واردول وغيرها من العلماء المختصّين في النسيج أن مقارنات البنية والحياكة يمكن أن تساعد على تحديد أصول البعض من هذه القطع. (6) ومن بين العوامل الواجب أخذها بعين الاعتبار هو تركيبة خيوط الذهب.(7) فخلال الحقبة الإلخانية، كان هذا الخيط يُصنع بطرق مختلفة في مناطق مختلفة تقع على مسار طريق الحرير. وعلى سبيل المثال، في الأنسجة الصينيّة المعاصرة، لُفّت أشرطة طويلة وضيّقة من الورق المطلي بالذهب حول نواة حريرية لصنع خيط ذهبي ملائم للحياكة.(8) لكن في حالة نموذج المتروبوليتان، يُعوِّض جلد حيوان مطلي بالذهب الورق ويمثّل القطن نواة الخيوط الملفوفة.ويشترك عدد قليل جدّا فقط من الأقمشة ذات الصلة في هذا المزيج غير المألوف من التركيبة والمواد. (9)

مع أن مكان انتاج هذه الأقمشة يبقى غير معروف، فإنّ واردول تذهب إلى القول بأن أصولها ترجع إلى خراسان في إيران الشرقيّة. لكن كثيرا من المنشورات

تسندها بصفة أشمل إلى الأقاليم الإسلاميّة الشرقيّة لهذه الفترة. ومهما كانت أصولها المحددة، فإنّه من المحتمل جدّا أن تكون هذه الأقمشة الفاخرة قد نُسجت من قبل فنّانين كانوا يسعون إلى محاكاة أقمشة رائعة تابعة للبلاط الإلخاني منسوجة من خيط الذهب على خلفيّة من الخيوط الذهبيّة.

DMT

1. خلال فحص مجهري لهذا القماش بالتشاور مع أمينة المنسوجات بالمتحف Janina Poskrobko لم يُلاحظ سوى وجود معدن ذي لون فضي (غير الذهب) على المستخلص الحيواني، رغم المظهرالذهبي العام لهذا القماش. يحتمل أن لون الصوف الطبيعي المائل للبنّي للمستخلص هو الذي أعطى هذه القطعة لونها الذهبي. لا نزال في حاجة إلى إجراء مزيد من البحث لتحديد المعدن المستعمل هنا. لاحظ نفس الفحص أيضا وجود جيوب من جريب الشعرة على المستخلص مؤكدا بذلك أنه جلد حيوان.
2. Allsen 1997م، ص.2-3. للمزيد حول الأصناف والمصطلحات، انظر ص.11 ff.
3. انظر مناقشة منسوجات من هذا الصنف في Wardwell 1992م، Folsach 1993م، و Watt and Wardwell 1997-1998، خصوصا 132-138.
4. Wardwell 1987م. انظر أيضا Watt and Wardwell 1997-1998 م، ص.127ff، و Komaroff 2002-2003 م، خصوصا ص.171ff.
5. Wardwell 1988-1989م، ص.95 ff، و كوبنهاغن 1993 م، ص. 100-101، عدد 12. للمزيد حول نسبة قطع نسيج مماثلة لقطعة المتروبوليتان، انظر .Mayer, C 1969 م، ص. 55، لوحة 34 (منسوبة إلى إيطاليا)؛ و Lafontaine-Dosogne 1981، ص.14، الصورة 4 (منسوبة إلى ايران).
6. يتناول Wardwell 1988-1989 م بالدرس الاختلافات في تكوين الحواف وتوليفات الألياف و تركيبة الخيوط المعدنية بغية تحديد مختلف المجموعات واقتراح مناطق نتاج ممكنة لهذه المنسوجات.
7. يحلل Indictor, Koestler, Blair, and Wardwell 1988 م (الصورة 1، عدد 2) قطعة مشابهة جدّا لقطعة نسيج المتحف، في متحف Kunsthistorisches بفينا.
8. Wardwell 1988-1989م/ ص. 99وو. ذُكرت استثناءات في Folsach 1993 م، خصوصا ص. 44-61.
9. Wardwell 1988-1989م، "الصنف V" ص. 106-108، و "الملحق I" الصورتان 36-37 للاطلاع على قطع شبيهة. يقال أن قطعا من منسوجات مماثلة هي موجودة بـــ Musées Royaux d'Art et d'Histoire ببروكسل عدد 554 (منشور حديثا في Raemdonck 2006 م، ص. 78)؛ Musée Historique des Tissus, بليون، عدد 22.724؛ Art Institute of Chicago، عدد 61.1196؛ Kunstgewerbemuseum, Staatliche Museen zu Berlin عدد 80.257؛ و Museum of Decorative Art بكوبنهاغن، عدد B19/1931(منشور في كوبنهاغن 1993 م، ص. 100-101، عدد 12)

المصدر: Iklé Collection, St. Gallen بسويسرا (حتى 1989 م؛ بيع، Christie's South Kensington، 7 نوفمبر 1989، عدد 90)؛ [The Textile Gallery، لندن، حتى 1996 م؛ بيع لمتحف المتروبوليتان للفنون]

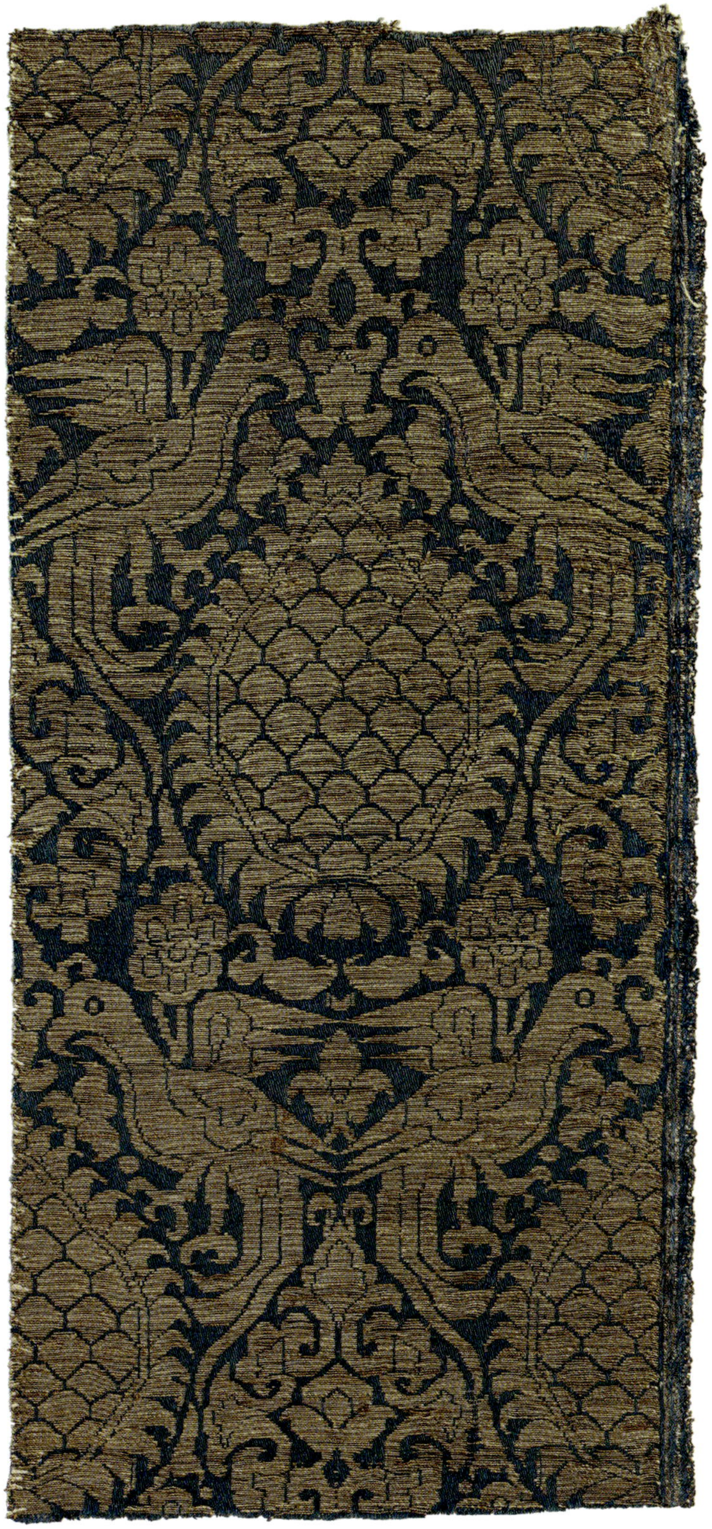

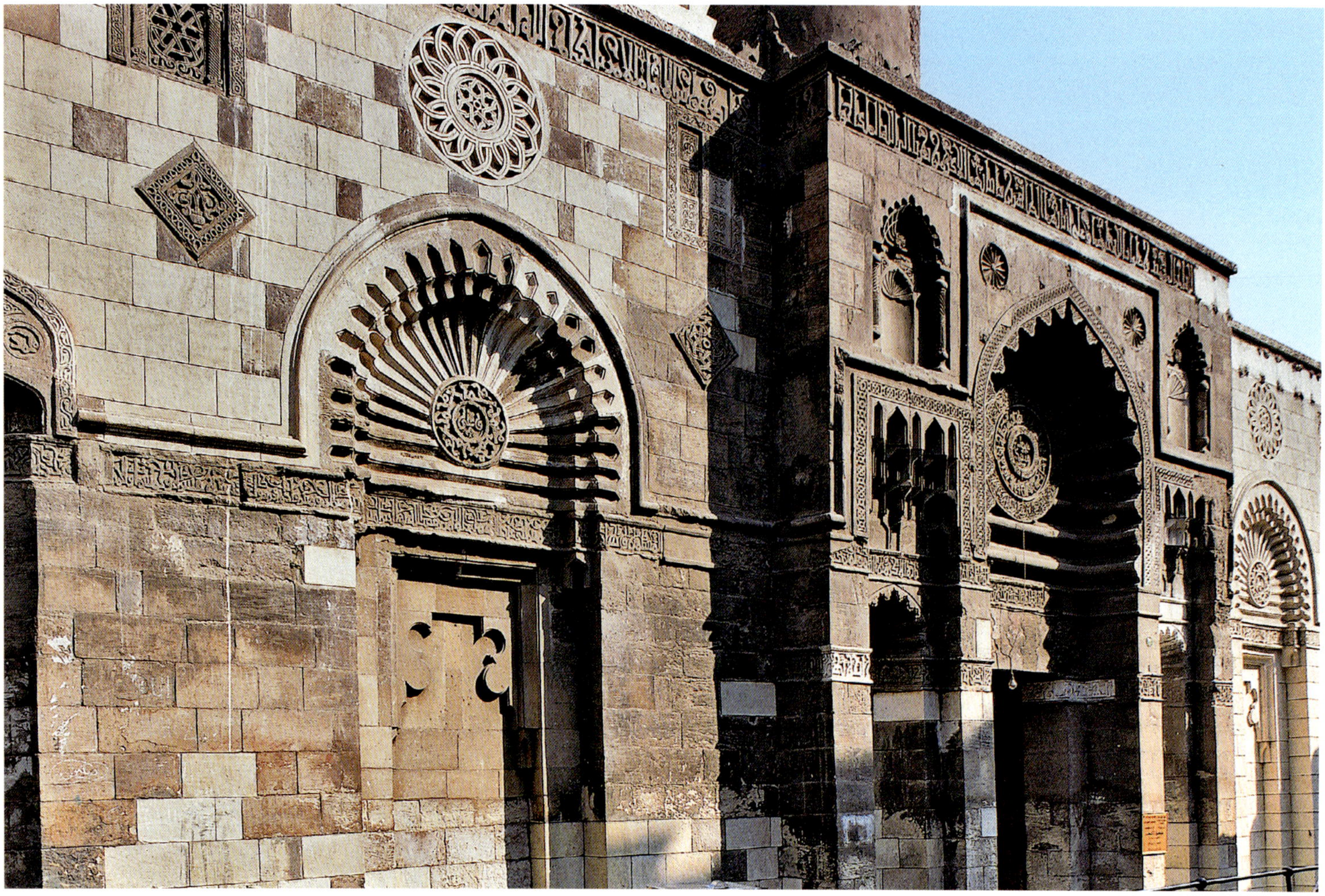

فنون مصر وسوريا (القرن العاشر إلى القرن السادس عشر الميلاديين)

بقلم ستيفانو كربوني

تُجسّد اللوحة الخشبيّة المنقوشة والنابضة بالحياة التابعة للمتروبوليتان التي تظهر رأسي جوادين (الفهرس 112) الخصائص الأساسيّة للأعمال البصرية المنجزة من قبل فنّانين في مصر خلال القرن الحادي عشر الميلادي في زمن أصبحت فيه مدينة القاهرة (المؤسّسة من قبل الفاطميين في 969م) حديثا إحدى كبرى عواصم العالم. التناظروالتكرار والزخرفة الكليّة والتجريد: هذه هي الأنماط التي أُرسيت في العراق زمن الخلافة العبّاسيّة خلال القرن التاسع الميلادي والتي سيتردد صداها عبر العالم الإسلامي كلّه. ويتجلّى التناظر والتكرار في لوحة المتحف من خلال التقسيم العمودي للمساحة إلى تصميمين بصورة معكوسة من مرآة يكادان يكونان متطابقين. وتظهر الزخرفة الكليّة في إحجام الحرفي على ترك أماكن غير مزخرفة في أي طرف من المساحة. ويمكن تسميّة التجريد، المراد به هنا تحويل الأشكال الطبيعيّة إلى مظاهر تجريديّة لأغراض زخرفيّة، غموضا في هذه الحالة على نحو ملائم بما يعني نزعة الفنانين الفاطميين إلى استدعاء التقليد الرمزي دون إنكار قرنين من التوجّه المنتظم نحو التجريد.

رُسم رأسا الجوادين بوضوح لكن ذابت أجسامهما في أنصاف سعفات وتجعّدات شكّلت المحور العمودي للعمل بينما امتدّت آذانهما لتصبح لفائف ملتوية. كوّنت هذه الكائنات الشبيهة بفرس البحر جزءا من العمل الجبّار للفن الفاطمي المبكّر. انتمت هذه اللوحة التي كانت في الأصل توشّح باب قصر فاطمي إلى عمل كبير تضمّن رفيقتها وعدد من اللوحات المقرنة مثلها، مشكّلة بذلك عرضا موفّقا وعاما للتناظر والزخرفة الشاملة والغموض – نقطة البداية في مناقشتنا لتطوّر الفنون المحمولة في مصر وسوريا منذ قدوم الفاطميين (909-1171م) إلى زوال المماليك (1250 – 1517م).

تعود أصول الفاطميين إلى شمال إفريقيا وينحدر نسبهم إلى النبي محمد من خلال

ابنته فاطمة (من هنا جاء الاسم) وكذلك إلى الإمام السابع إسماعيل (3). لذلك فقد كانوا شيعة اسماعليّة (4). وممّاغذّى أهدافهم التوسّعية هو حقّهم المزعوم في حكم العالم الإسلامي بعد أن أصبحوا سلالة قويّة. وقد كان احتلال مصر ونقل السلطة إلى القاهرة قرارات مدروسة بغرض تثبيت موقعهم في منطقة جغرافيّة وسياسيّة هامّة . وقد شمل توسّعهم شرقا لفترة قصيرة بغداد، مقرّ الخلافة العبّاسية المنافسة والقدس ودمشق لفترة أطول بعض الشيء .لكن القاهرة أصبحت قلب وروح الفاطميين وسرعان ما تحوّلت إلى مركز دولي واقتصادي أين يجري تبادل السلع القادمة من شمال أوروبا ومن المحيط الهندي ، وأين كان النسيج الاجتماعي مختلفا ومعقّدا (جزء صغير جدّا من السكان المسلمين أصبحوا إسماعيليين بينما كان الأقباط واليهود ممثّلين جيّدا.) وأين كانت المباني العامّة والحفلات الرائعة وصنع منتجات فاخرة تلقى كل التشجيع .(5)

أمّا اليوم فليس في وسعنا إلاّ أن نلقي نظرة خاطفة وجزئيّة على فنون السلالة الفاطميّة. تغيّرت القاهرة بمبانيها ومساجدها وأضرحتها الفخمة والمتعدّدة على يد السلالات المتعاقبة وأصبحت بالفعل "حُلما من الماضي" بحسب وصف المؤرخ المقريزي في أوائل القرن الخامس عشر الميلادي. (6) وفي منتصف القرن الحادي عشر الميلادي، نُهبت كنوز البلاط وتبدّدت في خضمّ أزمة سياسيّة حادّة. وَجدت العديد من القطع، وهي التي أتى كتاب الهدايا والتحف النادرة على وصفها، (7) طريقها إلى الخزانات الكنائسيّة أو قصور امبراطور بيزنطة في القسطنطينية قبل أن تُنهب بدورها خلال الحملة الصليبيّة الرابعة سيّئة الذكر لـ 1204م.(8)

وفي سعيهم لتقليد نظرائهم البيزنطيين كان أعضاء البلاط الفاطمي مولعين كثيرا بالقطع المنقوشة من الأحجار شبه الكريمة وبخاصّة من البلّور الشفاف. وحيث أنّها كانت أقلّ تكلفة (ولكنّها على نفس الدّرجة من الجاذبيّة والحنكة) فقد كان الإقبال أيضا كبيرا على الأعمال الزجاجيّة المصقولة من الفيروز والزمرّد والياقوت والبلور المقلّد. (9) للأسف لا يُوجد إلاّ النزر القليل من الأباريق من البلّور المنقوشة نقشا بارزا والمنطوية على تصاميم متقنة من الحيوانات المتقابلة والموتيفات النباتيّة والكتابات المتضمّنة اسم الخليفة التي توفّر الدليل على وجود صلات مباشرة مع البلاط الفاطمي. (10) وتستطيع مجموعة المتروبوليتان أن تقدم إشارة إلى كيف أن الولع بالصخر المنقوش رشح إلى المستويات المختلفة من النخبة الفاطمية من خلال انتاج مزدهر لقطع صغيرة، خاصّة منها قوارير العطر. (11)

كانت صناعة النسيج تحت سيطرة المؤسّسة الفاطميّة. وكانت أقمشة ذات جودة عالية تتضمن أشرطة نسج نجود بها تصاميم تشخيصيّة وكتابات منجزة في مصانع طراز في القاهرة ودلتا النّيل معدّة للبلاط أو تحمل علامة تخصصها كهدايا لحاشية البلاط أو للوفود الزائرة. واستُعملت كذلك لأغراض جنائزيّة. ومع أن هشاشتها ووظيفتها وعمرها لا تمكّننا اليوم إلاّ من فهم جزئي للبذخ والأهمية التي كانت عليها هذه الأقمشة، فإنّ الحياكة والكتابات الواضحة التي تحمل أسماء الخلفاء تثير الإعجاب.

وكما سبق ذكره ، فغالبا ما استعمل الفنّانون الفاطميّون التصوير التشخيصي في أعمالهم. وتمثّلت وسائط المنتجات باهظة الثمن لمثل هذه التعابير في العاج المنقوش والبلور الثمين، ولو أن القليل منها فقط لا يزال موجودًا. (12). جرى تصدير هذه القطع شمالا ووجدت أرضا خصبة في جنوب إيطاليا تحت حكم النورمان. وتتجسّد النتائج المذهلة لهذا التلاقح للأفكار من خلال علبة مورغان (الفهرس 39) وقرن لإصدار إشارة صوتيّة (الفهرس 38) التي تضمّها مجموعة المتروبوليتان .

وتُبرز صناعة الخزف وبالتحديد الأواني الفخاريّة أحاديّة الألوان والمطلية بالبريق المعدني ذات الرّواج الكبير والمنجزة لزبائن من طبقات اجتماعيّة دنيا كيف أن الأسلوب التشخيصي الفاطمي الجديد سرعان ما رشح إلى كل مستويات الإنتاج الفني من البلاط مرورا بالبازارات. ويوجد نموذج رائع بمجموعة المتحف(الفهرس 93) يصوّر شعارا على هيئة نسر ذاع صيته أيضا لكونه يحمل إمضاء مسلم، أحد مشاهير الفخاريين الأوائل (أو أحد مراكز صناعة الفخار.)

ورغم أن الفاطميين نجحوا في التغلّب على أزمة القرن الحادي عشر الميلادي، فإنّهم لم يتمكّنوا من الانتصار على وزيرهم صلاح الدين الأيّوبي (توفي سنة 1193م) الذي كان له من الطموح والكفاءة والقدرة على اغتنام الفرص السانحة ما مكّنه من الإطاحة بأسياده. أعلن صلاح الدين، المعروف في الغرب بهذا المسمى نفسه حاكم مصر إثر وفاة الخليفة الفاطمي العبيد في 1171م. وفي غضون خمسة عشرسنة، حلّ الحكام الجدد، الأيّوبيون، محل الفاطميين على نحو تام، وإمتدّت دولتهم من تونس إلى شمال العراق إلى اليمن. وفي 1187م، هزم جيش صلاح الدين الصليبيين في معركة حطين الشهيرة. (13)

على خلاف الفاطميين، انتظم الأيوبيون في حكومة جماعيّة من خلال رابطة للإمارات مرتبطة بحكم الأسرة. وأصبح صلاح الدين " السلطان المعظّم " بينما كان أعضاء الأسرة " سلاطين ثانويين " شبه مستقلين. وقد انجرّعن مثل هذا الحكم، لا محالة، تنافس على الحكم واضعاف السلطنة. ومع أن القاهرة ظلّت محرك المملكة ومكان إقامة الحكام الأيوبيين المفضل ، فإن المركز السياسي الاستراتيجي تحوّل شرقا. كانت دمشق ذات أهميّة محوريّة للسيطرة على الصليبيين وإماراتي سوريا والجزيرة الطموحتين.(14)

رغم حكمهم القصير نسبيّا (1169 – 1250م في القاهرة وحتّى 1260م في دمشق وحلب) كان للأيوبيين أثر مستمر كمشيّدين عظام للمعمار العسكري (تقدّم قلعتا القاهرة وحلب نموذجين رائعين على ذلك) وكذلك كرعاة للمؤسسات التربويّة والدينيّة السنّية.(15) أصبحت سوريا تحت حكم الأيوبيين الرائدة في صناعة القطع الفاخرة والأعمال الأقل كلفة وتعقيدا المعدّة للطبقة الوسطى والبازارات.

كانت الأواني المعدنيّة والزجاجيّة والخزفيّة، وهي الوسائط الرئيسيّة الثلاث تُصنع جميعها هناك، وتحت رعاية الأيوبيين، فإن الأعمال الفاخرة الفاطميّة المنجزة بالقاهرة من البلّور المنقوش والعاج والزجاج الملوّن لم تكن لتختفي البتة. وتوفّر صناعة المعادن، على الأقل تالك المنجزة على مستوى البلاط، لمحة عن ترابطات هذا العهد. كان للقطع البديعة المطعمة بالفضّة والذهب ظهور قويّ في المناطق التي يسيطر عليها الأيوبيون، وذلك بدفع جاء إثر تحوّل العمّال المختصين في صناعة المعادن من الموصل في العراق إلى سوريا مكرّسة هذا التقليد الذي كان

راسخا في شرق سوريا. وقد أدّى هذا مقترنا بالحضور الفعّال في الشّام للمجموعات والأديرة المسيحيّة الشرقيّة وكذلك التفاعل الدائم ليس حصرا تصادميّ ولكن أيضا تجاري واقتصادي، مع الصليبيين إلى صنع قطع معدنيّة مطعّمة مميّزة وعلى درجة عالية من الإتقان تصوّر مواضيع أو شخصيات مسيحيّة. (16) ونظرا إلى أنّ البعض من هذه الأعمال المرموقة العائدة للقرن الثالث عشر الميلادي هي مخصّصة بدون منازع لحكّام مسلمين، لا يمكن الجزم بكل يقين لماذا حرص البلاط الأيوبي على الاهتمام بمشاهد مسيحيّة أو إذا ما قدّمت الطائفة المسيحيّة السوريّة والصليبيون المجاورون رعاية أشمل . يمتلك متحف المتروبوليتان عملا ثانويّا نسبيا ولكنّه هام من بين هذه المجموعة المميّزة ويتمثّل في علبة اسطوانيّة تصوّر دخول المسيح إلى القدس.(الفهرس 102) عرفت تقنيات الطلاء بالمينا والتذهيب على الزجاج أوّل فترة ازدهارها الكبير في الحقبة الأيوبية عندما كان بإمكان حرفي الزجاج ترجمة تجاربهم مع هذه التقنيات إلى نتائج ملموسة ناجحة ومن ثمّ تعبيد الطريق لتطوّرات مستقبليّة. وكانت أكثر هذه القطع تميّزا هي أكواب مستطيلة ذات قواعد دائريّة صغيرة وجوانب مستديرة مطليّة بالقصدير. ومن ضمن هذه القطع، يحمل أول نموذج يمكن تأريخه إهداء لحاكم الموصل سنجار شاه (حكم ما بين 1180 – 1209م) (17).

حظيت عدّة مراكز سوريّة لصناعة الخزف ، وخاصّة الرقّة، بفترة انتعاش للنشاط تحت حكم الأيوبيين.وأصبحت هذه المراكز غزيرة الإنتاج وزوّدت السوق عبر مساحة جغرافيّة واسعة وتفوّقت على الإنتاج المصري. تتّسم الفخاريات السوريّة في هذه الفترة بزخرفة ذات بريق معدني بنّي داكن. (الفهرس 96) وباستخدام تقنية تُعتبر جديدة نسبيا على غرب إيران ألا وهي الرسم بالتزجيج المضاف فوق الزينة والتي أفضت إلى الحصول على قطع مزخرفة إمّا باللون الأسود تحت تزجيج أزرق أو بعدة ألوان مع تزجيج واضح.(الفهرس 97) (18)

ومثلما جرى مع الفاطميين، فإن حكم الأيوبيين الوجيز انهار بفعل الضغط الداخلي، في هذه الحالة، على أيدي فرقة المماليك الخاصّة بهم. في الأصل، كان المماليك وهم من أصل تركي عبيدا عسكريين (ومن هنا تأتي كلمة مملوك). وقد اعتلى المماليك بكل ثبات المراتب وظفروا على الحريّة والنفوذ بمرور الوقت حتّى أصبحوا جزءا أساسيا من الأمن والدفاع تحت حكم الأيوبيين. عندما توفيّ السلطان الصالح نجم الدين أيّوب في القاهرة في 1249م، أيّدت فرقته الخاصّة من المماليك البحريين (والبحر هنا هو النّيل أين يوجد مقرّهم الرسمي) تنصيب أرملته شجرة الدّر على العرش. ونصّب قائد الجيش الأيّوبي نفسه على رأس الجيش الأيوبي، وبعد مضي ثلاثة أشهر تزوّج أرملة الصالح وأخذ بزمام الحكم(19).

وهكذا بدأت الفترة الطويلة لحكم سلالة المماليك (أو دولة الترك) التي وضعت حدّا للغزو المغولي في غرب آسيا وكذلك للحملات الصّليبيّة في الأرض المقدّسة. ودام هذا الكيان السياسي حتى مجيء الغزو العثماني في 1517م.(20)

ولا يجب الاستهانة بالأدوار التجارية التي لعبتها السلالة بين البحر الأبيض المتوسّط والمحيط الهندي بما يزيد عن 250 سنة في العالم الأوروبي القروسطي وما قبل الاستعمار. فقد مكّن امتداد حكم المماليك ومواردهم ونفوذهم وتأثيرهم السياسي من الازدهار في عالم تزايد فيه التنافس. بالإضافة إلى ذلك، فقد عملت التركيبة التسلسلية المعقدة وتلك العسكريّة غير الوراثيّة المتعلّقة بهم لصالحهم في كلّ من القاهرة والمدن الإقليميّة. وقد جعلت منزلة العاصمة كمقر جديد للخلافة معا مع السيطرة على الثلاثة المدن الأكثر قداسة مكّة والمدينة والقدس من المماليك حامي حمى الإسلام دون منازع .

وبالطبع، لم تكن بالمفاجأة أن نرى أن أفضل المساهمات لهذه السلالة في مجال الفنون تزامنت مع فترة ازدهارهم السياسي والاقتصادي الأعظم. في 1340م، كانت القاهرة أكبر مدينة غربي الصّين قُدّر عدد سكانها بنصف مليون نسمة(21) وأصبحت جامعة الأزهر الدينية أحد المراكز التعليميّة المرموقة في العالم. لا يزال اليوم ما بقي من القاهرة في عهد المماليك يقدم إحساسا بعظمة الحاضرة القروسطيّة بتركيبتها الحضريّة والعدد المذهل من دررها المعماريّة مثل مركّب السلطان حسن وأضرحة المقبرة الشرقيّة.(22)

أكثر ما هو باد للعيان ضمن التطوّرات في الفنون خلال الحقبة المملوكية هو الاختفاء التدريجي للزخرفة التشخيصيّة وسيطرة الكتابات والخلفيات النباتيّة. كان استمرار التصوير الأيوبي الذي احتوى على مكوّن مجازي قوي قصير نسبيّا. ومع ذلك قدّمت موتيفات مجدّدة نشأت في مناطق شرق سوريا المسيطر عليها من قبل المنافسين الإلخانيين المغول، مثل السيمرغ أو العنقاء (الفهرس 111) إضافات محيّرة للسجل التشخيصي المتناقص. حدث هذا التغيّر في الذوق خلال الحكم الطويل للسلطان الناصر محمد (1294 – 1340م) مع بعض التقطّعات القصيرة) وقد شجّع على ذلك على الأرجح التركيز القوي من لدن المماليك على المباني الدينيّة ورعايتهم للزخرفة المعماريّة الخالية من أي تشخيص للذّوات، وعلى المفروشات والمخطوطات القرآنيّة والقطع المحمولة لمؤسسات دينية. رَشَحت مثل هذه الرعاية إلى إدارات السلطنة، عمليّا كل أمير بوسعه أن يفعل ذلك مطالب بأن يرعى وأنّ يتعهد مبانيه الخاصّة به (23) وبالتدريج أصبحت الزينة التشخيصية الوحيدة التي يمكن مشاهدتها في إطار مدني هي شعار الأمير كرمز ملكية وتحديد وإقرار بالمنزلة على غرار فنجان ذات ساق وقضبان البولو والمقلمة والقوس والنشاب (انظر مثلا الشعار على الفهرس 109((24).

وتُصوّر أبواب من منبر مسجد 'الأمير قوصون' في القاهرة (الفهرس 113) الملامح الأساسية من الفن المملوكي تصويرا رائعا. هنا خطط المصمّم الموهوب تصميما هندسيا من نجوم داخل تراكيب متعدّدة الأضلاع بحيث ينقسم الشكلان الكبيران بصفة متماثلة على طول الأطراف الخارجيّة للبابين ويلتقيان بسهولة تامّة في الوسط عندما يُغلق البابان. وتُكمل أنصاف وأرباع نجوم الشكلَ الذي كان من الممكن أن يكون أيضا معدّا لزخرفة مخطوط قرآني أو فسيفساء رخامية أو زجاج ملوّن أو قبّة مسجد. وكانت التفاصيل الفنيّة اللازمة لإنجازالأجزاء الخشنة والعاجيّة المستقلّة التي تشكّل الكلّ شديدة الجودة. تخلّص هنا التمايل والتكرار والزخرفة الكلية من الجانب "المبهم" للأعمال الفاطميّة الأولى وتطوّر ليتحوّل إلى تجريد هندسي شامل. وتتضمن أعظم الإنجازات سواء الفنية أو تلك التقنية للحرفيين المملوكيين في مجال الفنون المحمولة فوانيس مساجد وقوارير مطليّة بالمينا والذهب وكذلك طشتات

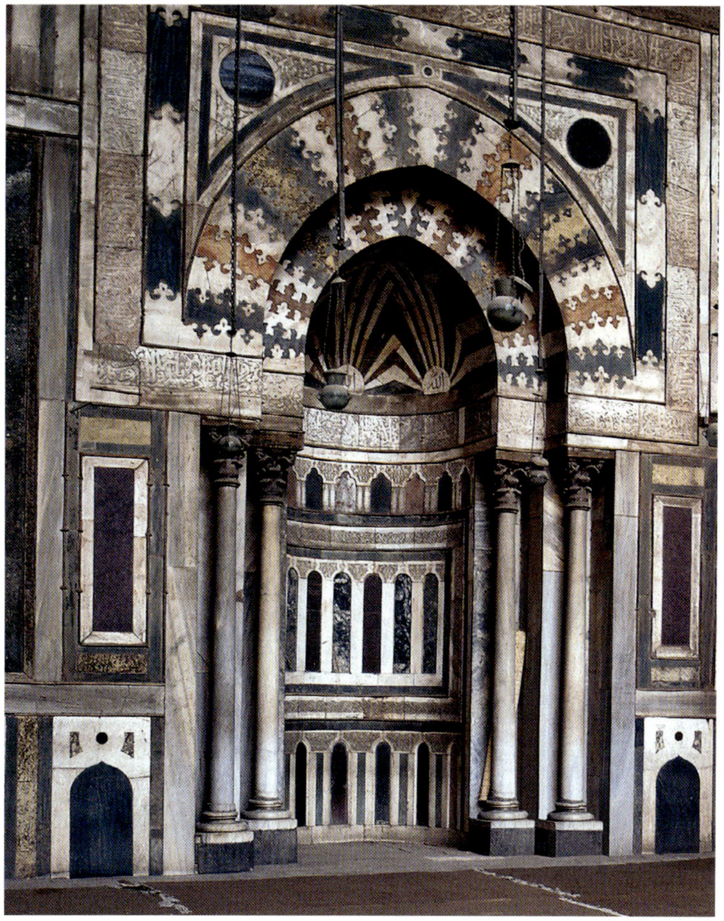

الصورة 31: محراب مسجد السلطان حسن، القاهرة 1356–1363م. تصوير والتر ب. دنّي

معدنيّة وأباريق وأطباق مطعّمة بالفضّة . وتضمّ مجموعة المتحف أكبر مجموعة من فوانيس المساجد خارج مصر، (الفهرس 09) (25) وتشكيلة لافتة للنظر من الأعمال المعدنية المطعّمة بكثافة تعود إلى القرن الأول من الحكم المملوكي. (الفهرس –103 و 106) وخلال النصف الثاني من القرن الثالث عشر الميلادي أُحكم استعمال تقنية طلي الزجاج بالمينا، وهي تقنية تطلبت مهارة فائقة لضمان التصاق المينا بسطح الزجاج خلال خبز الزجاج بالنار للمرّة الثانية دون احداث أي ضرر بالقطعة مما أدّى إلى صنع عدّة أشكال وزخارف أصبحت نماذج مثمنة في كنوز الكنائس الأوروبيّة. والقصور الصينيّة البعيدة. (26). وتُقدّم أعمال مثل الطاس ذات القدم الرائعة (الفهرس 110) والقارورة (الفهرس 111) لمحة عن هذا الإنتاج المرموق الذي كقياس لما حققه من نجاحات لن يُفهم ويُقلّد ويُحسّن إلا بعد الثورة الصناعيّة في أوروبا في أواخر القرن التاسع عشر الميلادي.(27)

وكانت المجمرة المصنوعة من النحاس والفضّة (الفهرس 104) تحفة من العمل المعدني المملوكي المطعم. وقطعة [معماريّة] قويّة ذات وظيفة متواضعة نسبيّا أو ربما رمزيّة فقط ، كتلك التي نشاهدها على مدفأة أو مشواة. وتطغى على زينة القطعة المطعّمة بالفضّة كتابة كبيرة الحجم ولكن سلسلة الحيوانات الراكضة على طول الأشرطة العلويّة الضيّقة والرؤوس الدائرية المتوعّدة والديناميّة للتنين تضفي على القطعة مظهرا مهيبا ونابضا بالحياة. وتشير أيضا الكتابة والوريدة ذات الخمس بتلات وهي شعار سلالة الدولة الرسولية (السلالة التي حكمت اليمن من 1229 إلى 1454م والتي تقاسم الأيوبيون معها السيطرة على التجارة من المحيط الهندي إلى البحر الأحمر) أنّ المجمرة تصنّف ضمن فئة خاصّة من القطع المعدنية المعدّة للتصدير، وفي هذه الحالة يرجّح أن تكون هديّة دبلوماسيّة من السلطان في القاهرة إلى حليف سياسي رئيسي أو إلى البلاط الرسولي في اليمن. (28) وبنفس الطريقة جرى إنتاج وتصدير الزجاج المطلي بالمينا.

بدأ التراجع البطيء لنفوذ المماليك وتأثيرهم بسبب التغيّرات الاقتصادية والثقة المتزايدة للعثمانيين بعيد تأسيس الفرع البرجي للمماليك (برجي مستخرجة من البرج ويشير إلى القلعة في القاهرة والتي حكموا منها من 1390 إلى 1517م) (29). تقلّصت الرعاية الفنيّة مع تواصل المعمار كصنف محبّذ للرعاية. وهذا لا يعني أن ورشات العمل اختفت تماما بل إن الطلب هو الذي اضمحلّ وكل مصانع الزجاج تقريبا اضطرّت إلى الإغلاق. (30) وتوجد أدلّة هنا وهناك على تواصل انتاج اعمال معدنية مطعمة بموجب طلبات مدفوعة على مستويات عالية، على غرار صندوق صنع لضابط مواقيت الصلاة في دمشق.(3) ولم تشهد الرعاية الملكية للفنون فترة انتعاش إلاّ تحت حكم الملك الأشرف للسلالة المملوكية قايتباي (حكم ما بين 1468–1496م) رغم أنّه مع حلول تلك الفترة، تدهور مستوى الإتقان والإنجاز في أغلب الحرف.

أنهى العثمانيّون غزوهم لسلطنة المماليك في 1517م. وفقدت القاهرة مكانتها كعاصمة كبرى ولكنها ظلت مدينة إقليمية مهمة لأطول إمبراطوريّة في تاريخ الإسلام. ومنذ تأسيسها في 969م، كانت قاهرة الفاطميين والأيوبيين والمماليك منارة من الازدهار الإنساني والمعماري ومن الانتشار الحضري ومن التعليم والثراء والقوّة التجاريّة والدسائس السياسيّة.

رغم أن كل هذا تراجع على نحو درامي، توجد على الأقل حرفة واحدة شكلت انتقالا مضيئا بين فترتي المماليك والعثمانيين . وبساط سيمونتّي (الفهرس 116) الذي صُنع على الأرجح بالقاهرة العثمانية والبالغ طوله تقريبا تسعة أمتار بميدالياته الخمس الرائعة، يطغى على الغرفة التي يقتسمها مع السقف الإسباني في الأروقة الجديدة، ويُعدّ من أجمل وأتقن البُسط المملوكية، (32). وتحمل كل هذه البسط الثمينة والاستثنائية التي شُرع في نسجها في تشكيلة محدودة من ثلاثة إلى أربعة ألوان في القاهرة خلال القرن الخامس عشر الميلادي علامات الأشكال المملوكيّة، مبرزة عبر الزمن التقاليد الفنيّة المرموقة للعاصمة العظيمة لأكثر من نصف ألفيّة، ألا وهي القاهرة.

1. مع إشارة خاصة لسامراء، انظر م1987 Ettinghausen and Grabar، ص. 104.
2. توجد لوحة تكاد تكون مماثلة بمتحف الفن الإسلامي بالقاهرة (عدد 3391).
3. إحدى افضل الدراسات التاريخية حول الفاطميين هي م 2002 .Walker, P.
4. لا يزال الإسماعيليون إلى حد الساعة مجموعة ضاربة الجذور عبر العالم تحت القيادة الروحية لآغا خان.
5. حول القاهرة والدور الذي لعبه الفاطميون في منطقة المتوسط، انظر –Goitein 1967

1993 و م1994 Sanders، من ضمن أعمال أخرى.

6. يوجد عملان على صلة بتاريخ الفاطميين وهما من تأليف تقي ا لدين أحمد المقريزي (1364–1442 م): المواعظ والاعتبار بذكر الخطط والآثار (المقريزي 1853–1854 م) وهو الآن في نشرة هامة من قبل أيمن فؤاد السيد (المقريزي 1995 م)؛ و اتعاظ الحنفاء بأخبار الأئمة الفاطميين الخلفاء (المقريزي 1967–1973 م). ويعدّ المسجد الصغير' الأقمار' أهم أثر فاطمي بالقاهرة بقي في حالة جيدة.
7. توجد ترجمة إنكليزية لهذا العمل العائد للقرن الحادي عشر الميلادي لابن الزبير، القدومي، ناشر. 1996 م.
8. ا نظر Phillips 2004 م و Lace2006 م، من ضمن مصادر أخرى.
9. انظر Erdmann، مع م1971 Grabar and Hahnloser، ص. 103–108، أعداد 117–120، لوحات 89–94؛ و كورنينغ، نيويورك وأثينا 2001–2002، ص. 176–179، 187–188، أعداد 83–84، 92.
10. ترتبط قطعتان من البلور الصخري مباشرة بالخليفتين العزيز (حكم مابين 1021 –1036 م): ابريق في خزينة سان ماركو، فنيس (عدد 80)، و زينة على شكل هلال في المتحف الوطني الألماني، نورمبرغ (عدد KG 695). ابريق آخر مُهدى للجنرال حسين بن جوهر(حوالي 1000–1008 م)، ويوجد الآن ب Palazzo Pitti بفلورنس (عدد 1917). نُشرت هذه القطع الثلاث أخيرا بالألوان في 2007 Bloom م، لوحات 72–74. توجد دراسة حول البلور الصخري الفاطمي كوسيط في م1998 Contadini، ص. 16–38، حيث نشرت القطع الثلاث المذكورة أعلاه (الصور 15–17.)
11. هذين النموذجين في مجموعة المتحف عدد 31 . 18 . 1 و31 .125.
12. حول البلور الصخري، انظر أعلاه، حاشية 10. النماذج الأهم في العاج هي أربعة صفائح رُكّبت كإطار في متحف Islamische Kunst, Staatliche Museen zu Berlin (عدد I 6375)، و ست صفائح في Museo Nazionale del Bargelloب فلورنس (عدد 800 و 460 Solenne و 1094 legato Carrand). انظر Hoffman 1999 م و فينيس 1993–1994 م، عدد 63. يمكن العثور على كل العاجيات التشخيصية في Kühnel 1971 م، ص. 68–73، أعداد 88–101، لوحات 97–100.
13. توجد قائمة مراجع أساسية حول الأيوبيين وتاريخهم الاجتماعي والسياسي في م Humphreys 1977و م1992 MacKenzie و م1994 Chamberlain، و م Tabbaa 1997و م1999 Lev و م2000 Hillenbrand, C.
14. الجزيرة (حرفيا جزيرة) هي منطقة جغرافية تضم شمال شرق سوريا الحالية وشمال العراق وجنوب شرقي تركيا.
15. اتبع الأيوبيون المذهب الشافعي. المذاهب السنية الأخرى هي: المذهب الحنفي والحنبلي والمالكي. للإطلاع على دراسة جيدة لفنون الأيوبيين، انظر فهرس معرض : (باريس b 2001)،
16. انظر ضمن مصادر أخرى Schneider 1973 ، Katzenstein and Lowry 1983، و م1989Baer.
17. م1999 Carboni، خصوصا ص. 173–174 والصورة 3.
18. انظر ضمن مصادر أخرى Grube and Tonghini 1988–1989 ، Tonghini 1994، و م2006Jenkins-Madina.
19. تلت ذلك لا محالة دسائس و غدر ومآسي بالبلاط، ومع حلول سنة 1257 م، توفي كل من أيبك وشجرة الدرّ. رتبت هذه الأخيرة لكي يموت زوجها وهو يستحمّ وكُشفت المؤامرة وتبعا لذلك، قُبض عليها وضُربت بقبقاب حتى الموت. وُجدت جثّتها بالقرب من القلعة.
20. تُعنى دورية مجلّة الدراسات المملوكية بمختلف جوانب تاريخ السلالة المملوكية. تتمثل الدراسات الحديثة الهامة لمختلف جوانب تاريخ وكتابة تاريخ المملوكيين ذات العلاقة بالفن في م Behrens-Abouseif, ed 2000 و م2001 Kennedy, ed و م Alsayyad, Bierman, and Rabbat, eds 2005.
21. م2005 Shillington, ed.، مجلد 1، ص. 342.
22. يتوفر كم كبير من المطبوعات حول المعمار المملوكي. انظر مثلا م 1959 Creswellو Meinecke1992 و م1995 Rabbat و م2007Behrens-Abouseif، و م Warner2005 م و Kahil2008 م و Kenney
23. الأمير هي رتبة عسكرية كانت تُمنح للوزراء من ذوي النفوذ ولقادة الجيش وولاة الأقاليم.
24. دحض بعض العلماء صحة هذه المقولة وهم ينسبون بضع قطع رئيسية، على غرار ما تعرف ب'بيت القديس لويس للعماد '(Baptistère de Saint Louis) في اللوفر، إلى القرن الرابع عشر الميلادي، ملمحين بذلك إلى أن الزخرف التشخيصي كان لايزال قويا آنذاك. و يبقى Mayer, L 1933 م، هو العمل المعياري حول شعارات الأمراء؛ انظر أيضا م1972 Meinecke.
25. العدد الأكبر موجود بمتحف الفن الإسلامي بالقاهرة. انظر م1929 Wiet.
26. على سبيل المثال، عملان هما الآن في متحف Cathedral and Diocesan Museum بفيينا وقد نُشرا حديثا في كورنينغ ونيويورك وأثينا 2001–2002 م، ص. 249–253، اعداد 124–125. حول الصادرات للصين، انظر م1998 Hardie.
27. يتوفر تقديم للموضوع في 2001– 2002 Whitehouse، ص. 297–301.
28. م1987–1988.Porter, V، ص. 232–240؛ م1998 .Porter, V كان الفن المملوكي المنجز للرسوليين أيضا موضوع معرض قسم برواق Hagop Kevorkian Special Exhibitions Gallery التابع لمتحف المتروبوليتان في 1995 م، أقيم تحت عنوان "الوريدة ذات البتلات الخمس: الفن المملوكي لسلاطين اليمن".
29. نصّب الحاكم الأول للمماليك البرجيين نفسه سلطانا في 1382 م لكنه طُرد ولم يستعد القاهرة إلاّ في 1390 م.
30. م2004 Carboni.
31. علبة بغطاء لـ محمد الحماوي، ضابط المواقيت بالمسجد الأموي بدمشق (متحف المتروبوليتان عدد 91 .1 .538.)
32. م2010 .Shtrum et al.

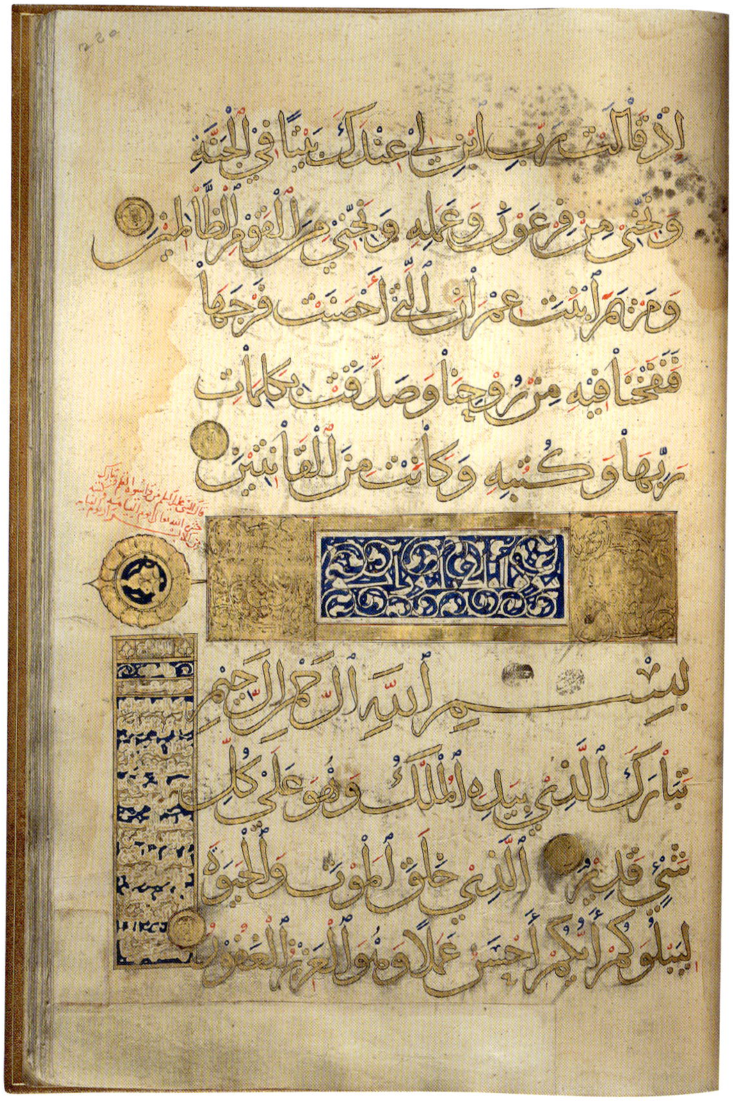

صحيفة 230r

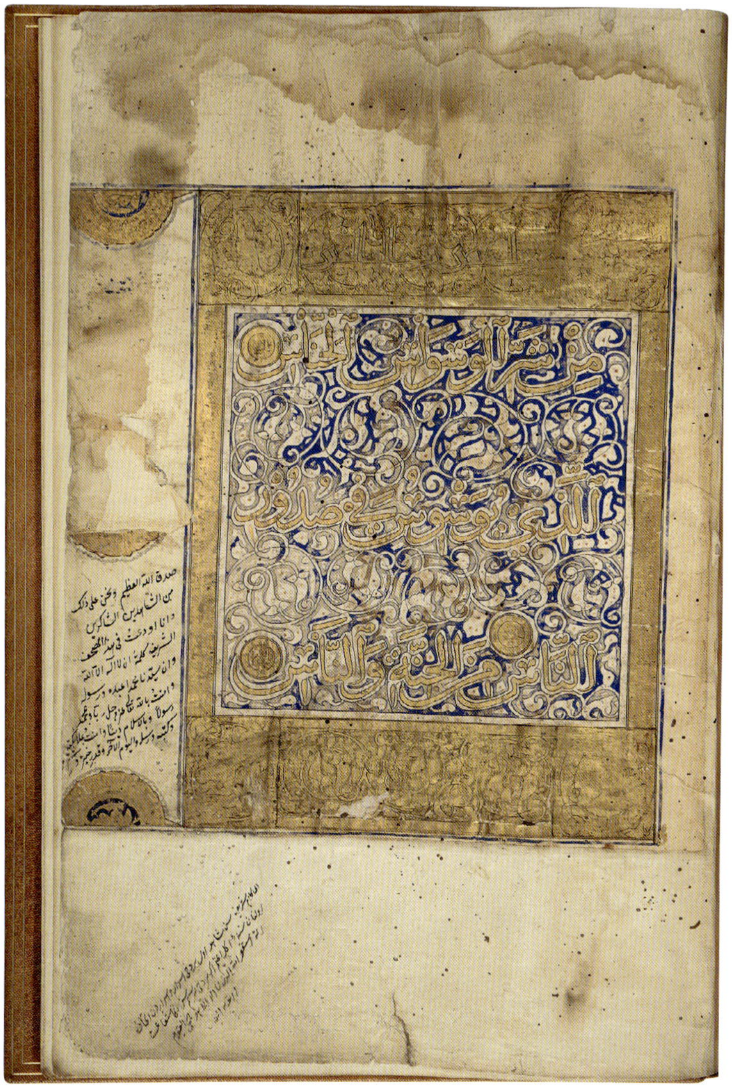

صحيفة 274r

90. جزء من مخطوط قرآني

سوريا أو مصر، القرن الثالث عشر الميلادي.
حبر وألوان مائيّة معتمة وذهب على ورق.
المقاسات: 50.8 × 33.7سم.
رصيد فليتشر، 1924. 24. 1. 146.

تتضمّن الـ 274 صحيفة من هذا المخطوط النصف الثاني من مخطوط قرآني كبير الحجم ومذهّب تذهيبا غزيرا ومكتوب من أوّله إلى آخره بالذّهب.(1) جرت تقوية الورق السميك الأبيض قشدي اللون بدرجة كبيرة كما جرى تشذيبه (أحيانا على حساب كتلة النص.) وأُعيد كذالك ترتيب حاشيته وتجليده. ونظرا لخلوّ المخطوط من بيانات في نهايته تتعلّق بالنسخ أو بالنشر ولعدم العثورعلى أيّة إمضاءات، فإن تاريخ ونسبة هذا المخطوط القرآني يعتمدان على الأدلّة الأسلوبيّة والتقنية.

يحتفظ هذا المخطوط الفاخر بثلاثة من صفحاته النصيّة المذهّبة. (2) وعلى كل صفحة توجد لوحة مربّعة تحتوي على ثلاثة سطور من النص كُتبت على خلفية من لفائف نباتية كثيفة الدوران ويحيط بها إطار ذهبي يزدان هو الآخر بلفائف نباتيّة وترويسات كُتبت بخط 'الأسلوب التجديدي'. وتتكوّن الصحيفة الختاميّة من النصف الأيمن من صفحة مزدوجة تزدان بلوحة مستطيلة من الذهب مع لفائف نباتية كبيرة الحجم تحيط بها حافة من الحروفية الذهبية على خلفية زرقاء، وتشير هذه الحافة إلى الطهارة التي يستوجبها مسك القرآن والتعامل معه من خلال مقتطف من السورة 56، وهو المقتطف الذي غالبا ما يُستعمل في الصحيفتين الافتتاحية والختاميّة للمصحف. وتتضمّن أشرطة مذهّبة على

الصحائف الأخرى تسويرات سور وأغلبها بالخط 'التجديدي' على خلفية من اللفائف النباتيّة (الجانب العلوي الأيسر).

في كل تسويرة، تمتدّ سعفة في الهامش (الطرّة) وتقدّم حاشية تفسيريّة باللون الأحمر حديثا على صلة بالسورة المعنية. (3) يرسم محيط النص، المتكوّن عموما من أحد عشر سطرا بالصفحة الواحدة، من الذهب باللون الأسود بخط يتطابق وما صنّفته مصادر قروسطية بـ'الأشعر' أو 'ثلث الأشعر'.(4) وُضعت رموز التنقيط أيضا بخط الذهب بينما رُسمت حروف العلّة والعلامات الصوتيّة المميّزة بالتناوب تارة بالأحمر وتارة بالأزرق. وتشير أقراص مذهّبة خُطّت عليها كلمة آية إلى نهايات الآيات وتبرز أقراص هامشيّة أو أشكال على هيئة دمعة بحواف ملوّنة على شكل بتلات الآيات الخامسة والعاشرة وكذلك مواضع السجدات. يُعبّر عن كل جزء من خلال جدول هامشي مستطيل مكتوب أيضا بخط الذهب يعطي رقم الجزء وعدد آياته وكلماته وحروفه ونقاطه وجرد لحرف واحد من حروف الهجاء وارد في كامل النص. وخُطّت تذييلاتان على الصفحة قبل الأخيرة للمخطوط، واحدة بالعربيّة وهي الشهادة والأخرى باللغة التركيّة وهي عبارة عن قسم مقدّس (ص.141، الجانب الأيمن.) (5) وبينما يعيد الخط المكتوب كليا بالذهب وغياب حواشي لكتلة النص إلى الذاكرة قرآن 1304 – 1306م لـ'بيبرس الجاشنكير' الموجود بالمتحف لبريطاني في لندن وكذلك مخطوطات فاخرة أخرى منسوبة إلى القاهرة المملوكيّة، فإن بعض جوانب الخط والزينة تتطابق أكثر مع المصاحف القرآنيّة الدمشقيّة على غرار ذلك الذي أُنجز(حوالي 1330 – 1340م) للمسجد الأموي والموجود حاليّا بمجموعة الخليلي بلندن.(6) علاوة على ذلك، يبدو تذهيب القرآن الحالي عتيقا مقارنة مع كل من هذين النموذجين ولا يتضمّن أيّا من التركيبات الهندسية أو إطارات الخراطيش المتعانقة التي تُميّز مخطوطات المماليك العائدة إلى القرن الرابع عشر الميلادي. وتوجد أوجه شبه بين عدد من وسائل التذهيب والخط المنساب وبعض أشكال الحروف وبين نماذج مبكرة كثيرا من ضمنها القرآن الزنكي المؤرخ في 1199 – 1219م والمنسوب إلى 'سنجار' أو 'نصيبين'.(7) لهذه الأسباب، جرى تمديد نسبة هذا القرآن لتشمل موقع سوري محتمل للإنتاج وتاريخ ممكن أيضا هو القرن الثالث عشر الميلادي.

EK

1. تبدأ الصحيفة الأولى من موقع ما من الآية الثالثة من السورة 19 (مريم)، والنص الذي تواصل بعد ذلك كامل إلاّ من أربعة نقاط أين تُعوّض أربعة صفحات بديلة الصفحات الأصلية (صحائف 61-64، 98-99، 267 و269).
2. هذه الصفحات هي:الصحيفة الأولى وهي النصف الأيسر من صفحة مزدوجة والصحيفة قبل الأخيرة والختامية التي تضمّنت السورة الأخيرة (114، الناس) على صفحة مزدوجة.
3. أُنجزت إحدى هذه الحواشي بخط أشعر الذهبي (صحيفة 8r، بجانب تسويرة السورة 20، طه)
4. James 1999، ص. 18-19؛ و James2009 م، ص. 351. لكن بعض جوانب الخط تمتّ بصلة أكبر بـ'التوقي' و' تُمر'، خاصة كيف أن الحرف الأخير من كلمة الله مفتوح وأن ذيل الميم هو قصير نسبيا ومنعطف إلى أعلى (صفوت وزكرياء 1996، ص.74، 234؛ Blair 2006 م، ص. 318، 345-349).
5. نحن ممنونين لـعبد الله غوشاني و Rifat Günalan لمساعدتها في هذه القراءات
6. المكتبة البريطانية، لندن، ملحق13-22406 (James 1999 م، ص. 220، عدد 1؛ James 1992ب، ص. 176، عدد 43).
7. James b1992 ، ص. 44، عدد 7.

المصدر: [Maggs Bros.، لندن، حتى حوالي 1914]؛ Vladimir G. Simkhovitch، نيويورك (من حوالي 1914 م)؛ [Brummer Gallery, Inc.، نيويورك، حتى 1924؛ بيع لمتحف المتروبوليتان للفنون]

91. صحيفة من منطق الوحش "لكعب الأحبار"

مصر، على الأرجح فسطاط ، القرن الحادي عشر - الثاني عشر الميلادي.
ألوان مائيّة معتمة على ورق.
المقاسات: 15.7 × 12.1 سم
رصيد رودجرز، 1954 . 54. 108 .3
القفا : كتابة بالعربيّة بالخط النسخي على أعلى وأسفل الصفحة:
كتاب فيه منطق الوحش / بأمر مليح مصور.
الوجه: كتابة باللغة العربية بالخط النسخي على أعلى الصفحة:
بسم الله الرحمان الرحيم / ذكر ... قال كعب الأحبار عن منطق الوحش فقال نعم إنه إذا .../ ضياع الأسد يقول

كانت هذه الصحيفة في الأصل جزءا من رسالة متعلقة بعلم الحيوان ذات جذور ضاربة في التقاليد الكلاسيكية. وتنتمي إلى مجموعة تُعدّ من أوّل المخطوطات العربية المصورة التي لا تزال على قيد الوجود.(1)

يتضمن القفا صورة أسد رُسم محيطه بالحبر الأسود مع لمسات باللّونين الأحمر والوردي وبضعة سطور من النص. وتعرّف الكتابة الحيوان وتعطي عنوان النّص وهو منطق الوحش وكذلك اسم مؤلفه، كعب الأحبار(توفي في سنة 652 – 653م) والذي كان من أوّل اليهود الذين اعتنقوا الإسلام. ويُكرّر العنوان على وجه الصحيفة أين رُسمت صورة أرنب وحشي بنفس الأسلوب وتشكيلة الألوان.

رغم أن النزر القليل يُعرف عن 'منطق الوحش' بالخصوص، فإن النص يمثّل جزءا من المصادر العربية التي لها ارتباط بالتقليد الكلاسيكي للكتيبات العلميّة التي نُسخت وطُوّرت من قبل علماء مسلمين على امتداد قرون. وكان العمل الموسوعي للجاحظ (توفي سنة 868 – 869م) بعنوان 'كتاب الحيوان' وفيما بعد كتاب 'نعت الحيوان ومنافعه' من تاليف بن بختيشوع عمليين من أكثر الكتب عن الحيوانات شهرة، وذلك اعتمادا على نصوص اغريقيّة تُرجمت في أواخر القرن الثامن والقرن التاسع الميلاديين.(2) والأرجح أن هذه الصحيفة أُنجزت خلال فترة حكم السلالة الفاطميّة والتي كان حكّامها جامعين شديدي الحرص للمخطوطات المصوّرة.(3) نشاهد أسودا وأرانب وحشيّة شبيهة لتلك الموجودة على هذه الصفحة في المنسوجات القطنيّة القبطية وتتواجد بكثرة في العاجيات والمنحوتات الخشبية الفاطمية. إلى جانب ذلك، تكشف مقارنة المصادر القديمة للنص مع أعمال فاطمية أخرى وجود تشابهات وثيقة. وُجدت الصحيفة مع المئات من القطع المخطوطة الأخرى خلال الحفريات التي جرت في أوائل القرن العشرين الميلادي بفسطاط، وهو معسكر بُني في 641م للجيوش التي قادت

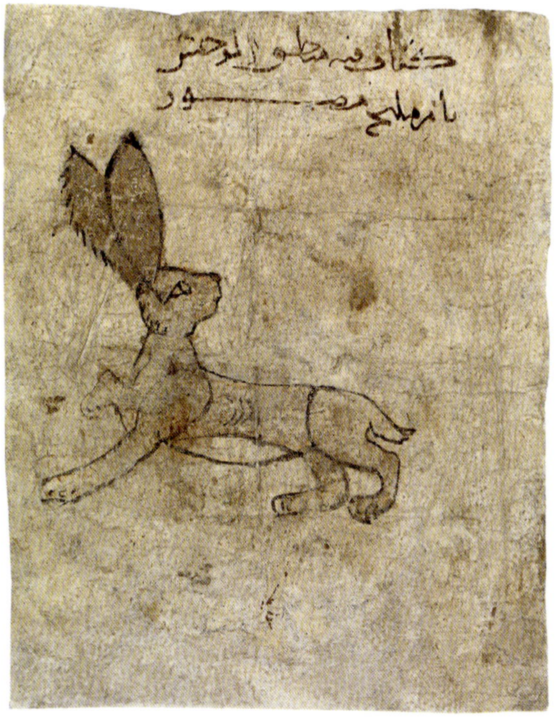

اليمنى

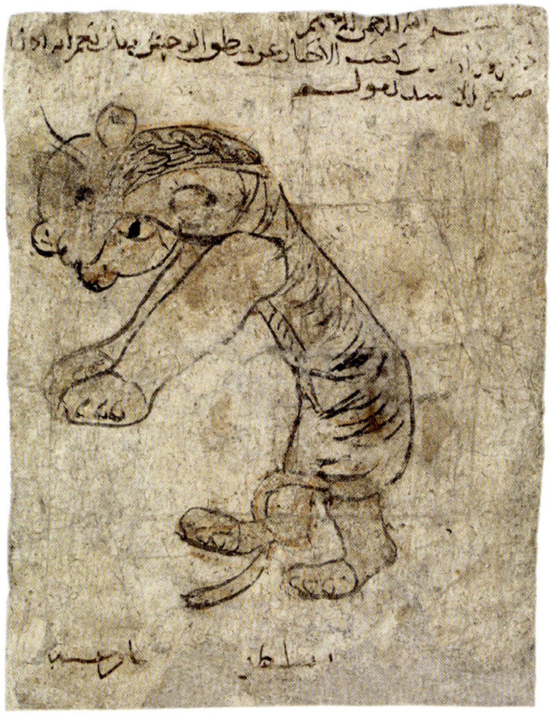

اليسرى

المرحلة الأولى من الغزو العربي. وقد جرى ضمّه فيما بعد من قبل الفاطميين عندما أسسوا مدينة القاهرة والمعروفة بهذا الاسم حاليًا. ومجرّد أن الصحيفة وُجدت بمصر يدعم نسبتها إلى الفاطميين.

FL

1. Hoffman 2000م، ص. 38. انظر أيضا Grube c1963.
2. توجد بمتحف المتروبوليتان أيضا صفحتان من نسخة من عمل بن بختيشوع الذي يعود للقرن الثالث عشر الميلادي (عدد 18 .2 .26، 57 .51 .31).
3. لم ينج من تلك الفترة أي كتاب مصوّر سليم، انظر Bloom2007 م، ص. 109.

المصدر: [Michel Abemayor، نيويورك، حتى 1954 م؛ بيع لمتحف المتروبوليتان للفنون].

92. صحيفة من كتاب معرفة الحيل الهندسيّة للجزاري

"ساعة الفيل"
سوريا، بتاريخ 715 [هجري] الموافق لـ 1315م
حبر، ألوان مائية معتمة وذهب على ورق.
المقاسات: 30 × 19.7سم.
وصية كورا تمكن بيرنت 1956. 57. 51. 23.
كتابة بالعربية بالخط النسخي إلى أسفل اليسار:
الفصل الثاني صح فصل

تنتمي صفحة المخطوط هذه، وهي من أرق النماذج الموجودة من الرسم المملوكي، إلى نسخة متناثرة من 'كتاب في معرفة الحيل الهندسيّة' نقله فاروق بن عبد اللّطيف سنة 715 هجري الموافق لـ 1315م.(1) أُلّف في الأصل في بداية القرن الثالث عشر الميلادي من قبل بديع الزمان بن الرزاز الجزاري (1136 – 1206م) لحساب الحاكم الأرتقى لـ 'آمد' (ديار بكر حاليًا) نصر الدين محمود (حكم مابين 1205 – 1222م). وتُناقش هذه الرسالة خمسين أداة هندسيّة معدّة لتسلية الأمراء.(2) بالإضافة إلى الساعات، يأتي النصّ على ذكر أواني الشرب والنافورات ووسائل آلية لغسل اليدين والإدماء وآلات أخرى تُفعّل بالحرارة أو بالآليات المائيّة.

ويُغطى موضوع الساعة الآلية المذهلة والمصوّرة هنا فصلا واحدا ويضمّ تعليمات مفصّلة لتركيبها. عند كل نصف ساعة، يتولّى الراكب ضرب الفيل بواسطة معوله، فيلتفت الطّير، سامحا للصقر بإطلاق كرة صغيرة في فم التنين ثمّ يتولّى التنين إسقاط الكرة في وعاء أين تلطم جرسا قبل أن ينتهي بها المطاف في صحفة أسفل الوعاء. يتحدّد عندئذ الوقت بعدّ الكرات المتحصّل عليها في الصحفة.

وتعكس الصورة تأثير الأسلوب العربي لرسم المخطوطات الذي نشأ في العراق وسوريا خلال القرن الثالث عشر الميلادي. وتظهر بالخصوص سمات مثل هالة الراكب وقميصه بأشرطة طراز والعمامة ذات الأطراف الفضفاضة في نسخ من كتاب الحشائش والأدوية لديسقوريدوس ومقامات الحريري التي تعود للقرن الثالث عشر الميلادي.(3) وفي الآن نفسه، ما يفسّر الطبيعة المحافظة للصور التوضيحيّة المرافقة للمخطوطات العلميّة هوتصوير التنانين كثعابين مفتوحة الأفواه بأجسام مفتولة ومقشّرة، وهي صيغة نجدها في أقدم نسخة معروفة من رسالة الجزاري التي أُنجزت في 1206م. وبإقراره بإنجازات المراكز الفنيّة الجزارية وفي الآن معا إعادة تأويل محتويات الرسالة ، يبقى مخطوط 1315م واحدة من النسخ الأكثر تفوّقا من عمل الجزاري (5).

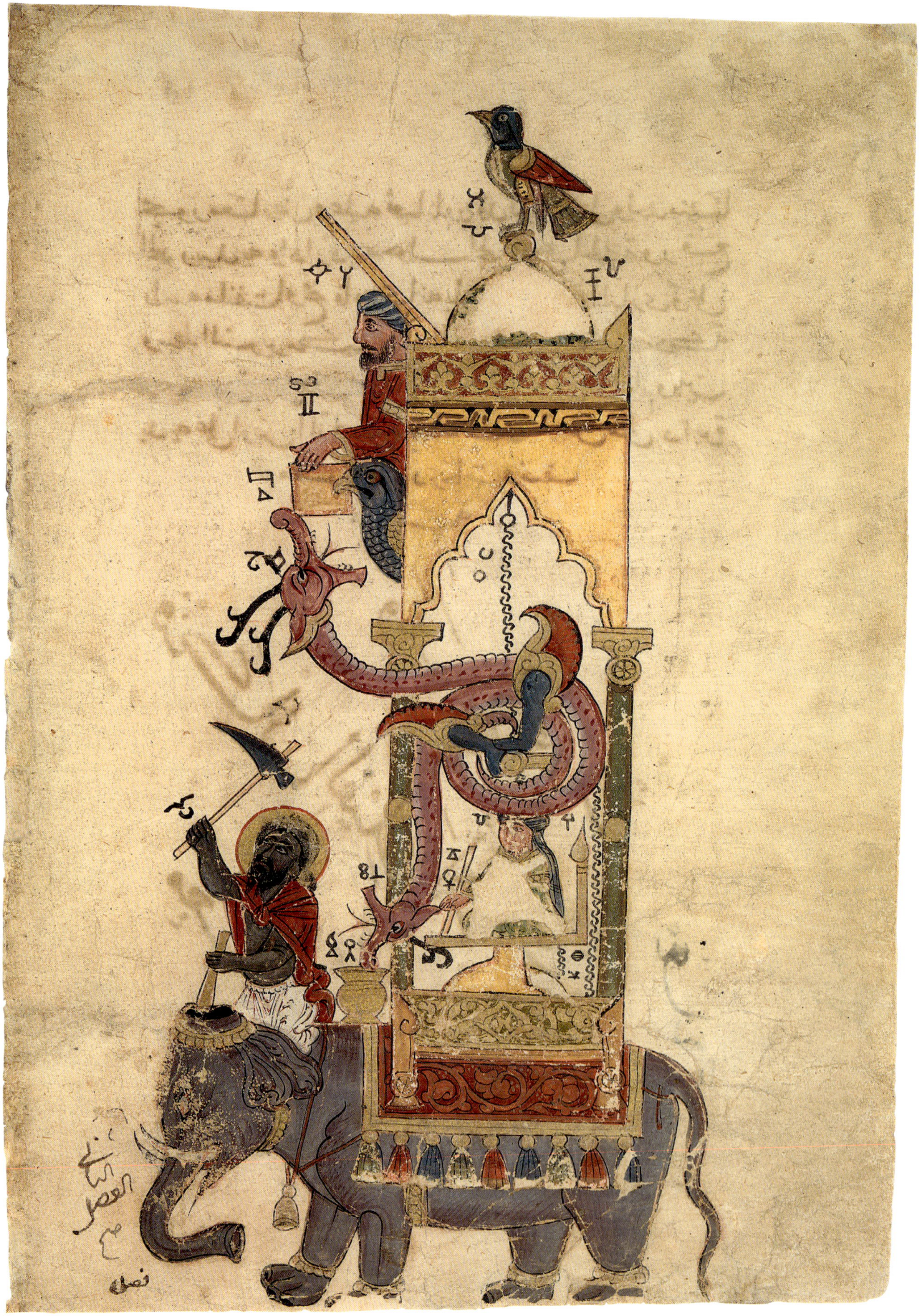

FL

1. تضمّن المخطوط الأصلي السليم 150 صحيفة وأُرفق بتسعة رسوم تخطيطية وثمان وتسعون رسما. انظر واشنطن دي سي ومدن أخرى 1981–1982 م، ص. 255.
2. ظلّت أربعة عشر نسخة على الأقل من نص الجزاري باقية. انظر واشنطن دي سي، 1975 م ص. 102 حاشية 12. انظر أيضا الجزاري 1974 م.
3. واشنطن دي سي 1975 م، خصوصا ص. 53–60.
4. لندن 2005 م، ص. 113، الصورة 33.
5. تُناقش ثمانية صحائف من هذا المخطوط موجودة في Freer and Sackler Galleries، Smithsonian Institution (أعداد 30.71r و30.72r و30.73r و30.74v و30.75r و30.76r و30.77r و42.10v) في المصدر نفسه، ص. 102–110.

المصدر: Cora Timken Burnett، ألبين، نيوجرزي (مع 1932 – حتى وفاتها في 1956 م)

93. صحفة مزدانة بنسر

الإمضاء من قبل مسلم
مصر، حوالي 1000م.
إناء من الفخار مطلي بالبريق المعدني على تزجيج أبيض معتم
المقاسات: الارتفاع: 7.3سم؛ القطر: 25.4سم.
هبة شارلز ك. وإرما ب. ولكنسن، 1963. 63. 178. 1.
كتابة بالعربيّة بالخط الكوفي على الدّاخل تحت مخلب النسر وعلى القاعدة: مسلم (1)

94. صحفة مزدانة بأرنب وحشي

مصر، الربع الأوّل من القرن الحادي عشر الميلادي
إناء من الفخّار، مطلي بالبريق المعدني على تزجيج أبيض معتّم.
المقاسات: الارتفاع: 7.6سم؛ القطر: 26سم.
اقتناء، وصيّة جوزيف بولتزر، 1964. 64. 261.

شهد القرنان العاشر والحادي عشر الميلاديين تحت حكم الخلافة الفاطميّة فترات رخاء في مصر وفي البلدان المجاورة حيث برزت طبقة يانعة من المستهلكين الأثرياء. وقد لبّت الفخاريات ذات البريق المعدني المنتجة للتوّ في القاهرة على يد مختصّين مهاجرين من البصرة ما كانت تطلبه بالتحديد هذه النّخبة الجديدة. وفي مثل هذه الأجواء، لم يكن شيئا مفاجئا أن نجد أن علامات الحرفيين كثيرا ما كانت توضع على الأواني ذات البريق المعدني المنجز خلال الحقبة الفاطميّة. ومثال واحد على ذلك هو مسلم، اسم ظهر في مكانين على الصحفة المزدانة

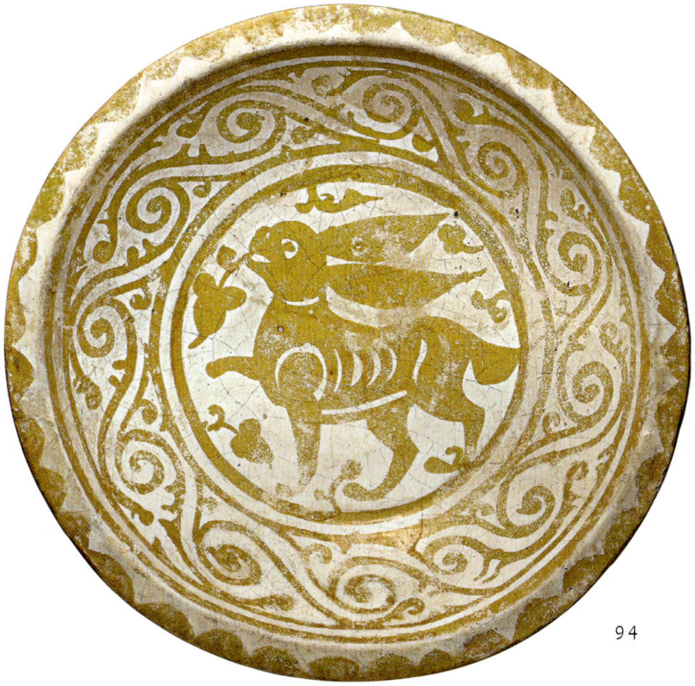

94

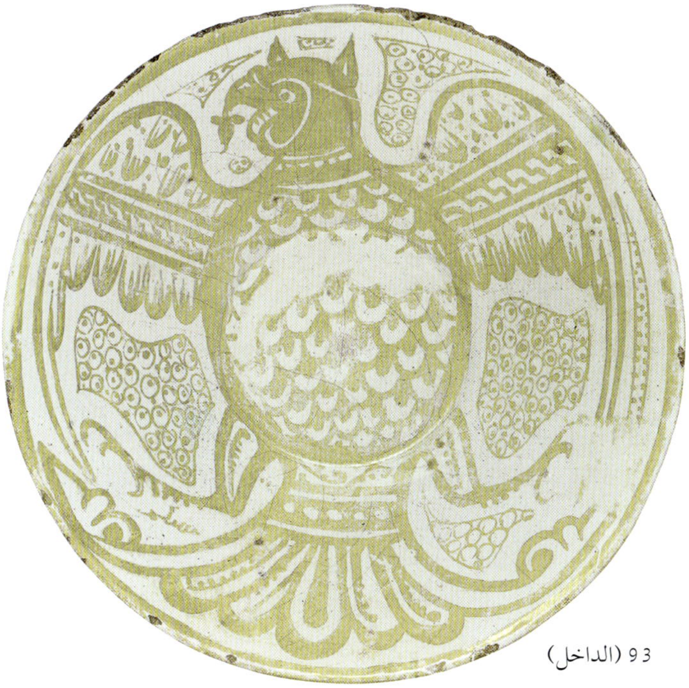

93 (الداخل)

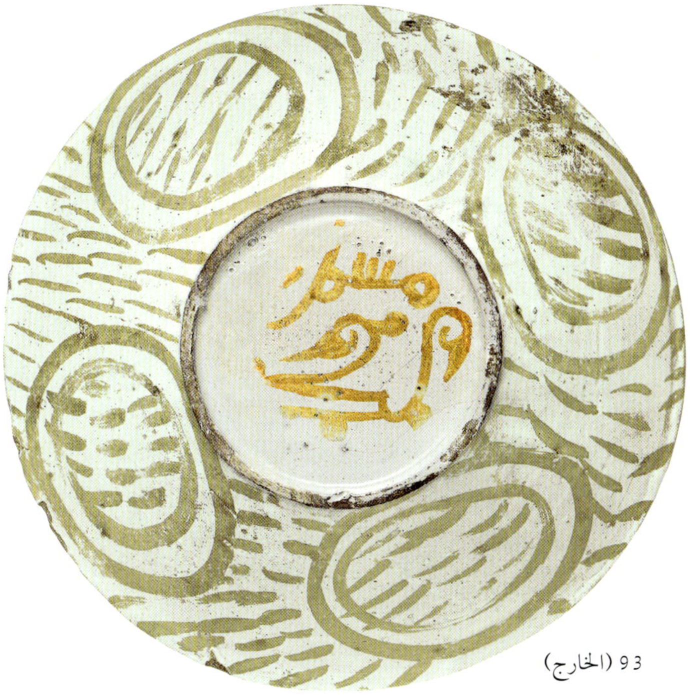

93 (الخارج)

بنسر. (الفهرس 93) (2) ويحمل نسخة ما من هذا الإمضاء أكثر من أربعين قطعة خزفيّة معروفة منتجة خلال الفترة الفاطميّة أو شظايا منها وعلى الأقل كأس مطلي بالبريق المعدني. (3)

وتظهر إشارة أشمل للاسم، مسلم بن الدهّان على واحدة من هذه الشظايا في متحف بناكي بأثينا جنبا إلى جنب مع اسم الزبون الذي تشير نسبته إلى أنّه كان على صلة ببلاط الخليفة الحاكم بأمر الله (حكم ما بين 996 و 1021م). وتؤرخ هذه الكتابة إنتاج الخزفي بتاريخ ذلك الحكم. (4) ونظرا لأن هذه الأعمال تختلف كثيرا من حيث الجودة والأسلوب، أُشير كثيرا إلى أن كلمة مسلم لا تعدو أن تكون إلاّ علامة تجاريّة لورشة وليس إمضاء فنان محدّد. (5) لكن في أماكن أخرى فُسّر هذا الاختلاف بالقول أنّ مسلم كان في الآن نفسه أستاذا خزفيّا ورئيسا لورشة استعملت اسمه على أوانيها. (6)

تُعدّ هذه الصحفة المستقيمة الجوانب والمنخفضة القدم واحدة من الأعمال القلائل التي تحمل إمضاء مسلم، وهي مكتملة غير منقوصة. ويقدّم زخرفها مثالا أوّليّا على الحيويّة التي يتّسم بها الرسم الفاطمي والتي تختلف عن الصرامة المعهودة في الأواني العبّاسيّة ذات البريق المعدني. يغطّي النسر الضخم، المرسوم ببريق معدني ذي لون أصفر مائل إلى الخضرة على خلفية بيضاء كامل المساحة الداخلية للصحفة. رغم أن الفنان اختار للنسر وضعا يحاكي الطريقة الأزلية لشعار النبالة وزيّن الكائن بشكل لا يصدّق بثلاثة من عقود اللؤلؤ وأشرطة شبيهة بالطراز، فإن عمله التصويري ينفخ روحا في النسر. والأرجح أن رسما مشابها لنسر ذات أجنحة ممدودة زيّن فيما مضى وسط قطعة البناكي المذكورة آنفا. (7) ويضفي نفس الإحساس بالنشاط روحا من الحيويّة على الصحفة الثانية التي تتضمن رسما لأرنب وحشيّ (الفهرس 94) والتي تتقاسم عدّة خصائص مع صحفة " مسلم" ولكنّها لا تحمل أي إمضاء. يبدي الأرنب الوحشي وضعا نابضا بالحياة على نحو كبير، فهو يرفع قدمه الأمامية بمكر في صيغة حيّة من وضع يحاكي شعارات النبالة، ومثلما هو الحال فيما يتعلق بالنسر أعلاه، يُمسك في فمه عسلج برسيم. وأنجزت صورة الأرنب بخضوب ذات بريق معدني أصفر. ومثلما هو الحال مع أغلب نماذج "مسلم"، فإن تفاصيل عيني الأرنب ومفاصل أجزاء جسمه رُسمت كما هي بالأبيض مباشرة على المساحة الأصليّة. وشكّل الأرنب الوحشي موتيفا شعبيّا على نحو خاص في الفنّ خلال الفترة الفاطميّة في مصر، حيث كان على الأرجح يُقرن ذهنيا بحسن الطالع. (8) ويُزيّن عدد من الأرانب المماثلة قطعا وشظايا في مجموعات أخرى. (9) و ينبت حول الأرنب الوحشي برسيم وأغصان من حافة دائرية هي نفسها محاطة بلفيفة دالية مائلة تتكرّر في شكل متموّج. وتحمل كلتا الصحفتين خصائص من المرحلة البصرية للإنتاج الخزفي ذات البريق المعدني بما في ذلك الحشو على شكل عين طاووس الذي ملأ المساحة الفارغة في صحفة النسر وحافة الإكليل على صحفة الأرنب الوحشي وموتيف الدائرة والشَّرطة على الجدران الخارجيّة لكليهما. (10)

EK

1. يقترح عبدالله غوشاني أنه يُرجح أن يكون الشكل الشبيه بالطير تحت كلمة 'مسلم' على قاعدة هذه الصحفة هو نسخة مزخرفة بزهر لكلمة 'محمد' (مداخلة شخصية، 2011 م)
2. Jenkins 1968a كما اقترحت Jenkins ذلك، لم يكن من غير المألوف أن تحمل خزفيات الفترة الفاطمية إمضاءات من نوع ما، لكن إمضاء مسلم هو الوحيد إلى حد الآن الذي يمكن اسناده تواريخ بالاعتماد على الكتابة.
3. عددت Jenkins عشرين منها في ملحقها (نفس المصدر المذكور، ص. 366 - 369). نشرت Helen Philon إحدى عشر أخرى (Philon 1980، صفحات 167-178، 197 - 201) ، ولاحظت المزيد من النماذج (نفس المصدر المذكور، ص. 168. حاشية 53). ويمكن إضافة شظية منشورة في Watson 2004 م،(ص. 280، الفهرس Ja.8، عدد LNS 975 C e) إلى هذه القائمة. حول قطعة الزجاج، انظر Contadini م1988، ص. 82.
4. Jenkins 1968a، ص. 361.
5. Watson 2004، ص. 280.
6. دُعم هذا التفسيرالذي أُقتُرح أولا من قبل Marilyn Jenkins (1968a) بالتحليل الصخري الذي أجراه Robert Mason الذي أشار إلى الصفات المشتركة بين هذه الأعمال التي تنتمي إلى مجموعة فنية أرجع تاريخها إلى ما بين 975 و1025 م (Mason 2004 م، ص. 65). فحص وحلّل بتروغرافيا كلتا الصحفتين المقدّمتين هنا ونشر رسومها الجانبية (المصدر المذكور، ص. 83، الصورة 4.4، و ص. 193).
7. م Philon 1980، ص. 198. بيّن Jonathan M. Bloom رأي Philon مع صور متداخلة في م2007 Bloom، ص. 95، الصورة 3. للاطلاع على صحفة نسر مماثلة، انظر O'Kane, ed. 2006 م، ص. 80-81، عدد 73.
8. للمنشورات حول رمزية الأرنب الوحشي في السياق الفاطمي، انظر Dodd 1972 م و م1981 aneshvari.
9. للإطلاع على نماذج، انظر Benaki Museum، أعداد 19447 (م1980 Philon، ص.206، الصورة 414)، و 19599a [بإمضاء 'مسلم'] (نفس المصدر المذكور، ص. 199، الصورة 408)؛ م2006 O'Kane, ed، ص. 80-81، عدد 72.
10. م2004 Mason، ص. 63.

المصدر : الفهرس 93: Walter Hauser (حتى 1938)؛ Charles and Irma Conn، Sharon، Wilkinson (حتى 1961-1963م) الفهرس 94 : [Charles D. Kelekian ، نيويورك، حتى 1964 م؛ بيع لمتحف المتروبوليتان للفنون]

95. حقّة

سوريا، أواخر القرن الحادي عشر- بداية القرن الثاني عشر الميلادي
عجين خزفي، مطلي بالبريق المعدني على تزجيج محزز أبيض معتّم.
المقاسات: الارتفاع : 20.3سم ، القطر: 14سم.
اقتناء، هبة ليلا آكسون ولاس، هبة هارفي وإلزابث بلوتنك، واقتناء رصيد الفن الإسلامي للويس إوتيريزا اس. سالي، 1998 - 1998 - 298 أ، ب .
كتابة بالعربيّة بالخط الكوفي على خارج الجسم:
توكل يكفا (!) الصبر عز من صبر قدر

مع حلول القرن الحادي عشر الميلادي، برز صنف جديد من الأواني في سوريا جسّد انتقال تقنيتين أساسيتين لتطوير الخزفيات في المنطقة: العجين الخزفي والطلاء بالبريق المعدني بعد تزجيج الزينة (1). ترتبط هذه الخزفيات بصلة وثيقة بالأواني ذات البريق المعدني المنتجة في مصر الفاطميّة إلى حدّ أنّها كثيرا ما أسيئ تصنيفها. ولم يجر تصنيف هذه المجموعة إلاّ تدريجيّا خلال النصف الأول من القرن الماضي كصنف مميز مختلف عن كل من المادة المصريّة ومن المادة السورية المصنفة كأواني رقة.

وأصبح هذا الصنف يعرف بأواني تلّ مينس، على أساس أن ذلك هو المكان

المزعوم الذي عُثر فيه عن المخبأ في القرية المسماة على اسمها والواقعة بين حماه وحلب. لكن لا توجد أدلّة تشير إلى أنّها صُنعت بتلك القرية ويبقى مكان إنتاجها غير محدّد حتّى الساعة . (2) وفعلا، تشير التحاليل الحديثة إلى أنّ هذا الصنف من الأواني أُنتج في مراكز متعدّدة في سوريا عوضا عن ورشة أو مدينة محدّدة.(3)

يتشكل جسم هذا الوعاء من العجين الخزفي الرقيق الأبيض الذي تختصّ بها أواني تل مينس التي تتميّز عن أواني رقة بكونها أخشن وأدكن وتنفرد أيضا بجدران قليلة السمك وبقدم منحوت وبتزجيج يطقطق وبطلاء بريق معدني أحمر نحاسي اللون يميل إلى التّقزح.(4) ويزيّن صفّان المساحة الخارجية. فإلى الأعلى، يوجد شريط ضيّق من موتيف ملتف أبيض سميك أُنجز مباشرة على سطح الآنية ، وإلى تحت يُوجد شريط كتابي عريض من حروف كوفيّة مبعثرة نُقشت ضمن لفائف دالية نحيلة وكلها مطليّة بالبريق المعدني على خلفية بيضاء. ويوجد على الغطاء صف من طيور الحجل حُفرت تفاصيلها عبر البريق المعدني لينكشف أبيض العجين الخزفي أسفله. زُجّجت كذلك المساحة الداخليّة وطُليت بالبريق المعدني مع موتيف إنفجار نجمي على اسفل الإناء ولوحات شبه خطوطيّة ولفائف مركّبة على الجوانب. تتقاسم الحقة عددا من الخصائص المعيّنة مع قطع في مجموعات أخرى. فعلى سبيل المثال ، يتطابق زخرف تزدان به صحفة في المتحف الخاص لروبرت معوّد ببيروت مع الشريط الحروفي هنا. مع نسب مماثلة معبّر عنها بين نقش الحروف الكوفيّة واللفائف المحيطة. (5). يتناسب الرسم المباشر على السطح المستخدم في السقف الأعلى للحقّة والتفاصيل المحفورة على غطائها بصورة لصيقة مع زخرف الصحفة الموجودة في مجموعة دافيد بكوبنهاغن.(6) لكن بطريقة أو بأخرى ، تُعتبر هذه الحقّة نادرة، فشكلها لا يظهر ضمن القطع الأخرى لتل مينس والتي غالبا ما تتّخذ شكل الصحاف المخروطة .

EK

1. لحوالي قرن تقريبا بعد استقرار خزفيي الأواني ذات البريق المعدني البصرية في مصر، استُخدمت تقنيتهم المتخصصة حصريا هناك، لكن في أواخر القرن الحادي عشر الميلادي، شرع هؤلاء الخزفيون في التشتّت، ومع الوقت أخذوا معهم تخصصهم إلى أصقاع مختلفة. حول نقل التقنية إلى سوريا، انظر Mason 2004 م، ص. 160-161.
2. Porter, V., and Watson 1987م. استُخرجت مادة مماثلة بحماه ونُشرت في Riis and Pousen 1957، ص. 132-140.
3. حتى وقت قريب كانت أواني تلّ مينس عادة ما تؤرخ بحوالي منتصف القرن الثاني عشر أو مجرد القرن الثاني عشر الميلاديين (انظر Porter, V., and Watson 1987م). وقد ذهبت Marilyn Jenkins للقول بتاريخ أسبق، جزئيا على أساس وجود قطع من البريق المعدني مزروعة في جدران مباني في إيطاليا تعود إلى القرن الحادي عشر الميلادي (Jenkins 1992 م)، التي في المقابل لا تعطي إلاّ تأريخها الأقصى. تشير قرائن أكثر دقة صادرة عن سياقات أثرية وتحليل بتروغرافيان ذلك الإنتاج بدأ في الربع الأخير من القرن الحادي عشر الميلادي (Mason 2004 ، ص. 97).
4. يُرجّح أن يكون البريق المعدني الغني بالنحاس لأواني تلّ مينيس حصل نتيجة شحّ في الفضة في المنطقة (Mason، محاضرة، متحف المتروبوليتان، ديسمبر 2009).
5. عدد 0776، مصوّر في Mouawad and Carswell 2004، ص. 125، عدد 47.
6. عدد Isl. 196، مصوّر في بوسطن وشيكاغو 2006 - 2007 م، ص. 121، عدد 51.

المصدر : [Phoenix Ancient Art، جنيف، سويسرا، حتى 1998؛ بيع لمتحف المتروبوليتان للفنون]

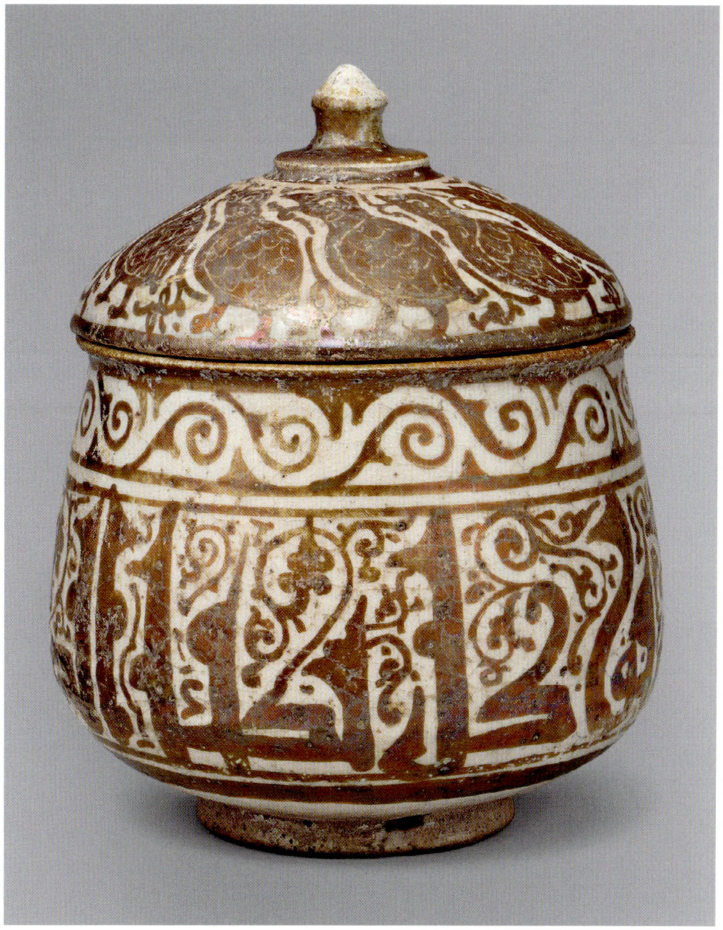

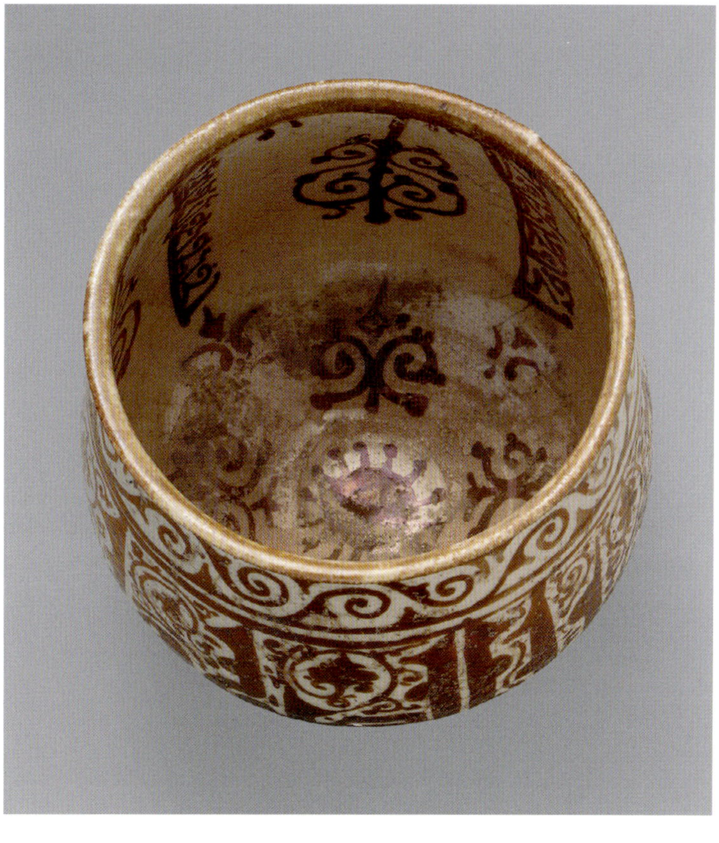

96. فانوس

سوريا، على الأرجح رقّة، أوائل القرن الثالث عشر الميلادي
عجين خزفي، مطلي بتزجيج أزرق قبل الزينة ومطلي ببريق معدني على تزجيج شفاف.
المقاسات: 23.2×14.6 سم
مجموعة إدوارد سي مور، 1891 91.1. 138

تُشير دراسات حديثة إلى وجود إنتاج لخزفيات مزجّجة في سوريا بعدّة مواقع خلال القرنين الثاني عشر والثالث عشر الميلاديين. وتُبيّن أن عدّة أصناف كانت تُنتج بكل مركز من المراكز المختلفة.(1) ويتمثّل أحد الأصناف العائدة إلى هذه الفترة في مجموعة من الأواني المنتجة من عجين خزفي زُيّنت قبل أن تُزجّج وتُطلى بالبريق المعدني وهي ترتبط أساسا بـ 'رقّة'، ذلك المكان الذي يقع على نهر الفرات في وسط سوريا.(2) عاش الأمير الأيّوبي المالك الأشرف موسى في هذه المدينة من 1201 إلى 1229م، وهي الفترة التي يُعتقد أن الإنتاج الخزفي ازدهر خلالها. ومع حلول منتصف القرن الثالث عشر الميلادي اضمحلّ هذا الإنتاج الخزفي قبل أن ينتهي تماما مع الغزوة المغوليّة في 1258م. تنتمي هذه القطعة إلى صنف أكبر من الخزفيات تُعرف بـ'أواني رقّة' التي تتقاسم فيما بينها نفس حبكة الجسم وتركيبة التزجيج.

ومع أن هذا الفانوس يمثل نموذجا تقليديّا من أواني رقّة ذات البريق المعدني من حيث تركيبة عجينه الخزفي وتقنية طلائه بالبريق المعدني بعد التزجيج وموتيفاته الزّخرفية، فإنّ شكله يُعدّ غير مألوف. فهيئة هذا الفانوس الذي شُكّل من بلاطات وقوائم، تشبه مبنى مربّع مقبّب متصل في كل زاوية بعمود وتاج.(3) وعلى جانبين متقابلين، ثُقبت جدران هذا " المبنى" لإحداث نوافذ على شكل وردات ذات ثمانية بتلات. أما الجانبان الآخران فقد تُركا مفتوحين تعلوهما أقواس مفصّصة. جرى ثقب القبّة أيضا للحصول على فتحات صغيرة على جوانبها.(4)

تُبرز زخرفة الفانوس عناصره المعماريّة. تتعرّج فوق القبّة وعلى الجدران لفيفة نباتية منقّطة رُسمت رسما أوّليا وأُنجزت ببريق معدني بنّي اللون على خلفية بيضاء. طُليت الأعمدة كليّا بالبريق المعدني الذي تآكل إلى حد ما مع مرور الزمن. وتُبرز خطوط محيطة متراكزة زرقاء اللون ومطلية بالبريق المعدني الثقوب الموجودة في القبّة وكذلك الجدران المستطيلة الأربعة وفتحاتها. وتعلو الأقواسَ زخرفة متشابكة تحاكي عنصرا زخرفيّا غالبا ما وُجد في المباني السوريّة خلال الحقبتين الأيّوبية والمملوكيّة.

ويُعرف فانوسان آخران مشابهين وهما تقريبا نموذجين معاصرين لنفس التقنية المنسوبة لرقّة، أحدهما أكبر بقليل وله أعمدة وتيجان في الزوايا ولكنّه مفتوح من الجهات الأربعة.(5). أمّا الآخر ، فعلى غرار فانوس المتحف، له نوافذ على هيئة وردة وفتحات متناوبة. (6).

EK

1. انظر مثلا م2004 Watson، ص. 289.
2. هذه مجموعة فرعية حُددت من خلال تحليل بتروغرافي (م2004 Mason، ص. 91-120). جرى تقصّي نسبة هذه المجموعة من أواني رقة في م2006 Jenkins-Madina.
3. ثلاثة من التيجان الموجودة هي تجديدات حديثة بالاعتماد على بقايا شظايا التاج الرابع .
4. فُقد رأس القبة الأصلي. تبيّن أن مقبضا كرويا مثقوبا كان قد استخدم سابقا في القبة هو تجديد حديث وأُزيل خلال عملية ترميم جرت في 1975م.
5. Sotheby's لندن 1986م، ص. 47، رزمة 157. توجد هذه المصادر في تقرير أُعدّ من قبل Annie-Christine Daskalakis في ملفات قسم الفن الإسلامي بمتحف المتروبوليتان، نيويورك.
6. Dumbarton Oaks (عدد D.O. 50.39).

المصدر: M. Albert Goupil، باريس (حتى وفاته 1884م؛ بيع Hôtel Drouot، باريس، 23 - 27 أفريل 1888م؛ Edward C. Moore ، نيويورك (على الأرجح 1888- وفاته 1891م)

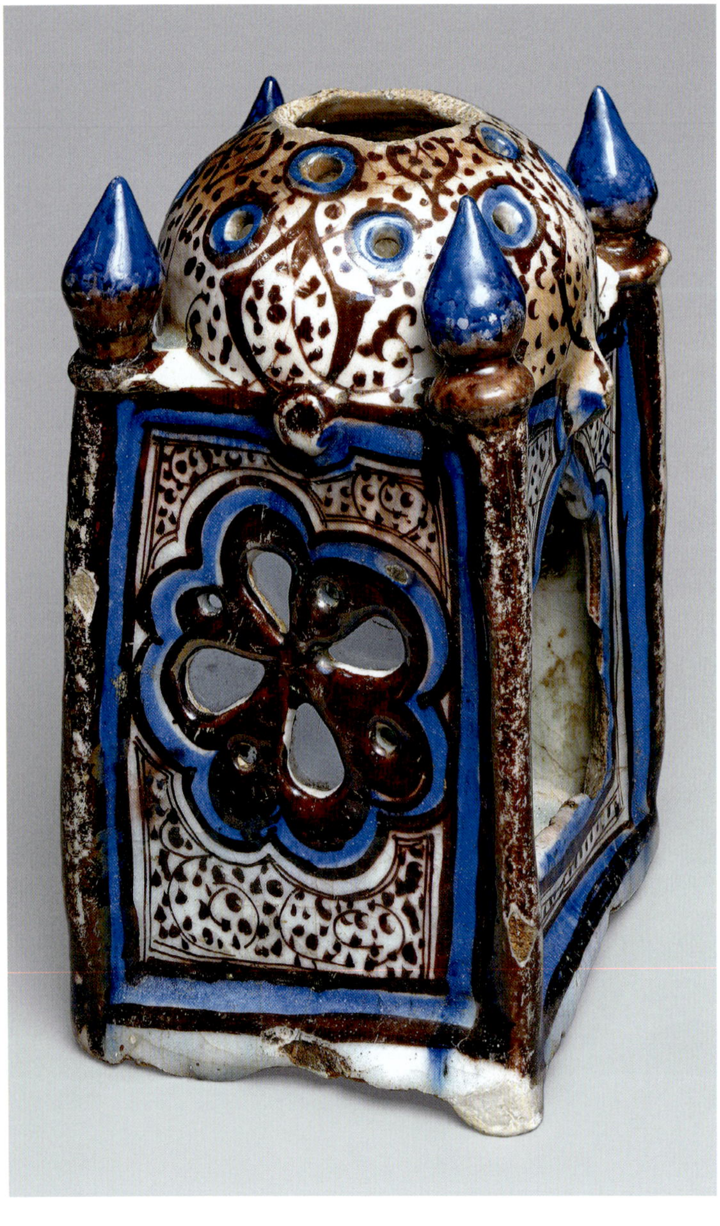

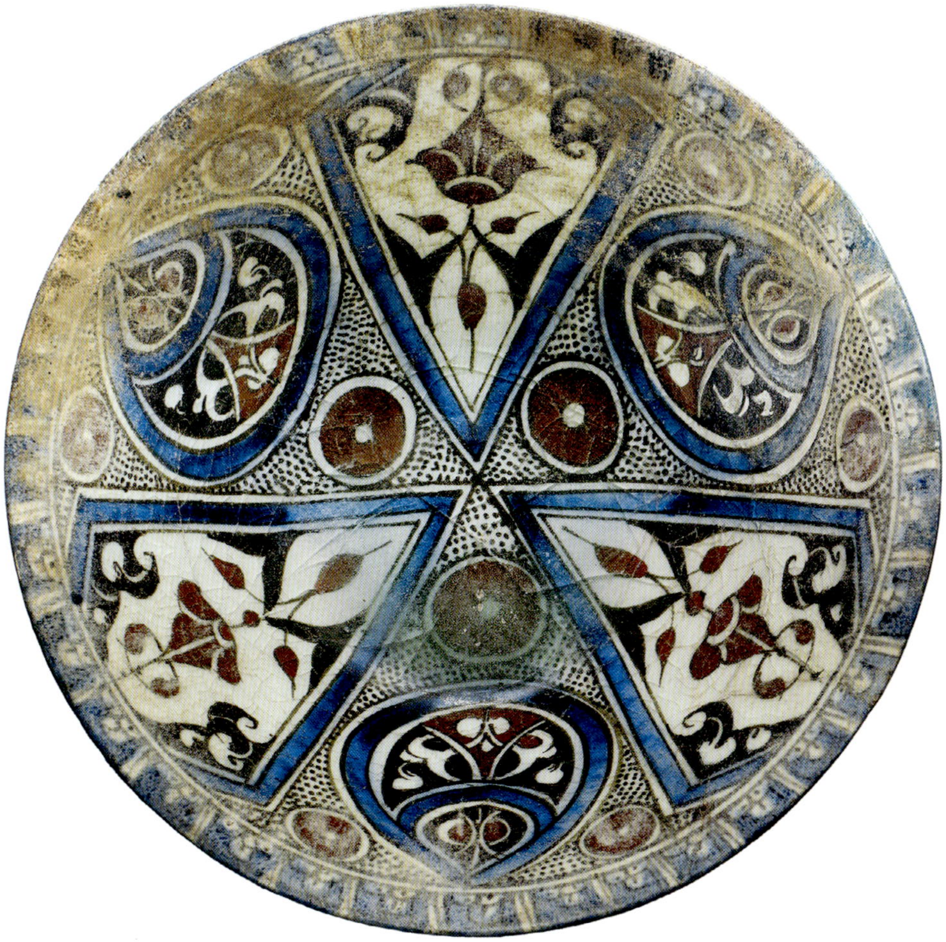

97. صحفة.

سوريا، على الأرجح دمشق، أواخر القرن الثاني عشر – أوائل القرن الثالث عشر الميلاديين.
عجين خزفي؛ مطلي بألوان متعدّدة تحت تزجيج شفاف.
المقاسات: الارتفاع: 10.5سم ؛ القطر: 22.5سم.
مجموعة هـ. أ. ها فماير، هبة هوراس هافماير، 1941 . 41 . 165 . 2.

كان من الصعب تحديد نسبة طرازالخزف الذي تنتمي إليه هذه الصحفة الجميلة المتعدّدة الألوان. وُجدت مثل هذه الصحاف في مواقع عبر سوريا وكانت تصنّف فيما مضى مع الخزفيات المنسوبة للرصافة. وفي وقت لاحق، انتهى بها الأمر إلى أن أصبحت تُصنّف ضمن مجموعة أواني الرقّة. وتقترح إحدى النظريات أن هذه الأواني لم تُنجز بمواقع متعدّدة بسوريا فحسب بل أيضا بمصر بدليل وجود قطع من صحاف مكسورة بفسطاط "بكميّات وبجودة تُظهر أنّها [أي مصر] كانت مركز إنتاج مهم".(1) وتُشير نظريّة أخرى معتمدة على تحليل حديث لتكوين الصخور ومدعومة بدراسة أدلّة أثرية، إلى دمشق كمركز رئيسي لإنتاج هذه الأواني. (2).

بغية إنتاج التصميم على هذه الصحفة، قام الخزفي بالطلاء مباشرة على الجسم المنجز من العجين الخزفي الأبيض مستعملا ثلاث خضاب – الكروم الأسود، والكوبالت الأزرق والطين الأحمر ومسبغا فوقه تزجيج قلوي شفّاف. ويتكوّن التصميم الدّاخلي من شريط من كتابة غير واضحة حول الحافّة تحيط بإطار من لوحات شعاعيّة بها موتيفات متناوبة من سعفات كبيرة مرسومة رسما متموّجا ومن سعفات منقسمة وأهلة وموتيفات " العين الكبيرة" و الزينة ثلاثية الوريقات على خلفيات إمّا بيضاء أو مرقّطة. وصُوّرت الجدران الخارجيّة بموتيفات قوس مرسومة على نحو غير مظبوط، وهذا مؤشّر تشخيصي آخر لهذه المجموعة من الفخار.

وتشير التشابهات من حيث التقنية والشكل والتصميم بوضوح إلى وجود علاقة بين هذه المجموعة من الفخاريات السوريّة المطليّة بتزجيج يلي مباشرة رسم الزينة وبين مواد مماثلة من إيران. يُحتمل أن تكون هذه الأواني ظهرت بمصر وسوريا كمحاولة لمحاكاة أواني المينا الإيرانيّة الملوّنة، وهو تطوّر يرتبط بانتقال شكل الصحفة المخروطة من الشرق إلى الغرب حوالي 1200م . (3). لكن تصنيفا زمنيا آخر للخزفيات السورية القروسطيّة يؤرخ ظهور الأواني الملونة المطلية بالتزجيج الخلفي في سوريا إلى حوالي 1125م، أي قبل إنتاج المينا بحوالي خمسين سنة (4).

وتبدو العلاقات الخزفيّة التقنية والشكلية والأسلوبية بين سوريا وإيران في القرنين الثاني عشر والثالث عشر الميلاديين أكثر تعقيدا ممّا كان يُعتقد سابقا وتستوجب المزيد من الاهتمام. (5).

EK

1. Watson 2004م، ص. 296؛Tonghini 1994م، ص. 255. أنا ممنون إلى Rosalind Wade-Haddon لمساعدتها واقتراحاتها البيبليوغرافية.
2. Mason 2004م، ص. 106و108.
3. Watson 2004م، ص. 294. انظر أيضا Porter, V. 1981م، ص. 30-33.
4. Mason 2004م، ص. 108-109 (أين يشير أيضا إلى التباين التقني بين المينا و "الرسم ما قبل التزجيج الحقيقي")، وص.178.
5. Chicago 2007م، ص.96 و101 و107، رقم 65. تناقش العلاقة بين خزفيات ايران وسوريا في المراحل المبكرة في Allan and Roberts, eds 1987م.

المصدر:. مجموعة H.O. Havemeyer، نيويورك (حتى 1931 - 1941)

98. لوحة خزفيّة

سوريا، دمشق، حوالي 1430م.
عجين خزفي؛ مقولب، متعدد الألوان تحت تزجيج شفاف.
المقاسات : 114.3 × 114.3سم.
هبة البروفسور معان ز. مدينة والدكتورة مارلين جنكنز مدينة 2000 2009 59. 2.أ- هبة رالف مينازين، 2011 2011 156. أ، ب.

خلال النصف الأوّل من القرن الخامس عشر الميلادي، ازدهرت ورشة الخزفيات التي كان على رأسها الأستاذ غايبي التوريزي في سوريا ومصر إبان العهد المملوكي، منتجة ما يزيد عن إثنتي عشر لوحة خزفية أو بلاطات تكسية المعدة للاستعمال في مجالات معماريّة وكذلك قطع محمولة.(1) وكما تدل على ذلك نسبة " التوريزي"، فإن الغايبي قد يكون هاجر من مدينة تبريز الإيرانيّة إلى سوريا.(2)
تُعتبر هذه المجموعة المتكونة من ثمانية عشر مربعة خزفيّة والتي كانت في الأصل

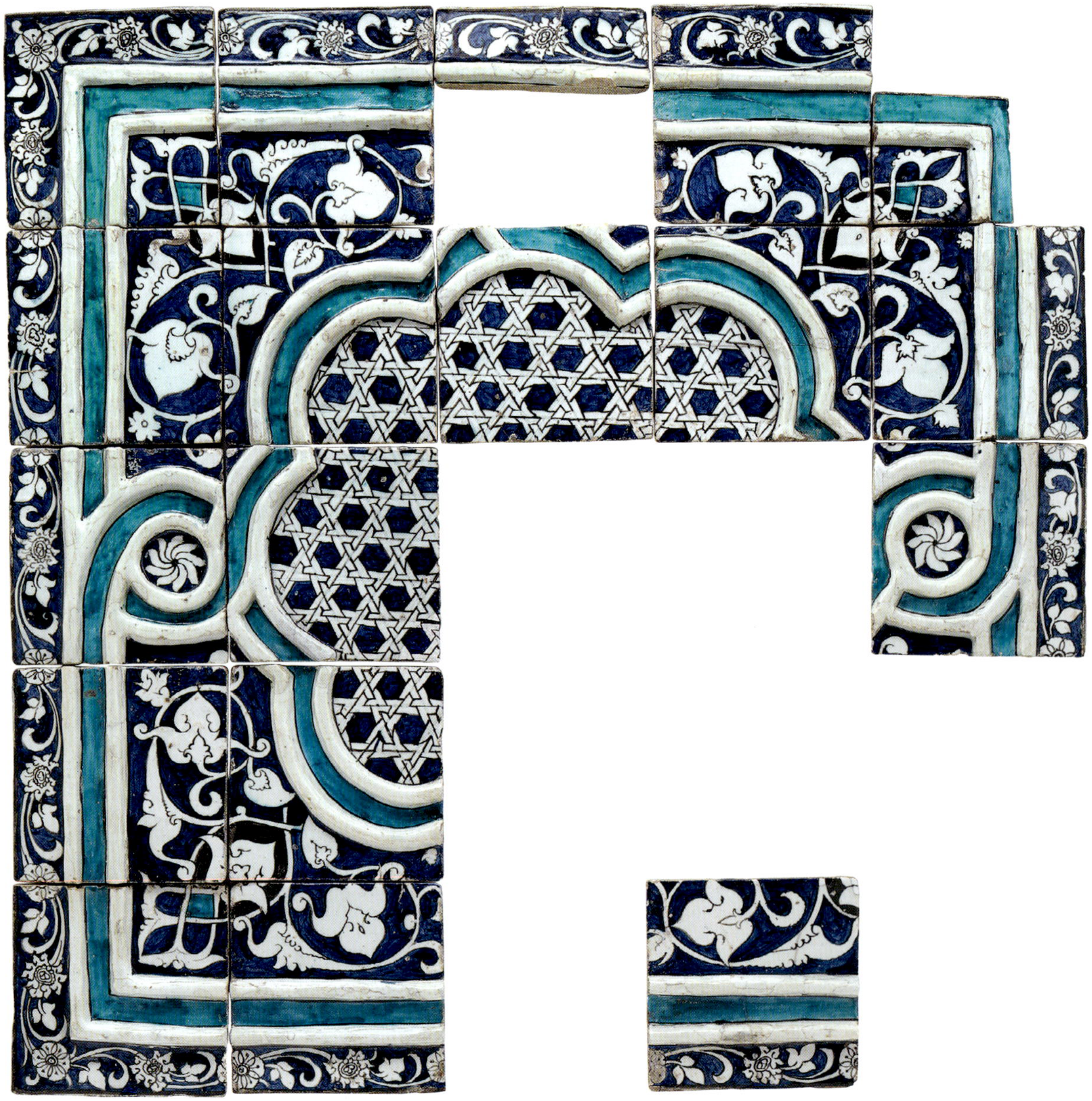

تنتمي إلى لوحة تتشكّل من خمس وعشرين مربعة، شبيهة جدّا من حيث التقنية والتركيبة والأسلوب ببلاطات التكسية الممضاة من قبل غايبي، بحيث يمكن على الأرجح نسبتها إلى ورشته. ويُشير تقرير ورد فيه أن اللوحة أُقْنيت في دمشق في العقود الأولى من القرن العشرين الميلادي أنّها أتت من أحد المباني العديدة في تلك المدينة التي ازدانت بمربّعات خزفيّة في أوائل القرن الخامس عشر الميلادي.(3)

لا تزال دمشق تحتضن إلى حد الآن أشهر بلاطات التكسية الموقعة من قبل غايبي في مركب ضريح غرس الدين التوريزي (توفي في 1430م) (4)، وإن كانت غير مكتملة. ورغم أن أغلب بلاطات التكسية المرتبطة بورشة غايبي تتكوّن من قطع خزفية سداسيّة، فإن البعض منها تشكل من قطع خزفيّة مربّعة أو مستطيلة. توجد في مركّب غرس الدين، بالإضافة إلى القطع الخزفيّة السداسيّة أو الثلاثيّة التي تكسو جدران الضريح لوحتان مستطيلتان تتألّفان من قطع خزفيّة مربّعة في قاعة الصلاة. وتشبه إحداهما على نحو كبير اللوحة الحاليّة و من المحتمل جدّا أن تكون هي الأخرى تنتمي لنفس المبنى خاصّة إذا ما أخذنا بعين الاعتبار أن جزءا فقط من بلاط التكسية في مبنى المسجد لا يزال في موقعه الأصلي. (5) زُيّنت كلتا اللوحتين مباشرة على المساحة الأصليّة، الشيء الذي جعل التصاميم تبرز باللون الأبيض تحيط بها خطوط سوداء قليلة السمك على خلفية من الكوبالت. وتحمل كلاهما ميداليات مُلئت بموتيف مميّز من نسج بطريقة السلّة، وهو موتيف يمكن مشاهدته على قطع من بلاطات مكسورة ممضاة من قبل غايبي موجودة في مجموعة المتحف. (6) وفي المقابل، كان عدد من المباني الدمشقية يُزخرف فيما مضى بهذه الطريقة أيضا، بما في ذلك أجزاء من رواق المسجد الأموي الذي يبدو أنّه رُصّف جزئيّا ببلاطات خزفية ضمن أعمال ترميم مؤرخة في أوائل القرن الخامس عشر الميلادي(7).

EK

1. نُشرت دراسة حول هذه التكسيات في مMeinecke 1988. يحتفظ المتحف بأكثر من إثنتي عشر شظية تحمل توقيع هذه الورشة، هذا بالإضافة إلى مصباح مسجد خزفي بتوقيع 'بن غايبي' (عدد 91 .1 .95)
2. تشير Marilyn Jenkins-Madina أن الحرفي استقرّ في سوريا قبل أن يتحول إلى القاهرة (مJenkins 1984، ص، 112 و 113 حاشية 20)، لكن Meinecke، في الوقت الذي يقبل فيه بتلك الإمكانية، يعتقد أن غايبي أنجز تكسية غرس الدين في دمشق بعد أن كان استقر في القاهرة (مMeinecke 1988، ص. 211 حاشية 29).
3. بحسب مراسلة من المانح في ملفات قسم الفن الإسلامي بمتحف المتروبوليتان
4. ما يثير الاهتمام هو أنه يبدو أن كلاّ من زبون المبنى والأستاذ الخزفي الذي زخرفه ينحدران من تبريز (مDegeorge and Porter 2002، ص. 188).
5. Carswell 1972b, p.، ص، 117، الوحة 8، اليسرى.
6. عدد 08 .184 .53 و 08 .256 .113.
7. Meinecke 1988، ص. 210–211.

المصدر:

عدد p – 2009.59.2a: [Hagop Kevorkian، نيويورك]؛ Dr. Maan Madina و Dr. Marilyn Jenkins-Madina، نيويورك (حتى 2009م)

عدد 2011.156a, b: [Hagop Kevorkian، نيويورك]؛ Dr. Maan Madina و Dr. Marilyn Jenkins-Madina، نيويورك؛ Ralph Minasian، نيو هايد بارك، نيويورك (حتى 2011 م)

99. خرزة ثنائية المخروط

مصر أو سوريا، القرن الحادي عشر الميلادي.
ذهب؛ تخريم وتحبيب.
المقاسات: 5.1 × 1.9سم.
اقتناء، هبة الشيخ ناصر صباح الأحمد الصباح، تخليدا لذكرى ريشارد أتينغهاوزن ، 1980 .456 .1980

100. خرزة كرويّة

مصر أو سوريا، القرن الحادي عشر الميلادي.
ذهب؛ تخريم وتحبيب .
المقاسات: القطر: 2.1سم.
اقتناء هبة مؤسسة موبيل، 1980 .1980 .457.

101. قلادة

مصر، القرن الحادي عشر الميلادي
ذهب ومينا مصوغة وفيروز؛ تخريم.
المقاسات: 4.5 × 3.5سم.
مجموعة ثيودور أم. دفيس، وصيّة ثيودور أم دفيس 1915 30. 95. 37

من بين الفنون الفاخرة التي ازدهرت خلال حكم الفاطميين، برزت صناعة الجواهر الذهبيّة على وجه الخصوص بسبب تجديدها وتعقيدها. وبحسب المصادر الأدبيّة ، صُنعت كميّات هائلة من هذه الحلي وذلك لحساب زبائن من كل من الأسرة الحاكمة والطبقة الأرستقراطيّة.

وقد جرى صهر أغلب هذه القطع لصنع عملة نقدية أو إعادة تشكيلها في قطع جديدة. تتقاسم عناصر المجوهرات الذهبية المنتجة خلال الحقبة الفاطميّة عدّة

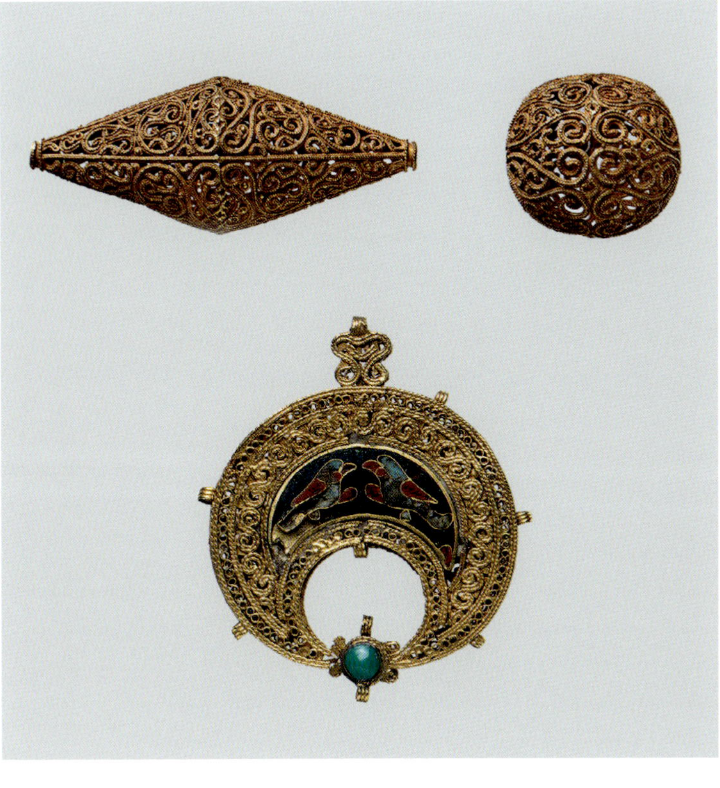

خصائص مميّزة تتضمن صناعة العلب وحلقات للنظم وتخريم ذات زينة منحنية على شكل الحرف اللاتيني S وعلى الأقل حتّى آخر الفترة اللاحقة، التحبيب. وتُبرز القطع الثلاث هنا الخرزتين والقلادة كل هذه الخصائص. تجسّد كلتا الخرزتين الممارسة الفاطميّة التقليديّة المتميّزة في مجال التخريم بالتحبيب. تقسم أشرطة مزدانة بتحبيب على طول الجسم الخرزة ثنائيّة المخروط (الفهرس 99) إلى خمسة أجزاء، محدثة بذلك تصميما شاملا من لفائف وانحناءات على شكل الحرف اللاتيني S. توجد خرزة تكاد تكون متطابقة في مجموعة الخليلي بلندن (1) وتتألف الخرزة الكرويّة (الفهرس 100) من نصفي كرتين تتضمنان لفائف ملتوية تُشكل وحدات على شكل قلب. يحمل خاتمان يعودان إلى مصر الفاطميّة في مجموعة الخليلي نفس موتيف القلب الملفوف على الفصوص، والطارات والإطارات الخارجيّة. ويمكن مشاهدة هذا الموتيف أيضا في رسم لامرأة في متحف إسرائيل بالقدس يعود إلى الفترة الفاطميّة .(2)

تقريبا كل الخرزات الفاطميّة المنشورة هي مستقلّة وغير مرتبطة بأية قطعة أكبر من الجواهر باستثناء قطعة واحدة يظهر كيف أن هاته الحبّات قد تكون شكلت جزءا من عقد أكبر. يتكوّن عقد موجود في مجموعة هيئة الآثار الإسرائيلية، وهو جزء من مخزون عُثر عليه في حفريات جرت بقيسارية من عدّة خرزات أهمّها خرزة ثنائية المخروط وخرزتين كرويتين تُشكل القطع المركزية في العقد. صُنعت الثلاث حبات جميعها من مخرم وزُخرفت بحبيبات.(3) نظرا لأن العقد كان حُفظ في وعاء مع قطع أخرى، فقد ظلّ سليما وعلى هيئته الأصلية على غالب الظن . تستخدم القلادة (الفهرس 101) التقنية المألوفة لصنع العلب والتخريم اليت تستخدم السلك الذهبي المسترسل والملتوي. تنتهي نقاط الهلال بحبات فيروز وتُشير عدة حلقات حول محيطه أنّ شريطا من المجوهرات كان يزيّن الحافة في الأصل. وفي وسط الهلال، رُسم زوجان من الطيور متقابلين بمينا مصوغة متعددة الألوان، وهي تقنية ذات صلة أوثق بالإنتاج البيزنطي في القسطنطينة منه بالإنتاج في شرق المتوسط خلال الحقبة الفاطميّة. لكن من الواضح أنّه كانت للعمل بالمينا (المعروف في الأدب العربي القروسطي بالمينا) جاذبيّة أيضا في مصر الفاطميّة. ويذكر مصدر يعود للقرن الحادي عشر الميلادي هديّة من الملك البيزنطي إلى البلاط الفاطمي تضمّنت خمسة أساور وثلاثة سروج وقد لُبست جميعها بالمينا المتعددة الألوان.(4) ويضيف مصدر آخر حليّا بعناصر المينا في قوائم لجهاز العروس (5) وقد تكون عناصر المينا المصوغة المدرجة في هذه القلادة قد أُقتُنيت جاهزة ربما عن طريق الاستيراد من العالم البيزنطي، ثم أدمجت في العقد الذهبي المصوغ محليّا، وهذه نظرية يدعمها صنع العقد والاستعمال الجلي للمادة اللاصقة لتثبيت الصفيحة المعدنية المطلية بالمينا في مكانها.(6) وتوجد ميدالية هلال مطلي بالمينا متعددة الألوان مشابهة عُثر عليها في حفريا ت بفسطاط في مجموعة الفن الإسلامي بالقاهرة. وهي أيضا تحمل موتيف الطيور المتقابلة.(7)

EK/KZ

1. توجد خرزة أخرى ثنائية المخروط في مجموعة L. A. Mayer Institute للفن الإسلامي بالقدس ولكنها ليست مخرّمة. وهي، عوضا عن ذلك، صُنعت من صفيحة مسطحة على شكل مخروطين متصلين مع زينة من السلك المخرّم ربما مغطى بحبيبات (القدس 1987م، ص. 89، عدد 119). ويمتلك المتحف الوطني بدمشق عقدا يتكون من خرزات ذهبية، كروية وثنائية المخروط معا إضافة إلى اللآلي والحبات المستديرة الأخرى (انظر أمستردام 1999-2000م، ص. 272، عدد 266).
2. أمستردام 1999-2000م، أعداد 257، 258. للإطلاع على الرسم، انظر Rosen-Ayalon 1991، ص. 15.
3. Weyl et al. 1995م، ص. 90.
4. Al-Qaddumi, ed. 1996م، ص. 113-114، وانظر أيضا الحاشية على صفحة 302 التي تفسر ترجمة لفظ "ديست" ك "معصم" بدلا من "صندوق" (انظر al-Qaddumi 1990م، ص. 90، منقول في مقالة حول هذه القلادة لـ Marilyn Jenkins في نيويورك 1997c، ص. 420).
5. Goitein 1983b، ص. 200 - 226 ، خاصة ص. 208.
6. Jenkins في نيويورك 1997c، ص. 421. تشير القطع الأخرى المطلية بالمينا العائدة للفترة والحاملة لكتابات صحيحة بالعربية أن الجواهريين الفاطميين تبنوا هذه التقنية في آخر المطاف؛ انظر Gonzalez 1999م.
7. O 'Kane, ed. 2006م، ص. 61.

المصدر:

الفهرس 99 : [وسيط فني، القدس، حتى حوالي 1977-1978م]؛ [Derek J. Content]، انقلترا، من حوالي 1978م]؛ [رواق خليلي، لندن، حتى 1980م؛ بيع لمتحف المتروبوليتان للفنون]

الفهرس 100 : [وسيط فني، القدس، حتى حوالي 1977-1978م]؛ [.Derek J Content، انقلترا، من حوالي 1978م]؛ [رواق خليلي، لندن، حتى 1980م؛ بيع لمتحف المتروبوليتان للفنون]

الفهرس 101 : Theodore M. Davis، نيويورك (حتى وفاته 1915م)؛ على سبيل الإعارة من مؤسسته خلال تسويتها (1915-1930م)

102. حقّة

سوريا، منتصف القرن الثالث عشر الميلادي.
نحاس أصفر؛ مطرّق ومحزّزومطعّم بالفضّة ومادة سوداء مركّبة .
المقاسات: الارتفاع : 10.5سم، القطر: 10.3سم.
رصيد رودجرز 1971 1971. 39 أ، ب.

تنتمي هذه الحقّة إلى مجموعة من القطع النحاسية المطعّمة التي يعود تاريخها إلى حوالي القرن الثالث عشر الميلادي والتي تنتسب إلى تراث صناعة المعادن الإسلاميّة من حيث التقنية والأسلوب ولكنّها كانت تزدان بمشاهد ترتبط بحياة المسيح وبعض القديسين المسيحيين والشخصيات الكنسية. (1) جاءت معظم هذه القطع دون مفاتيح مكتوبة أو منقوشة وبالتالي لم توفر إلاّ القليل النادر من المعلومات التوثيقيّة. وقد نوقشت مصادرها المرئيّة ورعاياتها ونسبتها والجهات التي يمكن أن تُنسب لها في عدّة دراسات .(2) وعموما، ينسب العلماء أغلبها إلى سوريا الأيوبيّة ويجمعون أنّ نماذج مختلفة منها صُنعت لغايات شتّى ولزبائن مختلفين.(3) يُرجّح أن البعض منها أُنجز بطلب من زبائن مسيحيين محليين والبعض الآخر لحساب فرسان صليبيين رغبوا في أخذها كهدايا تذكاريّة من الأرض المقدّسة، وإنّ منها أيضا ما هو مخصّص لزبائن مسلمين أرادوها كهدايا دبلوماسيّة معدّة لممثلين صليبيين أو لملوك أوروبيين أو حتّى للاحتفاظ بها لأنفسهم. (4)

وفي القطعة الحالية، تضم ثمانية أقواس ثلاثية الفصوص شخصيات مرسومة على

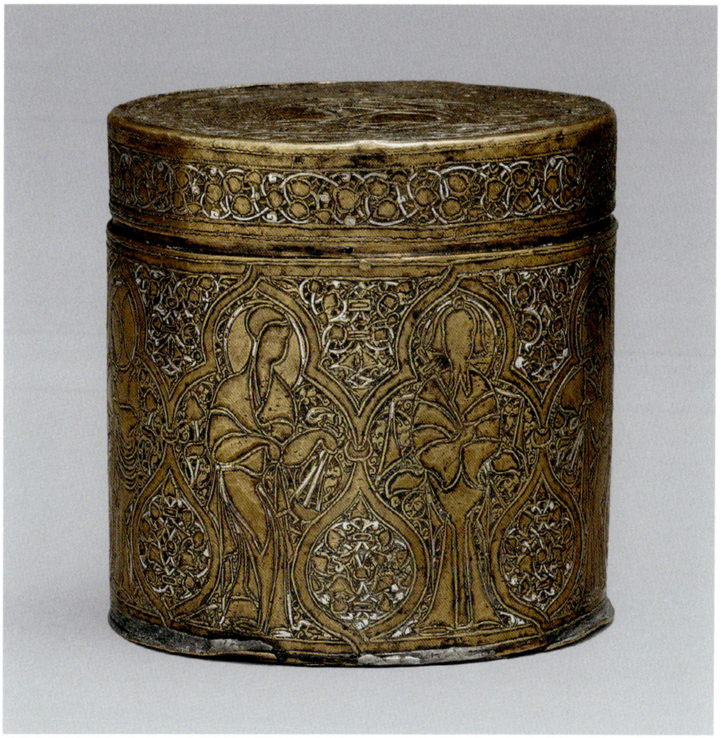

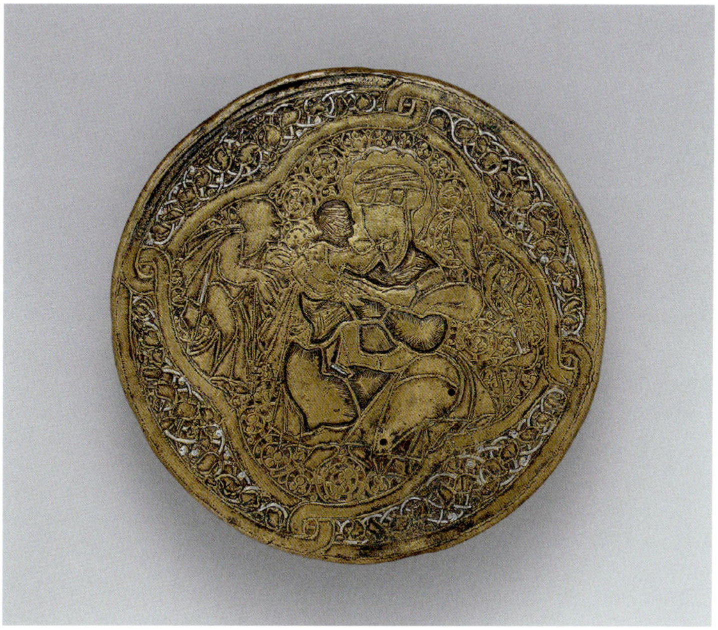

خلفيّة ملئت بلفائف نباتيّة متشابكة تشابكا متراصّا زيّنت أيضا الفراغات الموجودة بين الأقواس. ويُجسّد قوس من هذه الأقواس نسخة مضغوطة من رسم 'الدخول إلى القدس' يُشاهد فيها المسيح جالسا على حمار تنشر شخصيتان تحته ثيابا بينما يمسك زوج آخر وراء الحمار بأغصان، وفي أعلى هذا النقش الصغير يحمل ملكان ظلّة فوق المسيح. (5) وتتضمّن الأقواس الأخرى شخصيات منفردة واقفة ويصوّر الغطاء مشهدا من عمل 'السيّدة العذراء والطفل'. وما يشد الانتباه في هذا البرنامج الزخرفي هو خلوه من أي تشابك هندسي أو زخرفة شبكيّة على هيئة T أو Y أو أشرطة مظفورة كما كان معهودا في الصناعة المعدنية إذاك. والاستثناء الوحيد نجده على الجانب الداخلي للحقة، حيث تظهر دائرة مركزيّة تحمل نجمة سداسيّة تتكوّن من زخرفة شبكية على هيئة T أو Y منحرفة عن المركز وسط لفائف نباتيّة كثيفة.

رغم أن الحقّة تفتقد أغلب التطعيم الذى كان يكسوها وهو ما كان من شأنه أن يقدّم تفاصيل تصميميّة، فإن الشخصيات كانت بنحو استثنائي معبّرة في إيماءاتها ووضعياتها واتجاه حركاتها. تلتفت كلتا الشخصيتان الموجودتان إلى اليمين من مشهد دخول المسيح في اتجاه المسيح. وإلى اليسار من ذلك المشهد، يمدّ ذكر يديه في تضرّع إلى المسيح وتلتوي انثى في اتّجاهه في حين أن قدماها تبتعد في الاتجاه المعاكس. الشخصيّة المرابطة قبالة مشهد الدخول هي الوحيدة التي تتصدر الواجهة بينما ترسل الشخصيات من حولها اشارة إلى أهميّتها من خلال تصويب النظر إليها. وقد حدّدت مبدئيًا هويّة هذه الشخصيّة كـ' القديس أندراوس' بالاعتماد على لحيته المتفرّعة، وهي من الخصائص التي نجدها في رسوم أخرى للحواري. (6) وحيث أن القديس أندراوس كان القديس الشفيع لجماعة صليبيّة أُسست في الثلاثينات من القرن الثالث عشر الميلادي واستقرّت في عكّا، فإنه من المغري أن نعتقد في وجود صلة بين هذه الصورة ورعاية صليبيّة.(7) إن أيقنة مشهد السيدة العذراء والطفل لمثيرة للاهتمام على نحو خاص. ففي حين طُوّقت الشخصيات الأخرى بهالة القداسة، نجد أن الأمر ليس كذلك فيما يتعلّق بالمسيح الطفل، و أن هالة السيدة العذراء مفصصة على نحو غير مألوف أما غطاء رأسها وهو عصابة تليق أكثر برجل من امرأة ليبعث على الغرابة.(8) وخلافا لأغلب السيدات الشرقيات، فإنها تجلس على الأرض وليس على عرش.(9) وهنا أيضا تلعب الحركة دورا هامّا: تُميل الأم رأسها نحو الطفل الذي يرفع رأسه وينظر إلى وجهها برقّة.

EK

1. تتبّعت Eva Baer ثمانية عشر من هذه القطع (Baer 1989م)
2. Katzenstein and Lowry 1983م؛ واشنطن دي سي 1985-1986م، ص. 124-146؛ Baer1989م، ص. 41-49؛ Ward 1993م، ص. 84-85؛ Hoffman 2004م؛ Ward ، Ward 2005؛ Auld 2009.
3. فعلا كما استنتجت Rachel Ward أخيرا " يجب أن يُقيّم مصدر وزبائن ومعنى كل واحدة على حدة " (Ward 2005م، ص. 321) للحصول على وجهة نظر أشمل حول مسألة التصوير المسيحي ومقصد الأيقنة، انظر Snelders 2010م.
4. Stefano Carboni في نيويورك 1997c، ص. 427 ، عدد 285
5. Auld 2009م، ص. 50
6. Baer 1989، ص. 38
7. حول رابطة القديس أندراوس، انظر Setton et al.1985م، ص.167-168. من جهة أخرى للقديس أندراوس ارتباط بتأسيس أبرشية القسطنطينية ومن المحتمل أن يكون لتشخيصه هنا علاقة بذلك الدور.
8. لمزيد مناقشة الأيقنة غير العادية للغطاء، انظر مداخلة Carboni في الفهرس في نيويورك 1997c، ص. 426-427، عدد 285. يُظهر الغطاء أدلة على تعرضه لبعض التجديد.
9. تلاحظ Auld أن هذا لم يكن تقليدا متبعا للرسوم الأوروبية للسيدة العذراء إلاّ بداية من القرن الرابع عشر الميلادي وما بعده.(Auld 2009م، ص. 68)

المصدر : Hagop Kevorkian، نيويورك (حتى وفاته 1962)؛ مؤسسة ، Kevorkian ، نيويورك (1962-1970م)؛ بيع Sotheby's ،Kevorkian، لندن، 8 ديسمبر 1970م، رزمة 73، لمتحف المتروبوليتان للفنون

103 . مبخرة كرويّة

سوريا، دمشق، أواخر القرن الثالث عشر – أوائل القرن الرابع عشر الميلاديين .
نحاس أصفر؛ مغزول ومخروط ومثقوب ومحزّز ومطعم بالذهب والفضّة ومادّة مركّبة سوداء.
المقاسات : الارتفاع : 15.9 سم ؛ القطر: 15.9سم.
هبة دجي. بيربونت مورغن، 1917 . 17 . 190 . 2095 . أ، ب .
كتابة بالعربية بخط الثلث الى الأعلى والأسفل:
عزّ لمولانا الملك المالك العا/ لم العادل المؤيد المظفر المنصور / المجاهد المرابط المثاغر الغازي.

على نصف الكرة العلوي الشريط الأوسط : (مثل أعلاه، لكن مع إضافة التالي بعد: الغازي):
ركن الإسلام والمسلمين.
على نصف الكرة السفلى ، شريط أوسط (مثل أعلاه مع إضافة التالي بعد : المسلمين)
والملوك والسلاطين قاتل الكفر [ة] داو[د؟]

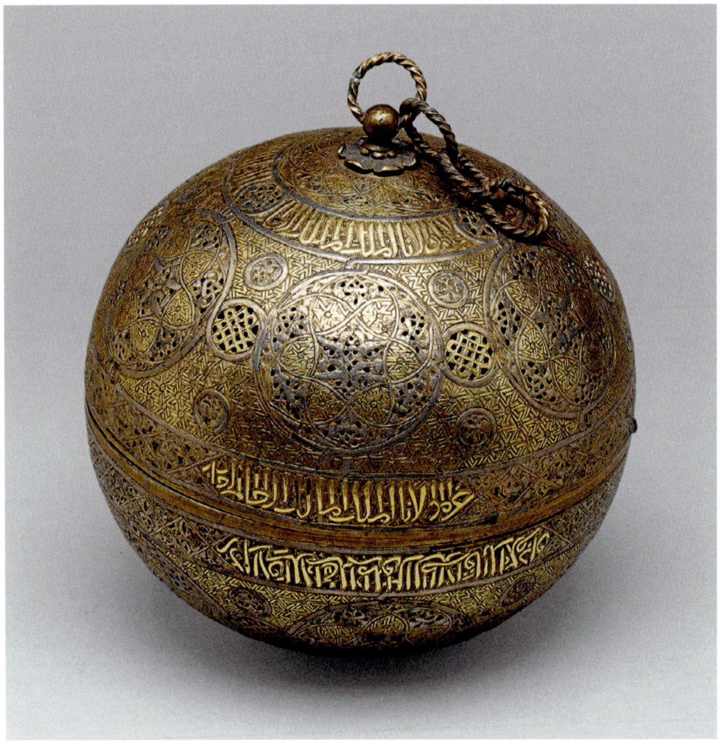

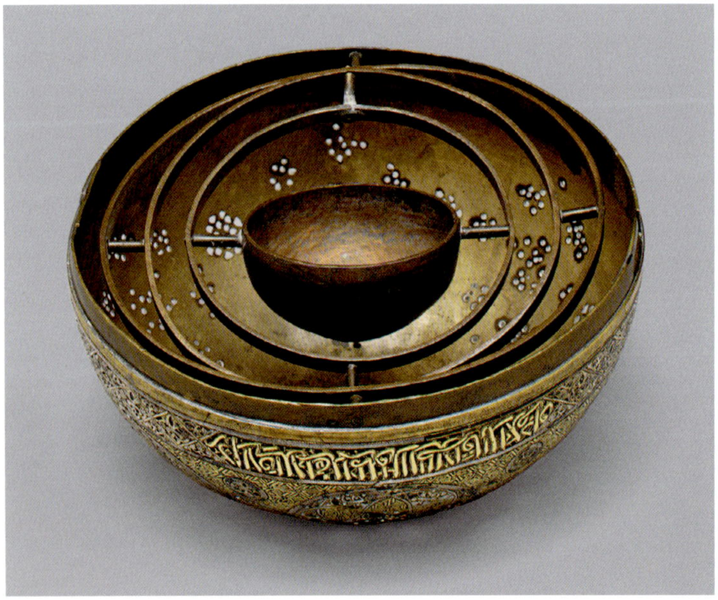

لا يزال العديد من الأجسام الكرويّة من النحاس المخروم العائدة إلى فترة القرون الوسطى موجود إلى حد الآن.(1) وعلى غرار النموذج الحالي، تتكوّن الأجسام الكروية في هذه المجموعة من نصفي كرة. وعادة ما تزدان جدران نصف الكرات بتطعيمات معدنيّة أو من المادّة المركّبة السوداء وتكون مخرومة بثقوب صغيرة تُرتّب عادة على نحو زخرفي في مجموعات تتناسق والتصميم المرصّع.

وقد جُهّزت أغلب الكرات من الداخل بصحفة معدنية صغيرة مثبّتة بطقم من الحلقات التوازنية التي تبقي الصحفة سويّة مهما كانت وضعية الكرة. (2) وقد شكلت وظيفة الكرات المخرومة موضوع بعض النقاشات ومن المحتمل أن لا تكون لكل هذه القطع نفس الغاية. ويرجّح أن تكون النماذج الأصغر، وبعضها لا يتعدّى قطرها بعض سنتيمترات، استُعملت كمسخّنات بدويّة حيث يكون الفحم المشتعل في الأكواب التي تضمّها، أو حُملت كأوعية عطور تحتوي على مواد معطّرة. (3) وغالبا ما تصنّف الكرات الأكبر، على غرار هذه الكرة، كمباخر مع اعتبار الكوب وعاءا للمادة العطرية .(4) جرت الإشارة بإلحاح إلى أن هذه الأكواب قد تكون استُخدمت لحمل قناديل معطّرة كانت لا تنبعث منها رائحة طيّبة فحسب بل كانت أيضا تضيء التخريم.(5)

وتعكس التصاميم على نصفي الكرة بعضها بعضا على نحو يكاد يكون متطابقا. حول حافة كل منهما، تتناوب أشرطة خطوطيّة مع مجموعات من خراطيش منحرفة الشكل مملوءة بموتيفات نباتيّة منمنمة. ويؤطر صف عريض من ميداليات دائريّة كبيرة وصغيرة متشابكة خلفية من الزخرف على شكل الحرف اللاتيني z وأجزاء مثقوبة بها تخريم معقود وموتيفات نباتيّة أومجموعات من البطات المتقابلة. ويُشكل شريط خطوطي دائرة حول رأس كل نصف كرة. جُهّزت هذه الكرة بمقبض وحلقة للتعليق. ولكن هناك نماذج شبيهة صُمّمت بغير مثبّتات تعليق حتى يمكنها الدوران على مساحة ما دون عائق.(6) وفي داخل الكرة، يوجد كوب مسنود بمفاصل تُبقيه افقيا وثلاث حلقات مركزيّة تدور على محور نقطة تعليقها.

EK

1. عددت Sylvia Auld أربعة وستين منها (Auld 2004، ص. 116-140).
2. Baer 1983، ص. 60-61.
3. واشنطن دي سي، ومدن أخرى 1981-1982، ص. 58.
4. حول التطييب بالبخور في السياقات الإسلامية في العصر الوسيط المبكّر، انظر Aga-Oğlu1945م، ص.28-29
5. Ward 1990-1991م، ص. 67-82.
6. المصدر ذاته، ص. 78،69؛ Baer 1983، ص.60.

المصدر : J. Pierpont Morgan، نيويورك (حتى 1917م)

104. مجمرة

مصر، النصف الثاني من القرن الثالث عشر الميلادي.
نحاس أصفر؛ مصبوب ومحزّز ومطعّم بالفضّة ومادّة سوداء مركّبة.
المقاسات: 35.2 × 39.4 × 41.6 سم.

مجموعة إدوارد سي مور، وصيّة ادوارد سي مور، 1891. 91. 1. 540.
كتابة بالعربيّة بخط النسخي على الجسم:
عز لمولانا السلطان العالم/ العامل العادل المجاهد المرابط/ المؤيد المنصورسلطان الإسلام والمسلمين قاهر/ الخوارج والمتمردين السلطان الملك المظفّر يوسف بن عمر.

كتابة بالعربيّة بخط الكوفي على الأقدام:
[غير واضح ولكن يرجّح أن تكون تضمّنت نفس عبارات المدح أعلاه]

هذه المجمرة هي واحدة من مجموعة قطع تتكوّن من تحف معدنيّة، زجاج مطلي بالمينا وعلى الأقل قطعة واحدة من النسيج، صُنعت في مصر أو سوريا للسلاطين الرسوليين باليمن ومسؤوليهم والتي جرى تحديدها اعتمادا على كتابات أو زخارف كتابية. وكانت أغلب هذه التحف تقدّم كهدايا دبلوماسيّة من سلاطين المماليك، رغم أن بعضا منها قد يكون أُنجز بناء على طلب مباشر.(1) لا توجد أيّة اختلافات من الناحيّة الفنيّة أو الأسلوبيّة بين الأعمال المنجزة لفائدة الرسوليين وتلك المصنوعة للمالكين من المماليك.(2) استُخدمت المجامر، على غرار هذه المجمرة، كسخانات وشوايات محمولة. وفي هذه الحالة، تُنظم المقابض وهي على شكل رؤوس أسود تتضمن حلقات تعليق بقضبان ومقابض تُستعمل لحمل الوحدة الساخنة. استُخدمت رؤوس التنانين الثنائية المتقابلة والمتمركزة في الوسط على الحافات لجميع الجوانب الأربعة كمِبصقات. وسُبكت عناصر كل زاوية تتضمّن تيجانا مخروطة وقطع حافة وسيقانا مفصلية بأقدام تشبه الحوافر بشكل كامل قبل أن تشدّ بمسامير لولبية إلى اللوحات الجانبيّة. وتمتدّ عبر هذه اللوحات الكتابة الضخمة على خلفيّة من الزخرف النباتي

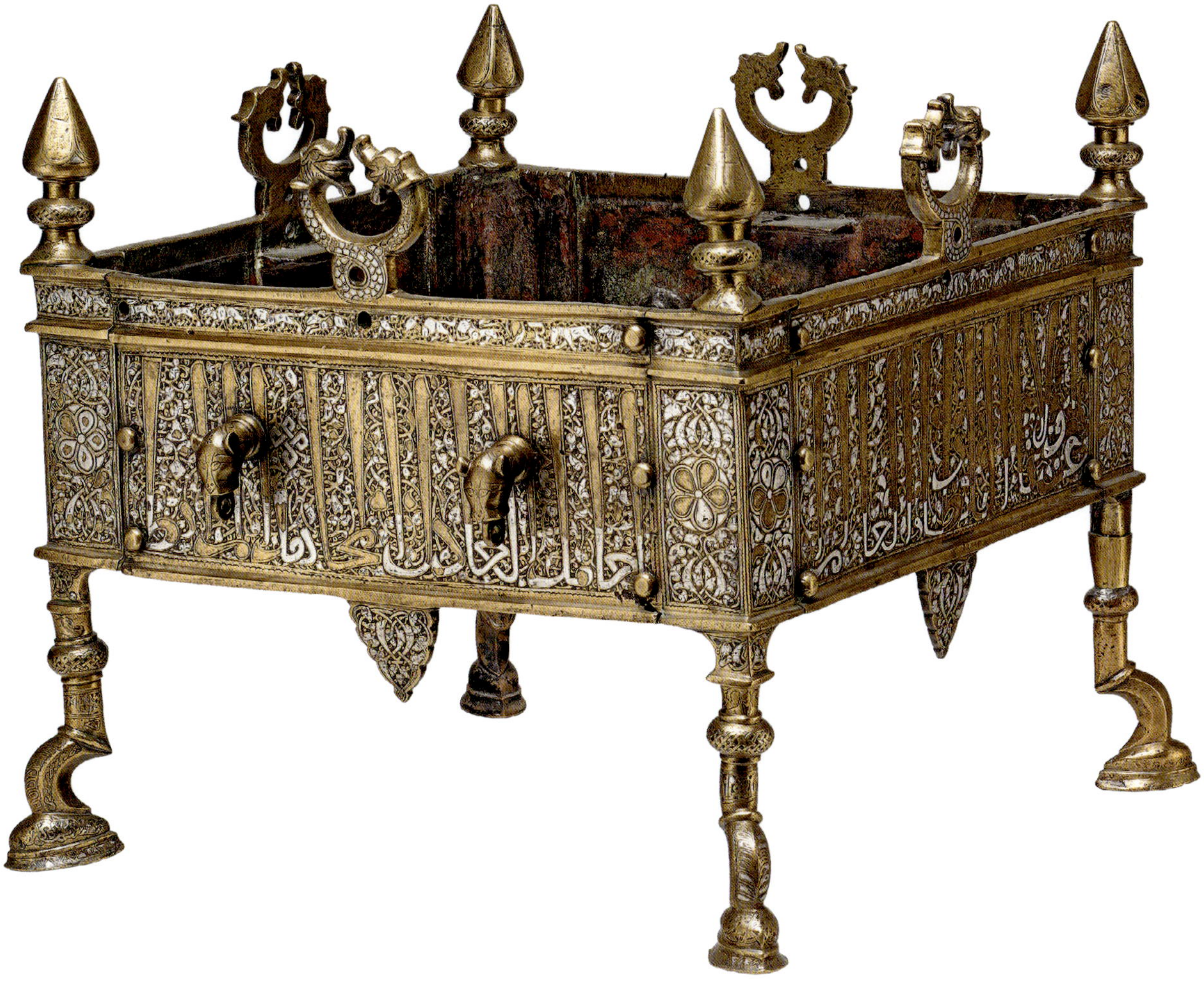

الملولب. ويظهر شعار سلالة الرسوليين وهو وريدة ذات خمس بتلات على درع دائريّة ظهورا جليّا على كلا جانبي كل قوس زاويّة.(3)

وبدون شك، فإن الألقاب وعبارات التشريف تعود إلى السلطان المالك المظفّر شمس الدّين يوسف بن عمر، الحاكم الثاني في السلالة الرسوليّة (حكم ما بين 1250 – 1295م) والراعي الشغوف للفن المعماري وللأدب. وقد انكبّ المظفّر يوسف، في بداية حكمه على استعادة السيطرة على صنعاء والتّهامة ومناطق من الجنوب، وهي مناقب قد تكون وراء نيله صفة '' قاهر الخوارج والمتمرّدين'' التي دُوّنت هنا. وفي نهاية المطاف، أدّت سلسلة من التعيينات السياسيّة الإستراتجيّة للتمهيد لفترة طويلة من السلام والازدهار في اليمن الذي كان يستفيد أصلا من الضرائب المتأتّية من التجارة المربحة من البحر الأحمر.(4) حافظ المظفّر يوسف، أثناء أغلب فترة حكمه، على علاقة دبلوماسيّة إيجابيّة مع المماليك: فقد بعث بعدّة رسل محملين بالهدايا إلى القاهرة وتسلم عددا منها بالمثل.(5) وقد تكون إحدى هذه التبادلات هي المناسبة التي آلت من خلالها المجمرة إلى مجموعته. وقد وصلنا ما يناهز الاثنتي عشرة تحفة معدنيّة مطعمة كتب عليها اسمه.(6)

EK

1. تتميز هذه القطع عن مجموعة القطع المعدنية التي يُعتقد أنها أُنتجت في اليمن (انظر م1986 Allan). يمكن الإطلاع على قوائم جزئية لهذه القطع في م1987 Porter, V، ص. 250–252؛ م1986 Allan، ص. 39–41.
2. نيويورك 1997a، ص.14.
3. حول الوريدة كشعار للرسوليين، انظر 1970 Allan، ص. 104–105.
4. م1987–1988 Smith، ص. 137. أفاد Marco Polo أن المظفر يوسف كان ''أحد أثرياء الأمراء في العالم'' من هذه الإيرادات.(م1875 Polo، مجلد 2، كتاب III، ص. 434).
5. 1987–1988 Porter, V، ص. 232–234.
6. المصدر ذاته، ص. 250–252.

المصدر: Edward C. Moore، نيويورك (حتى وفاته 1891م)

105. حامل طبق

مصر أو سوريا، منتصف القرن الرابع عشر الميلادي .
نحاس أصفر؛ مطروق ومقلوب ومحزّز ومطعّم بالفضّة والنحاس والمادة السوداء المركّبة ومحفور.
المقاسات: 26 × 24.1سم.
مجموعة ادوارد سي مور، وصية ادوارد سي مور، 1891. 91. 1. 601.
كتابة بالعربيّة بخط الثلث على الجزء العلوي:(1)
مما عمل برسم الجناب العالي / المولوي الأميري الكبيري الغازي ا
كتابة بالعربيّة بخط الثلث في الوسط:
مما عمل برسم الجناب العالي المولوي الأميري الكبيري المالكي العالمي ا
كتابة بالعربيّة بخط الثلث على الجزء الأسفل:
المخدومي الحسامي حسين ابن المقر المرحوم / السيفي قوصون الملكي الناصري

مع حلول 1341م، وهوالتاريخ الأقصى الذي يمكن اعتماده لتأريخ حامل الطبق النحاسي هذا، بلغ ما يطلق عليه الأسلوب الخطّي الذي لاقى رواجا خلال حكم السلطان الناصر محمد أوجه في الفن المملوكي.(2) فحلّت أشرطة عريضة من الحروفيّة البارزة محلّ الإفريزات الحيوانيّة والتشخصيّة السائدة في القرنين الثالث عشر والرابع عشر الميلاديين. وغدت الميداليات تُحيط بإطارٍ الموتيفات الحاملة لشعارات بدل مشاهد تتويج الأمراء أو التجسيدات الفلكيّة. وتُحدد الكتابة على الجزء الأسفل لهذا الحامل، وقد انجزت بخط الثلث الضخم، هويّة الزبون كـ'إبن الأمير القوي قوصون'. رغم أن الحامل يخلو من أي تأريخ، فإن الإشارة إلى قوصون كـ'المقر المرحوم'، تعني أن التكليف بالإنجاز جرى بعد وفاة الأمير في 1341م. اعتمد حسين، ابن قوصون، أداة شعار والده وهو كوب مطوّق بحلقة على درع مقسّمة ، وفي ذلك إشارة إلى الوظيفة المراسمية التي اضطلع بها قوصون كساقي السلطان، فقد تكرّر هذا الموتيف أربع مرّات على الجوانب المنحدرة العليا والسفلى للحامل ضمن ميداليات مستديرة كبيرة مزينة بزهر اللوتس ونباتات الفاونيا. كما تكرّر أربع مرّات على الشريط النصي الأوسط. رغم أنّ شعارات الكوب صغيرة مقارنة بحجم التحفة والعناصر الزخرفيّة الأخرى، فإنّها تبدو بارزة نظرا لأنها الموتيفات الوحيدة المطعّمة بالنّحاس الذي تتباين درجة لونه المائلة إلى الاحمرار مع الجسم النحاسي وكذلك مع التطعيمات النحاسيّة الصفراء وتلك الفضيّة .

يتوافق حامل الطبق هذا مع المرحلة الأخيرة من التفلور في صنع الأواني المعدنيّة المملوكيّة، مباشرة قبل بداية التراجع الذي شهده الربع الأخير من القرن الرابع عشر الميلادي. ويدل أيضا على المرتبة الرفيعة التي يمكن أن يصل إليها بعض

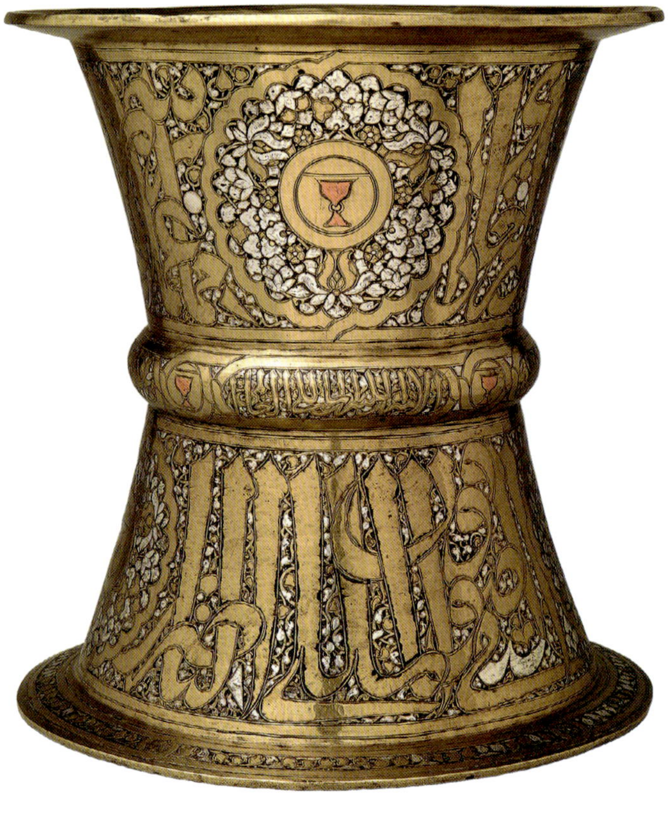

أبناء المملوكين. وقد أمّن والد الزبون وهو أحد الأمراء الأكثر نفوذا خلال سلطنة الناصر محمد مكانته أكثر من خلال التصاهر فهو لم يتزوّج احدى بنات السلطان فحسب بل إن إحدى بناته هو تزوّجت من الحاكم نفسه. رغم أن قوصون أُطيح به بشكل مخزي من قبل زملائه الأمراء المملوكيين بعد وفاة الناصر محمد فإن أبنائه واصلوا التمتّع بمنزلة عالية في المجتمع المملوكي وكذلك بما يكفي من الثروة للأمر بإنجاز تحف فاخرة على غرار هذه التي بين يدينا (3).
EK

1. منشور في Mayer, L 1933م، ص.120-121؛ أدت عدم قراءة Dimand لهذه الكتابة على الوجه الصحيح به لتأريخ الطبق في 1296 - 1298م (Dimand 1926م، ص. 199)
2. Ward 2004م.
3. Levanoni 1995م، ص. 81-85.

المصدر: Edward C. Moore، نيويورك (حتى وفاته 1891م)

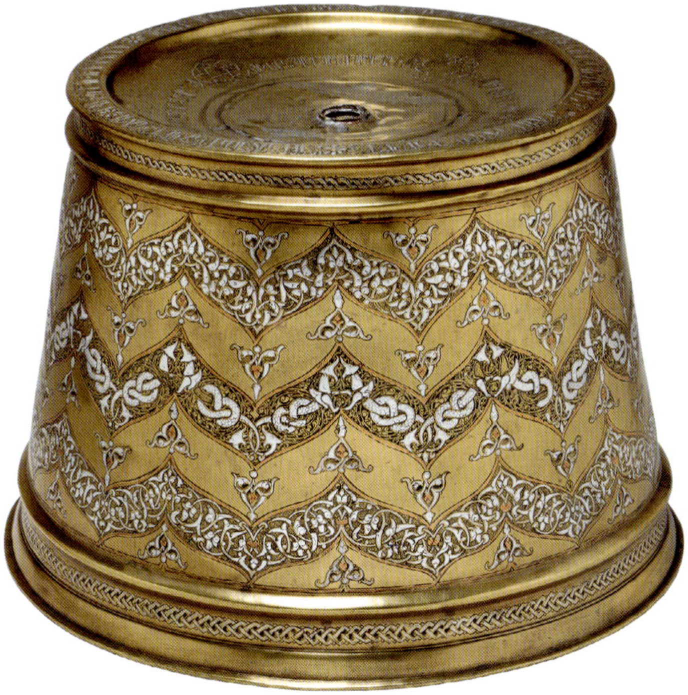

106 . قاعدة شمعدان

العراق، جنوب شرقي تركيا أو سوريا، القرن الثالث عشر الميلادي .
نحاس أصفر؛ مطروق ومقلوب ومحزّز ومطعّم بالفضّة والنحاس والمادّة السوداء المركّبة.
المقاسات: الارتفاع : 23.8 سم. ؛ القطر: 34.4سم.
مجموعة ادوارد سي مور، وصيّة ادوارد سي مور، 1891. 91. 561.

كتابة بالعربيّة بخطّ النقشي على المسند، الحافّة الخارجيّة .
العزّ الدّائم والإقبال الزّائد والجدّ الصاعد والأمر النا . فذ[و] الـ [سـ] عد القاصد [و] النصر الغالب والدهر المساعد الأ. مر [و] الدولة الباقية [و] السلامة الكاملة و العافية الدا. ئمة والسعادة والغنـ[ــيــ] ـة[؟]الصافية والكرامة العالية و.[ا]لسلامة الكاملة والعزّ[و] البقا والشكر والــشـ[نــ]ــا والمجد [و] ا.لعلا والظفر بالأعدا والسعاد[ة] والبقا لصاحبه.

بالعربيّة بالخط الكوفي على المسند، حول النقرة المفقودة:
العزم الدائم والعمر السالم والجدّ الصا . عد والدهر المساعد [و] العافية لصا [؟] والدو . لة الباقـ[يـ]ـة والسعادة الكاملة والجاد [؟] النما والبقاء دائم لصاحبه.

بالعربيّة بخط النسخي على المسند، أضيفت لاحقا، منقوشة :
حمد الرحم [؟].
بالعربيّة بخط النسخي على المسند، أضيفت لاحقا، محفورة:
علي بن أحمد.

بالعربيّة بخط النسخي على الجسم، أضيفت لاحقا، محفورة:
فاطمة.

بالعربيّة بخط الزوي على داخل الجسم، محفورة برسم الخزانة :
[برسم الخزانة] المظفرية

بالعربيّة بخط النسخي على داخل الجسم ، محفورة:
علي أبي [؟]

بالعربيّة بخط النسخي داخل الجسم، منقوشة :
أحمد بن العبّاس

أُنجزت شمعدانات بهذا الشكل للسياقات الدينيّة والمدنيّة على حد السواء. لم تبق إلاّ هذه القاعدة المخروطة المبتورة من هذا النموذج. في الأصل، كان لهذا الشمعدان عنق اسطواني ينطلق من القاعدة ويحمل نقرة الشمعة. وفي العادة فإنّ مثل هذه النقرات كانت تحاكي شكل الجسم على نحو مصغّر. وبناء على ذلك، فإنّ نقرة هذه القطعة كانت هي الأخرى على الأرجح ذات شكل مخروط مبتور. (1) ازدانت الجوانب بثلاثة أشرطة متعرّجة مزخرفة بكثافة. على الشريط الأوسط، تتشابك أزواج من التّنانين المجنّحة المتقابلة ذات أجسام لولبيّة معقودة محززة بخراشيف بشكل رائع وذات قوائم أماميّة سنورية وأذيال على شكل رؤوس تنانين على خلفية من اللفائف النباتيّة الرقيقة.
وتُزيّن كتابتان مركزيّتان مطعمتان مسند قاعدة الشمعدان: حول الحافة الخارجيّة ،شريط دائري بخط النسخي تَقْطعه على فترات منتظمة وريدات على أرضيّة نباتيّة، وحول النقرة المفقودة دائرة بالخط الكوفي مقسّمة إلى أربعة ميداليات متداخلة. (2) ولا تشكّل الكتابات المتبقية المحفورة في مساحات من النحاس الصرف جزءا من البرنامج الزخرفي بل علامات للمالكين. وتَذكر احداها وهي موضوعة على السطح السفلي لقاعدة الشمعدان أن انجاز القطعة طُلب لحساب خزينة شخص لقبه " المظفّر"، مما يُشير إلى زبون أو جامع تحف من الأسرة المالكة.(3)
غير أن هوية هذه الشخصية البارزة لم تُحدد: فبينما يتوافق اللقب مع ذلك الذي يعتمده العديد من مختلف الحكام في سوريا والجزيرة ما بين القرنين الثاني عشر والثالث عشر الميلاديين، لا يتوافق الاسم الشخصي والأسماء المركبة من أسماء الآباء أو الأسلاف التي تليه مع أي من هذه الشخصيات.(4)

نظرا لأن الكتابات خلت من ذكر أي تاريخ أو مكان صنع أو تحديد قطعي لهوية الزبون، فإن نسبة هذا الشمعدان تعتمد على الأدلّة الأسلوبيّة. فاللوالب الملفوفة تماما، التي تغطّي خلفية أشرطة الأرابيسك المتعرّجة، هي سمة من سمات مجموعة الحرفيين المعدنيين الذين تُشير نسبتهم 'الموصلي' إلى ارتباطهم بمدينة الموصل في شمال العراق. لكن هذا المعطى لا يكفي لحصر المصدر في هذه المنطقة، حيث أنه عرف عن هؤلاء الحرفيين نشاطهم في مراكز متعدّدة في العراق والأناضول وسوريا ومصر خلال القرن الثالث عشر الميلادي .

توجد أيضا الأشكال مستدقّة الطرف وذات القواعد على شكل طبل، وإن كانت من خاصيات ورشات الجزيرة في القرن الثالث عشر الميلادي، في نماذج متأخرة من سوريا ومصر وكذلك من إيران.(5)

وتظهر صور متوازية للتنانين الثنائيّة المرسومة هنا في تشكيلة من الوسائط خلال القرنين الثاني عشر والثالث عشر الميلاديين من العراق والأناضول وسوريا. وقد جرى تأويل تنانين مشابهة تعلو مداخل وبوابات في آمد (ديار بكر حاليًا) وسنجار وحلب ودمشق وبغداد وشُكّلت في صورة مقارع أبواب من البرونز المصبوب في جنوب الأناضول كطلاسم تعويذيّة .

وتشير صور مماثلة على سلسلة من العملات المعدنيّة الأرتقيّة وفي مخطوطات مصوّرة مرتبطة برعاية أرتقيّة إلى أنها قد تكون استخدمت كنوع من شعار لسلالة ما في ذلك السيّاق. (6)

EK

1. م1983 Baer، ص. 27
2. أُلحم قرص من النحاس الأصفر مثقوب في الوسط على الفتحة حيث كانت قصبة النقرة في الأصل مشدودة.
3. م1949 Rice, D. S، ص. 340 خاصة الحاشية 40. انظر أيضا م1957 Rice, D. S.، ص. 319
4. انظر Bosworth 1966م، ص. 70-73
5. م1983 Baer، ص. 28.
6. مناقشة حديثة لموتيف التنين ومغزاه المحتمل، انظر م2010 Houston، ص.17 - 18، عدد 3

المصدر: Edward C. Moore، نيويورك (حتى وفاته 1891م).

107. أسطرلاب

اليمن، بتاريخ 690 [هجري] الموافق لـ 1291م
نحاس أصفر؛ مصبوب ومطروق ومثقوب ومحزّز ومطعّم بالفضّة
العلبة : الارتفاع: 19.4 سم ؛ القطر: 15.6 سم.
مجموعة إدوارد سي مور، وصيّة إدوارد سي مور 1891 . 91. 51. 35. أ- ي
كتابة بالعربيّة بخط النّسخي على ظهر الأم:
هذا الاصطرلاب عمل عمر بن يوسف بن عمر بن علي بن رسول المظفري مباشرة واملا.
سنة ح 690 [هجري][1291م].

استُخدم الإسطرلاب وقد أُخترع في العصور القديمة وهُذّب في مناطق مختلفة من العالم الإسلامي خلال العصر الوسيط، لتحديد اتجاه القبلة وضبط أوقات الصلاة بدقّة والتنبّؤ بموقع الأجرام السماويّة وتقدير الطوالع ضمن استخدامات أخرى.(2) وتمثّل القطعة الحالية نموذجا موثّقا بشكل جيّد وعلى نحو استثنائي. تنسبه الكتابة الواردة عليه إلى أمير رسولي باليمن، عمر بن يوسف، وتؤرخه إلى بضع سنوات قبل اعتلاء عمر العرش تحت اسمه الملكي الأشرف (1295 – 1296م.) والمعروف عن عمر أنّه كان قد ألّف عددا من الرسائل حول مواضيع تتعلّق بالعلوم بما في ذلك نصه حول إنشاء الإسطرلابات والساعات الشمسيّة والبوصلات المغناطيسيّة. (3)

ولا يتضمّن أحد المخطوطات المتبقية من هذه الرسالة (ربّما النسخة الأصليّة) رسوما توضيحيّة وجداول تماثل هذا الإسطرلاب فحسب بل أيضا شهادة من

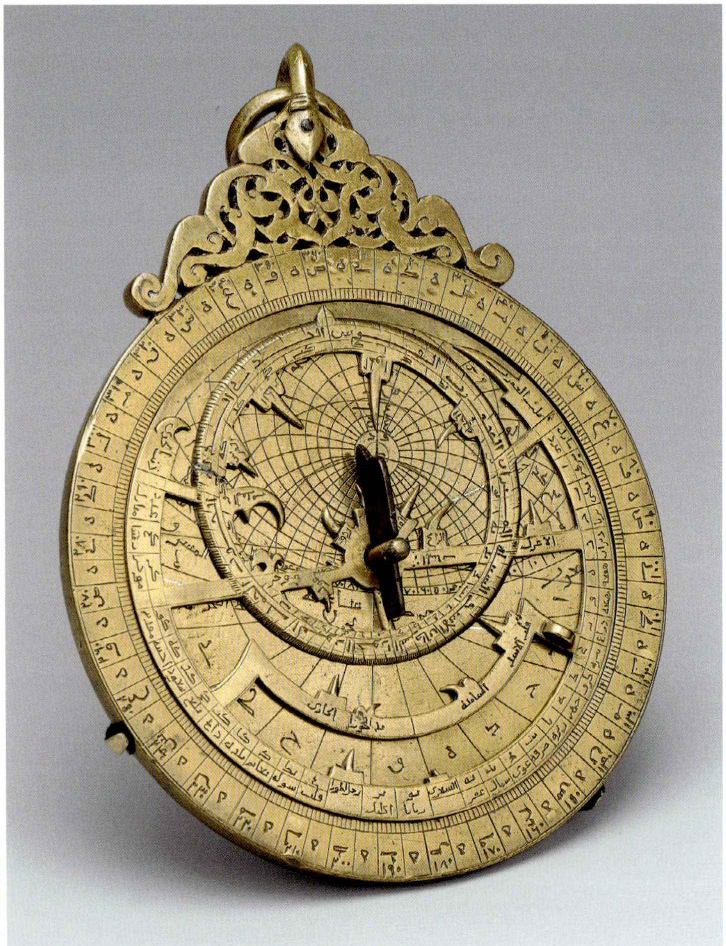

مدرسي عمر تقرّ بكفاءته كصانع مثل هذه المعدّات وتصف العديد من أعماله التي يتطابق أحدها مع هذه القطعة بالذّات.(4) واعتمادا على ذلك الوصف وعلى العبارات الخاصّة الواردة في آخر الكتابة، فقد ذهب الرأي للقول بأن هذا الاسطرلاب أُنجز من قبل الأمير بمساعدة حرفي معدني غير محدد الهويّة.(5) في معظم جوانبها، تحذو 'أداة' عمر حذو الشكل النمطي للإسطرلابات الأخرى من العالم الإسلامي القروسطي. صُنع الإسطرلاب من النّحاس الأصفرويتضمّن مسطرة دوارة وشبكة مخرومة أوما يطلق عليها بـ'الشبكة الفلكيّة' مع قطب دائرة الأبراج ومؤشرات (شظايا) الأبراج، ويتضمّن كذلك العلبة أوالأم وهي تضمّ أربعة صفائح، وكذلك توجد على ظهر العلبة عارضة دوّارة أو العضادة، وأخيرا وتد (عصري) يحمل ظهر العلبة الكتابة المذكورة أعلاه معا مع عدّة صفوف من الرموز والترقيم الفلكيّ. وتبرز من الأعلى عروة تعليق مثقوبة على نحو زخرفي وذات تصميم من الأرابيسك وهي موصولة بحَلقتين .وكُتبت على الحافة الخارجيّة للشبكة أسماء الثمانية والعشرين منزلا من منازل القمر.

لم تكن إحدى الصفائح الأربع أصليّة ويبدو أنّه أعيد استخدامها من إسطرلاب آخر. وتحمل الأخريات وهي جميعها أصليّة خطوط العرض لأربعة مواقع محدّدة في اليمن وكذلك لمكّة والمدينة.(6)

EK

1. انظر أيضا الترجمة في مKing 1985، ص. 102.
2. يوجد تفسير للإسطرلابات واستعمالاتها في Savage-Smith Maddison and م1997، ص. 168–282.
3. لا تزال توجد في القاهرة وطهران وبرلين نسخ من هذا النص. (أعداد Ahlwardt 5811 [Sprenger 1870م] و TR 105، MUI 150 تباعا). حول الاهتمام الخاص بعلم الفلك في اليمن، انظر مKing 1983.
4. القاهرة TR 105. تعتمد هذه التقييات على اتمام عمر صنع ست اسطرلابات و بوصلتين مغناطيسيتين وكذلك أدوات أخرى (مKing1985، ص. 101)
5. اسطرلاب المتروبوليتان هو الأداة الوحيدة التي جرت نسبتها بدقة إلى هذا الحاكم.
6. عدن وتعز وصنعاء وشمال اليمن (مKing 1985، ص. 104)

المصدر: Edward C. Moore، نيويورك (حتى وفاته 1891م)

108. صحفة

على الأرجح مصر، نهاية القرن العاشر – أوائل القرن الحادي عشر الميلادي.
زجاج ، يميل إلى الزرقة؛ منفوخ وملوّن.
المقاسات : الارتفاع : 10.7سم؛ القطر: 15.3سم.
اقتناء رصيد رودجرز وهدايا ريشارد س باركينز
السيّد والسيّدة تشارلز رايتسمان والسيّد والسيّدة لويس إ. سالي والتردّي بنغر ومرغاريت موشيكيان والسيّدة ميلدرد ت. كيلي ومؤسسة هاس ومهدي محبوبيان والسيّد والسيّدة بروس ج واستكت، 1974 1924. 74.
كتابة بالعربيّة بخطّ الكوفي حول الحافة [غير واضح].

قليلة هي الأعمال الإسلاميّة من الزجاج الملوّن التي تضاهي روعة هذه الصحفة. بعد أن أعيد تشكيلها من عدّة شظايا، أصبحت الآن تقريبا كاملة لا تنقصها إلاّ بعض الجزئيات الطفيفة. وعليه فإنّه يمكن تقدير زينتها على نحو كامل، وقد كانت هشّة ورقيقة الجدران وتكاد تكون عديمة اللون. وكان مظهرها وهيئتها غير مألوفتان أيضا لأن أغلب الصحفات الزجاجيّة لها جدران منحنية بدل أن تكون متّسعة تدريجيّا. ويوجد عمل زجاجي آخر وحيد عُثر عليه في حفريات بسوريا ذُكر كدليل على أن هذا الشكل أستعمل أحيانا ،(1) ولكن الوسط الأوضح الذي يمكن استعماله للمقارنة هي الفخاريات ذات البريق المعدني المنجزة في العراق في الفترة من القرن التاسع إلى القرن العاشر الميلادي كما يتبيّن ذلك من صحفة لها تقريبا نفس المظهر عُثر عليها في سامراء وموجودة الآن في متحف الفن الإسلامي ببرلين (2) وتتأكد العلاقة الفنيّة من خلال قسمة مساحة هذه الصحفة إلى لوحات دائريّة ومستطيلة تتضمّن كل واحدة منها شجرة سعفات منمنمة وحيدة. ويعدّ مثل هذا البرنامج الزخرفي، الذي يكاد لا يعرف في الأواني الزجاجيّة نسبيّا مألوفا في الأطباق والصحاف ذات البريق المعدني وخاصّة تلك التي يكون مصدرها مصر في بداية الحقبة الفاطميّة.(3)

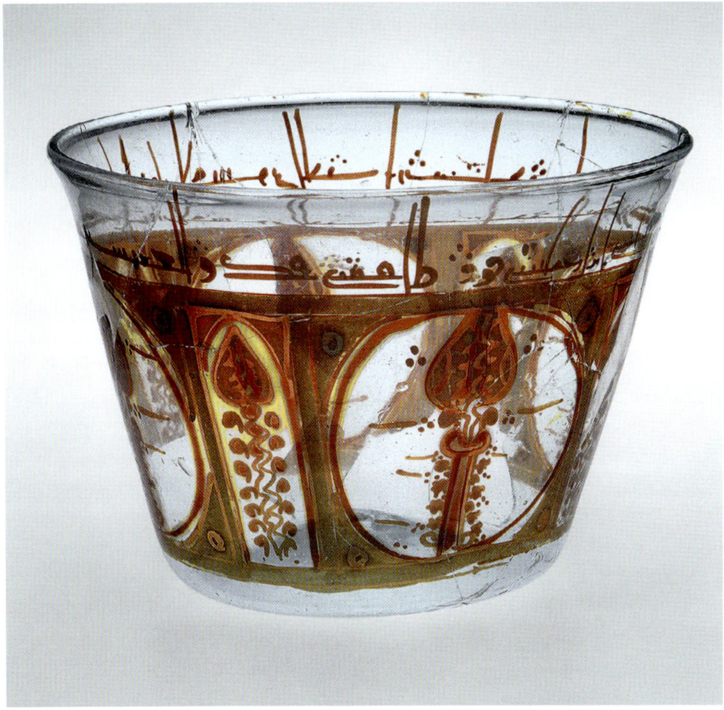

وما من شكّ في أن نماذج خزفيّة كانت تجول في ذهن رسّام هذه الصحفة الزجاجيّة عندما قام بزخرفتها. ومن غير المألوف تماما وجود كتابة حول الشريط الذي يفصل الحافّة عن الزخرف في مثل هذه الأواني الزجاجيّة.(4) ويُرجّح أن يكون هذا النص قد نُسخ عن ديوان شعر مألوف أو ربّما عن مثل. ولكنّ الأسلوب الحروفي المختار والسرعة التي نُسخ بها على المساحة الزجاجيّة المنحنية نجحا لسوء الحظ في هزم أيّة محاولة لفكّ رموزه باستثناء بعض الكلمات المتناثرة . في كلّ من الزجاج الملوّن أو الخزفيات ذات البريق المعدني تُستخدم مركّبات الفضّة و/ أو النحاس على المساحة لإحداث بريق معدني. وبعد أن تُطلى مساحة القطعة بمزيج يتضمّن الأكسيدات المعدنيّة، تُحمى في فرن اختزال. خلال عمليّة التسخين تهاجر الايونات إلى الزجاج أو التزجيج وبالتالي تُختزل في الحالة المعدنيّة. وتتمدّد الطبقة المعدنيّة في حالة الأواني ذات البريق المعدني خلافا للزجاج على تزجيج معتّم، محدثة بذلك مظهرا معدنيّا أكثر انعكاس .

SC

1. Jenkins 1986م، ص. 23.
2. Sarre et al. 1925م، ص. لوحة 16 عدد 2.
3. Pinder-Wilson 1959م، لوحة 1؛ Jenkins 1968b، الصورتان 2 و21.
4. هي مماثلة فقط لكتابة على طبق في المتحف الوطني الكويتي (عدد LNS 44 G). انظر Carboni 2001م، ص. 58-59، عدد 12؛ وكورنينغ، نيويورك وأثينا 2001-2002، ص. 211-213، عدد 104.

المصدر: [Saeed Motamed، فرانكفورت، حتى 1974م؛ بيع لمتحف المتروبوليتان للفنون.]

109. مصباح مسجد

مصر، على الأرجح القاهرة، بُعيد 1285م.
زجاج، يميل إلى البنّي؛ منفوخ وقدم مطوي، له مقابض، مطلي بالمينا ومذهّب.
المقاسات: الارتفاع: 26.4سم ؛ القطر: 21سم.
هبة جي بيربونت مورغن 1917. 17. 190. 985.
كتابة بالعربيّة بخط الثلث على العنق والجسم:
مما عمل برسم تربة المقر العالي / العلائي البندقدار/ قدّس الله روحه

تعتبر مصابيح المساجد المصنوعة من الزجاج المطلي بالمينا والذهب من ضمن المنتجات الطموحة والمميّزة والمرغوبة فيها المنجزة في مصانع الزجاج المصريّة والسوريّة خلال الحقبة المملوكيّة. وقد كان كل مسجد وكل مدرسة وكل تكيّة (الخانقاه) وكل زاوية التي ازدهرت في سلطنة المماليك يطلب العديد وفي بعض الأحيان العشرات من مصابيح المساجد. وكان كل مصباح يحتوي صُحينا مملوءا بالزّيت والماء وفتيلة عائمة وكانت المصابيح تُعلّق من السقف بواسطة سلاسل معدنيّة طويلة تنزل إلى حد مستوى طول الشخص. وبكل تأكيد فإن ما نتج عن ذلك من 'غابة' من المينا الزجاجيّة المضيئة على نحو باهت لابد أنّه كان مشهدا في غاية الروعة للمصلّين الداخلين إلى المسجد. وقد سمحت تقنية الطلي بالمينا لعمال الزجاج حريّة ابداعيّة غير عاديّة لا في زخرفة قطعة فحسب بل أيضا لإضافة كتابات. عادة ما كانت تحمل مصابيح المساجد الآيات الأكثر تناسبا من سورة " النور" (القرآن 24: 35) وبالتالي كرّست الحضورالمنير لله على نحو بارز. لكن العديد من الكتابات مزجت بين المواضيع الدينية والمدنيّة من خلال إبراز اسم الزبون الذي أمر بتشييد المبنى أيضا. ويعتبر هذا المصباح غير مألوف بعض الشيء لأنه يحمل كتابة اهدائيّة منسوخة حول العنق بالمينا الزرقاء وتارة أخرى حول الجسم بالذهب.

وتُفصح هذه الكتابة التاريخيّة ، وهي حادثة نادرة في الدراسات المتعلّقة بالزجاج عن معلومات مفيدة جدّا وتُثبت أن المصباح هو أقدم مصباح يمكن تأريخه من الفترة المملوكية.

كان البندقدار مسئولا رفيع المستوى في النظام المعقد للبلاط المملوكي وكان له الحق في عرض شعاره الخاص به، وهو هنا مرسوم، كما ينبغي، كقوس ذهبي منمنم على خلفية حمراء.(1) وتعني" علائي" أن البندقدارالذي بدأ مسيرته المهنية كعبد (كما كان شائعا لدى المماليك). احتفظ بالاسم المركب لمالكه الأول الأمير علاء الدين آق سنقر. وبدون شك كان زبون المصباح أيدكن العلائي البندقداري، ويذكر أحد المصادر أنه توفي في القاهرة في يونيو 1285م.(2)

تكشف هذه الكتابة على أن المصباح أُنجز لحساب ضريح (تربة) أيدكن، الذي شُيّد حوالي 1284م بالقرب من القلعة في القاهرة كجزء من مركب ضم أيضا ضريح ابنته وخانقاه. ولا تزال غرفة الضريح، وهي غرفة صغيرة مساحتها حوالي أربع وستون قدما مربّعا، تحتوي على التابوت الخشبي لقبر أيدكن ومحراب

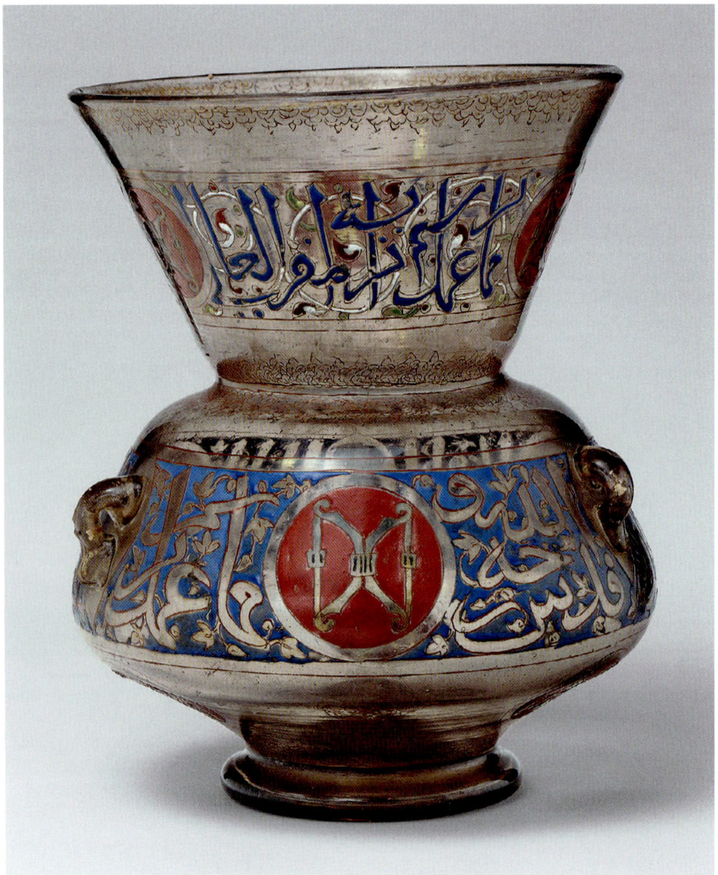

ذات مقرنصات وكان هذا المصباح فيما مضى معلّقا مباشرة فوق التابوت أو أمام المحراب كشهادة على مقامه الاجتماعي.

أصبحت المصابيح المطلية بالمينا والمذهّبة في النصف الثاني من القرن التاسع عشر الميلادي شائعة لدى الجامعين الأوروبيين وأُخذت العديد من المصابيح من المباني التي كانت تنتمي إليها في القاهرة وبيعت. وقد اقتنى ج. ب. مورغن هذا المصباح في 1904م من خلال بيع بباريس من إميل غيار الذي، كان على ما يبدو، مالكه الأوّل وذلك قبل أن يهبه إلى متحف المتروبوليتان في 917 م.

SC

1. كان 'البندق' وهو لفظ عادة ما يترجم اليوم في العربية بـ'بندقة'' قوسا يدفع إلى بعيد بالرّش (بالتالي بندق) عوضا من السهام.
2. Mayer, L. 1933م، ص. 83-84

المصدر: Émile Gaillard، باريس (حتى وفاته 1904م؛ بيع فندق Gaillard، باريس، 7 - 16 جوان 1904م، رزمة 579، لـ Morgan)؛ J. Pierpont Morgan، نيويورك (1904-1917)

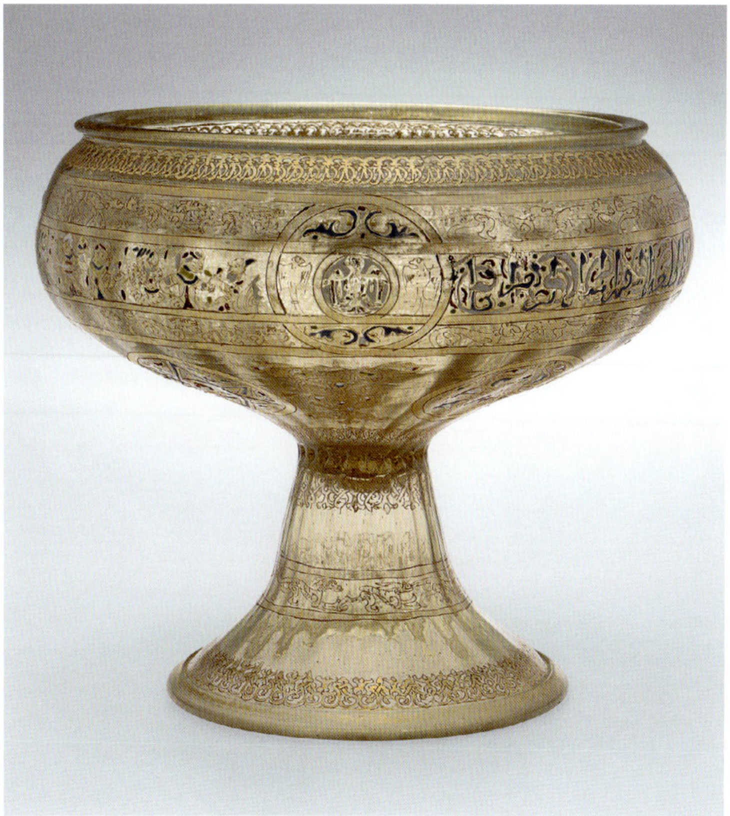

110. صحفة ذات قدم (طاسة)

على الأرجح سوريا، منتصف القرن الثالث عشر الميلادي.
زجاج، عديم الألوان مع مسحة صفراء؛ مصبوب في قالب واحد ومنفوخ، به قدم مصبوب في قالب واحد ومنفوخ، ملوّن، مطلي بالمينا، مذهّب.
المقاسات: الارتفاع: 18.3 سم؛ القطر: 197 سم.
مجموعة ادوارد سي مور، وصيّة ادوارد سي مور 1891. 91. 1. 1538.
كتابة بالعربيّة بخط النسخي:
يا طلعة القمر المنير الزاهر.
يا قامة الغصن الرطيب الناضر.

وصفت ملحوظة وُجدت في أرشيف المتحف كجزء من وصيّة إدوارد سي مور ذائعة الصيت في 1891م هذه ''الطاسة'' بوصفها تاج المجموعة ومجدها. وفعلا وبعد مرور 120 عاما على دخولها المتحف، لا تزال إلى حد الساعة واحدا من الأعمال الأكثر شهرة وروعة واستحسانا والأكثر انتشارا في مجموعة الفن الإسلامي. ورغم أنّ غطاءها المقبّب الأصلي مفقود، فإن مظهرها الجذّاب والأنيق وزجاجها عسلي اللون وزينتها الفاخرة التي يطغى عليها استعمال الذهب تزكّي هذه السمعة.

وكانت الصحفة أيضا من ضمن الأعمال الأوائل التي كان لها دور فعال في تعزيز الإعجاب والولع بالزجاجيات الاسلاميّة المطليّة بالمينا والمذهّبة في النصف الثاني من القرن التاسع عشر الميلادي. وقد قام بنسخ هذه الصحفة المقلّدون الفرنسيون لتقنية زخرفة الزجاج المعقدة هذه ومن بينهم فليب جوزيف بروكار وج د إمبرتون في سبعينات وثمانيات القرن التاسع عشر الميلادي عندما كانت بحوزة جامع التحف تشارلز شيفير (الذي اشتراها، كما يعتقد، من حلاق في دمشق.) (1) وتضمّنت، كما ينبغي، أحد أوائل الدراسات الحديثة حول الزجاج صورة توضيحيّة لهذه القطعة.(2)

ويُطلق على الصحفة المدعومة بقدم طويل اسم '' الطازّة'' وهي مأخوذة ربما من كلمة طاس العربية. ويمكن تأريخ هذا الشكل على الأرجح إلى المرحلة الانتقاليّة بين حكمي الأيوبيين والمماليك في سوريا حوالي منتصف القرن الثالث عشر الميلادي. وهنا يدعم الاستعمال السخي للذهب والاستعمال المحتشم للأوان المطليّة بالمينا والحجم الصغير للشخصيات والأضلاع العموديّة المصبوبة قليلة العمق للجدران، والكتابة الشعريّة هذه النسبة. وكان شاعر البيت المكتوب بالخط النسخي متصل الحروف حول القطر الأعرض للصحفة غير معروف لفترة طويلة.(3) وكشف بحث حديث أجراه عبد الله غوشاني أن النص يظهر ولو مع اختلافات طفيفة في مجموعة جعفر بن محمد بن مختار (543 - 622) هجري الموافق لـ 1148 - 1225م) (4)

لم تحدد الوظيفة الدقيقة لهذه الطاس رغم أنّ مصادر أشارت إلى أنّها قد تكون احتوت حلويات وتمرا أو مكسّرات. لكن إذا ما الإشارة الشعريّة وتوهّج زينتها الذهبيّة قادتا المشاهد لتخيّلها مملوءة بالنبيذ الحلو أو 'الفُقّه' (الجعة)، فإن رؤية البدر التام لا تكون إلاّ مناسبة تماما.

SC

1. انظر Vernoit 1998، خصوصا ص. 111، الصورة 25.2.
2. Gerspach 1885م، الصورة 44.
3. تُرجم البيت في كورنينغ ونيويورك وأثينا 2001-2002م، ص. 241
4. انظر Safadi 1981م، ص. 146.

المصدر: Charles H. A. Schéfer، باريس؛ Edward C. Moore، نيويورك (حتى وفاته 1891م)

111. قارورة

مصر، على الأرجح القاهرة، أواخر القرن الثالث عشر الميلادي
زجاج، يميل إلى الخضرة؛ منفوخ، قدم مثني؛ مطلي بالمينا ومذهب
المقاسات: الارتفاع 43.5سم؛ القطر: 27.9سم
رصيد رودجرز، 1941 41 . 150

كان الطلي بالمينا والتذهيب على الزجاج تقنية صعبة تطلبت الكثير من الممارسة قبل أن تُتقن. فبعدما توضع المينا على القطعة المصقولة، تحتاج إلى أن تُحمى في النار حتى تُثبّت نهائيا على المساحة، لكن درجة الحرارة العالية التي يتطلبها صهر المينا قد تذيب القطعة أيضا. فكان الحل الذكي الذي استنبطه حرفيو الزجاج يتمثل في دوام تدوير القطعة في مدخل الفرن مادامت معلقة بالقضيب (المغزل) وهي حركة تحول دون ارتخاء القطعة. هذه هي الطريقة التي اتُّبعت في صنع مصابيح المساجد والقوارير والمزهريات والأطباق المشهورة والقطع الوظيفية الأخرى المنجزة من الزجاج المطلي بالمينا والمذهب في مصر وسوريا خلال القرنين الثالث عشر والرابع عشر الميلاديين، عندما لم يكن الفهم الكامل للخصائص الفيزيائية والكيميائية للزجاج متيسّرا إلاّ من خلال التجربة. يُرجح أن تكون هذه القارورة هي العمل المنجز من الزجاج المطلي بالمينا والمذهب الأكثر أهمية ضمن سائر مجموعة المتحف. إنه عمل بارع حقا، بحكم كل من حجمه الضخم وزينته غير المألوفة والمعقّدة .كما أن هذه القارورة جديرة بأن لا تنسى لأنها دخلت المتحف بعد سلسلة من الملابسات السعيدة. قيل أنها أُقتُنيت بالقاهرة في 1825م من قبل نائب القنصل النمساوي تشامبيون،(1) وقُدّمت إلى امبراطور هابسبورغ، فرنسيس الأول ثمّ عُرضت في متحف تاريخ الفن بفينا أين مكثت حتّى سنة 1938م عندما بيعت معا مع قطع أخرى حتّى يتسنّى اقتناء كأس هامّة تعود إلى القرن الثالث عشر الميلادي . كان لجوزيف برومر، الوكيل المكلّف بالبيع برواق بنيويورك وتحرّك المتحف سريعا لاقتناء هذه القطعة وكذلك أعمال أخرى رائعة منه . ولا تعدّ زينة القارورة أرفع من حيث الجودة فحسب بل إنّها أيضا غير مألوفة لأنّها أدمجت عدّة ميزات تُبرز صلة مع المفردات الفنيّة الإلخانيّة التي مثّلت مصدر إلهام معتاد للفنّنين المماليك. وكان أكثر هذه العناصر وضوحا هو العنقاء المستلهمة من الصينيين والمعروفة بـ "السيمرغ" في إيران والتي تحيط بالعنق. ويقدّم عنصر آخر وهو عبارة عن سلسلة من المبارزات تجرى على ظهور الخيل، واحدة من أكثر السلاسل التشخيصيّة المرسومة في أيّ وسيط في الفن المملوكي وربّما يعكس مسابقات الفروسيّة الشعبيّة. وصُوّر البعض من الأشخاص الأربعة عشر المنشغلين بالقتال كجنود إلخانيين، وهم أكبر المنافسين للمماليك في العالم الإسلامي. وتبدو الميداليات الثلاث الدائريّة البارزة متطوّرة إلى أقصى حد: فأشكالها الملتفة والدقيقة والكثيفة تشبه تلك الموجودة في أبهى صفحات المخطوطات المذهبة والأواني المعدنية المطعمة العائدة لنفس تلك الفترة.

SC

1. Schmoranz 1898م، ص. 31.

المصدر: [سوق الفن، القاهرة، حتى 1825م؛ لـ Champion]؛ M. Champion، نائب القنصل النمساوي، القاهرة، 1825م؛ لإمبراطور هابسبورغ؛ متحف Kunsthistorisches، فينا، النمسا (1825-1938م)؛ لـ Brummer؛ [Brummer Gallery, Inc]، نيويورك، 1938-1941م؛ بيع لـمتحف المتروبوليتان للفنون]

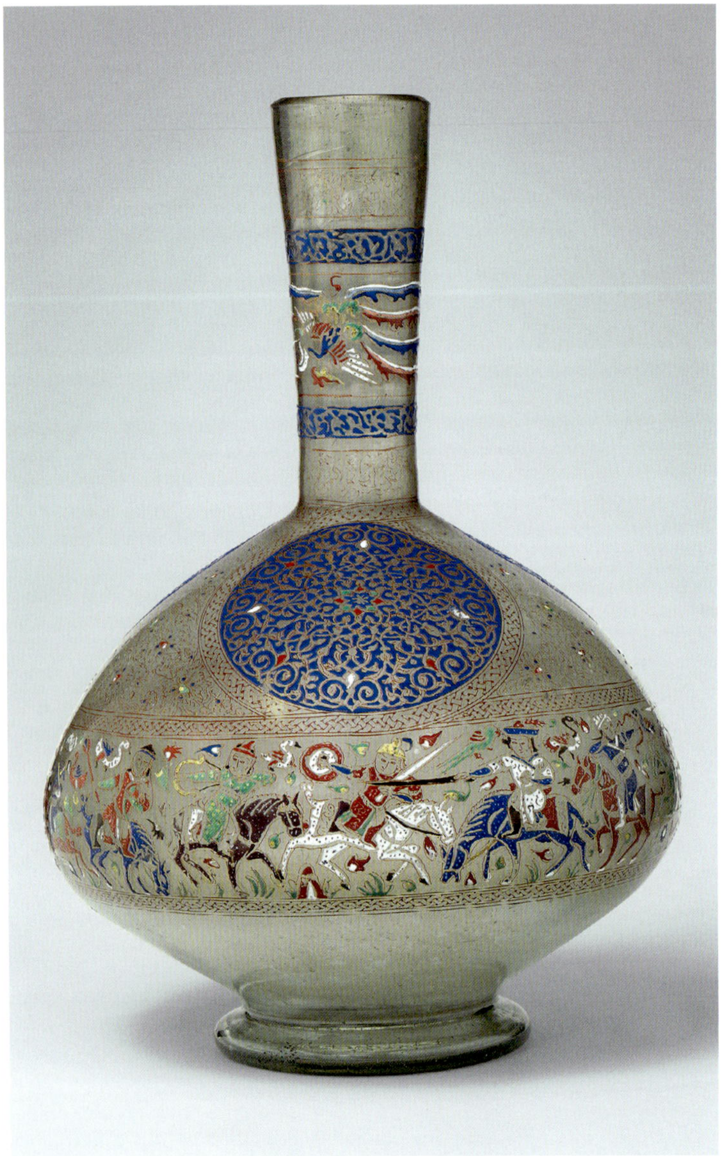

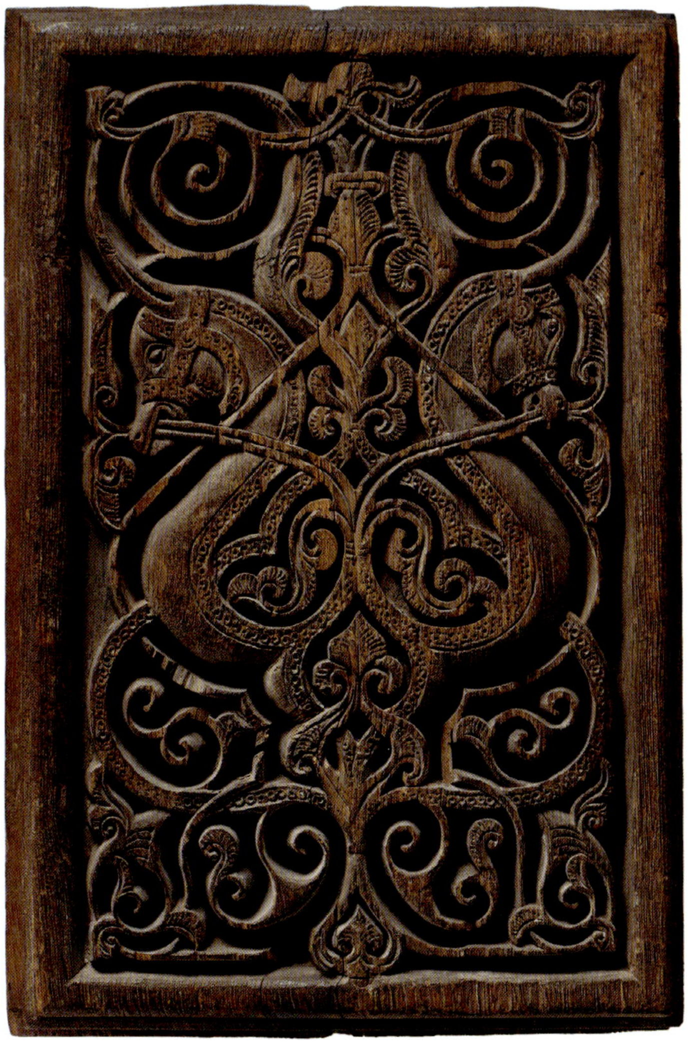

112. لوحة

مصر، القرن الحادي عشر الميلادي
خشب (الساج)؛ منقوش
المقاسات: 34.9 × 22.7سم
رصيد رودجرز، 1911 11 205 .2

رغم أن هذه القطعة لا تحمل أية كتابة أو أية أدلة تأريخية ذاتية، فإنه يمكن نسبتها إلى القرن الحادي عشر الميلادي اعتمادا على مقارنة أسلوبية بأعمال من سياقات محددة التاريخ. وتتشابه الروافد واللوحات الخشبية المكتشفة في استعمال ثانوي في المباني المملوكية المشيدة في موقع القصر الفاطمي الغربي بالقاهرة كثيرا من حيث الأسلوب والتصميم.(1)

ويُعتقد أن هذه العناصر الخشبية نُقشت في الأصل خصيصا لذلك القصر الذي شيّده الخليفة العزيز (حكم ما بين 975-996م) والذي رمّمه الخليفة المستنصر (حكم ما بين 1094-1306م) (2)

وتتمحور بقية هذه اللوحة حول زوجين من رؤوس الخيل موضوعين ظهرا لظهر. يتقوّس الرأسان على شكل الحرف اللاتينيS ويلتحم عنقاهما في وسط اللوحة في موتيف نباتي منمنم من السويقات والأوراق التي تتشابك مع لفائف الدالية المحيطة. وتعيد الحواف المستديرة المائلة لهذه العناصر للذاكرة التحف الخشبية ذات الأسلوب المائل الحواف العائدة للفترتين العباسية والطولونية ولكنها تتميز عنه بالحفر العميق الذي نُقشت به وبالعلاقة الواضحة بين الشخصية والخلفية. بالإضافة إلى ذلك، يظهر مستوى ثان من حفر غيرعميق في بعض التفاصيل مثل عيون الخيل و خياشيمها وشكائمها المزخرفة بأطراف من اللؤلؤ والعناصر الورقية المسنّنة، وقد أُنجزت كلها بخطوط محزّزة على نحو رقيق ووردت اللفيفة الغزيرة الحيوانية الشكل كلّها ضمن إطار مستطيل ذات حواف مائلة. ويمتلك متحف الفن الإسلامي بالقاهرة ضمن مجموعته لوحة ذات تصميم ومقاسات تكاد تكون مشابهة وقد تكون بالتأكيد صُنعت لنفس السياق. (3)

ويُحتمل أن تكون اللوحتان عناصر من باب شبيه بواحد محفوظ في نفس المتحف. ويتضمّن ذلك الباب سبعا من تلك الصفائح المستطيلة رُتّبت عموديا وأفقيا داخل إطاربسيط. (4)

وكفرضية أخرى، قد تكون الألواح ذات رؤوس الخيل تنتمي إلى قطعة من الأثاث مثل صندوق أو خزانة أو ستار.

EK

1. Pauty 1931a، ص. 50-51؛ م1988 Anglade، ص. 45-82.
2. انظر أيضا م1991 Meinecke-Berg و م1991 Meinecke.
3. م2006 O'Kane, ed.، ص. 88، عدد 80؛ م1936 Lamm، اللوحة 1c؛ لندن، 1976cم، ص. 285، عدد 443.
4. م2001 Ettinghausen, Grabar, and Jenkins-Madina، ص. 200، اللوحة 313. انظرأيضا م1972 Jenkins.

المصدر: Lucy Olcott Perkins، فلورنس، إيطاليا (حتى 1911م؛ بيع لمتحف المتروبوليتان للفنون)

113. زوج من الأبواب

مصر، القاهرة، حوالي 1325-1330م
خشب (روزوود وتوت)؛ منقوش ومطعم بالعاج المنقوش والأبنوس وأخشاب أخرى
المقاسات: 196.2× 88.9× 4.4سم
مجموعة ادوارد سي مور، وصية ادوارد سي مور 1891 .91 .20641

كان هذا الزوج من الأبواب ينتمي فيما مضى إلى منبر. ويرجّح أنه كان ينتمي إلى قاعدة سلّم هذا المنبر. (1) ويُزين واجهةَ البابين المصنوعين من خشب الورد تصميمٌ هندسي متقن يتمحور حول نجوم سداسية مرتبة في صفوف متداخلة. وتملأ صفائح من العاج منقوشة بتصاميم أرابيسك بشكل معقد ومحاطة بحافة ضيقة من الخشب المطعم الفرجات الفراغية داخل الإطار المتشابك. أما من الخلف، فإن الأبواب صُنعت أساسا من خشب التوت وزُخرفت بطريقة أبسط مما هي عليه الواجهة مع ترتيب للوحات الأفقية والعمودية المنقوشة بلفائف نباتية ومطعمة بخشب وأبنوس خفيف اللون.

في الأصل كان لكل ورقة إطارها المستطيل الخاص بها. وفي مرحلة معيّنة قبل

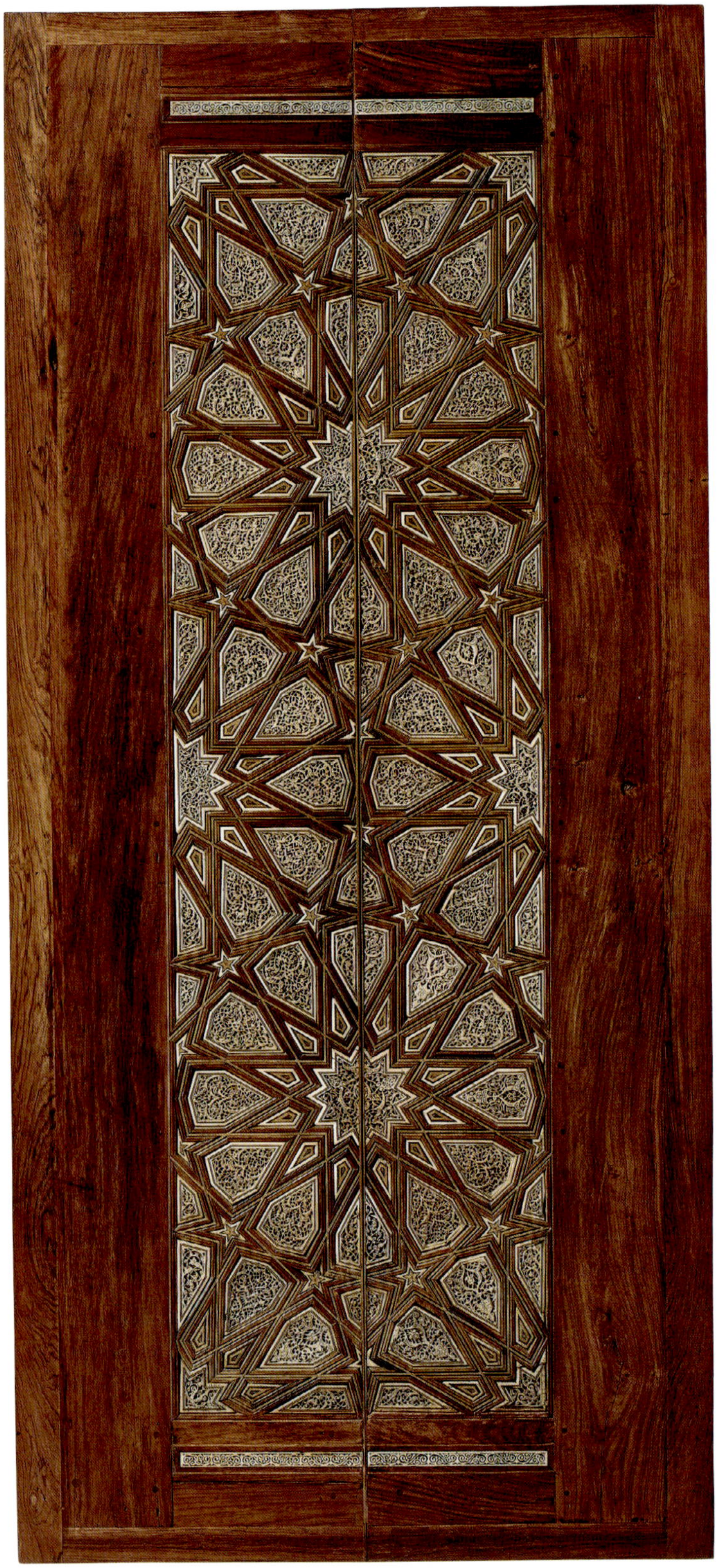

مجيء الأبواب إلى متحف المتروبوليتان أُزيلت عناصر الإطار العمودية الداخلية من كلتي الورقتين التي رُكبتا معا بعد ذلك بحيث أصبح التصميم الهندسي للزينة الذي هو على شكل أذينات جلد مقطوعة يبدو متلامسا.(2)
أما اليوم فيحيط بالزوج إطار خارجي عصري من خشب الزان مصفح بحواشي من خشب الورد. وقد تكون هذه التغييرات حصلت على يد المالك السابق، إدوارد سي مور، الذي قبل أن يوصي به للمتحف في 1891م، قام بتركيب الأبواب في إقامته الخاصّة به. (3) ويشير التطابق بين هذين البابين وشظايا من أثاث من مسجد الأمير قوصون، موجودة الآن بمتحف الفن الإسلامي بالقاهرة إلى أن مصدر هذين البابين قد يكون من نفس ذلك المسجد.(2) وتضمّن وصف منشور لمنبر قوصون قبل هدم المسجد في 1873م رسوما تفصّل العديد من عناصره، من ضمنها لوحة مزدانة بطريقة تكاد تكون متطابقة.(5) وتوجد لوحة مكتوبة من منبر قوصون تحمل تاريخ 727 هجري الموافق لـ 1326 - 1327م الآن في مجموعة نفس المتحف(6). وقد بيعت أخيرا أجزاء أخرى قيل أنها كانت تنتمي لهذا المنبر، وذلك بالمزاد العلني بمناسبة بيع مجموعة شارلز جيلو الذي تحصّل عليها من دكران كيليكيان في 1900م؛ ومن بينها واحدة ، وهي لوحة مطعمة ذات تصميم هندسي يشبه كثيرا ذلك الموجود على أبواب المتروبوليتان، توجد الآن بمتحف الفن الإسلامي بالدوحة في قطر.(7) وبوصفه أميرا من أكثر الأمراء نفوذا وثروة خلال الحكم الثالث للسلطان الناصر محمد، كانت لقوصون القدرة على النفاذ إلى أجود المواد وأمهر حرفي ذلك الزمان لإنجاز هذا الزوج من الأبواب.

EK

1. Karnouk 1981م.
2. الشكر موصول لـ Miriam Kühn من متحف Staatliche Museen zu Berlin für Islamische Kunst لمشاركتها بخبرتها حول المنابر وتقديم عدة صور للمقارنة. التاريخ
3. نُسخ رسم شخصي للجامع وهو جالس أمام هده الأبواب في Jenkins-Madina 2000م، ص. 78، و م Loring 2001 ، ص.24.
4. Karim 2002م، ص. 45
5. Prisse d'Avennes 1877م، ص.107 واللوحات85-88.
6. سجَّل المستشرق الدنماركي A. F. Mehren هذه الكتابة في موقعها الأصلي (Berchem 1894م، ص. 178، عدد 121). يلاحظ Van Berchem أن هذا التاريخ يسبق الانتهاء من تشييد المسجد ويفترض أن المنبر أُنجز أولا. لكن J. D. Weill يذهب للقول أن هذه الصفيحة عندما ترى على المنبر تبدو كأنها كانت مستعملة من قبل بكل تأكيد (Weill 1931-1936م، مجلد 2، ص. 96-99، عدد 7850)
7. Christie's باريس، 4-5 مارس 2008م ، رزمة 40.

المصدر: Edward C. Moore، نيويورك (حتى وفاته 1891م)

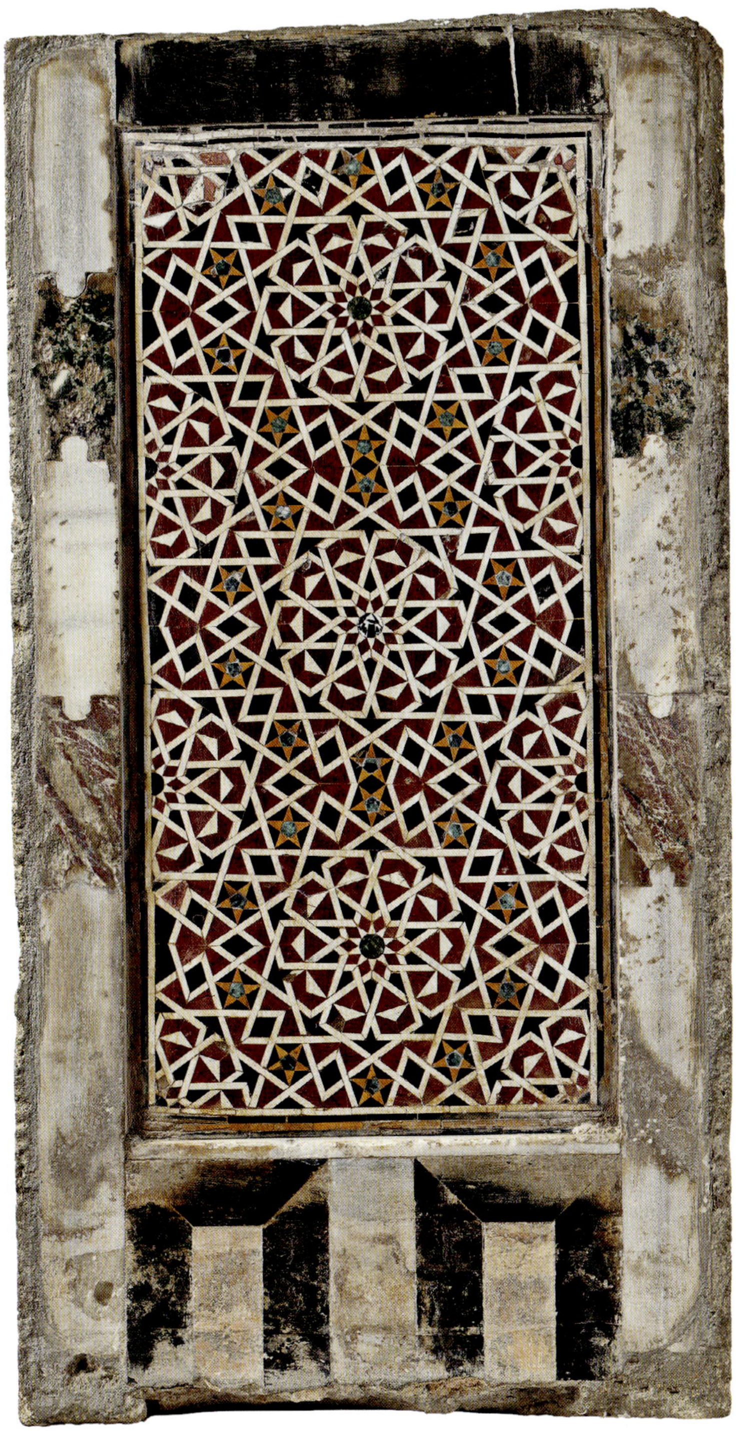

114. لوحة حائطية ذات تشابك هندسي

مصر القاهرة، القرن الخامس عشر الميلادي .
رخام متعدد الألوان؛ فسيفساء.
المقاسات: 117.5 × 59.7 × 12.7سم).
هبة رصيد هايغوب كيفركيان ، 1970. 1970. 32.7. 8.

لطالما زيّنت لوحات من الرخام المطعم المتعدد الألوان الجدران الداخليّة لكل من المؤسسات الدينية والقصور في مصر وسوريا خلال الحقبة المملوكيّة. يأتي هذا النموذج من مبنى غير معروف، وهو بشكله المستطيل واتجاهه العمودي، قد يكون في وقت ما زَركش الصف الأسفل لجدار ما، لكن تطعيما رخاميًا مشابها يظهر أيضا على المحاريب والسبندلات وحتّى القبور المشيّدة للمدفونين في أماكن أخرى، في العصر الحديث.
وتحيط باللوحة المطعّمة تكسية من الرخام المتشابك في ألوان متباينة، وهي صيغة تُعرف في العصور الوسطى بـ"الأبلق" (مايعني حرفيا مخطط) وهي أيضا طابع مميّز للزخرف المعماري المملوكي. كما أن البلاطات المستطيلة والمحاطة بإطار والتي تُشكل إزار الحائط أسفل اللوحة تعدّ نموذجيّة لكيفيّة التعامل مع الجدران في تلك الفترة.(1)
ويوجد شبه شديد بين تصميم اللوحة المركزيّة الفسيفسائيّة وهي ذات شكل متشابك متكرّر قائم على نجمة ذات عشرة أضلع محاطة بمجموعة متنوّعة من الأشكال المتعددة الأضلع وبين تصاميم من وسائط أخرى في الفن المملوكي. وغالبا ما استُخدمت مثل هذه التصاميم في التحف الخشبيّة المنقوشة والمطعّمة، خصوصا في لوحات الأبواب بما في ذلك أبواب المنابر التي تعرّضنا لها سابقا (الفهرس 113). كما مثُل تجليد الكتاب آلية أخرى لاستخدام هذا التصميم ولو بشكل أقل: ويقدّم نموذج في متحف المتروبوليتان عائد للقرن الرابع عشر الميلادي ومنسوب إلى مصر وسوريا مثلا على هذه المقارنة الوثيقة.(2) ويعزى هذا التطابق بين هذه الوسائط المختلفة إلى الدور الذي لعبه الرسامون والمصمّمون الذين انتجت ورشاتهم الواقعة في الشوارع المحاذية للأسواق بالقاهرة تصاميم استجابة لتشكيلة واسعة من الغايات التي كان بالوسع تعديلها حسب الحاجة.(3)
لم يكن الرخام يُحتجر بكثرة من قبل المماليك(4). وقد كان مادّة تحظى بتقدير وتُقتلع من مواقع مصرية قديمة ورومانيّة وبيزنطيّة وصليبيّة داخل الأراضي المملوكيّة وتُجمع كغنائم حرب من مناطق أخرى.(5) وقد كانت الأعمدة الكاملة، إمّا كمجموعات أو كأزواج، تحظى بقيمة كبيرة ولكن تلك التي لم تكن مناسبة لإعادة الاستعمال كانت تُقص إلى أجزاء رقيقة وتستعمل كأغلفة متعدّدة الألوان أو تُلبس ضمن التكسيات الزخرفية بينما تُمزج الأجزاء المتبقية لأحداث تطعيم كذلك الذي نراه هنا.

EK

1. Behrens-Abouseif 2007م، ص. 90-97.
2. متحف المتروبوليتان (عدد 33.103.2a, b)، مدينة مكسيكو 1994م، ص. 106-107؛ Dimand 1944a، ص. 79، رسم توضيحي ص.80، عدد 46 (33.103.2a, b).
3. Behrens-Abouseif 2007م، ص. 41.
4. Burgoyne 1987م، ص. 97؛ انظر أيضا Goodwin 1977م، خصوصا ص. 26 و Meinecke-Berg 1980م.
5. Kahil 2008م، ص. 81-82.

المصدر: رصيد Hagop Kevorkian، روزالين، نيويورك (حتى 1970)

115. قطعة نسيج

مصر أو سوريا، القرن الرابع عشر الميلادي
حرير؛ لامباس.
المقاسات: 54 × 35.6سم.
رصيد فلاتشير، 1946. 46. 156. 17
كتابة بالعربيّة بخط النسخي، مكرّر ضمن ميداليات، صورة معكوسة.
السلطان الملك

تطوّق لفيفة دالية قشدية اللّون على شكل قوس قوطي على خلفية من الساتان الأزرق الداكن ميداليات من زهر اللّوتس تحتوي كل واحدة منها شكلا لوزيّا يحمل كتابة بالعربيّة وردت فيها عبارة " السلطان الملك". ويرجّح أن يكون الحاكم مجهول الهويّة المذكورهنا في الكتابة هوأحد سلاطين المماليك الذين تولّوا حكم أغلب سوريا ومصر انطلاقا من عاصمتهم القاهرة. وبحكم الطقس الجاف الذي تتسم به هذه المنطقة، فقد وصلنا عدد من المنسوجات العائدة إلى هذه الفترة.(1)

ولعبت المنسوجات الفاخرة على غرارهذه القطعة دورا حيويّا في حياة الأسرة المالكة لسلاطين المماليك. يوثّق المؤرخون المعاصرون منح الأنسجة من قبل المماليك بما في ذلك ما يطلق عليها 'الخلعة' أو ثياب الشرف خلال حفلات التنصيب حيث استُخدمت هذه المنسوجات لمنح ترقيات في المناصب وتكريم شخص ومكافأة خدمتة.(2) وبمرورالزمن، تطوّرت سلسلة هرميّة لباسيّة منظمة ضمن المجتمع المملوكي، حيث أصبح اللباس مؤشرا على المكانة التي يحظى بها الشخص. رغم أنّه من الصعب جعل النماذج المتبقّية في خانة واحدة مع المنسوجات التي ورد وصفها في التقارير التاريخيّة، فإن خامات حريريّة مثل هذه، مكتوب عليها خطّة السلطان، قد تكون اعتُبِرت من ضمن تلك الهدايا المبجّلة والمشحونة سياسيا.

من حيث التصميم، يتساوى هذا النموذج في موتيفاته وتشكيلة ألوانه مع العديد من قطع المنسوجات الحريريّة الموجودة في ضواحي القاهرة والتي أُعتُقِد أنها صينيّة المصدر. وتُظهر بعض هذه الأقمشة موتيفا على هيئة قوس قوطي شبيه بقطعة المتروبوليتان(3) بينما تبدي أقمشة أخرى تصاميم تدمج دوالي متمايلة مع ميداليات لوزيّة تتضمّن كتابات عربيّة مماثلة.(4)

وتُشير الميداليات المرسومة على الأقمشة اللاحقة إلى سلطان مملوكي محدّد وهو الناصر محمد (حكم ما بين 1294 و 1340م، مع بعض التوقّفات.)(5) يلاحظ علماء المنسوجات أن الحاكم الإلخاني أبو سعيد أرسل في 1323م، كما تذكر التقارير، هديّة من سبعة أقمشة مغوليّة موصى بها خصّيصا من قبل الناصر محمد ونُسخ فوقها اسم السلطان المملوكي وألقابه.(6) وقد أُشير إلى أن هذه الأقمشة الحريريّة الحاملة لكتابات عربيّة تذكر الناصر محمد بالاسم هي من بقايا تلك الهديّة العائدة للقرن الرابع عشر الميلادي. وإن ما زالت هذه الصلة في حاجة للتدليل، فإن التطابق القوي بين موتيف قطعة نسيج المتروبوليتان وتصميم المنسوجات الحريريّة " الصينيّة" أو " المغوليّة " ذات الصلة يشير إلى أن أقمشة مستوردة ألهمت نساج قطعة النسيج المملوكيّة، وهذا ليس بالأمر غير المتوقّع نظرا لأنه سبق وأن لوحظ استعمال عناصر صينيّة في أعمال في وسائط أخرى(7) وعليه فإن قطعة النسيج هذه لا تُخاطب الذوق العالمي للبلاط المملوكي في القرن الرابع عشر الميلادي فحسب بل أيضا استمرارية التجارة والاتصال الدبلوماسي الممتد من الصين إلى البحر الأبيض المتوسّط خلال هذه الفترة.

DMT

1. للمزيد حول موضوع المنسوجات المملوكية، انظر مMackie1984. يمكن العثور على منسوجات مشابهة لنموذج المتروبوليتان في Staatliche Museen zu Berlin Kunstgewerbemuseum, (عدد 95 ، 153؛ انظر مWilckens 1992، ص. 60، عدد 99)؛ Musées Royaux d'Art et d'Histoire، بروكسل (عدد Tx 395؛ انظر مErrera 1927، ص. 27-38، عدد 26؛ و مRaemdonck 2006، ص. 78)؛ ومتحف فكتوريا وألبرت، لندن (عدد 1896 – 333؛ انظر Kendrick م1924، ص. 41، عدد 960، لوحة 11). ويُبرز عدد من المنسوجات المملوكية اشكالا مكتوبة ذات صلة غير وثيقة؛ انظر واشنطن دي سي، ومدن أخرى 1981-1982م، ص. 232-233، عدد 116، نُشرت قطعة المتروبوليتان في مDay 1950، ص. 113.
2. انظر مPetry 2001 و مMayer, L. 1952.
3. انظر مWilson 2005، ص.21-22، الصورتان 17 و18، وقطعة نسيج ذات صلة في مجموعة قسم الفن الآسيوي بمتحف المتروبوليتان (عدد 46.156.20). تشبه موتيفاتها الإجمالية وهي على هيئة قوس قوطي القطعة الحالية ولكن بدل الكتابة العربية، تتضمن هذه المنسوجات الحرف الصيني لــ"طول العمر".
4. انظر مMackie 1984، لوحة 21 (متحف فيكتوريا وألبرت، لندن عدد 769.1898) و حديثا م2006 Menshikova، خصوصا ص. 96-97، عدد 94 (متحف State Hermitage بسانت بيترسبورغ، عدد EG-905).
5. لمزيد الأمثلة من القطع المكتوب عليها اسم الناصر محمد، انظر واشنطن دي سي، ومدن أخرى 1981-1982م، ص، 224ff
6. أورد هذا الحدث المؤرخ العربي أبو الفداء. توجد إحدى أوائل الإشارات لهذا التقرير المتعلق بهذه المنسوجات في مKendrick 1924، ص. 40. يذكر Kendrick وهو يستشهد بمقالة سابقة تعود إلى 1870م بقلم Joseph Karabacek أن " المؤرخ العربي أبو الفداء ... يسجل أنه في 1323م جلب السفراء المغوليون إلى الناصر 700 منسوجات، توشّحت باسم السلطان، على متن 11 من الجمال ذي السنامين" ويُشير علماء النسيج اللاحقون إلى هذه الرواية، من بينهم مMackie 1984، ص. 145 حاشية 40؛ م1988-1989 Wardwell، ص.101-102؛ م2002-2003 Carboni، ص.206 حاشية 36؛ومؤخرا مMenshikova 2006، ص. 95 و97. للمزيد حول أبو الفداء، انظر واشنطن دي سي، ومدن أخرى 1981-1982م، ص.15 و224.
7. مWard 2004، خصوصا ص. 66.

المصدر: [Giorgio Sangiorgi، روما ، حتى 1946م؛ بيعت إلى Loewi]؛ [Adolph Loewi، البندقية ولوس أنجلس، 1946م؛ بيع لمتحف المتروبوليتان للفنون]

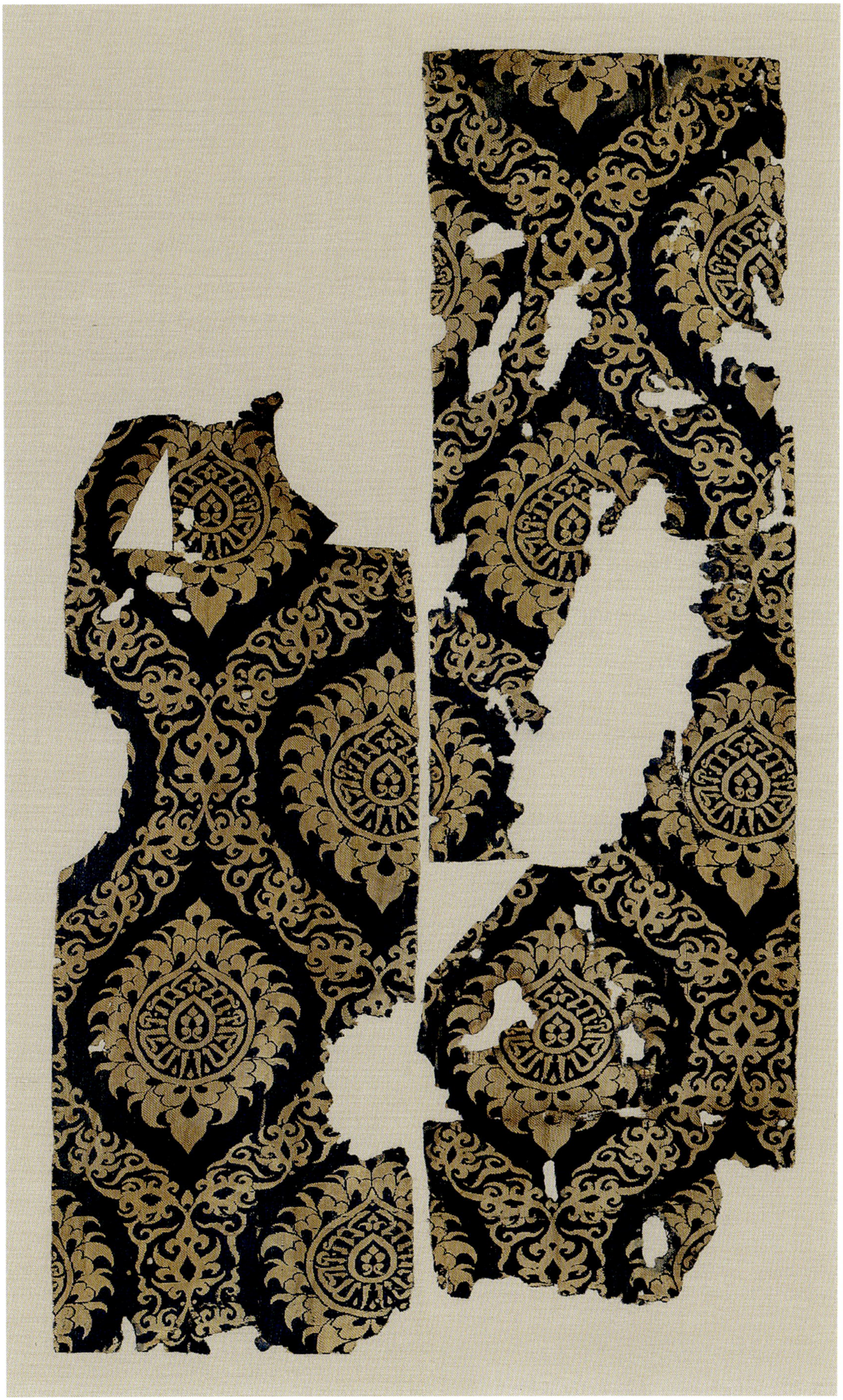

116. بساط سمونتي

مصر، على الأرجح القاهرة، حوالي 1500م.
صوف(سدو ولحمة ووبرة)؛ وبرة معقودة بشكل غير تماثلي
المقاسات : 66.89× 23.9سم.
رصيد فلاتشير 1970م 1970 – 105.

يخلّد العرف التقليدي المتمثّل في تسميّة البُسط أو الزرابي الإسلاميّة إمّا بالمكان الذي عثرت عليه فيه (بساط نيغدة) أو باسم المالك السابق (بساط آنهالت). وهو في المثال الراهن، ذكرى المالك الإيطالي السابق لهذا النموذج الرائع من الحياكة القاهرية العائد للقرن الخامس عشر الميلادي تحت سلالة المماليك البرجيّة (1382 – 1517م) يطلق عموما على بساط سيمونتي اسم 'بساط الألوان الخمسة المملوكية' بسبب تشكيلته اللونيّة. ومن السمات المميّزة للبسط المملوكيّة في هذه الفترة تلك المواد التي تُستعمل في حياكتها (لاسيما الصوف المغزول في الاتجاه المعاكس لعقارب الساعة أو في اتجاه عقارب الساعة)، والأصباغ (تشكيلة محدودة من الألوان تتضمّن الأحمر الأرجواني المصنوع من حشرة الصمغ). كما تختص أيضا بسجل مميّز من التصاميم الهندسيّة. ويعتبر العرض البالغ حوالي 239سم معياريا للبسط المعاصرة المنسوجة في القاهرة. استُعمل نول ذات مطواة لحياكة البساط: تُسَلّك خيوط اللحمة غير المنسوجة من مطواة خشبيّة أسطوانيّة دوّارة موجودة في أعلى النول ثمّ يُطوى البساط بعد نسجه حول مطواة مشابهة في الأسفل. سمحت هذه الطريقة بأن يُستخدم نفس النول لحياكة بُسط طويلة جدّا أو قصيرة نسبيّا في الآن نفسه مع الاحتفاظ بنفس العرض. ويُبرز بساط سيمونتي ثلاثة من تصاميم الميداليات الهندسيّة المعهودة في الزرابي المملوكيّة القصيرة (تتكرّر اثنتان منها وتُوَلّف في تسلسل أ- ب – ج- ب -أ) ضمن عمل فنّي طويل رائع.

نشأت البُسط أو الزرابي المملوكيّة في محيط طبيعي كان يفتقر إلى التمازج بين وفرة المراعي الهامشية والطقس المعتدل بفصول شتاء باردة، كما كان مألوفا في أغلب المناطق المعروفة بحياكة الزرابي في العالم الإسلامي. وإن كانت مرتبطة بتقاليد أشمل من الحياكة التركيّة المتمركزة في الأناضول إلى أقصى الشمال، فإنّ تصاميم هذه الزرابي تضمّنت عناصر غير مألوفة على غرار نباتات التردي المنمنمة التي كانت متجذّرة في التقاليد المصرية.

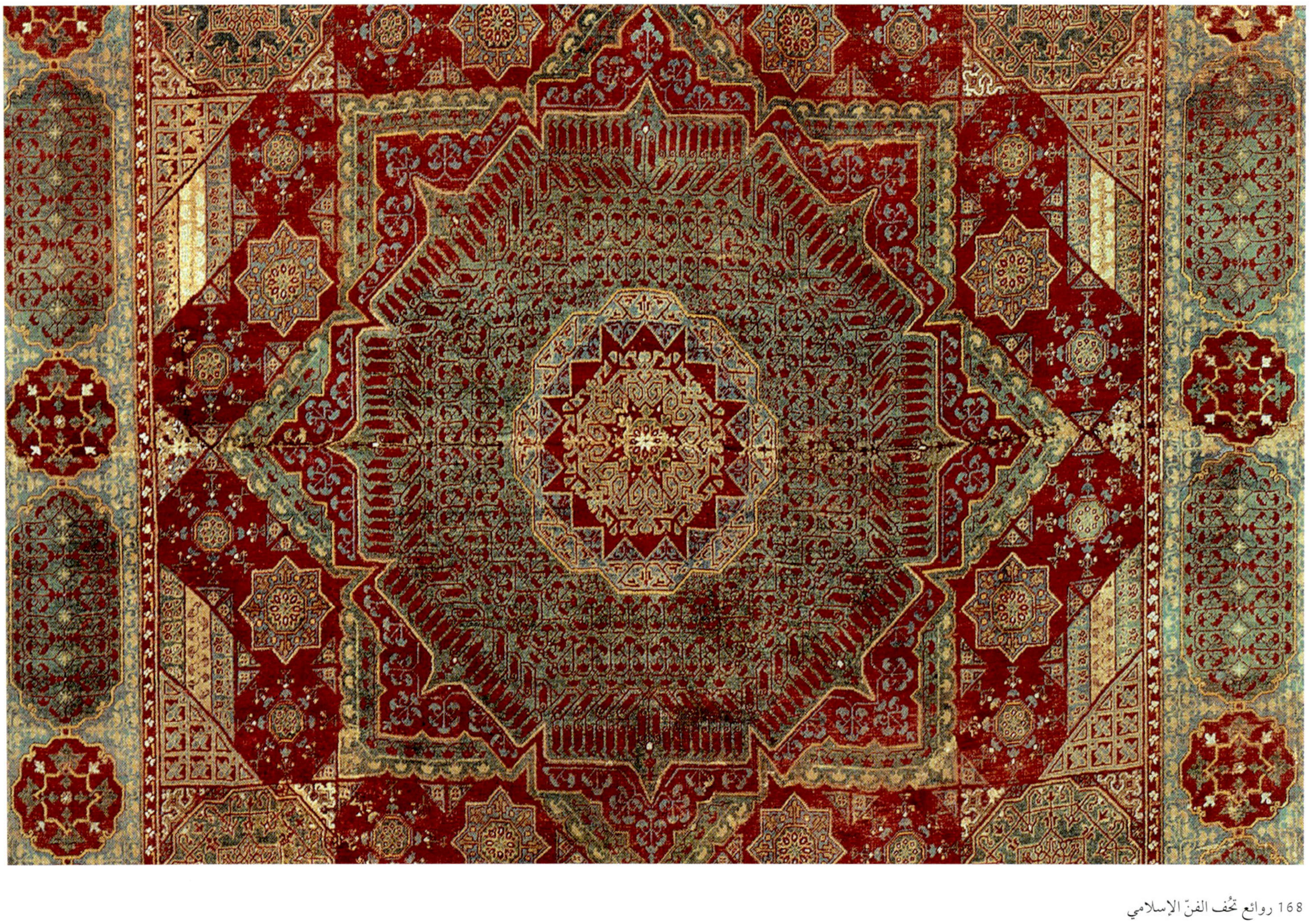

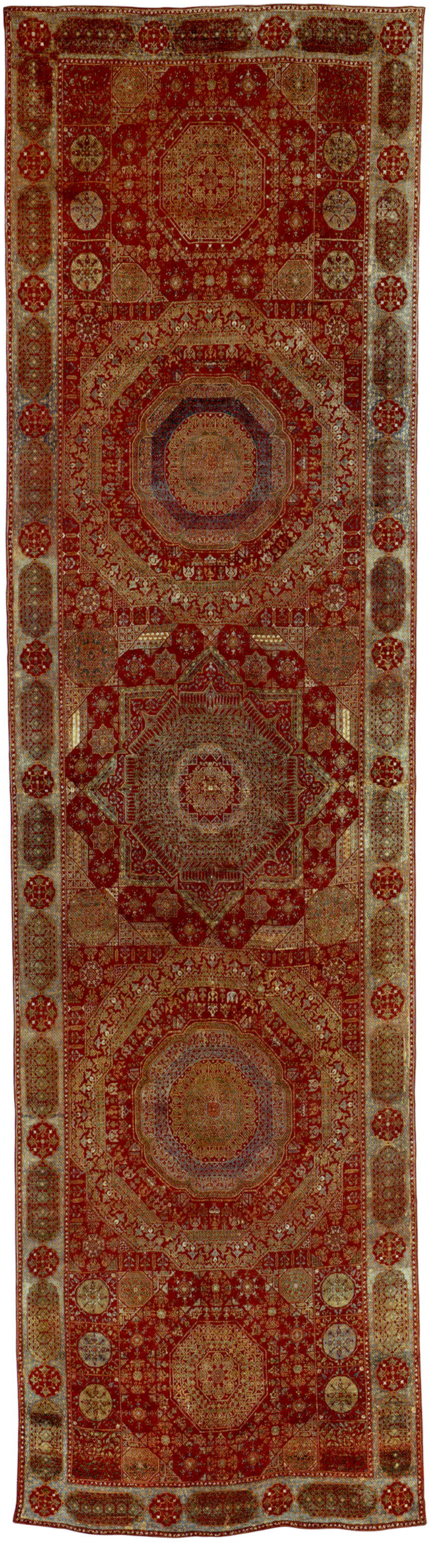

وقد يكون بنيتها وتخطيطها غير المألوفين يمثلان محاولة لتطوير منتج مميّز يمكنه فعلا أن يؤسس لعلامة "مملوكيّة" في سوق التصدير الأوروبيّة المربحة. كما أن نظام الألوان غير المعهود والخالي من الوبرة البيضاء غير المصبوغة والمستخدم لتشكيلة محدودة من ثلاثة أو خمسة أصناف بنفس الدرجة، يشير هو الآخر إلى محاولة مقصودة لتأسيس هويّة أسلوبيّة خاصة. كما أن استعمال الصوف المغزول في اتّجاه معاكس لعقارب الساعة يعدّ حالة فريدة تقريبا في عالم الزرابي الإسلاميّة. وقد جرت الإشارة إلى أن غزل الصوف في اتّجاه عقارب السّاعة هو تقليد نشأ في مصر نتيجة الممارسة المصرية السابقة في غزل الكتان للحصول على خيوط من هذه المادّة. وتُظهر تفاصيل التركيبة النباتيّة لهذه النبتة أنه من المستحيل غزل ألياف الكتان في الاتجاه السائد آنذاك وهو في الاتجاه المعاكس لعقارب الساعة المستعمل عبر الشرق الأوسط لغزل الصوف أو القطن .أصبحت الزرابي المملوكيّة بالتوليفات اللونيّة التي نشاهدها في بساط سيمونتي مقبولة عموما الآن كجزء من تقاليد أقدم لها عديد الروابط مع الحياكة في الأناضول وإيران وسوريا. وتُجسّد الزرابي المملوكيّة ثلاثيّة الألوان، وهي ممثلة تمثيلا جيّدا في مجموعة المتروبوليتان، تطوّرا لاحقا تواصل حتى بعد غزو العثمانيين لمصر في 1517م. ومن غير المستبعد أن يكون إنتاج العديد من مثل هذه الزرابي تواصل في القرن السابع عشر الميلادي. وربما حتى بعد ذلك.

WBD

المصدر: Guida da Faenza، إيطاليا (حتى 1902م)؛ [Giorgio Sangiorgi، روما]؛ [Attilio Simonetti، روما ، في 1910م؛ الفهرس، 1912م، عدد 167]؛ مجموعة خاصة، بيزا (حتى 1937م)؛ [P. W. French and Company، نيويورك، حتى 1970م؛ بيع لمتحف المتروبوليتان للفنون]

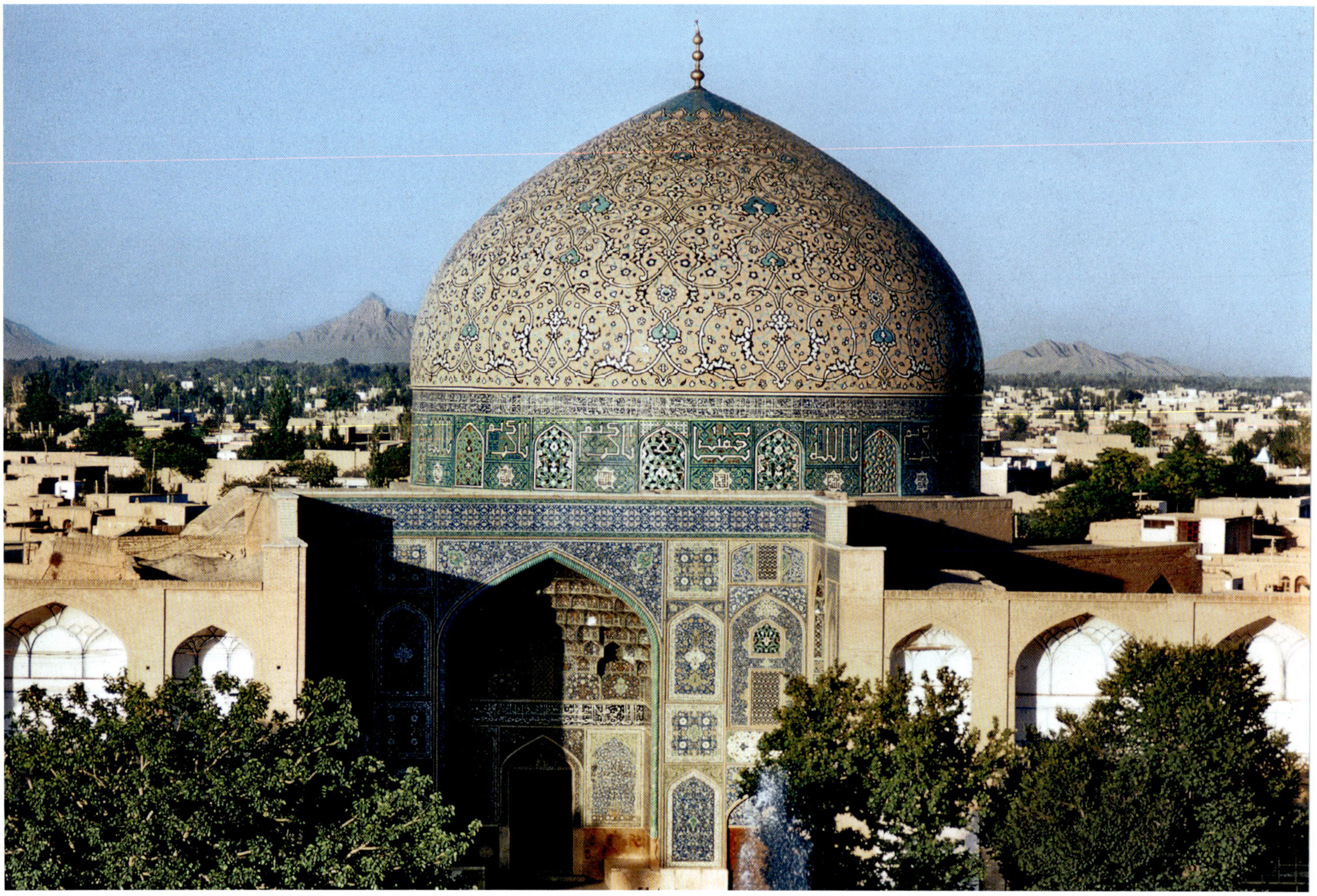

فنون إيران و آسيا الوسطى
(القرن الخامس عشر إلى القرن التاسع عشر الميلاديين)

شيلا ر. كنبي

يستند فهمنا للفنون المحمولة التيمورية بدرجة أولى إلى الأعمال المنجزة بعد حكم تيمورلنك (حكم ما بين 1370 م و 1405 م) مؤسس السلالة الحاكمة ورغم أن تيمورلنك نفسه هو الذي أذن بإنجاز بنايات فخمة بسمرقند وبمسقط رأسه كيش (شهري سابز)، فإن عددا قليلا فقط من الأعمال الفنية يمكن نسبته إلى الرعاية التي كانت تحضي بها هذه الفنون. فالتأثير الذي تركته عملية الترحيل الجماعي للحرفين المهرة من إيران وسوريا والهند والأناضول إلى سمرقند بغرض بناء وزخرفة العاصمة التيمورية قد لا يكون على الأرجح عمّر في بلاد ما وراء النهر أكثر من جيلين فقط، وفي المقابل فإن الحركة العكسية لهؤلاء الحرفيين الحاصلة على إثر وفاة تيمورلنك ضمنت انتشار الأسلوب الفني المرتبط بهذه الأسرة الحاكمة عبر المساحة الممتدة من القاهرة إلى دلهي.

في أوائل القرن الخامس عشر ميلادي، كانت عناصر هذا الأسلوب التيموري العالمي تميل إلى التصاميم المعقدة للغاية، فضلا عن الولع بالمباني والمعالم الضخمة مثل القرآن (الفهرس117أ-ط) المنجز على الأرجح ل "بيبي خانم"، المسجد الجامع لتيمورلنك، بسمرقند.(1)

وقد تركز اهتمام دارسي تاريخ الفن في أواخر القرن العشرين على تنظيم ورشات العمل حول المكتبة الملكية التيمورية حيث جرى نسخ الكتب وتزيينها وتجليدها، والتي كانت تستخدم أيضا كمركز لنشر تصاميم جميع القطع المزخرفة.(2) إن المواد المنجزة للأسرة المالكة التيمورية أو للاستعمال الأرستقراطي والتي كانت تضم الأعمال الخشبية والجلدية والحجرية وكذلك المنسوجات والبُسط والتحف المطلية باللّك وتظهر مستوى من التماثل يوحى بوجود مصدر رئيسي لأفكار التصميم بالتوازي مع تواجد أماكن عدة ملحقة للإنتاج.

إنّ ما يسمّى بالأرزدشت (1430 م تقريبا) والمنسوب إلى جعفر التبريزي، رئيس

مكتبة الأمير بايسنقر بهرات، يمثل تقريرا مرحليا عن تقدم عمل مختلف الفنانين العاملين تحت إشرافه ومنهم المُذهبين والمجلّدين وناقشي الحجارة وصنّاع الخيام والمصممين العاملين مع السرّاجين وغيرهم من الحرفيين. (3)

وبقدر أهمية إثبات مسألة وجود نظام للإنتاج عزّز وحدة الأسلوب المتبع في الفن التيموري في النصف الأول من القرن الخامس عشر ميلادي، بقدر أهمية تحديد كيفية ظهور مثل هذه الممارسة كذلك.

كان إنتاج الخزف والزجاج مزدهرا في مدن إيران وآسيا الوسطى حتى تاريخ الغزوات المغولية المدمرّة جدا في أوائل القرن الثالث عشر ميلادي. تشهد المنسوجات الحريرية على مستوى راق من الخبرة وعلى وجود زبائن أثرياء إبان الفترات السلجوقية (1040م – 1194م)، ونتيجة للغزوتين المغوليتين لإيران في العشرينات والخمسينات من القرن الثالث عشر الميلادي، فقد توقفت صناعة الزجاج. بعض تقنيات صناعة الخزف المصمّمة إبان الحقبة السلجوقيّة تواصلت دونما أي ابتكار يذكر حتى الستينات من القرن الثالث عشر ميلادي، عندما أُدخلت عناصر جديدة تضمنت موتيفات شائعة الاستخدام في الصين.

وجاءت طريقة العيش المغولية والتيمورية المطبوعة بكثرة ترحال القادة من مخيّم لآخر على طول الجبهات العسكرية لتحلّ محلّ الحياة الحضرية والتركيبة الاجتماعية المتصدّعتين اللتان كانتا سائدتين خلال حكم السلاجقة.

وفعلا فإن تيمورلنك وخليفتاه شاه رخ (حكم من 1405م إلى 1447م) وألغ بيك (حكم من 1447م إلى 1449م) تولوا رعاية معالم معمارية بارزة، أمّا فيما يتعلق بالفنون المحمولة فإن انخراط الفنانين في نظام وورشات عمل برز تدريجيا كأنجع طريقة بالنسبة للتيموريين لنشر أفكارهم في أوساط واسعة من الحرفيين. وقد كان لورشة العمل الخاصة بمكتبة "كتاب خانا"(4) التيمورية انعكاسات بعيدة الأثر على فنون البلاط وقد تواصلت هذه الانعكاسات خلال فترة حكم السلالة الصّفوية وما بعدها.

ومن الأعمال الفنية المتبقية من القرن الخامس عشر ميلادي تُقدم فنون الكتاب عالما مصغرا لتاريخ الفن التيموري. فبينما أمر شاه رخ ثالث السلاطين التيموريين بزخرفة المخطوطات التاريخية مثل "مجمع التواريخ" (1425م) وفق أسلوب تعليمي بسيط،(5) نجد أنّ ابن أخيه إسكندر سلطان في شيراز كان يُؤيد أسلوب الرسم الأنيق المتبع في البلاط الجلائري في تبريز وبغداد خلال أواخر القرن الرابع عشر ميلادي وبدايات القرن الخامس عشر ميلادي.

وبعدما فقد إسكندر سلطان البصر في 1444م، انتقل البعض من فنّانيه إلى هرات للعمل لفائدة ابن عمّه بايسنقر، بينما بقي البعض الآخر في شيراز يعملون لحساب إبراهيم سلطان شقيق بايسنقر وقد تولى كلا الأميرَين رعاية إنجاز مخطوطات مزخرفة. فكانت تلك التي أُنجزت لإبراهيم سلطان تحذو حذو أسلوب شاه رخ التاريخي والعاري بعض الشيء من كل زينة، (الفهرس 124 أ–ب) بينما انبرى فنانو بايسنقر لإنجاز رسوم عاطفية تتّسم بتشكيلة لونية رقيقة وشبيهة بالدرر وبتراكيب معقدة ومتناغمة (الفهرس 123 أ –ج)(6). وكان أسلوب الرسم المتّبع من قبل فناني بايسنقر واسع التأثير ليس على سالف الرسم التيموري فحسب، بل كذلك على البلاطات التركمانية وعلى مستوى العامة في النصف الثاني من القرن الخامس عشر الميلادي.

على إثر وفاة ألغ بيك سنة 1449م، بدأت الإمبراطورية التيمورية في التقلّص نتيجة الحملات العسكرية غير المحسوبة وتنامي اتحاد المجموعات القبلية التركمانية غربيّ إيران وشرقيّ الأناضول. ومع نهاية القرن، وبالتوازي مع توّسع التركمان جنوبًا وشرقًا، لم يتمكن السلطان التيموري حسين بيقرة (حكم ما بين 1470–1506م) من المحافظة إلاّ على مقاطعة خراسان وبضع مناطق شرقي إيران. ومع ذلك فقد كان هذا السلطان يترأس البلاط في هرات، وقد اشتهر برعايته للشعراء والفنانين المتألّقين مثل جامي وبهزاد. وقد قام هذا الأخير بمعية دائرته في المكتبة الملكية "كتاب خانا" بإعادة تنشيط الرسم الفارسي من خلال إضفاء مسحة شخصية فردية ودرجة من العمق الوجداني كانت غائبة عن زخارف المخطوطات التيمورية المبكّرة وصفحات مصنّفاتها (الفهرس – 127 ب). و تشتمل رسوم المخطوطات الملكية العائدة إلى أواخر القرن الخامس عشر الميلادي على كثير من التفاصيل الموضوعة بصفة متقنة تُوضّح القصة المصاحبة وتُقدّم في الوقت نفسه إشارات غامضة لأشخاص وممارسات في بلاط السلطان حسين بيقرة.(7)

في المقابل، تطوّر الرسم التركماني في مراكز محلية. وبينما يدين الأسلوب التصويري لهذا الرسم بالكثير للتيموريين، فإن تركيباته كانت أكثر بساطة ومظاهره أقل تفرّدًا وتنوّعا فيما يتعلق بالوضعية والملامح، أما تشكيلة الألوان فقد كانت أكثر إشراقًا من الرسوم التيمورية.

وتوحي القلّة الباقية من الأعمال المنجزة لفائدة الحكام التركمانيين بتبريز في ثمانينات القرن الخامس عشر الميلادي بأن الفن التركماني على مستوى البلاط كان مهذّبا للغاية. أمّا الخوذات التيمورية المرصّعة بالفضة (الفهرس 131)، فهي تكشف عن خبرة في إنتاج الدروع مع التركيز على الأشكال الزخرفية الكبيرة خلافا للزينة التفصيلية الدقيقة التي اتسمت بها صناعة القطع المعدنية في أواخر الحقبة التيمورية.

ورغم أن التركمان حكموا غرب إيران لمدة نصف قرن فقط، إلا أن تأثيرهم على الفنون في القرن السادس عشر كان عظيما وبدرجة تأثير فنون التيموريين. علاوة على ذلك، فإن الإنتاج التجاري للمخطوطات المزخرفة بشيراز والذي سبق أن بدأ بالفعل مع عشرينات القرن الخامس عشر الميلادي تواصل دون هوادة خلال أغلب فترات القرن السادس عشر الميلادي تحت الصفويين.

ومثّل الانتصار الحاسم لإسماعيل الصّفوي على الوند، أمير قبائل آق قويونلو (الخروف الأبيض) في تبريز سنة 1501م أكثر من مجرّد مجيء سلالة جديدة للحكم في إيران، فعلى امتداد الثلاثة عشر سنة الموالية أُعيد تشكيل المشهد السياسي والديني والفني في إيران وآسيا الوسطى. استوعب الصفويون الأراضي التركمانية غربي إيران، وفي سنة 1510 م هزموا الحاكم الشايباندي لإقليم خراسان، ورغم أنّ الشايبنديين شرقا والعثمانيين غربا سيقومون مرارا وتكرارا بمهاجمة إيران في القرن السادس عشر الميلادي، إلا أنّ إعادة توحيد إيران تحت الحكم الصّفوي كان له بالغ الأثر على الفنون المحمولة. فالعدد القليل من المعالم والمخطوطات الملكية التي يمكن نسبتها إلى فترة شاه إسماعيل الأول (حكم ما بين 1501–1521م) تُظهر تواصل الذوق الرفيع والزينة ذات التفاصيل الدقيقة (الفهرس 132).

جمع الرسم في تبريز خلال العقدين الأول والثاني من القرن السادس عشر الميلادي بين تشكيلة الألوان المتحركة والرسم الرقيق بالريشة والمقياس الدقيق للرسم التي كانت مستخدمة في العدد القليل من المخطوطات المزخرفة لحكام الأققوينلو التركمانيين.(8) وبحلول منتصف العقد الأول من القرن السادس عشر الميلادي كان سلطان محمد، وهو من أصيلي تبريز، الفنان الرائد في كتاب خانا الملكي الصّفوي (9).اختير لاحقا لتعليم الرسم للأمير الشاب طهماسب الذي قضى فيما يبدو سنتين في الدراسة معه قبل توليه خلافة العرش الصفوي.

هناك عدد من العوامل التي ميّزت الشاه إسماعيل الأول عن أسلافه التركمانيين والتيموريين. فقد كان سليل شيوخ الطريقة الصوفية بأردبيل، وتقبله الفرس بوصفه إيرانيًا لا تركيًا.(10) وتأكدت هذه الهوّية الإيرانية بفعل قرار إسماعيل الأول تأسيس المذهب الشيعي الاثني عشري ليكون الديانة الرسمية لإيران الصّفوية: وهكذا فقد تضاعف تميّز ممالكه عن تلك التي كانت تحت إمرة أعدائه السنّيين من الترك العثمانيين والشايبنديين. ويتّضح جليًّا تأثير هذه الشخصية الفريدة على الفنون في ظهور نوع جديد من النقوش تزين قطعا تُستخدم في سياق ديني يغلب عليه مدح الإمام علي والأئمة الشيعة. ومن الجائز أن يكون اختيار الشاه طهماسب إنجاز كتاب فخم مزخرف "الشاهنامة" (كتاب الملوك) قد نجم عن رغبته في إبراز الطابع الإيراني لمملكته على الرغم من أنه حظي سياسيا بدعم القبائل التركية التي كانت أحيانا تثير له بعض المتاعب.

على الرغم من أن طهماسب (حكم ما بين 1524-1576م) لم يجبر الفنانين على التحول إلى العاصمة في تبريز، فقد استهواهم المجيء إلى البلاط الملكي، وانضمّ أفضلهم إلى المؤسسة الملكية "كتاب خانا".

وبحلول سنة 1530م تقريبا، اندمجت الأساليب التصويرية المميزة بكلّ من هرات التيمورية وتبريز التركمانية في نمط توليفي موحّد. وفيما يتعلق بزخرفة المخططات، اتخذ هذا الشكل توليفات مصقولة بدرجة كبيرة تضمنت تفاصيلا ونقوشا صغيرة لا تحصى ولا تعدّ إضافة إلى الأبطال الرئيسيين (الفهرس 138 د).

عاش الشاه طهماسب إلى حدود سنة 1555م حياة تتسم بكثرة الحركة والتنقل داخل أرجاء مملكته بينما كان يقاتل العثمانيين غربا والأوزبك شرقا، ويحاول الحفاظ على السيطرة على حلفائه من القبائل المعروفين بالقزلباش.

إنّ هذه الحركة الدائمة تقريبا مع حياة الخيام حتّمت على الشاه اصطحاب حاشيته من الحرفيين والفنانين وكذلك الجنود والإداريين.(11) وهكذا فقد كان لا بدّ من حضور عمال المعادن لصيانة الأسلحة والدروع، والسراجين وعمّال الجلود لإعداد وصيانة الجلّ للجياد والجمال، والفنانين لتوفير التصاميم ليس فقط لمكونات الكتب من تجليد وزخرفة بل أيضا للحرفيين العاملين بوسائط أخرى. ومثلما هي الحال مع التيموريين، فإنّ الأفكار الفنية المشكّلة في البلاط الصّفوي رشحت إلى الحرفيين العاملين في المدن الإقليمية مثل شيراز وداخل أرجاء إيران فيما يتعلق بنسج الأقمشة والبُسط (الفهرس 168-171).

واتّبعت بعض المنسوجات الأسلوب التصويري الطّاغي في رسوم المخطوطات إبان حقبة الشاه طهماسب، بينما اشتمل البعض الآخر على تعريشات وأنماط رسوم زهرية (الفهرس 170)، وهو شكل محبذ جدّا في تركيا العثمانية.

ومثل هذا التنوع أمر متوقع بما أن الحرير كان مادة تجارية هامة يتداولها الناس داخل وخارج إيران. ولئن تركّزت معظم تجارة الحرير الدولية على مادة الحرير الخام، فقد عُثر في الدنمارك والنمسا (12) وبلدان أوروبية أخرى على بعض المنسوجات الحريرية المصنّعة إبان الحقبة الصّفوية في القرن السادس عشر الميلادي، ومن المؤكّد أنّ هذا الصنف من المنسوجات كان مألوفًا في تركيا والهند.

وقد تطورت الفنون داخل البلاطات الأوزبكية في بلاد ما وراء النهر بشكل مختلف عما كانت عليه في إيران، فالفنانون والخطاطون الذين أقاموا بهرات تحت حكم التيموريين أُجبروا في بعض الحالات على التحوّل إلى بخارى،(13) حيث تطوّر أسلوب للرّسم اعتمد على الرسم التيموري في عشرينات وثلاثينات القرن السادس عشر الميلادي. وتميز الرسم في بخارى بوجود رسوم أشخاص قصيري الأعناق وصدورهم أسطوانية الشكل، وبحلول أربعينات القرن السادس عشر الميلادي ساد ولع بصفحات الألبومات ذات الشخصية الواحدة أو الشخصيّتَين. كما مثّل التذهيب الرفيع الذي يضمّ زخارف الأرابيسك على خلفية سوداء سمة من سمات مخطوطات بخاري في القرن السادس عشر الميلادي. ولم يكن الأوزبك غريبين على الفنّ الصّفوى، بما أنهم أغاروا على مدن خراسان ومشهد وهرات وحاصروها مرارا وتكرارا، ولكنهم بوصفهم سنّيين، تحاشوا زخارف الصّفويين ولم ينقشوا على قطعهم أسماء الأئمة أو الابتهالات الشيعيّة المتداولة والنمطيّة. وبوصول المغول للحكم في الهند بدأ الفنانون في بخارى ومراكز أخرى في آسيا الوسطى في دمج ما تأثروا به شرقا وغربا، خاصة في صناعة المعادن.(14) وإذا ما استثنينا فنون الكتاب والهندسة المعمارية، فإنه لم يبق إلاّ القليل من الأدلة على الثقافة المادية لآسيا الوسطى في القرنَين السادس عشر والسابع عشر الميلاديين. ويشير الكمّ الهائل من البُسط والمنسوجات العائدة إلى القرن التاسع عشر الميلادي إلى وجود تقاليد عريقة في مجال النسيج في المنطقة، غير أنّ منتجاتها لم تصلنا.

في سنة 1555م، أمضى الشاه طهماسب معاهدة "أماسيا" مع العثمانيين، ضامنا بذلك السلام حتى 1578م وحوّل العاصمة الصفوية إلى قزوين في شمال وسط إيران. وربما جرت المبالغة في ما نُقل عن تدنّي اهتمام طهماسب بالفنون(15) بما أنه واصل تكليف الرسامين بتزيين قصوره الجديدة في قزوين. وتشهد الأعمال أحادية الصفحات المؤرخة بعد 1555م على تواصل رعايته للفنون.(16) ومع ذلك، فإن العديد من أبرز الرسامين في البلاط الصفوي عملوا بين 1556م و 1565م لحساب ابن شقيق الشاه طهماسب، السلطان ميرزا الذي شغل منصب حاكم مشهد وسبزفار وكلاهما بخراسان خلال هذه الفترة. ومرّ الرسم الصفوي تحت حكم هذا الأمير بمرحلة نمطيّة حلّت خلالها القامات ذات الأعناق الطويلة والظهور المتمايلة والخدود المستديرة والذقون المزدوجة البدائية محلّ الأجسام الأكثر تناسقا التي كانت شائعة في النصف الأول من القرن. إنّ البُسط الرائعة المنجزة خلال الربعَين الثاني والثالث من القرن السادس عشر الميلادي للزّبائن الملكيين والأرستقراطيين (الفهرس 181) لا تُظهر السحر التقني للمصمّمين والنساجين فحسب بل هي تشير كذلك إلى انتشار المفردات الزخرفية المستخدمة في تزيين وتسفير المخطوطات وفي المنسوجات والمصنوعات المعدنية.

بعد وفاة الشاه طهماسب سنة 1576م دخلت إيران فترة مظلمة سياسيا وفنيا ولم

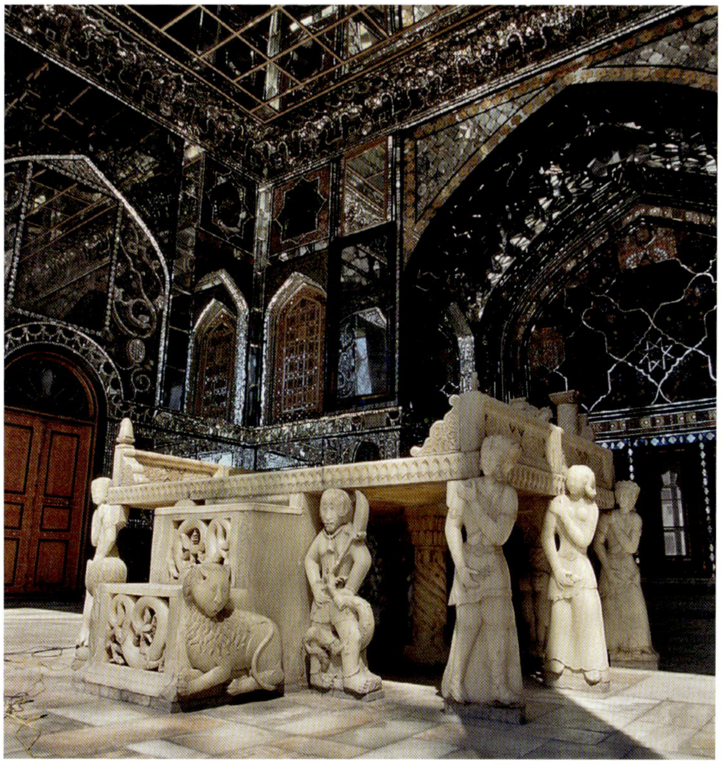

الصورة 32: عرش من الرخام في تلار إماراتي تخت مرمر، قصر كلستان، طهران (القرن السادس عشر ميلادي- القرن التاسع عشر ميلادي) صورة © إيرل ونظيمة كول/ كوربيس.

يتسنَّ إعادة بناء "كتاب خانا" الملكية كليا إلاّ بحلول سنة 1587م واعتلاء الشاه عباس الأول العرش (حكم ما بين 1587-1629م). ولكن على الرغم من أن الفنانين عادوا إلى الخدمة الملكية، فإنّ التركيز تحوّل من المخطوطات المزخرفة إلى الرسومات واللوحات ذات الصفحة الواحدة والتي كانت أيسر منالا على نطاق واسع ويمكن جمعها واحدة تلو الأخرى لإدراجها في ألبومات. وتضمنت هذه المصنّفات المسماة "المرقع"، عينات من الخط العربي وكذلك صورا، وشكّلت معارض محمولة لمجموعات أصحابها. وحتى الفنانين الذين كان يعملون في البلاط الصفوي قاموا بتوسيع مجموعاتهم التصويرية لتشمل صورا لرجال ونساء من شتّى الطبقات الاجتماعية (الفهرس 146-152). وبدأ الأسلوب التشكيلي في كل من قزوين وخراسان في التطور بعيدا عن تصوير شباب نحيلي الجسم وصغار الرؤوس إلى رسم رجال ونساء متينين لهم أعناق قصيرة وهيئة متمايلة. وعلى إثر انتقال العاصمة الصفوية إلى أصفهان سنة 1598م، شرع الرسامون في العمل وفق أسلوب جديد ومتميز لا تسود فيه الألوان الأساسية، وكل شيء سواء كان الأنماط الوجهية أو الألبسة أو تناسب حجم الأجساد أصبح أكبر حجما وأثقل وزنا مما هو عليه الحال في مدارس قزوين وخراسان.

ولقد أثار إنشاء العاصمة في أصفهان أكثر من تغيير في النمط التصويري. واستجابة للحاجة إلى الفضة ولإصلاح الخلل في الميزان التجاري مع الهند، شجّع الشاه عباس التجارة مع أوروبا. وبالإضافة إلى الحرير الخام الذي كان الإيرانيون يبيعونه للأوروبيين، فقد أُنتج المزيد من الأقمشة الحريرية والبُسط الفخمة للاستهلاك الأجنبي (الفهرس 186). وعلاوة على ذلك، فقد أدت نهاية أسرة مينغ الحاكمة في الصين في القرن السابع الميلادي لفترة إلى انخفاض صادرات الخزف الصيني الأبيض والأزرق. وقد تجاوب الخزافون الإيرانيون مع ذلك بأن كثفوا من إنتاج مثل هذا الخزف تقليدا للبضاعة الصينية لملء هذه الفجوة في السوق. وعلى الرغم من أنّ غالبية هذه الأواني كانت معدة للسوق المحلية إلاّ أن البعض منها أرسل إلى الخارج لتُستخدم أثقالاً لحفظ توازن السفن المتجهة إلى أوروبا.

وبحلول منتصف القرن السابع عشر الميلادي، كان الأوروبيون يزورون إيران على امتداد خمسين سنة، وصار الفنّ والتّحف الأوروبية مألوفة لدى الإيرانيين. فعلاوة على رسم الأفراد في لباس أو زيّ أوروبيّ بدأ الفنانون في اعتماد التقنيات الخداعية وحتى مواضيع اللوحات الأوروبية كذلك (الفهرس 162). في هذا الوقت نما أيضا تأثيرالرسم والمنسوجات الهندية نتيجة حركة التدفق المستمرّ للأشخاص والبضائع بين الإمبراطوريتين المغولية والصفويّة. ولم يتقلّص الابتكار في الفنون إلاّ عند نهاية القرن السابع عشر الميلادي بسبب اختلال الحكم وما انجرّ عنه من ضائقات اقتصادية. وحتى مع ذلك واصل الفنانون وأبناؤهم العمل بالمؤسسة الملكية "كتاب خانا" محافظين بذلك على تقاليد يصل عمرها إلى مئتي عام.

في عام 1722م اجتاح الأفغانُ أصفهان ونهبوها، وهو ما أدى فعليّا إلى نهاية حكم الأسرة المالكة الصفويّة. وخلال فترة الاضطرابات التي تلت، برز الزعيم القبلي نادر خان أفشان(حكم ما بين 1732-1747م) بوصفه الحاكم الفعلي لإيران. وعلى الرغم من أنّ نادر تظاهر بالحكم نيابة عن الشاه الصفوي، فإنه أمسك في الواقع بجميع السلطات السياسية والعسكرية بيده. وخلال فترة حكمه ترسّخت بالكامل الاتجاهات الفنية التي أُدخلت على امتداد السنوات السبعين السابقة من الحكم الصّفوي. وهكذا على سبيل المثال، كان بعض رسامي المخطوطات الصفوية قد أنتجوا أيضا مقلمات مطليّة باللّك وكتب مجلدة. أمّا تحت حكم الدولة الأفشارية، فقد انبرى العديد من الفنانين الموهوبين لصناعة أواني لكّيّة مزدانة بتصاميم مميزة من الأزهار والعصافير. بالإضافة إلى ذلك، أدّى إدخال الرسم الزيتي على اللوحات القماشية من أوروبا في أواخر القرن السابع ميلادي على حصول الأثرياء الإيرانيين على أعمال كبيرة الحجم من هذا الصنف لتزيين منازلهم الضخمة. وبعد الحصول على لقب الشاه، قاد نادر جيشا إلى الهند حيث نهب عاصمتها دلهي في 1739م حاملا منها العديد من القوافل المحملة بالمجوهرات وغيرها من الأشياء الثمينة. وعلى الرغم من أنّ هذه الغنيمة سمحت لفترة وجيزة بإنعاش اقتصاد إيران، فإنها لم تكن كافية لتمنع التفكك السياسي الذي أدى إلى اغتيال نادر شاه في 1747 م وصعود زعيم إقليمي جديد هو كريم خان زند (حكم ما بين 1750 - 1779م). ومن قاعدته في شيراز، حكم كريم خان جنوب إيران لكنه لم يتمكن من السيطرة على باقي المقاطعات الصفوية. وبعد وفاته في 1779م، بدأ زعيم قبيلة قاجار المنافسة، آغا محمد قاجار، في توطيد سلطته من مازندان في الشّمال.

وفي 1794م، قتل القاجاريون آخر حاكم زندي وفي 1796م أصبح آغا محمد قاجار الحاكم الفعلي لإيران. وعلى إثر اغتياله سنة 1797م، اعتلى ابن شقيقه، فتح علي شاه (حكم ما بين 1797-1834م) العرش واتّخذ خطوات لإحياء الفنون والعمارة. فشيّد قصورا وبنايات حكومية في طهران، العاصمة الجديدة، وأمر بإنجاز العديد من الصور لشخصه تظهر بصمته التوقيعية: لحية سوداء طويلة على نحو ملحوظ وخصر رقيق جدا. وكأنّما أطلق حملة تسويقية حديثة، كان فتح علي شاه يهدف إلى بسط صورة الحاكم الإمبراطوري القوي لإيران الناهضة من جديد في كل أصقاع الدنيا.

وعلى الرغم من أن هذه اللوحات لم يكن بإمكانها كبح المد الجيوسياسي للتدخل الأوروبي في شؤون إيران ولا التغييرات التي أحدثتها الثورة الصناعية، فإنها تمثل وجها واحدا من نهضة فنية عامة، حيث انتعش إنتاج الزجاج الراقي (الفهرس 196)، وتوسّع مدى إنتاج الأدوات اللّكية على أيدي كبار الفنانين. يشير تنوع الموضوعات المزينة على الأدوات اللكية في قاجار إلى تعدد التأثيرات التي تعرض لها هؤلاء الفنانين، وهي تتراوح بين الصور الكلاسيكية للطيور والأزهار وبين مصادر الطباعة الأوروبية في القرن التاسع عشر الميلادي، والمقالات القصيرة من المخطوطات الفارسية المصورة وتصوير المعارك التاريخية (الفهرس 193،194). وفي العقود الأخيرة، أدرك الباحثون أهمية الفن في قاجار وأصالته.(17) وعلاوة على ذلك، فإنّ استعداد شاهات قاجار لإخضاع فنانيهم للتقنيات الأوروبية ولإنشاء مدارس فنية مهّد الطريق لتطورات في القرن العشرين. وكما هو الحال في العديد من البلدان الأخرى في الشرق الأوسط، ساد نمط أكاديمي من رسم أوروبي التوجه خلال النصف الأول من القرن العشرين الميلادي، ولكن انفتاح الفنانين الإيرانيين على التطورات في أماكن أخرى غير إيران أدّى في النهاية إلى الحركة الفنية الحديثة المزدهرة التي لا تزال البلاد تعيشها إلى الآن. تأتي معظم القطع الإيرانية والآسيوية الوسطى المعروضة في قسم الفن الإسلامي من بلاطات وأماكن حضرية، وهي على هذا الأساس لا تعكس الطيف الكامل لتلك المجتمعات من 1500م إلى1900م. فقسم رئيسي من السكان في المنطقتين ظلّوا قبليّين وبدوًا رحّلا. وقد أنتج هؤلاء قطعا وظيفية غاية في الجمال والمهارة الفنية تُشكّل البُسط والمنسوجات أكثر إبداعاتها تميزا. وكانت الحلي الفضية الجميلة التي ترتديها النساء تُستخدم في الوقت نفسه للتدليل على الثراء ولإحياء طقوس انتقالية هامة مثل حفلات الزفاف أو مولد صبي. وقد تكون السجلات المكتوبة لهؤلاء السكان أقل عدد بكثير من تلك المتعلقة بالمواطنين القاطنين بالمدن وبحكام إيران القاجرية، لكن القطع التي خلّفها هؤلاء الأشخاص وراءهم تشير إلى حياة ثقافية ثرية هي رافد مميز آخر من تاريخ الفن الإيراني في وقت لاحق.

1. Crowe، 1996، الصفحات 61-62، 189 ؛ الصور2-4؛ واشنطن دي سي ولوس أنجلوس ، 1989م، ص،141.
2. واشنطن دي سي، ولوس أنجلوس 1989م، ص 195 - 236، قُدّم رأي مخالف في رودجرز 1989م. لاحظ أنه لا توجد وثائق تثبت وجود كتاب خانا خلال فترة حكم تيمور، ويُعدّ نعت "إنتاج مركزي على نحو دقيق للفن "تحت خلفاء تيمور مجرد "وهم".
3. Thackston، 1989، ص. 323
4. مشار إليه في المرجع نفسه على نحو "كُتب خانا"
5. Ettinghausen ، 1955م، ص. 42 ، سمّى هذا "بالأُسلوب التاريخي لشاه رخ."
6. في حين أن الشاهنامة المنجزة لبايسنقر في 1430م (مكتبة قصركلستان، طهران) هي المخطوط المنجز لهذا العراب الأكثر شهرة، فإن ألبومات الرسم والحروفية التي أُمر بإنجازها خلال فترة حكمه هي على درجة الأهمية نفسها لقادم تاريخ فنون الكتاب في إيران وآسيا الوسطى. وكما يذهب إليه دافيد روكسبرغ (David Roxburgh) أحدثت هذه الألبومات مستوى من الوعي بتاريخ الفن عمل على محاكاته محبو الكتب وجامعوها فيما بعد.(Roxburgh ،2005 ب، ص.38)
7. واشنطن دي سي ولوس أنجلوس 1989 م، الصفحات 258 —59.
8. Cağman, Tanındı و Rogers، 1986م "خمسة "لنظامي ، H762، أرقام 71،72.
9. أحمد بن مير منشي، 1959م، ص. 181.
10. في الواقع، انحدر من تركمان آق قويونلو من ناحية الأم ومن الأكراد من ناحية الأب. Savory، 1998م.
11. Canby، 1999ب، ص.65.
12. Bier و 1995 ، Bencardم؛ Leithe-Jasper و 1998 ، Distelbergerم، ص.31؛ وأيضا Herzig 1992م.
13. أحمد بن مير منشي، 1959م، الصفحات. 30-131 .
14. Abdullayev و Fakhretdinova و Khakimov، 1986م،ص. 100 (مجمرة من الخوقند يرجع تاريخها إلى القرن التاسع عشر الميلادي ولكنها تتبع شكلا هنديا من القرن السابع عشر الميلادي).
15. أحمد بن مير منشي، 1959م، ص. 135؛ لندن، واشنطن دي سي.، و كامبردج، ماساتشوستس،1979-1980م ، ص. 27 ؛ Canby ،1999ب، الصفحات 72-71.
16. Roxburgh، 2005أ، ص.243
17. Brooklyn، 1999-1998م، الصفحات 30-62

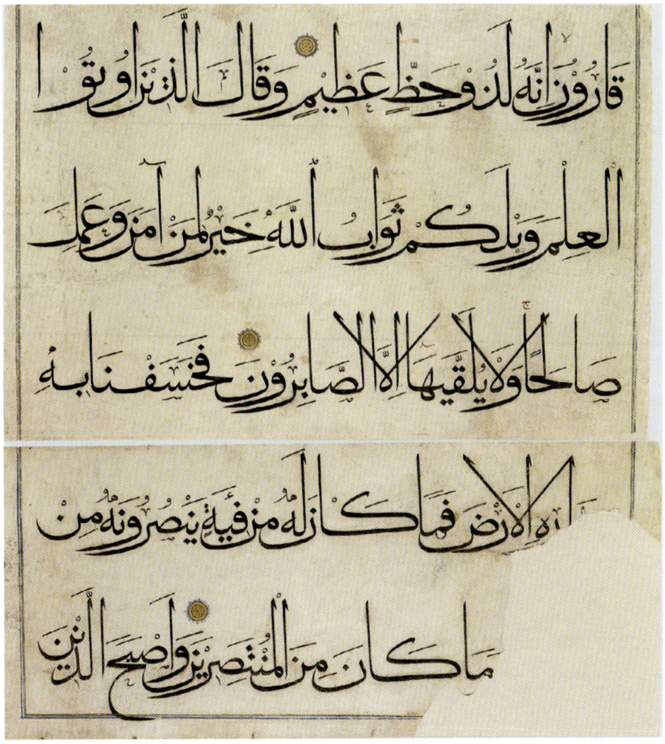

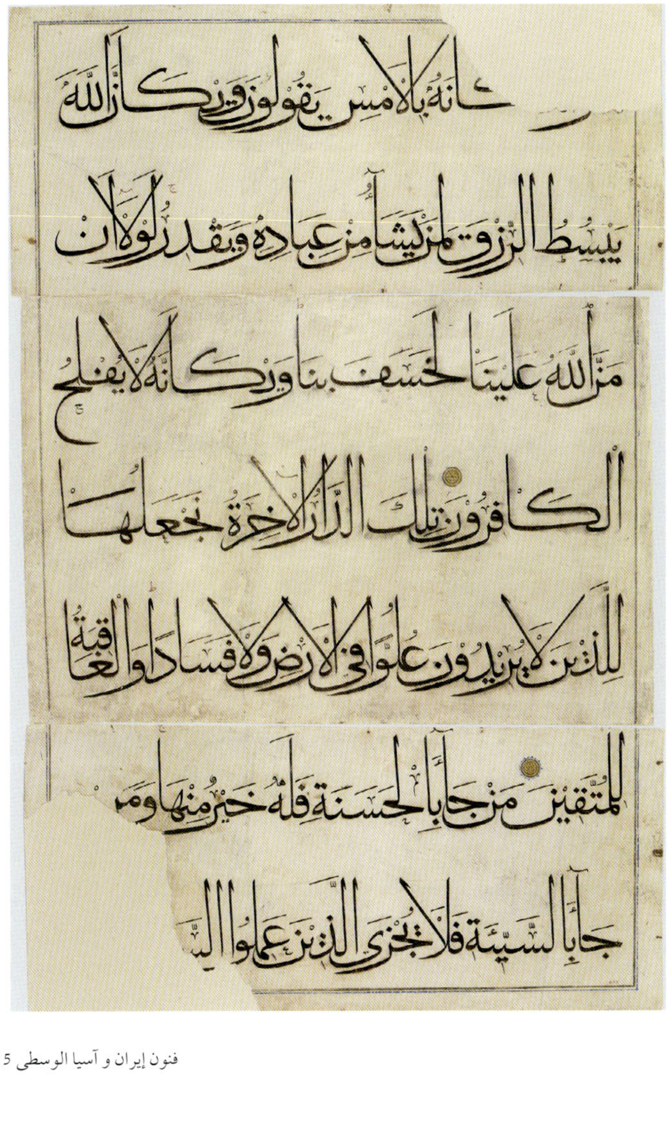

117. أ-هـ خمس قطع من صحائف مخطوط قرآن

أوزباكستان الحالية، سمرقند، أواخر القرن الرابع عشر الميلادي – بداية القرن الخامس عشر الميلادي (قبل 1405م)
حبر، ألوان مائية معتمة، ذهب على ورق
أ. (18.17.1) المقاسات: 49.5×110.8 سم
ب. (18.17.2) المقاسات: 49.5×109.2 سم
ج. (18.17.3) المقاسات: 49.5×110.8 سم
د. (21.26.12) المقاسات: 73.3×107.3 سم
هـ. (21.26.13) المقاسات: 73×106.7 سم
هبة صامويل ت. بيترز، 1918م 18.17.1-3
رصيد رودجرز، 1921م 21.26.12، 13

في رسالة له حول الخطاطين والرسامين فيما سلف من العصور، يذكر كاتب أواخر القرن السادس عشر الميلادي، القاضي أحمد، الفنانَ العسراوي "عمر الأقطع" قائلاً إنه "كتب لأمير ذلك الزمان، الأمير تيمور غوركان، نسخة (من القرآن) بخط غوباري، وقد كانت هذه النسخة صغيرة الحجم بحيث يمكن وضعها تحت تجويف خاتم التوقيع. وقدّمها لأمير ذلك الزمان ولكن بما أنه كان قد كتب الكلام المقدّس بأحرف بالغة الصغر فإن (تيمور) لم يوافق عليها... كتب "عمر الأقطع" نسخة أخرى بحجم كبير للغاية بحيث بلغ طول كل سطر منها ذراعا وحتى أطول من ذلك. وبعد الانتهاء من كتابة (المخطوط) وزخرفته وتسفيره شدّه برباط إلى عربة يدوية وأخذه إلى قصر أمير ذلك الزمان. خرج السلطان لاستقباله، وكافئه بكل احترام وحفاوة.(1)

إنّ القرآن المذكور في هذه النادرة نُسخ لتيمور (تيمورلنك، توفي 1405م) مؤسس وحاكم السلالة التيمورية (حوالي 1370-1507م). وبحسب القاضي أحمد، أُنجزت هذه النسخة بعدما كان تيمور قد رفض نسخة منمنمة، وكانت النسخة الثانية ضخمة جدا وثقيلة جدا إلى حد أنه تحتم حملها على عربة. (2) ويُعتقد أن حامل الكتاب الحجري الموجود في فناء مسجد بيبي خانوم في سمرقند كان قد أضيف بعد بضع سنوات من قبل ألغ بيك، حفيد تيمور (توفي 1449م) وذلك بغية إيواء المخطوط وتمكين القارئ من تصفحه خلال صلاة الجمعة. ومن المرجح أن تكون النادرة التي رواها القاضي أحمد من نسج الخيال على الأقل جزئيا لأن عملا بمثل ذلك الحجم لابد أن يكون قدأُنجز بأمر ملكي مباشر وليس بمبادرة من الخطاط نفسه. ومع ذلك، ليس هناك شك في أن المخطوط الذي يشير إليه بقي في حالة مجزأة جدا في العديد من المؤسسات حول العالم.(3) وقد سبق بالفعل تقطيع أوصال هذا المخطوط وتشتيته خلال فترة القاضي أحمد، أي أقل من قرنين بعد إنجازه، فصحائفه قُطّعت أفقيا إلى ثلاثة أجزاء بحيث قُسّمت السبعة أسطر الأصلية في كل صفحة إلى جزأين يضم كل واحد منهما سطرين وإلى جزء أوسط يضم ثلاثة أسطر.

حصل المتحف على ست من هذه القطع على مرّ السنين، في عام 1918م (ثلاثة أجزاء، أ – ج) وفي 1921م (جزأين، د – هـ) وفي 1972م (جزء واحد، حساب رقم 1972.279).

كشف بحث قام به المؤلف الحالي في أوائل 1990م بشكل مفاجئ أن الخمس

قطع من 1918م و 1921م تشكل جزءا مسترسلا من سورة القصص(28) أي من نهاية الآية 79 إلى بداية الآية 84:

الأسطر الخمسة الأخيرة من صفحة واحدة (ثلاثة أسطر من هـ وسطرَين من ج) متبوعة بالسبعة الأسطر الكاملة من الصفحة التي تليها (سطرين أو ثلاثة أسطر من د، وسطرين من ب).(4) أعيد تشكيل هذه القطع وإعدادها بشكل ملائم للعرض من قبل خبراء صيانة الورق، وهي تحتل بكل كبرياء مكانها جنبا إلى جنب في الأروقة الجديدة للقسم الإسلامي.

تُوفر هذه الصفحات في بنيتها المعاد تشكيلها فرصة للمشاهدين للاستمتاع والانبهار بنموذج نادر من خط النسخ "المحقق" وكذلك لإدراك قيمة اللمسات البارعة التي أنجزها "عمر الأقطع" باستعماله قلما ضخما من القصب (بلغ عرض رأسه فقط سنتيمترا واحدا) على صحائف ضخمة من الورق المصقول. ولم تتواتر أخبار في أي وقت مضى أنّ عرّابا أو ورّاقا أو خطاطا آخر أنجز مثل هذا العمل الجبار.

SC

1. أحمد بن مير منشي، 1959م، ص.64.
2. أشار Blair و Bloom، 2006م إلى أن قياس كل صفحة يُفترض أنه كان في الأصل حوالي 2.2×1.55 متر وأن كامل المخطوط كان يضم 1500 صحيفة بحيث كان تطلّب 2700 متر مربع من الورق عالي الجودة. و قدّر Soudavar و Beach 1992، ص.59 و ح. 17، تحت رقم20أ، ب، في وقت سابق أنه تضمن حوالي 340 صحيفة و "يزن زهاء نصف طن" وكان مقاسه 215×140×35سم
3. الجزء الأكبر في مزار الإمام رضا بمشهد، إيران، مع وجود على الأقل ست صحائف كاملة. صفحات كاملة أخريموجودة بمتحف "البسطان" بإيران؛ رواق آرثر م. ساكلر واشنطن دي سي؛ مجموعة ناصر د. خليلي للفن الإسلامي، لندن؛ مجموعة سلطان بروناي؛ وكما هو مذكور أسفله؛ متحف المتروبوليتان للفنون. القائمة الأتمّ، ولكنها غير شاملة هي تلك الموجودة عند Blair و Bloom 2006، الصفحات 5-6. لا توجد إلى حد الآن محاولة للقيام بدراسة شاملة للمخطوط وجهد لتجميع الأجزاء. معلومات قيمة إضافية يمكن العثور عليها بواشنطن ديسي، و لوس أنجلوس،1989،الصفحات 38-39، 259، رقم 6أ؛ و أJames1992،الصفحات 18-23.
4. صرّح Blair و Bloom 2006، ص. 10 أن صحائف هذا القرآن نُسخت من جانب واحد وتُركت غير مجلّدة وعلى الأرجح وُضع كل إثنين منها وجها لوجه متقابلين. وإذا كان الأمر كذلك، فإن الضرر ذاته الذي أصاب الزاوية اليمنى السفلى للصفحة الأولى والزاوية اليسرى السفلى للصفحة الثانية يوحي بأن هاتين الصحيفتين كانتا وضعتا في الأصل ليس وجها لوجه بل مستندتين لمثلهما. ويمكن أيضا أن نفترض أن المخطوط نسخ في الأصل على كلا الجانبين وأن صحائفه الثقيلة قُسّمت عموديا للحصول على صفحات منفصلة أحادية الجانب؛ في تلك الحالة، قد تكون الأجزاء التي بحوزة المتحف هي في الأصل من الجوانب اليمنى واليسرى الصحيفة نفسها. هذا علاوة عن أن الملاحظة بأن الورق على الجانب غير المكتوب عليه خشن ويفتقد أي معالجة لسطحه مثل التغرية والصقل، تشير بقوة إلى أن الصحائف ذات الجانبين كانت بالفعل مقسّمة إلى نصفين. أنا ممتنّ لِيانا فان دايك (Yana van Dyke)، محافظة مشاركة، للمساعدة التي قدمتها في هذه المسألة.

المصدر:

الفهرس 117أ-ج: صمويل ت. بيترز (Samuel T. Peters)، نيويورك (حتى 1918م)

الفهرس 117د-هـ: هاكوب كيفوركيان (Hagop Kevorkian)، نيويورك (حتى 1921م؛ بيع، أروقة آندرسون، نيويورك، جانفي 26 - 29 1921م، رزمة 722، لمتحف المتروبوليتان للفنون)

118. صحيفتان من مخطوط كتاب "صور الكواكب الثابتة" للصوفي "مجموعة بيغاسوس"

إيران، أواخر القرن الخامس عشر الميلادي
حبر و ذهب على ورق، تسفير من الجلد
المقاسات: 25.8×18.1 سم
رصيد رودجرز، 1913م 13.160.10

هذا المخطوط نسخة تعود إلى القرن الخامس عشر الميلادي من كتاب "صور الكواكب الثابتة"، وهو بحث في علم الفلك ألّفه في البداية عبد الرحمن الصوفي (توفي سنة 986م) في 946م.(1)

يعرض الكتاب بعد المقدمة جداول تتضمن أسماء المئات من النجوم فضلا عن أوصاف لثمان وأربعين مجموعة كواكب، ويرافق كل وصف رسمان توضيحيان في شكل مرايا تُظهر كيف تبدو مجموعة الكواكب في السماء وعلى الأدوات الفلكية.

يضمّ المخطوط الحالي وغير الكامل أوصافا وصورا لثلاث وأربعين مجموعة فقط بما في ذلك بيغاسوس، (الفرس الأعظم، صحائف 117، 118) التي تظهر كما لو كانت تبدو في العالم السماوي (الكرة). تتميّز صورة الفرس العادية نصف المجنحة باستعمال سلسلة من النقاط بماء الذهب محاطة بالأحمر وهي تحدد النجوم الأساسية في المجموعة هذه. وجرى تمييز بعض النجوم الأساسية على وجه التحديد بواسطة كلمات عربية مقترنة بأجزاء من جسم الحصان بينما استُخدمت الأحرف لوحدها لتمييز الأخرى.

ويهدف إدراج الرسوم التوضيحية في هذا البحث إلى مساعدة العلماء والطلاب على تحديد مواقع المجموعات الكوكبية في السماء وعلى الآلات الفلكية وحفظها. و هذا ربما ما يفسّر سبب بقاء المنظومة الأيقونية المرتبطة بهذا النّص موحّدة على مرّ السّنين مع بعض التغييرات الطفيفة فقط التي تُظهر أسلوب الفترة التي جرى خلالها إنتاج كل نسخة. رُسمت الصور التشخيصية للمجموعات في هذا المخطوط بأزياء تيمورية. يقدّم البحث لقرائه التراث التقليدي لعلم الفلك، ممثّلا بأعمال مثل المجسطي لبطلميوس، أحد مصادر نص الصوفي. وقد عزّز إدراج مصطلحات وأسماء تقنية باللغتين الإغريقية والعربية في النص بقاء المصطلحات والتّقاليد الإغريقية وسمح في الآن نفسه بنقل الإسلامية منها.(2)

FL

1. النسخة الأقدم من هذا النص، بتاريخ 400 هجري الموافق لـ1009 - 10م، موجودة حاليا بمكتبة البودليان، أكسفورد (مخطوط مارش، 144).
2. للاطلاع على فهرس للمخطوطات الموجودة لهذا البحث، انظر كاري، م. 2001م، الملحق.

المصدر: [ليونس روزنبرغ، باريس، حتى 1913م؛ بيع لمتحف المتروبوليتان للفنون]

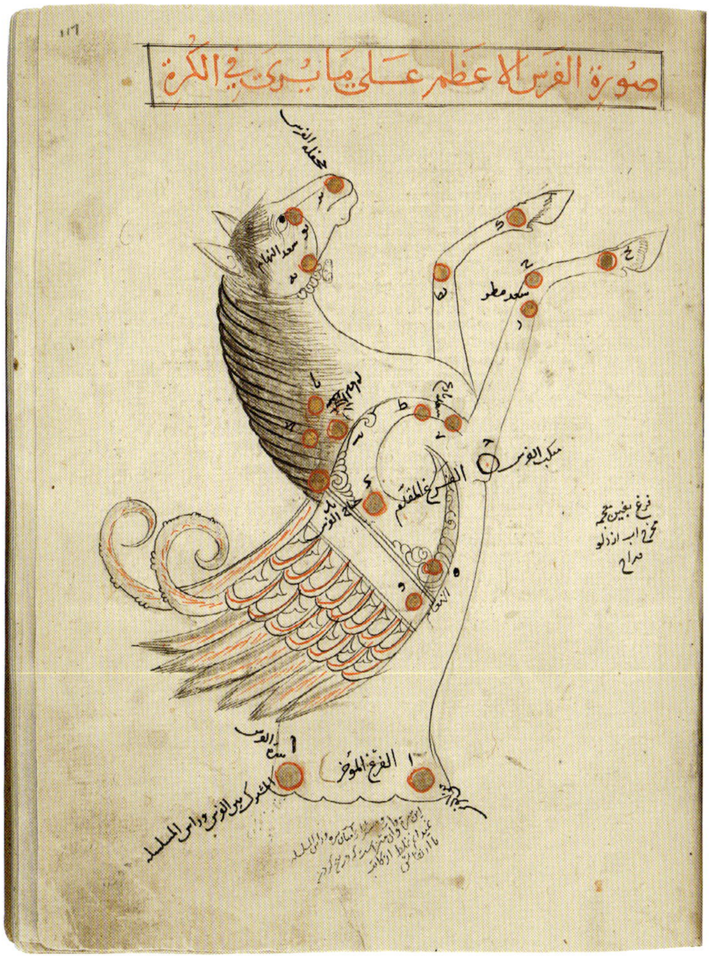

صحيفة 117

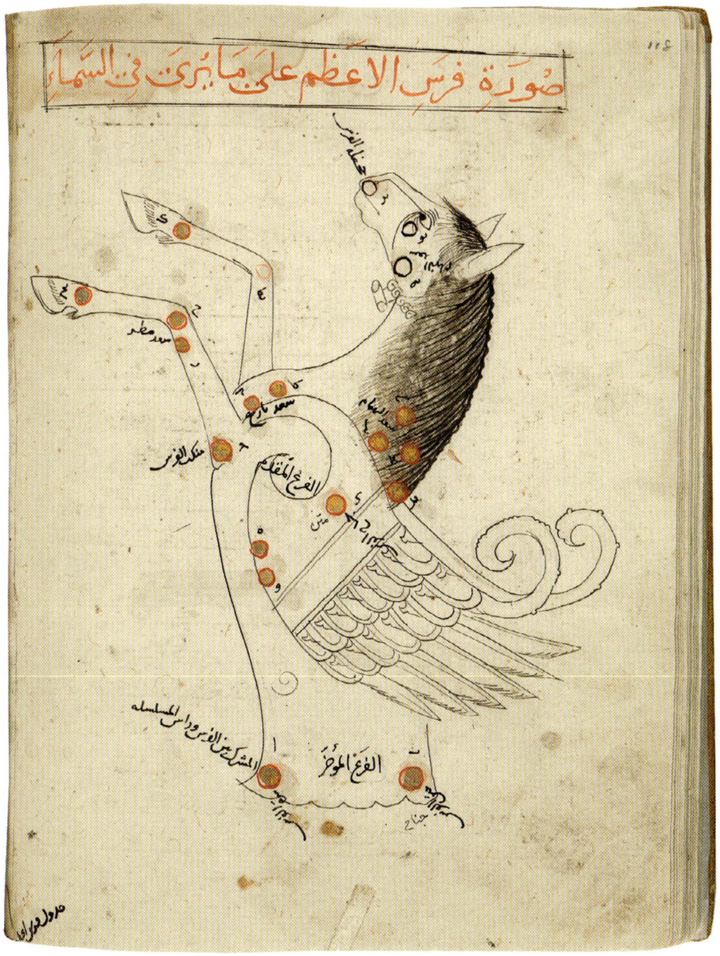

صحيفة 118

119. ناسكان بوذيان

إيران، على الأرجح تبريز، الفهرس 1480
حبر وألوان مائية شفافة على ورق
المقاسات: 34.5×23.8 سم
رصيد رودجرز، 1968م 68.48
نقش بالفارسية بخط النستعليق في الزّاوية اليسرى السفلى:
استاد محمد [...] قلم

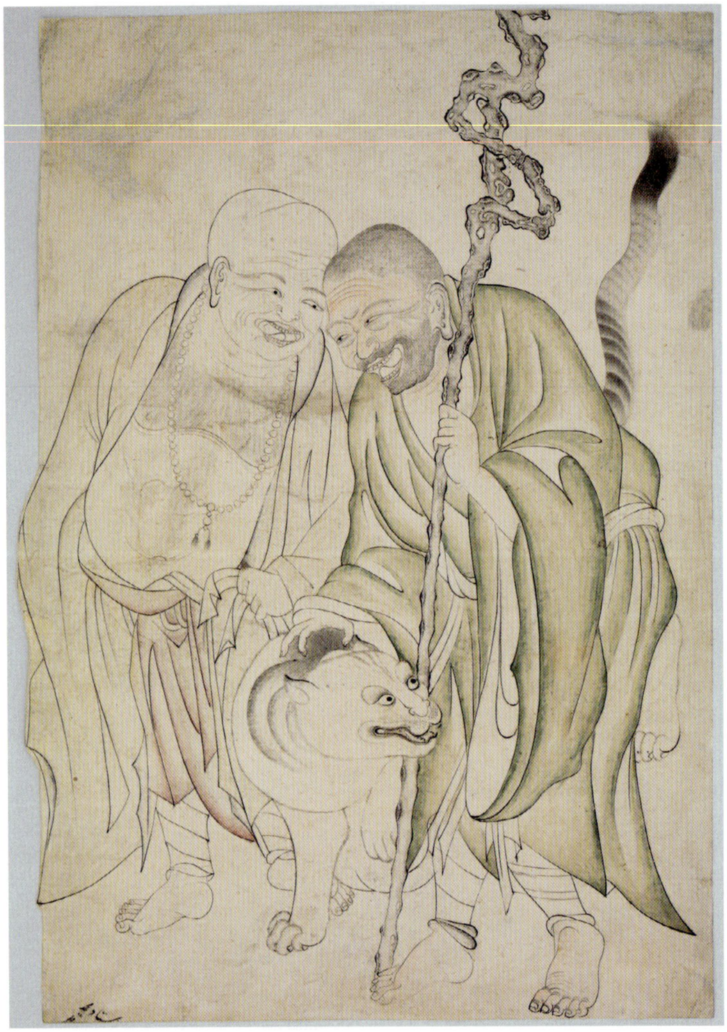

حضي النُّسّاك (اللوهان) في الصين بكل التبجيل بوصفهم أتباعا بوذيين وصلوا مرحلة عليا من التنوّر من خلال إخلاصهم لتلك العقيدة وتعاليمها. ويُقال عمومًا إنّ عددهم يتراوح بين ستة عشر وثمانية عشر نفرا ولكن بعض المصادر تُقدر أنّ عددهم يصل إلى حدود الخمسمئة. وتتجلى خصالهم الروحية في ضحكاتهم وكان للبعض منهم مظاهر خارجية مميزة أو كانوا مرتبطين بسمات محددة. ومنذ القرن التاسع الميلادي فصاعدا، يظهر اللوهان في الرسم الصيني أفرادا وجماعات. أمّا هذا الرسم الملوّن على نحو خفيف فيجمع اثنتين من الشخصيات الأكثر شهرة في التراث، ولكن من المرجح أن تكون حوافه قد قُصّت ممّا يوحي بأن هؤلاء اللوهان قد كانوا ربّما ضمن تجمع أكبر من النّسّاك.

يبدو أن الشخص إلى اليسار هو بُوداي ببطنه العارية والبارزة ووجهه الضاحك. وهو تشخيص شائع لميتريا، بوذا المستقبل، الذي اقترن اسمه في التقليد الصينية بالرفاهية المادية والأطفال الذكور.(1) ويصاحب الشخصية إلى اليمين نمر، وهو يحمل عصا مصنوعة من جذر شجرة كثير العقد. ويشير ارتباط اللوهان بالنمر إلى السيطرة على القوى الكونية بينما تدلّ العصا كثيرة العقد إلى مظهر الحكيم البسيط، خاصيتان يتّسم بهما الناسك الزاهد فانقان في مذهب زن البوذي. وقد جرى محاكاة وضع هذه الشخصية وملابسها بشكل معاكس في لوهان رُسم في لوحة تعود إلى الفترة اليوانية وهي معروضة الآن بمتحف القصر الوطني بتايبه.(2)

إنّ الإنجاز التجريبي بعض الشيء لهذا الرسم وذكر نسبته إلى محمد سيه قلم في الزاوية السفلى اليسرى يوحيان بأنّ الرّسم أُنجز في إيران أو آسيا الوسطى بدلا من الصين. وتوجد نظائره الأقرب من حيث الأسلوب والموضوع في اللوحات التي تشكّل جزءًا من ألبوم حزين 2153 المحفوظ في مكتبة قصر توبكابي. وتفصح بعض هذه الرسوم عن نسبتها إلى شيخ نقاش، رسام بلاط السلطان يعقوب آق قويونلو (حكم ما بين 1478-1490م) الذي كان يحكم انطلاقا من مدينة تبريز الإيرانية.(3) أما النّظير الأكثر شبها بهذا العمل فهو يُظهر خمس شخصيات في رسم تخطيطي لمنظر طبيعي. رجل وامرأتان في أزياء "صينية" في مقدمة الرسم وخلفهم ناسكان إثنان ضاحكان مخفيان جزئيا بتلّة. يمسك اللوهان على اليمين بالعصا المميزة نفسها ذات العقد الكثيرة التي يحملها الشخص في لوحة متحف المتروبوليتان.(4)

PS

1. لورنس، كانساس، وسان فرانسسكو 1984م، الصفحات 36، 140، 392-393،لوح 28 (أود أن أشكر زميلي، د. هوشمان شان الذي لفت انتباهي إلى هذاالمنشور)؛ تايبيه 1990م؛ ألواح 30، 44-45.
2. لورنس، كانساس، وسان فرانسسكو 1984م، الصفحات 196-207؛ تايبيه 1990م، ألواح 21، 25، الزاوية اليمنى العليا.
3. Cağman (كاكمان)1981م و Cağman و Tanındı (كاكمان وتانندي)1979م، الصفحات 30-31، الصورة 24.
4. للرسوم الملونة في حزين 2153 (الصحائف 104 v، 8 v، 82 v)، انظر Cağman (كاكمان)1981م الصور 19، 20، 282 لصور اللوهان في حزين 2153 (الصحائف 15ب، 138أ)، انظر المصدر نفسه، الصور 186، 185.

المصدر:[ب. هـ. برزلاور (B. H. Breslauer)، لندن، حتى 1968م؛ بيع لمتحف المتروبوليتان للفنون.]

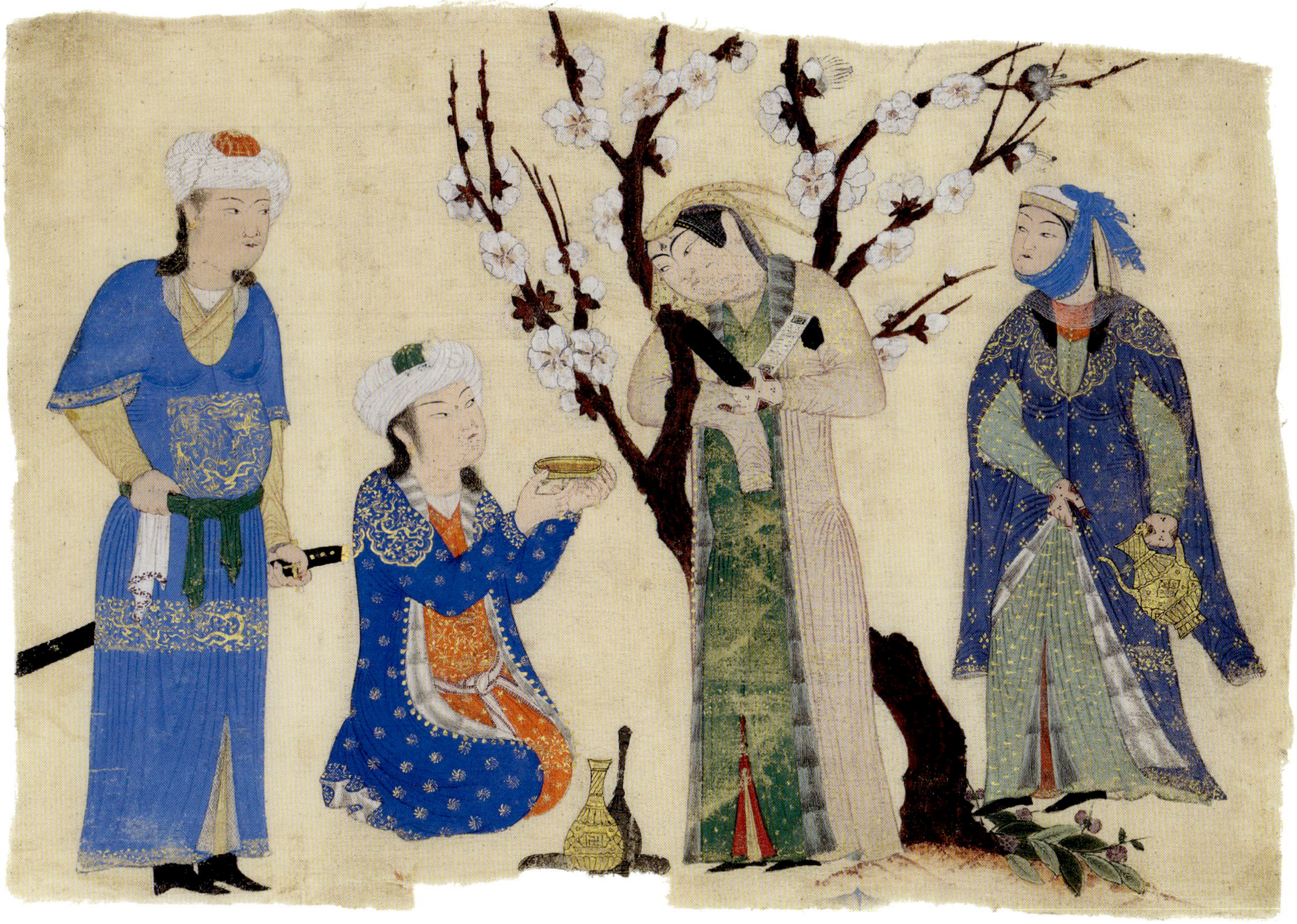

120 . شرب النبيذ في بستان ربيعي

إيران، على الأرجح تبريز، حوالي 1430م.
ألوان مائية معتمة وذهب على حرير غير مصبوغ
المقاسات: 76.8×21.6 سم.
مجموعة كورا تمكن برنت من المنمنمات الفارسية والقطع الفنية الفارسية الأُخرى، وصية كورا تمكن برنت، 1956م 57.51.24

كان رسم أزواج العاشقين في بساتين ربيعية موضوعا مألوفا في اللوحات المنجزة في إيران والعراق في القرنين الرّابع عشر والخامس عشر الميلاديين. ويُبرز المثال الحالي سمات هي من جهة مألوفة ومن جهة أخرى غير اعتيادية في مثل هذه الأعمال. وللملابس المطرّزة بالذّهب التي يرتديها الزّوجان المركزيان وخدمهما عدّة أوجه شبه مع رسوم من مراكز بعيدة مثل بغداد وتبريز وشيراز وهرات. وما يشكّل شيئا نموذجيا آخرا أنّ التعبير عن العلاقة العاطفية بين الأبطال الرّئيسيين يظهر من خلال أعمالهم وليس من خلال ملامح وجوههم.

تصرف الفتاة نظرها إلى الأعلى وهي متكئة إلى جذع شجرة مزهرة وبين يديها مخطوط مفتوح طويل الشكل وضيّق على غرار كُتب شعر الحبّ. ويتجلّى شعور عاشقها الملتهب من خلال وضعه الرّاكع وإهدائه إياها كوبًا من النّبيذ. إنّ هذه العناصر التّركيبية أي بستان كخلفيّة وشاب يُهدي كوبًا من النبيذ إلى امرأة تستند إلى شجرة مزهرة، تظهر في كل من رسم سابق في برلين وفي لوحة لاحقة في مجموعة ديفيد في كوبنهاغن، وهو ما قد يوحي بأن العناصر الثّلاثة تُشكّل وحدة تركيبية.(1)

ومن المرجّح أنّ رسم الشجرة يعتمد على لوحة صينية لغصن مزهر لشجرة برقوق كدلالة على الشتاء أو أوائل الربيع ألحق به الرّسام الفارسي جذعا. ويتّضح اعتماد الرسام على النموذج الصيني في كثرة عقد الأغصان وكذلك في المواضع المختلفة للأزهار التي يمكن رؤية بعضها من الجانب أو من الخلف.

وتدل حوافّ اللوحة غير المنتظمة على أنها انتُزعت قسرا من موضع آخر. ويقال إن أجزاء من قاعدتها الأساسية الحريرية لا تزال واضحة على صحيفة 76 ر من ألبوم حزين 2153 في مكتبة توبكابي.(3)

توجد ثلاث صور ترتبط ارتباطا وثيقا بهذه اللوحة وهي لأزواج في مقتبل العمر يقفون إلى جانبي شجرة لها مصدر مماثل. إحداهما الآن بالمتحف الوطني الكويتي وهي أيضا منجزة على الحرير، تظهر عليها الفتاة وخادمتها (التي تحمل هي الأخرى آنية معدنية) إلى اليسار والشابان الوسيمان إلى اليمين.(4)

لم يكن استخدام الحرير كدعامة لمثل هذا العمل أمرًا مألوفًا في إيران، والمقصود منه على الأرجح محاكاة الممارسات الصينية. ويصف تقرير فني يتعلق بالقاعدة الأساسية هذه الأخيرة على أنها "حيكت على منسج يمكن التحكم في شّده مع مجموعتي سدو ولحمة أُعدّت بغير انتظام" و يذكر أن اللحمات الملتوية في شكل S و Z "تتناوب طوال عملية الحياكة" وأنّ "القماش جرى ترطيبه على الأرجح" قبل إنجاز اللوحة.(5)

PS

1. مكتبة Staatsbibliotek ، برلين (Ms. Diez A صحيفة 72)، Grube 1981، ص.6، الصورة 133؛ و م2007-2008 Humlebaek،ص.92، رقم 36.
2. م1954 Loehr، ص. 87، الصورة 54؛ م1981Grube ،الصفحات 2،11، الصورة 117.
3. م1981 Grube، ص.11، حاشية 2.
4. واشنطن دي سي ولوس أنجلوس 1989م، الصفحات 346،186،184، رقم 85.
5. ملاحظات من قبل نوبيكو كاجتاني (Nobuko Kajitani) في ملفات أمانة المتحف، قسم الفن الإسلامي، متحف المتروبوليتان.

المصدر: هاكوب كيفركيان [(Hagop Kevorkian) نيويورك، لا يتجاوز 1930م]؛ كورا تمكن برنات(BurnettCora Timken)، ألباين، نيو جيرسي. (لا يتجاوز 1940م – توفيت 1956م)

121. عناق زوج أميري

إيران، على الأرجح تبريز، 1400–1405م
ألوان مائية معتمة وذهب على ورق
المقاسات: 31.9×48.9 سم
مجموعة كورا تمكن برنات من المنمنمات الفارسية والقطع الفنية الفارسية الأُخرى، وصية كورا تمكن برنات، 1956م 57.51.20

إنّ المساحة الكبيرة غير المعتادة لهذه الصورة والحجم الضخم للزوجين الشابين أدّى بالباحثين إلى استنتاج أنه من المحتمل أن تكون هذه الصورة قد استُخدمت كنموذج لرسم جداري.(1) بخلاف الشاب الذي يرتدي العمامة والمرأة أنيقة اللباس اللذان يتبادلان النّظرات، فإنّ معالجة المحيط الطبيعي جاءت على عجل. تحيط بالأشخاص أشجار مزهرة، وهي تبدو مجرّد شجيرات مقارنة بالغرسة المزهرة التي تتوسّطهما. ويحمل عناقهما، وإن كان محتشما، طاقة إغرائية، ولقد جرى أحيانا تشبيههما بالعشاق الأسطوريين المعروفين في الأدب الفارسي، بما فيهم هومي وهمايون وخسرو وشيرين، ولكن لا يوجد نص مقترن بهذا الرسم يمكّن من التعرّف على أسماء الزوجين.

تشير المصادر التاريخية إلى وجود رسوم جدارية إغرائية منذ القرن الحادي عشر الميلادي، وقد سبق أن تضمّنت نصوص أدبية تزيينا بالرسوم الجدارية التشخيصية ووصفا لها معا. وترتبط تلك الرسوم التي تُظهر العشّاق على وجه الخصوص بمجهودات زليخة التي ورد ذكرها في القرآن، لإغواء يوسف في غرفة مزدانة برسوم جدارية إغرائية. والرواية الأدبية الأكثر شيوعا لهذه القصة هي تلك التي نظمها في القرن الخامس عشر الميلادي الشاعر عبد الرحمن جامي، لكن النظائر المرئية الأكثر شبها للزوج الأميري هنا توجد في رسوم جدارية تمثّل القصة نفسها مرسومة في نسخة تعود إلى منتصف القرن السادس عشر الميلادي من "بستان" السعدي، و هي معروضة الآن في فيينا.(2)

يُذكّر حجم الأشخاص في رسم متحف المتروبوليتان إضافة إلى تفاصيل ثيابهم ونمط الوشم على وجه المرأة بسِمات مماثلة موجودة في الرسوم التوضيحية للمخطوطات المنجزة في العراق وإيران في أواخر القرن الرابع عشر وأوائل القرن الخامس عشر الميلاديين (المكتبة الجامعية، إسطنبول) وفي نسخة من "خسرو وشيرين" لنظامي (رواق فرير آرت، واشنطن دي سي).(3) ويُقدّم مخطوط فرير تاريخا ومكان إنتاج تقريبيين للرسم الحالي، وهو مُوثّق على أنه أنجز في تبريز ويُعتقد أن تاريخه يعود إلى أوائل القرن الخامس عشر الميلادي.

PS

1. واشنطن دي سي ولوس أنجلوس 1989م، الصفحات 58–61 و 331–332، رقم 17.
2. المكتبة الوطنية (Nationalbibliotek)، فيينا (المخطوط AF 103، صحيفة 73أ)؛ مزيّنة في إدنبرة 1977م، الصفحات 74 و 77، رقم 175.
3. غراي 1977، Gray الصفحات 39–54.

المصدر: كورا تمكن برنات (BurnettCora Timken)، ألباين، نيو جيرسي. (لا يتجاوز 1940م – توفي 1956م)

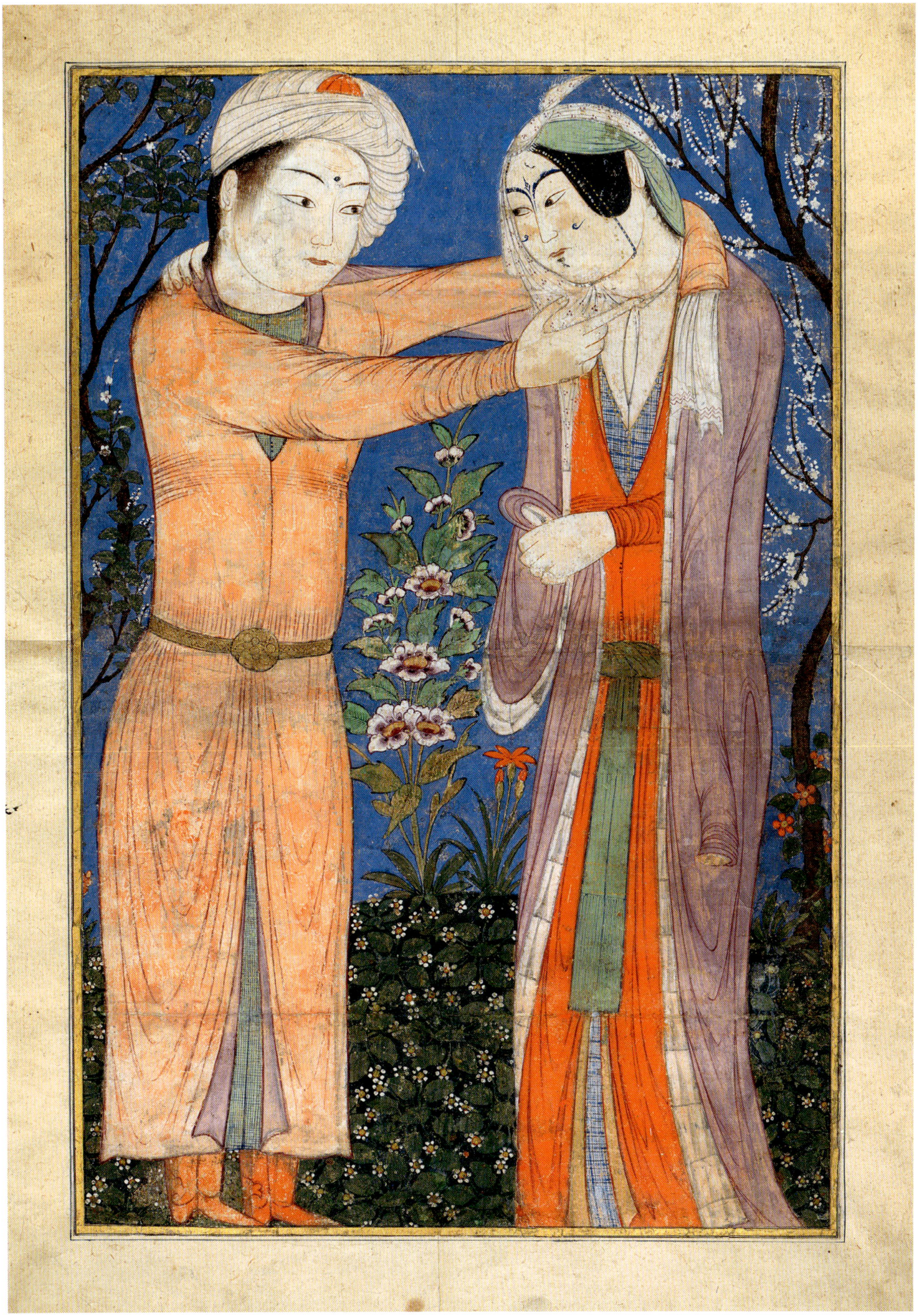

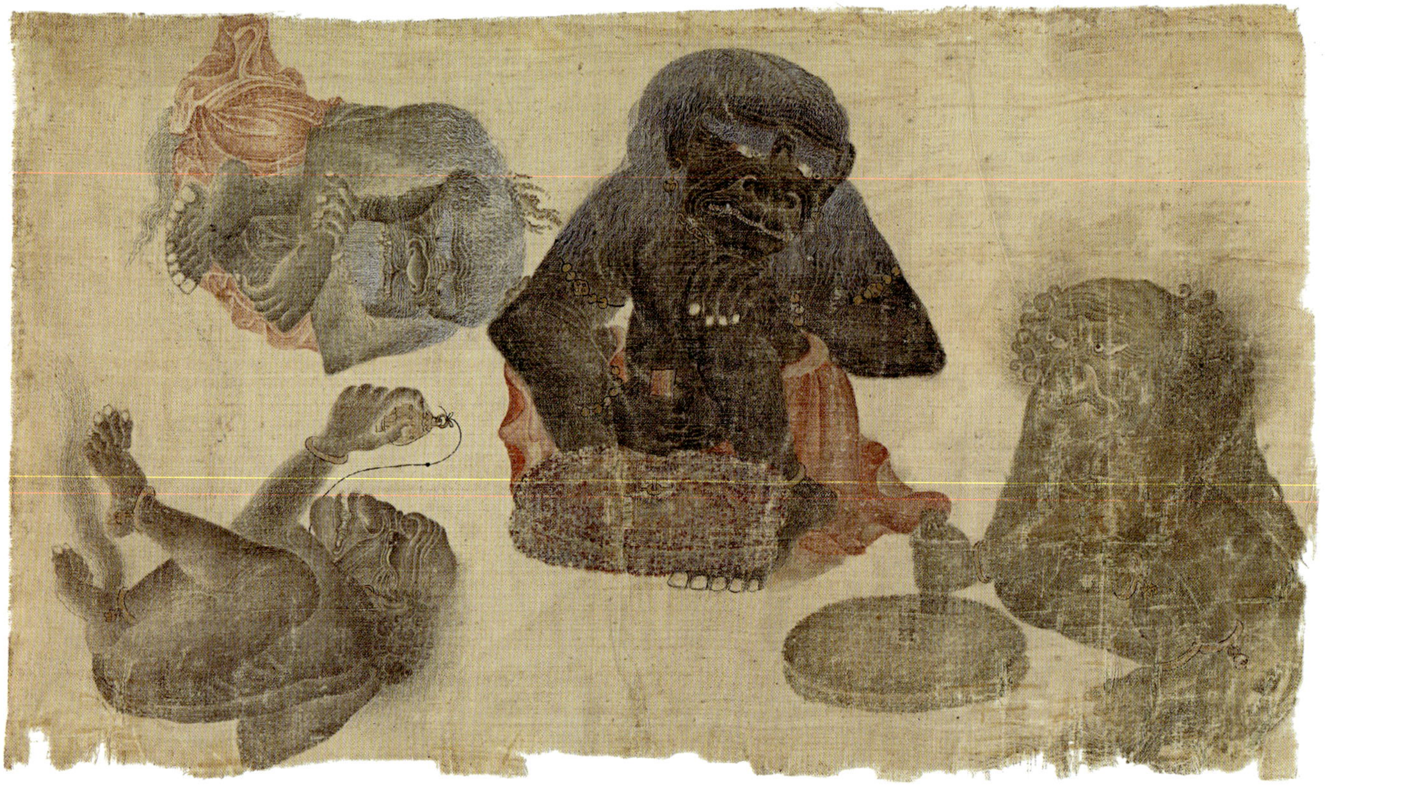

122. العفاريت الأربعة

إيران أو آسيا الوسطى 1470-1500م
ألوان مائية وذهب على حرير
المقاسات: 20.2×34 سم
رصيد هاريس بريسباين ديك، 1968م 68.175

كان الرسم على الحرير ممارسة شائعة في الصين ولكنها نادرة في آسيا الوسطى وإيران ممّا يثير سؤالا حول مكان إنجاز هذه الصورة. توحي حاشيتها السفلى غير المستوية بأنها انتُزعت قسرا من مكان آخر. الزوجان الاثنان من العفاريت الجاثمة وكلاهما يبدوان مستغرقين في تجاذب أطراف الحديث مستقلّ كل زوج منهما عن الآخر من حيث الموضوع والمكان. وترتدي جميع العفاريت الأربعة أطواقا ذهبية حول معاصمها أو أرساغها. ولواحد من كل زوج بشرة داكنة وملامح تكاد تكون بشرية (رغم أن واحدا منها أقرن) وكلاهما يرتديان ملابس شبيهة بالتنورات. يغطّي العفريت الآخر من كل زوج فرو أو شعر ناعم كما أن لأحدهما ذيل. يطحن الزّوج المرسوم في يمين الصورة، على ما يبدو، شيئا ما، ربّما حبوبا، بين دفّتين من الحجر. وتعيد هذه اللوحة إلى الذّاكرة، من خلال رسمها لأربع شخصيات شيطانية على خلفية بسيطة، بعض النماذج المحفوظة بحزين 2153، الألبوم المودع بمكتبة توبكابي. فهذه النماذج، وهي مرسومة على ورق أو حرير، تُظهر عفاريت في لباس مشابه، بعضها داكن البشرة والبعض الآخر مغطى بفرو وهي ترقص أو تصارع أو تتقاتل أو ترعى الحيوانات أو تقوم بأعمال منزلية.(1) لا يوجد نص مرتبط بأي من الرسوم المتعلقة بالعفاريت مع أن البعض منها يُنسب إلى محمد سيه قلم الذي تبقى هويته التاريخية غير مؤكدة.

توجد مجموعة من الصور ترسم آدميين وترتبط من حيث التنفيذ بصور العفاريت. والشخصيات البشرية التي قد تكون من البدو الرّحل، تظهر في الصورة وهي تعدّ الطعام أو ترعى الحيوانات أو تتبادل أطراف الحديث. وتُنسب هذه المشاهد إلى محمد سيه قلم أيضا وهي الآن محفوظة بحزين 2153 كذلك (2). ويبدو أن الصور والكتابات في ذلك الألبوم قد صمّمت في الربع الثالث من القرن الخامس عشر الميلادي وهو ما يسمح بإعطاء تاريخ تقريبي للوحات العفاريت. ولئن رُجّح أنها جاءت من تركستان فإنه لم يجري إلى حد الآن تحديد دقيق لمصدرها أو غايتها (3).

PS

1. Tanındı ، Cağman و Rogers (كاكمان، تانندي وورودجرز) 1986م، ألواح 81-90.
2. المصدر نفسه، ألواح 91-100.
3. أسلانابا (Aslanapa1954م)، الصفحات 81-82؛ و إتنغهاوزن (Ettinghausen 1954م).

المصدر: [ب. هـ. برزلاور (B. H. Breslauer)، لندن، حتى 1968م؛ بيع لمتحف المتروبوليتان للفنون.]

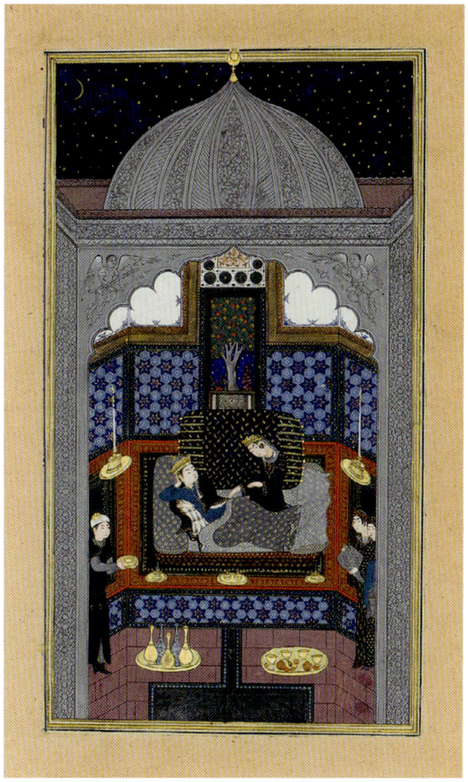

أ

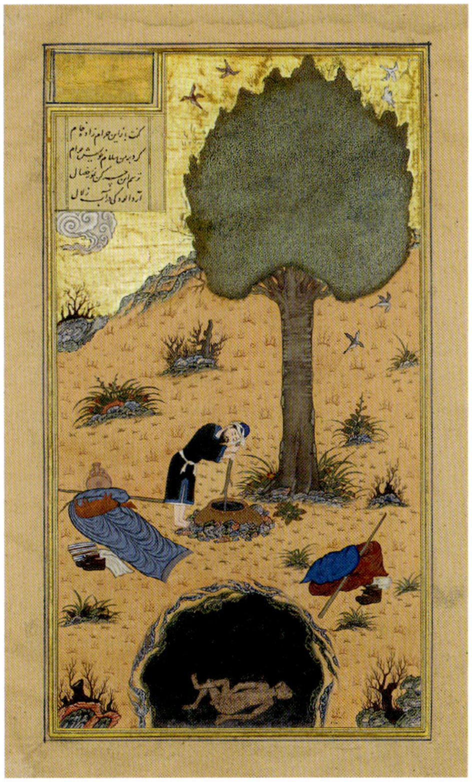

ب

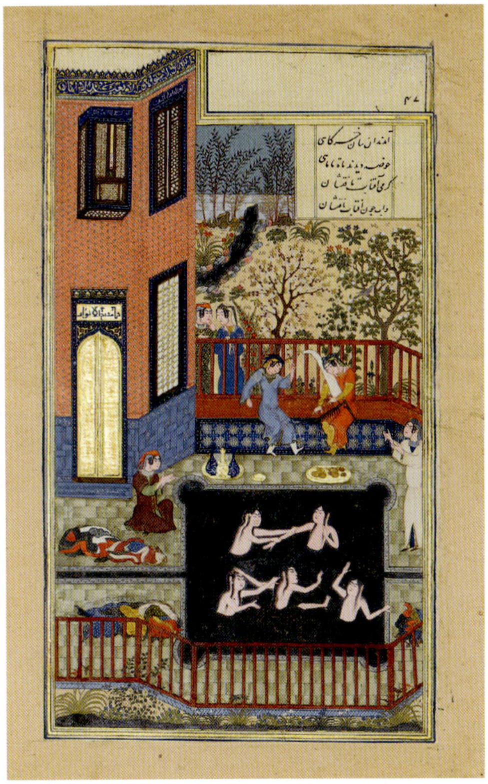

ج

123 . أ – ج. ثلاث صحائف من "هيفت بايكر" (سبع صور شخصية) من "الخمسة" لنظامي

الخطاط مولانا أزهر (توفي 1475/ 1476م)
أفغانستان الحالية، هرات، حوالي 1430م
أ. "بهرام غور والأميرة الهندية في قصر يوم السبت"، الصحيفة 23 ب
حبر وألوان مائية معتمة وذهب على ورق
المقاسات : 21.6×11.7 سم
هبة ألكسندر سميث كوشران، 1913م 13.228.13.4

ب- "كيف غرق الصياد في البئر"، صحيفة 33 ب
حبر وألوان مائية معتمة وذهب على ورق
المقاسات 22.5×12.1سم
هبة ألكسندر سميث كوشران، 1913م 13.228.13.5

ج- "المتصنّت يحدّق النظر في مجموعة من الحسنوات من خلال نافذة مغلقة" صحيفة 47 أ
حبر وألوان مائية معتمة وفضة وذهب على ورق
المقاسات: 22.5×12.4 سم
هبة ألكسندر سميث كوشران، 1913م 13.228.13.6

يضم المخطوط الذي أخذت منه هذه الصحائف الثلاث "هيفت بايكر" (السبع صور الشخصية) واحد من الكتب الخمسة التي يتضمّنها كتاب نظامي "خمسة". كتابات هذا المخطوط الرقيقة وزينته الافتتاحية المتقنة وكذلك اشتماله على خمس صفحات كاملة من الرسوم التوضيحية هي كلها من سمات المخطوطات المنجزة في أوساط البلاط التيموري خلال الربع الثاني من القرن الخامس عشر الميلاديوعلى الأرجح بهرات.(1) حُمل المخطوط خلال القرن السادس عشر الميلادي إلى الهند أين استقرّ بمكتبات الحاكمَين المغوليَّين أكبر وشاه جاهان.

تستكشف قصيدة نظامي الشعرية المؤلفة سنة 1197م سيرة الحاكم السّاساني بهرام غور. تُفتتح القصيدة بأوصاف لشجاعة بهرام كصيّاد وتنتهي بسرد لأعماله كحاكم. ويتمحور هذا العمل أساسا حول التناوب الأسبوعي لزيارات الحاكم وتردده على قصور سبع أميرات مختلفات.

تنحدر كل أميرة من منطقة مختلفة من العالم وتلبس أزياء من لون معين وتسلّي

بهرام بأن تروي له قصة إغرائية وهادفة في آن واحد.
ويوصف المخطوط في الملاحظات المدونة في بلاطَي أكبر وشاه جهان على أنه يتضمّن سبعة صور، أي صورتَين أكثر من تلك التي تضمنها عندما وصل إلى متحف المتروبوليتان سنة 1913م. وتُظهر صورتان من ضمن تلك التي بقيت، على صحيفتي 10 و 17 ب، النجاحات المبكرة لبهرام الصيّاد، بينما تظهر الصفحات الثلاث الأخرى جوانب من زيارته إلى الأميرات. وتوثّق إحداها زيارته إلى الجناح الأسود (صحيفة 23 ب، الفهرس 123 أ)، أمّاالرسمان الباقيان فيُزينان حكايات روتها أميرات الجناحين الأخضر والأبيض (صحيفة 33 ب 147 – الفهرس 123 ب ،ج). أمّا اللوحات المفقودة فيرجّح أن تكون قد رسمت زيارة بهرام إلى أميرة الجناح الذهبي ونزاعاته مع حاكم الصين.
ورغم الجودة العالية لهذا المخطوط، فإن مصدره بقي من حين إلى آخر مثار جدل لأنّ الشارة الموجودة في آخره (على صحيفة 56 ب) تجمع كلا من توقيع خطاط مشهور جدا في القرن الخامس عشر الميلادي هو مولانا أزهر وتاريخ إتمام إنجاز المخطوط المحدد سنة 988 هجري الموافق لـ 1580م. ويتطابق هذا التاريخ مع تاريخ إهدائه من أحد رجال الحاشية، خان خانان، إلى أكبر، بدلاً من تاريخ كتابته الأصلي (2).
أظهر الفحص الذي قام به جون سيلر للنّقوش المغولية على المخطوط أنّ الحكام المغوليين أو حفظة مكتباتهم قدّروا قيمة مالية للمخطوط ارتفعت من خمسمئة روبيه خلال فترة حكم أكبر إلى ألف خلال فترة حفيده شاه جهان (3).

PS

1. روبنسن، ب. (1957م .Robinson, B).
2. وليامز جاكسون ويوهانن 1914م، الصفحات 71–79، رقم 10.
3. سيلر (1997م Seyller)، الصفحات 256 و 281–282، الصورة 17.

المصدر: الإمبراطور أكبر، الهند (من 1580م)؛ حفيده شاه جهان، الهند (في 1658م)؛ ألكسندر سميث كوشران (Alexander Smith Cochran)، يونكرز، نيويورك (حتى 1913م)

124 أ، ب . صحيفتان من ظفرنامة "كتاب النصر" لشرف الدين عليزدي

الخطاط : يعقوب بن حسن
إيران ، تبريز، 839 [هجري] الموافق ل 1435–1436م
أ- "تيمور وجيشه يحاصرون قلعة بغداد"
حبر،ألوان مائية معتمة وذهب على ورق
مقاسات الصورة: 33.4×24.6 سم
رصيد لويس ف. بال، 1967م، 67.266.1

ب –"تيمور وجيشه يحاصرون قلعة بغداد"
حبر، ألوان مائية معتمة وذهب على ورق
مقاسات الصورة: 28.9×20.3 سم
رصيد رودجزر 1955 م 55.121.17

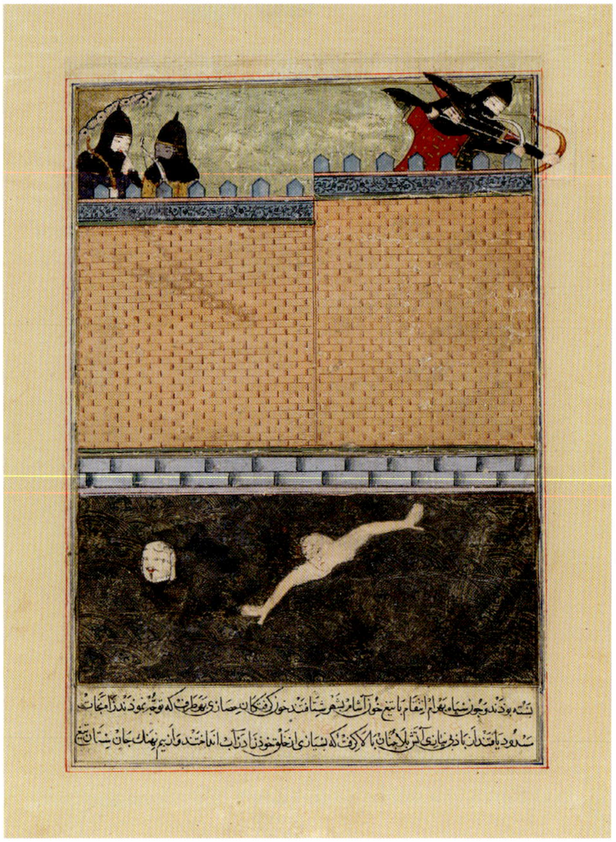

أ

رغم أنّ المتحف حصل على هذه الصفحات في تاريخَين مختلفين، فقد كانت النية متّجهة على عرضها معًا. وقد رُسمت على صحائف محاذية لمخطوط كان نسخ في شيراز سنة 1436م من قِبل يعقوب بن حسن المعروف بسراج الحسيني. ألّف شرف الدين علي يزدي (توفي سنة 1454 م) "كتاب الضفر" قبل ذلك ببضع سنوات فقط في 828 هجري الموافق لـ 1424–1425م (1).
تُقدّم قصة يزدي وصفا حيًّا لحصار قلعة بغداد من قبل جيش تيمور على امتداد 40 يوما في يوليو أو أغسطس 1440م، في وقت اشتد فيه الحر. ويصف يزدي كعادته الأدوار التي قامت بها مختلف فرق الجيش ومواقف أهم الأمراء، كما يحدد مساهمة تيمور في قيادة جيشه ومراقبة المعارك. أمّا فيما يتعلق بالمدافعين عن القلعة، فيرُكّز الرسّام على الخوف الذي تملّكهم من جرّاء الحصار التيموري. تقع القلعة على الضفة الشرقية من الفرات، ويبدو أنّ الضجيج المدوّي والصراخ القادم من هجوم مواز على جميع أطرافها جعل المحاصرين يظنون أن يوم القيامة قد أزف. فنتيجة اليأس، رمى العديد بأنفسهم من أعلى أسوار القلعة، لا لشيء إلا لتفترسهم مخلوقات حادة الأسنان كانت تنتظر في الماء أسفل القلعة.(2)
هاتان الصورتان تبرزان ثانية جوهر رواية يزدي ومزاجها من خلال إظهار التباين بين قوة الجيش التيموري وبين الفزع الذي تولّى حامية بغداد. ويُبرز في إحداهما (الفهرس 120 ب)، الرسامُ دورَ تيمور مظهرا إيّاه وهو يقود المعركة والشمسية الملكية تحميه.
و يشير يزدي إلى الحصار ذاته ومعداته التي يصفها بدقة من خلال جندي يرمي

125. أ – ب صحيفتان من كتاب خفرنامة (كتاب الشرق) لمولانا محمد بن حسام الدين

أ – "زيارة الشاعر فردوسي للمؤلف ابن حسام"
إيران، شيراز، حوالي 1486–1476م
حبر، ألوان مائية معتمة وذهب على ورق
المقاسات: 39.8x28.9 سم
رصيد رودجرز، 1955م (55.184.1)

ب– "عمرو يقذف أعداءه من فوق السفينة"
إيران، شيراز، حوالي 1486–1476م
حبر، ألوان مائية معتمة وذهب على ورق
المقاسات:39.8x28.6 سم
رصيد رودجرز 1955م،55.1251

هاتان اللوحتان، بما تضمنتاه من تشكيلة لونية نابضة بالحياة وحركة حية، مأخوذتان من مخطوط "كفرنامة" (كتاب الشرق) وهو مجموعة قصص تتعلق بمغامرات علي بن أبي طالب زوج ابنة النبي محمد. تتّسم هذه القصص بالخيال وتروي الأعمال البطولية لعلي وصاحبه ضد الشياطين والتنانين والملوك، وتتضمن صراعات مع الحاكم كوباد شاه خوران (1). الشاعر الذي ألف هذه القصص الجذابة، مولانا محمد بن حسام الدين (نشط في القرن الخامس عشر ميلادي) معروف أيضا باسم ابن حسام. (2)

نُظمت قصيدته الملحمية في شكل قالب شعري مثنوي لمحاكاة "شاهنامة" الفردوسي (كتاب الملوك) ولكن مع اختيار الشخصية الدينية ذات الشأن لعلي كبطل لها.

و يبدو إجلال المؤلف لشاعر شاهنامة واضحا بصفة خاصة في إحدى هاتين اللوحتين (الفهرس 125 أ) والتي يظهر عليها الفردوسي المتقدم في السن (بلحية غزاها الشيب وبعكاز) وهو يؤدي زيارة لابن حسام.

أمّا في الرسم الثاني فنرى عمرو المعاصر لعلي يرمي بأعدائه من فوق ظهر سفينة خيالية في شكل رأس حصان. (3) وكما هو الشأن في العديد من المشاهد المزخرفة الأخرى من هذا المخطوط الجذاب، تبرز الشخصيات فجأة من خلال الصفحة مع تدفق الحركة على حافات كتلة النص حيث يبحر المركب على سبيل المثال فوق بحر طافح يغمر الهوامش. وتُبرز هذه الصحائف أسلوب الرسم المتميز الذي تتسم به عدة مخطوطات مصورة منجزة في شيراز في أواخر القرن الخامس عشر الميلادي.

وتتضمن بعض الصحائف المزخرفة المتناثرة من المخطوط نفسه نقوشا تحت اسم "فرهاد"، وهو على ما يبدو رسام مغمور، كما تتضمّن أيضا تواريخ تراوحت من 1476م إلى 1486م.(4)

وقد كانت مدينة شيراز خلال هذه الفترة تحت سيطرة اتحاد آققويونلو، إحدى السلالتين التركمانيتين اللتين حكمتا بلاد فارس الغربية والعراق وشرق الأناضول خلال القرن الخامس عشر الميلادي. واللوحتان اللتان نراهما هنا تشكلان في الأصل جزءا من واحدة من النسخ المزخرفة الأكثر قدما والأكبر حجما لنص خفرنامة لابن حسام، وهو مخطوط ثقيل الوزن يتضمن ما يناهز

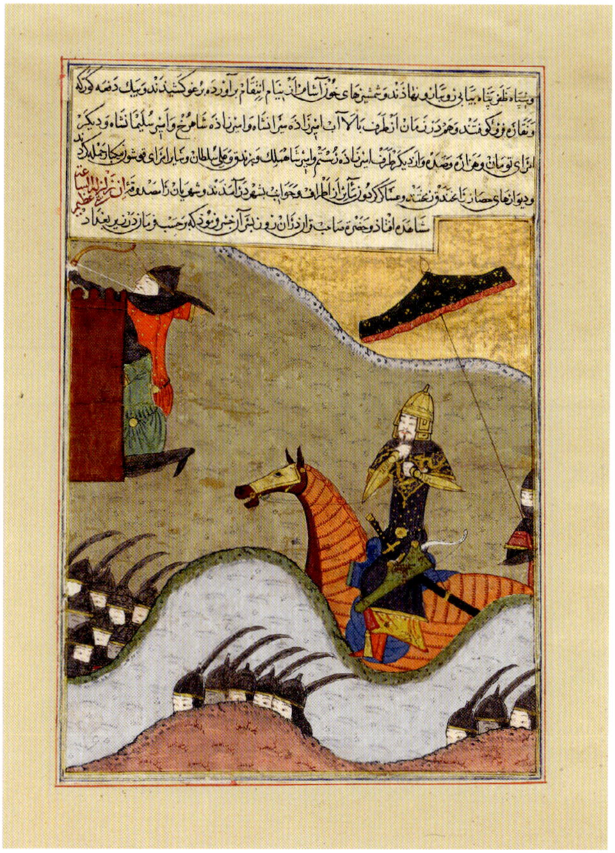

ب

سهاما من وراء ستار خشبي ومن خلال الأسلحة المكدسة لجنود تيمور الذين يغطون جيوبا منفصلة من المظهر الطبيعي المحيط بتيمور. ويظهر على الصفحة المقابلة (الفهرس 124 أ) المدافعون المحاصَرون داخل أسوار القلعة، يلتفت بعضهم إلى بعض، عاجزين عن ترتيب هجوم مضاد ضد قوات تيمور. والأشد يأسا منهم هم زملاؤهم في الأسفل، والذين يتوجّب عليهم الهرب ليس من الجيش التيموري فحسب، بل أيضا من أفكاك الحيوانات المفترسة والمترصدة التي تطفو غير مرئية تحت الماء الذي تسبح فيه. يبدو أن نص مخطوط يزدي هذا بقي سليما لم يمس إلى حدود أوائل القرن العشرين ميلادي حينما انتُزعت منه رسومه وبيعت. وأعادت إيلانور سمز تركيبه بعناء، وهو ما مكّنها من تقديم وصف للبرنامج الزخرفي لهذا العمل. وحسبما قامت به من حسابات فإن "حصار بغداد" كان سابقا يحتل صحائف 345 و 346 من هذه النسخة والتي من المرجح أيضا أن تكون المخطوط الأول الباقي لهذا النص.(3)

PS

1. سيمز (م 1991–1990 Sims)، الصفحات 77–175.
2. شرف الدين علي يزدي 1957م، مجلد 2، الصفحات 64–263.
3. سيمز (م1991–1990 Sims)، الصفحات 76–175.
4. المصدر: الفهرس 124أ: هاكوب كيفوركيان (Hagop Kevorkian)، نيويورك (لا يتجاوز 1940م توفي 1962م؛ بيع عقاري، سوثبيز (Sotheby's) لندن، 6 ديسمبر 1967م، رزمة 20، لمتحف المتروبوليتان للفنون.)

الفهرس 124ب: [هاكوب كيفوركيان (Hagop Kevorkian)، نيويورك، حتى 1955م؛ بيع لمتحف المتروبوليتان للفنون]

سبعمئة صحيفة تقيس كل واحد منها 40.6 على 30.5 سم (5). وقد تشتتت أربعون على الأقل من 155 صحيفة مصورة في هذا المخطوط لخفرنامة. ويمكن العثور عليها اليوم ضمن مجموعات في جميع أنحاء العالم،(6) بما في ذلك متحف المتروبوليتان (7) ومتحف بروكلين (8) ومكتبة شستر باتي بدبلن (9) ومتحف آرثر ساكلر، كامبردج، ماساتشوستس.(10) ويحتفظ متحف كاخ كلستان في طهران بالجزء الأكبر من هذا المخطوط.(11)

DMT

1. انظر ريو (م1966 Rieu)، مجلد 2، الصفحات 43-642، رقم الملحق 19،766 (نسخة لاحقة من النص في لندن تعود إلى القرن السابع عشر ميلادي). عنوان هذا الكتاب جاء ك"خفران نامة"(في نص ابن حسام) وكذلك أيضا ك "خفرنامة" (في بعض الأدبيات الأخرى). هذه المداخلة ستتبع التهجئة التي تظهر في نص المؤلف.
2. تظهر تواريخ متضاربة حول وفاة المؤلف في كتب التاريخ: إما 875 هجري أو 893 هجري الموافق لـ1470م أو 88-1487م. انظر ريو (م1966 Rieu) (أعلاه) للنقاش.
3. هاتان القطعتان سبق نشرهما في الماضي. للفهرس 125ب، انظر نيويورك والبندقية 1962م، ص.66، رقم 47، لوح 47 (تفصيل الألوان، بالألوان الكاملة. ص.50)؛ للفهرس 125أ، انظر كروب (ب1963 Grube)، مع صورة بالأبيض والأسود على ص. 293، الصورة 7.
4. انظر لندن 1976ج، ص.346، أرقام 574أ-ب، التي تقدم مدى من التواريخ للرسوم في مخطوط طهران. في إصدارات أخرى، يُشار إلى تاريخ واحد فقط للرسوم في المخطوط. و حسب بازل روبنسن (Basil Robinson) في لندن 1967م، الصفحات 95-96، رقم 125، يتضمن المخطوط إشارة في ذيله تحمل تاريخ 854 هجري الموافق لـ1450م، ولكن روبنسن يشكك في صحته. للمزيد حول المخطوط ورسومه، انظر نيويورك والبندقية 1962م، الصفحات 64-68، أرقام 46-49؛ وزوكا (م1963 Zuka) . انظر أيضا الطبعة الحديثة للصورة طبق الأصل: خوسفي بيرجندي (مKhusifi Birjandi 2002).
5. حسب لندن 1976ج، ص.346، أرقام 574أ-ب، يُعتقد أن مخطوط خفرنامة الذي نحن بصدده كان في الأصل يضم 685 صحيفة (انخفض العدد إلى 645) و 155 منمنمة (تقلص العدد الآن إلى 115). مقاسات الصحائف الخمس المشتتة في مجموعة المتحف هي اثنتي عشر بوصة على ستة عشر بوصة (30.4×40.6 سم)
6. انظر نيويورك والبندقية 1962م، ص.65، لقائمة بعض المجموعات والمتاحف الخاصة حيث يمكن العثور على صحائف من المخطوط.
7. متحف المتروبوليتان (حسابات عدد 55.125.1، 55.125.2، 55.125.3، 55.184.1، 55.184.2).
8. انظر بروكلين 1987م، الصفحات 43-242، أرقام 186،185.
9. يصرح روبنسن ب. (م1958 Robinson, B)، ص. 27 أن "سبعا من المنمنمات موجودة بمكتبة تشستر باتّي (Chester Beatty Library)، دبلن، والباقي في أمريكا." انظر أيضا آربري وآخرون (Arberry et al 1959-62)، مجلد 3، الصفحات 60-62، رقم 293، ويتضمن قائمة بعشر صحائف مزخرفة من "خفرنامة" في مجموعة دبلن.
10. صحائف "خفرنامة" التي تظهر في مجموعة ساكلر (Sackler) على الإنترنت تشمل أرقام1956.23 و 57.1965. انظر أيضا سمبسون (م1980 Simpson)، الصفحات 42-43، رقم 11.
11. كان المخطوط بمتحف الفنون الزخرفية بطهران ولكن حسب عبد الله قوجاني، جرى تحويله إلى ممتلكات متحف قصر كلستان.

المصدر: [حسن خان مونف، نيويورك، حتى 1955م؛ بيع لمتحف المتروبوليتان]

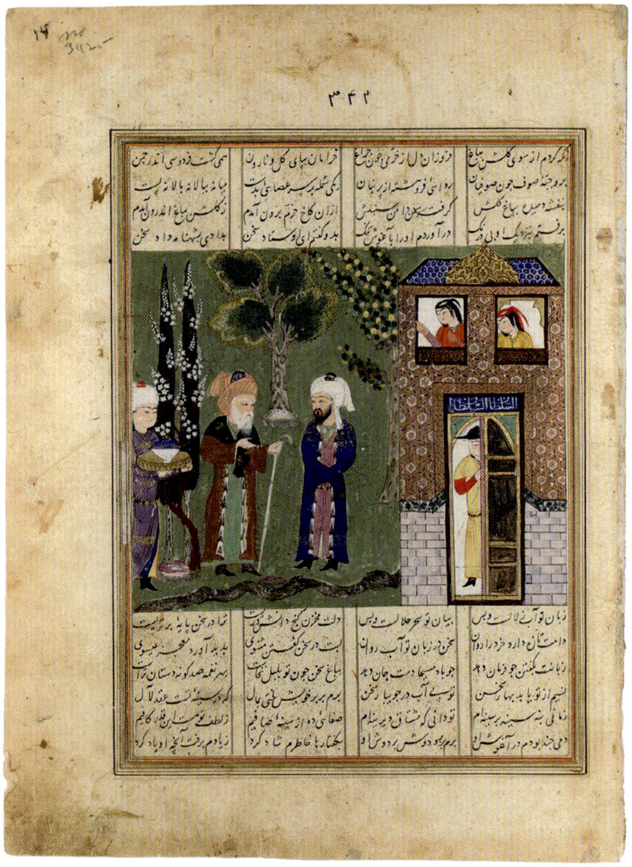

أ

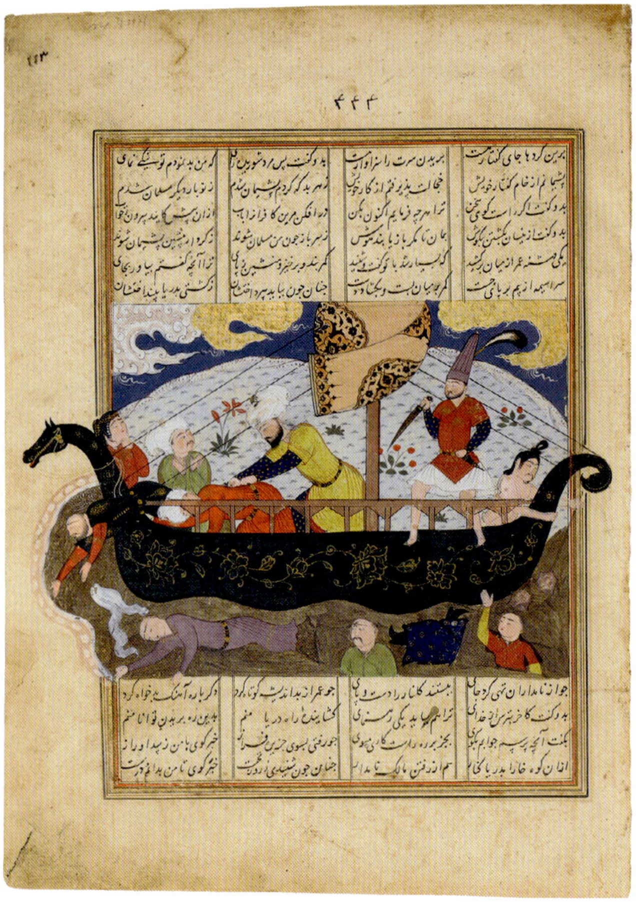

ب

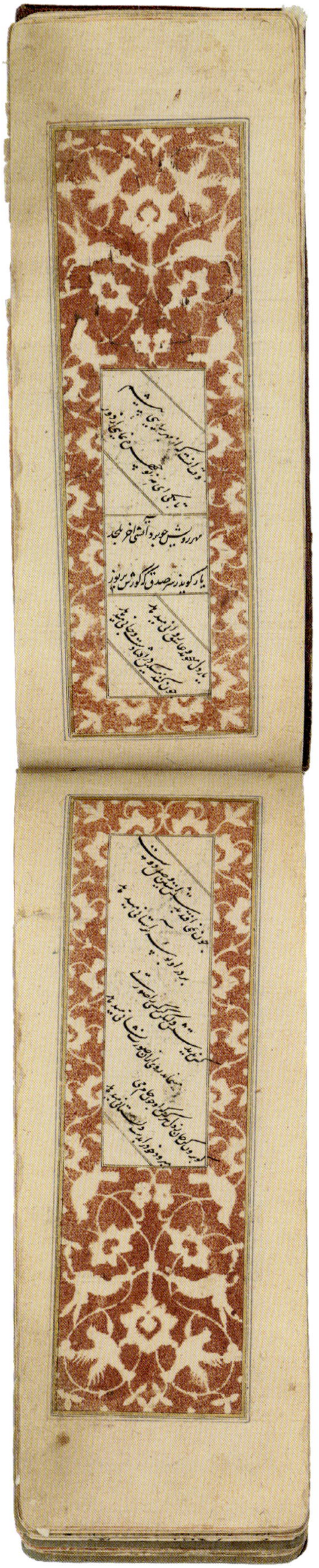

126. مجموعة مختارة من الشعر الفارسي على مخطوط مستطيل الشّكل (سفينة).

الخطاط: سلطان محمد نور (حوالي 1472-1536م)،
أفغانستان الحالية، هرات بتاريخ 905 [هجري] الموافق لـ 1499-1500م)
حبر، ألوان مائية، ذهب على ورق، تسفير من الجلد.
المقاسات: 21×7.6 سم.
اقتناء، رصيد رودجرز، رصيد لويس إ. وتيريزا سالي لاقتناء الفن الإسلامي واقتناء مؤسسة التراث الفارسي، 1997م 1997.71.
التوقيعات باللغة الفارسية بخط النستعليق على ثلاث صحائف:
- على ظهر صحيفة 45: كتبه نور محمد سلطان
- على ظهر صحيفة 56: سلطان محمد نور، غفر الله (له) (في العام) 905 [هجري] (الموافق لـ (1499-1500م).
- على ظهر صحيفة 85: كتب من قبل العبد سلطان محمد بن نور الله.

في الحالة الراهنة، تزدان الصحيفة الصغيرة المرسومة بدقة هنا برسوم أرانب تفقز وعصافير تطير ولفائف كروم مزهرة والكل يضفي عليها مسحة من الحيويّة. وتمثل هذه الصفحة واحدة من الصفحات المزخرفة الشبيهة من مجموعة شعرية فارسية ترجع إلى القرن الخامس عشر ميلادي وتوجد ضمن مجموعة المتحف (1). من خلال العديد من صحائفه المرسومة وصفحاته المصمّغة(2) وورقاته وأصناف حبره المتعددة الألوان، يُظهر هذا المخطوط العديد من الابتكارات في التقنيات الزخرفية التي تطوّرت من خلال فنون الكتاب في إيران خلال هذه الفترة (3) . وتعكس فكرة الخليط الجذاب لصفحاته الغنية بالألوان الطبعة التجميعية لنصوصه: عبارة عن مجموعة قصائد فارسية قصيرة غزلية شبيهة بالقصائد ذات الأربعة عشر بيتا، نظمها مؤلفون شتّى، من بينهم "عراقي" و"سلمان سفجي" و"كمال خوجندي".
وضع الخطّاط الذي نسخ هذه الأبيات الغنائية توقيعه تحت اسم سلطان محمد (نور) على ثلاث من الصحائف وأضاف إلى واحدة منها تاريخ (905) هجري الموافق لـحوالي (1499م -1500م). كان محمد سلطان نور (حوالي 1472م - 1536م) نشطا في هرات خلال فترة حكم الأمير التيموري وعرّاب الفن، السلطان حسين بيقرة (حكم ما بين 1470م و 1506م).
وتفيد الأدلة بأن سلطان محمد نور تدّرب في هرات مع الفنان الخطاط الشهير سلطان علي المشهدي (نشط ما بين أواخر القرن الخامس عشر ميلادي وأوائل القرن السادس عشر ميلادي) وبقي في تلك المدينة خلال طوال فترة نشاطه.(4) نُسب هذا المخطوط إلى هرات بالرغم من أنه يُظهر تقاربا مع المخطوطات المعاصرة ذات الشكل المستطيل المنجزة في شيراز.
وهذه المخطوطات أنيقة الشكل والتي غالبا ما يشار إليها كسفينة أو "بياض"، بقيت على قيد الوجود ضمن مجموعات منتشرة عبر أنحاء العالم وتتضمن أغلبها مقتطفات من الشعر الغنائي الفارسي.(5)
ويمكن ترجمة كلمة "سفينة" بكلمة "مركب"، كما يمكن أن تتوسع لتشمل "فلك" ربما لتعكس دور المخطوط كناقل لتجميع النصوص. وسمحت المقاسات المصغّرة التي تتسم بها هذه المخطوطات بأن تكون قابلة للحمل حيث يمكن بسهولة دسّها في الوشاح أو في ثنايا الكمّ.

وغالبا ما تصوّر اللوحات الفارسية المعاصرة أو تلك التي أنجزت في وقت لاحق تداول كتب شعر صغيرة الحجم في تجمّعات في الهواء الطلق أو في حدائق، كما يظهر في لوحة على الحرير ترجع إلى القرن الخامس عشر الميلادي موجودة في مجموعة المتحف (الفهرس 120).

DMT

1. هذا المخطوط سبق نشره من قبل ستيفانو كاربوني (Stefano Carboni) في كاربوني، وُوكر و مور (1998م Carboniand Moore,Walker)، صورة ملونة على ص.11.
2. الصفحات "المطعّمة بالرخام" لهذا المخطوط ذكرت في بلير (2006م Blair)، ص.55 حاشية 53. لكن مزيد التشاور مع يانا فان دايك (Yana van Dyke)، خبيرة في صيانة الورق بمتحف المتروبوليتان، يبيّن أن هذه الأوراق ليست نماذج من الترخيم الحقيقي، بما أن طريقة إنتاجها لا تستوجب استخدام تعويم. و خلافا لذلك، فإن الأوراق شبيهة بالأوراق المطعمة بالرخام المزيف المستعملة في فرنسا خلال القرن السابع عشر والمعروفة بـالفرنسية تحت مسمّى "papier coulé" (الورق المصمغ)، حيث توضع الألوان مباشرة على الورق، ثم يضاف عليها الماء كي ينتج عن ذلك مظهر مبقّع، كما يرى هنا. للمزيد حول هذه الأوراق، انظر وولف (1990م Wolfe)، خاصة ص.114، و لوح 20، أرقام 8-9.
3. لمزيد الحديث حول تقنيات زخرفة الورق في المخطوطات الفارسية في القرن الخامس عشر ميلادي، انظر بورتر، واي. Porter, Y. 1994، بلير Blair 2000، و روكسبرغ Roxburgh 2005.
4. للمزيد حول هذا الخطاط، انظر بياني (1964م Bayani)، الصفحات 80-272، رقم 387؛ سوسك (2003م -4 Soucek)، ص. 52 و الصور 3.7-3.4، ص. 65 و الصورة 3.13. يذكر سوسك أن العديد من مصادر القرن السادس عشر تصف سلطان محمد نور كتلميذ السلطان علي المشهدي. انظر أيضا بلير Blair 2006، الصفحات 55 حاشية 53، 466 حاشية61، للاطلاع على مهارة سلطان محمد نور في الكتابة بالحبر الملون. صحيفة شبيهة جدا بتلك الموجودة في هذا المخطوط وتحمل هي الأخرى توقيع سلطان محمد نور بيعت بمحل كريستي بلندن، بتاريخ 31 مارس 2009م، رزمة 26.
5. استعمل عدد من المصطلحات للإشارة إلى المخطوطات مستطيلة الشكل، من بينها "بياض"، انظر دانيشبازوه 1988م Danishpazhuh.

المصدر: [مسعود نادر، حتى 1997م؛ بيع لمتحف المتروبوليتان]

127 أ – د . أربع صحائف من "منطق الطيّر" لفريد الدين عطّار

أ. الصفحة الأولى للنصّ، صحيفة 1 ب.
الخطاط : سلطان علي المشهدي (نشط ما بين القرن الخامس عشر ميلادي وأوائل القرن السادس عشر ميلادي)
تذهيب : زين العابدين التبريزي
النصّ : أفغانستان الحالية، هرات، بتاريخ 892 [هجري] الموافق لــ 1487م.
تذهيب: إيران، أصفهان، حوالي 1600م
حبر، ألوان مائية معتمة، فضّة وذهب على ورق
المقاسات: 19.7 x 11.4 سم.
رصيد فليتشر 1963م 210.1

ب. "الابن الذي يرثي أباه" صحيفة 35 أ
الخطاط سلطان علي مشهدي (نشط ما بين أواخر القرن الخامس عشر ميلادي وأوائل القرن السادس عشر ميلادي).
أفغانستان الحالية، هرات بتاريخ 892 [هجري] الموافق لــ 1487م.
ألوان مائية معتمة، فضّة وذهب على ورق
مقاسات الصورة : 24.8 x 14 سم، مقاسات الصفحة : 33 x 21.6 سم
رصيد فليتشر ، 1963م63.210.35

ج- "الغريق" صحيفة 44 أ
الخطاط : سلطان علي المشهدي (نشط ما بين أواخر القرن الخامس عشر ميلادي وأوائل القرن السادس عشر ميلادي)
أفغانستان الحالية، هرات، بتايخ 892 [هجري] الموافق لـ1487م،
ألوان مائية معتمة، فضّة وذهب على ورق
مقاسات الصورة : 18.7 x 13 سم ، الصفحة 33 x 21.4 سم
رصيد فليتشر 1963م ، 63.210.44

د- "مجلس الطيور" صحيفة 11.
الرسام حبيب الله من سافا (نشط ما بين 1590 م و 1610م)
إيران، أصفهان، حوالي 1600م
حبر، ألوان مائية معتمة، ذهب وفضة على ورق
مقاسات الصورة: 25.4 x 11.4 سم ، الصفحة 33 x 20.8 سم
رصيد فليتشر 1963م، 63-260-11

القصيدة الملحمية "منطق الطير" لفريد الدين عطار والمؤلفة حوالي سنة 1187م هي منظومة رمزية تتعلق بالفناء في الله وهي عبارة مُتجذّرة في المصطلحات الصوفية.
وهذه القصيدة تصف رحلة مادية وروحية عبر سبعة أودية لمجموعة من الطيور وهي تنتقل من طلبها الأصلي إلى هدفها النهائي وهو فناء الذّات من خلال التّوحد مع الله.
وتُشرح مراحل رحلة الطيور هذه من خلال استخدام نوادر.
هذه النسخة أنيقة بفضل الزخارف عالية الجودة المنجزة في مكانين وفترتين مختلفتين (1) وترتبط المرحلة المبكرة التي أُنجز خلالها أغلب النصّ وأربع من اللوحات بمدينة هرات (الفهرس 127 ب-ج).
أما الشارة الموجودة في أسفلها والتي تحمل توقيع سلطان علي المشهدي فتنسب العمل إلى اليوم الأول من الشهر الخامس من العام الثاني من العشر سنوات الأخيرة التي تسبق 900 هجري أي إلى سنة 892 هجري الموافق لـ 25 أبريل 1487م. أمّا المرحلة اللاحقة فقد حدثت حوالي 1600م عندما جرى ترميم المخطوط على الأرجح برعاية حاكم إيران شاه عباس الأول (حكم ما بين 1587م و 1629م). تتضمّن عناصر من هذه المرحلة التسفير والصحائف الافتتاحية المذهّبة الحاملة لتوقيع زين العابدين التبريزي بأصفهان، وأربع صور حملت إحداها توقيع حبيب الله (الفهرس 127 أ ، د). في سنة 1609م، أهدى شاه عباس هذا المخطوط إلى ضريح الأسلاف من الأسرة الصفوية بأردبيل.
وقد عرف عن سلطان علي المشهدي أنه كان يعمل لحساب حاكم هرات المعاصر، سلطان حسين بيقره (حكم ما بين 1470م و 1506م) وكذلك لفائدة واحد من مفكريها الرئيسين، مير علي شيرنافائي والذي يظهر اهتمامه بموضوع هذا النصّ من خلال تأليفه قصيدة مماثلة باللغة التركية عنوانها "لسان الطير".
ولقد تحدّدت جميع المواضيع المراد زخرفتها في هذه النسخة من "منطق الطير" خلال فترة نسخها من قبل سلطان علي المشهدي في أواخر القرن الخامس عشر

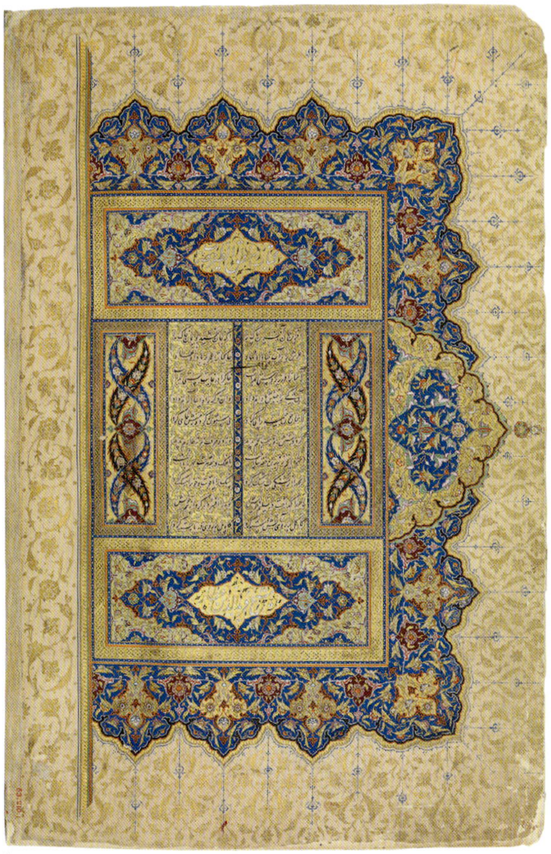
أ

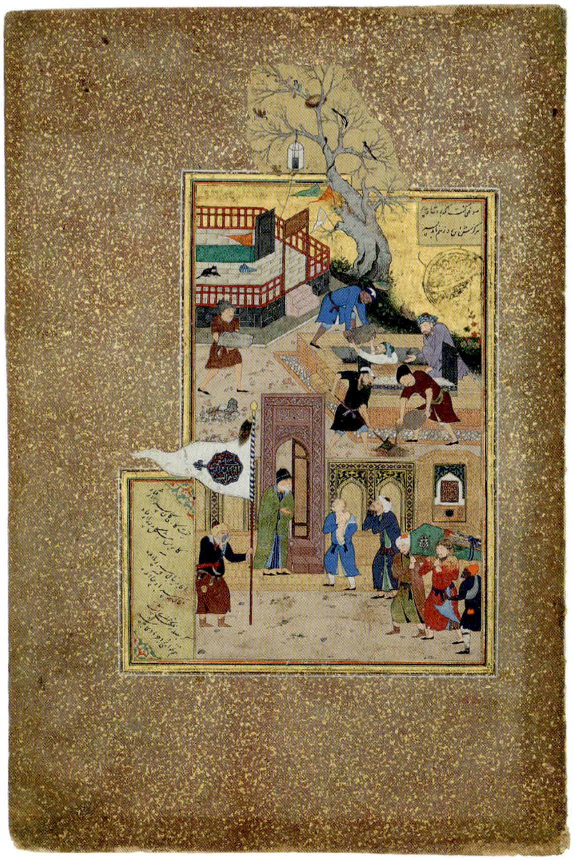
ب

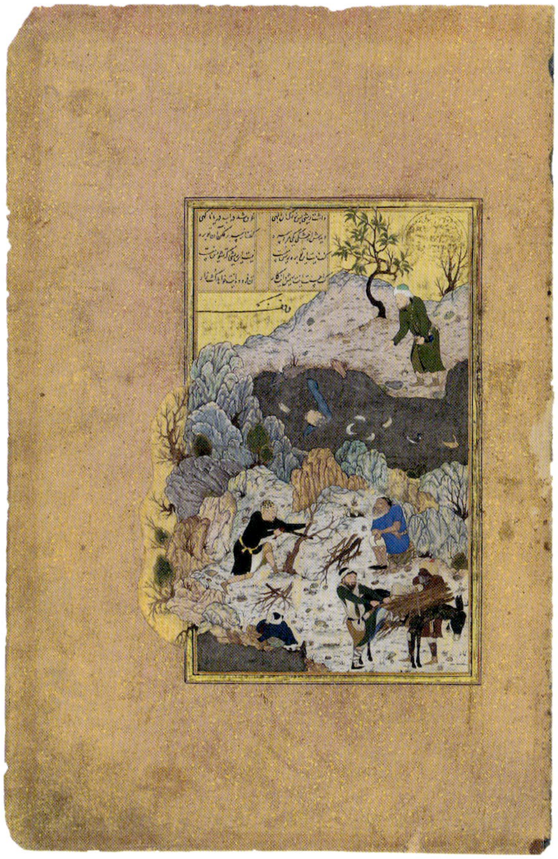
ج

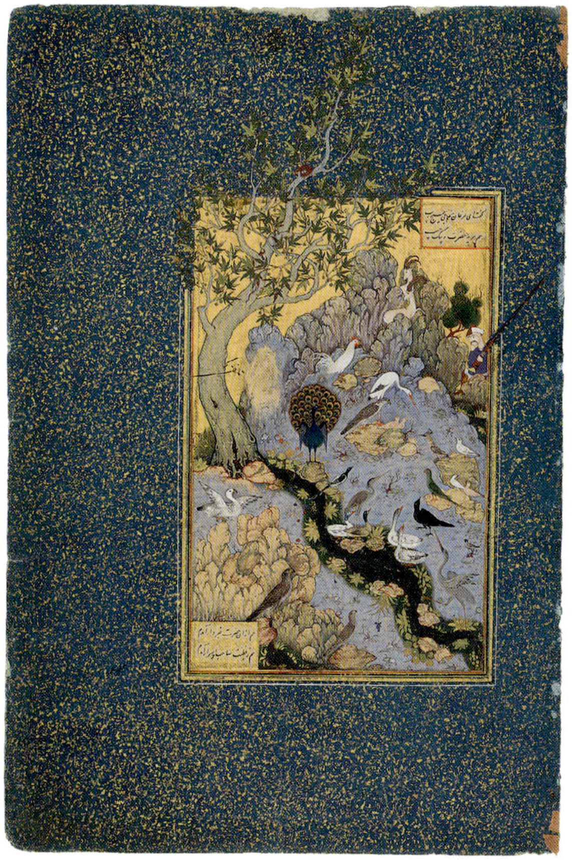
د

ميلادي، ولكن المشاهد الأربعة الأولى من المخطوط لم تكتمل حتى حوالي 1600م بأصفهان وتورد نصوصٌ أخرى لعطّار وصفًا لهذه المشاهد: التجمع الأول للطيور في بداية سعيها (الفهرس 127 د) ومشهدين آخرين من حكاية شيخ صوفي يُدعى صنعان شُغف حبّا بعذراء مسيحية (صحيفتي 18 ب و 22 ب).

يبدو أن لهذه الرسوم صلة واضحة بمواضيع أساسية في نصّ عطّار، رغم أنّ حبيب الله الفنان الذي وضع توقيعه لرسم "مجلس الطيور" على صخرة صغيرة في وسط الرسم، أضاف شكلا زائدا في هيئة رجل يحمل بندقية.

ويقدم رسمان من ضمن الأربعة الباقية والمنجزة في أواخر القرن الخامس عشر ميلادي في هرات التيمورية المزيد من الإشارات غير المباشرة لنصّ عطّـار. فكلّ من "الابن الذي يرثي أباه"، (الفهرس 127 ب) و"الغريق" (الفهرس 127 ج) جرى تأويلهما على أنهما حكايتين رمزيتين صوفيتين.(2) أمّا الرسمان الآخران اللذان يعودان إلى القرن الخامس عشر فإن غايتهما، فيما يبدو، إيضاحية أكثر من أنها رمزية.

وقد أشار "لوميكو كمادة" إلى أنّ هذه الرسوم الأكثر براعة تعكس التقدير الذي لقيه التعقيد النصي والتصويري في هرات في أواخر القرن الخامس عشر ميلادي. (3)

PS

1. للحصول على فكرة عامة عن المنشورات حول هذا المخطوط إلى غاية 2010م، انظر كمادة Kamada 2010.
2. المصدر نفسه، الصفحات 40-136 وكيا Kia 2006، ص.97.
3. كمادة Kamada 2010، الصفحات 144-149.

المصدر: شاه عباس، أصفهان، إيران (حتى 1609م ؛ لـمزار أردبيل)؛ مزار أردبيل، إيران (1609م- 1826م)؛ د. فريد برونتا (حتى1963م؛ بيع، سوثبيز لندن، 9 ديسمبر 1963م، رزمة 111؛ لمتحف المتروبوليتان للفنون)

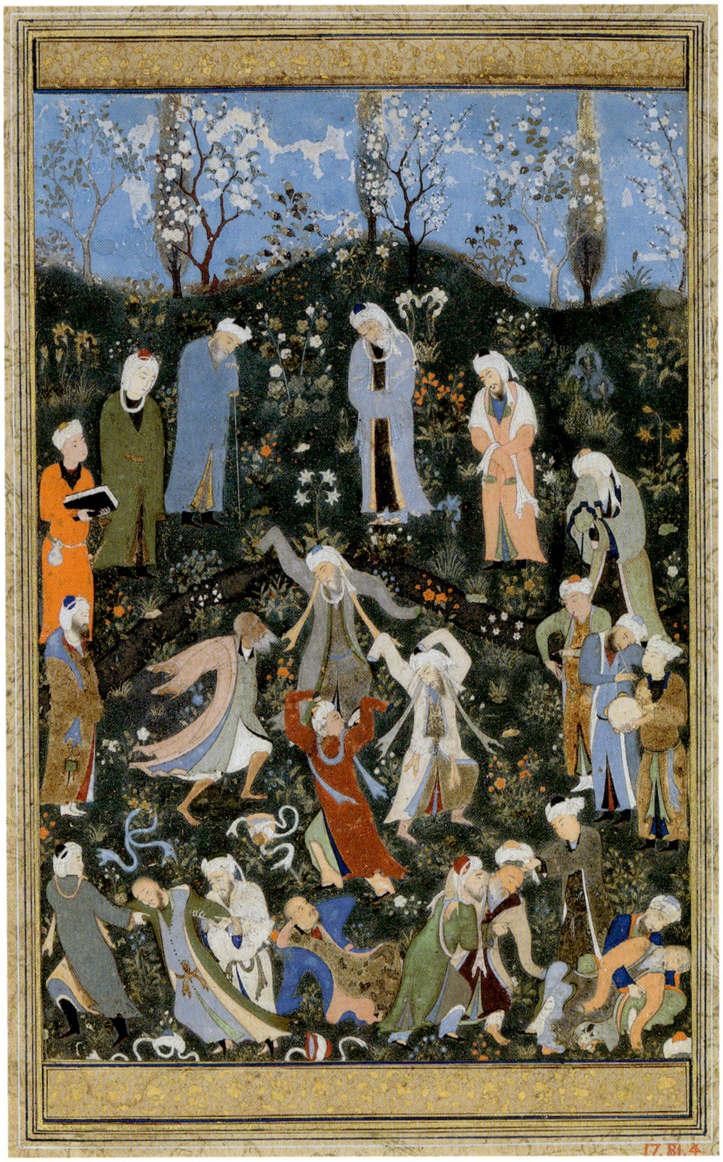

128 . صحيفة من ديوان حافظ

"الدّراويش الراقصة"
يُسند لبيهزاد (حوالي 1450م - 1535/ 1536م)
أفغانستان الحالية، هرات، حوالي 1480م
ألوان مائية معتّمة وذهب على ورق
مقاسات الصورة: 16 x 10.8 سم
مقاسات الصفحة: 29.9 x 18.9 سم
رصيد رودجرز، 1917م ، 17.814

في سنة 1480م تقريبًا رُسمت هذه الصحيفة المزخرفة من مخطوط ديوان الشاعر الشهير حافظ الشيرازي الذي عاش في القرن الرابع عشر ميلادي، وهي تصور حلقة من الدراويش الصوفيين (متصوفون مسلمون) يعزفون الموسيقى وينشدون صحبة مجموعة أخرى من الدراويش يؤدون رقصة سماوية (سماع). صُوّر المتصوّفون الذين يظهرون في صدر الرّسم برقّة متناهية، وقد بلغوا حالة من النشوة والتجرد.

وتُميز العناية الخاصة المتّبعة في رسم تشكيلة من أنواع تشخيصية وملامح وجوه متغيّرة وحركات طبيعية وعواطف حادة هذا العمل عن غيره من أعمال الرسم السابقة المنتجة بهرات التيمورية. ويؤدّي الزيّ هنا دورا رئيسيا في إفعام المشهد بالعاطفة والروحانية. (1) وكما هو الشأن في اللوحات الأخرى التيمورية والصوفية، تُستخدم الأكمام كإشارة مجازية للحالة العاطفية لحامل الزي لتعبّر عن التأمل والخشوع والراقتناء والنشوة الجسدية والروحية في آن واحد. يتحرك البعض على إيقاع الموسيقى والرقصة الصوفية للدراويش بينما يقف الآخرون في تأمّل وقد امتلكهم الدوار والنشوة، أو يتسكعون عرجى متشابكين بعضهم ببعض.

كانت المشاهد الصوفية على غرار هذا المشهد موضوعا رائجا في المخطوطات المزخرفة في القرنين السادس عشر والسابع عشر الميلاديين.

وتُمثّل واقعية الرّسم وتشكيلة ألوانه المخفّفة سمات ما يُعرف بأسلوب هرات البهزادي.

ورغم غياب أدلة ملموسة تؤيد نسبة هذا الرّسم إلى بيهزاد، فإنه يجسّد العديد من خاصيات الرسوم المنسوبة لهذا الأستاذ. إنّ مسألة نسبة الرسم إلى بيهزاد بصفة عامة محل جدل كبير في أوساط خبراء الفن الفارسي، فالبعض يعتقد أن نسبة أي عمل إليه يمكن أن تكون مسألة تحتمل النقاش ومضللة شيئا ما، لأنّ معظم هذه الرسوم كانت على الأرجح ثمرة جهد جماعي وبالتالي، يصعب تحديد مدى مساهمة الأستاذ نفسه في هذا الجهد. (2)

وممّا يزيد من تعقيد هذا الإسناد قلة الأعمال الممضاة من قبل بيهزاد ووجود عدد من التواقيع المزيّفة على لوحات منسوبة له. كما نسب باحثون آخرون العمل للأستاذ بيهزاد بالاعتماد على الأسلوب، أي تشكيلة الألوان والمقاربة المعتمدة في فن الرسم. (3) ومهما يكن، فإن هذا الرسم العاطفي يبقى من ضمن صور الدراويش المنشغلين بأداء رقصتهم السماوية، وهي أعمال منجزة بإيران في أواخر العصر الوسيط ومن أكثرها إثارة للعاطفة وشحنا للروحانيات.

ME

1. 1. ألغروف ماكدول (م1989 Allgrove McDowell)، ص. 159.
2. 2. روكسبيرغ (م2000 Roxburgh)؛ لنتز (م1990 Lentz).
3. 3. بهاري (م1996 Bahari)

المصدر: [جورج طباغ (Georges Tabbagh)، نيويورك، حتى 1917م؛ بيعت لمتحف المتروبوليتان للفنون.]

129 . ديوان سلطان حسين بيقرة

الخطاط: سلطان علي المشهدي (نشط ما بين أواخر القرن الخامس عشر ميلادي وأوائل القرن السادس عشر ميلادي)
أفغانستان الحالية، هرات بتاريخ 905 [هجري] الموافق ل 1500م
حبر، ألوان مائية معتمة وذهب على ورق، تسفير مطلي باللكّ.
المقاسات: 18.4 x26.7 سم
اقتناء، اقتناء ريتشارد س. بركينز ومارغريت موشكيان 1982م –1201 1982م

ازدهرت مدنية هرات في شمال أفغانستان كمركز للثقافة والتعليم خلال فترة حكم ابن حفيد تيمور، حسين بيقرة (ما بين 1468م و 1506م). (1) ويُجسّم هذا المخطوط لشعر سلطان سمتين تميّزان تلك الحقبة: صعود اللغة التركمانية إلى مرتبة أدبية عليا، وهي اللهجة المحلية للغة التركية المستعملة في آسيا الوسطى، والتركيز على صناعة الكتب الفاخرة. ويبدو أنّ مرتبة حسين الملكية أضافت بريقا لشعره الذي لم يكن يُجمع من قبل رعاياه فحسب بل أيضا من قبل السلاطين العثمانيين والمغوليين. وقد تُرجمت الأعمال أيضا إلى اللغة الفارسية بطلب من الحاكم الصفوي شاه سلطان حسين الأول (حكم ما بين 1694م و 1722م) ولقد رُتّبت أغلب مخطوطات شعر حسين بيقرة أبجديا وحسب القوافي، ولكنها تختلف كثيرا من حيث الطّول والمضمون. ويضمّ هذا المخطوط 138 قصيدة غزليّة تمتدّ على اثنتين وأربعين صحيفة من ضمن مئتي قصيد غزلي

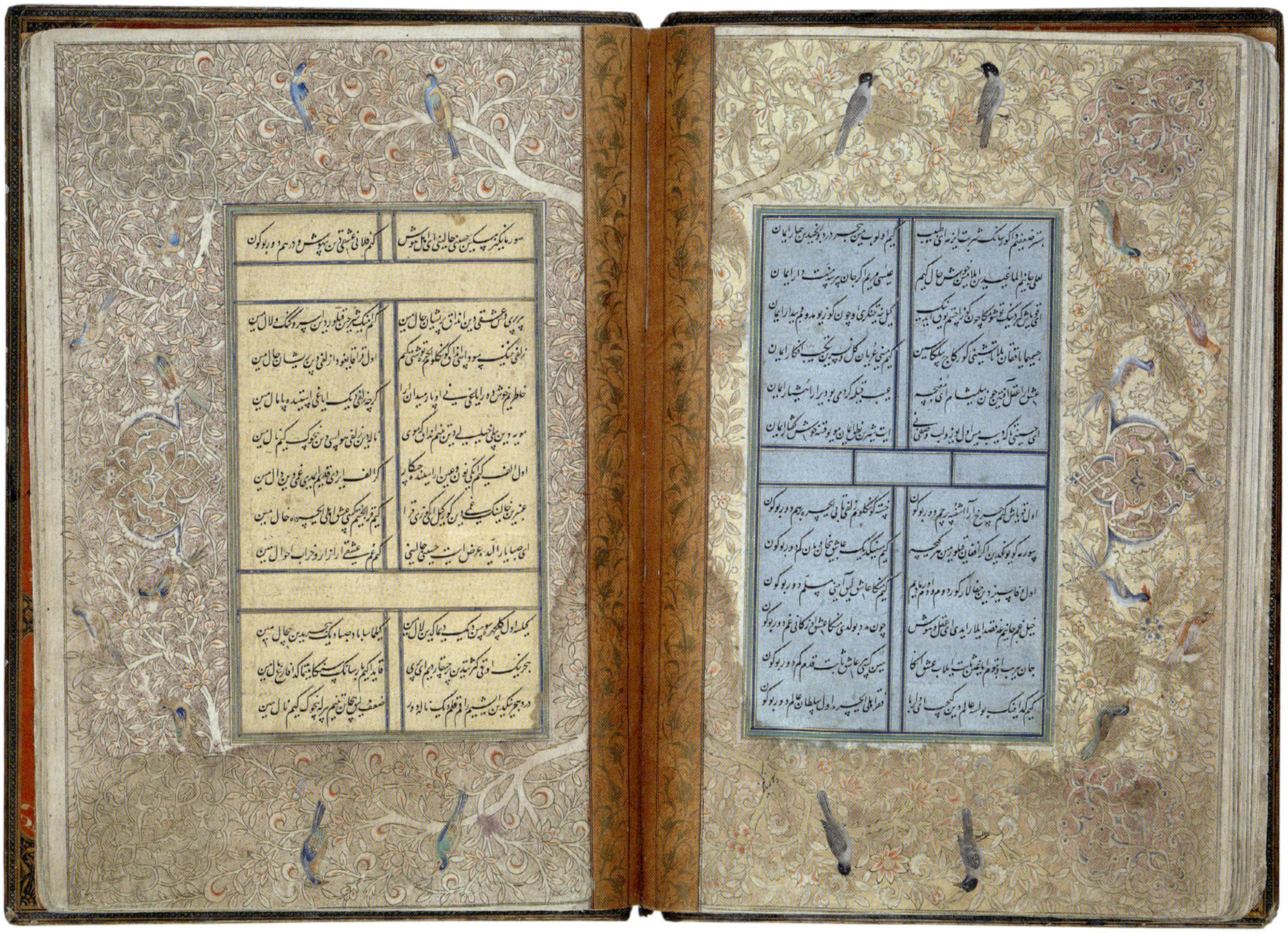

معروف من نسخ شتّى.
ومن المنطقي أن يكون لحسين بيقرة كحاكم دور في إنتاج أعماله الشعرية في شكل فاخر وأنيق. وهكذا فقد أُنجزت العديد من النسخ، بما فيها النسخة الحالية، على ورق ملوّن رُشّ بالذّهب. وهذا واحد من ثلاث مخطوطات معروفة لشعره أُنجزت خلال فترة حياته من قبل خطاط البلاط سلطان علي المشهدي. (3)
وبمعزل عن حروفيتها الرائعة، فإنّ هذه النسخة لافتة للنّظر بسبب التصاميم المفصّلة البارزة خاصة من خلال الطّلاء والمرسومة على حوافّ كل صحيفة. ويُظهر أحد التصاميم زخرفا حلزونيا أضفت عليه الأقنعة ورؤوس الحيوانات مزيدًا من الحيوية، بينما يُظهر تصميم آخر خمسة أزواج من الطيور جاثمة فوق أشجار مُزهرة يُخيّل للمشاهد كأنها تنمو من جانب الهوامش الداخلية. ثمّ يُظهر تصميم ثالث خراطيش متعددة الفصوص مشبعة بالأرابيسك ومحاطة بنباتات مزهرة. وقبل أواخر القرن الخامس عشر ميلادي، كانت الرّوسمة تُستخدم أساسا لزخرفة صفحات دواوين الشعر الصغيرة وطويلة الشكل المعروفة بالسفينة (4).
ومن المحتمل أنّ الارتباط التقليدي لهذه الألبومات بالتّزيين باستخدام الرّوسمة قد يكون أثّر في الحرفيّ الذي قام بتسفير هذا المخطوط عبر الطلاء باللّك حوالي 1300 هجري الموافق لـ1833 ميلادي. أمّا مؤلف الأبيات الواردة داخل الغلاف، فالأرجح أنه لم يكن مدركًا أن هذا المخطوط يضم شعر فرد واحد، وقد أشاد بالمخطوط كـ "ألبوم نابض بالحياة".

PS

1. حسين ينحدر من ابن تيمور، عُمر شيخ. نسبه بالكامل هو: حسين بن منصور بن بيقرة بن عمر شيخ بن تيمور.
2. بيقرة 1968م، الصفحات 51–62.
3. المخطوطان الآخران دخلا ضمن مجموعات السلاطين العثمانيين وهما موجودان الآن بمكتبة توبكابي (مخطوط م1636 E.H، بتاريخ 897 هجري الموافق لـ 1491 ميلادي). كان هذا الأخير في وقت ما على ملك المجموعة الإمبراطورية المغولية؛ انظر المصدر نفسه، الصفحات 53–52.
4. روكسبرغ (أ2005 Roxburgh) الصفحات 157–159.

المصدر: فيليب هوفر (Philip Hofer)، كمبريدج، ماستشوستس. (حتى 1982م؛ بيع لـمتحف المتروبوليتان للفنون.)

130. مربّع خزفي.

أوزباكستان الحالية، سمرقند، النصف الثاني من القرن الرابع عشر ميلادي.
فخار، منقوش ومزخرف.
المقاسات: 29.5 x 17.1 x 21.9 سم
مجموعة غرينل، وصيّة وليام ميلين غرينل 1920م، 20.120.189

تُصنع مثل هذه المربعات الخزفية يدويا كل واحدة منها على حدة وبعناية فائقة، وهي تمثّل في سياقها الأصلي أحد أشكال التبليط المعماري للمساجد والأضرحة والقصور الإمبراطورية في العهد التيموري (ما بين حوالي 1370م و 1507م) ولا سيما عند نهاية القرن الرابع عشر. وتوجد مربعات خزفية مماثلة في العديد من المباني في إيران التيمورية، مع بعض أروع النماذج بمجمّع الدفن الملكي لشاه

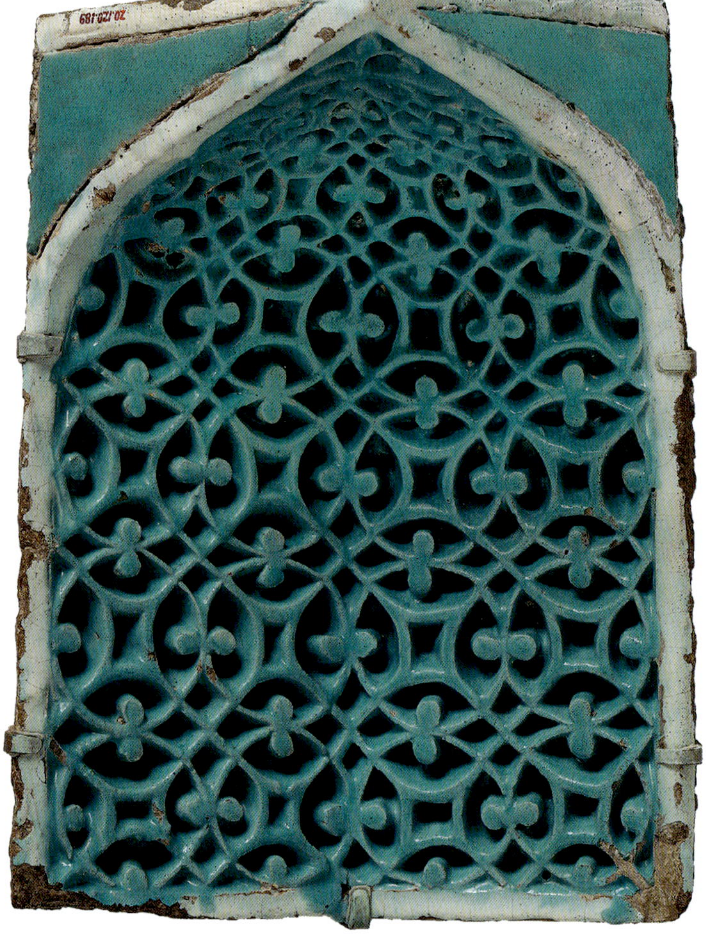

زنده غير بعيد خارج سمرقند.
إن الدرجة الصّارخة للّون الأزرق المخضرّ المحاط بالأبيض تُعد من السّمات التي تتميّز بها الزخرفة المعمارية في الفترة التيمورية. (1) نُقشت اللوحة الخزفية نقشا عميقا يتخذ أشكال لفائف نباتية متكررة يتناقص حجمها كلّما اقتربنا من القمة ولها شكل قوس منحن مختلف يجعلها تُصنف كعنصر مقرنص. والمُقرنص زخرفة تشبه أقراص الشّهد تُزيّن المنحنيات الداخلية للقباب والمحاريب والحنايا والأواوين والكورنيشات والبوابات والبنايات الإسلامية عمومًا. والأرجح أن الشكل قد يكون أُخذ عن الحنية، أي ذلك العنصر المعماري المستخدم لتوزيع وزن القبة والذي يُكوّن منطقة انتقالية بين القبة الدائرية وقاعدتها المربعة (2). وهذه القطعة الخزفية مع غيرها من عشرات أو مئات القطع الأخرى يمكن أن تشكّل مجتمعة بحسب موقعها في المبنى مساحة مقوسة ومزدانة الأوجه تلتقط الضوء وتُبهر العين.
رغم أن مصدر هذه القطعة يبقى غير معروف بدقة فإن القطعة تُظهر أوجه شبه مع قطعة خزف مقرنص في مجموعة آغاخان يعود تاريخها إلى الفترة نفسها، (3) وكذلك مع مربعات خزفية أخرى موجودة في موقع مجمّع شاه زندة. (4) وهو مُجمّع بدأ تشييده في حياة تيمور (1335م – 1405م) ويضمّ عشرات الأضرحة والقبور شُيّدت بطلب من سيدات البلاط التيموري. (5)

واستُخدمت في هذا المجمع مربّعات منقوشة ومزجّجة مثل هذه التي نشاهدها هنا مع خزفيات استخدمت فيها تقنيات أخرى تضم الفسيفساء وتقنية الزخرفة اليدوية للخزف المصطلح على تسميتها ب "الحبل اليابس" (Cuerdaseca) ومواد أخرى من بينها الخشب المنقوش، والجص، وطلاء الجدران (6).

وفي شاه زندة، يُستعمل المُقرنص كثيرا في الحنيات والقباب والأواوين ويمكن هناك مشاهدة القطع الخزفية مثل هذه التي بحوزة متحف المتروبوليتان، في ضريحي الأميرتين شادي مليك وقتلغ آقا وغيرها من الأضرحة.(7)

ME/KW

1. وقد ربط روبا مارفت انتشار اللون الأزرق في المباني التيمورية باللون الأزرق الداكن الذي يوشح اللباس الذي كان يُلبس في المآتم أو لدرء العين الحاسدة (مارفت 1991 م. ص. 210)
2. وعلى الأرجح فإن المراد بالمساحات ذات اللون الأزرق المخضر المتوهج للعديد من المباني التيمورية كان استحضار صور الجنة ومياه الفردوس (جنان الجنة) انظر مرفات 1991م.
3. غولومبك و آخرون (م1988 Golombek et al)، ص.107.
4. انظر باريس 2007م، لوح 31 (رقم AKM00573)
5. انظر مثلا الزخارف الخزفية لتكسية المزارات بشاه زندة في دي جورج وبورتر(م Degeorge and Porter 2002)، الصفحات 15-111.
6. روكسبرغ (ج2005 Roxburgh)،ص.195.
7. مارفات (م1991 Marefat)، ص. 196.
8. المصدر نفسه، ص. 220.

المصدر: وليام مايلن غرينال (William Milne Grinnell)، نيويورك (حتى وفاته 1920م)

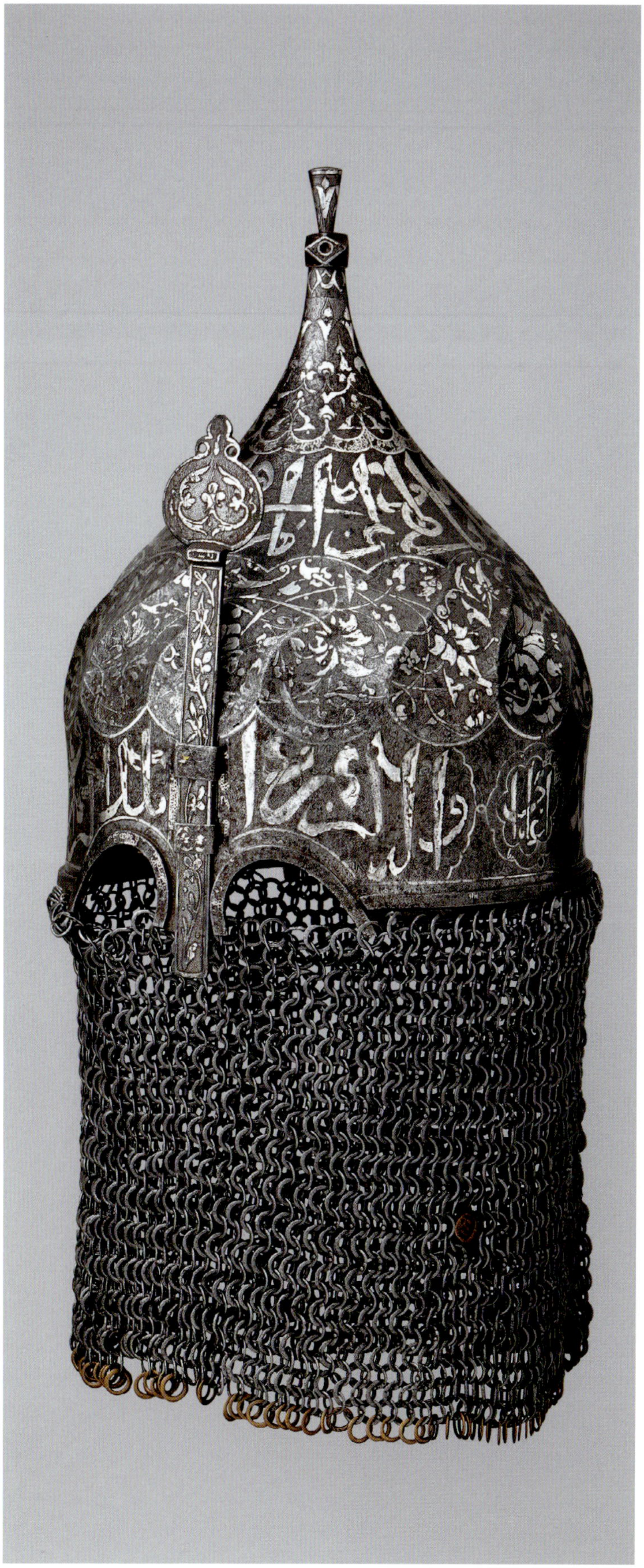

131. خوذة على شكل عمامة.

إيران، القوقاز أو الأناضول، أواخر القرن الخامس عشر ميلادي وبداية القرن السادس عشر ميلادي
حديد مُطرّق، محفور ومُطعّم بالفضة، مسامير من سبائك النحاس
المقاسات: الارتفاع 33.2 سم
اقتناء، هبة مجهولة المصدر، 1950م 50.87

لعلّ الخوذة الأكثر تميّزا وإثارة للإعجاب هي تلك التي كان يرتديها المحارب المسلم والمعروفة بالخوذة العمامة. وتشير هذه الكلمة الحديثة إلى الشكل الكبير البصلي للخوذة التي تشبه العمامة. ويوحي حجمها الكبير بأنها مهيّأة لأن تُلبس فوق غطاء رأس من القماش السّميك. ولئن يبدو أن الخوذة العمامة كانت قد ظهرت لأول مرة في القرن الرابع عشر ميلادي، فإن أغلب النماذج التي لا تزال موجودة بما فيها الخوذات الإثنتي عشرة الموجودة ضمن مجموعة متحف المتروبولتان، تعود إلى أواخر القرن الخامس عشر أو أوائل القرن السادس عشر الميلاديين. تضمّ عديد النماذج في زخرفتها الحروفية أسماء أفراد من الأسرتين المالكتين آق قويونلو وشيرفان في أذربيجان وإيران وكذلك أسماء حكام عثمانيين، وهو ما يوحي بأن استعمال الخوذة العمامة كان منتشرا ولئن لم تُحدّد بدقة مراكز إنتاجها. تُعتبر هذه الخوذة العمامة كثيرة الزينة، وهي في ذاتها نموذج رائع من هذا الصنف من الخوذات، وتحفة من التحف المعدنية.

وهذه الخوذة التي شُكّلت من صفيحة واحدة من الحديد، لها قاعدة ذات حافة ملساء ترتفع إلى منطقة وسطى خارجية مورّمة ذات أخاديد لولبية محدّبة تستدير وتتناقص حتى تصل إلى الذروة الملساء. وتُغلق الذروة بواسطة سدّادة ذات قائم متعدد الأضلاع.

توجد في مقدمة التجويف فتحتان للعينين تم تعزيزهما بشريطين حديديين مخصصين للغرض ويوجد بينهما قضيب حديدي لوقاية الأنف ينتهي رأسه بقمة مزخرفة عريضة. وزُوّدت حافة الخوذة بمقابض مخرومة لربط الجزء الأمامي المتحرك أو الستار الواقي الذي يغطي الجزء الأسفل من وجه المحارب ورقبته، ويوجد فوق هذه القطع شريط حديدي واق مُثبّت بإحكام ويغطي بكثافة المساحة المضللة بالعرض للخوذة. تملأ نقوش عربية محفورة ومُطعّمة بالفضّة المنطقتين العليا والسفلى، بينما يغطي أرابيسك ورقيّ الشكل المنطقة الوسطى المُحزّزة. لا يمكن قراءة النقوش ولكن مثيلاتها المحفورة على نماذج أخرى عادة ما تشمل ألقابا شرفية مثل "السلطان المعظّم"، "الخان المعظم" و "سيّد رقاب الأمم". نُقشت على مقدمة الخوذة علامة "طمغا" التي توضع على القطع المخزّنة في ترسانات الأسلحة العثمانية، وأكبر وأهمّ هذه المخازن هي تلك التي وُجدت بكنيسة هاجية إيرين البيزنطية بإسطنبول. ولا يضمّ المخزن أسلحة تركية فحسب بل أيضا كمّية كبيرة من الغنائم استولى عليها العثمانيون عقب انتصارهم على الفرس سنة 1514 وعلى المماليك سنة 1517م.

DGA / SWP

المصدر: ناثنيال دي روتشيلد، فيينا، [رواق بلومكا، نيويورك، بيع لمتحف المتروبوليتان للفنون.]

العنق. ووُضعت هذه الزخارف الذّهبية على خلفية فضّية تضفي طابعا حيّا ثنائي اللّون مدعومة بالأرابيسك المُلولب الموزّع على المساحات الوسطى للعنق والهيكل معا. إنّ هيئة هذا الإبريق شائعة على نطاق واسع عبر آسيا، فقد أنتج الحرفيون الصينيون خلال فترة مينغ (1362م – 1644م) أباريق خزفية بطينة الشكل لونها أبيض وأزرق لها مقابض على شكل تنانين وذلك خلال النصف الأول من القرن الخامس عشر ميلادي. (1) وقد أصبحت هذه الهيئة تدريجيا أكثر شيوعا في آسيا الوسطى والغربية بعد الغزوات المغولية، وخاصة مع وصول التيموريين والصفويين إلى الحكم (2)، إلّا أنه لا يُعرف إلى حدّ الآن ما إذا كانت النّماذج الأولى خزفية أو معدنية أو حجرية الصنع.(3) ويتمثّل النّموذج الأكثر شهرة في إبريق متقن الصنع من اليشم أُنجز لألغ بيك (توفي سنة 1449م) يرجع تاريخه إلى الربع الثاني من القرن الخامس عشر ميلادي. (4) ولقد جرى توثيق وجود هذه الأباريق في البلاط التيموري من قبل مصادر تاريخية وكذلك من خلال المخطوطات المزيّنة لتلك الفترة. (5) وأن يكون الحرفيون المعدنيّون العثمانيون قد تولّوا في وقت لاحق تقليد هذا الشكل من الأباريق لفرضية، فهذا ما أثبتته العديد من الأمثلة في القرن السادس عشر ميلادي.(6)

ولئن بقي شكل هذا الإبريق نسبيا دون أي تغيير خلال تاريخ صنعه فإنّ زينة المساحة والنّقش على هذا النموذج يوحيان بأنه صنع على الأرجح إمّا في آخر القرن الخامس عشر ميلادي أو في الربع الأول من القرن السادس عشر ميلادي. ورغم أن هنالك من يزعم أن النقش المنحوت بالخط النّسخي والذي جاء فيه تضرّع إلى علي بوصفه: "مصدر الرّاحة" و"رفيق الرّوح" ينسب بشكل قاطع

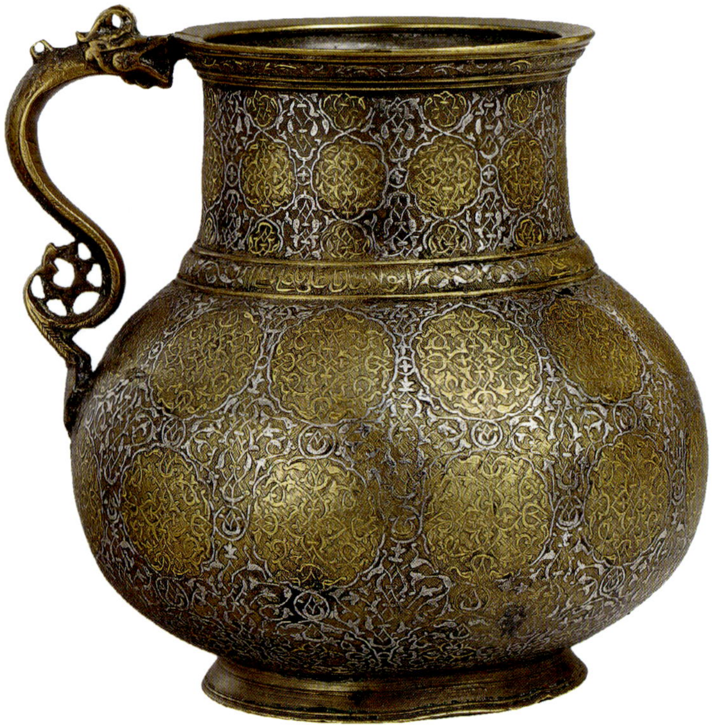

132. إبريق معدني

أفغانستان الحالية، على الأرجح هرات، أواخر القرن الخامس عشر ميلادي- الربع الأول من القرن السادس عشر ميلادي
نحاس، مصبوب، منقوش ومطعّم بالفضّة وبمركّب عضوي أسود اللون.
المقاسات: الارتفاع: 14.3 سم، القطر 15.6 سم
مجموعة إدوارد سي مور، وصية إدوارد سي مور، 1981م 1.607. 91
نقش بالعربية بالخط النّسخي حول الطوق المصبوب:
ناد عليا مظهر العجائبي
تجده عونا لك في النّوائبي،
كل هم وغم سينجلي
بولايتك يا علي يا علي يا علي

كانت الأباريق الصغيرة البطينة (مشرب) مثل هذا النموذج من بين الأنماط الأكثر شيوعا في مجال صنع الأدوات المعدنية الإيرانية. ولئن فقد هذا الإبريق غطائه الذي توجد نظائر منه في العديد من النماذج ذات الصلة، فإنه بقي يحتفظ بمقبضه المميّز على شكل تنّين والمرتبط بهذا الصنف من الآنية. وتتمثّل الزينة الأساسية لهذه القطعة في ثلاثة أشرطة متراصة من الميداليات المطعّمة بالذهب: صفّان من الميداليات الكبيرة تحيط بالهيكل وصفّ من ميداليات أصغر حول

الإبريق كقطعة تعود إلى الفترة الصّفوية المبكّرة مع ارتباطات شيعية قوية، (7) فإنّ إنتاج مثل هذه القطع في وسط سنّي في أواخر الفترة التيمورية هو أيضا احتمال ممكن. وقد سبق أن أُسندت نسبة مماثلة لخاتم توقيع من اليشم يحمل النقوش ذاتها، وهو أيضا موجود ضمن مجموعة المتحف. (الفهرس 134) (8) وبما أن الإبريق كما الخاتم لا يحملان تاريخا فإنهما يثيران أسئلة مماثلة تتعلق بالتأريخ والنسبة.

FL

1. جنيس (Jenyns 1988م)، ص. 66، الصورة 35. انظر أيضا لندن 2005م، الصفحات 24–423؛ وواشنطن 2005م، الصفحات 24–423؛ وواشنطن دي سي ولوس أنجلس 1989م، ص. 354.
2. عدة أباريق مماثلة ذات أياد على شكل تنانين موجودة الآن بمتحف اللوفر بباريس (رقم MAO 697)؛ بمجموعة دافيد، كوبنهاغن (رقم 1986/ 34)؛ بمتحف الفن التركي والإسلامي، إسطنبول (رقم 2962)؛ بمتحف فيكتوريا وألبرت، لندن (رقم 943–1886)؛ بمتحف آشمولين، أكسفورد(مجموعة نهاد السّيد). انظر كوماروف (ب Komaroff 1992)، ص.115، الصورة 37؛ ص.116،الصورة 41؛ ص.134، الصورة 53؛ الصفحات 59–156، رقم 4؛ الصفحات 68–166، رقم 7.
3. يمكن نسبة نماذج معدنية إلى إيران أو خراسان خلال أوائل القرن الثالث عشر، كما يشهد على ذلك إبريق متّسع تدريجيا نحو الخارج (بدون مقبض) وبه شريط من نقش بالخط النسخي نحت يدويا حول العنق (متحف بروكلين، رقم 86.227.123) انظر مليكيان شيرفاني(Melikian-Chirvani 1974م)، الصفحات 566 – 67 رقم 12. كمثال إيضاحي انظر بروكلين 1987م، ص.233، لوح 177. مثال آخر، قريب من القطعة الحالية ولكن بدون ساق، هو إبريق من البرونز مطعّم بالفضة مهدى إلى مجد الدين عيسى الظاهر (حكم ما بين (1376م و 1404م)،القائد الأرتقيوني لمادرين، تركيا الحالية (سوثبيز، لندن. الخميس 27 أفريل 1955م، رزمة 58.)
4. متحف كالوست غولبنكيان (Calouste Gulbenkian) لشبونة، رقم 328. انظر واشنطن دي سي، ولوس أنجلوس 1989م، ص.144، الصورة 46.
5. انظر في المكان نفسه، الصفحات 277، 354. إبريق معدني بطين له مقبض على شكل S يظهر في رسم إيضاحي لـ ''شيرين تنظر الى صورة خسرو'' من ''خمسة'' لنظامي مؤرخ في 900 هجري الموافق لـ95–1494م. (المكتبة والمتحف البريطانيين، لندن) وأعيد نسخه في المكان عينه، ص.277. رقم 140.
6. انظر واشنطن دي سي ، شيكاغو ونيويورك 1987–88م، الصفحات 22–121. انظر أيضا لندن 2005م، ص.469.
7. كوماروف (Komaroff 1979-80م)، ص. 13. كوماروف يشير إلى أن ظهور البيت عينه على عدة قطع نقدية وعلى ختم واحد يرجع تاريخه إلى فترة حكم شاه إسماعيل الأول (1501–1524م) مؤسس السلالة الصفوية، يُرجع هذا الإبريق قطعا إلى أوائل الفترة الصفوية، أي إلى الربع الأول من القرن السادس عشر ميلادي. انظر أيضا مليكيان شيرفاني (Melikian-Chirvani 1974م)، الصفحات 62–561.
8. من المهم الإشارة إلى أن علي كان يُوقّر ليس من الشيعة فحسب بل أيضا من السنة.

المصدر: إدوارد سي مور (Edward C. Moore)، نيويورك (حتى وفاته 1891م)

133. واقية من قائم السيف

آسيا الوسطى، القرن الرابع عشر ميلادي – أوائل القرن الخامس عشر ميلادي.
نفريت (نوع من اليشم)، منقوش
المقاسات: 5.1 x 10.2 x 3 سم
هبة هيبر ر. بيشوب، 1902م، 02.18.765

يتأتّى أرقّ أنواع اليشم (النفريت المعدني) عبر التاريخ الآسيوي من النهرين اللذان يجريان أسفل المنحدر الشمالي لجبل كونلون في إقليمي خوطان ويركند المتواجدين في حوض "تريم" في آسيا الوسطى (حاليا منطقة تسينيانغ إيغور المتمتّعة بالحكم الذاتي في الصين)، ويأتي بعدّة ألوان، أندرها اللون الأسود وهو لون واقية قائم السيف هذه (تسمّى قديما بالعارض.) (1) ويمكن القول إنّ جميع المنحوتات تقريبا المعروفة من اليشم الأسود، بما في ذلك القطعة الحالية، يعود تاريخها إلى الفترة المتراوحة بين القرن الثالث عشر ميلادي وأوائل القرن الخامس عشر ميلادي، أي من فترة حكم المغول إلى حكم التيموريين في آسيا الوسطى. ويمكن القول كذلك إن الاستعمال الأميري لليشم الأسود بدأ مع خبيلاي خان وانتهى تقريبا مع ألغ بيك. (2) وبسبب حجمها، اعتقد البعض بأن واقية قائم السيف هذه تعود إلى خنجر وليس إلى سيف، ولكن الأمر ليس بالضرورة كذلك، خاصة بالنظر إلى سماتها الآسيوية الوسطى. فالسيوف الطويلة الأولى التي استخدمها البدو في السّهوب الأوارسية كانت لها كلها واقيات صغيرة. أمّا هذا الطّراز من القوائم، وبعضها مصنوع من اليشم، فقد ظهر في السيوف الصينية منذ حوالي 300 قبل الميلاد حين تبناه الصينيون من جيرانهم الشماليين. وفي الوقت نفسه تقريبا، ظهر التنّين ذو الرأسين في الفن الصيني. وفيما يتعلق بكتلة قائم السيف المصنوعة من اليشم، فقد أخذت شكل قلادة مقوّسة ينتهي كل طرف منها برأس تنّين، والفكرة، إن لم نقل الحيوان، انتقلت من الغرب عن طريق البدو المتجولين. وهناك سيف صيني يعود إلى القرن السابع وموجود بمتحف المتروبوليتان مزوّد بقبّيعة في شكل كائن ملفوف ينتهي كل طرف منه برؤوس تنانين متقابلة.(3) وكانت هذه الفترة أيضا فترة مبادلات حثيثة مع آسيا الوسطى. ومع توسّع المغول، اختفى الحيوان ذو الرأسين ولكنّ حضوره تواصل في آسيا الوسطى أين لا تختفي التقاليد بسهولة. وواقية قائم السيف هذه، هي على الأرجح من بين النماذج الأولى المعروفة لهذا الطراز من آسيا الوسطى، أما فيما يتعلق بتاريخها (4) فإن الآراء تختلف بين تلك التي تنسبها إلى القرن الرابع عشر ميلادي وتلك التي تؤرخها إلى بداية القرن الخامس عشر ميلادي، أي خلال فترة بروز صيت اليشم الأسود. و بسبب قلّة الأدلّة الأثرية، فإنه لا يمكن تحديد تاريخ مضبوط، والأكيد أنّ هذا الطّراز من واقية قائم السيف بدأ يظهر في آسيا الوسطى بعد أن تطورت صناعته شكلا وحرفيّة من صلب التقاليد شرقا وغربا، وهي تقاليد يرجع بعضها قرونا إلى الوراء إلى العصور القديمة. ويمكن أن تساعدنا دراسة رسوم رؤوس التنانين شيئا ما. فلقد وجدت موتيفات مشابهة على منسوجات حريرية بآسيا الوسطى، منها واحدة موجودة ضمن مجموعة المتحف.(5) والخصائص المميّزة لتنّين آسيا الوسطى هي أنه لديه أسنان حصان وعرف أسد وقرون أيل وخطم طويل يشبه

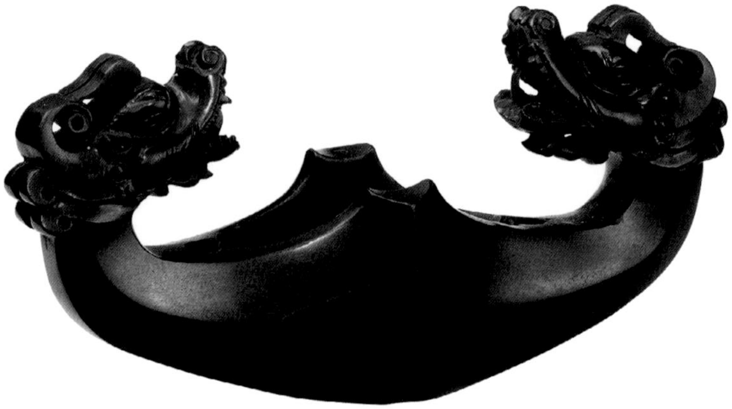

خطم (الحيوان الأسطوري الهندي المعروف) بال"مكاره". ومع مجيء القرن الثالث عشر ميلادي، بدأ الخطم ينقص وتحوّل التركيز على عنصر آخر هو اللسان الناتئ.

وظل عنصر اللسان حتى حوالي أوائل القرن الخامس عشر. ومرة أخرى تعطي دراسة الرسوم الفنية فترة زمنية تتوافق مع وجود اليشم الأسود.

وهناك اعتبار عام ولكنه مفيد ويتعلق ببداية الحرفة الدقيقة لنقش اليشم في آسيا الوسطى، فعلى الأرجح أن الخيطان جلبوا معهم حرفيين للعمل على اليشم عندما تحولوا غربا في القرن الثاني عشر ميلادي من شمال شرق الصين لتأسيس إمبراطورية كاره خيطاي (لياو الغربية). لكن يصعب الجزم بذلك نظرا لضعف الأدلّة الأثرية.

و لكن شغف الخيطان باليشم يظهر دون شكّ من خلال العديد من القطع المكتشفة في القبور الخيطانية للأسرة المالكة في لياو ما بين 901م و 1705م في شمال الصين. (6) وهذه القطع المصنوعة من اليشم في لياو هي أكبر عددا وأكثر إتقانا من الناحية الفنية من غيرها المكتشف في أنحاء أخرى من الصين. ولا يمكن أن يغيب عن تصوّرنا أنّ الخيطان لمّا استقرّوا في بلاساغون والمناطق المنتجة لليشم في خوطان وياركند تحت سيطرتهم لم يقوموا آنذاك باستخدام هذه المادة لتشكيل حلي وأواني وحتى كتل واقيات قوائم للسّيوف. وهكذا، فإنه يُرجّح أن يكون النحت الدقيق لليشم كان قد بدأ في آسيا الوسطى في مراكز شملت يركاند وخوطان. وقد جرى في و قت لاحق تبنّي الحرفيين للعمل تحت سلطة التيموريين بدءا ربّما بشاه رخ وألغ بيك الذين اشتهرا بحبهما لليشم.

لم نتمكن إلى حدّ الآن إلّا من وصف ما هو في حدود معرفتنا لهذه القطعة الجميلة الصنع. أمّا الأسئلة الرئيسية -المتعلقة بتاريخ ومكان الصنع وبمن أنجز العمل ولمن- فتبقى عالقة حتى تظهر للوجود أدلة جديدة.

JCYW

1. أنا ممتن لـ ستوارت بير (Stuart Pyhrr) للمعلومات حول مصطلحات أجزاء السيف وللنصائح العامة حول جوانب أخرى من هذه المداخلة.
2. فيما يتعلق بالقطعة المنجزة من اليشم الأكثر سوادا، صحفة النبيذ التي صنعها خوبلاي لقصره الجديد بدادو (بيكين)، انظر هنسفورد (م1950 Hansford). الصفحات 78-74، وهنسفورد (م1968 Hansford)، ص. 89. انظر أيضا سان (م-11 Sun 2010)، ص.49. من ضمن قطع اليشم المنسوبة إلى التيموريين، والبعض منها نُسب إلى تاريخ أسبق (النصف الأول من القرن الخامس عشر ميلادي) توجد قطع ذات ألوان سوداء أو خضراء داكنة، وهي ألوان لا تُشاهد في أنواع لاحقة.
3. متحف المتروبوليتان (حساب رقم 30.65.2).
4. لكن بحوث جديدة حول قطع اليشم الإيراني أنتجت أدلة جديدة لتأريخ هذه القطعة. وانطلاقا من شكل رؤوس التنانين، ربط مانويل كين (Manuel Keene) بينها وبين أحد لوازم حزام من اليشم يعود إلى النصف الثاني من القرن الرابع عشر أو أوائل القرن الخامس عشر. وأشار إلى أن مثل هذه القطع من اليشم قد تكون صُنعت في وقت سابق لما كان يُعتقد، خلال فترة حكم الحاكم التيموري شاه رخ (1405م – 1447م). انظر كين (م2008 Keene)، ص. 336.
5. متحف المتروبوليتان (حساب رقم 1987.8).
6. انظر على سبيل المثال الزخارف المنحوتة من اليشم من ضريح أميرة ولاية تشن (1001م – 1018م) في معهد منغوليا الداخلية 1993م.

المصدر: هيبر ر. بيشوب (Heber R. Bishop)، نيويورك (حتى 1902م).

134. خاتم التوقيع

إيران أو آسيا الوسطى، أواخر القرن الخامس عشر ميلادي- بداية القرن السادس عشر ميلادي
ذهب مصبوب ومحزّز، نفريت منقوش
المقاسات: الارتفاع: 3.5 سم، القطر: 2.5 سم
رصيد رودجرز 1912م 12.224.6
نقوش بخط الثلث على حجر:
في وسط الخاتم:
عزّ من لا يموت
محيط بالخاتم و في أربعة أجزاء:
ناد عليا مظهر العجائبي
تجده عونا لك في النوائبي
كلّ هم وغم سينجلي
بولايتك يا علي يا علي يا علي
نقش باللغة الفارسية بخط الثلث حول موضع فص الخاتم:
ولاي عوض كتابة اسمك دعني أقول الكلمات التالية:
أيا روحي جرّاء حبي لك صورتك معي في كل مكان
أيا روحي كوني حكيمة في الحديث مثل سليمان. دنياي و جنتي في هذا الخاتم.(1)
نقش بالفارسية بالخط الكوفي في داخل موضع الفص:
كن سعيدا
نقش بالخط الكوفي تحت الحجرة:
محمد

ينتمي هذا الخاتم إلى مجموعة من القطع المعدنية والمرّصعة بالجواهر المنسوبة إلى بداية القرن السادس عشر ميلادي، ويضم حجرا مسطّحا من النفريت لونه أخضر باهتًا وهو مثبّت على ساق ذهبيّة صُبّت في شكل رأس تنين. والحجر على شكل ختم حُفرت عليه النقوش بشكل مقلوب. ويمكن تاريخيا نسبة الأختام الحجرية الدائرية المسطّحة والمقسّمة إلى نصفين أو إلى أرباع والمحاطة أحيانا

بمربع في الوسط، إلى القرن الخامس عشر ميلادي(2).

ورغم أن ساق الخاتم التّنينية الشّكل والنفريت الذي صنع منه الخاتم يشيران إلى أنه أُنجز تحت رعاية الحرفيين التيمورين، فإنّ فحوى النقوش العربية والفارسية تُرجّح نسبة هذا الخاتم إلى الفترة الصفوية الأولى. وبمقارنة هذه القطعة مع إبريق نحاسي موجود بمجموعة المتحف، (الفهرس 132) خلصت لندا كوماروف إلى القول بأن هذا التضرّع الخاص لعلي (الخليفة الشرعي الوحيد للنبي حسب المذهب الشيعي) يظهر على القطعتين معا وكذلك على عملات يعود تاريخها إلى السنوات ما بين 1501م و 1524م خلال فترة حكم إسماعيل الأول. (3) كما أضافت كوماروف أن هذا التضرّع غير موجود على قطع من الفترة التيمورية وقلّما وُجد في أعمال تلت مباشرة حكم الشاه إسماعيل، لكنّ باحثين آخرين يعتقدون أنه من الممكن أيضا أن يكون زبون شيعي أو حتى سنّي قد أمر بإنجاز خاتم نقش عليه تضرّع إلى علي.(4) وبالفعل فإن الشيعة والسنّة كانوا يحبون عليّا حبا شديدا. وبالنظر إلى الموجة المتزايدة من الاعتقادات والطقوس الصوفية خلال النصف الثاني من القرن الخامس عشر ميلادي، لم يكن من الغريب أن تضم قطعة تيمورية بعض التّضرعات لعلي وشخصيات شيعية أخرى، وعليه فإن هذا الخاتم يمكن نسبته مبدئيا إلى ما بين النصف الثاني من القرن الخامس عشر ميلادي والنصف الأول من القرن السادس عشر ميلادي. وقد ساعدت القراءة الدقيقة للنقوش على تسليط الضوء على القصد من هذا الخاتم ومغزاه. والأرجح أنّ النقش بخط الثلث على موضع الفص أسفل الحجر حيث يلامس جلد حامل الخاتم يشير إلى النبيّ محمد، وبذلك يُضاف إلى القطعة بُعد طلسميّ آخر. وقد كان النفريت (اليشم) الذي ارتبط بآسيا الوسطى لقرون يحظى بتقدير البلاطَين التيموري والصفوي، وكان يُعتقد أنّ له خاصيات ضد العين الحسود وقادرة على حماية حامله من الأذى والآثار القاتلة للسموم. وتُمثّل التنانين التي تُشكّل السّاق الذهبية هنا عنصرا تعويذيًّا آخرا. ويتكرّر حضور هذه الوحوش كعناصر زينة في الفن التيموري والصّفوي، وينظر إليها تقليديا كرموز للملك والسلطة الربانية. وعندما نربطها بالبعد الطلسمي للكثير من النقوش فإنّ التّنانين التي تمسك بموضع الفص لهذا الخاتم تشير بقوة إلى أن إحدى الوظائف الأساسية لهذا الخاتم هي زيادة قدرات مالكه وحمايته من الأذى.

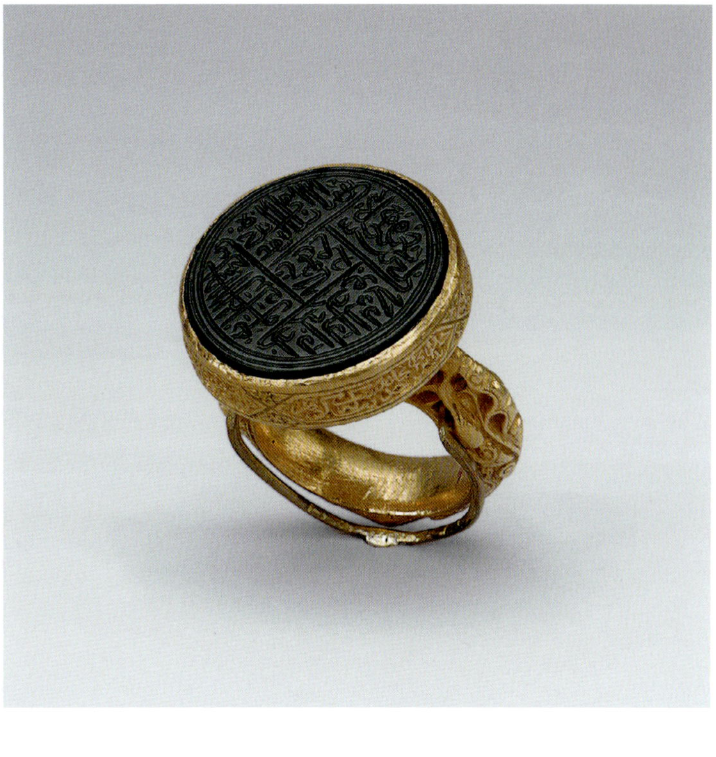

AG/ME

1. واشنطن دي سي ولوس أنجلوس 1989م، ص.253، لوح 142.
2. انظر ونزل (م1993 Wenzel)، الصفحات 59–258، أرقام 434،426.
3. كوماروف (م80–1979 Komaroff)، الصفحات 13–14.
4. واشنطن دي سي ولوس أنجلوس 1989م، الصفحات 253، 358.

المصدر: [الإخوة إندجودجيان، باريس، حتى 1912م؛ بيع لمتحف المتروبوليتان]

135. صحيفة من "خمسة" نظامى

الخطاط : سلطان محمد نور (حوالي 1536–1472م)
أفغانستان الحالية، هرات بتاريخ 931 [هجري] الموافق لـ1524 م – 1525 م
حبر، ألوان مائية معتمة وذهب على ورق
المقاسات: 1. 22.2 x32 سم
هبة ألكسندر سميث كوجران، 1913م 13.228.7.4

تُبيّن الشّارة الموجودة في نهاية المخطوط الذي أُخذت منه هذه الصحيفة أن الكتاب نُسخ من قبل سلطان محمد نور في سنة 931 هجري الموافق ل1524 م / 1525م وهو التاريخ الذي يظهر أيضا في نقش معماري في أحد رسوم الكتاب. ويوحي هذا التزامن بأن العمل نُسخ وزُيّن في الوقت نفسه تقريبا (1) و بما أن سلطان محمد نور قضّى معظم حياته بهرات، فإن المخطوط أُنجز على الأرجح هناك. انتهت فترة حكم الأسرة التّيمورية رسميا في عام 1506م مع وفاة حاكمها الأخير الفعلي، ولكن مظاهرا من ثقافتها الفنية والأدبية تواصلت لعدة عقود. وبينما نجد أنّ بعض الرسوم التوضيحية في المخطوط لا تعدو أن تكون وصفية، فإنّ رسوما أخرى واصلت الاهتمام بفن الصور الشخصية الذي نشأ في هرات التيمورية. ويُثير مشهدان من حياة خسرو برويز، بطل الجزء الثاني من "خمسة" اهتماما خاصا. ففي المشهد المعروض هنا (صحيفة 64 أ) والذي يصف حفل استقبال ملكي في الهواء الطلق يجري التركيز على أهمية الحاكم المتوّج من خلال القبّة الغنية بالألوان فوق رأسه والبساط المزين بشكل متقن تحت عرشه.

والملاحظ أنّ وجوه بعض أفراد الحاشية الذين يقفون إلى جانب أو إلى أسفل عرشه، لها خصوصية شبيهة بتلك التي تتّسم بها رسوم الأشخاص أنفسهم، بما فيهم وجه ذلك الرجل الملتحي الماسك بقطعة من الورق بيده اليسرى المرتفعة بينما يسكب شاب الحبر على الخاتم في يده اليمنى الممدودة. تحدّد هذه الأعمال

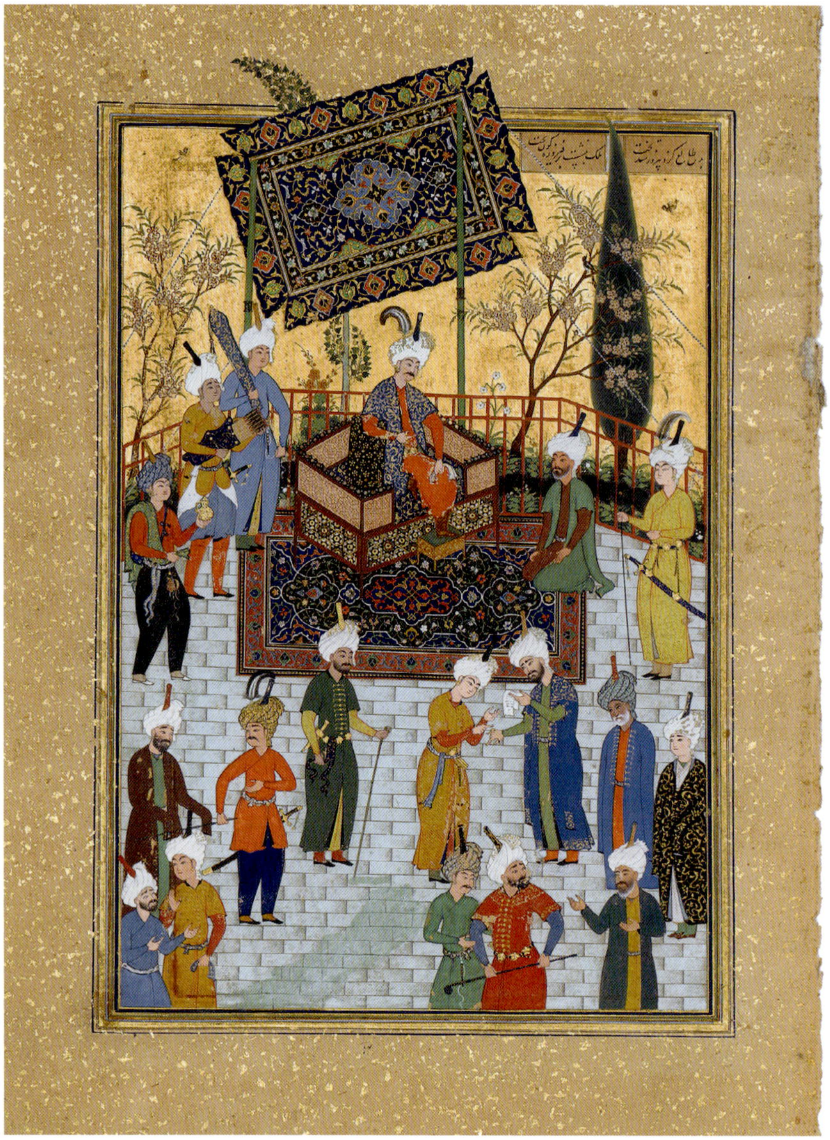

الشخصَ على أنه كاتب ديوان أوكلت إليه مهمة كتابة وختم المراسلات الرسمية. وتوحي أهميته غير العادية بأنه قد يكون على الأرجح عرّاب المخطوط، ولكننا في حاجة إلى مزيد البحث لكي نربطه هو أو الحاكم الجالس بشخص ما. ويتضمن الرسم الأخير الذي يكتسب أهمية خاصة (صحيفة 104 أ) تاريخ رجب 931 هجري الموافق لأبريل-مايو 1525، وهو يمجّد زواج خسرو وشيرين وهما يجلسان في قصر مزخرف ومنمّق. نُقشت على واجهة المبنى أبيات شعر تتلاءم مع المناسبة التي تمجّد الغرفة الرفيعة للسعادة الزوجية. وعلاوة على ذلك، فإن النقش يتضمّن تلاعبا بالألفاظ حول اسم شيرين الذي يعني الحلاوة مقارنا عروس خسرو بماء الورد والسكر،(2) ويربط التسفير الجلدي المتقن هذا المخطوط بتقاليد صنع الكتاب السائدة في هرات التيمورية آنذاك. ويصوّر الغلاف الخارجي منظرا طبيعيا مؤثثا بالطيور والحيوانات، وهي فكرة مألوفة منذ منتصف القرن الخامس عشر ميلادي في النقوش المطبوعة على الخراطيش حول محيط التسفير الخارجي وتشير إلى النص الذي تنطوي عليه «الخمسة» لنظامي. أمّا داخل الغلاف، فنجد أشكالا هندسية ونباتية مخرّمة من الجلد المقصوص ترسم صورا ظلّية على خلفية من الورق الأزرق(3).

PS

1. التاريخ يظهر على الصحيفة 104أ؛ انظر وليامز جاكسون ويوهنان (مWilliams Jackson and Yohannan 1914)، الصفحات 58-67، رقم 8.
2. المصدر نفسه، ص. 65.
3. لتسفير مماثل ،انظر آغا أوغلو (مAga-Oğlu 1935)، ألواح 11،5،2،1؛ جنكنز (مJenkins 1983)،ص.135؛ و تشلكوفسكي و سوساك (مChelkowski and Soucek 1975)، تزيين غلاف.

المصدر ألكسندر سميث كوجران، يونكرنز، نيويورك (حتى 1913 م).

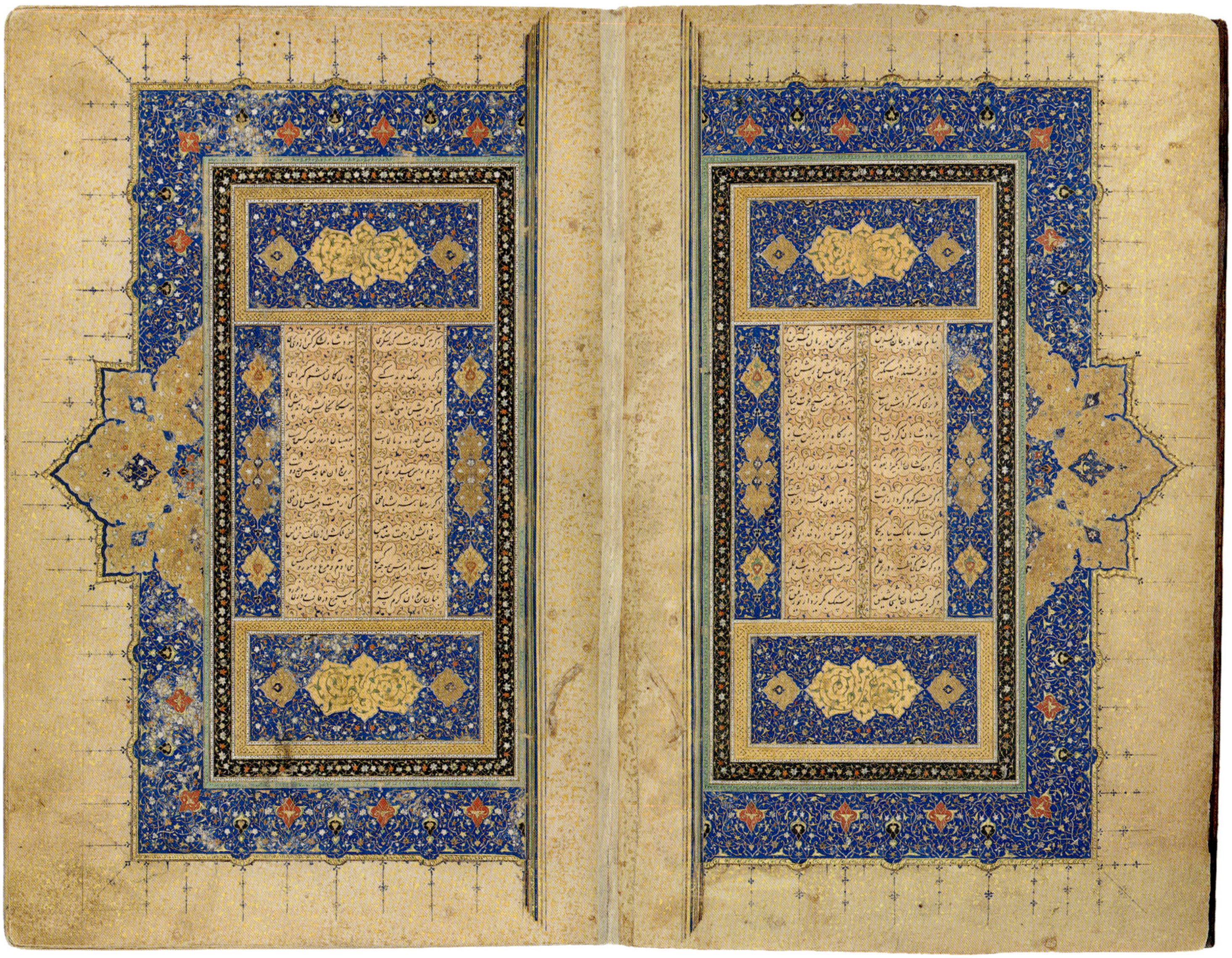

أ

136. أ – ب صحيفتان من ”البستان“ لـ ”سعدي“

الخطاط: سلطان محمد نور (ما بين حوالي 1472م – 1536م)
نسخ في أفغانستان الحالية، على الأرجح هرات، بتاريخ 920 [هجري] الموافق لـ1514م
مزخرف في أوزباكستان الحالية، بخارى، حوالي 1530م1535–م

أ – واجهة صورة في صدر الكتاب
حبر، ألوان مائية معتمة، ذهب على ورق
مقاسات الصورة: 19× 12.7 سم
اقتناء رصيد لويس الخامس بال و هبة مؤسسة فنسنت آستور، 1974م 1974. 294. 1

ب – ”رحلة محمد الليليّة (المعراج)“
حبر، ألوان مائية معتمة، ذهب على ورق
مقاسات الصورة: 19× 12.7 سم
اقتناء رصيد لويس الخامس بال و هبة مؤسسة فنسنت آستور، 1974م 1974.294.2

’البستان‘ لـ سعدي (1257م)، أحد أعمال الأدب الفارسي وأكثرها إثارة للإعجاب، يجمع بين النصائح الأخلاقية والطُّرف التفسيرية. وهذه النسخة المؤرخة إلى عام 1514م، أُنجزت على الأرجح بهرات لكن يبدو أن رسومها التوضيحية أُضيفت في ثلاثينات القرن الخامس عشر ميلادي بأمر من زبون أوزبكي، ربّما في العاصمة بخارى. وقد تدرب خطاط هذه النسخة سلطان محمد نور على يدي الخطاط التيموري المشهور سلطان علي المشهدي وكان عمله يلاقي استحسان الصفويين والأوزبك على حدّ السواء.(1) يُفتتح المخطوط بصورة في صدر الكتاب مثقلة بالزخرفة (الفهرس 136أ).

و كان من المتعارف جدا أن يستخدم الرسامين النشيطين في هرات إبّان الفترة التيمورية نماذج أو قوالب تصويرية للعديد من رسومهم. وتُعدّ الصحيفة المزخرفة هنا (الفهرس –136ب) امتدادًا لهذه الممارسة ولكن كلاّ من شطريها يرجع إلى مصدر تأليفي مميز ويعكس كل منها موضوعا يناقش من قبل سعدي في هذا الجزء من ’البستان‘.

يصوّر الجزء الأعلى النبي محمد ممتطيًا البراق ومحاطًا بالملائكة، وقد رُسم على

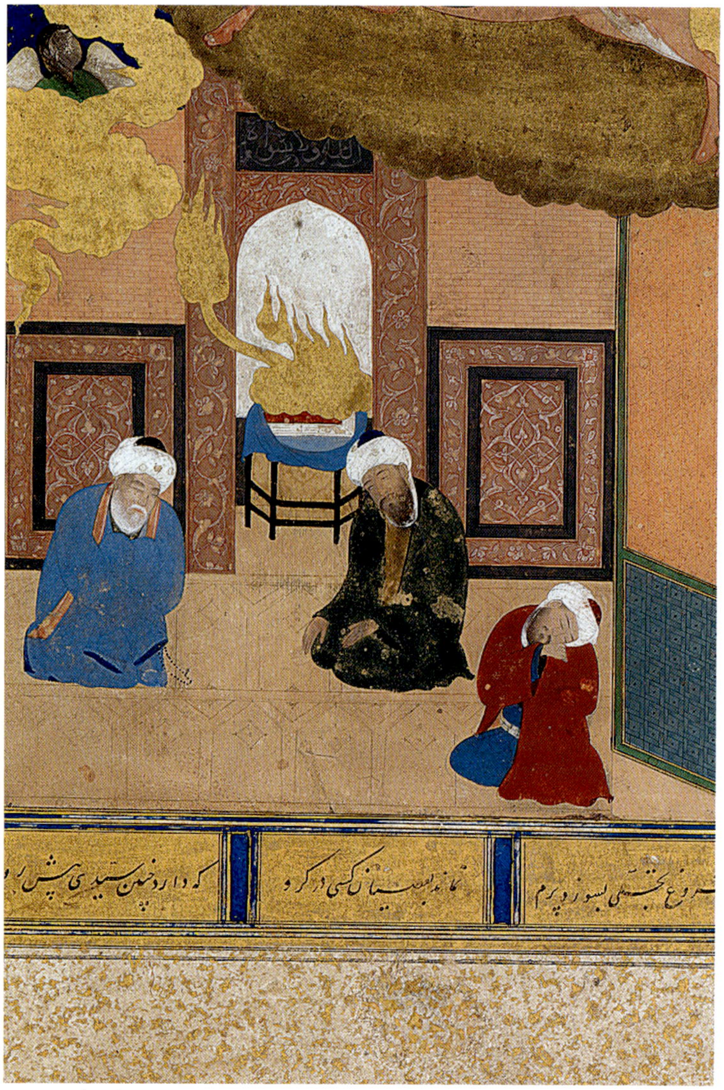

تفصيل 136 ب

غرار رسوم المعراج الموجودة في مخطوط نظامي في هرات المؤرخ في 1495م. ويصور العملان على حد السواء معراج النبي إلى السماء على خلفية الحرم الشريف بمكة.(2) ونلاحظ في هذا الرسم أنّ محمد يرفع إحدى يديه وكأنما يستغرق في حديث. ويروي النص المكتوب في اللوحة في الزاوية العليا الحديث الذي دار بينه وبين البراق. ويفسّر البراق أنه سيحمل محمدا لبعض المسافة فقط نحو وجهته، ذلك أنه سيحترق بفعل قوة الحضور الإلهي لو جاوز حدّه. ويصف سعدي نور النبي كمصدر كل الضياء، وهي فكرة تتجسّد في السحب الذهبية الدّوامة التي تحيط بمحمد والبراق.(3) ويُمجّد الجزء الأسفل من الرسم نزول القرآن ممثلا إياه بكتاب تعلوه ألسنة من نار ومحفوظ في محراب. ويوجد في فناء المسجد الذي قد يرمز للحرم الشريف بمكة، ثلاثة رجال نائمين. ويبدو أن هذا التأليف يجد مصدر إلهام في إشادة سعدي بالقرآن بوصفه نصا يسمو على النصوص المقدسة للمسيحية واليهودية.(4)

ويمثّل رسم أُنجز بهرات حوالي 1485م (5) ويتعلق هو الآخر بنزول القرآن، سابقة للعمل الحالي من حيث الموضوع والصورة، إذ يصور النبي محمد وهو جالس حذو محراب في مسجد، وكذلك الخلفاء الراشدين الأربعة والصحابة أمامه في صحن المسجد. ويظهر أحد الخلفاء، لعلّه عثمان، وهو يخط نصًّا، مما يعيد للأذهان دور هذا الأخير في تدوين القرآن، ويظهر خليفة آخر، ربما علي، وهو على ما يبدو يشرح القرآن للجمع الملتئم أمامه(6). واللافت أنّ في نسخة بخارى، وقع التأكيد على مخطوط القرآن، فعزلته المادية وهالته الوهاجة تدعمان فكرة علوّه الديني ومصدره السماوي. وهنا مجموعة المتابعين تقلّصت إلى ثلاثة، ربما بإزالة علي والجميع يظهرون نياما، وبالتّالي حُرموا من أي دور في قراءة أو تأويل القرآن. من خلال الحد من التفاصيل الهامشية والتركيز على معجزتي النبي: رحلته الليلية والمصدر الإعجازي للقرآن، نجح رسم متحف المتروبوليتان في حمل رسالة دينية أكثر تركيزا مما فعلته أغلب رسوم المعراج.

PS

1. بياني (م1971-1967 Bayani)، المجلد 1، الصفحات 80-272؛ سودفار و بيتش (م and Beach Soudavar 1992)، الصفحات 158، 190.
2. ستوشوكين 1954م، لوح 69.
3. عدي 1974م، الصفحات 6-7؛ سغدي 1989م، الصفحات 25-26، خاصة ص.26،الأسطر 80-83.
4. سعدي 1989م، ص.26، الأسطر 75،79؛ سعدي 1974م، ص. 7.
5. مكتبة البودليان، (Bodleian Library) أكسفورد مخطوط أليوت (Elliot 287)، صحيفة 7.
6. ستوشوكين 1954م، لوح 72.

المصدر:[نسلي هيرامانك، نيويورك حتى 1937م؛بيع لـ كاهن]؛ أسرة كاهن بحسب النسب [1937-1974م؛ بيع لمتحف المتروبوليتان]

137. صحيفة من ديوان حافظ

"سكر دنيوي وأخروي"
الرسام سلطان محمد (نشط في النصف الأول من القرن السادس عشر الميلادي)
إيران، تبريز، حوالي 1531-1533م
ألوان مائية معتمة، حبر، ذهب على ورق
مقاسات الصورة: 28.9 × 18.1 سم
هبة موعودة من السيد والسيدة ستوارت كاري ويلش الابن، مملوكة جزئيا من قبل متحف المتروبوليتان ومتحف آرثر ساكلر، جامعة هارفارد، 1988م (1988.430)
التوقيع بالفارسية بالخط النّسخي على الباب: 'عمل محمد سلطان'

يمكن أن تؤخذ هذه اللوحة وهي تصوّر جلسة شُرب في حانة يتخلّلها رقص وجدي وغناء صاخب والأشخاص فيها أفرطوا في شرب النبيذ إلى حدّ الإغماء، على أنّها مجرد مثال على الفسوق لو لم يكن سقف الجناح تملؤه الملائكة.

تشارك الكائنات السماوية على استحياء في احتساء النبيذ، وهو ما يضع المشهد في سياق مغاير إذ يمكن في هذا المقام مماثلة الحالة التي وصل إليها العقل جرّاء

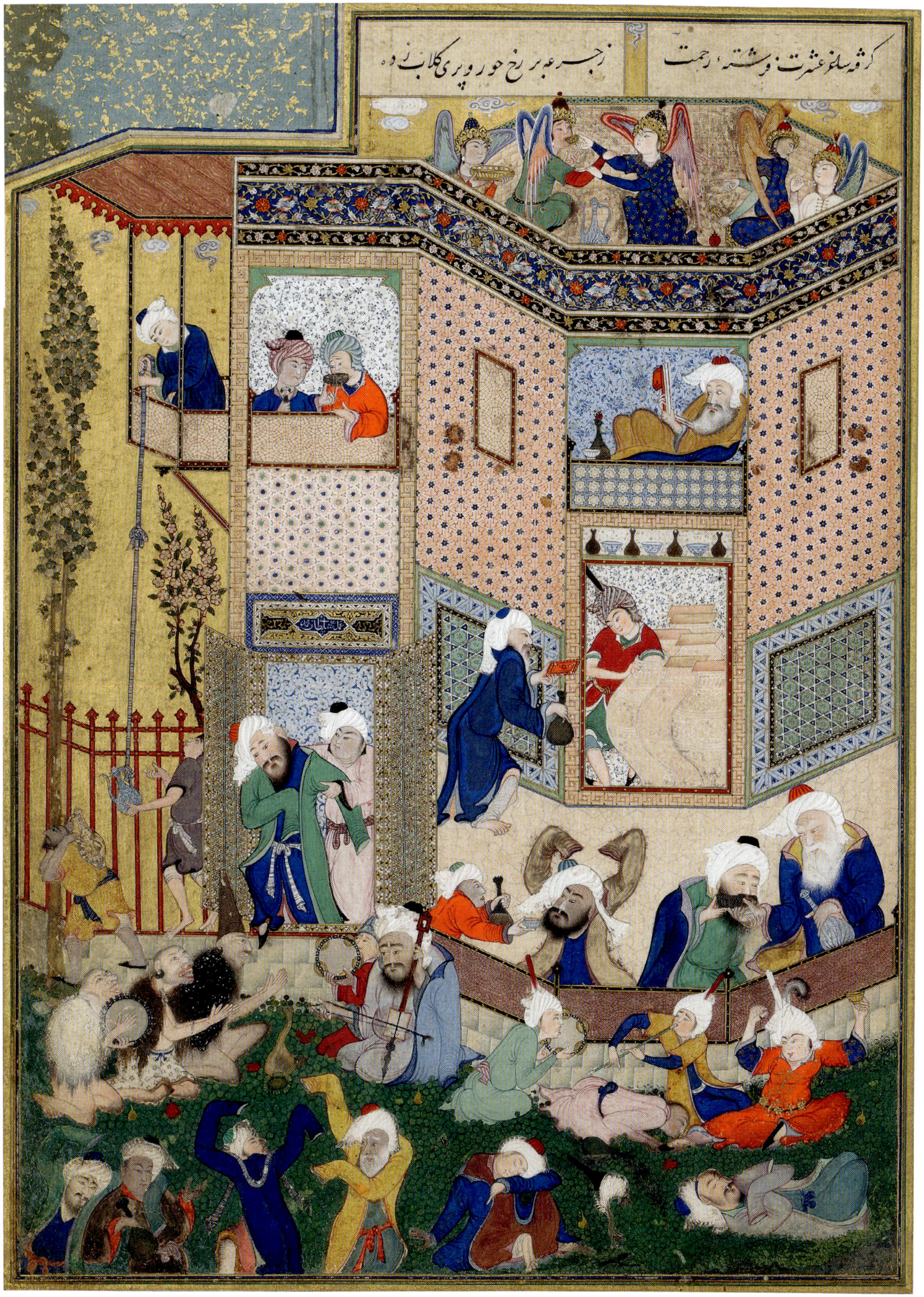
گرفته ساغر عشرت فرشته رحمت
ز جرعه بر رخ حور و پری گلاب زده

الثمالة بحالة وعي روحاني(1) بدلا من الاستسلام لأهواء النفس اللئيمة.

صوّر مخطوط المجموعة الشعرية لحافظ، أحد أعظم شعراء إيران المتصوفين، على الأرجح على مرحلتين. وتعود هذه الصفحة إلى المرحلة الثانية من حوالي 1531م إلى 1533م عندما غادر سام ميرزا، الذي ذُكر اسمه في رسم توضيحي آخر حمل توقيع الفنان، إلى هرات وأمضى فصل الشتاء ببلاط شقيقه الشاه طهماسب. ويُعتقد أن فنّان هذا العمل الاستثنائي، سلطان محمد، كان قد أشرف على المرحلة الأولى من تزيين شاهنامة الشاه طهماسب، أي العمل الذي بدأ حوالي 1524م و انتهى حوالي1527م. ترعرع سلطان محمد في تبريز وعلّم الأمير طهماسب الرسم. ولئن كانت حيوية تشكيلة الألوان التي يستخدمها سلطان محمد تعيد إلى الأذهان أسلوب الرسم التركماني الملكي في تبريز أواخر القرن الخامس عشر الميلادي، فإنّ بنية عمله تُبرز التركيب المتواصل للرسم خلال أواخر الفترة التيمورية المعروفة بالتنظيم المنطقي للفضاء وبتوخي أسلوب مدرسة تركمان حيث تكون العواطف أكثر حدة. ويتّسم عمل سلطان محمد بروح الدعابة التي تتجلى من خلال الوضعية والملامح واللّمسات الفنية مثل طبقة الطلاء السميكة المستخدمة لتلوين العمائم و كذلك حركات الريشة المتناهية الدقة التي استُخدمت في رسم الفرو.

يتّبع هاهنا ترتيب الأشخاص في مقدمة الصورة المحيطَ المسدس الأضلاع للجناح، فالعازفون الثلاثة إلى اليسار، ووُجوهم تبعث على الضحك وأبدانهم تكاد تكون عارية إلا من رداء من جلود الحيوانات، هم في تباين مع ما رُسم في هذه الصورة من رجال آخرين من شتّى الأعمار يلبسون عمائم وعباءات. ولكن موسيقاهم تفلح في أن تُصبغ على المناسبة والراقصين معا جوا من الطيش الفوضوي. ولمّا يحوّل المرء البصر إلى الطابق الثاني من الجناح، تبدو أعمال الأشخاص المرسومين هناك أكثر هدوءا: فهناك رجال يجذبون إبريقا إلى الأعلى بواسطة حبل، وزوج من الشّبان يحتسيان النبيذ معا وشيخ ملتح راكن مستغرق في القراءة. وأخيرا، هناك الملائكة فوق السطح تشرب وتحمرّ خجلا لكن البراءة تظل بادية عليها.

SRC

1. سوساك Soucek 1990، ص.60، لاحظ أن "اللوحة تصوّر موضوعا مهما في شعر حافظ وتوحي بوجود توازي بين شرب النبيذ ومصدر الإلهام الإبداعي وراء كتابة الشعر"

المصدر: (الأخوة طبّاغ باريس ونيويورك) آرثر سمبون باريس حتى 1914 بيع رواق جورج بوتي باريس 25–28 ماي 1914م الرزمة 189. لويس ج كارتي باريس، ستيوارات كاري ولش، وارنر، نيوهامبشر .

138. أ – ز: سبع صحائف من شاهنامة الشاه طهماسب (كتاب الملوك) للفردوسي.

أ. "حكاية مركب المذهب الشيعي الرمزية للفردوسي"، صحيفة v18
منسوبة إلى ميرزا علي (نشط ما بين حوالي 1525 – 1535م)
إيران، تبريز، حوالي 1530–1535م،
ألوان مائية معتمة، حبر، فضة وذهب على ورق
مقاسات الصورة: 47×31.8 سم
هبة آرثر أي. هوتون الابن، 1970م 1970.301.1

ب. "وليمة صعدة" صحيفة v22
منسوبة إلى سلطان محمد (نشط في النصف الأول من القرن السادس عشر ميلادي)
إيران، تبريز حوالي 1525م.
ألوان مائية معتمة، حبر، فضة وذهب على ورق.
مقاسات الصور: 24.1×23 سم مقاسات الصفحة: 31.8 x 47 سم
هبة آرثرأي هوتون الابن 1970 م 1970.30.12 .

ج. "طهمورث يهزم الجنّ" صحيفة v23.
منسوبة إلى السلطان محمد (نشط في النصف الأول من القرن السادس عشر ميلادي)
ألوان مائية معتمة، حبر، فضة وذهب على ورق
مقاسات الصور: 28.3×18.6 سم مقاسات الصفحة:47×31.1 سم
هبة آرثر أي. هوتون الابن، 1970م 1970.301.3

د. "المعسكر الإيراني المفتون يتعرض لهجوم أثناء الليل"، صحيفة r241.
منسوبة للكاظمي (نشط حوالي 1525–1565م)
إيران، تبريز، حوالي 1525–1530م
ألوان مائية معتمة، حبر، فضة وذهب على ورق
مقاسات الصورة 28.2 ×23.2 سم، مقاسات الصفحة: 47.5 ×23.1 سم
هبة آرثرأي. هوتون الابن 1970م، 1970.301.36

هـ. "المقرر الثالث لأسفنديار: أسفنديار يقتل تنّينا"، صحيفة v434
منسوبة لقاسم بن علي (نشط حوالي 1525 – 1568م)
إيران، تبريز، حوالي 1530م
ألوان مائية معتمة، حبر، فضة وذهب على ورق
مقاسات الصورة: 27.9×26.2 سم، مقاسات الصفحة: 47.3×31.8سم
هبة آرثر أي. هوتون الابن 1970م، 1970.30.51

و. "الملاك سروش ينقذ خسرو برويز"، صحيفة v708 .
منسوبة لمظفر علي (نشط ما بين أواخر عشرينات وسبعينات القرن السادس عشر الميلادي)
توفي حوالي 1576م.
إيران، تبريز، حوالي (1530 – 1535م)
ألوان مائية معتمة، حبر، فضة وذهب على ورق.
مقاسات الصورة: 43.3×27.9 سم، مقاسات الصفحة: 47.3×31.4سم
هبة ارثر أي. هوتون الابن 1970 م 1970.301.73

ز. "اغتيال خسرو برويز" صحيفة v742
منسوبة لعبد الصمد (نشط حوالي 1540–1595م)
إيران، تبريز، حوالي 1535م
ألوان مائية معتمة، حبر، فضة وذهب على ورق
مقاسات الصورة: 28.4×27.3 سم، مقاسات الصفحة: 31.1 x 8.7 سم.
هبة آرثر أي. هوتون الابن 1970م 1970.301.75

حتى إن لم يكن الشاهنامة (كتاب الملوك) أي المخطوط الملكي الأكبر الذي أُنجز لشاه إيران طهماسب، فإنه، وهو الذي أخذت منه هذه الرسوم السبعة، يُصنّف الأهم. وتُشكّل الرسوم المئة والثماني والخمسين المنجزة من قبل خمسة عشر فنان عملوا من أوائل أو منتصف عشرينات إلى منتصف ثلاثينات القرن السادس عشر الميلادي عصارة الرسم الصّفوي بداية من الربع الثالث من القرن السادس عشر الميلادي. كان مشروع الشاهنامة بمثابة صف دراسي حقيقي لأساتذة إيران الأعظم منهم والأقل منهم شأنا ومثّل نقطة التقاء بين الفنانين من الشرق والغرب اللذين انصهرت أنماطهم الإقليمية ضمن أسلوب صفوي مميز تحددت ملامحه من خلال استخدام محكم للرّيشة وأعمال معقّدة ومتعددة الأشكال وألوان برّاقة وتصوير مفعم بالحركة.

وصف مارتن ديكسون وكاري ويلش السيناريو المرجح للظروف التي أحاطت بأمر إنجاز هذا المخطوط، مشيرين إلى أن الشاه إسماعيل الأول أمر بإعداد شاهنامة فاخرة لابنه البكر طهماسب في سنة 1522م عندما عاد الأمير إلى تبريز بعد ست سنوات قضاها في العاصمة التيمورية السابقة، هرات. (1) كرواية بديلة، قد يكون الشاه طهماسب أمر بإنجاز المخطوط في 1524م، احتفاء بتولّيه العرش في السنة ذاتها، نظرا لأنّ أمرا مثل طلب إنجاز مخطوطات مزخرفة وفخمة للاحتفال باعتلاء حاكم جديد العرش كان ممارسة ضاربة في القدم في إيران. (2) و لقد أشار القاضي أحمد في معرض ما كتبه في نهاية القرن السادس عشر الميلادي أن طهماسب، وهو لا يزال أميرا، درس الرسم على يدي فنان تبريز المتميز، سلطان محمد، (3) وإذا ما افترضنا أن هذه العلاقة بين الأستاذ وتلميذه تطورت من 1522م فصاعدًا، فإن فكرة الأمر بإنجاز شاهنامة إمبراطورية قد تكون خامرت الشاه طهماسب نفسه باقتراح من سلطان محمد. ونظرًا لأنه مع حلول 1522م، كان إسماعيل الأول قد أُبتلي بالإفراط في شرب الكحول حتّى هلك، فإن الدافع لكي يتولى هو الأمر بإنجاز مثل هذا المخطوط لأمر يصعب التنبؤ به.

وزعم ويلش بأن شاهنامة ملكية سابقة كان السلطان محمد قد شرع في إنتاجها بطلب من الشاه إسماعيل كهبة لطهماسب لم تُكمل قط، لأن أسلوبها لم يرُق لطهماسب الشاب واعتبره دخيلا، وهو الذي كان تربّى في هرات حيث كان فنّ رسم بهزاد العظيم وغيره من فناني أواخر الفترة التيمورية مألوفا لديه. (4)

ولكن مثل هذا الافتراض لا يستند فحسب على نسبة تاريخ المخطوط السابق غير المكتمل إلى حوالي 1520م عوضا عن خمس سنوات قبل هذا التاريخ(5)، وذلك بناء على الأسلوب المعتمد، بل أيضا على التسليم بفكرة أن بإمكان طهماسب، وعمره ثمان سنوات، يعرف الفرق بين مدرستي هرات وتبريز للرسم وأن يُقنع فناني البلاط الصّفوي بالتخلّي عن مشروعهم. وطرح ديكسن وويلش ثلاثة مراحل استغرقها إنجاز المخطوط. وحسب هذا التّصور، يكون سلطان محمد هو الذي أدار المشروع خلال المرحلة الأولى، تلاه في 1527م، مير مصفر والذي بدوره، خلفه في أوائل ثلاثينات القرن الخامس عشر الميلادي، آقه ميراك الذي عاصر الشاه طهماسب وكان صديقا له. وبينما اتّبع ترتيب اللوحات هذا التسلسل الزمني عموما مع ظهور الأعمال الأولى في بداية المخطوط، أُضيف البعض الآخر في وقت لاحق قريبا من فاتحة المخطوط أو عوّض نسخا أقدم من المشهد نفسه (6). وهكذا، يمكن نسبة "الحكاية الرمزية لمركب المذهب الشيعي للفردوسي" (الفهرس 138أ) التي تظهر بالقرب من بداية القصيد إلى ميرزا علي، أحد رسامي الجيل الثاني العاملين على المخطوط وهي تعود على الأرجح إلى النصف الأول من ثلاثينات القرن الخامس عشر الميلادي.

تتعلّق القصة التي أُخذت من مقدمة الفردوسي للقصيدة بسبعين مركب أرسلها الله في بحر هائج و بـ"السفينة الفسيحة الوحيدة على هيئة عروس مزدانة مثل عين الديك وعلى متنها النبي مع علي/ وأيضا أهل بيت النبي محمد وعلي. (7) ويقف ابنا علي، الحسن والحسين، إلى جانبي جناح مغطى بسقف في أعلى مقدمة السفينة حيث يجلس محمد وعلي. ولئن لم تكن السفينة التي تحمل على متنها النبي والثلاثة الأئمة الشيعة الأوائل بالضبط "على هيئة عروس"، فإنها كانت مزخرفة بإفراط بألواح خشبية مطعّمة تحمل تصاميم هندسية معقّدة وكانت لها مقدّمة مزدانة على نحو لافت للنظر على شكل رأس وعنق بطّة. من ضمن المسافرين على متنها يوجد شخص متوج رُسم وهو جالس وظهره إلى المشاهد، ورجلان يرتديان العمامة الصّفوية ذات التاج المميّز الذي هو عبارة عن امتداد أفقي أحمر لقبعة العمامة. ويتوسّط هذين الشخصين شيخ ذو لحية بيضاء يلبس معطفا أحمر له طوق من الفرو.

وقد أشار ديكسون وَويلش أن هذا الشخص هو الفردوسي ذاته(8) . ولقد أدرك هذا الرجل الفطن أنه حتى ولو كُتب لكل المراكب ولمسافريها أن يغرقوا، فإن أحسن مكان يمكنه التواجد به هو إلى جانب محمّد وعلي. علاوة عن نص الفردوسي، أضاف الفنان بيتين من الشعر كتبا على مظلة مقدم المركب جاء فيهما "محمد هنا لتحصين دولتنا الداخلية، لماذا نهتم بالموج و نوح هو من يقود مركب دولتنا؟" (9) وكما أشارت رايا شاني، فإن ذكر نوح كقائد مركب الدولة يعني ضمنا تماثلا مع قائد الدولة الصفوية، الشاه. بالإضافة إلى ذلك، أوردت حديثا للنّبي يشبّه فيه النبي أهل بيت النبي بفلك نوح الذي يحتمي به كل من ركبه (10). وتظهر تفاصيل مثل تلك النجوم المطعّمة في قاربين والبيابي الصغيرة جدا والبيضاوية الشكل لعيون الأشخاص في أعمال أخرى منسوبة لميرزا علي، من بينها "خسرو ينصت لبرباد وهو يعزف على العود" من خمسة نظامي (1539 – 1543م) و"نوشيروان يستقبل هيئة دبلوماسية من ريّ الهند" من هذا المحظوظ (11). وقد يكون ابن سلطان محمد، ميرزا علي، بلغ العشرينات من عمره لمّا رسم هذا العمل. وتعدُّ رقة رسمه والعناصر التصويرية التي هي أكبر حجما بقليل من تلك المعتمدة من قبل والده، وكذلك تجميع الشخصيات من الخصائص المميزة لعمل فنان الجيل الثاني في شاهنامة طهماسب.

وتمثّل "وليمة سعده" (الفهرس 138ب) الاحتفال السنوي لاكتشاف النار، هذه المناسبة التي يُحتفل بها خمسون يوما قبل نوروز، السنة الفارسية الجديدة. ويقال إن هوشنغ حفيد الملك الأول جيومرت رمى وحشا بشعا بحجر، ولكنه أخطأ الهدف فارتطم حجره بحجر آخر، وانجرّ عن ذلك تطاير شرار. أدرك هوشنغ أنه اكتشف حجر الصوان، وسيلة إشعال النار. وأدخل عبادة النار للبشرية، وهو شكل تقرّب لا يزال يمارس إلى اليوم من قبل الزرادشتيين (المجوس).

وترسم هذه اللوحة هوشنغ، وهو جالس وسط روضة ممسكا بيده كوبا من النبيذ، في اللحظة التي يلتفت فيها إلى أحد رجاله الذي يناوله رمّانة. ويجلس شخص ثالث إلى اليسار على بساط وهو يحتسي الخمر بدوره. وتلتهب أمامهم النار التي

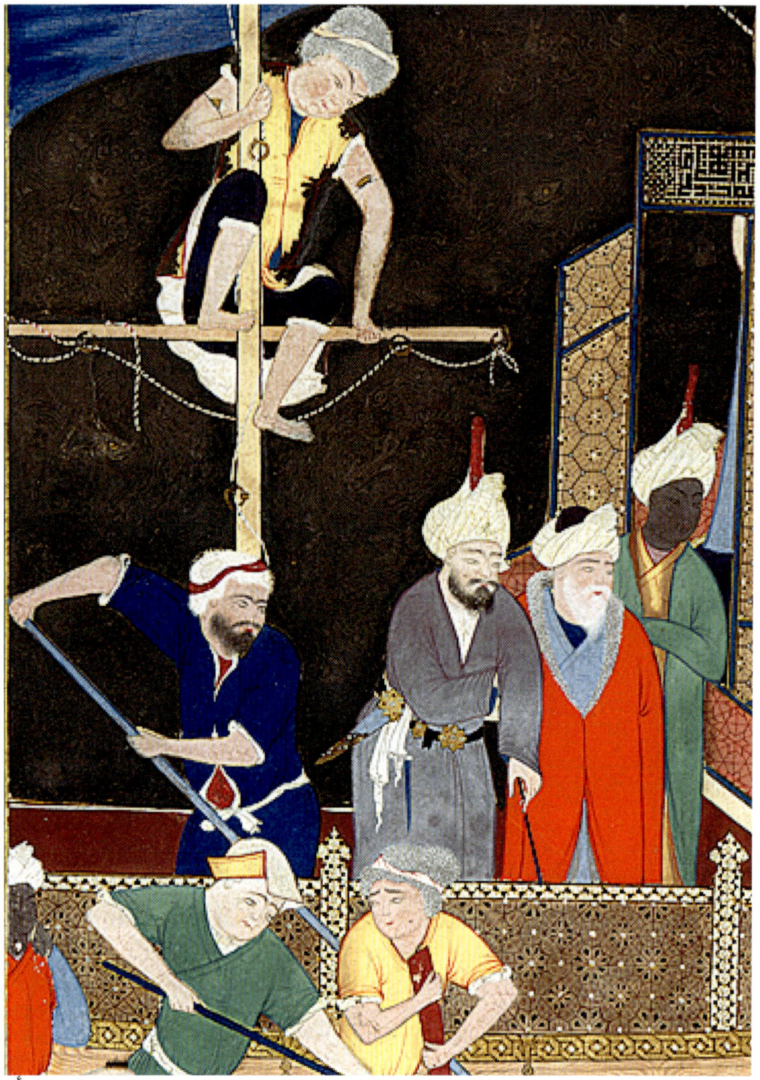

تفصيل 138 أ

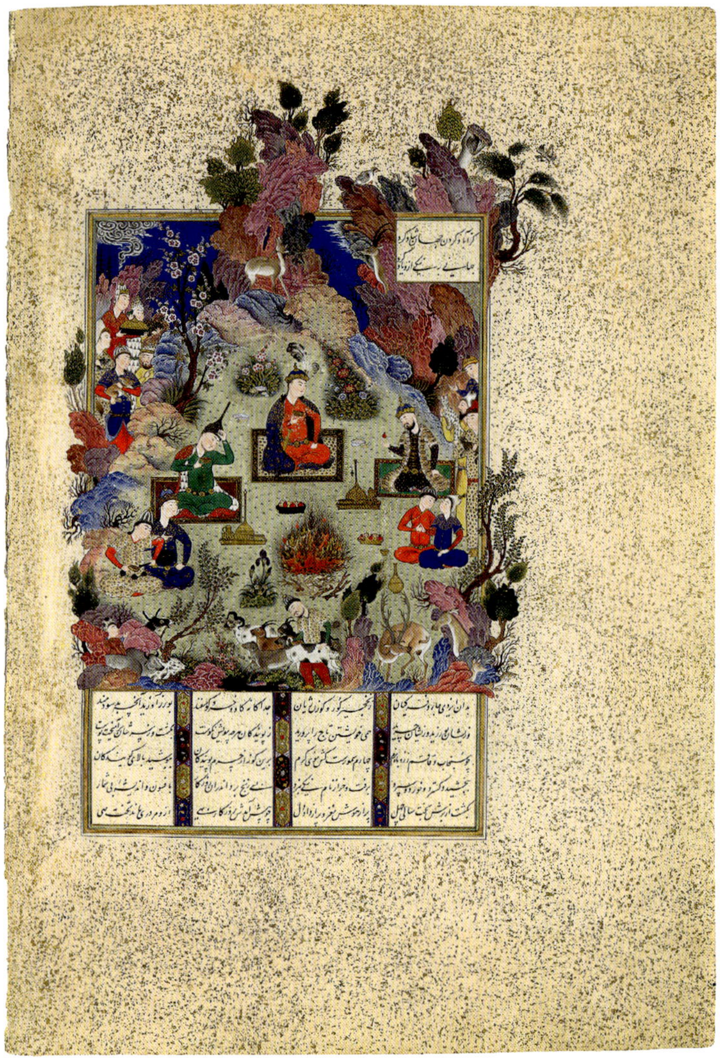

ب

أشعلها هوشنع للاحتفال بالوليمة. ويمثّل هذا الترتيب المعيّن للشخصيات وهذه النتوءات الصخرية التي ترتفع عاليا لتحتلّ حيّزا من الحافة العليا إحدى سمات فن سلطان محمد وتتجسّد هذه السمات على نحو مبهر في رائعته "بلاط جيومرت" في هذا المخطوط. (12) و بينما جاءت درجة التفصيل هنا أقل تعقيدا بكثير من صورة جيومرت، تُظهر اللوحة أيضا خصائص أخرى يتّسم بها هذا الفنان: أنماط ملامح الوجه، ولمسات التعاطف التي تفيض بها رسومه للحيوانات، (هوشنغ كان هو أول من روّضها) وكذلك دمج الألوان الفاقعة في الصخور. أمّا شخصيات سلطان محمد فهي أصغر حجما من تلك المرسومة من قبل فناني الشاهنامة من الجيل الثاني ولكنها تلتقي مع أسلوب أواخر القرن الخامس عشر الميلادي الموجود في عدد محدود من النماذج المعروفة للرسم الملكي التركماني، بالخصوص خمسة لنظامي التي أضاف لها سلطان محمد وفنانون آخرون رسوما إيضاحية في أوائل القرن السادس عشر الميلادي. (13) وأسهم سلطان محمد برسم آخر على الصحيفة الموالية لـ "وليمة سعده" وهو "طهمورث يهزم الجن" (الفهرس 138ج) حيث يرفع من سرعة الإيقاع ويرسم الشاه طهمورث، ابن هوشنغ، وهو يعدو بالفرس عبر مرج ويسحق بصولجان على شكل رأس ثور شيطانا أسودا. وكان الشاه، الذي علّم البشر مهارات مفيدة مختلفة مثل النسيج، وقع ضحية لسحر أهرمين الشرير وجيشه من الجنّ. ورغم أنه هزم أهرمين، فقد أبقى على حياة الجنّ مقابل تعليمهم إياه الأبجدية وجميع لغات العالم المعروف، من الإغريقية إلى الصينية. وتجلس إلى أسفل اليسار من المشهد، كوكبة من الجنّ الأسرى وهي تلهث ولكنها مشلولة الفاعلية، وبينما يُقتاد أحد الجن من قبل فارس نرى أحد زملائه يشده من ذيله إلى الوراء. إن روح الدعابة التي تطبع الوجوه المخيفة للجنّ وحركاتها والمعالجة التصويرية لجلود الجنّ المنقّطه تُعدّ من خصائص عمل سلطان محمد.

من ناحية أخرى، فإنّ غياب المنطق في معالجة الفضاء والمتمثل هنا في الفارس ومطيته البيضاء في أعلى اليمين واللذان يبدوان وكأنما يمشيان على الهواء، يعيد إلى الأذهان الجذور التركمانية لأسلوب سلطان محمد.

وتحت تأثير فناني هرات الذين التحقوا بالمكتبة الملكية بتبريز، أفلح الفنان هنا بفضل

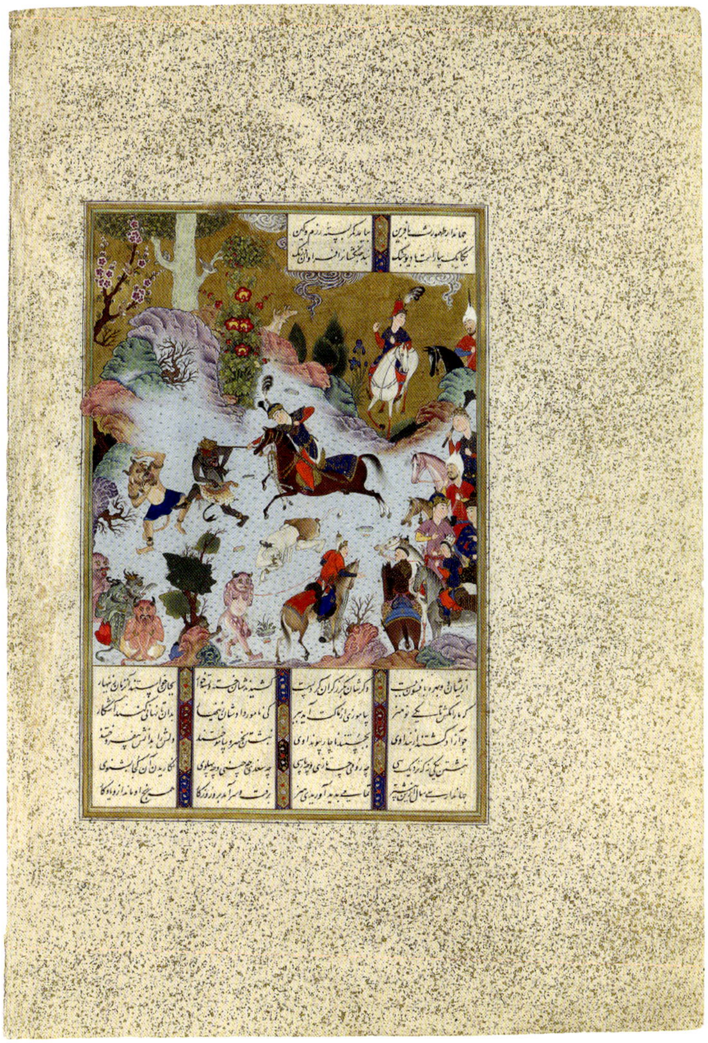

ج

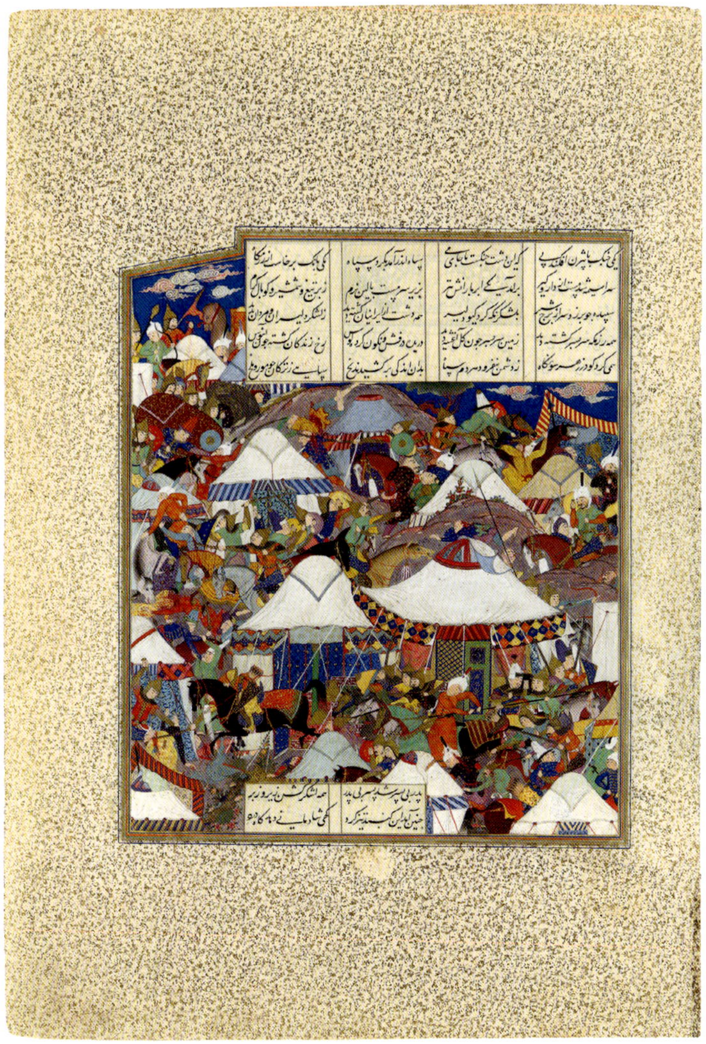

د

تجاوزاته الساحرة في بسط نفوذه على مسار مشروع الشاهنامة.

وتتعلق إحدى نقاط التحول في الشاهنامة بتقسيم العالم إلى ثلاثة أجزاء من قبل الشاه فريدون لتخصيصها لأبنائه الثلاثة. فيحصل سلم على الروم وبيزنطة والعالم الغربي، وكانت توران وأراضي الأتراك شرقا من نصيب تور، وأعطى أيرج إيران، الشيء الذي حسده شقيقاه عليه كثيرا. وفي المحصّلة، قتلا إيرج، مُشعلين بذالك نار العداء الدامي بين إيران وتوران وهو موضوع أطنبت فيه هذه الملحمة.

وتصور لوحة "المعسكر الإيراني المفتون يتعرض لهجوم أثناء الليل" (الفهرس 138 د) إحدى المعارك الكثيرة بين العدوَّين. وبإلحاح من الملك التوراني أفراسياب، جمع جنراله بيران جيشا يعدّ ثلاثين ألف محارب وتوجه نحو المعسكر الإيراني وبدلا من ملاقاة قوات عسكرية مستعدة للقتال وجد التورانيون أنفسهم أمام مخيّم من المحتفلين كان معظمهم ثملا وغير مستعد البتة للقتال. تلت هذا هزيمة نكراء سُحق على إثرها ثلثا الجيش الإيراني.

وقد ترجم الفنان في هذا المشهد الدمار الذي لحق الجيش الإيراني كحشد نرى فيه الخيام البيضاء تشكل تقاطعا مع الفوضى والمذبح. وهذه اللّوحة التي نسبها ويلش للكاظمي،(14) أحد الفنانين الأقل أسهاما في مشروع الشاهنامة تعج بالعديد من الشخصيات حتى نكاد لا نرى التلال الصغيرة التي ترتفع نحو السماء المظلمة.

ويمكن تمييز الإيرانيين من التورانيين بفضل العمامة الصفوية المميزة. يظهر إلى اليمين الجندي جيف يمتطى جوادا ويحاول أن يلمّ شمل قواته السكارى، ويبدو بدوره في أسوء الأحوال. ولئن لم يكن كاظمي الفنان الأرقّ في بلاط طهماسب، فإنه في المقابل كان يلقى تقديرا كمصوّر موهوب للأشخاص. ووفقا للقاضي أحمد، فإن الشاه طهماسب احتفظ به في كتاب خانا (15)، المكتبة الملكية.

وهو ما يعني أنه كان محبوبا جدا في البلاط وأنه لم يغادر تبريز لخدمة زبائن آخرين في منتصف القرن السادس عشر الميلادي.

ويبيّن الرسم الأخّاذ "أسفنديار يقتل تنينا" (الفهرس 138هـ) المقرر الثالث من سبعة مقررات أو اختبارات واجهت الأمير وهو في طريقة إلى توران أين أُرسل من قبل الشاه كشتاسب لتحرير أخواته. ورغم أن أسفنديار كان شريفا ويتحلّى

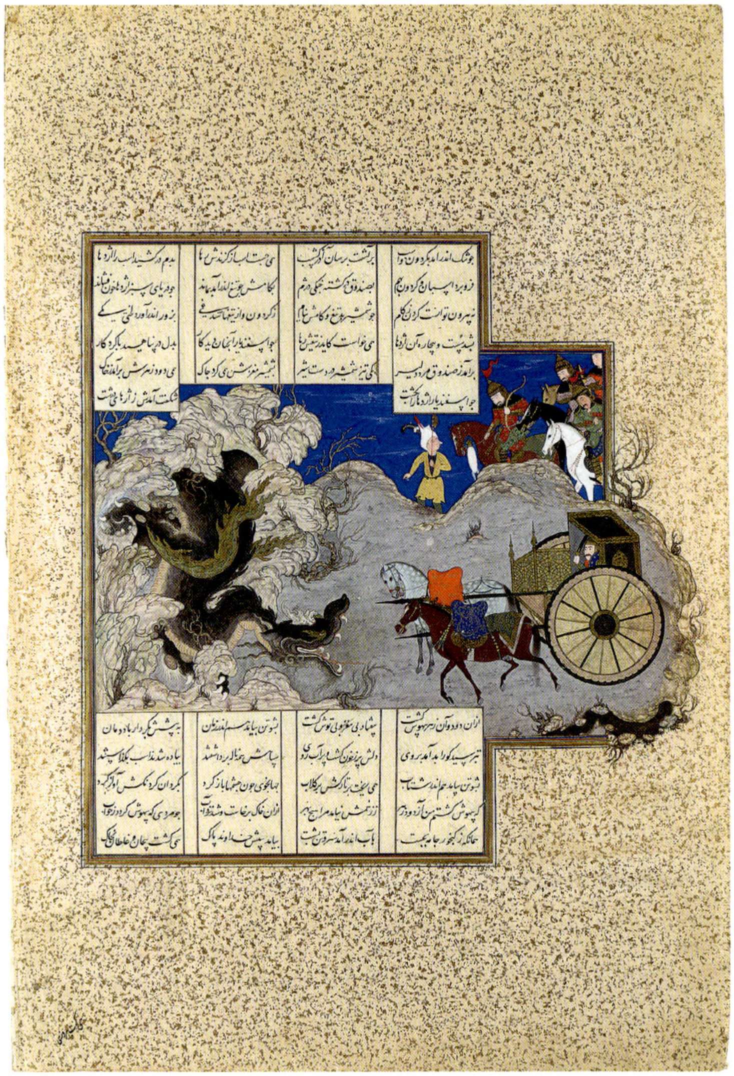

هـ

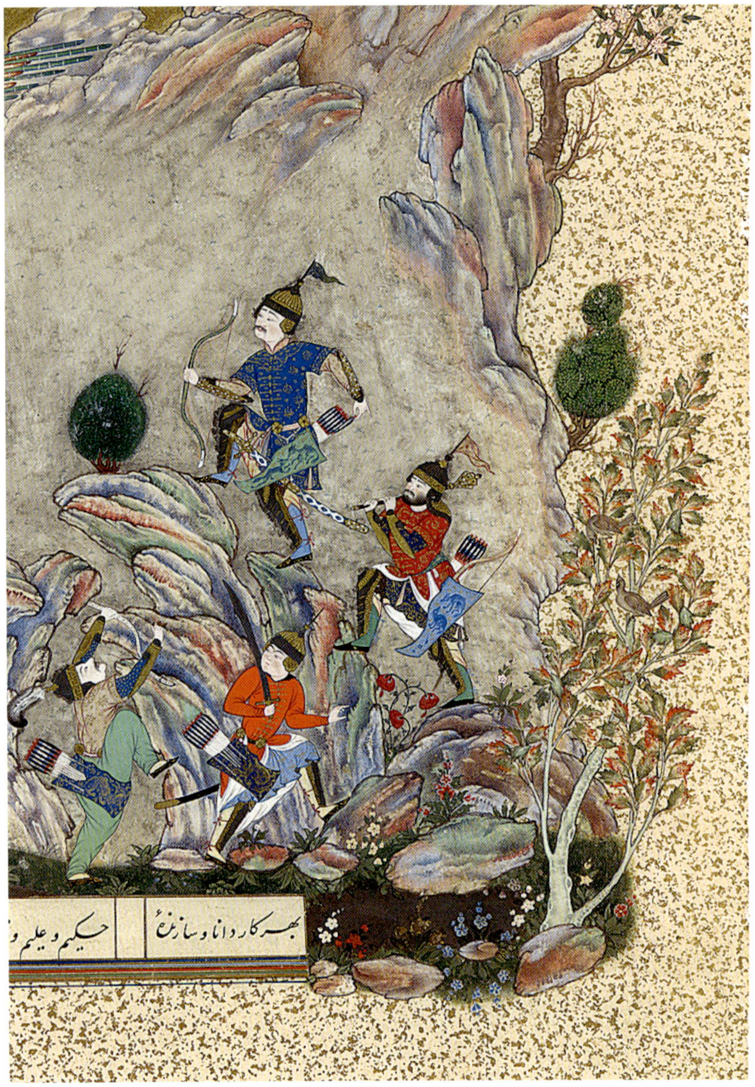

تفصيل 138و

بالشجاعة والإخلاص، إلا أن والده وضع له تحديات متزايدة الصعوبة يجب عليه رفعها قبل أن يوافق على التنازل على العرش لصالحه.

علم أسفنديار، وهو برفقة أسيره ودليله الجنرال التوراني قرقسار، أنه سيقابل تنينا في طريقه المباشرة، ولكن الوعرة، إلى توران والتي اختارها بنفسه.

أمرالأمير بأن تصنع له مركبة يجرها جوادان ولها صندوق أين يمكنه الركوب ووضع سيوفه الطويلة البارزة. ولمّا اقتربت المركبة من عرين التنين، تقدم الوحش نحوها وامتص الخيل المذعورة والعربة.

وبعد أن علقت السيوف في حلق التنين، نزل أسفنديار من الصندوق وسدّد الضربة القاضية بغرس سيفه في دماغ الوحش. وقد اختار الفنان قاسم بن علي والذي نسب ديكسون وويلش اللوحة له، أن يرسم لحظة المواجهة بين الخيل والتنين. فألسنة اللهب الصادرة من فم الوحش المفتوح جعلت الحصان الأرقش يولّي الدبر مذعورا. وباستثناء الحراب الموجهة للتنين، فإن السيوف التي وصفت بأنها بارزة من المركب غابت من هذه الصورة أمّا التنين نفسه وهو تجسيد للطاقة المضغوطة، فقد حُشر بإحكام عند الجبل الصخري. وتتوافق الشجيرات المنحنية على هيئة حرف (S) اللاتيني والجرداء وصور الأشخاص كبار الرأس وصغار الأجسام مع الأسلوب التركماني، وتُميّز عمل قاسم بن علي الذي يسميه أيضا ويلش بالرسام ب. ورغم أن القاضي أحمد ودست محمد لا يأتيان على ذكر الفنان، فإنّ اسمه يظهر في بحث حول الشعراء قام به سام ميرزا، شقيق الشاه طهماسب والذي يشير إلى أنه أتى من شيراز ويعطيه نفس ترتيب كاظمي (انظر الفهرس 138د)(16).

وتوجد أوجه شبه عديدة من ناحية الأنواع التصويرية بين أعماله في شاهنامة طهماسب وبين رسم توضيحي موقّع في "أحسن الكبار: حول معرفه الإمام التقي" ومؤرخ في سبتمبر 1526م (17). وفي "أسفنديار يذبح تنينا"، يعتمد العمل على مثيله في "فريدون متنكّر كتنّين يختبر أبناءه الثلاثة" لآقه ميراك. لكن الشّد الدرامتيكي المتولد عن مجموعة ردود الفعل في صورة آقه ميراك نراه في صورة قاسم بن علي يوظف فقط في التنين، حيث أن البطل عموما لا يكاد يُرى من مربع العربة، والأشخاص الآخرون هم مجرّد متفرجين. ورغم أنه كان رساما ماهرا وحريصا، فإن قاسم بن علي افتقد الأسلوب الفني الذي تحلّى به الأساتذة الذين ساعدهم في مشروع الشاهنامة. وتؤرخ الستون ألف مثنويات التي شكّلت

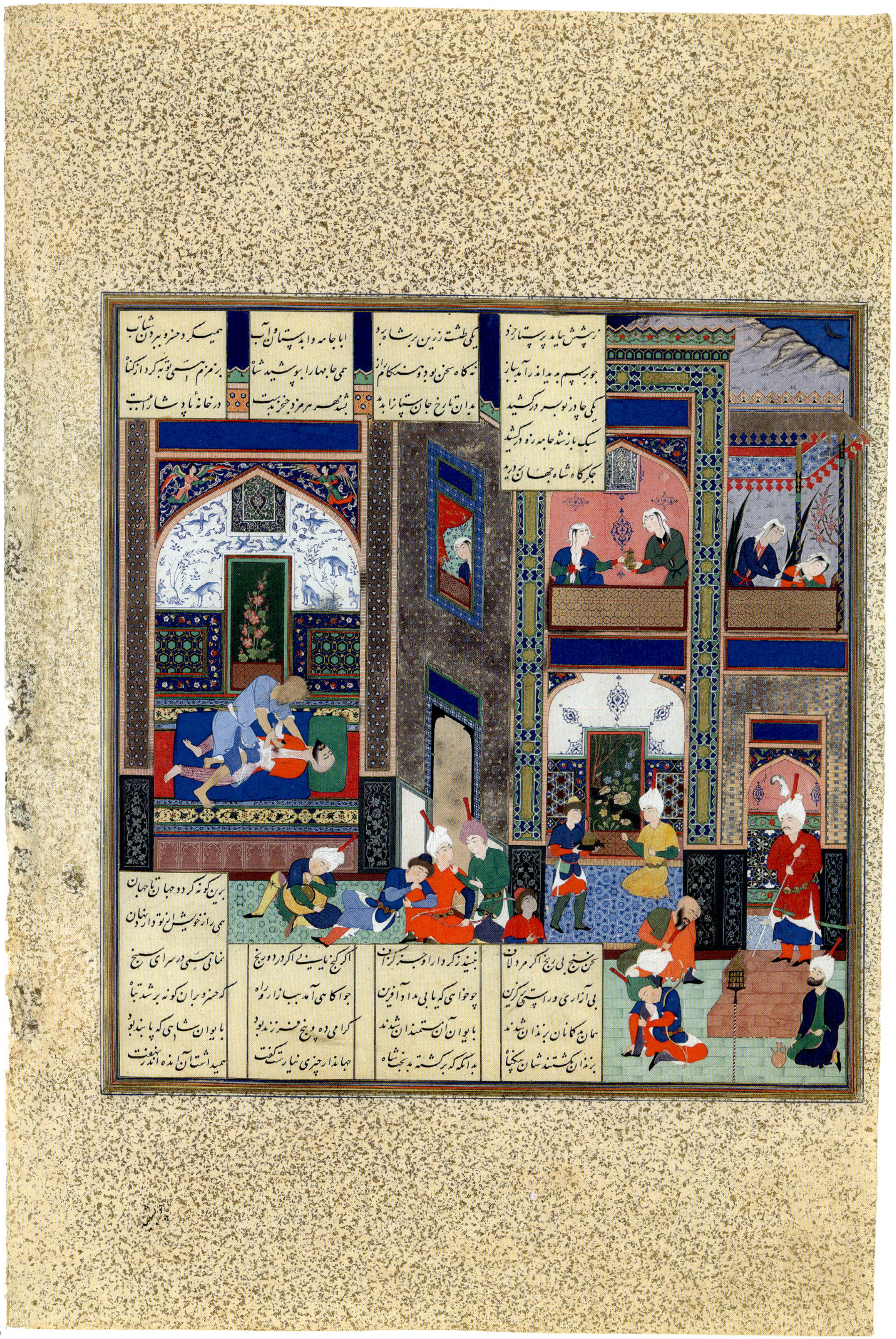

ز

شاهنامة الفردوسي حكم ملوك إيران إبّان حقبة ما قبل الإسلام وكذلك حكم خلفائهم الأسطوريين.

وهكذا يظهر الساسانيون في الفصول الأخيرة. وبقيت بعض الملامح الأساسية للملكية الإيرانية للملوك الذين جاؤوا فيما بعد، كما هي مقارنة بأسلافهم بما في ذلك الاعتقاد بأن كل حاكم شرعي يتشبع بالهالة والأبهة الملكية، أو ما يعبر عنه بالفارسية ب"الفر". يجسّد ذلك المبدأ الرسمُ الموالي المعروض هنا (الفهرس 138و)، فخسرو برويز، وهو يفرّ من غاصب محتمل، بهرام شوبينا، هرب نحو ممر ضيّق. ولما وصل إلى طريق مسدود دعا خسرو ربّه ليساعده، وفي الحين يظهر الملاك سروش على جواد أبيض وبسرعة البرق سلك به إلى برّ النجاة.

بعدما شاهد بهرام عملية الإنقاذ هذه، أيقن أن سعيه لاغتصاب العرش محكوم عليه بالفشل.

نسب ديكسون وويلش هذه اللوحة إلى ابن شقيق بهزاد مظفر علي الذي قضى كامل حياته المهنية في خدمة الشاه طهماسب. (18) وتظهر أعماله الأولى في الشاهنامة ولكنه ظل يساهم في كل الأعمال الرئيسية الملكية التي أُمر بإنجازها خلال حكم طهماسب. وتوفي بعد فترة غير طويلة من وفاة الشاه (19)حوالي 1576م، بعدما أنجز رسوما إيضاحية للمخطوطات وكذلك بعدما ساعد في خمسينات القرن الخامس عشر الميلادي في زخرفة حيطان القصر الجديد لطهماسب بقزوين. أنتج مظفر علي وهو رسّام بارع للخيل، رسوما شبيهة بهذا العمل الذي يبدو أنه يتطاير إلى شظايا، فالصخور تبرز في كل الاتجاهات. وخلافا لعمّه بهزاد شديد التدقيق، كان مظفر علي مرنًا جدًّا في استعمال ريشته خاصة فيما يتعلق بالصخور، كما لو أنه كان يختبر تقنية الغسل (استعمال لون واحد يقع تخفيفه للحصول على فوارق بسيطة) عوضا عن الالتزام بالألوان المشبعة التي اعتاد الصفويون تفضيلها.

ويبقى الرسم قبل الأخير في شاهنامة الشاه طهماسب "اغتيال خسرو برويز" (الفهرس -138 ز) العمل الوحيد الذي يمكن نسبته لعبد الصمد، أحد الفنانين الذين غادروا إيران في اتجاه الهند والذي ساعد في تأسيس المدرسة المغولية للرسم. تحوّل الملك برويز إلى ملك فاسد بعدما كان فيما مضى ملكا عادلا. وفي نهاية المطاف، أزاحه الثوار ونصبوا ابنه شيرويا على العرش. وسُمح لخسرو أن يعيش لفترة تحت الإقامة الجبرية ولكن أفلح أعداؤه أن يقنعوا شيرويا في آخر المطاف بأن يأمر بقتل والده. ونشاهد هنا ما آل إليه الأمر: قاتل مأجور يطعن الملك في القلب بينما يغرق رجال الحاشية والسيدات في غفوة أو يسترسلون في الحديث.

وتحيل العديد من العناصر في هذا العمل إلى خمسة نظامي في الفترة من 1539ـ1543م التي أمر بإنجازها الشاه طهماسب بعد الانتهاء من الشاهنامة. ويرجّح أن يكون هذا العمل قد أضيف في أواخر ثلاثينات القرن الخامس عشر الميلادي بعد أن كاد المخطوط يكتمل.

ولئن ظهر المعمار مهيبا ومزركشا فإنه يبدو أيضا كبيت من الورق، قليل المتانة والارتداد في الفضاء. وخلافا لرسوم سابقة شبيهة لفضاءات داخلية في الشاهنامة، يضع هذا الرسم الأشخاص بالقرب من السطح المستوي للصورة كما أن حجمهم أصبح أكبر، ولكن ما يجلب المزيد من الانتباه في هذا المشهد هو الرسم المتأني ومواقف تتجلّى في غياب ردود الفعل أمام الورطة التي أصابت الشاه والتي تراوحت بين اللامبالاة والغفلة. عندما وصل عبد الصمد إلى البلاط في هومايون في 1549م، اكتسب شهرته من جراء قدرته على الرسم باستخدام أصغر التفاصيل وقد تخلى عن الأسلوب الذي كان اعتمده عندما كان في إيران والذي كان أكثر تناغما مع أسلوب نظرائه ميرزا علي، مير سيد علي وآقه ميراك.

SRC

1. ديكسون و ويلش Dickson and Welch 1981، مجلد 1، ص.4؛ نيويورك 1972م، ص.53.
2. أكد روبرت هلنبرند (Robert Hillenbrand) أن مع أوائل القرن السادس عشر الميلادي لم تعد مخطوطات الشاهنامة المزخرفة دارجة كمجلدات تذكارية للحكام الجدد. لكن إشارته إلى أن حكام القرن الخامس عشر الميلادي أمروا فقط بإنجاز كتب مزخرفة للشعر العاطفي أو الصفوي لم تأخذ بعين الاعتبار الأعمال الرئيسية حول حروب تيمور، 'ظفرنامة'، أو المخطوط الديني 'معراج نامة' المنجزة للسلطان التيموري، أبو سعيد. هيلّنبرند، ر. 1996، الصفحات 54-56. كل من خليفة الشاه طهماسب، الشاه إسماعيل الثاني وخليفته الشاه عباس أمرا بإنجاز 'شهنامات' مزخرفة في بداية حكمهما، ممّا يشير إلى أن خيار البدء في مثل هذا المشروع كان مرتبطا بهويتهما كحاكمين صفويين، وباختلاف عن أسلافهما التركمان والتيموريين.
3. أحمد بن مير مونشي 1959م، ص. 180-181.
4. نيويورك 1972م، الصفحات 60،48-54؛ ديكسون وويلش (Dickson and Welch 1981م)، مجلد 1، الصفحات 45،34.
5. كانبي (Canby 1993م)، الصفحات 79-80، يؤرخ اللوحة في حوالي 1515-1522م.
6. ديكسون وويلش (Dickson and Welch 1981م)، مجلد 1، ص.5؛ نيويورك 1972م، الصفحات،84،62-63.
7. من 'الشاهنامة' مترجم ومقتبس في شاني (Shani 2006م)، ص.35. أهل البيت هم علي وابنيه الحسن والحسين و vasi تشير إلى محمد وعلي، غير أن هذه الكلمة في هذا المقطع الشعري المؤلف من بيتين تبدو زائدة.
8. ديكسون وويلش (Dickson and Welch 1981م)، مجلد2، رقم6.
9. شاني (Shani 2006م)، ص.28. ألفت السطور من قبل الشاعر سعدي.
10. المصدر المذكور، الصفحات 28-29. 'أهل بيت' ذكرت كما جاءت في الحديث بالعربية 'أهل البيت'.
11. ديكسون وويلش (Dickson and Welch 1981م)، مجلد2. الصورة 180. ولوح 15.
12. مجموعة الأمير صدرالدين آغا خان، جنيف.
13. مكتبة القصر العالي (رقم H762).
14. لندن، واشنطن دي سي، وكامبريدج، ماساتشوستس،1980-1979م، ص.83.
15. أحمد بن مير مونشي 1959م، ص. 185.
16. مذكور في لندن، واشنطن دي سي، وكامبريدج، ماساتشوستس،1979-1980م، ص.76.
17. نيويورك وميلان 2003-2004م،ص. 108.
18. ديكسون وويلش (Dickson and Welch 1981م)، مجلد1، ص. .155.
19. بيغ مونشي (Beg Monshi 1978م)،مجلد1، ص.271.

المصدر:على الأرجح سلطان سليم الثاني، إسطنبول (من 1568م)؛ السلطان سليم الثالث، إسطنبول (1800م)؛ البارون إدموند دي روثتشيلد(Baron Edmond de Rothschild)، باريس (1903م – توفي 1934م)؛ ابنه البارون موريس دي روثتشيلد(Baron Maurice de Rothschild)، باريس(1955م – توفي 1957م)؛[روزنبرغ وستيبل (Rosenberg and Stiebel)، نيويورك ، حتى 1959م؛ بيع لـ هوتن(Houghton)]؛ آرثر أي. هوتن الإبن (Arthur A. Houghton Jr .)،نيويورك (1959-1970م)

139. أ- ب : صحيفتان من كتاب الفأل "الفالنامه"

أ. "محمد يعيد الحياة للولد السّقيم"
إيران، قزوين، خمسينات القرن السادس عشر الميلادي
حبر، ألوان مائية معتمة، ذهب على ورق
المقاسات : 58.6 × 43½ سم
اقتناء فرنسيس م. ولد، 1950م 50.23.1

ب. "أصحاب الكهف السبعة النائمون في إفسس"
إيران، قزوين، خمسينات القرن السادس عشر الميلادي
حبر، ألوان مائية معتمة، ذهب على ورق
المقاسات : 58.4 x 45.1 سم
رصيد رودجرز 1935م 35.64.3

وضحت معصومة فرهاد وسربيل باكسي وآخرون بصفة جوهرّية إطار ومعنى مخطوط "كتاب الفأل" (الفالنامه) الذي أُخذت منه هذه الصّور الكبيرة.(1) وحددت فرهاد وباكسي أربعة مخطوطات فالنامه تعود إلى إيران الصفوية وتركيا العثمانية أنجزت خلال القرنين السادس عشر والسابع عشر الميلاديين، وتشمل فيما تشمل النسخة المتناثرة المنسوبة إلى إيران إبان حكم الشاه طهماسب (1524-1576م) (2). وتختلف الصور الموجودة في هذا الكتاب بما فيها الأعمال الحالية عن غيرها من الرسوم الإيضاحية لمخطوطات الحقبة الصفوية من حيث حجمها الكبير طبعًا، ونسبة عناصرها التصويرية، لكن استخدام هذه الصّور بغرض الاستخارة (قراءة الحظ بواسطة الكتب) أثّر أيضا في تصميم المخطوط وعلاقة الصور بالنّص . وكما أشارت فرهاد وباكسي، فإنّ كل رسم في الفالنامه المتناثرة يسبق النص الذي يشمل مقاطع شعرية من بيتين وتكهنات منثورة، وهذا دلالة على أنّه يمكن تأويل الصّور بمساعدة أو دون مساعدة النص الموجود على الصفحة المقابلة. ورغم أن كل صورة وضعت على حدة وليست مرتبطة عن طريق خيط القصّة بالنص وبالصورة التي تسبقها أو تليها، فإنّ موضوع الرّسوم الإيضاحية للفالنامه المتناثرة يندرج فعليّا في فئات يمكن تحديدها وتتضمّن "محمد وأحفاده؛ القبور و المزارات؛ الأنبياء الإبراهيميون؛ حكماء، أبطال وأوغاد؛ مواضيع أخروية. " (3) وتنطوي ممارسة الاستخارة بالكتب أوّلا بالتمنّي وطلب الهداية ثمّ فتح الكتاب كيفما كان على صورة ما والنّص الذي يقابلها والتي يتولى بعدئذ الطالب تأويلها على ضوء سؤاله. ويصف رحّالة القرن السابع عشر الميلادي العرّافين في الأماكن العامّة في إيران وتركيا بأنّهم يستعملون الصور (وليس النّص) لإجراء تكهنات للمارة. وبدلا من هذا، يمكّن ترتيب الفالنامه التي أخذت منها هذه الصوّر الشخص من أن يراجع كلاّ من الصورة والنص دون الحاجة إلى وسيط . ووفقا لفرهاد وباكسي، فإنّه من المعروف أن الشاه طهماسب العرّاب المحتمل لهذه الفالنامه، كان يعقد جلسات قراءة الحظ مع نساء في البلاط الصفوي. مثل هذه الفلنامة الكبيرة الحجم، كانت لتناسب هذه التجمّعات نظرا لأن المجموعة لن تجد أي صعوبة في رؤية أي من التفاصيل المستخدمة لتأويل الفأل.

ويظهر رسم "محمد يعيد الحياة للولد السقيم" في الجزء من الفالنامه الذي سمّته فرهاد وباكسي 'التقاليد الإسلامية'. (4) ويُصوّر هذا الرسم الذي عانى من الخدش وطُوي إلى النصف شخصا حُجب وجهه وتحيط به هالة برّاقة وهو يقف عند قدمي فتى رمادي البشرة مكفّن في تابوت. يتّكأ الفتى بذراعه على جانب التابوت بينما يتولى شخص ملتح إسناد رأسه. وقد وصف هذا المشهد على أنه إحياء لعازر من قبل المسيح(5) ولكن عندما تظهر صور لأنبياء من الكتاب المقدس في الفالنامه، فإنهم لا يظهرون بوجوه محجوبة على غير ما يظهر به النبي محمد والأئمة. وتتوافق الأيقنة أكثر مع سنن النبي محمد. تتعلق القصة بأم مابيد، المرأة العجوز التي تظهر هنا جالسة القرفصاء أمام محمد تتوسل إليه بأن يشفي ابنها وهو ما نجح النبي محمد في تحقيقه من خلال الدعاء. ومثلما هو الشأن مع رسوم الفالنامه الأخرى، يظهر المتفرجون بما فيهم ملك ملتح، وهو يقومون بإيماءات ويراقبون ما يجري في دهشة، وما يجري هنا هي المعجزة التي حققها محمد.

نسب ستوارت كاري ويلش وآخرون هذه الرسوم في الفالنامه المتناثرة لآقه ميراك وعبد العزيز، إثنان من رسّامي بلاط الشاه طهماسب، ولكن لا يمكن تأكيد تأليفهم لهذه الأعمال من خلال أي نص أو نقش. ومع ذلك، تُذكّر العديد من تفاصيل المعمار الخرب كلّها مع أعشاش طائر اللقلق والأفاعي برسم من "خمسة" نظامي المنجزة في عهد الشاه طهماسب (1539 - 1543م) والمنسوبة لآقة ميراك من قبل ويلش. (6) رُسمت الفالنامه من عشر إلى خمسة عشر سنة بعد "الخمسة"، وهي لذلك تمثّل تحوّلا في الأسلوب رافق وظيفتها المميّزة. فالصحائف ليست فحسب أكبر بكثير من تلك التي شملتها مخطوطات ملكية صفويّة سابقة بل إن الصور والعناصر التصويرية الأخرى كانت هي ذاتها أكبر وألصق بسطح الصورة مما كان الأمر عليه في شاهنامة أو خمسة طهماسب. كذلك، جرى تبسيط العناصر المتعلقة بالمظهر الطبيعي، كما لو أريد توفير خلفية وليس مصدر لصرف الانتباه عن الموضوع الرئيسي.

وطُبّق المبدأ نفسه على "السبعة النائمون في إفسس" والمعروفة أيضا بـ "أصحاب الكهف" . وفي هذه الحال، يشكّل النّائمون وكلبهم قوسا على الخلفية السوداء للكهف المطوّق بالنتوءات الصخرية . وفي الأفق، ينظر الجنود إلى ملك يمتطي جوادا ويلوّحون بحركات في اتجاهه. ويقود الملك شخص ذو بشرة سوداء يمكن تعريفه بالشيطان.

وكما سبق أن أشرنا إليه في الرسم السابق، يؤثث المظهرَ الطبيعي أشخاص ولكن، في هذه الحالة، قليل منهم فقط ينظرون في اتجاه النائمين. ربط ويلش بين أشخاص معقّفي الأنف مثل الجندي إلى يمين الشجرة في صدر الصورة وبين عمل عبد العزيز، ولكن نسبة هذا العمل لهذا الأخير، تبقى أمرا غير مؤكد.

ووفقا للقصة، فإن سبعة فتيان إمّا مسيحيين أو مؤمنين قبل مجيء المسيح بحسب اختلاف الرواية وكلبهم قطمير كانوا يسعون إلى التقرب من الله، وكانوا يختبؤون من مطارديهم في الكهف عندما أمر الله ملك الموت بزيارتهم. وحاصر ملك وثني، وهو على الأرجح الفارس في أعلى اليمين، مدخل الكهف ولكن بعد مضي ثلاثمئة سنة نفخ الله الحياة مجدّدًا في النائمين فأفاقوا من سباتهم الطويل.

وردت هذه القصة في كل من المصادر السريانية وفي القرآن (أهل الكهف)، وقد وجدت صدى عند الشيعة المسلمين الذين يعتقدون أن الإمام الثاني عشر

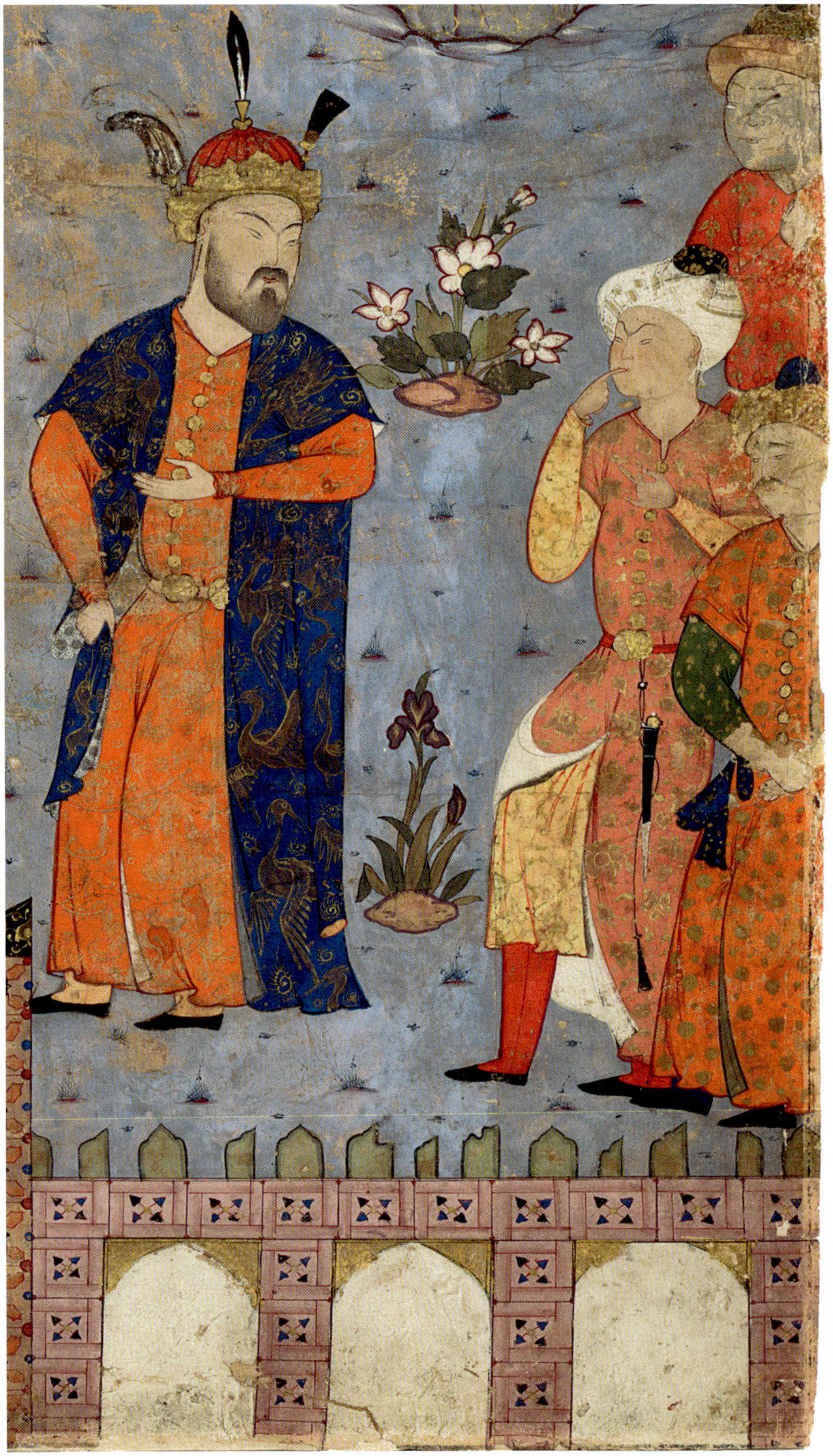

تفصيل 139أ

(المهدي) سيظهر في العالم من جديد بنفس الطريقة مثل النائمين، وتحمي قراءة سورة الكهف أو أجزاء منها المؤمن من الكذابين والمحتالين.(7)

SRC

1. واشنطن دي سي. 2009–2010م.

2. المصدر المذكور، ص. 28.

3. المصدر المذكور، ص. 34.

4. المصدر المذكور، ص. 117.

5. وفقا لسجلات متحف المتروبوليتان للفنون، يوجد ملصق على ظهر الإطار كُتب عليه: "يسوع، هالة الشعلة النبوية، يعيد الحياة إلى لعازر الذي يخرج من قبره بحضور ملك

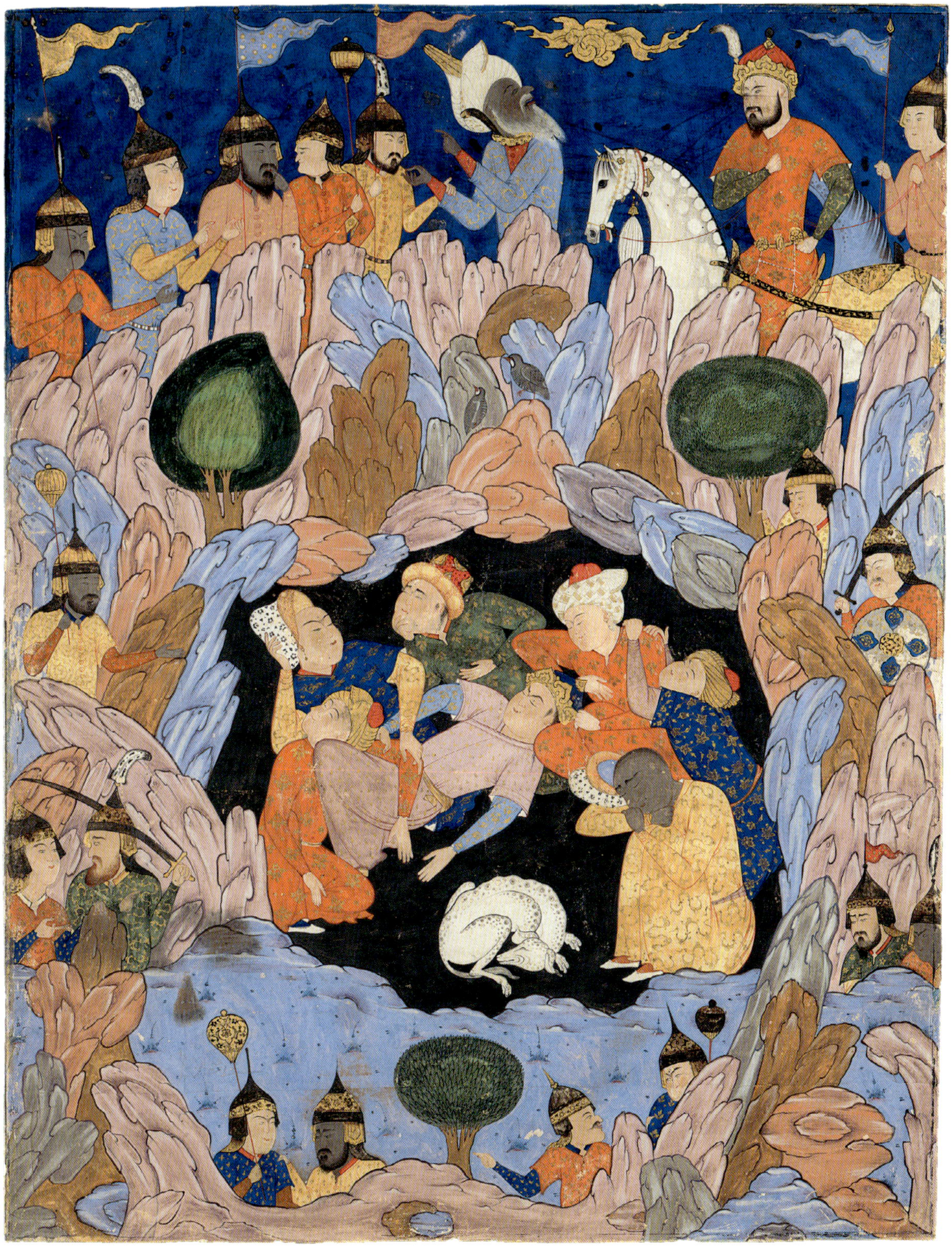

ب

اليهود والعديد من الشخصيات الذين يبدون ذهولهم من هذه المعجزة." انظر أيضا توكاتليان Tokatlian 2007، الصفحات 56-57.

6. لندن، واشنطن دي سي، وكامبريدج، ماساتشوستس، 1978-1980م، الصفحات 138-141.

7. بورتر، ف. Porter, V. 2007، الصفحات 124-125.

المصدر: الفهرس 139أ: [إ. هندامين (E. Hindamian)، باريس، حتى 1950م؛ بيع لمتحف المتروبوليتان للفنون]

الفهرس 139ب: [ديموت (Demotte) محدودة، نيويورك، حتى 1935م؛ بيع لمتحف المتروبوليتان للفنون]

140. صحيفة من الشاهنامة (كتاب الملوك) للفردوسي

"لهراسب يعلَم من الأنصار العائدين باختفاء كيخسرو".
الرسام: سياوش (ولد حوالي 1536م – توفي قبل 1616م)
إيران، قزوين 1576– 1577م
حبر، ألوان مائية معتمة، ذهب على ورق
المقاسات: 32.1 ×47 سم
رصيد رودجزر 1935م 35.48
التوقيع بالفارسية بخط النستعليق:
سياوش

يظهر الشاه لهراسب في منظر طبيعي صخري وهو يومئ في اتجاه 'زال' الهرم وابنه رستم اللذين جاءا لإفادته باختفاء كيخسرو، سلفه على العرش الإيراني. يجلس لهراسب على عرش منخفض الجوانب ومتعدد الأضلاع ويملك لحية قصيرة ويلبس بكل تباه تاجا على شكل خوذة مزدان بريشات. ورغم أن الرسم لا يلتصق بالنص فيما يتعلق بالتفاصيل، فإن الأشخاص على اليمين يمثلون فعلا الجنود المجتمعين القلائل الذين نجوا من الموت في عاصفة ثلجية لما كانوا يبحثون عن الملك. ويُرجّح أن يكون الفتى المتوّج إلى أسفل اليمين من الصورة هو كاشتاسب، ابن لهراسب. هذا الرسم الإيضاحي هو واحد من خمسة وخمسين صفحة متناثرة من شاهنامة (كتاب الملوك) التي يُعتقد أن الشاه إسماعيل الثاني، ابن وخليفة الشاه طهماسب الذي حكم لمدة ثمانية عشر شهرا في الفترة 1576– 1577م كان أمر بإنجازها. وذهب ب. و. روبنسون إلى القول إن المخطوط تُرك غير مكتمل عند وفاة الشاه لأن لا أحد من الرسوم الموجودة تأتي من الأجزاء اللاحقة للمخطوط.(2) وقد أسهم تسعة فنانين برسوم للشاهنامة. وارتبطت أسماء بعضهم، مثل سياوش، بالمكتبة الملكية في أواخر حياة الشاه طهماسب (توفى سنة 1576م) الذي واصل العمل بالبلاط الصفوي حتى بعد موت طهماسب. وقد ترعرع سياوش في طفولته كعبد جُلب من جورجيا للبلاط الصفوي حيث اعترف طهماسب بموهبته وعيّنه في ورشه العمل الملكية. (نقاش خانا)(3) وإذا ما قورنت بشاهنامة الشاه طهماسب (المنجزة في عشرينات وثلاثينات القرن السادس عشر الميلادي)، فإن الرسوم المتأتية من المخطوط الذي يعود تاريخه إلى 1577م تشمل أعمالا أكثر بساطة وأقل طرافة بكثير. كان حجم الأشخاص بصفة عامة أكبر مما هو عليه الحال في الفترة اللاحقة من الشاهنامة ولا تتوافق هذه الرسوم مع الأجسام طويلة العنق ومستديرة الوجنات والنحيفة التي ميزت أسلوب قزوين في هذه الفترة. رسمت بعض التفاصيل مثل الصخور رسما خفيفا مع إيلاء القليل من العناية بملامح تشد الأنظار. ولو كانت هذه التفاصيل ضمن رسوم مدرجة في شاهنامة طهماسب، لكانت رُسمت بولع وبألوان معدلة بإتقان وبأشكال غير منتظمة. قلة التفاصيل هذه مفاجئة نظرا لأن الصخور في رسوم سياوش تتخذ صيغا حيوية تكاد تكون فطرية، مما يوحي بأن هذا الرسم التابع للشاهنامة تُرك غير مكتمل.

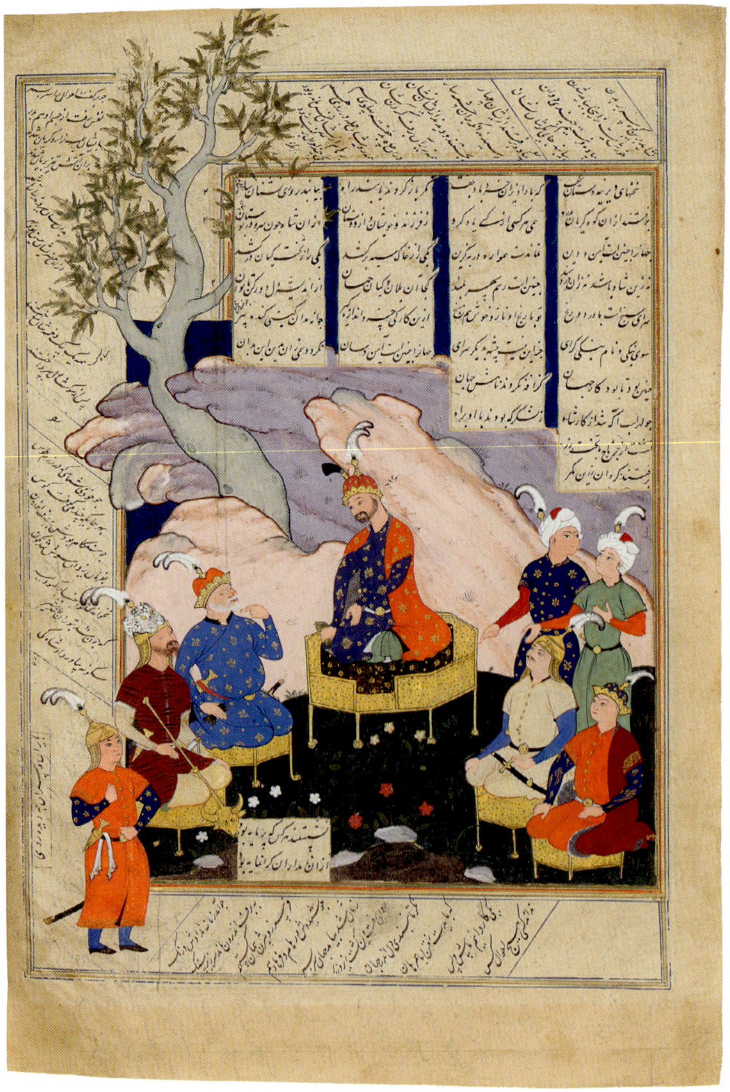

SRC

1. لندن 1976ب، ص. 5. يلاحظ روبنسن أن سوثبيز (Sotheby's) أخطؤوا التعرف على الصورة عندما بيعت في 5 فيفري 1935م، الرزمة 38، وهو خطأ تكرّر في نيويورك وفينيس 1962م، رقم 60؛ وويلش أ.(م1976 A. Welch)، ص. 21.
2. لندن 1976ب، ص. 1؛ روبنسن، ب. 2005م.
3. أحمد بن مير مونشي 1959م، ص. 191.

المصدر: بيع، سوثبيز لندن، 5 فيفري 1935م، الرزمة 38؛ لـ ج. برومر (J. Brummer) لفائدة متحف المتروبوليتان للفنون.

141. رحلة أميرية للصيد بالصقور:

إيران، قزوين أو مشهد حوالي 1570م
حبر، ألوان مائية معتمة، ذهب على ورق.
مقاسات الصورة: 37.6 × 24.9 سم، الصفحة: 47.3 × 32.4 سم
رصيد رودجرز 1912 م 12.223.1

يُمثّل هذا الرسم النصف الأيسر لعمل من صفحتين يصوّر فترة استراحة خلال رحلة صيد. يظهر في صدر الصورة اثنان من مدربي الصقور وهما يجثوان على ركبهما وأحدهما ممسك بطائر الصيد بيده اليسرى المكسوة بقفاز بينما يؤمئ الآخر في اتجاهه.

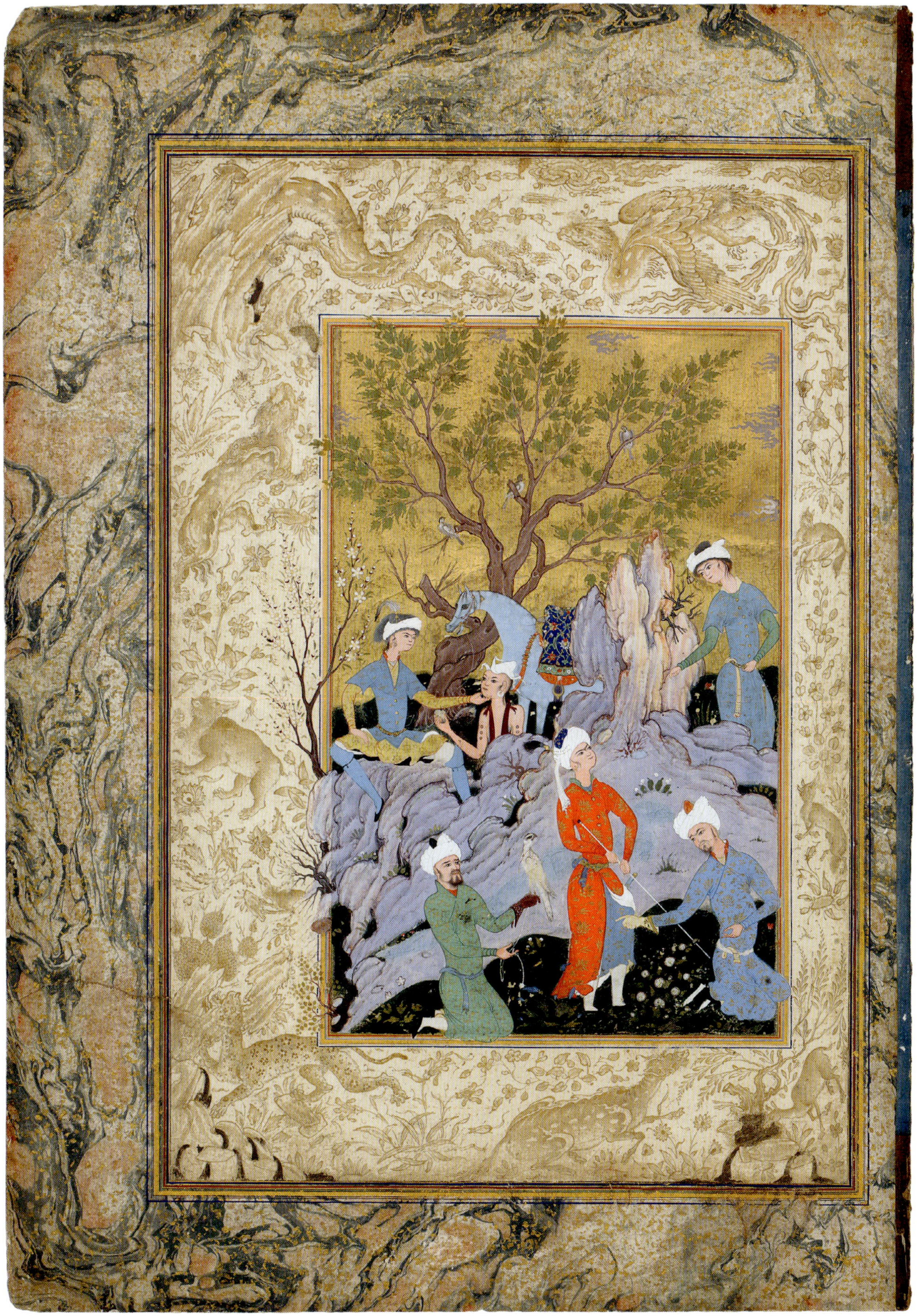

وتتضمن الصفحة اليمنى، وهي ضمن مجموعة متحف الفنون الجميلة ببوسطن (1) الشخص الرئيسي في العمل، أمير حليق الوجه وهو يداعب حنجرة صقر. ومثل العاشق الشاب الممسك بعصا بيضاء في الصفحة اليسرى، يرتدي هذا الشخص لباسا أحمرا برتقاليا لامعا وتُزين ريشةٌ سوداء عمامتَه، وهي علامة تدل على منزلته العليا. وتُحاكي الشجرة الملتوية في خلفية الصورة هنا الشجرة الأكثر عُقدا على الصفحة المقابلة. ورُكبت كلتا الصحيفتين كصفحات ألبوم مشفوعة بنماذج من الشعر بخط النستعليق على الصفحة اليمنى (في واشنطن) واليسرى (نيويورك) ولهما حوافّ خارجية رقيقة مرخّمة رُشت بالذهب. وفي الأصل، كان هذا العمل سينزُل إما بالصفحتين الافتتاحيتين أو بالصفحتين الختاميّتين للمخطوط. ومع ثلاثينات القرن الخامس عشر الميلادي، تطوّرت الرسوم البلاطية حتى شملت نقوشا زخرفية صغيرة لا علاقة مباشرة لها بالموضوع الرئيسي للرّسم. وهنا يمسك فتى ممتط صخرة بذقن غلام عاري الصدر ارتسمت على سواعده علامات حروق. وتؤشر هذه الجروح وتجرّد الغلام من بعض ثيابه إلى أنه صوفي أو أحد أتباع طريقة صوفية. ويعرّض الصوفيون أنفسهم للاكتواء بالنّار لإبراز محبتهم لله وقدرتهم على التحكم في شهواتهم الجسدية. إلّا أن هذه الجروح غالبا ما تصوّر في فن الرسم الإيراني على أنها تعبير عن الحب الذي يجتاح شبابا آخرين أقل ميلا للتصوّف. وقد نسب ستوارت كاري ويلش هذا العمل إلى ميرزا علي الذي عمل ببلاط الشاه طهماسب ولاحقا تحت رعاية سلطان إبراهيم ميرزا في خراسان في خمسينات وستينات القرن السادس عشر الميلادي. (2) ترعرع ميرزا بالبلاط الصّفوي بوصفه ابنًا لسلطان محمد، وكان من أخصب فناني طهماسب خيالاً.(3)

ويشكّل الأسلوب التصويري لهذه اللوحة المتّسم برسم أجسام نحيفة وأعناق طويلة وذقون كبيرة مثالا نموذجيا للعمل الذي أنجزه هذا الفنان لسلطان إبراهيم ميرزا وقد استمر هذا الأسلوب حتى نهاية ثمانينات القرن السادس عشر الميلادي عندما اعتلى الشاه عباس الأول العرش وأعاد الحياة لورشة عمل البلاط. وليس جليا إن كان ميرزا علي قد استقرّ في مشهد أو قزوين ولكن الأسلوب الذي كثيرا ما يشار إليه كأسلوب قزوين هو ذلك المرتبط بالبلاط الصفوي عموما خلال الفترة من 1555— 1580م.

SRC

1. متحف الفنون الجميلة، بوسطن (رقم 14.624) كومارسوامي Coomaraswamy 1929، الصفحات 43-44، رقم 63أ،ب، ألواح 153،150.
2. ديكسون وويلش Dickson and Welch 1981، مجلد1،الصفحات 153،150، صورة 205.
3. أحمد بن مير مونشي 1959م، ص.186.

المصدر: [إ. كلبدجيان (E. Kalebdjian)، نيويورك، حتى 1912م؛ بيع لمتحف المتروبوليتان للفنون]

142. جمل مركّب مع خادم

إيران، خراسان، الربع الثالث من القرن السادس عشر الميلادي
ألوان مائية معتمة وحبر على ورق
مقاسات الصورة: 20×14سم؛ الصفحة: 22.9×17سم
هبة جورج د. برات، 1925 م 25.83.6

في الربع الثالث من القرن السادس عشر الميلادي عكس ارتفاع عدد اللوحات والرسوم ذات الصفحة الواحدة المنجزة في إيران توسعا في عدد العرابين الداعمين وانخفاضا في تفضيل المخطوطات المصوّرة. علاوة على ذالك، تحول الموضوع مما هو ملحمي إلى الغنائي مع تنامي أهمية المشاهد النوعية والصور الشخصية. وتجمع لوحة مثل هذه، وهي تصور سائسا شابا يقود جملا متكوّنا من كائنات بشرية ووهمية ومزدان بأقمشة مزخرفة بين الأسلوب النوعي والإيحاء بمعنى صوفي. وبناءً على الأسلوب، ولاسيّما الوجه المستدير والعنق الطويل والجسم النحيل للسائس، يمكن نسب الرسم إلى خراسان وتاريخه إلى سبعينات وثمانينات القرن السادس عشر الميلادي.

ويصوّر نموذج من أواخر القرن الخامس عشر الميلادي منسوب إلى الأستاذ التيموري بهزاد سائسا يغزل الصوف على مغزل بينما يقود بعيرا(1). وحتى إن لم يكن فنان الرسم الحالي على علم برسم بهزاد فمن المرجّح أن يكون على اطلاع على رسم صفوي للموضوع نفسه موقّع من فنان البلاط شيخ محمد (2) وقد ظهرت مثنويات من الشعر من تأليف الفنان تتعلّق بترويض الجمل الهائج في حافة ذلك الرسم. ورغم أن العمل المعروض هنا يختلف عن رسم شيخ محمد من حيث الأسلوب وتفاصيل السائس والجمل، فان الموضوع العام والبنية المركّبة للجمل يوحيان بأن كلا الفنانَين كانا يستجيبان لدافع داخلي مماثل. وحتى إن استلهم الفنان هنا من عمل شيخ محمد أو نسخه منه، فإنه أخطأ فهم جل الدابة بحيث حوّل القضيب المعدني المقوّس على مقدمة سنام الجمل إلى زينة نموذجية في شكل دمعة تحمل أجراسا. وفي السياق نفسه، ليس لشكل قطعة القماش التي تغطي السنام أية علاقة بشكل السنام ولا بشكل السرج (3).

ورغم أنه جرى تداول رسم الحيوانات المركبة على مرّ تاريخ الفن الإيراني، فإنها شهدت إحياء ملحوظا في الثلث الأخير من القرن السادس عشر الميلادي. وخلافا للخفافيش والسفنكسات الشائعة في الفن الإيراني خلال القرون الوسطى، تضمنت الرسوم المركّبة في الحقبة الصفوية آدميين وحيوانات حقيقية أو وهمية وشياطين (الجن) متمازجين في هيئة حيوانات معروفة مثل الجياد والبعير. وكانت هذه الرسوم مفضلة في خراسان، المقاطعة الشمالية الشرقية لإيران التي تضم مدن مشهد وهرات. بالإضافة إلى رسم شيخ محمد، تمثّل "حديقة الحقيقة" عملا رئيسيا آخرا لفهم هذه الصورة، وهو عمل مزخرف للصناعي، الشاعر الصفوي الذي يعود إلى فترة ما بين القرنين الحادي عشر والثاني عشر الميلاديين. وتتألّف "حديقة الحقيقة" من أربعة رسوم توضحية لحيوانات مركّبة. (4)

وبعبارة بسيطة فإن الجانب التركيبي للحيوانات يشير إلى الفكرة الصّوفية المتعلقة بوحدة كل المخلوقات في داخل الذات الإلهية، بينما ترمز الحيوانات نفسها إلى

الغرائز الأساسية التي يجب التغلّب عليها للوصول إلى الطهارة الروحية.
SRC

1. رواق فرير آرت، واشنطن دي سي (رقم F1937.22)
2. ديكسون وويلش (Dickson and Welch 1981م)، مجلد1، الصفحات 168-167.
3. صورة معكوسة غير مكتملة لجمل مركب وسائس هي نسخة، على الأرجح نُقلت بواسطة الذرور من هذه الصورة. وهي في ألبوم H2162 في مكتبة القصر العالي، معروضة على آرتستور(ARTstor)، دون المزيد من أرقام تعريف. تنسخ لوحة في متحف آرثر م. ساكلر (Arthur M. Sackler)، جامعة هارفارد، كامبريدج، ماساتشوستس، الجمل المركب في لوحة متحف المتروبوليتان ولكن كل من خلفية المنظر الطبيعي ووضعية السائس الذي ينظر وراءه إلى الجمل تختلفان عن مثال المتروبوليتان. أنظر سمبسون (Simpson 1980م)، الصفحات 80-81.
4. ترتدي الشخصيات الذكورية في هذه الرسوم عمائم هندية، لكن الأسلوب التصويري يتناغم مع الأسلوب المتبع في خراسان. يحتوي المخطوط على أربعة رسوم توضيحية أخرى: ويبدو أن أحدهم هو من إنجاز فنان من بخارى أما الثلاثة رسوم الأخرى فتتطابق مع أسلوب خراسان. وقد يكون المخطوط سافر من إيران إلى الهند عبر بخارى. كارن روردانز (Karin Ruhrdanz)، في دسلدورف 2003م، ص.99 تذكر مخطوطين لـ"حديقة الحقيقات" لـصناعي، واحد من 1569م منسوخ في هرات والآخر من 1573م، ويتضمّن صورا مركبة.

المصدر: جورج د. برات، نيويورك (حتى 1925م)

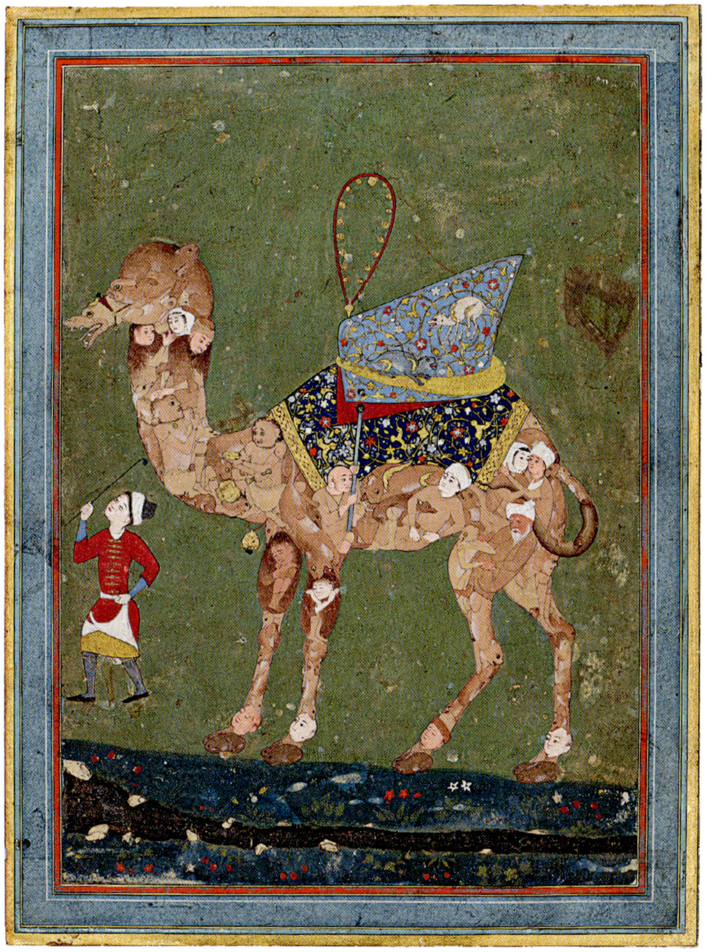

143. فحل

الرسام حبيب الله (نشط حوالي 1590 – 1610م)
أفغانستان الحالية، هرات، (حوالي 1601 – 1606م)
حبر، ألوان مائية معتمة، ذهب على ورق
مقاسات الصورة:12.7 × 19.7سم؛ الصفحة: 20.3×30.1 سم
اقتناء، رصيد اقتناء الفن الإسلامي لـ لويس وتيريزا سالي، مجموعة ذكرى إدوارد جوزيف غالاهر الثالث، وصية إدوارد غالاهر الابن ريشارد وهبة ريشارد س. بركينز ومارغريت موشيكيان، 1992م 1922.51
التوقيع بالفارسية بخط النستعليق
'رسمه حبيب الله'

على إثر وفاة الشاه إسماعيل الثاني في 1577م، تفكك الدعم المركزي للفن ورعايته بالبلاط الصّفوي وارتبط الفنانون بالولاة الإقليمين ومسؤولين آخرين أو انتقلوا إلى قم ومشهد، المكانين المقدسين بإيران.
وأحد هؤلاء الفنانين حبيب الله من سافا، الذي رسم هذه الصورة لفحل أرقط رمادي اللون. بدأ حبيب الله مشواره الفني في قم حيث التحق بخدمة حسين خان شملو الذي كان حاكما لقم على الأقل منذ 1591 – 1592م، وفي سنة 1598م عُيّن حسن شملو حاكما لهرات واصطحب حبيب الله معه. مع حلول 1606م، كان هذا الفنان يعمل في البلاط الصفوي في أصفهان. (1) وعلاوة على الدقة البارعة التي استخدمت في رسم هذا الجواد الأنيق، توحي قطعة القماش المذهّبة والفخمة التي تكسو ظهره، أن هذا الرسم أُتم بعد 1598م عندما أُقيمت العاصمة الصفوية بأصفهان وبدأ الشاه عباس بتشجيع صناعة الحرير الفاخرة.

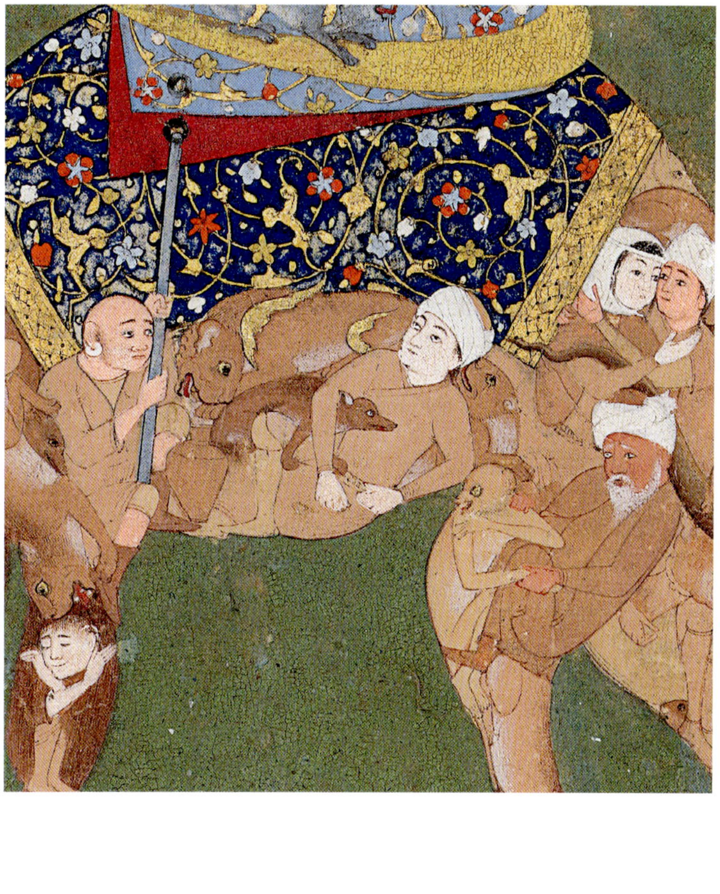

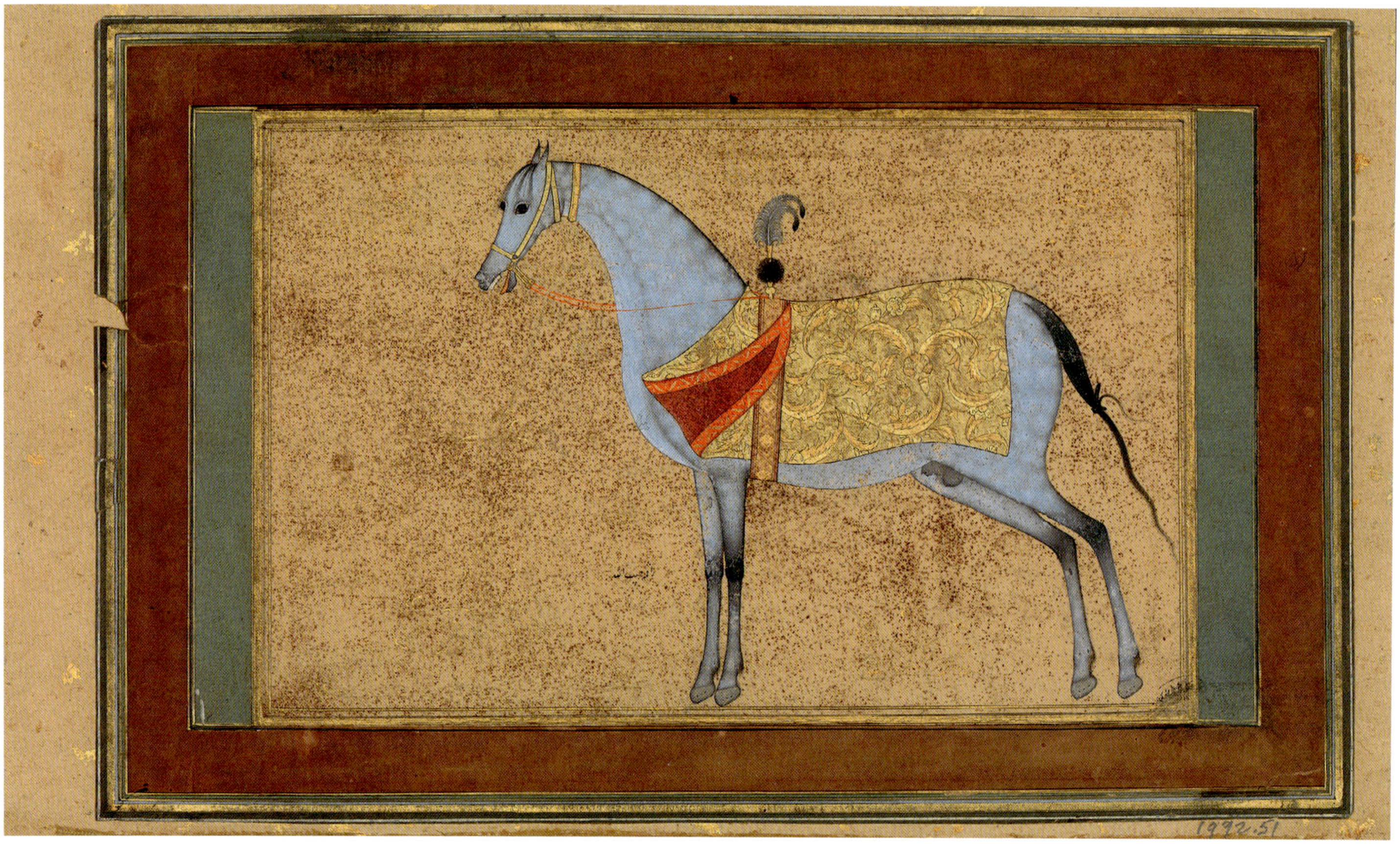

وتظهر هنا إحدى السّمات المميزة لهذه الصناعة والمتمثلة في استخدام أنسجة مصنوعة من أطياف متباينة من المعدن الثمين ملفوفة حول الحرير الخام. وبالإضافة إلى ذلك، لا تقتصر السمات المميزة للمنسوجات المنجزة خلال فترة حكم الشاه عباس بعد 1598م على موتيفات اللوتس وأوراق الساز (الأوراق المنحنية والمسننة التي تزركش غطاء الحصان) بل تمتدّ إلى حجمها الكبير. ويمكن تحديد تاريخ هذا الرسم بمزيد من الدقة بمقارنة تصميم غطاء الجواد بتصميم السروال المرسوم في "صياد يحمل بندقية" بتوقيع حبيب الله مشهدي.(2) فتشكيلة الألوان ومفهوم استخدام عناصر زهرية ونباتية كبيرة في لفيفة دالية هما متشابهان في كلا العملين. وكما ذكر أبو العلاء سادوفار، يشير وجود كلمة مشهدي قبل اسم الفنان إلى أنه أدّى الحج إلى مشهد حيث يرقد الإمام الشيعي الثامن. (3) ومن المرجح جدا أن يكون ذلك في 1601م، عندما قام الشاه عباس بالحَجة نفسها وبقي في المدينة آنذاك أربعة أشهر، والأرجح أن الشاه اصطحب معه حبيب الله الذي كان في خدمته وقتئذ.

وتبدو صور حبيب الله للأشخاص المفردين من الطّراز القديم، أي بمثابة العودة لأسلوب قزوين في وقت كان فيه أسلوب جديد بصدد التّشكّل في أصفهان. لكن في هذا الرسم، وكذلك في رسمه البديع المسمّى "مجلس الطيور" المضاف إلى "منطق الطير" (الفهرس 127 د) تقريبا بين 1601-1606م، نجد أن أسلوبه المحافظ بالذات يعمل لصالحه: فكل شعرة من شعر الحصان وكل ريشة من ريش الطيور رسمت بمحبة وإتقان. يقدم حبيب الله دونما أي تأثر بالأنماط السائدة في عصره، حصانا وطيورا تُذكّر بدقة وتناغم الألوان في الفترة الأخيرة من الرسم التيموري بهرات. ولكن المنسوج الذهبي وزخرفة الريش وكُتل السحاب والنبات الذهبي في حدّ ذاته تضع بكل تأكيد رسمه للحصان ضمن خانة رسوم بداية القرن السابع عشر الميلادي.

SRC

1. أحمد بن ميز مونشي 1959م، ص.191. وفقا للقاضي أحمد، الشاه عباس "أخذه [أي حبيب الله] بعيدا من الخان وهو الآن [1606م] في العاصمة، أصفهان يعمل لحساب قسم البلاط [sarkar-i humayun] كرسام."
2. ساكسيان (Sakisian 1929م)، لوح 103. رسم أشكال على منسوجات مصورة في لوحات هو دائما أكثر حرية من الرسم على المنسوجات الفعلية وذلك بسبب الجانب التقني المتعلق بتكرار الموتيفات على نول الحياكة. تتضمن العديد من الأمثلة من حوالي 1600م موتيفات مشابهة لتلك التي نشاهدها على غطاء الجواد، لكن لا أحد منها يماثلها. انظر نومان ومرزا (Neumann and Murza 1988م)، الصفحات 262-263؛ أرقام 3 و 7-10.
3. سودفار وبيتش (Soudavar and Beach 1992م)، ص.237.

المصدر:هوارد هودكين (Howard Hodgkin)، لندن؛ [تيرنس ماكينرني (Terence McInerney)، نيويورك، حتى 1992م؛ بيع لمتحف المتروبوليتان للفنون]

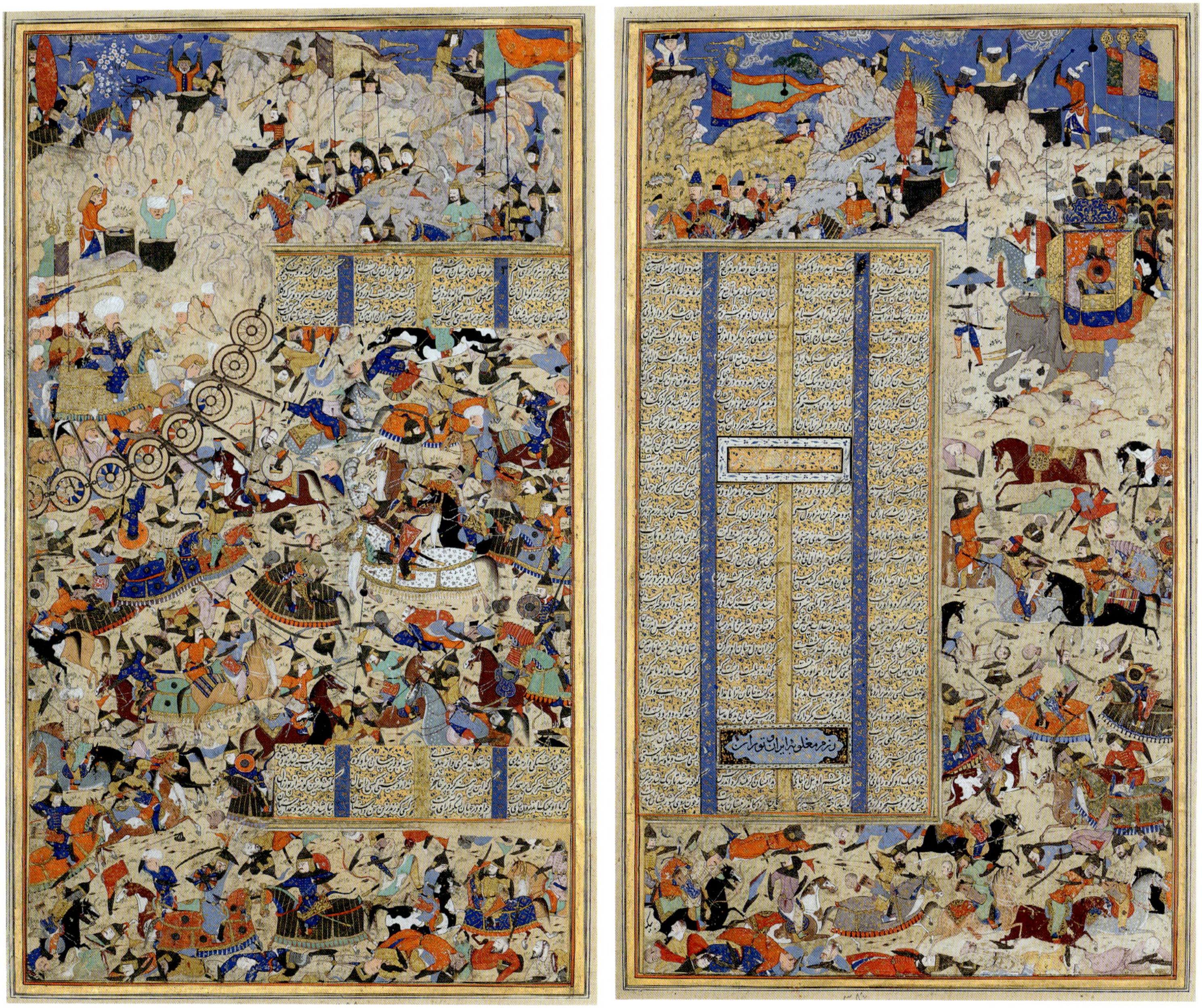

144. صحيفة من صفحتان من الشاهنامة (كتاب الملوك) للفردوسي

الخطاط محمد القوام الشيرازي (نشط حوالي ستينات القرن السابع عشر الميلادي)
تذهيب محمد بن تاج الدين حيدر مذهّب الشيرازي (نشط ستينات – ثمانينات القرن السادس عشر الميلادي)
إيران، على الأرجح شيراز، يعود إلى 970 [هجري] الموافق لـ 1562–1563م (كتلة النص الرئيسية)؛ و991 [هجري] الموافق لـ1583–1584م (الهوامش الموسعة)
حبر، ألوان مائية معتمة، ذهب على ورق
المقاسات: 25.7×43.2 سم
اقتناء، وصيّة جوزيف بوليتزر، 1952م 52.20.9 أ،ب

تخفق الرايات وتقرع الطبول وتُدوي القرون والمعركة الضّارية حمي وطيسها في هذا الرسم المثير للإعجاب المتكون من صفحتين. في خضم المعركة، يتخلص البطل الإيراني المهيب رستم الذي يرتدي غطاء رأس من جلد نمر أبيض مزخرف بالريش من أحد خصومه بكل مهارة. هذا الرسم غزير التفاصيل يعرض مشهدا من الملحمة الوطنية الإيرانية ألا وهي الشاهنامة ويصوّر مواجهة بين الإيرانيين وعدوهم اللدود: التورانيون. يرتدي التورانيون اللذين يظهرون إلى يسار الرسم ملابس مختلفة وفق الزي العثماني المعاصر بما في ذلك عمائم ضخمة وأغطية رأس شبيهة بالتي ترتديها نخبة الجيش الانكشاري. ويربط كذلك وجود المدافع الموصولة ببعضها بعضًا بالسلاسل هذه الأشخاص بالعثمانيين اللذين كان يُعرف عنهم استخدامهم لهذه الأسلحة النارية في ميدان المعركة منذ القرن الخامس عشر الميلادي. (1)

وبالرغم من اختلاف الآراء حول تأريخ هذا الرسم، فإن دراسة حديثة تضعه ضمن دائرة إنتاج المخطوطات الصفوية في القرن السادس عشر ميلادي. (2)

استُخدم هذا الرسم في وقت ما لتزيين نسخة من أكبر نسخ الشاهنامة المنجزة في تلك الفترة وهو مخطوط معروف الآن من خلال صفحاته المتناثرة فقط .(3) كان هذا المخطوط في الأصل مجلدا أصغر لم تبق منه إلا كتلة النص الداخلية. وتبدو الهوامش أكبر من المعتاد وكذلك ما تضمنته من رسوم دقيقة أضيفت في وقت لاحق. وتشهد بيانات النشر المتبقية المدوّنة في مقدمة أو في أواخر المخطوطات على وجود هاتين المرحلتين المختلفين في إنجاز العمل. أولا، كُتب النص الرئيسي ووُقّع دون تاريخ من قبل الخطاط محمد قوام الشيرازي. (4) وبعد حوالي عشرين عاما، في 991 هجري الموافق لـ 1583-1584م، يقال إن المخطوط المركب أُتم من قبل الفنان محمد بن تاج الدين حيدر مذهّب الشيرازي الذي قدّم تفاصيل عن تاريخه المعقد. (5) ومعروف أن هذا الأخير تعاون خلال هذه الفترة مع خطاطين آخرين لإنجاز مخطوطين كبيرين للقرآن موجودين الآن في مجموعة مكتب القصر العالي. (6) ولئن أمكن لنا الجزم أن محمد بن تاج الدين حيدر لعب دورا ما في تطوير حجم الشاهنامة وتذهيبها في الفترة من 1562-1583م، فإن مساهمته في إنجاز هذا الرسم من صفحتين تبقى غير جلية.

DMT

1. القود (م1995 Elgood)، ص. 33
2. كانت الصحائف تُنشر سابقا على أنها عثمانية، انظر غروب و آخرون (م.Grube et al 1968)، الصفحات 14-15، رقم 31؛ و أيضا غروب (أ1963 Grube). ويمكن العثور على صور من اللوحة ذات الصفحتين هناك على ص.241 (صورة 4) و ص. 242 (صورة 5)، مع تفاصيل أخرى (الصور 9-12). فيما يتعلق بإعادة إسنادها إلى شيراز القرن السادس عشر الميلادي، انظر أولوك (م1994 Uluc)، مع صور على الصفحات 58-59 (الصور 1-2)، وتفاصيل إضافية على ص. 60 (الصور 3، 4، 5). انظر أيضا أولوك 2006م، الصفحات 326ff، وصورة 242.
3. أولوك (م2006 Uluc)، ص. 332.
4. H هو التوقيع الذي يظهر في آخر كتلة النص ولكن دون تاريخ.
5. أولوك (م2006 Uluc)، الصفحات 330-331، صورة 245 (صورة ملونة لصحائف بيانات نشر المخطوط موجودة بمتحف الفنون الجميلة، بوسطن، أرقام 14.692أ الصفحة اليسرى و 14.491ب الصفحة اليمنى).
6. المصدر المذكور، الصفحات 338وو.

المصدر: فيكتور غولوبيو (Victor Goloubew)، باريس؛ ديكران ج. كلكيان (.Dikran G Kelekian)، نيويورك (1934م، توفي 1951م؛ ملكيته حتى 1952م، بيع لمتحف المتروبوليتان)

145. صورة شخصية لسيدة تمسك زهرة

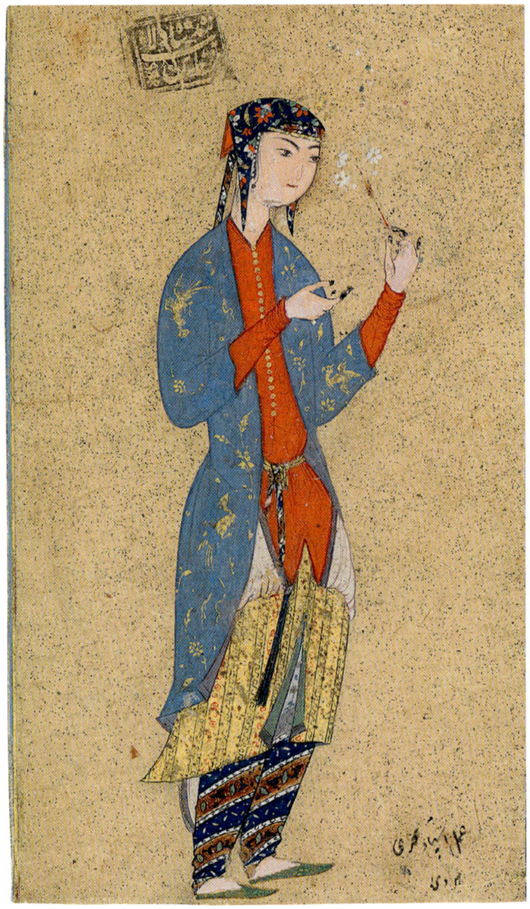

منسوبة إلى محمدي من هرات (نشط بقزوين، حوالي 1570-1587م؛ هرات، حوالي 1575-1578م)
أفغانستان الحالية، هرات، 1575-1565م
ألوان مائية معتمة، حبر، ذهب على ورق
المقاسات: 11.7×6.8 سم
رصيد رودجرز 1955م 55.121.42
كتب عليها في أسفل اليمين باللغة الفارسية وبخط النستعليق:
عمل الأستاذ محمدي من هرات
أثر ختم إلى أعلى اليسار:
عبد ملك الجلالة [الإمام علي]، عباس 995 [هجري] [الموافق لـ1587م]

نُسبت هذه الصورة الخلابة لفتاة تمسك برفق بساق أقحوان إلى الفنان الخرساني محمدي وتحمل ختم الشاه عباس الأول. ورغم هذه الإشارات التي تدل على أن هذا العمل كان فيما مضى ضمن المجموعة الملكية الصفوية، فقد تغافل عنه على ما يبدو، الباحثون الذين نشروا مقالات حول محمدي في العقدَين الأخيرَين.(1)
وتمثل هذه اللوحة من حيث التصميم والأسلوب والتنفيذ نموذجا للصور المقبولة عالميا على أنها العمل الأصلي لمحمدي اعتبارا من حوالي 1565م إلى 1575م. تقف المرأة الشابة متجهة إلى اليمين وهي تشبك يديها أمامها، رافعة برفق الأزهار نحو وجهها كأنها تهمّ بشمّ شذاها. يزدان وشاحها الأنيق بزخرفة نباتية غنية بالألوان وببطانة ثوب أحمر على حزام من قماش ومن مجموعة من الجواهر الذهبية شُدّت وراء رأسها وتتدلى أسفل ظهرها، ولعلّها تغطي شعرها. صورت كل طبقة من الطبقات العديدة لثوبها تصويرا دقيقا. وتغطي عباءةٌ زرقاء، تُوشّحها طيور عنقاء وظباء ذهبية، رداءَها الأحمر الذي ثُبّت دون تكلّف إلى مستوى العنق بواسطة أزرار ذهبية. وتلبس تحت تنانير هذا الثوب الذي جُمع وثُبّت تحت حزام ضيق متعدد الألوان حول خصرها، تنُورة ذهبية يصل طولها إلى مستوى الركبة ذات خطوط عمودية مزخرفة بأشكال ملولبة وهي مطوية إلى الوراء لتكشف بطانتها الخضراء. ويغطي ساقي الفتاة سروال به خطوط زرقاء وبنّية وبيضاء، وهو صنف من اللباس الداخلي الطويل الفاخر. ويبدو أن وزنها تركّز قطعا على القدم اليمنى التي انتعلت خفا أخضر بينما كانت تُميل قدمها اليسرى وترفعها قليلا إلى الأعلى.
تتجلى رقة ريشة محمدي بصفة كبيرة في وجه المرأة، فقد رسم كلا من القزحيات البنية

اللون والبؤبؤين الأسودَين لعينيها. ويشكل حاجباها قوسين مضبوطين، وبجرّة واحدة من ريشته، رسم الأنف صغيرا ومستقيما. ورغم فقدان اللون بعض بريقه، لا يزال طوق اللؤلؤ تحت ذقن المرأة ظاهرًا للعين. يمكن أن نرى العديد من التفاصيل المتعلقة بهذه الشخصية كأطراف أصابعها المخضبة بالحناء وسروالها وغطاء رأسها وقدمها المرفوعة، في رسم "العاشقان" الموجود بمتحف الفنون الجميلة ببوسطن، والذي يحمل نفس النسبة والختم.(2) وخلافا لرسم بوسطن، لا يضع العمل هاهنا الشخص في منظر طبيعي، ولكن مقاربة رسم بوسطن لبورتريه الشخص الواحد تميل أكثر إلى النموذج الذي اعتمده محمدي خلال مشواره الفني. وعلى الرغم من أنّه أنجز بعض الأعمال بطلب من الحكام الصفويين في قزوين، إلا أنه يبدو أنه قضى كامل حياته في هرات. وكما أشار أبو العلاء سودفار فإن المصادر الصفوية المكتوبة اللاحقة تكاد تلتزم الصمت حول موضوع محمدي، وذلك على الأرجح نظرا لأنه عمل في آخر حياته لفائدة الأوزبك الذين سيطروا على هرات (3). ومع ذلك، فإن فنانين مثل رضا عباسي اعترفوا بأنهم مدينون لهذا الرسام الذي ألهم أسلوبه الرشيق مدرسة خراسان خلال الربع الأخير من القرن السادس عشر الميلادي.

SRC

1. روبنسن، ب.(م 1992 .Robinson, B)؛ سودفار(م2000 Soudavar).
2. كومارسوامي (م1929 Coomaraswamy)، رقم 45، لوحة 22؛ روبنسن، ب. (م 1992 .Robinson, B)، ص.19؛ سودفار(م2000 Soudavar)، ص.54.
3. سودفار (م2000 Soudavar)، ص.69.
4. كانبي 1996ب، ص.151، رقم 113.

المصدر: [هاكوب كيفوركيان (Hagop Kevorkian)، نيويورك، حتى 1955م؛ بيع لـمتحف المتروبوليتان للفنون]

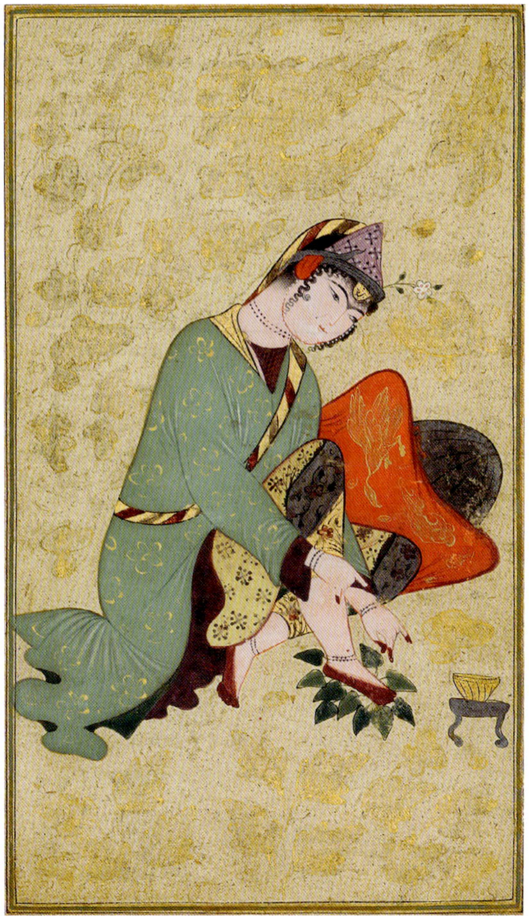

146. امرأة تتزين بمادة الحنّاء

إيران، أسلوب قزوين، أواخر القرن السادس عشر الميلادي
حبر، ألوان مائية معتمة، ذهب على ورق
المقاسات: 36.7 × 22.9 سم
رصيد رودجرز 1995م 55.121.25

هذا الرسم الذي كان يُراد به أن يكون ضمن ألبوم صور وخطوطيات هو تصوير نادر لامرأة شابة تزين قدميها بالحنّاء. وهو ينطوي على عناصر مرتبطة بمدرسة قزوين للرسم، مثل قلنسوة المرأة المدبّبة وملامح وجهها الرقيقة وجسمها النحيل بالإضافة إلى النبات والسحاب الذهبي الذي ينتشر فوق المساحة.

انثنى ثوب المرأة إلى الوراء ليكشف عن اللباس الداخلي المزخرف الذي يغطي فخذيها وركبتيها. وعلى الرغم من ذلك، فإن حالتها وأسلوبها التعبيري يبدوان محتشمين ولا يدلاّن دلالة واضحة على الإثارة الجنسية. ورغم أن الرسم يعود إلى فنان مجهول غير مرتبط بالبلاط الصفوي، فإنه يبرز معرفة جديرة بالملاحظة بالاتجاهات السائدة في عمل فناني البلاط كالاهتمام المتزايد برسم أنشطة مألوفة وزيادة في عدد الرسوم لأشخاص جالسين.

زرعت الحنّاء المستخرجة من النبتة المزهرة "لوسونيا إينرمس" واستعملت في إيران والعالم العربي وجنوب آسيا لتخضيب الشعر والبشرة والجلود منذ الألفية الثانية قبل الميلاد، وترتبط في معظم ثقافات الشرق الأوسط بالاحتفالات والطقوس التي تعبّر عن تغيرات كبيرة في الحياة، خصوصا الزواج. وتختلف وصفات وأشكال التزيين بالحناء من مكان إلى أخر. ففي شمال غربي الهند وباكستان الحالية مثلا، تُسحق أوراق النبتة وتُخلط بعصير الليمون والزيت والماء بغرض رسم تصاميم مزينة بأشرطة على الأيادي، وفي إيران تُخلط الأوراق اليابسة بالماء أو بماء الورد لتُطلى بها الأيادي والأقدام بغرض تغيير اللون فقط (1).

وفي هذا الرسم ، ترتكز القدم اليمنى للمرأة الجالسة على طبقة من أوراق الحناء بينما تحتوي الصحفة الذهبية الموضوعة على منضدة صغيرة على السائل الذي تُخلط به الأوراق. ويوحي تصوير النساء القبليات وقد تخضبت أياديهنّ وأقدامهن بأشكال معقدة من الزينة بالحناء في الرسوم الصفوية بأن الاختلاف في القرن السادس عشر الميلادي في الذوق بين النساء الحضريات والنساء الريفيات تجاوز طريقة اللباس وتغطية الرأس.

SRC

1. مير طاهري (م2005 Mirtaheri)، ص. 69.
2. على سبيل المثال، في "معسكر بدوي" لـمير سيد علي، من 1543-1539م (متاحف الفن لجامعة هارفارد، رقم 1958.75)، للنساء تصاميم أرابيسك بالحناء على أياديهن.

المصدر: [هاكوب كيفوركيان (Hagop Kevorkian)، نيويورك، حتى 1955م؛ بيع لمتحف المتروبوليتان للفنون]

147. رجل يرتدي معطفا مبطّنا بفرو الحيوانات

الرسّام: رضائي عبّاسي (حوالي 1565-1635م)
إيران، أصفهان، حوالي 1600م
حبر، ألوان مائية معتمة، ذهب على ورق
مقاسات الصورة: 13.6×6.4 سم، مقاسات الورقة: 24.5×15.5سم.
رصيد رودجرز، 1955م 55.121.39 .
توقيع باللغة الفارسية بخطّ النستعليق تحت الركبة اليسرى للشخص:
"رسمها رضا".

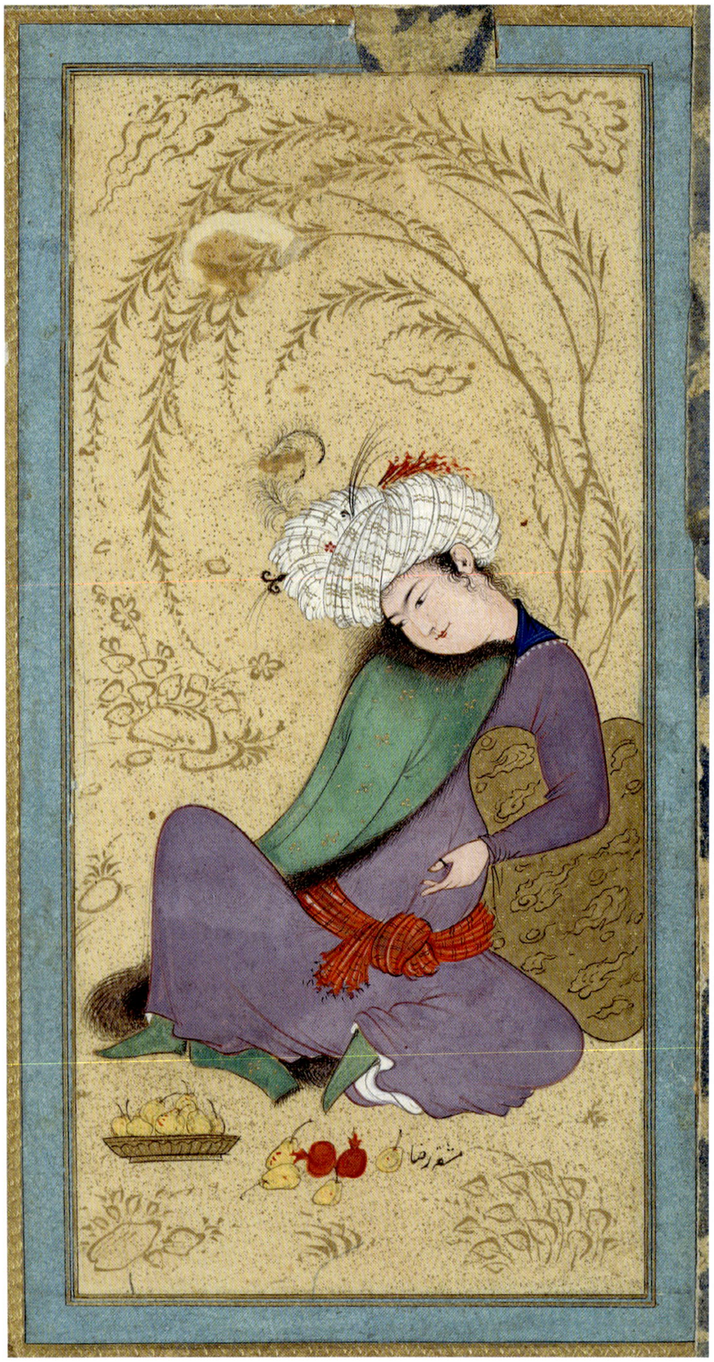

تلخّص هذه الصورة البالغة الصغر ولكن الأنيقة لشاب يرتدي معطفا مبطنا بالفرو عمل فنان البلاط الصفوي رضا عندما كان في قمّة نفوذه. وتعطي الصورة التي رسمت بعد فترة وجيزة من تأسيس الشاه عباس عاصمته بأصفهان، فكرة خاطفة عن مظاهر الثراء والرفاهية حديثي العهد في المدينة. يظهر الشاب هنا وهو يتّكئ إلى جانبه الأيسر ويتأبط وسادة مغطاة بقماش مطرّز بالذّهب، هذا القماش الذي يمثّل أحد المنتجات الكمالية التي أثارت إعجاب الزّائرين الأجانب لإيران. وفي الوقت الذي يمعن فيه النظر إلى الإجّاصات المصففة في صحفة قرب قدميه، يُميل الشاب رأسه حتّى يدفن وجنته في الفرو النّاعم لعباءته. ويزداد الإيحاء بنعومة ملمس الفرو الذي رسمه رضا بكل دقة من خلال تباينه مع الخطوط الخارجية المصوّرة بدقّة لوجنة الشخص وعباءته الخضراء المسدلة وركبته المنحنية. ويحاكي نبات الصفصاف الذهبي المقوّس حول الشاب، وهو عنصر نموذجي في رسم المنظر الطبيعي عند رضا، انحناءات الريش في عمامته وعديد التفاصيل المنحنية الأضلاع في هذا العمل بكبيرها وصغيرها.

مع حلول عام 1600م، كان رضا يعمل لحساب الشاه عبّاس لحوالي خمسين عاما. وكان القاضي أحمد قد لاحظ بإعجاب رقّته وموهبته في تصوير الشخصيات.(1) فبالإضافة إلى تصوير شخصيات رجالية ونسائية من عائلات مرموقة، أنتج رضا عددا كبيرا من الرسوم في تسعينات القرن السادس عشر الميلادي أنجزت بأسلوب خطوطي جدّ طريف. وتراوحت مجموعة الأشخاص المرسومين في هذه الأعمال من رجال الحاشية الملكية إلى عمّال وحجاج. وبتحوله إلى أصفهان في عام 1598م، أنجز رضا المزيد من رسوم الشخصيات البلاطيّة، استجابة على ما يبدو إلى تزايد الدّعم والرعاية من قبل كبار القوم في دائرة الشاه. وتشمل مجموعة العرّابين هذه، الغلمان وهي طبقة تتكوّن من الأرمن والشركس والجورجيين الذين أسرو كأطفال ثمّ اعتنقوا الإسلام. وخلافا للطوائف القبلية، فإن هؤلاء الغلمان كانوا يدينون بالولاء أساسا للشاه، الذي كافأ هذا الولاء بمنحهم الثراء ومواقع النفوذ في الحكم. ورغم أنّ الفتى في هذه الصورة قد لا يكون غلاما، إلاّ أن معطفه ووسادته الفاخرين وخاتم رامي السهام الذي يضعه في إبهامه، وعمامته المتدحرجة كالموج وريشتها، والفاكهة التي أمامه، كل هذا من شأنه أن يوحي بأن له منزلة عالية.

SRC

1. أحمد بن منشي 1959م، ص. 192

المصدر: [هاكوب كفركيان (Hagop Kevorkian) نيويورك، حتّى 1955م، بيع الى متحف المتروبوليتان للفنون].

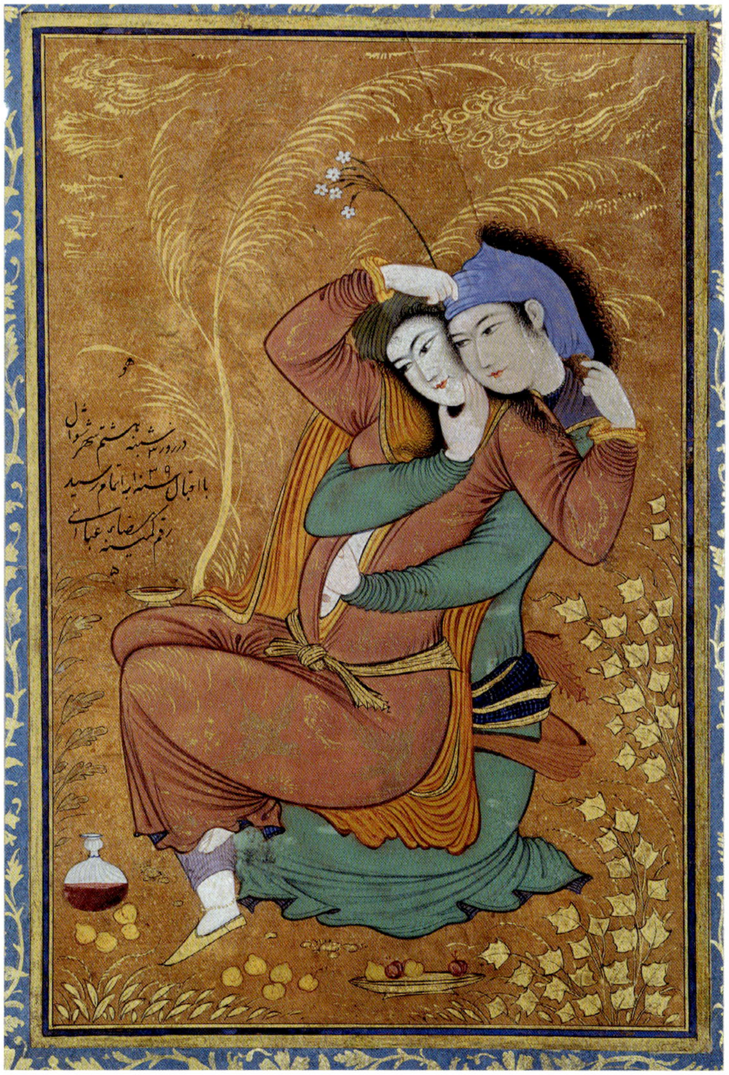

148 . العاشقان

الرسام : رضائي عباسي (حوالي 1565–1635م)
إيران، أصفهان، بتاريخ الثلاثاء 8 شوال 1039 [هجري] الموافق لـــ21ماي1630م
ألوان مائية معتمة، حبر، ذهب على ورق
مقاسات الصورة: 11.1×17.5سم؛ مقاسات الورقة : 18.1×11.9 سم.
اقتناء، هبة فرانسيس م. ويلد، 1950م ، 50.164
التوقيع و التاريخ بالفارسية و بخط النستعليق:
"أُتمت يوم الثلاثاء الثامن من شوال من العام ال[هجري] 1039 (الموافق لـ 21 ماي 1630م). رُسمت من قبل العبد المتواضع رضائي عباسي"

إذ يرسم رضائي رجلا وامرأة في عناق حميمي رسما مدققا، فإنه يعكس تحرّر القيم الأخلاقية خلال فترة حكم الشاه صافي. (1629–1642م) ولئن سبق للفنان أن رسم بصفة خاصة نساء عاريات في خمسينات القرن السادس عشر الميلادي، فإن إدراج شريك ذكوري هنا يغيّر طبيعة الصورة من مستخلص لأفكار إغرائية لتعبير أكثر وضوحا لمقدمات جنسية. وكما أشار إلى ذلك العديد من الباحثين، فالشخصان لا يتبادلان النظرات ولا تظهر على وجهيهما علامات أية عاطفة ورغم أن رضائي قد يكون التزم بالقاعدة الفنية الفارسية المتمثلة في حجب مشاعر الأشخاص المرسومين إلا أنه يرجّح أيضا أن أوحى في رسمه هذا بحالة من الحلم حيث لا ترتبط حركات الأشخاص لا بالزمان ولا بالمكان. استعمل رضائي كأرضية لهذا العمل الورق الملوّن الذي يستخدم للأشجار والشجيرات والسحب الذهبية للمنظر الطبيعي.

وتماشيا مع أسلوبه خلال النصف الثاني من مشواره الفني، فقد ركّز على الأشكال البيضاوية مثل فخذ المرأة وسواعد ووجهي الشخصين. ويُعدّ كذلك القماش البني والسميك لشال المرأة وحزام الرجل من السمات التي تميّز الأعمال الأخيرة لرضائي. تشدد الكثير من التفاصيل على المحتوى المثير جنسيا للوحة. فبالإضافة إلى مداعبة الرجل لـبطن المرأة وقبض ثديها بين ثنايا ذراعه، فإن سرّتها المكشوفة وأصابع قدميها العارية تمثل إشارات على شهوانيتها. ويشير كوب النّبيذ الموضوع على ركبتها وزجاجة النبيذ الأحمر نصف الفارغة إلى اليسار في مقدمة الصورة والطبق الذي لم يتبقَّ فيه إلا القليل من قطع الفاكهة بأن كلاهما كانا بصدد الاستمتاع بوقتهما معًا.

رغم أن المرأة كانت ترتدي كل ملابسها وأن شعرها كان مغطّى، فغالب الظن أنها مومس. وكان البغاء حتى أربعينات القرن السابع عشر ممارسة تساهل معها الحكّام، بل أيضا خاضعة للضريبة في إيران الصفوية، وبالتّالي فقد شكّلت مصدرا جيّدا للدخل الحكومي. ومكّن الثراء المجتمع الحضري الصفوي ورخاءه خلال القرن السابع عشر الميلادي بائعاتَ الهوى من أن تزددن ثراء وأن ترتدين ثيابا أنيقة وأن تسلّين زبائن أرستقراطيين. وإن تبقى هويّة هاتين الشخصيتين المعنيتين غير معروفة، فإنّه من المحتمل أن هذا الرجل قادر على تحمّل مصاريف خدمات هذه الخليلة الأنيقة.

SRC

1. ستوشكين (Stchoukine 1964م)، ص.194؛ كانبي 1996ب، ص.173.

المصدر: فريدريش سار(Friedrich Sarre)، برلين (1910م– على الأقل 1931م)؛زوجته ماريا سار(Maria Sarre) أسكونا، سويسرا (حتى 1950م؛بيع لـ بول هـ. كمبر (Paul H. Kempner) لفائدة متحف المتروبوليتان للفنون.

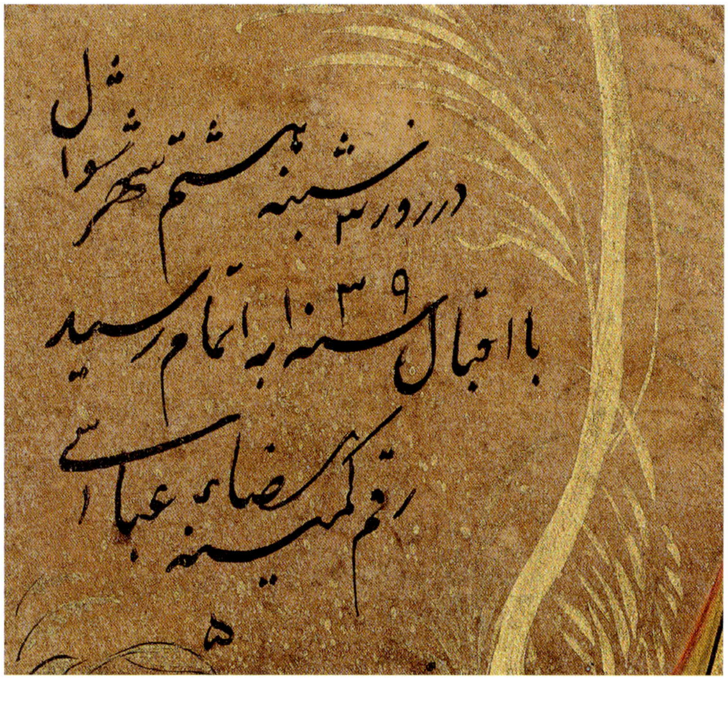

149. الفارس والسائس

إيران، تبريز، 1540–1550م
حبر وألوان مائية على ورق.
مقاسات الصورة:11.1×7.9سم؛ الصفحة :11.7×8.7سم.
هبة جورج د. برات، 1925م 25.83.5

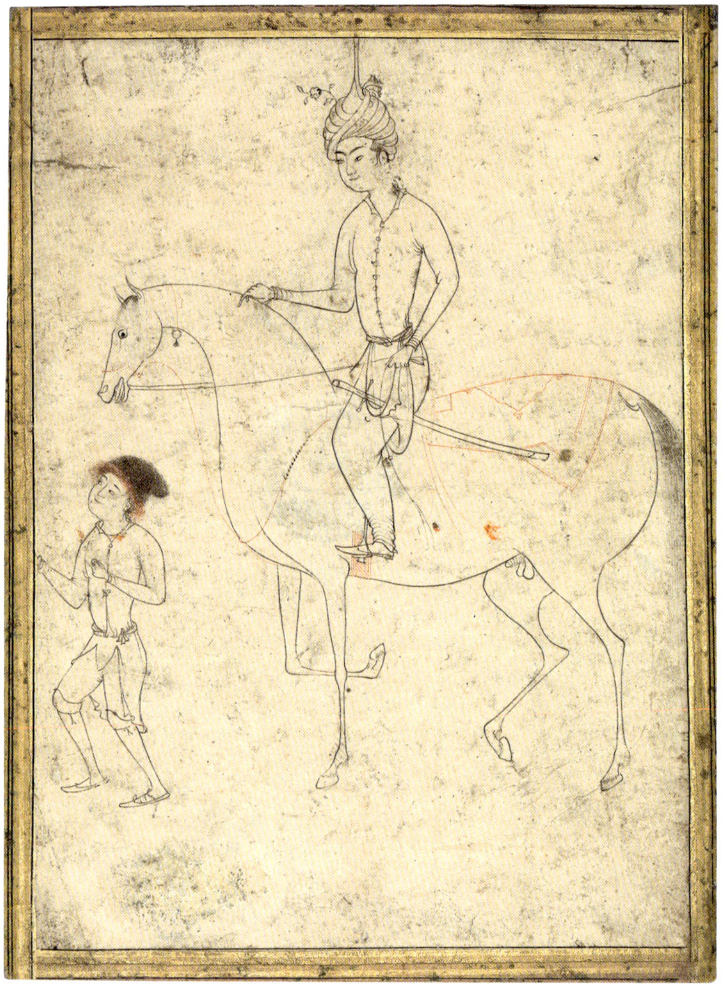

يظهر موضوع الفارس والسائس في اللوحات الجدارية وعلى القطع المعدنية وفي كثير من صفحات الألبومات في إيران القرن السادس عشر الميلادي. وتُظهر بعض الصور الزوجين وهما على أهبة الاستعداد للركوب بغرض الصيد، بينما تُبرز أخرى نظرة مثالية لنبيل وخادمه. في هذا الرّسم، يمتطي شاب حليق الوجه يرتدي عمامة صفوية بتاجها العالي دابّته وهو ممتشق سيفه خلف الجزء الأسفل من ثوبه. ورغم أن الحصان يمشي ببوتيرة بطيئة، فإنّ وجود السيف يوحي بأنّ هذين الشخصين متّجهان صوب ميدان الصيد وليسا في مجرّد نزهة. ورغم مقامه الوضيع، فإنّ السّائس يلفت الانتباه نظرا لأنّ الفنان رسم قبّعة الفراء التي يرتديها بالحبر الأسود الضارب إلى الحمرة. كما أن الحبر الأحمر استُخدم أيضا لرسم جزء من لجام الحصان وحزامه وزينة عنقه وقماش سرجه. وجاء الخطّ متموّجا والخط الكفافي متواصلا وذلك عبر كامل مساحة الرسم.

تشير العديد من التفاصيل بأنّ هذا العمل كان رسما أوّليّا وقد يكون جزءا من عمل أكبر. فأوّلا، تُركت الميدالية وحواشي غطاء السرج فارغة والحال أنّ مثل هذه الأقمشة غنيّة الزخارف في العادة والعُرف. إضافة إلى ذلك، ينظر كلا الرجلان إلى يسار الصفّحة بينما تعلو الابتسامة محيّاهما وكأنّهما يركّزان على شيء أو شخص مضحك موجود خلف حاشيتها. وحتّى الحصان ذاته يبدو يقظا ويظهر وكأنّه مكشّر عن أسنانه. وأخيرا لا تظهر اليد اليمنى للسائس حيث أنّ الحافة اليسرى للصفحة غمرتها. ولا يمكن نسبة هذا الرسم لفنّان صفوي معين إلاّ باحتراز. فأبعاد حجم الحصان: التضييق الشديد لعنقه بالذات وراء أذنيه، وردفه وقسمه الأوسط الكبيرين جدّا – تذكّر بتلك التي نراها في الدابّة المصوّرة في رسم ''حصان وسائس'' المنسوب لكاظمي من قبل ستيورت وويلش. (1) في عشرينات القرن السادس عشر الميلادي، ساهم هذا الفنّان في شاهنامة الشاه طهماسب بصور لأشخاص قصيري القامة وبدينين. (الفهرس138 أ- ز) ولكن مع حلول أربعينات القرن السادس عشر الميلادي اعتُمد الأسلوب الجديد للبلاط والمتميّز برسم أشخاص نحيفي الجسم طويلي القامة. وإذا كان هذا العمل فعلا لكاظمي، فإنّه يبرز روح الدعابة، وإن تكن خافتة، والتي كانت سمة مميّزة لرسومه الأولى.

SRC

1. لندن، واشنطن دي سي، وكامبريدج، ماساتشوستس، 1979–1980م، الصفحات 202–203

المصدر: جورج د. برات، نيويورك (حتى 1925م)

150. شاب واقف يرتدي عباءة.

إيران، القرن السادس عشر الميلادي
حبر، ألوان مائية معتّمة، ذهب على ورق
مقاسات الصورة: 17.8×10.3سم؛ الصفحة 45.4×32.1سم.
رصيد لويس الخامس بيل. 1967م، 67 .266 -6 .r7.

يحتوي هذا الرسم لرجل معمم يلبس عباءة مفاتيح دقيقة للتعرف على مكانة الشخص موضوع الصورة في الحياة. وتدلّ الريشة والغصن المزهر المرشوقان في عمامته وكذلك سلسلة الأحجار السوداء المتدلّية في ثناياها على منزلة اجتماعية عليا. بالإضافة إلى ذلك، يشير السيف القصير والصولجان ذي الحواف، اللذان يحملهما إلى أنّه جندي. وكما هو واضح من خطوط الذهب التي تحيط بريشة العمامة وتغطّي جزءا منها، فإن الفجوة التي يقف داخلها الشخص أضيفت للصفحة بعد إتمام الرسم. وتعيد بعض التفاصيل مثل الخط المتفاوت السماكة المحدّد لحاشية الثوب والأطراف المعقّفة والمتوترة التي تشكل شراشيب العمامة إلى الأذهان رسوما من تسعينات القرن السادس عشر الميلادي لفنّاني البلاط الصفوي رضائي عبّاسي وصادقي بيك. ولكن المقارنة التي استعملت في رسم الملامح الجسديّة للرجل: الخط المستقيم لفمه، شارباه الخدّيان السميكان والأسودان وموقع قدميه، كلها تتضارب وعمل هذين الفنانين. ورغم أنّ صانع هذا الرسم يبقى مجهولا، فمن المؤكد أنه لا يمكن إلاّ ليد موهوبة جدّا أن تنجز خطوطه المنسابة والمتموّجة وتفلح في الحصول على مزيج من الصلابة والحركة.

هذا الرسم من ضمن الرسوم التي جرى تركيبها في ما يعرف بألبوم بلّيني. وكما لاحظ ديفد روكسبرغ، فإنّ هذا الألبوم لم يركّب إبّان حكم السلطان العثماني أحمد الأول (1603-1617م) كما ذكر ذلك ف.ر. مارتن، مالكه الأوروبي الأول، ولكن أُعدّ فعلا من قبل مارتن ذاته انطلاقا من اللوحات والرسوم والخطوطيات والصور المطبوعة الأوروبية من القرنين الرابع عشر والسادس عشر الميلادين.

وأثبت روكسبرغ أن الكثير من أهم الأعمال الفارسية التي نسبت أصلا إلى ألبوم بليني كانت في الواقع أُخذت من ألبوم آخر كان داست محمد قد جمعه سنة 1545م للأمير الصفوي بهرام ميرزا.(2). وتحتفظ هذه الأعمال بالصفات المميّزة والزخرفة التذهيبية المضافة إبّان الفترة التي جرى خلالها تجميع ألبوم بهرام ميرزا. ورغم أنّ أسلوب التذهيب في الفجوة فوق رأس الشخص هنا يحاكي ذلك الموجود في صورة هاتفي الشخصيّة التي رسمها بهزاد، وكانت في وقت ما ضمن ألبوم بلّيني ولكن تبيّن الآن أنها جاءت من ألبوم بهرام ميرزا، فإن أسلوب الرسم في أواخر القرن السادس عشر الميلادي يستبعد إمكانية أن يكون الرسم الحالي متأتّيا من ألبوم بهرام ميرزا. وخلافا لذلك، فإن إضافة الفجوة المزخرفة بالذهب تشير إلى حملة "تحسين" حدثت في وقت لاحق كان الغرض منها تجميل مظهر هذه الأعمال في ألبوم بليني.

SRC

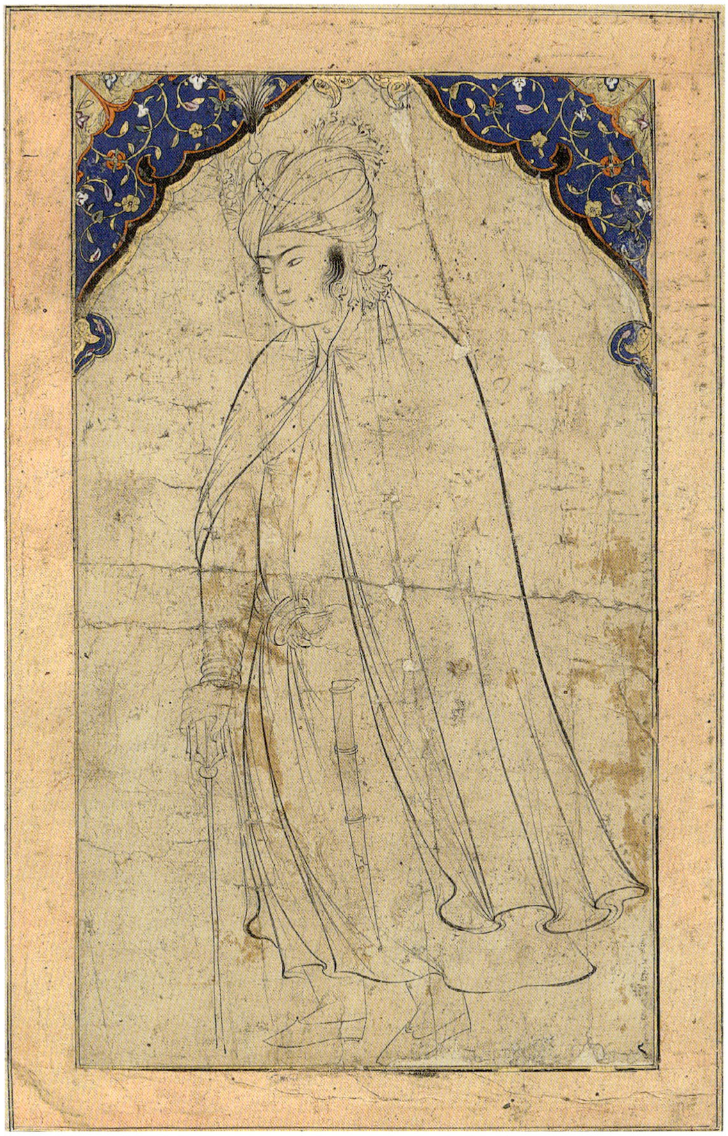

1. روكسبرغ (Roxburgh 1998م)، ص. 32.
2. المصدر المذكور، الصفحات 33-41. ألبوم ميرزا بهرام موجود بمكتبة القصر العالي (رقم H. 2154) أُزيلت الأعمال من ألبوم بهرام ميرزا ثم وُضعت مؤقتا في ما أُطلق عليه ألبوم بلّيني قبل أن تُباع و تُزال منه.
3. المصدر المذكور، ص.34.

المصدر :[سوق الفن، إسطنبول، قبل 1912م]؛ ف. ر. مارتن (F. R. Martin)، ستوكهولم (في 1912م)؛ هاكوب كيفوركيان (Hagop Kevorkian)، نيويورك (حتى 1912م)؛ ممتلكاته، نيويورك(1962-1967م)؛ بيع من خلال سوثبيز لندن بتاريخ 6 ديسمبر1967م، الرزمة 213 إلى متحف المتروبوليتان للفنون].

151. التّنين والسحب

منسوب إلى صادقي بيك (1533-10-1609-34م)
إيران، حوالي 1600م.
حبر وألوان مائية على ورق.
مقاسات الصورة: 19.1×12سم؛ الصفحة: 35.9 ×23.3سم
اقتناء، هبات أصدقاء الفنّ الإسلامي، 2010م 309.2010.

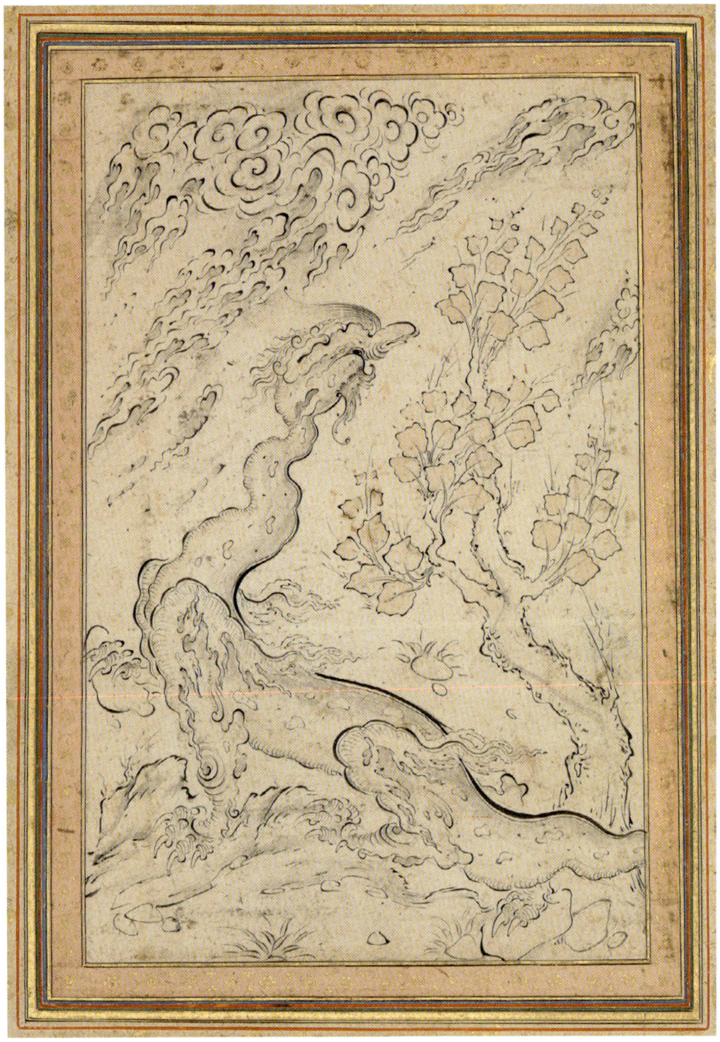

في هذا الرّسم، يذرع تنّين مكانا برّيا ويلفّ رأسه صوب السماء المغطّاة بالسّحب. وترتفع إلى اليمين خلف التنّين شجرةٌ مورقة بها أوراق مستطيلة الشكل وملوّنة تلوينا خفيفا. بالإضافة إلى سلسلة السحب المائلة والدرامية، فإن الأجنحة النارية والتقدّم المتأنّي وطوق العنق تبرز كلّها حركة كلاًّ من الطبيعة والوحش.
خلال أواخر القرن السادس عشر الميلادي وأوائل القرن السابع عشر الميلادي، وتماشيا مع الإنتاج المتزايد لرسوم جاهزة ذات صفحة واحدة بغرض إدراجها في ألبومات، أنجزت العديد من صور التنانين، إما مفردة لذاتها أو في عراك مع آدميين أو حيوانات أخرى. وقد طُوّر أسلوب فنّ الرسم الذي يتسم باستخدام خطوط مختلفة السماكة في إيران في تسعينات القرن السادس عشر الميلادي من قبل رضائي عبّاسي، الشاب المعجزة لمكتبة البلاط الصفوية "كتاب خانا" أو ورشة عمل الفنانين وكذلك من قبل معاصره الأكبر سنّا ورئيس المكتبة الملكية، صادقي بيك. هذا الاستخدام الخطوطي للقلم وهو ملائم بالخصوص لرسم الأشكال الزاحفة المنزلقة يختلف عن أسلوب الرسم السابق حيث تُطوّق كل المحيطات بخط حاد ومتعمّد. ويعوّل الخط في هذه الصورة على التفاوت الذي يعتمده الفنّان في الضغط على قلمه من القصب، على الطريقة نفسها التي يعتمدها الخطاط الذي يكتب بخط النستعليق عندما يريد تمطيط الحروف.
ولئن يرجّح أن يكون هذا النوع من فنّ الرسم قد تطوّر كثمرة للخطوطية الأنيقة، فإن الرسوم العثمانية التركية من خمسينات القرن السادس عشر الميلادي تتضمن أيضا استخدام الخطوط السوداء الشديدة السواد على طول ظهور التّنانين. وتوطدت الفكرة بطريقة أو بأخرى داخل البلاط الصفوي. فبينما تولّى رضا خصوصا رسم أشخاص وحيوانات أليفة، أنتج صادقي بيك عدّة رسوم تصاميم لتنانين وفي أحد هذه الرسوم الذي يصوّر فارسا يواجه تنّينا، (2) رسمت عنق الوحش وبطنه بالطريقة نفسها بالضبط التي تظهر بها في الرسم الحالي، (4) مع جرّات قصيرة ومدوّرة للقلم تشكّل المخطط والخطوط المحزّزة التي تشير إلى الجلد المخدّد للتنين. واعتبارا لأوجه الشبه هذه، يمكن نسبة هذا الرسم دونما تردد إلى صادقي بيك الذي كان نشطا حوالي 1600م.

SRC

1. سان فرانسيسكو وكامبريدج، ماساتشوستس، 2004-2005م، الصفحات 50-51.
2. 2. لندن، كامبريدج، ماساتشوستس، زوريخ 1998-1999م، ص. 68.

المصدر: مجموعة سفادجيان (Sevadjian)، باريس (حتى 1961م؛ بيع، فندق دروو (Drouot)، 31 أكتوبر 1961م، الرزمة 1)؛ مجموعة مانوكيان، باريس (1961م-حوالي 1995م)؛ مجموعة خاصة ، باريس، بحسب النسب (حوالي 1995-2010م)؛ [أوليفز فورج وبراندن لينش، المحدودة، لندن،2010م؛ بيع لـمتحف المتروبوليتان للفنون]

152. شخص متكئ

إيران، 1630–1640م.
حبر، ألوان مائية، ذهب على ورق.
المقاسات 9.5 × 17.5سم.
رصيد رودجرز، 1912م 12.223.3.

بساعدَيها المغطيين الممدّدين فوق وسادة مطرّزة وجذعها الملتوي نحو المشاهد وركبتيها المنحنيتين، اطُّلح تقليديًّا إلى النظر إلى هذه الشخصية على كونها امرأة (1). فبكلّ تأكيد، سيقان البنطلون ذات الحوافي المزيّنة كانت ملابس داخلية مألوفة للنساء الصفويات. لكنّ القلنسوة الطويلة والرخوية والتي غالبا ما كانت تلبس مع عمامة، هي من الصنف المحبّذ لدى الرجال في القرنين السادس عشر والسابع عشر الميلاديين. وتذكّر وضعيّة الشخص هنا بتلك التي نجدها في عملين لرضائي عبّاسي: يتمثّل الأول في رسم لامرأة نائمة أنجز استنادا على نقش باسم رفائيل لمارك أنطونيو رايمندي، أما الآخر فهو رسم لامرأة نائمة شبه عارية مستوحى من ذلك الرسم (2). ورغم أنّ رسم شخصيات مضطجعة لم يكن شيئا جديدا فيما يتعلق بالرّسم الإيراني فإنّ تصوير نساء مستلقيات تكاد تكون عارية بعيدا عن أي سياق قصصي هو أمر غير معهود في تسعينات القرن السادس عشر الميلادي ممّا أدىّ إلى فيض من أعمال مشابهة بغرض تضمينها في ألبومات أنجزت من قبل فنّانين آخرين غير رضا(3). ويمكن أن نجد إشارات للتعرّف على هويّة هذا الشخص في الوصف الذي قدّمه الأوروبيون لشباب جورجيين وشركسيين وأرمنيين كانوا ”يظهرون بملابس على الطريقة الأنثويّة“ ويقومون برقصات ”غير محتشمة“ المراد منها تحريك ”الغرائز الشهوانيّة“ لزبائن المقاهي.(4) وقد وصف جون شاردن أجواء المقاهي خلال فترات حكمي الشاه عبّاس الأوّل والشاه صافي وإن كان قد سافر إلى إيران في تاريخ لاحق، بين 1666م و1677م. وقد لاحظ أنّ الراقصين من الفتيان كانت أعمارهم تتراوح بين العاشرة والسادسة عشر وكانوا يصففون شعرهم بطريقة أنثوية وكانوا أساسا بائعي هوى من الذكور لزبائن المقاهي.(5) ويوحي الوجه الحليق والملابس الدّاخلية والشعر النسائيين وكذلك الوضعية المثيرة للشخص موضوع الرسم أنّه أحد ”غلمان المقاهي“ الذين لفتوا انتباه العرّاب المجهول لهذا الرسم أو أثاروا شهواته. ولو كان الفنّان ينوي رسم امرأة في هذه الوضعية المغرية لكان ركّز على ثدييها وصوّر سرّتها العارية جزئيّا، أو كشفها تماما. بينما يظهر الشخص هنا بكامل ملابسه، ويغطّي ذراعُه صدرَه. ورغم فخذيه المملوءين وشعره

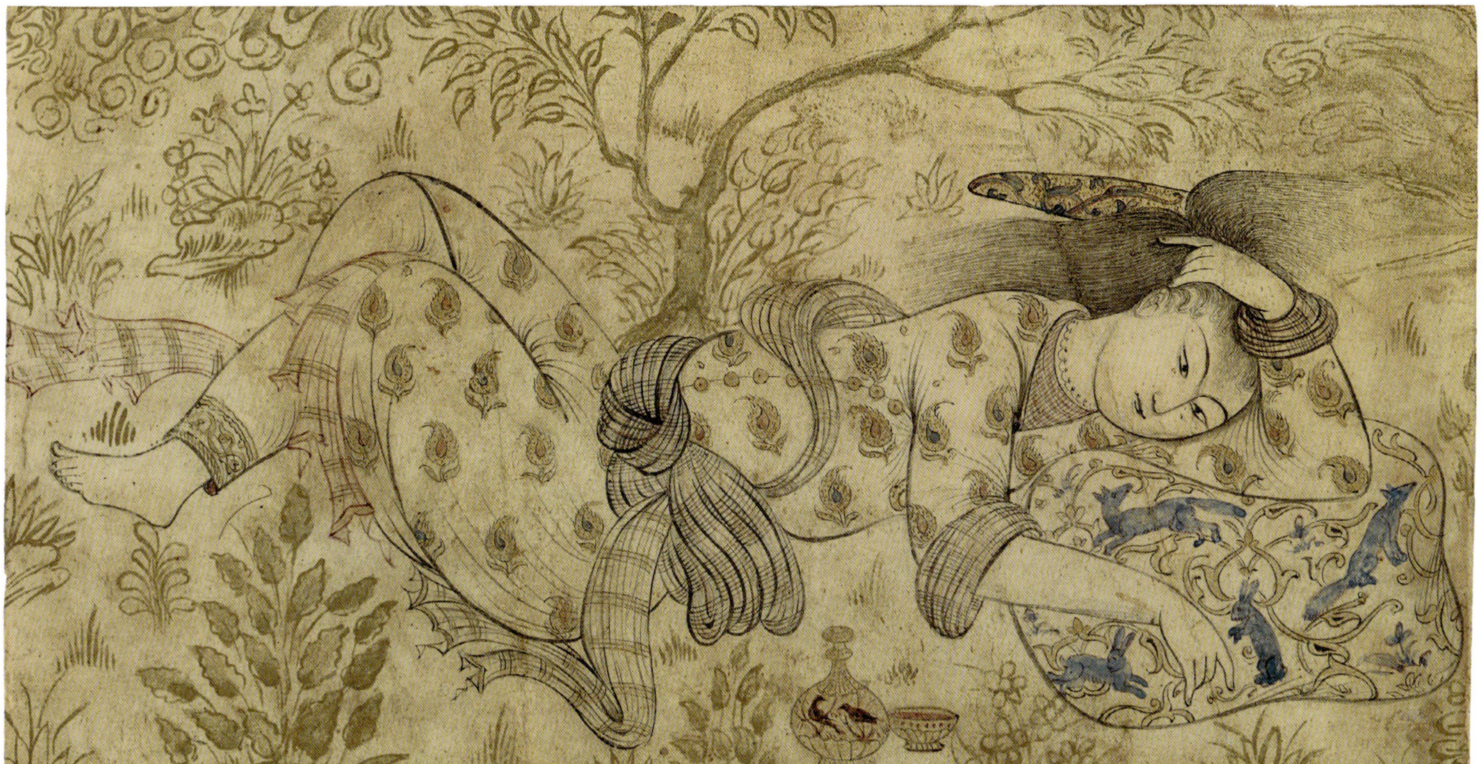

الطويل، يبقى جنس الشخص غامضا.
ويتلاءم هذا مع ما ذهب إليه الأوروبيون من وصف لهذه الشخصيات في مقاهي أصفهان في عشرينات وثلاثينات القرن السابع عشر الميلادي. وفي منتصف أربعينات القرن السابع عشر الميلادي، جرى تحت حكم الشاه عبّاس الثاني إصلاح المقاهي وحضر الممارسات الخليعة الشّائعة في العشريّات السّابقة.
SRC

1. نيويورك 1989م، ص.50، رقم 20.
2. كانبي 1996ب، ص.28، رقم 8، صورة 1، و ص. 31، رقم 7.
3. العديد من هذه الأعمال هي في ألبومات في مكتبة القصر العالي (مثلا رقم H2155، صحائف 23ب، 24أ، و رقم H2158، صحيفة27ب)؛ وكلّها تصوّر رجالا عوضا عن نساء.
4. ماتي (Matthee 1994م)، الصفحات 26-27.
5. شاردين (Chardin) كما نُقل في المصدر نفسه، ص.27.

المصدر: [إ. كلبدجيان (E. Kalebdjian)، نيويورك، حتى 1912؛ بيع لـمتحف المتروبوليتان للفنون]

153. معاقبة تلميذ

الرسّام: محمد قاسم (نشط حوالي 1600م، توفّي1659م)
إيران، مشهد، مؤرّخ في 114 (1014 [هجري] الموافق لـ 1605 – 1606م) .
حبر، ألوان مائية، ذهب على ورق .
مقاسات الصورة: 28.8× 16سم؛ الصفحة: 34.6×22.9سم.
رصيد فريدريك س. هيوت، 1911م 11.84.14.
التوقيع باللغة الفارسيّة بخط النستعليق في الجانب الأيمن من الرّسم:
"رسمه العبد المتواضع محمد قاسم" في العام 1014 [هجري][الموافق لـ 1605 – 1606م].

إذا كان تاريخ 1014 المنقوش على الرسم يشير إلى 1014 هجري (الموافق لـ 1605–1606م)، فإنّ هذا يعني أنّ محمد قاسم كان قد اشتهر كرسّام مع منتصف فترة حكم الشاه عبّاس الأوّل. وبفضل إعادة تقييم من قبل عادل أدموفا، يُعتبر محمد قاسم الآن معاصرا أصغر قليلا من رضائي عبّاسي.(1) وقد ذهبت دراسة لمعصومة فرهاد حول رعاية ودعم الفن من قبل الغلمان (عبيد من القوقاز اعتنقوا الإسلام ومثلّوا كادرا مواليا للشاه) للقول بعقلانية إن محمد قاسم ومحمد علي ومحمد يوسف كانوا كلهم نشطين في مشهد في النصف الأول من القرن السابع عشر الميلادي (2) .ويرجّح جدّا أن يكون محمد قاسم قد وجد عرّابين أيضا في أصفهان، نظرا لأنّ رسمه لشخص "الشاه عبّاس الأول وخادمه"، في 1627م يشير إلى أنّ الفنّان كان مشهورا جدّا بالبلاط الصفوي.(3) ، لكن غيابه من نصوص أوائل القرن السابع عشر الميلادي للقاضي أحمد وإسكندر بيك مونشي يعني ضمنيا أنّه كان يعمل بمدينة أخرى غير أصفهان ولم يكن يحظى بأية شهرة في الدوائر البلاطيّة حتّى عشرينات القرن السادس عشر الميلادي.
ووفقا لفرهاد، فإنّ تاريخ وفاة الفنّان في 1070 هجري الموافق لـ 1659م ذكر في "السجلات الإمبراطورية" (قصص الخقّاني) لوالي قولي شملو.(4) وكأقدم عمل مؤرخ على نحو موثوق لمحمد قاسم، يحتوي هذا الرسم خفيف التلوين لمشهد الضرب بالعصا -وهو ضرب عقابي على قدمي تلميذ- على العديد من الميزات المحددة للأسلوب المرتبط بالفنّان. فالفتيان حليقي الوجه لهم وجنات مدوّرة تزداد وضوحا على مرّ الأيام.
وتعود أشجار الدلب الكبيرة أو أصناف مختلفة منها، وهي تحيط بعناصر الموضوع، للظهور في أعمال عديدة خلال بقية مشواره الفنّي، وبالخصوص في العديد من رسومه الإيضاحية في شاهنامة ويندزر لسنة 1648م (5) . وتتكرّر مشاهد الأرض المنقّطة، والمجموعات الكثيفة للغطاء النباتي المنخفض والصخور الناتئة ذات الخطوط الكفافية المحزّزة والمضلّلة تعارضيا وحتّى الولع ببطانات الثوب الزرقاء على الأكمام والتنانير من خلال عمل محمد قاسم. ولئن أظهر أسلوب محمد قاسم بعض التقنيات الأوروبية الخداعية مثل التخطيط، فإنّه كان أكثر محافظة من أسلوب الفنّانين العاملين في أصفهان الذين تبنّوا التأثيرات الهندية وكذلك الأوروبية. وعلى مرّ السنين، تعزّز أسلوبه في الرسم وجرى التقليص من الفترات التجريبية.
وقد لاحظ أ. س. مليخيان شيرفاني تلميحا في هذا الرّسم لمشاهد المدرسة في قصيدة نظامي "ليلى والمجنون" ويشير إلى أن الأسطر التي يكتبها الفتى الصغير في الجانب الأيسر السفلي "أنا أقول الحبّ وأبكي بكاء مرّا/ أنا تلميذ جاهل: هذا هو الدرس الأول" تُذكّر المشاهد بالمجنون المتيّم حبا ولو أن هذه الأسطر ليست من النصّ الأصلي (6). ومن وراء الإشارة الأدبية وملامح وجه الشخص المبالغ فيها، يفتح المشهد نافذة صغيرة على كيفيّة تعلّم الأطفال القراءة والكتابة وصقل الورق، بما في ذلك تلك المناسبات التي يجب أن يُضربوا فيها حتّى يحفظوا الدرس.
SRC

1. م2000، الصفحات 23-22.
2. فرهاد (Farhad 2004م)، الصفحات 129-133.
3. لندن 2009م، الصفحات 250-251.
4. معصومه فرهاد (Massumeh Farhad) في جنيف 1985م، رقم 89.
5. روبنسن، ب. و سيمز (Robinson, B., and Sims 2007م)، مثلا ألواح 96،26،2.
6. باريس 2008–2007م، ص.392.

المصدر: صورة ولتر شولز(Walter Schulz)، لايبسيش؛ [غوستاف كراين (Gustav Crayen)، حتى 1911م؛ بيع لـمتحف المتروبوليتان للفنون]

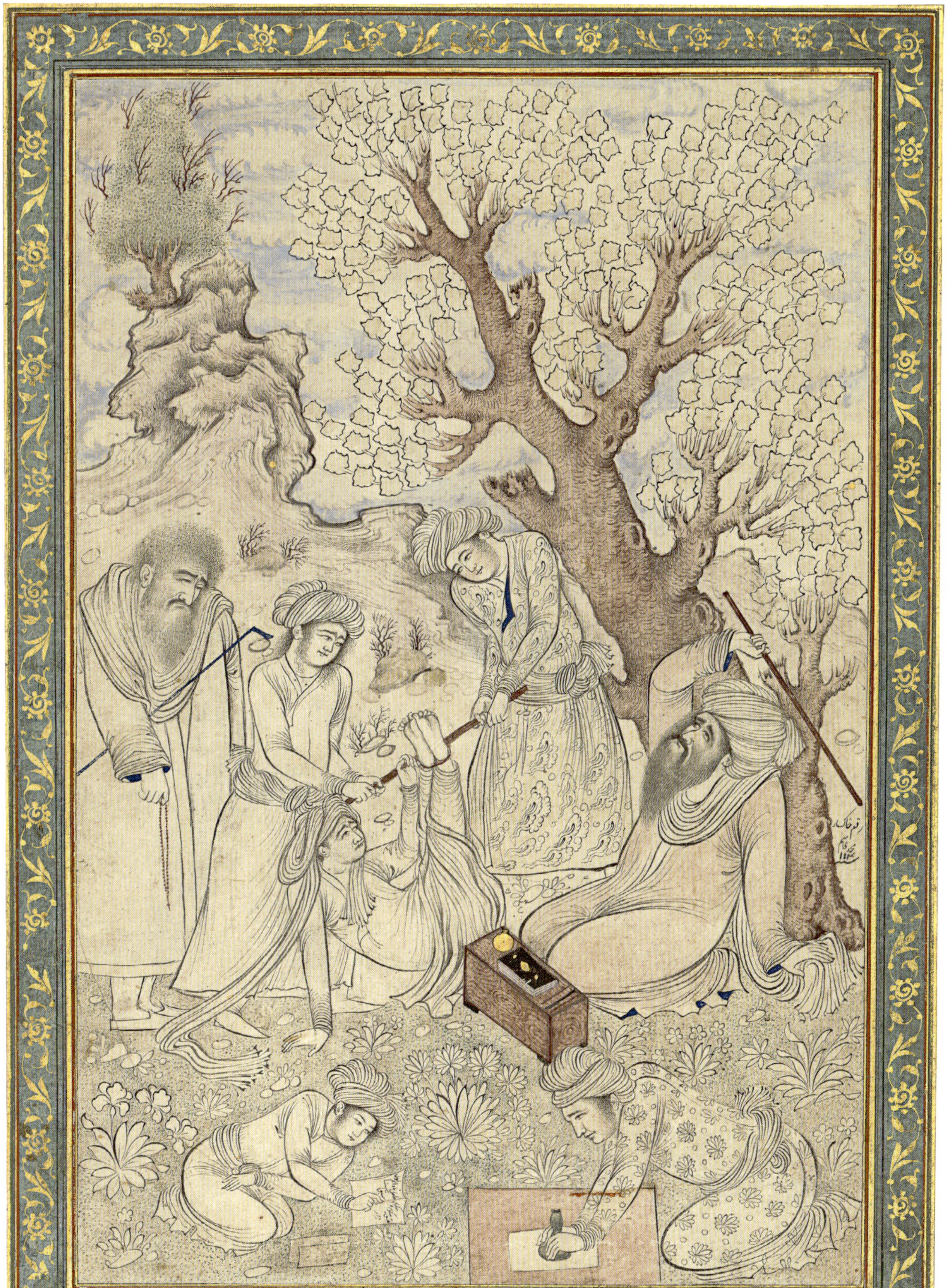

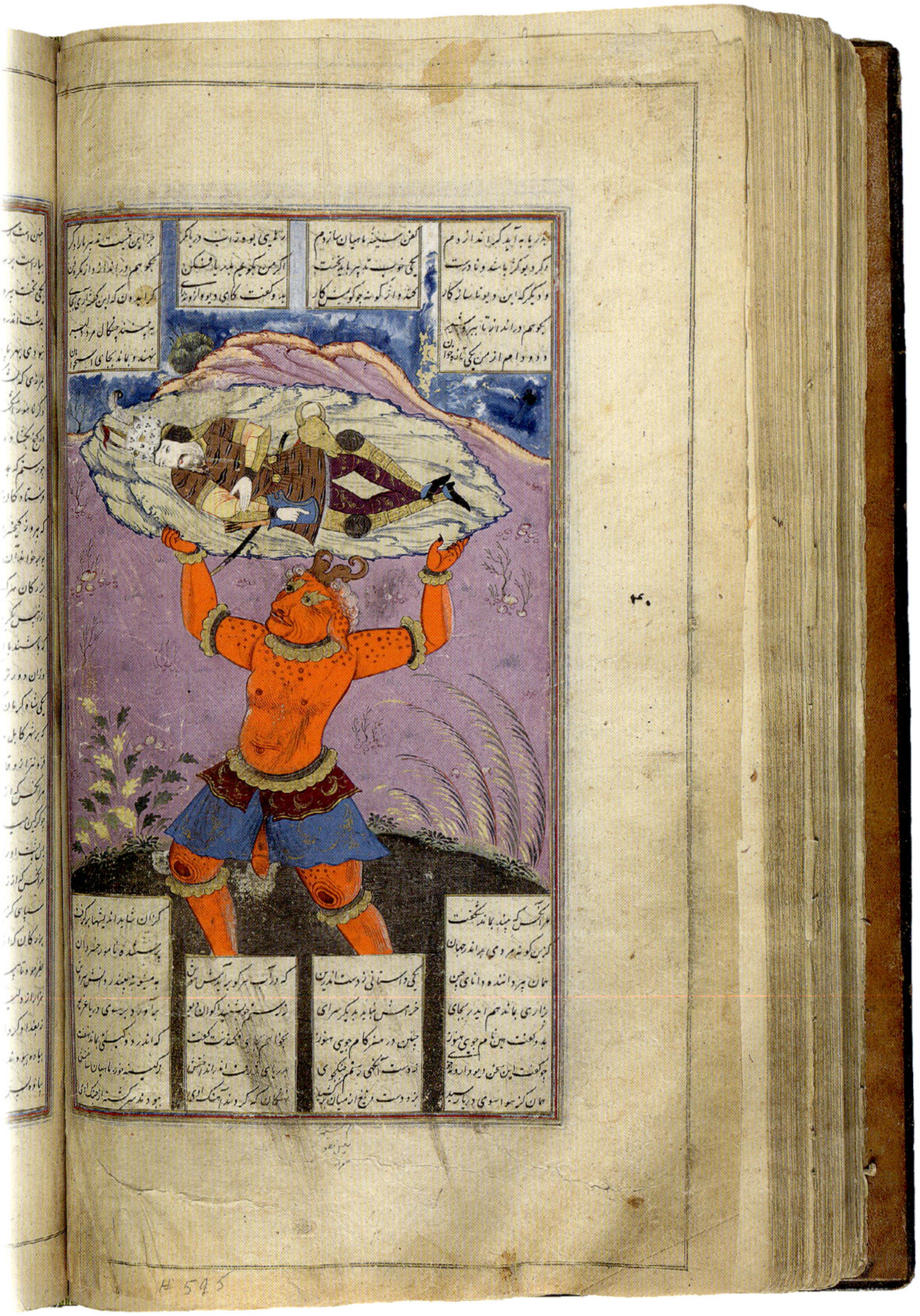

154 . صحيفة من الشاهنامة (كتاب الملوك) للفردوسي

"العفريت أكفان يُلقي رستم في البحر"
الرّسام معين مصوّر (نشط حوالي 1630م – 1697م)
إيران، أسلوب أصفهان، ستّينات القرن السابع عشر الميلادي
حبر، ألوان مائيّة معتّمة، ذهب وفضّة على ورق
مقاسات الصورة بما في ذلك الرسم بين أعمدة النص: 25.3×14.2سم؛ الصفحة: 36.5×20.5سم. وصيّة مونرو س. غتمان، 1974م 1974.290.43.
التوقيع بالفارسية بخط النستعليق:
"عمل المتواضع معين مصور، اغفر ذنوبه"

تُعرض هنا قصّة العفريت أكفان الذي اكتشف رستم نائما في حقل. وبعد أن حفر قطعة الأرض التي كان رستم يستريح عليها، رفع العفريت البطل و"فراشه" المعروض هنا كجلمود عاليا في السماء. ثمّ عندها، أعطى أكفان رستم إمكانية الاختيار إمّا أن يُرمى في البحر أو أن يُقذف في الجبال. كان رستم مدركا لنفسيّة العفريت فاختار الجبال. وكما كان متوقعا، ما كان بالعفريت إلاّ أن ألقى برستم في البحر، وبذلك نجا رستم من الموت. ومن ضمن الفنّانين العاملين في إيران في الفترة الفاصلة بين ثلاثينات وتسعينات القرن السابع عشر الميلادي كان معين مصور من أغزرهم إنتاجا. فبالإضافة إلى الرسوم واللوحات ذات الصفحة الواحدة التي تُظهر مجموعة واسعة من المواضيع، فقد قام بتزيين ستّة مخطوطات

شاهنامة على الأقلّ خلال تلك الفترة(1) ونسخ عديدة من "تاريخ اقتران مولى المحظوظين الغازي للعالم".(2) ويبرز الأسلوب المميّز لمعين الذي لا يعكس الكثير من التأثيرات الأوروبيّة والهنديّة التي كانت رائجة في البلاط الصّفوي من أربعينات القرن السابع عشر الميلادي فصاعدا لمسات ريشته الفنية وولعه بدرجة خاصّة باللون الوردي البنفسجي، تتجلّى بوضوح هنا في خلفيّة الرسم. وكما أشير إليه في مكان آخر، فقد عمل هذا الفنان لحساب زبائن خارج الدائرة الملكيّة يُحتمل أنّهم كانوا محافظين أكثر في ذوقهم من الشاهين صافي (حكم ما بين 1642-1629م) وعبّاس الثاني (حكم ما بين 1642-1666م). كما أنّه عاش لبعض الفترات خارج العاصمة أصفهان (3). وفي هذا الرسم الإيضاحي يركّز معين على العناصر الأساسية للقصّة. يضطجع رستم وهو يرتدي درعه المميّز من جلد النمر وخوذته من جلد الفهد على جلمود صخر وينظر إلى البحر تحته وقد أصبح الآن مسودّا. ويرفع أكفان ذو اللون البرتقالي الزاهي وهو عملاق مقارنة برستم، الصخرة وكأنّه من ممارسي رياضة كمال الأجسام. وتكشف التنّورة ذات الطبقتين الزرقاء والقرمزيّة عضوا ذكريّا كبيرا جدّا بين ركبتيه الصلبتين. وقد رسم معين مصور هذه الواقعة ثلاث مرّات في الخمسينات والستينات من القرن السابع عشر الميلادي. لا توجد نسخة لهذا المشهد في المخطوط غير المؤرخ الموجود في المكتبة الوطنية الروسية، ولكن الرسوم الإيضاحية المتناثرة من شاهنامة مجموعة ديفد العائدة لخمسينات القرن السابع عشر الميلادي تقدّم مقارنة تقريبية. وتختلف تلك اللوحة عن الرسم الحالي باستثناء بعض التفاصيل الصغيرة مثل وضعية ساعدي ورجلي رستم، ومكان صولجانه الذي جاء على شكل رأس ثور، وطول تنّورة العفريت، ومعالجة حزامه الذهبي والنبات الذي ينمو على ضفة الشاطئ. ومن المحتمل أن يكون معين قد اعتبر أن الصيغة السابقة قد نجحت ولم ير أي داع لتغييرها. ولم يعد للتطرق لهذا الموضوع إلا بعد وقت طويل أي في 1693م حينما غيّر طريقة تناوله للعمل.(4)

SRC

1. فرهاد (Farhad1990)، الصفحات 126-127 الحاشية 10. أوضحت فرهاد المخطوط الذي أُخذ منه هذا الرسم متناثرا وحددت تاريخه بـ 1077 هجري الموافق لـ1666-1667 م؛ مصدر تاريخها غير واضح. نُشرت ثلاث صفحات متناثرة من مخطوط المتروبوليتان من قبل إرنست غروب (Ernst Grube) في نيويورك والبندقية في 1962م، أرقام 114-116. توضح وثائق سجلات المتحف المتعلقة بهذا المخطوط أن هذا الأخير يتضمّن إثني عشر رسما توضيحيا ولكن أصلا كان يتضمّن واحدا وعشرين رسما. وذكر غروب (Grube) مجموع تسع صفحات في مجموعة أولسون (Olsen) (والتي نشرت منها ثلاث)، صفحة واحدة في متحف سبرينغفيلد في ماساتشوستس، وثلاث في المجموعة الثالثة لإدوين بيني (Edwin Binney) في متحف الفن بسان دييغو، مما يعني عددا جمليا بخمس وعشرين وليس واحد وعشرين رسما. وقد اجتزّت هوامش مخطوط المتروبوليتان عندما جرت إعادة تسفيره.
2. سيمز (Sims 2002م)، ص. 54.
3. فرهاد 1990م، ص. 114؛ كانبي (Canby 2010م)، ص. 55.
4. هذه النسخة تظهر في شاهنامة منسوخة في 1669م ولكن مصورة في 1693م (متحف المتروبوليتان، حساب رقم 13.228.17)

المصدر: والتر شولتز (Walter Schulz)، لايبسيش (1914م)؛ البروفسور أو مول (Professor O. Moll)، دسلدورف (حتى 1929م)؛ مونرو س. غاتمان (Monroe C. Gutman)، نيويورك (1929م- توفي 1974م)

155. طبق

إيران، على الأرجح مشهد، حوالي 1635م
فخار، محفور وملوّن على خلفية مزجّجة شفّافة
الارتفاع: 8.3سم ؛ القطر: 43.4سم.
رصيد رودجرز، 1924م، 24.47.4.

كان اتجاه الذوق الصفوي الفارسي في مجال الخزفيات بصدد التحوّل عندما أُنجز هذا الطبق الكبير. في سنة 1607-1608م، أودع الشاه عبّاس الأوّل ما يزيد عن ألف قطعة من الخزف الصيني في مزار سلالته بأردبيل. ورغم أن السبب الظاهر وراء هذه الهبة الخيريّة هو رغبة متديّنة لتكريم مؤسّس السلالة الصفوية، الشيخ صفي الدين، إلاّ أنّه يرجّح أن يكون السبب الحقيقي تناقص الشغف بالخزفيات الصينية، على الأقل على مستوى البلاط. وكانت الخزفيات الصينيّة على امتداد القرن، تحظى بمنزلة عالية بين مجموعات القطع القيّمة والنّادرة التي تُجمع في البلاط. وتشير تواريخ القطع الخزفيّة المهداة من قبل الشاه عبّاس الأوّل والتي تعود إلى الفترة الممتدّة ما بين القرن الثالث عشر وبداية القرن السابع عشر الميلاديين إلى أن هذه القطع جُمعت على امتداد فترة زمنيّة طويلة وظلّت تعرف طريقها إلى البيت الملكي خلال فترة حكمه. سبق وأن أنتجت الخزفيات الزرقاء والبيضاء في إيران خلال القرن السادس عشر الميلادي قبل إيداع القطع الخزفية بأردبيل، لكن حجم إنتاج هذه الخزفيات تطوّر على نحو هائل خلال النصف الأوّل من القرن السابع عشر الميلادي. ويبقى الجدل قائما حول الأسواق المعنيّة بهذه الخزفيات: ويرجح أن يكون الإيرانيون أنفسهم هم أكبر المستهلكين لمثل هذه المنتجات. إن الحجة القائلة بوجود ارتباط مباشر بين مجموعات أردبيل والمنتجات الجديدة من الأواني البيضاء والزرقاء في إيران والتي يعتبرها البعض ضعيفة، تستند إلى مشاهدات أكثر منها إلى براهين

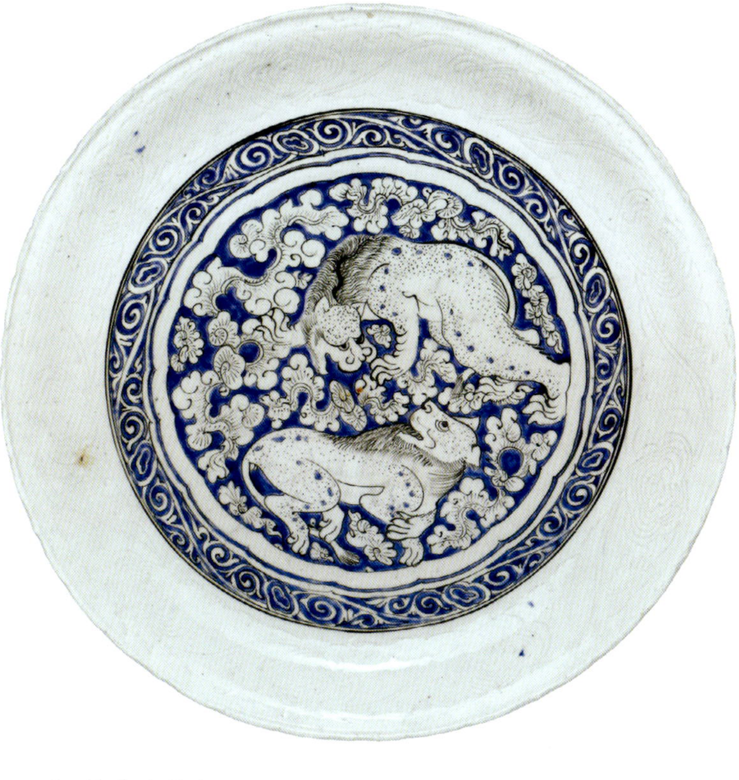

نصّية. ومع ذلك توحي اللوحات العائدة إلى النصف الأول من القرن السابع عشر الميلادي والتي تتضمّن تصويرا لأواني كبيرة بيضاء وزرقاء يستخدمها طيف واسع من الشرائح الاجتماعية يتراوح من الدراويش إلى الموسمات، إلى أن الذوق كان يميل لمثل هذه الأواني التي كانت شائعة داخل المجتمع. وكانت تقع تلبية هذه الطلبات بأسعار معقولة مقارنة بأسعار الواردات الصينيّة. وفي اللحظة التي بدأ فيها اهتمام الشاه بالأواني الصينيّة الزرقاء والبيضاء يفتر، أفاق رعاياه وتبنّوا هذا النمط من الخزفيات لأنفسهم. يتوسّط هذا الطبق أسدان. أحدهما وهو الموجود إلى فوق يخطو يسارا وهو ينظر إلى الوراء وإلى أسفل حيث يوجد الأسد الآخر المضطجع إلى اليمين. المخلب الأيسر لهذا الأخير متشابك مع ساقه اليمنى ورأسه مستدير إلى الخلف وإلى فوق وكأنّه يزأر لرؤية الحيوان فوق. وتحدد خطوط محيطة سوداء شكلي الأسدين ولكنّهما يظهران بلون أبيض على خلفيه ملونة بالكوبالت الأزرق. رُسمت بعض التفاصيل كعرف الأسد باللون الأسود وكذلك الشأن فيما يتعلق بالنقاط الصغيرة على طول ظهريهما وسيقانهما، وتلتفّ حولهما سحب منتفخة تبدو نباتية أقرب منها إلى سحب سماويّة. وتملأ لفائف متكرّرة الشريط الأوسع الذي يحيط بالفصّ الدائري الأوسط، ويظهر نموذج من الأزهار والأمواج منقوش في الحلية ربع الدائريّة تحت خلفيّة مزججة شفّافة مائلة إلى الزرقة. ورُسم بالوجه الخارجي شريط من أزهار قسّمت إلى نصفين ولفائف على هيئة حرف (S) اللاتيني على خلفيّة زرقاء مزججة بالقرب من قدم الصحن وتحمل القاعدة علامة مميّزة على شاكلة الأسلوب الصيني. وقد لاحظت ليزا غولومباك وروبرت ماسن وباتي بروكتر علامة شبيهة جدّا على قاعدة مِملحة في المتحف الوطني للفن الإسلامي في برلين يعود تاريخها إلى 1037 هجري الموافق لـ 1627–1628م. ورغم أن تحليل النسيج الصخري لقطع تحمل هذا النوع من العلامة يحيلنا إلى كرمان، إلاّ أن استخدام الخطوط المحيطة السوداء انقطع في كرمان مع منتصف ثلاثينات القرن السابع عشر الميلادي ممّا يشير إلى أن هذا الطبق كان أنجز بالفعل في مشهد حيث بقي استخدام هذا النوع من الرسم شائعا.

SRC

1. لندن 2009م، الصفحات 120–121.
2. غولومباك، ماسون وبروكتر (Golombek, Mason, and Proctor 2009م)، الصفحات 211–212، صورة 5 . تظهر علامة تكاد تكون مماثلة على طبق في متحف فيكتوريا وألبرت، لندن. انظر كراو (Crowe 2002م)، ص. 67، رقم 37.
3. غولومباك (Golombek 2003م)، ص. 261.

المصدر: فرانك غير ماكمبر (Frank Gair Macomber)، بوسطن (حتى 1924م؛ بيع، الجمعية الأمريكية للفنون، نيويورك، 27 فيفري 1924، الرزمة 175، لـمتحف المتروبوليتان للفنون)

156. إبريق على شكل فيل (كندي)

إيران، على الأرجح كرمان، الربع الثاني من القرن السابع عشر الميلادي.
عجينة خزف ليّنة. ملوّنة بدرجات من الأزرق على خلفية مزجّجة شفافة.
الارتفاع: 232 سم؛ العرض: 18.1سم؛ القطر: 11.7سم.
رصيد أصدقاء قسم الفن الإسلامي، 1968م 68.180.

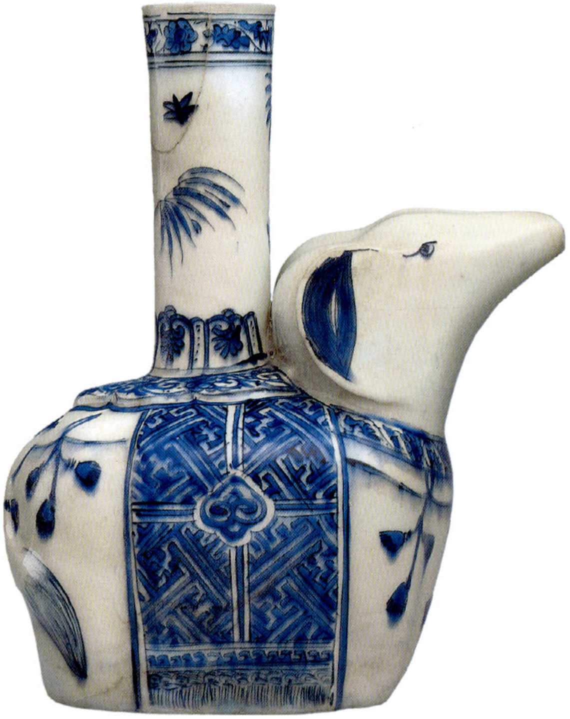

جاء هذا الإناء الذي يعود إلى إيران إبّان الحقبة الصفوية، على هيئة فيل جاثم بتصاميم بالكوبالت الأزرق وباللون الرمادي الضارب إلى الزرقة وكذلك باللون الأبيض، ومن الواضح أنه شُكّل وفق نموذج الكندي، وهو إناء شرب صيني مينغ يعود إلى فترة وانلي (1573–1620م) (1). وقد جرى تصدير أواني الكندي من الصين إلى أوروبا وإيران والإمبراطوريّة العثمانيّة، (2) حيث استنسخت وعُدّلت لتتناسب مع الذوق المحلّي. رغم أنّ كيفيّة استخدام الإيرانيين لهذه الأواني غير واضحة، إلا أنه يرجّح أن تكون استُخدمت كقواعد لأنابيب المياه (كليان)، أو مجرّد تحف زينة حسب الأسلوب الصيني المرموق.(3) تعود أواني الكندي الصينيّة إلى فئة من الخزف معروفة بـ'الكراك'، على غرار الأواني التي عُثر عليها في السفينة التجاريّة الهولنديّة التي كانت تحمل شحنة منها. وكانت إيران أحد الأماكن الأولى لصنع أواني مقلّدة من الكراك. (4) ويختلف المثال في هذه الحالة عن النموذج الصيني الأصلي من حيث المادّة وطريقة الإنجاز معا. فهذا الإناء صُنع من عجينة الفخار الليّنة عوضا عن الخزف. ونقشت ملامح الفيل نقشا خافتا وأقلّ واقعيّة. ولا نجد هنا الخرطوم المفتول للكندي الصيني. ومع ذلك، فإنّ في كلا النموذجين الإيراني والصيني، يتوّج الجسم بعنق أسطواني طويل يُشكّل مقبض الآنية، في حين أن خرطوم الفيل القصير يستخدم كفوهة. وعلى غرار النموذج الصيني، أنجزت الزخرفة هنا بالكوبالت الأزرق وبخطوط محيطة زرقاء مائلة إلى الرمادي على خلفيّة بيضاء مزجّجة. وتغطي جسم الحيوان وعنقه رفادة لها شراشيب متداخلة وزخارف تتمثّل في أشرطة طويلة وشرابات. وقد استعملت ليزا غولومباك مصطلح "أسلوب انتقالي" لوصف هذا الإناء الأزرق والأبيض الذي رسم محيط تصميمه الأزرق باللون الرمادي المائل إلى الزرقة والسواد، ونسبته إلى كرمان في الربع الثاني من القرن السابع عشر الميلادي (5).

ولم ير النور خلال الحقبة الصفوية إلا عدد قليل من أواني الكندي المشكلة على هيئة

حيوانات. ويوجد نموذج مماثل للكندي على شكل فيل يعود إلى الفترة الصفوية ضمن مجموعة متحف أشمولين بأكسفورد. (6)

ME

1. صُمم الكندي اعتمادا على إناء الشرب البوذي المعروف ب" كندي"، الذي دخل الصين بواسطة النساك البوذيين الهنود الذين استعملوه بغرض الوضوء خلال احتفالاتهم الدينية. وتتضمّن مجموعة متحف المتروبوليتان كندي خزفي على شكل فيل مشابه يعود تاريخه إلى أواخر القرن السادس عشر الميلادي (حساب رقم 2003.232).
2. يوجد بخزينة الباب العالي في إسطنبول عدة نماذج تعود إلى القرن السادس عشر الميلادي. في 1609م، وهب الشاه عباس الأول عددا منها لمقام الشيخ صفي الدين في أردبيل (هي الآن ضمن المجموعة الإسلامية بمتحف إيران الوطني بطهران).
3. لندن ولشبونة 2008م، ص.321. انظر أيضا آلن (أAllan 1991)، الصفحات 54-55.
4. لندن ولشبونة 2008م، ص.321.
5. غولومباك2003Golombek. انظر أيضاغولومباك،ماسن وبروكتور(م,ProctorMason Golombek 2001). يعتمد إسناد غولومباك (Golombek) على أدلة أثرية وتحليل علم الصخور لقطع أميط اللثام عنها بكرمان ومشهد وكذلك أيضا على نماذج موقعة متبقية تحمل علامات الخزافين في متاحف شتّى ومجموعات خاصة نظرا لأن الكندي الذي نحن بصدده لا يحمل علامة الخزف فإن نسبة هذه القطعة لا تعتمد إلاّ على الأدلة الأسلوبية والتاريخية
6. آلن (أAllan. 1991).، ص.54، الصورة32.

المصدر: السيدة سلفانا ألياتي إليوت (Silvana Aliati Elliot) حتى 1918م، بيع إلى متحف المتروبوليتان.

157. طبق

إيران، كرمان، 1670م.
فخّار؛ متعدّد الألوان على خلفيّة مزجّجة بيضاء.
الارتفاع: 6.4سم ؛ القطر: 36.2سم.
مجموعة إدوارد سي. مور، وصيّة إدوارد سي مور، 1891م 91.1.92

158. قارورة

إيران، كرمان، خمسينات القرن السابع عشر الميلادي.
فخّار، ألوان متعدّدة على خلفيّة مزجّجة بيضاء. الارتفاع: 33.7سم ؛ القطر: 15.9سم.
رصيد رودجرز 1914م 14.64.2

أثبتت دراسة حديثة في مجال علم وصف الصخور أجريت على المجموعة الكبيرة للخزفيات متعدّدة الألوان العائدة إلى القرن السابع عشر الميلادي والتي تنتمي إليها هاتان القطعتان نسبتها إلى كرمان(1). وقد بلغت هذه المدينة الواقعة في جنوب شرقي إيران تحت حكم الشاه عبّاس الأوّل (حكم ما بين 1587م-1629م) أوجها حين عيّن قانج علي خان، حاكما على مقاطعة كرمان وحوّل أعدادا كبيرة من الأكراد للاستيطان فيها.

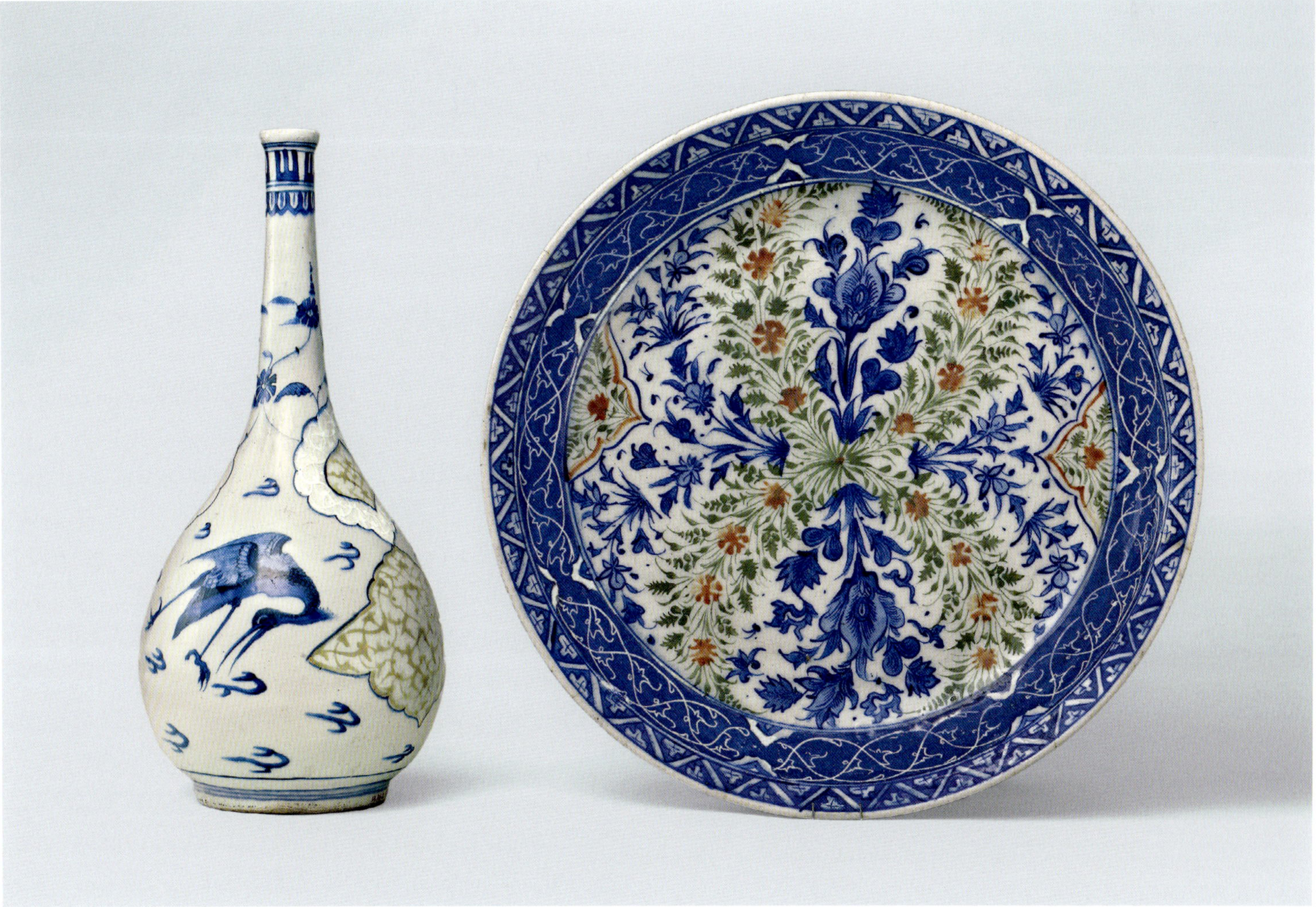

وقد أدّى تعهّد قانج علي بإنجاز معالم ضخمة إلى نشأة حي جديد بالمدينة. وبغرض زخرفة البنايات الجديدة ولتلبية احتياجات الزبائن الجدد، انتقل العديد من الفنّانين إلى مدينة كرمان، وكان من بينهم خزّافون مهرة.
وفقا لليزا غولومباك، تكوّنت القطع الخزفيّة المنتجة بكرمان من عجينة الفخّار الليّنة التي زيّنت بالكوبالت الأزرق على خلفيّة من التراب القلوي المزجّج الشفّاف على غرار الخزفيات الصينيّة الزرقاء والبيضاء. (2)
ولكن مع حلول اربعينات القرن السادس عشر الميلادي، ظهر إلى الوجود أسلوب جديد يتعلّق بخزفيات كرمان، حيث اندمجت العناصر البيضاء والزرقاء المشكّلة على نحو غير مضبوط اعتمادا على موتيفات الزهور والنباتات الصينيّة مع أشكال نبتات وميداليات وصفائح متعدّدة الألوان وغير ذلك من رسوم الزخرفة التي لا علاقة لها بالخزفيات الصينيّة.
أدمجت زخرفة هذا الطبق (الفهرس 157) نقوشا ورقيّة الشكل شوكيّة وزهورا ذات لون برتقالي أحمر وهي نماذج خاصة لنتشرت في كرمان، وخراطيش جزئية تحتوي على نبات متعدّد الألوان وأزهار زنبقية زرقاء ممتلئة وأغصان من أزهار أخرى.
وتظهر في الحلبة ربع الدائريّة لفائفُ دالية مزدوجة مشكّلة عن طريق خدش الطبقة الزجاجيّة السوداء لتُشكّل سبع خراطيش. ورغم أن هذه التقنيّة لم تكن جديدة فيما يتعلّق بالخزفيات الصفوية، إلا أنها كانت مرتبطة بالأواني الكرمانيّة التي غالبا ما تكون مشفوعة بكتابة أبيات شعريّة (3). أخيرا، يشبه الموتيف معيّن الشكل المتكرّر ذلك الموجود على قطع نسبتها غولومباك إلى الفترة من 1660-1710م، آخر فترة الأواني الكرمانيّة. ونظرا لأنّ جودة هذا الطبق عالية إلى حدّ كبير، ورغم أن زينته تتضمّن تفاصيل تتطابق مع تلك السائدة في الفترة اللاحقة من الإنتاج، يكون من الأجدر نسبته إلى سبعينات القرن السابع عشر الميلادي.
أمّا الحجم الكبير للصحن، وإن لم يكن ذلك استثنائيا بين الأواني الكرمانية، فإنه يلفت الانتباه إلى الغرض الذي صُنع من أجله. فقد تكون هذه الأطباق استخدمت لتقديم مأكولات مثل الأرز المطبوخ التي يغترف منها الآكلون حصصهم بواسطة ملاعق طويلة، على العكس تماما من الأكل الصيني الذي كان يتناول من صحاف صغيرة.
وعلى امتداد القرن السابع عشر الميلادي، ومع اتخاذ المآدب وحفلات الاستقبال منحى أكثر رسميّة وبذخا، كان لابدّ من وجود العديد من هذه الأطباق لتفي بالحاجة.
ورغم أن القارورة ذات العنق الطويل (الفهرس 158) ضمّت المزيج نفسه من تعدد الألوان والتزجيج بالكوبالت الأزرق في زخرفتها، فإن بعض جوانب تركيبتها توحي بأنّها صُنعت في وقت سابق مقارنة بالطبق الحالي. ويوجد على كلا جانبي جسم القارورة الكمثري الشكل، طائر غرنوق وحيد أزرق اللون يحلّق على خلفيّة بيضاء بينما يلوي رأسه إلى الخلف وإلى أسفل وكأنّما حدّد مكان فريسته في الأسفل. وتتخلّل السماء المحيطة بالطائر سحب منمنمة. ويوجد بين طيور الغرنوق ميدليّتان في شكل غطاء ثقب مفتاح محاطتان بخطوط زرقاء وتضمّان أرابيسك متشابك مغري اللون. فوق كل واحدة منهما هناك ميدالية بيضاويّة ذات فصوص تحيط بها ألوان بالأزرق وتحتوي على زخرفة في شكل ورقة صغيرة تضم لفائف دالية فاتنة الألوان، وتحيط بالعنق تصاميم حروفية منقوشة نقشا نافرا تكوّنت عن طريق نحت الجسم تحت طبقة التزجيج. كما يوجد تحت الحافّة البيضاء المقلوبة قليلا صفّان من النّسور، وقد استُمدّ الصف الأسفل منهما مباشرة من الحواف على شكل ورق لسان الجمل الموجودة عادة على الخزفيات الصينيّة.
واعتمادا على الاستخدام الخالص للموتيفات الصينيّة وندرة التفاصيل في إنجاز هذه القارورة، يمكن نسبتها إلى خمسينات القرن السابع عشر الميلادي، قريبا من فترة بداية إنتاج هذه المجموعة من الأواني في كرمان. وعلى عكس الأواني الصينيّة من الشكل ذاته التي كانت تستعمل كمزهريات، من الجائز أن تكون هذه القارورة قد استخدمت لتقديم النّبيذ أو الماء خلال المآدب.

SRC

1. ميسون (م2003 Mason).
2. غولومباك (م2003 Golombek)، ص. 253.
3. المصدر المذكور، الصورة 16؛ كانبي (ب1999 Canby)، الصورة 147.

المصدر: الفهرس 157: إدوارد سي. مور(Edward C. Moore)، نيويورك (حتى وفاته1891م)
الفهرس 158: [جورج آر.هاردينغ (George R. Harding)، حتى 1914م؛ بيع لمتحف المتروبوليتان للفنون]

159. صحفة

إيران، النصف الثاني من القرن السابع عشر الميلادي أو بعده
فخار، محفور على خلفية مزجّجة شفافة. (إناء قومبرون)
الارتفاع: 8.6 سم، القطر: 20 سم.
هبة و. ر. فالنتينر1911م 11.137.1

160. قارورة.

إيران، النصف الأول من القرن الثامن عشر الميلادي.
فخار، محفور على خلفية مزجّجة شفافة. (إناء قومبرون)
الارتفاع: 35.6 سم.
مجموعة إدوارد سي. مور، وصيّة إدوارد سي مور، 1891م 91.1.131

تنتمي هاتان القطعتان إلى مجموعة من الخزفيات الصفويّة الإيرانيّة، تعرف "بأواني قومبرون" وهي سمّيت باسم المركز التجاري على الساحل الجنوبي لإيران، (1) وكغيرها من أغلب الخزفيات الإيرانيّة المنتجة بداية من القرن الثامن عشر الميلادي، فإن كلاّ من أواني قومبرون وسابقاتها من حيث الأسلوب والمؤرخة الى القرن الثاني عشر الميلادي سعت إلى محاكاة الأواني الخزفيّة الصينيّة. حظي الخزف الصيني بتقدير خاص في إيران ليس لجاذبيته الجماليّة فحسب بل أيضا للميزات التقنيّة الفريدة التي اتّسم بها، ويُفسّر ذلك بأن الكاولين الصلصال الصيني الأبيض المستخدم لصناعة هذا الخزف لم يكن موجودا في المنطقة.
والأرجح أنّ هذه الصحفة (الفهرس 159) بجوانبها المدوّرة وحافتها البسيطة وقدمها القصير قد شُكّلت وفق نموذج الصحاف الصينيّة من نوع ليان تسو

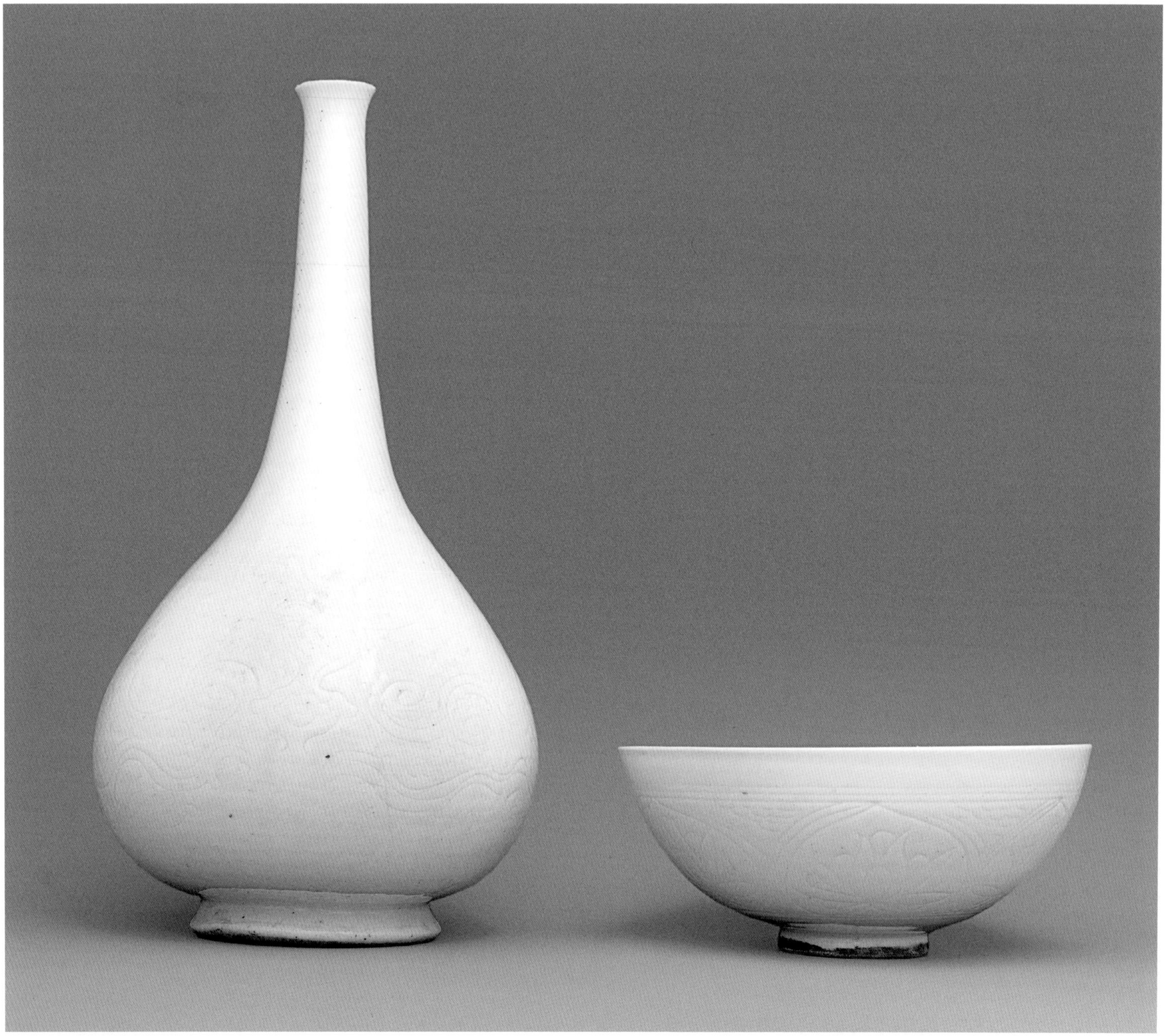

(بذرة اللوتس).(2) وتتطابق القارورة بجسمها المنتفخ وعنقها الضيّق الذي ينتهي بحافة مطلية بالقصدير مع أشكال خزفيّة معروفة رغم أنّ العنق قد يكون أطول مما هو موجود في أغلب النّماذج الصينيّة.

زُخرفت كلتا القطعتين بخطوط محفورة تشكّل أزهار لوتس منمنمة (على الصحفة) وأشرطة سحب لولبيّة (على القارورة). ويخلق النور المنعكس من خلال هذه الخطوط مصدر تفاعل رقيق بين العتمة والشفافيّة وبين النور والخط. وتُستخدم المساحات المحفورة أيضا لإبراز مدى رقة الجدار وهي ميزة تختص بها صناعة الخزف الصيني ويأمل الحرفيّون الإيرانيون النجاح في محاكاتها. وجاءت خفة هذه الخزفيات وشفافيتها كثمرة قرون من التهذيب ابتدأت مع الأواني الخزفيّة البيضاء الأثقل وزنا والعائدة إلى الفترة السلجوقيّة من تاريخ إيران.

ولقد تمكن حرفيو الفخار في القرن السابع عشر الميلادي لمّا كانوا يستنبطون أفكارا من هذه النماذج الأقدم عهدا من الاقتراب أكثر من هيئة هذا الخزف وملمسه. وقد يكون انتعاش إنتاج الخزف الأبيض في إيران جاء كردّ لانقطاع واردات الخزف من الصين بين أعوام 1643 – 1645م و1683م. وبحسب تاريخ الأواني، فإن رواجها قد يكون راجع إلى التخمة التي عرفتها السوق الغربيّة جرّاء الرواج المكثّف للخزفيات البيضاء والزرقاء الطويلة نتيجة تولّي الهولنديين إنتاج كمّيات كبيرة من الأواني المقلّدة وعودة تجارة الخزف الصيني إلى نشاطها في 1683م (3).

وكانت قومبرون نقطة تصدير بدلا من مكان إنتاج. وشكّلت الأواني البيضاء المسّماة باسمها، والتي نحن بصدد الحديث عنها، جزءا ضئيلا فقط من السلع المصدّرة من ذلك المرفأ.

كما كانت قومبرون كذلك مرفأ لتصدير كميات كبيرة من المنسوجات والتوابل وأنواع أخرى من الخزفيات بما في ذلك أواني بيضاء وزرقاء وفخّاريات إيرانية ذات بريق معدني. وبحكم موقعه المثالي، كان المرفأ وجهة مألوفة لكل من شركات الهند الشرقيّة الهولنديّة والإنكليزية واستُخدم مستودعًا للخزفيات والسلع الفاخرة الأخرى القاصدة أوروبا. (4) ويعكس أسلوب خزفيات قومبرون ودورها في التجارة العالمية الروابط الفنية والاقتصادية التي كانت تربط بين الصين وإيران وأوروبا في القرن السابع عشر الميلادي.

ME /KW

1. الاسم البديل لمركز قومبرون التجارى هو بندر عباس، انظر فروم (Froom 2008)، ص. 118.
2. صحاف 'ليان تسو' البيضاء والزرقاء شائعة مثلما هو الشأن بالنسبة للنماذج البيضاء المرتبطة ارتباطا وثيقا بصحفة قومبرون الموجودة بالمتحف. انظر مثلا بوب ج. أ.(م Pope, J. A 1956)، ألواح 113 (صحفتا ليان تسو بيضاء اللون بزخارف زهرية منقوشة)
3. مع أواخر القرن السابع عشر الميلادي، أنتجت أواني بيضاء وزرقاء من شتى الأصناف وجرى تصديرها بأعداد كبيرة من أفران فارسية وصينية ويابانية وهولندية (رودجرز 1992م).
4. كراو (Crowe 2002)، ص. 44.

المصدر:

الفهرس 159: [جورج آر. هاردينغ (George R. Harding)، لندن، حتى 1911]؛ و. ر. فالنتاينر(W. R. Valentiner)، نيويورك (في 1911)

الفهرس 160: إدوارد سي مور(Edward C. Moore)، نيويورك (حتى وفاته 1891م)

161. قارورة

إيران، النصف الثاني من القرن السابع عشر الميلادي.
فخّار؛ ملوّن ببريق معدني على خلفيّة مزجّجة معتمة بيضاء.
الارتفاع: 25.4سم.
مجموعة إدوارد سي مور، وصيّة إدوارد سي مور .1891م 91.1.168 .

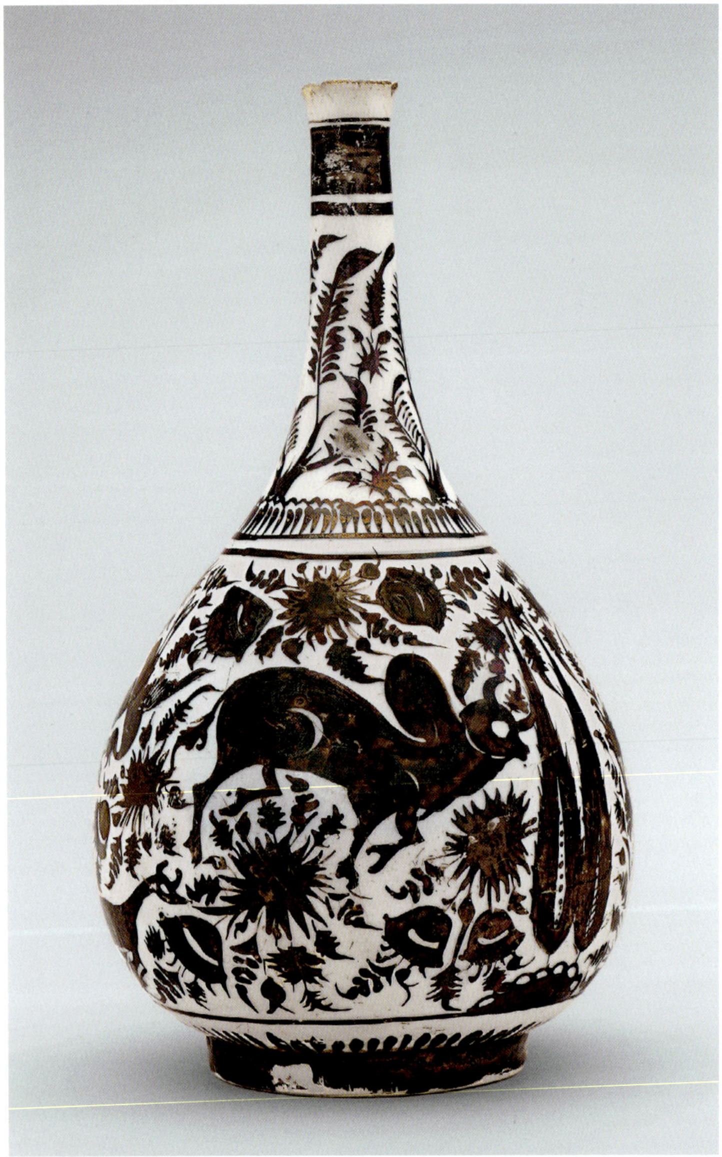

لم يبق إلا النزر القليل من الأواني الفخارية الإيرانية ذات البريق المعدني العائدة الى القرنين الخامس عشر والسادس عشر الميلاديين. ورغم ذلك، ووفقا لأولفر واتسن فإن هذه التقنية لم تضمحل تماما.(1) ولأسباب لا تزال غير مفهومة بصورة جيّدة، فإن الخبرة اللازمة لصنع الأواني ذات البريق المعدني انتعشت أو أعيد اكتشافها في القرن السابع عشر الميلادي. وتتمثّل في خلط البريق المعدني على الزجاجيات ورسمه على قطعة مجفّفة في الأفران مرة واحدة ثمّ إعادة تجفيفها في فرن اختزال على درجة حرارة مناسبة لكي ينصهر البريق المعدني المزجّج على المساحة.

ولا تتضمّن القطع القليلة من الأواني الفخارية ذات البريق المعدني (2) تواريخ أو أيّة معلومات أخرى تمكّن من تحديد المكان الجغرافي للأواني. لذلك فتحليل هذه القارورة وغيرها من الأواني الفخارية الصفوية ذات البريق المعدني يعتمد على مقارنات بين أشكالها وزخرفتها وتلك التي وجدت على قطع صنعت بتقنيات مختلفة. بالإضافة الى ذلك، يوفر عدد قليل من القطع التي تدمج تقنيّة الأوان الفخارية ذات البريق المعدني مع الرسم على خلفية مزججة القليل من المعلومات الإضافية حول تاريخ الأواني. زُيّنت هذه القارورة ذات البريق المعدني في أعلى عنقها الطويل بشريط عريض من البريق المعدني ذي اللون البني الغامق وبأربع شجرات تشبه شجرة السّبط، وشريط يحيط بالحافة. ورتّبت على جدران جسمها البيضاوي كل من درياني وشجرتا سرو، وأزواج متراكمة من بذور قرن البازلاّ شاذّة الحجم و طاووس وظبي تتخلّل كلاهما أغصان زهريّة وورقيّة. وبينما لاحظ آرثر لين أن الأعمال "بتكديسها للتفاهات المفرطة في الزخرفة تقترب من صناعة الفخار بكرمان من حيث الروح"،(3) فإن الحيوانات والنبات تذكّر أيضا بزخرفة حواشي المخطوطات الصفوية. وإلى حد هذا التاريخ، لم تُجر أية دراسة دقيقة لتوضيح العلاقة بين الوسيطَين، هذا إن وجدت فعلا مثل هذه العلاقة.

مقارنة بالخزفيات البيضاء والزرقاء الصفوية، أُنتجت الأواني الفخارية ذات البريق المعدني في دائرة محدودة نسبيّا من الأشكال. وقد شملت هذه الأشكال قارورات

أنيقة مثل القارورة المعروضة هنا، وصحونا وصحافا وأكوابا صغيرة وأخرى ذات قواعد وأباريق ذات فوهات منحنية ومزهريات توليب وأباريق مقرفصة بأغطيتها ورجّاجات رمل. وبعض هذه الزجاجات قد تكون استخدمت كمبصقات ولكنّ أغلبها قد يكون استعمل من قبل المحررين لنشف الحبر لذرّ الرمل عليه. وتوحي العديد من النماذج المتبقية من هذه القطع بأن من بين زبائن حرفيي الأواني الفخارية ذات البريق المعدني قد يكون هناك أشخاص مثل الخطاطين الذين عملوا في مكتبات مع فنّانين ومذهّبين. وإن كان الأمر كذلك، فإن حرفيي الفخار كان لهم على الأرجح نفاذ إلى تصاميم المذهّبين على أوانيهم أو سبب وجيه لمحاكاتها.

ورغم أن الكثير من الأواني الفخاريّة الصفوية ذات البريق المعدني زُيّن على عجل، فإن البعض منها ازدان بمشاهد مؤلفة بعناية، وغالبا ما كانت هذه المشاهد مستمدّة من مصادر صينيّة. وهكذا، فإنه يمكن افتراض وجود تطور في الأسلوب من مرحلة القطع الأولى التي كانت أنجزت بدقّة أكبر إلى مرحلة القطع اللاحقة التي اتسمت بسطحية واستنباط متزايدين. وبالاعتماد على غزارة تفاصيلها وموتيفاتها سهلة التمييز، فإنه يمكن الاستنتاج بأن هذه القارورة مؤرخة إلى فترة زمنية قريبة من بداية تسلسل المجموعة. ويحتوي صحن موجود في المتحف البريطاني بلندن (4) على مشهد بالأبيض والأزرق مع تفاصيل بالبريق المعدني يصوّر شخصيّة رجالية في حديقة بها جسر مميز اعتمد في إنجازه على نموذج صيني، وتوجد على جدرانه الخارجيّة زينة بالبريق المعدني على خلفية بالكوبالت الأزرق. وقد نسب يولند كرو أعمالا تحتوي على نفس الشخصية وموتيف "الجسر إلى فترة حكم الشاه سليمان". (1666 – 1694م) (5)

ولو افترضنا أن هذه القارورة تعود إلى الفترة القريبة من بداية استعمال الأواني الفخارية ذات البريق المعدني في القرن السابع عشر الميلادي، فمن الممكن تأريخ إنتاجها إلى فترة تتراوح من خمسين إلى سبعين سنة تكون هذه الأواني أنتجت خلالها. وحسب هذا السيناريو، فإنه يرجّح أن تكون القارورة صنعت حوالي 1600–1670م، عند نهاية حكم الشاه عباس الثاني أو خلال فترة حكم الشاه سليمان.(6) في كل من أصفهان وما تلاها، تزامن حكم الشاه عبّاس الثاني بفترة نشاط فنّي عالي وجدت خلالها الأفكار الجديدة الآتية من أوروبا والهند إقبالا كبيرا. وعلى الأرجح، فإن هذه الأفكار يمكن أن تكون رشحت لحرفيي الفخّار. وهكذا، فالتقاء الدرياني الهندي والطاووس الإيراني والظبي الصيني على قارورة واحدة قد يكون مصدر إعجاب بنفس القدر الذي يكون به الشكل الأنيق والتزجيج ذي البريق المعدني للقطعة.

SRC

1. واتسن (Watson 1985م)، الصفحات 160-163.
2. نفس المكان.
3. لين (Lane 1971م)، ص. 105.
4. المتحف البريطاني، لندن(رقم 1970 0207.2، غير منشور)
5. كراو (Crowe 2002م)، ص. 188، أرقام 307-308.
6. لين (Lane 1971م)، ص. 104 وحاشية1، ذكر قارورة،مفقودة الآن، زينت من قبل هنري واليس (Henry Wallis) وحملت تاريخا قُرأ على نحو مختلف كـ: 1006 هجري الموافق لـ 1597م، 1062 هجري الموافق لـ 1651م، و 1084 هجري الموافق لـ1673م. و ذهب لين إلى أن 1673م هو التاريخ الأقرب إلى الواقع، لكن من المحتمل، اعتمادا على أسلوب القطعة، أن يعود تاريخها إلى 1651م.

المصدر: إدوارد سي مور(Edward C. Moore)، نيويورك (حتى وفاته 1891م)

162. لوحة خزفية

إيران، على الأرجح أصفهان، الربع الأول من القرن السابع عشر الميلادي.
فخار؛ متعدد الألوان على خلفية مزججة (تقنية الزخرفة اليدوية للخزف المعروفة ب " الحبل اليابس" (Cuerda séca)
المقاسات: 104.1× 1.88 سم .
رصيد رودجرز، 1903م، 03.9.

أبهرت حدائق أصفهان زوارها لقرون عدّة. (1) شبّه زائرون فرنسيون وإنكليزيون في الفترة الصفوية المدينة بغابة مليئة بالأشجار، وتغنوا ب'جهرباغ' المخضوضر وهو عبارة عن شارع عريض اصطفّت على جانبيه حدائق ومنتزهات وسراديق.(2) وكان الحاكم شاه عباس الأول (حكم ما بين 1629-1587م) هو الذي بادر بإنشاء حي الحدائق عندما حوّل أصفهان إلى عاصمته الجديدة. (3). وتمكّن هذه اللوحة الخزفية الساحرة من أخذ لمحة عن حدائق القرن السابع عشر الميلادي مع ما تحتويه من مباهج تأسر الألباب. (4).

وفي منظر طبيعي مخضوضر يزدان بأشجار ونباتات مزهرة، يستمتع جمع صغير بنزهة وحواليهم صحاف محمّلة بالفواكه وقوارير ذات أعناق طويلة مليئة بالشراب. وتلتحف الشخصيات البدينة أقمشة فاخرة رائجة خلال فترة حكم الشاه عبّاس الأول، وتتطابق الثياب الفضفاضة المزخرفة وأحزمتها الحريرية والعمائم المخططة مع حلل رسمت في رسوم ولوحات إيرانية تعود إلى القرن السابع عشر الميلادي (5) .

ومع ذلك، فإن اللّباس الأوروبي موجود هنا أيضا من خلال ثوب الرجل الأسود و قبّعته. و تُظهر المرأة التي تنم طريقة جلوسها عن وضعيّة كسولة و تنظر بالكاد إلى المشاهد، تسريحة شعر وملامح وجه وحلي وصدريّة على طريقة "غربيّة". وازداد مثل هذا التجسيد التصويري انتشارا في أصفهان خلال القرن السابع عشر الميلادي. (6) وقد لاحظ على سبيل المثال، الرحّالة أصيل روما 'بيترو دلاّ فالي' زخرفة معماريّة في المدينة تظهر رجالا ونساء في وضعيات خليعة. وأريد لبعض الشخصيات التي تظهر هنا وهي ترتدي قبّعات أن تجسّد أوروبيين (7).

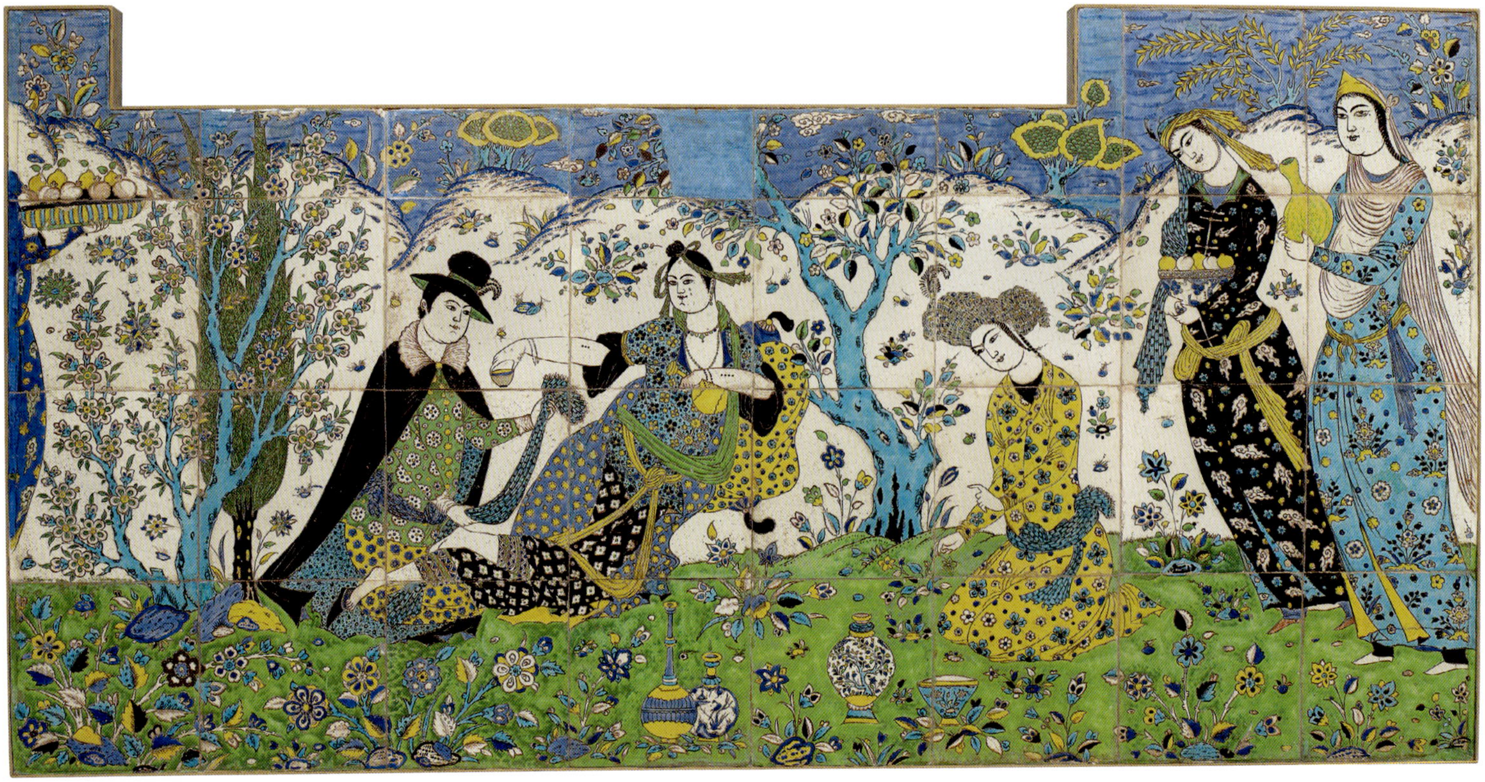

وعلى الأرجح، فإن مثل هذه اللوحات التي تعكس المناظر الطبيعية وطرق العيش التي رسمتها، كانت قد زيّنت جدران أجنحة حدائق وقصور أصفهان. لا يزال القليل من اللوحات الخزفيّة موجودا اليوم في مجموعات متاحف عبر العالم(8). ويصعب أن نحدّد بدقة المكان الأصلي لهذه المجموعة المعيّنة من المربعات الخزفية، لكن توجد صورة نشرها 'فريدريك سار' حوالي 1910م تدعم هذا السياق(9). ففي صورة 'سار' تظهر مجموعة من المربعات الخزفية بتصميم شبيه بالتصميم الحالي في مكانها الطبيعي على جدران جناح موجود في الطرف الشمالي من جهر باغ.

DMT

1. باربارو وكونتاريني (Barbaro and Contarini 1873م)، خاصة رحّالة القرن الخامس عشر الميلادي أمبروزيو كونتريني (Ambrosio Contarini) (ص.131).
2. تافرنيي وشاردن (Tavernier and Chardin) كما نقل عنهما في ستيفنس (Stevensم 1974)، ص.429.
3. ماكشازني (McChesney 1988م)، خاصة الصفحات 110و.؛و بابي(Babaieم 2008)، خاصة، الصفحات 82-85.
4. توماس هيربرت (Thomas Herbert)كما نقل عنه في ستيفنس (Stevens 1974م)، ص.436.
5. تقارن معالجة الأقمشةومقربة ملامح الوجه و الإهتمام برسم الحجم جيدا بالخصائص الموجودة في عمل رضاء عباسي في العشريات الأولى من القرن السابع عشر الميلادي انظر كانبي (Canby b1996)، خاصة الفصل 9 و أرقام 110، 119.
6. نفس المكان، الصفحات 174 - 176
7. بيترو دلاّفال(Pietro della Valle)، كما نقل عنه في ستيفنس (Stevens 1974م)، ص.437.
8. متحف المتروبوليتان للفنون(حسابات أرقام 03.9a و 03.9b)، انظر باريس 2007-2008م، ص. 359، رقم 120؛ ونيويورك 1993م، ص.40، رقم 35. توجد ألواح أخرى بلندن)متحف فكتوريا وألبرت، رقم 1891-139)، باريس (متحف اللوفر، رقم OA 3340؛ اسطمبول 2008م، الصفحات 221-222، رقم 97)، و برلين (نشر بينما لايزال ضمن مجموعة سار(Sarre)في دنكملر برسيسشر باوكنست [سار، شولتز و إكركر(Sarre, Schulz, and Krecker 1901-1910م)]، مجلد 2، ألواح 71 و 72؛ و سوردل طومين و آخرون (Sourdel-Thomine et al 1973م)، الصورة 351 أو ب.
9. تشير سجلاّت متحف المتروبوليتان إلى صور شبيهة على لوحة خزفية في سار، شولتز و إكركر(Sarre, Schulz, and Krecker 1901-1910م)]، مجلد 1، ص.90،الصورة 117. عنوان سار(Sarre) للصورة يقول ما معناه (جناح في الطرف الشمالي لجهر باغ): "Pavilion am Nordende des Tschehar Bagh".'هذه الصورة أعيد نشرها في لوشي شمايسر (Luschey-Schmeisser 1978م)، لوح 97، الصورة 201. استخرجت نسخة من لوحة المتحف الخزفية في نفس اللوح، في اسطنبول 2008م (انظر الصفحات 221-222، رقم 97، و خاصة رقم 8)، و تذكر اشارة إلى صورة في دنكملر (Denkmäler) في سار ، شولتز و إكركر (Sarre, Schulz, andم Krecker 1901-1910)]، مجلد 1، ص. 92، الصورة 120) التي حددها سار ك'عين خان'، ولكن يبدو أنها لا تبرز لوحات خزفية شبيهة بالقطعة الحالية.

المصدر: [لويس شاردون(Louis Chardon)، نيويورك، حتى 1903م؛ بيع لمتحف المتروبوليتان للفنون]

163. حامل مصباح

إيران؛ على الأرجح القرن السادس عشر الميلادي.
نحاس. مصبوب ومحفور ومطعّم بخليط معدني فاحم (نيالو)
الارتفاع: 30.1سم ؛ القطر (القاعدة) : 18.4سم
هبة جوزيف ودركسل، 1889م 89.2.197

164. حامل مصباح

إيران، مؤرخ في 986 [هجري] الموافق لـ 1578 - 1579م.
نحاس، مصبوب، محفور ومطعّم بخضوب سوداء وبيضاء.
الارتفاع: 33.7سم؛ القطر (القاعدة): 16.8سم .
رصيد رودجرز، 1929م 29.53.
الفهرس 163.
نص فارسي بخط النستعليق(1)

في خراطيش تحيط بالجزء العلوي (أبيات الشعر من أهلي طور شيزي) (2):
أرى مصباح المؤمنين الصادقين يضيء بحضورك؛ كل المؤمنين الصادقين أراهم يحوّلون قلوبهم إليك،
أنتم أيا سلطان العالم : فلتُحفظوا حتى من فقدان أيّة شعرة واحدة (لأن) ني أرى العالم (مجرّد) ذرة على ظفيرة شعركم.

في خراطيش حول الجزء الأوسط (ببيتين من الشعر بقافية من شاعر غير محدّد) (3)
قلت للشمعة : ما هذه الفراشة حول وجهك ؟
متبوع بسطر كتب نثرا:
ولتحظى بالسعادة والحظ والفرصة (السعيدة).
ربّاه اجعل الخاتمة حميدة.

في خراطيش حول الجزء الأسفل (زوجين من بيتي شعر بقوافي من تأليف محتشم كشاني): (4)
وجهه شمعة، دخانها تلك الظفيرة المنقوعة بالعنبر.
فالقلب مثل عصفور في قبضة يد طفل قاسي القلب
والذي يبدو لي في أول وهلة أنه كان يعزّه ولكن لم يبرح بعد ذلك أن قتله.
على القاعدة ، في خرطوشه:
حسن علي ابن علي معصوم.
الفهرس 164:
نصوص بالفارسيّة بخط النستعليق.

حول الحافة العليا (أبيات من البستان لسعدي) (5)
أذكر ذات ليلة وقد جافى عيني النوم
سمعت فراشة تخاطب شمعة.
[قالت الفراشة] " لأنّني عاشقة، فإنّه لمن العدل أن احترق
[لكن" لماذا البكاء ولما الإصرار على أن تحترق ؟
حول العمود على الشريط الأعلى (تكرار أبيات الشعر المذكورة من تأليف سعدي، مشفوعة بمواصلة وجيزة لنفس الأبيات والتاريخ.)
أجابت [الشمعة] آه عاشقتي المسكينة.
[في] سنة 986 [هجري] الموافق لـ 1578 - 1579م.

حول العمود، الشريط الأوسط (تكرار السطر الأول من أبيات الشعر للسعدي المذكورة أعلاه، مشفوعة ببيتي شعر لخسرو دهلاقي): (6)
لم تنفك روحي ولو للحظة من الاحتراق شوقا إليك
أي قلب يمكنه أن يكون في منأى عن ذلك الدلال الماكر ؟
عزيزتي أنا أحترق من الغيرة لأنك أضرمت النار في شخص آخر.
أضرمت النار في شخص آخر ولكن لا أحد غيري اكتوى بها.

حول العمود، الشريط السفلي (أبيات من كاتبي طور شيزي) (7)
في تلك الليلة، عندما غدا بدر وجهك الشمعة التي تضيء وحدتنا .
ذاب القنديل غير قادر على تحمّل تناجينا
تلي هذين البيتين نفس أبيات أهلي طور شيزي الموجودة على الجزء الأعلى لفهرس 163 (انظر أعلاه الأبيات الكاملة وترجمتها والتي بدايتها: أرى مصباحا...)

بفضل قاعدته العريضة وحافته المطليّة بالقصدير، يُعدّ الشكل الطويل والاسطواني المميّز الموجود في هذين المثالين نموذجا لمجموعة من حوامل المصابيح الصفوية التي تتقاسم فيما بينها هيئة مشابهة (8). وقد أصبحت هذه الهيئة، بعد بروزها في القرن السادس عشر الميلادي، شكلا من الأشكال المتكرّرة في التحف المعدنيّة كما تبرهن على ذلك العديد من النماذج المتبقّية من الحقبة الصفوية (9). وتتضمّن الزينة الإيقاعية والمتكررة التي تغطي مساحات القطعتين لفائف نباتية متشابكة وزخرفة هندسيّة ونقوشا حروفيّة وكلها ذات صلة بتهذيب المخطوطات وصناعة البلاط المعاصرين.

وأُخذت المقاطع الحروفية المنقوشة بخط النستعليق من أعمال شعراء فارسيين تقليديين ومعاصرين يضمّون سعدي وأمير خسرو دهلافي ومحتشم كاشاني. وتزخر هذه الأبيات بالاستعارات المتعلقة بالشموع والمصابيح والنّور والتي تعكس طبيعة القطع التي تزينها .

وتعود الأبيات المفصلة للظهور مرّات ومرّات وتتكرّر أحيانا أكثر من مرّة على القطعة الواحدة. وفي حين أن هذه الأبيات تشيد بصفات جسديّة فإن الشعر الفارسي يجسّد إجمالا معاني متعدّدة. فيمكن على سبيل المثال أن تفهم مقارنة الحبيب بالقنديل أو العاشق بفراشة نشوانة بنوره كتعبير مجازي تمثّل فيه الفراشة الروح البشريّة التي تصبو إلى التوحّد مع محبوبها المطلق – الله–

وتكشف هذه الأبيات الموضوعة على حوامل المصابيح هذه، سواء كانت تستساغ كمجرّد تلاعب لفظي يشير إلى القطع المعنيّة هنا أو كقصائد غنائية تمجّد محبوبا من البشر أو كتعابير عن الحنين الروحاني، عن التفاعلات المتطوّرة بين الشعر الفارسي والفنون البصريّة. وقد كانت مثل هذه الحوامل للمصابيح تستعمل بدون أي شك في أوساط مدنيّة، ولكن يوجد نموذجان على الأقل يُظهران محتوى شعريا متشابها ويحتويان على نقوش تربطهما بأماكن شيعيّة مقدّسة.(10)

ورغم أن مثل هذه الأدلّة تبقى محدودة، فإن حوامل مصابيح أخرى لها شكل مشابه، قد تكون خُصّصت أيضا لجمعيات ومزارات دينيّة. وتفيدنا مصادر تاريخيّة أن لوازم الإنارة كانت تعتبر هدايا مناسبة تقدّم للمؤسّسات الدينيّة ويرجّح أن يكون العديد من أصناف هذه المصابيح قد أنجز لهذا الغرض (11). ولا يزال البعض منها على ملكية مثل هذه المؤسّسات (12).

DMT

1. تستند التراجم وتعريفات الشاعرفي هذا المدخل أساسا على عمل غير منشورلآن ماري شيمال (Annemarie Schimmel) وعلى المنشورات العديدة لأسد الله سوران مليكيان شرفاني (Assadullah Souren Melikian-Chirvani). حول صناعة الأواني المعدنية المنقوشة قدّم عبد الله غوشاني(Abdullah Ghouchani) ودنيز ماري تيس (Denise-Marie Teece) المزيد من التراجم الإنقليزية والإستنساخات والتعريفات الفارسية لشعراء لم يسبق أن ذكرهم شيمال ومليكيان شرفاني . شكري لسينا قودارزي (Sina Goudarzi) لمساعدته على هذه التراجم والإستنساخات
2. مليكيان شرفاني. Melikian-Chirvani 1982،ص.263،الحاشية 24. (مشيرا إلى قطعة في مشهد)، والصفحات 326.327، رقم 148. أشارمليكيان شرفاني أن ديوان هذا الشاعر، المعروف أيضا كأهلي خرساني ،لم ينشر ولكن هذا القصيد ظهر في نسخة مخطوطة لعمله. (المكتبة الوطنية بفرنسا،باريس تتضمن شخصيات إضافية 1408 ،الصحيفتان إ؛ ب) لكن تجدر الإشارة إلى أن نفس السطور جرى إسنادها في مكان آخر إلى الشاعرأهلي شيرازي .انظر آلان (2004- 2003 Allan، ص 217،رقم .8.12
3. نشر النص المكتوب على الجزء الأوسط من حامل القنديل في مكان آخر كرباعي .لكن الجزء الأول يتضمن مثنوي مقفى بينما يضم الجزء الثاني نصا نثريا يعبر عن أماني طيبة ولا يواصل القافية ،أو وزن السطرين الأولين.
4. حدد عبد الله غوشاني ظهور هذه السطور لأول مرة في قصيدة غزلية لمحتشم كشاني (ولئن لم تأت تباعا).
5. انظر مليكيان – شيرفاني Melikian-Chirvani 1982 ب، رقم 137. تعتمد الترجمة هنا على عمل مليكيان –شيرفاني.انظر أيضا آلان 2004 -2003 Allan، خاصة الصفحات 216-217، رقم 8.12.
6. انظر باريس 2007 - 2008م، الصفحات 376-377 والحاشية 3،رقم 136؛ ومليكيان- شيرفاني 2002م، من 87. (تظهر قطعة المتروبوليتان اختلافا في النص.) وقد حدد عبد الله غوشاني هذه الأسطر كمثنويات مأخوذة من قصيدين غزليين مختلفين.
7. تعتمد الترجمة المقدمة هنا على عمل ميلكيان–شيرفاني، انظر مليكيان –شرفاني 1982 ب، الصفحات 312-315،رقم 140،وص.315،رقم 141؛ مليكيان–شرفاني 2002م،ص.87؛ ومليكيان شيرفاني في باريس 2007–2008م،الصفحات -375 374،رقم 135. انظر أيضا آلان 2003–2004م،الصفحات 216-217،رقم 8.12.
8. في الأدبيات الثانوية،استعمل عدد من الألفاظ الفارسية لللإشارة إلى حوامل المصابيح هذه، بما فيها شمعدان ومشعل. للفهرس163،انظر شيمال ورفولتا Schimmel and Rivolta 1992،الصفحات 41-43؛ برلين 1981،الصفحات 216-217؛ وهيوستن Houston 2010؛ الصفحات 18-19، رقم 4. للفهرس 164، انظركانبي(ب1999 Canby)، الرسم التوضيحي ص.85؛ روما 1956م،ص.259، رقم 457؛ ديماند(أ1944 Dimand)،الصفحات 154-155؛ هراري(Harari 1938-1939(م،المجلد 3،الصفحات2512، 2524؛ المجلد6، لوح. 1384أ؛

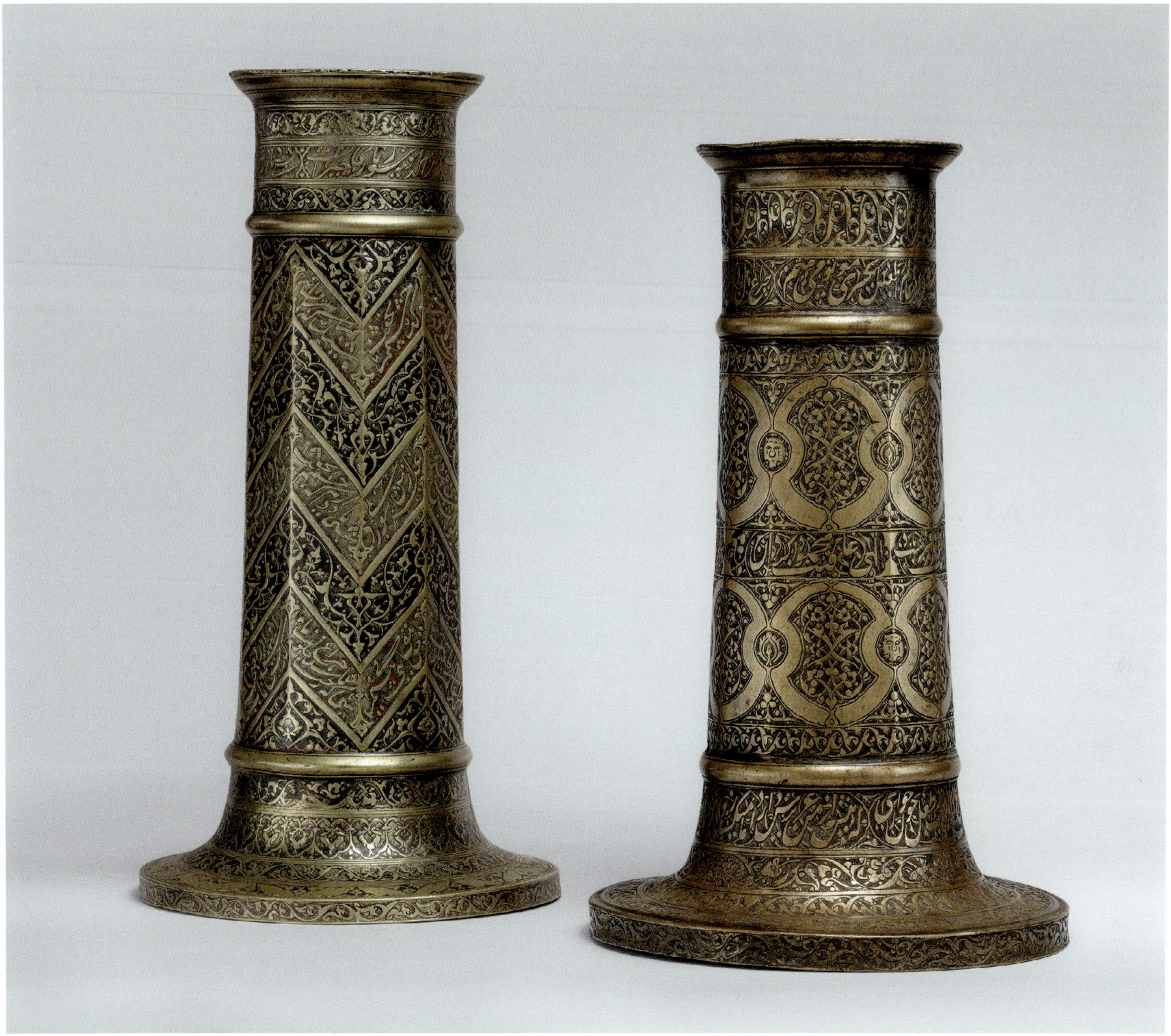

163 164

ديماند(1930م Dimand)،الصفحات 118، 120.

9. لمناقشة هذا الشكل ،انظر ميلكيان-شيرفاني 1982ب،الصفحات 263وو؛وص. 276،الحاشية 20.انظر أيضا زبروسكي 1997 Zebrowski، ص.115،الصورة 130-131. تضم مجموعة متحف المتروبوليتان للفنون خمسة حوامل مصابيح من نفس هذا الشكل ،بما في ذلك الحاملين المنشورين هنا وكذلك الحسابات أرقم 554. 1911أ، 91.1.573و91.1.579.وكلها تعود إلى إما القرن السادس عشر أو السابع عشر الميلاديين. نشرت المزيد من النماذج في مليكيان- شرفاني 1982د وباريس 2007-2008م.

10. نشرت نماذج تحتوي على كتابات شعرية أواهدائية تجعل لهم صلة ارتباط مع مؤسسات دينية في باريس 2007-2008م، أرقام 136،135؛ انظر أيضا لندن 2009م،ص.86؛ رقم 48.

11. انظر مليكيان شرفاني 1987أ، خاصة الصفحات 118وو-، لمناقشة المصادر التاريخية وأوصاف حوامل المصباح التي تتضمن إهداءات إلى مؤسسات دينية .

12. مثلا، انظر حامل المصباح الموصوف بمليكيان-شيرفاني 1982ب، الصفحات 236وو؛و ص.276،الحاشية 20،قنديل زيتي في زبراوسكي 1997م ،ص110، الصورة 120؛ مصباح معلق نشر في لندن 2009م ، رقم 88.

المصدر:

الفهرس 163: جوزيف و.دركسل (Joseph W. Drexel)، نيويورك (حتى وفاته 1888م)؛ زوجته لوسي و. دركسل، نيويورك (1888-1889م؛ هبة إلى المتحف باسم جوزيف)

الفهرس 164: السيدة دانيال ز.نوريان (Daniel Z. Noorian)، نيويورك (حتى 1929م؛ بيع إلى متحف المتروبوليتان للفنون)

165 . أسطرلاب بلانسفيري

صنع: محمد زمان (نشط ما بين 1643–1689م)
إيران، مؤرخ في 1065[هجري] الموافق لـ 1654–1655م.
نحاس وفولاذ، مصبوب ومطروق، مخروم ومحفور
المقاسات: 21.6 ×17.1×5.7سم.
رصيد هاريس بريزبان ديك، 1963م 166 – 63 من أ ـــ ي
نصوص عربيّة بخط النستعليق:
على العنكبوت :
بسم الله الرحمان الرّحيم
و على الوجه الخلفي:
صنعه محمد زمان المنجّم الأسطرلابي، 1065 [هجري] [الموافق لـــ 1654–1655م]

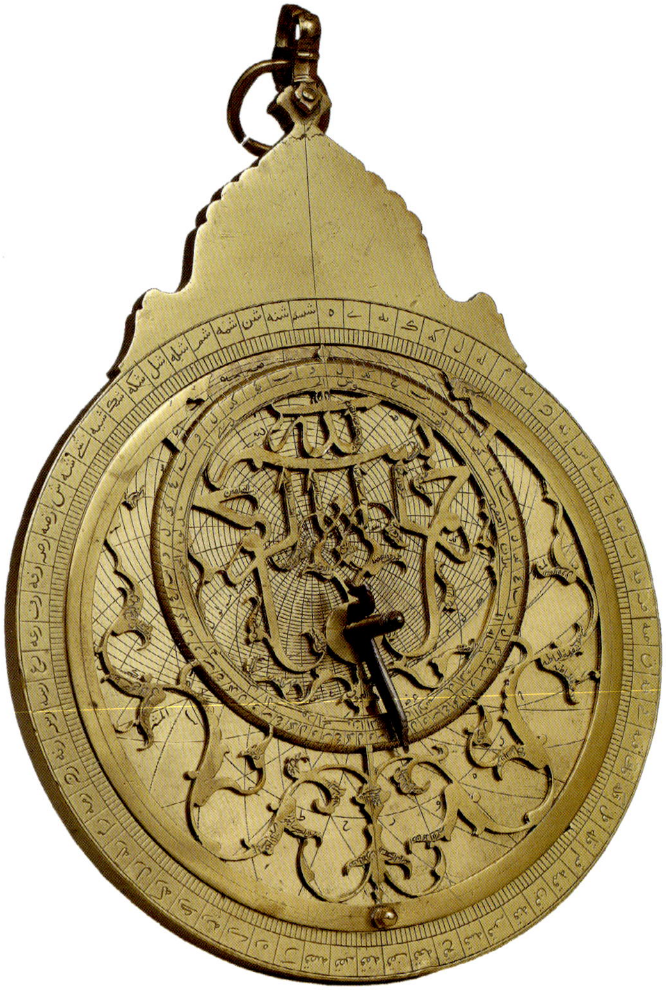

استخدمت الأدوات العلمية المحمولة الشبيهة بهذه الأداة كوسائل قياسية للحسابات الفلكيّة والتنجيميّة والطوبوغرافية وحتى كوسائل لتحديد ومعرفة الوقت(1). وهو استخدام شائع في الأقاليم الإسلامية وأوروبا خلال القرون الوسطى. وتوحي الأسطرلابات المتبقية من عصور النهضة وما بعدها والتي تشبه المثال الحالي أن الأفكار المتعلقة بالعلوم وعلم الفلك والرياضيات انتقلت بدرجة ما من التواتر من العالم الإسلامي إلى أوروبا خلال أواخر القرن الخامس عشر والقرن السادس عشر الميلاديين وأن مرور الأفكار اتّخذ اتجاه مصدره الشرق ومآله الغرب (2). واستخدمت الأسطرلابات البلانسفيرية عموما لحل ثلاث مسائل رئيسيّة ذات أهمية بالنسبة لعلم الفلك الإسلامي: رسم خريطة للأجرام السماويّة، تحديد اتّجاه القبلة وتحديد أوقات الصلاة. ولا تزال توجد عدّة أسطرلابات تعود إلى إيران ما بين القرنين السابع عشر والثامن عشر الميلاديين. وقد لاحظ الرحّالة الفرنسي في القرن السابع عشر الميلادي جون شاردن في وصفه المفصل لعلمَي التنجيم والفلك الصفويَّين أن الإيرانيين كانو يثمّنون أسطرلاباتهم بقدر القيمة التي كانوا يولونها لمجوهراتهم (3). ولهذا الأسطرلاب، شأنه في ذلك شأن نماذج أخرى من هذا الصنف، علبة رئيسيّة (باللاتينية 'ماتر'؛ والعربية أم) تحمل حروفًا عربية منقوشة على طول الحافة التي تقسمه إلى ساعات متساوية. وثبّتت بالوسط المجوّف للعلبة خمس لوحات حفرت عليها خطوط مختلفة لإبراز خطوط العرض الأرضيّة. وتوجد فوق العلبة خريطة فلكية قابلة للتدوير (باللاتينية ريتي أو شبكة وبالعربية عنكبوت). يتّخذ العنكبوت الموجود على الدائرة الداخليّة، والذي نقشت عليه دائرة الأبراج وبها علامات البروج الإثني عشر، شكل البسملة. ويحمل الجزء الخارجي تصميما نباتيّا متموّجا وتستخدم عناصر التصميم للعنكبوت كمؤشّرات تمثّل تشكيلة من النجوم الساطعة الثابتة نُقشت أسماؤها بالقرب من الأطراف، وتُمسَك الألواح في الوسط بواسطة مسمار على شكل حصان. وحفرت على الوجه الخلفي للأسطرلاب شتّى الخطوط الفلكيّة وتضمّ أسماء البصرة وأصفهان وسيزوارطوز وقندهار وكشمير. وعُلّق بالأم كرسي مثلث الشكل دون زينة به حلقة تعليق. وكان على عالم الفلك، لكي يتمكن من القيام بعملية الرصد، أن يعلّق الأسطرلاب إمّا بحزام مرتبط بالحلقة أو بإبهامه المولج في الحلقة.(4) ونقش أيضا اسم صانع وتاريخ هذه القطعة. والمعروف عن محمد زمان الذي عمل في مشهد في النصف الثاني من القرن السابع عشر الميلادي، أنه أنجز خمس أسطرلابات أخرى، تعود ثلاثة منها إلى الفترة المتراوحة بين 1641و1678م.(5) .وقد أبلغ شاردن أنه بينما كان يوجد بإيران صانعون حرفيون للأدوات، فإن الوسائل المنجزة من قبل العلماء أنفسهم هي أكثر دقّة، وأضاف قائلا بأن الفلكي لا يعتبر عالما بأتمّ معنى الكلمة إن لم تكن مهارته في صنع الآلات تفوق مهارة الحرفي (6). وفي مثال هذا الحال، يصنّف محمّد زمان نفسه كفلكي وأسطرلابي معا.

QA

1. مادسون وسفاج سميث (م1997 Maddison and Savage-Smith)، ص. 186.
2. صليبا (م2007 Saliba)، الصفحات 221–226؛ صليبا (م2004 Saliba)؛ و صليبا (م2002 Saliba)،ص.360.
3. جون شاردن (Jean Chardin)امتهن حرفة صناعة المجوهرات، زار تركيا وايران والهند في الفترة 1664–1670م و 1671–1677م. وينتر (م1986 Winter)، ص. 595.
4. للمزيد من التفاصيل الفنية، انظر كينغ (م2005 King) ومادسون وسفاج سميث (م Maddison and Savage-Smith 1997).
5. ماير، ل.(م 1956 Mayer, L.)، الصفحات 78–79.
6. مادسون وسفاج سميث (م1997 Maddison and Savage-Smith)، ص. 189.

المصدر: إ. جي. سارقيس (I. G. Sargis)، نيويورك (حتى 1963م؛ بيع لمتحف المتروبوليتان للفنون)

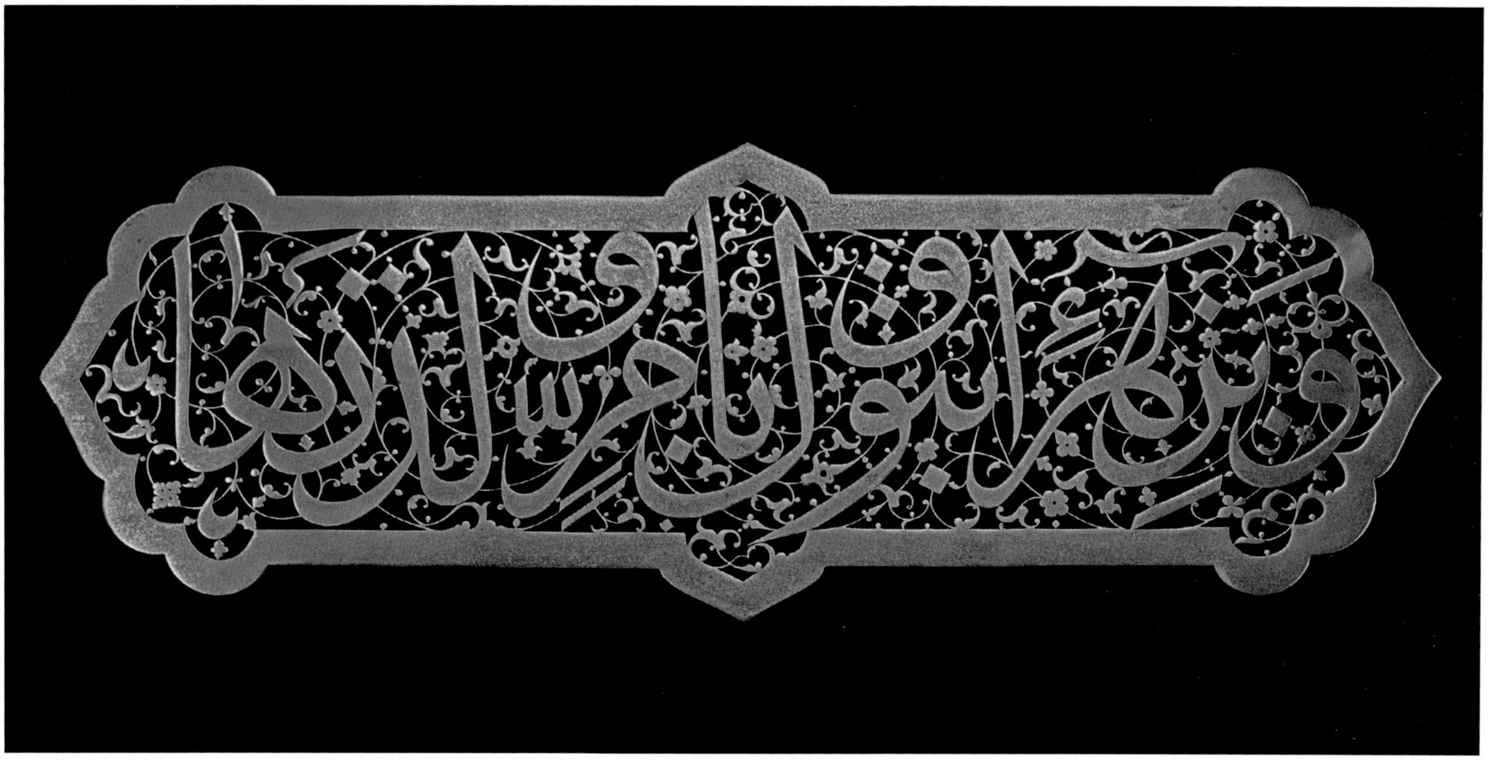

166. لوحة معدنية:

إيران ، على الأرجح أواخر القرن السابع عشر الميلادي
فولاذ، مطروق ومخروم.
المقاسات: 16.5× 38.1سم.
رصيد رودجرز،1987م 1987.14.
نص بالعربية بخط الثلث:
وبزهراء بتول وبأمّ ولدتها.

جاءت هذه اللوحة في شكل خرطوشة وقد أنجزت من الفولاذ المصقول وتضمّنت نصا كتابيا كبير الحجم يمتد على مساحة من لفائف دالية دوّارة. إن الكيفيّة السهلة التي ظهرت بها الحروف المصقولة صقلا رقيقا والمعلّقة بتعريشة من الأرابيسك غير المهذب تعطي فكرة خاطئة عن غزارة المادّة والمهارة التين تطلبهما إنتاج هذا العمل البارع. وقد عرفت لوحات فضيّة وذهبيّة شبيهة في مزارات شيعية هامّة في إيران حيث استخدمت هناك كنقوش على أبواب المداخل وعلى المشبّكات (الأضرحة) المحيطة بالقبور الجوفاء لشخصيات هامّة.(1) ويشير النص وكذلك الشكل إلى أن هذه اللوحة قد تكون استخدمت بغرض الزينة أو التضرّع داخل ضريح مهيب أو في بعض السياقات الفنية الأخرى(2). وتنتمي قطعة المتروبوليتان هذه إلى مجموعة تتكون من ثمان لوحات متصلة الواحدة بالأخرى. وتتضمّن كل واحدة منها مصراع من قصيدة شعر عربيّة حدّدت على أنّها من نظم شعر شهارده معصوم وخصّصت لمدح الأئمّة الأربع عشر المعصومين، بما في ذلك فاطمة وعلي والأئمّة الشيعة الاثنى عشر (3).
ويشتمل النص الرئيسي للقصيد على أربعة أسطر تتضمّن ثمانية مصراعات وهي كالآتي:

بنبيّ عربي ورسول مدني. وأخيه أسد الله مسمّى بعليّ
وبزهراء بتول وبأمّ ولدتها.
وبسبطيه هما نجل وزكي
وبالسجّاد وبالباقر والصادق حقّا
وبموسى وعلي وتقي ونقي
وبذي العسكر الحجّة القائم بالحق
الذي يضرب بالسيف بحكم أزلي.

وتحتوي هذه اللوحة على المصراع الثالث من القصيد الذي يشير إلى فاطمة بنت النّبي محمد وإلى زوجته خديجة، أمّ فاطمة . وبينما لا نجد في أي من اللوحات المعروضة في هذه المجموعة المصراع الأوّل والمصراع الثامن للقصيد، فإنّ الأجزاء المتبقّية تظهر في نماذج منشورة(4). ويوحي تكرار المصراعين الثاني والسابع ضمن مجموعة اللوحات بأن مجموعتين من اللوحات بالحجم والشكل نفسه قد جرى إنتاجهما (5). ويرجّح أن تكون هذه اللوحات قد شكّلت في وقت ما برنامجا واسعا من الزخرفة المعماريّة حيث تكون عرضت إلى جانب لوحات من الفولاذ المخروم بأحجام وأشكال شتّى تحتوي على نصوص مقدّسة أخرى.(6).

وتُظهر بعض النماذج المتبقّية تواريخ تعود إلى أواخر القرن السادس عشر الميلادي أو بداية القرن السابع عشر الميلادي. وتحمل واحدة من هذه اللوحات على الأقل توقيع خطاطها.(7) ولئن يبدو الكثير من هذه اللوحات من الوهلة الأولى متشابها، فإن اختلافات دقيقة في الخطوطية وغزارة لفائف الدالية والحروف الجانبية ترجّح أن تكون مجموعات متعددة من اللوحات المصنوعة من الفولاذ زينت في وقت ما مزارات وأضرحة ملكية هامّة عبر إيران خلال الحقبة الصفوية .

DMT

1. أمر الشاه طهماسب بإنجاز مجموعة من166 لوحة ذهبية مخرومة وذهبية توضع على ذمة مرقد الإمام الرضا بمشهد في سنة 1550–1551م. ثم أمر حفيدة شاه عباس الأول ،لاحقا في 1606–1607م بمجموعة أخرى من الألواح المصنوعة من الذهب الخالصزللمزيد حول هذه المجموعات،انظر كانبي(م2007 Canby)، خاصة الصفحات 65–66؛ أيضا لندن (م London 2009) الصفحات 189–193؛ ولندن 1976ج،ص.204،رقم 247.انظر أيضا صمدي(م1950 Samadi).(ثلاث ألواح غير مرقّمة). حول مجموعة الشاه عباس ،انظرآلن 1995م. وقد زينت في وقت من الأوقات مجموعة ألواح شبيهة نوعا ما ومصنوعة من العاج المذوب؛ تابوت الشاه إسماعيل في أربيل . انظر نيويورك وميلان 2003–2004م، رقم 8.26. وهيلنبرند. (م Hillenbrand, R. 2003) (الشكر لشيلا كانبي لهذه الإشارة المرجعية).
2. مليكيان – شيرفاني 1987ب،ص 192،لـمناقشة " تاريخها" انظر أيضا آلن وجلمور(م Allan and Gilmour 2000)،الصفحات 294وو.، خاصة ص296 الحاشية 61؛ و ولش (م1987 Welch, S.C).
3. ظهرلأول مرة تعريف ونقل حرفي وترجمة تقريبية للنص في فهرس ساذبيز لندن (Sotheby's)في 16 أفريل 1986م؛ الرزمة 182، فيه إشارة مرجعية تعلن عن الإصدار القادم لمليكيان- شرفاني. انظر مليكيان- شيرفاني (ب1987 Melikian-Chirvani)، الصفحات 190–191،للإطلاع على نقله وترجمته للانقليزية للنص كما هو موجود على شاهد قبر في ضريح بالقرب من أردستان .قدم غوشاني نسخا هنا للقصيد الذي يختلف قليلا عن القصيد المنشور من قبل مليكيان- شيرفاني(Melikian-Chirvani)
4. انظرآلن (Allan 2004)، الصفحات 296–297 والحاشية رقم 61. والتعداد التالي لثماني قطع ذات صلة وثيقة : مصراع 2: لندن (متحف فكتوريا وألبرت،رقم 1919. 5M؛ في لندن 1976.ج.ص.119، رقم 234)؛ وكوبنهاغن (مجموعة دافيد،رقم 1994م.25؛في كوبنهاغن 1996؛ رقم 265) مصراع 3: نيويورك (متحف المتروبوليتان للفنون، حساب رقم 1987.14؛في ساذبيز لندن (12 أكتوبر 1982م)، الرزمة 71والرياض 1985م،رقم 96). مصراع 4: المكان مجهول (الرياض 1985م،رقم 96.) مصراع 5: المكان مجهول (ساذبيز لندن (16Sotheby's) أفريل 1986م،الرزمة 181) مصراع 6: المكان مجهول (ساذبيز لندن 15 أكتوبر1985م،الرزمة218) مصراع7: المجموعة الماليونية (ساذبيز لندن ،16أفريل 1986م،الرزمة 182؛ جنيف ومدن أخرى 1988–1989، رقم 25)؛ واحد.آخر في أروقة فرير وساكلر، واشنطن، دي سي (رقم 1997.21).
5. بالإضافة إلى الاختلافات في التركيبة الخطوطية وسمك حوافها، نجد أن اللوالب مرسومة بشكل أكثر تراص على قطعة مجموعة دافيد منه على نموذج فيكتوريا وألبرت. وتشاهد اختلافات مماثلة بين قطع فرير والقطع الماليزية.
6. آلن وجلمور(م2000 Allan and Gilmour)، الصفحات 294وو.
7. باريس 2007–2008م،ص.421،رقم 166،حول لوحة المتحف البريطاني العمودية وبيضاوية الشكل والمؤرخة في 1101هجري الموافق لـ 1693–1694م.(رقم +368أ0). انظرفي نفس الفهرس اللوحة التي لم يسبق نشرها رقم 61، بتاريخ 972.هجري الموافق لـ 1564–1565م.انظر أيضا اللوحة الأفقية بيضاوية الشكل التي بيعت بساذبيز لندن في 1أفريل2009م،الرزمة 111 ومرة أخرى بكريستيز في 23أفريل 1996م، الرزمة 224(مع ترميم) موقعة "كتبه محمد رضا" وقد تم تعريفه بخطاط القرن السابع عشر الميلادي محمد رضا الإمامي . للمزيد حول هذا الخطاط،انظر بيكات(م Pickett 1984) ولندن 2009م،ص.235،رقم 114.

المصدر: السير شارلز مارلينغ (Sir Charles Marling) أنكلترا (أوائل القرن العشرين- على الأقل 1931م)؛ أسرة مارلينغ ، أنكلترا، بحسب النسب (حتى 1987م)؛ [أهوان المملكة المتحدة المحدودة(Ahuan U.K., Ltd.,)، لندن، 1987م؛ بيع إلى متحف المتروبوليتان للفنون].

167 . كشكول

إيران، مؤرخ في 1130 [هجري] الموافق لـ 1717–1718م.
صنع: يار محمد
فضّة وفضّة مطليّة بالذهب؛ مخروم ومحفور؛ وجوز الهند البحري
المقاسات: الارتفاع: 12.7سم ؛ الطول: 31.1سم.
رصيد رودجرز : 1909م 09.202.2
نص بالعربية بخط النسخي حول الحافة [دعاء للأربعة عشر المعصومين]:
اللهم صل على النبي المصطفى والمرتضى والبتول فاطمة سيدين سبطين والحسن والحسين
وصل على زين العباد الباقر محمد الصادق جعفر والكاظم موسى والرضا وعلي التقيّ محمد
والنقيّ الحسن العسكري الهادي المهدي صلوات الله وسلامه عليه أجمعين.
على الإطار الفضي الذي يغطي الفتحة على اليسار، بالفارسيّة:
اشرب الماء، كذكرى لشفتي الحسين الضمآنتين
صاحبه عبّاس الحسيني.
عمل يار محمد في سنة 1130 [هجري][الموافق لـ 1717 – 1718م].

يمثّل الكشكول أو صحفة المتسوّل الرمز الأكبر للعتاد الذي يحمله معه الدرويش الهائم على وجهه. صُنع هذا الإناء النموذجي والذي جاء على شكل مركب، من مواد مختلفة بما في ذلك قشرة جوز الهند البحري والخشب والمعادن والخزف. وقد استخدم الدراويش مثل هذه الأواني أساسا لجمع وحفظ الصدقات (مصدر رزقهم الأساسي) وأحيانا كأوعية للشرب. وغالبا ما تُبرز الرسوم التصويرية للدراويش هؤلاء وهم ممسكون بكشكول وفي بعض الأحيان بهراوة (مانتشا) يدرؤون بها هجوم الحيوانات وفأس (طبزرين) وقلنسوة صوفيّة مخروطة(1).
ولا توجد أيّة نقوش البتة فوق جسم هذا الكشكول الذي صنع من نصف قشرة جوز الهند البحري. وعنصر الزينة الوحيد هو ذلك الإطار الفضي الذي يحيط بالحافة والذي يغطي جزئيا أعلى الإناء ويتضمّن نصا بالخط النسخي الرقيق يتمثّل في دعاء للأربعة عشر المعصومين (النّبي محمد وفاطمة والأئمّة الشيعة الاثني عشر)، والذين يعتقد أتباع المذهب الشيعي الاثني عشري أنهم معصومون أي محكومون بالعصمة من الخطأ والخطيئة. ويشجّع نص ثان صاحب الكشكول على الشرب تخليدا لذكرى الحسين الظمآن الذي تصدى لأعدائه في صحراء كربلاء القاحلة دون أي مصدر للماء في الأفق، وهو صنيع يعتبره أتباع المذهب الشيعي الاثني عشري ذروة التضحية والتقوى.(2) وقد خُرم النقش في الفضة بمهارة ثم وُضع على خلفية فضّية مذهبة لكي يُحدث تباينًا ملفتًا للأنظار. وقد غُيّر التاريخ الموجود على أعلى الإطار المعدني لكي يصبح 1230 هجري، ولكن بتدقيق النظر يتبيّن أنّ التاريخ الأصلي هو 1130 هجري الذي يوافق 1717–1718م.

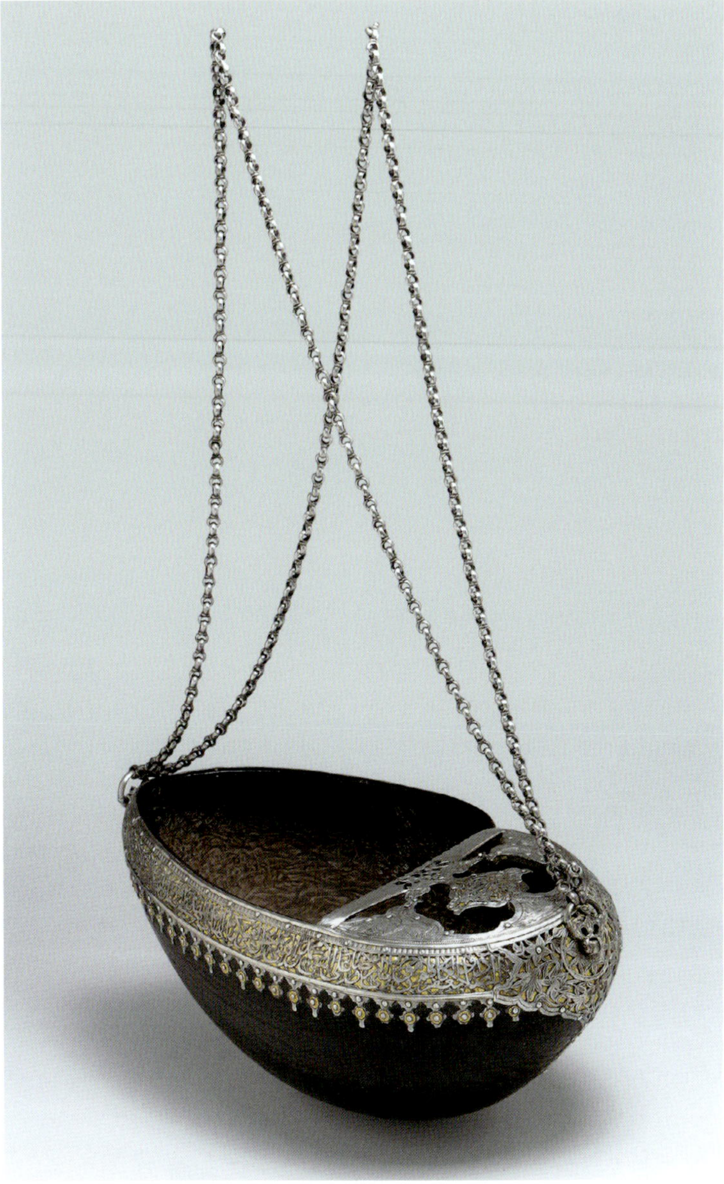

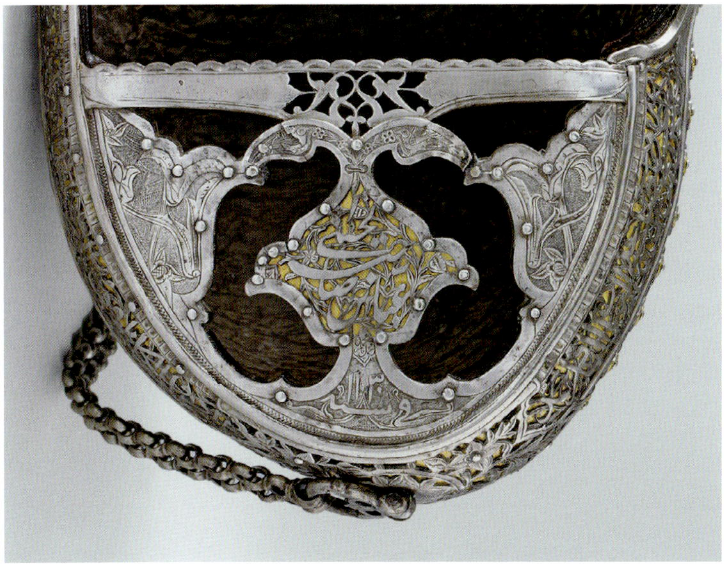

وتؤكد مقارنات من حيث الأسلوب مع تذهيب مخطوطات ألبومات سابقة (أواخر القرن السابع عشر الميلادي إلى القرن الثامن عشر الميلادي) ومع قطع معدنية مثل عناصر (علم) وأدوات وصحاف فضيّة محفورة ومع أسلحة ودروع، التاريخ السابق(3).

نظرا لأن كشاكيل قاجار لا تتضمّن في العادة إطارات معدنية وغالبا ما تكون منقوشة على نحو معقّد برسوم شخصيات من الدراويش وحيوانات وتصاميم نباتيّة وكتابات، فمن غير المرجّح أن يكون هذا الكشكول قد أنتج خلال تلك الفترة. ويعتبر نموذج المتروبولتان الذي نقش عليه اسما صانعه يار محمد وصاحبه عبّاس الحسين من ضمن الكشاكيل الموقّعة والأقدم عهدا المعروفة.(4)

و شُدت سلسلة مضاعفة من حلقات مسطحة وهي جزء أصلي من القطعة ومستعملة لتعليقها إلى حلقتين كبيرتين في كل طرف.

ولأواني الشرب على شكل مراكب تاريخ طويل في إيران.(5) ورغم أن النماذج الأقدم المتبقية من الكشاكيل تعود إلى القرن الرابع عشر الميلادي فإن إنتاجها تواصل خلال القرن التاسع عشر الميلادي في إيران وآسيا الوسطى والهند. وقد يكون العديد منها جرى تسويقه كتحف زينة، نظرا لأنّه من غير المرجّح بالمرة أن يحمل درويش صالح كشكولا منقوشا بشكل متقن. فمثل هذه القطعة ستتعارض حتما مع إيمانه بالتفريط في الأشياء الدنيوية مقابل الانقطاع كليا للروحانيات. وللكشكول عدد من الارتبطات المجازية. وهو كرمز للتوق الصوفي للتوحّد مع الذات الإلهية، يمثل تطهير روح الصوفي من كل الشهوات الدنيوية الدخيلة استعدادا لتقبّل الحبّ الرباني. وقد أمّن الدراويش معاشهم بالاعتماد حصريًّا على التبرعات التي كانت تقدم لهم من أتقياء المسلمين ومن ثمّ ربطوا الكشكول بحياة الفقر التي كانوا يعيشونها. ويُعد هذا النموذج الذي جرى أخيرا تنظيفه وتوضيبه للعرض فريدا من حيث خصائصه الزخرفيّة والإنجاز المعقّد على نحو استثنائي لإطاره المعدني.

ME

1. بروكلين (م1999 - 1998 Brooklyn)، الصفحات 259-260
2. هيوستن (م2010 Houston)، الصفحات 26-27.
3. آلن وجلمور(م2000 Allan and Gilmour)، لوح ب22، الصورة 41، لوح هـ3،الصور 14أ،ب.
4. هيوستن (م2010 Houston)،ص.20.
5. مليكيان-شيرفاني (م1991-1990 Melikian-Chirvani). انظر أيضا هيوستن (م 2010 Houston)،ص.26.

المصدر:[ماليت و ابنه (Mallett & Son)، باث، أنكلترا، حتى 1909م؛ بيع لمتحف المتروبوليتان للفنون]

168. قطعة نسيج

إيران حوالي 1540م
حرير، قطيفة مخملية ناعمة ومقصوصة مع خصلات مسترسلة من الخيط المعدني المسطّح
المقاسات: 59.7×46.2سم
هبة ف. أفريت ماسي، 1927م 27.51.1

169. قطعة نسيج

إيران حوالي 1540م
حرير؛ قطيفة مخملية ناعمة ومقصوصة مع خصلات مسترسلة من الخيط المعدني المسطح
المقاسات: 101.6 × 43.2سم
هبة ف. أفريت ماسي 1927م 27.51.2

كانت هاتان القطعتان بمعيّة عدّة قطع أخرى في متاحف ومجموعات خاصّة (1) حيث كوّنت في وقت ما أجزاء من خيمة ملكية كانت على ملك أسرة سانقوسكو البولندية وذلك حتى سنة 1920م.(2) وقد افترض بعض العلماء أن تكون كل هذه القطع قد وصلت إلى أوروبا الشرقية بعد هزيمة الأتراك خارج فيينا في 1683م.(3) ويحتفظ الآن بجزء من الخيمة نفسها في متحف الفنون الجميلة ببوسطن.(4) زينت هذه القطعة برسم متقن لمشهد صيد وقصّت في شكل دائرة مع ترك فجوة في وسطها لتثبيت وتد الخيمة. واستعملت كعنصر من عناصر السقف. وقد مثلت الأقمشة المحلية الصفوية أوج فنيات التركيب والتعقيد الزخرفي في تاريخ المنسوجات. نسجت القطع بكثافة عالية باستعمال المئات من الخيوط في السنتمتر المربّع الواحد. وقد كان الحرير المستخدم من أجود ما هو موجود. وتفسّر الحبكة المعقّدة لهذين النموذجين جزئيا دسامة نسيجهما وتصميمهما. و تجدر الإشارة إلى ثلاث ميزات تركيبية: سدي ولحمات حرير فاخر تُكوّن النسيج الأساسي، وسدي إضافية تصنع وبرة المخمل وتشكل تصميما متداخلا ونسيجا وارفا، ولحمات إضافية من الخيط المعدني تعطي النسيج ظاهره الفضي البرّاق. وتتظافر كل هذه العناصر لتعطي في النهاية مادة سميكة غليظة مناسبة لصنع المفروشات والوسادات والستائر الداخلية ومرقّعات الخيام والأزياء الاحتفالية.

ويصوّر الجزء الأول (الفهرس 168) وهو مقصوص في شكل ميدالية متعددة الفصوص وبشكل قوس قوطيّة شاباً يرمي تنينا بصخرة بينما هناك طائران يراقبان المشهد من شجرة بالقرب من المكان. وقد تكون هذه الصورة ترسم مشهدا من الملحمة الفارسية، الشاهنامة، "يأخذ" فيه هوشنغ "صخرة ويرميها بكل ما أوتي من قوّة ملكية نحو الوحش" وهو صنيع أدى إلى اكتشاف النّار.(5) وقد تحققت صيغة اللّون الغني لهذا القماش المخملي من خلال إدخال سدي قصيرة ذات صباغ متفاوتة اللون في الأجزاء المختلفة من الوحدات المتماثلة (6). ويرجّح أنه كان للمخمل في الأصل تأثير مرئي أقوى حيث أن كل خيط فضي في الخلفية طُلي بالذهب. وقد خلق هذا التذهيب لمعانا ذهبيا ما فتئ أن اضمحلّ بمرور الزمن. وقد حافظ هذا الوميض على بريقه في قطعة الخيمة الثانية (الفهرس 169) في المساحات التي طويت فيها الحاشية وبالتالي أمكن للخيوط المطلية بالذهب أن تكون في مأمن من الضرر الناتج عن الضوء والاهتراء.

وهنا قُرنت قطعتان ذات صورتين معكوستين للحصول على مرقعة مستطيلة الشكل مزدانة في الوسط بنبات منمنم وكذلك بسعفات على شكل قوس قوطي يحتوي على وريدات. وتتداخل أشرطة ملتوية ومرقطة بحافات زرقاء داكنة مع أزهار اللوتس، وتتمم العمل وريدات أصغر وأزهار توليب منمنمة.

وقد عمل عدد من الفنانين الحرفيين جنبا إلى جنب خلال فترة حكم الحاكم الصفوي الشاه طهماسب (1524-1576م) في الورشة الملكية في تبريز لإنتاج أعمال فنية أمر بها البلاط (7). وقد استعملت اللوحات التي أنجزها المنمنمون الملكيون كقاعدة لصنع وحدات فنية متماثلة معروفة كـ "النقشة" (8) والتي يمكن تكرارها في تصاميم مسترسلة لنسجها في المخمل من قبل 'النقشبنديين' الماهرين جدّا (9). وكان الصيد يمثل موتيفا مفضّلا جدّا، ولكن الكثير من المنسوجات الصفوية بما في ذلك قطعة المخمل الأولى المذكورة هنا تضمّنت مشاهد من الشعر الرائج الذي كان البلاط يعتبره أرقى شكل من أشكال التعبير الفنّي.

EGM

1. يوضح دماند 1927 Dimand، ص.108، أن "لوحتينا استخدمت بمعية ثمان و عشرين لوحة أخرى للتزويق الداخلي لخيمة."
2. أكرمان (أ1938-1939 Ackerman)، ص. 2090.
3. دماند (م1927 Dimand)، ص. 108.
4. متحف الفنون الجميلة، بوسطن (زقم 28.13).
5. فردوسي 2006م. لدراسة صورة "هوشنغ و التنّين"، انظر لاسّكوفا (مLassikova 2010)، الصفحات 37-40.
6. صونداي (Sonday 1987-1988)، ص. 79.
7. المراكز الأخرى لنسيج الحرير إبان الفترة الصفوية هي يزد،كشان، هراة، رشت وأصفهان. انظر أكرمان (ب1939-Ackerman 1938)، ص.2080.
8. طومسن (م2004-Thompson 2003)، ص.275.
9. "النقشبند" يأخذ الرسم المراد حياكته و ينسج نموذجا بالحجم الحقيقي لكل خيط يدخل في تشكيل التصميم." المصدر المذكور، الصفحات 275-276.

المصدر: أسرة صانقوسكو (Sanguszko)، بولندا (حتى 1920م)؛ ف. أفرت ميسي (V. Everit Macy)، نيويورك (حتى 1927م)

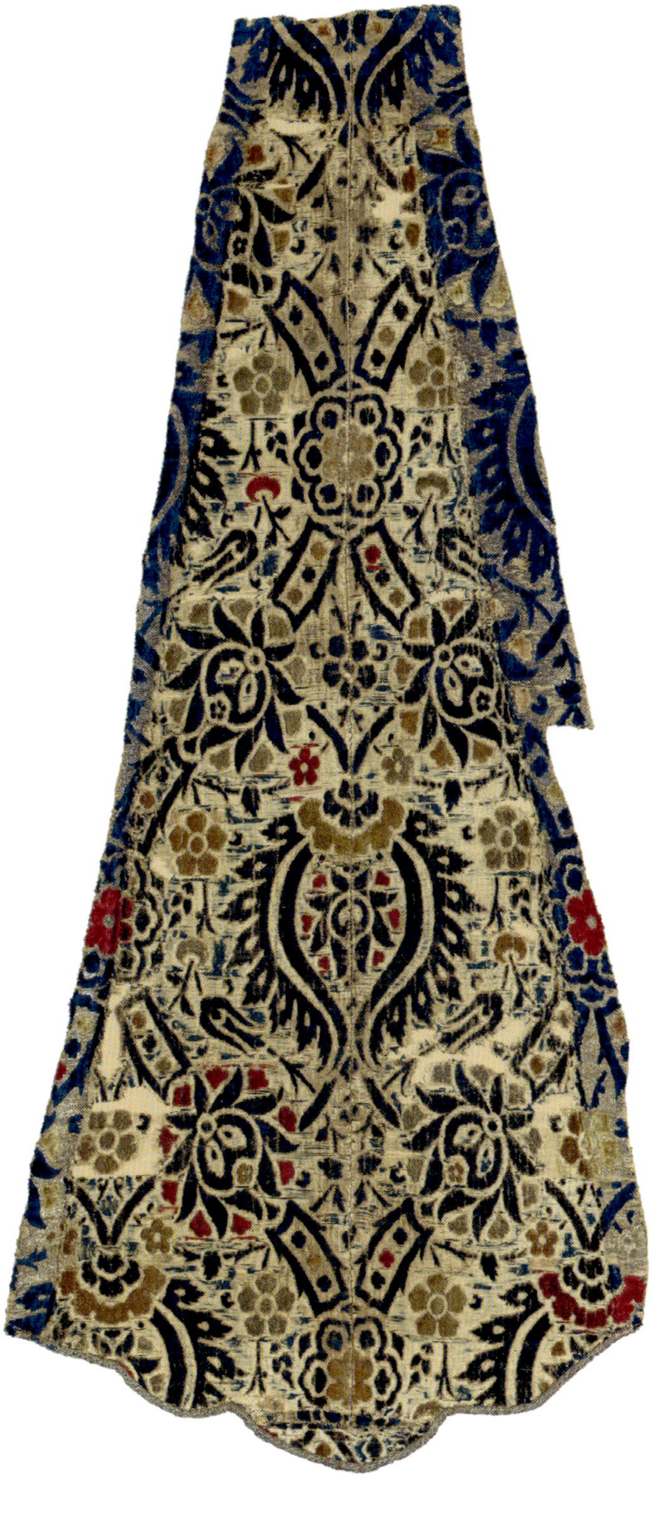

169

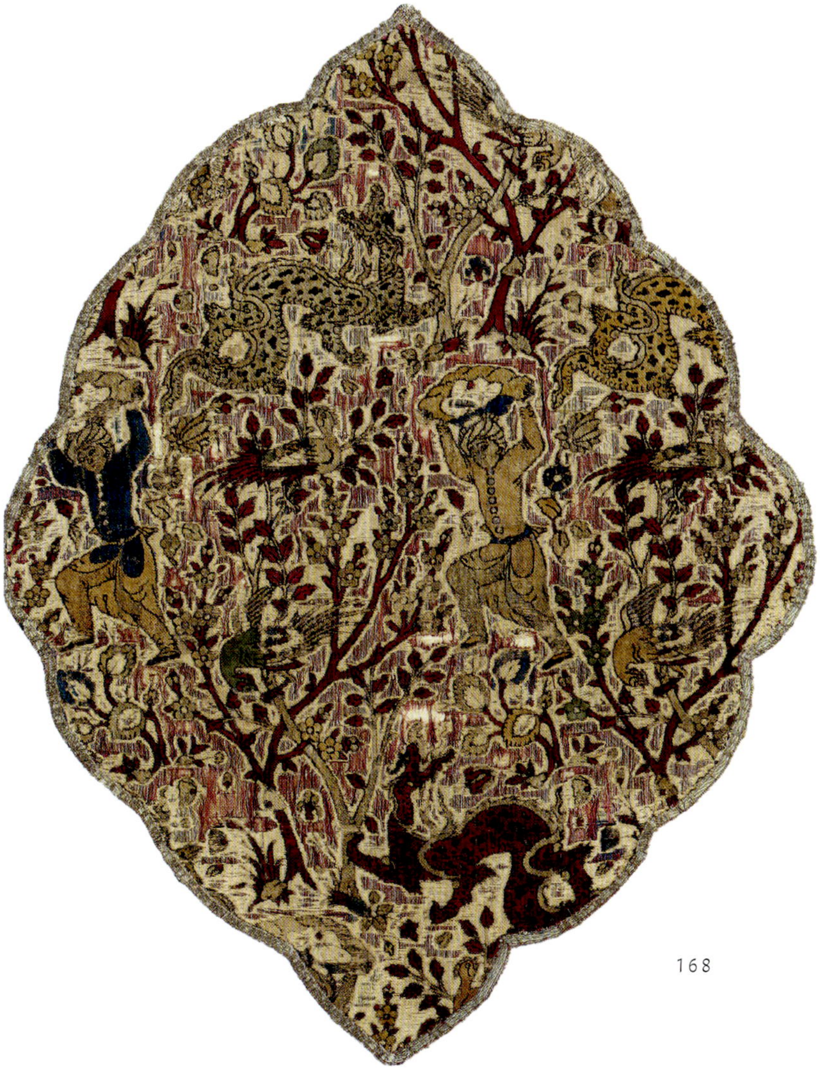

168

170. لوحة ذات زخرفة شبكيّة

صنع: غياث (ولد حوالي 1530م)
إيران، النصف الثاني من القرن السادس عشر الميلادي
حرير، مخمل صقيل وناعم مع خصلات مسترسلة من الأشرطة المعدنية.
المقاسات: 65.4×33.7 سم.
اقتناء، وصية جوزيف بوليتزر، 1952م 52.20.13
التوقيع بالفارسية وبخط النستعليق، مكرر أربع مرات في كل قسيم:
صنع غياث

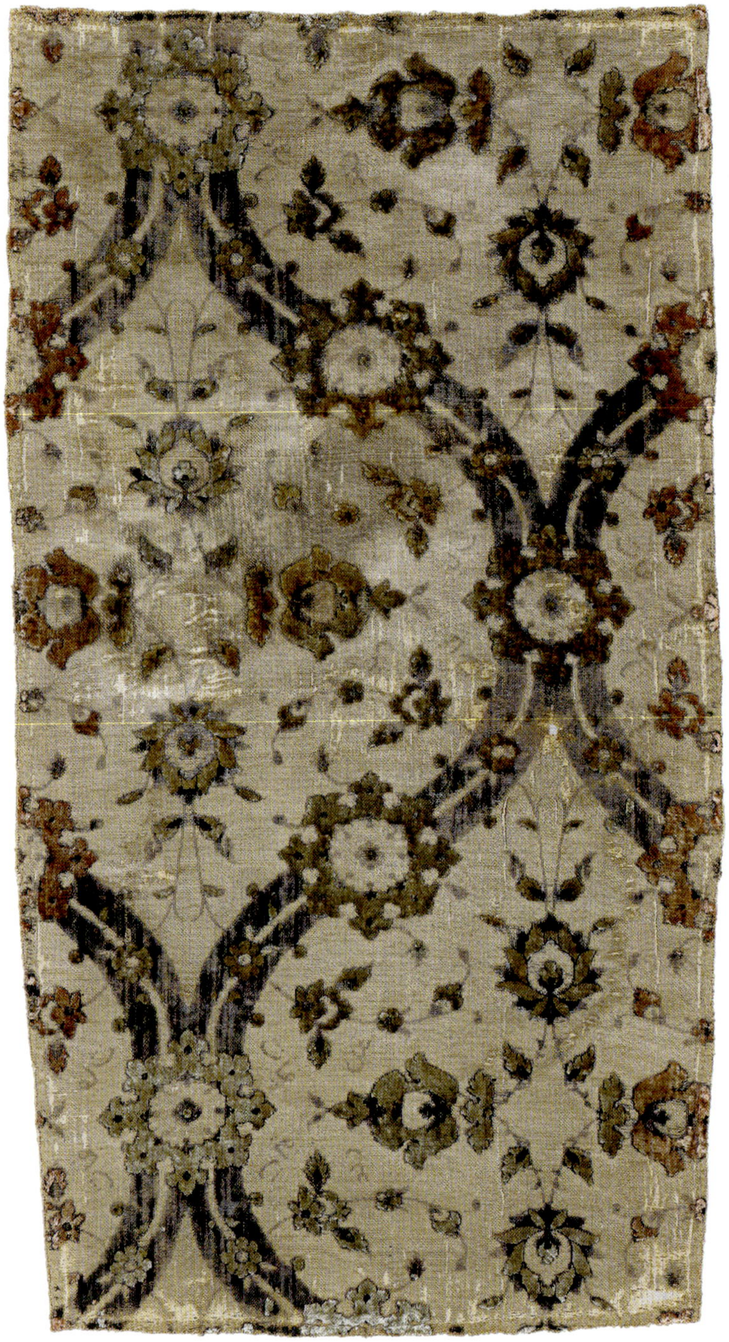

رغم تلاشي اللون بعض الشيء (الوبرة أصبح لونها بيج بعدما كان ذات مرة ورديا ضاربا للاصفرار) وفقدان وبرة المخمل في بعض الأماكن وتلف بعض الأشرطة المعدنية، حافظت هذه القطعة من النسيج على وقار هادئ. ويتضمّن التصميم المتناغم داليتين مزدوجتين متناوبتين وعموديتين باللون الأسود تلتقيان في تواتر منتظم لتشكلا قسيمات في شكل أقواس قوطيّة. وتحمل الخلفية المصنوعة من الساتان التي أصبحت الآن بلون البيج بعدما كانت في السابق مغطاة بأشرطة معدنية، زخرفة مرسومة بأناقة لأزهار مرتّبة بشكل متناسق من أوراق ولفائف دالية. ولقد وضعت علامات للنقاط التي تلتقي عندها الداليتان المتناوبتان وكذلك للنقاط الوسطى ما بينها، تتمثل في أزهار منمقة ذات ثمانية رؤوس وفصوص بارزة. وقد كانت قطعة مخمل مماثلة -مؤرخة إلى وقت لاحق ولكنها غير موقّعة- جزءا من هبة دبلوماسية قدّمها الملك الفارسي إلى فريدريك الثالث دوق هولشتاين في عام 1639م، وهي محفوظة الآن ضمن مجموعة قصر روزنبارغ بالدنمارك (1). ويظهر الفحص الدقيق وجود نص قصير بأحرف فارسية أربع مرّات في كل قسيم (مرّتين في الاتجاه الصحيح ومرتين في صورة معكوسة) إلى أقصى اليمين واليسار بالقرب من الأزهار الكبيرة التي تشكل نقاط الاتصال في الشبكية. ويتضمن النص اسم غياث، مصمم منسوجات وشاعر مشهور من يزد عاش من حوالي 1530م حتى وقت متأخر من القرن ذاته. وكان الطلب على أعماله كبيرا جدّا ولا يزال عدد كبير من المنسوجات التي تحمل اسمه موجودا إلى حد الآن (2). وتعكس هذه القطع التي تظهر مجموعة مختلفة من التصاميم (كثير منها تشخيصي والبعض الآخر غير ذلك)، وكذلك تشكيلة من التقنيات، قابلية واسعة لتعدد الوظائف وتوحي بغياب أسلوب توقيعي. ويبدو أنه كان لغياث في سنواته الأخيرة منصب رسمي في بلاط الشاه عباس الأول (حكم ما بين 1587-1629م)، ربما كمشارك في إدارة الورش الملكية. وكان تدخّله مهمّا لدرجة أنه كان يتقاضى راتبا ملائما وأفرد بصفته النساج الأستاذ الذي تولى مسؤولية إنجاز خمسين من ثلاثمئة من الأقمشة المزركشة التي أرسلت كهبة على مستوى السفراء إلى الامبراطور المغولي أكبر في 1589م (3).

DW

1. انظر Bier and Bencard 1995 ص 53 الصورة 25
2. لقائمة من الأمثلة المنشورة بما فيها الأعمال الموقّعة، انظر Skelton 2000 ص. 269 عدد 9
3. المصدر المذكور، ص. 251-252

المصدر: Dikran G. Kelekian نيويورك (حوالي 1908 - توفي 1951)، ممتلكاته، نيويورك (1951-1952، بيع لمتحف المتروبوليتان للفنون)

171. لوحة تصوّر مشهد فارس وسجين

إيران، منتصف القرن السادس عشر الميلادي
حرير، خيط معدني ملفوف، قماش فاخر من نوع لامباس
المقاسات: 1207×67.3 سم.
اقتناء، وصية جوزيف بوليتزر، 1952م 52.20.12

يظهر أمير صفوي يمتطي صهوة جواد ومعه طفل راكب على السرج الخلفي. يقود الأمير سجينا مقيّد اليدين عبر منظر طبيعي في هذه القطعة الحريرية المزخرفة بكل إتقان. ويراقب طائر سبيرغ من أعلى شجرة هذا المشهد أمامه، وهو الطائر الخرافي ذائع الصيت في الأساطير الإيرانية الذي يبدو من حيث المنظر مشكّلا على غرار طائر العنقاء الصيني. هذه القطعة هي عبارة عن نسيج مركّب معروف ب"اللمباس" الذي يمزج بين خلفية مصبوغة وزينة من نسيج مضلّع بغرض إحداث انطباع بوجود نسيجين سطحيين متباينين. بعض التفاصيل التي تخص قميص الآسر وجواده في الصف الأعلى وزيّ الأسير في الصفين الأوسط والسفلي كانت في وقت ما، معززة بوميض الخيوط المعدنية. ويمثل كلا الجانبين الأطراف التي قصّت قليلا وبالتالي تكاد تكون قطعة نسيج بكامل النول. وتتكرر الوحدة الزخرفية أفقيا وفي الاتجاه المعاكس في صفوف متحاذية. وتنتمي قطع أخرى من هذا المنسوج نفسه إلى المتحف الوطني للفنّ الشرقي بموسكو والمتحف التاريخي للأقمشة بليون. (1) وكانت الزخارف التشخيصية طاغية في المنسوجات الإيرانية العائدة للقرن السادس عشر الميلادي، وغالبا ما كانت الصوّر تُرسم بالاعتماد على أعمال أدبية مشهورة مثل حكاية ليلى والمجنون أو خسرو وشيرين، وهي مشهورة أيضا في رسوم توضيحية في المخطوطات. والتصوير في هذه الحالة يعدّ غير عادي من حيث أنه لم يوجد في رسوم المخطوطات المعاصرة. تتضمن ثلاث عشر منسوجات لا تزال موجودة من تلك الفترة تعابير مختلفة عن موضوع آسر صفوي يقود أسرى خاصة من النساء والأطفال. وقد أسندت هويات مختلفة للأسرى مثل التركمان والأوزبك وحتى المغول ولكن أخيرا تم تحديدهم بشكل أكثر إقناعا بوصفهم جيورجيين أسروا خلال الأربع حملات التي قام بها الحاكم الصفوي الشاه طهماسب بين 1540م و1553م. وقد بُني هذا الاستنتاج بالاعتماد على الملامح البدنية والمادّية (أنواع الشوارب والقبعات) المرسومة في اللوحات والموصوفة في المشاهدات المعاصرة التي تتحدث عن العدد الكبير غير المسبوق من النساء والأطفال الذين أسرو في تلك الفترة. (2) وسواء استخدمت كأقمشة لصنع المفروشات أو، وهو الأكثر احتمالا، ككساء، فإن هذه المنسوجات لعبت بكل تأكيد دورا دعائيا في المجتمع للاحتفاء بالعظمة العسكرية الصفوية. (3)

DW

1. قطعة موسكو مزينة في بوب أي. يو. (Pope, A. U)و أكرمان (Ackerman) ناشرين، 1938–1939م، مجلد 6، لوح 1014أ. قطعة ليون منشورة دهنزل (مD'Hennezel 1930)، لوح 11، أعلى الجزء الأوسط.
2. ماكوليامز (م1987 McWilliams).
3. المصدر المذكور، ص. 19؛ طومسن (م2004–2003 Thompson)، ص284.

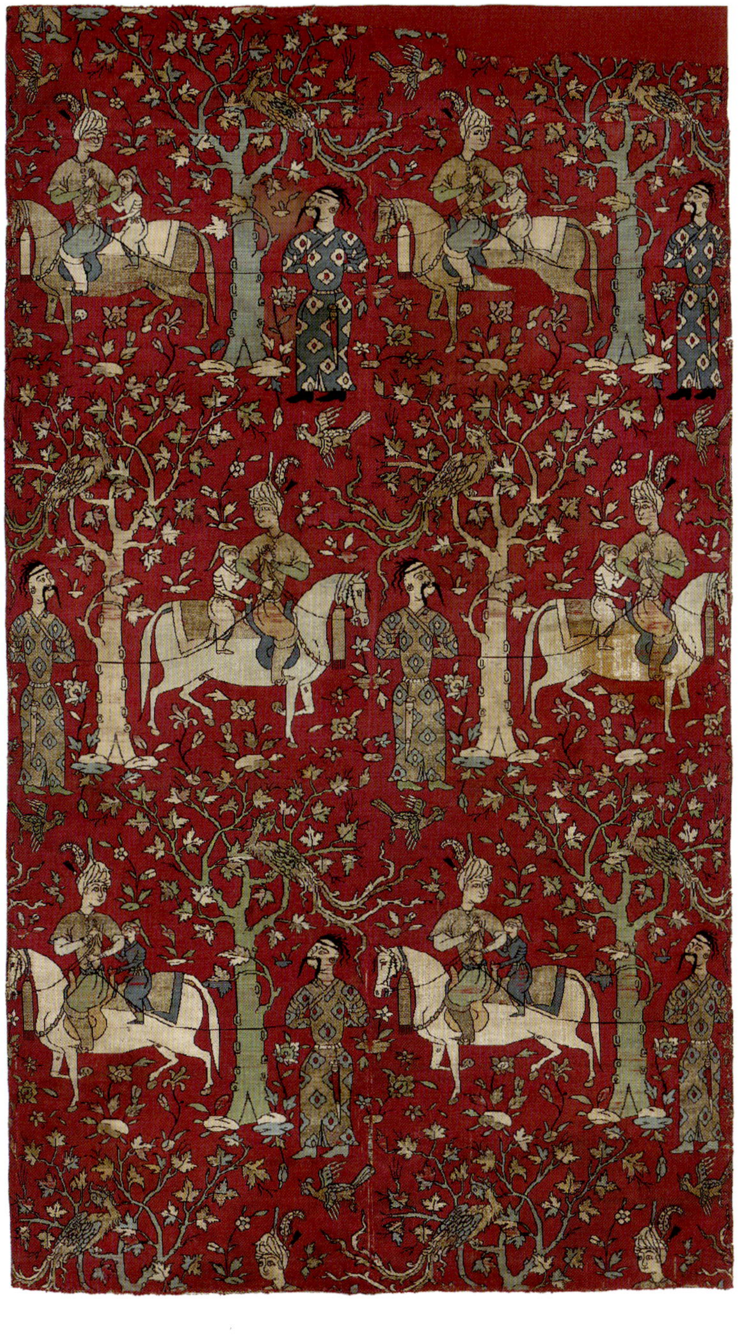

المصدر: دكران جي. كلكيان (Dikran G. Kelekian)، نيويورك، (1908م–وفاته 1951م)؛ ملكيته، نيويورك (1951–1952م؛ بيعت لمتحف المتروبوليتان للفنون.)

172 . قطعة نسيج عليها مشاهد تشخيصية ونصوص شعرية

إيران، القرنين السادس عشر والسابع عشر الميلاديين
حرير، خيط ملفوف بالمعدن، قماش من طبقتين
المقاسات: 65.4× 36.5 سم
رصيد فليتشر، 1946م 46.1567
نصوص فارسية بخط النستعليق، في خراطيش
أفقيا:
رونق قدّك[جاء] من الجمال
وهب الحياة لهذه العباءة الخارجية.(1)
عموديا :
لم يوجد على الإطلاق ثوب بمثل هذا الجمال
يمكن للمرء أن يقول أنه نسج من خيوط فؤادك.(2).

يخاطبنا صانعو هذه القطعة من النسيج عبر القرون من خلال النصوص الشعرية الرقيقة التي ضُمّنت معلنين أنه "لم يوجد على الإطلاق ثوب بمثل هذا الجمال". وفعلا، فبفضل خيوطها البراقة الملفوفة بالفضّة وحياكتها الرقيقة للحرير الناعم الأبيض والأحمر، تقف هذه القطعة المنسوجة والمرسومة بكل دقة شاهدا على فن النساجين الذين نجحوا بكل حذق أن يجمعوا بين الشعر والخطوطية والتصوير التشخيصي ليخلقوا تصميما معقدا ومتماسكًا في الآن ذاته. وبينما تتغنى النصوص الشعرية مجهولة المصدر بخصائص القماش مقارنة إياه بالجمال البدني للمحبوب، تتناول هذه الأبيات مع مشاهد تشخيصية قصّة مشهورة من 'خمسه' لناظمي.(3). تروي إحدى هذه القصص الخمس قصة حب الملك خسرو والأميرة شيرين. وفي حين تركّز الحكاية على الشخصيتين الواردة أسمائهما في عنوان القصة، نجد أن للأميرة معجبا مخلصا آخرا في شخص النحات الموهوب، فرهاد. تأمر الأميرة فرهاد بأن يشق قناة تربط بين مرعى بعيد وقصرها حتى يتسنى لها ولخدمها أن تنعم بحليب الماعز الذي يرعى هناك. ويستجيب فرهاد لطلب الأميرة دون أن يكتفي بشق القناة بل أيضا بإنجاز بركة قرب القصر لتجميع الحليب.

ويُظهر جزء من قطعة النسيج (أحد التفاصيل، الموجود إلى اليمين) شيرين وهي متجهة على متن جوادها لزيارة فرهاد على إثر علمها بالانتهاء من إنجاز القناة ويظهر النحات إلى فوق وبيده فأس وكأنه ما زال يعمل بجدّ.(4) يصف نص نظامي فرهاد وهو بصدد ملء القناة بالسمك إثر الانتهاء من مهمّته. وبإمعان النظر، يمكن مشاهدة سمكة حمراء تسبح في القناة المملوءة حليبا.

وفي جزء آخر من قطعة النسيج هذه، يظهر برج شامخ مغطى بالفسيفساء وتابع على الأغلب لقصر شيرين. أما أسفل هذا الهيكل، فيوجد حوض صغير تسبح فيه بطات، ولعله يمثل البركة المملوءة حليبا. ويرجّح أن يكون الشخصان الأنيقان المتاخمان لشجرة السرو من خدم (برستاران) شيرين، وهما يحملان أوعية حليب من البركة إلى القصر. وأخيرا لعلّ الكائنات المرقطة الصغيرة الشبيهة بالظباء المحيطة بهذه المشاهد ترمز إلى الغنم (قوسفنادان) (نعاج وماعز) التي تنتج الحليب العذب لشيرين.

وفي حين أن هذه التفاصيل الدقيقة تكشف معرفة النسّاجين والمصمّمين الوثيقة

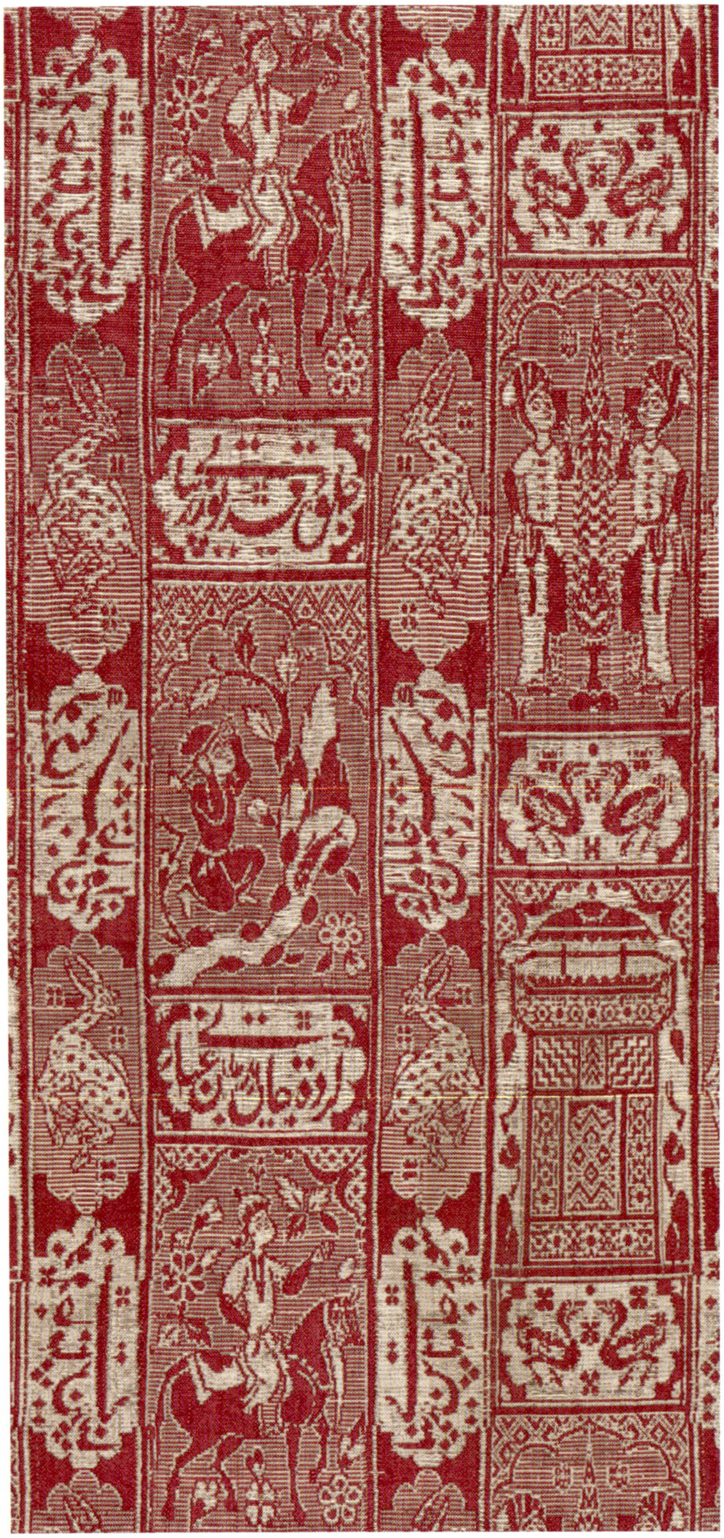

بنص نظامي فإنها في جانب آخر تبرهن على التفاعل المعقّد بين الشعر والخطوطية والرسم والنسج الذي كان ضروريا لإنجاز هذه القطعة من النسيج الصفوي المتطوّر.

DMT

1. نظرا لأن النص في هذا الجزء من القماش غير واضح، فإن قراءتنا لا تعدو أن تكون إلّا إحدى القراءات الممكنة. وقد تكون قراءة أخرى كالآتي:" تجعل من الروح عباءة للجسد." شكري لعبد الله غوشاني، مريم اختيار وسينا قودرزي (Sina Goudarzi) لمساعدتهم على تأويل هذا النص وترجمته.
2. الترجمة من قبل دنيز ماري تيس (Denise-Marie Teece) ومريم اختيار، بالاعتماد على ترجمة من قبل جيروم و. كلنتن (Jerome W. Clinton) المنشورة في واشنطن دي سي، 1987–1988م، ص. 184، رقم 25. الترتيب الدقيق للأسطر غير واضح من تواجدها فوق القماش ولكنها تبدو وكأنها تشكل 'رباعيا'؛ وقد أُدخل مزيد التعديل على ترتيبها في الترجمة الإنكليزية بغية الحصول على قراءة أفضل.
3. نماذج من النسيج نفسه موجودة بمتحف سفيكو بتورين (رقم 544؛ انظر فنيس 1993–1994م، رقم 276.)؛ متحف الفنون بجامعة ييل، نيوهافن (رقم 1937.4625؛ انظر نيوهافن 1981م، ص. 24 الحاشية 17)؛ متحف الفنون الجميلة، بوسطن (انظر ويبل (م Weibel 1952)، رقم 127)؛ ومتحف المنسوجات، واشنطن دي سي (رقم 3.280؛ نيويورك 1979م، الصفحات 136–137، رقم 54.) انظر أيضا واشنطن دي سي 1987–1988م، الصفحات 184–185، رقم 25. وقد نشرت القطعة الحالية مؤخرا في فليبس (م Phipps 2010)، ص.42، الصورة 72 (نقطة تفصيلية).
4. عرّف نيويورك 1979، ص. 136 ،شخصيتي شيرين وفرهد ولكن لم يربط الصور الأخرى بنص نظامي.

المصدر:[جيورجيو سانجيورجي (Giorgio Sangiorgi)، روما، حتى 1946م؛ إلى لوي (Loewi)]؛ [أدولف لوي (Adolph Loewi)، فنبس ولوس أنجلس؛ بيع لمتحف المتروبوليتان للفنون.]

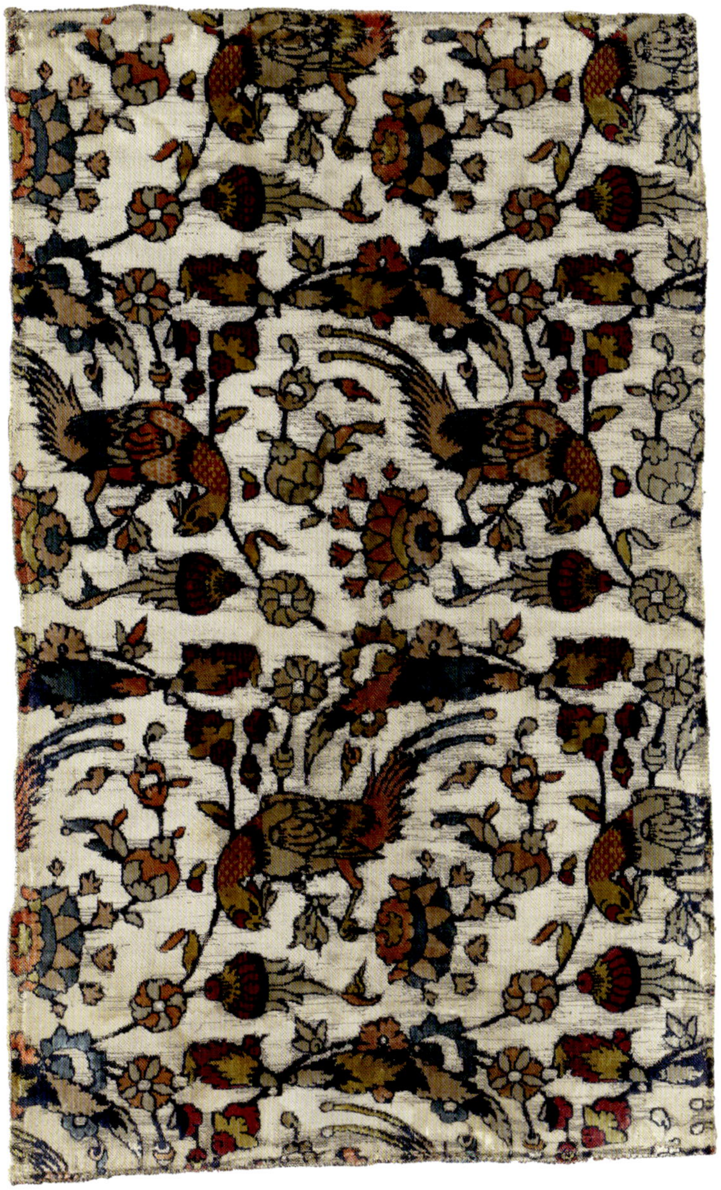

173 . قطعة نسيج.

إيران، كاشان، النصف الثاني من القرن السادس عشر الميلادي.
حرير، مخمل ناعم ومقصوص مع خصلات مسترسلة من الخيط المعدني.
المقاسات: 33.9×54.5 سم.
رصيد فليتشر،1972م، 1972.26

تجلب هذه القطعة المخملية الصفوية المحفوظة جيّدا الانتباه من أول وهلة وذلك بفضل ما حضيت به من مهارة حرفية وألوان أوبارها الحريرية الزاهية. وتعدّ بعض عناصرها الزخرفيّة مثل أزهار اللوتس والسعفات والطيور نموذجية لما جرى إنتاجه من منسوجات وبُسط في ورشات تبريز. وقد عرفت هذه العناصر طريقها إلى مخمليات كاشان من خلال التبادل والتعاون الفني بين فناني المدينتين. وقد أدّى هذا التعاون، إضافة إلى مزيد من الابتكارات في إنتاج المخمل، إلى تأسيس أسلوب كاشاني مميّز بحق في النصف الثاني من القرن السادس عشر الميلادي. ويتكرّر موتيف لفائف الدالية، الذي كان طاغيا على الفن الإيراني في هذه الفترة، باستمرار في قطعة المخمل. وتزدان الدوالي بأوراق وأزهار ووريدات وسعفات تحيط بكل واحدة منها خطوط زرقاء داكنة (1). وتعطي طيور الطاووس التي اتخذت من الدوالي محطّا والتي كانت مطأطئة الرؤوس انطباعا من الحيوية والتركيز. وينظر كل واحد منها بإمعان إلى الصف إلى أسفل أين تقف الطيور مائلة في خط متوازي ومرتبة في صورة معكوسة. وبريشها متعدد الألوان والمميز وذيولها الطويلة ومناقيرها وأعرافها ومخالبها، تعكس الطواويس مباشرة الأسلوب والتقنية المعهودين في منمنمات سلطان محمد (2)، رئيس الورشات الملكية في عشرينات القرن السادس عشر الميلادي.(3) وتُشاهَد الطيور نفسها أيضا على منسوجتين أخرتين: قطعة اللامباس في متحف المتروبوليتان المزركشة بنبيل صفوي محاط بصخور وأشجار سرو وحيوانات وطيور،(4) وكذلك قطعة المخمل التي تظهر "أميرة واقفة وخادما منحنيا" الموجودة في متحف الفن الإسلامي بالدوحة،(5) والمخمل هو قماش له تركيبة جدّ معقّدة. ومع المخمليات الصفوية، بلغت التقنية مستوى جديدا من التطوّر مثّل درجة عالية في تاريخ النسيج لم تدرك منذ ذلك الحين. (6) وفيما يتعلق بالمخمليات الناعمة والمقصوصة، فإن الطبقة القاعدية للنسيج ليست ظاهرة من الوهلة الأولى لأنها مغطاة بوبرة كثيفة تعطي الزينة. وهنا، نُسج سدو إضافي من أشرطة فضية مسطّحة بين طبقة من الوبرة والأخرى لإحداث انطباع معدني لمّاع. ويتمازج وبر الحرير الأحمر القاني والأصفر الفاقع والأزرق الرمادي والأزرق الداكن والأصفر الضارب إلى الاصفرار والعاجي تمازجا متناغما في سمفونية من التعقيد الأنيق.

EGM

1. إتنغهاوزن و يارشاطر (Ettinghausen and Yarshater)، ناشرين، 1979م، ص.282.
2. نفس المكان، ص. 273.
3. الدوحة 2004م ص. 36.
4. متحف المتروبوليتان للفنون (حساب رقم 08.109.3). انظر إتنغهاوزن و يار شاطر (Ettinghausen and Yarshater) ناشرين، 1979م، ص.272.
5. متحف الفن الإسلامي،الدوحة (رقم TE.09.98). انظر الدوحة 2004م، الصفحات 36-37.
6. أكرمان (ب1938-1939 Ackerman)، المجلد 5، ص. 2217.

المصدر: دكران جي. كلكيان (Dikran G. Kelekian) نيويورك (1944 - وفاته 1951م) ؛[تشارلز دي كلكيان، نيويورك، 1951-1972م؛ بيع لمتحف المتروبوليتان للفنون]

174 قطعة مخمل بها صيّاد صقور

إيران، أوائل القرن السابع عشر الميلادي.
حرير، خيط ملفوف بمعدن، مخمل ناعم ومقصوص، نسيج عكف.
المقاسات: 29.2×21.6سم.
رصيد فليتشر، 1946م 46.156.5

يبدو صياد صقور شاب وهو واقف بين الزهور في وضعية متكاسلة، وكأنه يضبط طوق صقر قابع على يده المغطاة بقفّاز. أصبحت الكثير من هذه المواضيع المتعلقة بالصيد الملكي مضمنة في الثقافة الإيرانية نتيجة للاهتمام الذي يلقاه الصيد بالصقور في الأوساط الأميرية وأوساط الطبقات الثرية. وتوجد عدّة رسوم توضيحية أو إشارات لصيد الصقور في فن الرسم، وبصفة أقل، في المنتوجات التشخيصية. ورغم أنها تبدو رثة شيئا ما، ورغم فقدان الوبرة المخملية في بعض الأماكن وتلف الخيط المعدني الذي غطى في وقت ما الأرضية المصنوعة من الساتان، فإن هذه القطعة لا تزال تثير الإعجاب بما تنطوي عليه من رسم رشيق ومواد فاخرة. وينبثق وميض معدني ليس فحسب من الأرضية المسطّحة التي تقف عليها الشخصية ولكن أيضا، وبشكل أكثر تركيبا من عقد من لحمات إضافية ملفوفة برقائق معدنية (نسيج عكف) التي تزين طوق الشاب ومقبض خنجره وتفاصيل الأزهار الجانبية . ومن المحتمل أن تكون المخمليات "المتجعّدة" التي أتى على ذكرها الملاحظ الأوروبي كانت تشير إلى مثل هذه العقد. (1) وتساعد القطعتان الأخرتان من هذا النسيج، واحدة في المتحف الوطني للفنون التطبيقية ببرلين والأخرى بمتحف المنسوجات في واشنطن دي سي، (2) في فهم قطعة متحف المتروبوليتان لأنهما أكبر حجما وتظهران مساحة أكبر من التصميم. وتتضمّن كل منهما شابين يمسكان بصقور تقف ظهرا إلى ظهر في صورة معكوسة. وتوجد إلى الجانبين أزهار مرتبة (في صورة معكوسة كذلك) تتطابق مع تلك التي تظهر على طول الحافة اليسرى للقطعة الحالية. ويتضمّن كذلك المحور المركزي بين الشخصيتين بعض العناصر الزهرية ولكن الضرر الذي أصاب هذه القطعة جعل من الصعب فك رموزها. وقعت الإشارة إلى أن النسيج على كامل عرض النول كان بإمكانه أن يسع على الأقل أربعة

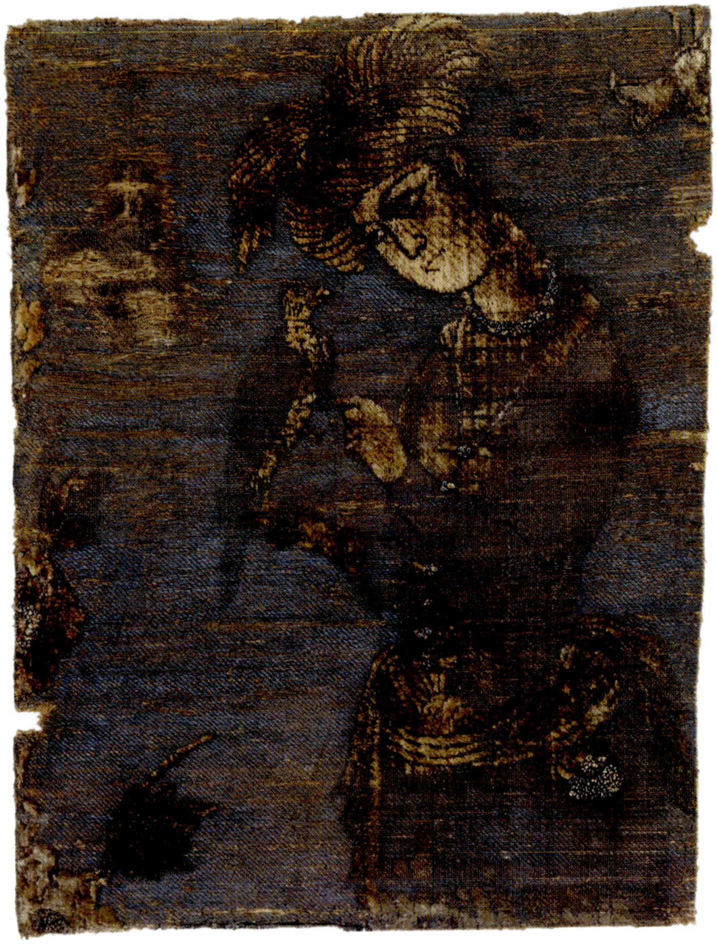

صيادي صقور تباعا.(3) لكن من المحتمل أن مثل هذا التصميم قد يكون أنجز في صورة قطعة أقل عرضا، بشخصيتين فقط في كل صفّ كما هو الشأن في مخمليات أخرى.(4). وفي الحالة الأخيرة فقد يكون كل صف من الشخصيتين تكرّر عموديا أو قد يكون هناك تناوب بين صفوف شخصيات تنظر إلى الداخل وأخرى تنظر إلى الخارج.

DW

1. ماكوليامز(م1987-1988 McWilliams)، ص. 167، مقتبسا عن جون شاردن(Jean Chardin)
2. نشرت قطعة برلين (رقم 91.71)في نيومان و مرزا (م Neumann and Murza 1988)، الصفحات 141، 264،رقم 17. قطعة واشنطن (رقم 3.320) مصورة في واشنطن دي سي 1987-1988م، ص.155.
3. ماكوليامز(م1987-1988 McWilliams)، ص. 154.
4. انظر، مثلا، شريط عمودي في متحف أنتاريو الملكي، تورونتو، المنشورة في لندن 1976ج، ص. 110، رقم 83؛ وآخر في معهد الفن بشيكاغو، منشور بكامبردج، ماساتشوستس و نيويورك 1973-1974، الصفحات 44-45، 67، رقم 21.

المصدر: [جيورجيو سانجيورجي (Giorgio Sangiorgi)، روما، حتى 1946م؛ إلى لوي(Loewi)]؛ [أدولف لوي (Adolph Loewi)، فنيس و لوس أنجلس؛ 1946م؛ بيع لمتحف المتروبوليتان للفنون.]

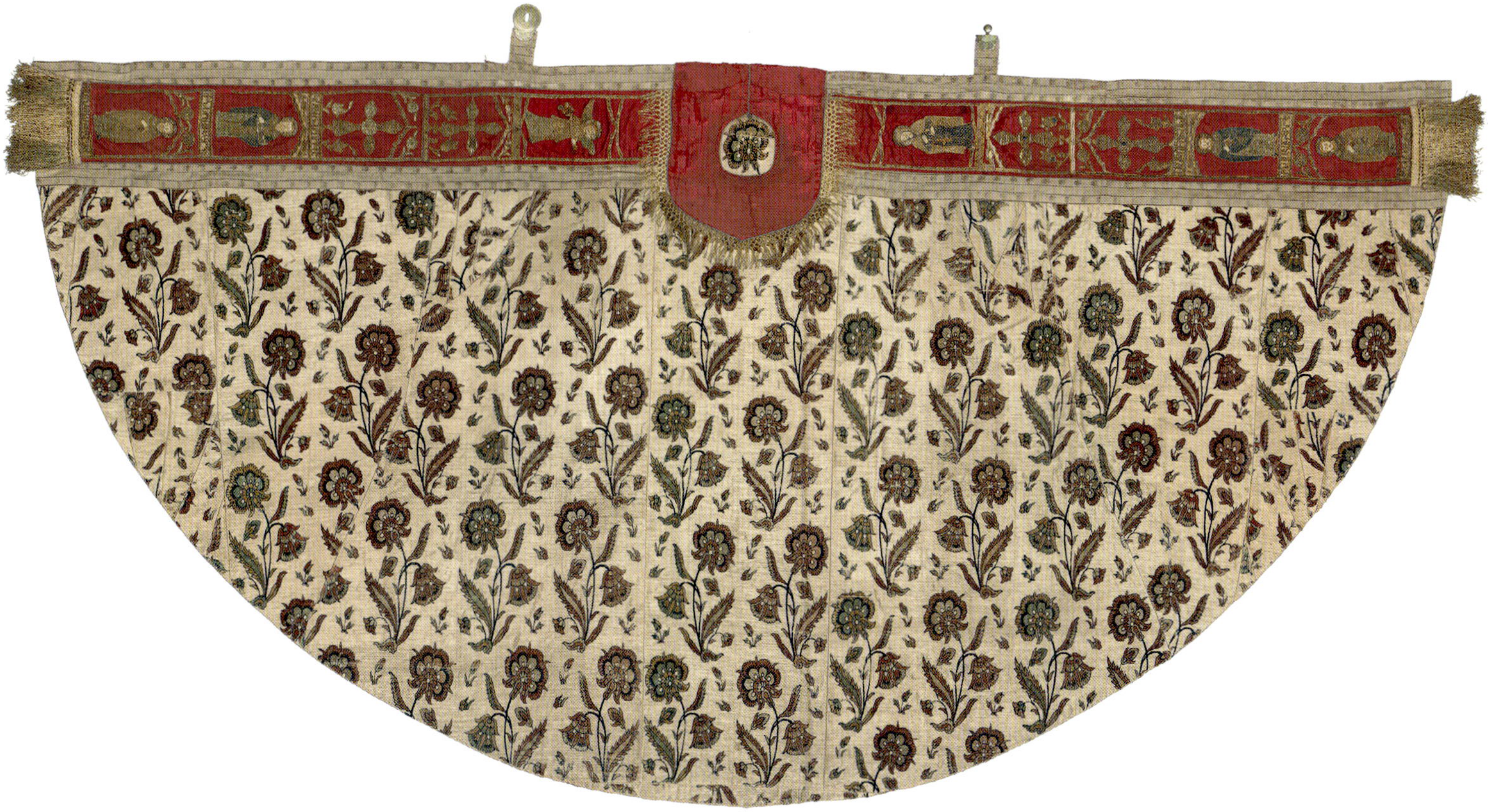

175. غفّارة

إيران ، .النصف الأول من القرن السابع عشر الميلادي (مخمل)
حرير، قطن، خيط ملفوف بمعدن، مخمل ناعم ومقصوص؛ مطرّز بتركيبات معدنية محفورة.
المقاسات: 113×261.3 سم.
رصيد رودجرز، 1914م 14.67

يمكن مشاهدة عيّنة من التلاقي الرائع للحضارات في هذه الغفّارة والرداء نصف الدائري والقلنسوة الملبوسة في المواكب خلال الطقوس المسيحية. وهكذا فالشكل ذاته مسيحي وكذلك الشأن بالنسبة للموضوع الشرقي الأرثودكسي للحاشية المزخرفة أو الحافة التزيينيّة التي تزركش كلا من الجانبين المستقيمين اللذين يلتقيان في الجانب الأمامي الذي يُلبس منه الرداء. وتتكون الحاشية المزخرفة من عشر رقاع مزيّنة، خمس في كل جانب. وتُظهر ست منها رسوم شخصيات من بينها مريم العذراء والثلاثة القديسين الأوائل، نيقولا ميرا وبطريكيين أرمنيين: نرسيس الأول وسحاك الأول، أمكن التعرف عليهما بفضل نصوص بالأرمينية. (1) وتتضمن الرقاع الأربع الأخرى صلبانا. وتَظهر نصوص بالأرمينية أصابها بعض التلف تحت رسوم القديسين. ويتكون الهيكل الرئيسي للغفّارة من قطع مقرونة من المخمل الفارسي مزخرفة بصفوف من الأزهار المتمايلة تتناوب من حيث الاتجاه. وتتميّز الأزهار المنمنمة بجمالية رسمها ونقائه وبتشكيلة ألوانها العريضة. وتظهر زهرة فريدة من المخمل في "نافذة" القلنسوة. وكانت الأرضية المصنوعة من الساتان الناعم الظاهرة بين مساحات الوبرة مغطاة في الأصل بلحمات إضافية من خيوط الحرير الأصفر الملفوف في شريط أو بشريحة رقيقة مطليّة بالفضّة، مع ترك بعض المساحة عند التلفيف لإظهار الخيط، وقد يكون جرى اللجوء إلى هذه الطريقة بدافع التخفيف من مفعول لمعان المعدن أو للتخفيض من كميّة الفضة المطلوبة وتقليل التكلفة. ويوحي تواجد بعض القطع الصغيرة ذات أطراف مائلة ومنحنية في المساحة المخملية بأن شتى القطع المقرونة مثّلت سابقا أجزاء من ثياب تم فتقها لإعادة تركيبها هنا في شكل من أشكال "إعادة الاستعمال التكيفي". نظرا لأنّ تطريز الحاشية يعود نوعا ما إلى تاريخ أحدث من قماش المخمل نفسه، فإن الهيكل الرئيسي للرداء قد يكون ركّب من المخملية الأقدم وأنّ الحاشية المطرّزة والقلنسوة قد أضيفتا وقتها، وعلى الأرجح، في بداية القرن الثامن عشر الميلادي. وتجدر الإشارة إلى وجود قطعتين مرتبطتين ارتباطا وثيقا بقطعة الحال: غفارة تكاد تكون توأمها عُرضت في ميونيخ عام 1910م (ولا يعرف مكان تواجدها الحالي).

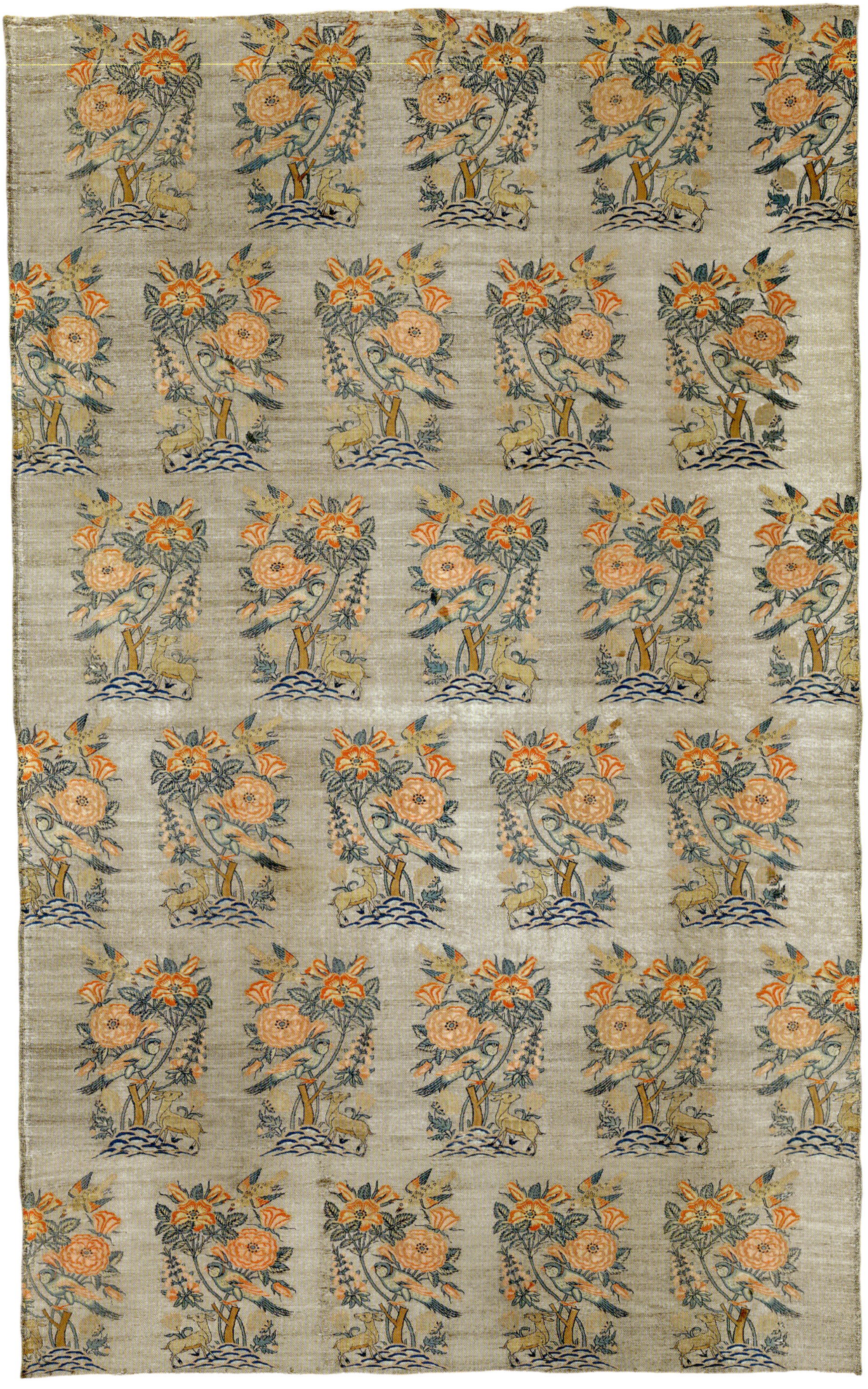

أمّا الثانية فهي قطعة طائشة من القماش المخملي نفسه تحصلت عليها مجموعة دافيد بكوبنهاغن في 1986م (2). وقد تكون الغفّارتان اللتان ظهرتا في الغرب في الوقت نفسه عند أوائل القرن الماضي عائدة إلى إحدى الكنائس الأرمينية التي أقيمت في حيّ جولفا الجديدة بأصفهان خلال القرن السابع عشر الميلادي، وتوجد كذلك بمتحف المنسوجات بواشنطن دي سي غفّارة دون حاشية مزخرفة صنعت من ثلاث قطع كاملة العرض من القماش المطرّز الصفوي.(3)

DW

1. أنا مدين لـ إيمي لاندو(Amy Landau) من متحف والترز للفنون، بالتيمور، لتقديم التعريفات.
2. زخرفت القطعة المعروضة في ميونيخ، والتي كانت عندئذ ضمن مجموعة د. رودن (Roden) من فرانكفورت، في ميونيخ 1910–1912م، المجلد 3، لوح 202. مخملية كوبنهاغن منشورة في كوبنهاغن 1993م، ص. 113.
3. متحف المنسوجات، واشنطن، دي سي (رقم 150 .3). لقطعت من نفس القماش،
4. انظر واشنطن دي سي 1987–1988م، الصفحات 172–173.

المصدر :[الإخوة طباغ، باريس و نيويورك، حتى 1914م؛ بيع لمتحف المتروبوليتان للفنون]

رواجها على امتداد القرنين التاليين. ويتكرّر الموتيف الزخرفي أفقيّا بحيث يكون كل صف مقابلا الجهة المعاكسة للصف الذي يسبقه أو يليه.
وأشارت مارى ماك وليامز إلى أن البحوث الأوروبية حول التاريخ الطبيعي قد تكون مثّلت مصدر إلهام لمثل هذه الترتيب (2) غير أن العلاقة غير الطبيعية للحجم بين الأيل وغصن الورد والطيور هي على الأرجح من نسج خيال النسّاج. ويكشف فحص دقيق للقطعة أن الألوان كانت في الأصل أكثر حدّة وتنوّعا وأن درجة اللون الفضي للخلفية الناتجة عن الرقائق المطلية بالفضة المحيطة بخيوط الحرير البيضاء، اكتملت بالمسحة الذهبية للأيل. وتوجد قطعتان أخرتان في متحف المنسوجات بواشنطن دي سي ومتحف نلسن آتكنز للفن بكنساس سيتي.

SRC

1. فلور (م1999 Floor)، الصفحات 14، 61.
2. مكوليامز (م1988–1987 McWilliams)، ص. 178.

المصدر: هبة مجهولة المصدر

176. قطعة نسيج

إيران، أواخر القرن السابع عشر – أوائل القرن الثامن عشر الميلاديين
حرير، خيط ملفوف بالفضة والمعدن المطلي بالذهب؛ نسيج مضلع مركب، مطرّز
المقاسات: 113.3× 70.5 سم.
هبة مجهولة المصدر، 1949م 49.32.99

بدافع من الشاه عباس الأول (حكم ما بين 1587 – 1629م)، نمت مهنة إنتاج الحرير الفاخر نموّا ملحوظا في إيران خلال بداية القرن السابع عشر الميلادي. ورغم أن الأشجار التي تأوي دودة القز المنتجة للحرير زرعت في أغلب المناطق إلاّ أنه جرت زراعتها بكثافة في القوقاز وخاصّة في محافظتي جيلان ومزندران. وقد بلغ الإنتاج ذروته خلال الحقبة الصفوية حوالي 1650م ولكنّه تدهور بشكل كبير إثر الغزو الأفغاني في 1722م. وعلاوة عن الاستعمال المحلي، جرى تصدير الحرير الخام، خاصة إلى تركيا وروسيا وآسيا الوسطى والهند وأوروبا. (1). أما فيما يتعلق بحياكة الحرير، فإنها كانت تمارس على امتداد إيران في جميع الأوساط ، حضرها وريفها. وكانت كاشان ويزد وأصفهان المراكز الحضرية الأساسية لصناعة الحرير الفاخر خلال القرن السابع عشر الميلادي، حيث شغّل المصنّعون نسّاجين للعمل على كل أصناف الأقمشة. في حين لا تدل المعلومات المتوفّرة حول التجارة بين إيران وشركات الهند الشرقية، الإنكليزية والهولندية منها، على فكرة أن صناعة الحرير كانت مدعومة أو حتى ممثلة تمثيلا فعليا في التجارة مع أوروبا، نجد أن الرحالة إلى إيران شاهدوا وتحدثوا عن أقمشة مثل هذه القطعة، منسوجة بخيط من الذهب والفضة. ويمكن أن يوضع تصميم هذه القطعة المتمثل في غصن ورد كبير الحجم تحط عليه ببغاء وأيل صغير قادم وطائر من فصيلة أخرى يحلّق، ضمن خانة مجموعة رائجة من الأقمشة المزدانة بالطيور والأزهار صنعت في البداية في القرن السابع عشر الميلادي وتواصل

177. زنّار عليه خمس نباتات مزهرة

إيران، على الأرجح كاشان، القرن السابع عشر الميلادي.
حرير، خيط ملفوف بالمعدن المطلي بالذهب والفضة (رقيقة معدنية، حرير خام)؛ نسيج مركب بلحمات داخلية، مطرّز.
المقاسات: 416.5 × 62سم.
هبة جورج د. برات 1933م 33.80.18

نظرا للتقنية المعقّدة وللمهارة المهنية التي حيك بها الزنار، فإنه يرجّح أن يكون قد صنع للأسرة المالكة. فهو يبرز مجموعة ثريّة من موتيفات زهرية رتّبت ترتيبا دقيقا وأنجزت من خلال تلوين رقيق. رسمت محيطاتها بلون داكن على خلفية ذهبية ممّا جعل منها عيّنة رائعة من المنسوجات الصفوية خلال الحقبة الصفويّة. يعتبر تصميم هذا الزنار تصميما نموذجيا لعديد الزّنانير الحريرية في تلك الفترة. يتكون من ثلاث وحدات وينتهي بثلاث قطع محاطة بإطار من حاشية مزهرة ذي شرابة، وجزء رئيسي به أشرطة أفقية وحافات على طول الجانبين. وتتضمّن كل قطعة من القطع الثلاث الطرفية صفّا من النباتات المزهرة تشتمل على مجموعة استثنائية من الأزهار مثل الخشخاش ونبات الشوك وأزهار القرنفل. (1) أما الجزء الرئيسي فيتضمّن أشرطة متناوبة من زينتين مختلفتين تمتد على كامل عرض الزنار: شريط يظهر موتيفا زهريا هندسيا والآخر لفيف دالية مع أزهار السوسن والورد، بينما تصوّر الحواشي الجانبية أزهار أخرى مختلفة مرتبة في أغصان.(2). وكانت الزنانير مثل هذا تلبس من قبل الأسرة المالكة وطبقة النبلاء، وتُصنع كذلك بغرض التصدير إلى أوروبا. وقد كان إهداء ثوب شرفي وزنار فاخر إلى شخصية مرموقة ممارسة شائعة في البلاطات الصفوية. ووفقا لما لاحظه توماس هربرت عندما سافر إلى إيران بين 1627 — 1629م، فإنّ الزنانير كانت تنسج "للدوقات وغيرهم من النبلاء من خيوط الذهب، وللتجّار وجنود الشاه عبّاس الأول من الفضّة ومن الحرير، أو من الصوف لأشخاص أقل

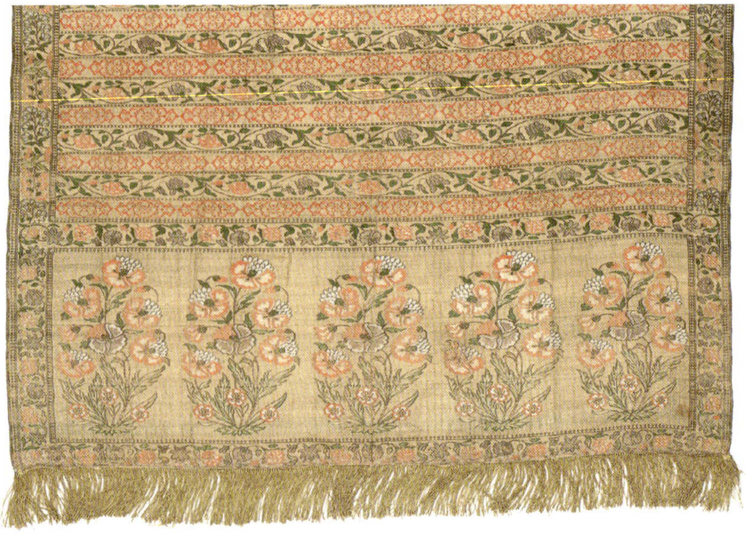

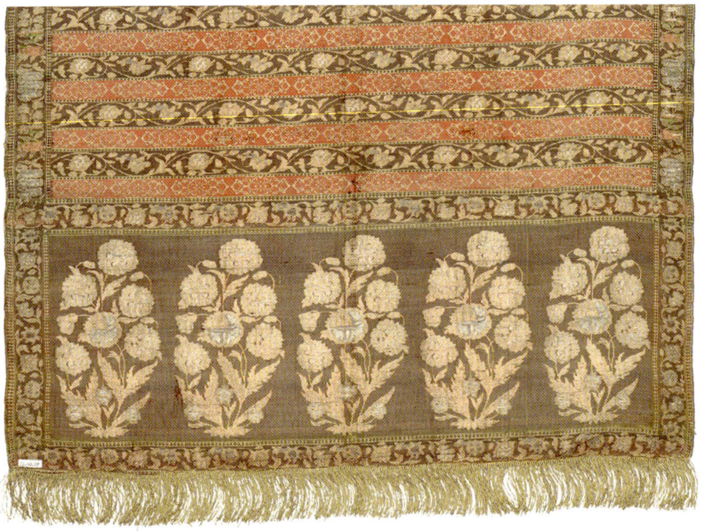

منزلة."(3)

ويمكن التعرّف على المنزلة الاجتماعية للشخص الحامل للزنّار من خلال نوع الزنار الذي يرتديه، بل كذلك من خلال طريقة لباسه له حول وسطه. وجرت العادة أن يُلبس زنّار طويل كثير الزينة مع زنار آخر أو حتى زنارين قصيرين أضيقين وذات لون واحد. وكان مثل هذا النوع من الزنانير رائجا في إيران في أواخر القرن السادس عشر الميلادي. وما لبث أن ظهر في أوروبا الشرقية كأكسسوار ضمن طقم منسجم الأجزاء للرجال يلقى أكبر قدر من التقدير. وقد انتقلت الزنانير إلى هناك مع منتوجات فاخرة أخرى من الشرق (خاصة من تركيا وبلاد فارس) سواء كسلع للتبادل التجاري أو من خلال العلاقات الدبلوماسيّة. وقد لعب التجار الأرمينيون دورا هاما في توريد وتوزيع هذه الزنانير عبر أراضي الكومنولث البولوني الليتواني (1569–1795م)، واعتبارا من النصف الأول من القرن الثامن عشر الميلادي استُعملت هذه الزنانير كنموذج للإنتاج المحلّي البولوني الذي بدأه الأرمينيون. وقد نتج عن ذلك إنجاز زنانير من خيوط الحرير والخيوط المعدنية كانت أكثر تعقيدا، وأصبحت عنصرا رئيسيا من الزي الوطني النّبيل. وتأتي النوعية اللافتة للنظر لهذا الزنار جزئيا من جراء استخدام عدد كبير من اللحمات الحريرية بتدرجات لونية مختلفة متشابكة مع خيوط ذهبية ومعدنية. وأغلب هذه اللحمات من الخيوط البرتقالية الضّاربة إلى الاصفرار والبنّية والمطلية بالذهب أو المعدن مربوطة بعضها ببعض في هيكل النسيج. وهي تصل من حافة إلى أخرى معطية الوجه الخلفي للزنار مظهرا متعدد الألوان، وجاعلة إياه مكتمل الصنع من الجانبين. وتبرز خصلات من لحمات مطرّزة غير مسترسلة من خيوط بيضاء ووردية وأرجوانية رمادية ومطلية بالفضة أو القصدير في مساحات صغيرة من الأزهار فقط، مثرية بذلك الزينة الأنيقة.(5) وتشهد هذه السّمات التقنية على الجودة الاستثنائية لقطعة النسيج هذه وعلى المهارة العالية لناسجيها.

JP

1. في الزنّانير الفارسية، عدد وحدات التصميم في القطع الطرفية يمكن أن تتراوح من أربعة إلى سبعة. في المقابل، يوجد بالزنانير الهندية من ثلاث إلى ست موتيفات؛ و للزنانير الأرمينية من اثنان إلى ثلاث موتيفات. و تبرز أغلب الزنانير البولونية وحدتي تصميم؛ للبعض منها إما واحد أو ثلاث.
2. زيّن زنار له شكل مشابه تقريبا، في مجموعة متحف أرميتاج، سانت بطرسبورغ في لوكنين و إفانوف (م 1966 Ivanov and Loukonine)، الصفحات 50، 239.
3. هربرت (م1928 Herbert)، ص. 232، يقدم فلور (م1999 Floor) أيضا وصفا تفصيليا للزى الفارسي الرجالي.

في بولونيا توجد أكبر مجموعات الزنانير البولونية و الشرقية في المتحف الوطني، كركاو(Cracow)؛ المتحف الوطني، وارسو(Warsaw) المتحف الوطني، بوزنان (Poznan)؛ المتحف المركزي للمنسوجات (Centralne Muzeum Włokiennictwa) لودز؛ متحف الأسقفية، بلوك. لوصف موجز للزنانير الفارسية في المجموعات البولونية، انظر بيدرونسكا سلوتا (ب2010 Biedrońska-Słota).

4. فيما يتعلق بالأوصاف الفنية للمنسوجات الفارسية، انظر ريث وسكس (م1937 Reath and Sachs).

المصدر: جورج دي برات (George D. Pratt) نيويورك (حتى 1933م)

178. راية مكتوبة

إيران، على الأرجح كاشان، بتاريخ 1107 [هجري] الموافق لـ 1695 – 1796م.
حرير، خيط ملفوف بمعدن، لمباس
المقاسات: 179.1×88.9سم.
رصيد رودجزر، 1938م 38.167
نصوص بالعربية والفارسية بخطّي الثلث والنستعليق (من الأعلى إلى الأسفل):
الخرطوشة إلى أعلى اليمين: (قرآن، 37: 172 – 173)
خرطوشة إلى أعلى اليسار، بالعربية:
وكفى بالله وكيلا.
الخرطوشة الكبيرة الوسطى:(قرآن 110 وتاريخ 1107)
الخرطوشة الصفراء الصغيرة: بالعربية:
يا مفتّح الأبواب.

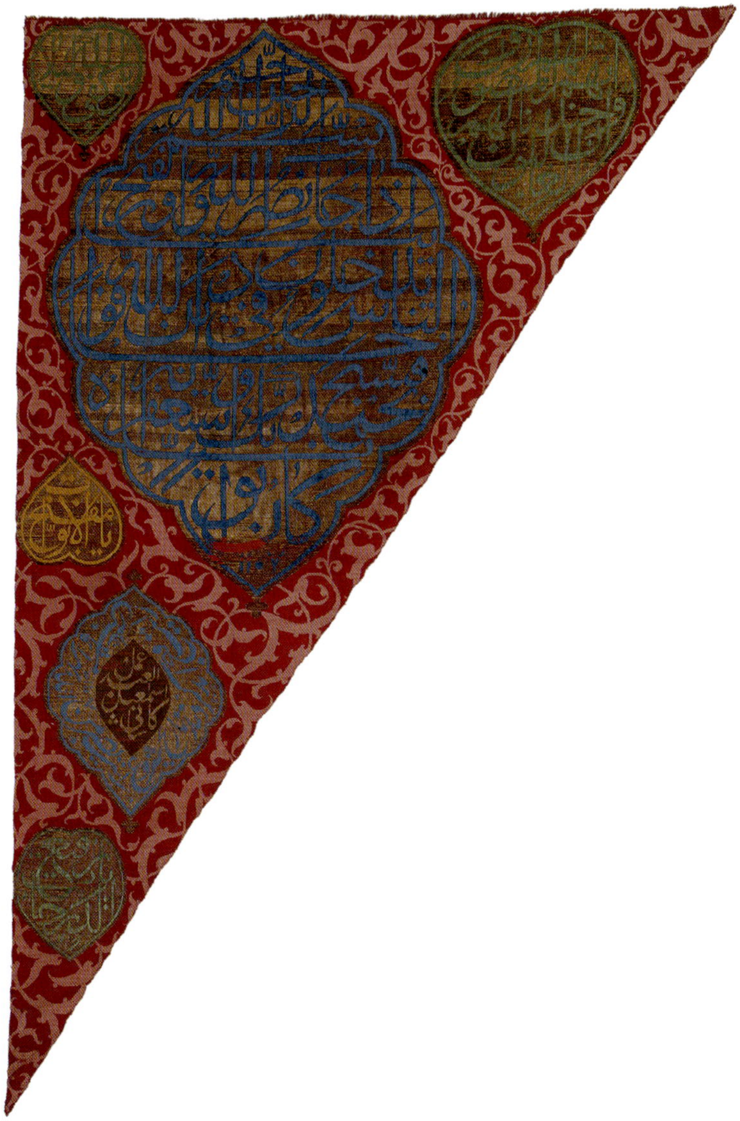

الجزئين الأوسط والخارجي، على التوالي، للخرطوشة ذات اللونين بالعربية:
عمل العبد إسماعيل كاشاني
وبالفارسية:
راية النصر، تاريخ الشروع في العمل. راية نصر من الله، إتمام العلم 1107 .
الخرطوشة السفلى بالعربية:
يا رفيع الدرجات.

تعرض هذه الراية العريضة والفاخرة وبخطوط ممتدّة من الحروفية الذهبية آيات قرآنية تقدّم تأكيدات للمؤمنين بالنصر ودعوات لله بالحفظ والمؤازرة.(2) ويوحي محتوى هذه النصوص بأن قطعة النسيج هذه قد تكون كانت لها وظيفة عسكريّة، لتحمي وتعين الجيش الذي كان يحملها، أو أن تكون ربّما استعملت في مواكب دينية.(3) ولقد جرى نشر رايات بنصوص مماثلة من الإمبراطورية العثمانية على نطاق واسع وكان بعضها معدًا للحمل في المعارك والبعض الآخر للحمل من قبل المؤمنين خلال أدائهم مناسك الحج .(4) لكن عدد الرايات الفارسية المتبقية على قيد الوجود قليل .(5)

وتوجد أدلّة مرئية على وجود رايات مكتوبة في إيران على الأقل منذ القرن الخامس عشر الميلادي فصاعدا.(6)

ففي أوائل القرن السادس عشر الميلادي ظهرت عديد الصور لرايات مزركشة بزينة غزيرة يتضمّن عدد كبير منها نصوصا عربية في لوحات لمشاهد معارك في شهنامة (كتاب الملوك) طهماسب (حكم ما بين 1524-1576م). يعرض نموذج على صحيفة في متحف طهران للفنّ المعاصر راية مثلثة الشكل بدعوات خطوطية شبيهة بتلك الموجودة على قطعة النّسيج الحالية.(7) وقد واصل الجيش الإيراني، قرنا بعد ذلك، استعمال الرايات المكتوبة كما يشهد على ذلك الرحالة الفرنسي في القرن السابع عشر الميلادي، جون شاردن، خلال زيارته إلى إيران، حيث لاحظ قائلا ''ألويتهم'' [راياتهم] مقصوصة في نقاط، مثل راياتنا وهي مصنوعة من كل الألوان وكل أنواع الأقمشة الفاخرة. وليست لهم رايات أخرى سواء لسلاح الفرسان أو للمشاة، وكعنوان وعوضا عن الشعار، يضعون على هذه الأعلام عقيدتهم، أو اقتباسا من القرآن.(8) ولكن بالإضافة إلى الآيات القرآنية، تتضمن هذه الراية نصوصا تصف صنعه. وتوجد إحدى هذه الكتابات بوسط الخرطوشة الزرقاء الفاتحة وتعرّف الراية كعمل إسماعيل الكاشاني. وتعطي أبيات منظومة خصّيصا حول اسمه تواريخ نسج الراية باستعمال نظام الأبجدية الذي بموجبه تكون للحروف الفردية أرقام تعادلها. وتعدّ الحروف في جزء من كل بيت مجموع 1106 و 1107 وهي تمثل الأعوام التي شرع فيها العمل على الراية وأتمها فيها (9). ويكشف هذا التنسيق الدقيق بين الشعر التقديمي والخطوطية الأنيقة والنسيج المعقد، الرؤية والمواد الثمينة التي أغدقت على هذه القطعة البارعة من النسيج.

DMT

1. تظهر هذه العبارة في خمس صور مختلفة، بما فيها 4:81، 4:171، 4:132، 33:3 و 33:48. أخذت الترجمة من آربري (Arberry)
2. نشر في بوب أي. يو.(Pope, A. U)و أكرمان (Ackerman) ناشرين، 1939-1938م، المجلد 3، الصفحات 2124 - 2125 والمجلد 6،لوح 1070أ؛ ديماند 1940ب، رسم توضيحي ص. 143، الصورة 2، الصفحات 143-144؛ و ريث و ساكس (Reath and Sachs 1937م)، مثال 15، ص.74، لوح 15.
3. السياق الديني الصرف ممكن أيضا نظرا لأن أبياتا وأدعية مماثلة موجودة على أغطية الأضرحة والمنسوجات الأخرى المستعملة في أوساط دينية.
4. انظر دني (Denny 1974أ).
5. من بينها راية مثلثة الشكل كتبت عليها آيات قرآنية و اسم حاكم آق قويونلو أوذون حسن خلال القرن الخامس عشر الميلادي، في مجموعة القصر العالي باسطمبول. أوزونكرسيلي (م 1984 Uzuncarsili)، الغلاف و الصورة 49. و يوجد نموذج قاجاري آخر بلندن 1976ج، ص.113، رقم 91. توجد رايتا عاشوراءغير مقصوصتين تغودان إلى القرن التاسع عشر الميلادي بميونيخ 2010-2011م، ص. 222. الصورة 9. للمزيد حول الأدلة المرئية و النصية بخصوص الرايات الفارسية، خاصة تلك تحمل زخارف تشخيصية و خطوطية، انظر مليكيان-شيرفاني (م1988 Melikian-Chirvani) و شهبازي (Shahbazi 1999م).
6. انظر الفهرس 127ب.
7. انظر صحيفة 496ص، منشورة بباريس 2002-2003م،ص.231، رقم 196.
8. كما نقله آكرمان(Ackerman 1938-1939أ)، ص. 2780. شكري إلى أريانا موصل (Muessel Ariana) لمساعدتها الكريمة في تحديد أماكن الصور لهذه المداخلة.
9. قدم عبد الله غوشاني (Abdullah Ghouchani) تأويل هذا التاريخ الجُملي.

المصدر: إ. بغيان (E. Beghian)، لندن، 1931-1938م؛ بيعت لمتحف الترروبوليتان للفنون.

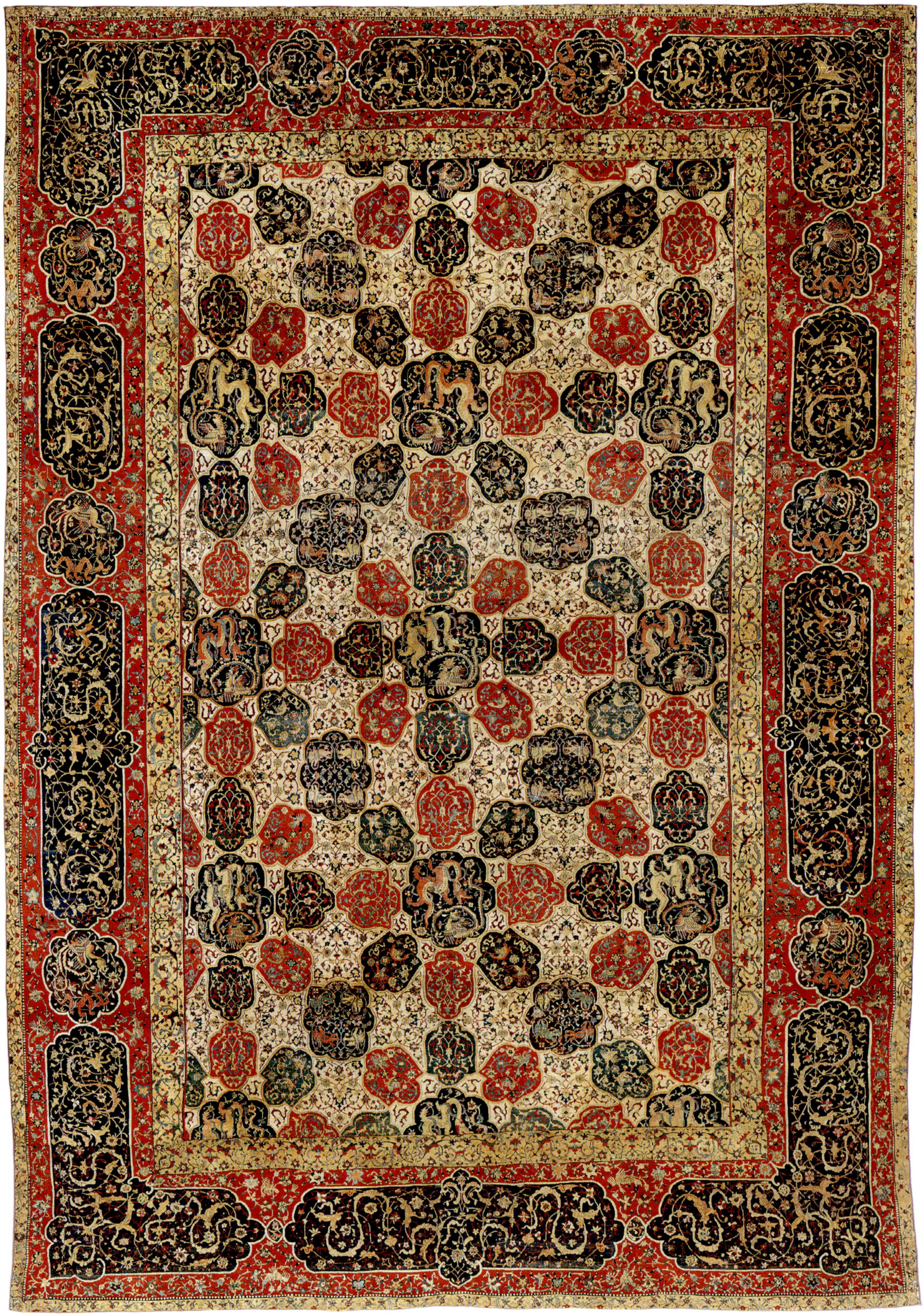

179. بساط بتصميم قسيمات

إيران، النصف الأول من القرن السادس عشر الميلادي.
حرير(سدو ولحمة)، صوف (وبرة)؛ وبرة منسوجة بصورة غير متماثلة
المقاسات: 497.8×340.4سم.
رصيد فردريك سي . هيوت، 1910م 10.61.3

على الرغم من انعدام الأدلة، يمكن اعتبار هذا البساط من نوعية تلك البُسط الموجودة في البلاطات، لأن المواد التي صنع منها نفيسة جدا (الحرير وصوف الخرفان الرقيق) وحياكته محكمة (حوالي 550 عقدة في البوصة المربّعة الواحدة) ورسمه راقي وثابت. يتضمّن تصميم المساحة شبكة تتكون من صفوف مائلة من ميداليتين ذات ثمانية فصوص باللونين الأزرق الداكن والبنّي، وقسيمات ساطعة أصغر أو خراطيش بالأخضر والأحمر. ويتشكل تصميم متعانق متقن من الشريط الضيّق المسترسل الذي تحيط خطوطه بكل قسيم ويسمح تناوب الألوان في المساحات المخصصة للقسيمات بقراءات مختلفة للتصميم. أن يكون هذا النوع من التصميم متّصلا إلى حد كبير بالتّصاميم المعتمدة في فنون الرسم والتذهيب والتسفير المقترنة بمدينة إيران الشرقية هرات في أواخر القرن الخامس عشر الميلادي، (1) لدليل إضافي على وجود علاقة تربط هذا البساط بورشة تابعة للبلاط على الأقل من حيث التصميم. فعلاوة عن استعمال الأرابيسك والأوراق المشقوقة، استمد العديد من الموتيفات المضمّنة في التصميم من مصادر صينية: تنانين وطيور العنقاء ورسوم أسود خارقة للعادة وإوز وأشرطة سحب وحتى سعفات لوتس وأزهار أخرى.(2) وكانت مثل هذه الاستعارات رائجة في إيران منذ حقبة المغول في النصف الثاني من القرن الثالث عشر الميلادي. ولقد كانت التأثيرات الصينية جليّة هناك حتى في وقت سابق نتيجة التبادل التجاري في الخزفيات والزجاجيات والمنسوجات.

ورغم حفظه بصفة جيّدة على هيئته الأصلية، فإن بساط متحف المتروبوليتان جرى التخفيض من حجمه وأصبح تصميم المساحة الرئيسية نسخة مبتورة نوعا ما من الأصل. ويمكن مشاهدة التأثير الكامل للقطعة على بساط يحمل نفس التصميم بمتحف تاريخ المنسوجات بليون وهو يقيس ثمانية على أربعة أمتار ولم يجر التنقيص منه .(3) وقد يكون البساطان على الأرجح توأمين من حيث أنهما أنجزا في الآن نفسه وفي المكان ذاته وأن تكون لهما تصاميم وألوان مشابهة وربما أيضا مقاسات مماثلة ولو أنّه لم يعد ممكنا التثبّت من ذلك.

ومن غير المعروف منشأ هذا العمل وغيره من البُسط الفخمة التي تعود للقرن السادس عشر الميلادي. وقد ذُكرت لمدن ومقاطعات عديدة من قبل رحالة ومؤرخين معاصرين، تشمل كرمان، جوكان (بالقرب من كاشان)، جمدان، درقازين (في خراسان)، خراسان، خوزيستان، سابزافار (في خراسان)، ويزد. (4) ولكن باستثناء حكمهم على الجودة وملاحظاتهم بأن بعض الأماكن كانت مشهورة بالبُسط المصنوعة بخيط الذهب أو بالتطريز لا يوجد إلاّ القليل النادر بخصوص إسناد هذه القطع إلى مصادر معيّنة .

كما يرجّح أيضا أن تكون البُسط أنجزت في العاصمتين الصفويتين الأولتين خلال القرن السادس عشر الميلادي وهما تبريز وقزوين.

DW

1. تصميم القسيمات أو الخراطيش مرتبط بالخصوص بالرسام بهزاد. انظر بالخصوص " بستان" لسعدي، المؤرخ في 1488م، في واشنطن دي سي ،ولوس أنجلس 1989م، الصفحات 190 ،294،260، رقم 146.
2. بخصوص استعمال الرموز الصينية في الفن الإسلامي، انظر كمّان (مCammann 1972)، خاصة الصفحات و.و.51، وروسن (م1984 Rawson).
3. الإصداراين الرئيسيين المنشورين حول هذه السجادة،بما في ذلك مزيد من الاقتباسات :هما بينت (Bennett 1987).أ،ص.43اللوح 11؛ ولندن (م1983 London)، رقم 61.
4. والكر،د. (م1990 Walker, D.).

المصدر:[فينست روبنسن وشركاؤه (Vincent Robinson & Co)،لندن،حتى على الأقل 1882/ ؛ إلى ثيام (Thiem)]؛ أدولف ثيام (Thiem)،برلين (بعد 1882م–حوالي 1895م)؛ شارلزتايزن يركس (Yerkes, Charles Tyson)، نيويورك (حتى وفاته في 1905م)؛ ملكيته، نيويورك(1905–1910م؛ بيع لمتحف المتروبوليتان للفنون)]

180. بساط ميدالية آنهالت

إيران، على الأرجح النصف الأول من القرن السادس عشر الميلادي
قطن (سدو)، حرير (لحمة)، صوف (الوبرة)، وبرة معقودة بصورة غير متماثلة
المقاسات: 806.5× 424سم.
هبة مؤسسة صامويل هـ. كرس، 1946م 46.128

سمّي ببساط آنهالت تخليدا لاسم مالك سابق، وهو أمير ألماني. بقي هذا البساط الرائع ذو الأرضية الصفراء في حالة جيّدة إذا ما استثنينا ما حصل لمساحاته من وبرة الصوف الأسود من تآكل شبه كلّي من جراء صبغ أكّال. (استُبدلت الوبرة في هذه الأماكن بصوف بنفسجي وبنّي اللون ضمن أعمال الترميم التي جرت في بداية القرن العشرين الميلادي.)

إنّ عوامل مثل ألوان البساط الثابتة وحالته الممتازة وأرضيته الصفراء الذهبية الاستثنائية وبساطة تصميمه النسبيّة مقارنة بالعديد من البُسط الصفوية من نفس الشكل، حملت بعض الباحثين في وقت ما إلى التشكيك في حقيقة أصالته. لكن ما أجري أخيرا من بحوث حول طرق الحياكة الصفوية وكذلك التحليل الدقيق لبنية البساط ومواده وصباغه توحي أن بساط "آنهالت" هو واحد من النفائس العظيمة التي تميّز كلا من حياكة البساط العائد الى الفترة الصفوية الأولى والمجموعات الإسلامية لمتحف المترويوليتان .(1) ويشكّل بساط آنهالت مرحلة مبكّرة من مراحل الحياكة الصفوية المدعومة من البلاط خلال النصف الأول من القرن السادس عشر الميلادي: فالميدالية المحورية هي مطولة عموديا قليلا فقط والخراطيش والزخارف التي تتدلّى من فوق وتحت الميدالية كبيرة جدّا. ولا يوجد بالتصميم مساحات شبه مثلّثة فاصلة ولا قطع زاوية كما جرت العادة في بُسط الميدالية خلال الحقبة الصفوية اللاحقة. وللتصميم أوجه شبه شديدة مع الزخرفة المعمارية في أوائل الفترة الصفوية خاصّة بالنظر إلى الاثني عشر طاووسا كبيرا، (كان للطاووس ارتباطات ذهنيّة فردوسية راسخة في الفنّ الإيراني) الذين يزيّنون الجامة وسط هيكل تصميمي يتكوّن من لفائف دالية وأشكال ورقية مقصوصة كبيرة معروفة بالفارسية كالنمط 'الإسليمي' .

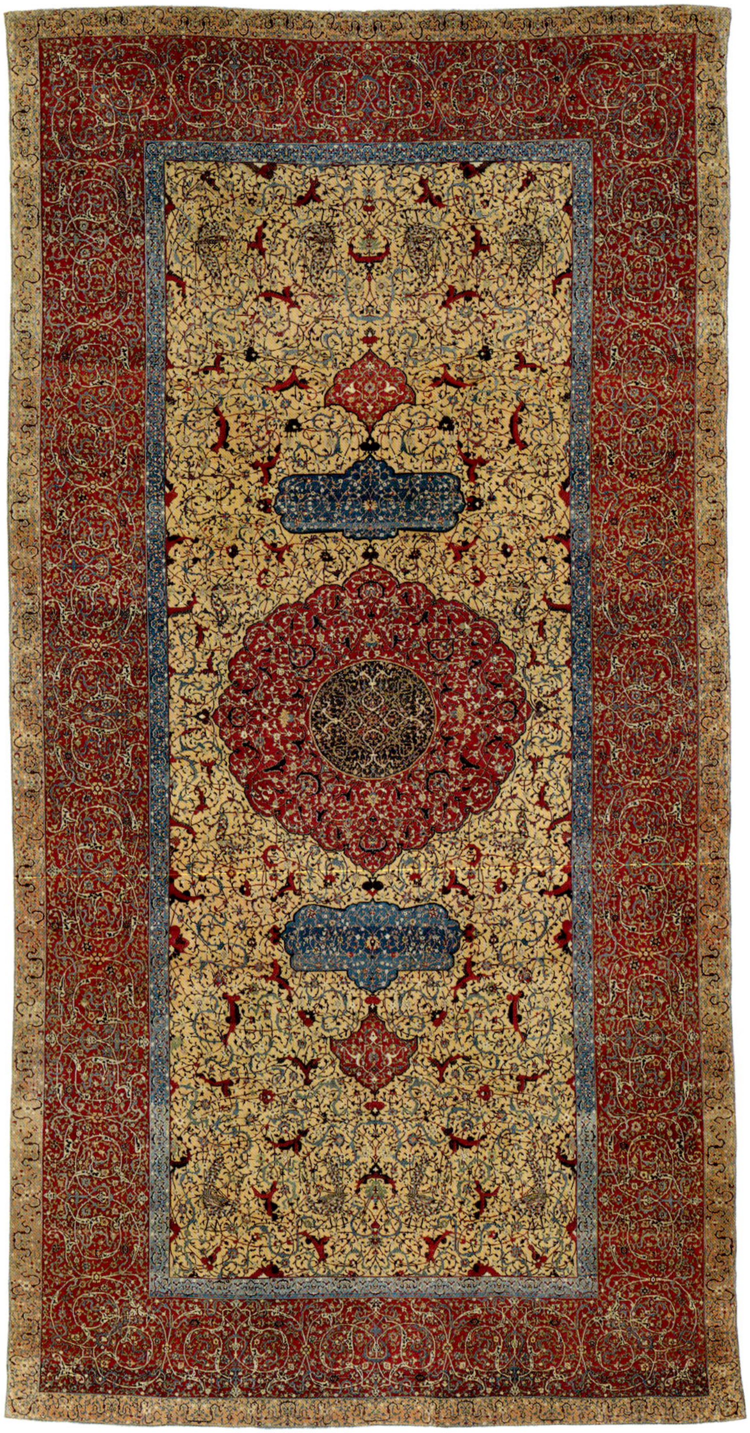

وتشكّل الطواويس بألوانها المتعدّدة الزاهية إحدى السمات البارزة في تقليد امتدّ طويلا كانت تُرسم خلاله الطواويس على البُسط الصفوية، ويمكن مشاهدة نماذج متأخرة في بُسط مثل بساط شفرتزنبارغ الشهير المعروض الآن في متحف الفن الإسلامي بالدوحة في قطر بعد ما كان سابقا في فيينّا. وقد أثبتت مقارنة دقيقة للعناصر المتماثلة في بساط آنهالت، مثلما هو الشأن بالنسبة للعديد من البُسط الإيرانية التقليدية، بأنّه حيك، بصفة تكاد تكون قطعية، على يد حكاة مهرة اعتمدوا على رسم تمهيدي ورقي عوضا عن مخطط عقد مفصّل يحدد لون كل واحدة من ملايين العقد في البساط. وتوحي بعض تفاصيل التصميم في عملية التحويل من الرسم الورقي الخطوطي إلى الشبكة المستطيلة الشكل للبساط الوبري المشغول بطريقة ربط العقد، أن ناسجيه كانوا بصدد استعمال طريقة جديدة وربّما غير مألوفة لحياكة البساط على النّول. ويمكن ملاحظة انحرافات شبيهة من حيث التصميم في بُسط ميدالية صوفية مبكرة. ويوجد لتصميم البساط ذاته أوجه تشابه قويّة مع الزخرفة الخزفية الصفوية المبكّرة. وما يجلب الانتباه على وجه الخصوص، هو أوجه الشبه الموجود مع 'هارون ولايات' في أصفهان، وهو هيكل أتمّ في 1513م. ويعدّ حجم البساط الكبير وبساطته المتناهية وتواتر عناصره التصميمية ومزيج ألوانه الملفتة للانتباه علامات من علامات فيض الإبداع والابتكار الذي طبع صناعة حياكة البُسط الصفوية بين 1500 و1550م. وقبل أن يباع من قبل جوزيف إلى صامويل كرس، يشاع أن البساط كان على ملك آنهالت، أمراء 'ديسو'، وقد يكون أسلافهم هم الذين حصلوا عليه خلال حملاتهم العسكرية ضدّ الأتراك العثمانيين في أواخر القرن السابع عشر الميلادي. وقد يكون البساط وصل إلى أيادي العثمانيين كغنيمة حرب أو هبة. وكان آل آنهالت يحكمون انطلاقا من كوهن التي كان أميرها ليوبولد، أحد العرابين الرئيسيين للموسيقار جوهان سباستيان باخ: فيا ترى هل أمكن للمؤلف الموسيقي العظيم أن رأى هذا البساط أو حتى أن وطئته قدماه وهو يؤدي عملا من أعماله عليه؟

WBD

1. جرى اختبار تحليل لبعض الأصباغ المستخدمة في البساط من خلال مبادرة مشتركة انخرط فيها قسم الفن الإسلامي قسم صيانة المنسوجات وقسم النحت العلمي، وتشير النتائج أنها كلها صباغ طبيعية متاحة للحائكين منذ القرن السادس عشر الميلادي.

المصدر :دوقات آنهالت (Dukes of Anhalt)،ألمانيا (بعد 1683م)؛ السير جوزيف دوفين (Sir Joseph Duveen)، لندن (1931م. توفي 1939م)؛
[الأخوة دوفين ،لندن،1940م]، صماويل هـ. كرس (Samuel H. Kress) نيويورك (حتى 1946م]

181. بساط الإمبراطور

إيران، النصف الثاني من القرن السادس عشر الميلادي.
حرير (سدو ولحمة)، صوف (الوبرة)، وبرة معقودة بصورة غير متماثلة
المقاسات: 759.5×339سم.
رصيد رودجرز، 1943م 43.121.1

نصوص بالفارسية بخط النستعليق على الحاشية الداخلية الثانوية
(أبيات من شعر ظهير الدين فاريابي) [توفي في 1202م].

تعال لأن نسيم الربيع حدّد وعد البستان،
لأن نظارة وجه المحبوب قد عادت إلى البستان

وما لبث أن مسح البستان حليب السّحابة من فوق شفتيه،
حتى تفتحت براعم تلك الشوارب الخضراء حول ملامح قسماته،
كما تفعل على شفة غلام.

وتتجلى اليوم سيدات البستان المعزولة.
يخيّل إليك كأنه عرس بناتهنّ البراعم.

وإلاّ لماذا أتى الكوكب السماوي بفجر الورد مع حمرة وجنته؟

تحضن براعم الورد إليها بشدة جواهر الياقوت؛
وللتوليب بضاعة من مسك يخبّؤها.

لكن الوردة انكفأت على نفسها ألما
ولا ثغرها فتحت، ولا وجهها أبدت

تربّعت فوق عرش الندى الزمردي،
وعلى تاجها الياقوتي جواهر نفيسة علّقت

انظر إلى بياض عين النرجس، تبارك الله !
فهو يذهب بأبصار ذوي البصيرة
[...]

يتجلّى البستان عن ألف خيمة خضراء من براعم الورود
عند الفجر، لمّا تنصب السحابة خيمة تلف حديقة الورد

والزهرُ الريحَ أعطى كل درهم يملكه
والسحابة كل جوهرة عثرت عليها نثرت

انظر إلى قرّاء البستان شبههم كالقراء المقدسين عند الأسحار في الفلك السماوي
على قمة السدرة

يدعون لسلطان العالم قائلين،

"فليكن المجد حليفه ولتكن الدرجة الرفيعة منزلته على الدوام !"

يعرف هذا البساط ذائع الصيت بـــ 'بساط الإمبراطور'. وهو، في الواقع، أحد توأمين اتّخذ كل منهما هذا الاسم
نظرا لأنّه يشاع أنهما كانا في وقت ما على ملك قيصر روسيا بطرس الأكبر، وبعد ذلك في 1689م، على ملك إمبراطور هابسبرغ ليوبولد الأول. وبعد سقوط هابسبرغ، انتهى المطاف بهما إلى المالك الذي سبق متحف أنغواندت كونست في فيينا. وفي سنة 1925م وبغية توفير الأموال، باع المتحف أحد زوجي البساط (وهو الموجود الآن بمتحف المتروبوليتان) إلى الوكلاء اللندنيين كاردنال وهارفورد، وبقي البساط الثاني، وهو على نفس مرتبة الأول من الشهرة، بفيينا. (1) ولا يزال عدد غير متوقّع من البُسط التقليدية الإيرانية المصنوعة من زوجين على قيد الوجود، ممّا يوحي بأن ممارسة حياكة البُسط على هذه الشاكلة كانت نوعا ما رائجة.
وينتمي بساط الإمبراطور هذا إلى مجموعة تتميّز بتصميم زخرفي يتكون من لفائف دالية مرتبة تماثليا ومزدانة بسعفات وأزهار وأشرطة سحب. وأدمجت الحيوانات في الزخارف الزهرية في كثير من النماذج الأفضل جودة. وجرت العادة أن تكون أرضية المساحة الرئيسية حمراء بينما هي في الحاشية الرئيسية خضراء داكنة. ويكون السدو واللحمة من الحرير عندما يتعلّق بالقطع الأكثر فخارا، وفي غيرها تتكون المواد من مزيج من الصوف والحرير والقطن وفي بعض الأحيان، وخلافا لما هو معهود، تكون مطوية مع بعضها البعض وتتكون ألياف الوبرة من "الباشمينة" وهو شعر الماعز الرقيق. (2) وتتضمّن حوالي اثنتا عشر قطعة متبقية من المجموعة تطريزا بخيط معدني. وعلى ما يبدو فإن بُسط معاصرة مماثلة من حيث التصميم والأسلوب لا تزال موجودة على درجات متفاوتة من الجودة.(3) وهذه سمة يمكن ملاحظتها في إنتاج متأخر زمنيا في شمال الهند. وتركّزت فترة إنتاج هذا الصنف أساسا في النصف الثاني من القرن السادس عشر الميلادي. وامتدّت حتى السنين المبكرة الأولى من القرن السابع عشر الميلادي. وقد أنتجت مجموعة ذات علاقة، لها زخارف شبيهة ولكن مبسّطة بدون حيوانات أو طيور، منجزة في أحجام ونوعيات تجارية على قاعدة نسيجية من القطن خلال أغلب القرن السابع عشر الميلادي. ولا تزال عدّة مئات النماذج منها موجودة. ولقد جرى تصوير كثير من النسخ منها في لوحات الرسم الأوروبية، وهو ما يشير إلى شعبيّة ورواج هذا الصنف في الغرب. ولطالما مثّلت هذه البُسط إشكالا من حيث نسبتها. عرفت هذه البُسط منذ مئة سنة خلت في المهنة كـــ "أصفهانيات" رغم قلّة الأدلّة على تواجد صناعة البساط في تلك المدينة حتى حوالي 1600م، وقد ربطت كل من المجموعات السابقة واللاحقة فيما بعد بمدينة هرات التي اشتهرت في العالم الإيراني كمركز للفنون وصناعة البساط.
وقد أدّت إشارات شهيرة تواترت بين الحين والآخر حول الأصول الهندية لهذه البُسط، وهي طرحت جانبا إلى حد كبير الآن، إلى أسماء أخرى تحدد هوياتها كهندية أصفهانية أو هنديّة فارسية. وخلاصة القول، أنه توجد مجموعتان من البُسط مرتبطتان ولكنهما مستقلتان تتضمّنان أساسا زخارف زهرية، وهي فارسية المنشأ. ولكن لا يمكن تحديد مركز الحياكة بشكل قطعي.(4) ويعتبر بساطا الإمبراطور، ضمن صنفيهما، من النماذج الأرقى وربما الأقدم في الآن

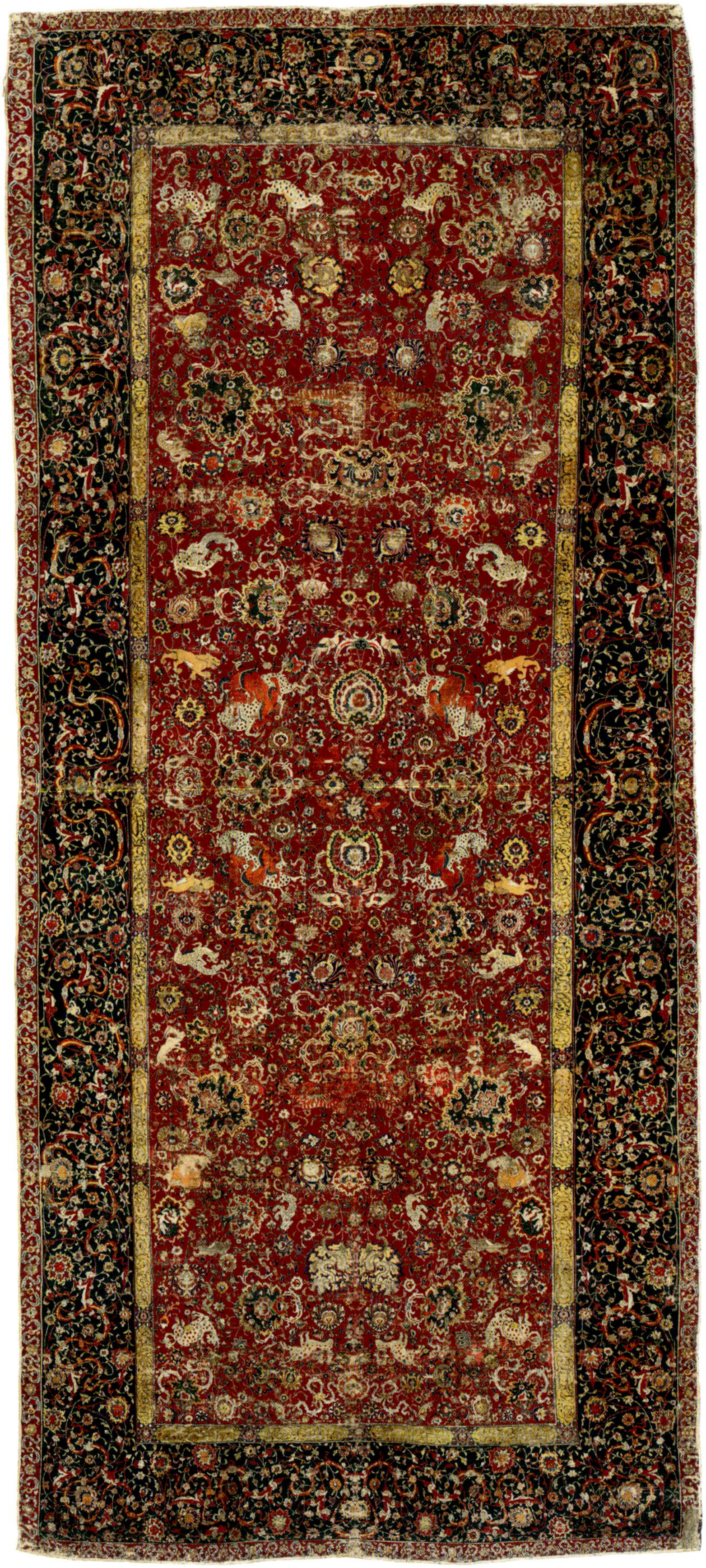

نفسه. ولها مواصفات تفوق تلك المواصفات العالية لمثيليها من حيث التوازن العام للتصميم، وخصوصا، من حيث تعقيد التفاصيل الزخرفيّة التي تيسّرت بفضل رقّة المواد ودقّة العقد. (حوالي 300 في البوصة الواحدة).
تثب الحيوانات وتهاجم في حديقة خضراء كثيفة، تماما مثل ما تفعل في البساط الحريري الصغير المنسوب لكاشان (الفهرس 182) من الفترة نفسها، أي منتصف القرن السابع عشر الميلادي، أو بعد ذلك بفترة وجيزة. وتملأ أشرطة سحب كثيرة التفاصيل مع رسوم داخلية من كتل صغيرة من سحب ملونة ومعلّقة المساحة الرئيسية وخاصّة الحاشية. وتكثر الحيوانات المقنّعة: فالعديد من الأزهار في المساحة الرئيسية والحاشية تحمل قناعات أسود؛ ربما تحت تأثير نسخ مطبوعة من عهد النهضة جيء بها إلى إيران. كما توجد رؤوس حيوانية تختلس النظر ومن حولها أشرطة سحب. وتحتوي الحاشية الداخلية الثانوية نصّا شعريّا يصف بستانا مليئا بالأزهار ويشير في المثنوي الأخير إلى الملك الذي قد يكون البساط صنع له. (5)

DW

يعدّ بساط الإمبراطور واحدا من البُسط الوبرية الأكثر روعة في صنفه. وحيك تصميم البساط المعقد حياكة رقيقة، بوبرة صوفية على قاعدة نسيج حريرية. ويُظهر كثافة عقد عالية، تقريبا 5230 عقدة في الدسيمتر المربّع الواحد. وقد ساهمت الجودة العالية لمواد وصباغ البساط وهيكله النسيجي في الحالة العامّة الجيّدة لحفظه، ويبدي البساط تشكيلة ألوان زاهية طغت عليها الألوان الحمراء والخضراء والصفراء. تعرّض البساط خلال تاريخه إلى ضغط فيزيائي وكيميائي شديد أثّر على حالته. فتعرّضت أطرافه خاصّة إلى التلف، على الأرجح، نتيجة التعرض إلى درجة عالية من الاستعمال جرّاء السير عليه. كما يظهر البساط علامات تلف تعرّضت لها الوبرة، خاصّة في وسطه في كلا اتجاهي السدو واللحمة. وهذا يوحي بأن البساط كان مطويّا بغرض التخزين قبل أن يستقرّ بمتحف المتروبوليتان. إنه الوبرة الصفوية المصبوغة باللون البنّي وبالخصوص على مساحة الحاشية الداخلية التي تتضمن نصّا، هشة جدّا، واندثرت إمّا جزئيا أو كليا. ومع ذلك، فلم تفلح شتّى مظاهر التلف هذه من أن تنقص من المظهر البهيّ والحالة الجيّدة لهذا النموذج الرائع من فنّ السجاد الإيراني.
وقد جرى إصلاح وترميم هذا البساط ترميما أوّليّا وذلك قبل أن يقتنى من قبل المتحف في 1943م: فيشير القماش وتوزيع الرقع المستعملة في الترميم إلى ثلاث حملات ترميم متتالية على الأقل في الماضي، وقد أضيف ما يزيد عن سبعمئة رقعة لتثبيت العديد من البؤر الهشة. واستعملت غرز تطريز خشنة على الرقع لمحاولة إعادة بناء المساحات الناقصة. استخدمت طبقات من شريط قماشي للفّ وحماية أطراف البساط. رغم أن عملية الترميم السابقة هذه قد تكون مكّنت من دعم هيكل البساط ، إلاّ أنها تسببت في تشويه عام يزداد سوء خاصة في الزوايا والوسط حيث تركّزت الأضرار والخسائر.
دخل البساط مجموعة المتحف وله بطانتان حريريتان متداخلتان. ويرجح أنها أضيفت لحمايته في المشغل الإمبراطوري في فيينا. وعلى ما يبدو فإنه بعدما تلفت البطانة الأقدم، رُتّق البساط ثانية بقماش نسج من الحرير الأحمر دون إزالة البطانة الأولى، وقد وُجدت البطانتان في حالة رثّة. وللحصول على أنجح صيانة وإعداد

للعرض، كان البساط في حاجة إلى عمل ترميمي ضخم لإزالة مشاكل تولّدت عن الترميم غير الملائم ولتثبيت الأماكن الهشّة. أعدّ البساط بعدئذ لنصبه أفقيا على قاعدة وليس لتعليقه عموديا استنادا إلى الحائط. وبالاقتصار على عرضه أفقيا، نجحنا في التقليل من التدخلات اللازمة للمعالجة فضلا عن الضغط الذي سيسببه تدلّي البساط.

جرى عمل الترميم من قبل فريق في قسم صيانة المنسوجات بالمتحف على امتداد ثلاث سنوات. وقبل الشروع في العمل وتمهيدا لما تتطلبه المعالجة والتوثيق المستقبلي، جرى تجميع معلومات شاملة، تمثلت في تقييم الحالة ودراسة تحليلية للهيكل والألياف والصباغ،(6) وتوثيق يعتمد على الملاحظة والصور الفوتوغرافية العكسية لكل جزء على حدة(7) وجرى اللجوء أيضا إلى قياسات الألوان. في البداية، جرت إزالة البطانتين وتوثيقها ونظرا لأن الشريط حول الأطراف والرقع والتطريز الذي جرى خلال الترميم السابق كان لها كلها أثر سلبي على البنية الهيكلية للبساط وعلى صيانته الجمالية، جرى إزالتها كلها وتوثيقها كل على حدة. وعلى إثر هذه المعالجة، استعاد البساط شكله الأصلي وجرى تنظيف البساط الأمامي والخلفي بطريقة الكنس الكهربائي الشامل. واستعمل قماش صوفي لدعم وحماية الوجه الخلفي للبساط غطاه تماما تقريبا لتعويض البؤر الصغيرة الناقصة. وقد صنع هذا القماش خصّيصا ليتطابق مع ألوان خلفية البساط الحمراء والصفراء. وقد مثّل تركيب القماش ورتقه على الوجه الخلفي للبساط تحدّيا كبيرا نظرا لكبر حجم البساط ولحاجة إيجاد ألوان بديلة تتطابق تماما مع ألوان البساط الأصليّة. وقد أتمت عملية الترميم بتثبيت البقع الهشّة بغرزات معقودة.

وبانتهاء المعالجة، استعاد هذا البساط النادر بعضا من رونقه ومتانته الكاملة. وتضمن المعالجات المحددة التي وقع تبنّيها في التعامل مع بساط الإمبراطور صيانته في قادم الأيام وتتيح عرضه وتمكين زوار المعرض من التمتّع بمشاهدته.

FZ

1. فولكر Volker 2001، رقم 80.
2. نيويورك 1997-1998م، ص.91، الصورة 90.
3. أليس، س. 1965م، الصفحات 42،43، الصورتان 2،1، و ص.52، الصورة 15.
4. المشكلة تتمثل في أن المرء بحاجة إلى إعطائها توصيفا ما، ولو من باب التيسير، وإعطاء اسم اعتمادا على وصف الشكل في هذه الحالة لهو أمر بطيء و غير دقيق، نظرا لأن نفس الشكل موجود في سجاجيد من مجموعات أخرى. وما اقترحه كحلّ هو أن نسمي المجموعة الأولى "هراة" و الثانية "هندية فارسية". يوجد المزيد حول الموضوع في والكر، (Walker, D 1990م)، الصفحات 869-870، 873.
5. الـ "هراة" الأخرى الوحيدة التي تحمل نصا التي أعرفها هي قطعة حاشية موجودة بمتحف بروكلين (رقم 36.213)، مزخرفة في إلّس، س.(Ellis, C. 1965م)، ص. 50، الصورة 11.
6. أُجريت تحاليل الصباغ من قبل قسم البحث العلمي بمتحف المتروبوليتان للفنون.
7. أُجري تصوير شامل من قبل أستوديو التصوير بالمتحف؛ طُبعت الصور المكبرة والتفاصيل من قبل المحافظين في قسم صيانة المنسوجات.

المصدر: القيصر بطرس الأكبر(تراث حتى 1698م)؛القصر الإمبراطوري النمساوي، فينا(1698-1921م)؛متحف فيينا للفن و الصناعة (1921-1925م)؛ [كاردنال و هارفود(Cardinal and Harford)، لندن، 1925-1928م؛بيع، كريستي، مانسون و وودز، لندن، 5 جويلية1928م، الرزمة 146]؛ [الرواق العالمي للفن، لندن، 1928م، بيع إلى آرثر يو. بوب لـروكفلر ماككورميك ( ]؛ إ. روكفلر ماككورميك (E. Rockefeller McCormick)، شيكاغو (1928 – توفي 1932م)؛ ملكيتها (1932-1943م؛بيع إلى آرثر يو. بوب لـ متحف المتروبوليتان للفنون)

182 . بساط حريري بزينة حيوانية

إيران، على الأرجح كاشان، النصف الثاني من القرن السادس عشر الميلادي
حرير (سدو ولحمة ووبرة)؛ وبرة معقودة بطريقة غير تماثلية
المقاسات: 241×178سم
وصية بنجامين آلتمن، 1913م 14.40.72

أُهدي هذا البساط الشهير إلى متحف المتروبولتان في 1913م من قبل بنجامين آلتمن، بمعيّة بساطين آخرين من نفس الصنف ولكن بتصاميم مختلفة. (انظر الفهرس 183 لأحدهما). وأضيف بساط رابع إلى ممتلكات المتحف في 1958م. وتشكّل هذه القطع جميعا أكبر تجمع لما يسمى بالبُسط الحريرية الكاشانية في أيّة مجموعة (1).

وإجمالا فإن صنف البُسط الحريرية المرتبطة بكاشان القرن السادس عشر الميلادي يتضمّن عشرين نموذجا. أربعة من هذه البُسط كبيرة، الاثنتان الأشهر منهما هما بساطا الصيد في متحف آنجواندت كونست بفيينا ومتحف الفنون الجميلة ببوسطن. وتتضمّن هذه البُسط مزيجا من تصاميم الميدالية المركزيّة بصور تشخيصية لآدميين وحيوانات بصدد الصّيد. أمّا الستّة عشر بساطا الأخرى فهي أصغر حجمًا. ويظهر نوعان رئيسيان من الزخرفة في البُسط الصغيرة: الأوّل تشخيصي بصفوف من الحيوانات، بينما يبرز الآخر ميداليات مركزية من شتّى الأشكال، رباعية، ورباعية محاطة بشريط، وثمانية ومقوّسة، وأحيانا بعناصر تشخيصية مستعملة بشكل ثانوي.(2) وتتضمّن مجموعة المتروبوليتان على نحو بارز، بساط واحد يحمل زخارف حيوانية وثلاث بُسط ذات أشكال ميدالية مختلفة.

ويتكون بساط آلتمان ذي الزخارف الحيوانية من زينة أرضية تتضمن صفوفا من حيوانات طبيعية وأسطورية أو خارقة للعادة ومن صراع حيوانات وسط مجموعة من النباتات وعناصر المناظر الطبيعة.

ترتيب العناصر تصويري، أي بمعنى أن المراد هو أن يرى من جانب أو طرف واحد. وتشتمل الحاشية الرئيسية سعفتين متناوبتين مع طيور قد تكون طواويس ذهبيّة مرتبة لكي تغطّي التواتر العكسي الذي تعطيه الأشكال الأكثر رواجا لفائف الدّالية.

ولا تزال ثلاث بُسط صغيرة أخرى على قيد الوجود، وجميعها تستخدم جزءا من نفس هذا الشكل للأرضية، ومعها في بعض الأحيان، تكرار صفوف كاملة من

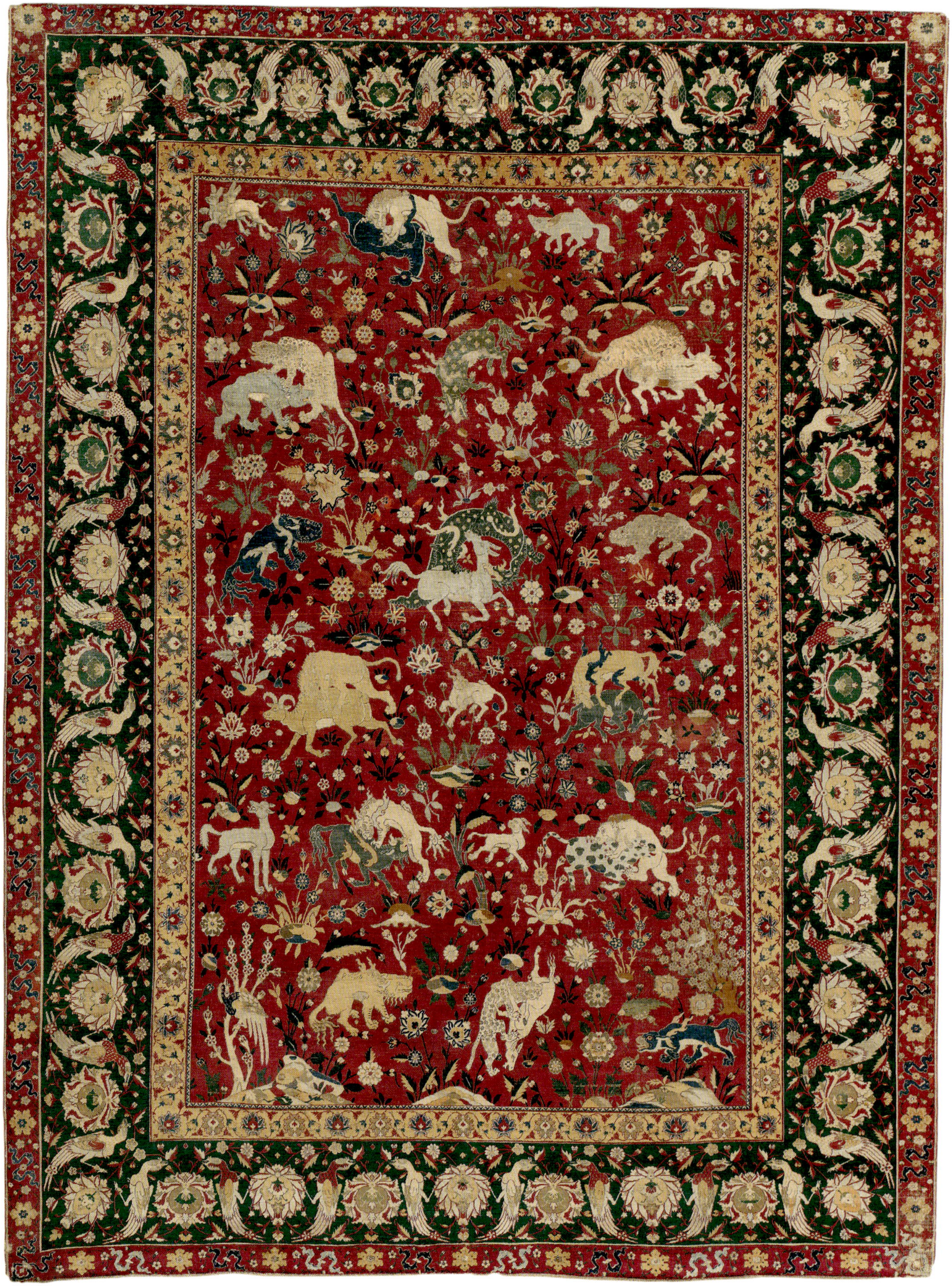

الشخصيات.(3) وفي الواقع، هناك قابلية للتبادل بين العناصر الزخرفية والتصاميم المحدّدة في جميع البُسط الكاشانية الصغيرة: تظهر نفس الحاشية أو أشكال الميدالية مرارا وتكرارا، ممّا يوحي باتّباع كتاب لأشكال التصاميم.

تحتوي البُسط ذات الزينة المعتمدة على مشاهد صيد على المواد الفاخرة (حرير مطرّز بالخيط المعدني) والحياكة الرقيقة والرسم البديع والتركيبة المتوازنة التي يمكن للمرء أن يتوقّع توفّرها في المفروشات البلاطية. علاوة على ذلك، يقترن موضوع الصيد ذاته بالملوك، وهكذا ارتبطت عناصر زخرفيّة محدّدة بفنّانين معيّنين عملوا في الورشة الملكية للكتاب.(4) ويمكن تأريخ بُسط الصيد هذه بسنة 1530م أو 1540م، عندما بلغ الإنتاج الفنّي ببلاط الشاه طهماسب (حكم بين 1524 - 1576م) ولفائدته ذروته. وتتقاسم البُسط الصغيرة مع بُسط الصيد ما يكفي من الميزات (المواد، البنية، أشكال الميدالية، زينة الحاشية الثانوية، الموتيفات الفردية) لتوحي بأنها قد تكون خرجت من نفس الأنوال ولكن نوعا ما لاحقا خلال النصف الثاني من القرن السادس عشر الميلادي.

ورغم ما يقال بأن البُسط الصغيرة تفتقر إلى التطريز بالخيط المعدني وهو أمر رائج فيما يتعلّق ببُسط الصيد، فإن واحدة على الأقل منها تتضمن خيطا معدنيا (انظر الفهرس 183). وعلى الأرجح، تعود بُسط الحيوانات إلى فترة قريبة من منتصف القرن بينما يرجّح أن تعود البُسط بميدالية مركزية محاطة بشريط، إلى نهايات القرن نظرا لأن نفس التصميم الزخرفي يظهر في بساط البولونيز المؤرّخ إلى نهاية القرن السادس عشر أو بداية القرن السابع عشر الميلادي.(5)

وفي الوقت نفسه، توجد فوارق هامّة بين المجموعتين الفرعيتين من حيث الحجم وتعقيد التصاميم وحتى الألوان. تستخدم في بُسط الصيد تشكيلة ألوان أخفّ تعتمد على اللون الوردي البرتقالي والأخضر بنفس القيمة وقليل من التباين (انطباع يتزايد بتلاشي الألوان)، بينما للبُسط الصغيرة تشكيلة ألوان أكثر بريق وتباين أكبر. لكن تلوين البُسط الصغيرة يتناغم مع تشكيلة الألوان المستعملة في البُسط الفارسية للقرن السادس عشر الميلادي في العموم، بينما تفاوت درجات الألوان الأكثر وضوحا في بُسط الصيد يبدو استثنائيا (تجدر الملاحظه أن اللونين الوردي البرتقالي والأخضر لبُسط الصيد هما في الواقع حاضرين في البُسط الصغيرة اللاحقة ولكن قطعا ليس بشكل غالب).

وقد صنعت بُسط الصيد بكل تأكيد للبلاط الصفوي بحسب الطلب، ربما استجابة لحاجة معيّنة. لا توجد أي براهين على وجود سوق لتصدير البُسط الفارسية حتى حوالي منتصف القرن، لكن في الوقت الذي بدأت فيه رعاية الشاه طهماسب للفنون تفتر وبدأ فيه كثير من فنّاني بلاطه يبحثون عن العمل في بلاطات أخرى، ظهرت بُسط إيرانية مستوردة في جرد البضائع الأوروبية لأول مرّة، ربّما في الوقت الذي بدأ فيه المنتجون رفيعو المستوى يتكيفون مع حقائق السّوق.

وتشير قوائم جرد بضاعة 'مديسي'، بإيطاليا وكذلك قوائم جرد "برغنزا" بالبرتغال إلى أن بُسط حيوانية فارسية محاكة من الحرير وخيوط الذهب والفضّة بإحكام تتطابق مع البُسط الكاشانية الصغيرة استوردت خلال ستينات وسبعينات القرن السادس عشر الميلادي.(6) ووُجد بساطان من هذا الصنف بإيطاليا والبرتغال على الأقل منذ القرن التاسع عشر الميلادي وربما منذ فترة أطول.(7) وهكذا فمن المحتمل أن تكون البُسط الحريرية الكاشانية الصغيرة شكلت تطوّرا من المفروشات البلاطية إلى منتوج ذي صبغة تجارية أكثر لتلبية الطلبات المحلية والأجنبية معا.

DW

1. بُسط متحف المتروبوليتان الأربعة منشورة في والكز د.(م1994 Walker, D).
2. مناقشة البُسط الصغيرة متاحة بريفستاهل (م1916 Riefstahl)، الصفحات 147وو.؛ اردمان (م1970 Erdmann)، الصفحات 61-65؛ هرمان(م1987 Herrmann)؛ و والكر،د.(م1994 Walker, D).
3. تنتمي البُسط الحيوانية الصغيرة إلى معهد دترويت للفنون (رقم 25.23)، متحف اللوفر، باريس (رقم 6741) ومتحف البُسط الإيرانية بطهران.
4. بخصوص بساط الصيد بفيينا، انظر فوكلر 2001م،الصفحات 198-203. بالنسبة لبساط الصيد ببوسطن، بشأن تحديد هوية الفنانين. انظر ولش،أس سي.1971م.؛ في نفس النشرية.
5. بوب، أ.يو (Pope, A. U) وآكرمان (Ackermann) ناشرين، 1938-1939م، المجلد6، لوح 245).
6. بالنسبة للجرود التي قام بها مديسيس، انظر سبلانزاني (مSpallanzani 2009)،الصفحات 206-209.بالنسبة لسجلات براقنزا، انظر هاليت 2010م ،الصفحات 97-103.
7. اقتني بساط الميدالية المزدان بحيوانات الموجود الآن بمتحف كالوست خولبنكيان بلشبونة من قبل بود(Bode) في ميلانو سنة 1890م. وقد يكون البساط ذي الميدالية المحاطة بشريط الموجود بالمتحف الوطني بمشاد ودي كاسترو بكويمترا وصل إلى البرتغال منذ أمد طويل.

المصدر: الأمير والأميرة، إيفورا (Evora)، البرتغال: إدوارد شابي (Edouard Chappey)، باريس حتى 1907م؛ بيع، رواق جورج بيتي (Georges Petit) باريس، 5-7 يونيو 1907م، الرزمة 1912، لآلتمن (بنجامين آلتمان، نيويورك - وفاته 1913م).

183. بساط حريري على شكل ميدالية

إيران ، على الأرجح كاشان، النصف الثاني من القرن السادس عشر الميلادي.
حرير (سدو، لحمة، وبرة)، خيط معدني ملفوف، وبرة معقودة بطريقة غير تماثلية
المقاسات: 268×194.3سم
وصيّة بنجامين ألتمان، 1913م، 14.40.715

في هذا النموذج التقليدي من مجموعة البُسط الحريرية الكاشانية الصغيرة، تتوسط أرضية البساط ميدالية رباعية زرقاء داكنة ذات أربعة فصوص تحتوي على سعفة محاطة بأوراق متفرّعة. وتوجد في زوايا الأرضية أرباع ميداليات صفراء تعكس الميدالية الوسطى من حيث الشكل ولكن ليس من حيث اللون أو المحتوى. وتتوسط هذه الميداليات في الأرضية الحمراء مجموعة موزّعة توزيعا تماثليا من السعفات والأوراق وأشكال السحب مرتبة بنظام لفائف دالية.

ويتمثّل تصميم الحاشية الرئيسية في صف من سعفتين تتناوبان من حيث النوع والاتجاه، كل واحدة منهما محاطة بزوج من أشرطة منحنية ورقيقة الشكل تحتوي

هذه الحالة شريط فضّي رقيق ملفوف حول الحرير الأبيض الخام) يمكن أن يُرى في أشكال السحب على الأرضية وفي وسط بعض السعفات داخل كل من الأرضية أو الحاشية.

ومن المحتمل أن تضم فعلا بعض العناصر الأخرى في المجموعة خيوطا معدنية لكن ببساطة لم يجر معاينتها أو لعلّ التطريز بالخيط المعدني خصّص فقط للقطع ذات الجودة (والثمن) الأعلى. ولقد بلغ إسناد هذه المجموعة إلى مدينة كاشان، ولئن لم يكن هذا الإسناد غير مستحيل، درجة تقارب اليقين من خلال سنوات من التكرار، ولكن هذا يعتمد على قرائن ظرفية (3). وهكذا فإن استعمال اسم المنشأ أصبح من باب تيسير التعريف وليس بالضرورة المصدر الأصلي للبُسط.

DW

1. انظر قانس- رويدن(Gans-Rued 1978م)،ص.79.
2. نيويورك وميلانو 2003 – 2004م؛ ص. 293.
3. نقوش الإسناد في مصادر مقتبسة ضمن الفهرس 182؛في الحواشي 2،1و4وأيضا في والكر،د (D Walker, 1990م)؛ص.869.

المصدر: بنجامين آلتمان(Benjamin Altman)،نيويورك(حتى وفاته 1913).

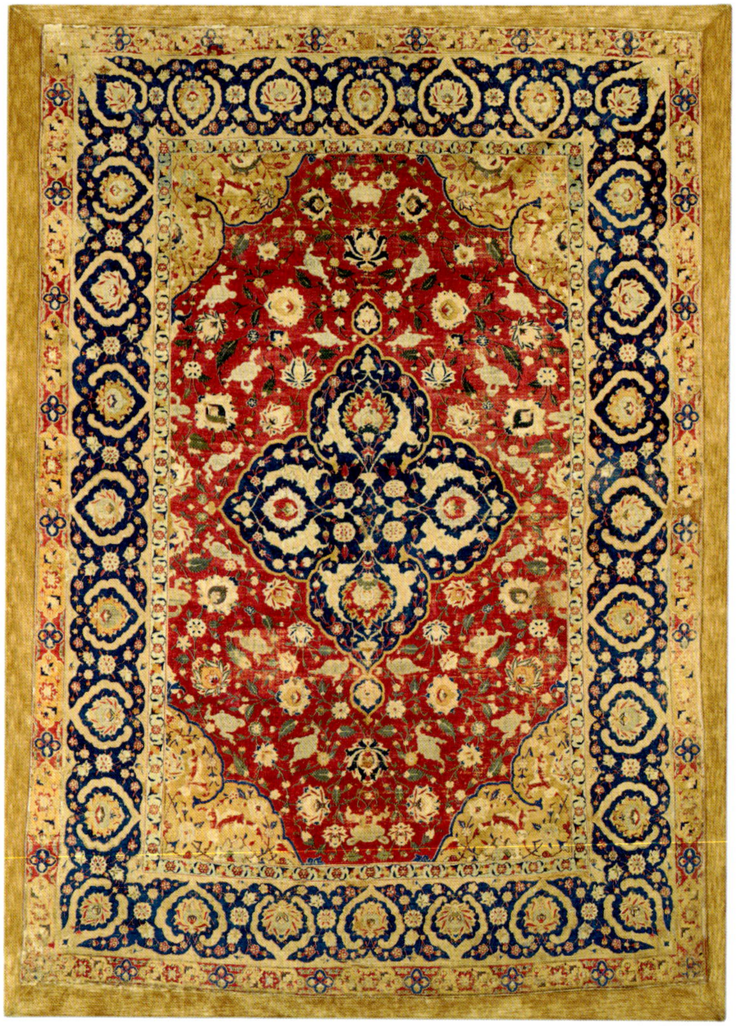

184. قطعة من بساط ذي قسيمات

إيران الشمالية الشرقية، خراسان، النّصف الثاني من القرن السادس عشر الميلادي.
قطن (سدو)، حرير (لحمة)، صوف (لحمة ووبرة)؛ وبرة معقودة بشكل غير تماثلي.
المقاسات: 276×79سم
رصيد فليتشر، 1991م.1991.154

هذه القطعة الكبيرة وأخرى أصغر بقليل في متحف الفنّ الإسلامي ببرلين، هي كل ما تبقّى من عمل كان يوما ما بديعا ويمثّل على الأرجح البساط الأقدم من كل البُسط التابعة للمجموعة المرتبطة بولاية خراسان في شمال شرقي إيران.(1) واقتنيت القطعتان في 1898م في إسطنبول من قبل الدبلوماسي وتاجر الآثار القديمة السويدي ف. ر. مارتن. ولا يوجد أثر لبقايا الحاشية في كلتا القطعتين ولكن زينة الأرضية التي تضمّنت صفوفا مائلة من الخراطيش وميداليات ذات فصوص، أعيد تركيبها في رسوم تبرز القطع في علاقتها الصحيحة الواحدة بالأخرى.(2) ويبدو غياب لون أساسي موحد للخلفية هنا أمر غير مألوف؛ كل خرطوشة وميدالية وكل فراغ فضائي كان لهم لونهم الخاص بهم.

ولُوّنت العناصر الزهرية والأرابسك وشريط السحب الموجودة داخل الخراطيش والميداليات والفراغات تلوينا مختلفا من واحد إلى آخر، بحيث يتكيّف ليتلاءم مع لون الأرضية المختار لتلك الوحدة. مثل هذه الدقّة والتنوّع في الموهبة التلوينية تعكس براعة فائقة في الحرفية تيسّرت بفضل تشكيلة واسعة من عشرين أو أكثر لونا.

لم تفرد وتحدد مجموعة خراسان من البُسط إلاّ خلال الثلاثين سنة الماضية أو نحو ذلك.(3) وجرى التعرّف على ثلاثة عشر نوعا من التصاميم المختلفة والعديد منها كان مألوفا في مجموعات بُسط أخرى.

على سلسلة من الأزهار. وتتداخل أشرطة منحنية محاذية لتؤدّي إلى زخرفة فريدة ومذهلة بأثر ظلّي.

ويتطابق تصميم الأرضية تطابقا تاما مع بساط في "المفروشات الوطنية"(المصنع الوطني بغوبلان، بباريس) (1).

ولكن البساطين ليسا بتوأمين، لأن ألوان وزخارف حاشيتهما الرئيسية مختلفة وكذلك لهما مقاسات تختلف قليلا بصفة عامة.

ويشبه تصميم الأرضية بساط موجود بمتحف كالوست جولبنكيان بلشبونة (3) رغم أن هذا الأخير يتضمن عنصرا تشخيصيا، تنانين وطيور عنقاء في الميدالية الوسطى وصراع حيوانات في الأرض.

وعند تدقيق أوجه الشبه أو الاختلاف ضمن هذه المجموعة يتكون لدى المرء انطباع عام بوجود مخزون من مفردات الزخارف والموتيفات والألوان قابلة للتبادل عند الاستخدام.

ومن ضمن الأربعة بُسط الحريرية الكاشانية التي تضمها مجموعة متحف المتروبوليتان (انظر أيضا الفهرس 182) يختص هذا البساط بحياكة أكثر رقّة، إذ بلغ عدد العقد 620 في البوصة الواحدة. وقد قيل إن البُسط الحريرية الصغيرة التابعة للمجموعة، خلافا لتلك الكبيرة، تفتقر إلى أي تطريز بالخيط المعدني (في

والميزة الأساسية التي تختصّ بها عن سائر الأنواع الأخرى هي استعمالها الواسع للحياكة المزدوجة (جفتي) حيث تدار العقد حول أربع سدى عوضا عن الاثنين الاعتياديين. وتفضي هذه التقنية إلى مظهر وملمس مميّزين نجدهما أيضا حاضرين في بُسط القرنين التاسع عشر والعشرين الميلاديين المنسوبة إلى خراسان. ولئن اعتبرها البعض طريقة صرفة لربح الوقت وتوفير اليد العاملة، فإن الجودة العالية للرسم والحياكة في النماذج التاريخية تشير إلى أنها كانت ببساطة عادة مألوفة محلّيا ولم تمثّل طريقا مختصرا. يبلغ عدد العقد في قطعة المتروبوليتان زهاء 420 عقدة في البوصة المربّعة الواحدة، وهو عدد مرتفع على نحو استثنائي بالنسبة لبساط له وبرة صوفية عادية على عكس الحرير أو الباشمينا (انظر الفهرس 265). وتنتمي مجموعات الأزهار المعقدة المغطّاة جزئيا بأوراق مقوّسة والموجودة ضمن زوجين في الفراغات إلى ما يسمّى بأسلوب "الساز" المنحدر من رسوم أنجزت بأقلام من القصب وصارت رائجة على نحو كبير في تركيا وإيران خلال النصف الثاني من القرن السادس عشر الميلادي.(4)

DW

1. فيما يتعلق بالقطعة الموجودة بمتحف الفن الإسلامي (Museum fur Islamische Kunst)، انظر اسبهلر (م1987 Spuhler)، ص.218، رقم 75.
2. كلوز Klose 2010، ص.81، الصورة.16 (الرسم بمعية القطعتين) تبعا لـ لوفافر وطومسن Lefevre and Thompson 1977. ص.25 (يدمج فقط قطعة المتروبوليتان لكن بإعادة أكبر وأوضح لتشكيل البساط).
3. طومسن 1977م، ص.73؛ ميلانو 1982م، ألواح 28 - 31؛ فرانسس Franses -1993؛ والكر د. Walker,D 2006.
4. دنّي Denny 1983.

المصدر: [سوق الفن، إسطنبول، حتى 1898م]؛ ف. ر. مارتن(F R. Martin)اسطنبول وستوكهولم (1898م)؛ القنصل الإسباني إلى إسطنبول(من 1898م)؛ حسب النسب إلى إبنه، اسبانيا وحفيده، لندن(حتى 1977م؛ بيع لوفافر(Lefevre)، لندن، 7 أكتوبر 1977م، الرزمة1؛ إلى دال اقليو (Dall'Oglio) ؛مارينو دال اوقليو (Dall'Oglio)، ميلانو 1977-1991م؛ بيع إلى رواق المنسوجات بمتحف المتروبوليتان للفنون).

185. بساط سيلي

إيران ، أواخر القرن السادس عشر الميلادي.
حرير (سدو)، قطن (لحمة)، صوف (لحمة وبرة)؛ معقودة بشكل غير تماثلي
المقاسات: 711.2×307.3سم.
مقدم تخليدا لذكرى ريتشارد إتنغهاوزن، هبة لويس إ. تيريزا س هرفي وإليوت جي سيلتي، اقتناء رصيد هاريس بريسبان ديك ورصيد فليتشر 1978م 1978.550

يقدّم بساط سيلي نموذجا متناهي الجمال والتوازن لتصميم ميدالية فارسية تقليدية. وهو ينتمي إلى نفس فئة بساط الإمبراطور (الفهرس181) ولكن يعود إلى تاريخ متأخر قليلا. ويستخدم بساط سيلي مواد إلى حدّ ما متواضعة (كلاهما سدو من الحرير ولكن له لحمات من القطن والصوف عوضا عن الحرير كما هي الحال بالنسبة لبساط الإمبراطور).

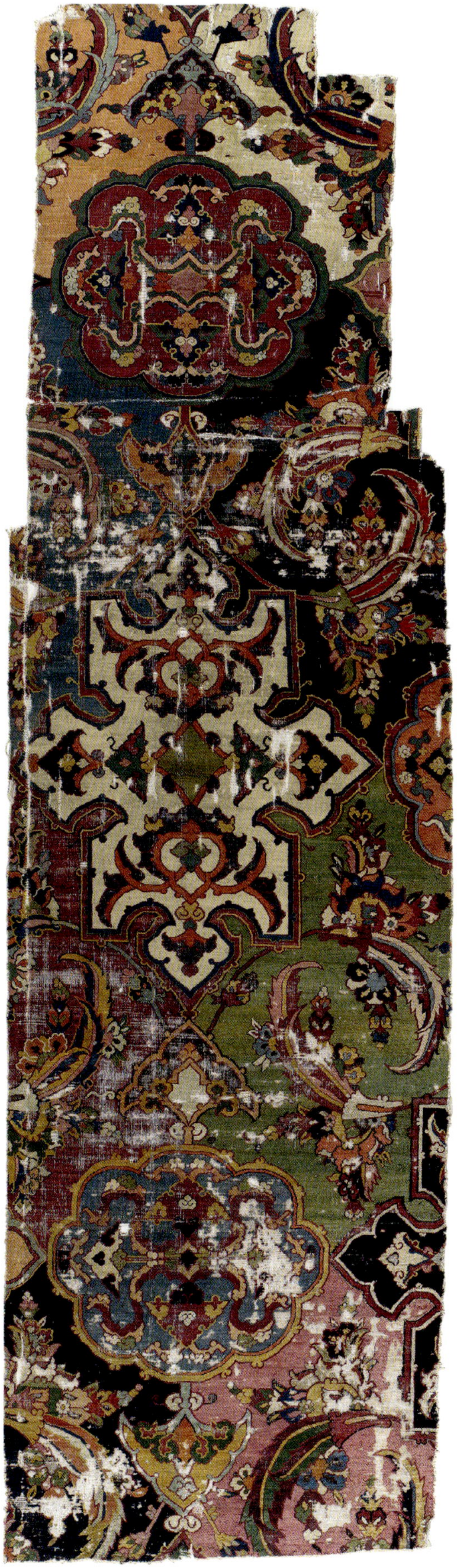

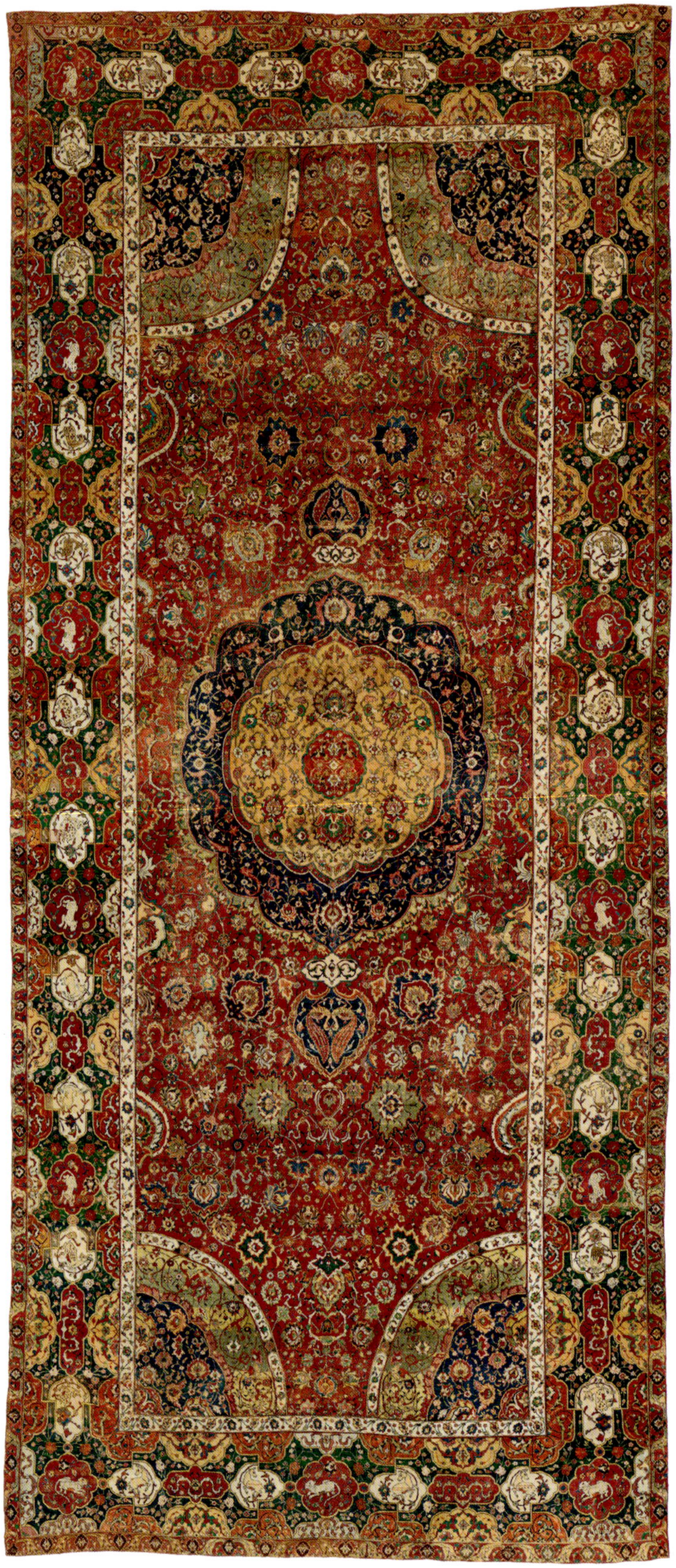

وكانت حياكته أقل رقة (أقل بقليل من 200 عقدة في البوصة المربعة الواحدة مقابل 300 في بساط الإمبراطور.)

يتضمّن تصميم الأرضية في كلا البساطين تشكيلات لفائف دالية مبرزة بسعفات وأزهار. ولكن تطغى على الأرضية في بساط سيلي ميدالية مركزية ضخمة وأربع ميداليات زاوية. يعكس بساط سيلي تحوّلا في الذوق بعيدا عن التصوير التشخيصي الرائج مع نهاية القرن السادس عشر الميلادي وربما أيضا تدنيا في الجودة مقارنة ببساط الإمبراطور.

ويبدو الحراك الحيواني في بساط سيلي ضعيفا نسبيا. فالحاشية تسكنها بهدوء حيوانات منفردة بالحجم الطبيعي وكذلك رؤوس صغيرة، بينما تخلو الأرضية من أية حياة بريّة فيما عدا زوجين من الطواويس يملآن المعلّقات المتدلية من الميدالية المركزية. واختفى صراع الحيوانات الذي كان شديد الرواج في فترة سابقة من القرن (انظر الفهرس 181،179 و182).

ويعتبر بساط سيلي وهو واحد فقط من عدد ضئيل من بُسط هرات كبيرة الحجم المتضمّنة ميداليات مركزية، الأقرب من حيث الزينة والأسلوب إلى بساط كبير الحجم ومكوّن من شظايا وربما كان معاصرا، في مدينة سنسناتي.(1) وتحتفظ قطعة سنسناتي، وهي أكبر قليلا من بساط السيلي عندما كان جديدا، ولكنّها تقلّصت الآن إلى أقل بقليل من النصف من حجمها الأصلي، بحافة واحدة من ميداليتها المركزية فضلا عن ميداليتي زاوية تظهران قلادات واسعة محيطة شبيهة بتلك الموجودة ببساط سيلي. ويحتل زوج من الطواويس المعلق المتدلي من الميدالية المركزية. ورغم أن الأرضية تخلو من الحيوانات، إلاّ أنّها أشبعت بالطيور وببعض الأزهار التي تحمل قناعات حيوانات، وتتكرر زينة حاشية بساط سيلي المتكونة من قسيمات في شكل فصوص في العديد من النماذج التابعة للمجموعة. وتتضمن قطعة سنسناتي نسخة مماثلة ولكن متقنة على غير العادة للزخرف نفسه (2).

DW

1. نيويورك1997-1998م؛ص.32،الصورة 20:
2. زينت أشكال أخرى لهذه الزخارف في أليس.س.(م1965 Ellis, C) وفي كلوز (م 2010 Klose)،خاصة الرسوم على الصفحات 82-84.

المصدر : مجموعة ف و ل بنقيات (V & L Benguiat)تركيا(حتى 1932م، بيع ،المؤسسة الأمريكية للفن،نيويورك،23أفريل 1932م، الرزمة22)؛ لويس إ)،تيريزاس (Louis E Theresa S) و هرفي سالي (Hervey Seley) نيويورك (1961-1978م) ؛إليوت سالى (Elliot Seley) نيويورك (1961-1987م).

186. بساط تسارتورسكي

إيران، على الأرجح أصفهان ، القرن السابع عشر الميلادي
قطن (سدو)، حرير (لحمة ووبرة)، خيط ملفوف بالمعدن، وبرة معقودة بشكل غير تماثلي، مطرّزة.
المقاسات: 217.5×486.4سم.
هبة جون د. روكفلر الابن ورصيد هاريس برزبان ديك، بالتبادل، 1945 م 45.106

مع منعطف القرن السابع عشر الميلادي تقريبا، أو قبل ذلك بقليل، وخلال حقبة حكم الشاه الصفوي عباس الأول (حكم ما بين 1587–1629م)، برزت ملامح ذوق جمالي جديد في صنف من البُسط أصبح يعرف ب "البولونيز"(1). تتضمن أغلب البُسط من هذا الصنف تصاميم تقتصر على عناصر نباتية مثل السعفات والأوراق المقوّسة والدوالي، مرتبة في ما يناهز الاثني عشر رخرفا للأرضية. وقد عوّضت التصاميم الجديدة إلى حد كبير الموتيفات التشخيصيّة والزخارف التي كانت تزدان بها الميداليات المركزية التي كانت تلقى قبولا كبيرا في القرن السادس عشر الميلادي، عاكسة بذلك تدنى تأثير ورشة الكتاب الملكي. وأصبحت الآن تشكيلة ألوان أغلب هذه البُسط نوعا ما لطيفة وهادئة جرّاء استعمال درجات ألوان الباستيل وتلاشي بليغ للألوان، خاصّة اللون الأحمر. والمواد المرئية المستعملة هي فاخرة بل حتى باذخة، وتتضمّن وبرة الحرير والتطريز الغزير بالخيط المعدني الملفوف. ولكن أمكن تخفيض التكلفة باللجوء إلى الاستخدام الواسع للقطن في حياكة القاعدة الأساسية للنسيج عوضا عن الحرير الذي استعمل في أنسجة فاخرة سابقة (انظر الفهارس 181–183)، وكذلك اللجوء إلى إلحاق شرابات من الحرير لإخفاء استعمال سدو من القطن وأيضا إلى الحياكة الخشنة نسبيّا (إجمالا من 125 إلى 225 عقدة في 225 عقدة في البوصة المربعة الواحدة) بالنسبة إلى بُسط وبرية حريرية. ومن المرجّح أن تكون البُسط من نوع البولونيز قد صنعت بكميّة كبيرة لأن ما يزيد عن المئتي نموذج لا تزال موجودة. وقد صنعت إما بغرض الاستهلاك أو للعرض أو للبيع لأوروبيين. وعلى عكس البُسط الكاشانية الصغيرة التي تتقاسم فيما بينها عديد أوجه الشبه دونما أن تصل إلى تطابق كلي، فإنه يوجد على الأقل خمس وعشرون زوجا من البولونيز بما فيها زوجان بمتحف الميتروبوليتان.(2) ينتمي بساط تسارتورسكي إلى هذه المجموعة. ويحتلّ مكانة تاريخية خاصّة لأنّه صُنف على وجه الخطأ على أنه بولوني الهوية، ومن هنا أتت كلمة بولينيز، عندما عرض في معرض باريس سنة 1878 م إلى جانب بُسط أخرى تابعة للأمير فلاديسلاف تسارتورسكي، سليل عائلة بولونية نبيلة يبدو أن بعضا من بُسطها أخذت كغنيمة حرب خلال حصار فيينا في 1683 م.(3) ويعتقد أن شعار النبالة، الذي تكرّر خمس مرّات في البساط هو شعار الأمير نفسه ولكنّه على الأرجح مجرّد محاكاة وليس بولونيا على الإطلاق.(4) ولا يزال لفظ البولونيز، وهي تسمية غير صحيحة، مستعملا من باب التيسير.

DW

1. سبهلر، مالباي – هنسن، و طورفلدسن (م Mellbye-Hansen, and Thorvildsen Spuhler 1987)، الصفحات 30–35.
2. فيما يتعلق بهذه البُسط (حساب رقم 4-50.190.1)، انظر ديماند و ميلي (مDimand and Mailey 1973)، ارقام 19–20.
3. انظر باريس 1878م، الصفحات 63–64. وُهبت أبسطة بولينيز أخرى يملكها الأمير تسارتورسكي(Prince Czartoryski) إلى المتحف الوطني، بكراكو؛ انظر؛بيدرونسكا سلوته (أBiedrońska-Słota 2010)، الصفحات 81–82، الصور 10، 11، 13.
4. مراسلة مذكورة في دماند و ميلي (مDimand and Mailey 1973)، ص. 103، رقم 17.

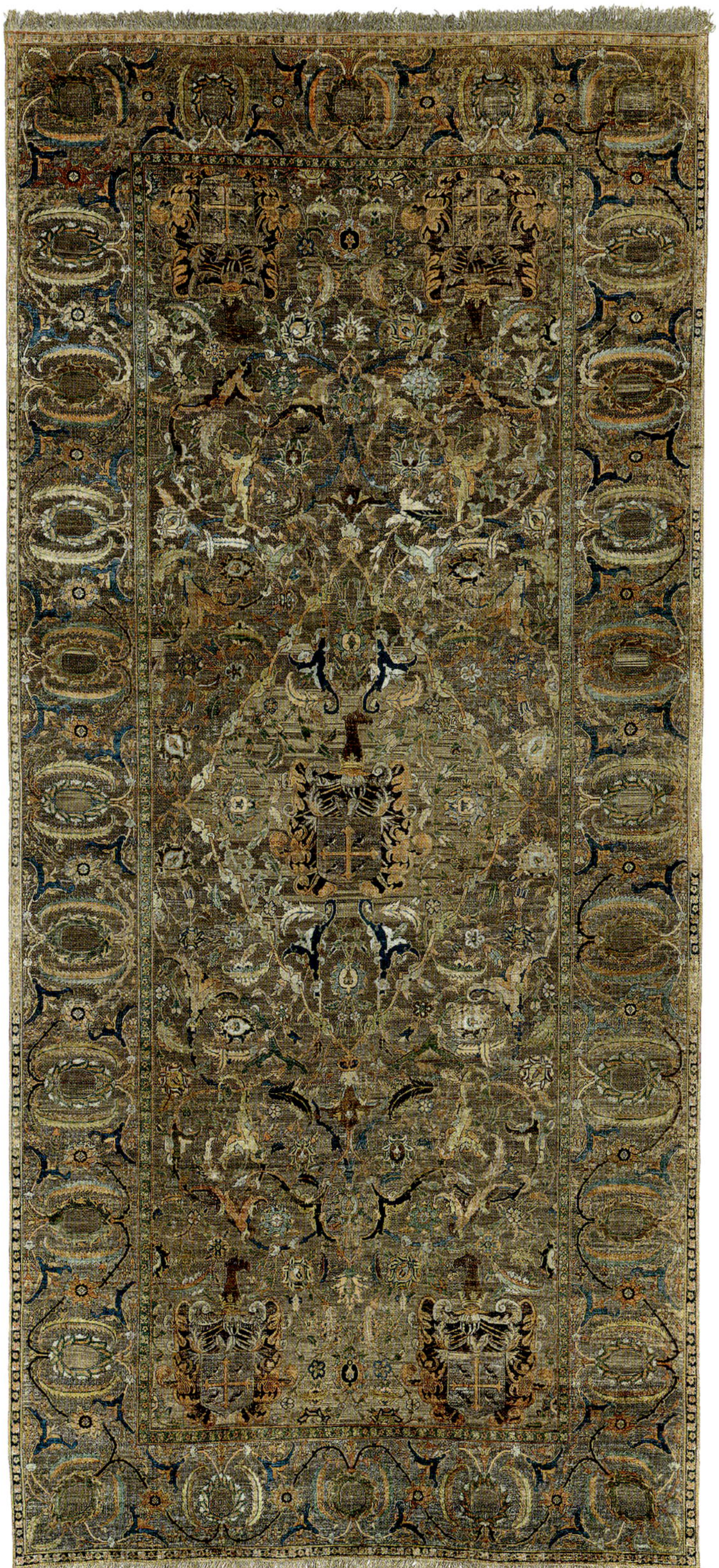

المصدر: الأمير فلاديسلاو تسارتورسكي (Prince Wladyslaw Czartoryski)، كركاو، بولونيا (في 1878م)؛ [السيد لاركاد (Mr. Larcade)، باريس، حتى 1927م؛ بيع لـروكفلر]؛ جون د. روكفلر الإبن، نيويورك (1927–1945م)

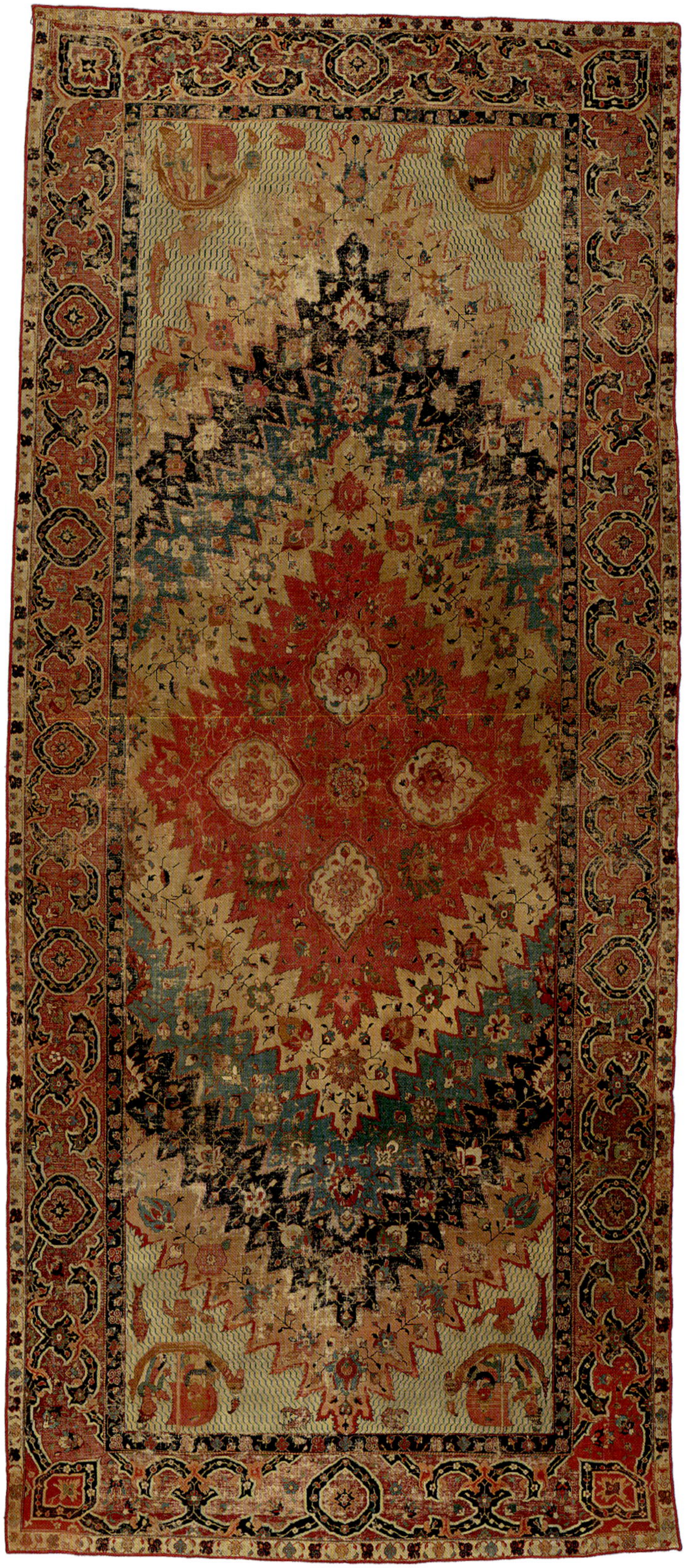

187. البساط "البرتغالي"

شمالي شرقي إيران، خراسان، القرن السابع عشر الميلادي .
قطن (سدو، لحمة ووبرة)؛ صوف (وبرة)؛ وبرة معقودة بشكل غير تماثلي.
المقاسات 410.8 ×179.4 سم.
رصيد فليتشر 1944م 44.36.6

يشكل هذا البساط واحدا من اثني عشر بساط كامل الحجم أو مجزء إلى قطع من الصنف اللغز المعروف بالبسط البرتغالية. وفي الحالة الراهنة يعالج تصميم الأرضية النموذجي المتمحور حول ميدالية مركزية بطريقة مميّزة وغير مألوفة. تستقر الميدالية، وهي على وجه التقريب منحرفة الشكل ذات محيط غير منتظم، وسط سلسلة من أشرطة مسننة متراكزة بألوان ساطعة ومتباينة تباينا كبيرا. وتملأ الميداليات المتراكزة كل الأرضية تقريبا ولا تترك إلاّ مساحات صغيرة في الزوايا تتضمن مشاهد بحرية تصوّر سفنا شراعية وبحارة يعتقد من لباسهم أنهم برتغاليون (ومن هنا جاء اسم هذا الصنف من البسط) وآدميين وكائنات في الماء. وقد تولى أخصائي البُسط شالز غرانت ألّيس فحص المجموعة ومعاينتها بكل عناية وصنّف مجموعتين فرعيتين (1). ووضع بساط متحف المتروبولتان في المجموعة الفرعية الثانية التي اعتبر أنها تحتوي ميداليات منحرفة الشكل رسمت بأقل إتقان وأكثر انتظام ولا تضم طيورا مندمجة في زخرف الأرضية كما أن بها مشاهد أقل تعقيد تؤثث الزوايا وتحتوي على سفينة شراعية واحدة عوضا عن اثنتين، هذا فضلا عن حياكتها الأكثر خشونة. وقد كان ألّيس أول من لاحظ أن الموتيفات النباتية الصغيرة في الأرضية والحاشية تبرز من خلال وبرة صوف الخرفان لهذا البساط لأنه حيك بالقطن الأبيض، وهي خاصية لم تلحظ بعد في بُسط أخرى ممّن تدعى بالبرتغالية. وقد كان منشأ هذا الصنف من البُسط مصدر جدل لمدة سنين رشحت خلاله شتّى الأماكن في إيران والهند. فبينما رجّح ألّيس كفّة الهند كمصدر نشأتها، يسند أهل الذكر الآن المجموعة إلى خراسان في شمال شرقي إيران وذلك بالاعتماد على الخاصيّات الهيكلية مثل استعمال سدو من أربع أطواق طبقا لما هو معهود في الإنتاج الفارسي والاعتماد الكبير على ربط العقد بطريقة "جوفتى" كما هو مبين تحت الفهرس 184، وهي خاصية ترى فقط على نحو استثنائي في البُسط الهندية ولكنها علامة من علامات الحياكة الخراسانية.(2) ولم تلق محاولات ربط المشهد البحري بالرّسم الهندي قبولا عاما، ويرجح أن يكون المصدر هو المطبوعات الأوروبية من نوع عام تطابق الولوع الفارسي بما هو غير مألوف. (3) ورغم أن تراث البسط البرتغالية مغمور الآن بالنسبة لنا، فإن تصميم الأرضية الرئيسية لهذه البسط كان ذا تأثير في وقتها، مفرّخا مجموعة من التصاميم المقلدة في أجيال لاحقة من البُسط ضمن أصناف إيرانية أخرى كالكردية والقوقازية والبولونيز والهنديّة الفارسية.(4)

DW

1. ألّيس س.(م1972 .Ellis, C).
2. فرانسس (أ1993 Franses)، الصفحات 101-102،96؛ كوهين (م2001 Cohen)؛ والكر د. 2006م،ص. 74.
3. كوهين (م2001 Cohen)، ص.77.
4. ألّيس س.(م1972 .E llis, C)، الصور 13-16، 19-22.

المصدر: السيدة تشونسي جي. بلير(Mrs. Chauncey J. Blair)، شيكاغو؛ [ب. و. فرنش و شركاؤه (.P. W. French and Co)، نيويورك، حتى 1944م؛ بيع لمتحف المتروبوليتان للفنون]

188. بساط تصويري

إيران، القرن السابع عشر الميلادي
حرير (سدو ولحمة ووبرة) خيط معدني ملفوف، وبرة معقودة بشكل غير تماثلي، مطرّزة
المقاسات: 22.4× 172.7سم
هبة سي. ركستن لاف الابن، 1967م 67.22

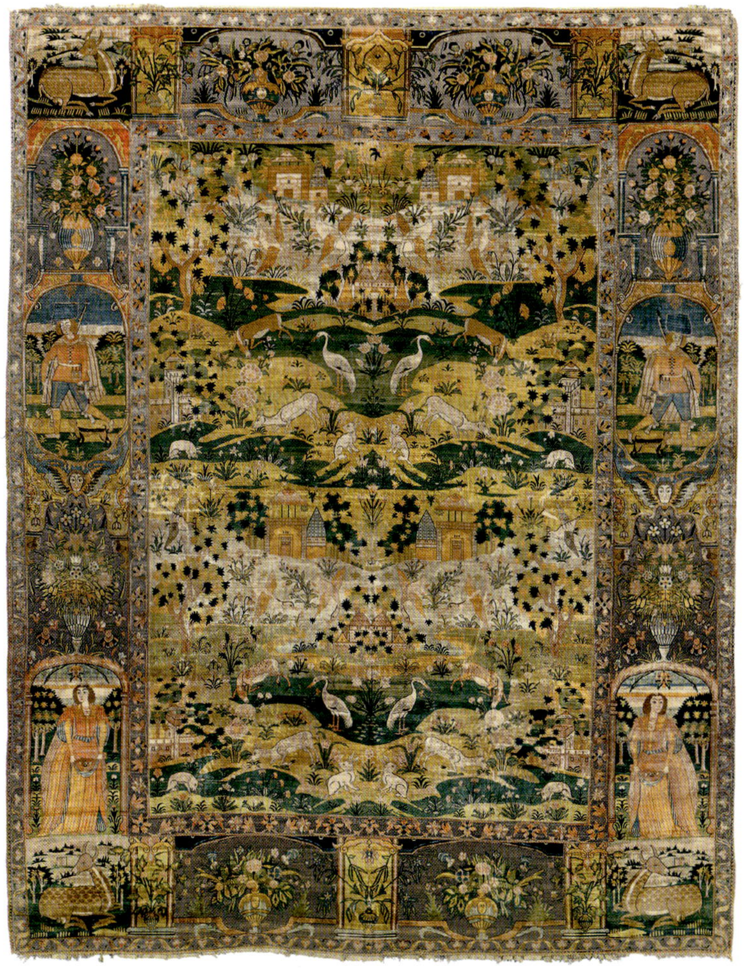

جرى تقييم الجودة المدهشة لهذا البساط الرائع وعمره الحقيقي بدقّة من قبل العالم الأثري ف. آر. مارتن منذ 1908م، وأثبت آخرون ما توصّل إليه وذلك خلال النصف الأول من القرن العشرين الميلادي، إلاّ أن البساط أصبح عندئذ في حكم النسيان. أهدي لمتحف المتروبوليتان في 1967م ولكنه لم يدرج ضمن نسخة 1973م من فهرس ميلي لبُسط المتاحف، ربما بسبب شكوك حول تاريخ ومكان المنشأ. وعلى امتداد الأربعين سنة الماضية أو نحو ذلك، وُجد بعض الالتباس حول ما إذا كانت البُسط الحريرية المحاكة برقة حسب أسلوب فارسي لكنه لا يتطابق في الوقت نفسه مع الميزات المعيارية للبولونيز (انظر الفهرس 186) فعلا فارسية تعود إلى القرن السابع عشر الميلادي أو من منتوجات أواخر القرن التاسع عشر الميلادي في هيريكي، وهو جزء من إسطنبول الحالية، أين نسجت أيضا بُسط حريرية ذات جودة عالية. وهذا البساط لا يمت إلى قطع البولونيز التقليدية ذات الزخارف غير التشخيصية إلا بصلة ضئيلة جدّا وذلك بسبب قاعدته المنجزة من الحرير الصرف وحياكته المتناهية الرقّة: (1025 عقدة في البوصة المربعة الواحدة، ربّما الحياكة الأكثر رقّة على الإطلاق لأي بساط فارسي تقليدي). وكذلك لما تضمّنه من مشهد تصويري لمنظر طبيعي تؤثثه بنايات صغيرة ومن قسيمات حاشية تحتوي على شخصيات واقفة ترتدي أزياء أوروبية وظبي مضطجع ومزهريات. وقد اقترح مارتن بتروّي تاريخا يقترب من 1640م، وذلك اعتمادا على نمط الأزياء الأوروبية، وذهب إلى الافتراض بأن نسيج نجود إنكليزي استعمل كنموذج له (1). بيد أن المصدر المحدّد لتصاميم الحاشية هذه لم يعرف لغاية الآن. ويشترك هذا البساط في بعض الخصائص مع عدد قليل من البُسط الأخرى، سبق وأن صنّف بعضها كبولونيز والبعض الآخر كبُسط هندية ولكنها كانت كلها نسجت في إيران خلال القرن السابع عشر الميلادي. فتضم غفّارة شهيرة موجودة بمتحف فيكتوريا وألبرت بلندن، قاعدة من الحرير كلّها تمتاز بحياكة رقيقة وتتناول مواضع غريبة (مشاهد من عيد البشارة وصلب المسيح) (2). وفي ليون، يوجد بساط له مواد ونوعية حياكة مشابهة تحتوي على تصميم أرضية يتضمّن صفوفا من نباتات مزهرة وطيور مصورة بأسلوب تخطيطي. (3) والأهم ولكن الأقل شهرة، هو بساط حريري منسوج برقة وبتصميم تصويري موجود في متحف الإرميتاج في سان بطرسبورغ. (4) في هذا البساط، يزاوج زخرف الأرضية بين أنواع الشجيرات التي ترى في قطعتي ليون والمتروبوليتان مع عناصر المشاهد الطبيعية والبنايات الصغيرة في هذا الأخير فقط.

وتبقى مسألة اعتبار البُسط من هذه المجموعة الصغيرة ولكن المتميزة كصنف فرعي نخبوي من بُسط البولونيز أو كصنف قائم الذات لوحده في النهاية مسألة دلالية دون شك. وتمثل هذه البُسط أوج فن حياكة البساط الإيراني في القرن السابع عشر الميلادي، على الأقل بالاعتماد على المعايير الفنية. DW

1. مارتن، (Martin 1908م)،ص.68.
2. متحف فكتوريا وألبرت، لندن (أرقام 477-1894زت،30-1926.ت و 1930-211.ت) المنشورة في بنيت 1987 ب.
3. المتحف التاريخي للأقمشة بليون (رقم 24.620) المنشورة في بينيت 1987أ؛ص.49،لوح 18.
4. متحف الأرميتاج،سانت بطرسبورغ (رقم 823 ف ت)،المنشورة في "مارق"1965م.

المصدر: البارون فرنكتي، (Baron Franchetti) البندقية، الكونت كاهان دانفرس (Cahen d'Anvers) باريس (في 1907م) ؛[دكران تجي. كليكيان؛ نيويورك]؛السيدة هنري والترز، نيويورك وبالتيمور (حتى 1941م؛

189. بساط على شكل حديقة

إيران، كردستان، النصف الثاني من القرن الثامن عشر الميلادي.
قطن (سدو ولحمة)، صوف (وبرة)؛ وبرة معقودة بشكل غير تماثلي.
المقاسات: 313.7×1905سم
مجموعة جيمس ف. بالارد، هبة جيمس ف. بالارد، 1922م 22.100.128

تمزج أغلب الرسوم التشخيصية للحدائق التي تظهر في البُسط الفارسية بين مشهد جوي أو عام للحديقة التقليدية ذات الأربعة أجزاء (شهر باغ) وبين أشرطة ومربّعات أجنحة وأشجار وأزهار وطيور معروضة حسب تخطيط عمودي. ويعتبر هذا البساط، وهو أقدم بساط موجود وأجمله من هذا الصنف، نموذجا كبيرا جدّا (طوله يناهز 29 قدما) ينتمي إلى متحف ألبرت هول في جليمور. (1) وهو يظهر أربعة أرباع دائرة لحديقة تفصلها قناتان كبيرتان مملوءتان ماءً متموّجا يعجّ بالسمك والطيور المائية والسلاحف والحيوانات الغريبة. تتلاقى القناتان في وسط البساط عند حوض كبير مربّع الشكل أين يبدو جناح متقن الصنع وعرش وكأنهما يطفوان. يتضمن كل ربع دائرة قنوات مياه ثانوية وأحواض أشجار وأزهار تحيط بها أشرطة فيها المزيد من الأشجار والأزهار وكلها معروضة حسب تخطيط عمودي. يرجّح أن يكون بساط جايبور قد حيك بين سنة 1622م، تاريخ تولي الحكم من قبل الحاكم الجايبوري الذي تولّى بناء قصر ب 'عنبر' وسنة 1632م، التاريخ المسجّل لأول جرد للبساط. ووصف البساط على علامة الجرد الملصقة به على أنّه أجنبي الصنع. وهذا هو عين الصواب نظرا لأنه بحسب المواد البنيّة والألوان وتفاصيل التصميم، ينتمي البساط إلى ما يسمّى بِبُسط المزهريات المرتبطة تقليديا بمدينة كرمان الفارسية. (2) وقد مثّل البساط الجايبوري وغيره وأمثاله التي فقدت الآن نموذجا احتذي به لإنجاز سلسلة من بُسط الحديقة نسجت خلال القرن الثامن عشر الميلادي وحتى بداية القرن التاسع عشر الميلادي في شمال غربي إيران في كردستان. (3) وتظهر نماذج أكبر وسابقة زمنيا عن المجموعة الكردية صلة أقوى بزينة البساط الجايبوري مما تبديه القطع اللاحقة التي كانت عناصرها النباتية المعروضة بصورة جانبية منمنمة إلى حد كبير وأكثر اعتباطية (4). وقد أدّت المقاسات المتواضعة نسبيا لبساط الحديقة الراجع لمتحف المتروبوليتان إلى رسم نسخة بتراء من الشكل الكامل لشهر باغ: فقنوات الماء الرئيسية والمعبر الرئيسي تظهر بحجم كبير جدّا ولكن الأحواض العديدة في كل ربع دائرة اختزلت إلى بضع مربعات رمزية. وما يجب أن يشد الانتباه أيضا هو تلك الإضافة التي لا معنى لها لأشجار إلى قنوات المياه وإلى الحوض المركزي وكذلك تعويض أشرطة العناصر الطبيعية الجانبية بترتيبات منمنمة جدّا في مساحات تفصل قنوات المياه من ساحات الحديقة. اختفى الجناح من الحوض المركزي ولو أنّ منصّة بيضاء لا تزال بادية. ويمكن للمرء أن يشاهد أثارا قديمة من الحياة البحرية مصوّرة في مياه الحوض المركزي في بساط جايبور أحسن من أي بساط آخر في المجموعة الكردية حيث هي مجرد خربشة مبهمة، وهي موجودة في شريط أبيض ضيّق يحيط بالماء وليس في الماء ذاته، ويبدو أن النسّاج، إمّا بسبب الابتعاد الرمزي عن النموذج أو بسبب التقصير الحاد في الشكل العام، لم يفهم تماما المعنى الأصلي لتصميمها. DW

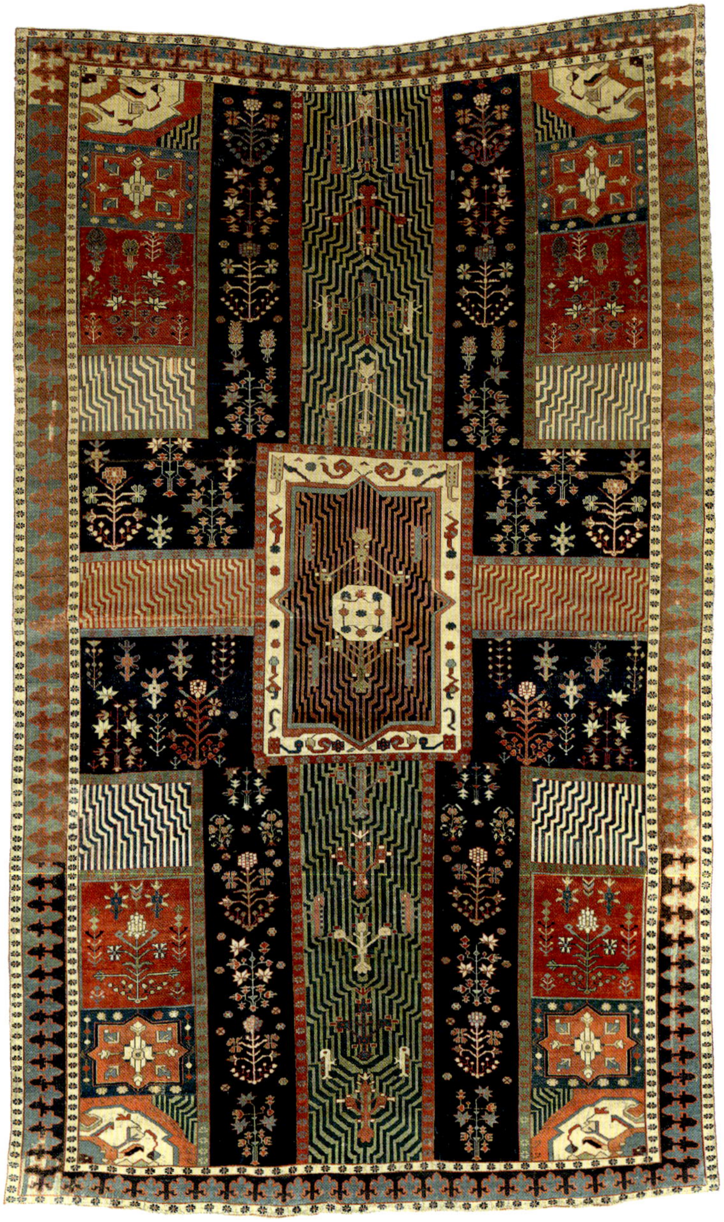

1. ديماند (أ 1940 Dimand).
2. شفيلد وبرمنغهام 1976م.
3. وقع ذكر وتصوير عناصر مختلفة من المجموعة الكردية في كلوز(م1978 Klose) وأيضا في اليس س.(م1982 Ellis, C).
4. للاطلاع على نموذج مبكر من المجموعة الكردية، انظر جنكنز،(Jenkins) ناشر، 1983م؛ص.143. وللاطلاع على نموذج متأخر في متاحف الفن بجامعة هارفارد، انظر هانوفر ومدن أخرى 1991–1992م، الغلاف. (رقم 34).

المصدر: كرل روبرت لام(Carl Robert Lamm)، السويد؛ جيمس ف. بلاّر (James F. Ballard)، سانت لويس، مونتانا (حتى 1922م).

190. صحيفة من ألبوم ديفس

"اجتماع ليلي"
الرسام: محمد زمان (نشط ما بين 1643م – 1689م)
إيران، أصفهان، 1664 – 1665(؟)م
حبر، ألوان مائية معتمة، ذهب على ورق.
مقاسات الصفحة :33.3×21 سم
مجموعة ثيودور م. ديفس، وصيّة ثيودور م. ديفس. 1915م 174.2 . 3095
توقيع بالفارسية بخط النستعليق في أسفل اليمين:
رسمه العبد المتواضع محمد زمان
وفي أسفل اليسار:
في سنة 7 [1664 – 1665م]

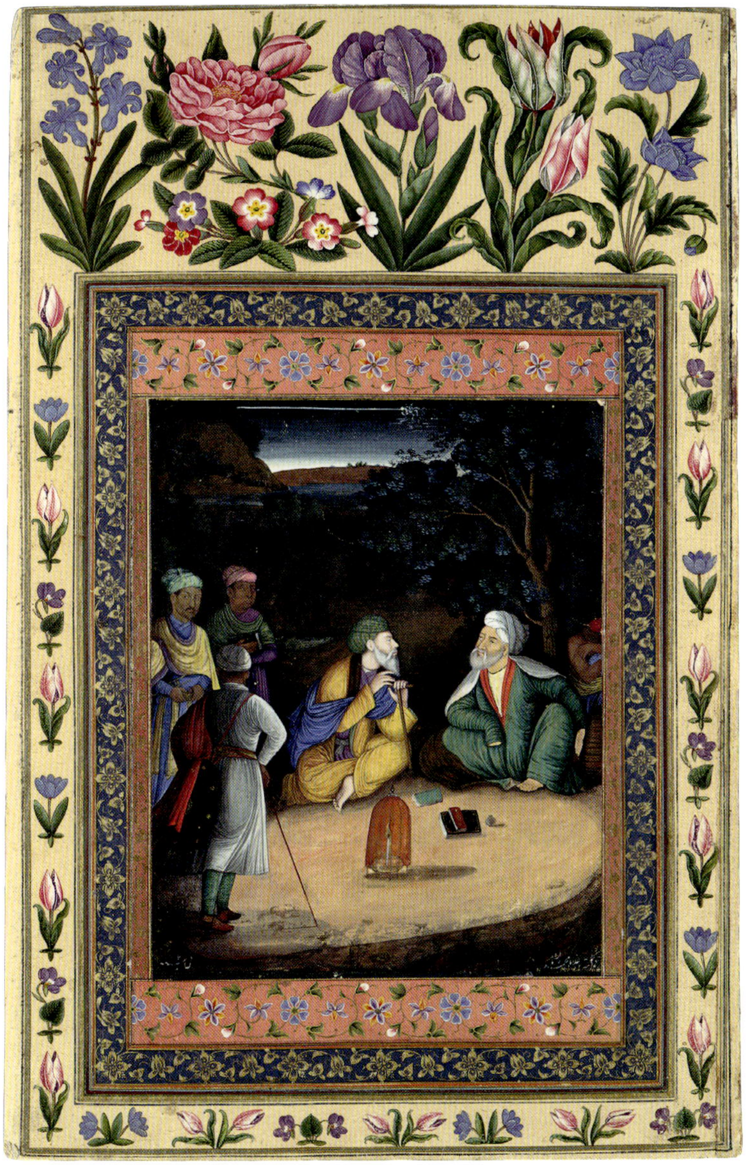

كان الأسلوب المميّز والإبداعي المتبنّى من قبل الفنان الصفوي الأخير محمد زمان ذا تأثير متناهي إلى درجة أنه يصعب في بعض الأحيان الفصل بين أعمال العديد من أتباعه وعمله الخاص به، لاسيما أنّ أعماله عادة ما تكون مشفوعة تماما مثلما كان يفعل الأستاذ بكتابة كلمات "يا صاحب الزمان" وهي تهليل ورع.
رغم أن هذه الزيارة الليلية تحمل توقيع زمان وفق صيغة مختلفة، إلاّ أن الأسلوب الانتقالي والموضوع المتأثر بالمواضيع الهندية هما سمتان تحملان بصمته.(1)
امتدّت المسيرة الفنية لمحمد زمان عبر النصف الثاني للقرن السابع عشر الميلادي، وهي فترة كان يحظى خلالها بحظوة لدى البلاط الفارسي للشاه سليمان (حكم ما بين 1666 – 1694م) في أصفهان. ويعود الاهتمام العلمي بالفنان إلى قرن إلى الوراء تقريبا مع وجود نظريات شتّى قدّمت لتفسير أسلوبه الهجين واهتمامه بأساليب الرسم الأجنبية.(2) وقد تضمّنت الفرضيات حول وجود مصادر عناصر أوروبية في عمل زمان إشارات مبكرة بأنه أرسل إلى روما لدراسة الرسم، أو كافتراض بديل أي مصادر أوروبية كانت متاحة له في أصفهان. وقد أشارت بحوث علمية أكثر حداثة أن "نمطه الإفرنجي" يعكس تجاوبه التأويلي للنص الذي يجري تزيينه بالرسوم. (3) لكن في المقابل، ظلت مصادر العناصر الهندية الواضحة أيضا في أسلوبه للرسم وموضوعه أقل استكشافا. وتظهر هذه اللوحة، وهي تعتمد تقريبا على عمل ذي أسلوب هندي مغولي، مجموعة من الشخصيات (على الأرجح عالمين فلكيين وحاشيتهما)، مجتمعة في أرض فضاء في غابة. وتنتمي هذه اللوحة إلى مجموعة من لوحات ليلية مترابطة من حيث الموضوع رسمت من قبل زمان وتبرهن كيف أن الرسام طوّر وسيلة فنّية محبّذة، ألا وهي تلاعب الضوء والظل .(4) وهنا وكما يقع عند توزيع الضوء في صورة، يخلق الضوء المنبعث من مصباح في الوسط تباينا قويّا بين الشخصيات في مقدّمة اللوحة والمنظر الطبيعي المظلم في الخلف.(5)
ومن أهم ميزات هذا العمل وجود مذنّب له ذيل طويل في سماء الليل. وبالكاد تظهر للعيان في المشهد الطبيعي ذي الخلفية المظلمة ثلاث شخصيات، واحدة منها رافعة يدها، وهي على ما يبدو تراقب الظاهرة السماوية. والمعروف أن مذنبين مماثلين لهذا المذنّب عبرا نصف الكرة الأرضية الشمالي في تلك الفترة، واحد في ديسمبر 1664م والآخر في أبريل 1665م .(6).
ويتطابق تاريخ المذنّب الأول مع السنة السابعة من حكم الإمبراطور المغولي

أورانقزاب (حكم ما بين 1658 - 1707م) والذي انتهى يوم 7 مارس 1665م ويدعم الفرضية التي ذهب إليها روبرت سكلتن أن "السنة 7" المدونة أسفل اليسار تشير إلى حكم ذلك الإمبراطور (والمذنّب الثاني قد يكون شوهد خلال السنة الثامنة من حكم أورانقزاب.) ويمثّل هذا جزئيا القاعدة التي بنى عليها افتراضه بأن زمان وربما مجموعة أكبر من الرسّامين الفارسيين قد يكونون تواجدوا بكشمير خلال منتصف ستينات القرن السادس عشر الميلادي. كما يعكس نمط زمان 'المتهوند' ولعا أكبر بالموتيفات والأساليب في أصفهان كتلك البارزة في أعمال مرسومة لخمسة رسّامين آخرين على الأقل، لشيخ عبّاسي، وأبنائه علي تقي، ومحمد نقي، وبهرم سفركش، وعلي قولي جبّادار. علاوة على ذلك، امتدّ هذا الشغف إلى الزخرفة المعمارية وتصميم المنسوجات المعاصرة. ولا يزال الكثير في حاجة للإثبات فيما يتعلّق برواج وتأثير الرسوم المغولية وكذلك بالأشكال الواسعة لرعاية الفنون الهندية الفارسية في أصفهان خلال تلك الفترة.

ويحتوي ألبوم ديفس الذي أخذت منه هذه اللوحة عملا مشابها رسمه علي قولي بيك جبار، وإن لم يكن نسخة مطابقة، يزيّن نفس الموضوع في أسلوب قريب الصلة. ويتضمن الألبوم إجمالا ثلاثا وثلاثين منمنمة ورسما واحدا، الكثير منها مركّبة على حوامل بها حوافّ زهرية وكانت تزخرفها في وقت من الأوقات الغلافات الفارسية المطلية باللك خلال القرن التاسع عشر الميلادي، ومن ضمن الأعمال المرموقة في الألبوم توجد لوحات منسوبة إلى فنّانين فارسيين بما فيهم علي قولي بيك جبّادار وشيخ عباسي إضافة إلى محمد زمان، ومجموعة من الصحائف من مخطوط أخبارنامه المتناثر الذي يعود إلى القرن السادس عشر الميلادي (والتي يوجد أغلبها بمكتبة شستر باتي بدبلن) ومجموعة من اللوحات ذات الأسلوب المغولي التي تصوّر مشاهد من البلاطات والتي تعود إلى منتصف القرن السابع عشر الميلادي .(7)

NNH

1. انظر، مثلا، ماكاريو (Makariou)، ناشر، 2002م، الصفحات 91-93، رقم 55، لوح 18.
2. لانداو (م2006 Landau) وسمز (م2001 Sims) يقدمان قائمة بالبحوث حول الفنان والتي تضم مارتينوفش (م1925 Martinovich)، سكلتون (ب 1972 Skelton)، إيفانوف (1979 Ivanov)، زوكا (Zuka1994) دبية (Diba 1994) ، قيصر (Qaisar 1996) وآدل(م 1980 Adle)
3. لانداو (م2011 Landau) ؛ أيضا كانبي(أ1996 Canby).
4. ماكاريو، (Makariou) ناشر، 2002م، الصفحات 91-93، رقم 55، كتب عن عمل مماثل بمتحف اللوفر، باريس.
5. لانداو (م2011 Landau)، ص. 19.
6. يصف كرونك (م1998 Kronk)، الصفحات 10 – 11 مذنب 1664 والذي راقبه أيضا إسحاق نيوتن. طافرنيي(م1889 Tavernier)، المجلد 1، ص.309. يصف المذنب الثاني.
7. ألبوم ديفس ذاته وأدلة أخرى مرتبطة به هي الآن قيد الدرس من قبل كاتب هذه السطور مع نيّة إصدار قادم.

المصدر: تيودور م ديفس،(Theodore M. Davis) نيويورك (حتى وفاته 1915م)؛ على سبيل الإعارة من ملكيته خلال تسوية ملكيته (1915-1930).

191. كتاب الدعاء (يتضمن سورتَي ياسين والفتح).

إيران، على الأرجح، أصفهان، مؤرخ في 1132 [هجري] الموافق لـ 1719 - 1720م،
الخطاط: أحمد نيرزي (نشط ما بين 1682-1739م)
التذهيب: منسوب إلى محمد هادي (توفي حوالي 1771م).
حبر، ألوان مائية معتمة، ذهب على ورق، تسفير باللك.
المقاسات: 24.8سم × 15.6سم
اقتناء، هبات أصدقاء الفن الإسلامي 2003م 2003.239

النص بالعربية بخط النقشي على الغلاف الأمامي:
عن النبي صلّى الله عليه وآله، ألا/ أدلكم على سلاح ينجيكم من أعدائكم ويدر أرزاقكم، قالو/ بلى قال تدعون ربكم بالليل و / النهار فإن سلاح المؤمن الدعاء/ وقال

نصا بالعربية بخط النسخي على الغلاف الخلفي:
قال الرضا عليه السلام لأصحابه/ عليكم بسلاح الأنبياء قيل / وما سلاح الأنبياء قال الدّعاء / وقال الصادق عليه السلم الدعاء / أنفذ من السنان الحديد/ حرّره العبد أحمد النيريزي في 1132[[هجري] الموافق لـ 1719 - 1720م]

هذا المخطوط المزخرف هو كتاب دعاء يتضمن سورتي ياسين والكهف نسخهما الخطاط الشهير أحمد النيريزي (نشط ما بين 1682-1739م). نسبت زخرفة المخطوط إلى محمد هادي (توفي حوالي 1771م) الذي وضع الحوافّ الباذخة لألبوم سانت بطرسبورغ (الموجود حاليا بأكاديميّة العلوم بسانت بطرسبورغ) (1). وُقّع المخطوط مرتين، مرّة في الشارة الموجودة في آخر المخطوط والأخرى على التسفير الفاخر المطلي باللك.

يحتوي كتاب الدعاء الموجود بالمتحف واحدا وثمانين صفحة. تتضمن كل صفحة منها نصّا في أربعة عشر سطرا مدوّنا أفقيا وبالعرض بخط النقشي الرقيق

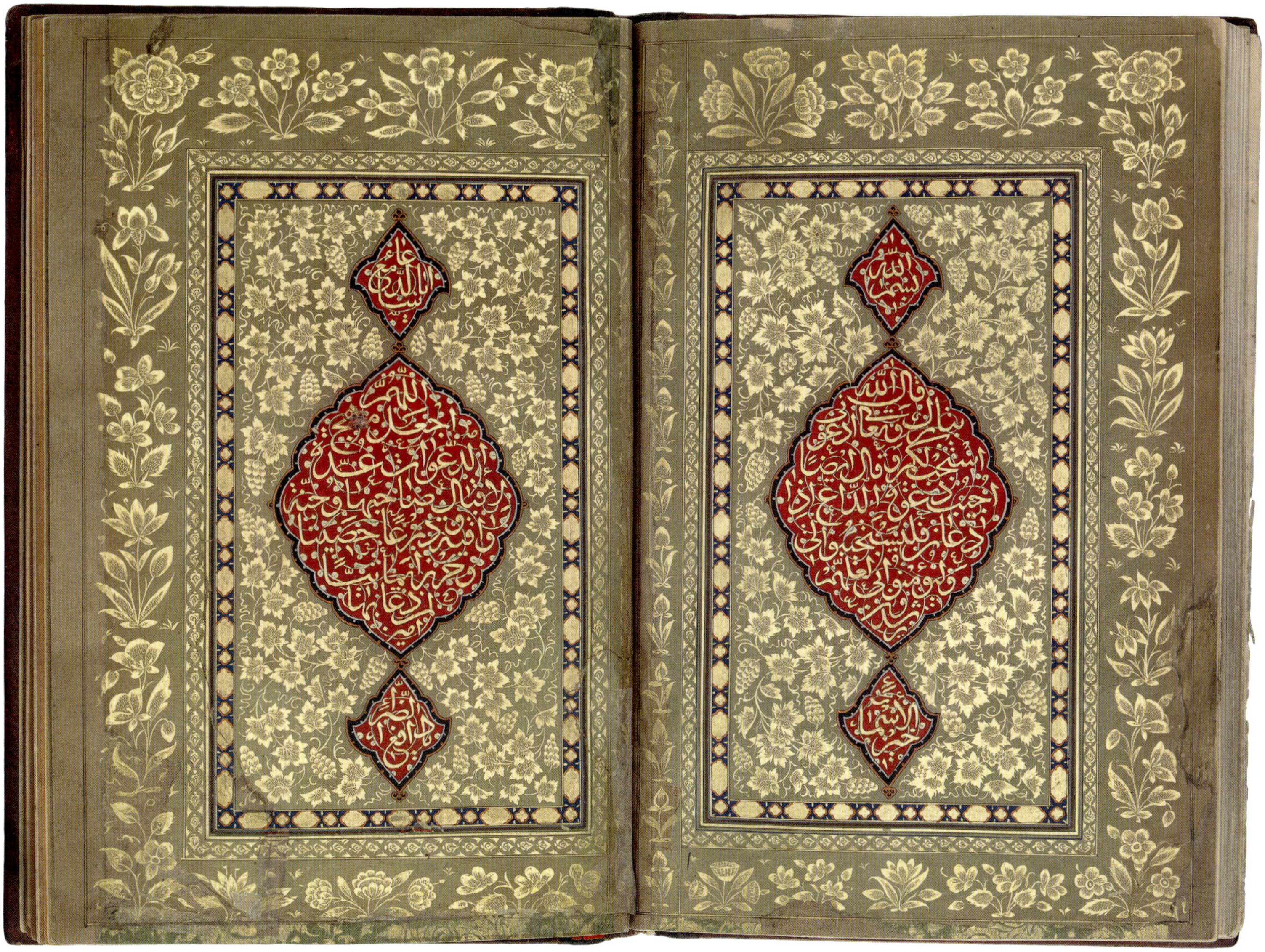

وبالحبر الأسود على مجموعة من الألوان الغنيّة. وتشتمل بعض الصفحات على تراجم فارسية بين السطور بخط النستعليق بلون أحمر أو بنفسجي بينما تتضمن أخرى زخرفة بين السطور بماء الذهب. ويتضمن المخطوط أربع صفحات مزخرفة زخرفة رقيقة لها رسوم بُسط تضمّ ميداليات مركزية. ويزدان التسفير المطلي باللك بأزهار ذي سيقان ذهبية وفق أسلوب مغولي يعود إلى حقبتي جاهنجير والشاه جهان على خلفية بنيّة داكنة محاكاة بحوافّ خطوطية من أبيات شعر كُتبت بخط النقشي حول مزايا الصلاة موقّعة من النيريزي ومؤرخة في 1132هجري الموافق لـ 1719–1720م. ويعكس المخطوط الذي نسخ بأصفهان تعاون أستاذين بارزين من أواخر الحقبة الصفوية، أحمد نيريزي ومحمّد هادي. ويعتبر النيريزي أستاذ نهضة الخط النقشي بدون منازع. وكان يشار إلى هذا الخط في بعض الأحيان بالنقشي الإيراني، وكان له الفضل الكبير في إشاعة ورواج هذا الخط في أواخر القرن السابع عشر الميلادي. وقد عمل النيريزي في بلاط آخر حاكم صفوي، الشاه سلطان حسين (حكم ما بين 1694 – 1722م) وكذلك ببلاطات الحكام الأفشريديين المتعاقبين. وأصبح عمله نموذجا احتذت به أجيال متعاقبة من الخطاطين الإيرانين في القرنين الثامن عشر والتاسع عشر الميلاديين.(2)

وما يمتاز به كتاب الدعاء هذا هو الجودة الاستثنائية لزخرفة الصفحات المرسوم بها بُسط (انظر أعلاه وصفحة 274) من قبل محمد هادي الذي استعمل بوضوح كل مواهبه في هذه الصحائف.

وينتج تباين مدهش عن تواجد شكل كثيف من دوالي تحمل عنبا ولفائف نباتية بلون الذهب على مجموعة من الخلفيات الغنية من الأخضر الفستقي والقرمزي الأحمر الداكن والأبيض الناصع (القشري). ولهذه الزخارف نكهة هندية مميّزة وتمثل لفائف دوالي تحمل ثمارا من هذا الصنف ميزة نموذجية لتصميم 'الكشميري'.

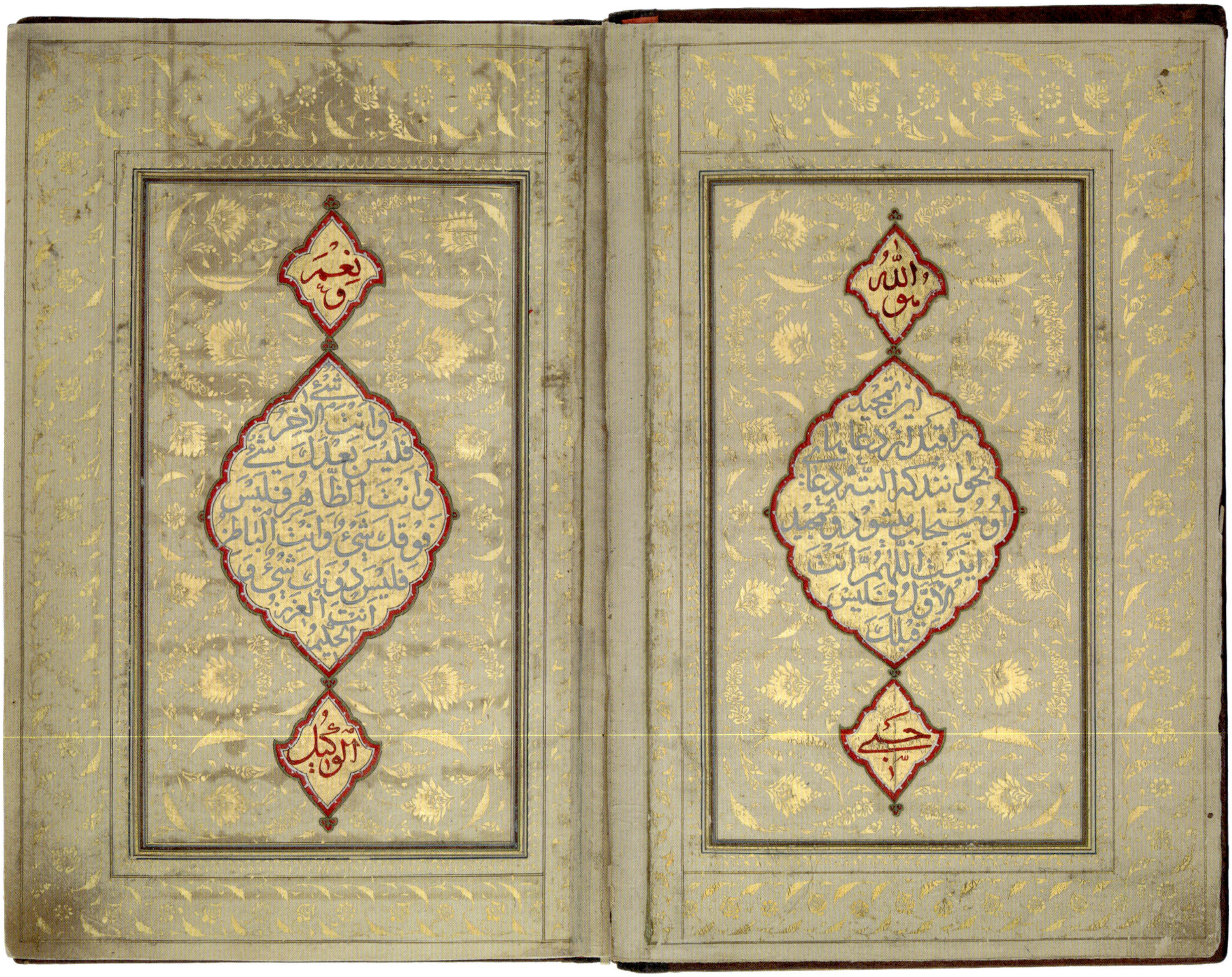

ففي حين يمكن مشاهدتها على العديد من الحواشي من ألبوم سانت بطرسبورغ، فإنها تظهر أيضا على شكل كثير التواتر في مخطوطات القرن الثامن عشر الميلادي في اللك والنقش على الخشب وصناعة التحف المعدنية من كشمير.(3) وتقترن شجرة الدلب الشرقي (شينار) بارتباطات تاريخية قديمة مع شتّى المناطق في الهند خاصّة كشمير. والمعروف عن الرسامين والمذهّبين الفارسيّين مثل أستاذ محمد هادي وعلي شرف (نشط ما بين 1727 – 1756م)، أنهم استخدموا هذا الموتيف وغيره من الموتيفات الزهرية المزخرفة بغزارة باللك.(4) ولكن من المحتمل أيضا أن محمد هادي استوحى ذلك مباشرة من أنماط القرن الثامن عشر الميلادي في مجال زخرفة المخطوطات وتزيين المساحات الهندية. إذ كان التبادل الفنّي بين إيران والهند واسع الانتشار خلال هذه الفترة، كما أن فنانين إيرانيين موهوبين سافروا إلى الهند في أواخر القرن السابع عشر والقرن الثامن عشر الميلاديين (مقضّين بعض الوقت في مراكز في دكان وفي الشمال لغاية كشمير).

ويشكل كتاب الدعاء هذا نموذجا رائعا للذوق الفني الهندي الفارسي في العقود الأولى من القرن الثامن عشر الميلادي في إيران.

ME

1. انظر لوغانو (Lugano 1994م).
2. خليلي، روبنسن وستانلي (Khalili, Robinson, and Stanley 1996–1997م)، الجزء 1، الصفحات 125–131. انظر أيضا اختيار (Ekhtiar 2006م).
3. هذه الصلة تأكدت أيضا في مراسلة حديثة مع الدكتور أسوك داس (Dr. Asok Das). أنا ممتن إلى ما قدّمه من مشورة. انظر أيضا نيويورك وسنسناتي. 2007 – 2008م.
4. ديبه (Diba 1889م). توجد بالمتحف الوطني باسكتلندا علبة مرآة مطلية باللك موقعة ومؤرخة من قبل علي أشرف وهي مغطاة بلفائف زهرية كثيفة مماثلة لتلك الموجودة بكتاب الدعاء الموجود بمتحف المتروبوليتان. انظر سكارس (Scarce 1996م) ص.72.

المصدر: مجموعة خاصة، سويسرا؛ [حميد أتيغتشي، (Hamid Atigetchi) لندن، حتى 2003م، بيع لمتحف المتروبوليتان للفنون]

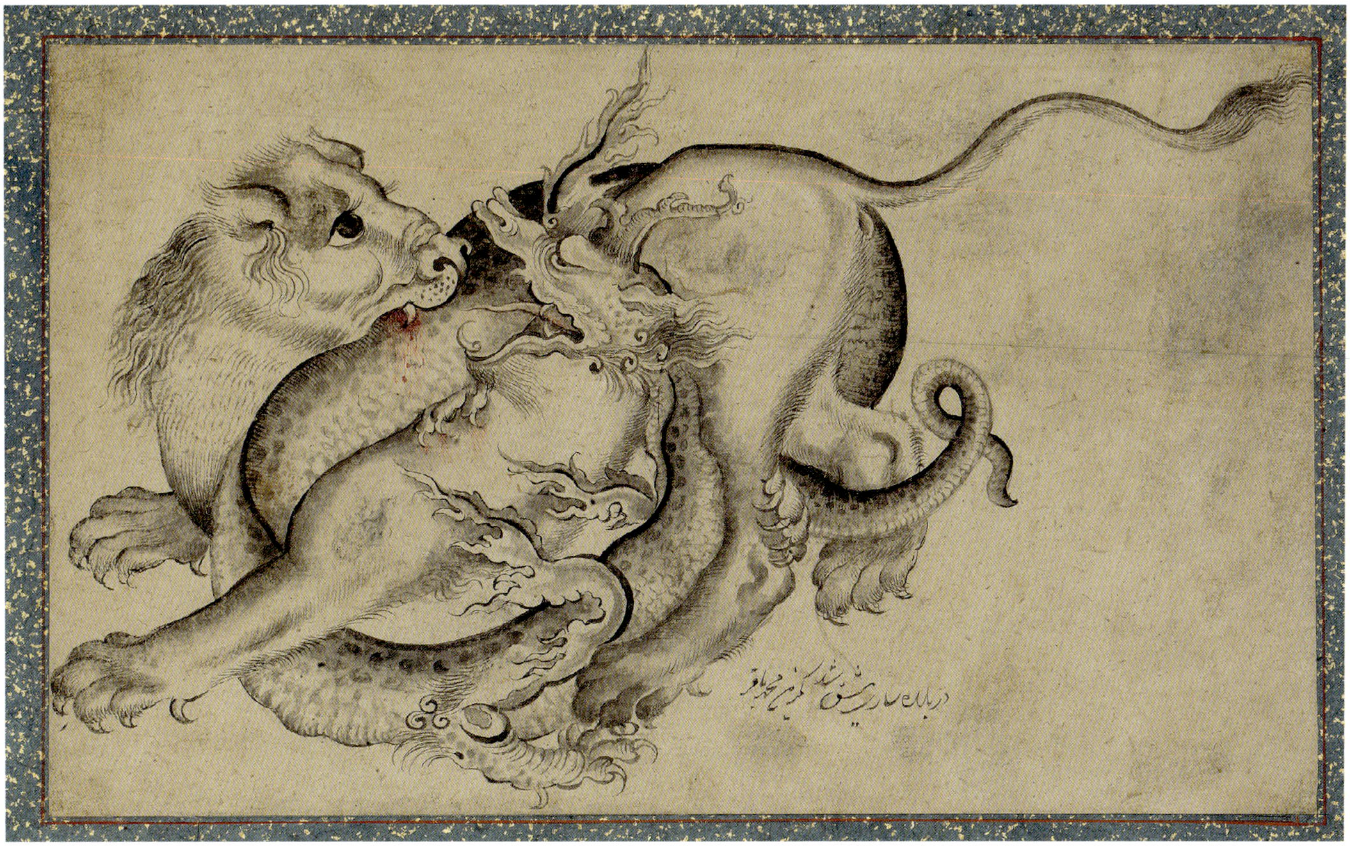

192. ورقة من ألبوم

"اقتتال بين أسد وتنين"
الرسام: محمد باقر (نشط ما بين خمسينات وستينات القرن الثامن عشر الميلادي)
إيران، النصف الثاني من القرن الثامن عشر الميلادي
حبر وألوان مائية على ورق.
المقاسات: الصورة : 14 × 22 سم؛ الصفحة: 20.6×30.8 سم
رصيد رودجرز 1974م 1974.20
الإمضاء بالفارسية بخط النستعليق في أسفل اليمين:
في بلدة ساري، رسمه المتواضع محمد باقر.

تقع بلدة ساري المذكورة في النص أعلاه في محافظة مازندران التي تشرف على الضفاف الجنوبية لبحر قزوين وقد كانت على مقربة من القصور المتواجدة بـأشرف وفراهباد التي شيدها الشاه الصفوي عباس الأول (حكم ما بين 1587– 1629م) في كل من أشرف وفراهباد.

بعد وفاة الشاه نادر سنة 1747م، أصبحت مازندران تحت سلطة القجاريين، وهي قبيلة تركمانية ستحكم كامل إيران بداية من سنة 1779م.

يُرجّح أن يكون محمد باقر (نشط ما بين خمسينات وستينات القرن الثامن عشر الميلادي) وجد زبائن في شمال إيران خلال فترة الانحلال السياسي التي أعقبت عزل نادر شاه، بينما كان الزند يبسطون سيطرتهم على الجنوب. كان محمد باقر، كما أشارت ليلى ديبه، تلميذا لعلي أشرف الذي يزعم هو بدوره، أنه ينحدر من السلالة الفنية لمحمد زمان، أحد أهم رسامي أواخر الحقبة الصفوية والمتوفى قبل سنة 1700م.(1) رسم محمد باقر، بمعية أستاذه وثلة من الرسامين الآخرين، حواشي ألبوم سانت بطرسبورغ الذي وقع تجميعه بين ثلاثينات القرن الثامن عشر الميلادي و 1758–1759م لشخص يدعى ميرزا مهدي حددت ديبه هويته حسب التقريب على أنه ضابط رفيع المستوى تحت إمرة نادر شاه. ونظرا لأن ميرزا مهدي لم تكن له علاقة باغتيال نادر شاه سنة 1747م، فإنه ظلّ يتمتّع بمكانة مرموقة ويدعم برعايته الفنون التشكيلية. ولايزال عدد كبير من أعمال محمد باقر موجود لحد الآن، بما في ذلك عدة حواشي ورسوم من صفحات منفردة بتاريخ 1764م جُمعت من عدة ألبومات متناثرة.(2) البعض من هذه الأعمال أنجزت اعتمادا على نماذج أوروبية بينما كانت أخرى تمثّل زهورا تماشيا مع موضة لوحات الطيور والأزهار التي تطورت خلال القرن الثامن عشر الميلادي ولاقت رواجا خاصا في إيران القرن التاسع عشر الميلادي.

رغم أن موضوع التنانين التي تشتبك مع حيوانات حقيقية أو خيالية له تاريخ طويل في عالم الرسم الفارسي، ابتداء من عهد المغول في القرن الثالث عشر

الميلادي، إلا أن مصدر الإلهام المباشر لهذا العمل هو على الأرجح عمل الرّسام الصفوي معين مصور العائد إلى القرن السابع عشر الميلادي.

تصّور رسومه العديدة للأسود وحوشا لها عيون واسعة معبّرة تشبه عيون الكائن الذي رسمه محمد باقر.(3) وما يميز رسوم القرن الثامن عشر الميلادي عن سابقاتها الصفوية هو استعمال التصوير بالألوان المائية وهي تقنية مستعارة من مصادر أوروبية الغرض منها تحديد الجهاز العضلي لكل من الأسد والتنين.

أخيرا تعتبر أيقنة هذا الرسم شيئا جديدا، نظرا لأنه عادة ما تظهر التنانين والأسود وهي تهزم عدوا أضعف. لكن في هذه الحالة، يظهر الاثنان وجها لوجه ومع أن الأسد هو من يبادر بالانقضاض وجرح خصمه، فإن نتيجة المعركة الدائرة بينهما تبقى غير مؤكدة.

SRC

1. بروكلين 1998–1999م، ص. 149.
2. نفس المكان، ص. 154.
3. لندن، كامبردج، ماساتشوستس، و زوريخ 1998–1999م، ص. 86؛ فرهد 1990م، ص. 119.

المصدر: [أدريان منيسيان، نيويورك، حتى 1974م؛ بيع لمتحف المتروبوليتان للفنون]

193. مقلمة (قلمدان)

إيران، أوائل القرن التاسع عشر الميلادي.
ورق معجّن ملوّن ومطلي باللك
المقاسات: 3.8×25.7×4.8 سم
اقتناء، هبة إليزابيث س. إتنغهاوزن لذكرى ريتشارد إتنغهاوزن؛ وهبة مؤسسة أسرة ستيفنسون 2006. 2006.523a, b

هذه المقلمة، التي لها جزء جرار ملونة من كل الجوانب بما في ذلك الأطراف المستديرة بتشكيلة ألوان غير مألوفة تتكون من البنّي والبستيل بلون القشدة مع لمسات من اللون الذهبي.

يظهر الجزء الأعلى إحدى المعارك التي دارت بين الملك الصفوي إسماعيل الأول (حكم ما بين 1501 – 1524م) والأتراك العثمانيين في العقد الثاني من القرن السادس عشر الميلادي. (قد تكون معركة جالديران سنة 1514م)

يصور المشهدُ الجيشين أثناء معركة شرسة في مقدمة الصورة على خلفية صف من المدافع، وهي الأسلحة التي استعملها العثمانيون بصفة متزايدة في المعركة في بداية الفترة الصفوية. وكان المدفع، وهو يُنظر إليه كأكثر الأسلحة الأوروبية تطورا، يعتبر رمز التحديث العسكري. وتحتوي مقلمة مماثلة توجد ضمن مجموعة متحف بروكلين تصويرا للمعركة نفسها.

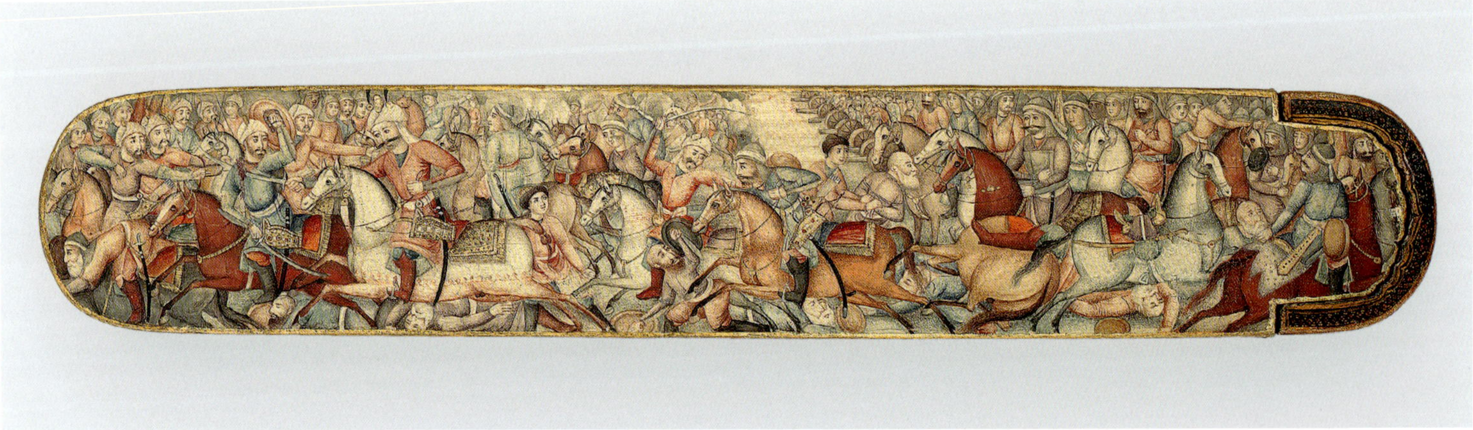

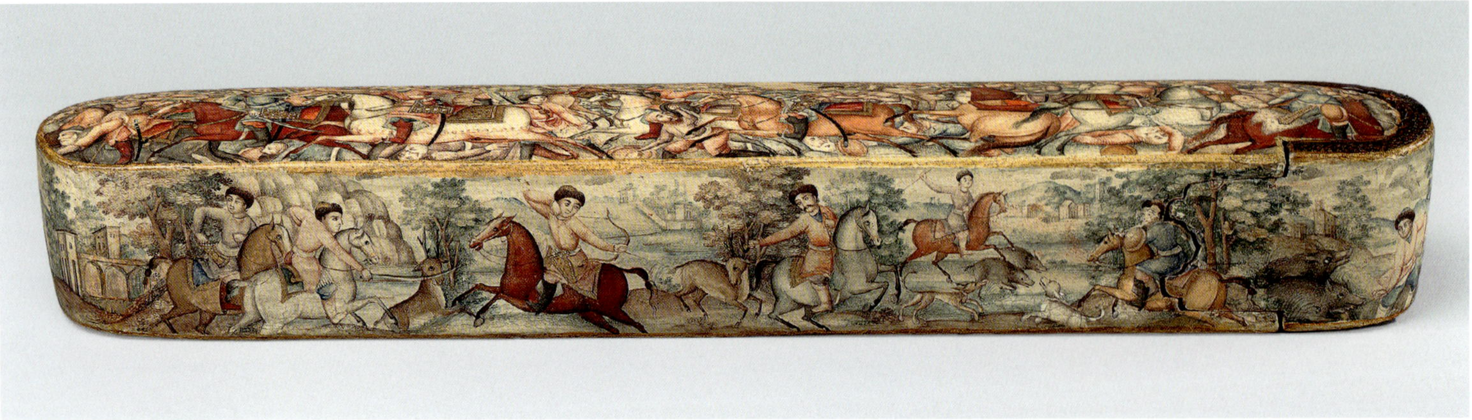

يظهر جانبا المقلمة رجالا على ظهور الخيل مصحوبين بكلاب تصيد دببة وغزلانا على خلفية منظر طبيعي وهندسة معمارية على النمط الأوروبي. يحتوي الجانب السفلي على لفائف زهرية ذهبية رُسمت برقة على أرضية حمراء داكنة اللّون.طُليت هذه المقلمة باللك طلاءً خفيفا. لهذا السّبب وعلى عكس أمثلة أخرى من الفترة نفسها لم يُحجب الرسم بفعل طبقة سميكة من اللك. وقد صورت الشخصيات والخيول والمنظر الطبيعي برقّة وبألوان متناغمة استعمل فيها بعض الذهب. تمثل هذه القطعة نموذجا غير مألوف من الرسم المطلي باللك يعود إلى بدايات القرن التاسع عشر الميلادي، لعلّه بريشة رسام البلاط البارع ميرزا بابا (نشط ما بين ثمانينات القرن الثامن عشر الميلادي – 1810م) أو فنان من دائرته. وما يدعم فرضية هذه النسبة هو تشابه هذه القطعة من حيث الأسلوب والموضوع وتشكيلة الألوان مع مقلمة بتوقيع ميرزا بابا مؤرّخة في 1794م توجد الآن ضمن مجموعة النّاصر د. خليلي في لندن وتبين تفاصيل المنظر الطبيعي وكذلك تصوير الشخصيات تواصل الأسلوب الفارسي الأوروبي الذي توخاه رسامو أواخر الحقبة الصفوية من أمثال محمد زمان (نشط ما بين 1643 – 1689م) وعلي قولي بيك جبّادار (نشط ما بين 1657 – 1716م) والذي امتدّ إلى أوائل القرن التاسع عشر الميلادي .

ME

المصدر: مجموعة خاصة، إنكلترا (حتى 2006م)؛ بيع، كريستيز لندن، 7 أبريل 2006م، الرزمة 210، لـنادر؛ [مسعود نادر، 2006م؛ بيع لمتحف المتروبوليتان للفنون]

194 . علبة مرآة

الرّسام: فتح الله شيرازي (نشط ما بين خمسينات وثمانينات القرن التاسع عشر الميلادي)
إيران. مؤرخة في 1295 [هجري]، الموافق لـ 1878م
ورق معجّن؛ ملون ومطلي بالذّهب واللك.
المقاسات: 6.4×15.4×8.9 سم
هبة إيرما ب. ولكنسن، 2 أو ب 460. 1979
نص بالفارسية بالخطّ النستعليق على جانب واحد:
أتمت بـأمر من سامي صاحب المعالي فخامة الموقر "آقا" دام مجده.
توقيع بالفارسية بخطّ النستعليق على الوجه الخلفي:
رسمها خادم البلاط المتواضع فتح الله شيرازي سنة 1295 [هجري] [الموافق لـ 1878م]

خلال الحقبة النصيرية (1848 – 1896م) شهدت إيران زخما كبيرا في صناعة القطع المطلية باللك، ونظرا لأنّها كانت ممتلكات مرغوب فيها و رمزا للمستوى الراقي، فإنّ الأواني المطلية باللك كانت تصنع بتكليف من الملك ونخبة من العرابين. كما كانت تتداول تجاريا وتصدر إلى الخارج بأعداد كبيرة.

كان الرّسامون باللك يفتخرون جدّا بأساليبهم الخاصّة التي كانوا يبرزونها من خلال توقيع وتأريخ أعمالهم. تتركب علبة المرآة هذه المرسومة برقة من نصفي دائرة منفصلين مفككين وتحمل توقيع فتح الله شيرازي (نشط ما بين خمسينات وثمانينات القرن التاسع عشر الميلادي) وهو رسّام باللك في بلاط (نقاش باشي) نصر الدّين، شاه قاجار (حكم ما بين 1848–1896م) ومؤرّخة إلى 1295هجري الموافق لـ 1878م.

رسمت العلبة اعتمادا على أسلوب الرّسّام المتميّز الذي أدمج تشكيلة غير عادية تتكون من ألوان قمحية وذهبية وسوداء. يشتمل الكثير من أعمال هذا الرسام على تصاميم تتمحور حول الطيور والزهور (قول و بلبل) مؤداة بلون ذهبي مع لمسات من اللون الأسود على خلفية سمراء. يُظهر الزخرف في هذه الحالة طيورا قابعة فوق أغصان شجرة ورد تغطيها أزهار وبراعم وكذلك فراشات تحوم حول أشجار بندق وفاكهة. ويظهر النص المنقوش على امتداد تقوّس الحافة توقيع فتح الله شيرازي وتاريخ 1295هجري الموافق لـ 1878م. كما إنه يلمح إلى الزبون، ذات شخص يدعى آقا، ويشير إليه بوصفه سامي صاحب المعالي فخامة الموقر. (1) وتفيد نصوص على قطع لكية مماثلة بتوقيع هذا الرسّام أنه كان ينجز العديد من أعماله بطلب من عرابين ضموا أمراء وولاّة ومسئولي دولة ونبلاء في تلك الحقبة.(2)

وكانت قطعتان شبيهتان ضمن طاقم مطلي باللك يشتمل على مقلمة وحافظة نظّارات وعليه نص إهداء إلى الوزير الأكبر الثاني لنصر الدّين شاه، ميرزا تقيّ خان أمير كبير (المتوفى سنة 1852م).(3) رسم هذا الطاقم بنفس التشكيلة الرقيقة التي رسمت بها علبة المرآة. ويدل نصه على الأهمّية التي تحظى بها الأواني المطلية باللك كممتلكات عزيزة على أعلى مستويات المجتمع القاجاري.

ME

1. للتفاصيل، انظر كريم زادة تبريزي 1990م، الصفحات 497 – 499.
2. نفس المكان. أهديت نسخة من القرآن مسفرة باللك في مجموعة مكتبة شيستر باقي بدبلن إلى آغاميرزا فرج الله خان بتاريخ 1302 هجري الموافق لـ 1884–1885م.
3. انظر بيار بارج وشركاؤه، (Pierre Berge and Associes) باريس وبروكسال (أنطوان غودو وفردريك شامب، فنون الشرق، آثار Arts d'Orient, archéologie ؛ بيع باريس، 17 جوان 2010م، البساط 25.

المصدر: إرماب ولكنسن، (Irma B. Wilkinson) شارون. كونيكتيكت (حتى 1979م)

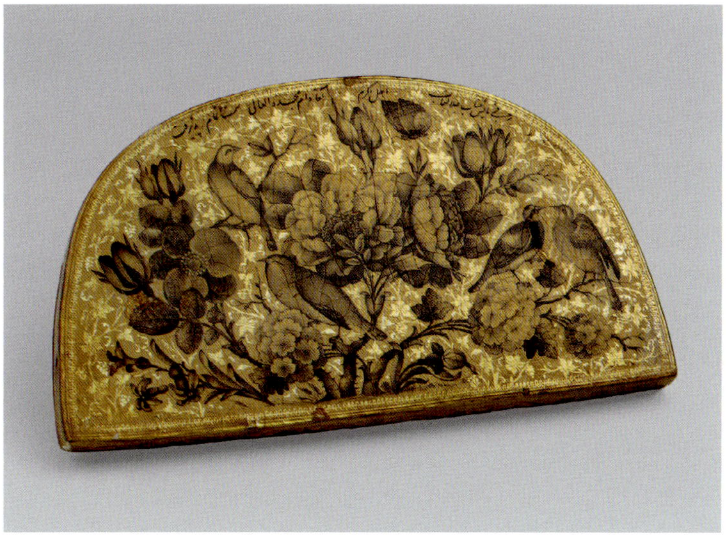

195. مروحة

إيران، طهران، بتاريخ 1301[هجري]ـ الموافق لـ1883 – 1884م
خشب؛ ملون ومذهّب ومطلي باللك
المقاسات: الارتفاع: 23.5 سم؛ العرض (مفتوحة): 47 سم.
مجموعة موزز لازروس. هبة جوزيفين وسارة لازاروس، تخليدا لذكرى والديهما
1888م 90.2.65 95

نص بالفارسية بخطّ النسخي على الميدالية العليا على كل ريشة مروحة؛
أنجزت في العاصمة طهران.

في أسفل الميدالية
1883–1884م
مؤرخة في 1301[هجري]

أبيات شعر كتبها حافظ على كل ريشة (على غير الترتيب الأصلي):

ذكّرني الريح الليلة الماضية بحبيبتي البعيدة
أنا أيضا سأهب قلبي للريح مهما حصل، حصل.

وصلت إلى النقطة التي جعلت فيها
من الضوء اللامع كلّ مساء ومن ريح كل صباح خلاني الحميميين.

في ثناي ظفائرك، قلبي الأعزل
لم يراوده قطّ حنين العودة.

إنّي اليوم أثمّن نصيحة الأعزّاء.
يا ربيّ ارحم أرواح الناصحين.

دمي قلبي لذكراك
كلّما خلع الريح عباءة برعم الوردة المتفتّحة في البستان.

كاد جسمي الضعيف يموت
قبل أن يعيد الريح إليه شبابه من خلال شذى الوصال بك

أيا حافظ، إن طبيعتك الطيبة ستحقق أمنيتك
وعسى أن تضحي كثير من الأرواح من أجل الناس طيبي الخلق.

عندما تناقص دعم العرابين للمخطوطات وللوحات الزيتية في منتصف القرن التاسع عشر الميلادي، كرّس الفنانون مواهبهم للرسم على اللك وتزايدت قائمة الأشياء المطلية باللك وتعدت مجرد المقلمات وعلب المرآة والصناديق لتشمل أيضا حافظات النظارات والأقواس والطاولات وأوراق اللّعب والمراوح. ومثل هذه المروحة نادر جدا فلم يظهر إلى النور منها إلاّ النزر القليل.(1)
يشير نص تكرر على كل ريشة أن المروحة صنعت في طهران سنة 1301 هجري الموافق لـ1883 – 1884م. تتركّب المروحة من عشرين ريشة خشبيّة ملوّنة بلفائف زهرية ونباتية ونقوشا، وهي تلتحم في القاعدة بإسفين معدنيّ وعرق اللؤلؤ ومشدودة بشريط أحمر (وكلاهما بدبلن عوضا لاحقا). يضمّ الوجه الخلفي لفيفة زهرية بسيطة من الذهب على خلفية حمراء. وتحمل ثمانية عشرة من العشرين ريشة أبياتا فارسية كتبت بـالخط النسخي صُففت في خراطيش وميداليّات مستطيلة. هذه الأبيات التي تتركب من مثنويّات من قصيدة غزل للشاعر الفارسي المشهور في القرن الرابع عشر الميلادي حافظ من شيراز لم يكن ترتيبها متسلسل ممّا يوحي بأن الريشات أعيد ترصيفها على نحو خاطئ في تاريخ لاحق. (2) رغم أن المروحة كانت أوروبية التصميم، فإن صنعها مرتبط بمراوح القرن التاسع عشر الميلادي الكانتونية المنشأ والتي كانت تصدر إلى أوروبا بأعداد كبيرة. كانت القطع مثل هذه المروحة رمزا للمستوى الراقي وكانت تُجمع من قبل النخبة كتحف فاخرة. كانت المراوح، شأنها شأن العديد من القطع اللكية، تُعدّ للتصدير وتُصنع حسب مواصفات السوق الأوروبية.
إنّ النهضة التي شهدتها صناعة المراوح ورواجها في منتصف القرن التاسع عشر الميلادي والتي ذكاها لاحقا تدفّق السلع خلال المعارض الدولية في لندن وباريس، خلقت مناخا مثاليا لصناعة المراوح المشابهة لهذه.

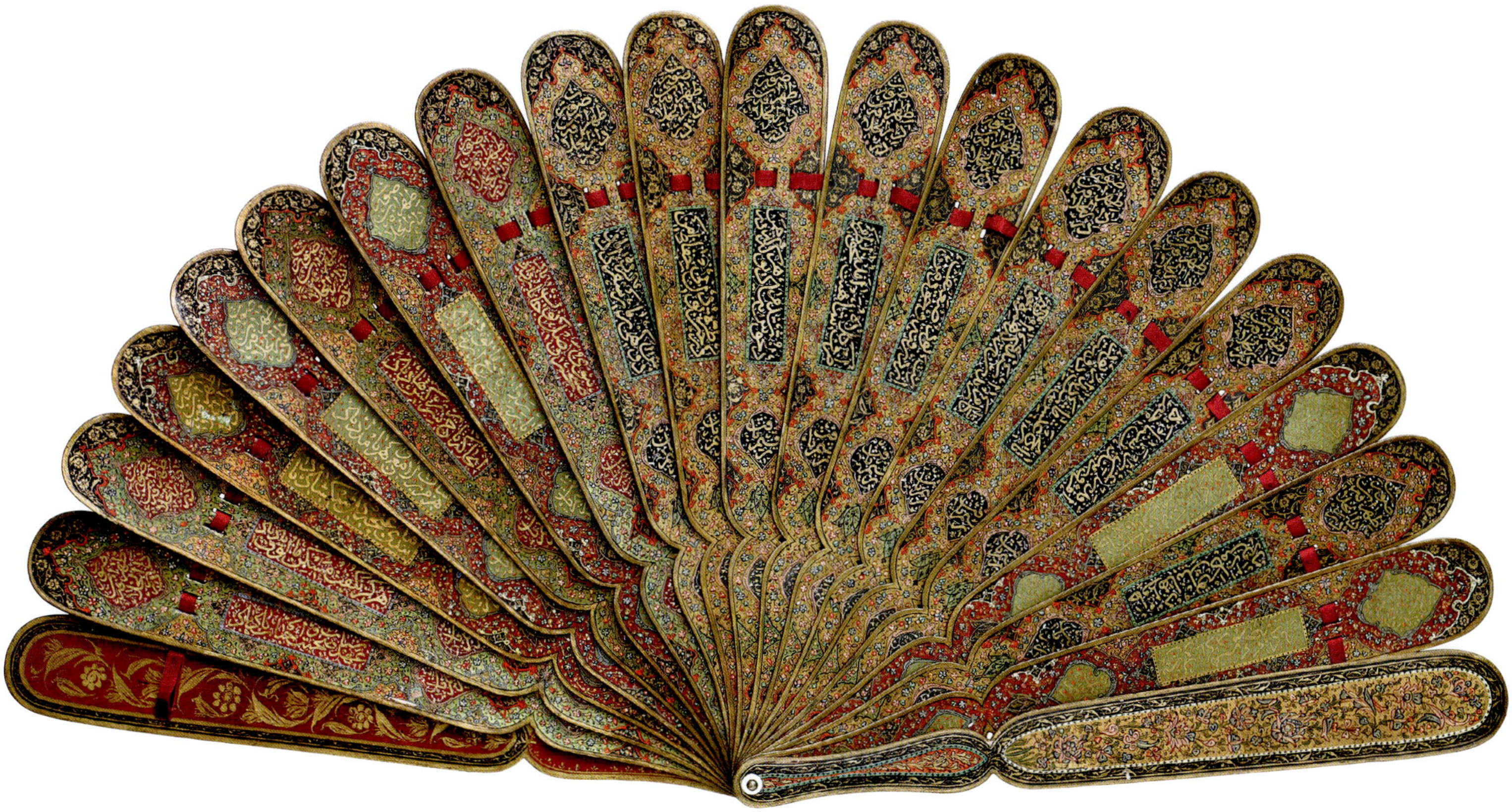

لكنّ هذه المراوح لم تكن بدرجة التطور والتعقيد الموجودة في القطع اللكية المعدّة خصيصا للحكام والأمراء في أوج الفترة القاجارية، وكانت في المقابل على درجة من الغرابة والطرافة كافية لتبهر المستهلكين الأوروبيين. (3)

ويذكّر الرسم غير التشخيصي على المروحة بالتذهيب المعاصر للمخطوطات. حظي هذا الأسلوب بشعبية أثناء الربع الأخير من القرن التاسع عشر الميلادي ويمكن رؤيته على كل أنواع مطليات اللك بما في ذلك المقلمات وأغلفة الكتب وصناديق وأشياء أخرى مماثلة.

كان محمد تقي المذهّب الأصفهاني (نشط ما بين 1853 - 1854 و 1881 - 1882م) الرسام الأكثر شهرة وغزارة في إنتاج هذا الأسلوب، وقد ترأس ورشة بطهران في ثمانينات القرن التاسع عشر الميلادي وحظي برعاية العرّاب نصر الدّين شاه قاجار (حكم ما بين 1848 - 1896م).

ويُرجح أن تكون هذه المروحة مع مقلمة ضمن مجموعة المتروبوليتان وعدد من القطع اللكية في متحف الأرميتاج بسانت بطرسبورغ قد صُنعت في تلك الورشة.(4)

ME

1. خليلي، روبنسن وستانلي (Khalili, Robinson, and Stanley 1996 - 1997م)، الجزء، الصفحات 104-105، أرقام 312،313.
2. متحف المتروبوليتان للفنون، ملفات قسم الفن الإسلامي.
3. نيويورك 2008م، لوح 31.
4. متحف المتروبوليتان للفنون (حسلب رقم 4أب.206.67)، سانت بيترسبرغ 1996م، الصفحات 342-343،ألواح 99-100.

المصدر: مجموعة موزس لازرس (Moses Lazarus Collection)، نيويورك (حتى 1890م).

196. قارورة على شكل عنق بجعة

إيران، على الأرجح شيراز، ربما القرن الثامن عشر أو التاسع عشر الميلاديين.
زجاج، كهرماني اللون؛ محفور في قالب، منفوخ؛ قدم مطوي.
الارتفاع: 34.9سم؛ القطر: 11.6 سم
مجموعة إدوارد س. مور. وصية إدوارد سي. مور، 1891م 91.1.1577

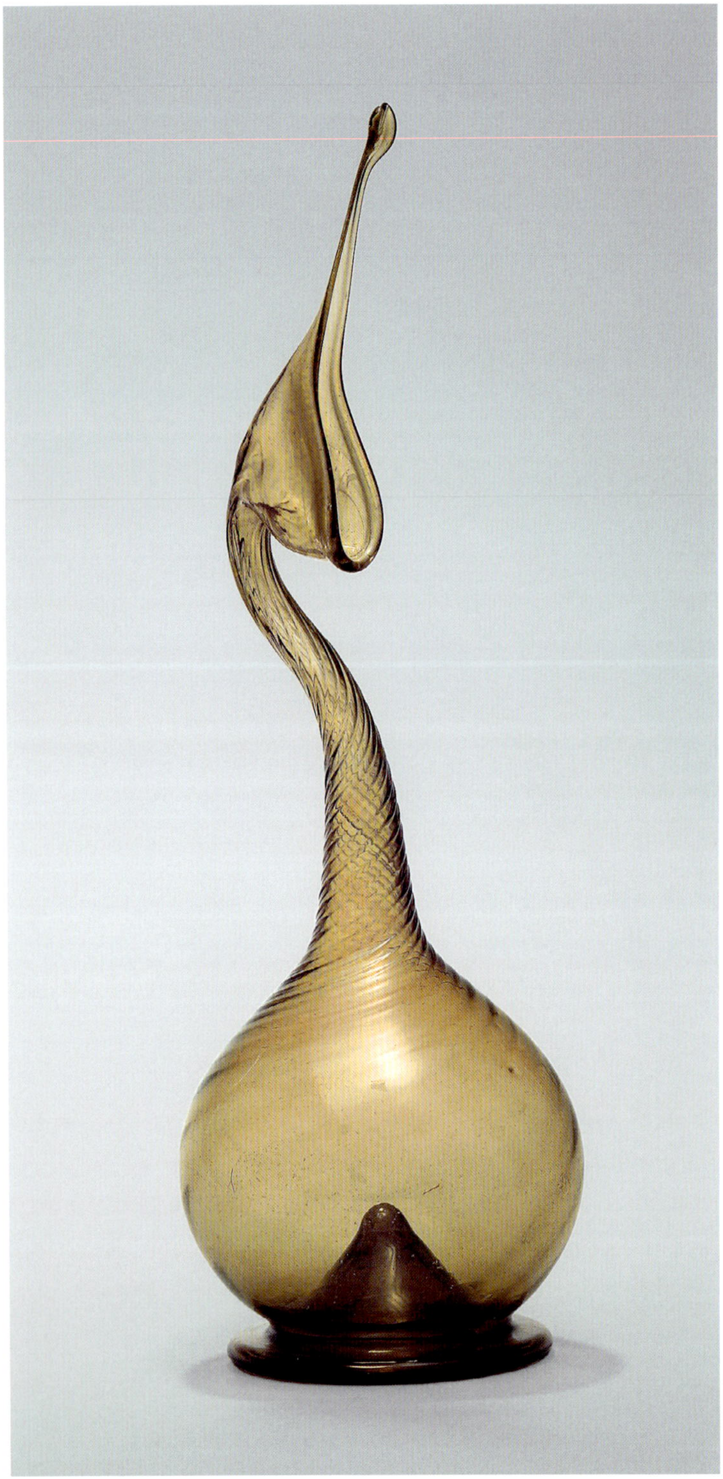

تبتدأ هذه القارورة الكهرمانية اللون من الطرف المجوف للفوهة وهي "تدور" في اتجاه الأضلاع اللولبية ويزداد حجمها كلّما نزلت إلى الأسفل. تصب الفوهة التي صُمّمت على شكل دمعة في عنق منحني قليل السمك يتوسع حتى يمكنه احتواء جسم كرويّ يستند إلى قدم منخفض. وقد زينت كأس العين المنحوتة في أعلى القارورة لكي تعطيها شكلها الغريب. تنتمي هذه القارورة إلى مجموعة أكبر من أواني زجاجية ذات مسحة خفيفة بألوان تدرجية من الكهرمان والأزرق والأخضر والوردي ضمن مجموعات المتروبوليتان ومتاحف أخرى.(1) لا يوجد تفسير مقنع للشكل الغريب لهذه القارورة من حيث وظيفتها، لكن منظرها المشابه لعنق البجعة المنحني والملطف كان سببا وراء اختيار هذا الاسم لها. وفقا للتقاليد الشعبية، كانت هذه القوارير تستعمل كمرشات لماء الورد أو "حاويات للدّموع" (عشقدان بالفارسية)، المراد منها تجميع دموع الزوجات المنفصلات عن أزواجهن. (2) يمثل تأريخ هذه المجموعة من القوارير الزجاجية تحديا. وكان لصناعة الزجاج في بلاد فارس تاريخ طويل، وإن كان متقطعا، يرجع إلى ما قبل الإسلام. خلال الحقبة الصفوية، تذكر مصادر الرحلات الأجنبية أن صناعة الزجاج جرى إحياؤها في مراكز مثل شيراز وأصفهان أثناء فترة حكم الشاه عباس الأول (1587–1629م) (3). وخلال هذه الفترة، كانت الأواني الزجاجية الرفيعة الجودة تستورد من البندقية والتي لم تكن فقط تلبي الطلبات المحلية بل كانت أيضا تشجع الإنتاج المحلي الذي كان، مع الأسف حتما ذا جودة أقل.(4) تُظهر صفحات الألبوم والرسوم الجدارية الصفوية قوارير زجاجية أنيقة بأشكال مختلفة لها أعناق ضيقة، وكثيرا ما كانت مملوءة نبيذًا أو مشروبات أخرى. لكن من الصعب أن نتأكد إذا كانت القوارير في هذه اللوحات مستوردة أو من صنع محلي. وقد صُنعت في القرن الثامن عشر والتاسع عشر الملاديين قوارير مشابهة في شيراز لكي تستعمل في أغراض منفعية كأواني لحفظ النبيذ والعطورات وماء الورد. إن الأدلة المعاصرة من وثائق تاريخية ومرئية للزجاج الفارسي المصنوع أثناء هذه الفترات المتأخرة أعانتنا على أن ننسب هذه الزجاجة على شكل عنق البجعة ونماذج أخرى إلى شيراز في القرن التاسع عشر الميلادي.(5)

ME/EC

1. توجد نماذج أخرى بمجموعة دافيد في كوبنهاغن وكذلك لوحات الفترة ك بمتحف فكتوريا وألبرت والمتحف البريطاني بلندن.
2. تذكرهما ليلى دية بمساهم الفرنسي "بائعات زهر". وتذكر أنها تظهر جليا في لوحات الفترة القاجارية. دية 1983م، ص.191.
3. شارلستون (Charleston 1974م).
4. نفس المصدر.
5. دية 1983م،ص.191.

المصدر: إدوارد سي مور (Edward C. Moore)، نيويورك(حتى وفاته 1891م).

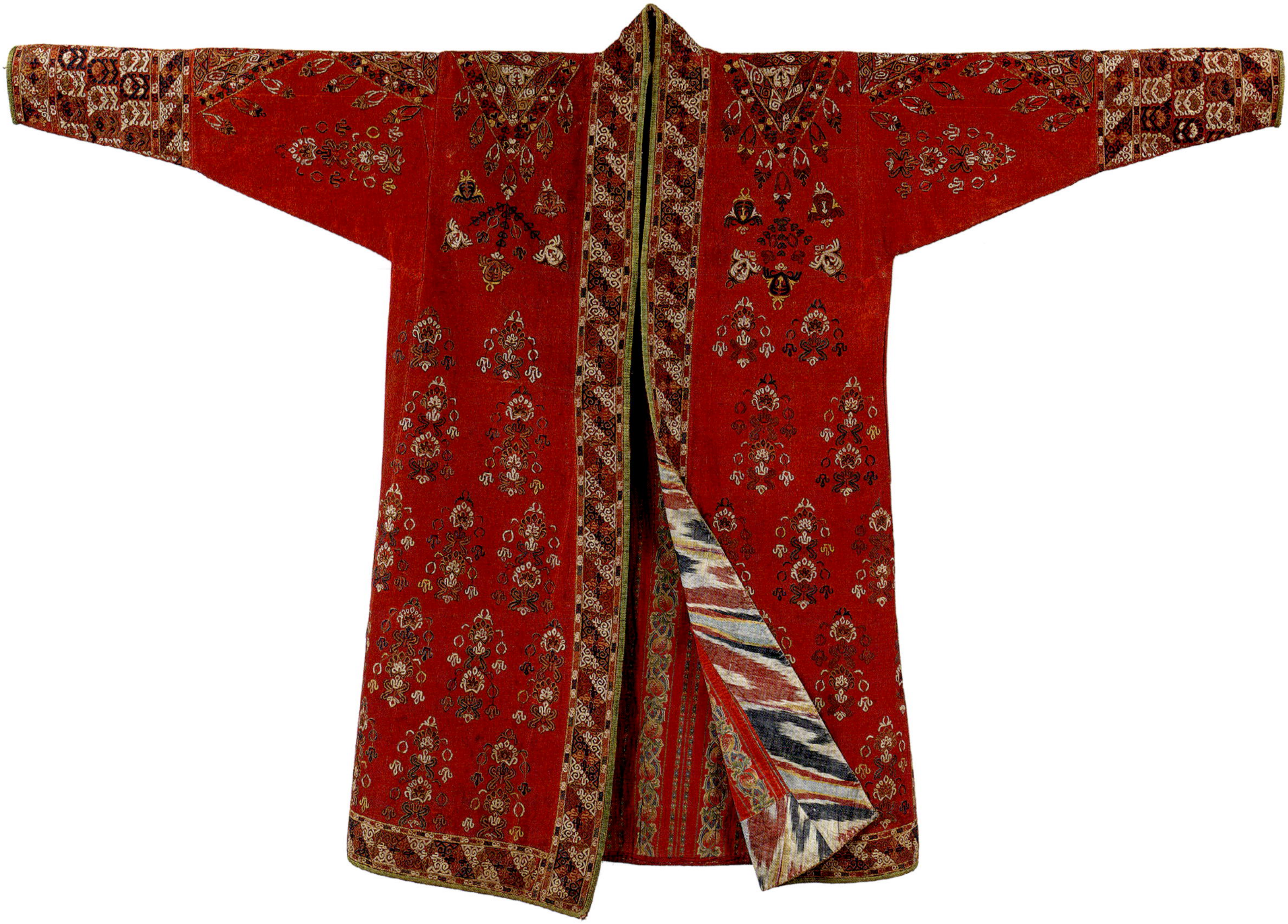

197. معطف

تركمانستان الحالية، منتصف القرن التاسع عشر الميلادي أو قبل ذلك.
قماش الأرضية: صوف نسيج بسيط، أحمر اللون ومغزول يدويا (سدو و لحمة)؛ تطريز: حرير؛ الوجه الظاهر: حرير إيقات (سدو)، قطن (لحمة)؛ البطانة: نسيج قطن روسي مطبوع
المقاسات: 129 184 xسم
اقتناء، نادي حاجي بابا ومؤسسة هدايا ذا بيج وأتو ماركس الابن. تخليدا لذكرى نيوتن فوستر 1998م 244 . 1998

أنتج النساجون التركمان، علاوة عما اشتهروا به من بُسط وبرية معقودة وأكياس تخزين مفعمة بالحيوية، نماذج رائعة من فن الملبوسات والمفروشات.(1)
اشتهرت هذه المجموعات القبلية المتنوعة والمتميزة المشار إليها جماعيا بالتركمان والتي تقطن المنطقة الواقعة شمال الحدود بين إيران وأفغانستان، بمجوهراتها الفضية المبهرجة ومنسوجاتها زاهية الألوان.
بفضل خطوطه البسيطة وحياكته الأنيقة، يعد هذا المعطف فائق الجودة، من أرق نماذج التطريز التركماني ومن أفضل ما تبقى منها حاليا. وخلافا للحلل الحريرية 'الشيربية' التركمانية الأكثر رواجا والتي تلبس تقليديا كالشال، بحيث تغطى الرأس والكتفين مع أكمام خلفية غير وظيفية، يُمثل هذا المعطف النسائي الوظيفيّ تماما واحدة فقط من مجموعة صغيرة من المطرزات المعروفة من هذا الصنف.(2) أُنجز تطريز رقيق بالغرز المسترسلة وبتشكيلة معقدة من الخيط الحريري وذلك على أرضية قماش المعطف المتكونة من نسيج صوفي بسيط وكثيف نوعا ما.
جُعلت البطانة الداخلية للحواشي الداخلية للمعطف من قماش من الحرير ومن

قطن "إيقات" - وهو قماش مصنوع من خلال عملية على عدة مراحل لمقاومة الصبغة. كانت تقنية الصبغة المعقدة هذه فائقة التطور في آسيا الوسطى. وخلافا للحاشية المصنوعة من الإيقات الرقيق، بُطّن الوجه الخلفي للجسم الرئيسي للمعطف بقماش قطن روسي معاصر براق ومطبوع بأزهار. تعرضت بحوث منشورة لعدد قليل فقط من المعاطف التي تتقاسم أشكالا ومواد وتقنيات تطريز مماثلة، لكن نسبتها تبقى مشكوك فيها. وُصفت القطعة التي نحن بصددها على أنها عمل لـ'جودور' أو 'يومود تركمان'.(3) لكن إلى أن ترى النور نماذج منسوبة بأكثر دقة، فإن المنشأ النهائي لهذه المنسوجات يبقى محيّرا. تحتوي مجموعة المتحف على تنوع ثري من مواد تركمانية بما في ذلك جواهر وأزياء وبُسط وأكياس خزن وستائر أبواب خيم وأحزمة خيم وجِلال حيوانات جُمعت من مناطق كانت ولا تزال مستقرّا للعديد من القبائل التركمانية المختلفة.

DMT

1. للمزيد حول فنّ التركمان، واشنطن دي سي 1980م وطومسن 2008م؛ الفصل 6: "التركمان" انظر أيضا ديبة وآخرون، 2011م.
2. كربوني، ولكر ومور (Carboni, Walker, and Moore 1999) م، ص.13 وفليبس 2010م،ص.45 (مداخلة مع لوح بالألوان).قطع مماثلة منشورة في جلّو (Gillow 2010م)؛سيشوفا(Sychova 1981م)، ص.126، رقم 9،الصورة 9(ملونة)؛ وبرزنيفا (Beresneva 1976م)، ص.10،أرقام 58-59، ألواح 58-59(ألوان)
3. كربوني، ولكرومور(Carboni, Walker, and Moore 1999م)،ص.13. (مدخلة مع لوح بالألوان.)

المصدر:[جيمس و. بلاكمن(James W. Blackmon) ، سان فرانسيسكو،حتى 1998م؛ بيع لمتحف المتروبوليتان للفنون].

198أ، ب. وجها كيس مستطيل للخزن

آسيا الوسطى، أوائل القرن التاسع عشر الميلادي.
صوف (سدو ولحمة ووبرة)، قطن (لحمة)؛ وبرة معقودة على شكل غير تماثلي.
المقاسات:
1. أ. (أ 22.100.40) 138.4×74.9 سم
2. ب. (ب 22.100.40) 139.7×78.7سم
مجموعة جيمس ف. بلارد، هبة جيمس ف. بلارد، 1922م أ، ب 22.100.40 1922

تعد هذه المنسوجات من بين الأعمال القلائل الأولى التي يمكن نسبتها إلى الحائكين التركمانيين الأرابتشيين.(2)، وقد امتدحت بأنها من بين النماذج الأكثر روعة ضمن المنسوجات التركمانية قاطبة، والأرابتشيون هم واحدة من عديد المجموعات القبلية المتنقلة التي تعيش في المناطق الواقعة شمال الحدود المشتركة لإيران وأفغانستان، وبالتحديد في منطقة تعرف بسهل 'قورقان' (3). رغم أنه يُشار جماعيا إلى هذه المجموعات كتركمان فإن كل وحدة قبلية - بما في ذلك 'الأرسريون' و'السّريك' و'التّاك' - هي كيان لذاته بتقاليده الفنية المميزة. نُسبت قطع المتروبوليتان هذه إلى 'الأرابتشيين' نظرا لمفردات تصميمهم الفريدة وما استخدموه من تقنية حياكة وتشكيلة ألوان مميزة.(4) تتخلل الأرضيات البنية الداكنة المائلة إلى الاحمرار، وعرض كل واحدة منها يبلغ تقريبا خمسة أقدام، صفوف متكررة من ميداليات 'قول' التقليدية تتناوب مع زخارف شبكية بلون أخضر غير عادي. وتُكمل الحواشي المتكررة زخرف الأرضية تكملة متناغمة، مكررة تشكيلة ألوانها المتكونة من البنّي المائل للاحمرار والأخضر والأبيض والوردي البرتقالي. وقد نالت فنون النسيج المتبعة من قبل الحائكين التركمان الإعجاب بفضل ما اتسمت به من درجات ألوان داكنة وغنية ومن قوة في التصاميم، وقد مزجت بين الجمال الصارخ والمثير والوظيفية المطلقة.

وكانت هجرة القبائل الموسمية تقتضي أن تكون كل ممتلكاتها وحتى بيوتها قابلة للتفكيك والحمل. ورغم أن هذه القطع الكبيرة نسجت كليا من الوبرة المعقودة، وهي تقنية عادة ما تُستخدم في حياكة البُسط، فإنه لم يكن المقصود منها أبدا أن تستعمل كمفروشات أرضية، بل مثلت بالأحرى ذات يوم وجهَي كيس خزن طويل يعرف باسم 'شيفال'. وكانت مثل هذه الأكياس تعلّق بالهيكل الشبيه بالتعريشة للفضاء الداخلي للخيام التركمانية وكان استعمالها أقرب ما يكون لصوان أو دولاب ولكن، وبشكل واضح، مع قابلية أكبر للحمل والنقل.(5) وقد أضاف تواجدها المزيد من الدفء والألوان والرفاهة إلى فضاء حيوي زاخر أصلا ببُسط ووسادات وأكياس خزن أخرى ملونة تلوينا زاهيًا.

DMT

1. انظر تحليل نوبوكو كاجتاني (Nobuko Kajitani) لواحد من هذه الأكياس في واشنطن دي سي 1981م،ص 229،رقم 54.بينما تستعمل كاجتاني "لفظ"وبر الحيوان في تحليلها، يحبذ قسم صيانة المنسوجات بمتحف المتروبوليتان للفنون "لفظ"صوف.
2. انظر ملاحظات يون طومسن(Jon Thompson) في نفس المكان، الصفحات 130-131.
3. انظر وصف التسوية المفروضة المتعلقة بهم في نيويورك وواشنطن دي سي 2008-2009م،الصفحات 133-134.
4. انظر ملاحظات يون طومسن (Jon Thompson) في واشنطن دي سي. 1980م، الصفحات 130-131،انظر أيضا ديماند وميلي (Dimand and Mailey 1973م) ،ص.291،رقم 184(مع رسوم توضيحية بالأسود والأبيض لكل من أوب قبل الصيانة؛ واشنطن دي سي 1980م،ص.131، لوح 54 (الفهرس 198أ؛ ألوان، مع تحليل تقني من قبل نوبوكوكا جتاني Nobuko Kajitani)على ص.229، رقم 54. انظر أيضا تيس (Teece 2000م).
5. لصور تظهر مثل هذه الأكياس وهي تتدلى داخل الخيام، انظر واشنطن دي سي 1980م، ص.12،الصورة3؛ وأيضا نيويورك وواشنطن دي سي .2008-2009م ،ص. 138، الصورة 6.6 وص.139، الصورة 6.7.

المصدر:جيمس ف بلارد (James F. Ballard) ، سانت لويس، مونتانا (حتى 1922م).

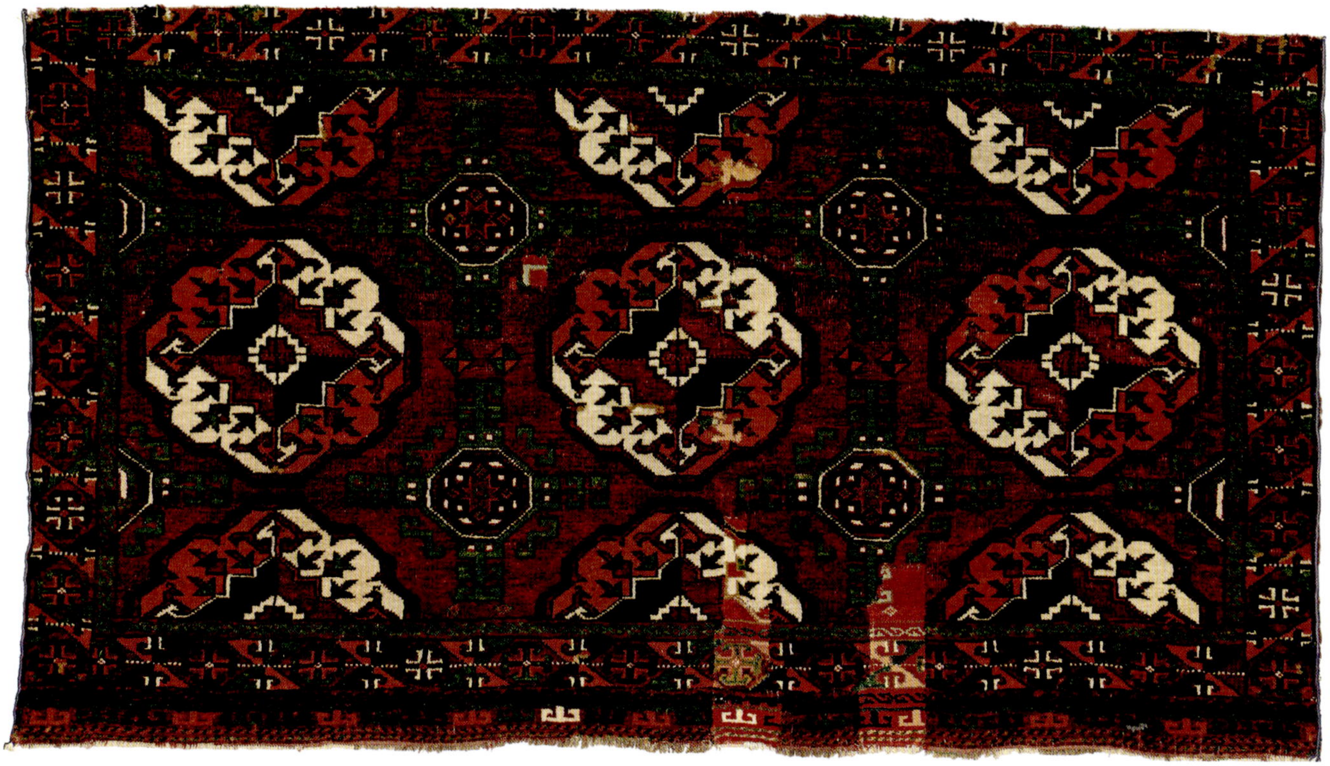

ب

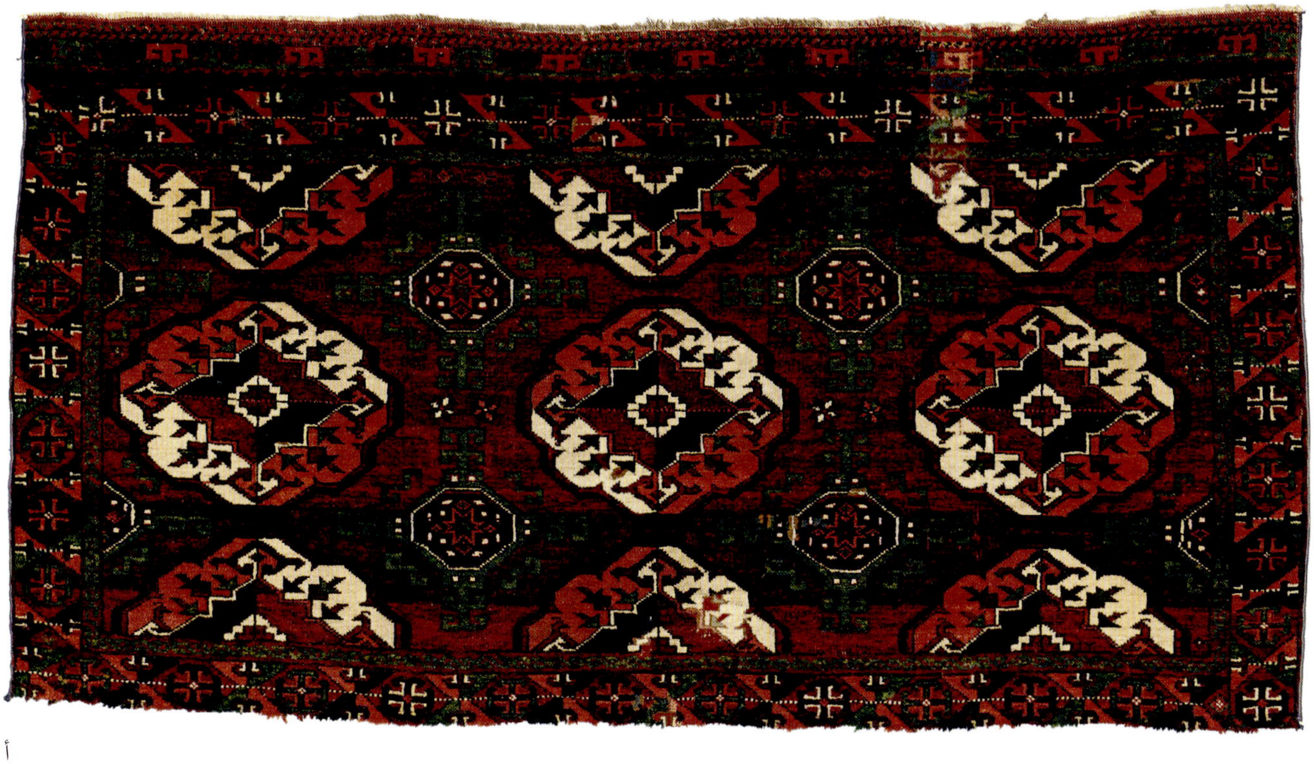

أ

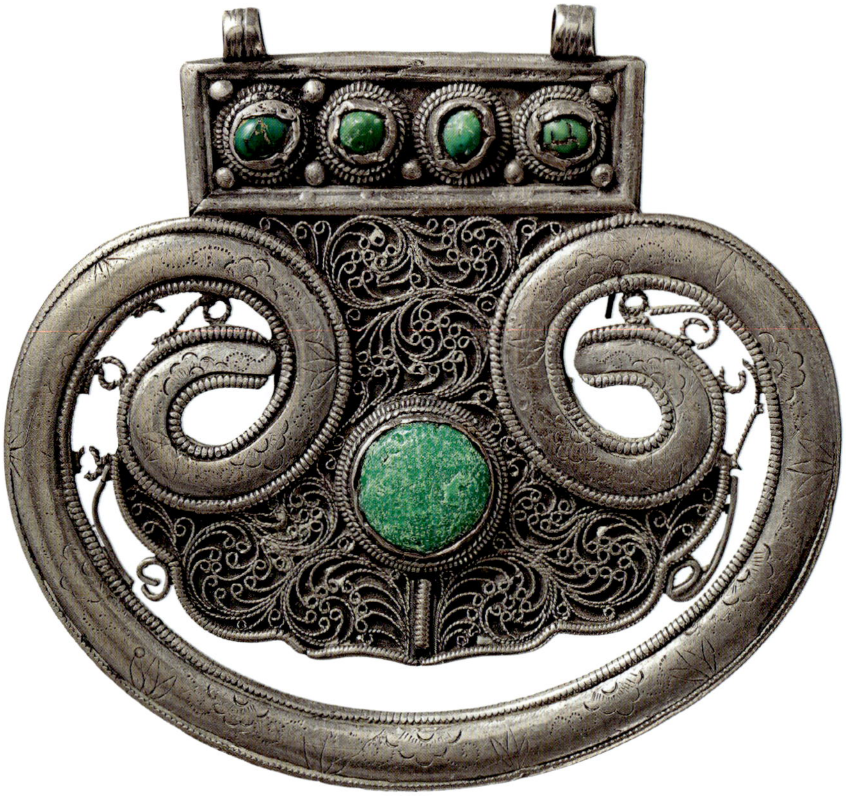

199. حلية صدرية

آسيا الوسطى، خوطان، أواخر القرن التاسع عشر – أوائل القرن العشرين الملاديين.
فضة. فتيلة معدنية. سلك مزخرف بحجر كريم ذي لون أزرق مخضر وحجر فيروز مسطح مقلّد.
المقاسات: 11.6 x 12.2سم
هبة من مارشال ومارلين ر. ولف، 2005م، 443.7. 2005

مع نهاية القرن التاسع عشر الميلادي، تعرّض البدو الرحل التركمانيون القاطنون في شمال شرقي إيران وأوزبكستان الحالية، لقمع فظيع على أيدي الروس. وقد أدى التوطين القسري للتركمان إلى اضمحلال نمط عيش تقليدي تُرجمت مضامينه في تجليات لثقافتهم المادية مثل البُسط والمجوهرات. ولكي يضمنوا بقاءهم على قيد الحياة، راحوا يبيعون مجوهراتهم الموروثة التي كانت تلبس في مناسبات خاصة مثل الأعراس أو طقوس أخرى مرتبطة بمحطات هامة في حياة الفرد. رغم أن تصميم هذه القطعة الصدرية تجريدي، فإن القطعة الفضية التي تكوّن الجزء الأسفل منها تمثّل، على الأرجح، قرني كبش منمنمين. ولماعز الجبال رمزية خصوصية لدى التركمان، ولهذا، فهو مناسب للاستعمال في المجوهرات التي يراد بها وقاية حاملها.

كان الغرض من الفيروز المقلد الكبير الذي يتوسّط أرضية من الصياغة التخريمية وكذلك الأربع الحجرات الكريمة الأصغر فوقه، طرد العين الشريرة. وقد كان الصائغون التركمانيون يحبذون العقيق الأحمر. وغالبا ما كانوا يزاوجونه بحجر الفيروز لزخرفة قطعهم الفضية. يشير وجود العقدتين الدائريتين في أعلى القلادة إلى أن هذه القطعة قد تكون عُلّقت إما في سلسلة لتلبس وحدها على صدر المرأة أو في أسفل حلية صدرية أطول يمكن أن يصل مداها إلى خصر الحاملة لها. ورغم أن الصياغة التخريمية كانت زينة مألوفة ترصع المجوهرات التركمانية، إلا أن أشكالها الملتوية التي تضفي رقة على هذه الحلية الصدرية تتباين مع عنصر القرن المنمنم الملفت للنظر. وتوحي مثل هذه الصياغة التخريمية بإلمام بفن صياغة المجوهرات في وسط حضري أثناء القرن التاسع عشر الميلادي.

الأمر المثير للاهتمام هو أنّ هذه القطعة متأتية من خوطان، في منطقة تسنيانغ الواقعة تحت سيطرة الصينيين: أي مكان منشأ يشير إلى اتساع الرقعة التي بلغها التركمانيون، حيث كانوا متواجدين خلال القرن التاسع عشر الميلادي من ضفاف بحر قزوين إلى مدينة خوطان.

SRC

المصدر: السيد والسيدة مارشال ولف (Mr. and Mrs. Marshall Wolf)، نيويورك (حتى 2005م)

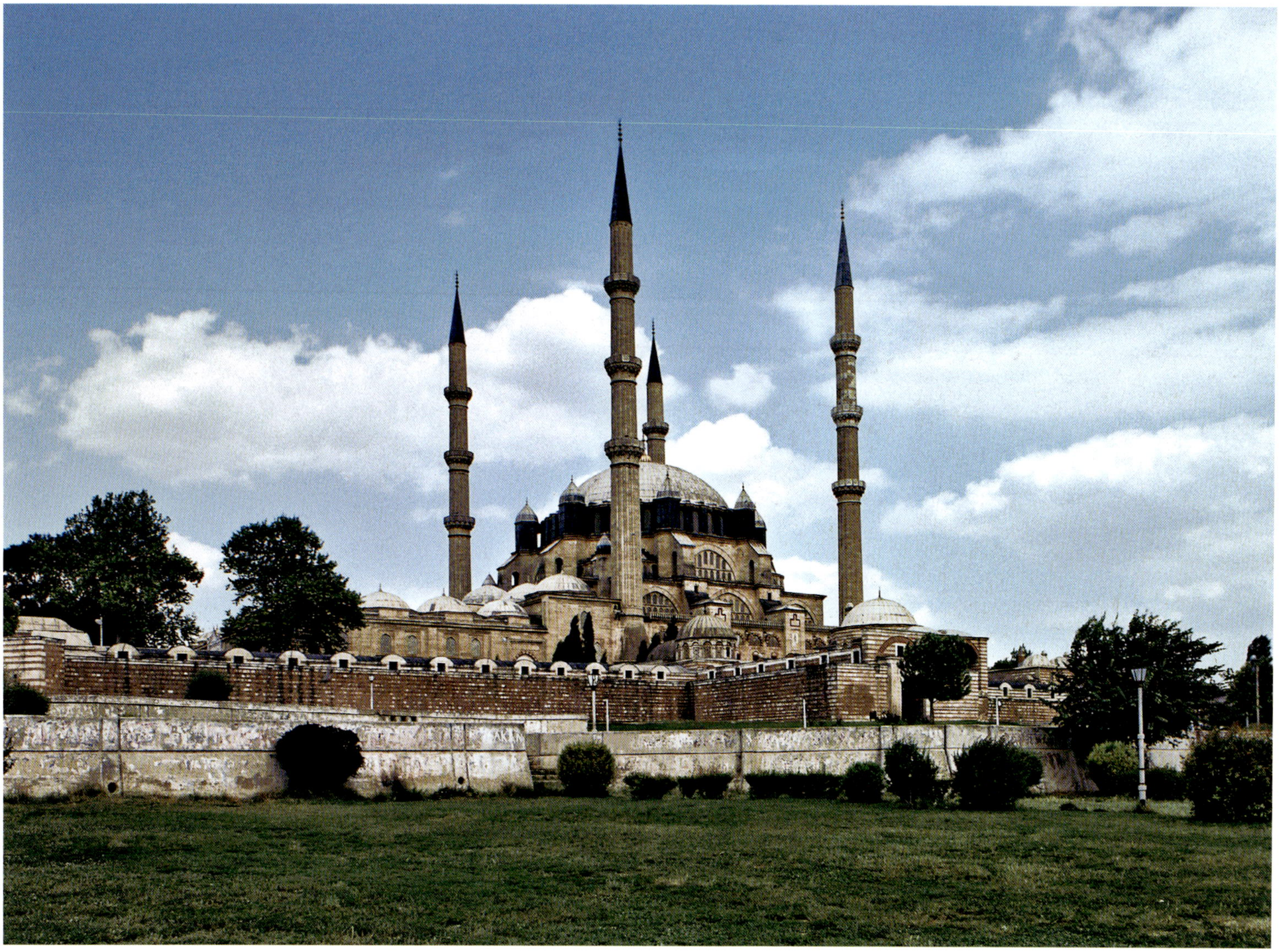

فنون البلاط العثماني

ولتر ب. دنّي

قبيل سنة 1300م، قام سلطان الأناضول السلجوقي العميل بمنح مقاطعة حدودية صغيرة لمحارب تركي معدم يدعى عثمان (1258 – 1324م) ولعشيرته البدوية وأتباعه من العسكريين. كانت قرية 'سوكوت'، في المنطقة الحرام الواقعة بين الإمبراطورية البيزنطية المتهالكة والبقايا المتصدعة من سلطنة الروم السلجوقية (روما)، المركز الحضري لمملكة عثمان. وهي مكان صغير إلى درجة أنّه لا يكاد يرى على الخرائط الحالية. في سنة 1453م أي تقريبا بعد قرن ونصف، غزا ورثة عثمان، المعروفون في أوروبا بالعثمانيين، الذين قاموا بانتزاع منطقة شاسعة من البلقان لضمها إلى إمبراطوريتهم المتوسعة، القسطنطينية وجعلوا منها عاصمتهم الثقافية والإدارية. أصبحت العاصمة العثمانية الجديدة معروفة بالاسم التركي الجديد للمدينة، إسطنبول.

بعد مضي قرن من تأسيس إسطنبول عاصمة إدارية، حولت السلالة العثمانية التي مضى لها في الحكم أكثر من قرنين ونصف القرن البحر الأبيض المتوسط عمليا إلى بحيرة تركية وحكمت مناطق كثيرة في ثلاث قارات.

كان ورثة عثمان يحكمون بدرجات متفاوتة من السيطرة على أجزاء أساسية من بلاد البلقان وشمال شرقي إفريقيا والشرق الأوسط وذلك إلى حدود أوائل عشرينات القرن الماضي. كان الأوروبيون تارة يشتمونهم (بوصفهم "الأتراك المرعبين"، و "المسلمين الزنادقة") وطورا يبدون لهم المودة (لكونهم "حكاما مستنيرين ناجعين".)

قام العثمانيون بإنشاء دولة فريدة محكومة وفق نظام يعتمد مبدأ الجدارة والاستحقاق بواسطة أشخاص كانوا مسيحيي المولد ثم اعتنقوا الإسلام. كان هؤلاء المسؤولون، في أحسن فترات الحكم العثماني، يدينون في تدرجهم في مسيرتهم المهنية لكفاءتهم ونجاعتهم كيفما قدرها السلطان نفسه. خلال السنوات الأولى من الحكم العثماني، لم يتح الوقتُ الاهتمامَ بالجوانب الجمالية للثقافة المادية، ولكن ما أن ازداد نفوذ طبقة العرابين العثمانيين الراعين للفنون وتعاظمت مواردهم الاقتصادية حتى أدركوا سريعا أهمية الرعاية الفنية وسيلة لا فحسب للحكم بل أيضا لدعم هيبة السلطة العثمانية وصورتها للتأثير في جيران الإمبراطورية وحلفائها وأعدائها. شيدت على الأراضي المسيحية التي جرى غزوها حديثا مساجد ذات مآذن عثمانية مميزة وقباب مغطاة بالرصاص. ويبدو هذا وجها من وجوه الاستيلاء الرمزي على الأقاليم الجديدة. تعززت البنية التحتية الاقتصادية من جسور وطرقات ونافورات وقنوات مياه وفنادق ومخازن وموانئ عبر المملكات العثمانية وتوسّعت.

تطلبت ثقافة تبادل الهدايا في الممالك في تلك الفترة هدايا سخيّة تنقل معها رسالة عن اقتدار المانح ثقافيا واقتصاديا.

وقد جلبت تجارة السلع الفاخرة الضرائب المربحة للخزائن الحكومية. وفي أوائل القرن الخامس عشر الميلادي،

استخدمت العاصمة العثمانية الجديدة 'بورصا' (في تركيا الحالية) مركزًا رئيسيا لتجارة الحرير بين بساتين التوت الممتدة على طول المناطق المحيطة بالضفاف الجنوبية لبحر قزوين والأسواق النهمة في غرب ووسط أوروبا. وفي إسطنبول، جلب التجار والفنانون والدبلوماسيون والمغامرون جنبا إلى جنب السلع والتراث من الصين وآسيا الوسطى وإيران والعالم العربي والموانئ المتوسطية لإيطاليا وفرنسا.

كانت الدولة العثمانية صاحبة الإنجازات الثقافية التي لا نزال إلى اليوم نقدرها حق قدرها، إلى حد كبير، من صنع فاتح القسطنطينية السلطان محمد الثاني (حكم ما بين1451 – 1481 م). وقد تأسس في عهده البلاط الملكي في إسطنبول والإدارة المركزية الحكومية في توبكابي، أو ما يعرف بالباب العالي، على أطراف شبه جزيرة مثلثة الشكل بالمدينة. منذ أواخر القرن الخامس عشر الميلادي، كانت توجد بالقصر مجموعة خاصة من الأشخاص الوافدين وكانوا يُعرفون "بأهل الحرف". وقد خدموا البلاط أُجراء لصنع تحف جميلة للاستهلاك في البلاط الملكي ولتقديمها هدايا ملكية. ويوجد عدد من السجلات الكاملة المتبقية من القرن السادس عشر الميلادي لفنانين كانوا يعملون بورش متنوعة – مصممين وخطاطين ونسّاجين وخزّافين وصانعي أسلحة وجواهريين وغيرهم، وذلك مع ذكر أجورهم.(1) قدم هؤلاء من أماكن عدّة تحدوهم الرغبة في تحصيل أجور سخيّة والعمل في ظروف حسنة. ومثّل البلاطان التركماني والصفوي في شمال غرب إيران وفارس بالخصوص رافدا لعديد المصممين ورسامي المنمنمات. وقد وُجه في مناسبة من المناسبات أمر من السلطان إلى نساجي البُسط للحضور من مصر ومعهم ذخيرتهم من الصوف المصبوغ.

كانت ألقاب الفنانين تدل على انحدار أصولهم من المجر وجورجيا وتبريز وبغداد. وكان بعضهم يحمل كنية "إفرنجي"، أي من أوروبا الغربية. لقد أدى هذا التمازج القوي بين الفنانين والبضائع الفنية ـ وقد بلغ ذروته عند وصول غنائم من نهب تبريز (1514م) واحتلال القاهرة إلى بلاطات إسطنبول (1517م) في أوائل القرن السادس عشر الميلادي – إلى انطلاق فترة من أعظم فترات الإبداعات الفنية والثقافية العثمانية. وكان ذلك تحت حكم السلطان سليمان الأول (حكم ما بين 1520–1566م) وسليم الثاني (حكم ما بين 1566 – 1574م) ومراد الثالث (حكم ما بين 1574 – 1595م).

كانت منتوجات أهل الحرف شديدة التنوع. ولكنها كانت جميعها تظهر صلات بمصدر مشترك في ورشة التصميم بالبلاط العثماني . فعلى سبيل المثال، أصدر مكتب المحفوظات العثماني في إطار نظام الحكم عديد الوثائق الرسمية من أنواع مختلفة كانت تحمل في أعلاها نوعا غريبا من التواقيع الرمزية أو الأختام الملكية المعروفة بـ "الطغراء". وقد حملت هذه الأداة في طيّات تذهيبها البديع وأشكالها الخطوطية المتموجة اسم السلطان الحاكم ووالده مع عبارة "أدام الله ملكه". وأضيفت هذه إلى عناوين الوثائق الملكية من قبل فنان يشغل خطة موظف بالبلاط يعرف بالطغراوي. تقدم الطغراءات الموجودة على الوثائق المؤرخة ـ وكل واحدة منها مزخرفة وفق النمط الفني السائد زمن إنشائها ـ للمؤرخ الفني دليلا هاما على الأنماط المتغيرة والمتطورة بالبلاط العثماني. نجد اليوم في الرسومات الواقعة في المخطوطات المؤرخة، وفي البلاطات المزخرفة المنجزة لبنايات محددة، والأزياء المعدة لأفراد من الأسرة المالكة والمسؤولين بالبلاط والسفراء الأجانب. وهي كلها مؤرخة بعناية ومفهرسة ومحفوظة بقصر الباب العالي. وقد ساعدتنا كل هذه الأمور في عصرنا الحالي على فهم تشعب أسلوب البلاط العثماني وتطوره إضافة إلى فهم بيروقراطية الفنانين المأجورين والرعاية الرسمية التي تدار عن طريق البلاط العثماني.

مع بداية القرن السادس عشر الميلادي، تقاسمت المؤسسة الفنية الناشئة بالبلاط العثماني مع بلاطات القاهرة وتبريز وهراة عناصر من المفردات الأسلوبية المشتركة. وهي تعبّر عن "أسلوب عالمي" شرق أوسطي يتضمن أشكال وريقات مقسومة ولفائف دالية كروم وسعفات نباتية صغيرة ومشبكات هندسية. ومن بين هذه الأعمال الأولى الموجودة بمتحف الميتروبوليتان، نجد إبريقا فضيا صغيرا مغطّى بدوال متشابكة وأزهار لوتس صغيرة مرسومة بدقة متناهية. كما يوجد أيضا إبريق خزفي صغير (الفهرس 209) وإناء خزفي على شكل فانوس مسجد (الفهرس 208) مغطى بدوال ملولبة صغيرة الحجم تذكّرنا بالزخرفة الموجودة على قطعة الطغراء الأولى الموجودة في المتحف الرّاجعة إلى سليمان القانوني (الفهرس 205). هناك صحفة خزفية مزدانة بأوراق بلوط ملفوفة وبساط رائع من أوشاك (الفهرس 235) يضم تصميما ذا تعرجات عميقة في ميداليات على شكل نجمة يحاكي عن كثب الزخرفة المعمارية وفنون تسفير الكتب في الأناضول ومصر وإيران في تلك الفترة. في عشرينات القرن السادس عشر الميلادي، وفي أعقاب الانتصار العثماني على الجيوش الفارسية الصفوية في معركة جالديران وما تلا ذلك من نهب لتبريز العاصمة الصفوية، انتقل عدد من أهم الفنانين من المنطقة الإيرانية غربا تجاه البلاطات العثمانية بالأناضول وإسطنبول. كان من أهمهم الرسام شاه قولي الذي كان مسؤولا إلى حدّ بعيد عن إدخال نمط جديد في ورشة التصميم بالبلاط العثماني.

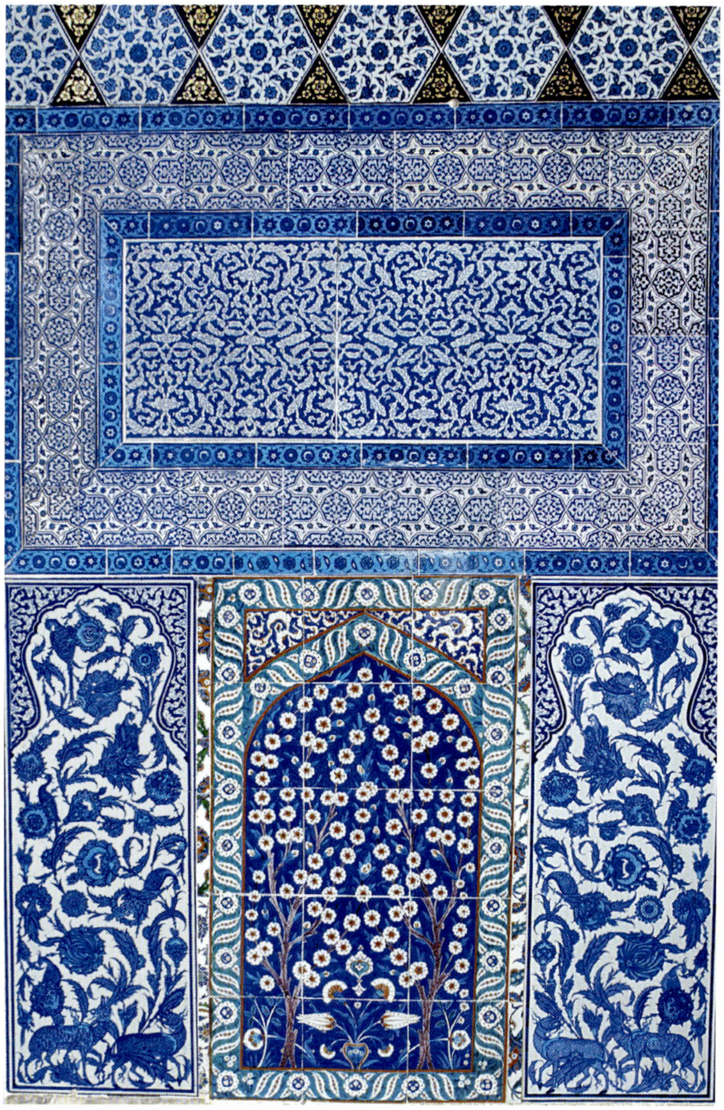

الصورة 33. لوحة خزفية. قصر توبكابي إسطنبول 1459 – 1473م. الصورة: والتر ب. دنّي

كان من ميزاته الرئيسية التخطيط الإبداعي المتطرف تقنيا وتحكم الفنان في قلم الرسم تحكما قلّ نظيره في عصر من العصور. إنّ شاه قولي وأتباعه، باستخدامهم مخزونا من الموتيفات المفضلة كالتنانين وطيور السيمرغ الأسطورية المستوحاة من الميثولوجيات الفارسية والصينية والملائكة والجن والحور العين (وهن من سكان الجنة الأسطوريين)، وخاصة استخدامهم عالما مضطربا من ورقات ملتوية وملفوفة تشبه الريش وسعفات نباتية مركبة، قد أسسوا ما يسمى في زماننا الحاضر بالأسلوب السازي. يستمد هذا الاسم جذوره من اللفظ العثماني لقصب المستنقع الذي تصنع منه أقلام الفنانين، وأيضا من غابة مسحورة مذكورة في الأساطير التركية. ويوجد اسم آخر لهذا الأسلوب وهو "حتاي" وهو مشتق حرفيا من 'كاثاي' وبالأحرى 'الصينوية' ويعترف بالأصول الصينية لمواضيعها كزهرة اللوتس والتنين ذي النمط الصيني. ويختزل رسم لمثل هذا التنين وسط الخضرة، منسوب إلى شاه قولي (الفهرس 202) هذا الأسلوب، من خلال تحكمه الرائع في البنية والتخطيط كليهما وأيضا من خلال موضوعه الحيوي المتحرك. ويقدم لنا رسم آخر بالمتروبوليتان ـ لكن هذه المرة لورقة شجرة كبيرة يسكنها تنين صغير ـ (الفهرس 203) نموذجا آخر عن أسلوب الساز في أحسن تجلياته. وسرعان ما كُيّف أسلوب الساز ليتلاءم مع عديد الوسائل المختلفة. وهكذا يكون بإمكاننا مشاهدة الأوراق الملفوفة وبراعم اللوتس والطاقة والحركية ذاتها في بُسط البلاط العثماني الرائعة (الفهرس 236) التي حيكت بمصر. ونجده أيضا في أواني المائدة الخزفية وفي القراميد (الفهرس 217) المصنوعة في المركز العثماني للخزف بإزنيك. ويمكننا أيضا تحسّس هذا الأسلوب في المنسوجات (الفهرس 225) والمخمليات التي حيكت ببورصا وإسطنبول. فهي تختزل خصائص أسلوب الساز على نحو رائع في واحدة من أرقى تحف فن صناعة الأسلحة الموجودة بمتحف المتروبوليتان. وهذه التحفة هي سيف ياتاغان (الفهرس 221) المصنوع في عشرينات القرن السادس عشر الميلادي على يد الفنان العثماني العظيم أحمد تاك أغلو. ويوجد على نصله المعدني المقوس المذهب الذي يحمل علامة ياتاغان المميزة بالحافة المشحوذة على جانبه المحدب، تنين وطائر سيمرغ يواجه الواحد منهما الآخر. صنعت كل عين من عيونهما الغاضبة المحمرّة من حجر ياقوت صغير. ويظهر على المقبض العاجي الذي يكون غالبا دون قائم أرابسك نباتي جميل مؤلف من دوال ملفوفة وسعفات نباتية. يستحضر النص المنقوش على النصل طلب الحماية الإلهية، ويعطي تاريخ الصنع واسمي الزبون والفنان كليهما وفق الوثائق العثمانية. كان أكثر تلاميذ شاه قولي موهبة في الورشة الملكية "بالنقاشين" وخليفته على رأس هذه الورشة الفنان ذو الأصل الأناضولي الملقب باسم قارة ميمي (حرفيا محمد القاتم). بعيد منتصف القرن السادس عشر الميلادي أدخل قارة ميمي مجموعة أخرى من الموتيفات إلى المخزون الأسلوبي لتصبح في نواح متعددة البصمة الدائمة للفن التركي العثماني. إنها حديقة فنية افتراضية مكونة من زهور منمنمة من بينها: الزئبق والقرنفل ومريمة الجدي وزهرة الياقوت وزهور الكرز والورد.

وتمثل هذه الأزهار الرمزية اليوم على الأرجح الجانب الأكثر تميّزا ورواجا للأسلوب العثماني في كل الوسائط الفنية. فهي تظهر في البُسط العثمانية من كل صنف (الفهرس 237) وفي شتى أنواع المنسوجات الحريرية والأواني (الفهرس 228)، في بلاطات إزنيك (الفهرس 214)، وفي التحف المعدنية وفي فنون الكتاب من تذهيب وتسفير ورسم للمنمنمات. مثلت الرعاية الواسعة للهندسة المعمارية حافزا كبيرا لإنتاج الفنون في الإمبراطورية العثمانية في فترات أوجها السياسي والاقتصادي. وهكذا آل الأمر إلى أن توجت هضاب إسطنبول السبع بمساجد بُني العديد منها برعاية من الإمبراطورية. وشيدت وزوقت وأثثت لا فقط من قبل بنّائين ونجّارين ونقالين بل أسهم في ذلك أيضا المصممون والخطاطون والخزفيون ونحاتو الخشب وحائكو البُسط والحدادون. توجد سجلات متبقية متعلقة ببيانات رواتب العمال الذين أمروا ببناء أكبر عمل معماري في القرن السادس عشر الميلادي بمدينة إسطنبول.

وهو العمل المتمثل في مجمع مسجد السلطان سليمان القانوني الذي أنجز سنة 1559م على يد المعماري المعروف عند الأجيال اللاحقة بسنان العظيم. وتُقدّم السجلات معلومات مفصلة عن اليد العاملة المتنوعة متعددة الأعراق المتكونة

من فنانين وحرفيين في شتى أنواع الاختصاصات ودقّة الإنتاج من مهنيين وخبراء.(2)

تظهر الفنون بالبلاط العثماني عددا من التشابهات مع تقاليد جيرانهم. وكان أن أدت التجارة مع البندقية وجنوة في مرحلة مبكرة إلى تعود الفنانين العثمانيين على التقاليد التصويرية الأوروبية. في سبعينات القرن الخامس عشر الميلادي زار الرسام القادم من البندقية جنتيلي بليني إسطنبول تلبية لدعوة من السلطان محمد الثاني. وقد كان لزيارته تأثير دائم في الفن في البندقية وإسطنبول. وتظهر بعض الرسوم التوضيحية المخطوطات العثمانية الأولى خاصة في مجال الصور المعمارية، إطلاعا على تجارب الأوروبيين في جانب المنظور الخطي (الفهرس 200)، في حين تبرز أخرى صلات واضحة مع تقاليد الرسم الفارسي في شيراز وتبريز. وقد تأثر أيضا نسّاجو الحرير بالبندقية وفنانو الخزف ببدوان بالحرير البورصي والخزف الإزنيكي. بحلول القرن التاسع عشر الميلادي، أصبح ينظر إلى الخزفيات العثمانية القادمة من إزنيك إلى أوروبا على أنها اختزال لذلك الشكل من الفن. وجرت محاكاتها في أعمال الخزافين والفخاريين في فرنسا وإنكلترا والمجر وإيطاليا. كان البلاط في إسطنبول يفضل المخمل الإيطالي النادر المستورد على المخمل البورصي الذي كان معروضا بالمحلات في بازار مدينة إسطنبول للقادرين على اقتنائه. وفي موسكو، كان كبار رجال الدين بالكنيسة الروسية الأرثودوكسية يرتدون ألبسة رائعة مصنوعة من الحرير المنسوج ببورصا وإسطنبول، في حين كان السلاطين العثمانيون يرتدون قفاطين شتوية مبطنة بفرو روسي. أنتجت الورشات المصرية بعضا من أروع البُسط التي صممت للبلاط العثماني، في حين تمثل النافورات والمساجد ذات الأسلوب العثماني المعاصر جزءا لا يتجزأ من الأسلوب الحضري بالقاهرة القديمة. في تلك الأثناء، حين كانت الفنون العثمانية تمارس تأثيرا متواصلا على إنتاج السلع الفاخرة المعدّة (البازار)، وجد أسلوب البلاط طريقه إلى أعمال الفنون الدينية والمدنية المنجزة من الجاليتين اليهودية والمسيحية المتواجدتين بالإمبراطورية العثمانية. وبانحسار قوة البلاط الاقتصادية وكذلك مظاهر الرعاية المرتبطة بها خلال القرن السابع عشر الميلادي بدأت مشتريات طبقة وسطى متنامية من التجار المتلهفين إلى الهيبة والاعتبار.

كان مركز الرعاية العثمانية في إسطنبول. ولكن الإمبراطورية المتسعة نفسها جنت ثمار الفن الذي كان منشؤه في الجو النقي بالبلاط الإمبراطوري. لقد انتشرت من بين المئات من البناءات المصممة والمشيدة من قبل المهندس المعماري سنان (بما في ذلك مجمع السليمية درنة) في الأقاليم الآسيوية والأوروبية. وتكفل العرابون والراعون للفنون بالبلاط، رجالا ونساء على السواء ببناء المساجد والخانات والجسور والطرقات السريعة والمحاكم. وأنجزت أعمال فنية مهمة متنوعة لزبائن من شتى الأوساط كالتجار الأرمن والأساقفة اليونانيين الأرثودوكس والأطباء اليهود وبطبيعة الحال، عديد السفراء الأوروبيين وتجار مشارقة والمغامرين الذين اتخذوا من إسطنبول مقاما لهم بعيدا عن أوطانهم الأصلية. ولئن كانت العاصمة هي المكان الذي شهد نشأة أهم الأفكار الفنية وأكبرها، فإن إنتاج الفنون في حد ذاتها غالبا ما كان يقع بعيدا عن إسطنبول. وجدت المراكز الأولية لصناعة البُسط التجارية في الإمبراطورية العثمانية في ما يعرف حاليا بمحافظة كونيا الموجودة بوسط هضبة الأناضول وأيضا في محافظة أوشاك القريبة من البحر الأبيض المتوسط من جهة الغرب. ويبدو أن أكثر البُسط اعتبارا من ضمن تلك التي أنجزت بطلب من البلاط ذاته هي تلك التي نسجت في القاهرة.

كانت المنتوجات الحريرية تحاك بإسطنبول طبعا. ولكن المركز الأهم للتبادل التجاري كان موجودا ببورصا. فقد كان في المقام الأول حيويا لكونه مركزا لإعادة شحن الشرانق الإيرانية والحرير الخام. ومع حلول القرن السابع عشر الميلادي أصبحت بورصا المركز الرئيسي داخل حدود الدولة العثمانية لتربية دود القز. وفي حين كانت أهم الأواني الخزفية تنتج في مدينة إزنيك التي تبعد مسيرة أيام قليلة عن إسطنبول حيث كانت الأفران تحت سلطة البلاط على الأقل ظاهريا، كانت مراكز أخرى لإنتاج الخزف العثماني تشمل قطايا وديار بكر ودمشق.

أنتجت مطروزات عثمانية بديعة في جميع أنحاء الإمبراطورية، غير أن أبرزها كان في إيبروس الواقعة في المنطقة الحدودية بين اليونان وألبانيا في الوقت الحاضر. ازدهرت التقاليد المحلية المميزة في نحت الخشب والحدادة، والبُسط والعمارة المحلية والتي تختزلها الغرفة الدمشقية المشهورة في متحف المتروبوليتان (الفهرس 238) لقرون عبر أرجاء الإمبراطورية العثمانية. وهي في ذلك مدينة بدرجات متفاوتة إلى أسلوب البلاط بإسطنبول. في الواقع، لا ينبغي أن يحجب تألق التقاليد المتواصلة للفنون العثمانية التي تعود إلى القرنين الخامس عشر والسادس عشر الميلاديين، وإن كان مبهرا، حقيقة مفادها أن التقاليد الفنية المتجددة النابضة بالحيوية تواصلت في الممالك العثمانية إلى حد نهاية الإمبراطورية العثمانية وتأسيس جمهورية تركيا سنة 1923م. ولم يكن تأثير هذه التقاليد مقتصرا على العالم الإسلامي بل تعداه أيضا إلى أوروبا وما حول البحر الأبيض المتوسط وما ورائه .

1. واشنطن دي سي، شيكاغو، و نيويورك 1987–1988، الصفحات 29–36.
2. انظر بركان (م1979–1972 Barkan).

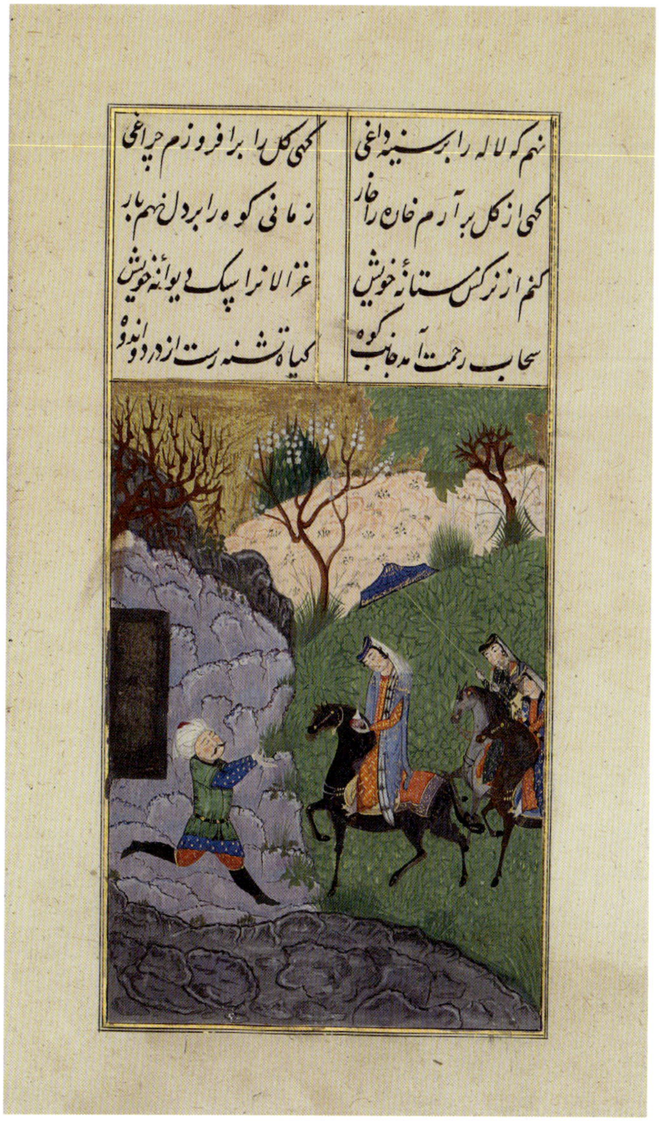

200. مخطوط: "خسرو وشيرين "لـ "هاتفي "

تركيا، على الأرجح إسطنبول أو أماسيا، مؤرخ في 904 [هجري] الموافق لـ 1498 - 1499م
الركيزة الأساسية : حبر، ألوان مائية معتمة، ذهب على ورق.
التسفير :جلد.
المقاسات: 24× 16.4 سم
رصيد هاريس بريزبان ديك.

من النادر جدا وجود مخطوطات تصويرية عثمانية كاملة خارج تركيا. فهذا البلد لم يتعرض أبدا للنهب من قبل قوى أجنبية غازية ولا تزال مكتباته الكبرى إلى حد اليوم تحتفظ بالغالبية العظمى من الكتب المصورة التي أُنجزت على مر القرون للسلاطين العثمانيين ولموظفي البلاط. حتى في إسطنبول ذاتها، من النادر جدا وجود مخطوطات عثمانية مصورة مبكرة على غرار هذا المخطوط الذي يعود إلى فترة حكم السلطان بيازيد الثاني (1481-1512). هذا المخطوط مؤرخ تأريخا مضبوطا بفضل التأريخ الجمّلي (وهو عبارة عن قصيدة قصيرة تساوي القيمة العددية لحروفها تاريخا في النظام الإسلامي)، وفي هذه الحالة هو 904 هجري الموافق لـ 1498 - 1499م. يُعتبر مخطوط 'هاتفي' الموجود بمتحف المتروبوليتان الذي يحظى بكثير من الاهتمام والدراسة على أيدي الباحثين، حلقة مفصلية في تاريخ فن الرسم التركي العثماني المبكر.(1) يتعلق النص الذي زُيّن بسبع منمنمات بخسرو وشيرين. وهي قصيدة رومنسية سردية باللغة الفارسية مأخوذة من 'خمسة'. وهي مجموعة من خمس قصائد كتبها شاعر البلاط الفارسي المعاصر هاتفي (توفي في 1521م) الذي تدل شهرته في إسطنبول العثمانية على شعبية الفارسية بصفتها اللغة الأدبية المتداولة في البلاط العثماني. وقد جرى اقتباس هذا القصيد من حكاية سابقة مشهورة للقصة نفسها للشاعر الفارسي نظامي (توفي سنة 1209م) في خماسيته التي اكتملت بعيد سنة 1200م. كُتب النص في قصيدة هاتفي، بمثنويّات مقفاة بخط التعليق الفارسي على عمودين على كل صحيفة من المخطوط. و تعتبر المنمنمات من بين النماذج الأولى للفن التصويري العثماني الذي بقي موجودا. وهذه الرسوم التي كانت بحجم صغير جدّا لا ترتبط إلا بصلة بعيدة بأسلوب الرسم المعتمد في بلاط هرات التيمورية الذي كان آنذاك الأسلوب السائد في العالم الفارسي. وتعكس الرسوم مصدرين: فالآفاق المرتفعة والسحب المتراصّة الملفوفة ورؤوس الشخصيات الصغيرة المستديرة والمناظر الطبيعية المرسومة باللون الفستقي على خلفية خضراء، كلها عناصر تستحضر أسلوب رسم كان رائجا ببلاط التركمان بتبريز. والتركمان هم جيران العثمانيين المباشرين من جهة الشرق. على النقيض من ذلك، فإن الاهتمام العثماني المتنامي باستخدام المتعامدات – الخطوط القطرية المنكفئة- في رسوم تصور الفن المعماري، هو على الأرجح مستمد من تفاعل العثمانيين مع رسوم أو مطبوعات قادمة من أوروبا كانت تستخدم التقنية الجديدة للتشخيص المكاني المعروف بالمنظور الخطي.

WBD

1. المناقشة الأشمل للمخطوط موجودة في يولطار يولدريم (م2005 Yoltar Yildirim).

المصدر: عصمان عطا الله، تركيا؛ السير غريغوري أ. باج تورنر (-Sir Gregory O. Page Turner)، إنكلترا (حتى 1827م)؛ بيعه، مارس 1827م، البساط 190،لـ فيلبس (Philips)؛السير طومس (Sir Thomas)، إنكلترا (1872-1968م)؛ ساذبيز لندن، 25-26 نوفمبر، المخطوط 3127، بيع لمتحف المتروبوليتان للفنون.

201. صحيفة مزينة من "سير النبي" لمصطفى الضرير الأرضرومي.

"الملك جبريل يقابل عمرو بن زيد".
تركيا، إسطنبول، حوالي 1595م
حبر وألوان مائية معتمة وذهب على ورق.
المقاسات: 26× 37سم
اقتناء، هبة ليلا أكيسون والاس، 1994م .1994. 141.

قضّى مصطفى الضرير الأرضرومي معظم حياته المهنية بالقاهرة في خدمة سلاطين المماليك الذين ألف لهم "سير النبي" التي أتمّها في 1389م.

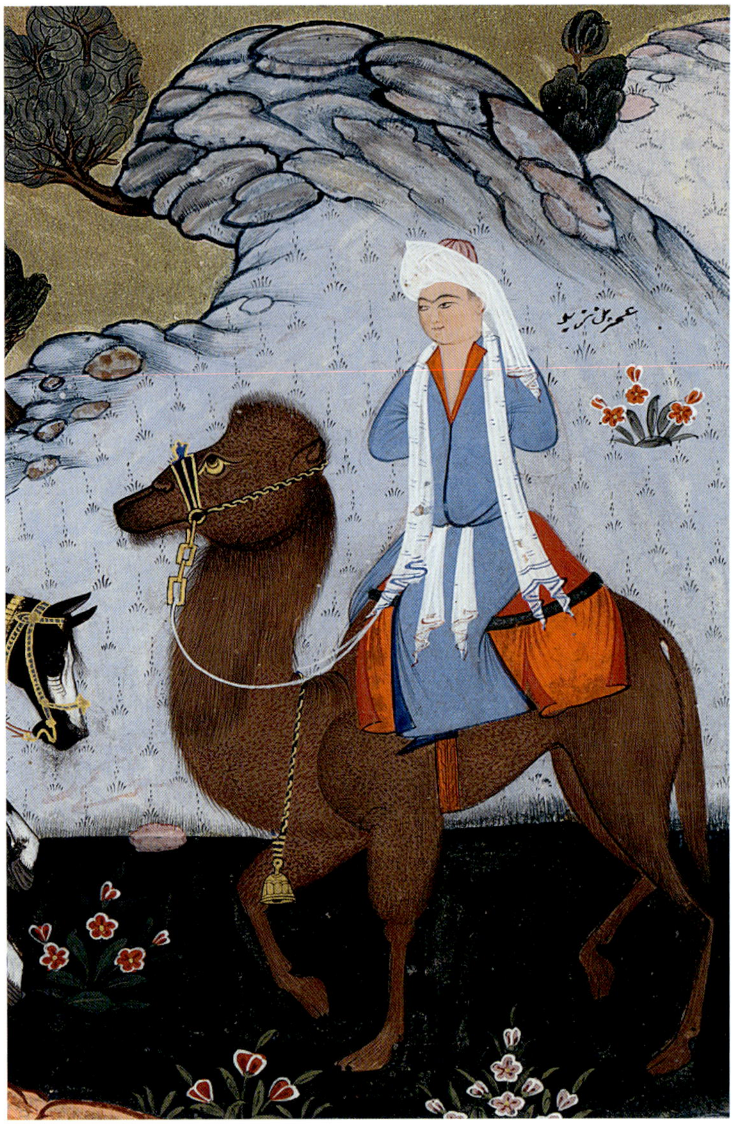

تفصيل 201

وجد هذا العمل آذانا صاغية وقبولا واسعا في تركيا العثمانية أوسع منه في مصر. لعلّ ذلك يعود إلى أنّ صاحبه كتبه باللغة التركية الأناضولية. فقد أدى إلى تفريخ أعمال أدبية مقلدة وفي الوقت نفسه إلى ظهور نسخة بستة أجزاء مزينة ببذخ أنجزت للسلطانين العثمانيين مراد الثالث (حكم ما بين 1574-1595م) ومحمد الثالث (حكم ما بين 1595-1603م) وقد أُخذت اللوحة الحالية منه.
يجمع سرد ضرير لسيرة النبي بين رواية استمدت من كتّاب عرب كابن هشام (توفي سنة 833م) وكاتب القرن الثالث عشر الميلادي، أبي الحسن البكري بروايات عن مآثر النبي الإعجازية التي كان يعتقد أنها قد انتشرت في الأناضول في زمانه. وقد اصطبغ العديد منها بتقاليد مسيحية ويهودية.(1) في نص ضرير، يقدم الملك جبريل العديد من الخدمات للنبي وعائلته وللمجتمع الإسلامي الفتي. وفي صورة الحال، يهدي جبريل راعيا يدعى عمرو بن زيد رمحه الشخصي ويأمره باستعماله للحصول على الماء وذلك بأن يضرب به على الأرض.
توجد صورة لعمرو وهو بصدد استخدام رمح جبريل في الرسم الإيضاحي الموالي لهذا المخطوط المحفوظ في المجلد الرابع للنص. (مكتبة تشستر بيتي، دبلن) (2) قراءة نص ضرير هي وحدها تمكن من تحديد هوية جبريل ملكا، وذلك لأنه لا يظهر في الرسم بصفاته الملائكية المميزة كالأجنحة أو الهالة. وبسبب غموض هذه الصورة، قد يكون شخص ما أضاف إليها أسماء كل من جبريل وعمرو بن زيد.
وحسب سجلات البلاط العثماني، خمسة رسّامين على الأقل كانوا مسؤولين عن الـ 814 رسما توضيحيا الموجودة في مخطوط 'سير النبي'. من بين هؤلاء الفنانين، لم يذكر بالاسم إلا رسام الجزء الأول وهو حسن نقاش.
وتظهر هذه الصفحة التي ترسم الحديث الدائر بين جبريل وعمرو موضوعا مبسّطا وتستخدم خطا غليظ الحجم. وهذه صفة يّتسم بها المخطوط كلّه.(3) ورغم أنه جرى توثيق الظروف المحيطة بإنتاج هذا المخطوط المطلوب من البلاط توثيقا جيدا، فإنّ الحافز الذي دفع السلطان مراد إلى الأمر بإصدار نسخة فاخرة مصورة لنص ضرير، لم يحدد إلى الآن.

PS

1. تانندي (م 1984 Tanindi)، الصفحات 28-30.
2. مينورسكي (م1958 Minorsky)، رقم 419ت، صحيفة 74أ،ص. 35. يحدد مينورسكي (Minorsky) هذه اللوحة ك "شابان....بالقرب من عين"
3. تانندي (م 1984 Tanindi)، الصفحات 26 - 27

المصدر: الأميرة سعادة الباش روخ شاه، (Princess S'eadetlü Bâsh-Rûkhshah) تركيا (في 1753م)؛ المقدم ر ج قاير أندرسون باشا (MajorR.G. Gayer-Anderson Pasha) ، القاهرة (في 1939م)؛ بيع دروو ريشليو (Drouot-Richelieu) ، باريس، 15 أبريل 1994م، الرزمة 2، لمتحف المتروبوليتان.

202. رسم تنين على ورق الساز

تركيا، إسطنبول حوالي 1540 - 1550م
حبر، ألوان مائية معتمة، ذهب على ورق.
المقاسات:
الصورة: 17.3 × 27.2سم
حاشية الصورة: 40.6 × 55.9سم
وصية كورا تمكين بورنات 1956م 57.51.26

203. رسم وريقات 'ساز' بها تنانين

تركيا، إسطنبول حوالي 1550 - 1570م
الركيزة الأساسية: حبر على ورق
الحاشية: ذهب، حبر، ألوان مائية معتمة على ورق
الصورة: 30.5 × 18.6 سم
حاشية الصورة 40.6 × 55.9 سم
هبة مجهولة المصدر 2000 م 2000.424

مع حلول أواسط القرن السادس عشر وخلال حكم السلطان سليمان المعظم (حكم ما بين 1520 - 1566 م)، ازدهرت "النقشان" العثمانية، أو ورشة التصميم بالبلاط في إسطنبول تحت قيادة شاه قولي، الذي كان فنانا مهاجرا من

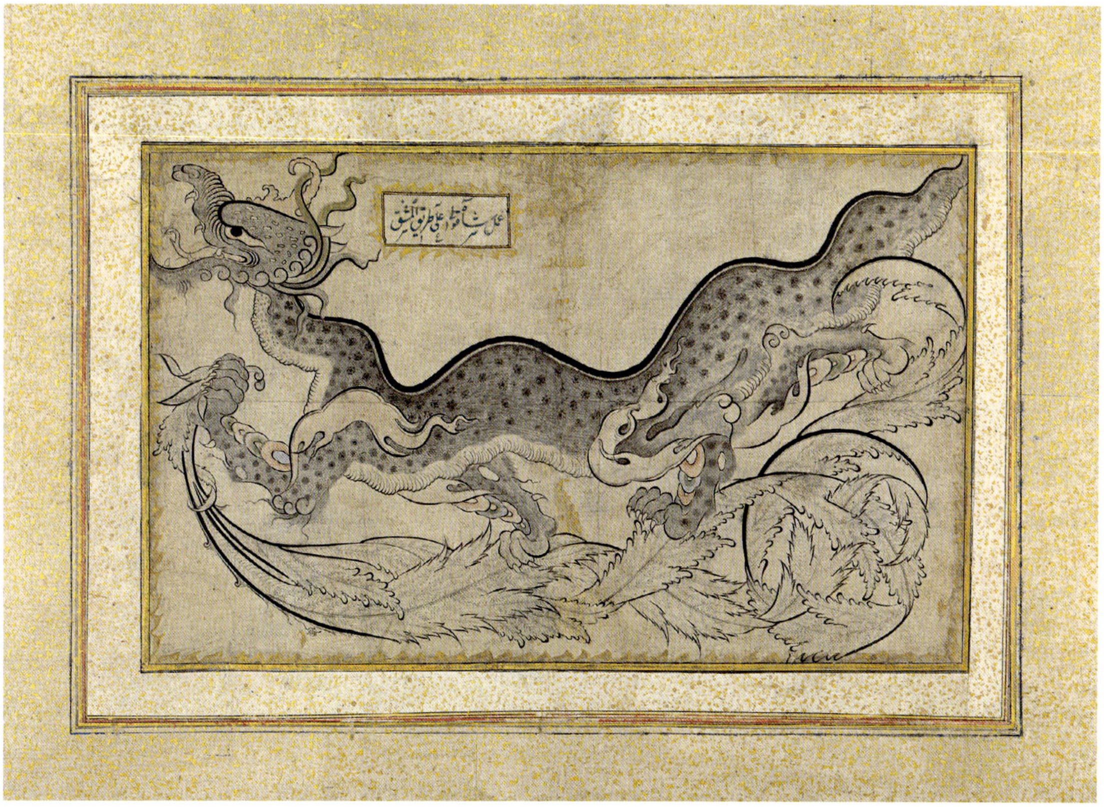

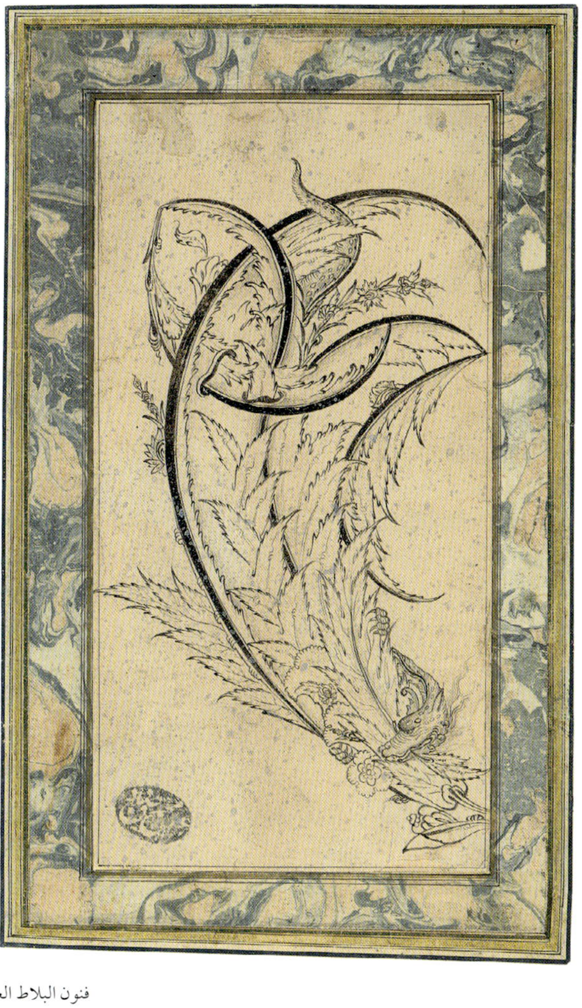

إيران. يعتقد أن لشاه قولي شأنا كبيرا في تطوير أسلوب 'السّاز' أو 'هاتي' الجديد المستوحى مباشرة من فنون الصين وإيران. وهو الأسلوب الذي أصبح مع منتصف القرن رمزا جديدا للبراعة الفنية بالإمبراطورية العثمانية. كانت رسومه بالحبر الأسود، مع لمسات صغيرة ملونة على الورق في بعض الأحيان، مطلوبة من قبل زبائن عثمانيين جرى إدراجها ضمن عدد من الألبومات الملكية المصنوعة بالبلاط. يحمل رسم تنين وسط الخضرة، موجود بمتحف المتروبوليتان (الفهرس 202) إشارة إلى أنه عمل شاه قولي وأنه أنجز بصفته ''تمرينا''. ورغم أنّ هذه الإشارة على الأرجح وفيما يبدو، نسبة أضيفت لاحقا وليست توقيعا للفنان، غير أنّ فرضية تأليف شاه قولي لهذا العمل فرضية قابلة للتصديق تماما. وتبرز عبارة ''تمرينا'' البساطة النسبية لهذا الرسم مقارنة برسم آخر، ربما جاء لاحقا، يتمثل في رسم تنين في غاية التعقيد لشاه قولي أيضا، موجود بمتحف الفنون بكليفلاند. (1)

تنبعث هنا البنية الكلية من خلال خط أسود غليظ، شبيه بزنبرك فولاذي يشكّل ظهر التنين، الذي يظهر وهو يتحرك بكل نشاط متجها إلى اليسار بينما يدوس على فراش متموج من أوراق ريشية الشكل. تتحدد ملامح الأوراق، شأنها في ذلك شأن التنين، من خلال الخطوط العريضة البارزة للعيان ومستدقة الأطراف. وقد صورت التعرّقات البنيوية والأطراف المسننة للأوراق مثلها مثل جلد التنين المرقّط برقة متناهية. في صفحة الألبوم العمودية (الفهرس 203)، انعكست أدوار التنين والأوراق نوعا ما. والعاملان الأساسيان هنا ورقتان كبيرتان تقوم واحدة منهما، في حركة درامية، بثقب الأخرى. ويظهر ذيل تنين صغير في أعلى العمل، في حين يظهر رأس آخر في أسفل اليمين.

في الواقع، هذا الرسم الذي يحمل بصمة ختم واضحة جزئيا لمالك سابق (وتوجد بصمة أخرى أقل وضوحا على حاشية الألبوم)، هومزيج فني لعملين آخرين بأسلوب الساز أحدهما هو رسم في ألبوم ملكي عثماني متواجد حاليا بمتحف قصر الباب العالي بإسطنبول. الأوراق في رسم متحف المتروبوليتان هي صورة عكسية لتلك الموجودة في رسم إسطنبول.(2) ويوجد المصدر الآخر في نسختين، واحدة في متحف الفنون بمقاطعة لوس أنجلس،(3) والثانية هي إضافة حديثة للمجموعات الإسلامية بمتحف اللوفر بباريس.(4) ويظهر الرسمان بوضوح تنينين صغيرين، من الجهتين، ملتفين حول ورقة كبيرة واحدة ذات ظهر شبيه بالسيف. إن مثل هذه الرسوم هي تمارين على الإبداع والموهبة -ولكم أن تتخيلوها مثل مقطوعات موسيقية لشوبان تمجيدا لقلم القصب- وقد سمحت للفنانين بإبراز مهاراتهم وخيالهم خارج المضمار الضيق للكتاب المصور. إثر وفاة شاه قولي بعيد منتصف القرن، واصل أتباعه أسلوبه الذي أثر في صناعة البلاطات وأواني المائدة الخزفية وفنون الكتاب والمنسوجات والبُسط.

WBD

1. داني (Denny 1983م)، لوح 1.
2. متحف قصر الباب العالي، إسطنبول (رقم 2147هـ، صحيفة 33أ) المكان نفسه، لوح 11.
3. رسم لوس أنجلس كان سابقا ضمن مجموعة إدون بني الثالث (Edwin Binney 3rd)؛ انظر بورتلاند ومدن أخرى 1979م، الصفحات 18-21.
4. باريس 2001أ، ص.115.

المصدر: الفهرس 202: كورا تمكن برنات، (Cora Timken Burnett) ألبين نيوجرزي (1940 - حتى وفاتها 1956م)
الفهرس 203[مجهول].

204. صحائف من ألبوم خطوطية

الخطاط: حمد الله بن مصطفى ديدي (توفي سنة 1520م)
تركيا ، ربما إسطنبول ، حوالي 1500م.
الركيزة الأساسية: حبر، ألوان مائية، ذهب على ورق
الهوامش: حبر، ألوان مائية، ورق رخامي
التسفير: جلد وذهب
المقاسات: 32.1×23.8سم
اقتناء، هدايا إدوين بيني وإدوارد أبلات 1982 م 1982.120.3

ركبت هاتان الصفحتان ضمن أوراق رخامية ملونة محاطة بحواف داخلية ذات جسيمات ملونة. وهما تمثلان جزءا من ألبوم مسفر بالجلد يتكون من ست صحيفات. كانت صناعة الألبومات ممارسة رائجة في عديد الأنحاء من العالم الإسلامي، بما في ذلك بلاد فارس والإمبراطورية العثمانية، مع نماذج إقليمية تتبع أسلوبا ومسارا للتطوير خاصين بها.(1) تتضمن هذه الألبومات المشار إليها أحيانا بالمرقعات، رسومات وخطوطيات ورسوما مذهبة وأوراقا مزينة ملونة وحواشي منمقة. ظهرت أولى الألبومات العثمانية في القرن الخامس عشر الميلادي، مبشّرة بتكاثر مثل هذه المجموعات لاحقا.(2) تضمنت هذه المرقعات في تركيا تمارين خطوطية معتمدة على قصائد عربية وأدعية وآيات قرآنية، (كما هي الحال في هذا المثال). وعادة ما يتم تسفيرها أفقيا. رغم أن عديد هذه الألبومات الخطية العثمانية لا تزال قيد الوجود، فإن لهذا الألبوم أهمية خاصة نظرا إلى أنه يحتوي على عمل أحد أوائل الخطاطين العثمانيين الأكثرهم شهرة، الأستاذ حمد الله بن مصطفى ديدي (توفي سنة 1520م).(3). ولد حمد الله، الذي أصبح يعرف بالشيخ حمد الله، وترعرع بأماسيا في شمال وسط تركيا. هناك، درس "الخطوط الست" متبعا أسلوب أستاذ الخطوطية العظيم في القرن الثالث عشر الميلادي ياقوت المستعصمي. أصبح الشيخ حمد الله خلال سيرته المهنية مرتبطا بحاكم المنطقة الأمير بيازيد (1450-1512م) وهو ابن السلطان العثماني محمد الفاتح. عندما أصبح الأمير السلطان بيازيد الثاني سنة 1481م، طلب من الشيخ حمد الله أن يلحق به في إسطنبول حيث أصبح خطاطا ملكيا بالقصر العالي. وربما أصبح أيضا أستاذ الورشة الإمبراطورية.(4) وبهذه الصفة، أنجز الفنان المعروف بوفرة إنتاجه عددا مذهلا من المخطوطات، من بينها مصحف رائع أُهدي للسلطان بيازيد.(5) ولكن أكثر ما عرف به الشيخ حمد الله هو التعديلات المبتكرة التي أدخلها على الخطوط المستعملة في الخطوطية، وبصفة خاصة إنجازاته في خطّي النسخي والثلث. وتحولت النسب الجديدة التي أدخلها إلى مجموعة مبادئ للخطوطية العثمانية، تُدرس من قبل الطلبة وتُعتمد من خبراء الفن العثماني على مر العصور المتتالية.

DMT

1. لمزيد الاطّلاع على صناعة الألبوم في التقاليد الفارسية، انظر روكسبرغ (بRoxburgh 200). بالنسبة إلى الفترة المغولية، انظر نيويورك 1987-1988م، خاصة الصفحات 23 وما يليها، وحديثا واشنطن دي سي ومدن أخرى 2008-2009م.

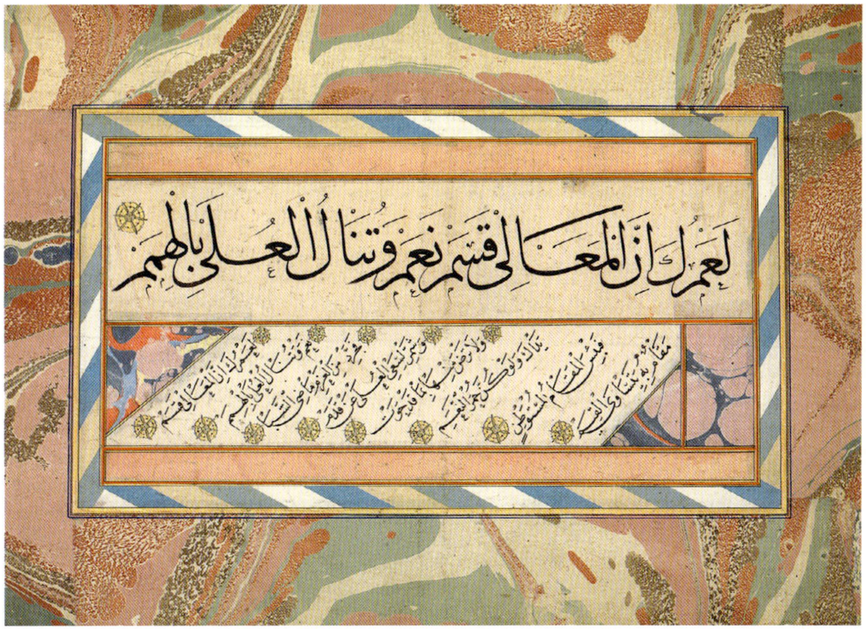

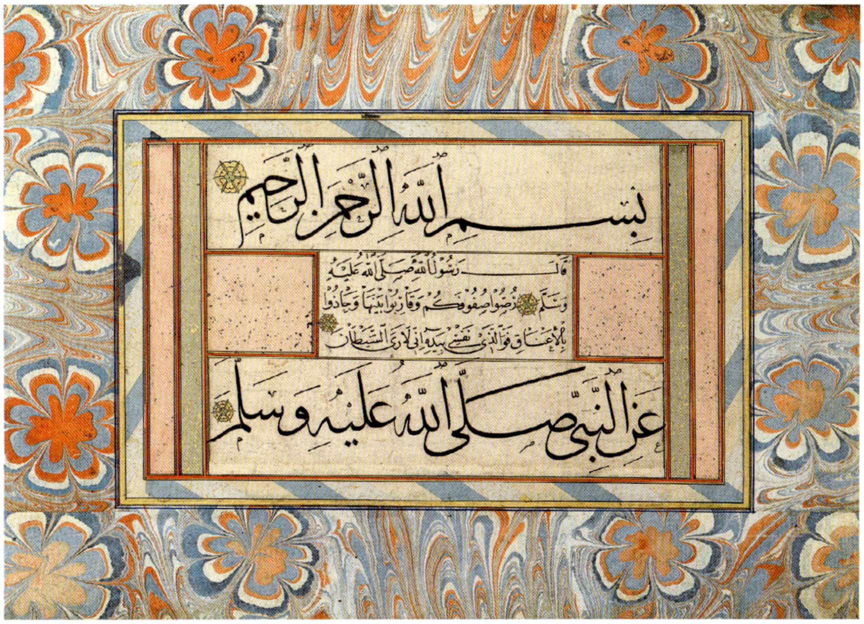

2. انظر قسم نيويورك ولوس أنجلس 1998-1999، المخصص "مرقعلار" الصفحات 29-30.
3. توجد ألبومات أخرى تحتوي على عمل هذا الخطاط البارز، في متحف القصر العالي بإسطنبول (أرقام 2078ه.أ و2092 ه.أ) والمتحف الإسلامي والتركي (رقم 2458؛ انظر إسطنبول 1998أ، الصفحات 44-49؛ أرقام 29-31)؛ في مجموعة، خليلي، لندن (انظرنيويورك ولوس أنجلس 1998-1999م، الصفحات 46-47، رقم 1).
4. للحصول على فكرة عامة حول حياة الشيخ حمد الله، انظر واشنطن دي سي، شيكاغو ونيويورك 1987-1988م، الصفحات 44..؛ رابي وتانندي Raby and Tanindi 1993م،الصفحات 96 - 100.
5. انظر رابي وتانندي Raby and Tanind 1993م،ص .96.يذهبان إلى القول
6. إن القرآن المعني بالأمر هنا هو ربما إنجازهم رقم 40 (مكتبة القصر العالي، المخطوط أ-ك).انظر أيضا بلير 2006م، الصفحات 81-479 والحواشي 16-26.

المصدر: فيليب هوفر (Philip Hofer)، كامبردج ماساتشوستس (حتى 1982م؛ بيع لمتحف المتروبوليتان للفنون).

205. طغراء السلطان سليمان القانوني.

تركيا، إسطنبول، حوالي 1555 – 1560م.
حبر وألوان معتمة وذهب على ورق
الصورة: 52.1 × 64.5 سم
رصيد رودجرز. 1938م 1.149.38

سيطر السلاطين العثمانيون الأتراك على واحدة من أكثر البيروقراطيات الحكومية كفاءة وتنظيما محكما وفاعلية في أوائل العصر الحديث. وعلى رأس هذا الهيكل الحكومي، كان مكتب المحفوظات الإمبراطوري العثماني الذي كان ينتج وينسخ ويسجل كل الأوامر الحكومية الرسمية أو المراسيم التي تعرف باسم 'فرمان'، فضلا عن المعاهدات والمراسلات الرسمية. وقد صممت الوثائق التي أعدت من قبل هذه الوكالة الرفيعة المستوى والموجودة بقصر الباب العالي بإسطنبول خصّيصا لتعكس قوة الحاكم التي صدرت باسمه وعظمته.

الخط المستعمل في فرمانات الإمبراطورية والمعروف بالديواني، (مشتق حرفيا من الديوان الملكي) استخدم مزيجا من الحبر الأسود، والحبر الذهبي باهظ الثمن. وقد كان هذا الخط معقدا جميلا صعب القراءة. كانت توجد في أعلى كل 'فرمان' أداة خطوطية خاصة بكل سلطان، تعرف باسم الطغراء. وهي لا تشير فحسب إلى مصدر الأمر كونها كانت تجمع بين الختم والتوقيع الملكيين، بل تُستخدم كذلك تشخيصا حسّيا مرئيا عموميا للحاكم، تماما كما كان العرش أو التاج يرمز إلى ملوك أوروبا. وقد أُنجزت أوائل الطغراءات العثمانية المتبقية بالحبر الأسود فقط. ورغم أن الأصول القديمة للشكل يكتنفها الغموض، فقد تكون الطغراء رأت النور على يد حاكم أمّي قام بتغطيس ثلاثة من أصابعه في الحبر. كانت الطغراءات المزخرفة التي نشأت منذ أوائل القرن السادس عشر الميلادي، والموجودة عادة في وثائق عثمانية هامة من إنجاز موظف بلاط مدرب خصيصا للغرض يعرف بالطغراوي. ويتمثل عمله الموازي لعمل أمين ختم الملك في بريطانيا، في وضع ختم الطغراء المتضمّن اسم السلطان وأسلافه في أعلى كل وثيقة.

ومع حلول حكم السلطان سليمان القانوني (1520 – 1566م) كانت الطغراء قد اكتسبت نسبها وشكلها الكلاسيكي، بحيث تضمنت إلى اليسار ثلاث عقد دائرية كبيرة؛ وفي الأعلى، ريشة من ثلاثة أربطة؛ وإلى اليمين، رابطين أفقيين يمتزجان في نهاية المطاف؛ وفي الأسفل نصّا متشابكا يأتي عادة وفق صيغة معينة: اسم السلطان واسم والده والدعاء التالي: "أدام الله ملكه". في العديد من الوثائق الهامة، قد يتوسّع السطر أو السطور الأولى للنص أسفل هذه الصيغة ليشمل أسماء السلطان وممتلكاته وذريته وليدرج، من بين أشياء أخرى، قائمة بالمقاطعات الخاضعة لسلطانه في القارات الثلاث وألقابه، التي من بينها "ظل الله على الأرض".(1) طغراء السلطان سليمان القانوني الموجودة بمتحف المتروبوليتان هي عمل خطوطي وزخرفي أُنجز في أوج الفترة الكلاسيكية العثمانية في خمسينات القرن السادس عشر الميلادي. وقد بدت زخرفتها متحفظة على عكس دسامة الأمثلة اللاحقة، مستخدمة مخزونا كلاسيكيا من أوراق الساز المقوسة على شكل ريش ومن أرابيسك نباتي يتضمن شكل الورقة المقسومة المسمى بـ 'الرومي' في تركيا.

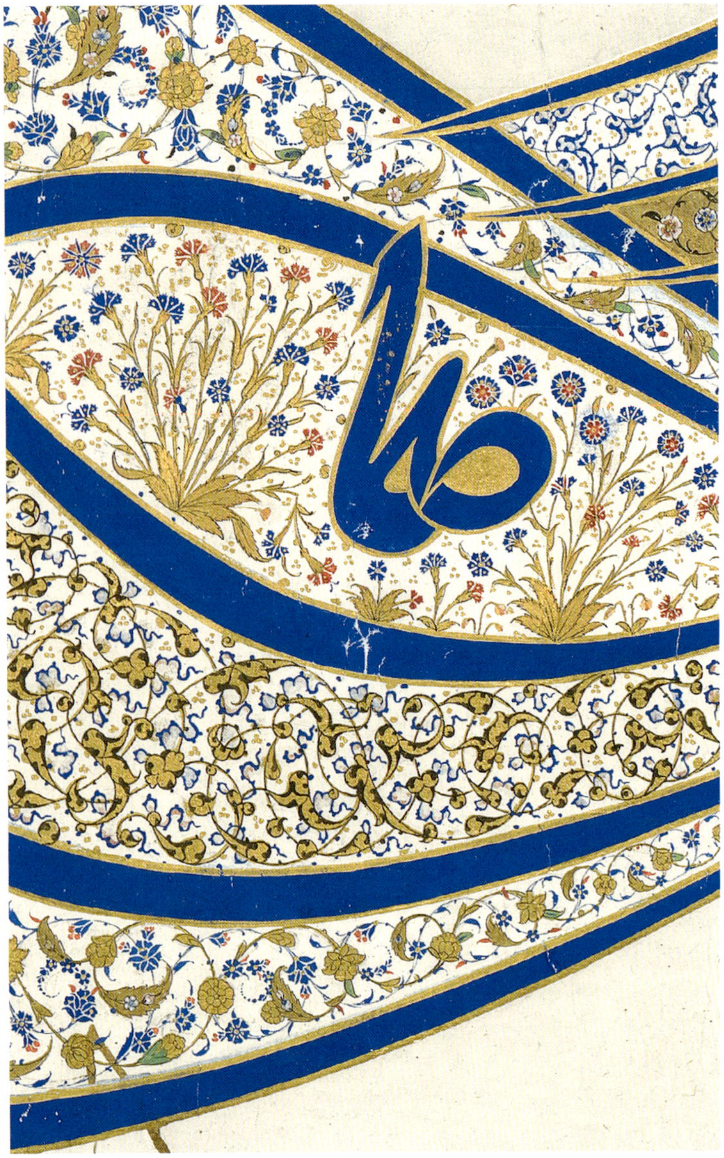

يقول النص "السلطان سليمان خان بن السلطان سليم خان، أدام الله ملكه." (2)
WBD

1. ماكلستر (McAllister 1939م).
2. واشنطن دي سي، شيكاغو ونيويورك 1987–1988م، ص.41، رقم 4 .

المصدر: [إ- بغيان (E. Beghian)، لندن حتى 1938م، بيع لمتحف المتروبوليتان للفنون].

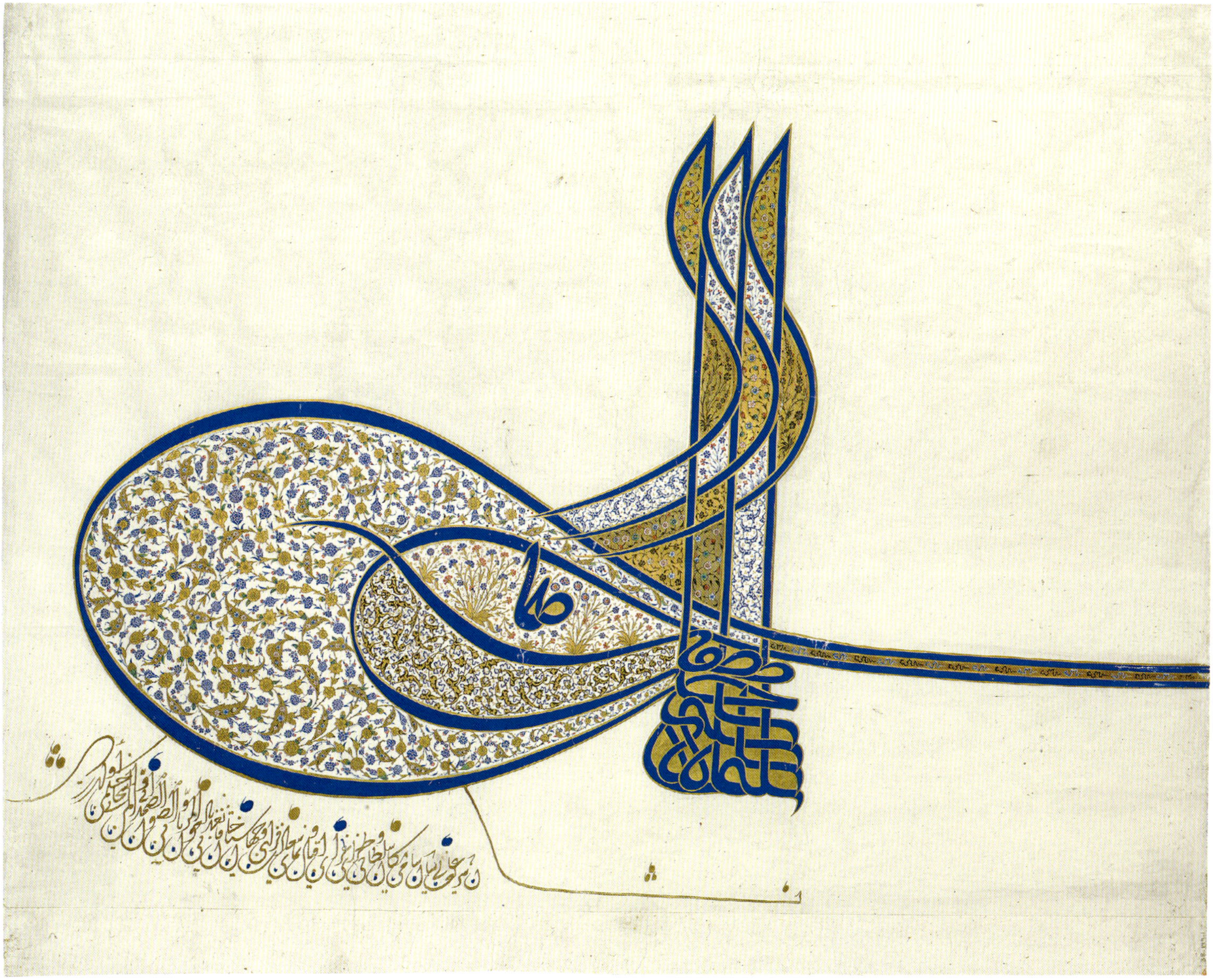

206. سفينة شراعية خطوطية

تركيا بتاريخ 1180 [هجري] الموافق لـ 1766 – 1767م.
الخطاط: عبد القادر الحصاري
حبر وذهب على ورق
المقاسات: 43.2×48.3 سم
رصيد اقتناءات لويز. س وتيريزا س. سيلي للفنون الإسلامية ورصيد رودجرز 2003م. 2003.241.

النص الموجود في الزاوية اليسرى العليا:
كتبه الفقير المذنب عبد القادر الحصاري في الساكين[؟] أناطولى [في] سنة 1180 [هجري] [الموافق لسنة 1766 – 1767م]

نص كتب بالذهب مشكلا هيكل السفينة وسطحها وأسماء النيام السبعة مع كلبهم قطمير؛ في مؤخرة السفينة داخل قرص ذهبي، توجد طغراء السلطان العثماني.

النص أسفل الطغراء:
السلطان بن السلطان السلطان مصطفى [الثالث] خان بن السلطان احمد [الثالث] خان

كتب على سارية العلم باللغة العربية [القرآن 2:255 (آيات الكرسي)] .

نص باللغة التركية العثمانية على أمواج البحر، نص نثري متعلق بالملاحة والبحر؛ (1) بخط أكبر.
أبيات شعرية باللغة التركية العثمانية محيطة بالصورة .
نص باللغة العربية بخط أصغر محيط بالصورة:
اللهمّ صلّ على سيدنا محمد وعلى آل محمد سيد الفائزين.(2)

تشكل الخطوطية الذهبية الكاسحة هيكل هذه السفينة، وهي تشق عباب بحر مكون من خط 'الغبار' بأحرف صغيرة جدا. أنجزت الصور المؤلفة كليا من الخطوطية المشار إليها كـ (كليغرام) في كثير من مناطق العالم الإسلامي بما في ذلك بلاد فارس والهند. ولكنّها كانت رائجة خصوصا بتركيا العثمانية.(3) تتخذ هذه الصور شتى الأشكال مثل الأسود والخيل واللقالق والطواويس وعمائم الدراويش والمساجد والسفن.(4) اعتُبر بعض هذه الصور المؤلفة من كلمات ضمن بعض الطرق الصفوية بتركيا ذات دلالة صوفية وغالبا ما زينت جدران منازل الدراويش وباقي فضاءات طقوسهم.(5) وتوجد نماذج إضافية لسفن خطوطية معروفة، من بينها رسم أنجز في أواخر القرن السابع عشر الميلادي لسفينة بمجاديف يحمل تاريخا وتوقيعا من قبل إسماعيل الدردي. وهو موجود حاليا بمتحف قصر الباب العالي، في إسطنبول.(6) بخصوص شراعية متحف المتروبوليتان، تنطوي النصوص الذهبية الموجودة في هيكلها على أسماء النيام السبعة، المعروفين في اللغة العربية بأصحاب الكهف.(7) كما توجد قصة النيام في المصادر المسيحية في فترة ما قبل الإسلام، وتروي قصة مجموعة من ستة شبان مسيحيين وراع وكلب الراعي، ناموا ثلاثة قرون داخل كهف، وقد حماهم الله من الاضطهاد الديني.

في القرآن، تُقص الحكاية ضمن السورة 18 (الكهف)؛ الآيات 26-9. رغم أنه لم يرد ذكر السفينة في القصة، إلا أن الفنانين العثمانيين قاموا بإدراج أسماء النيام في تصوير السفن وذلك منذ القرن السابع عشر الميلادي على الأقل.

تظهر أسماء النيام السبعة كذلك في قلائد الطلاسم والتمائم وحتى في الوجه الخلفي لأغطية المحابر.(8) وقد تكون هذه الممارسة راجعة إلى الميزات المبعدة للشرور المرتبطة بهذه الأسماء. وحسب بحوث علمية حديثة، فيبدو أن الأحاديث الشريفة والتفاسير تصف الخاصيات الوقائية المرتبطة بالنيام السبعة والآيات القرآنية المتعلقة بهم، ومن بينها الاعتقاد بأنه إذا ما كتبت أسماء النيام على سفينة ما، فإنها ستُحمي من الغرق.(9) ويقال إن البحرية العثمانية ذاتها مارست هذه الطقوس المتعلقة بالنيام السبعة.(10) وتُمثل الصورة التي نحن بصددها إحدى السفن الشراعية الحربية المصنعة حديثا للأسطول العثماني، وقد جُهزت بالعديد من المدافع القتالية وهي محمية من الأذى بأصحاب الكهف.

DMT/KZ

1. شكرا لزميلتي دينيز بيازيت (Deniz Beyazit) التي تفضلت بمراجعة النصوص العثمانية التركية على هذه القطعة وأيضا لرفعت جونلان وفاروق بليشي اللذين تفضلا بالتشاور معها حول هذه القراءات.
2. يتكرر هذا النص مرارا عديدة وكل مرّة بوصف أخير مختلف. تتواجد أيضا العبارة نفسها المتكررة حول توقيع الخطاط إلى أعلى اليسار.
3. للملخص لـ "الكتابة التصويرية"في بلاد فارس، انظر بلير (م2006 Blair)،الصفحات 449.456 والحواشي ذات الصلة) ويتضمن هذا الملخص صورة (ص.450،الصورة10-15) لربما كان أشهر نموذج فارسي على الإطلاق، متكون من أبيات من نادي علي ".لمزيد الاطّلاع حول استعمال الكتابة التصويرية فوق شبه القارة الهندية، انظر المكان نفسه، الصفحات 558-559. . للمزيد حول الخطوطية التصويرية العثمانية، انظر المكان نفسه ،الصفحات506-508
4. تتضمن مجموعة المتروبوليتان أيضا نصا شعريا مخطوطا في شكل طاووس مهدى إلى حاكم عثماني (حساب رقم 67.266.7.8)؛ لألبوم بليني (Bellini) حيث نص الطاووس هو جزء منه، انظر الفهرس 150.
5. انظر شيمال (م 1992 Schimmel) ؛ انظر أيضا ديونغ (م1992 DeJong) في المجلد نفسه وفرمبقن (م2011 - 2010 Frembgeben).
6. للاطلاع على رسم توضيحي لهذا العمل، انظر إسطنبول 1958أ، ص.83. سفينة خطية أخرى تعود إلى القرن التاسع عشر الميلادي. بيعت في بونهامز في 2000م. (انظر بونهامز، نايتس بريدج، لندن الأعمال الفنية الإسلامية والهندية، 11أكتوبر2000م، الرزمة 634).
7. بارت (م1960 Paret).

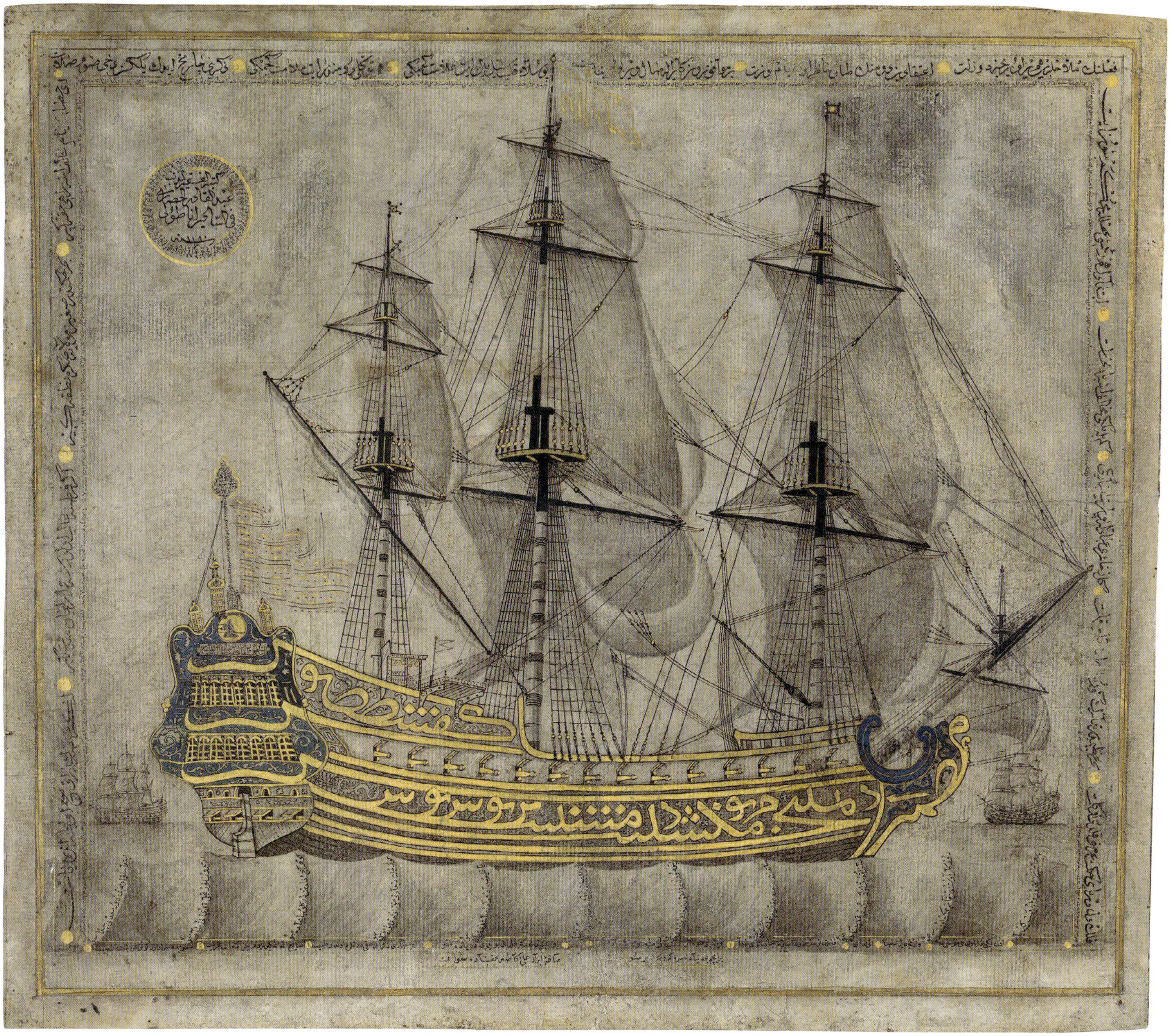

8. انظر بورتر ف. م2007 (Porter, V 2007). للإطلاع على صورة من محبرة بأسماء السبع نيام محفورة بالجانب الداخلي للغطاء، انظر آكر 1999م، ص.90. انظر أيضا غطاء محبرة في كايا أوقلو 2000م،ص.359.
9. انظر بورتر، ف. (Porter, V 2007م)،ص.126.
10. نفس المكان.

المصدر:[سيانا سيمنو وشركاؤه، (Ciancimino & Co.) بيع لندن في 1965م]؛ [فرنسسكا قالووي (Francesca Galloway)، لندن، حتى 2003م،بيع لمتحف المتروبوليتان للفنون].

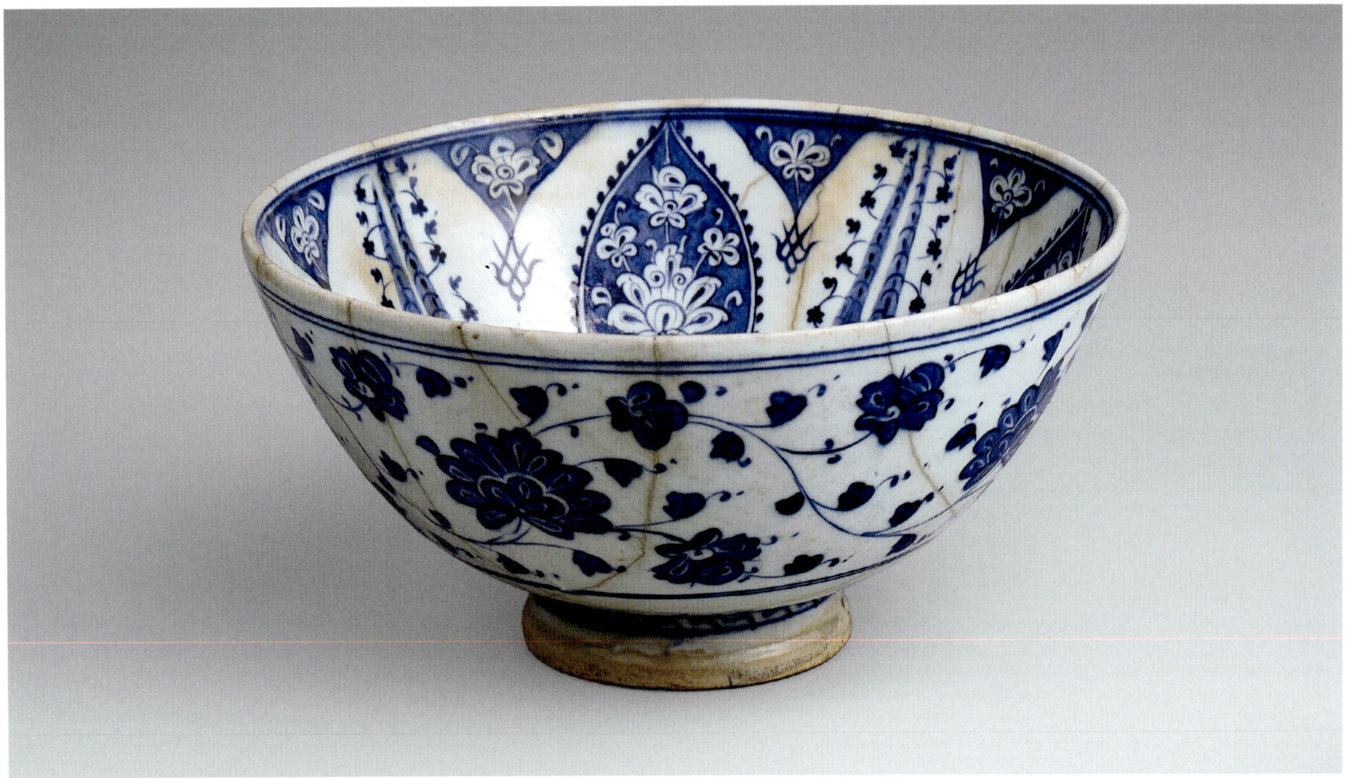

207. صحفة خزفية

تركيا، إزنيك، حوالي 1500 – 1525 م.
عجينة خزفية ملبدة ملونة بالأزرق تحت خلفية زجاجية شفافة.
المقاسات: الارتفاع: 13.1سم؛ القطر: 25.4سم
رصيد رودجرز 1932م 32.34

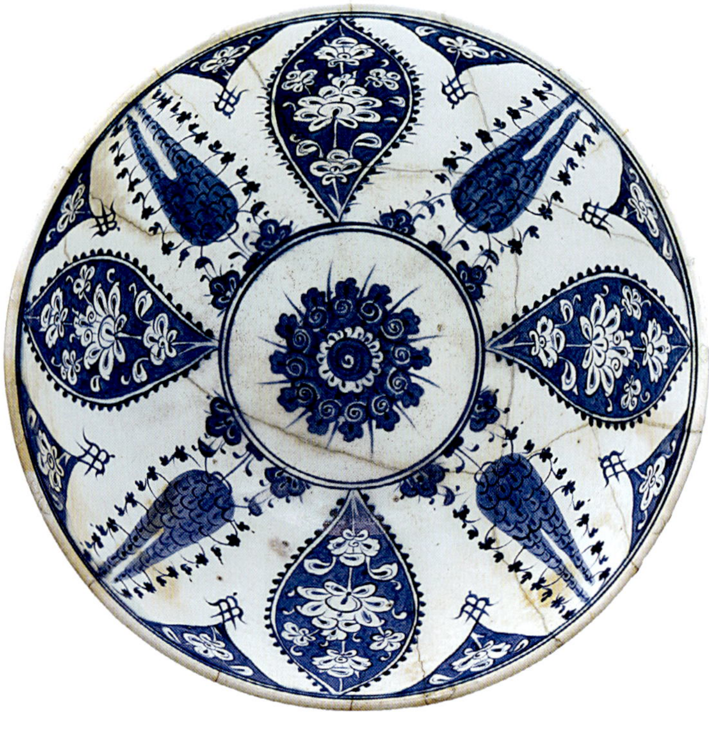

كانت إزنيك، وهو الاسم العثماني الذي أُطلق على المدينة البيزنطيّة العتيقة 'نيقية'، التي أُدمجت في الإمبراطورية العثمانية في مراحلها الأولى في 1331م، مركزا لإنتاج الخزف وذلك منذ أواخر العصر البيزنطي وما تلاه. ولكن لم ينتج الخزّافون في إزنيك ما يطلق عليه المؤرخون "الخزفيات الرقيقة" (مشتقة من الألمانية "فاين كيراميك") ذات الجودة العالية إلا مع نهاية القرن الخامس عشر الميلادي. تُجسّد هذه الصحفة فترة إنتاج إزنيك الأولى حين بدأت تقنيات جديدة وأسلوب جديد تأثّرا بالبلاط في إسطنبول تنعكس على الأعمال المنجزة. فالصلات الوطيدة التي أقامها الحرفيون في أفران إزنيك مع تصاميم البلاط وعرّابيه في إسطنبول كُتب لها أن تتواصل لفترة تفوق القرن بكثير.

يضاهي أسلوب زخرفة الصحفة المنجزة بلون أزرق فاتح وداكن على خلفية مزجّجة فاتحة اللّون تلك الرسوم المنجزة بالحبر الأسود المكتشفة في ألبوم بمتحف قصر الباب العالي. ويُعتقد أن من أنجز هذه الرسوم هو المصمّم المدعو بابا نقاش (وهو ما يعني حرفيا الأب المصمم) الذي عمل بورشة التصميم الملكية بإسطنبول في القرن الخامس عشر الميلادي.

ونتيجة لذلك، سمّيت خزفيات إزنيك البيضاء والزرقاء المنجزة وفق هذا الأسلوب بـ"مجموعة بابا نقاش". (1)

يزدان الجانب المستدير لداخل الصحفة بأربع شجرات سرو منمنمة ذات قمم متشعبة. وتُمثّل شجرات السرو موتيفا يتكرّر في الفنّ العثماني، حيث يمكن لهذه الأخيرة أن تستخدم إمّا لترمز للقداسة (غالبا ما تغرس مثل هذه الشجرات في المقابر أو أفنية المساجد)، أو استعارة للمحبوب (كثيرا ما يستخدم الشعر العثماني مجاز السرو للإشارة إلى المرأة الجميلة.) وتتناوب هذه الشجرات مع خراطيش ذات شكل قوس قوطي وأرضية زرقاء تحمل أزهارا بيضاء مرسومة مباشرة على المادة الخزفية، وتعتبر بتلات هذه الأزهار الملتفة المزدانة بأشكال صغيرة جدا على هيئة دموع ذات لون أزرق داكن من سمات أسلوب بابا نقاش. ويُظهر الوجه الخارجي للصحفة أرابيسكا من البراعم المتصل بعضها ببعض بواسطة دوال بالأسلوب نفسه باعتماد الأزرق والأزرق الفاتح على أرضية بيضاء.

WBD

1. انظر(Atasoy and Raby 1989م)، الصفحات 96 - 100.

المصدر: [Dikran G. Kelekian، نيويورك، حتى 1932م، بيع لمتحف المتروبوليتان للفنون]

208. آنية خزفية على شكل فانوس مسجد

تركيا، إزنيك، 1525 - 1540م.
عجينة خزفية ملبدة ملونة بالأزرق على خلفية مزجّجة شفافة
المقاسات: 17.1سم؛ القطر: 14.9سم.
رصيد هاريس بريزبان ديك، 1959م 59.69.3

نص بخط عربي معوجّ بخط الثلث:
لا فتا إلاّ علي/ لا سيف إلاّ ذا الفقار [كذا]

أسفل هذا النص، نص آخر بخط عربي معوجّ، مكرر مرتين:
المـ[لـ]ك لله الواحد.
وتحته بالخطّ النسخي: عيش

209. إبريق خزفي على شكل فوهة

تركيا، إزنيك، 1525 - 1540م
عجينة خزفية ملبدة، ملونة بالأزرق تحت خلفية مزججة شفافة
المقاسات: الإبريق: أ- الارتفاع: 22.5سم؛ القطر: 14سم.
الغطاء: ب- الارتفاع: 3.8سم؛ القطر: 8.9سم
رصيد هاريس بريزبان ديك، 1966م 3أ،ب.66.4

كان في وقت ما يُعتقد، على وجه الخطأ، أن خزفيات إزنيك ذات الزخرفة اللولبية كما هي الحال في هذين الإناءين، قد صُنعت داخل ورشات تقع في الميناء الداخلي الشهير لإسطنبول المعروف بالقرن الذهبي. وقد سُميت أخيرا بمجموعة 'مُذهّبي الطغراء' على غرار المسؤولين في البلاط الذين كانوا يزيّنون التوقيع الرسمي للسلطان على الوثائق الرسمية التي تستخدم زينة لولبيّة مماثلة في الربع الثاني من القرن السادس عشر الميلادي.(1) وتنقسم مثل هذه الأواني إلى مجموعتين مختلفتين: مجموعة مبكرة منجزة بالكامل بالكوبالت الأزرق (مع درجات متقطّعة من اللون الفيروزي)؛ ومجموعة متأخرة مزخرفة بخط أسود رقيق مع درجات من اللون الأزرق. ومن أشهر نماذج المجموعة الأولى الإناءان الصغيران الموجودان بمتحف المتروبوليتان، أحدهما على شكل فانوس مسجد زجاجي والآخر على شكل إبريق قهوة معدني. وهي تُظهر ميل فناني إزنيك إلى استعارة أشكال من وسائط أخرى، خاصة خلال السنوات التأسيسية لمعامل إزنيك في أوائل القرن السادس عشر الميلادي.

يجذب الفانوس انتباها خاصا لأنه يحمل نصوصا دينية عربية أنيقة وكذلك دعوات طيبة كتبت بالخط الكوفي الذي يُظهر، مثلما هو الشأن في نصوص على بعض النماذج الأخرى من أواني إزنيك، أخطاء إملائية جسيمة. فعلى جسم الفانوس كُتب "الم(لـ)ك لله الواحد" في إشارة إلى الله. وتحت هذا النص على الجسم نجد كلمة "عيش" (لذّة الحياة)؛ وعلى طرف الفانوس المفلج عبارة "لا فتا إلاّ علي/ لا سيف إلاّ ذا الفقار"، في إشارة إلى زوج بنت النبي وسيفه الشهير. ورغم أنه من غير المستغرب أن يوجد مثل هذا النص في وسط إسلامي سني (فعادة ما يرسم سيف علي على الألوية السنجقية الاستعراضية للعثمانيين السنة المتشددين)، إلا أن ذكر علي وسيفه في الإمبراطورية العثمانية في أوائل القرن السادس عشر الميلادي وفي وقت احتد فيه الصّراع المرير بين سنة الأناضول وشيعتها يمكن أن يؤخذ على أنه ذو دلالة شيعية على وجه خاص.

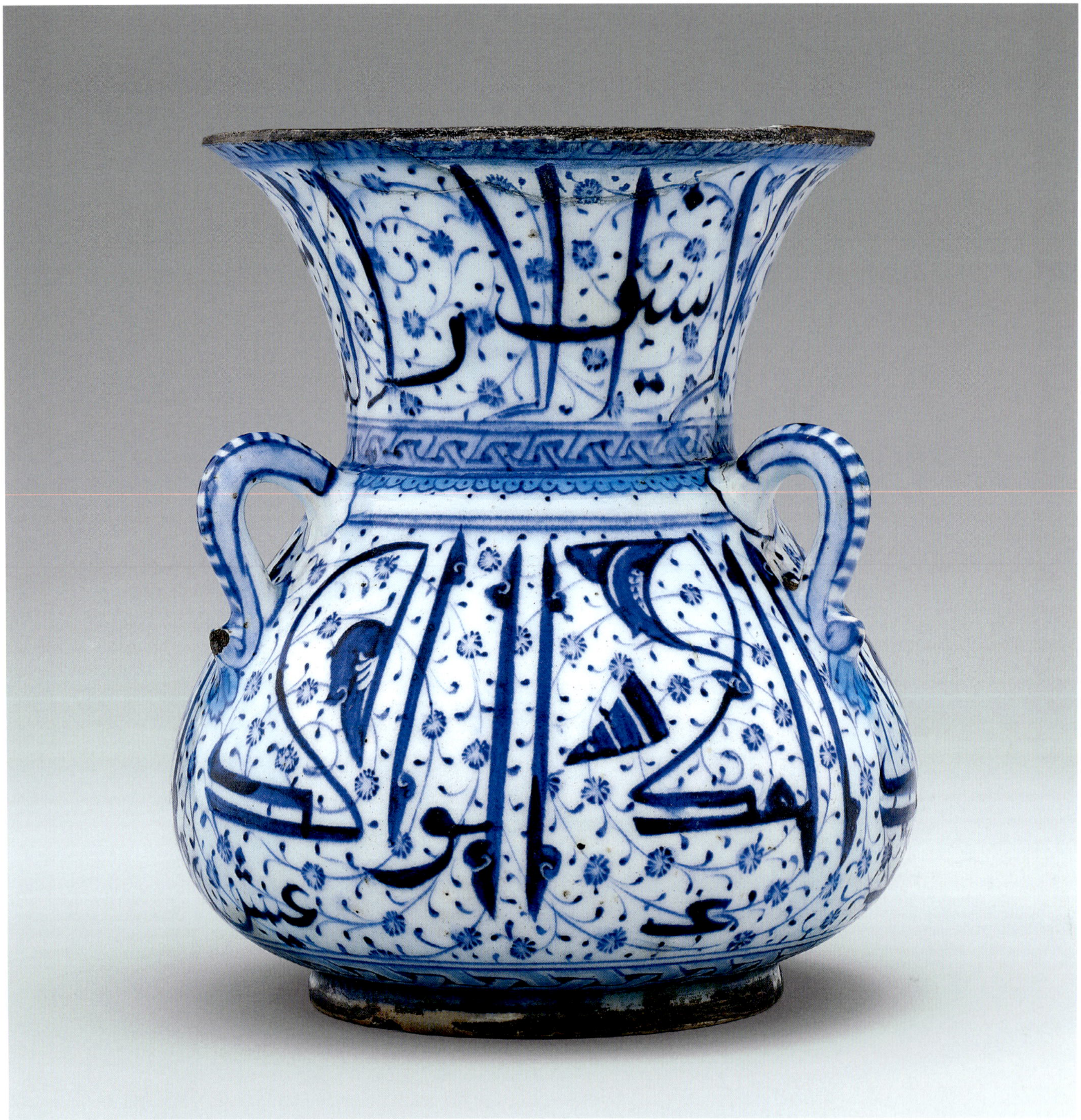

208

لا توجد نصوص تُعقّد الإناء الذي جاء في هيئة إبريق على شكل فوهة (كوز) أو إبريق قهوة. وبالمقارنة مع أواني إزنيك من فترة لاحقة، سواء تعلق الأمر بشكل الفوانيس أو الأباريق، تعتبر هاتان القطعتان صغيرتان جدّا. وإذ تُشكلان نموذجين مصغّرين فائقي الجودة فإنهما تختزلان أناقة خزف مينغ الأزرق والأبيض الثمين. ولكنهما تحافظان في الوقت نفسه على طابعهما العثماني المميّز من حيث الشكل والزخرفة.

WBD

1. (Atasoy and Raby 1989م)، الصفحات 108 - 111.

المصدر: الفهرس 208: (Octave Homberg)، باريس (1903 - 1908م؛بيع (Galerie George Petit) باريس 11 - 16ماي 1908م؛ الرزمة 226؛ [(Brimo de Laroussilhe)، باريس، حتى 1959م؛ بيع لمتحف المتروبوليتان للفنون] الفهرس: 209: مجموعة (Ferdinand Adda)، مصر (1959 - 1965م؛ بيع، قصر (Galliera)، باريس، 3 ديسمبر 1965م، الرزمة 803، (Marthe Baschet) لفائدة متحف المتروبوليتان للفنون].

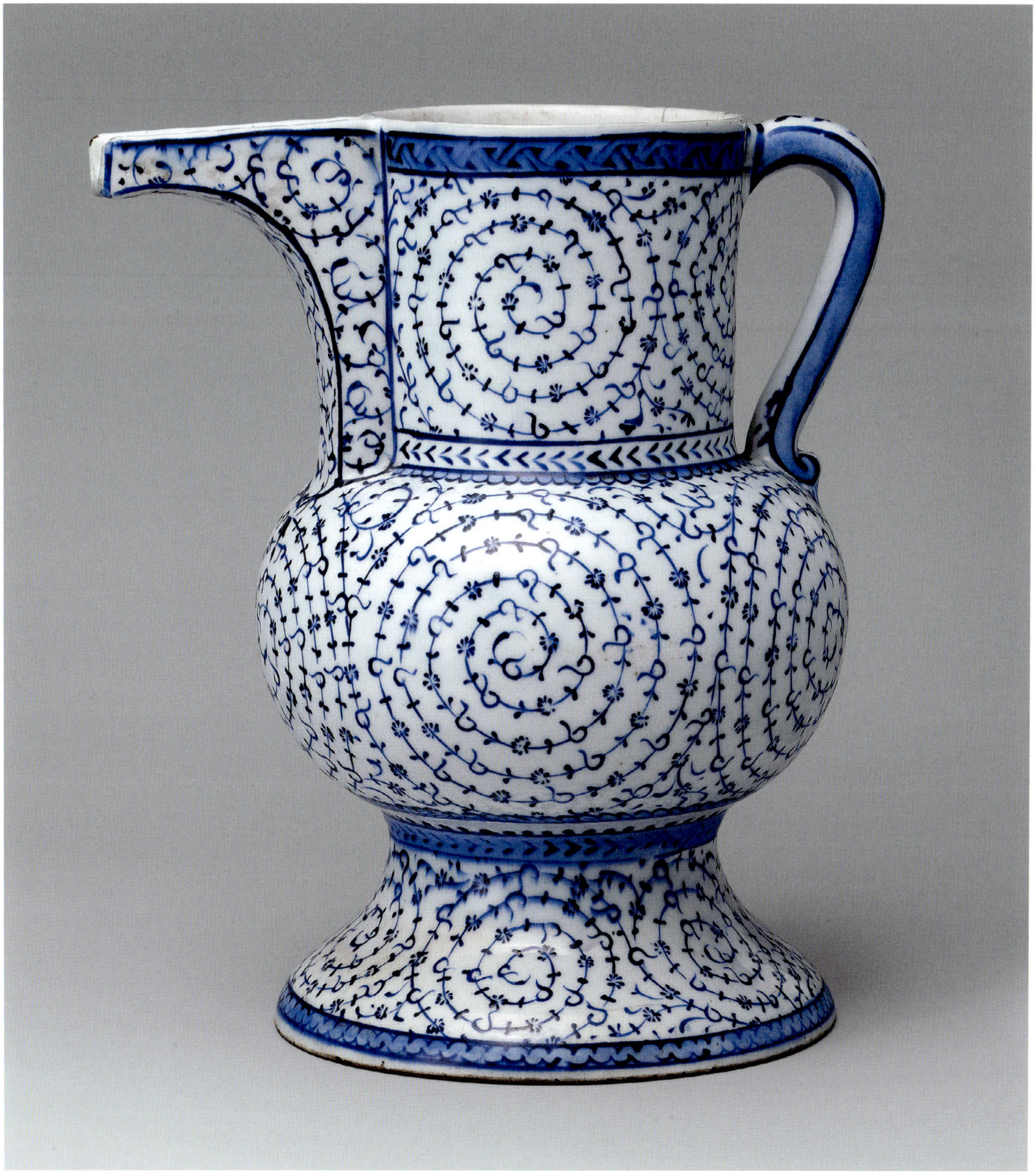

209

210. طبق خزفي.

تركيا، إزنيك، منتصف القرن السادس عشر الميلادي.
عجينة خزفية ملبدة؛ ملوّن باللون الفيروزي وصبغتين باللون الأزرق على خلفية مزججة شفافة.
المقاسات: الارتفاع: 7.6سم، القطر: 39.4سم.
وصية بنجامين ألتمان، 1913م 14.40.727.

أنجز تصميم هذا الصحن الخالي من أية حافة باللون الفيروزي مع تدرّجين لونيّين من الأزرق. وهو يعتبر تصميما فريدا في تاريخ الخزفيات التركية. وظلّت مصادر المساحة المركزية المشبّكة والأرابيسك المشكّل من براعم اللوتس الذي يحيط بالحلبة ربع الدائرية، أو بالجزء المستدير من الصحن، تُمثل لوقت طويل لغزا لم تفك رموزه حتى هام 1971م عندما أُشير إلى أن الصحن كان في حقيقة الأمر تحويرا ذكيّا مبدعا لتصميم شهير مألوف في مجال خزفيات مينغ الصينية. (1) وبالفعل، يوجد التصميم الصيني الأصلي الذي يتضمن شبكة هندسيّة وأرابيسك من براعم اللوتس ودوال وأوراق مشابهة في أواني مينغ ذات اللون الأخضر الفاتح الضارب إلى الرمادي والتي كان الإقبال عليها من قبل زبائن من الشرق الأوسط عاليا جدا. ويرجع ذلك جزئيا إلى قدرتها المزعومة على اكتشاف السمّ المضاف إلى الأكل.

ولقد كان العمل العثماني على درجة كبيرة من الاختلاف عن النموذج الصيني من حيث اللون ممّا أدى لعدم التفطّن لوجود علاقة بين الأسلوبين لفترة طويلة. كادت الثقافة الفنية في مجال خزفيات إزنيك أن تخلو تماما من مفهوم طاقم القطع المتجانسة. فكل صحن وكل كوز ومزهرية وقارورة أو إبريق كان يُزين منفردا. وحتى عندما يُستخدم نموذج ورقي فإن الألوان والتفاصيل لم تكن أبدا متطابقة. وخلال الثلث الأوسط من القرن السادس عشر الميلادي، في جوّ فني يتسم بالحراك، كان فنانو إزنيك يختبرون تقنيات جديدة (تشكيلة متعددة الألوان) وأشكالا جديدة (وهي تعدّ امتدادا لترسانة الأشكال المستنبطة من الخزف الصيني أو القطع المعدنية الإسلامية) ولاسيما تصاميم جديدة. وعندما صُنع صحن ألتمان، كان طلاء رمادي ضارب إلى الزرقة يوضع تحت طبقة التزجيج متاحا لفناني إزنيك ولكنه كان خضابا رقيقا صلبا يختلف تماما من حيث المفعول عن العجينة الخزفية الصينية المعروفة باسم "سيلادون" وهي مادة سميكة وذات لون قشدي وأخضر يشبه لون حساء البازيلا. وهكذا استنبط فنان صحن متحف المتروبوليتان تصميمه من نموذج من القطع المصنوعة من السيلادون. ولكنه اختار أن يكون العمل منجزا بصياغة تصويرية متقنة بدقة مستخدما لونا شفافا من الأزرق والفيروزي مع كوبالت أزرق أدكن. ويضرب صحن ألتمان بوضوح مثلا للقاعدة العامة القائلة إن أعمال الإبداع الفني تبدأ بأعمال مشاهدة ابتكارية.

WBD

1. (Pope, J. A 1972م)، الصفحات 135، 138.

المصدر: (Henry G. Marquand)، نيويورك، (Benjamin Altman)، نيويورك (حتى وفاته 1913م).

211. طبق خزفي

تركيا؛ إزنيك؛ حوالي 1560م.
عجينة خزفية ملبدة متعددة الألوان تحت خلفية زجاجية شفافة
المقاسات: الارتفاع 7سم. القطر. 32.4سم.
مجموعة السيد والسيدة إسحاق د. فليتشر، وصية إسحاق د. فليتشر 1917م 17.120.19

يُوثّق هذا الصحن الرائع متعدد الألوان بتصميمه من الأزهار المرسومة على خلفية زرقاء لحظة مفصليّة في تاريخ خزفيات إزنيك، عندما جرى اللجوء أوّل مرّة إلى استخدام طلاء خزفي ذي لون أحمر تحت خلفية مزجّجة، وكان ذلك حوالي 1560م. وفي إطار شكل تقليدي مستوحى من نموذج مينغ صيني يتضمن حافة مسطّحة مستدقة، وحلبة ربع دائرية (منحني من الحافة إلى قاع الطبق) وقاعدة مركزية دائرية مسطحة، نجح فنان إزنيك المسؤول عن إنجاز هذا الطبق في خلق رائعة من روائع التصميم المبتكر في ثلاثة ألوان، الأبيض والأحمر والفيروزي- على أرضية من الأزرق الداكن. ويعكس التصميم الأسلوب الزهري الجديد الذي ظهر في فنّ البلاط العثماني في منتصف القرن السادس عشر الميلادي. وقد ابتدعه رئيس ورشة التصميم الملكية المعيّن حديثا، الفنان المعروف باسم 'كاره ميمي' (ويعني حرفيا محمد الداكن) (1)
وبالاعتماد على ما استُخدم في هذا العمل من خضاب رقيق أحمر مصنوع من الطين المطعم بالحديد والمعروف بالطين الأرميني وكذلك الزخارف الحمراء المتعرجة على زهرتي الزنبق في النصف السفلي للقاعدة المركزية، يمكننا تأريخ هذا العمل وإسناده إلى حوالي سنة 1560م حين كانت لوحات خزفية مصممة من قبل كارة ميمي، وفق أسلوب يكاد يكون مماثلا، تُعلّق بجدران مسجد رستم باشا في إسطنبول الذي كان قد اكتمل تشييده.(2).
زُيّنت الحافة بأزهار زنبق بيضاء صغيرة وأزهار ذات خمس بتلات أضفت على التصميم إحساسا بحركة دورانية. وأسوة بممارسة شائعة في منتصف القرن السادس عشر الميلادي، تُستخدم حلبة الطبق ربع الدائرية المنحنية وقاعه المسطح مساحةً واحدة للتصميم.

وتنبثق من نقطة واحدة في أسفل العمل سويقات الغصن الزهري المركزي - الذي يتكون من زهرتي زنبق باللون الأبيض وسعفتين زهريتين خياليتين معقّدتين تزدان إحداهما بأرابيسك "رومي" من فلقات الأوراق والأخرى بأزهار أصغر حجما. وإذا ما دققنا النظر في هذا التصميم المتحرك، يمكننا أن نتحسّس اللمسات الفردية لفرشاة الفنان الشبيهة بالريشة على الخلفية الزرقاء، والتي تضفي على المساحة بنية مرئية ثلاثية الأبعاد.

WBD

1. حول كاره ميمي (Kara Memi) وأسلوبه، انظر واشنطن دي سي، شيكاغو، ونيويورك 1987 - 1988م، الصفحات 55 - 56؛ انظر أيضا (Denny 2004م)، الصفحات 79 و117.
2. نوقش ذلك في (Denny 2004 م) الصفحات 79 - 92؛ انظر أيضا (Denny م 1998)؛ الصفحات 37 - 56.

المصدر: (Isaac D. Fletcher)، نيويورك (حتى وفاته 1917م)

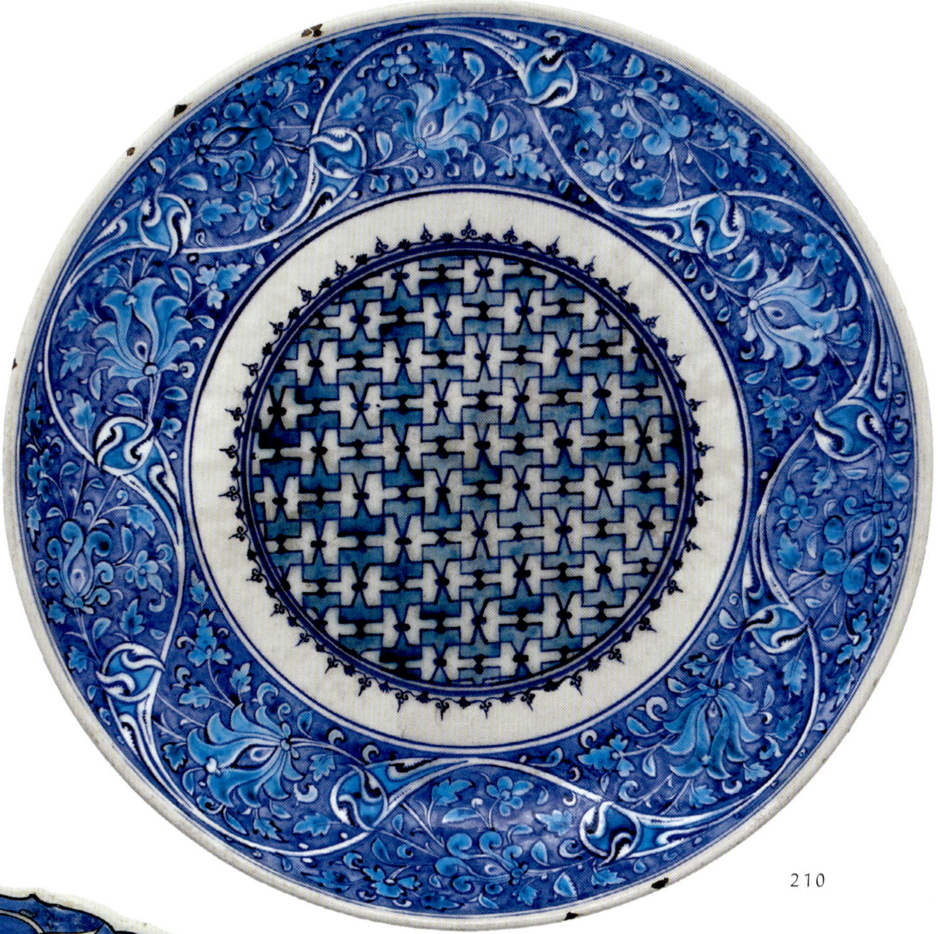

210

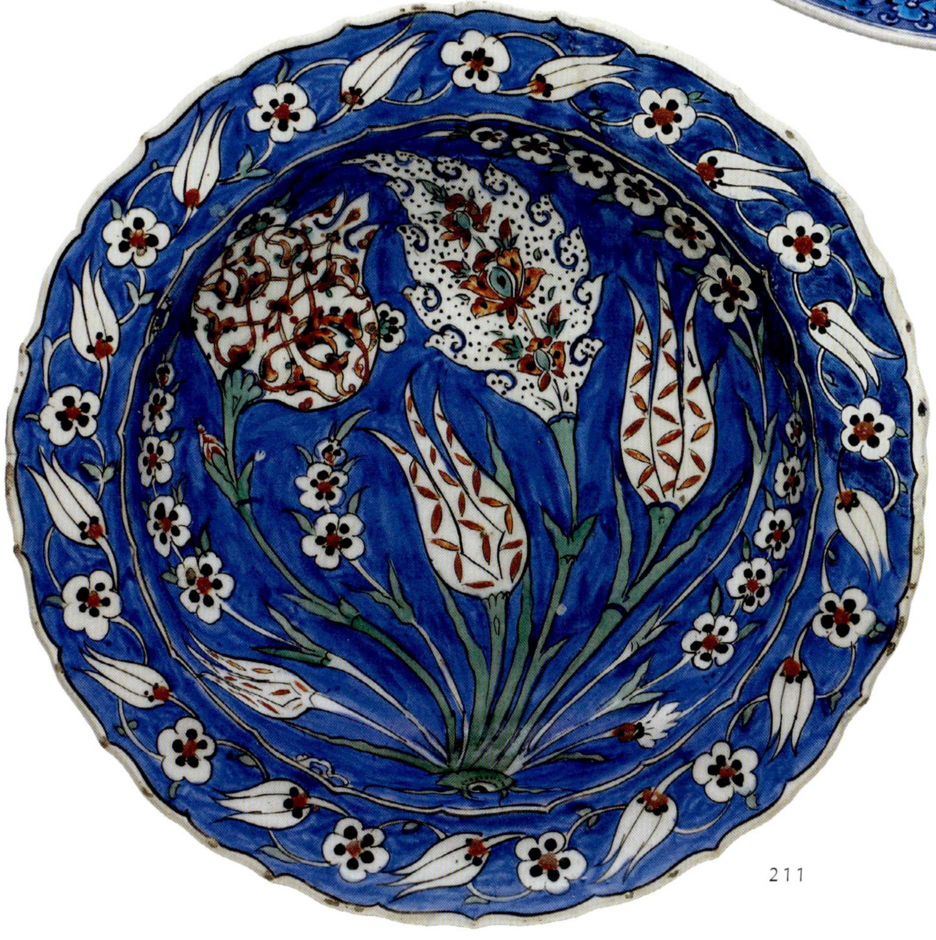

211

212. طبق خزفي أبيض وأزرق ذو قدم عريض على شكل طاس

تركيا، إزنيك، حوالي 1570 – 1580م.
عجينة خزفية ملبدة، متعددة الألوان ومطلي بالأزرق تحت خلفية مزججة شفافة.
المقاسات: الارتفاع: 11.3سم؛ القطر: 36.2سم.
رصيد هاريس بريزبان ديك، 1966م 66.4.2

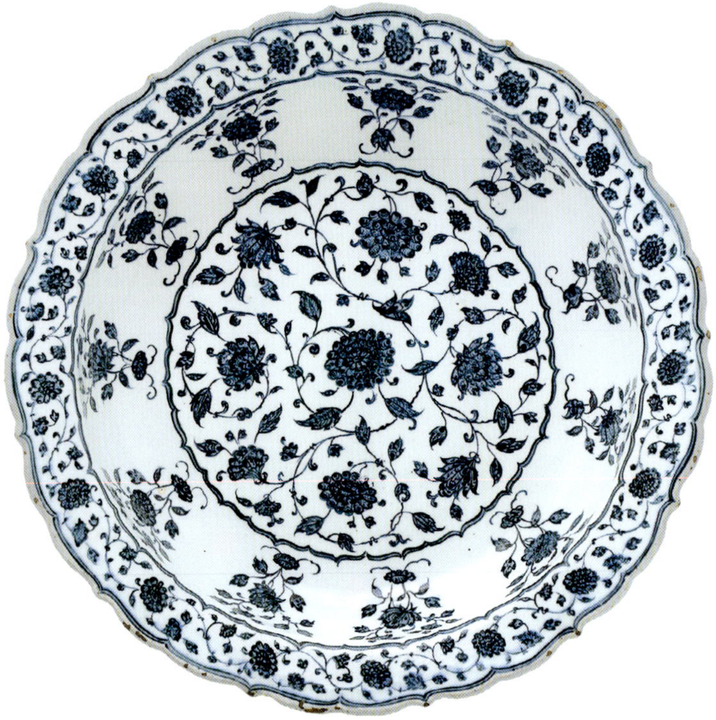

213. طبق خزفي أبيض وأزرق به ثلاثة عناقيد عنب

تركيا، إزنيك، حوالي 1570م.
عجينة خزفية ملبدة؛ متعدد الألوان على خلفية مزججة شفافة.
الارتفاع: 7.3سم؛ القطر: 34.3سم.
مجموعة إدوارد سي مور، وصية إدوارد سي مور، 1891م 91.1.102

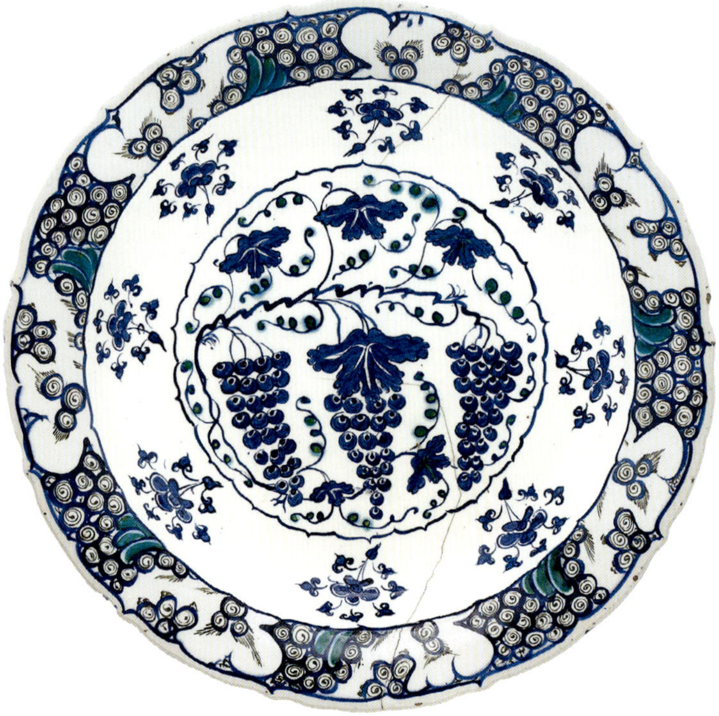

كان الباحث البريطاني العظيم المختص في الخزفيات آرثر لين أوّل من وضع الترتيب الزمني الأساسي لإنتاج الخزف بإزنيك. وقد كانت أولى مراحله من حوالي 1490م إلى 1525م تتسم فيما تتسم به بتشكيلة ألوان بيضاء وزرقاء وبنزعة إلى الاستلهام من خزف مينغ الصيني.(1) وهكذا، ففي فترة ما، جرى إسناد هذين الطبقين من أطباق إزنيك البيضاء والزرقاء اللافتين للأنظار الموجودين بمتحف المتروبوليتان إلى الربع الأول من القرن السادس عشر الميلادي. ولكن بحوثا حديثة أرّختهما إلى فترة زمنية تتعدى التاريخ الأول بأكثر من خمسين سنة. ويُمثل الطبق الأكبر، (الفهرس 212) وقد أخذ هيئة القدم من الشكل الإيطالي المعروف بـ 'طاسة'، بكل تأكيد أحد المحاولات العثمانية الناجحة لتجديد صنف شهير من زخرفة خزف مينغ. ويُبرز لون الطبق الأزرق والأسود وتأثر الفنان اللافت للنظر ببنية الزخرفة الزهرية في خزف مينغ إلماما شاملا بالفروق الدقيقة للأصل الصيني بخلاف ما هي عليه الحال في النسخ العثمانية للعمل الأصلي المنجزة في أوائل القرن السادس عشر الميلادي. (2)

إن مثل هذا التحكم الفني بما في ذلك استخدام اللون الأزرق والأسود الداكن لا يتجلى في المجموعة الأولى من أواني إزنيك البيضاء والزرقاء التابعة لما سمي بأسلوب بابا نقاش. ولكن ما لبثت أن أصبحت فعلا ضمن القدرات والمخزون الفني لفناني إزنيك مع حلول ثمانينات القرن السادس عشر الميلادي.(3) والطبق الثاني (الفهرس 213) هو كذلك مستوحى من خزفيات مينغ الزرقاء والبيضاء. وهو عبارة عن تأويل عثماني يكاد يكون قريبا من تصميم خزف مينغ الذي يشتمل على ثلاثة عناقيد من العنب. وهذا موتيف ظهر في خزفيات إزنيك منذ ثلاثينات القرن السادس عشر حتى أوائل القرن السابع عشر الميلاديّين. وقد استخدمت الأعمال الإزنيكية المبكّرة التي تحمل هذا التصميم الكوبالت الأزرق في درجتَين، الفاتح والداكن، مع إطار خارجي بالأزرق الداكن. وتضيف نماذج لاحقة في خمسينات القرن السادس عشر الميلادي اللون الأسود مع لمسات من اللون الفيروزي. وخلال ثمانينات القرن السادس عشر الميلادي رسمت الأعناب أحيانا بلون الطماطم الأحمر، ورسمت الأوراق بالأخضر الفاقع. ويشتمل خزف الحافّة التقليدي على لفائف صغيرة متراصة منجزة بخط أسود. وهو بذلك يعتبر اقتباسا عثمانيا مألوفا جدّا من التصميم الصيني الأصلي لحافة

ذات أمواج وصخور. ويُظهر الطّرف المستدق وكذلك المجموعات الصغيرة من الأزهار في الحلبة ربع الدائرية ولعا عثمانيا متواصلا بالنسخ الأصلية من خزفيات مينغ باهظة الكلفة التي كانت توجد أعداد كبيرة منها ضمن المجموعة الخزفية الملكية بقصر الباب العالي بإسطنبول.

WBD

1. انظر (Lane 1957م).
2. انظر (Denny 1974ب).
3. نشرت طاسة شبيهة جدّا من كوبنهاغن في (Atasoy and Raby 1989م)، الصورة 445.

المصدر: الفهرس 212: (S. Sevadjian)، باريس (حتى 1927م؛ بيع (Hôtel Drouot)، باريس 1 – 3 جوان 1927م، (الرزمة 112)؛ مجموعة (Ferdinand Adda)، مصر (1959 – 1965م، بيع، (Galliera)، باريس، 3 ديسمبر 1965م، الرزمة 800 (Marthe Baschet) لفائدة متحف المتروبوليتان للفنون)

الفهرس: 213. إدوارد سي مور، نيويورك (حتى وفاته 1891م).

214. طبق خزفي

تركيا، إزنيك حوالي 1575 – 1790م.
عجينة خزفية ملبدة وألوان متعددة على خلفية مزججة شفافة.
المقاسات: الارتفاع، 6سم؛ القطر 28.4سم
هبة جيمس ج. روريمر تقديرا لخدمة موريس ديماند في أمانة المتحف، 1933 – 1959م. 1959.59.69. (1).

مع حلول ثمانينات القرن السادس عشر الميلادي شرع فخارو إزنيك في إنتاج فخاريات أصيلة بتصاميم مختلفة على نطاق واسع. وكانت غاية في الابتكار بل غريبة أحيانا. وغالبا ما لم تكن لهذه الفخاريات أية صلة من حيث الأسلوب بورشة التصميم الخزفي في إسطنبول.

إنّ هذا الطبق الإزنيكي متعدد الألوان الذي يتضمّن مشهدا من طيور بين أزهار وفق التصميم الرائج في الفترة الأخيرة للحافة ذات اللفائف المتراصة لهو عمل يشد الانتباه، غير أنها توجد على الأرجح قصّة مبطّنة في مجرد التركيب الزهري

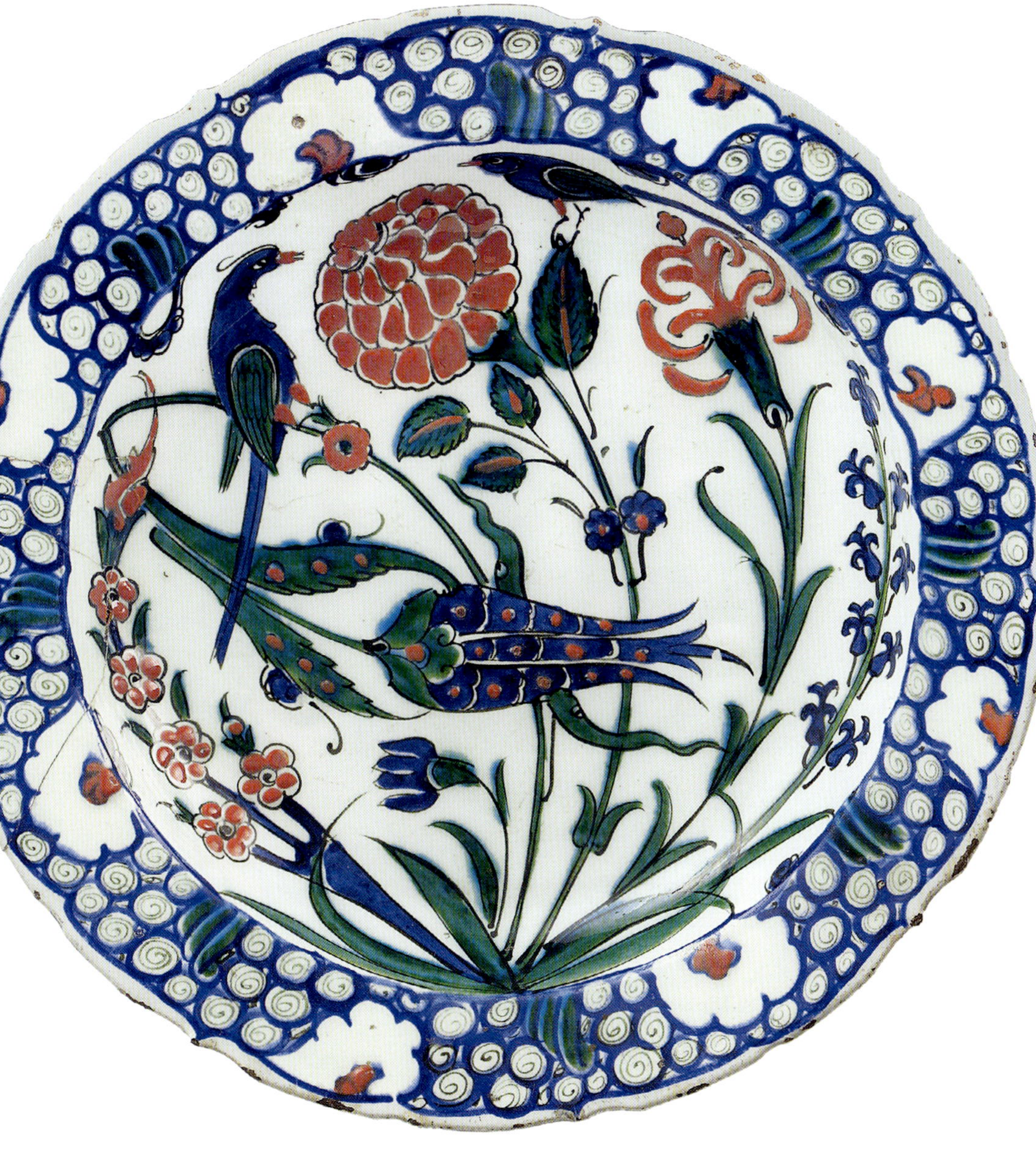

ليس متاحا لمشاهد القرن الحادي والعشرين تبيّنها بسهولة. (1)
تتضمن القاعدة الدائرية المركزية خمسة "فاعلين" أساسيين: عصفورا، قد يكون عندليبا متجها إلى اليمين، ووردة مباشرة إلى يمين العصفور وسلطان الجبل إلى يمين الوردة وغُصين خزامى تحت سلطان الجبل وزنبقة في وسط الصحن. وجميع هذه النباتات تتفرّع من كتلة الأوراق نفسها. ويُتمّم مجموعة شخصيات هذا المشهد طائر أصغر وغصن من أزهار ذات ست بتلات. وكلاهما فاعل يؤدّي دورا ثانويا في المشهد. فالأدوار الرئيسية تؤدّيها على الأرجح الوردة والعندليب. وكلاهما يُمثّل مواضيع مجازية في الشعر العاطفي تداولها شعراء عثمانيون من القرن الخامس عشر حتى القرن الثامن عشر الميلاديين. وكثيرا ما أدّت أزهار أخرى مثل الزنبق والقرنفل وسلطان الجبل والخزامى أدوارا في مثل هذا الشعر. ويبدو من المنطقي أن يُمثّل طبق المتروبوليتان تجسيدا مرئيا لهذه الكتابة الأدبية العثمانية الشائعة. وقد أثار الشاعر فضلي (توفي في 1563م) في قصيدته "الوردة والعندليب" المؤلفة من حوالي 1563م عالم ملك فصل الربيع قائلا:
"في غمرة سلطانه المبارك لا عويل يُطلق/ فيما عدا نواح العندليب الحزين وسط الأزهار." (2) وكتب الشاعر نشاتي (توفي 1674م): "نحن الشوق كامن في دعاء العندليب المتيّم حبّا / نحن دم خفي في قلب الوردة القرمزية غير المتفتحة." (3)
ونظرا إلى كلفتها الباهظة وجمال زينتها، فإنّ أطباق إزنيك من مثل هذا الطبق قلّما استُخدمت لتقديم الأكل، بل كانت تُعرض في الدواليب المبنية داخل العديد من غرف الجلوس العثمانية (مثل القاعة الدمشقية) في متحف المتروبوليتان للفنون (الفهرس 238)، حيث كانت تُمثّل معانيها الشعرية، ولا ريب، محور الحديث.
WBD

1. انظر دنّي (Denny 2004م)، الصفحات 173 - 197
2. أخذت الترجمة الإنكليزية من قبل (Gibb 1901م)؛ ص. 99
3. (Andrews et al 1997م)، ص. 131

المصدر: [(Brimo de Laroussilhe)، باريس؛ حتى 1959م؛ بيع لمتحف المتروبوليتان للفنون].

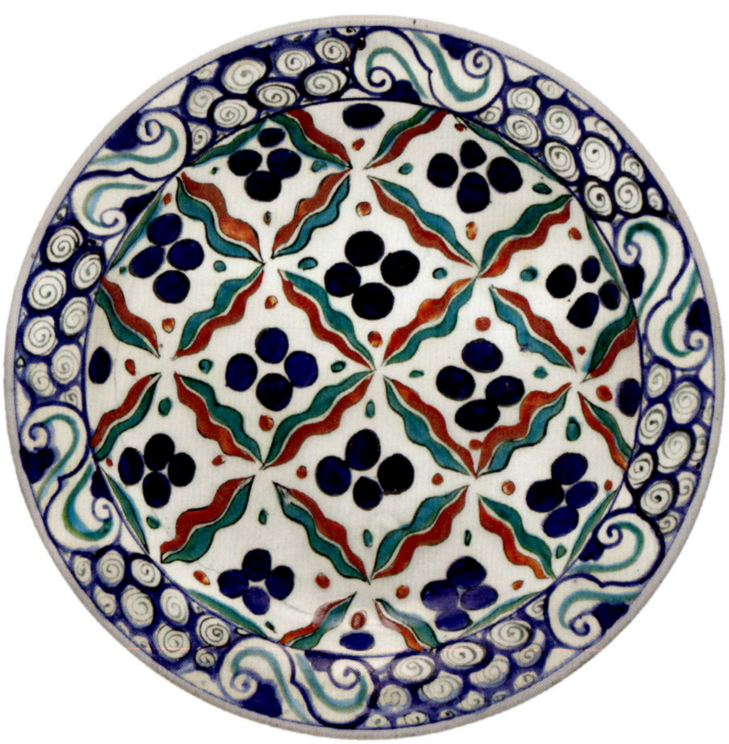

215. طبق خزفي

تركيا، إزنيك، حوالي 1575 - 1590م.
عجينة خزفية ملبدة؛ متعدد الألوان تحت خلفية مزجّجة شفافة.
المقاسات: الارتفاع 4.9سم؛ القطر: 25.9سم
هبة وليام ب أوزغود فيلد، 1902م 02.05.55

أدّت الضغوط الاقتصادية وقوى السوق الجديدة، ومن بينها تضخّم مستفحل عُرف في التاريخ بـ" ثورة الأسعار "، إلى جعل خزافي إزنيك، عند حلول الربع الأخير من القرن السادس عشر الميلادي يهتمون أكثر فأكثر باستكشاف آفاق جديدة في التصميم. بيد أن هذه الابتكارات الفنية لم تأت نتيجة قوالب جديدة مرسلة من البلاط في إسطنبول لإنتاج الخزف المزخرف للمباني الملكية، بل كانت ثمرة تركيز على صناعة قطع جذابة باهظة الثمن من أواني المائدة الفاخرة في نسخ مفردة معدة إمّا للبيع في البازارات المحلية أو للشحن إلى أسواق أجنبية في أوروبا.

ورغم أن حواف أطباق مماثلة لهذا الطبق، وهي جوهريا تحاكي نموذج مينغ المتضمّن رسوما لأمواج مزبدة ترتطم بساحل صخري، أصبحت على نحو مطّرد العُرف المألوف للتزيين وتتضمن لوالب متراصّة تتخللها لفائف على شكل الحرف اللاتيني S، فإن تصاميم المساحات المركزية، مع حلول ثمانينات القرن السادس عشر الميلادي، برهنت على تفتّق للقرائح اتخذ شكل أصالة فنية. في هذه الحال، رُتّب المكوّنان الاثنان لموتيف تميمة شنتماني المحبذة من قبل الفنانين العثمانيين- وهما أزواج من أشرطة متموّجة ومستدقة ومجموعات من أربع بقع دائرية على هيئة عيون- لتُشكل تصميما متعانقا. وفي المعتاد، تظهر البقع في مجموعات ثلاثية. ولكن هذا الفنان أخذ حرية غير مألوفة وجمعها في أربع. (1)
ومع نهاية القرن السادس عشر الميلادي، أصبح مثل هذا الصحن يُنتج بأعداد متزايدة للسوق الحرة حيث أمكن للأسعار المرتفعة أن تعكس بصفة أدقّ الأوضاع الاقتصادية الجديدة المنجرّة عن التضخم، وأمكن للخزفيّين تحقيق ربح لائق يتناسب وعملهم. بإزاء ذلك، كان صانعو الخزف المُكلفين من قبل البلاط في إسطنبول يُجازون بسعر ثابت أُقرّ منذ فترة تعود إلى 1558م. وكان لا يعدو أن يغطي نفقة الإنتاج. وتحتوي وثيقة مرسلة في 1585م من إسطنبول إلى مسؤول في إزنيك على شكوى من أنّ فخاري إزنيك "لا يعملون لحساب الدولة، بل هم يعرضون عن ذلك ويعدّون أواني مائدة خزفية لتجار الفخار". (2) ولهذا، لا يكتفي هذا الطبق الملوّن بتألّق والخالي من كلّ عيب تقني، بكونه نموذجا من المهارة الفنية الفائقة فحسب، بل يعدّ أيضا وثيقة شاهدة على صراع صانعيه من أجل البقاء الاقتصادي.
WBD

1. حول شنتياني، انظر (Paquin 1992م)، الصفحات 111 وو. ويوجد مصدر مختلف حول هذا الموضوع، نكاد نجزم أنه من إبداع الفنان نفسه. ولكن بزيادة البقع الثلاث التقليدية، في متحف كالوست كولبنكيان (Museu Calouste Gulbenkian) لشبونة؛ (Ribeiro 2009م)، ص. 86، رقم 48. انظر أيضا (Atasoy and Raby 1989م)، الألواح 762، 763.

2. هذه الوثيقة وكثير غيرها حول إنتاج إزنيك جُمعت أولا، ثمّ ترجمت إلى الألمانية ونشرت من قبل (Robert Anhegger) ملحقا في (Otto-Dorn 1941م).

المصدر: (W. B. Osgood Field) نيويورك (حتى 1902م).

216. لوحة خزفية

تركيا، بورصة، أوائل القرن الخامس عشر الميلادي.
عجينة خزفية ملبدة؛ مصبوب متعدد الألوان مزجج باستعمال التقنية اليدوية المعروفة بالحبل اليابس، مذهّب.
المقاسات: 29×17.2×3.8سم.
اقتناء، أصدقاء هدايا الفن الإسلامي، 1998م – 1988.246.

تُزين أربعة أشكال متعانقة مصبوبة على نحو بارز من لفائف مورّقة ممتدة على طول محور مركزي هذه البلاطة الخزفية متعددة الألوان المزجّجة المستخدمة لتزويق الحافات. وقد جرى التوصّل إلى تحقيق هذا التصميم المعقد من خلال استخدام تشكيلة ألوان متباينة من الأبيض والفيروزي والأزرق الداكن مع درجات من اللونين الأصفر والذهبي اللذين يبرزان محور لفائف الدالية المرسومة على شكل أقواس مزدوجة. كانت هذه البلاطة في وقت من الأوقات جزءا من مجموعة زيّنت جدار القبر الأخضر (ياسيل تربة) في بورصة. وهو ضريح السلطان محمد الأول (حكم ما بين 1413 – 1421م) (1). وتتطابق مع إفريز الحافة الذي يُزين الجانب الأيسر من الضريح. وتستخدم هذه الزينة المتشابكة التي تثري برنامج زخرفة القبر مرارا وتكرارا مع مربعات خزفية تحمل زخارف مماثلة تغطّي مساحات أخرى، مثل إفريزات الحافة الخارجية للنوافذ الخارجية والحوافي العمودية لمرحاب القبر. وتعدّ المربعات الخزفية المصنوعة بواسطة هذه التقنية من أقدم ما صنع من نوعها تحت الرعاية العثمانية. وقد أشرف المصمم نقاش علي، وهو من مواليد بورصة تلقى تدريبه في سمرقند التيمورية،(2) على إنجاز برنامج زخرفة القبر الأخضر في بورصة. وقد أسند العمل الخزفي لأساتذة تبريز كما يتبين من نص نقش على محراب الجامع. ويُبرز تصميم الأرابيسك العمودي للمربعات الخزفية وكذلك كل الترسانة الزخرفية للقبر تشابهات مع صناعة البلاط الإيرانية خلال الفترة نفسها.(3) . وتتضمن تقنيات صناعة البلاط المستعملة في المجمّع المشيّد لمحمد الأول الفسيفساء الخزفية والبلاطات الخزفية ذات اللون الواحد والبلاطات متعددة الألوان المنجزة بواسطة تقنية الزخرفة اليدوية المصطلح على تسميتها بالحبل اليابس والبلاطات المنقوشة والمصبوبة. وتضفي مثل هذه التشكيلة من التقنيات والزخارف بما فيها الزخارف المتعددة الأضلاع والنباتية والخطوطية وثلاثية الأبعاد على مجمّع الضريح طابعا فريدا وانتقائيا بعض الشيء يستغل مجمل صناعة البلاطات الخزفية المعاصرة. وبالإضافة إلى ذلك، تُثبت الزينة المصبوبة على نحو بارز التي تضاهي تلك التي نجدها على بلاط من كشان القرن الرابع عشر الميلادي ومن آسيا الوسطى التيمورية تعقيد الترسانة الزخرفية وشموليتها. ويمكن تفسير وجود هذه الصلة بإيران وآسيا الوسطى إمّا بكون الحرفيين الخزفيين الأجانب قد جُلبوا إلى بورصة ليعملوا وفق أساليبهم الأصلية، وإمّا أن بكون الحرفيين المحليين مثل نقاش علي قد ذهبوا إلى هناك وتعلّموا تقنيات جديدة تثري الإنتاج في بورصة. ويُحتفظ بمتحف فيكتوريا وألبرت بلندن وكذلك بمتحف الفنون لمقاطعة لوس أنجلس ببلاطات أخرى وكذلك بعناصر منها من مجمّع الضريح هذا تحمل الخصائص الأسلوبية التي يتّسم بها نموذج متحف المتروبوليتان نفسها.(5) ME/PG

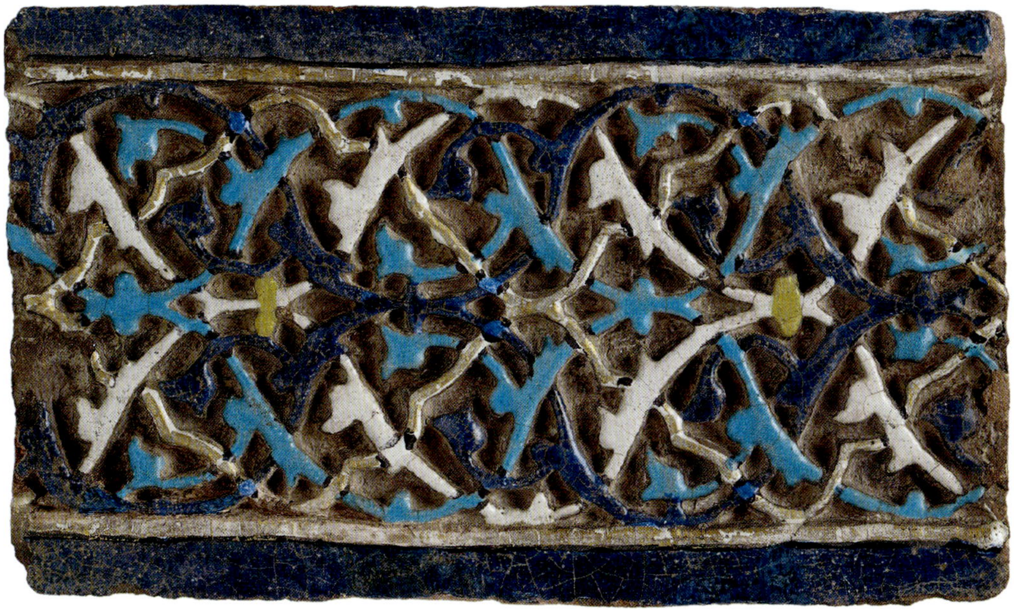

1. كان القبر جزءا من مجمّع أكبر يتضمّن مسجدا ومباني أخرى (عمارتان ومدرسة) شيدت بين 1419 - و1424م تخليدا لذكرى إحياء الإمبراطورية العثمانية مباشرة بعد هزم تيمور لبيازيد الأول في 1401م.

2. حسب مترجم السيرة العثماني في القرن السادس عشر الميلادي طاشكو بريزاد (Tashköprüzade) فإن عليا بن إلياس علي كان أصيل بورصة وأخذ إلى بلاد ما وراء النهر من قبل تيمور. انظر (م1985 Tashköprüzade)، ص. 437، كما نقل عنه في (م Necipoğlu 1990)، ص. 136.

3. للمزيد من الاطلاع حول نصوص محراب مسجد يسيل، انظر (م1937 Riefstahl)؛ وللمزيد من الاطلاع حول صلات التيموريين بالأشغال الخزفية لمسجد يسيل و'تربة' يسيل، انظر (م1998 Carswell)؛ دنّي (م2004 Denny)؛ (م1990 Necipoğlu) و (م1987 O'Kane)، الصفحات 64 - 72

4. متحف فيكتوريا وألبرت، لندن (الأرقام 1617 - 1892، 1620 - 1892، و1621: 1 - 2 - 3).

5. يوجد الجزء السفلي من لوحة مقرنص في مجموعة متحف الفنون بمحافظة لوس أنجلس (رقم M 85.237.79) ؛ تشبه تقنية الزخرفة المصبوبة البارزة لهذه البلاطة تلك الموجودة على بلاطة أخرى في المجموعة نفسها (رقم M 73.5.1). وهي على الأرجح من كشان منسوبة إلى أوائل القرن الرابع عشر الميلادي.

المصدر: تربة يسيل، ضريح السلطان محمد الأول، بورصة (حتى على الأقل 1855م)؛ [الفن الإسلامي الممتاز، لندن، حتى 1998م؛ بيعت لمتحف المتروبوليتان للفنون].

217. مربعة خزفية بأوراق ساز

تركيا، إزنيك، حوالي 1545 - 1555م،
عجينة خزفية ملبدة وألوان متعددة تحت خلفية مزجّجة شفافة
المقاسات: 30.2×30.2سم.
هبة ريتشارد إتّنغهاوزن، 1978م 1978.3.5

كان صانعو خزف إزنيك في منتصف القرن السادس عشر الميلادي، لا يزالون بصدد تطوير البراعة الفنية والقدرات التقنية التي آلت فيما بعد، وعلى امتداد الأربع عقود الأخيرة من القرن، إلى إنتاج على نطاق واسع لخزفيات متعددة الألوان ذات جودة عالية. وعلى نحو حاسم، تخلّى صانعو الخزف عن الشكل السداسي الذي كان يطغى على إنتاجهم ليجنحوا لصنع مربّعات خزفية مماثلة لهذا النموذج الرائع. وقد التجؤوا أيضا إلى استخدام خطّ أسود لرسم محيطات الموتيفات الفنية وبلوروا أنماطا نموذجية مكررة كما هي الحال هنا حيث تنساب هذه الأنماط برقّة من مربعة إلى أخرى أفقيا وعموديا. صنعت هذه المربعة قبل أن يصبح شكل مربع قياسي يبلغ ضلعه 26.5سم هو القاعدة بإزنيك. ولذلك فهي أكبر بقليل وأفخم من المربعات من الفترات اللاحقة من القرن نفسه. ويبدو التصميم الذي يضمّ سعفات زهرية معقدة وأوراق أسلوب الساز العثماني المزخرفة المقوسة بسيطا على نحو مخادع. ولا يمكن تركيب لوحة كاملة من نماذج متطابقة من هذه المربعات لأن نصفي السعفات اليمنى واليسرى (كما هو مبيّن) غير متطابقين: فواحدة لها طرف يتكون من فصوص دائرية بينما الأخرى مسنّنة مليّا. ولذلك، فلا بد من نموذج ثان منتج على نطاق واسع لإتمام التصميم، أي صورة معكوسة تماما لهذه المربعة الخزفية (وفعلا توجد نماذج من كلا التصميمين في عدة متاحف). وتقدم مجموعة من مربعات خزفية مزخرفة بطريقة مشابهة رتبت مع بعضها بعضا في وقت لاحق فوق الجدار الخارجي لجامع رستم باشا في إسطنبول (الذي اكتمل بناؤه في 1561م) (1) مثالا للانطباع العام الذي يمكن أن يحصل جرّاء هذا الترتيب. بعيد صنع هذه المربعة الخزفية في 1550م تقريبا، بدأ الطلاء الخزفي ذو اللون الأحمر والموضوع تحت الطبقة المزججة في الظهور في إزنيك. ورغم أن فناني إزنيك عادوا مرارا وتكرارا إلى تشكيلة الألوان السابقة المتكونة من اللونين الأزرق والفيروزي على خلفية بيضاء لصنع أوانيهم الخزفية، فإن صنع مربعات بهذا التلوين ومن هذا الحجم توقّف في القرن السابع عشر الميلادي نظرا إلى أنها كانت أكبر من جميع المربعات

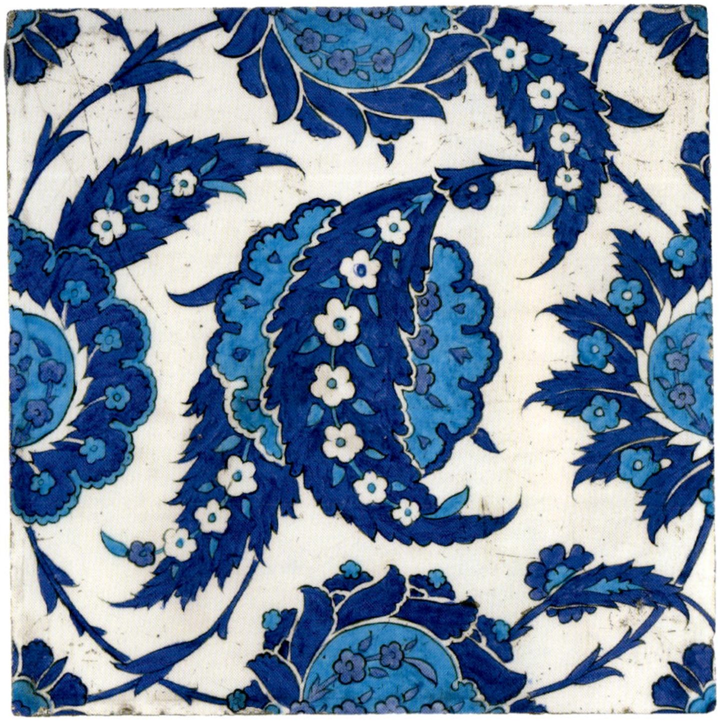

الخزفية النموذجية وأندر. وتُمثّل المربعات الخزفية مثل هذه التي نحن بصددها، بفضل بساطتها اللافتة للنظر، رحلة حاسمة في العلاقة الدينامية المتغيّرة باستمرار بين المُصمّم وصانع المربعات الخزفية وبين إسطنبول وإزنيك.

WBD

1. مُبيّنة في (م1977 Denny)، الصورة 113.

المصدر: [(Charles D. Kelekian)، نيويورك]؛ (Richard Ettinghausen)، برنستون، نيوجرزي (حتى 1978م).

218. أ – ب : بلاطتان خزفيتان

تركيا، إزنيك، حوالي 1578م.
عجينة خزفية ملبدة وألوان متعددة تحت خلفية مزججة شفافة.
المقاسات : أ– 24.9× 25.1× 1.7سم.
هبة وليام ب. أوزغود فيلد، 1902م 02.5.91
المقاسات: ب- 12.7× 24.1×1.6سم
رصيد فليتشر، 1971م 1971.235.2

كانت أعمال الترميم الكبرى التي جرت حوالي 1578م في السكن الخاص أو الحريم في قصر الباب العالي بإسطنبول خلال فترة حكم السلطان مراد الثالث (حكم ما بين 1574 – 1595م) الحافز وراء الطلبات واسعة النطاق لإنتاج البلاطات من قبل ورش الخزف بإزنيك. وتمثّل بعض من الزخارف الجديدة في لوحات ذات مساحة موحّدة – أي أعمال ذات تصميم وحيد مُنجز انطلاقا من رسم تمهيدي ورقي كبير على مساحة من عدّة بلاطات. غير أن جلّها، وهو مستخدم في حجرة النوم الخاصة بالسلطان، تضمّن تصاميم متكررة تعتمد بلاطة واحدة. ويظهر أن البلاطات المخصصة لغرفة النوم الملكية أنتجت بأعداد أكبر ممّا تطلبه المشروع الأصلي. وقد استخدم بعض البلاطات الزائدة عن الحاجة في مسجد صغير بإسطنبول مشيّد من قبل حاجي هوسرف، رئيس قسم المشتريات بالقصر. (ويوجد عدد آخر كبير منها اليوم في متاحف في مختلف أنحاء العالم.) وبعد مضي ربع قرن، كُلفت ورش إزنيك بصنع المزيد من البلاطات ذات التصميم نفسه. ويمكن التعرف عليها من خلال نوعيتها التقنية التي كانت أدنى من سابقاتها على نحو ملحوظ.(1) وتعتبر مربعة المتروبوليتان الخزفية (الفهرس 218 أ) مثالا نموذجيا من البلاطات ذات المساحة المتكرّرة التي أُمر بصنعها لحجرة نوم السلطان والتي نشأت في رحم الفترة الأكثر روعة من فترات الإنتاج الخزفي بإزنيك في سبعينات القرن السادس عشر الميلادي.

وتحيط بشريط مركزي من سحب ذات تقوس مزدوج ومن أصل صيني منقوش باللون الأحمر تحت خلفية مزججة بيضاء، ورقتان مسنّنتان، بينما تتمركز نصف سعفات على جميع الجوانب الأربعة مُشكلة سعفات كاملة عندما توضع إلى جانب الأشكال المتطابقة معها الموجودة في البلاطات المتاخمة. وعلى نحو مماثل، تُشعّ أربعة أنصاف أشرطة سحب حمراء من الزوايا مسترسلة على البلاطات المجاورة. وتتمّة لهذه البلاطات البرّاقة ذات الأرضية البيضاء التي كانت تغطي جدران المسكن الخاص بالسلطان، استنبط حرفيو إزنيك حافة بالغة الطرافة تتضمّن أشكال فلقات ورق تعرف بـ'الرومي' منجزة باللونين الأبيض والأسود على خلفية حمراء بلون الطماطم،(الفهرس 218ب). وقد تناثرت على نطاق واسع بلاطات الحافة من دورة الإنتاج هذه نفسها. وهذه أولى البلاطات من هذا الصنف التي استخدمت الأحمر اللامع لونا للأرضية. وتوجد لنموذج المتروبوليتان نظائر في العديد من مجموعات المتاحف الأخرى.

WBD

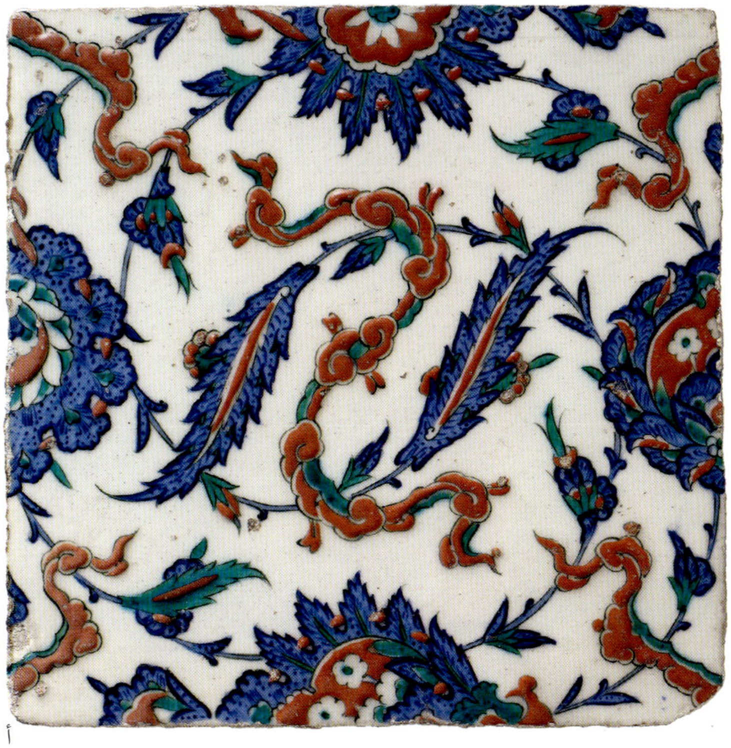

أ

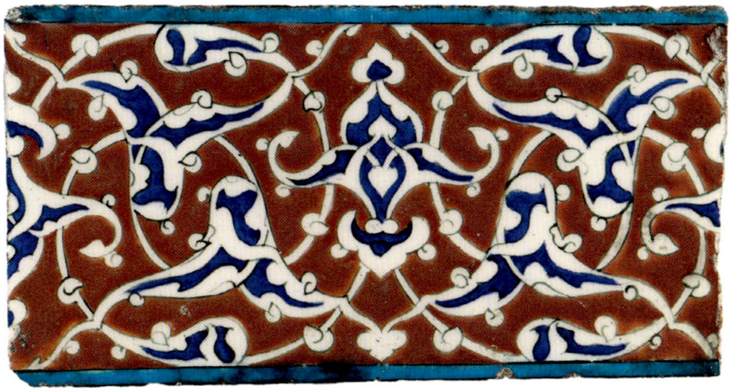

ب

1. توجد أمثلة أخرى من بلاطات الحافة والمساحة الرئيسية في أماكن أخرى من بينها متحف (Museu Calouste Gulbenkian)، لشبونة؛ متحف (Benaki Museum) أثينا؛ متحف فكتوريا وألبرت بلندن؛ ومتحف اللوفر بباريس. وتوجد أمثلة غير منشورة من نسخ لاحقة في كثير من المجموعات بما فيها متاحف الفنون بهارفارد، كامبردج، ماساتشوستس؛ انظر (م1998 Denny)، الصفحات 146 – 147، 150؛ و (م Denny 2004)، الصفحات 109، 113.

المصدر: الفهرس 218أ- وب-:، نيويورك (W. B. Osgood Field)(حتى 1902م) الفهرس 218ب.: [(Charles D. Kelekian)، نيويورك، حتى 1971؛ بيعت لمتحف المتروبوليتان للفنون].

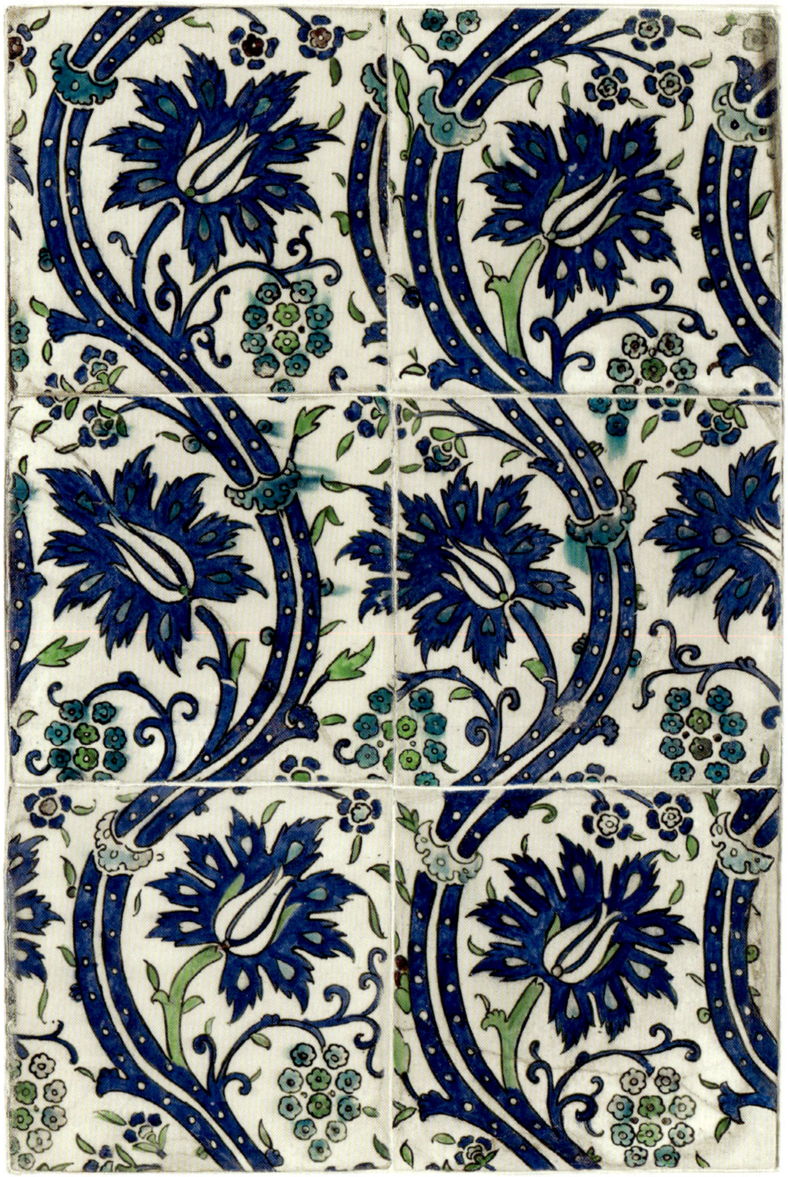

219. لوحة خزفية ملوّنة بطلاء تحت خلفية مزججة

سوريا، على الأرجح دمشق، القرن السادس عشر – القرن السابع عشر الميلاديين.
عجينة خزفية ملبدة وألوان متعددة تحت خلفية مزجّجة شفافة
المقاسات: 55.9×83.8سم
رصيد رودجرز، 1922م 185.22. 13 أ– و.

مع تزايد الطلب على إنتاج خزف إزنيك بحلول نهاية القرن السادس عشر الميلادي خاصة في مجال استعمال البلاطات لزخرفة معالم عمومية وأخرى خاصة، سقطت إزنيك عرضة لسلسلة من المصائب شملت الحرائق المدمّرة والآثار الموهنة للسُحار السيليسي (المنجرّة عن غبار الصوان المسحون المستعمل في الجسم الخزفي الأبيض وكذلك عن التسمم من جرّاء الرصاص، والرصاص هو الصهيرة المستعملة في التزجيج الأبيض الذي يغطي خزفيات إزنيك) ومرض الملاريا المتفشي بضفة بحيرة إزنيك الذي أصاب حرفيي الخزف. وكما رأينا (الفهرس 215) هيكلة أسعار أجبرت فناني إزنيك على بيع بلاطاتهم بسعر لم يغطّ تكلفة اليد العاملة والمواد الخام. ولكن بالتوازي مع انحسار إزنيك، برزت للوجود مصانع جديدة في الإمبراطورية العثمانية للاستجابة للطلب المتواصل على هذه البلاطات. وكان أحد هذه المصانع، بديار بكر في جنوب تركيا. وقد نشط لمدة وجيزة في نهاية القرن السادس عشر الميلادي.(1) ونشأ آخر في القرن السادس عشر الميلادي في المدينة العثمانية الإقليمية دمشق في سوريا حيث تواصل تصنيع البلاطات لما يفوق القرن.(2). تستخدم لوحة دمشق الخزفية التابعة للمتروبوليتان تشكيلة ألوان مميّزة من اللون الأزرق الدّاكن والفاتح واللون الفيروزي ولمسات من الأخضر الفاتح مع خطوط سوداء مرسومة على خلفية بيضاء مغطاة بتزجيج شفّاف. أمّا حجم البلاطات الفردية الست، فكل واحدة تبلغ تقريبا قدما مربعا. وهذا أكبر بقليل من حجم المربعة الخزفية المعيارية المستعملة في إزنيك. وتجمع اللوحة بين تصميمين للبلاطة، كل واحد منهما هو فعلا صورة معكوسة للآخر. وذلك لإحداث تصميم

متكرر من أشجار عنب متوازية ومتموّجة تُزينها أوراق عنب زرقاء داكنة مميزة ومحالق دوال وعناقيد عنب صغيرة. ويوحي وجود بعض الفروق في البلاطات الفردية بأن التصميم الإجمالي قد يكون أنجز يدويًا على مساحة كبيرة من البلاطات، عوضا عن رسم كل واحدة من البلاطات على حدة اعتمادا على النموذج الورقي ذاته. وتعتبر مثل هذه التباينات، وهي لا تكاد توجد في إنتاج إزنيك، سمة مألوفة في بلاطات دمشق في القرن السابع عشر الميلادي. وتوجد بلاطات تكاد تكون مماثلة بمسجد الدرويشيّة في دمشق المشيّد سنة 1571م.

WDB

1. انظر (Raby 1977–1978م).
2. بورتر ف. 1995م، الصفحات 116 – 119

المصدر: (Lockwood de Forest)، سانتا بربرا، كاليفورنيا. (حتى 1922م؛ بيعت لجمعية الفن الأمريكي، نيويورك، 24 – 25 نوفمبر 1922م، الرزمة 443، لمتحف المتروبوليتان للفنون).

المنسوجات والصورةُ المعكوسة المستخدمة في الخطوطية وفكرةُ البساط كالذي يمثل بركة تعكس إشراقة الشمس المفاجئة الشبيهة بالميدالية وكذلك العديد من المجازات الشعرية حول المحبوب، أن مفهوم المرآة يحتل مكانا مهمّا في التفكير كما في الفن الإسلاميين. يُرجّح أن تكون مرآة المتروبوليتان المعدنية التي استمدت شكلها من نموذج فولاذي سلجوقي يعود إلى القرن الثالث عشر الميلادي موجود حاليا بقصر الباب العالي بإسطنبول، أحد هذه المرايا الأقدم عهدا التي وصلتنا من العصور العثمانية.(2) فالزينة المتقشّفة لفلقات الأوراق أو زينة الرومي هي زينة نموذجية تتّسم بها تلك الفترة.

WBD

1. انظر (Denny 1996م)؛ حول المرايا العثمانية (باللغة التركية)، انظر إسطنبول 1998ب
2. تُناقش المرآة الفولاذية المبكّرة في إسطنبول 1998ب؛ الصفحات: 74 – 75.

المصدر: [(Charles Ratton)، باريس حتى 1972م؛ بيعت لمتحف المتروبوليتان للفنون].

220. مرآة معدنية بزخرفة مطلية بالذهب

على الأرجح بورصة أو إسطنبول، أوائل القرن السادس عشر الميلادي
حديد مطعّم بالذهب، وعاج
المقاسات: الارتفاع: 23.8سم؛ القطر: 12.1سم
رصيد فليتشر 1972م 1972.24

خلّف التقشف والتزمّت في صدر الإسلام أثرا مستمرّا متواترا في الفن الإسلامي كما كان الشأن بخصوص المسيحية في فترتها الأولى إذ تكرر ذلك الأثر مرات ومرات في أوروبا لينعكس على الفن على مرّ القرون. وتتقاسم كل الثقافات الواقعة تحت هيمنة التقاليد الدينية الإبراهيمية الشدّ بين الاجتذاب الداخلي الحسّي نحو كل ما هو جميل كما تختزله القطع الفاخرة المصنوعة للبلاطات الملكية، وبين نزعة دينية تركّز على الحياة الأبدية في عالم الآخرة. وتمثّل المرآة اليدوية ذات المقبض العاجي مثل المرآة التي نحن بصددها الحسيّةَ البصرية في تعبيرها المثالي. وقد نجحت هذه المرآة التي صنعت حوالي سنة 1500 م لزبون في البلاط العثماني في أن تصبح مصدر متعة بصرية، وذلك بفضل بمساحتيها الدائريتين- المساحة الخلفية المغطاة بأرابيسك من فلقات الورق 'الرومي' المصبوب والمطلي بالذهب وتلك الأمامية التي كانت في وقت ما مصقولة للغاية. ويمكن النظر من عدّة جوانب إلى التقاليد الإسلامية في صنع مرايا جميلة، أوّلا من البرونز المصبوب المصقول، ولاحقا من معادن أو مواد أخرى كالعاج أو اليشم التي تضاف إليها صفائح معدنية مصقولة.(1). وفي البلاطات الإسلامية الأولى حيث كانت السلطة والعظمة الملكيتان تبرزان من خلال الأزياء الفاخرة، كانت المرآة اليدوية مثل هذه، الوسيلة الوحيدة المتاحة آنذاك، إذا ما استثنينا النظر في مياه البركة، لأي شخص في البلاط لرؤية النتيجة النهائية لاستثمار مكلّف في ملابس وأزياء كعناوين ترمز للسلطة. وزيادة على وظيفتها العملية، فإن للمرآة حضورا بصفتها رمزا قويا في الشعر والنثر الدينيين الإسلاميين. ويؤكّد وظيفةَ حضور مفهوم الانعكاس في عديد الأشكال الفنية المختلفة. ويُبرهن التناظر المزدوج الذي نلحظه في تصميم

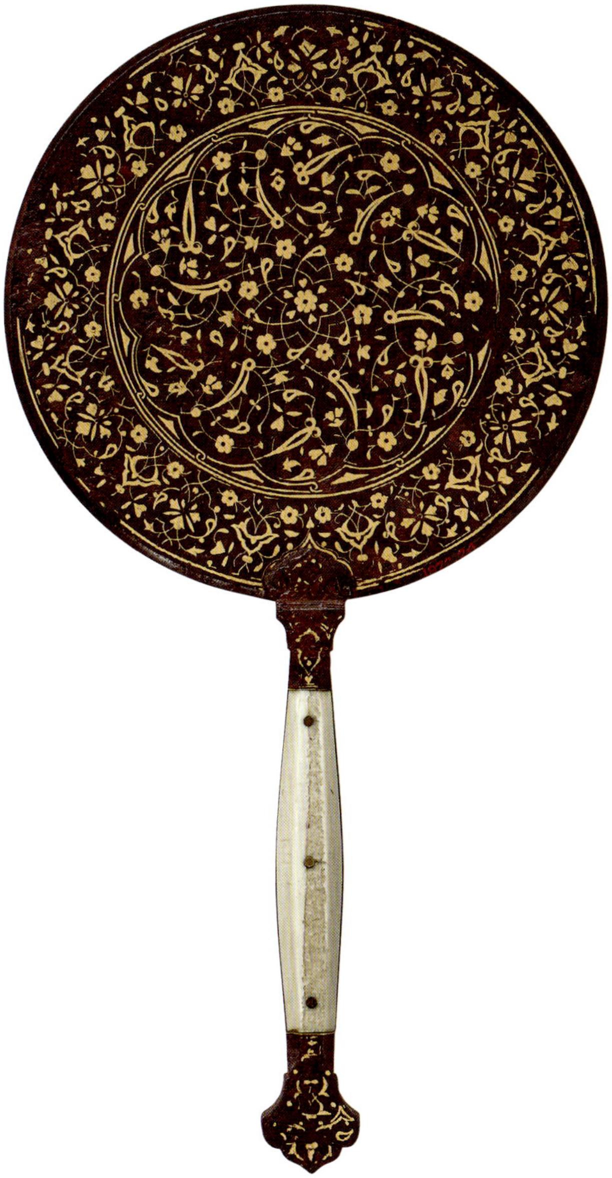

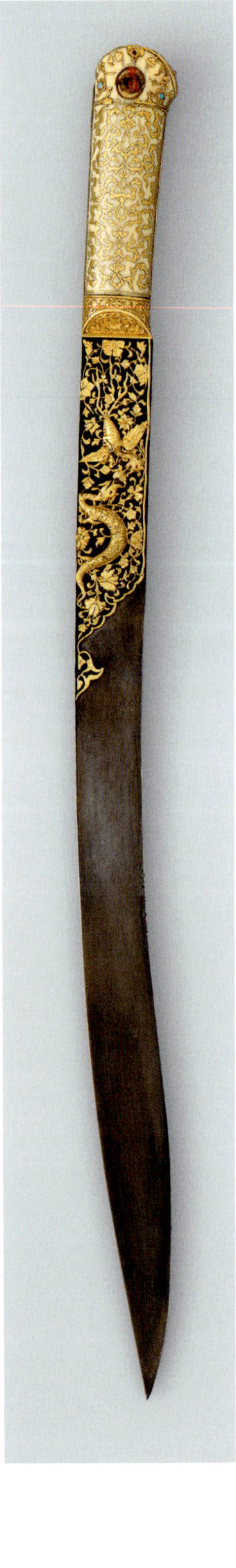

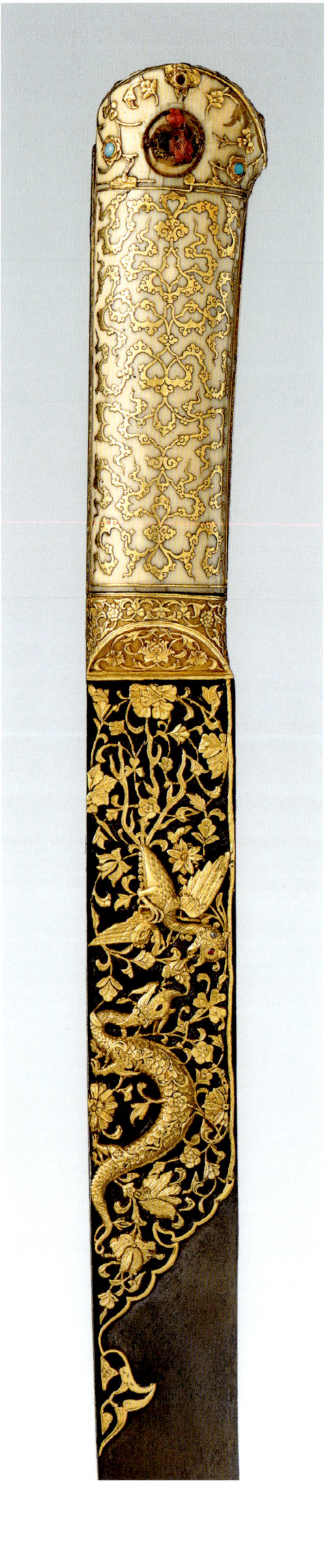

221. سيف قصير (اليطقان)

منسوب إلى أحمد تكلو
تركيا، إسطنبول، حوالي 1525 – 1530م.
النصل: فولاذ البواتق؛ مطروق ومطعّم بالذهب واللؤلؤ والياقوت
المقبض: عاج مطعّم بالذهب والفيروز والياقوت؛ حلقة ذهبية. محزز ومخروم
المقاسات: الطول الجملي: 59.4سم ، طول النصل: 46.7سم.
اقتناء، هبة ليلا أكسون ولاس، 1993م 1993 .14

يُمثّل هذا اليطقان أو السيف القصير نموذجا متميزا من الفنون الفاخرة المنتجة في بلاط السلطان سليمان الأول القانوني (حكم ما بين 1520 – 1566م). وهو عمل ثريّ يُدمج مواد نادرة نفيسة شكّلت وفق تصاميم معقدة. ويدلّ ذلك على مواهب فنانين ملهمين مبدعين وكذلك على ذوق صارم لزبون ثريّ مترف. رغم أن هذا اليطقان صمّم ليكون سلاحا، فإنه يمكن النظر إليه أيضا على أنّه قطعة زينة شخصية ورمز منزلة لواحد من أقوى حكام العالم وأثرى أثريائه.

ويتكوّن المقبض من قتير وقبّيعة منقوشين من قطعة واحدة من عاج فيل البحر. والمساحة مطعّمة مباشرة بأشرطة سحب من الذهب، ومطعمة قرب الجزء العلوي بمحالق ورقيّة مرصّعة بالياقوت والفيروز. وصُنّعت الحلقة الذهبية في قاعدة المقبض في شكل أرابيسك ورقي صغير منقوش على نحو بارز. يعتبر النّصل المنحني بحدّه المميّز المحدّب إلى الأسفل، والمشكّل من فولاذ البواتق (ويسمى أيضا بالفولاذ الدمشقي)، نموذجا لليطقان العثماني الذي يُستلّ وهو مولج في زنار ملفوف حول الخصر.

يزدان النصل على كلا جانبيه بالقرب من المقبض بلوحة من الزينة الذهبية البارزة تتضمن لفائف ورقية كثيفة يسكنها تنين وطائر سيمرغ ملتحمين (السيمرغ هو طائر أسطوري إيراني يشبه العنقاء). لكلا الكائنين عيون من ياقوت وللتنين أسنان من فضة، بينما يوجد في رأس طائر سيمرغ حبّة لؤلؤ. ويوجد نص بالفارسية تلاشى بعض الشيء ولم تُفكّ رموزه إلى حد الآن، مطعّم بالذهب مباشرة وبصفة مستوية على طول الحد الخلفي للنصل. وهناك أوجه شبه شديدة بين يطقان متحف المتروبوليتان ومثال شهير بمتحف قصر الباب العالي بإسطنبول صنع للسلطان سليمان من قبل أحمد تكلو في 1526 – 1527م. وفعلا، فمن الأكيد أن يطقان المتروبوليتان صُنع من قبل صاحب العمل نفسه للزبون نفسه. ولا يعرف بشأن أحمد تكلو إلاّ النزر القليل فيما عدا أنّ اسمه ورد في وثيقة من وثائق البلاط على أنه كوفئ بمبلغ هام وبكسوة شرفية، ممّا يوحي بأنه كان يحظى باحترام وتقدير من بين فناني بلاط سليمان. وقد جرى الحديث عن فرضية أن يكون اسمه منحدرا من اسم القبيلة التركمانية المسمّاة بـ 'تكلو' التي غزاها الصفويون لاحقا. وهكذا، فمن المرجح أن يكون أحمد قد عمل بالبلاط الفارسي بتبريز قبل أن تسقط المدينة بأيدي العثمانيين في 1514م. وتبع فيما بعد الفنانين الفرس الآخرين في التوجه إلى البلاط العثماني بإسطنبول. وما يؤكد هذه النظرية على ما يبدو هو ظهور موتيف التنين وسيمرغ وزينة شريط السحب. وهي عناصر تصميمية ذات مصدر صيني أو من آسيا الوسطى جرى دمجها أولا في الفن الفارسي ولاحقا في مفردات الزخرفة العثمانية.

ونظرا إلى أن أحمد تكلو وقّع اسمه بأحرف من ذهب على يطقان سليمان، فإنه

يمكن على الأرجح تعريفه بأنه الصانع الذي تولّى تشكيل الحوامل من المعادن الثمينة والتنسيق بين أعمال الحداد ونقّاش العاج والجواهري في صنع سيفي اليقطان كليهما. ومن النادر جدّا أن نجد في هذا الفترة عملا موقّعا لصائغين عثمانيّين.

DGA/SWP

المصدر: (Rex Ingram)، لوس أنجلس؛ بيع تركته، شركة. ن. آبل للمزاد العلني لوس أنجلس، 1989م (A. N. Abel Auction Company)؛ رفعت شيخ الأرض، الرياض.

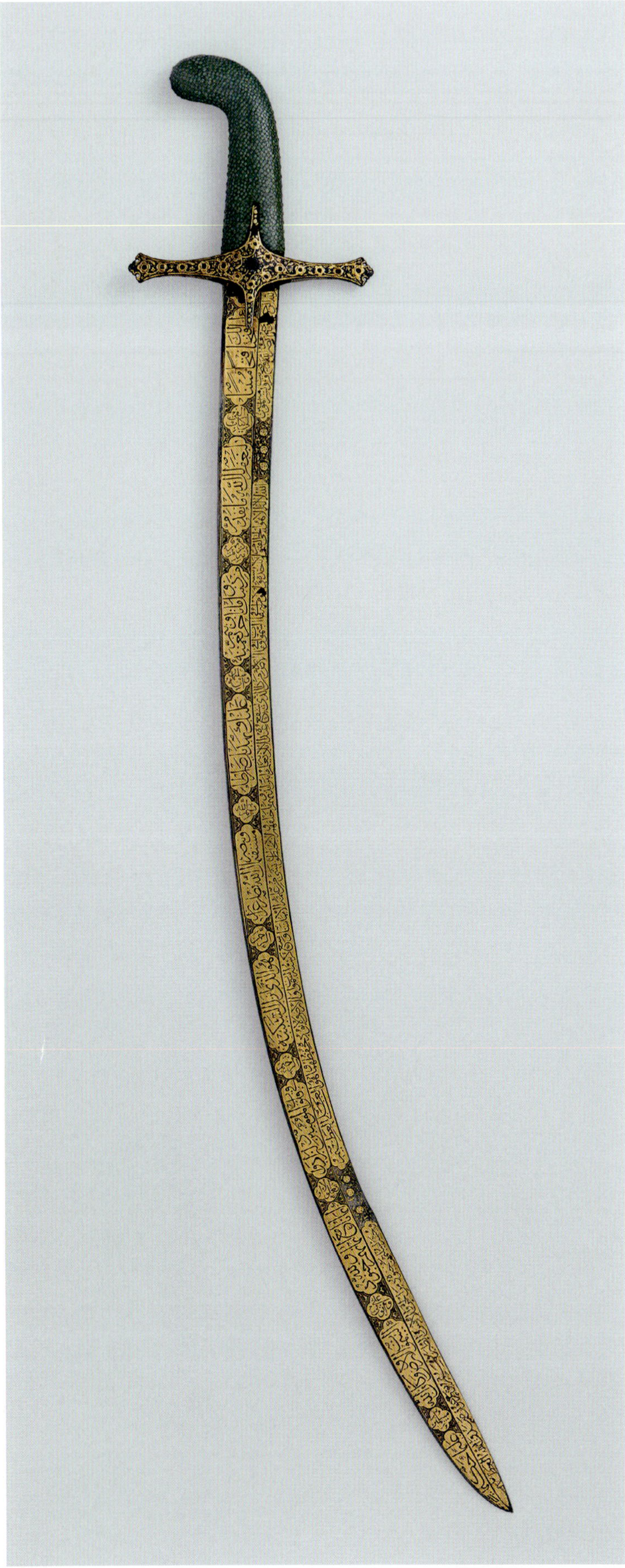

222. سيف منحن

تركيا، منتصف القرن السادس عشر الميلادي
النصل: فولاذ مطروق مطعّم بالذهب
الواقية: حديد، مطروق ومحفور ومُدمشق بالذهب
القتير: خشب مكسو بجلد سمك ومسامير ذهبية
المقاسات: الطول الإجمالي: 96.2سم؛ طول النصل: 78.1سم؛ طول كتلة القائم الواقية:156سم
وصيّة جورج سي. ستون، 1935م 1297. 36.25

جُهّز هذا السيف بأحد الأنصل العثمانية الأكثر جمالا والأحسن حالة من بين مجموعات السيوف المتبقية. هذا النصل الطويل المنحني المصنوع من الفولاذ الداكن قليلا هو ذو حدّ واحد وله ذباب عريض ذو حدّين. وتغطي كامل الجانبين معا نصوص باللغة العربية داخل خراطيش رُتبت في صفّين على مدى طول النصل. والتقنية المستعملة في هذه الحالة غير عادية. فقد وُضعت النصوص على فولاذ داكن بينما قصّت الخلفية وطعّمت بالذهب على نحو يستوي مع المساحة. وطُعّمت المساحات بين الخراطيش بمحالق وأزهار ذهبية.

وكان المقبض في الأصل على درجة من البذاخة توازي تلك التي كان عليها النصل. ولكن لم يتبقّ من المقبض إلا الكتلة الواقية، (المقبض المغطى بجلد سمكة مخضّب بالأخضر هو استعاضة تم اللجوء إليها في القرن التاسع عشر الميلادي.)

وللقائم صليبي الشكل المصنوع من الحديد المسوّد كتلة مستقيمة ذات أطراف على شكل سعفات مقطوعة ومخرومة بينما نقشت المساحات نقشا نافرا قليل البروز ورُصّعت بوريدات ذات بتلات وجذوع ملوية من الذهب. وقد شُكّلت هذه الزينة النافرة على تصميم ثانوي من لفائف نباتية من الذهب طُعّمت متساطحة مع المساحة. وفي الأصل، كانت الوريدات مطعّمة بالياقوت. ولم يتبقّ منها إلاّ نموذج شظوي. وتوجد بمتحف الباب العالي بإسطنبول عدّة سيوف لها قوائم واقية ذات زخارف مماثلة. وبالاعتماد على هذه النماذج، يُستنتج أن يكون مقبض سيف المتروبوليتان صُنع من الخشب المغطى بالجلد وتُوّج بقبيعة غير مستقيمة مزخرفة بشكل يتطابق والقائم الواقي.

ولئن كانت النصوص القرآنية تمثّل زينة مألوفة على أنصل السيوف الإسلامية، فلابدّ أنّه كان للآيات المستفيضة المختارة لهذا النصل والمقدّمة بشكل رائع معنى خاصا عند مالك السيف.

وتؤكد الآيات بوجه خاص حكم الله وسلطة خادمه سليمان وحكمته. وتتضمن

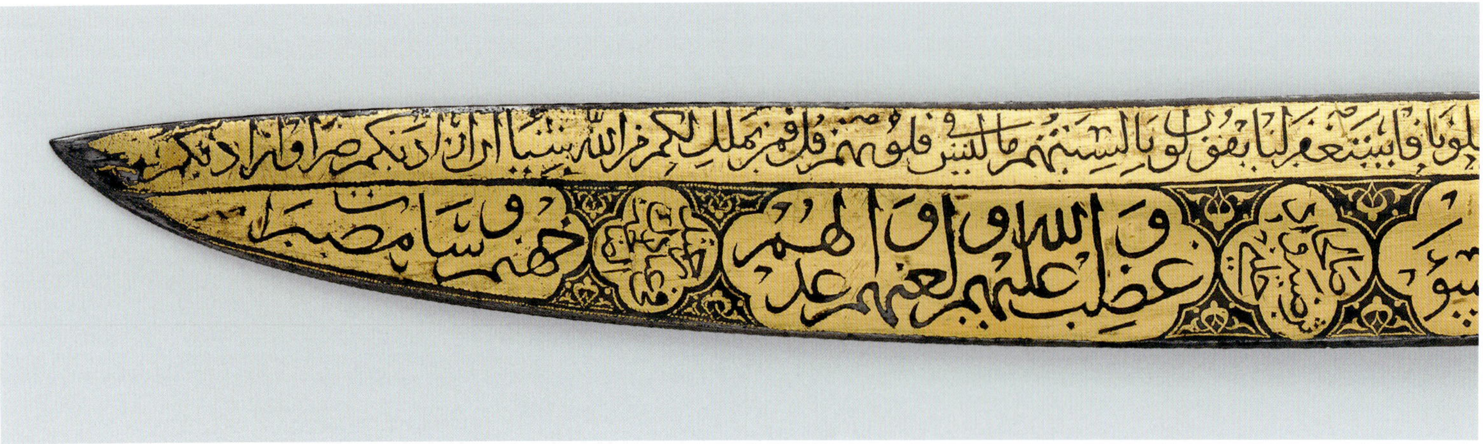

آية الكرسي (سورة البقرة، 2:225) وآية الفتح (سورة الفتح48.1.11) وكذلك صيحة الحرب المألوفة "نصر من الله وفتح قريب". (سورة الصف 61.13) وهي آيات كثيرا ما وشّحت الأسلحة الإسلامية. أمّا الإشارات إلى سليمان (سورة النحل، (27.17.19.29.31) الحكيم فهي بعكس آيات غير معتادة في مثل هذا السياق. ويمكن أن تُؤوّل باعتبارها تلميحات إلى السلطان سليمان الأول القانوني (حكم ما بين 1520 – 1566م) الذي يُرجّح أن يكون هذا السلاح الفاخر المعقّد تعقيدا استثنائيا قد صنع من أجله.

DGA/SWP

المصدر: (Haim)، إسطنبول؛ (George C. Stone) نيويورك (حتى وفاته 1936).

223. خوذة

تركيا، أوائل القرن السابع عشر الميلادي.
نحاس مطرّق محفور مذهّب.
المقاسات: 23×27.5سم.
هبة السيدة روث بلومكة، تخليدا لذكرى ليوبالد بلومكه، 1974م 1974.118

224. درع قصبة

تركيا، القرن السادس عشر الميلادي
نحاس مطرّق ومذهب.
المقاسات: 59.1×22.2سم.
وصية جورج س. ستون، 1935م 36. 25. 496

خلال القرن السادس عشر الميلادي طوّر حرفيو المعادن العثمانيون صنفا لم يسبق له مثيل من الأواني التي صيغت من النحاس المذهّب تدعى 'تمبك' باللّغة التركية. وتضمّنت هذه الأواني التي أعدّت للاستخدام في المسجد والبيت معا، فوانيس مسجد ومباخر وشمعدانات وصحاف وأباريق وأكواز وقوارير ماء ورد وكذلك مفاصل أبواب وأدوات زخرفية أخرى. وكلها شُكّلت من النحاس المصبوب أو المطرّق الذي طالما زُيّن بزخارف محفورة مثقوبة مخرومة ومذهّبة تذهيبا غزيرا على الإجمال. وتواصل استخدام أواني 'التمبك' البرّاقة لفترة طويلة خلال القرن التاسع عشر الميلادي.

وزيادة على استخدامه في صنع أدوات دينية ومنزلية، كان 'للتمبك' استخدام عسكري هام. فصانعو الدروع العثمانيون استحسنوا ما لهذه المادة من جاذبية بصرية، فضلا عمّا تتيحه من سهولة في التشكيل مقارنة بالحديد. ولذلك صنّعوا منها أعدادا كبيرة من الخوذات والدروع ودروع القصبة ورايات نموذجية (علم). ورغم أنّها لم تكن ذات فاعلية تُذكر في الوقاية خلال المعارك، فإن السّلاح المصنوع من 'التمبك' خفيف الوزن كان ملائما للاستعراضات والاستخدامات الاحتفالية الأخرى. ولقد زاد ذلك حقّا من أبّهة الجيش العثماني وصورته الغنية بالألوان .

وتعتبر خوذة متحف المتروبوليتان نموذجا من 'التمبك' محكم الصنع على نحو فريد. فصحفتها المدبّبة قُسّمت إلى اثنتي عشرة لوحة عمودية مستدقّة الأطراف كل واحدة منها بارزة قليلا مع لوحات متناوبة حُفر بها أرابيسك كبير من فلقات الأوراق على خلفية مرقّطة. وتحيط باللوحات ثقوب مسامير ممّا يوحي بأنها كانت لزخارف فُقدت الآن. وقد فقدت الحافة الأفقية وقطع الوجنتين الكبيرة وواقي مؤخر العنق والبطانة التي كانت في الأصل تُجهّز بها الخوذة. وتشير الزخرفة الورقية المنمنمة إلى تاريخ صنع يعود إلى أوائل القرن السابع عشر الميلادي.

ويتّسم درع القصبة، وهو صفيحة لتدريع رأس الحصان بشكل بسيط لكنّه واضح، بتجسيد ما يعرف بالأسلوب المبسّط للفنون الزخرفية العثمانية خلال القرن السادس عشر الميلادي.

وتتشكّل الصفيحة المركزية لدرع القصبة المطوقة من رقيقة نحاس حول العينين وتتوسع لتنتهي على مستوى الأنف بحافة مزيّنة من النتوءات المدّورة. وتتصل المساحة من خلال ثغرة وحيدة تمتد إلى الأسفل على كل جانب وتنتشر فوق قصبة الأنف. يحتلّ الوسطَ أنبوبٌ ريشي الشكل كبير وكذلك لوح بارز مثلث الشكل وضع أفقيا لحماية مقدمة الرأس من ضربات الأسلحة الزائغة. وقد استُعيرت هذه الخاصية عن دروع القبة الحديدية المستعملة في الحروب.

ووُصلت صفائح 'تمبك' ضيّقة بمفاصل إلى الجانبين بواسطة حلقات حديدية.

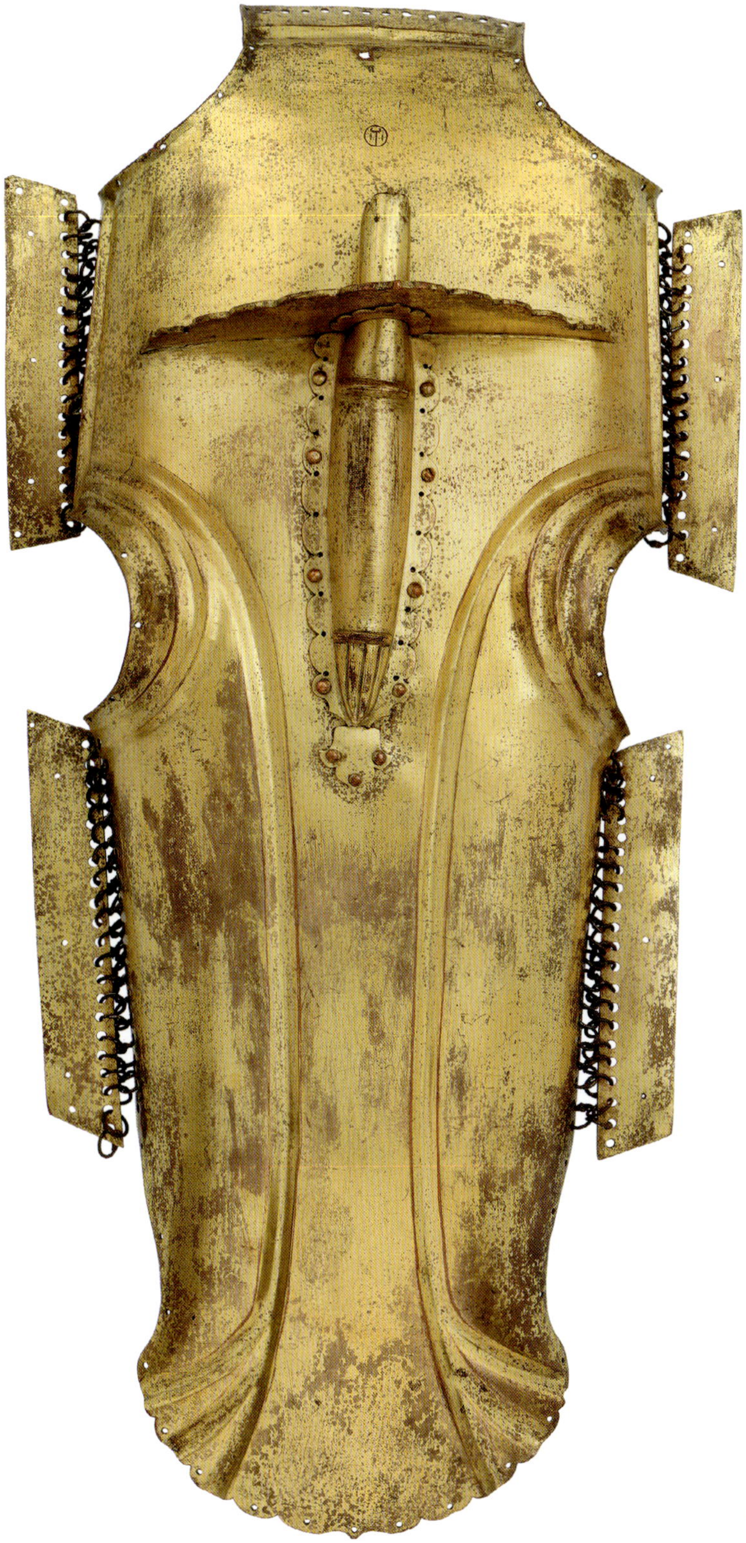

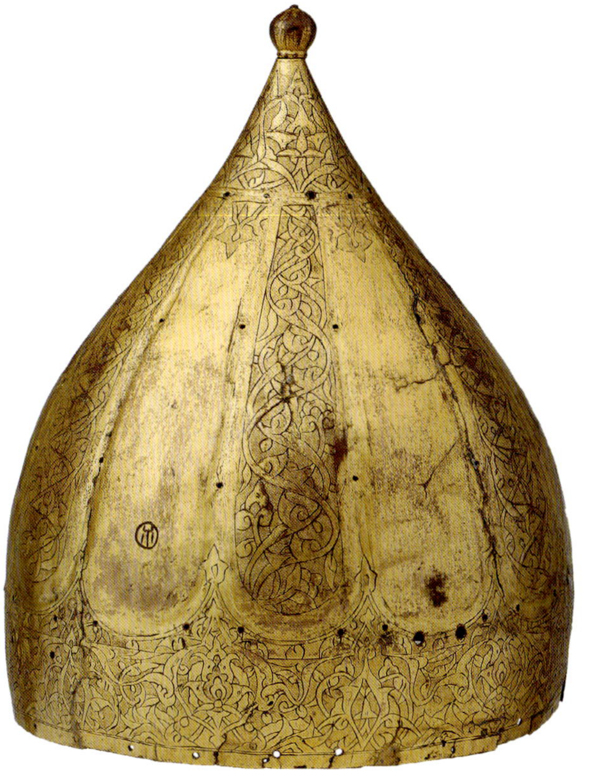

وكانت في الأصل تُلصق بهذه الصفائح الرّباطات والعرى التي تُثَبت الدرع على رأس الحصان. ونُقشت على القطعتين كلتيهما علامة 'تمغا' التي توضع على القطع المخزونة في الترسانات العثمانية.

DGA/SWP

المصدر: الفهرس 223: (Theron J. Damon) إسطنبول (حتى 1925م، بيعت إلى (Dean))؛ (Dean Bashford)، ريفرديل، نيويورك (1925 - 1928م، بيعت، جمعية الفنون الأمريكية، نيويورك 23 - 24 نوفمبر 1928م، الرزمة 302 (Duveen) لفائدة (Mackay)؛ (Mackay Clarence)، روزلين، نيويورك (1928م- وفاته 1938م، تركته من 1938م)؛، (Leopold and Ruth Blumka) نيويورك (حتى 1974م).

الفهرس 224:] (Clapp and Graham)، نيويورك [؛ (George C. Stone)، نيويورك.(حتى وفاته 1935م).

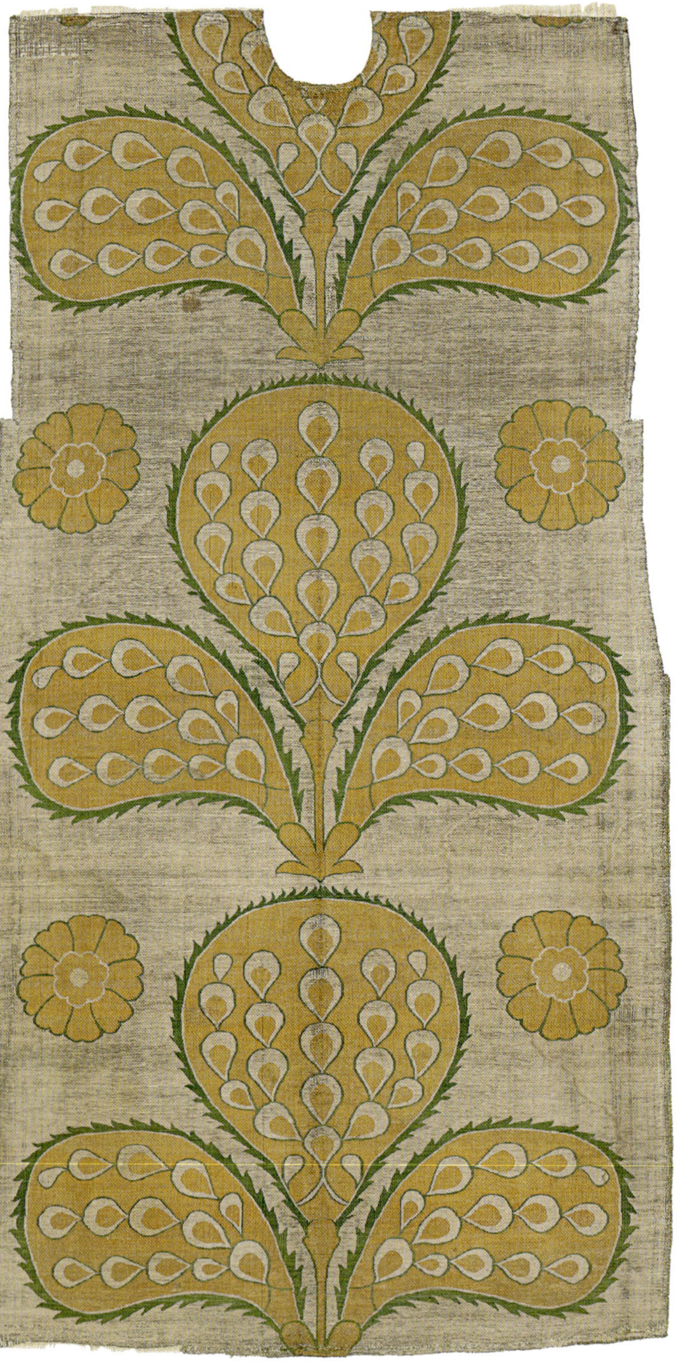

225. قطعة من قفا قفطان

تركيا، على الأرجح إسطنبول، منتصف القرن السادس عشر الميلادي
حرير وخيط ملفوف بالمعدن ونسيج مركب بلحمات داخلية (سراسر)
المقاسات: 132.1×68.6سم.
اقتناء، وصية جوزيف بوليتزر، 1952م 52. 20. 15

الفنانون الذين تولّوا من منتصف القرن السادس عشر الميلادي حتّى أواخره صنع أقمشة الحرير الفاخرة ذات الأرضيات الملونة بالذهب والفضة المعروفة بـ'السراسر' باللغة التركية وبالفرنسية (المصطلحات المعيارية للنسيج اليوم) كـ "تاكتي"، مثّلوا سلالة على حدة. وقد لجؤوا إلى استخدام ترسانة من تصاميم كبيرة الحجم غير مألوفة، بل هي شاذّة، ذات ثلاثة فصوص من مثل هذا الشكل على ريش الطاووس.

استُخدمت تقنية 'السراسر' في الإمبراطورية العثمانية لإنتاج أقمشة حريرية ملوّنة بالذهب والفضة وذلك من خلال لفّ الخيوط الحريرية البيضاء والصفراء المغزولة بشرائط رقيقة من رقائق الذهب والفضة. وقد مورست هذه التقنية من قبل عدد محدود نسبيا من الناسجين. وتُظهر النماذج الأولى المتبقية تصاميم صغيرة الحجم تزخرف أشرطة ضيّقة (الفهرس 226 أ، ب).

مع حلول منتصف القرن السادس عشر الميلادي بدأت أقمشة فضية عثمانية في الظهور بتصاميم غير معهودة مثل النموذج الذي نراه هنا. وبحلول منتصف القرن السابع عشر الميلادي زاد حجم التصاميم ولكن جودة القماش تدهورت كثيرا. فالملابس الشرقية المصنوعة من 'السراسر' المتبقّية التي كانت تعطى للسفراء الأجانب من قبل البلاط العثماني خلال القرن الثامن عشر، هي خشنة النسيج وأقل ما يقال فيها إنها غير جذابة من الناحية الفنية. ويبدو أن التفعيل الدوري للقيود القانونية على استعمال الذهب والفضة في الأقمشة الفاخرة كان له أثر مفرط في إنتاج 'السراسر' وأدّى في نهاية المطاف إلى تدهوره.(1).

يُمثل نموذج متحف المتروبوليتان من قماش 'السراسر' اللوحة الخلفية لقفطان مناسبات عثماني، بقي في حالة جيّدة حتى دخل سوق الفن في القرن الماضي: فاللوحتان اللتان تمثلان نصفي الجزء الأمامي من الثوب هما في متحف المنسوجات بواشنطن دي. سي ومتحف الفنون الجميلة ببوسطن.(2). ويوجد الكمّان ضمن مجموعة خاصة. وظهرت وصلات الثوب معيّنة الشكل واقعة تحت الذراع لفترة وجيزة في أياد خاصة في بداية تسعينات القرن العشرين الميلادي لتعود وتختفي سريعا بعدئذ. وكان 'السراسر' قماشا مفضّلا لصنع السراويل الفضفاضة (شلفار) التي كان السلاطين يرتدونها أحيانا. وهذه السراويل تبقّت منها نماذج رائعة موجودة بمتحف قصر الباب العالي.

وأرسلت قطعة 'السراسر' العثمانية الأروع المتبقية على قيد الوجود، وهي تحمل تصاميم ترسم المسيح جالسا على العرش، هبة من إسطنبول إلى رئيس أساقفة أرثودكسي في موسكو في القرن السادس عشر الميلادي. (3)

WBD

1. انظر (Atasoy et al. 2001م)، الصفحات 220 – 222؛ 260 – 263.
2. متحف المنسوجات بواشنطن دي سي (رقم 1.60)؛ متحف الفنون الجميلة بوسطن (رقم 08.387).
3. (Atasoy et al. 2001م)، لوح 10.

المصدر: (Dikran G. Kelekian)، نيويورك (حتى 1908 – وفاته 1951م؛ ملكيته حتى 1952م؛ بيع لمتحف المتروبوليتان للفنون).

226. أ- ب قطعتان من حرير عثماني

1.أ.قطعة حرير عثماني صغيرة بتصميم 'شنتماني' مخطط
تركيا، على الأرجح إسطنبول، أوائل القرن السادس عشر الميلادي
حرير خيط ملفوف بالمعدن ونسيج مركب بلحمات داخلية (سراسر)
المقاسات: 41.9×15.9سم
رصيد رودجرز، 1915م 15. 125. 7

1.ب.قطعة حرير عثماني صغيرة بتصميم مخطط
تركيا، على الأرجح إسطنبول، النصف الأول من القرن السادس عشر الميلادي
حرير وخيط ملفوف بالمعدن ونسيج مركب بلحمات داخلية (سراسر)
المقاسات: 45.4×14.6سم
اقتناء، رصيد رودجرز، رصيد اقتناء الفن الإسلامي لويس إ وتيريزا أس. سيلي، وهبة مؤسسة ذي باج أند أوتو ماركس الابن 2003م 2003. 519.

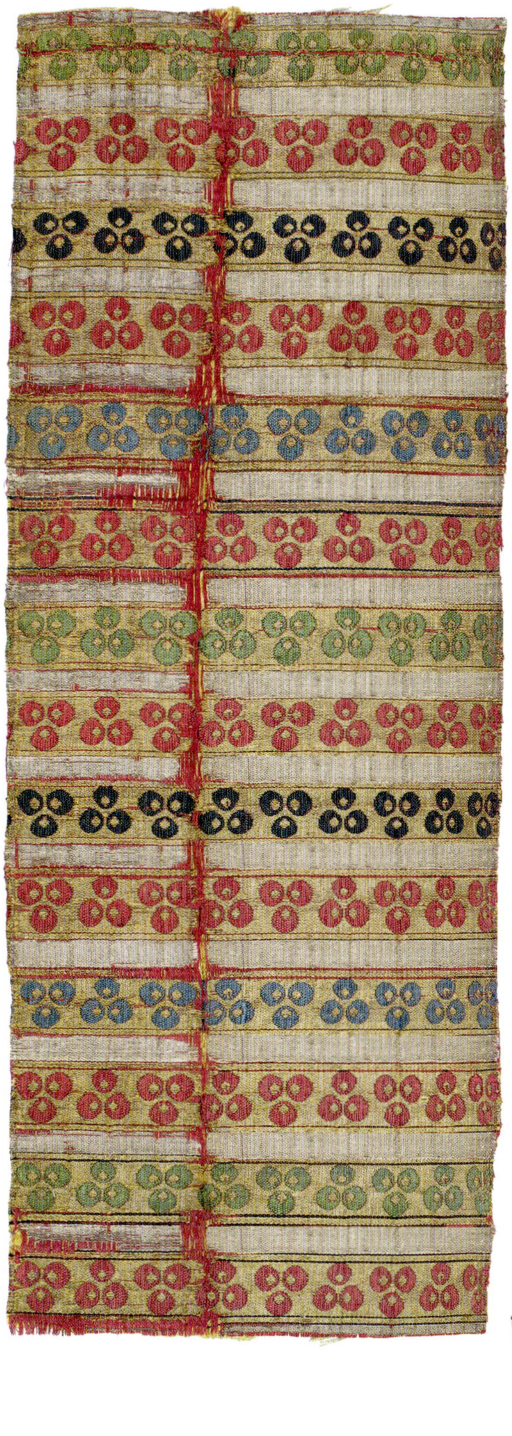

أ

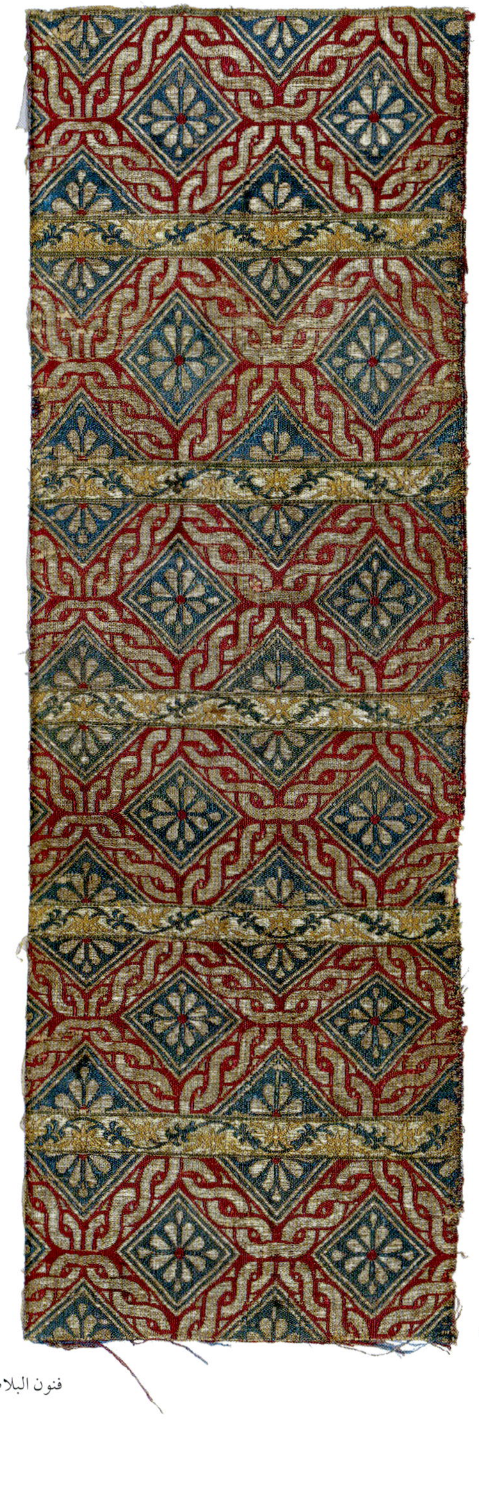

ب

نُسجت الأغلبية الساحقة من أوائل أقمشة الحرير العثمانية التي وصلتنا حسب إحدى تقنيتين اثنتين: ما سمّاه العثمانيون 'كمهة' (معروفة اليوم تحت المسمّى الفرنسي "لمباس") والمخمل. إنّ الأقمشة الحريرية العثمانية الشبيهة بهاتين القطعتين نادرة، وكانت منسوجة من الخيط الحريري الملفوف بالمعدن حسب تقنية قديمة تسمى 'سراسر' من قبل العثمانيين، ويُطلق عليها اليوم بالمسمى الفرنسي 'تاكتي'.

وعادة ما يتضمن 'السراسر' العثماني أرضية ملوّنة بالفضة لها موتيفات زخرفية من لونين. ونادرا ما يكون من ثلاثة ألوان أو أكثر. ويبدو أن الفنانين من الفترة العثمانية الذين صمّموا ونسجوا هذا الطراز الخاص من القماش قد كانوا على درجة كبيرة من الاستقلالية. فقد كانت أعمالهم غير عادية من حيث أنهم لم يكونوا في الغالب يحاكون الاتجاهات الأسلوبية الرئيسية في الفن العثماني التي تظهر في أقمشة اللمباس والمخمل. ويبدو أن الأغلبية من العدد القليل نسبيا من أقمشة 'سراسر' العثمانية الأولى المتبقية كانت قد صُنعت لتنجز منها ملابس احتفالية. وكانت تتضمن تصاميم مفاجئة وفي بعض الأحيان غريبة ذات حجم كبير. ويُعدّ قفا قفطان المتروبوليتان الشهير (الفهرس 225) بتصميمه الضخم ذي ريشة الطاووس نموذجيا.

وتعتبر عيّنات من 'السراسر' العثماني، يعتقد أنها تعود إلى النصف الأول من القرن السادس عشر الميلادي، وهي جميعها تبدي أشرطة أفقية ضيّقة من زينة صغيرة الحجم، نادرة جدّا (1) إذ لم يتبقّ منها شيء في مجموعات الباب العالي في إسطنبول. وإنه أمر غير عادي أن لا توجد قطع متبقية تشير إلى أنها كانت مخصصة لثياب. إنّ كبر حجم التصاميم النموذجية وكذلك سعة مساحات الأرضية الفضية في جلّ أقمشة 'السراسر' العثمانية التي كانت مثالية في إبراز صورة العظمة في الأزياء الاحتفالية، يجعل استعمالَ أقمشة 'السراسر' صغيرة الحجم استعمالا مقصودا لغزا محيّرا. تُظهر القطعة الأولى من قطعتي المتروبوليتان (الفهرس 226أ) تصميما من أشكال 'شنتماني' مرسومة بإحكام، ولآلئ صغيرة مهلّلة في مجموعات ثلاثيّة العناصر، في صفوف متناوبة من الألوان الحمراء والزرقاء والخضراء والسوداء على أرضية ذهبية. ويتكون القماش الذي يشكل الأرضية من الخيط الأصفر الملفوف بأشرطة رقيقة جدّا من رقائق الفضّة، المعروفة في العصور العثمانية بـ"سِمْ". وهو ما يعطي الأرضية سحنة ذهبية لامعة.

وتتضمّن القطعة الأخرى (الفهرس 226ب.) تصميما أكثر تنميقا يتكوّن من أشرطة أفقية واسعة وضيقة في الوقت نفسه. توجد في الأشرطة الأوسع مستطيلات زرقاء تشبه الماسات تحمل كل واحدة منها أزهارا فضية ذات ثماني بتلات تحيط بها حواف حمراء متكوّنة من شكلين فضيين متشابكين يشبهان الأشرطة. وتتناوب هذه الأشرطة الأوسع مع أشرطة أضيق ذات أرضية بيضاء تتضمن شجرة عنب زرقاء متموجة. ويتشكّل الأثر العام نتيجة لغزارة الحرير الملوّن مدعّمة باللمعان الفضي للخيط الملفوف بالمعدن. ولا توجد إلا قلّة من أقمشة 'السراسر'، هذه المخططة التي تضم تصاميم تظهر أثر الأسلوب الزهري العثماني بعد 1550م، ممّا يوحي بأن جلّ هذه الأقمشة تعود إلى النصف الأول من القرن السادس عشر الميلادي.

قد لا نعرف أبدا لماذا وصلنا العديد من الأقمشة العثمانية الأجمل العائدة إلى القرن السادس عشر الميلادي الموجودة ضمن مجموعات قصر الباب العالي في شكل قطع صغيرة. وقد اختفت بقية لفات الحرير التي صنعت منها هذه القطع في الأصل بسبب حريق مدمّر، على الأرجح.(2). وبالنظر إلى ذلك، تُعدّ قطع 'السراسر' ذات التصاميم المخططة المتبقية، مثل قطعتي المتروبوليتان، كنزا فنيّا وفي الآن نفسه لغزا محيّرا.

WBD

1. الدوحة 2004م، الصفحات 26 – 31.
2. انظر آتاسوي ومن معه (Atasoy et al 2001م)، الصفحات 217 – 219.

المصدر:

الفهرس 226 أ: [(Frères Indjoudjian) باريس، حتى 1915م؛ بيعت لمتحف المتروبوليتان للفنون.]

الفهرس 226 ب: [(Dikran G. Kelekian)، نيويورك؛ لبشير]؛ [(Karekin Beshir) المحدودة، نيويورك؛ 1952 – 1987، لرواق المنسوجات]؛ [رواق المنسوجات، لندن، 1988–1987م]؛ مجموعة (Wher)، لوقانو، سويسرا، (1988 – 2001م)، بيعت، (Christie's) ساوث كنزنغتن؛ 19 أكتوبر 2001م، الرزمة 156؛ [رواق المنسوجات، لندن، 2001 – 2003م؛ بيعت لمتحف المتروبوليتان للفنون.]

227. قفا قفطان

تركيا، على الأرجح إسطنبول، النصف الأول من القرن السادس عشر الميلادي.
حرير وخيط ملفوف بالمعدن ولامباس(كمهة)
المقاسات: 127×64.8 سم.
اقتناء، وصية جوزيف بوليتزر، 1952م. 52. 20. 18.

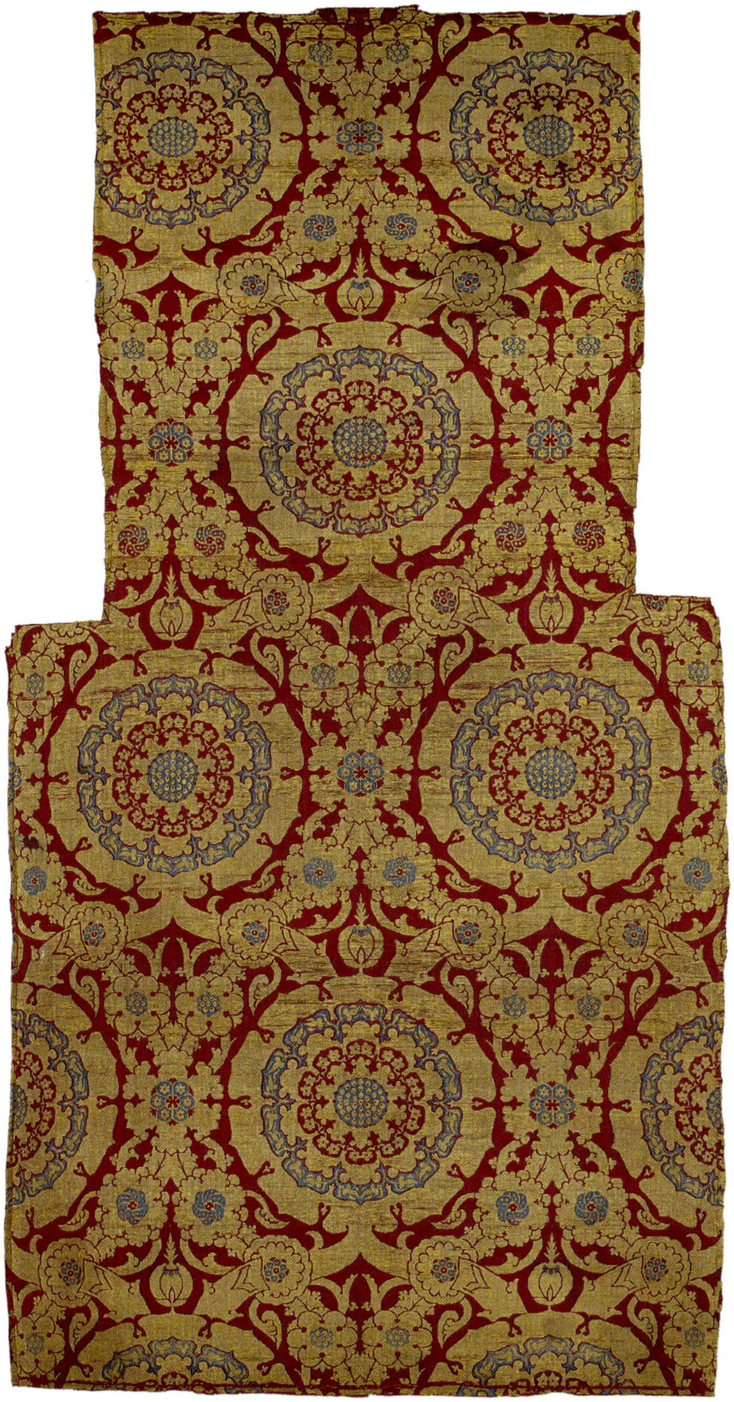

يُزركش تصميم ملفت للنظر يتكوّن من دوائر زهرية زرقاء وصفراء كبيرة الحجم في صفوف مائلة على أرضية من الساتان الأحمر هذه القطعة من القماش الحريري العثماني المطرّز المنسوج بكامل النول. والأرجح أنّ هذه القطعة قد استخدمت قفا لقفطان احتفالي. وتسمّى التقنية، التي تمزج بين نسيجين مختلفين، 'اللمباس' باللغة الفرنسية و'كمهة' باللغة التركية. وتدمج هذه التقنية أرضية من الساتان الأحمر اللامع تتكون مساحتها فقط من خيوط سدو عمودية بموتيفات تصاميم نباتية وزهرية منجزة بلحمات إضافية مختلفة الألوان من نسيج مضلّع يتضمن حريرا ملفوفا بمعدن.(1) ويُمَكّن التخطيطُ التصميمَ من أن يتكرّر أفقيا وعموديا في الآن نفسه أذا ما جرت مواءمة التصميمين عندما تخاط قطعة منسوجة بكامل النول إلى أخرى منسوجة بكامل النول اللّفة نفسها. وتشير الأشكال العمودية الدائرية على هيئة رمّانات بالغة الصغر موجودة فوق كل دائرة زهرية في هذا النسيج المصنوع من الخيوط الحريرية والمعدنية أن التخطيط صُمّم ليكون له جانب علوي وآخر سفلي محددان. وتربط بين الدوائر شبكتان من السويقات الغليظة وتحيطان بها بحيث يذهب بنا التصوّر إلى أن زخارف السويقات تظهر في مستويين أحدهما فوق الآخر. ويزدانان تباعا بدوائر أصغر تحمل أزهارا رُتبت بتلاتها الست في شكل لوالب. ويوحي في هذا التصميم غياب الأزهار العثمانية المنمنمة التي أصبحت شائعة بحلول النصف الثاني من القرن السادس عشر الميلادي غيابا تاما، إلى جانب بعض الخاصيات الإيطالية التي يتّسم بها التخطيط بأن هذا القماش الجميل قد يكون، على الأرجح، نُسج في إسطنبول في النصف الأول من القرن السادس عشر الميلادي.

كتب أوكير غيزلان دي بوسباك عند زيارته الإمبراطورية العثمانية في أواخر خمسينات القرن السادس عشر الميلادي، ، بوصفه سفيرا لحاكم هابسبرغ بفينّا، كلاما بليغا عن ثراء الأقمشة التي شاهدها في الأزياء الاحتفالية التي كانت تُلبس بمناسبة حفل دولة رسمي وعن جمالها. فقد لاحظ المهابة العظيمة التي أضفتها على لابسيها. وعلّق على التباين بين تعقيد الأقمشة ذاتها وألوانها وجمالها وبساطة طريقة تفصيل كل ثوب منها. وهو تعقيد يؤكده الحد الأدنى من الخياطة الجلي في هذه اللوحة.(2)

WBD

1. حول اللّمباس، انظر (Atasoy et al ،2001م)،الصفحات 224 - 225.
2. انظر (Busbecq 1927م)، ص 61.

المصدر: (Dikran G. Kelekian)، نيويورك (1908م- وفاته 1951م؛ تركته، حتى 1952م؛ بيع لمتحف المتروبوليتان للفنون).

228. قطعة قماش

تركيا، على الأرجح إسطنبول، حوالي 1565 – 1580م
حرير وخيط ملفوف بالمعدن ولامباس (كمهة)
المقاسات: 121.9×67.3سم
اقتناء وصيّة جوزيف بوليتزر، 1952م 52.20.21

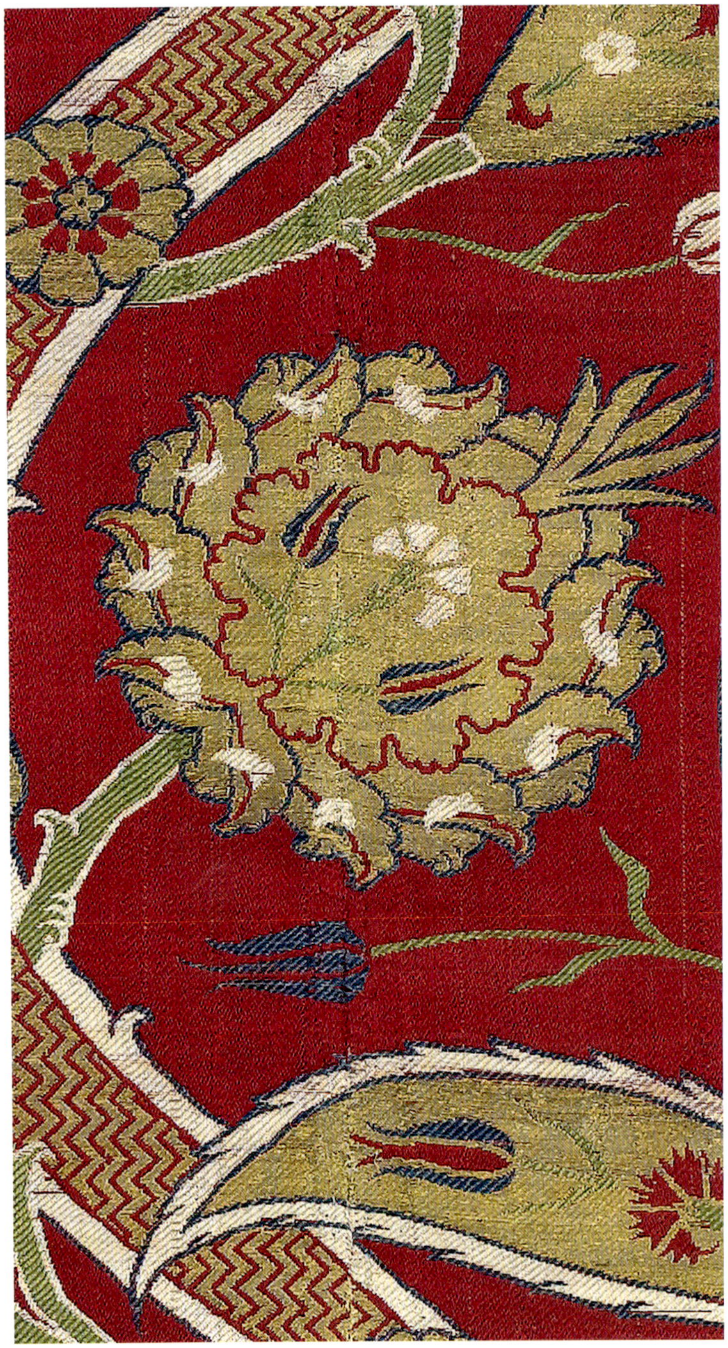

يُعدّ هذا العمل من أكثر التصاميم رواجا لدى فناني المنسوجات العثمانية، وهو أيضا تصميم وجد طريقه في نهاية المطاف إلى وسائط أخرى مثل زخرفة البلاطات الخزفية، ويتضمن تصميم قطعة القماش هذه، أشجارَ عنب متوازية ومتموجة مزدانة بأوراق وأزهار. ويُمثّل هذا النموذج الذي يبدو من المؤكد أنّه يعود إلى أواخر ستينات القرن السادس عشر الميلادي، ويعتبر بجدارة من ضمن أقمشة متحف المتروبوليتان الإسلامية الأكثر شهرة، شاهدا جميلا مبكرا على نسيج "كمهة" العثماني الحريري المطرّز المعقد. وأُنجز التصميم المتضمّن أوراقا وسعفات زهرية مركّبة مزركشة بموتيفات أزهار منمنمة مبتكرة خصيصا: أزهار الزنبق والقرنفل (انظر التفاصيل)، وكذلك أزهار اللوتس التقليدية المُرَوسَمة على نسيج ذهبي مضلّع وعلى أرضية ساتان أحمر برّاق. ويُجسّد التمازج بين الرسم البديع والانطباع الحاصل من الحركة الحيوية وبساطة تشكيلة الألوان تصميم النسيج العثماني في أبهى مظاهره في فترة بلغ فيه التألق الأسلوب الزهري العثماني الكلاسيكي أوْجه. وذلك قبل أن يتطوّر ليصبح الأسلوب الأكثر انفرادية وفي غالب الأحيان الأكثر نمطية خلال فترة خمسينات القرن السادس عشر الميلادي وما تلاها.

أدّت عدّة قرارات فنية إلى أن تلاقي هذه اللوحة المنسوجة بكامل عرض النول نجاحا جماليا. ويتعلّق القرار الأول بالبنية البصرية. فقرار تزيين الأشرطة العريضة من الكروم المتمايلة بنموذج صغير من الخطوط المتعرّجة (عوضا عن إنجازها بالأبيض) يجعل من هذه الأشرطة البنية الأساسية للتصميم دون اكتساح النوعين المختلفين من السعفات التي تنبثق منها. ويخصّ القرار الثاني الحجم. فقد أُخضعت الموتيفات الجديدة المتمثلة في الزنابق والقرنفلات المنمنمة لتظهر في ظلّ السعفات كبيرة الحجم التي تُزيّنها، مع ظهور زنبقة صغيرة وحيدة ظهورا منفردا أو متكرّر على الأرضية الحمراء. وكان القرار الفني الثالث متعلقا بالتخطيط: كيفية إحداث صلة أفقية بين الكروم العمودية مرة واحدة فقط في كل مرّة يتكرّر فيها التصميم. وقد جرى التوصل إلى ذلك من خلال جعل ورقة مائلة إلى اليسار مزركشة بقرنفلة وحيدة وزنبقة تلتحم بالكرمة المحاذية. والنتيجة هي صورة مصغرة عن الأسلوب العثماني الكلاسيكي: تمازج بين الثراء والبساطة وبين الفخامة على مستوى كبير ودقة التفاصيل(1).

WBD

1. حول التخطيط وهذا النسيج، انظر (Atasoy et al ، 2001م)، الصفحات 282 – 285 واللوح 42

المصدر: (Dikran G. Kelekian)، نيويورك حتى وفاته 1951م، تركته حتى 1952م، بيعت إلى متحف المتروبوليتان للفنون.

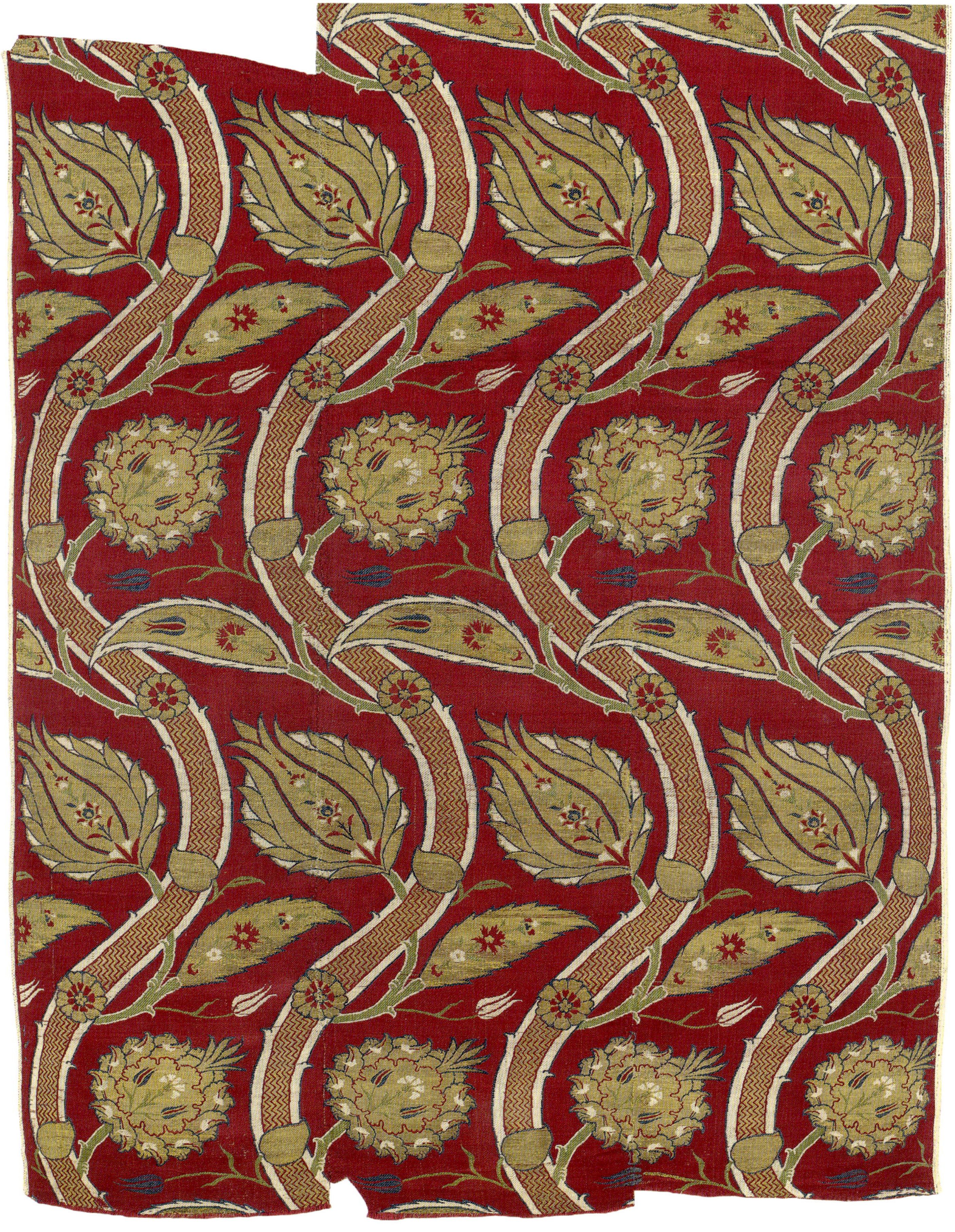

229. أ- ج ثلاث قطع نسيج ذات تصاميم على شكل قوس قوطي

1.أ.قطعة بكامل عرض النول من القماش الحريري ذات أرضية زرقاء
تركيا، على الأرجح إسطنبول، منتصف القرن السادس عشر الميلادي
حرير وخيط ملفوف بالمعدن ولامباس (كمهة)
المقاسات: 61×67.3سم.
اقتناء. وصية جوزيف بوليتزر، 1952م 52. 20. 22

ب- قطعة بكامل عرض النول من قماش حريري ذي أرضية حمراء
تركيا، على الأرجح إسطنبول، حوالي 1570 - 1580م.
حرير وخيط ملفوف بالمعدن ولامباس (كمهة)
المقاسات: 67.41×313.7
رصيد رودجرز،1944م 44.41. 2

ج- قطعة بكامل عرض النول من قماش حريري ذات أرضية بنفسجيّة
تركيا، على الأرجح إسطنبول، حوالي 1570 - 1580م
حرير وخيط ملفوف بالمعدن ولامباس (كمهة)
المقاسات: 142.9×66سم.
هبة مجهولة المصدر. 1949م 49. 32. 79

تتّخذ الشُبَيكة شكل القوس القوطي، وهي حاضرة في هذه القطع الثلاث الغنية بالألوان من الحرير العثماني العائد إلى القرن السادس عشر، وأصبحت الأكبر رمزية من بين جميع أشكال التصميم العثماني لأقمشة 'اللامباس' والمخمل على حدّ سواء. وكان قد سبق استخدام أشكال مماثلة أولا في القماش الحريري الصيني ولاحقا في الأقمشة الحريرية المملوكية القادمة من مصر خلال القرن الخامس عشر الميلادي وكذلك في المخمليات الأوروبية. ولكن العثمانيين أنتجوا على امتداد النصف الثاني من القرن السادس عشر الميلادي تشكيلة مذهلة من أقمشة بتصاميم على شكل قوس قوطي مستخدمين الأزهار المنمنمة العثمانية الشهيرة موتيفات للزينة.

وتعدّ القطعة ذات الأرضية الزرقاء (الفهرس 229م) بزخرفة برتقالية وذهبية باهتة من أصغر القطع الثلاث وأقدمها. يتكون تصميمها من صفوف متعرجّة من ميداليات على شكل قوس قوطي، تتوسط كل واحدة منها زنبقة وسط أوراق تظهر وكأنها رُسمت، وهي محاطة بطوق مستدق الطرف تُزينه أوراق صغيرة محاطة هي أيضا بحاشية مورقة أكثر تعقيدا مزدانة بأزهار سلطان الجبل. وتزدان الأرضية التي تفصل الميداليات بمزيد من أزهار الزنبق البرتقالية والذهبية وبرمّانات مستديرة تتزين كل واحدة منها ببرعم، على شبكة من سويقات رقيقة ومنحنية. وإجمالا، فالانطباع الحاصل هو انطباع بوجود تصميم غير مفرط في الزخرفة رشيق في بساطته.

ومع حلول الفترة التي استنبط خلالها فنانو النسيج العثماني تصاميم قطعتي الحرير الأخريين على شكل القوس القوطي الظاهرتين هنا، بدأ مزيد من الأفكار الجريئة في الانتشار. ويبلغ القماش ذو الأرضية الحمراء (الفهرس229ب) بحافتيه اللتين بقيتا سليمتين، طولا غير عادي بالنسبة إلى بقية قطع الحرير العثماني التي لاتزال قيد الوجود. وقد يكون هذا القماش استعمل في صنع مفروشات لأنه لم يقصّ في شكل يوحي بأنه معدّ لصنع ثياب. وتتباين أزهار اللوتس والزنبق المرسومة بإحكام داخل الميداليات الذهبية في الحجم ودرجة الوضوح مع الموتيفات المتشابكة والفراغية التي زينت بزخارف مصغّرة تشبه الجواهر ذات نسيج يشبه قشور السمك. وقد جرى الحديث عن وجود صلة بين تفاصيل التصميم وبين أقمشة الإستبرق الإيطالية(1).

وتستخدم القطعة ذات الأرضية البنفسجية (الفهرس 229ج) بميدالياتها المركزية ذات الحواف المورقة المتضمّنة أغصانا من الزنبق والقرنفل والبراعم على أرضية ذهبية غنية وسيلة أكثر تقليدية تشبه الشريط الرقيق لرسم محيط المساحات على شكل القوس القوطي. وزين الشريط ببراعم وزنابق مصغّرة. وما هو غير مألوف نسبيّا ضمن الأقمشة العثمانية هو تزيينها بأرضية بنفسجية زاهية. ويضفي استخدام سدو حريري بنّي داكن على التصميم مفعولا أغمق وأثرى(2). وتوحي طريقة تفصيل القطعة من الأعلى والأسفل بأنها كانت قد استُخدمت في ثوب، ربما يكون قفطانا عثمانيا احتفاليا يحتمل أن يكون لألوانه الغنية ومساحاته الكبيرة من الذهب وحجمه المثير للإعجاب أثر مدهش.

WBD

1. انظر (Atasoy et al ، 2001م)، الصفحات 104 - 105 و332، الصورة 208، لوح 57.
2. المكان نفسه، ص332، لوح 58.

المصدر:

الفهرس 229أ : (Dikran G. Kelekian)، نيويورك (حتى وفاته 1951م؛ تركته، حتى 1952م؛ بيعت لمتحف المتروبوليتان للفنون).

الفهرس 229 ب : [(Dikran G. Kelekian)، نيويورك حتى 1944م، بيعت لمتحف المتروبوليتان للفنون]

الفهرس 229 ج : مجهول (1935 - 1949م).

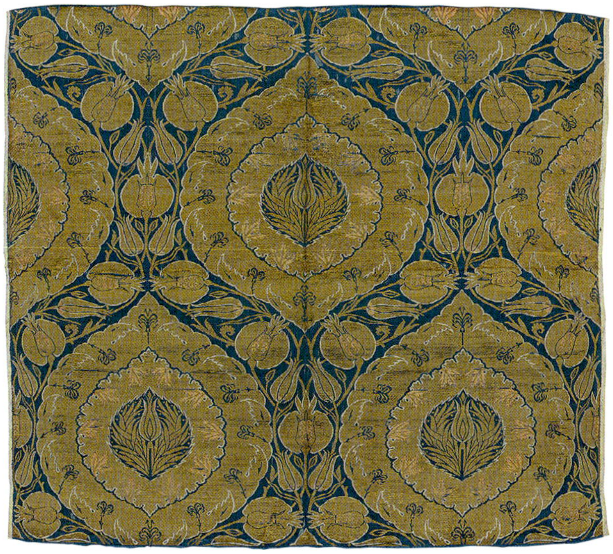

أ

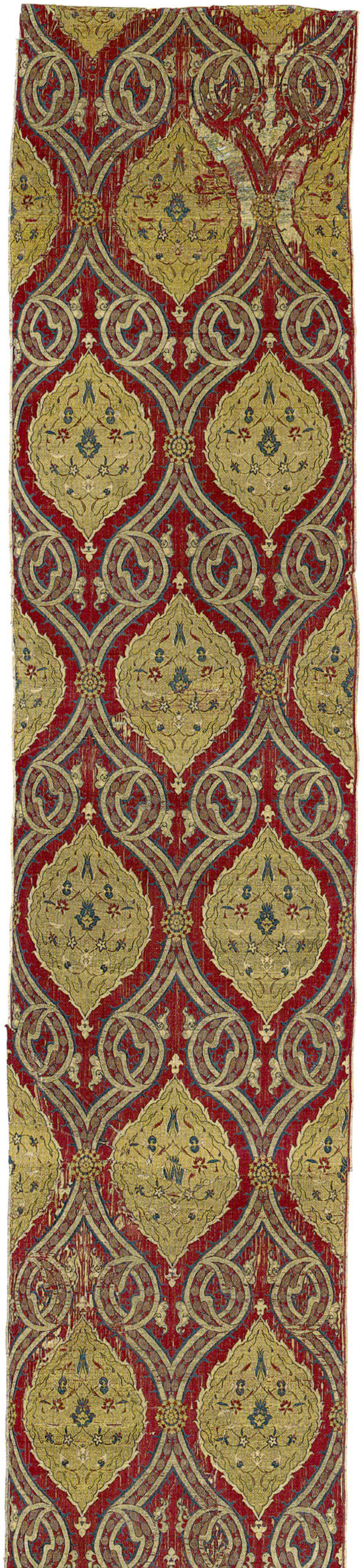

ب

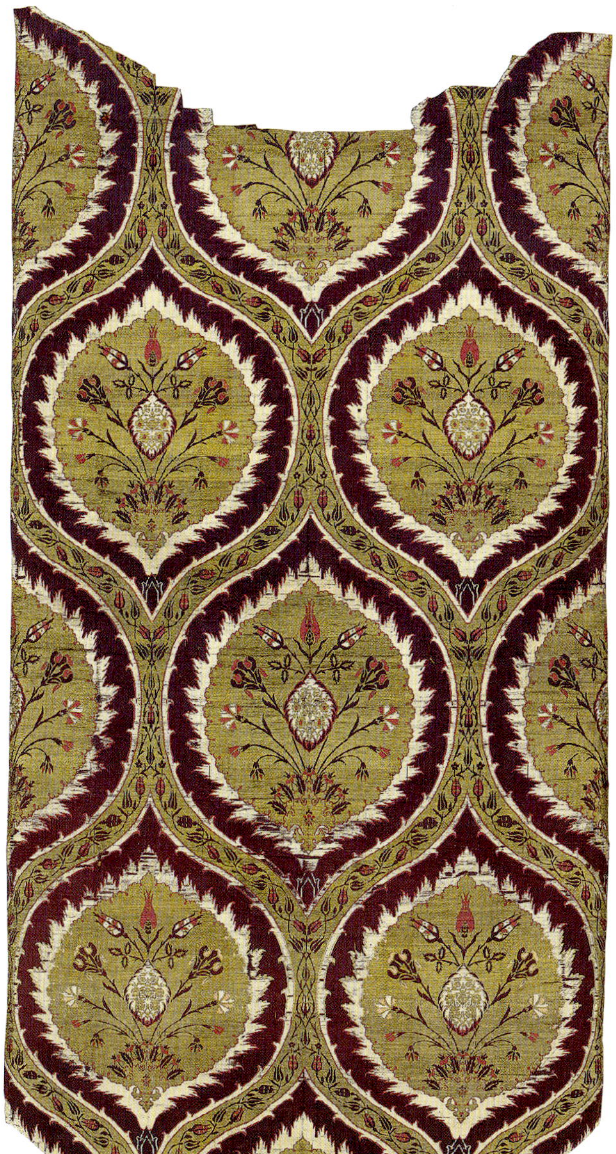

ج

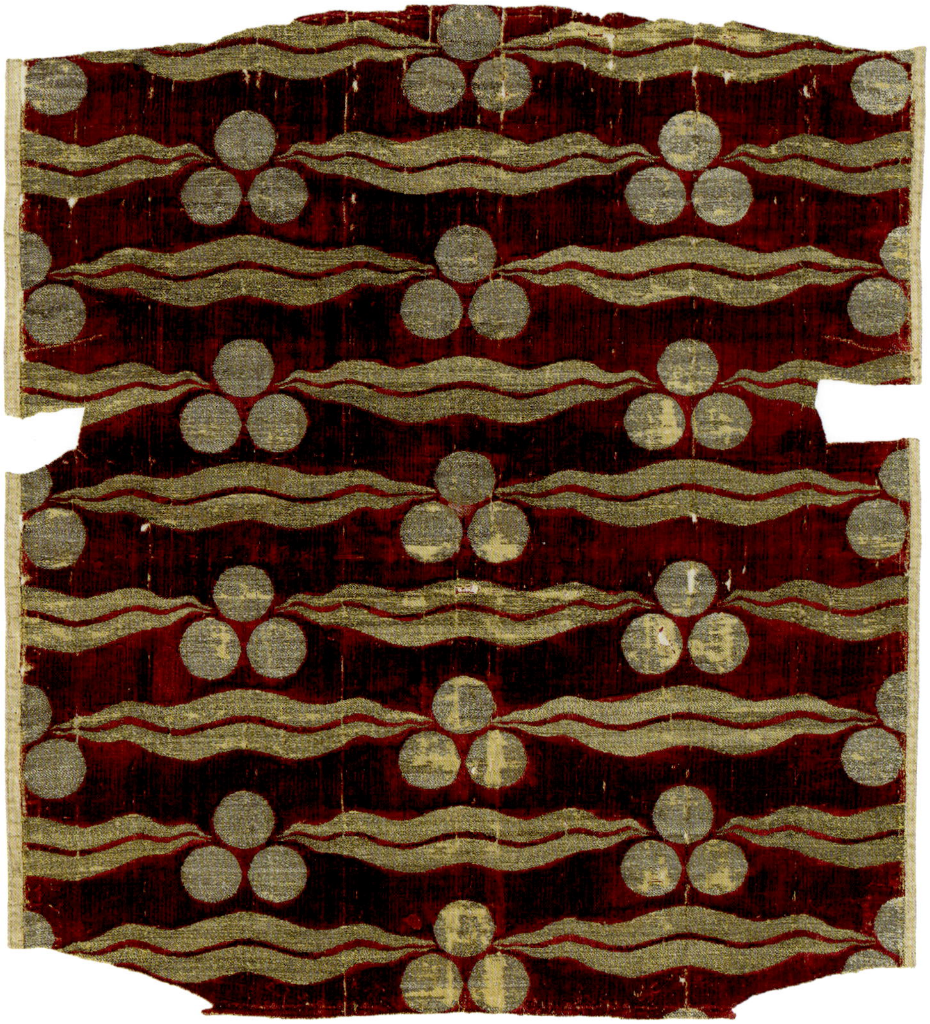

230. قطعة مخمل

تركيا، بورصة، النصف الثاني من القرن الخامس عشر الميلادي
حرير وخيط ملفوف بالمعدن ومخمل ناعم مقصوص (قطمة) مطرّز
المقاسات : 74.9×71.1سم.
رصيد رودجرز، 1908م 08. 109. 23

كانت بورصة العاصمة الكبرى الأولى للإمبراطورية العثمانية ومركزها لتجارة الحرير الخام المحلي الإيراني وكذلك لصناعة النسيج الحريري الفاخر، وقد بلغت فيها المخمليات الحريرية المنسوجة أوج مجدها من حيث الجودة مع حلول أواخر القرن الخامس عشر الميلادي. وتبرز هذه القطعة الصغيرة، وهي على الأرجح مأخوذة في الأصل من قفا ثوب، وبرة حريرية مخملية كثيفة صبغت باللون الأحمر الأرجواني الداكن من خلال استعمال صبغ مشتق من مواد تفرزها بعض الحشرات. وكانت المساحات غير المغطاة بوبرة في الأصل مطرّزة بكثافة بخيوط من الحرير العاجي ملفوفة في رقائق مستدقّة من الفضة، فقدت بريقها مع مرور الوقت لتصبح ذات لون رمادي داكن. ونُسجت مخمليات بورصة المبكّرة على أنوال ذات عرض متداول بحوالي تسع وعشرين بوصة ونصف البوصة (75سم). وهذا النموذج المنسوج بكامل عرض النول له حافتان من الجانبين. وتوجد نماذج أخرى من نفس اللفّة بعدّة متاحف.(1) وتُعرف الزخرفة تحت مسمى 'شنتماني'، وهي عبارة سنسكريتيّة يمكن ترجمتها بـ''الجوهرة المباركة''. وفي هجرة تصميم مذهلة، دخل الشكل الفني البوذي الأصل، المتمثل في ثلاث لآلئ متوهجة مرصّعة في غطاء رأس البوداسف، العالم الإسلامي وذلك منذ فترة تعود إلى القرن التاسع الميلادي حيث ظهر في الفخاريات العبّاسية في سامراء بالعراق. كان ينظر إلى هذه الزخرفة على أنها رمز خارق للعادة لحسن الحظ. وقد عاودت الظهور بوضوح حوالي 1400م في العملة التيمورية المصكوكة في إيران وآسيا الوسطى. ومع أواخر القرن الخامس عشر الميلادي بدأ هذا الشكل في الظهور تقريبا في كل واسطة من وسائط الفن العثماني بما في ذلك الخزفيات وتسفير المخطوطات وتذهيبها والمنسوجات والبُسط وصناعة القطع المعدنية والزخرفة المعمارية بالحجارة المنقوشة وصناعة الجلد والتطريز (2). وغالبا ما يشار إلى هذا التصميم ذي البقع الثلاث في المصادر العثمانية بـ'البنكلي'

(المُرقّط) أو 'البلنجي' (شبيه بالنمر الأرقط).(3). وبمرور الزمن بدا هذا الشكل وكأنّه تقمّص، زيادة على ارتباطاته بحسن الحظ ودرء الأرواح الشريرة، هالة ذكورية مميزة قد تكون بسبب ارتباطه بالقبعة المصنوعة من جلد النمر الأرقط والمعطف المصنوع من جلد النمر اللذين كان يرتديهما بطل الملحمة الإيرانية الشعبية رستم. وعادة ما يظهر الفنّ العثماني بهذا الموتيف في دوائر مدنية. ولكن مع نهاية القرن السابع عشر الميلادي استعمل موتيف 'الشنتماني' بصفة جليّة على واجهة بيت عبادة ملكية، مسجد يني وليد في إسطنبول.

WBD

1. من بينها متحف المنسوجات بواشنطن دي سي. ومتحف الفنون الجميلة ببوسطن.
2. انظر (Paquin 1992م).
3. (Denny 1972م)؛ انظر أيضا واشنطن دي سي 1973، ص21 ولوح 1.

المصدر: [(Dikran G. Kelekian)، نيويورك، حتى 1908م؛ بيع لمتحف المتروبوليتان للفنون].

231. غطاء وسادة مخملي (ياستيك)

تركيا، بورصة، حوالي 1600م.
حرير وقطن وخيط ملفوف بالمعدن ومخمل ناعم مقصوص (قطمة) مطرّز
الجانب أ- 127×67.3سم.
الجانب ب- 128.3×67.3سم.
مجموعة السيد والسيدة إسحاق د .فليتشر، وصيّة إسحاق د. فليتشر، 1917م 17. 120. 123

تضمّنت المفروشات المتداولة في الفضاء الداخلي العثماني أرائك تُنصب حول أطراف الغرفة تسمّى 'صوفا'، اشتقاقا من كلمة صوف التي تعني مادّة الصوف التي كانت عادة ما تُحشى بها الوسادات عند تنجيد المفروشات. وكانت هذه الأرائك تُفرش بوسادات جلوس تشبه المفارش. وكانت وسادات إتّكاء مسطحة معروفة باسم "ياستيك" توضع عرض الحائط لتشكل سندا خلفيا للاتكاء عليها. وقد زيّن مثل هذا الأثاث المثبّت داخل كل من جناح النساء (الحريم) والمساكن الخاصة بالأسرة في محلاّت الإقامة العثمانية و'السلملك' أو منطقة استضافة الزوّار بمنسوجات فاخرة كانت تعكس ثراء أهل البيت ومنزلتهم الاجتماعية وذوقهم الرفيع. وغالبا ما كانت تُحاك هذه المنسوجات في مجموعات متناظرة. وغُطي البعض منها بالمطرّزات خاصّة في العصور العثمانية المتأخرة. لكن في القرنين السادس عشر والسابع عشر الميلاديين، لطالما استخدمت الأسر الموسرة، بما في ذلك قصر السلطان ذاته، أقمشة مخملية حريرية من بورصة عادة ما كانت مقوّاة بالتقصيب المعدني وذلك لتجنيد المفروشات والستائر الحائطية. وكانت المخمليات الحريرية المنسوجة في بورصة العثمانية في الأساس معدّة للاستخدام كأقمشة تأثيث، وقد كان نساجو بورصة بارعين في تطوير زخارف مخملية كانت تتلاءم بشكل مثالي مع الزخرفة الداخلية. وكما هو جلي فإن تصميم هذا الغطاء لوسادة الاتكاء (الياستيك) المنسوج بكامل عرض النول قد أقتُبس من لفة قماش مخمل حريري تقليدي به صفوف متعرّجة من

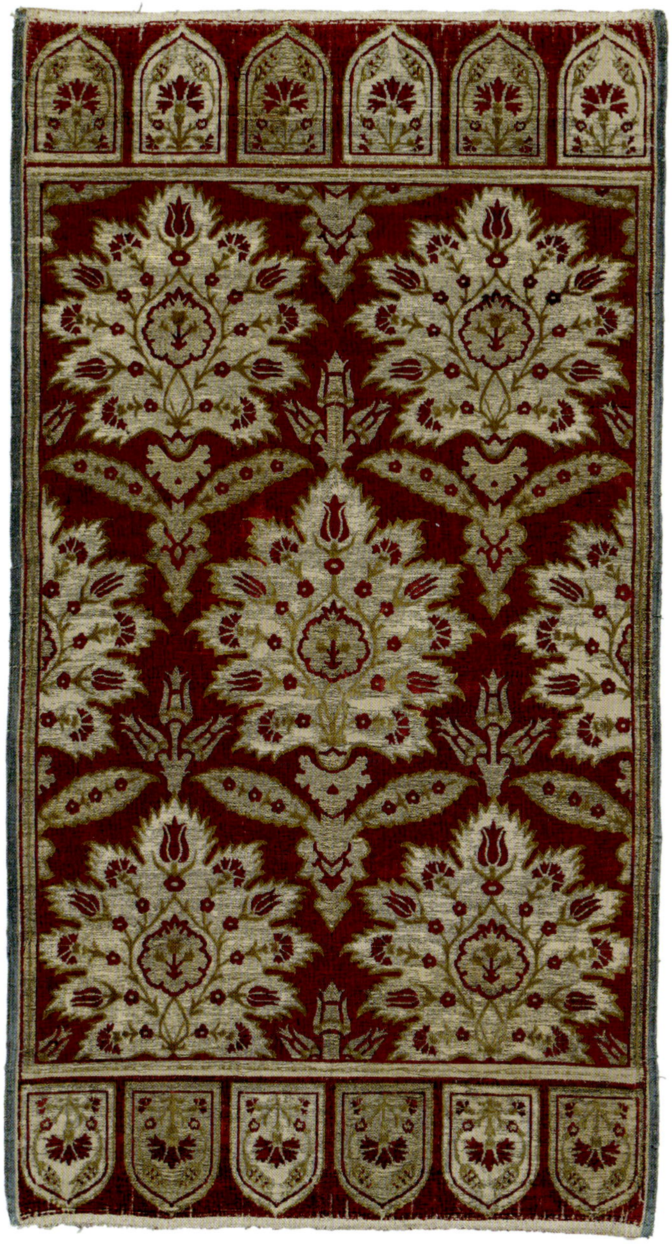

سعفات عمودية لتدمج سلاسل متكررة من غطاءات وسائد أو وسائد إتّكاء مماثلة مع إمكانية أن يصل عدد مثل هذه الوسائد أو اللوحات إلى ثمانية أو أكثر يمكن قصها من لفة قماش واحدة.(2) وقد بلغ عرض كل لوحة من هذا القماش أكثر بقليل من قدمين (وهو العرض لنول المخمل المتداول في بورصة خلال هذه الفترة)، ويبلغ الطول مرتين العرض في العادة. وفي طرفي تصميم اللوحة كليهما. نرى أطرافا صغيرة متدلية تتكون من عقد من ستة أشكال مقوّسة صغيرة والتي يتناوب لون خلفيتها بين الفضي والأبيض.

WBD

1. (Atasoy et al 2001م)؛ الصفحات 212 - 213.

المصدر: (Isaac D. Fletcher)، نيويورك (حتى وفاته 1917م).

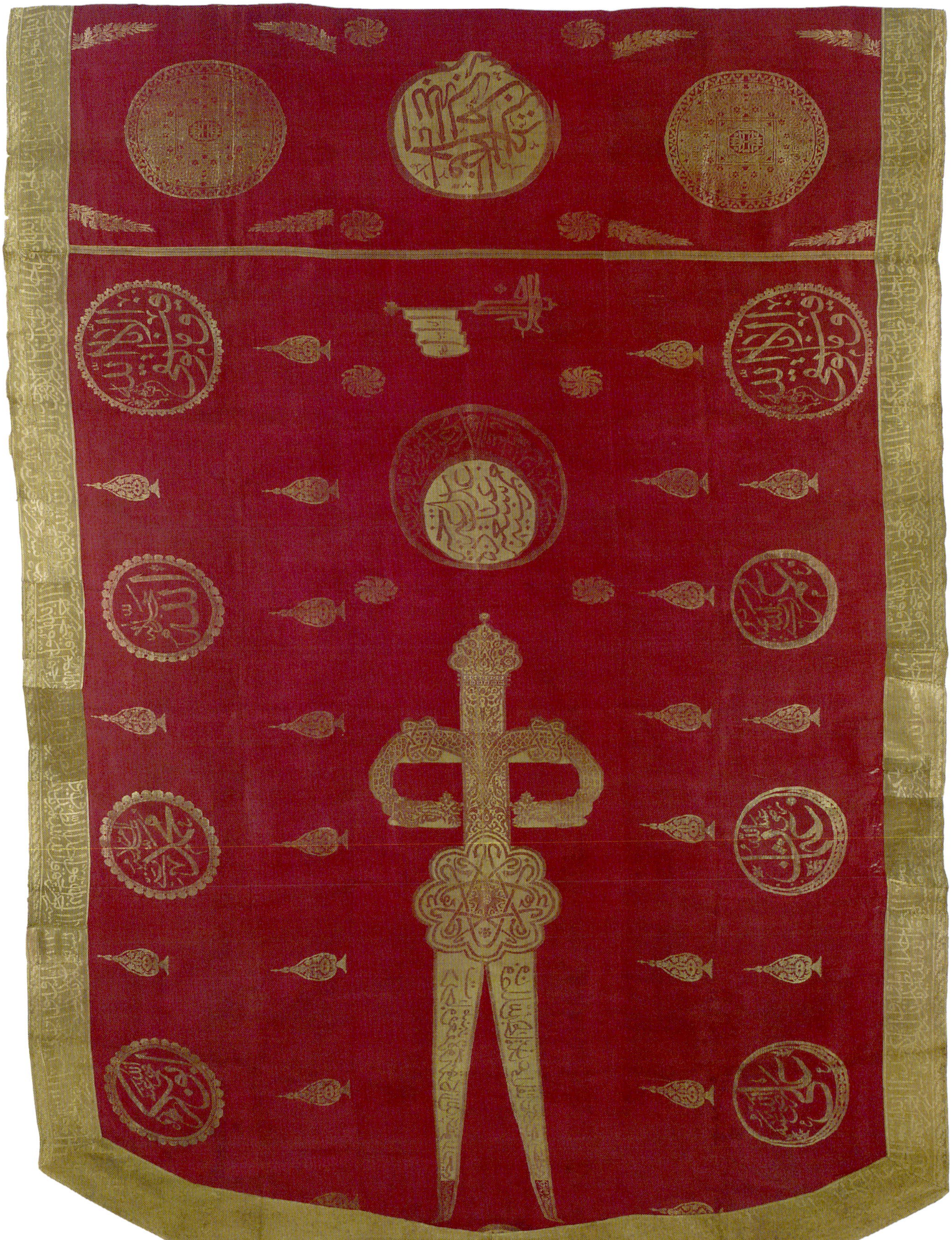

232. لواء حريري (سنجق)

تركيا، على الأرجح إسطنبول، مؤرخ في 1235 [هجري] الموافق لـ 1819 – 1820م
حرير وخيط ملفوف بمعدن 'لامباس' مطرّز.
المقاسات: 294×217.2سم
رصيد فليتشر 1976م 1976. 312

نصوص بالعربية بخط الثلث.

- حول الحافة، بقماش أخضر ومكرر عدّة مرات:
[القرآن. 112].
- في الدائرة الوسطى بالجانب العلوي (بالاتجاه المعاكس) :
بسم الله الرحمان الرحيم. يا حافظ
- في دوائر إلى يسار ويمين العلم، مكرر (يقرأ من اليمين):
[القرآن 11.88]

- على ممسك العلم (يُقرأ من اليمين):
يا حضرت خالد (على الأرجح خالد بن الوليد، قائد المسلمين في معركة)

- على مساحة العلم:
أبي أيوب الأنصاري ([بالتركية أيوب] وهو صحابي النبي توفي في حصار غير موفّق للقسطنطينية في 674م).

- في قوس الهلال الأوسط:
حديث للنبي وتاريخ: روي عن أبي هريرة رضي [الله عنه] قال رسول الله / صلى الله عليه وسلم/ 1235
[هجري] [1819 – 1820م]

- داخل قوس البدر مواصلة الحديث:
عدل ساعة خير من عبادة سبعين سنة.

- في ستة دوائر على يسار السيف ويمينه:
اسم الله والنبي والخلفاء الأربعة الأوائل.

- الجانب الأيسر من الأعلى إلى الأسفل الجانب الأيمن من الأعلى إلى الأسفل
الله محمد أبو بكر عمر عثمان علي
- على زينة السيف ذات الفصوص الثمانية، تظهر أربع مرات، مرتان منها بصورة معكوسة (مثنى) للأخريين:
يا ديان يا برهان.

- على السيف (يقرأ من اليسار، مكتوب معكوسا) :
[القرآن 4.96.95].

استُخدمت منذ القدم الألوية العثمانية المنسوجة من الحرير على شكل دروع مثل هذا اللواء الذي يُعرف بمصطلح سنجق (سانساك بالتركية) لغايات عسكرية ودينية في الإمبراطورية العثمانية. ويُحتفظ بنموذج صغير منها قيل إنّه كان يُحمل في ساحة الوغى في كوسوفو سنة 1389م بالمتحف العسكري بإسطنبول. ويقدّم نقش فرنسي في القرن السادس عشر وصفا لمثل هذه الألوية المحمولة من قبل الحجّاج المسلمين. ويعرض تقرير ألماني يعود إلى حوالي 1600م لسفارة بإسطنبول عددا من خُشبيات تُظهر ألوية سنجق محمولة في مواكب عثمانية مختلفة.(1) وقد عُرفت ألوية تحمل أقمشتها تواريخ منذ أواخر القرن السابع عشر الميلادي (2). وهكذا فإن لواء المتروبوليتان الذي يعود إلى بدايات القرن التاسع عشر الميلادي يُمثل تواصل لتقليد طويل اضمحلّت نماذجه الأولى إلى حد كبير دون شك بسبب كثرة الاستعمال. وقد نُسج بالقماش رسم لسيف ذي شفرتين. وهو يشير إلى ذي الفقار، سيف ذي حدّين (حرّفت الإشارة لتصبح ''ذو شفرتين'') يعود حسب الأسطورة الإسلامية إلى علي ابن عمّ النبي محمد وزوج بنته ورابع 'الخلفاء الراشدين' في المجتمع الإسلامي إثر وفاة الرسول. وتُظهر النصوص على لواء المتروبوليتان وتلك الموجودة على ألوية أخرى مماثلة تعود إلى هذه الفترة أو إلى فترات سابقة محاولة خجولة لإبراز رمزية سيف علي وفي الآن نفسه لاجتناب أي تلميح للشيعة، المذهب الإسلامي الذي يُنكر شرعية الخلفاء الثلاث الأوائل. ومن الصعب تفسير سبب ظهور ألوية السنجق التقليدية مثل هذا اللواء وبأعداد كبيرة في تركيا أوائل القرن التاسع عشر الميلادي. ففي فترة احتدّ فيها التوتّر بين الشقين التقليدي والحداثي قبل القمع العنيف الذي تعرض له الإنكشاريون في عام 1826م، من المحتمل أن تكون هذه الألوية تعكس جانبا واحدا من الصراع القادم بين التقاليد والحداثة في الجيش العثماني.

WBD

1. حول الألوية العثمانية، انظر (أ1974 Denny)
2. 2.المكان نفسه.

المصدر: مجموعة خاصّة، فرنسا (على الأقل منذ ما قبل 1939م)؛ [(Ahuan Islamic Art)، حتى 1976م؛ بيع لمتحف المتروبوليتان للفنون].

233. غطاء

على الأرجح تركيا، القرن السادس عشر – القرن السابع عشر الميلادي
كتّان وحرير ونسج وقماش مطرّز
المقاسات: 187.3×151.4سم.
هبة جورج د. برات، 1929م 29. 39

بفضل ما أوتيت من تشكيلة ألوان منعشة وزخرفة بيّنة وتباينات جذّابة، تُجسّدُ هذه القطعة من النسيج الأخّاذ سمات تتقاسمها مطرّزات عدّة موجودة في مجموعة المتروبوليتان. أُنتجت المطرّزات في كثير من الأطر عبر الإمبراطورية العثمانية مترامية الأطراف تراوحت من ورشات البلاط الإمبراطوري بإسطنبول إلى الدائرة الإقليمية الخاصّة. وكانت المطرّزات المنزلية مثل هذه القطعة التي نحن بصددها تُصنع في العادة داخل البيت للاستهلاك الشخصي أو للبيع على نطاق محدود. ويُعتقد أن هذه القطع المطرّزة الكبيرة قد تكون استعملت كشراشف أو ستائر حائطية.(1) وتعود النماذج المتبقية إلى أوائل القرن السادس عشر الميلادي. هذا، وقد تواصل إنتاجها حتى فترة متقدمة في القرن التاسع عشر الميلادي. وتجد زخرفة هذه القطعة المتمثلة في معلقات نباتية متشابكة متعرجة حمراء وصفراء وخضراء تتضمن ميداليات مليئة بالأزهار محاطة بحواف زرقاء تشبه الشعلات صدى لها في قطعة نسيج مماثلة في متحف فيكتوريا وألبرت بلندن(2). ومن المحتمل أن تكون مثل هذه التصاميم بشكل قوس قوطيّ مستوحاة من زخرفة لمنسوجات 'لامباس' حريرية عثمانية أفخم خلال القرن السادس عشر الميلادي.

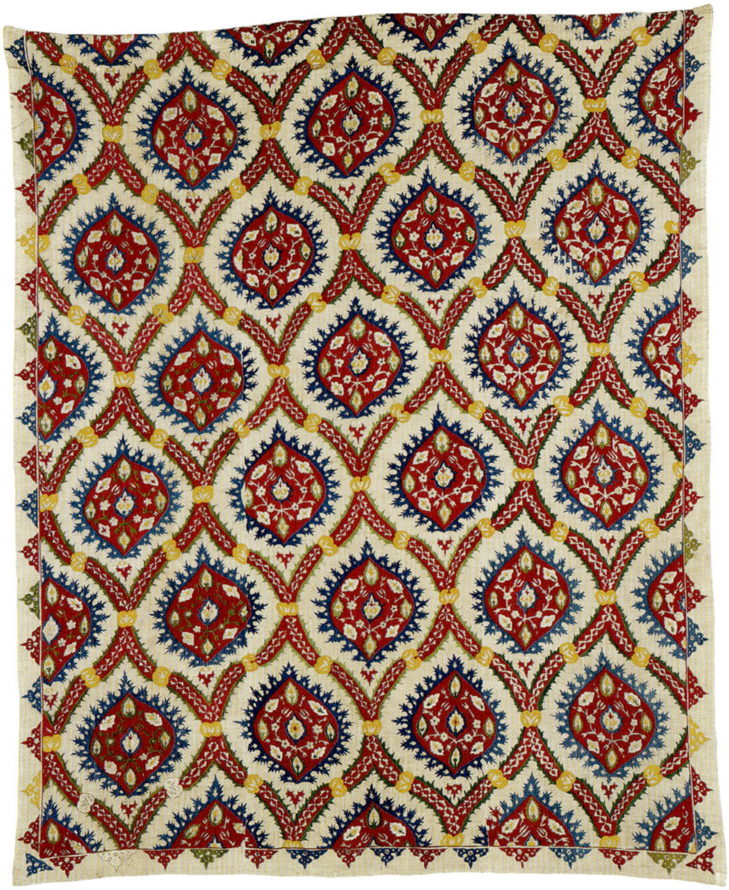

(3) ولكن، خلافا للمنسوجات الحريرية المعاصرة حيث نُسج التصميم مباشرة مع القماش من خلال استخدام نظام معقّد يُسمّى بالنول الساحب، فإن زخارف هذه المطرّزات أُنجزت يدويّا بالكامل غرزة بغرزة بالإبرة والخيط الحريري الملوّن على أرضية من نسيج كتّان منسوج بصفة مسترسلة. يتكوّن الغطاء من ثلاث قطع منفصلة : ولا يكشف عن القسمات إلاّ اختلاف دقيق في لون الخيط الأزرق. ونظرا إلى أنّ أقمشة كتّان أرضية هذه القطع عادة ما كانت تُنسج على أنوال صغيرة، فإن إنجاز أغطية أكبر حتّم عطف عدة قطع منسوجة بكامل عرض النول لتحقيق الحجم المنشود.(4) وهكذا أُنجز تطريز اللوحات الفرديّة كلّ واحدة على حدتها قبل أن يجري تجميعها. ويحتمل أن يكون ذلك سعيا إلى تقسيم العمل. ولتحقيق تراصف التصميم النهائي جرت الاستعانة برسم تحتي (ما يزال أثره ظاهرا فوق هذه القطعة) لتحذُوَه يد المطرّز.

DMT

1. واشنطن دي سي 2000م ص. 71
2. انظر (Ellis, M) و (م2001 Wearden)، لوح 3 ؛ ص 33، والمداخلة على ص.16. انظر أيضا ما يبدو أنها قطعة ثالثة مزخرفة مماثلة في (م1935 Wace). لوح 109.
3. انظر مثلا الفهارس 229 ب و229 ج في هذا الفهرس، هذه ومعها غيرها من المنسوجات الحريرية بأشكال أقواس قوطية تعود إلى هذه الفترة منشورة في (م2001 Atasoy et al.)، الألواح 85.57.
4. واشنطن دي سي 2000م، ص 35.

المصدر: (George D. Pratt) نيويورك (حتى 1929م).

234. بساط حيواني مبكّر

تركيا، القرن الرابع عشر الميلادي
صوف (سدو، لحمة ووبرة) وبرة معقودة بشكل تماثلي
المقاسات: 165.1× 138.4سم.
اقتناء، هاريس بريزبان ديك، وصية جوزيف بوليتزر، رصيد لويس الخامس بال وأرصدة فليتشر وبفايفر وورودجرز، 1990م 1990 .61

شكّلت البُسط الحيوانية المبكّرة للأناضول لفترة طويلة مصدر انجذاب للعلماء الغربيين ربما بسبب الارتباطات التاريخية القوية الضاربة في القدم لهذا الصنف بأوروبا باعتبارها أشياء رفيعة المنزلة. وأكثر النماذج شهرة هو بساط التنين والعنقاء الموجود في برلين. وقد اقتُني من قبل ولهم فون بود في 1886م في روما. ولكن يُقال إنه جاء من كنيسة في وسط إيطاليا، وبساط ماربي الذي اكتشف في كنيسة صغيرة في ماربي بالسويد سنة 1925م ويتضمن أزواج طيور أمام شجرة مركزية (1). وقد رُسمت العديد من نسخ البُسط الحيوانية في اللوحات الأوروبية (خاصة الإيطالية) التي تعود إلى الفترة الممتدّة من القرن الرابع عشر إلى القرن الخامس عشر الميلاديين وغالبا ما كانت تُبرزها في حالات فخمة (2). وتوجد أيضا بُسط مجزّأة متناثرة تخلو من سياق أوروبي محدد ولكنّها تنضاف إلى تشكيلة أصناف التصاميم المعروفة (3). واختلف المشهد كثيرا في 1990م عندما بدأت سلسلة من البُسط الحيوانية في الظهور في سوق الفن من تِبَتْ حسبما ذكرت التقارير (4). وكان هذا البساط الذي تحصّل عليه متحف المتروبوليتان أولها. وهو يتضمن تلوينا واضحا وزخرفة منمنمة جدّا تضم زوجين من بهائم من جنس غير محدّد متقابلين رافعي القوائم الأمامية فاغري الأشداق وكأنهما يؤدّيان رقصة ما. ويحتوي كل حيوان على نسخة مصغرة منه وُضعت داخله، في تلاعب بصورة جاهزة لحيوان ضمن قسيم متوفرة في عديد المنسوجات العتيقة العائدة إلى القرون الوسطى. وأكد وجود بساط المتروبوليتان أن لوحتين، إحداهما من كتاب الملوك (الشّهنامة) الإلخانية العظيمة التي ترجع إلى حوالي سنة 1330م، والأخرى رسم إيطالي لـ "زواج العذراء" يعود إلى حوالي 1410م، يُظهر تصويرا لبُسط تتضمن حيوانات رافعة القوائم، رُسمتا بالاعتماد على بُسط موجودة بالفعل.(5) بالإضافة إلى ذلك، فإن الحواف الكوفية المميّزة لاثنتين على الأقل من البُسط في هذه المجموعة تُماثل من حيث تفاصيل معينة الحافة الخارجية للبساط المصوّر في اللوحة الإيطالية.(6). وترتبط تشكيلة الألوان والمواد والخصائص البنيوية وبعض عناصر التصميم هذا البساط الحيواني بمنسوجات نُسبت إلى إنتاج أناضولي بصفة إجمالية غير محددة، بما في ذلك البُسط الحيوانية "المبكرة" الأخرى. ولا تُشكل هذه القطع مجموعة متجانسة. وهي لذلك، لا تجسّد إنتاجا متأتيا من مركز نسيج واحد. ولا تعني النسبة إلى الأناضول الشيء الكثير فيما يتّصل بالسياق الثقافي للإنتاج. وفي هذا الصدد، جرى في الاعتقاد أنه من المحتمل جدا أن يكون البساط الحيواني لمتحف المتروبوليتان وأقرانه يمثل فعلا إنتاجا إلخانيا، وذلك بالنظر إلى الخصائص المماثلة التي يمكن مشاهدتها في لوحة الشاهنامة الإلخانية التي تعود إلى حوالي 1330م. ومن بين الفرضيات التي وضعت أيضا هو أن شبكة تجارة الإلخانيين يمكن أن تفسّر الانتقال الموازي للبُسط الحيوانية بين الأناضول وإيطاليا من جهة، كما تشهد على ذلك التصاوير

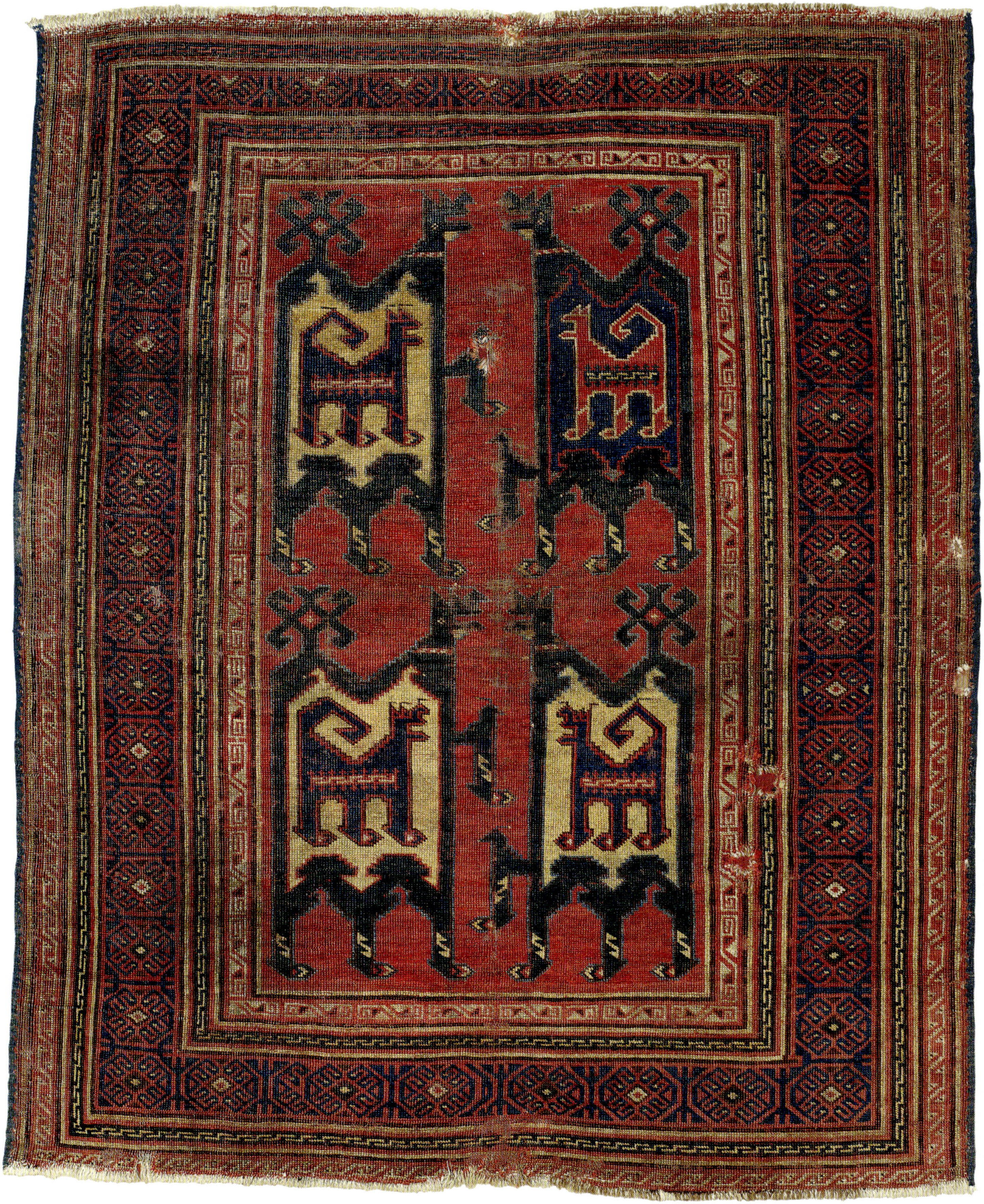

في اللوحات، وبين الأناضول وتبَت من جهة ثانية، كما هو مبيّن في البُسط نفسها. (7) ورغم أنه لا يمكن استبعاد تاريخ أسبق للإنتاج استبعادا نهائيا، فإنّ إسناد كل البُسط الحيوانية في مجموعة التِّبت إلى القرن الرابع عشر الميلادي ينسجم مع تاريخ الشهنامة ويتّسق كذلك مع التاريخ المبكّر جدّا للوحة الإيطالية، أي القرن الخامس عشر الميلادي. وذلك التاريخ يتوافق أيضا مع المدى الزمني الذي أظهرته نتائج الكربون 14 المجرى على مجموعة التِّبت من البُسط الحيوانية.(8) ويمثل بساط ماربي وبساط التنين والعنقاء كلاهما إنتاجا لاحقا نسبيا، إذ لم تظهر قطعة برلين في تاريخ أسبق من سنة 1486م.(9).

DW

1. (Museum für Islamische Kunst)، المتحف الوطني ببرلين (أرقام 1 - 4)؛ المتحف التاريخي الوطني بستوكهولم (Statens Historiska Museet) (رقم 17726). ونشرت الاثنتان في (م1929 -1926 Sarre and Trenkwald)، مجلّد 2، الألواح 1و2.
2. (م1978 Mills). مع إشارات إلى بحوث سابقة .
3. انظر (م1959 Ettinghausen)، انظر أيضا (م1985 Lamm).
4. هذه معدّدة في (ب 1993 Franses)، الصفحات 260-266 وفي (مThompson 2010)، ص 52 وحاشية رقم 54.
5. (م1959 Ettinghausen)، الصور 4 و6؛ (م1990 Hali)، ص. 155.
6. نشر البساط الموجود في متحف الفن الإسلامي، الدوحة في هامبرغ وشتوتغارت 1993م. ص. 15، والبساط الموجود في مجموعة (Bruschettini) لم ينشر بعد.
7. (م2010 Thompson)، الصفحات 52 - 54.
8. (ب 1993 Franses)، ص 373، حاشية 318.
9. (م2004 Rageth)، الصفحات 106 – 108.

المصدر: (Fred Cagan)، النيبال، [منسوجات (Lisbet Holmes Textiles)، لندن حتى 1990م؛ بيعت لمتحف المتروبوليتان للفنون]

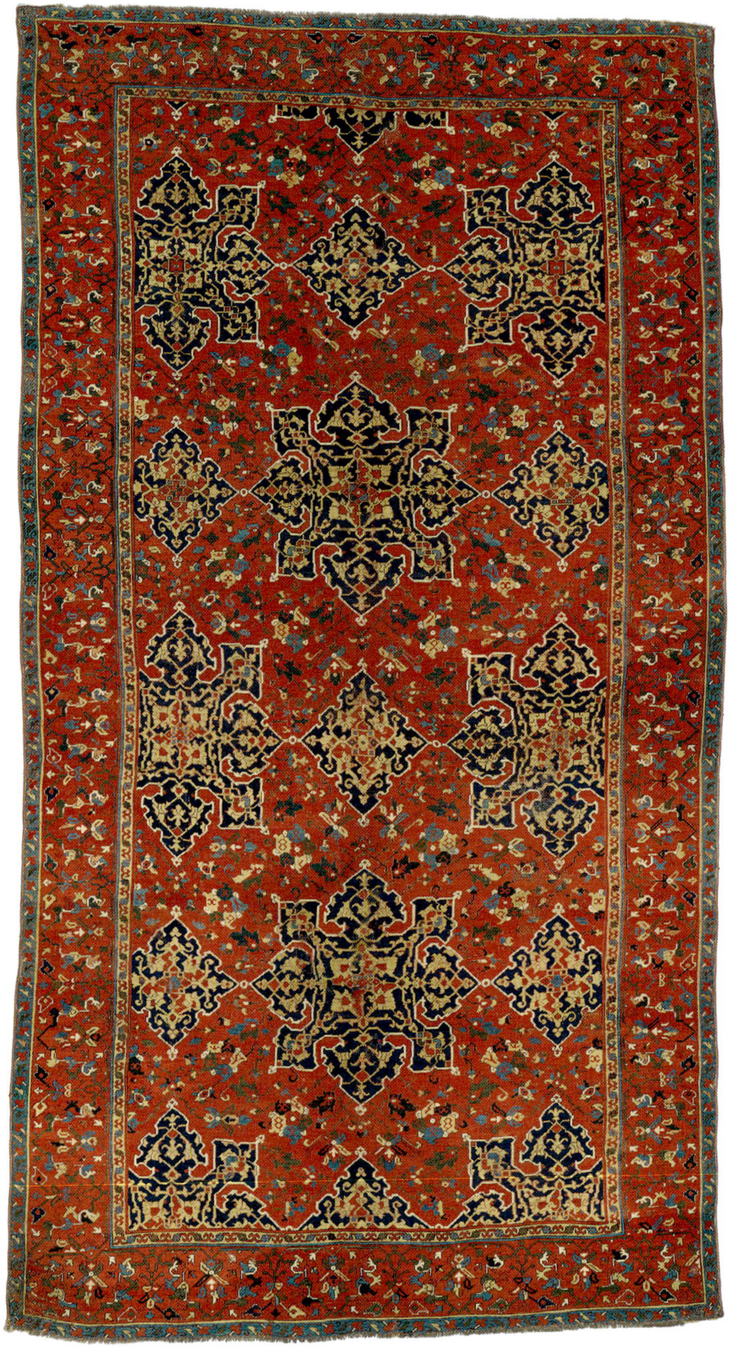

235. البساط الأوشاكي ذو النجمة

تركيا (الأناضول الغربية)، أواخر القرن الخامس عشر الميلادي
صوف (سدو ولحمة ووبرة) ووبرة معقودة بشكل تماثلي
المقاسات: 421.6×232.4سم.
هبة جوزيف ف ماكملّن ، 1958م.58.63

من ضمن العديد من البُسط المتبقية العائدة إلى القرنين الخامس عشر والسادس عشر الميلاديين التي تتضمن ما يسمى بتصميم ذي نجمة، المنسوجة بإقليم أوشاك (أوساك بالتركية) الواقع غربي الأناضول، يُنظر إلى هذا النموذج على أنه رائعة رفيعة الشأن بالنظر إلى حجمه الكبير وحالته الجيّدة وإتقان صنعه وإنجازه. وقد نُسبت بُسط من هذا الصنف في وقت ما بصفة حصرية إلى القرن السادس عشر الميلادي. ويظهر أول نموذج مرسوم في لوحة أوروبية في فييناّ في عمل لباريس لوردون في سنة 1534م (1). وتذهب بحوث حديثة العهد إلى تأكيد أنّ أحسن أقدم بُسط أوشاك المصنوعة وفق مجموعتي تصميم اثنتين- بما فيها البُسط ذات الميداليات على شكل نجمة مثل نموذج بساط ماكملن، وتلك التي تتضمن ميداليات على شكل قوس قوطيّ، قد تكون على أغلب الظن، صنعت في القرن الخامس عشر الميلادي(2). ويُرجّح أن يكون بساط ماكملن الأوشاكي ذو النجمة أحد أول البُسط الأناضولية التي أبرزت أثر ما سمّاه العالم الألماني كورت إردمان "ثورة تصميم البساط" في القرن الخامس عشر الميلادي.(3) ويمكن القول في إيجاز إنّ ثورة التصميم كانت انتقالا تاريخيا من بُسط ذات كثافة عقد منخفضة نسبيا وتصاميم هندسية إلى حدّ كبير تمتدّ جذورها عميقا في تقاليد النسيج إلى بُسط ذات كثافة عقد أكبر وتصاميم منحنية الأضلاع باعتماد فنون الكتاب التي مورست في البلاطات الإسلامية. فتصميم بساط المتروبوليتان لا حدّ له: وشكل البساط الأوشاكي ذو النجمة المتكون من نجوم لها ثمانية فصوص ومن معيّنات صغيرة تشبه كثيرا زخرفة البلاطات الحائطية في المباني المعاصرة لها في موطنها شمال غربي

إيران والأناضول، هو شكل قُصّ اعتباطيا من الحواف الأربعة في البساط. ولقد كان في الإمكان تكراره إلى ما لا نهاية. فغالبا ما كان بساط بهذا الحجم في النتيجة يستخدم زخرفة معمارية على مساحة أفقية – أي الأرضية. وكسائر البُسط الأوشاكية، نُسج هذا البساط من سدو ولحمة ووبرة صوف. وتُعتبر التشكيلة المحدودة من الألوان الزاهية والعقد المتماثلة وكثافة العقد المتوسطة كلها سمات تختص بها حياكة البُسط الأناضولية الغربية في أوائل عهدها.

WBD

1. (Denny 2006 – 2007م)، ص.177.
2. انظر (McMullan 1965م)، الصفحات 230 – 232، رقم 67؛ تاريخ القرن الخامس عشر الميلادي مقترح من قبل (Walter B. Denny) في واشنطن دي سي 2002 – 2003م، الصفحات 38 – 43.وتوجد مادّة مقارنة في (Ölçer and Denny 1999م)، الصفحات 36 – 45 والألواح 71 – 74.
3. (Erdmann 1976م)، الصفحات 33-31.

المصدر: (Joseph V. McMullan)، نيويورك، (1954 – 1958م).

236. بساط بلاط عثماني كبير الحجم

مصر، القاهرة، الربع الأخير من القرن السادس عشر الميلادي
حرير (سدو)، صوف (لحمة ووبرة) ووبرة معقودة بشكل غير تماثلي
المقاسات: 418.5×260.7-241.9سم.
مجموعة جيمس ف. بلاّرد، هديّة جيمس ف. بلاّرد، 1922م 22. 100. 57

تُوثّق بُسط مثل هذا البساط الرائع من مجموعة بلاّرد تعاونا ثقافيا غير عادي بين ورشة التصميم الملكية بإسطنبول وتقليد مصريّ في نسيج البُسط تمتد جذوره إلى عصور المماليك في قاهرة ما قبل العهد العثماني. وتحتل هذه الأعمال المعروفة لدى المؤرخين الفنيين ببُسط البلاط العثماني عالما فنيا خاصا بها يختلف كثيرا عن التقليد المحلّي في نسيج البُسط في تركيا الأناضولية ذاتها. وهي تعكس دور الإمبراطورية العثمانية بوصفها مفترق طرق فني بين ثلاث قارّات: أوروبا وإفريقيا وآسيا.(1) صُنع بساط بلاّرد من مواد فاخرة باهظة الثمن. فالسّدو واللحمة صنعا من الحرير. وصُبغت الوبرة الصوفية الحمراء بصباغ لك مستخرج من الحشرات باهظ الثمن. وعُقدت الوبرة برقّة من خلال استخدام عقد غير تماثلية مفتوحة إلى اليسار. وهذه طريقة في ربط العقد غير معهودة بالمرّة في التقاليد الأناضولية مأخوذة مباشرة من أسلوب الحياكة المصري. وكذلك الشأن في ما يتعلّق بتشكيلة الألوان المتضمنة الأحمر البنفسجي والأزرق الداكن والفاتح. والأصفر والأخضر بدورها تحاكي التشكيلة المصرية عوضا عن التركية. زيادة على ذلك، تستخدم التوكيدات البيضاء في التصميم خيوط وبرة من القطن الأبيض الناصع. وهذا انحراف آخر عن التقاليد التركية. جاء تصميم البساط نتيجة لنموذج أو مخطط عُقد أُنشئ في ورشة تصميم البلاط العثماني في إسطنبول. وتجد ميدالية صغيرة مستديرة في وسط البساط صدى لها في أربعة أرباع ميداليات في التصميم نفسه في زوايا المساحة. وتغطّي المساحة ذات الأرضية الحمراء ومساحات الحافة ذات الأرضية الحمراء أيضا شبكة معقدة من أشجار العنب تحمل أزهار لوتس منمنمة

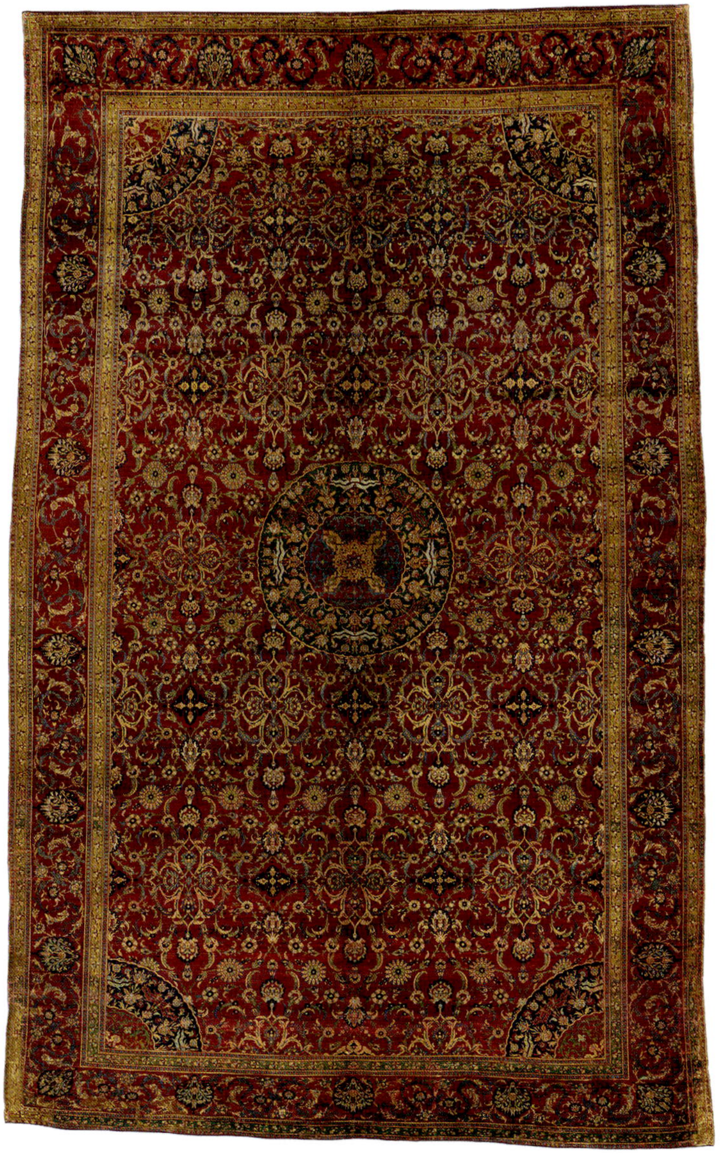

وبراعم خيالية أخرى بمعية أوراق ملتوية تشبه الريش ولها أطراف كأسنان المنشار. وتعكس هذه الموتيفات أسلوب الساز الرائج في ورشة التصميم بإسطنبول المسمّى بهذا الاسم الذي يسِم غابة أسطورية مسحورة في التراث التركي. ولكن يظهر في الميداليات وأرباع الميداليات الموجودة في المساحة التسطيرُ المزدوج لتميمة 'شنتماني' مع أزهار قرنفل شبيهة بالمراوح وزنابق عثمانية بينما نشاهد أيضا في الخراطيش الشبيهة بالدروع ذات الأرضية الزرقاء الموجودة في الحافة زنابق منمنمة وسنبلا وبراعم وورود مستوحاة من الأسلوب الزهري الجديد الذي برز في إسطنبول في منتصف القرن السادس عشر الميلادي.

WBD

1. خلاصة حديثة مليئة بالأفكار لمسألة البساط القاهري مقدمة من قبل (Jon Thompson) في ميلانو 2006م، الصفحات 160 – 175.
2. انظر واشنطن دي. سي، 2002 – 2003م، الصفحات 44 – 46.

المصدر: (James F. Ballard)، سانت لويس، مونتانا (حتى 1922م).

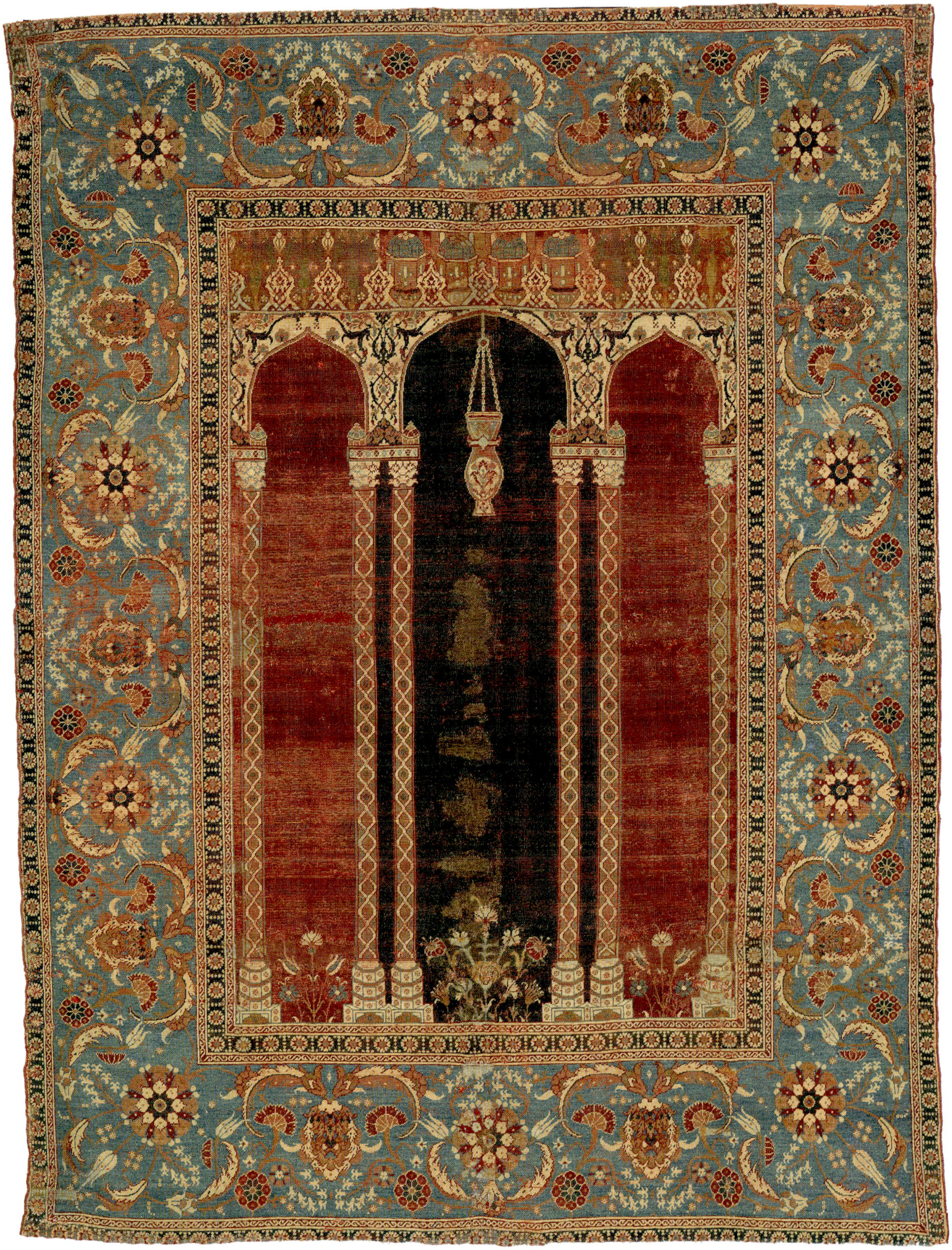

237. بساط بلاّرد العثماني

على الأرجح تركيا، إسطنبول، حوالي 1575 – 1590م
حرير (سدو ولحمة) وصوف (وبرة)؛ وبرة معقودة بشكل غير تماثلي
المقاسات: 172.7×127سم.
مجموعة جيمس ف. بلاّرد، هبة جيمس ف. بلاّرد، 1922م 22.100.5.1

صُنع على الأرجح بساط بلاّرد العثماني، وهو أحد أشهر البُسط (أو السجّاد، اشتقاقا من السجود) المعدّة للصلاة في العالم بتصميمه المتضمن مدخلا إلى الجنّة له ثلاثة أقواس، في إسطنبول أو قريبا منها في الجزء الأخير من القرن السادس عشر الميلادي. نُسج هذا البساط وفق تقنية نشأت في القاهرة العثمانية قبل أن تنتقل فيما بعد إلى إسطنبول. وصُنع من سدو ولحمة من حرير ووبرة من الصوف معقودة بشكل غير تماثلي مع توكيدات من الصّوف الأبيض. وتدلّ صياغة زواياه المضبوطة ومهارة صنعته الفائقة ورقّة حياكته وموادّه باهظة الثمن بكل وضوح عن مصادره في ورشة تحت إشراف البلاط حيث تُصنع القطع الفاخرة للاستهلاك الملكي أو للهدايا الملكية وفق تصاميم منجزة أولا على الورق من قبل فنانين في ورشة التصميم العثمانية الملكية. وبالحكم على الحجم والتصميم معا، يمكن أن نستنتج أن البساط كانت له وظيفتين: الأولى وظيفة نجد حائطي يشير إلى القبلة أو اتّجاه الصلاة نحو مكّة في قصر أو مسكن خاص. والثانية وظيفة مكان طاهر بالمعنى الطقوسي لأداء الصلوات الإسلامية اليومية حيث يقف المسلمون أوّلا ثمّ يركعون ويجلسون على رُكبهم ويسجدون لله في خشوع. (1) ويثير تصميم البساط الذي استخدم على امتداد القرون الأربعة اللاحقة نموذجا أوّليا في عدة مئات إن لم يكن في عدّة آلاف من البُسط الأناضولية، سيلا من الأسئلة المحيّرة. وُصف البساط على أنه مدخل إلى الجنّة له ثلاثة أقواس تضمّ أزواجا من أعمدة رقيقة لها قواعد منحوتة وتيجان مورقة تفصل بين البوابات الثلاث. ويتدلّى من القوس الأوسط مصباح يرمز إلى النور الربّاني. وتظهر بوضوح قباب عثمانية صغيرة مرسومة على حاجز السقف، بينما تشير الأزهار على قاعدة العمود الأوسط إلى أن الجنّة تنتظر المسلم التّقي الذي يؤدي فرائضه الدينية ومن ضمنها الصلوات الخمس المفروضة عليه في اليوم الواحد. ولا توجد في الفن المعماري العثماني مثل هذه الأعمدة الرقيقة المزدوجة، بل بقي مصدرها غامضا لوقت طويل. ولكن البحوث الحديثة تشير إلى أن تصميم الأعمدة المزدوجة قد يكون نشأ في إسبانيا الإسلامية ثمّ اتّجه شرقا إلى القاهرة وإسطنبول مع هجرة اليهود السفارديّين. وقد استقر هؤلاء اللاجئون من إسبانيا بأعداد كبيرة في إسطنبول في أوائل القرن السادس عشر الميلادي بدعوة من السلطان العثماني. ومن شبه المؤكّد أنّهم استخدموا تصاميم مشابهة للباروخات (ستائر التوراة) المستعملة ستائر في الكنائس اليهودية الإسبانية.(2). رغم أن بساط بلاّرد هو النموذج الوحيد المتبقي من هذا الصنف الذي يعود إلى القرن السادس عشر الميلادي وإلى المصنع الملكي العثماني الذي يستخدم هذا التصميم، فتوجد بُسط أخرى من الورشة الملكية بتصاميم مختلفة في عدّة متاحف. وقد حظي التصميم ذو الأقواس الثلاثة الذي يظهر في بساط وبريه لأول مرّة، بشعبية هائلة في بُسط نُسجت في مدن وقرى وحتى في معسكرات بدو عبر الأناضول.

ويمتلك متحف المتروبوليتان عددا كبيرا من هذه السلالة التي أبرزت، على امتداد الفترة الواقعة بين القرن السابع عشر الميلادي والقرن العشرين الميلادي تطوّر التصميم ثلاثي الأقواس كلما انتقل من أم إلى ابنتها عبر عدّة أجيال.

WBD

1. (Dimand and Mailey 1973م)، الصفحات 158 – 159، 233، رقم 105.
2. واشنطن دي سي 2002 – 2003م، ص. 107، رقم 44.

المصدر: (Félix Doistau) باريس ؛ (Edouard Chappey) باريس (حتى 1907م؛ بيع ، رواق (Georges Petit) ، باريس، 5 – 7 جوان 1907م)؛ (James F. Ballard)، سانت لويس، مونتانا (حتى 1922م).

238. قاعة استقبال

سوريا، دمشق، بتاريخ 1119[هجري] الموافق لـ 1717م.
خشب (حور)، نقش على الجبس، رقائق ذهبية وقصديرية، وتزجيج وطلاء وأحجار أخرى، وجص مزجج، ومربعات جصيّة خزفية، وحديد ونحاس.
المقاسات: الارتفاع: حجرة الانتظار: 6.7 أمتار، مساحة الجلوس: 5.17 أمتار؛ الطول: 7.9 أمتار، العرض: 5 أمتار.
هبة رصيد هاغوب كيفوركيان، 1970م.1970.170

يعتبر هذا الفضاء الداخلي، وهو نموذج رائع لقاعة استقبال تكتسي جدرانها ألواحا خشبية من بيت خاص في دمشق هو من ضمن أول الفضاءات الداخلية الموجودة المكتملة تقريبا من هذا النوع. ويُنسب نص تاريخها إلى عام 1119الهجري الموافق لـ 1707م (1). ويدلّ تزويقها الرقيق وحجمها الكبير على أنها كانت في وقت من الأوقات جزءا من بيت تملكه أسرة مترفة ذات شأن. ويبقى المسكن الذي جاءت منه هذه القاعة غير معروف على وجه التدقيق. بيد أن مصادر أرشيفية تشير إلى أن هذا المسكن كان يوجد داخل أسوار مدينة دمشق جنوب غربي المسجد الأموي.(2) وانطلاقا من تصميم القاعة، يمكن القول إنّها كانت تستخدم قاعة استقبال شتوية، إذ كانت تقع على الجانب الشمالي للفناء الداخلي للمبنى حيث كان توجّهها إلى ناحية الجنوب مصدر دفئها. وفي أوائل ثلاثينات القرن العشرين الميلادي، أُزيلت القاعة من محيطها. وقد بيعت مع فضاء داخلي من بيت في دمشق قيل إنّه كان على ملك أسرة قواتلي، لهاغوب كيفوركيان. شُحن الفضاءان إلى نيويورك في 1934م. ولكن لم يجري نصب أي منهما حتى سبعينات القرن العشرين الميلادي، لمّا أهدى رصيد هاغوب كيفوركايان أحدهما لمتحف المتروبوليتان والآخر لمركز كيفوركيان لدراسات الشرق الأدنى التابع لجامعة نيويورك. عندما نَصب المتحف القاعة في الأروقة الإسلامية الجديدة في منتصف سبعينات القرن العشرين، أُدمجت بعض المعالم من الفضاء الداخلي لبيت قواتلي بها. كما حصلت دوريس ديوك على مزيد من المكونات المعمارية من الفضائين الدّاخليين كليهما بما في ذلك لوحتا الجدار العموديتان والتلبيس الخاص بمساحة الجلوس الذي يعود في الأصل إلى الفضاء الداخلي للقاعة. وجرى نصبهما بشانغري لا، وهو اسم فيلّتها بهونولولو.(3) من مميّزات قاعات الاستقبال بدمشق في الفترة العثمانية هو أن يقسّم الفضاء

داخلها إلى منطقتين عن طريق قوس ضخم وغرفة داخلية صغيرة (العتبة) وبها نافورة. ويمكن الدخول إليها عبر فناء البيت ومكان مربّع مرتفع مخصص للجلوس يسمّى بـ 'الطزار'. وتندمج ضمن الألواح الحائطية فجوات وكوّات عدّة بها رفوف مخصصة للعرض ودواليب وفجوات نوافذ ذات مصاريع ومدخل ذو زوجين من الأبواب وكوة مزخرفة كبيرة (المصبّ). ويتوّج الألواح الحائطية كورنيش مقعّر يعلوه جدار جصّي يتضمّن نوافذ من الجصّ المخروم ذات زجاج ملوّن. ويتكوّن السقف مستطيل الشكل للعتبة من راوفد ظاهرة وتجويفات غائرة محاطة بإطار من كورنيش من إفريز شبيه بخلايا النحل ذي مقرنص على ثلاثة مستويات. ويحتوي سقف 'الطزار' مربعات متحدة المركز ذات زخارف مختلفة محاطة بإطار من كورنيش مقعّر. وتمتد حنيات منقوشة مطلية إلى الأسفل من الأركان الأربعة لكل واحد من السّقفين. ومثلما هو مألوف في قاعات الجلوس السّورية، تُزَخرف التحف الخشبية بنقش على الجبس يسمى 'العجمي' تدمج فيه الرقائق الذهبية والقصديرية والطلاءات التزجيجية الملوّنة والشفافة وأطلية برّاقة مصنوعة من خضوب ممزوجة بصفار البيض بغرض خلق مساحات مختلفة التركيبات غزيرة الزخارف. ولكن أغلبها يبدو اليوم أدكن بفعل ما أضيف إليها من طبقات لاحقة من الورنيش.(4). صُنّعت كل العناصر المزخرفة بتقنية 'العجمي' من خشب الحور بينما يتكوّن الإطار غير المطلي المحيط بالألواح الجدارية من خشب السّرو. وتتضمن الزخارف خاصّة تصاميم زهرية وتشكيلات من الفواكه وأشكالا هندسية وخطوطية وزنابق وأزهار القرنفل والسنبل والورود وأزهار أخرى جمّعت في مزهريات موضوعة ضمن خراطيش أو نُثرت على خلفيات ذات ألوان فاقعة. وتطفح صحاف بالفواكه والخضر. وتقوم موتيفات كوكبية وأشكال هندسية مقام الأطر والحواف. تظهر صحفة كبيرة الحجم مملوءة فواكه محاطة بنقوش معمارية صغيرة على اللوحة الموجودة فوق المدخل. توجد أبيات شعرية على سقف 'الطّزار' وكورنيش الجدار واللوحات الجدارية. وتتضمّن تلك الموجودة على الكورنيشين الإثنين استعارة تمثيلية للحديقة - وهي في محلّها خاصة بالنظر للانسجام الحاصل مع الصورة الزهرية المحيطة - تنتهي إلى مدح النبي محمد. وباستثناء مقطع مستقلّ من بيتي شعر كتبا على الجهة الشرقية، فإن الأبيات الموجودة على الألواح الجدارية تتغنّى بصلابة البيت وفضائل مالكه المجهول وتُختتم بلوحة فوق المصب نُصّ فيها على تاريخ المشغولات الخشبية(5). يدل وجود موتيفات صحفة الفواكه والمزهرية في هذه القاعة دلالة واضحة على التبني السريع في دمشق للأيقنة الرائجة في إسطنبول أوائل القرن الثامن عشر الميلادي، بينما يضفي عليها إنجاز هذه الموتيفات حسب تقنية 'العجمي' المحلية طابعا سوريّا مميزا(6). ويعكس فضاء هذه القاعة الداخلي مثل عديد القاعات في تلك الفترة، التغييرات التي طرأت عليها على مرّ الزمن في سياقها التاريخي الأصلي وكذلك التعديلات التي أدخلت عليها لكي تتلاءم مع وضعها في المتحف، وذلك دون المساس بالمقاسات العامة. وتوثّق مجموعتان من الصور التقطت في أوائل ثلاثينات القرن العشرين الميلادي ظهور القاعة وهي ببيتها الأصلي قبل أن يجري تفكيكها. وتَمَثّل أهم تغيير جذري في التعتيم التدريجي الذي طرأ من جراء طبقات الورنيش المتعاقبة عندما كانت القاعة في موضعها الأصلي. فهذه الطبقات تُعتّم الآن بريق تشكيلة ألوانها الأصلية والفوارق الدقيقة في زخرفتها الرفيعة.(7) تعود بعض عناصر القاعة إلى الترميمات التي جرت في أواخر القرن الثامن عشر وأوائل القرن التاسع عشر الميلاديين وتعكس التحول في الأذواق فيما يتعلق بزخرفة الفضاء الداخلي الدمشقي. فعلى سبيل المثال، تحمل دفّتا الدولاب في الجدار الجنوبي في 'الطزار' نقوشا معمارية صغيرة بالأسلوب التركي المفرط الزخرفة سويّة مع ميداليات خطوطية مركزية كبيرة تتّسم بطلاء ذهبي سميك.(8). أمّا القطعة الصخرية المطعمة والمركبة من الجزء القائم لدرجة السلم وتلبيسة العتبة الموثّقتين في صورة تاريخية للقاعة في دمشق ثلاثينات القرن العشرين، فهي تُمَثّل على الأرجح، تجديدا للمساحة في أواخر القرن الثامن عشر أو أوائل القرن التاسع عشر الميلاديين. ولقد كان مألوفا من أصحاب البيوت الدمشقيين من الأثرياء أن يجدّدوا قاعات الاستقبال المهمّة دوريّا وفي بعض الأحيان لإحياء مناسبة خاصّة.(9) وقد تكون نافورة العتبة، وهي أيضا تظهر في الصورة الملتقطة أوائل ثلاثينات القرن العشرين الميلادي، سابقة لتاريخ إنجاز المشغولات الخشبية. ويبقى السؤال مطروحا عمّا إذا كانت متأتية من قاعة الاستقبال نفسها أم لا.(10) ويعود تاريخ نافورات مماثلة من مصر وسوريا إلى الفترة الممتدة من القرن السادس عشر إلى القرن السابع عشر الميلاديين وقبلها.(11). وترتبط بعض العناصر في القاعة بما جرى فيها من محاكاة عند نصبها في سبعينات القرن العشرين الميلادي. فاللوحات الرخامية المربعة المتضمنة أشكالا هندسية بيضاء وحمراء الموضوعة حاليا في وضع مُعامد لأرضية 'الطزار' جاءت فعلا من إيوان أو بهو في فناء بيت قواتلي حيث كانت مرصوفة بالعرض. وأُدمجت أجزاء من قطعتين من الجزء القائم لدرجة السلّم، متأتيتين من الفضاء الدّاخلي لبيت قواتلي لتعويض قطعة الجزء القائم من درجة السلّم السابقة 'للطزار'. وهي التي تحصلت عليها دوريس ديوك. وقد زينت في وقت من الأوقات اللوحتان الرخاميتان المكونتان من قطع مقصوصة صغيرة تحيط بنافورة على أرض العتبة مساحة التلبيسة على جدران العتبة.(12) واختير طاقم المربّعات الخزفية التي رصّفت على قفا فجوة المصبّ من ضمن مجموعة المتحف بينما يبدو أن المربعات الخزفية الجانبية في الفجوة جاءت ضمن هديّة رصيد كيفوركيان. تشبه النوافذ مستطيلة الشكل ذات الزّجاج الملوّن الموجودة بالجدار الشمالي تلك التي تظهر في صورة ثلاثينات القرن العشرين الميلادي ولكنّها ليست متطابقة وتأتي كغيرها من النوافذ ذات الزجاج الملوّن من محيط غير معروف. في 2008م جرى تفكيك القاعة لتنتقل من مكانها السابق مباشرة بعد الرواق التمهيدي إلى فضاء جديد متاخم للأروقة المخصّصة للفن العثماني. ومثّل تفكيكها فرصة للقيام بدراسة وصيانة معمّقتين.(3). وقد كشف تدقيق المكونات الفردية للقاعة المفكّكة جوانبَ من النجارة الأصلية للعناصر الخشبيّة، ونظام ترقيم مرسوم ومطبق في أوائل ثلاثينات القرن العشرين الميلادي. وهذا ما أكد التسلسل التاريخي للأجزاء المعمارية وكذلك ملاحظات مدونة تعود إلى القرن الثامن عشر الميلادي أشارت إلى التسلسل الصحيح للوحات الخطوطية. وقد سمحت هذه الأدلّة إلى جانب دراسة مجموعتي الصور الملتقطة في أوائل ثلاثينات القرن العشرين الميلادي بتعديل التصميم في التركيب الجديد ليعكس بصفة أفضل الترتيب التاريخي للعناصر المعمارية ولتصحيح ترتيب الخطوطية.

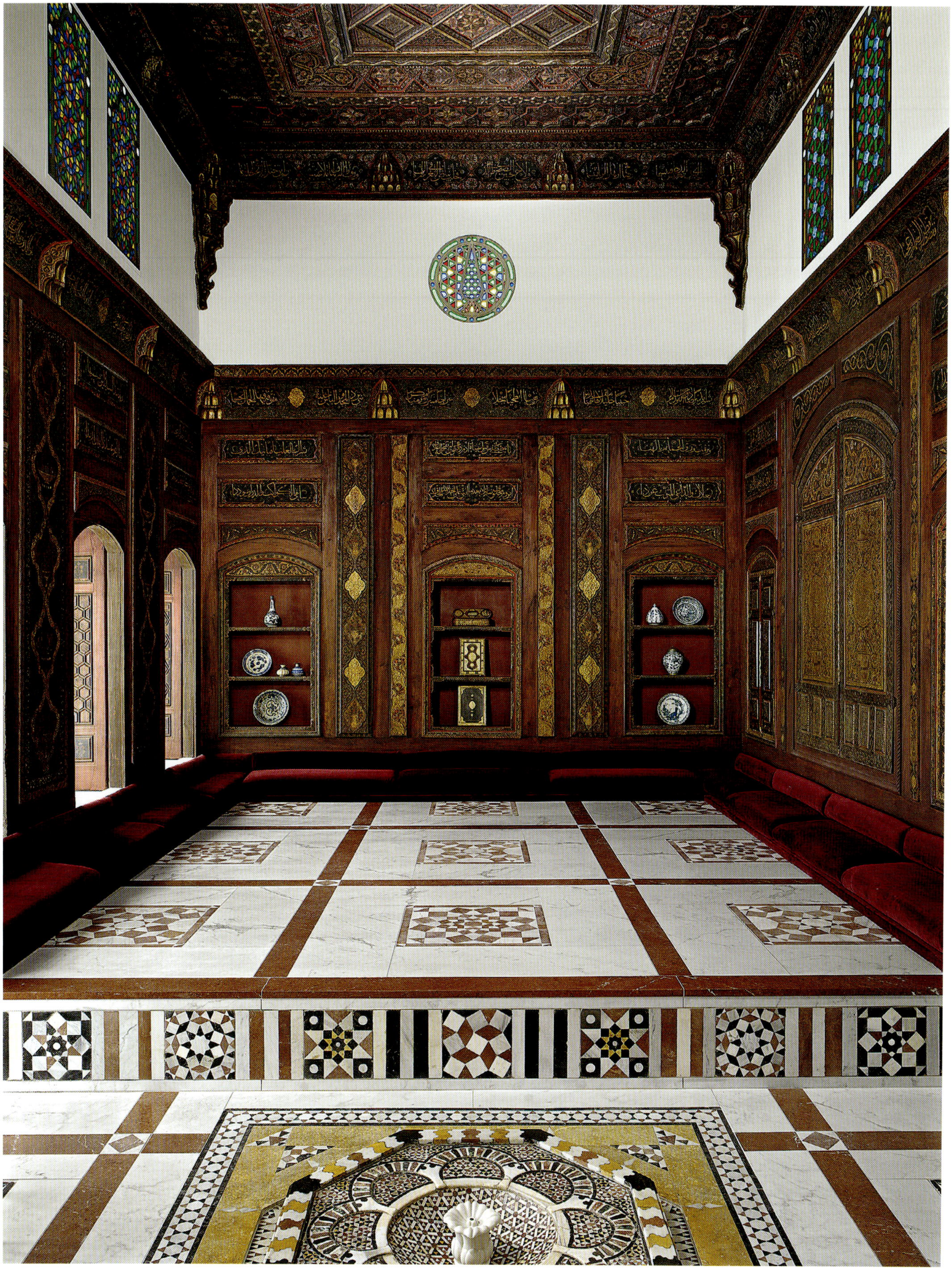

وقد استنسخت اللوحتان الناقصتان والمركبتان الآن في هونولولو فوتوغرافيا وطبعتا على قماش وركّبتا على لوحات من الشكل والحجم الأصليين. وخلال هذا التدقيق، انكشف أمر عنصر مفقود: سلسلة من لوحات الكورنيش المسطّحة التي كانت في الأصل معلقة بأعلى كورنيش الجدار بكامله. وقد استخدمت هذه الألواح التي كانت تمتد ناتئة داخل القاعة المزدانة بزخرفة متعددة الألوان يمكن أن ترى على جانبها الداخلي رفوفا لعرض أشياء وفي الوقت نفسه عنصر تأطير بصري لسقفي العتبة و 'الطزار'. وقد اكتُشفت حديثا في مركز كيفوركيان التابع لجامعة نيويورك حيث يزيّن الآن الهيكل الحديدي للطوابق الثانوية للمكتبة.

ورغم أن هذه القاعة خضعت لعدّة تغييرات، فإنها لا تزال بغزارتها وثرائها تبلغ شأو المفردات الزخرفية المراد من ورائها إبهار زوّار بيت من أفخم بيوت دمشق القرن الثامن عشر الميلادي عند استقبالهم فيه.

EK/MB

لقراءة هذا النص وترجمته الإنكليزية، نشكر تباعا الدكتور عبد الله غوشاني، والدكتور و. م. ثاكستون (Dr. W. M. Thackston). نشرت ترجمة كاملة للمرّة الأولى في (م Daskalakis-Mathews 1997).

1. نشرت هذه القاعة في (م1997 Daskalakis-Mathews) وفي فصل من قبل دسكالاكيس–ماتيوز في (م1996 Peck et al) (الصفحات 287 – 295). وقد استفاضت في الحديث عنها في رسالتها، دسكالاكيس– ماتيوز 2004م.
2. نصّ عقد البيع أنّ "منزل نورالدين" يقع في "سوق الحرير وسوق الخياطين في الأحياء القديمة من مدينة دمشق". كتبت الكلمات العربية "نورالدين جهة الشمال" على ظهر واحدة من مجموعة صور أخذت للقاعة في أوائل ثلاثينات القرن العشرين الميلادي قبل أن يجري تفكيكها (Shangri La Historical Archives)، مؤسسة (Doris Art Duke Foundation for Islamic) هونولولو. نظرا إلى أنّ البحوث الحديثة لا تكشف عن بيت بهذا الاسم في المدينة العتيقة، فمن المرجّح أنها تشير إلى الضريح القريب لنورالدين الحاكم الشهير خلال القرن الثاني عشر الميلادي. كانت تسمّى سابقا قاعة نورالدين عند تأسيسها في المتحف خلال سبعينات القرن العشرين. أمّا الآن فيُشار إلى هذا الفضاء كقاعة دمشق، وبذلك تعكس على نحو أفضل مصدرها غير المحدد.
3. ركبت لوحتا الحائط والقطعة الصّخرية المطعّمة المركّبة من الجزء القائم لدرجة السلم 'للطزار' المرتفع لقاعة المتروبوليتان في أواخر سبعينات القرن العشرين الميلادي في غرفة الرضيع التركية، مختارات معمارية في شنغري لا، والجزء القائم الحالي من درجة السلم في قاعة المتروبوليتان يتكون من عناصر حجرية مطعّمة من قوائم من الفضاء الداخلي لمنزل قواتلي. وتوجد وثائق تشير إلى أنّ أحد مشبّكات النافذة في تركيبة المتروبوليتان للقاعة قد أُخذ من هذا الفضاء الداخلي نفسه.(بينما المشبّكات الأخرى هي نسخ مطابقة).
4. حول هذه التقنية وصيانتها، انظر (م2008 Scharrahs)؛ الصفحات: 918 – 923، (م2011 Scharrahs) و (م2010 Baumeister et al).
5. المثنوي المستقل في وسط الحائط الشرقي نظمه لسان الدين الخطيب، الشاعر المغربي الذي عاش في القرن الرابع عشر الميلادي (تم التعرف على هذا من قبل الدكتور عبد الله غوشاني). أمّا تأليف باقي الشعر فلم يتحدّد مصدره حتى الآن. ومن المحتمل أن تكون وجدت فجوة كبيرة (يوك) تستعمل لخزن الفراش والأغطية موجودة في الأصل في وسط الحائط الشرقي، وأن تكون فجوة العرض الحالية مع المثنوي فوقها واللوحتان المحاذيتان لكل جانب منها، قد أضيفت خلال حملة تجديد .
6. للاطلاع على دراسة حول الفضاءات الداخلية التركية والسورية، انظر (م Renda 2008).
7. استعمل الورنيش تقليديا لمعالجة قطع الخشب المنقوش 'العجمي' الزخرفة في دمشق. ورغم أن إزالة طبقات الورنيش أو التخفيف منها تكون شيئا مرغوبا فيه، فإن التحدّي الفني المتمثل في تفاعل المواد الأصلية مع طبقات الورنيش، خاصّة لأنها أثرت في الطبقات المزجّجة الملوّنة المستخدمة على المساحات من الأوراق الصفيحية (القصديرية) يتطلب المزيد من التحري قبل أن تتخذ أيّة خطوات. ولكن نظرا إلى أنّ مظهر مساحة الزخارف قد تأثر سلبيا بهذه الطبقات المسودّة من الورنيش، فقد انصبّ اهتمام دراسة فنية حديثة حول القاعة على تحديد المواد والتقنيات الأصلية بغية فهم أحسن للمظهر الأصلي لقطع الخشب المنقوش المزخرفة. (انظر (م2010 Baumeister et al) و (Rizzo et al) يُنشر قريبا). تُناقش جوانب من التحليل الفني لزخرفة المساحة المستخدمة في القاعة في (م2009 Arslanoglu and Schultz) و (م2010 Rizzo et al).
8. حول الأذواق التي برزت في دمشق أواخر الحقبة العثمانية انظر(م2002 Weber). وللإطّلاع على السياق الأوسع لهذه المساكن، انظر (م2009 Weber).
9. (م1977 Daskalakis-Mathews)، ص. 113.
10. انتسبت على الأرجح النافورة إلى مرحلة سابقة من نفس القاعة أو من المسكن الذي جاء منه الفضاء الدّاخلي. لكن تحليلا للصورة التي أخذت حوالي 1930م أثار فرضية أن تكون النّافورة في العتبة قد حُوّلت من مكان آخر وصورة أسبق بقليل للنافورة أظهرتها في محيط مختلف (قسم ملفّات الفن الإسلامي).
11. مثلا، انظر دودا (م1971 Duda)، اللوح 75، مناقش في الصفحات 63 – 65. انظر أيضا (م2006 Daskalakis-Mathews).
12. الرخام الأبيض الذي يغطّي جدران منطقة التلبيسة ويُحيط بلوحات الأرضية التاريخية وبالنافورة وكذلك شرائط الرخام الأحمر الذي يكوّن الزخرفة المشبكية جديد.
13. انظر (م2010 Baumeister et al) و (Rizzo et al) يُنشر قريبا.

المصدر: (Asfar and Sarkis)، دمشق، سوريا، أوائل ثلاثينات القرن العشرين، بيعت لـ (Kevorkian)[؛ (Hagop Kevorkian)، نيويورك (أوائل ثلاثينات القرن العشرين الميلادي. وفاته سنة 1962م)؛ مؤسسة (Hagop Kevorkian)، نيويورك (1962 – 1970م).

نص سقف 'الطزار'

رأى البرق تعبيس الدجى فتبسّما وصافح أزهار الربا فتنسّما

ولاح جبين الصبح في طرة الدجى فخلت بياض الثغر في ثمرة اللّما

ورفّ لواء البرق أمل تلاعبت سوابق خيل الرّيح في حلبة السّما

وأفتر رامي الجوّ قوس سحابه و أرسل نحو الأرض بالقطر سهما

وقد بلّ أردان الثرى دمع مزنه (؟) تناثر في أسلاكها فتنظّما

وجرّ على هام الرُّبا ذيل زيله (؟) فدبّج أثواب الربوع وسهّما

وشاب لجين الظلّ عسجد بارق فدثر أزهار الربيع ودرهما

وشمّر كفّ الرّوض أكمام نوره ووشّح أعطاف الغصون وعمّما

وقبّل ثغر الزهر وجنة ورده فأحسنْ به خدّا وأحببْ به فما

و. . .ق الغصن استحالة جدول كما سوّر التجعيد للنهر معصما

مآل قول (قوار؟) البان يرقص نشطة لبرقٍ ترأّى أو حمام ترنّما

وعانق من خوط الأراكة معطفاً وقبّل من زهر الأقاحة مبسما

النّص على كورنيش الحائط

وخط بطرس الجوّ سطراً مذهّبا ففضّضه قطر الغمام وعجّما

وكحّل بالياقوت جفناً وناظراً وخضّب بالحنّاء كفّاً ومعصما

ولا حاجة في النفس إلا امتداحها أبا القاسم الهادي النّبي المعظّما

بشيراً نذيراً صادق القول مرسلاً حبيباً خليلاً هاشميًّا مقدّما

تقيًّا نقيًّا أبطحيًّا مبجّلاً سراجاً منيراً زمزميًّا مكرّما

نبي ترد المجد والبأس حلية مفوّقة فيها الجمال تجسّما

نبي هدى لولاه ما أشرق الدجى ولا أزهر (1) الداجي ولا اغتسب الحما

هو المجتبى المبعوث للناس رحمةً فللّه ما أحيا وأحمى وأرحما

هو الذروة العلياء التي لا ترتقى هو العروة الوثقى التي لن تفصما

خاتم أرسال يا فاتح العلى حنانيك قد وافيت بابك محرّما

فيا رب يا الله كن لي ولا تكن عليّ فقد ضاق الفلا وأظلما

سألتك بالهادي أجب دعوتي وجد ما أرتجي يا مالك الأرض والسما

وسامح ونعّم والّذي تطولا(؟) ولا تحرق اللهمّ بالنّار مسلما

وصلّ على المختار والصحب كلما رأى البرق تعبيس الدجى فتبسّما

النصّ على اللوحات الحائطية

بيت المحامد والمفاخر والنّدى دامت بك الأفراح تُهتف سرمدا

شادتك أيد [ي] المجد في شرف العلى للائذين حيّ يصون من الردى

وترنّمت ورق الحمائم بالهنا بعلاك والداعي المثوّب غرّدا

بشراك بالعليا فبانيك الذي سامي الكواكب والدرار [ي] سوددا

ندب له في كلّ صعب راحة تأتي لها الأسد الضراغم سجّدا

ويدٌ تمدّ السّائلين بسيبها ما البحر عند نوالها إن أزبدا

فرعٌ نماه إلى الأكارم عصبةٌ نالت من المجد المؤثّل مقصدا

من كلّ من لبس المعالي بردةً وبكلّ عزّ في الأنام قد ارتدا

جعلوا الوزارة والصدارة خادماً والوقت قنًّا المفاخر أعبدا

دُم بالمسرّة يا فريد زمانه واهنأ بها لك بالعناية شيّدا

متنعّماً في ظلّ عيشٍ أرغد تقتاد ما تبغي على رغم العدى

ما جا]ء [نا تاريخ ما أحكمته بيتاً يصيخ له النّهى إن أنشدا

نادى البهاو الجود في أبراجه محمدٍ ربع المكارم أطّدا
سنة 1119

مثنويات مستقلة

يا مصطفى من قبل نشأة آدم والكون لم تفتح له أغلاق

أيروم مخلوقٌ ثناؤك (2) بعدما أثنى على أخلاقك الخلاق

1. للحصول على المعنى المطلوب، إقرأ "أزهـر" عوضا عن "أزهد" الموجود في النص.
2. تظهر الكلمة هكذا في اللوحة، ولكن يفترض لغويا أن تكون "ثناءك"، وليس "ثناؤك".

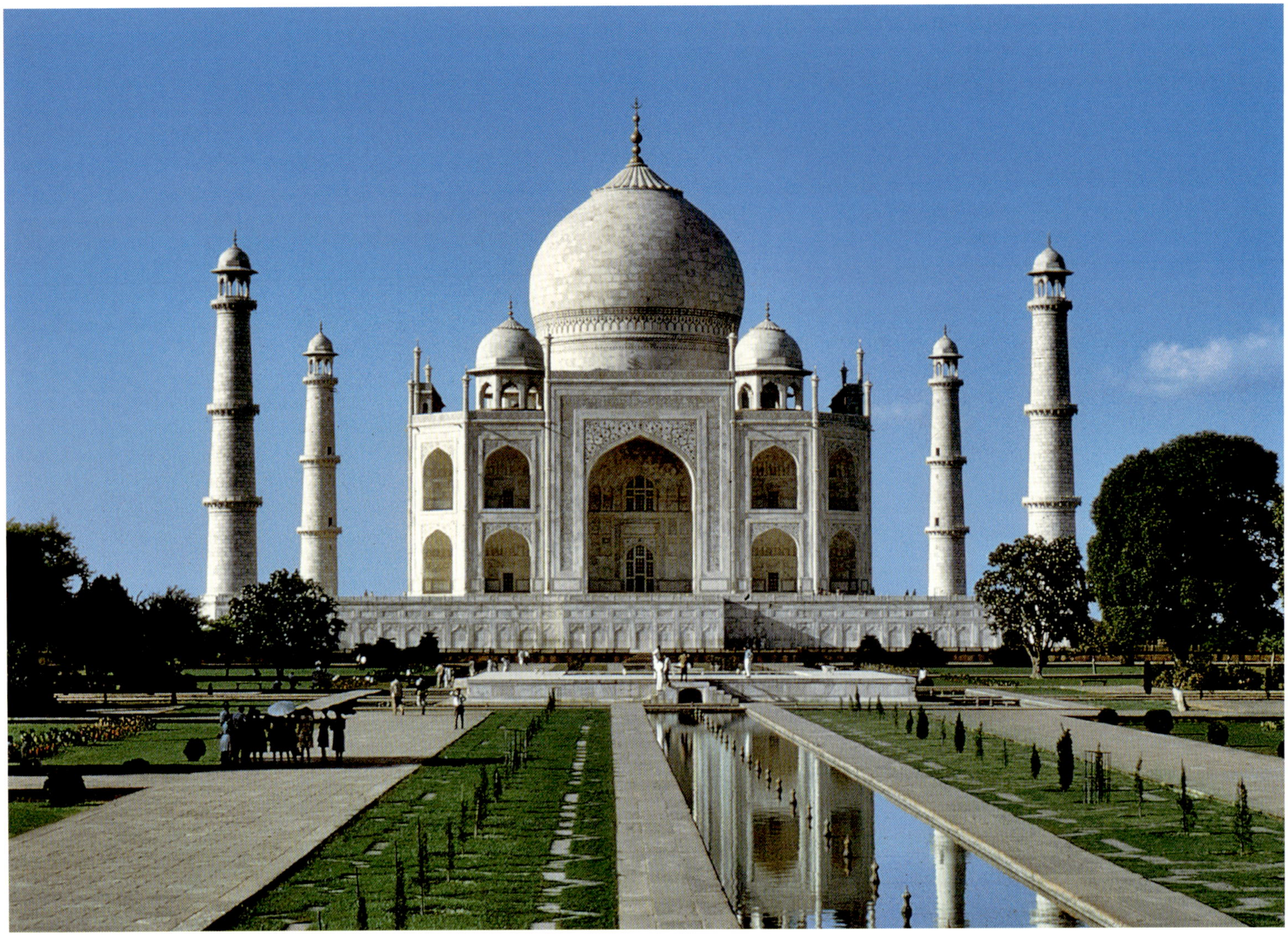

فنون جنوب آسيا (القرن الرابع عشر إلى القرن التاسع عشر الميلاديين)

نافينا نجاة حيدر

استغرق انتشار الإسلام في جنوب آسيا فترة اتسمت بالتّغيّر المستمر دامت ألف وثلاثمئة سنة تقريبا وامتد ليُغطي منطقة واسعة جدّا ضمّت ما يُزعم أنه المجتمع الأكثر تعدّدا من حيث الأعراف واللغات والأديان في العالم. وفي هذا السياق، نمت التقاليد الثقافية الهندية والإسلامية من خلال إحداث مجموعة من المراكز والبلاطات الإسلامية، وكذلك من خلال التفاعل الذي حصل بين الفنانين والشعراء والكتّاب والمسافرين والمتصوّفين والتجّار والحرفيين والمهاجرين على مختلف مستوياتهم. ولئن مثلت فنون البلاط والرعاية الملكية الإطار الرئيسي للمجموعات الهندية الإسلامية في متحف المتروبوليتان للفنون، فإنه يجب النّظر إلى هذه القطع ضمن الإطار الثقافي الأوسع لجنوب آسيا التي حافظت على مجتمع متعدد الثقافات خلال حقبتها الإسلامية. وتعكس الفنون المتأخرة لجنوب آسيا التمازج العميق الذي حصل بين التقاليد والأذواق والأساليب من شتّى المصادر المتنوعة. وبذلك، أصبحت الفسيفساء الغنية للتعبير الفنّي المتولّدة عن هذه الحالة علامة مميّزة لشبه القارة الهندية. كما أصبحت المجتمعات الحديثة في جنوب آسيا والتي تضمّ بلدان الهند، وباكستان، وشرقي أفغانستان، وبنغلادش، وسريلانكا، وإلى أقصى الشمال النبال وبوتان، الوريثة للفن والثقافة الهجينين في هذا العصر الهندي الإسلامي.

ويتواصل تأثيرهما العميق بصفة ملموسة في العديد من أوجه الحياة كاللباس والطبخ، واللغة والموسيقى والرقص والفن المعاصر.

فنون فترة السّلطنة

جاء أول ظهور للإسلام في جنوب آسيا مباشرة إثر مولد هذا الدين في الجزيرة العربية خلال القرن السابع الميلادي عندما كان الرحالة والتجار يطوون الطرق القديمة للمحيط الهندي وصولا إلى ساحل مالابار. ونتج عن ما عقب ذلك من فتح للسند من قبل الجنرال العربي محمد بن قاسم في أوائل القرن الثامن الميلادي أن أصبحت الهند الحدّ الأبعد شرقا للخلافة الأموية.(1). وتبع هذا التواجد الإسلامي المبكّر غزوات الجيوش المهاجمة للسلالات التركية والفارسية والأفغانية التي مهّدت غاراتها المتعاقبة داخل شمال الهند من القرن الحادي عشر إلى القرن الثالث عشر الميلاديين الطريق للتأسيس اللاّحق لأولى دولها الإسلامية. وقد أُنشأت السلطنات الرئيسية في كل من البنغال (1198 – 1576 م)، ودلهي (1206 – 1555م)، وجنبور (1394 – 1483م)، ومالوا (1402 – 1562م)، وكشمير (1339 – 1588م) وغوجارات (1403 – 1573م).

ويتميّز المعمار في السلطنات باندماج الأشكال المعمارية وأنماط الزخرفة الضاربة في التاريخ لشمال الهند مع تلك المستمدّة من معمار إيران وآسيا الوسطى، مسبغا بذلك على الفن الإسلامي الهندي طابعه المتميّز والمتطوّر.

وتُشكل الآثار المعمارية في السلطنات البعض من المواقع الأكثر تميّزا في جنوب آسيا، خاصّة مُجمّع قطب منار الأيقوني (1192م)، والمظهر الجانبي البالي لقلعة تغلق آباد الضخمة (1321م)، ومسجد سيدي سيّد بأحمد آباد في غوجارات بستائره المخرومة الرائعة (1573م)، والمدينة الساحرة ماندو في الهند الوسطى بمسابحها الأنيقة وبناياتها المبتكرة. ويُمثل زوج من بلاطتان تعودان للقرن الخامس عشر الميلادي موجودتين ضمن مجموعة متحف المتروبوليتان أُخذتا من مزار صوفي في مُلتان بالسند نموذجين للتقليد الشائع في آسيا الوسطى في مجال تلبيس الخزف المزجج. (الفهرس 241 أ–ب) (2) ومن العالم الشرقي للسلطنات، نجد لوحة صخرية منقوشة بالخط تعود إلى 1500م. وهي من مسجد في غربي البنغال، أُنجزت في خط طغراء على شكل قوس وسهم وهو خط تتميز به المنطقة. (الفهرس 240)

ويوجد عدد من اللوحات المتبقّية من فترة السلطنة أقل من القطع المعاصرة من غربي آسيا. وتُبرز صحيفتان من "خمسة" الأمير خسرو الدهلوي تأثرا كبيرا بالتقليد السائد للرسم الغوجاراتي الجايني وبتشكيلة الألوان الراجبوتية المبكرة، وهي عناصر أساسية ساهمت في توليف الأساليب الفنية التي برزت في هذه الفترة. (الفهرس 247 أ–ب) (3) وانعكست الأذواق الفارسية المعاصرة لهذه الفترة المبكّرة على صحائف مخطوط الشاهنامة (كتاب الملوك) الذي يصوّر الملحمة الإيرانية حسب أسلوب شيراز المميّز ولكن بنظام ألوان أكثر إشراق وبأسلوب أوضح يشير إلى مصادره المحلية. (الفهرس 239 أ–ب) (4)

عصر المغول

شهد القرن السادس عشر الميلادي مولد عهد جديد وروائع في الهند الشمالية مع بروز فرع من السلالة التيمورية في آسيا الوسطى، المغول (مشتقة من كلمة منغول)، التي تعكس أصول هذه القبيلة واسعة الانتشار. وقد استقرّ المغول مع حلول 1555م بدلهي وذلك بعد إزاحة اللوديين (1451 – 1526م) وهم آخر حكام السلطنة الذين حكموا المنطقة لأكثر من حوالي ثلاثة قرون.

وتحت إمرة سلسلة متألقة من الحكام، تطورت الإمبراطورية لتشمل أغلب المناطق الواقعة شمال ووسط شبه القارة خلال فترة حكم أكبر (ما بين 1556 – 1605م) ولتصل مراتب عليا جديدة في منتصف القرن السابع عشر الميلادي.

وقد أدّى الانتقال المستمر للبلاط إلى تغيير العواصم: دلهي ولاهور وأغرة، مع امتداد النفوذ الملكي إلى مراكز في كشمير، وغوجارات، وراجستان، والبنغال، وكلّها خضعت للتأطير الثقافي نفسه. ضَعُف النفوذ المغولي خلال القرنين الثامن عشر والتاسع عشر الميلاديين، وبرزت إلى الواجهة دول إقليمية وجهويّة وتغلغل الحكم الاستعماري. بقي المغول الحكام الصوريين للهند حتى إزاحة 'بهادر شاه ظفر' في 1857م من قبل البريطانيين.

ازدهرت الفنون تحت الرعاية المغولية على كامل الوسائط تقريبا مخلّفة وراءها ثروة غزيرة من التحف التي هي ممثلة تمثيلا جيّدا في ممتلكات متحف المتروبوليتان. وقد جلبت الورشات الملكية المواهب من مختلف الخلفيات واستوعبت العديد من التيارات الثقافية والفنية الحيوية في جنوب آسيا مؤسّسةً نمطا مغوليا مميزا ومؤثّرا، كما كان هناك ضمن هذا المزيج فنانون من أوروبا وإيران مشهورين مثل مير سيّد علي وعبد الصمد اللذان التحقا بورشة الامبراطور هومايون بالبلاط الصوفي في خمسينات القرن السادس عشر الميلادي. ونتيجة لهذا، شهدت هذه الفترة اندماج العديد من الأساليب والتقنيات الفنية.(5) ومثلما هو الشأن مع الكثير من الحكام الإسلاميين، أولى المغول أهمية كبرى لفنون الكتاب ولإثراء المكتبة الإمبراطورية. وبدأت زخرفة النصوص الفارسية التقليدية منذ مستهل الحقبة المغولية، مع تولي 'أكبر' الأمر بإنجاز المشروع دائم التغير "حمزنامه" (قصّة حمزة) في أواخر خمسينات القرن السادس عشر الميلادي، والذي يَمتلك متحف المتروبوليتان للفنون منه خمسة صفحات (الفهرس 244). (6) وتكتسي ترجمة وتزيين الملاحم الهندية في البلاط المغولي أهمية ثقافية وفنيّة خاصة، وهي ممثلة ضمن مجموعة المتروبوليتان من خلال صفحات من الـ " هاريفامسه" (الفهرس 245)، التي تعود إلى تسعينات القرن السادس عشر الميلادي، و'رمايانا' على الصعيد دون الملكي (الفهرس 149 أ–د) من نفس الفترة (7).

وتعكس المخطوطات الفاخرة لتسعينات القرن السادس عشر الميلادي استملاك العناصر الإفرنجية من قبل رسّامين مثل 'باساوان'، الذين كان عدد كبير منهم في أوج نضجهم في هذه الفترة والذين يمكن أن تُشاهد رسومهم في "خمسة" الأمير خسرو دهلوي الموجودة بالمتحف. (الفهرس 247 أ ، ب) وعلى ضوء البحوث الحديثة، يمكن فهم الممارسة المتّبعة في الرعاية وورش العمل في مجال إنتاج مثل هذه الأعمال المختلفة والمعقّدة فهما أفضل. (8)

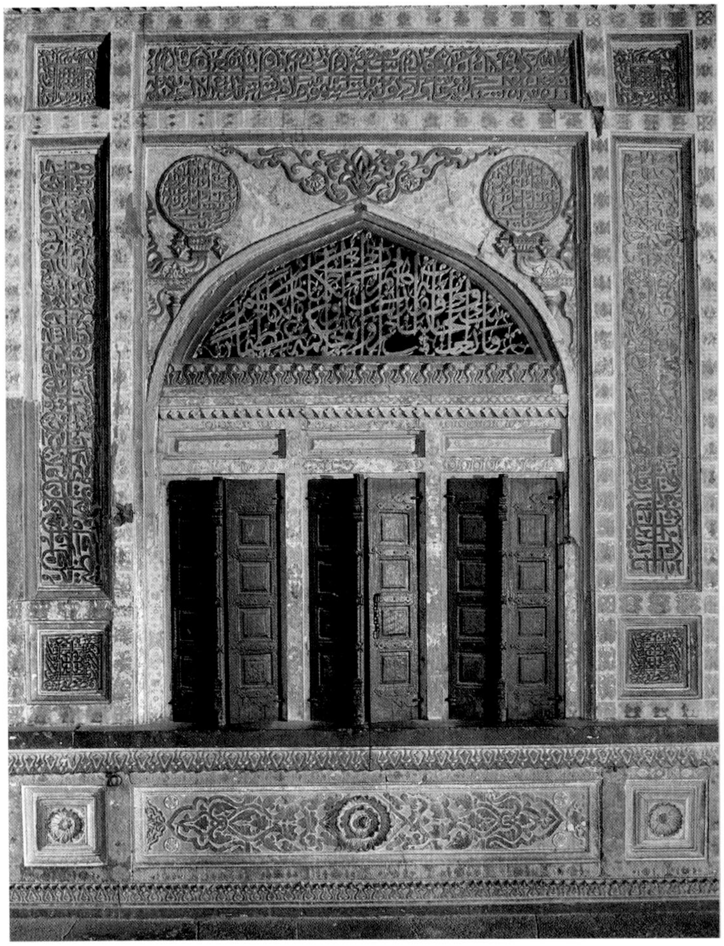

الصورة 34. نافذة ولوحة خطوطية في روضة إبراهيم عادل شاه الثاني. بيجابور. حوالي 1627م. الصورة: أميط باسريتشا.

يتجسّد فن رسم الأشخاص، وهو تجديد ظهر إلى الوجود خلال فترة حكم 'أكبر' وبتشجيع شخصي منه في صحائف ما يسمّى بـ ' ألبوم الأباطرة ' والذي أُنجز لابنه جاهنكير وحفيد شاه جهان. (الفهرس 250 أ – د) (9) وتتضمّن هذه الرسوم دراسات للحكام الصارمين لراجبوت الذين كانوا جزءا من البلاط والإدارة المغوليين والذين تصاهرت معهم أسرة المغول. كما يتضمّن هذا الألبوم الإمبراطوري (المرقّع) دراسات طيور وحيوانات ذائعة الصيت أنجزها الرسامان الطبيعيان المشهوران منصور وعبد الحسن، حواف زهرية تقليدية، الكثير منها أنجز من قبل المُذهّب 'دولات' وحروفية منجزة من قبل الأستاذ الفارسي 'مير علي هرافي'.

وشملت الفنون البلاطية خلال الفترة المغولية أيضا إنتاج قطع ثمينة كانت تحظى بإعجاب خاص من لدن أفراد الأسرة المالكة، وكانت أيضا ذات دلالات خاصّة بالسلالة الحاكمة. ويُظهر خنجر مرصّع بالجواهر ضمن مجموعة المتحف سمات أسلوبية وفنيّة تنمّ عن أنه قد صنع، على الأرجح، بورشة جاهنكير. (الفهرس 225)

ويمزج دورق من البلور الصخري على شكل فاكهة المانجو أُنجز في فترة تلت بقليل القطعة المشار إليها قبل، مزجا مثاليا الشكل الهندي مع زخرفة أرابيسك فارسية مطعمة بالذهب والجواهر. (الفهرس 257) (10) ويدلّل رسم شخصي نادر لأورنكزيب خلال حفلة صيد من ألبوم لاحق للرسام باها فانيداس (الفهرس 252) قوّة التقاليد المغولية السامية المستمرّة في بداية القرن الثامن عشر الميلادي، وهي فترة شهدت أيضا صعود أساليب الرسم(قلم) بالبلاطات الإقليمية في راجستان ومشارف البنجاب ومزيد تطوّرها.

امتدّت شهرة الأمجاد المعمارية المغولية لكل الآفاق، فمن مدينة فاتح بورسيكري التي تأوي قصر الحجر الرملي الأحمر العظيم التي شيّدها 'أكبر' (حوالي 1571م) إلى تاج محل الذي أمر بإنجازه شاه جهان (حوالي 1632م) كضريح لزوجته. وتتجسد هذه الأمجاد أيضا في العديد من القلاع ومنتجعات الصيد والقصور والأجنحة والمباني العمومية والحدائق الأخرى.(11) وقد شهدت القلاع والقصور في كافة أرجاء راجستان والهند الوسطى حالة من الاستقرار والتطوّر المتواصلين خلال الحقبة المغولية. وقد أُثّثت هذه الفضاءات بوفرة بشتى التحف والمنسوجات والتي لم يصلنا منها إلاّ جزء صغير. ومن ذلك، البساط التصويري المنسوج على الأرجح في لاهور في أواخر القرن السادس عشر أو أوائل القرن السابع عشر الميلاديين والذي قد يكون أُعدّ لبهو عظيم في (الجمعية الملكية)، وذلك بناءا على طوله الذي يبلغ سبعة وعشرين قدما. (الفهرس 262) (12) ولئن كانت البُسط المغوليّة استمدت الإلهام من حيث التصميم والتقنية من سابقاتها الصفويّة، فإنها تمكنت من إيجاد تشكيلة ألوان وموتيفات وسمات فنيّة مميزة خاصة بها. ويمكن مشاهدة أسلوبها التصويري والغنائي من خلال رسم وتدريج اللون فيما يتصل بأوراق الشجرة في قطعة بحوزة متحف المتروبوليتان من بساط 'فريك' الشهير.(الفهرس 263) كما يدل أثاث راقي مثل الباب المنجز بالأسلوب الزهري المحفور على وجود المفردات الفنية المشتركة عبر الوسائط الفنية، حيث أن موتيفات مماثلة تظهر في زخرفة المخطوطات، وتصاميم البُسط وتذهيب الحواف، وبشكل ممتاز في الترصيع بطريقة ترصيع الأحجار الصلبة متعددة الألوان والرخام المحفور في بطانات التاج محل والقلعة الحمراء بأغرة. (الفهرس259)

التجارة والسفر

تكشف تقارير المسافرين إلى شبه القارة الهندية بدءا من القرن الخامس عشر الميلادي فصاعدا على تواجد صلات تجارية وثقافية بين أرجاء المنطقة، لاسيّما حول المحيط الهندي، وتتضمن توصيفات قدّمها التاجر الروسي أفناسي نيكيتين والسفير التيموري عبد الرزاق والأميرال العثماني سيّد علي ريس.(13) كما تبيّن الأعمال الفنية المتبقّية وخاصة المنسوجات والأثاث وجود صلات مع أوروبا، وغرب آسيا وجنوب شرقي آسيا. فقد جرى تداول منسوجات كلامكريس القطنية الغوجاراتية المرسومة والمطبوعة بتصاميم من مناظر طبيعية غابية وكذلك من موتيفات شكلية من الفسطاط حتى أندونيسيا، ويتراوح تاريخ نماذج منها موجودة ضمن مجموعة المتحف من القرن الرابع عشر إلى القرن التاسع عشر الميلاديين. (الفهرس 242 أ-ب)

وقد مثلت أوروبا وتركيا أسواقا للأثاث الفاخر الذي كان يُنتج أيضا للاستهلاك المحلي. ومن شبه المؤكد أن العلبة العاجية المحفورة الهندية البرتغالية أُنجزت

لزبون في لشبونة، والنموذج الموجود في المتحف هو قطعة بديعة على وجه الخصوص من مجموعة أكبر من القطع المنجزة في غوجارات أواخر القرن السادس عشر الميلادي. (الفهرس 267)

ويمكن رؤية صنف آخر من إنتاج غوجارات في علبة "السادلي" التي تُظهر زخرفة تتمثل في تصميغ أشرطة ذات أشكال هندسية مصنوعة من مواد مختلفة تُشرَّح بالعرض وتُجمّع لإحداث تصاميم هندسية متكررة.(الفهرس 268) ولمثل زخرفة السطح الخارجي هذه ارتباطات تمتدّ غربا نحو البحر الأبيض المتوسط أين نشأت هذه التقنية البارعة في غابر الزمان ولا تزال تُمارس إلى حد الآن. (14)

تجسّد الزينة المتفرنجة على حجر غوا ووعاء ذهبي يعودان إلى القرن السابع عشر الميلادي التأثيرات التي دخلت إلى المناطق الداخلية عبر المواقع الساحلية الغربية كـ'غوا' أين رابط البرتغاليون خلال القرن السادس عشر الميلادي. (الفهرس 277) (15) وتتضمّن العلبة الخارجية الذهبية الرائعة، وهي مُشَكّلة ومحزّزة وذات طبقات، طلسما طالما كان منشودا في أوروبا نظرا لقدراته الوقائية والعلاجية المزعومة.

وفي الفترة نفسها، كانت البضائع من الساحل الشرقي للهند تذهب في اتجاهات أخرى، مثلما هو شأن البُسط الدكنية التي حملها التجار الهولنديون لليابان أين لا تزال تُعرَض على عوّامات خلال المهرجانات. (16)

الدكن

كانت لهضبة الدكن في الهند، وهي منطقة تحدها شمالا جبال 'وندهيا' وتحيط بها سلاسل جبلية من كل جانب، سمة ثقافية منفصلة بحدّة تُميّزها عن الشمال والجنوب، غير أنها كانت مع ذلك تُظهر تأثيرات من كل منها. تفتّت البهمانيون الحاكمون في المنطقة والذين ازدهروا جنبا إلى جنب مع إمبراطورية فيجاياناقارا إلى الجنوب إلى خمس دول وريثة في أوائل القرن السادس عشر الميلادي.(17) ورغم انخراطها في حروب داخلية طاحنة، تمكّنت هذه السلالات من تكوين ائتلاف للإطاحة بفيجاياناقارا في 1565م، وهي: عادل شاهي بـ'بيجاور'، وبريد شاهي بـ'بيدار'، وقطب شاهي بمملكة غولكوندا، ونظام شاهي بـ'أحمد نجار'، وعماد شاهي بـ'برار'.

رغم أن هذين القرنين اتّسما في سلطنات دكن بتعدد المعارك حول الأراضي بين السلطنات وفيجاياناقار وكذلك بمناوشات مع البرتغاليين غير بعيد عن الساحل الغربي وأيضا التهديد المتواصل الذي يمثله المغول شمالا، فإن مبادلات ثقافية هامة قد تواصلت بين كل الأطراف خلال هذه الفترة.(18)

تتمثل السمة الفردية للفن الدكني في أنها تدمج بين التأثيرات القادمة من إيران، وتركيا، وأوروبا وشرق إفريقيا وبين التقاليد الهندية الراسخة في المنطقة.(19) وتتناول التفسيرات الجديدة للزخرفة الثرية على ضريح إبراهيم عديل شاه بيجابور، هذه التعددية في المصادر ومعانيها.(20) وتُجسّد الصور الشخصية من البلاطات الدكنية طبقة النبلاء الحاكمة الذين انحدروا من مجموعات عرقية مختلفة، وكانت سياساتهم الفئوية سمة من سمات الحياة في دكن. ويُعبّر التركيب الخاص بالسلالة الحاكمة في بيجابور القرن السابع عشر الميلادي عن التشيّع القوي في المنطقة وادّعاء الأسرة الحاكمة الشرعية المستمدّة من صفوي إيران. (الفهرس269) أُطيح بالدول الدكنية في أواخر القرن السابع عشر الميلادي على يد المغول القادمين من الشمال والذين استقرّوا منذ منتصف القرن في مراكز دكنية شمالية مثل برهان بور وأُورانجاباد. وأصبحت هذه المراكز نقطة الالتقاء بين التقاليد المغولية والدكنية والراجبوتية حيث ازدهرت صناعة المنسوجات من بين غيرها من الفنون. وكانت منسوجات الكلامكريس المرسومة والمطبوعة والمنجزة في المنطقة وكذلك على الساحل الشرقي طلائع منسوجات "الشنتز" التي ذاع صيتها فيما بعد كمنتج مصدّر لأوروبا، والتي يمتلك المتحف مجموعة بارزة منها. (الفهرس 279 – 281) (21). وصُنعت على الأرجح آنية بدري المحمولة في دكن الشمالية تحت التأثير المغولي القوي (الفهرس 276)، وهي علبة مزدانة بالخط ومُغشّاة بغطاء من النحاس المذهّب والفضّة. وتُظهر قطع منجزة حسب هذه التقنية التأثير واسع الانتشار للأسلوب الزهري المغولي مثلما نشاهده على قاعدة النارجيلة "الحقّة" الموجودة ضمن مجموعة المتحف. (الفهرس 274) (22)

القرن الثامن عشر الميلادي

رغم تحقيق الحلم المغولي في غزو الدكن، فقد شهد القرن الثامن عشر الميلادي ضعف الدولة المغولية حيث أن قبضتها الطويلة على أجزاء كبيرة من شبه القارة الهندية استنزفت نفوذها. وفي حين واصل الحكام المغوليون اللاحقون الدعم التقليدي للفن والثقافة، كانوا سياسيا غير فعّالين، فاتحين بذلك الباب على مصراعيه للهجمات الخارجية كتلك الضربة الحاسمة التي سدّدها لهم الفارسي نادير شاه الأفشاري سنة 1739م. نجا بلاط محمد شاه من الضربة ولكن كنوزا مغولية ضخمة انتهى الأمر بها في أيدي الإيرانيين، بما في ذلك عرش الطاووس الإمبراطوري الشهير المرصّع بالجواهر. وبينما عَلِقَ بلاط دلهي تدريجيا بمستنقع عدم الاستقرار السياسي، نهضت مراكز في أفاض وخاصّة لكناو لتأخذ المشعل الثقافي من المركز الإمبراطوري. (23) ومن دلهي ولكناو الحقبة الأخيرة، تُظهر مجموعة راقية من الرسوم موجودة ضمن مجموعات المتحف، عمل كل من 'ميركلان خان'،(الفهرس 253) و'شيترمان الثاني' و'نظامال'. (24) وإلى الجنوب، أصبح البلاط الدكني لحيدر باد الذي ازداد نفوذه حديثا والذي تطور من بقايا السلطنات السابقة يحظى بشهرة كإحدى الدول الإسلامية الأكثر ثراء في العالم.(25) وفي الآن نفسه، ازدهرت الفنون في البلاطين الشماليين لراجبوت وبهاري خلال القرن الثامن عشر الميلادي بدفع، في جزء من ذلك، من فنانين تلقوا تدريبهم على يد الدكنيين والمغول كانوا يبحثون عن العمل في أصقاع أخرى. وتُقدّم فنونهم التي تعود إلى تاريخ ما قبل الحقبة المغولية أدلة على التقاليد الأصلية للرسم الهندي وتمثل عنصرا أساسيا في تكوين الأسلوب المغولي التي تقاسمت معه مبادلات دائمة. وبناء على الترتيب الجديد فقد جرى عرض الفن الهندي المتأخر من قسمي آسيا والأسلحة والدروع التي تضم الرسم الراجبوتي والبهاري والمنسوجات الغوجاراتية وبعض الدروع والأسلحة الجنوب آسيوية المتأخرة في رواق مجاور، وبذلك جرى جمع ممتلكات المتحف من الفن الجنوب آسيوي في العصر المتأخر في مساحة مترابطة واحدة.

الحقبة الاستعمارية

رغم أن الحضور البريطاني في الهند يعود إلى القرن السابع عشر الميلادي بتواجد التجار ومسؤولي شركة الهند الشرقية هناك، فإن النفوذ الاستعماري البريطاني ترسّخ على نحو حاسم مع النصف الثاني للقرن الثامن عشر الميلادي في البنغال من حيث استمرّ في التوسّع. (26) وفيما يتعلق بالعديد من الفنانين والموسيقيين والراقصين والشعراء كان التأثير الناجم عن ذلك على نظام البلاط الذي دعمهم لقرون ذا شأن ولو أن البعض منهم وجد رعاية جديدة من لدن البريطانيين. وقد وفر فن الرسم فرصا سانحة خاصّة أن الزبائن البريطانيين جلبوا عدّة أنماط تمكّن الفنانون المدربون على أيدي المغول وغيرهم من التكيّف معها، مستوعبين تقنيات حديثة وعاملين على نطاق أوسع. ومثّل رسم الحيوانات والنباتات والحرفيين والمباني المحلية أحد هذه التطورات لنهاية القرن الثامن عشر والقرن التاسع عشر الميلاديين، كما تشهد على ذلك سلسلة شهيرة من الدراسات الفنية الطبيعية أُنجزت من قبل السيدة 'إمبي' بكلكتا.

وقد يكون فنان من هذه الدائرة هو الذي رسم صورة خفاش الفواكه ذي الجناح المثني حوالي 1780م والموجودة ضمن مجموعة المتحف. (الفهرس 285) (27) ومن فترة لاحقة وحوالي 1840م بكلكتا (كلكيتا سابقا)، هذه المدينة التي احتفلت للتوّ بمرور ثلاثة قرون على حقبتها البريطانية، أتت دراسة الشيخ محمد أمير من كرّايا وهي لسائس يمسك بجوادين. (الفهرس 287)(28) و تُبرز سلسلة مثيرة للعواطف لمناظر على نهر الغانج، موثقة لـفرنسيس رودز في عشرينات القرن التاسع عشر الميلادي مدى تعلّم فناني ذلك الزمان تقنيات الرسم الإنكليزي بالألوان المائية. (الفهرس 286) (29)

كما شهد القرن التاسع عشر الميلادي تواصل وانتعاش أساليب من الماضي ضمن إطار التغيّرات الاجتماعية والثقافية الهائلة في جنوب آسيا. وقد خلّف الجواهريّون وصاقلو الحجارة الكريمة في جايبور ودلهي القرن التاسع عشر الميلادي نماذج من فنون الرسم والزخرفة مثل الخنجر المطلي بالمينا على شكل رأس كبش (الفهرس 288)، والتي انحدرت من تقاليد مغولية سابقة وأكثر تميّزا في مجال استنباط مثل هذه الأشكال في صناعة الأسلحة. وقد ازدهرت على وجه الخصوص المنسوجات الكشميرية تحت الرعاية الأفغانية والسيخيّة ووصلت مراتب عليا في نسيج النجود المزدوج الأضلاع كما هو الحال في ستارة تصور أغصان شجرة صفصاف باكية في مشكاة. (الفهرس 283) (30)

وكانت مثل هذه الأعمال على الأرجح جزءا من التعبير النهائي لمفردات ومشاعر فنيّة تمتدّ جذورها إلى الأساليب الحركية والإبداعية السائدة خلال الفترة المغولية. ولئن أعادت الحداثة والعولمة تشكيل المنظر البصري والثقافي في جنوب آسيا اليوم، فإن المنطقة تواصل الاحتفاظ بمظاهر من الفنون وُجدت في ماضيها ما قبل الحديث، ربما أكثر من أي مكان آخر في العالم النامي، وذلك بالتزامن مع قيام الفنانين المعاصرين بالتمهيد لمرحلة جديدة من التعبير الفني.

1. يقدم فلود(Flood 2009م)، الصفحات 15 – 99، نظرات حديثة حول الفترة و المنطقة؛ انظر أيضا شوكوهي (Shokoohy 2003م).
2. خان (Khan 1983م).
3. براند(Brend 2002م)، الصفحات 79 – 81، 84 – 89.
4. انظر آدمجي (Adamjee)،ينشر قريبا؛ شوفلتون (Shovelton 2009م).
5. يعود مجموع الكتابات حول الفنانين المغوليين الشخصيين إلى المساهمات الأولى لـ ولش (Welch) سكلتون (Skelton) و بيش (Beach) (انظر قائمة المصادر) و إلى مؤلفين هامين لـ مرق (Marg) (بال(Pal)، ناشر،1991أ، ب، و داس (Das)، ناشر، 1998أ،ب). وتتضمّن أعمال حديثة بيتش (Beach)، فيشر (Fischer) و قوزوامي (Goswamy)، ناشرين،2011م.
6. يجمع واشنطن دي سي 2002م أغلب الصحائف في معرض حديث
7. سكلتون (Skelton 1970م)؛ سيلر(Seyller 1999م)، الصفحات 33 – 34، 43.
8. برند (Brend 2002)؛ بالتمور 2001م.
9. نيويورك 1987 – 1988م، الصفحات 81 – 83، 108، 122 – 123، 202 – 203 ؛ ليتش (Leach 1995م)؛ واشنطن، دي سي، و مدن أخرى 2008 – 2009م، الصفحات 107 – 139، 366 – 411.
10. نشرت لندن و مدن أخرى 2001م مجموعة كبرى خاصة لفنون الجواهر المغولية
11. كوش (Koch 2006م).
12. نيويورك 1997 – 1998، الصفحات 42 – 43، رقم 4، الصورة 31.
13. علم وصبرهمانيام (Alam and Subrahmanyam 2007م)
14. لندن 2004م؛جافر 2002م.
15. لشبونة 2004م.
16. كمادة (Kamada 2011م).
17. فيلون ناشر، 2010م، الصفحات 14 – 16.
18. جلمارتن ولورنس (Gilmartin and Lawrence) ناشرين، 2000م.
19. كان الفن الدكني موضوع اهتمام ملتقى عُقد أخيرا بمتحف المتروبوليتان نُشرت أعماله كـ'حيدر(Haidar) و صردار' (Sardar)، ناشرين،2011م. للاطلاع على بحوث أخرى حديثة حول الفن الدكني، انظر بارودي (Parodi) ينشر قريبا؛ علي ينشر قريبا؛ انظر أيضا روبنز (Robbins) و ماكلؤد(McLeod)، ناشرين، 2006م.
20. ميشال (2011م (Michell). ووانّال(Wannell 2011م).
21. قاي (Guy 1998م)، الصفحات 22، 171 – 172.
22. زبروسكي (Zebrowski 1997م)، الصفحات 234 – 235.
23. لولين دجونز (Llewellyn-Jones) ناشر، 2003م.
24. لوستي (Losty 2002م)، الصفحات 49 – 51.
25. لندن 2009 – 2010م
26. لندن 1990 – 1991م.
27. آرتشر م. (Archer, M 1992م)، ص.97.
28. نيويورك ومدن أخرى 1978 – 1979م، الصفحات 69، 71.
29. لوستي (Losty 1996م)؛ انظر أيضا لوستي (Losty 1995م)، ص. 84 الحاشية 2.
30. نيويورك و سنسيناتي 2007 – 2008م، الصفحات 2002 – 205.

239. أ- ب صحيفتان من مخطوط مصوّر للشاهنامة (كتاب الملوك)

أ- "كيكاوس يحاول الطيران إلى السماء"
الهند، منتصف القرن الخامس عشر الميلادي
الصورة: حبر، ألوان مائية معتمة وذهب على ورق؛
الهوامش: حبر وذهب على ورق مصبوغ
الصورة: المقاسات: 16.5×19.1سم
مجموعة غرينال، وصية وليام ملن غرينال 1920م 20.120.239

ب- "كيخسرو، فرنجس وجيف يعبرون النهر"
الهند، منتصف القرن الخامس عشر الميلادي.
الصورة: حبر، ألوان مائية معتمة، فضة، وذهب على ورق.
الهوامش: حبر وذهب على ورق مصبوغ. الصورة: المقاسات: 18.7×19.4سم
مجموعة غرينال، وصية وليام ملن غرينال 1920م 20.120.241

تنتمي هاتان الصحيفتان إلى مجموعة تتكوّن من اثني عشر رسما اقتُطفت من مخطوط الشاهنامة (كتاب الملوك) وأعيد تركيبها في شكل مربّع تقريبا على ورق سميك دونما نص على أي من الجانبين. ويشير حجم ونوعيّة الرّسمين إلى أن المخطوط الأصلي كان كبيرا يُبهر الناظرين. وفي الرسم الأول، (الفهرس 239 أ) يُصَوّر طيران كيكاوس في اتّجاه السماء وهو محمول على الأجنحة القوية لأربعة نسور جائعة خُدعت بقطع من اللّحم تتدلى بعيدا عن منالها. ويُظهر الرسم، وهو يحمل عنوانا، كيكاوس الواثق من نفسه جالسا على عرش تعلوه قبّة ذهبية في وسط الرّسم، وماسكا بكتلة ضخمة من اللّحم مربوطة بحبل. ورُسمت أربعة طيور ضخمة، هي أقرب إلى الببغاوات منها إلى النّسور، أسفل العرش وهي تتّخذ وضعا مليئا بالحيوية. وتظهر بالقرب من الزّاوية العليا اليسرى شمس على هيئة وجه بشري. وتُضفي أشكال السحب الدّوارة التي تملأ الصورة على الرسم مسحة من الحركة والحيوية. ويُصوّر الرّسم الثاني (الفهرس 239 ب) حلقة لاحقة من الملحمة: فرار فرنجس، أرملة سياوش من طوران بمعيّة ابنها كيخسرو، الملك المستقبلي لإيران، تحت حماية البطل جيف. ويظهرون في الرسم وهم يعبرون نهر جيحون هربا من الجيش الطوراني. يمكن التعرّف على كيخسرو من خلال ثيابه الأميرية وهو الذي يقود المجموعة بينما تسير فرنجس خلفه ممتطية دابتها. ويأتي في مؤخرة الرّكب جيف بسلاحه. وينقسم العمل إلى قسمين متساويين تقريبا، بحيث يحتلّ النصف الأسفل النهر، وهو مرسوم بلون فضي تأكسد الآن. ويتّسم النصف الأعلى بوجود أفق تبدو من خلاله تلال متموجة تُهيمن عليها شجرة بارزة ذات أغصان تنتهي بأزهار كبيرة منمنمة. وعلى خلاف ما ذُكر في الوصف الوارد في النص، يظهر هنا جواد كيخسرو، وهو سابقا حصان سياوش الأسود، بلون أبيض، وفرنجس التي قيل أنها كانت ترتدي درعا تجنّبا للتعرّف عليها، رُسمت هنا وهي متحجّبة. ولقد كانت نسبة هذه الرسوم محلّ جدل لوقت طويل بين الباحثين. وبناء على مقارنات تعتمد على الأسلوب مع المخطوطات التيمورية في القرن الخامس عشر الميلادي، اختلفت الآراء في نسبتها إمّا إلى مازندران(1) أو هرات أو شيراز (2) أو الهند (3). وتشير الأدلّة التاريخية إلى أنه كانت للهند خلال القرن الخامس عشر الميلادي العديد من

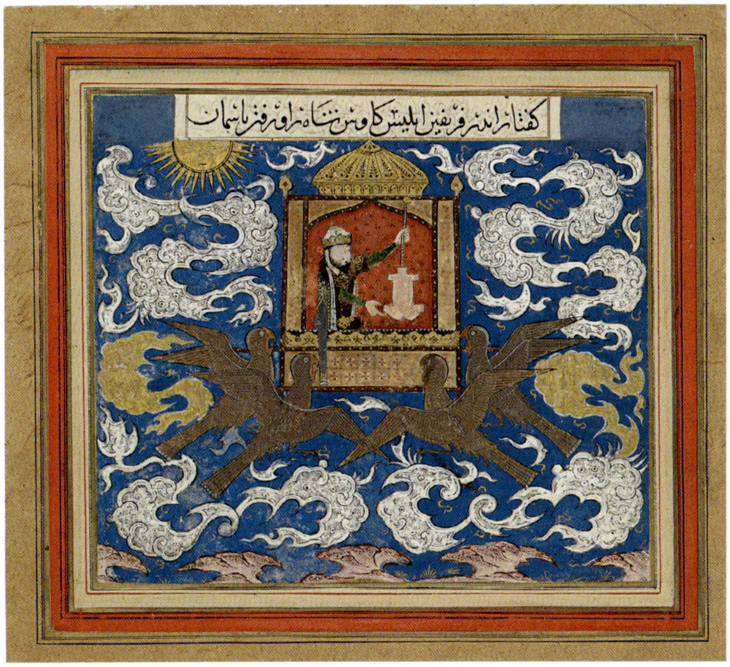

أ

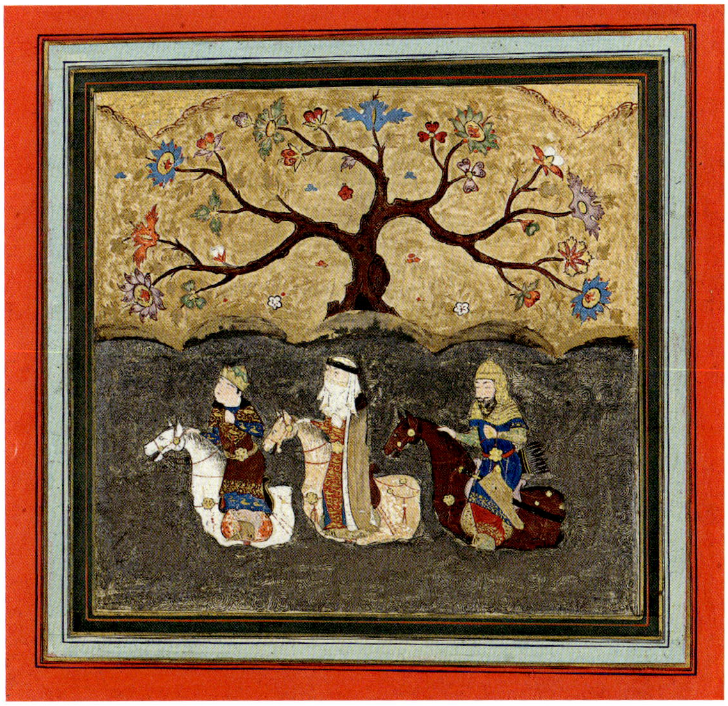

ب

المراكز المزدهرة للتعليم ،(4) ولو أن عدد المخطوطات المصوّرة التي تعود إلى حقبة ما قبل المغول والمنسوبة بدقّة هو قليل نسبيّا. ومع ذلك، يُرجّح أن تكون مراكز عالمية هامة في الهند، بما فيها 'بِدار' في الدكن، التي كانت لها صلات ثقافية واجتماعية وسياسية قويّة مع إيران، أماكن ممكنة لإنتاج مخطوط مثل هذا الشاهنامة الخارج عن السياق.(5). QA

1. قارنها بيزل روبنسن (Basil Robinson) مع شاهنامة دانيارل (Dunimarle) (روبنسن ب.(م1993 Robinson, B).

2. غيّر موريس ديماند (Maurice Dimand) رأيه من هرات إلى شيراز (سجلات أمانة المتحف، قسم الفن الإسلامي، بتاريخ أفريل 1956).

3. فراد و آتنقهاوسن (م1971 Fraad and Ettinghausen)؛ سويتشوسكي (م 1978 Swietochowski)؛ ولش، أس. سي. و آخرون (م. ,Welch, S. C. et al. 1987)، ص.130. انظر أيضا براك دي لا برير (م2008 Brac de la Perrière)، ص.367.

4. إيتون (م2005 Eaton)، الصفحات 33 - 77؛ ولش، أ. 1996م؛ مليكيان شيرفاني (م 1969 Melikian-Chirvani)؛ تيتلي (م1983 Titley)؛ برند (م1986 Brend)؛ روبنسن، ب.(م1991 .Robinson, B)، الصفحات 61 - 75.

5. برند (م1986 Brend)، ص. 91؛ إيتون (م2005 Eaton)، الصفحات 33 - 77.

المصدر: وليام ملن غرينال (William Milne Grinnell)، نيويورك (حتى وفاته 1920م)

240. نقش تكريسي من مسجد

الهند، البنغال، بتاريخ 905 [هجري] الموافق لـ 1500م
صخر جوفي قاعدي: محفور
المقاسات: 1.×4.1×11.5×7سم
اقتناء، هبة السيدة نلسون دبلداي ووصيّة شارلز غارث بالتبادل، 1981م 1981.320
نقش باللغة العربية بخط أسلوب الطغراء البنغالي:
قال النبي صلى الله عليه وسلم:
من بنى مسجدا لله بنى الله له قصرا مثله في الجنّة.
في عهد السلطان علاء والدنيا والدين
أبو المظفر حسين شاه خلّد الله ملكه وسلطانه
بنى هذا المسجد الجامع شاهزادة دنيال دام عزّه في العشر من ذي الحجّة.
سنة خمس وتسعمائة.[7 جويلية 1500م] (1)

كُتبت هذه اللوحة النصية المصنوعة من الحجر الأزرق ذي اللّون الأسود الرمادي (صخر جوفي قاعدي) بخط أسلوب الطغراء البنغالي المميّز والمشار إليه عاليا بـ 'القوس والسهم' ويظهر متن النصّ على قاعدة اللوحة وتحتلّ الستون عصا الأفقية للحروف ما يناهز ثلثي الجزء الأعلى من اللّوحة، بينما يُتمّم ترتيب الأشكال المدوّرة لكلمات مختارة بالقرب من أعلى اللوحة هذه الزخرفة الأنيقة. ويجعل التعانق المعقّد للحروف في الصفّ الأسفل قراءة النص أمرا عسيرا، لكنّ تشابه المحتوى مع نصوص منقوشة موجودة عبر منطقة البنغال يُيسّر العملية. وغالبا ما يوجد مثل هذا النص، وهو حديث للنبي محمد، على نحو شائع في اللوحات التكريسيّة للمساجد عبر الهند، خاصّة تلك المساجد التي تعود إلى القرنين الخامس عشر والسادس عشر الميلاديين في البنغال وغيرها من الأماكن في العالم الإسلامي.(2) يشتهر فنّ النّحت الحجري العائد إلى ما قبل الإسلام ضمن السلالتين البوذيتين "بالا" و"سينا" في البنغال بجودة إتقانه. ويُرجّح أن تكون النصوص قد صُممت أولا من قبل الخطاطين ثمّ حُفرت من قبل حرفيين محليين مهرة بعد أن رسموها بالفحم على الحجر أو جعلوا لها علامات محززة قليلا عليه.(3) يوجد الكثير من اللوحات النّصية التي نُقشت في أشكال مختلفة من أسلوب الطغراء البنغالي تعود إلى فترة السلطنات خلال القرنين الخامس عشر والسادس عشر الميلاديين.(4) وقد جرى استبدال هذا الأسلوب الخطوطي إلى حدّ كبير بنصوص بخط النّستعليق خلال الفترة المغولية كانت تحذو حذو الأصناف المتّبعة في أماكن أخرى في الهند الشمالية. وجاء ظهور النصوص المنقوشة حسب أسلوب الطغراء في الدكن في فترة لاحقة.(5)

لا يُعرف الكثير عن الأمير دانيال الذي خُلّد اسمه هنا. يظهر اسمه على نص آخر مؤرخ في 903 هجري الموافق لـ 1497 - 1498م على ضريح الشاه نافا في حصن مونجر بـ 'بهار'. وقد ورد أيضا ذكره في كتب التاريخ الفارسية للفنون الوسطى على أنّه مثّل والده علاء الدين حسين شاه بنغال (حكم بين 1493 - 1519م) خلال المفاوضات مع سلطان دلهي، اسكندر لودي(حكم ما بين 1489 - 1571م)، التي عُقدت حوالي 1495م على الحدود البنغالية البهارية والتي أحبطت غزوا كان محتملا. (6).

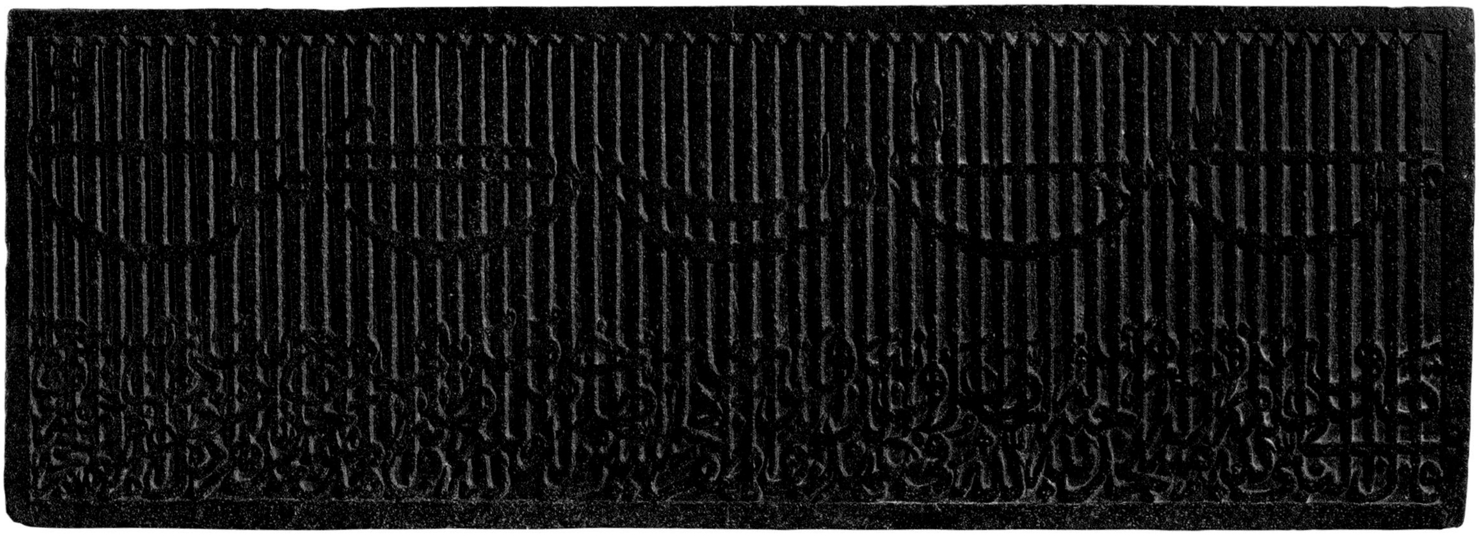

ويُروى أن للشاه حسين ثمانية عشر ولدا، ولكن اثنين فقط يعرفان بالاسم – نصرة شاه (حكم ما بين 1519 – 1531م) وغياث الدين محمود شاه (حكم ما بين 1532 – 1538م) نظرا لأنهما وصلا لاعتلاء العرش في فترة لاحقة.

QA

1. اختلاف في الترجمة موجود في دغبي (Digby 1973م)، ص. 589.
2. حسن (Hasan 2007م)، الصفحات 60 – 61.
3. صديق (Siddiq 2009م)، الصفحات 36، 39 الحواشي 22 – 23.
4. انظر نفس المرجع، الفصل السادس، الصفحات 107 – 90، و الملحق 2، الصفحات 250 – 259، لنماذج مؤرخة من نصوص من البنغال تعود إلى فترة السلطنات.
5. نموذج مثل هذه النصوص موجود بمتحف المتروبوليتان (حساب رقم 1985.240.1).
6. ديقبي (Digby 1873م)، ص.592.

المصدر: على الأرجح توماس هوب أوف ديبدين (Thomas Hope of Deepdene)، انقلترا؛ [دافيد دراي (David Drey)، لندن، قبل 1962م؛ بيعت لـهودكن (Hodgkin)]؛ هوارد هودكن (Howard Hodgkin)، لندن (من قبل 1962 – 1981م)؛ تيرنس ماكنرني (Terence McInerney)، نيويورك، 1981م؛ بيعت لـمتحف المتروبوليتان للفنون]

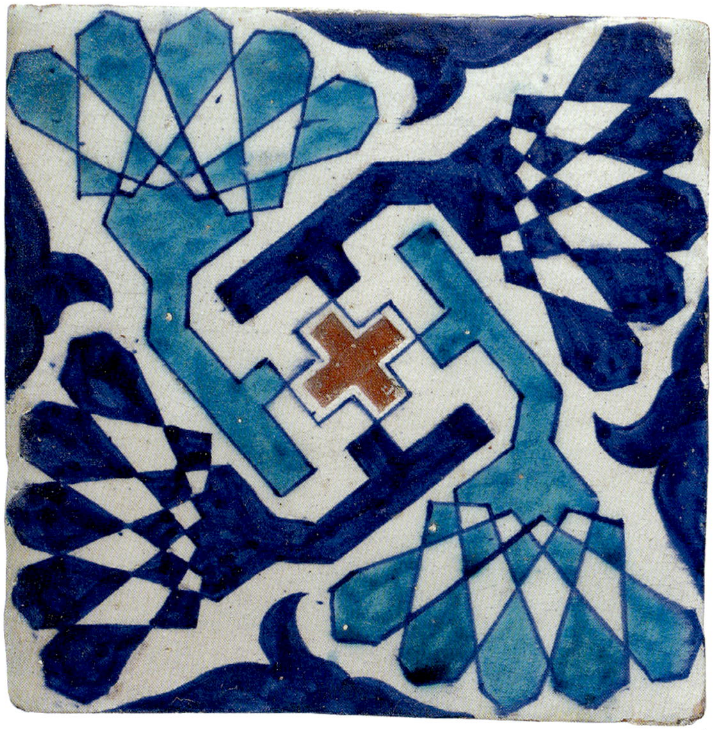
أ

241. أ – ب : بلاطتان خزفيتان من ملتان

أ- باكستان الحالية، ملتان أواخر القرن الخامس عشر الميلادي.
عجينة خزفية ملبّدة. ألوان متعدّدة تحت خلفية مزجّجة شفافة
المقاسات :20×20سم
اقتناء، هبة إليزابث س. إتنغهاوزن تخليدا لذكرى ريشارد إتنغهاوزن، 2008م 2008.461

ب- باكستان الحالية، ملتان، القرن الثامن عشر الميلادي
فخار، زينة مصبوبة ومزجج
المقاسات : 36.8×26.5سم
اقتناء، هدايا أصدقاء الفنّ الإسلامي، 2007م 2007.291

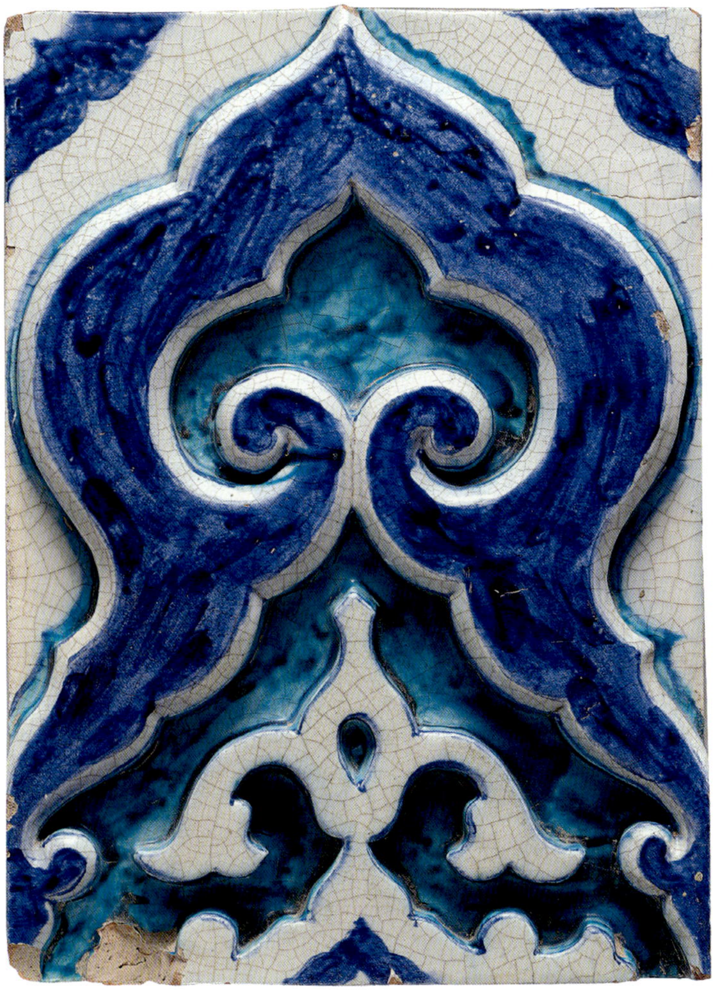
ب

يُمثّل هذان العملان معا التراث المتواصل لإنتاج البلاط المعماري في منطقة ملتان بباكستان الحالية. ورغم أنهما صُنّعا في فترة امتدت لقرون واتّخذا تقنيات مختلفة، فإنّ كليهما شُكّلا حسب ذوق فنّي جمالي موحّد يميّزهما على أنهما ينحدران من هذه المنطقة بالذّات أين كانت، في وقت ما، البلاطات المزججة تحت خلفية بيضاء بالكوبلت واللون الفيروزي سمة شائعة في الزخرفة المعمارية. وقد تكون بلاطات مثل هذه وُضّبت في أشرطة أفقية تتناوب مع أشرطة تتكون من الآجر الصّرف لإحداث مفعول بصري ملفت للنظر يزداد تأثيرا من جرّاء المساحات المتموّجة للبلاطات وأشكالها المختلفة. وبينما قد تكون البلاطة المربّعة الشكل جزءا من الداخل،(1) فإن البلاطة الأكبر والعمودية قد تكون مثّلت جزءا من إفريز زيّن أسفل أو أعلى جدار خارجي، كما يبدو ذلك من خلال صور للأضرحة الملتانية ليوسف قارديزي (القرن الثاني عشر الميلادي: تاريخ تكسية الجدار غير معروف) ولِرُكْني عَلَمْ (القرن الرابع عشر الميلادي)(2). صُنِّعت البلاطة المربّعة هنا متضمّنة تفصيلا دقيقا: الصليب المركزي وهو في حقيقة الأمر الصلصال غير المزجّج لجسم البلاطة والذي يتباين مع الخلفية البيضاء التي تغطي باقي المساحة المبسّطة. (3) وفي المقابل، فإنّ للبلاطة المستطيلة زخرفة مصبوبة على شكل قوس مُستدقّ الرأس

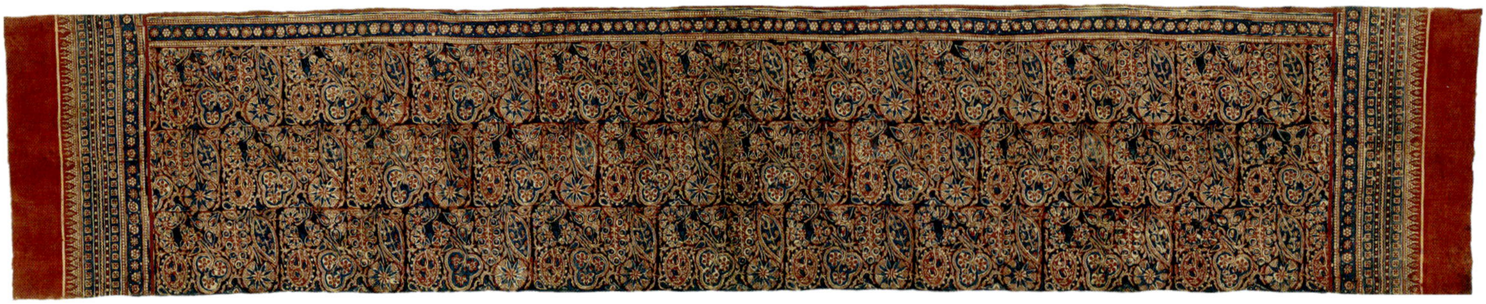

ب

يتضمّن موتيفا ورقيّا أصغر. ويُعتبر وجود المربعات الخزفية نادر نسبيا في الزخرفة المعمارية في شبه القارة الهندية، ولكن منطقة باكستان الحالية اشتهرت باستعمالها لها بانتظام، وهذا راجع جزئيا لأنّ الآجر الذي له سطح يتلاءم مع استخدام البلاط كان مادّة البناء الأكثر شيوعا هناك، على عكس الحجر المربع المنحوت المستخدم للبناء أو كسارة الحجارة المغطاة بالجصّ المستعملين في أماكن أُخرى في شبه القارة الهندية. وكان يوجد داخل باكستان على الأقل تقليدان جهويّان مميّزان لصناعة البلاط، واحد يتّخذ من المنطقة حول السند قاعدته والآخر مُتمركز بالقرب من ملتان. ويبدو أن التقليد المتمركز بملتان نشأ من رحم تقاليد آسيا الوسطى (عوضا عن التقاليد الإيرانية) في زخرفة البلاطات من حيث اختيار الألوان والاستخدام المقتصد للبلاطات بالاقتران مع مادة أخرى مثل الآجر. (4)

MS

1. تناثرت بلاطات تحمل نفس التصميم عبر كثير من المجموعات. ويمكن الاطلاع على نماذج مماثلة في متحف محافظة لوس أنجلس للفنون (حساب رقم b – M.86.339.2) وفي مجموعة خاصة بكاليفورنيا (اقتُنيت في الآن نفسه الذي أُقتنيت فيه بلاطات متحف محافظة لوس أنجلس للفنون)؛ في مجموعة كير(Keir)؛ في مجموعة دافيد (David)، كوبنهاغن (انظر فولساش (Folsach 2001م، ص. 197، رقم 291). ووُضعت بلاطة إضافية للبيع في 2003م (مكانها الحالي غير معروف؛ انظر سيمون راي (Simon Ray)، لندن، فهرس، 4 أفريل 17 – ماي 2002، الصفحات 46 – 47). و عند مناقشته لبلاطة مجموعة كير (Keir) ، أشارأولفر واتسن (Oliver Watson) أنها أتت " من ضريح عائلة صوفية يعود إلى حوالي 1480م، ويقع على بعد عشرين ميل خارج ملتان" (واتسن (Watson) في روبنسن ب. (Robinson, B)، ناشر 1988م، ص. 232، رقم C91، اللوحة 52). وتتّبع الإصدارات اللاحقة لهذه المجموعة من البلاطات كلها نسبة واتسن (Watson)، رغم أنه لا توجد، على ما يبدو، وثائق قاطعة تربطها إلى مثل هذا المصدر. والعناصر الأثرية الأخرى التي قيل إنها أتت من هذا المبنى هي مرحاب بمتحف لِندِن، شتوتقارت (انظر كالتر (Kalter) و بافالوي (Pavaloi 1987م) ، ص.39)، وسبندل من البلاطات بيع بـ كريستيز (Christie's) لندن (27 أفريل 2004، الرزمة 150).
2. كما تشير إلى ذلك إعادة بناء المرحاب في متحف لِندِن، شتوتقارت، انظر الحاشية 1 أعلاه.
3. انظر قوب (Gaube 1994م)، الصفحات 345 – 346، رغم أنه تجدر الملاحظة أن البلاط على ضريح يوسف قرديزي جرى ترميمه أو تغييره في عدة حملات ترميم تاريخية وحديثة.
4. انظر الرسوم التوضيحية في ديجورج و بورتر (Degeorge and Porter 2002م)، ص.131.

المصدر: الفهرس -241أ: مجموعة خاصة. أوروبا(1992 – 2007)؛ [سوق الفن، انقلترا، 2007م]؛ [ألكسيس] رينار (Alexis Renard)، باريس، 2007 – 2008م؛ بيعت لمتحف المتروبوليتان للفنون]

الفهرس -241ب: مجموعة خاصة، نيويورك (من سبعينات القرن العشرين الميلادي)؛ [بول أنافين (Paul Anavian)، نيويورك، حتى 2007م؛ بيعت لمتحف المتروبوليتان للفنون]

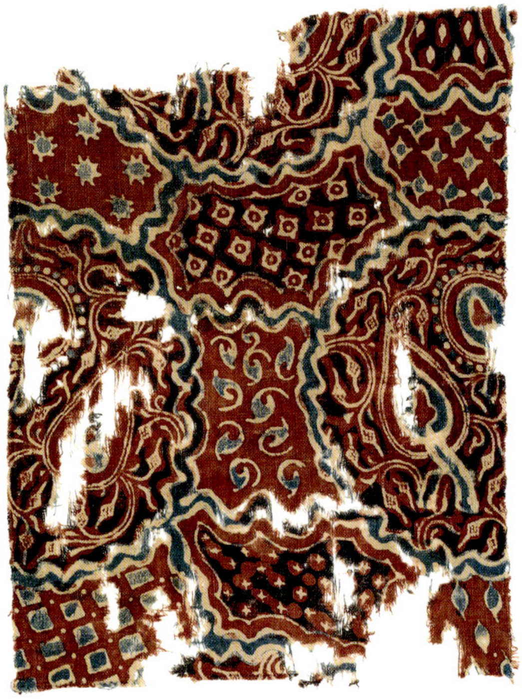

أ

242. أ– ب: قطعتي نسيج

1. أ– الهند، غوجارات، القرن الرابع عشر الميلادي
قطن، مطبوع في الكتلة، صبغة مقاومة
المقاسات: 40.6×31.1سم.
هبة ف. أفريت ماسي، 1930م 30.112.42

1. ب– الهند، غوجارات، القرن الرابع عشر الميلادي
قطن، نسيج بسيط، مطبوع في الكتلة وصبغة مقاومة
المقاسات: 98.7×494.5سم
اقتناء، هبة أصدقاء الفن الآسيوي، 2005م 2005.407

لم تنفكّ الهند الغربية عن تزويد العالم بمنسوجات قطنية مرسومة ومصبوغة وذلك منذ القدم، كما تشهد على ذلك الجغرافيا الإغريقية للقرن الأول "مخاطر بحر إريتريا" (البحر الأحمر). و بفضل علم الآثار، يمكن نسبة التجارة الغوجاراتية في مجال المنسوجات المصبوغة إلى أسواق البحر الأحمر في آسيا الغربية إلى القرنين التاسع والعاشر الميلاديين.

وكانت أكبر الآثار التي عُثر عليها بفسطاط، العاصمة الأولى لمصر تحت الحكم العربي الذي تأسّس سنة 641م. وازدهرت المدينة حتى عوّضها الفاطميون الغزاة في 969م بالقاهرة، الواقعة مباشرة شمال فسطاط. استعاد مرفأ البحر الأحمر المبكر 'قصير' القديم، في القرنين الثالث عشر والرابع عشر الميلاديين تحت حكم المماليك، نشاطه وجرى ربطه بمراكز تجارية مثل قصر إبريم، وجبل عدّة في النوبة. أن تكون كل هذه المراكز وفّرت قطعا من القطن الهندي لَأَمر يؤكد وجود نظام تجاري نشط كان يصل مرافئ مصر بالهند الغربية. وتشير الحفريات الإضافية المجراة بقصير القديم لقطع من الفخار المصقول نُقشت عليها نصوص تاميلية إلى صلات تجارية مبكّرة مع الهند الجنوبية، المصدر الأساسي في العالم للفلفل الأسود. وسُجلت أكبر مجموعة من المنسوجات الغوجاراتية في الخارج عند طرفي النظام التجاري للمحيط الهندي وهما فسطاط في مصر السفلى وجزر شرقي أندونيسيا التي كانت منهمكة في تجارة التوابل المالوكية.

وقد أخبر تومي بيراز، الكاتب والدبلوماسي البرتغالي أن هذه التجارة كانت لا تزال مزدهرة في أوائل القرن السادس عشر الميلادي.(1) ولقد تحقّق مثل هذا التوزيع الجغرافي المدهش لبضاعة تجارية واحدة من خلال وكالة التجّار المسلمين الغوجاراتيين الذين تعاطوا التجارة بطريقة منتظمة عبر المحيط الهندي مقايضين البضائع القطنية الهندية بالتوابل الأندونيسية التي كان الطلب عليها كبيرا. وقد جرى تبادل هذه التوابل بدورها في الأسواق الكبيرة في العالمين العربي والمتوسّطي وكذلك في الصين.

وقد مثلت قطعة النسيج الأولى من فسطاط (الفهرس 242 – أ) في وقت من الأوقات كفنا وذلك مع العديد من القطع المماثلة الأخرى المستخرجة في أوائل القرن العشرين الميلادي من مدافن القاهرة القديمة إبّان الفترة الفاطميّة. وجُمع النموذج الثاني (الفهرس 242 – ب) الذي يبلغ طولا باهرا يُقدر بستة عشر قدما من أندونيسيا الشرقية حيث كان يستخدم في وظيفة مختلفة تماما، كقماش يعرض في حفلات تُقام إحياء لطقوس مرتبطة بمحطات انتقالية في الحياة.

ويمكن إسناد العملين إلى القرن الرابع عشر الميلادي، وذلك بالاعتماد على التأريخ المرتبط باختبار الكربون الإشعاعي 14،(2) وهو تأريخ منسجم مع أشكال فنية مماثلة من حيث الأسلوب من غوجارات. وتتقاسم رسوم مخطوطات معاصرة مؤرخة وأساسا من "جاين" تقاليد النمنمة كالأشجار والأوراق والأنواع المميّزة بوضوح والأطر ذات اللون الأبيض الصدفي. وتأتي المنسوجات في تشكيلة ألوان محدودة مع نبات صغير أحمر اللون مُثبّت وصبغة مقاومة نيلية ممزوجة بالأبيض المقاوم للصبغة لإتمام التصاميم.

JG

1. تمدّ "كمباي (Cambay) [غوجارات] خصيصا ذراعيها، بالأيمن تتواصل مع عدن وبالآخر مع مالقة... تجارة كمباي شاملة وتضم قماشا من عدّة أنواع." بيراز(مPires 1944)، الصفحات 46،42.
2. قي (Guy 1998م)، الملحق ص.186.

المصدر: الفهرس 242- أ: ف إفريت ماسي (V. Everit Macy)، نيويورك.
الفهرس 242 – ب: [طوماس مراي (حتى 1930م) (Thomas Murray) ميل فالي ،كاليفوزينا 1933 – 2005م؛ بيع لمتحف المتروبوليتان للفنون.]

243. قطع نسيج

الهند، القرنين الخامس عشر والسادس عشر الميلاديين
حرير؛ سميت (قماش الحرير السميك المرصع بخيوط الذهب أو الفضة)
المقاسات : القطعة الأكبر: 29.3×17.8سم
هبة مايكل وجاكلين فرنسيس 1993م أ– م 1993.2

تشكل قطع النسيج الخمسة عشر مختلفة الأحجام ما كان، ربّما في يوم ما، قطعة نسيج كبيرة بعض الشيء. ويُظهر التّصميم المنسوج في اتجاه السدّو شكلين متناوبين للوحش الأسطوري 'فيالا' (أو 'يالي')، وهو كائن مُركّب ذو جناحين وجسم مثل الأسد. يوجد الشكلان، وقد رُسما باللون الأصفر على خلفية من اللون الأزرق الداكن ضمن تقسيمات مستطيلة وأحيطا بحافة صدفية. ويفصل شريط ضيّق من التصميم الزهري التقسيمات. ولا تزال القطعتان الأكبر تحتفظ بحاشية وبأغلب حوافها المحيطة وبقدر كاف من الشخصية المركزية يوحي أن التصميم الأصلي تضمّن على الأقل صفين متوازيين بتصميم متعانق متكرر بصفة مسترسلة.

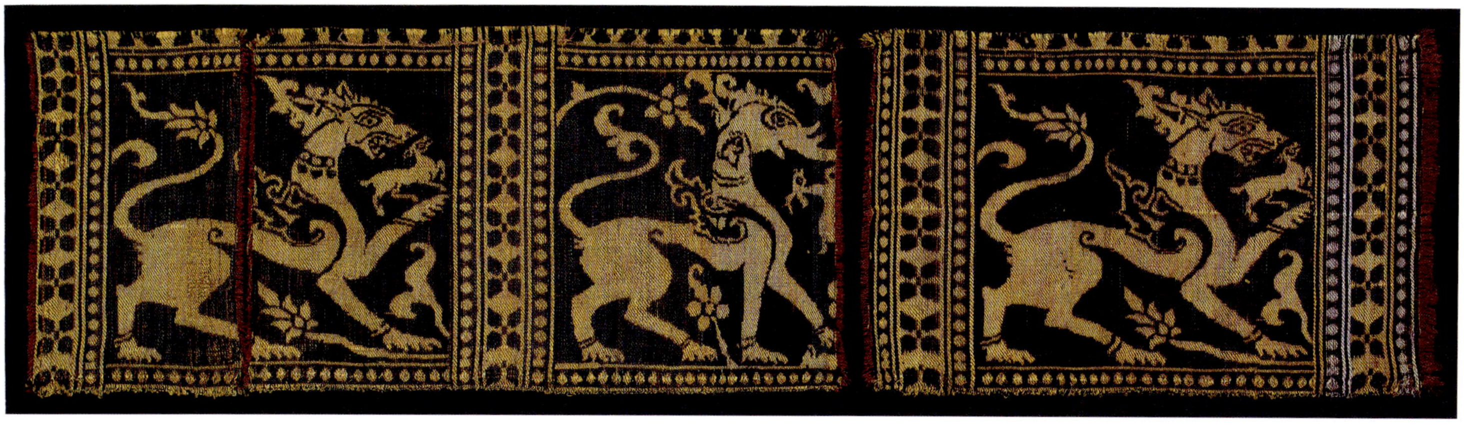

ومن بين الثلاثة عشر قطعة الأخرى، هناك خمسة أجزاء من تصميم فيالا، والثمانية الباقية هي من حواف موازية للسّدو. وقد عمّرت 'الفيالا' المرسومة برؤوس اتّخذت شتّى أشكال الحيوانات طويلا في الفن الهندي.(1) لأحد الكائنين رأس أسد وأنياب مزمجرة وأربعة قوائم تشبه قوائم الإبل وهو جاثم على قوائمه الأمامية. بينما يُبدي الآخر، وهو ذو رأس ينتهي بخرطوم فيل، منظرا ألطف. لكليهما جسمان مشدودان ملتويان يضيقان بالقرب من الوسط، ولهما أجنحة وأعراف ملتهبة وأذناب طويلة تنتهي بزهرة لوتس أو ورقة منمنمة. تبدو العديد من مظاهر قطع النسيج هذه غير مألوفة. فمن المألوف أن نرى موتيف 'الفيالا' مرتّبا ضمن دوائر أو أقواس قوطية محاطة باللؤلؤ، وهذا تصميم شبيه لذلك السائد في تلك المنسوجات الإسلامية اليت استخدمت هذه التقنية، أكثر منه ضمن التقسيمات المستطيلة المحاطة باللؤلؤ، كما هو الحال هنا.(2) كما أن استعمال خلفية زرقاء داكنة عوضا عن الخلفية الحمراء المعتادة في المنسوجات الهندية من هذا الصنف يُمثّل سمة أخرى غير معهودة.(3).

ولا نعرف إلى حدّ الآن إلاّ القليل عن حياكة الحرير المعقّدة بواسطة النول اليدوي في الهند في الفترة التي سبقت الحقبة المغولية. ولم تظهر مثل هذه المنسوجات في سوق الفن العالمي من مصادر تبتية إلاّ في ثمانينات وتسعينات القرن العشرين الميلادي. ويعدّ هذا الحرير وهو نموذج نادر في صنفه، من ضمن المنتجات الحريرية الأولى في مجموعة صغيرة من المنتجات الحريرية القروسطية من الهند، والتي نسب إنتاجها إلى مراكز النسيج المهمّة في غوجارات والدكن وأسام في منطقة بنغال الشمالية.(4)

QA

1. في ما يتعلّق بالنّحت، انظر ذاكي (Dhaky 1965م)، للإنتاج المعدني، انظر زبروسكي (Zebrowski 1997م)، ألواح 106 – 113؛ فيما يتعلق بالمنسوجات، انظر قالوي (Galloway 2009م)، أرقام 2 – 5 وريبو وآخرون (Riboud et al 1988م). الصفحات 71، 66، 75، 79. انظر أيضا نيويورك 1985م – 1986م ورهول جاين (Rahul Jain 2011م)، الصفحات 22 – 25، رقم 3أ.
2. قالوي (Galloway 2009م)، أرقام 2 – 6. ويُذكّر أيضا هذا التصميم في القسيمات المستطيلة هيئة البلاطات المربعة بتصاميم حيوانات مصبوبة وحافات من اللؤلؤ منسوبة إلى أواخر القرن الثاني عشر الميلادي وبداية القرن الثالث عشر الميلادي من غازْني، أفغانستان (متحف المتروبوليتان للفنون، حسابات، أرقام،.4 – 6 1975.193)
3. كريل (Crill 1995م)، ص.41، روبيو وآخرون(Riboud et al. 1998م)، غالوي(Galloway 2009م)، داي(Dye 2001م)؛ ص. 458.
4. كوهين (Cohen 1995م)، الصفحات 29، 31؛ رهول جاين (Rahul Jain) في قالوي (Galloway 2009م)، ص. 6؛ غالوي(Galloway 2011م)، رقم 1.

المصدر: [الفنون الجميلة لجرمي باين (Jeremy Pine Fine Arts)، هونكونغ]؛ مايكل وجاكلين فرنسيس (Michael and Jacqueline Franses)، لندن (حتى 1993م)

244. صحيفة من حمزنامة (قصّة حمزة)

"عُمر يسير حول قصر فولاد، يُقابل أحد الجنود المشاة وبركلة يَطرحه أرضا"
الرسامون: منسوبة لكشاف داس (نشط حوالي 1570 – 1604م)، وماه محمد (نشط في سبعينات القرن السادس عشر الميلادي)
الهند، حوالي 1570م
حبر، ألوان مائية معتمة وذهب على قماش؛ مركّب على ورق
المقاسات: 73×56.5سم
رصيد رودجرز، 1923م 23.264.2
نصّ بالفارسية بخط النستعليق في الأسفل:
"عُمر يسير حول قصر فولاد، يُقابل أحد الجنود المشاة و بركلة، يَطرحه أرضا...

شدّت قصّة (حمزة نامه) المصوّرة المنجزة للإمبراطور المغولي أكبر (حكم ما بين 1556 – 1605م) الانتباه وذلك لاتّسامها بالعديد من الصفات البارزة. يفوق العدد الأصلي للأوراق المرسومة، وهو 1400 بقي منها على قيد الوجود 140، عدد الأوراق في أغلب المشاريع؛ ويبلغ حجم كل صحيفة ثلاث مرات تقريبا حجم أي مخطوط آخر من الحقبة المغولية. وتتضمّن الرسوم التزيينية نصّا على الخلف، مثيرة بذلك أسئلة تبقى دون جواب حول الاستخدام العملي للمخطوط. وأخيرا يوحي أسلوب الرسم الهجين والمتحرّك بتَنوّع وعدد الفنانين الموهوبين في الورشة الملكية في هذا التاريخ المبكّر. ورغم ما يُعتقد عن أن أكبر كان غير قادر على القراءة، إلاّ أنه عُرف عنه أنّه كان يستمتع بأن يُقْرَأ له وقد احتفظ بمكتبة تضمّ أكثر من ثمان وعشرين ألف مجلّد. وتصوّر هذه الصحيفة من الحمزنامه فصلا يتعلّق بعُمَر، وهو جاسوس مخلص لعم النبي محمد، حمزة، والذي عَلِم بوجود نفق سرّي يؤدّي إلى قصر فولاد من جندي مشاة كان طرحه أرضا. ويُعرّف تعليق وُضع تحت الصورة بالموضوع والشخصيات المرسومة. وقد نُسب رسم الأشخاص إلى الفنان كشاف داس بينما يُعتَقد أن الجزء الأعلى من العمل أُنجِز من قبل فنان آخر، ماه محمد. ولقد كان مثل هذا التعاون سمة من سمات الممارسات المألوفة ضمن الورش المغولية.(1) وتُبيّن العيون المحدّقة للجندي طريح الأرض وعمامته المخلوعة وجسمه المتمدّد الحيويَّة المعبّرة التي تميّز سائر المخطوط. وفي المقابل، تظهر شخصية عُمر النشيطة أكثر تحفظا بشكل كلاسيكي، ممثلة خيطا أسلوبيا آخر منسوجا خلال الرسوم.

وكما هو الشأن في الصحائف الأخرى، تُشكّل الطبيعة عنصرا قويّا في العمل، وترمز إليها هنا الطيور والخضرة المورقة والجدول المتدفق الحيوي. وقد أصاب التّلف الطلاءَ المستخدم على نحو كثيف في بعض الأماكن، ممّا نتج عنه ظهور

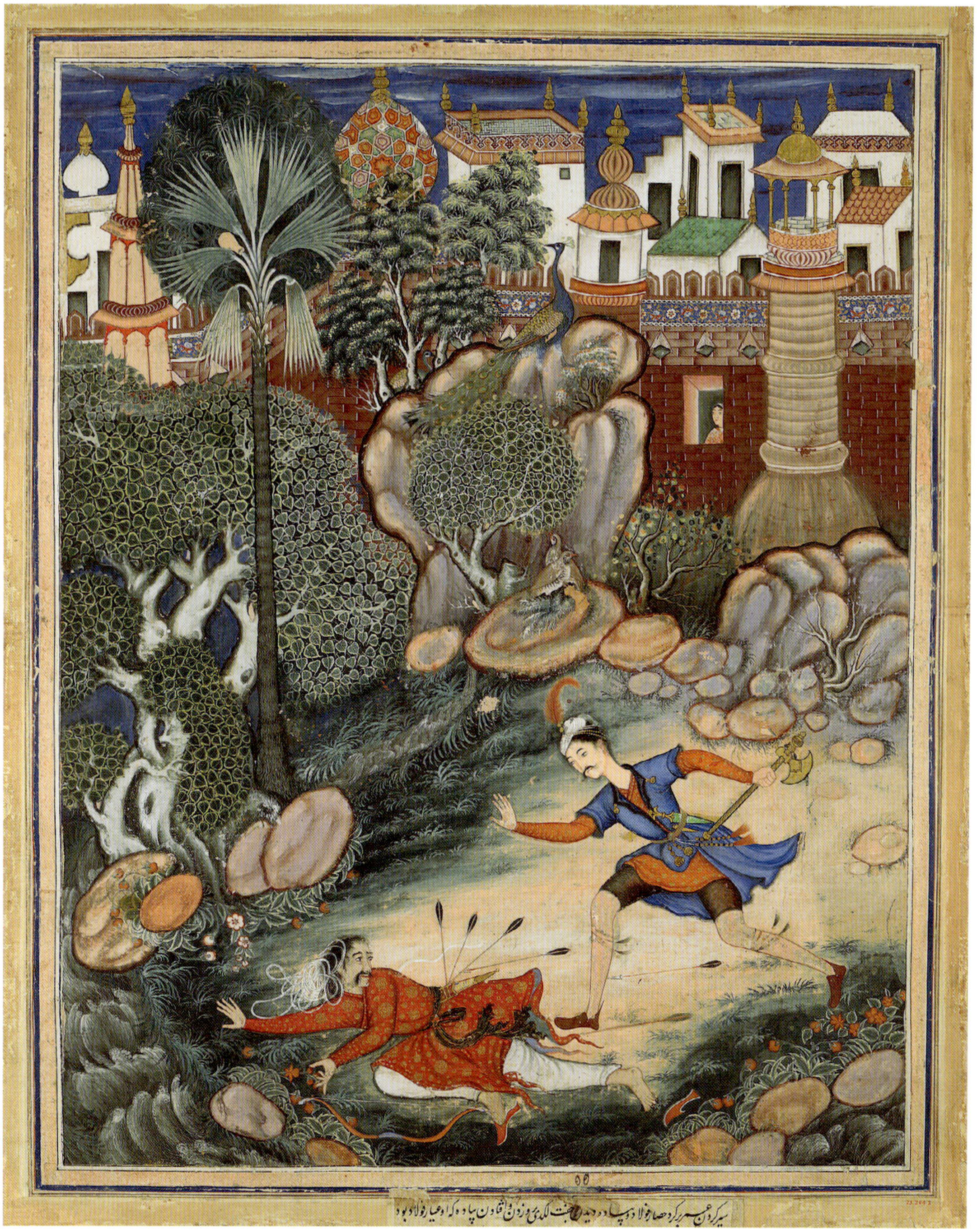

الهيكل القطني التحتي. وقد خَلُصت البحوث العلمية المجراة حديثا على تشكيلة الألوان المُكثّفة إلى أنّ تشكيلة من المصادر استُعمِلت للحصول على تدرّج الألوان الذي يمكن بالخصوص مشاهدتها هنا في درجات اللون الأخضر العديدة وتضليل المساحات المشكّلة.(2)

ويمتلك متحف أنجواندت كونست بفيينا أكبر مجموعة للصحائف المتبقّية من الحمزنامه مع وجود العديد من الصحائف الأخرى المتناثرة في كبرى مجموعات المتاحف عبر العالم. ويمتلك متحف المتروبوليتان خمسا منها(3).

NNH

1. واشنطن دي سي 2002م، الصفحات 171 – 172، رقم 55.
2. أون (Owen 2002م)، ص.284.
3. الحسابات أرقام: 23.264.2، 23.264.1، 18.44.2، 18.44.1 و24.48.1.

المصدر: [بيع، أروقة أندرسن (Anderson) نيويورك، 17 – 23 ديسمبر 1923م، الرزمة رقم 242؛ بيع لمتحف المتروبوليتان للفنون]

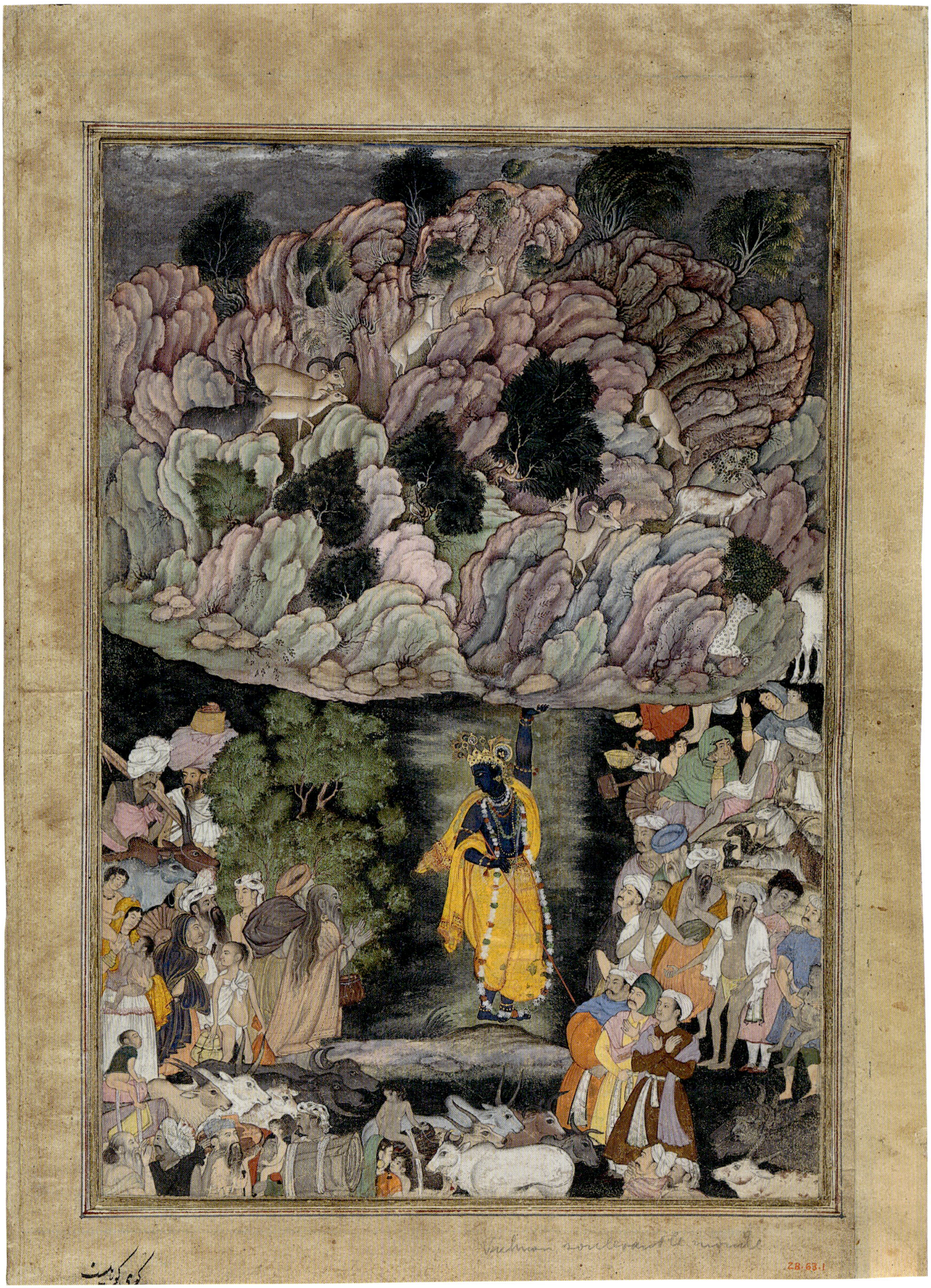
ZB.63.1

245. صحيفة من الهاريفامسة (أسطورة هاري)

"يشدّ كريشنا جبل قوفرضان لتوفير ملجأ لقرويّي براج"
باكستان الحالية، على الأرجح لاهور، حوالي 1590 – 1595م.
حبر، ألوان مائية معتّمة وذهب على ورق.
المقاسات: 28.9×20سم.
اقتناء، هبة إدوارد سي مور الابن،1928.28.63.1.

كانت ترجمة النصوص التاريخية والأسطورية من مختلف اللغات إلى الفارسية لحساب الإمبراطور أكبر (حكم بين 1556 – 1605م) ممارسة راسخة في عاصمته، فاتح بور سكري، مع حلول 1574م. وشملت نبلاء قياديين عكست مساهماتهم الثقافة الأدبية العالية للبلاط. ومن ضمن المشاريع الكبرى المنجزة، نجد ترجمة وتزيين الأعمال الهندوسية الكلاسيكية – 'المهابهاراتا'، المعروفة في الفارسية كرزمنامة (كتاب الحروب) والرامايانا. وتُمثّل الرسوم المتبقية النسخ المصوّرة المعروفة الأولى من أعمال الأدب الملحمي الهندوسي المكتوب، وهو ابتداع جاء به شغف المغول بفنون الكتاب، وشكلت الترجمات الجديدة أرضا بكرا لفنّاني البلاط المغولي الذين كانوا في أغلب مشاريع الرسم السابقة يعملون ضمن تقليد موروث من الأيقنة والموضوع وحتّى الأسلوب. وما تجدر مُلاحظته هو أنّه عوضا عن أن تكون الخطوات الأولى، كما هو مُتوقّع تجريبية، جاءت النصوص الهندوسية المصوّرة من ضمن أكثر الأعمال المغولية نفاذا.

والهاريفمسا (أسطورة هاري) هي إلى حدّ كبير، عبارة عن سجلّ لمآثر كرشنا وهو تجسيد لـ'فيشنو'، وما 'هواري' إلاّ أحد الأسماء العديدة لـ'فيشنو'. وقد انطلقت الترجمة إلى اللغة الفارسية في 1585م من قبل مولانا شيري (توفي سنة 1586م) خلال آخر سنة لأكبر بفاتح بور سكري. وبقيت على قيد الوجود ثلاثة وثلاثون منمنمة من المخطوط المتناثر(1).

وتُظهر الصحيفة الحالية 'كرِشنا' وهو يحمل جبل غوفرضان ليحمي قرويّي 'براج' من الأمطار الهدامة التي أرسلها الإله إندرا. وتُصوّر معظم الصّيغ الأخرى لنفس المشهد في الرسم أو النحت الإله يرفع الجبل (الذي جرى التقليص من حجمه أحيانا حتى صار تلّة رمزية) إلى أعلى بخنصره، ولكن النحت الهندي المبكر يُظهر الجبل في قبضة كفّه، كما هو الحال في هذه الصورة. (2) وقد استند الرسام مجهول الهوية إلى حدّ كبير على أسلوب المنظر الطبيعي الفارسي لرسم الجبل، على الرغم من أن صخور الجبل المتعددة الألوان هنا تعجّ بالحياة البرية المحلية لشبه القارة الهندية. وإلى أسفل الصورة، يوحي اجتماع القرويين بسرمدية الحياة الريفية، وهي حاضرة إلى الآن في بعض المناطق في الهند، مع إيلاء العناية برسم الحيوانات بنفس القدر الذي نجده في رسم الأشخاص الآدميين. وتتقمّص الشخصية المركزية لكريشنا صفات الألوهية الوثنية بما في ذلك تاج الطاووس الخاص به وإكليل الزهر (فانامالا) و مئزره الملفوف وقد أُخِذ اللون البرّاق لثيابه مما يدعى الأصفر الهندي، وهو استعمال مبكر في الرسم المغولي لخضاب هندي تقليدي. (3) ويعكس تحمير رقيق ولكنه جليّ لزوايا عيني كريشنا تقليدا متبعا في النحت التعبّدي، وهو التّمشي الذي أصبح لاحقا شائعا في رسوم الآلهة الهندية.(4)

NNH

1. توجد صلة للعديد من الصفحات الأخرى في مجموعة المتحف بهذا المخطوط (حسابات أرقام 3 – 28.63.2؛67.266.5) تُناقَش المجموعة في سكلتون (م1970 Skelton).
2. هولي (م1979 Hawley)، الصفحات 206 – 207، الصورة 2 ، يُناقِش موتيف غوفرضان في النحت.
3. شاندرة (م1949 Chandra, M)، ص.27.
4. نيويورك، 1997 ب، ص. 85، رقم 49، يُظهر صورة متأخرة لكريشنا لهذه الصفحة منجزة من قبل مدرسة بهاري.

المصدر: [هيغوب كيفركيان (Hagop Kevorkian) نيويورك، حتى 1928م، بيع لـمتحف المتروبوليتان للفنون]

246. صحيفة من التشنجيزنامه (كتاب جنكيز خان).

" طومنباخان، زوجته وأبنائه التسعة"
الرسامون: باساوان (نشط حوالي 1565 – 1598م)، بهيم غوجاراتي (نشط في تسعينات القرن السادس عشر الميلادي).
باكستان الحالية، على الأرجح لاهور، حوالي 1596م.
حبر، ألوان مائية معتمة وذهب على ورق
المقاسات : 38.1× 25.4سم
اقتناء، هبة فرنسيس م ولد 1948.48.144
الإمضاء باللغة الفارسية بخط النستعليق على الحافة في أسفل اليمين: الرسم التخطيطي والوجوه باساوان، العمل بهيم غوجاراتي

يأتي هذا الرسم المغولي المنجز في أواخر القرن السادس عشر الميلادي من نسخة من التشنجيزنامه (كتاب جنكيز خان)، (1) وهو معروف أيضا كجنجيزنامه والذي يُعدّ نصه مقتطفا من جامع التواريخ لرشيد الدين العائد للقرن الرابع عشر الميلادي الذي يصف حياة جنكيز خان وسلالته. وكان التشنجيزنامه واحدا من مجموعة مخطوطات تاريخية أمر الإمبراطور المغولي أكبر (حكم ما بين 1556 – 1605م) بإنجازها في تسعينات القرن السادس عشر الميلادي بهدف وضع أسرته المالكة في مسار التاريخ العالمي. ويصوّر هذا الرسم التزييني بالذات الحاكم طومنبا خان وزوجته جالسين على العرش في ساحة قصر.(2) وكسلف لكلا جنكيز خان (عن طريق ابنه السادس قبال خان) وتيمور (عن طريق ابنه الثالث قاجولي)، كان طومنبا خان أيضا سلفا ذائع الصيت للمغول. وهو يظهر مع أبنائه التسعة (خمس من زوجة وأربع من زوجة أخرى) (3) في قصر مستوحى من النمط المغولي، ممّا يُمثّل مفارقة تاريخية، ولكن النص المحاذي لا يذكر سبب اجتماعهم.

ويبدو أن الفنانين قد تصرّفوا من تلقاء أنفسهم لصياغة مشهد من بنات خيالهم لمصاحبة النص الذي أدرج، لا غير، كُلاًّ من الأبناء التسعة وسَليلوهم. ولعل

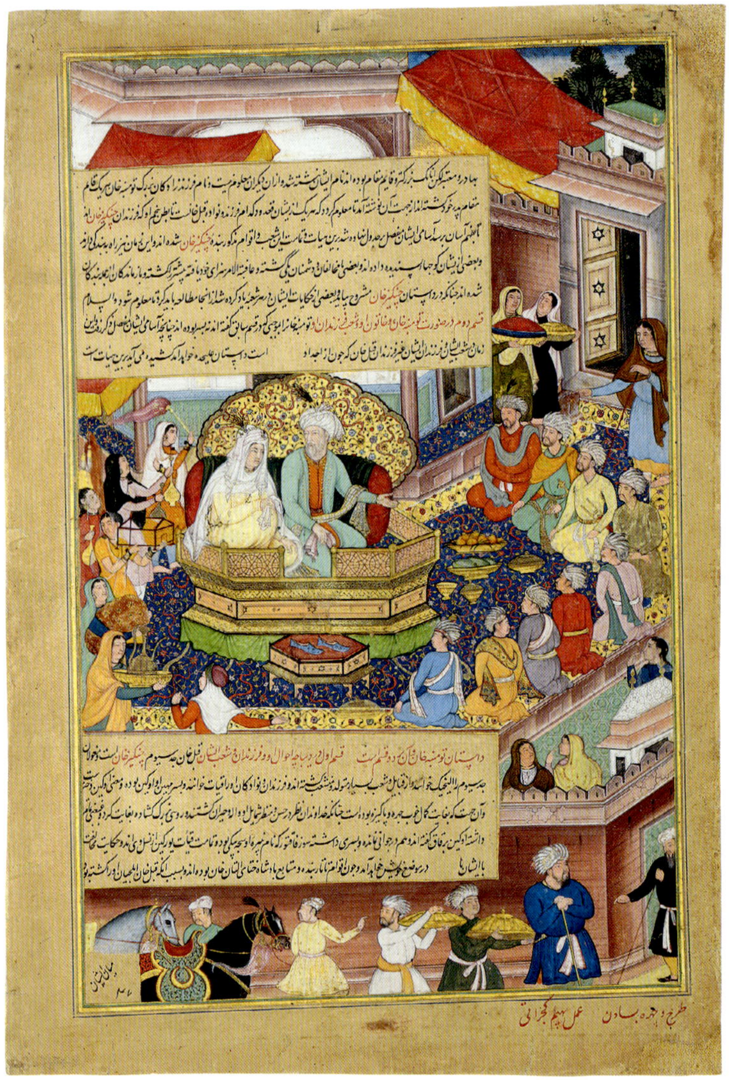

معنى أعمق كان مقصودا من قبل المرأة إلى اليمين التي تشير نحو واحد من الأبناء، أو المرأة إلى اليسار التي تمسك بنموذج زجاجي لمبنى، ولكن مغزى هذه التفاصيل يبقى غير واضح.

ويَنسب نصّ بالحبر الأحمر في أسفل الرسم لاثنين من الرسامين المغوليين المبكّرين الأكثر براعة. كان باساوان أستاذا في رسم الأشخاص خلال فترة أكبر. وهنا أبرز بكل عناية السنّ التنازلي للأبناء التسعة، من أولائك الملتحين إلى الآخرين ذوي الشوارب والآخرين الحليقين. وقد أتمّ 'بهيم غوجاراتي' الذي اشتهر أيضا من خلال أعمال أخرى تعود إلى فترة أكبر (والتي عادة ما كان يمضيها تحت اسم 'عمل') ما يناهز أربعة من الصحائف الستة عشر التي صمّمها باساوان في تشنجيزنامه(4).

MS

1. تأتي هذه الصحيفة من نسخة من التشنجيزنامه الموجودة في مكتبة كلستان، طهران. وقد تضمن المخطوط في يوم ما شارة (مفقودة الآن على ما يبدو) تؤكد على أن الخطوطة أُتمّت في 27 رمضان 1004 هجري الموافق ل 25 ماي 1596م. انظر مارك وكنيزكوفا (م 1963 Marek and Knizková)، ص 29. لا تزال توجد 304 صحائف مع 98 رسم في طهران، لكن العديد من الصفحات الإضافية معروفة في مجموعات خارجية كما يتبيّن ذلك في واشنطن دي سي، 1981 – 1982م، الصفحات 101 – 102.
2. عُرّف سابقا موضوع هذا الرسم على أنّه "جنكيز خان يقسّم إمبراطوريته بين بنيه". وقد أشارت فيليبا فوغان (Philippa Vaughan) أولا إلى التعريف كما هو هنا في 1994م (الرسالة، ملف الأمانة، قسم الفن الإسلامي). على الرغم من أنه تواصل نشر الرسم تحت عنوانه السابق.
3. يتضمن أكبرنامه (كتاب أكبر) لأبي الفضل وصفا لهؤلاء الأسلاف المغوليين ولكن في تناقض مع النص هنا، ذكر أن سبعة من أبناء طومنبا خان كانوا من زوجة وأنّ قاجولي وقبل كانا توأمين ولدا من زوجة ثانية.
4. انظر فرما (م1994 Verma)، الصفحات 100 – 101 وواشنطن دي سي، 1981 – 1982م، ص. 224.

المصدر: [أروقة هيرمانك (Heeramaneck Galleries) نيويورك حتى 1948.]

247. أ– ب صحيفتان من خمسة أمير خسرو دهلوي

أ– "حاج مسلم يتعلم درسا في التقوى من برَهْماني"
الخطاط: محمد حسين كشميري (نشط حوالي 1560 – 1598م)
الهند، 1597 – 1598
حبر، ألوان مائية معتمة، ذهب على ورق
المقاسات: 25.1×15.9سم
هبة ألكسندر سميث كوشران. 1913م 13.228.29
مكتوب باللغة الفارسية بخط النستعليق:
قال إن قلبه اختطف من قبل معبوده، وخطا قلبي خطوة على طريقه.
الإمضاء بالفارسية بخط النستعليق في الزاوية السفلى اليسرى للإطار
عمل باساون

ب– بهرام قور وأمير الجناح الأزرق
الخطاط محمد حسين الكشميري (نشط حوالي 1560 – 1611م)
الرسام: مانوهر (نشط حوالي 1582 – 1624م)
الهند 1597 – 1598م
حبر وألوان مائية معتمة وذهب على ورق
المقاسات: 24.8×15.9سم
هبة ألكسندر سميث كوشران، 1913م 13.228.33
الإمضاء بالغة الفارسية بخط النستعليق في الجانب الأسفل الأيمن من الإطار:
عمل منوهر.

كان من بين المخطوطات الرائعة العديدة المنجزة خلال خمسينات القرن السادس عشر الميلادي في ورشات بلاط الإمبراطور أكبر (حكم بين 1556 – 1605م). نسخة مصوّرة لـ" خمسة " لشاعر القرون الوسطى الصّوفي أمير خسرو دهلوي. ويتقاسم الآن متحف المتروبوليتان للفنون مع رواق فن والترز ببَالتمور تسعا وعشرين صحيفة مصوّرة، علما أنّ العديد منها مُنجز من قبل فنانَين قياديين من البلاط في تلك الفترة. ويوجد أيضا ببالتمور معظم كتلة النص وغلاف الكتاب المطلي باللّك. وجاءت الخطوطية السليمة بخط النستعليق على يد محمد حسين

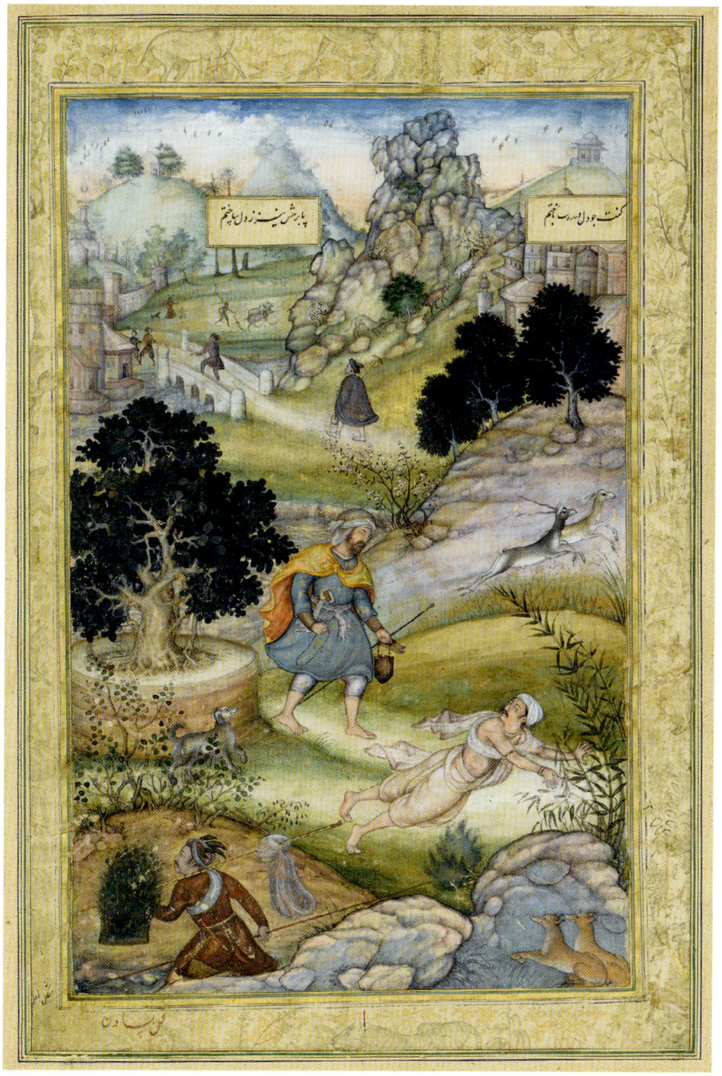

أ

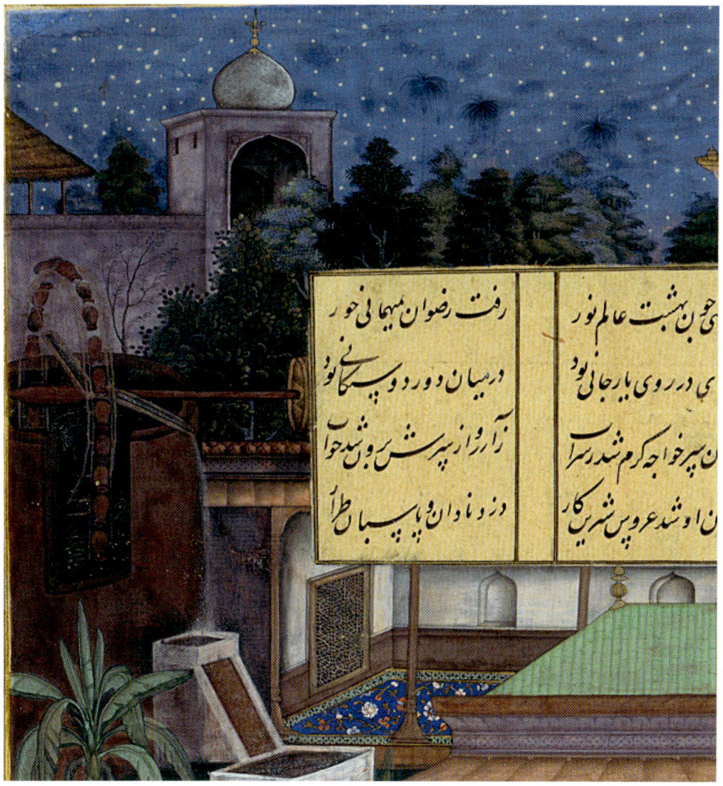

تفصيل 247 ب

كشميري الذي منحه أكبر لقب 'القلم الذهبي' (زارين قلم) والذي كتب النص بنسق بلغ ستة عشر ونصف سطر في اليوم الواحد(1). وتحيط بالرسوم الإيضاحية الفخمة، وبعضها يحمل توقيعا، حواف مزخرفة زخرفة غزيرة برسوم أشخاص ونباتات وحيوانات وطيور رُسم إطارها الخارجي بالذهب.(2)

وفي حين أنها بُنيت على نموذج خمسه لنظامي (توفي سنة 1209م)، معربة بذلك على إكبار النص الكلاسيكي للأستاذ الفارسي، فإن خمسه أمير خسرو تضع الشكل تماما في أطار محلي من خلال ترسيخ العديد من القصص في أسلوب هندي. ويُصوّر هذا الرسم الإيضاحي الذي أُخذ من جزء 'مطلع الأنوار'، إحدى هذه القصص وهي تتعلّق بلقاء جمع بين حاج مسلم ونصير برهماني. وهنا يلتقي الحاج وهو في طريقه إلى مكّة بالبرهماني المنبطح أرضا وكان هذا الأخير يرتدي مجرّد مئزر أبيض وكان مسافرا قاصدا معبدا هندوسيا، زاحفا على الأرض بوصة بوصة. وعندما سُئل عن سبب ما دعاه إلى فعل ذلك، أجاب البرهماني بأنّه حوّل قلبه إلى قدم رمزية يمشي عليها في طريقه إلى معبده. ومن شدّة إعجابه بهذه الحماسة الدينية، خلع المسلم حذائه وواصل حجّه عاري القدمين. وقد أُنجز هذا الموضوع على يدي الأستاذ المغولي باساوان بكل براعة وموهبة الفنان وهو في أوج عطائه.

وتظهر مهارة باساوان جلية في تعاطيه مع كل من التفاصيل والموضوع وذلك سواء تعلّق الأمر بإطار المنظر الطبيعي متعدد الطبقات والمملوء نقوشا صغيرة مرئية أو وهمية أو بالطريقة المقنعة (على الرغم من الوضع غير الاعتيادي) الذي رُسمت به أصابع قدم البرهماني المُجهدة.(3)

ويُمكن إدراك اهتمامه بأَوْرَبَة العناصر في نمذجة الشجرة، ووصف المعمار والشخصيات البرتغالية الأسلوب الموجودة على بعد. وتُمثل تشكيلة الألوان الباهتة والمنصهرة علامة مميّزة أخرى.

ويصوّر الرسم المنجز من قبل ابن باساوان، منوهر، وهو مأخوذ من قسم هشت بهيشت (الجنات الثمانية) من خمسه أمير خسرو رواية مختلفة للحكاية الرمزية الشهيرة للبطل الفارسي بهرام غور الذي يؤدّي زيارة ليلية لجناح في الحديقة

حيث استضافته أميرة جنيّة جميلة وخدمها. ويظهر الزوجان هنا رابضين على وسادة من إستبرق رُسمت بمسحتين من اللون الذهبي بينما يحيط بهما من كل الجوانب كائنات ذات أجنحة تعزف على آلات موسيقية، وتقدّم أطباقا كبيرة ممّا لذّ وما طاب من المأكولات والمشروبات. وينزل من السماء المرصّعة بالنجوم شخص مغطى بريش ناعم يحمل طبقا ذهبيا. وفي مقدمة الرسم، خارج أسوار الحديقة، يأخذ النعاس خدم الأمير بجانب حصان يقظ.

ويَغمُر منوهر، وهو أكثر محافظة من والده بكثير، المشهد بكل العذوبة المأثورة في التقاليد الهندية الفارسية وفي الآن نفسه يحافظ على السبب الأساسي للرسم المغولي.

وتمتزج الحديقة الليلية الشاعرية بالجنيات الفاتنات والساقية المُرتّبة بعناية لخلق رؤية مغولية للأشعار الصوفية المشهورة لأمير خسرو. NNH

1. يشير بالتمور (Baltimore 2001م)، الصفحات 39 – 40 إلى أنه لابد أن تكون الكتابة قد بدأت في أوائل 1956م و أُتمت مع حلول السنة 42 من الحكم (مارس 1597 – 1598م). ويستعمل أغلب الباحثين تاريخ الشارة (1597 – 1598م)، ولكن تاريخ الإنجاز الكلي هو على الأرجح 1596 – 1598م.
2. يضمّ المخطوط أسماء اثني عشر فنانا وأربعة مذهبين مع المزيد من المساهمات. الأسماء المكتوبة هي
3. للرسامين باساوان. نارسنغ، لال، منوهر، سانوالة، فاروخ شلا ، علي غولي، دهارمدس، جاقناث، موكند، مسكين، مذاف، وسرداس غوجراتي والمذهبين منصور نقّاش، خواجة جان شيرازي، لطف الله مذهب، وحسين نقاش.
4. يفيد براند (Brend 1988 – 1989م)، ص. 283 أنّ وضع برهمان هنا يمكن أن يكون كُيّفت انطلاقا من وضع شخصية واقفة وهو ما يفسّر تصلّب الركب.

المصدر: ألكسندر سميث كوشران (Alexander Smith Cochran) يونكرز ولاية نيويورك (حتى 1913م).

248. جواميس في صراع

منسوبة إلى مسكين (نشط حوالي 1570 – 1604م)
الهند أواخر القرن السادس عشر الميلادي
حبر وألوان مائية وذهب على ورق
المقاسات: 17.5×24.1سم
رصيد هاريس بريسباين ديك. 1983م 1983.258

تتصلّب العضلات وهي تدفع بعضها البعض، و تملأ الكتل الضخمة للثورين وسط هذا الرسم، بينما يلفّ جمع من الرجال، وهم منشغلون بما يجري، كالدوامة حول محيط العمل.

أُنجز الرسم بأسلوب 'نم قلم'، حيث تكون العناصر محاطة بالأسود وتَبرز أكثر في بعض المساحات من خلال ألوان رقيقة وخفيفة، في هذه الحال، الأبيض لـ ''الجمات'' والعمائم ورَشّات صغيرة جدّا من الأحمر للشفاه وأطراف عمائم الباتكا وزنانيرها. وقد حظي هذا الأسلوب برواج داخل البلاط المغولي في أواخر القرن السادس عشر الميلادي عندما استُعمل لرسم أعمال من صفحة واحدة لشتى الرسوم الإيضاحية في أكبرنامه تعود إلى حوالي 1596 – 1597م (مكتبة تشستر باتّي، دبلن) وفي 'توتينامه' (مكتبة باتي) و'دربنامه' (المكتبة الوطنية، لندن)، و'بابورنامه' (متحف فكتوريا وألبرت، لندن)، و'أنوري سهيلي' (متحف بهارات كالا بهافان، فرناسي)، و'الرزمنامه' المتناثرة 1598 – 1600م.(1).

وقد جرى توصيف رسوم 'نِم قَلم' على أنّها تقريب للرسوم الزخرفيّة المجسّمة الأوروبية التي جيء بها إلى الهند في القرن السادس عشر الميلادي، ولكن هذا الصنف من الرسم يشترك في الكثير مع نماذج صيغت في إيران حوالي نفس الفترة، خاصّة في خرسان في عمل محمدي من هرات، والتي يرجّح أن تكون بدورها مستوحاة من أعمال صينية.

نُسب هذا الرسم للفنان المغولي مسكين،(2) الذي كان والده 'ماهش' وأخوه 'عاصي' يعملان أيضا لحساب الإمبراطور أكبر في العديد من المشاريع الملكية للمخطوطات خلال ثمانينات القرن السادس عشر الميلادي. تولّى مسكين في البداية خطّة ملوّن (وهي خطة أقل مرتبة في هرميّة الورشة المغولية). ولكن مع حلول نهاية العشرية، ارتقى إلى مرتبة المصمّم. وفي خطته هذه، أنتج الكثير من الأعمال 'الحيوانية' الشهيرة، (3) بما في ذلك عملا آخر لصراع بين الحيوانات يُصوّر اقتتال أسد وثور،(4) والذي على أساسه، طُلِب منه إنجاز هذا الرسم. رغم أنّ نسبة هذا الرسم له لا تزال مجال اختلاف، فإن مظاهر مختلفة من الرسم تربطه بأعمال مسكين المعروفة: قدر معيّن من المساحة يفصل الجواميس عن باقي العمل الذي كان بالعكس مليئا، و تُسرّع الأذرع الممتدّة للأشخاص من وتيرة التحرّك. بالإضافة إلى ذلك، فإنّ العديد من أعمال 'نم قلم' تُنسب إلى مسكين، الذي يبدو أنه كان مهتمّا على وجه الخصوص بالقدرات التعبيرية لهذه التقنية. (5)

ويُشير حجم وشكل الرسم وكذلك اختزال الشخصيات على طول الحواف إلى أنه كان على الأرجح جزءا من عمل أكبر. ويتضمّن الصراع المرسوم من قبل مسكين بين الأسد والثور العديد من العناصر الأخرى التي تحيط بالحيوانين

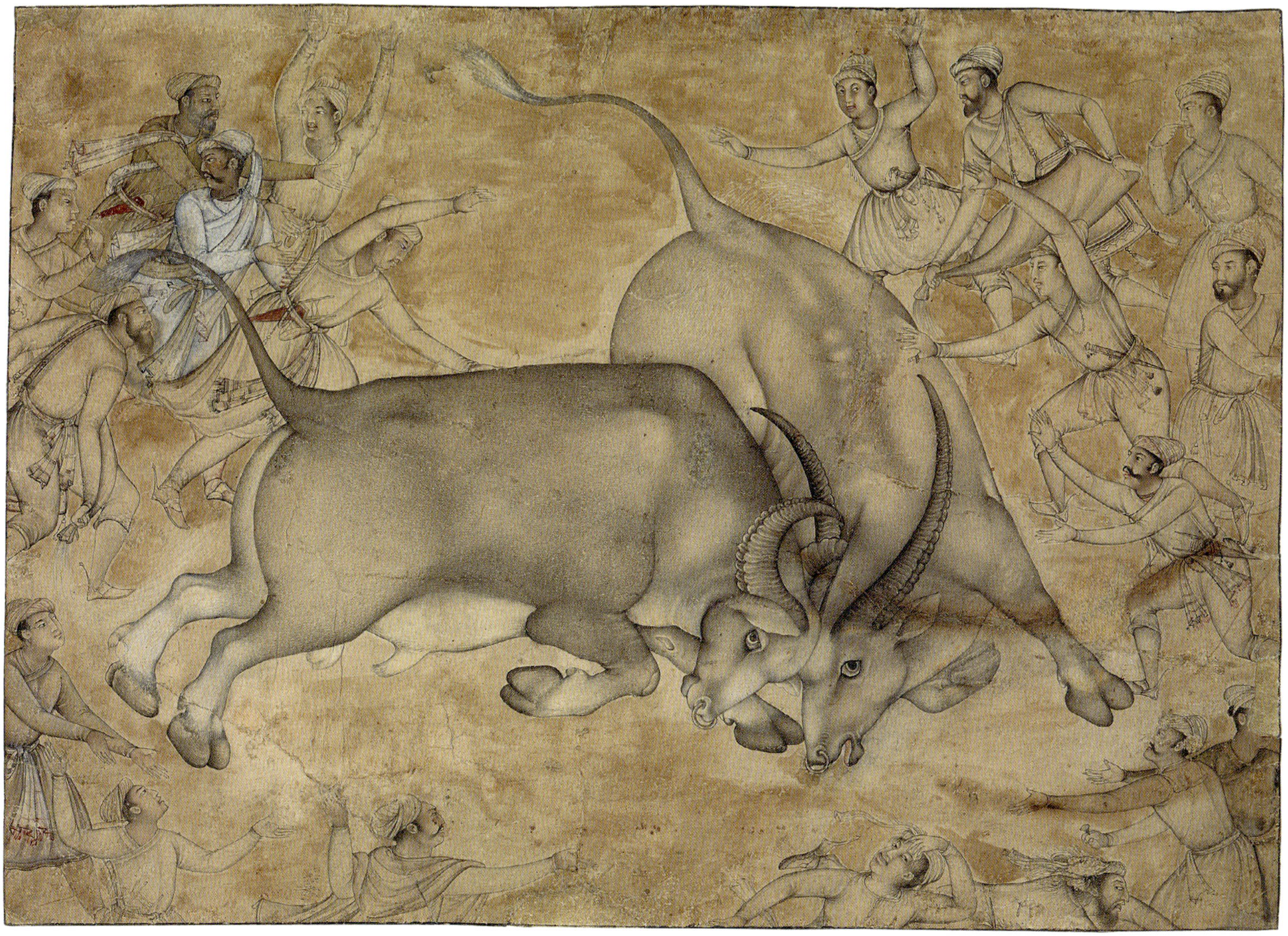

المركزيين: مجموعة مشاهدين، ومنظر طبيعي صخري مع منظر لمدينة في الأفق، ومجموعة من الزهّاد الهندوسيين في الغابة. وعلى نحو مماثل فإنّ 'جوا ميس في صراع' قد يكون أُحِيط بنقوش صغيرة إضافية.

M S

1. مدرج في سيلر (م1985 Seyller).
2. ستوارت كاري ولش (Stuart Cary Welch) في ولش س. س. جنكنس وكين (م 1983–1984 Welch, S. C., Jenkins, and Kane)، الصفحات 7–6. و عندما بيع في السابق، فإن الرسم حُدّد على أنه "المدرسة الهندية ما بين القرنين السادس عشر و الثامن عشر الميلاديّن" (سوذبيز نيويورك، 15 ديسمبر 1962م، الرزمة 285) أو نسب إلى فاروق شيلا (سوذبيز لندن ، 20 جوان 1983م، الرزمة 143).
3. تتمثل الأعمال الحيوانية الأخرى لمسكين في مشهد صيد من صفحتين في أكبرنامه (متحف فيكتوريا وألبرت، لندن، رقم IS2–1986 ، الصحيفتان 55 و56)، رسمين في أنوري سهيلي (متحف بهارات كالا بهافان (Bharat Kala Bhavan) فارناسي رقم9069) و الصحيفة المستقلة عن غيرها "الغراب يخاطب الطيور المجتمعة" (المتحف البريطاني، لندن رقم 1920م 0917.05)
4. زُيّنت لأول مرّة في ولش اس سي (م1963 Welch, S. C.) ص. 224. والصورة 7 (الآن متحف هارفارد للفنون، كامبردج، ماساتشوستس، رقم 1999.297). انظر سان فرنسسكو وكامبردج ، ماساتشوستس 2004 – 2007م ، الصفحات 86 – 87.
5. 5. –5 تضمّ هذه الأعمال "الأمير سليم يُهاجم من قبل أسد جريح" التي هي بإمضاء مسكين (نوقشت في ولش أس سي (1963 Welch, S. C)م، ص. 224)، وعملين آخرين منسوبين إليه "الوحوش، حقيقية وأسطورية على سفح التل الصخري" (مكتبة شستر باتي، دبلن، المخطوط رقم 73[أ] و"علم الحيوانات" (رواق فرير للفنون (Gallery of Art Freer) واشنطن، دي سي، رقم 45.29)

المصدر: المقدم وينغايت وميس موير (Wingate Wemyss-Muir Lt.-Col.) (حتى وفاته 1962م؛ بيع سوذبيز، لندن، 24 نوفمبر 1952م، الرزمة 107)؛ هيغوب كيفركيان (Hagop Kevorkian)، ساوذبيز نيويورك 15 ديسمبر 1962م، الرزمة 285، لهيرامانك (Heeramaneck)، [نسلي وأليس هيرامانك (Nasli and Alice Heeramaneck)، نيويورك، من 1962م؛ بيع نهومان (Humann)]، كرستيلن هومان (Christian Humann) (المجموعة الأسيوية الشاملة (Panasian Collection))، نيويورك (حتى 1983م، بيع سوذبينز لندن،20جوان 1983م، الرزمة 143، لمتحف المتروبوليتان للفنون).

249. أ – د : أربع صحائف من الرمايانا

1 .أ-"راما يستقبل سقريفة وجمبافات، مَلِكي القردة والدببة"
القفا: أربعة أسطر بالسنسكريت وخط البوندلي الهندي: إثبات لختم أو طابع بالحبر الأحمر (دمغة قصر داتيا، حسبما ورد في التقارير)
الهند، حوالي 1605م.
حبر وألوان مائية معتّمة وذهب على ورق.
المقاسات: (28.2× 19.1سم).
رصيد سنثيا هازن بونسكي وليون ب. بولسكي، 2002م 2002.503
1 .ب- "موت الملك داشاراثا، والد راما"
القفا: ثمانية أسطر من نص بالسنسكريت؛ أربعة سطور بالسنسكريت وخط بالبوندلي الهندي.
الهند، حوالي 1605م
ألوان مائية معتمة وذهب على ورق.
المقاسات: 29.2×19.1سم.
رصيد سينثيا هازن بولسكي وليون ب. بولسكي 2002م- 2002.505.
ج- "بلاط رافانا"
القفا: ثمانية أسطر من نص بالسنسكريت.
الهند، حوالي 1605م.
ألوان مائية معتمة وذهب على ورق
المقاسات: 27.6× 18.9سم.
رصيد سينثيا هازن بولسكي وليون ب. بولسكي 2002م.2002.505
د- "استيقاظ كومبهاكرنا في مدينة لانكا الذهبية"
القفا: إثنا عشر سطرا من نص بالسنسكريت وسطر آخر أصابه التلف بدرجة كبيرة في أسفل الصفحة، قراءة الطابع الحبري: تصوير خانا دانيا [دولة 48؟]
الهند، حوالي 1605 م.
ألوان مائية معتمة وذهب على ورق.
المقاسات: 27.6× 18.9سم.
رصيد سينثيا هازن بولسكي وليون ب . بولسكي 2002م. 2002.504.

تروي الملحمة الشعرية الهندية 'رمايانا' قصّة الأمير راما الأسطورية ومعركته مع رافانا، ملك الشياطين الذي حاربه راما وانتصر عليه بمساعدة جيوش القردة والدببة. وخلافا لمخطوطات رامايانا الأخرى لهذه الفترة التي ترجمت إلى الفارسية بأمر من الإمبراطور المغولي أكبر، (حكم ما بين –1556 1605م) تحتفظ هذه السلسلة بالذّات بنصها الأصلي المكتوب بالسنسكريتية، وفي ذلك إشارة إلى أنها قد تكون أُعدّت خصّيصا لزبون هندوسي.(1) ويشير مصدرها العائد إلى مجموعة داتيا وكذلك وجود أثار باهتة لرسوم على القفا حسب أسلوب داتيا إلى أن الزبون كان على الأرجح، الثري والنبيل في بوندلا راجيوت المدعو بير سنغ ديو بوندلا (توفي سنة 1627م). وكان لبير سنغ نفوذ في البلاط المغولي ودعم الأمير سليم في ثورته ضدّ أكبر وكان سيئ الصيت باعتباره هو من اغتال أبا الفضل. وبوصفه نبيلا من نبلاء البلاط، كان بإمكانه رعاية فنانين متدرّبين من قبل المغول (ولو أنهم كانوا أقل شهرة من أولائك الذين كانوا في خدمة الإمبراطور) حسب الممارسة المعروفة بالرعاية 'ما دون الملكية' والتي تتأكّد هنا من خلال الأسلوب النموذجي المغولي المبسّط لهذه الرسوم. ولم يكن التوجه أبدا إلى ربط هذه الصحائف المرسومة بنصّ مسترسل، إنّما كانت كل ورقة مزينة تضمّ مقتطفات مختارة كُتبت على القفا. ويفسّر التلف الذي أصاب هذه الصحائف من جراء نار تعرّضت لها مباشرة بعد إتمام السلسلة الشّكل غير المنتظم للصفحات، ولكنّ أعمالها الأساسية وحيويتها الملموسة ما تزالان باقية. وتتضمن السلسلة عددا غير محدّد من الصحائف المرسومة المنجزة من قبل مجموعة من الفنانين المبتدئين الذين ارتبط اسمهم بمشاريع أنجزت على الصعيد ما دون الملكي، وقد يكونوا فُصلوا عن الورشة الملكية في نهاية فترة حكم أكبر.(2) وقد اعتمدت الأيادي العديدة التي شاركت في هذه الأعمال على مصادر شتى من الأسلوب الملكي المغولي وفي الآن نفسه من أماكن بعيدة وساهمت في استنباط مقاربة إبداعية فيما يتعلّق بالتصميم والفضاء. ونتيجة لذلك، اتسم المخطوط بنكهة غالبة تنعكس في صحائف المتروبوليتان، ويُبرز بعضها تأثيرات من النماذج الفارسية علاوة عن الأساليب الهندية. ويعكس اللون الأحمر البرّاق وشريط السحاب الصيني الأكبر من المعتاد الموجدان في "راما يستقبل سقريفه وجامبفات" (الفهرس –249 أ) تشكيلة الألوان القوية وأشكال الرسم الراجبوتي ويتباين مع المقاربة المغولية الأكثر تحفّظا في "كومبهاكرنا في مدينة لانكا الذهبية". (الفهرس –249 ج) وينبعث إحساس مغموط من "موت ملك دشاراثا" (الفهرس –249 ب) الذي يُظهر الزوجات الثلاثة للملك الضرير وهن يلطمن شعورهن المطلقة كتعبير على لوعتهنّ. وكما نشاهد ذلك على صحائف أخرى فإن تجاور التصاميم هنا يبدو وكأنّه يُحيلنا إلى الوراء إلى المشاريع المغولية لفترة سابقة مثلما هو الشأن في الحمزنامه.(3) وتُشير السّحب الأكبر من المعتاد واستخدام الأسلوب التشخيصي أنّ الفنّان هنا قد يكون هو نفسه في الصحيفة السابقة التي تصف راما. ويعدّ "بلاط رافانا" (الفهرس –249ج) حيث يظهر العفريت ذي الرؤوس العشرة وابنه اندراجيت الماسك بمسكن ملكي، الرسم ذي الأسلوب الأكثر غرابة بتعاطيه المباشر والأقلّ رقة في رسم العفاريت الذين، على الرغم من ذلك، صُوّروا على نحو جذّاب. وتوحي نماذج الجن الفارسية التي اعتُمِد عليها في النتيجة في رسم العفاريت وكذلك القوس المغطى بالبلاطات البيضاء والزرقاء للإيوان في الساحة الخلفية من الرسم، وبشكل أقل البنية المتناغمة، بأن الفنان على دراية بأسلوب شيراز وغيرها من أساليب الرسم الفارسي. وفي الصحيفة التي تصوّر شقيق رافانا، العملاق كومبهكارنا، وهو يوقَظ من قبل العفاريت، فإن شخصيات مماثلة من الجن عولجت بطريقة أكثر رقة.

NNH

1. نُشرت الأربع صحائف المشار إليها هنا كلّها: نافينا حيدر في نيويورك 2004 – 2005م، الصور 162.159. توجد المزيد من الصفحات من نفس السلسلة على صفحات 345 – 355، الصور 157 – 158. صوّرت المزيد من الصحائف في الأعمال الأتية : شنددرا ب. (Chandra, P 1957–1959م) ؛ شندرا ب. (Chandra, P 1960م). الصورة 16؛ قايرولا (Gairola (1970م، رقم 8؛ بورتلند ومدن أخرى –1973 1974م؛ أرقام 34–24؛ واشنطن دي سي 1981 – 1982م؛ ص. 130، الصورة 18. لندن 1982 أ. أرقام 6 – 7؛ لندن 1982 ب ، الصفحات 82 – 83، 205 رقم 382؛ نيويورك ومدن أخرى 1984 – 1987م، رقم 15؛ لندن، واشنطن دي سي ، زيوريخ وأكسفورد 1991 – 1993م، رقم 4؛ بال (Pal 1993م)، أرقام 83 أ–ب؛ بال (Pal 1997م)، رقم 38؛ قوزوامي وبهاتيا (Goswamy and Bhatia 1999م)، الصفحات 46 – 47؛ رقم 36 والرسم التوضيحي للغلاف الأمامي، سيلر (Seyller 1999م)؛ الصور 13–12؛ فيلادلفيا 2001م، رقم 16؛ تورين 2010م، ص 156، رقم 142.
2. جون سيلر (John Seyller) في فيلادلفيا 2001م، رقم 16 يناقش هذه السلسلة ويقدم تخمينات فيما يتعلق بالفنانين
3. يشير سيلر (Seyller)، في نفس الموضع، إلى هذا.

المصدر: مجموعة داتيا الملكية (Datia Royal Collection)؛ مجموعة خاصة، كالكوتا (من 1947م)؛ مجموعة خاصة، أوروبا؛ [ترنس ماكنرني (Terence McInerney)، نيويورك، حتى 2002م، بيع لمتحف المتروبوليتان للفنون].

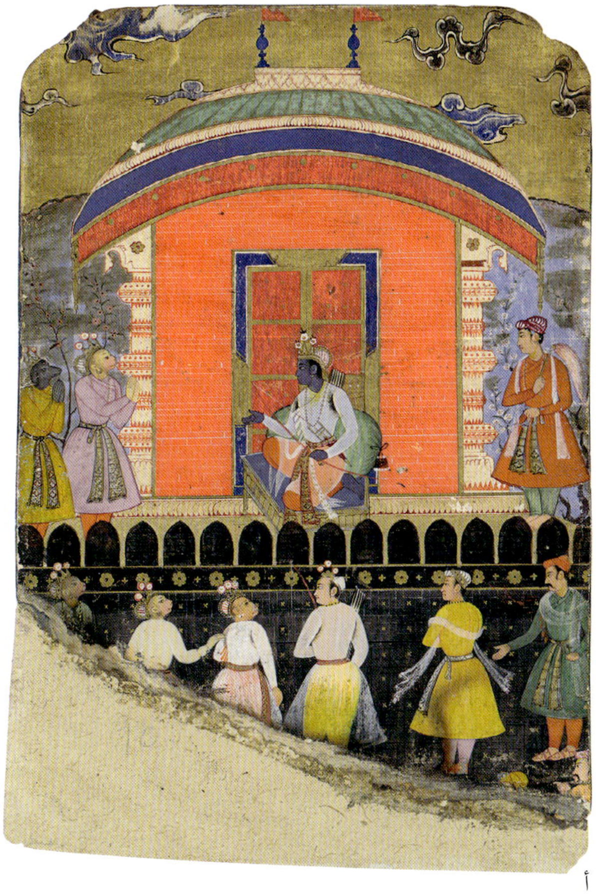

أ

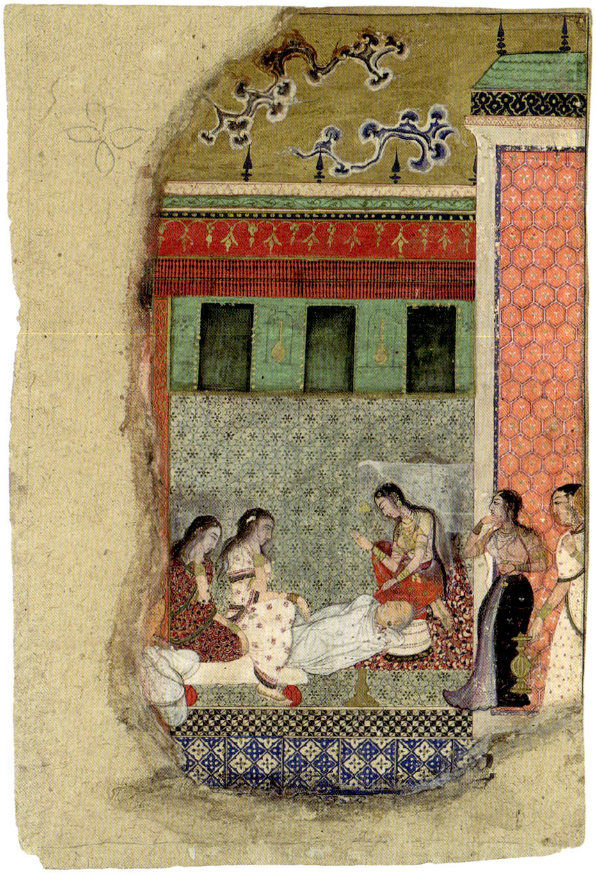

ب

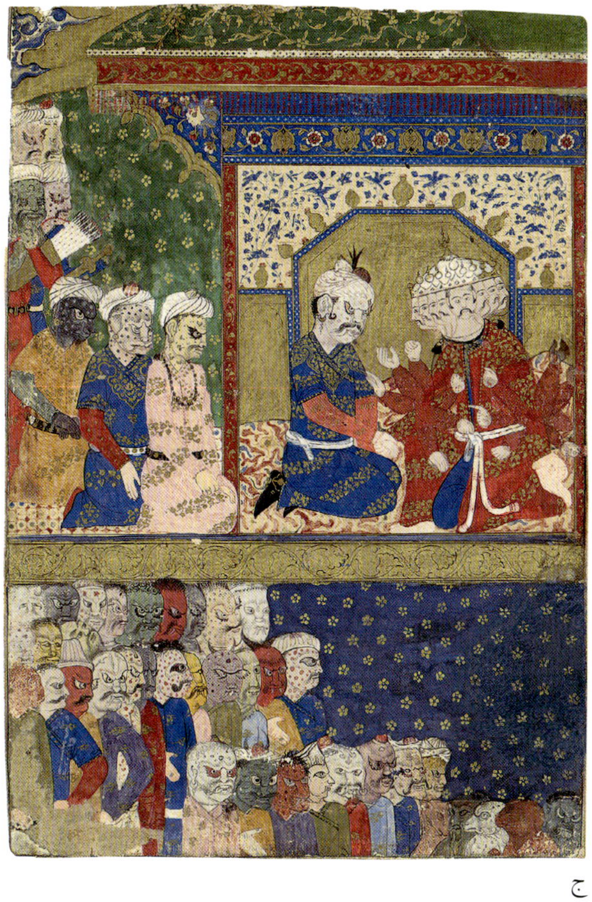

ج

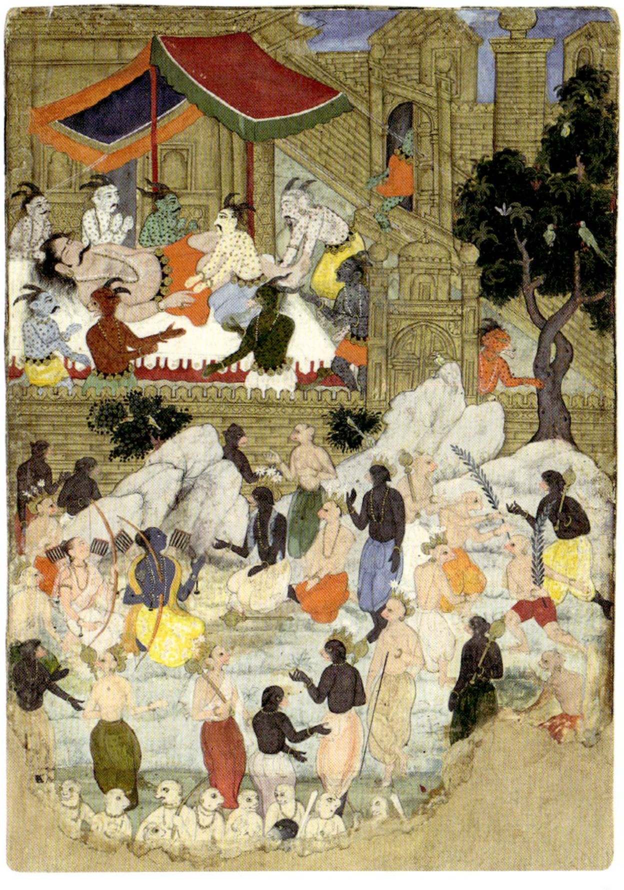

د

250. أ- د: أربع صحائف من ألبوم الأباطرة

1. أ- روزات تحمل أسماء وألقاب الشاه جهان
الهند، حوالي 1645م.
حبر وألوان مائية معتّمة وذهب على ورق.
المقاسات: 38.6×26.5سم.
اقتناء، رصيد رودجرز وهبة مؤسسة كيفركيان 1955م 55.121.10.39
النص بالعربية بخط الطغراء في الوسط:
حضرت شهاب الدين محمد شاه جهان بادشاه غازي خلّد الله ملكه وسلطانه.

1. ب- "دراسة ل" نلجاي' (ثور أزرق)
الرسام: منصور (نشط حوالي 1620م)
حبر وألوان مائية معتّمة وذهب على ورق.
المقاسات: 38.9×25.6سم.
اقتناء، رصيد رودجرز وهبة مؤسسة كيفركيان. 1955م 55.121.10.13
الخط باللغة الفارسية بخطّ النستعليق إلى الأعلى:
من فترة حكم الإمبراطور جهانكير.
أمام قائم الحيوان:
عمل خادم القصر، منصور "نادر العصر"

ج. "شاه جهان على متن جواد"
الرسام: باياق (نشط حوالي 1591- 1658م)
الهند، حوالي 1630م.
حبر وألوان مائية معتمة وذهب على ورق
المقاسات: 38.9× 25.7سم.
اقتناء، رصيد رودجرز وهبة مؤسسة كيفركيان، 1955م 55.121.10.21.
نصّ فارسي بخط النستعليق:
عمل باياق

د- صفحة خطوطية مذهبة بها حيوانات ونباتات في حقل من الزهور
الخطاط: مير علي هرافي (توفي حوالي 1550م)
الخطوطية: إيران، القرن السادس عشر الميلادي
تذهيب: الهند، القرن السابع عشر الميلادي
حبر وألوان مائية معتمة وذهب على ورق
المقاسات: 38.3× 26.2سم

اقتناء، رصيد رودجرز وهبة مؤسسة كيفركيان. 1955م 55.121.10
نص فارسي بخط النستعليق الرقيق، ثلاثة مثنويات لابن ياقمين:
على الرجل الوفي، أينما كان أن يحافظ بقوة على شرفه
أن لا يُظهر الخيلاء والحماقة أو الغرور أو حب الذّات في حياته
وأن يتصرف بحيث لا يُمسّ شعرة أو يضرّ أحدا
مير علي

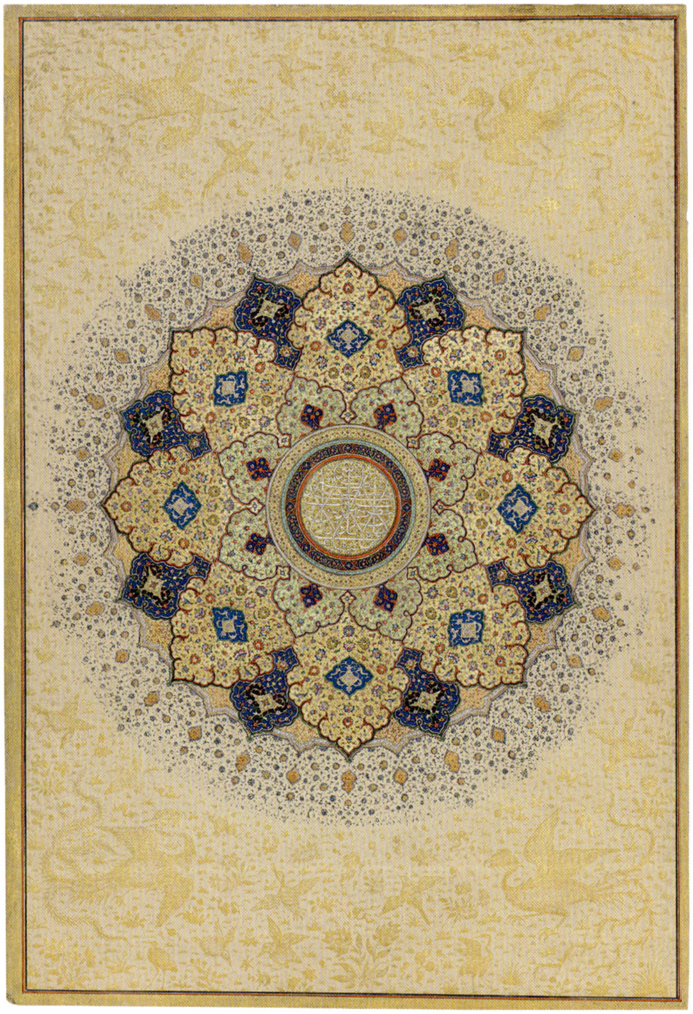

أ

يتكون هذا الألبوم المغولي الملكي الشهير (المرقع) والمعروف بألبوم شاه جهان أو ألبوم الأباطرة في الأصل من خمسين ورقة تتضمّن رسوما وصفحات مذهّبة وخطوطية. وتعود تسع وثلاثون منها إلى القرن السابع عشر الميلادي بينما يعود تاريخ الإحدى عشر ورقة الباقية إلى بدايات القرن التاسع عشر الميلادي.
ومن ضمن الصحائف المبكّرة، هناك عدد قليل أمر بإنجازه الإمبراطور جاهنكير (حكم ما بين 1605 - 1627م) ولكن أغلب الورقات أضيفت تحت رعاية ابنه الشاه جاهان، (حكم ما بين 1627 - 1658م). وتتضمّن صحائف القرن التاسع عشر الميلادي نسخا من المواضيع السابقة بالإضافة إلى بعض الأعمال الجديدة. ينتمي هذا الألبوم إلى عائلة من الألبومات الملكية ذات الصّلة التي تتقاسم فيما بينها التصاميم والمواضيع ذاتها، وعلى وجه الخصوص ما يسمّى بألبومات 'وانتج' و'منتو' في المجموعات البريطانية، لاسيّما متحف فكتوريا وألبرت، لندن ومكتبة تشستر باتي، دبلن. أُنجزت أغلب اللوحات الخطوطية في ألبوم شاه جهان من قبل الأستاذ الفارسي مير علي هارافي النشط خلال القرن السادس عشر الميلادي والذي مارس فنّه لأول مرّة في هرات، ومن بعد ذلك في بخارى. وقد حظيت كتابته بتقدير عظيم في الهند المغولية حتى أنها جُمعت ورُكّبت في ألبومات وذُهّبت.

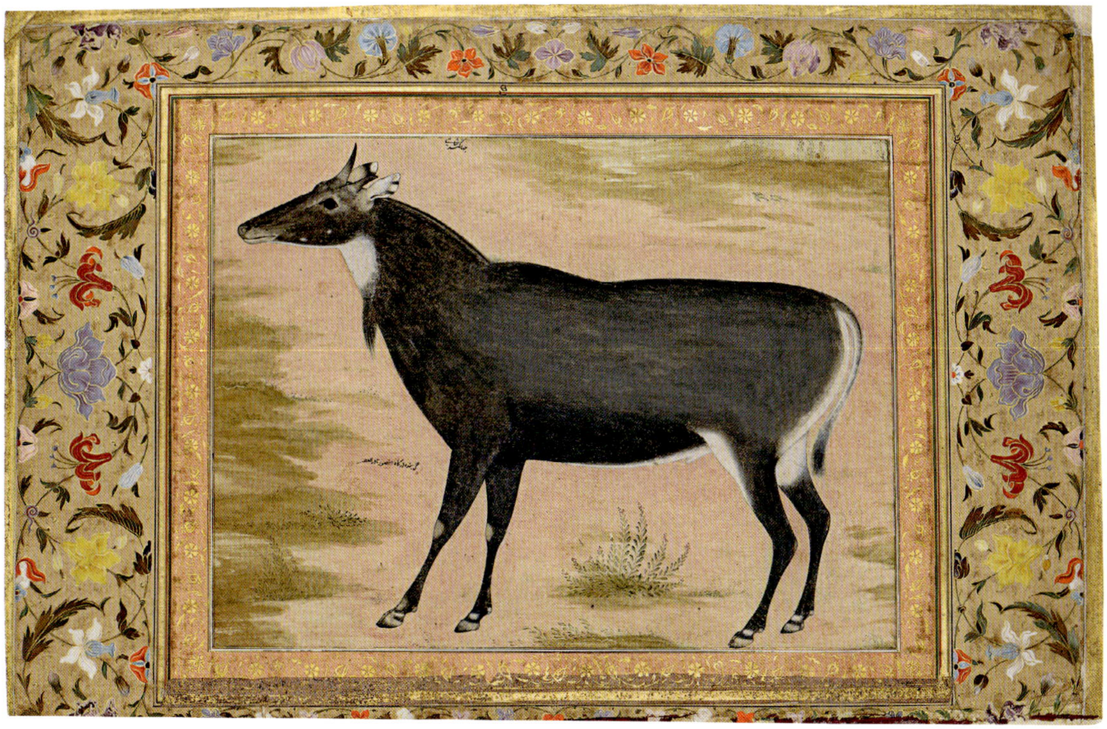

ب

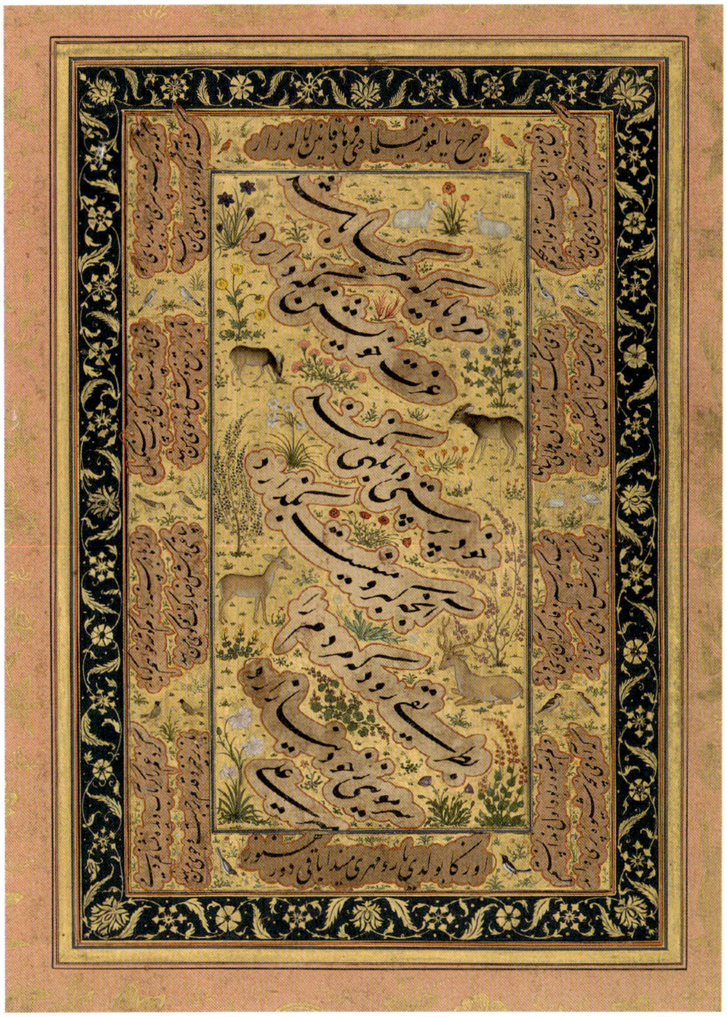

د

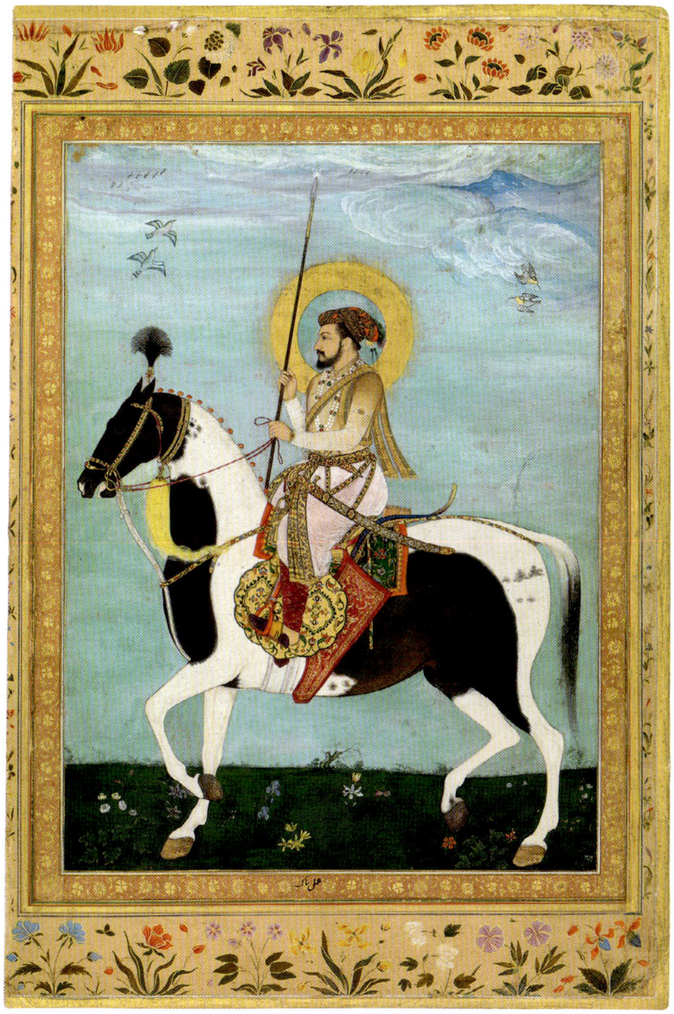

ج

وهنا (الفهرس 250ج) يتّخذ التذهيب طابعا خاصّا يبتعد عن الموتيفات المعتمدة على الأرابيسك الأكثر رواجا والموجودة في الزخرفة الهندية الفارسية ويتجه نحو المذهب الطبيعي الذي هو من الخصائص النموذجية للرسم المغولي(1). ويمكن أيضا مشاهدة أدراج الحياة الطبيعية كجزء من تزيين صفحات النص في 'كلستان' مغولي مبكّر لسعدي في الجمعية الملكية الآسيوية ببريطانيا العظمى وأيرلندا، لندن وهي تضم ما يزيد عن ألفي صورة طائر.(2). في صحيفة المتحف، وُضِعت ستة أسطر من الشعر الفارسي نُظّمت من قبل مير علي بخط النستعليق على خلفية ذهبية لامعة تتضمن خصائص منظر طبيعي وكذلك شتى الحيوانات والطيور بما في ذلك زوج من الصمبر، ونلجاي، وماعز أبيض، وطيور مينا، وأبو الحناء، وزرازير، وطيور البلسون والصُّرَد. أما الشعر الغنائي المحيط بالعمل فهو من نظم الشاعر هلالي شوغاطائي (مثنيين بلغة جغتاي التركية). وتعكس الملاحظات المسجلة للإمبراطورَين بابور (حكم ما بين 1526 – 1530م) وجهانكير الاهتمام المغولي بالعالم الطبيعي. وبالفعل، فقد اعترف العلم الحديث بالأخير بوصفه كان قد قدّم على الأقل مساهمتين طريفتين لعلم الحيوان.(3)

وتجد اهتمامات جاهنكير الشديدة على نحو مُلفت في عالمي الحيوان والنبات في الهند تعبيرا لها في الدراسات الطبيعية الرقيقة المنجزة من قبل فنانه البارز منصور، كما يتبيّن ذلك في هذا الألبوم من خلال النلجاي أو الثور الأزرق (الفهرس 250 ب) وهو واحد من مثل تلك الأعمال التي يتضمّنها ذلك الألبوم.(4) ولربّما كانت هذه الدّابة تجوب حديقة حيوانات جاهنكير أين قد يكون منصور، وهو فنان متعدّد المواهب تلقّى في مرحلة مبكرة من حياته المهنية تدريبا على فنّ التذهيب، تمكن من تدوين تفاصيل كقرن الحيوان المكسور وجدلة الشعر عند مقدّمة عنقه. (لكن لمسات الرسم الأقل عمقا على بدن الحيوان يمكن أن توحي بأنه كان من عمل يد فنان مساعد.) وفي حين أن هذه الدراسة للطبيعة ترسم موضوعا بسيطا نسبيا ألا وهو حيوان محلّي، فإن أعمال منصور الأخرى تُصوّر كائنات أكثر غرابة، تتضمن حمارا وحشيا (وصل البلاط كهدية سنة 1616م) وديكا روميّا (وصل سنة 1612م) وحرباء.(5) ورغم أن منصور لم يكن الفنان الوحيد الذي تعاطى مع مثل هذه المواضيع الطبيعية، إلاّ انّه كان أستاذا معترفا به في هذا الطراز، ممّا استوجب أن يرد ذكره ضمن مذكرات جاهنكير وأن يحصل على لقب "نادر العصر".

ومثّلت أعمال ضخمة مثل الفهرس -250ح التي تُظهر جاهنكيرا مرصّعا بالجواهر له هالة مشعّة مُنفرج الساقين على متن حصان مُرقط، جزءا من الصورة الملكية المغولية المروّجة عبر العالم.(6) ويَذكر نص بخط الحاكم بالحبر الأسود الفنان تحت اسم باباق، وهو ما تأكّد أكثر بعد ما اكتُشف حديثا توقيع الفنان في نقش صغير جدّا موضوع على ملحق السّرج.(7)

وفي نواحي كثيرة، فإن الشكلانيّة شديدة الجدية لهذا العمل تختزل أسلوب شاه جهان في الرسم ولكن ما يتبيّن في الآن نفسه هو سهولة تعاطي باياق مع رسم الشخصيات الملكية، وهو صنف غير مألوف لديه بعض الشيء.

ويتباين التشابه الملكي مع البلور وتصفيف الزخارف والأشكال في مساحة غطاء السرج مع استخدام الفنان للمناظر الطبيعية المنبعث منها ما يشبه الدخان ودرجات الألوان الداكنة والألوان الخفيفة في بادشهنامة (المكتبة الملكية، وندسور). (8) وما تجدر ملاحظته هو الإشعاع المحيط برأس رمح الإمبراطور. كما يظهر أيضا ضمن صحائف ذلك المخطوط الملكي هو جواد الإمبراطور نفسه.(9) وقد أثبتت هذه الصيغة المعيّنة للشاه جهان في النمط الفروسي أن لها شعبية متواصلة وذلك بالاعتماد على عدد النسخ المنجزة لاحقا، بما في ذلك واحدة موجودة في ألبوم الأباطرة ذاته.(10)

وجرت العادة أن تُفتتح الألبومات الملكية المغولية بـ 'شمسة' (شمس أو إشراقة شمس بالعربية). أُنجزت هذه الميدالية المصمّمة بإتقان والمشعّة على نحو دقيق وصائب بلون لمّاع لازردي بالدرجة الأولى، والعديد من درجات اللون الذهبي وأُثريت بأرابيسك مرسومة وأزهار خيالية وأشرطة سحب، وطيور وحشرات. ويتضمّن ألبوم الأباطرة رائعتين من هذه الروائع، هذه الرائعة المتمركزة حول اسم شاه جهان المكتوب بأسلوب الطغراء المنمّق، ومُرافِقَتها المتضمّنة دمغة ختم خَلَفِه ومالك الألبوم اللاحق أورنكزيب (حكم ما بين 1658 – 1707م). وقد رسم مثل هذه الزينات أساتذة مدربون خصيصا لذلك. ورغم أنه يمكن ذكر الكثير من النماذج الإيرانية لهذه 'الوريدة'، فإن الشّمسة المغولية تختلف عنها من حيث ثلاثية أبعادها المتصاعدة وتلوينها الدافئ.(11) ولقد أضفت أهمية الرمزية المتعلقة بالشمس في العديد من مظاهر التشخيص البصري الهندي والإسلامي والحياة البلاطية على مثل هذه الموتيفات المشعّة معاني خاصّة فيما يتصل بزبائنها الملكيين.(12)

NNH

1. نيويورك 1987 – 1988م. الصفحات 124 – 125، رقم 22
2. لندن 1982ج، ص87،رقم58.
3. ألفي ورحمانى(م1988 Alvi and Rahman). ص 5.
4. نُشر في نيويورك 1987 – 1988م، الصفحات 178 – 181، رقم 47؛ نيويورك 1985م1988م، ص. 216، رقم 142؛ ولش، أس سي وآخرون (م.,Welch, S. C et al. 1987) ص.145 – رقم 111.
5. وليامز تاون، ماساتشوستس، بالتمور، بوسطن ونيويورك 1985 – 1979م، الصفحات 137 – 143. تقدم جردا بالأعمال الكبرى للفنان؛ انظر أيضا بلنت (م1948 Blunt).
6. نُشر في نيويورك 1987 – 1988م، الصفحات 202 – 203، رقم 59.
7. وقد نتج عن دراسة حديثة للرسم أجريت من قبل روبرت ألقود(Robert Elgood) هذا الاستكشاف الجديد.
8. انظر ولش أس سي، (م1995 .Welch, S. C) لمناقشة أسلوب باياق.
9. نيودلهي ومدن أخرى، 1997 – 1998ج، ص.52، رقم 17، الصفحات 72 – 75، رقم 29.
10. نيويورك. 1987 – 1988.، ص. 257، رقم 86.
11. نفس الموضع، الصفحات 80 – 81، رقم 1 ولش أس سي وآخرون (م.Welch, S C., et al. 1987)، ص. 149، رقم 114؛ نيويورك 1981 – 1986م، الصفحات 216 – 237 رقم.156.
12. سكلتون (م1988 Skelton) الصفحات 182 – 182.

المصدر: جاك اس. روف (Jack S. Rofe)، سكتلاندا 1929، بيع سوذبيز لندن، 12 ديسمبر 1929م إلى كيفركيان. (Kevorkian)؛ [هاكوب كيفركيان (Hagop Kevorkian) نيويورك، 1929 – 1955م، هبة وبيع لمتحف المتروبوليتان للفنون].

251. رسم الفيل علم كمان

الرسام: منسوبة إلى بشيتر (نشط حوالي 1610 – 1660م)
الهند– حوالي 1640م
ألوان مائية معتمة وذهب عل ورق
المقاسات: 30.2× 44.1سم
رصيد هاريس بريسباين ديك، 1996م أ. 1996.98
نص فارسي بخط النسخي في خرطوشة ذهبية:
صورة علم كمان قجراج (جبار الأرض، ملك الفيلة) والتي تبلغ قيمته مئة ألف [100.000 روبيه]

انتهى الفيل الشهير المخلّد في هذا الرسم بين يدي الجيش الذي كان يقوده الأمير خرّام، الذي أصبح فيما بعد شاه جهان (حكم ما بين 1627 – 1658م) خلال الحملة المغولية لضمّ المهارانا التابعة لأراضي موار. وقد قُدّم علم كمان بمعية سبعة عشر فيلا آخر من مِوار إلى الإمبراطور جَهانكير (حكم ما بين 1605 – 1627م) وذلك يوم 21 مارس 1614م خلال الاحتفالات بمناسبة بداية السنة التاسعة من حكمه. وفي مذكراته، يعبّر الإمبراطور عن سعادته "في اليوم الثاني من العام الجديد، وهو يوم كُنت أعرف أنه ملائم لجولة، امتطيت [علم كمان] ونثرت الكثير من النقود."(1)

وتُظهر صورة أخرى لعلم في المتحف الوطني بنيودلهي هذا الأخير مرسوم على قماش مع عدد من صغاره. (2) ويُشير التقديم غير الرسمي إلى تاريخ أسبق في فترة جاهنكير، رغم أن ممارسة تحديد الموضوع من خلال وضع نص بين قوائمه، وهي خاصية تمتاز بها صور فيلة فترة الشاه جهان، كانت ممارسة معمولا بها في ذلك الوقت.(3) وتُشبه صورة لفيل ملكي 'مهابير دب' هذا العمل من حيث الوضع والتصميم وتحمل نصا مماثلا من ناحية الأسلوب والصّيغة، أُسندت للشاه جهان. وبالاعتماد على ذلك، يُرجّح أن يكون هذا النص في الخرطوشة الذهبية هو أيضا بخط الإمبراطور نفسه.(4) يَخلُق الرسم الحالي انطباعا عن ضخامة الحيوان وذلك من خلال التباين في الحجم بينه وبين راكبه، وكذلك من خلال التلوين الباهت لجسم الحيوان الداكن. فقد عولج الوجه والخرطوم برقة وأُعطى اهتمام خاص للزخارف الفاخرة التي تعتبر نموذجية في الصور الرسمية للفيلة الملكية. وتتضمن الزخارف هنا قلادات على شكل ميداليات أو أوراق نباتية، وغطاء للرأس مرصّع بالجواهر، وأشرطة ناب فيل، وجرس في سلسلة ثقيلة من حلقات طويلة وموضوعة بإحكام ومشدودة حول وسط الحيوان.
اشتهر بشيتر الأكثر من خلال صوره للأشخاص من الأسرة الحاكمة التي تعود إلى ثلاثينات القرن السّابع عشر الميلادي، ولكنه التقط أيضا صورا حيوانية على الورق.(5) ومن ضمن أعماله لتلك الفترة، عمل يُظهر الأمير 'دارا شِيكُوه' على متن فيل أمهق.

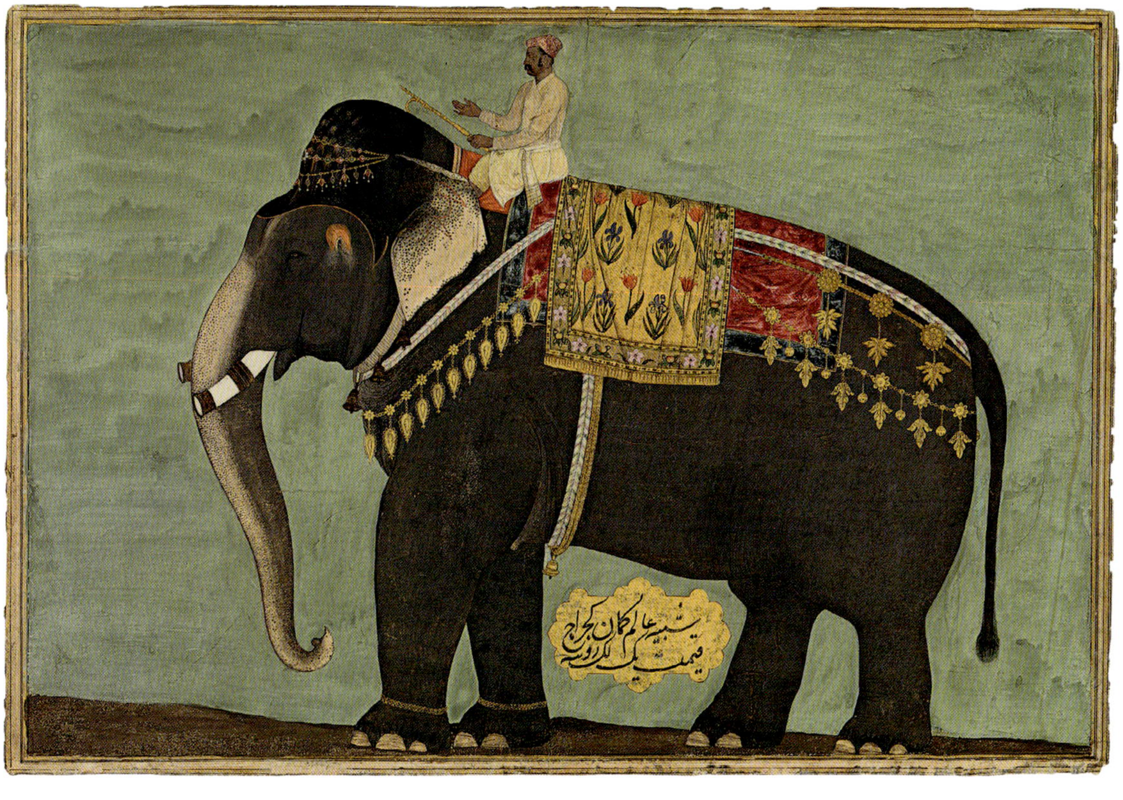

ولقد كانت الفيَلة من ضمن الممتلكات الأكثر قيمة في البلاطات المغولية والدكنية والراجبوتية ولعبت دورا محوريا في الثقافة الهندية. وفي حين أن صور الفيَلة، وهي فرادي كانت شيئا مألوفا منذ فترة أكبر (حكم ما بين 1556–1605م)، فإنه لم توجد صيغة لرسم صور للفيَلة إلاّ تحت رعاية الشاه جهان، حيث يُسيطر الحيوان، وهو يظهر أحيانا بمعية راكبه، على العمل، مغطّيا مساحة الصورة التي يوجد بها نصّ مرافق يقدّم اسم الفيل، وقيمته ويُذكر في بعض الأحيان كيف حُصل عليه.(7) وقد تكون هذه الصورة استخدمت كجرد بصري لإسطبلات الفيَلة، ولكن إنتاجها يصب أيضا في خانة ممارسة مغولية أشمل تُعني بتدوين نفائس البلاط تدوينا دقيقا. وتتبين الشعبية الثابتة لمثل هذا الطراز من الرّسم من خلال التشكيلة الكبيرة لصور الفيَلة التي استمر إنتاجها في فترة ما بعد المغول تقريبا، حسب شتى تقاليد الرّسم الهنديّة الرئيسية.(8).

NNH

1. جهانكير 1909 – 1914م، المجلد 1، ص. 260؛ جهانكير 1999م، الصفحات، 156 – 157.
2. نيويورك 1963 – 1964م، ص. 36.
3. يناقش داس (Das) هذا الموضوع ويُزيّن أيضا صورة علم كمان بالمتحف الوطني (ص. 46. الصورة 10).
4. لندن ومدن أخرى 1983م، الصورة 17.
5. وليامز تاون، ماساتشوستس، بالتيمور، بوستن ونيويورك 1978 – 1979م، الصفحات 101 – 102. للاطلاع على مناقشة بشيتر (Bichitr)
6. نفس الموضع، الصورة 33.
7. لندن، واشنطن دي سي؛ زوريخ وأكسفورد 1991 – 1993م، ص. 36. الحاشية 4، لقائمة بأهم الفيَلة الملكيين المغوليين ذات الصلة، وليامز تاون ماساتشوستس، بالتمور، بوسطن ونيويورك 1978 – 1979م. ص. 105، الحاشية 4.
8. سوذبيز نيويورك (Sotheby's New York 20 سبتمبر 2005م)، ص. 88 الرزمة 101، منسوبة إلى مهر تشاند (Mihr Chand) أو بهادور سنغ (Bahadur Singh) في لكناو، حوالي 1770م، تُظهر فِيلًا يحمل جواهر شبيهة جدًا.

المصدر: [تيرنس ماكنرني (Terence McInerney)، نيويورك، حتى 1996م، بيع لمتحف المتروبوليتان للفنون].

252. الإمبراطور أورنكزيب مرفوع على حمالة

الرسام: بهافانيداس (نشط حوالي 1700 – 1748م)
الهند، حوالي 1705 – 1720م
ألوان مائية معتّمة و ذهب على ورق
المقاسات: 58.1×38.4سم
رصيد لويس الخامس بال، 2003م 2003.430
نصوص فارسية بخط النستعليق في الوسط:
صورة جلالة الإمبراطور المجير
تحت الحصان:
عمل بهافانداس
بالذهب الباهت أمام الخدم الأربعة الأوائل الرافعين الحمالة الملكية:
عمل بهافانداس

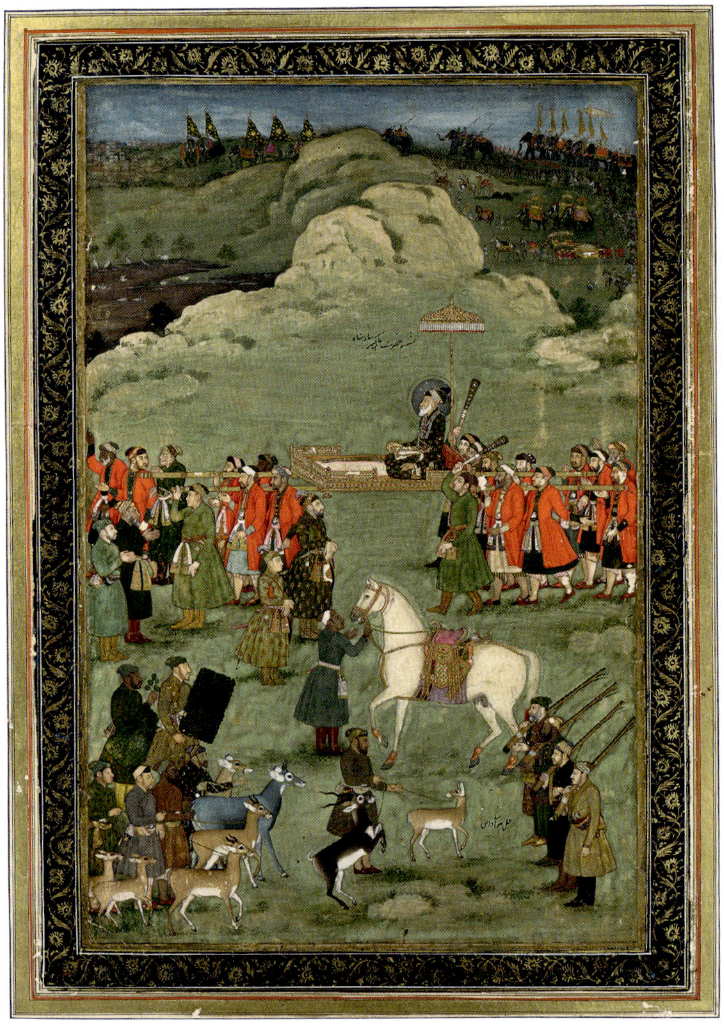

يُعتبر مشهد الصيد هذا المتقن الذي يُصور الإمبراطور أورنكزيب (حكم ما بين 1658 – 1707م) وفريق الصيد الذي يرافقه، من بين آخر المواضيع الملكية ذات فخامة أُنجزت قبيل نهاية حكم المغول العظام. الفنان هو الأستاذ بهافانداس الذي قضى المرحلة المبكرة من حياته بالبلاط المغولي، وفي 1719م، تحوّل إلى بلاط راجبوت بكيشنغاره.(1) يُحدد النص بالحبر الأسود الموضوع والفنان، ويوجد أيضا توقيع مخفي خُط بالذهب الباهت على خلفية مركزية خضراء.(2) يُظهر العمل متعدد الأقسام الإمبراطور المغولي جالسا على حمالة مذهّبة مرفوعة عاليا من قبل العديد من رجال الحاشية المرتدين معاطف حمراء، ومن بينهم نبيلان يظهران باللون الأخضر (توحي ملامح وجهيهما الحليقين بأنهما على علاقة عائلية بعضهما مع بعض) وهما يُستخدمان كحاملين رمزيّين في حركة لإبداء الاحترام. عُوملت كل الشخصيات بمنتهى الفردية ويتضمن الموكب الخلفي الباذخ 'ماهي أو مراتب' أو راية السمكة محمولة عاليا، وهو عنصر توقيع ضمّنه بهافانداس العديد من أعماله الأخرى.(3) ويقف أمام الإمبراطور أمير مغولي (على الأرجح ابنه و خليفته 'بهادور شاه الأول') (حكم ما بين 1707 – 1712م) وابن الأمير، بينما تتضمن مقدمة المشهد صفا من الصيادين المجهزين بالإضافة إلى أيل.

وتدلّ الطريقة المرهفة التي عالج بها بهافانداس رسم الجواد الأبيض البالغ الرقة في وسط الأرضية على اهتمامه بالمواضيع المتعلقة بالخيول التي أصبحت اختصاصا يتألّق فيه بكيشنغاره. والرسم ملفت للنظر باعتبار درجة التفاصيل ودقة الملاحظة التي تضمنها والتي تجد مثلا تعبيرا عنها في الأزياء والأسلحة وتصوير ملامح الوجه والخلفية المملوءة بغزارة. ويشير المنظر الطبيعي الصخري الدرامي إلى أن المشهد قد يكون رُتّب بمكان ما من الدكن، حيث كرّس الإمبراطور السنين السّتة والعشرين الأخيرة من عمره في متابعة الغزوات الإقليمية.

ورغم أن الرسم يتطرق إلى موضوع مغولي، فإنه يتعلّق تعلّقا وثيقا بعمل بهافانداس المتأخر بكيشنغاره من حيث واقعيته الأكبر وتشكيلة ألوانه الأخفت وشخصياته الأصغر وحساسيته الأرهف في التعاطي مع التفاصيل، كما يُرى ذلك مقارنة خاصة برسم إيضاحي لـ"روكميني منقلا" حوالي 1720 – 1725م.(4) ويرتبط مشهد الصيد بصورة رُسمت للمهراجا ساها سمال من كيشنغاره (حكم ما بين 1615 – 1618م) بعد وفاته نُسبت لبهافانداس وتتضمن عملا شبيها يُظهر صفوفا من الصيادين في مقدمة الصورة وتشكيلة ألوان مماثلة وخلفية مفصلة.(5) ويختلف هنا أسلوب رسم الشخصيات اختلافا ملحوظا مع اللجوء إلى أشكال أكثر نمنمة وأكثر لطفا. ويُرجّح أن يكون العمل الحالي قد أُنجز في آخر حياة أورنكزيب أو خلال الحكم الوجيز لـبهادور شاه الأول، ربما لفائدة راج سنغ بكيشنغاره (حكم مابين 1706 – 1748م) عندما كان الفنان لا يزال في خدمة البلاط المغولي، وعليه يمكن أن يتراوح مدى تواريخ إنجازه من حوالي 1705م إلى 1720م.

NNH

1. يناقش المؤلف الفنان و سيرته المهنية بأكثر تفاصيل في حيدر 1995م وفي بيتش (Beach) وفيشر (Fischer) و قوزوامي (Goswamy)، ناشرين، 2011م
2. جرى التفطّن أولا إلى وجود هذا التوقيع من قبل جون سيلر (John Seyller) (ورقة خاصة). انظر أيضا حيدر في بيتش (Beach) وفيشر (Fischer) وغزوامي (Goswamy) ناشرين، 2011م غزوامي (Goswamy) المجلد 2، ص. 537.
3. إرفين(Irvine 1903م)، الصفحات 31 – 33. المصطلح قابل للترجمة كـ'سمكة وكرامات' وتُصنع الراية عادة على هيئة سمكة، طولها أربعة أقدام ومثبتة أفقيا بعمود ويمكن أن تكون مصحوبة بكرات مذهّبة، وزركشات حريرية أو صورة رأس رجل.
4. آرشر و.(Archer, W 1960م)، اللوحة 59؛ ديكنسون (Dickinson 1949م)، ص.35؛ سوماهندرا 1995م ضمن اللوحات النهائية.
5. ديكنسون (Dickinson) و خندلافالا (Khandalavala 1959م)، ص.35، اللوحة 8.

المصدر: أسرة أردشير (Ardeshir)، مومباي في الهند ولندن، إنكلترا؛ [تيرنس ماكنرني (Terence McInerney)، نيويورك، حتى 2003م؛ بيع لـمتحف المتروبوليتان للفنون]

253. تجمع رجال أتقياء من ديانات مختلفة

الرسام: مير كلان خان (نشط حوالي 1730 – 1780م)
الهند، لوكناو، حوالي 1770 – 1775م.
ألوان مائية معتمة وذهب على ورق
المقاسات: 26.7×19.1سم
اقتناء، هبات أصدقاء الفن الإسلامي، 2009م 2009.318
نص فارسي بخط النستعليق أمام الشخصية المركزية:
عمل سيد الأسياد

تقدم هذه اللوحة وهي مأخوذة عن عمل شهير يعود لـحوالي 1655م وموجود في متحف فيكتوريا وألبرت، لندن، موضوعا قائم الذات في الرسم المغولي: تجمع صوفي لرجال أتقياء من ديانات مختلفة.(1) و نُسخت معظم الشخصيات في العمل الحالي مباشرة من لوحة لندن، واعتمادا على نصوص العمل الأسبق، يمكن تحديد هوياتهم كالآتي: (من اليسار إلى اليمين) كبير، المتصوف الشاعر والمصلح الاجتماعي العظيم لأوائل القرن الخامس الميلادي، وكمال، ابن كبير، وأوغار، تابع لـقوراخناث، ونمداف، وهو محب لـ 'فيتوبها' يعود إلى القرن الرابع عشر الميلادي من مهارشترا، وسينا، حلاق كان يُقدّم خدمات وضيعة للرجال الأتقياء، ورافيداس (نشط حوالي 1470م)، حذّاء ومعلّم ـ'ميرابي' الروحي. ويرافق القديسين أربعة خدم يعزفون آلات موسيقية (رُسمت هذه الشخصيات على نحو

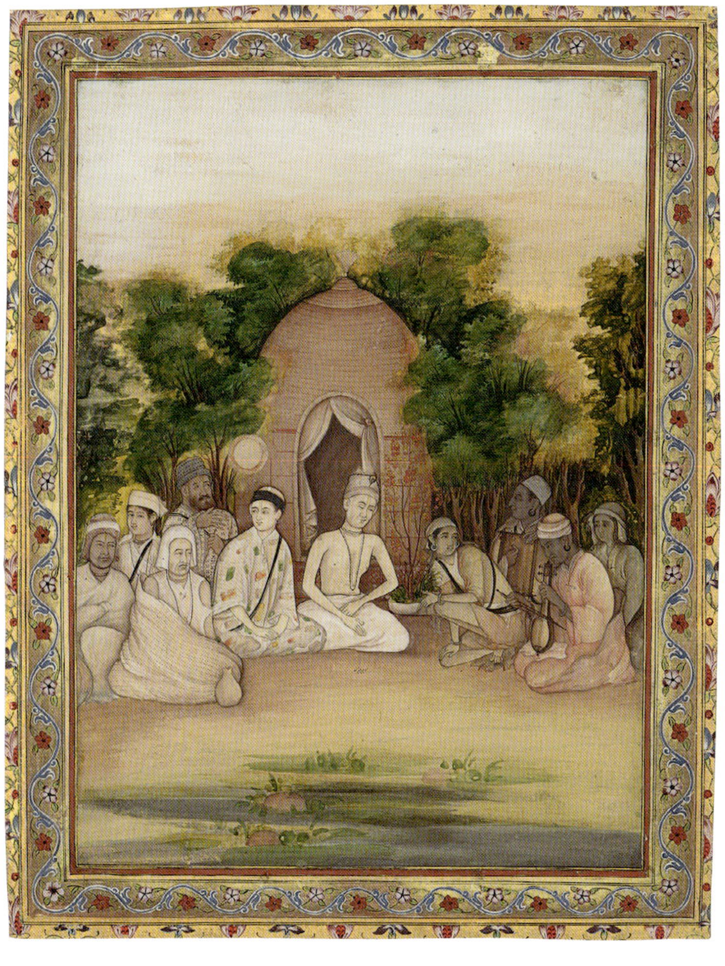

غير مضبوط بالاعتماد على اللوحة السابقة). من ضمن الرسامين الأكثر تأثيرا والأكثر تفرّدا خلال القرن الثامن عشر الميلادي، برز أوّلا مير كلان خان في ثلاثينات القرن الثامن عشر الميلادي كأحد الرسّامين في خدمة محمد شاه في دلهي (حكم ما بين 1719 – 1748م). أجبرت البلبلة التي حدثت في العاصمة المغولية إثر غزو نادر شاه في 1739م العديد من الفنانين على التخلّي عن البلاط. وتُبيّن الدلائل أن ميرا كلان خان غادر دلهي متّجها إلى لكناو، غير أن التاريخ المضبوط لمغادرته لا يزال غير معروف.(2) وفي فايزباد ولكناو، أصبح الرسام البلاطي الرئيسي لـ'نوابين' شجاع الدولة (حكم مابين 1754 – 1775م)، وآصف الدولة (حكم ما بين 1775 – 1779م)، منتجا كمّا هامّا من الأعمال في أسلوب انتقائي لاقى تقليدا واسع الانتشار. أدمج ميركلان خان عناصر أوْرَبة في كل من موتيفاته وتقنيته، كما يَظهر ذلك هنا في الخلفية المرسومة بالألوان المائية المختلفة. ويمكن مشاهدة معالجته المتميّزة لآثار الخضرة والضوء في طريقة رسمه الرقيقة للأشجار والسماء الذهبية ورائها. وتتراوح المواضيع التي تطرّق إليها من تجمّعات في محيطات ريفية إلى نسخ من رسوم دكنية وعناصر من مطبوعات أوروبية، ترافقها في بعض الأحيان، إضافات منه كما هو الشأن في هذه الحالة.(3). ويُرجّح أن يكون قد مُنح لقب ''سيد الأسياد'' في مرحلة متأخرة من حياته المهنية، وما إضافتها هنا، على الأرجح من قبل كاتب في البلاط، إلاّ دليل على تميّز هذا العمل.

NNH

1. غادون (Gadon 1986م)، الصفحات 155 – 157.
2. ليتش (Leach 1998م)، الصفحات 168 – 169.
3. ر. و. سكلتون (R . W. Skelton) رسالة خاصّة: بالنظر إلى اهتمام مير كلان ووصوله للأعمال الدكنية، وربما كان والده فنانا دكنيّا.

المصدر: مجموعة خاصّة، إنكلترا (حوالي 1960م)، [تيرنس ماكنرني (Terence McInerney)، نيويورك، حتى 2009م؛ بيع لمتحف المتروبوليتان للفنون].

254. تجمّع الأميرات عند النافورة

الهند، فرخ أباد، حوالي 1770م
ألوان مائية معتّمة وذهب على ورق
المقاسات: 22.9× 34.6سم
رصيد سينثيا هيزن بولسكي وليون ب. بولسكي، 2001م 2001.421.

تُجسّد مشاهد البهجة البلاطية والحدائق والشخصيات النسائية ذات السيقان الطويلة المرتدية ثياب 'الأنقرخاص' عالية المخصر والواسعة، الخصائص الأساسية للرسوم المنسوبة إلى بلاط فرخ آباد في شمال الهند.

وطوّرت فرخ آباد، وهي منطقة تابعة ثقافيا لـ لكناو، تحت حكم زعماء 'روهيلة' من قبيلة 'بنقاش' أسلوب 'أودهي' المؤثر وأدمجته في تعبيرها الأسلوبي الذي ازدهر خلال الجزء الأخير من القرن الثامن عشر الميلادي. وتطوّر أسلوب الرسم في فرخ آباد أساسا على أيادي محمد فقير الله خان وفيروز الله خان المميّز، والذين كانا يرسمان في لكناو وفايزباد في الربع الثالث من القرن الثامن عشر الميلادي.(1) ويصوّر العمل الحالي اثنتي عشرة سيدة من البلاط وطفلة واحدة مجتمعات حول نافورة. ويُشاهد منظر جزئي من قصر إلى اليسار وسرادق تمتد فوق النافورة وبعض الشخصيات. ويبدو أن المرأة الرئيسية أُقحِمت في الرسم بناء على نموذج كانت فيه الشخصية على الأرجح جالسة فوق كرسي ولكن لم يُحرَص بما فيه الكفاية على تعديله ليتلاءم والاستعمال الحالي. ولذلك فنراها تستند بطريقة سمجة على طرف النافورة، ويدها وساقيها تتدلّى في الماء. تتضمّن خلفية مفتوحة من تلال متموّجة وأشجار وبحيرة الكثيرَ من الطيور والحيوانات، أغلبهم في ثنائيات، كما هو الحال في الرسم الهندي. وتلتفّ أعناق البجعات بعضها بالبعض، وهي سمة تُشاهد أحيانا في الرسم الدّكني.(2)

من المحتمل أن يكون العمل مرتبطا بمجموعة أكبر تضمّ رسما هنديّا مماثلا في

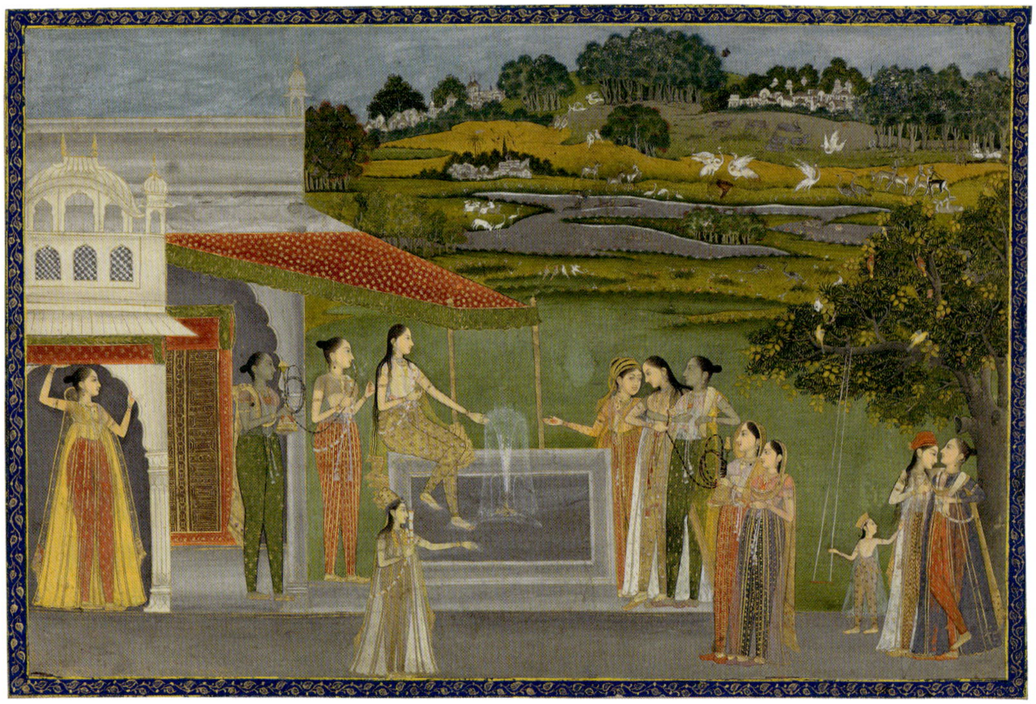

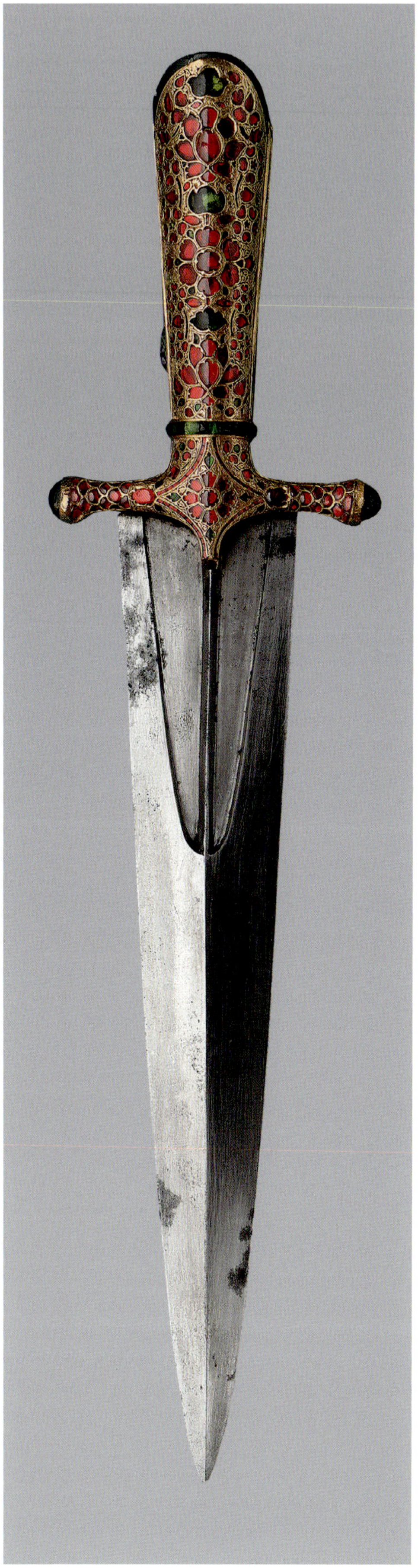

مكتب ديوان الهند (الآن موجود بالمكتبة البريطانية بلندن)، وآخر في متحف مقاطعة لوس أنجلس للفنون.(3) وقد جرى تحديد الصحيفة الموجودة بمكتبة ديوان الهند كجزء من سلسلة رقامالا (أنماط موسيقية)، لكن هذا التصنيف لا يتلاءم مع العمل الحالي الذي، وإن كان مماثلا من حيث الأسلوب، لا يحمل دليلا مكتوبا أو أيقنة جليّة تشير إلى أنّه هو هذا الرسم بعينه.

NNH

1. ليتش (م1995 Leach)، الصفحات 618 – 619، الصورة 6.354.
2. يمكن أن تنطبق هذه السمة على الأشجار والطيور على حدّ السواء. كما يُرى ذلك في مخطوط "فتوح الحرمين" في متحف المتروبوليتان (الحساب رقم 2008.251) والذي ترتبط فيه ربما الصورة بالأوصاف في النصّ.
3. فوك وآرش(م1981 Falk and Archer)، رقم 362. اللوحة 11، لوحة متحف مقاطعة لوس أنجلس للفنون (رقم 87.278.9) منشورة على موقع الواب لذلك المتحف.

المصدر:[أروقة ناتسن المحدودة (Natesan Galleries Ltd) لندن، حتّى 2001م، بيع لمتحف المتروبوليتان للفنون].

255. خنجر

الهند الشمالية، حوالي 1605 – 1627م
النصل: فولاذ البواتق؛ المقبض: ذهب، ياقوت وزجاج ملوّن
إجمالي الطول: 35.4سم ، طول النصل: 23.2سم
اقتناء، رصيد هاريس بريسباين ديك وهبة مؤسسة فينست آستور، 1984م، 1984.332

ظهرت مقابض خنجر مثل هذا وهي في شكل قبّيعات مشقوقة لأول مرّة في الرسم الملكي المغولي لبداية القرن السابع عشر الميلادي ويمكن أيضا مشاهدتها في الرسم الدكني مع نهاية ذلك القرن. (1)
وتتضمّن الموتيفات في مقبض الخنجر وزخارف الغمد أزهار لوتس منمنمة وأزهار على شكل ميداليات مع عناصر تشبه قشور السمك على طول القائم. ومن ضمن السمات المميّزة للزخرفة هنا خطوط رقيقة من المجوهرات في أماكن على شكل قناة على طول الأطراف والحواف وفي الأرضية. وينتمي الخنجر المرصّع بالجواهر إلى مجموعة من القطع المنسوبة إلى ورش الأباطرة المغوليين جهانكير (حكم ما بين 1605 – 1627م) وشاه جهان (حكم ما بين 1627 – 1658م). وتتّسم هذه القطع بالأسلوب والتقنية المتميزين لترتيب 'كندان' للمجوهرات، والذي بموجبه تكون مساحتها المسطّحة متساطحة من كل الجهات مع الأرضية الذهبية التي تحيط بها.(2) حسب هذه التقنية، يُنَقّى الذهب حتى يصبح ليّنا عند بلوغه درجة حرارة معيّنة، وهي النقطة التي تدفع عندها الأحجار الكريمة لتحتل مكانها في القطعة بسهولة نسبية. وكما هو مألوف كذلك فيما يتصل بهذا الأسلوب، فإن المساحة الذهبية بين الأحجار تُحَزّز بلفائف وزخارف نباتية، وأشكال الطيور والحيوانات.

وتتضمن المجموعة ملعقة احتفالية وخاتم نبّال يوضع في الإبهام، هو الآن في متحف فيكتوريا وألبرت بلندن، وخنجر بمقبض مرصّع بالجواهر في دار الآثار الإسلامية، مجموعة الصباح، مدينة الكويت من ضمن قطع أخرى(3).

وتُقدّم صورة لجهانكير تعود لحوالي 1615م وهو يحمل خنجرا مماثلا، إن لم يكن هو نفس خنجر النموذج المُحتفظ به في المجموعة الكويتية، دليلا على تأريخ هذه المجموعة من الأعمال المرصّعة بالجواهر وإسنادها لفترته(5).

وبالنظر إلى تقنيته وجودته العالية، يبدو من المحتمل جدّا أن يكون هذا الخنجر قد صُنّع أيضا في ورشته الملكية (6).

DGA/NNH

1. انظر، على سبيل المثال، خناجر من هذا الطراز في منمنمة تعود لحوالي 1680م من بيجابور في الدكن. نيويورك 1981 – 1986م، ص 310، رقم 208 (حساب رقم 213 – 1982م).
2. موصوفة من قبل مانيوال كين (Manuel Keene) في لندن ومدن أخرى 2001م،ص 18، انظر أيضا كين (م2004 Keene).
3. تتضمن الخناجر واحد في كل من دار الآثار الإسلامية ، مدينة الكويت، مجموعة الصباح . رقم 25 ، انظر نيويورك 1985 – 1986م، ص.198، رقم 127؛ ولندن ومدن أخرى 2001م، الصفحات 57-56 الصورة5.2)، مجموعة ولاس (Wallace Collection) لندن (رقم 1409 . OA)؛ انظر نرمان (م1982 Norman)، ص 12 رقم 2) والمتحف البريطاني لندن، الحلية من عمد الخنجر، أيضا في مجموعة الصباح (رقم LNS XIX SH)؛ انظر لندن ومدن أخرى 2001م؛ الصفحات 56 – 57، الصورة 5.1)؛ والملعقة وختم الإبهام في متحف فيكتوريا وألبرت، لندن (أرقام 173.1910 و207-1920؛ انظر نيويورك 1985 – 1986م، الصفحات 200 – 201، أرقام 128 – 129؛ وبرادفورد ولندن 1989–1988م رقم 93). قطعة ذات صلة ولكنها متأخرة قليلا هي قلادة في المتحف البريطاني (رقم 14178، انظر نفس المكان، رقم 63) ومن القطع الأخرى ذات الصلة خنجر آخر (مع عمد مرتبط به) في متحف ستيت هرميتاج (Museum State Hermitage) سانت بيرسبوغ (رقم 452) مسجّل ضمن كنوز بطرس الأول في 1730م وأسورة وخاتم (أرقام 720 في 703) مقدمة كهدايا من نادر شاه في 1741م وهي بالتأكيد غنيمة من غروة لدلهي في 1739م (انظر الكويت 1990م، 95–112و93 تباعا) مانيوال كين (Manuel Keene) لندن ومدن أخرى 2001م، ص.56) أسند المجموعة لبدايات القرن السابع عشر الميلادي بالمقارنة مع خاتم آخر.
4. لندن ومدن أخرى 2001م، الصفحات 56 – 57
5. نيويورك 1987 – 1988م، ص.110، رقم 16.
6. 6.انظر، مثلا. بادشهنامة جهانكيرفي دهلي الجديدة ومدن أخرى 1997 – 1998م، اللوحات 39.37.24.12.

المصدر: بيع خاص، سوذبي بارك برنت (Sotheby Parke-Bernet) نيويورك، 1984م لـ دافيد ويلي (David Wille) لـ متحف المتروبوليتان للفنون.

256. أ– هـ: قطع نقدية بها بروج.

الهند، أغرة، 1619 – 1625م
.ذهب
القطر: حوالي 21سم
وصيّة جوزيف هـ. دوركي، 1898م
أ-برج الثور، مؤرخ في 1828 [هجري] الموافق لعام الحكم الرابع عشر (20 أبريل – 20 مايو 1699م) 99.35.7402

ب-برج الأسد مؤرخ في 1033[هجري] الموافق لعام الحكم التاسع عشر (23 لوليو22-أغسطس) 1624م) 99.35.7403.

ج- برج الميزان، مؤرخ في 1034 [هجري] الموافق لـعام الحكم التاسع عشر (23 سبتمبر 22- أكتوبر 1625م) 99.35.6552ج

د-برج الجدي مؤرخ في 1031 [هجري] الموافق لعام الحكم السادس عشر (22 ديسمبر 1621م19- يناير 1622م) 199.35.7401

هـ- برج الحوت مؤرخ في 1028 [هجري] الموافق لعام الحكم الثالث عشر (19 فبراير- 20 مارس 1619م) 99.35.2391
نص فارسي بخط النستعليق على وجه كل قطعة
زيّن وجه الذهب في أغرة من قبل جهانكير شاه،[ابن] شاه أكبر(1)

سُكّت هذه القطع النقدية الذهبية في الهند خلال فترة حكم الإمبراطور المغولي جاهينكير (حكم ما بين 1605 – 1627م). وتوجد على قفا كل قطعة صور للبرج الموافق لشهر الإصدار وعلى الوجه نصّ شعري وتأريخ لسنة حكم جاهنكير والعام الموافق بالتاريخ الهجري. (2) ويمتلك متحف المتروبوليتان عشرة من القطع النقدية النادرة، خمس قطع من الذهب وخمس من الفضّة. وتتمثل القطع المعروضة هنا في 'الموهرات' الذهبية الموافقة لأشهر: أوردبهشمت (الثور)، ومرداد (الأسد)، ومهر (الميزان)، وداي (الجدي) وأسفند (الحوت). (3) وقد أولى جاهنكير بالغ الأهمية للعملات التي سكّت خلال حكمه، محدّدا أسماءها وفئتها، ووزنها ونصوصها. ويمكن للمرء أن يجد في مذكراته ذكرا للعديد من الأوامر التي أصدرها بخصوص تصاميم العملات الجديدة (4)، بما في ذلك الأمر التالي المتعلق بقراره في أبريل 1618م بإحداث هذا الإصدار الفريد: قبل هذا، كانت القاعدة أن يُنقش اسمي على وجه من وجهي القطعة النقدية الذهبية وعلى الوجه الآخر اسم المكان الذي جرى فيه سكّها، والشهر وعام الحكم. وتبادر إلى ذهني الآن أنه عوضا عن الشهر، يجب أن ترسم صورة للبرج الموافق لذلك الشهر. مثلا، لشهر فارفردين (الحمل) يمكن وضع صورة لبرج الحمل، ولشهر أورد بهيشت، صورة برج الثور، وهكذا لكل شهر سُكّت فيه عملة وجه يحمل صورة البرج الذي بزغت فيه الشمس. هذه الطريقة خاصّة بي بشكل متميّز ولم تُستخدم قط من قبل(5). وتوجد اختلافات بسيطة في عملات البروج المسكوكة بين سنتي 1618 و1625م عندما توقّف الإنتاج، ممّا يدلّ على أن قوالب تشكيل مختلفة استخدم لسكّها. تُعتبر هذه القطع الذهبية غير مألوفة في سياق القطع الهندية والإسلامية على السواء لأن تلك القطع التي جري إصدارها من قبل حكام مسلمين تميل إلى عدم استخدام تزيين بصور تشخيصية كما أنه لا توجد أية قطع نقدية هندية أخرى تحمل صورا ذي علاقة

بعلم الفلك، وتُقدم هذه النماذج، بمعية الصورة الشخصية والقطع النقدية الحاملة لصور وأشكال إضافة جذابة لأعمال فنية أخرى لها علاقة بالرعاية كثيرة المطالب لهذا الإمبراطور.

MS

1. الترجمة الإنكليزية من كودرينغتن (Codrington 1904م)، ص.108.
تختلف التواريخ المقدّمة هنا من تلك المعطاة في إصدارات سابقة لأن تحديد تواريخ حسب التقويم الغريغوري توافق التواريخ التي تظهر على قطع البروج التابعة لجاهنكير تحديدا دقيقا أمر معقد لعدة عوامل: أُعيد استعمال القوالب المستخدمة على امتداد عدة سنوات وسنوات التقويم الهجري أو سنوات الحكم لم تكن دائما محلّ تحديث بشكل دقيق أو مطابق. إضافة إلى ذلك، يبدو أن العملات قد تكون سُكت في كل مدينة فقط عندما كان جاهنكير حاضرا، لذلك قوالب الوجه والقفا كانت أحيانا مطابقة تطابقا خاطئا وذلك للمحافظة على احترام جدولة المتنقل. انظر كولكامي (Kulkarni 2004م).
2. يُحتفظ بنماذج أخرى من قبل المتحف البريطاني، لندن، المتحف الوطني بكوبنهاغن، المتحف الوطني، دلهي الجديدة، المتحف الهندي كلكتا، ومتحف المقاطعة، بلكناو.
3. انظر، مثلا، جاهنكير 1999م، الصفحات 27 – 123 – 124.
4. المصدر المذكور، ص.260.

المصدر: جوزيف هـ. ديركي (Joseph H. Durkee) نيويورك (حتى وفاته 1898م).

257. دورق على شكل فاكهة المانجو

الهند، منتصف القرن السابع عشر الميلادي
بلّور صخري، مصفف بالذهب، مينا، ياقوت وزمرّد
المقاسات: الارتفاع: 6.5سم
اقتناء، هبة السيدة تشارلز رايتسمان 1993م 1993.18

خلال فترة المغول بالهند، كانت فنون الجواهر تحظى بدعم ورعاية الأسرة الحاكمة وطبقة النبلاء الذين كثيرا ما كانوا يظهرون في لوحات حاملين أشياء ثمينة أو متعاملين معها. وقد صُنّعت العديد من القطع والتحف الرائعة المطعّمة بالبلّور الصخري لاستعمال البلاط، ولا تزال مجموعة مرموقة منها موجودة ضمن مجموعة خاصّة بالكويت.(1) وللشغف المغولي بمثل هذه الكنوز جذور عميقة: ففي الهند استُخدم البلور الصخري المحفور والمصقول منذ القدم لصنع أعمال فنية دينية بوذية وهندوسية. وفي السياق الإسلامي، كان لحفر الأواني والمواد الفخمة من الحجارة الصلبة أيضا تاريخ طويل في أجزاء من الشرق الأدنى. وقد صُنع هذا الدورق المقوّس شديد الصغر باستخدام شطرين من الصخر البلّوري رُكّبا معا لتشكيل جسمه ومثبّتين في مكانهما جزئيا بواسطة قفص من لفائف ملتوية من سلك الذهب.(2) وتُعيد الأرابيسك المتساوية برقة والمرسومة بانسجام والمُشكّلة من ياقوت وزمرّد على حاملات ذهبية إلى الأذهان دَيْن المغول لإيران الصفوية، حيث كانت شبكات مماثلة من لفائف العنب مع سعيفات وأزهار وأوراق رائجة في القرن السادس عشر الميلادي، ولو كان ذلك عبر وسائط مختلفة تتضمّن صناعة البلاط والتذهيب.
ويَتجلّى ميل المغول للأشكال الطبيعية في مظهر القارورة التي جاءت على شكل فاكهة المانجو وفي شكل البرعم الذي اتخذه السداد المصنوع من المينا. وتُضيف

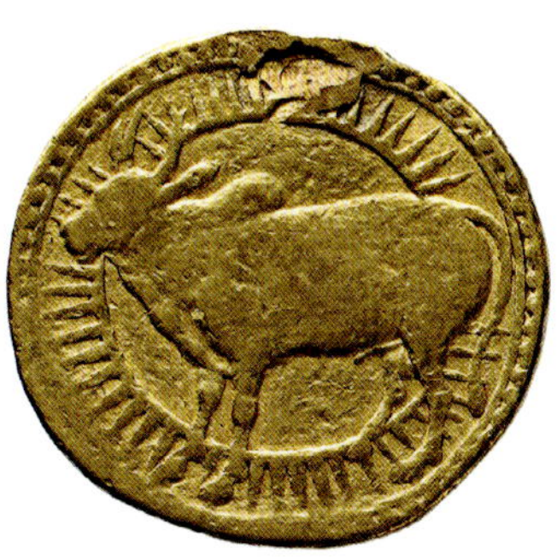
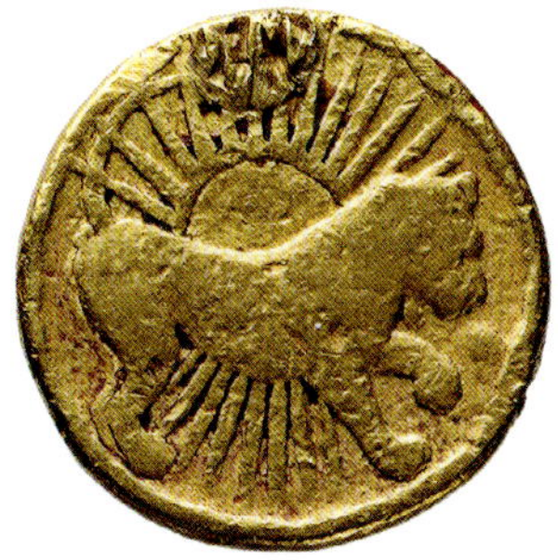
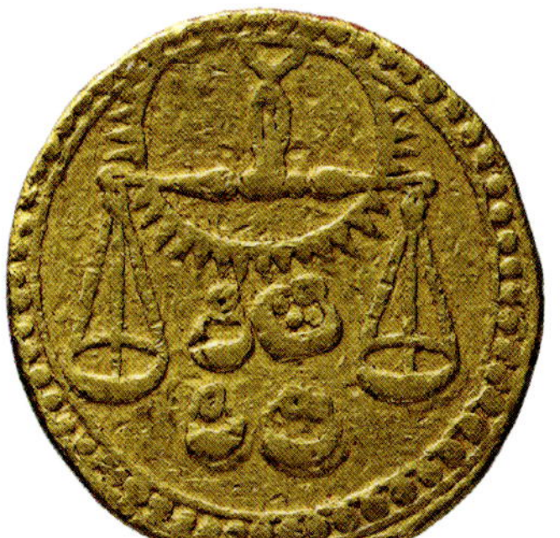
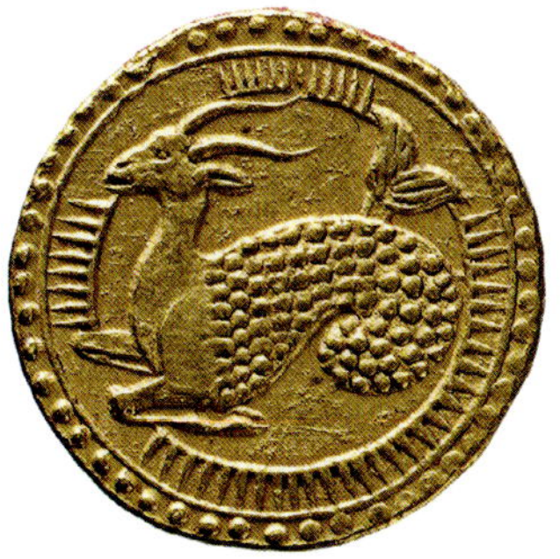
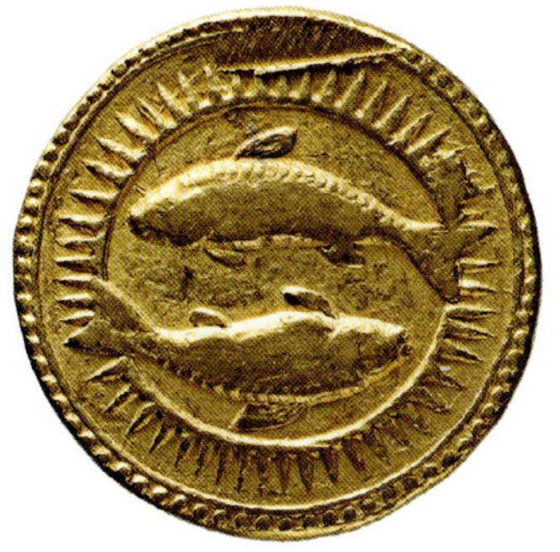

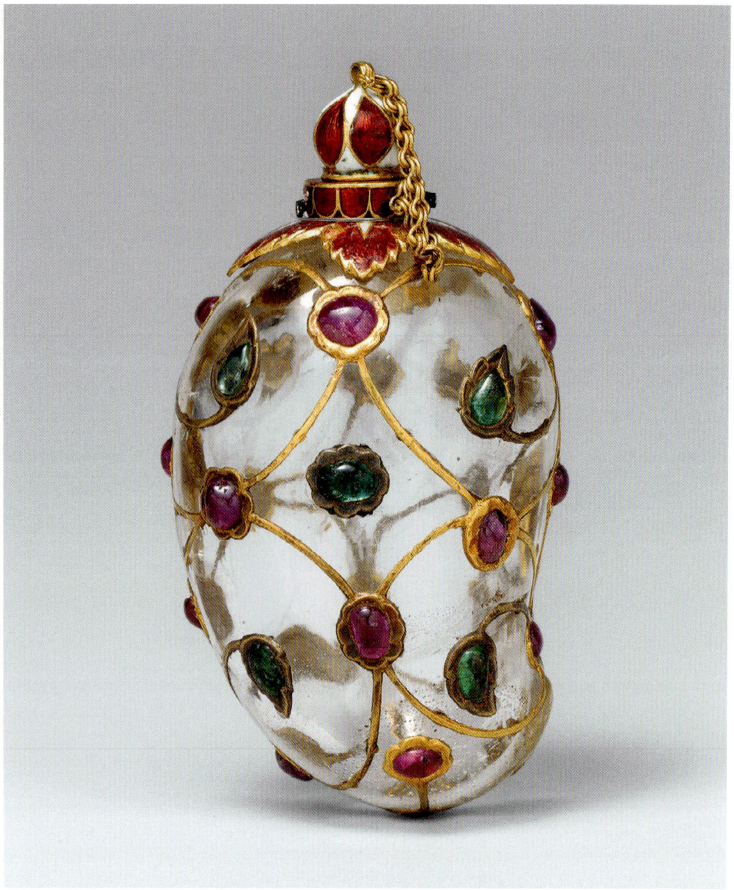

الأوراق الحمراء المرسومة على خلفية بيضاء زينة للسداد الذي تربطه إلى عنق الدورق سلسلة ذهبية رقيقة. وقد يكون المراد من الدورق أن يحتوي جبر زيزقون ليم، وهو عنصر مكوّن لـ"بان" الذي هو مخدر مُسْكر بشكل خفيف رائج الاستعمال في الهند. وكفرضية أخرى، قد تكون هذه القطعة استخدمت وعاء حاملا للعطر الذي كان يتعطّر به الرجال والنساء على حد السواء في الفترة المغولية. ويُعرف وجود دورقين آخرين من البلّور الصخري (واحد مسجل في 1690م) لهما نفس الهيئة والحجم ضمن مجموعات أوروبية.(3) وفي وسائط أخرى، توجد أواني شبيهة: إبريق معدني يدوي على شكل فاكهة المانجو ودورق فضي.(4) كما يظهر شكل المانجو المنعطف قليلا أيضا على نطاق واسع كموتيف يتكرّر في تصاميم المنسوجات.

NNH

1. لندن ومدن أخرى 2001م، الصفحات 32 – 33، أرقام 2.5 – 2.8.
2. نشر: والكر د. (Walker, D 1993م)؛ مدينة مكسيكو 1994 – 1995م، الصفحات 240 – 241.
3. فولاش (Folsach 2011م)، ص.238، الصورة: 370،ص.332، الصورة 537؛ أيضا في بوسطن وشيكاغو 2006 – 2007م، ص. 171، رقم 96، ليثام (Leatham 2000م)، ص.170. مسجّل في 1690م.
4. نيويورك 2004 – 2005م، ص.239. والحاشية 3، رقم 99، للإطلاع على نموذج من الفضّة والقماش؛ فولاش (Folsach 2011م)، ص.332، الصورة 537.

المصدر : [سبنك وأبناؤه المحدودة (Spink & Son Ltd.)، لندن، حتى 1993م، بيع لمتحف المتروبوليتان للفنون].

258. صحفة بيدَين على شكل براعم

آسيا الوسطى، النصف الثاني من القرن الثامن عشر الميلادي
نفريت؛ منقوش.
الارتفاع: 6.7سم، العرض عند اليدين: 21.6سم؛ قطر الحافة: 17.1سم، قطر الساق: 7سم.
هبة هيبر ز بيشوب، 19.02.18.762.

نُحت هذا الكوب من اليشم الأخضر شبه الشفاف (نفريت) حسب ما يُعرّف عادة بالأسلوب المغولي، ويحمل كل واحد من جوانبه المفصّصة عند أسفله ورقة (نسخة مبسّطة من الأقنث). وترتفع اثنتان من الأوراق في جهات متقابلة لتلتقي ببراعم متدلية تُشكّل عروات للكوب. تتّخذ الزخرفة المنقوشة على القاعدة شكل الأقحوان. ونُقش على الجانب العلوي لخارج الإناء قصيد مؤرخ في 1771م للإمبراطور تشيان لونغ (حكم ما بين 1736 – 1795م) من سلالة تشينغ من الصين والذي يمكن ترجمته كالآتي:

هذه الصحفة ذات الزخرفة الأقحوانية من هندستان.(1) يبلغ قطرها حوالي قدم ومحيطها الدائري أكثر من ثلاثة أقدام. (2) وهي مصمّمة حسب أسلوب مختلف عما كان عليه الشأن في عملنا القديم.(3)
تتدلّى اليدان معلقتين كبُرعُمين متورّمين
ونقشت القدم أسفله بصفوف مرصوصة من البتلات.
مثل هذا الإهداء يأتينا ليس فحسب كتكريم من يولونغ (4).
هناك حركة دائمة على طول كوكسو [او كو َو كسو] (5).
لا يزال الأقحوان كما كان قديما، زهرة الموسم الخريفي.
وهذه هدية مناسبة ليوآن مينغ (6) في منتجعه ذي الصفصافات الخمس.

في سنة 1755م، شرع إمبراطور تشيان لونغ في القيام بسلسلة من الحملات العسكرية في شرقي تركستان، أوّلا في إيلي شمال جبال تيان شان، ولاحقا في منطقة كاشغر المسلمة.(7) و تضمنت المناطق التي تحصّلت عليها للتوّ إمبراطورية تشينغ مدن يركند وخوطان، وتقع كل منهما بالقرب من نهر يصب من المنحدر الشمالي لجبال كونلون. وتُمثل هذه الجبال المصدر الرئيسي لليشم المستخدم في كامل آسيا. وكانت توجد في هذه المنطقة تقاليد لصناعة اليشم تعود جذورها ربما في النهاية إلى أصول إيرانية وصينية.
وبسبب انعدام الأدلة الأثرية لا يُعرف متى بدأت هذه التقاليد. وفي القرون القريبة العهد، هاجرت حرفة صناعة اليشم أو الحرفيون أنفسهم لخدمة التيموريين، ومن بعد ذلك مغول الهند. وفي القرن السابع عشر الميلادي، كان البلاط المغولي المكان الذي بلغت فيه ممارسة نحت اليشم في آسيا الوسطى أعلى درجات التعبير الفنية والتقنية.
وعندما انحسر البلاط المغولي بسرعة في النصف الثاني من القرن الثامن عشر، وجد نحّاتو اليشم في آسيا الوسطى زبائن جدد: الصينيون والإمبراطور الصيني على وجه التحديد. واعتبارا من 1756م، سنة بعد بداية حملات تشيان لونغ في آسيا الوسطى، بدأت كميات كبيرة من صخور اليشم وأحجاره في الوصول إلى المناطق الداخلية للصين سويّا مع عدد من أحجار اليشم المنحوتة، والتي استقرّ معظمها ضمن مجموعة الإمبراطور تكريما له. وتواصل الأمر على ما هو عليه خلال حكم جيا تشينغ (1796 – 1800م). ويمثل الدورق الحالي واحد من ضمن قطع اليشم الأكثر تداولا والتي أُرسلت كعربون تكريم لبلاط تشينغ. يعرف وجود قرابة اثنتي عشرة قطعة من هذا الطراز حسب ما نشر من دراسات. ويمكن نسبة كل هذه القطع إلى الأسلوب المغولي حيث أن الحرفيين واصلوا

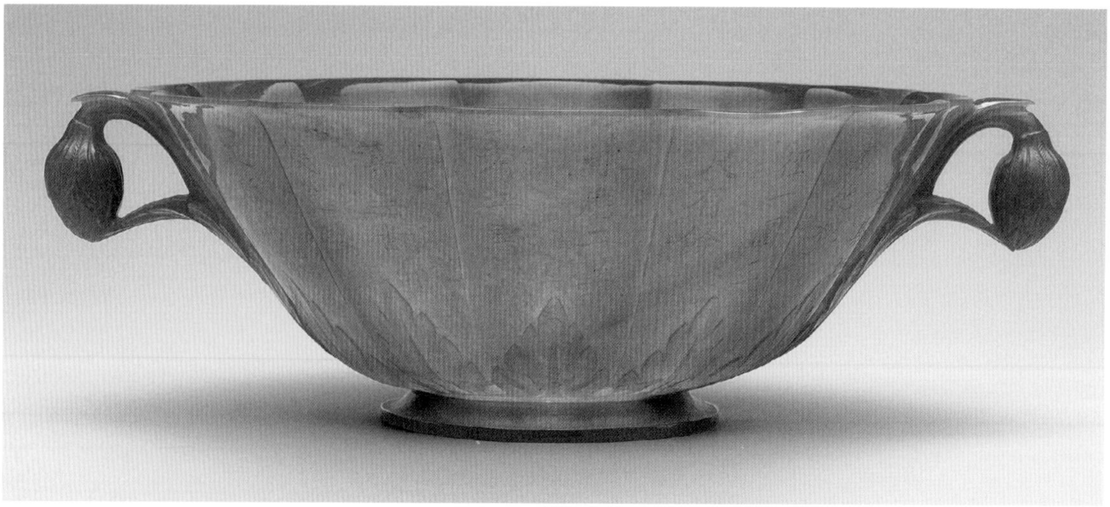

العمل حسب الطريقة المفضلة من قبل الحكام المغوليين في القرن السابق. وستُبرز القطع التي وصلت لاحقا إلى بلاط تشينغ خلال حكم جيا تشينغ بعض التأثير الصيني. بعد حوالي 1820م توقفت هدايا اليشم المقدمة كتكريم عن الوصول إلى بلاط تشينغ وذلك بشكل رئيسي بسبب التطورات السياسية والاقتصادية في آسيا الوسطى، ولكن أيضا بسبب التفقير الذي أصاب بلاط تشينغ. وبقي مجموع من حوالي ثمانمئة قطعة يشم من آسيا الوسطى في متحف القصر، منها قطع من بيكين وتايوان. وتقدم هذه المجموعة شهادة فريدة ومدعومة بالوثائق حول نحت اليشم في آسيا الوسطى على امتداد سبعين سنة، من 1750 إلى1820م.(8). وتزدان كل منحوتات اليشم المنجزة حسب الأسلوب المغولي تقريبا بموتيفات نباتية، كان الأقنث والأقحوان أكثرها تداولا. وكان حرفيو اليشم في الهند، خصوصا أولائك الذين كانوا يعملون لحساب البلاط الملكي المغولي، رائدين في تسخير صفاء اليشم للحصول على تأثيرات خاصّة. وقد بقي هذا العنصر سمة من سمات صناعة اليشم في آسيا الوسطى المسلمة حتّى بعد تدني الرعاية المغولية كما يشهد على ذلك النموذج الحالي.

JCYW

1. منسوخ صوتيا حسب المقاطع الأربعة: هن - دو - ستان.
2. قد يكون هذا القصيد نُظم لقطعة أخرى أكبر بكثير والتي حملت أيضا موتيف الأقحوان على القاعدة كما جرت العادة في ما يتعلق بالأكواب المنحوتة من اليشم حسب الأسلوب المغولي.
3. حرفيا ''من ذلك من' كاو غنجي' (Kao gongji)'' اسم الكتاب القديم للحرف اليدوية للسلالة الراحلة 'تشو' (Zhou) (حوالي القرن الخامس - القرن الثالث قبل الميلاد)
4. اختصار لـ يورنغ كاش (Y'urung Kash)، وهو نهر في خوطان بتركستان الصينية
5. في تعليق تشيان لونغ (Qianlong) نفسه: هذه إشارة لـ ''هندستان وراء كوش الهندوسية''
6. تاو يوآنمينغ (427 - 365) (Tao Yuanmingم)، شاعر غنائي صيني معروف بحبه للأقحوان
7. للحصول على رواية مقتضبة حول حملات تشيان لونغ (Qianlong) في تركستان الشرقية، انظر فليتشر (1968 (Fletcherم، الصفحات 218 - 224، 358 - 368.
8. لدراسة مفصّلة حول مجموعة اليشم الإسلامية في هذه المتاحف، انظر تنغ، (Teng 2004م).

المصدر: هيبر ر. بشوب (Heber R. Bishop) نيويورك حتى 1902م.

259. زوج من الأبواب أُنجز بالأسلوب الزهري

الهند الشمالية، النصف الثاني من القرن السابع عشر الميلادي
خشب منقوش مع بقايا طلاء
المقاسات: 185.4×76.2 × 7.6سم
هبة هرفي وإليزابث بلوتنيك 2009م 2009.376.أ-ب

يجد الأسلوب الزهري المرتبط بأوج الذوق المغولي تعبيرا له في هذا الزوج من الأبواب الخشبية المنقوشة بألواح مربعة ومستطيلة متناوبة لها خراطيش مستدقّة الرأس تضمّ نباتات مزهرة. ويحيط إفريز من الموتيفات الورقية المنمنمة بالأطراف العليا والخارجية للأبواب. وتزيّن ميداليات زهرية فردية القطعة المحدبة المدورة التي تغطي الوصلة التي تصلها. وتدور الأبواب على كلاليب تمتد من أشرطة حديدية مثبّتة فوق كل ورقة وتتلاءم مع تجويفات في الإطار المحيط. ولعلها كانت لها مدارات في الأسفل، هي اليوم مفقودة. ويبدو أن استخدام نباتات مزهرة كاملة كموتيف زينة يرجع منشأه إلى أعمال على الورق أُنجزت خلال حكم جهانكير (حكم مابين 1605 - 1627م). طلب الإمبراطور في 1620م أن يقوم فنانه منصور برسم العديد من أنواع الزهور التي رصدها في كشمير (انظر أيضا الفهرس 264). وتُظهر الدراسات الثلاث المُتبقية لمنصور مثل هذه التشابهات القوية مع الدراسات النباتية الأوروبية بحيث أنه من المحتمل أنه والفنانين المغوليين الآخرين الذين تبنوا هذا الموضوع كانوا يستخدمونه كنموذج. وقد حدّدت عادة الأعشاب التي عُرف أنها قُدمت من قبل الزوّار الأوروبيين للبلاط المغولي على أنها مصدر الإلهام.(1) كما استُخدمت النباتات المزهرة لزخرفة حواشي صفحات الألبومات. وفي ما يتعلّق بهؤلاء، أُشير حديثا لوجود مصدر آخر، ألا وهو المعاهدات الملكية الأنكليزية التي كانت مزخرفة بنباتات مزهرة.(2) وفي وقت ما خلال حكم ابن جهانكير، الشاه جهان (حكم ما بين 1658-1627م)، تحوّلت الدراسات النباتية إلى موتيفات زينة ورُتّبت في صفوف لتغطي المنسوجات والبُسط والقطع الفاخرة والمساحات المعمارية.(3).

وتوجد نباتات فردية نُقشت نقشا نافرا قليل البروز في عدّة مباني بقلعة أغرة

(مثل 'برج موسّمان'، 'برج الشاه'، 'الديواني خاص' وعلى 'جهاروكا الديواني عام')، وكذلك في ضريح ومسجد ومهمان خانة (حجرة) مجمّع التاج محل.(4) ووُجدت مثل هذه الخصائص أيضا في القصور المعاصرة للأسر المالكة الراجبوتيّة بما في ذلك شيش محل في قلعة عمبر. وقلّ أن توجد أبواب بهذا الموتيف، لكن ربما هناك نموذج آخر معروف في مجموعة دافيد بكوبنهاغن.(5).

MS

1. وقع الربط أوّلا في سكلتون (Skelton 1972أ)، الصفحات 147 - 152. وحدّدت فيفيان ريتش (Vivian Rich) لاحقا الكتب الأوروبية المعروف أنها موجودة في الهند خلال فترة جاهنكير وذلك في ريتش (Rich 1987م).
2. برند (Brend 2004م).
3. لكن فيرونيكا مورفي (Veronica Murphy) أشارت إلى أن استعمال موتيف النبات المزهر في المنسوجات قد يكون في سياق الذوق الرائج منذ فترة جاهنكير، إذا لم يكن قبل ذلك. (مورفي) (Murphy 1987م). للمزيد بشأن تصميم البساط، انظر نيويورك 1987 - 1998م، الصفحات 87 - 117.
4. لتحويل هذا الموتيف للهندسة المعمارية، انظر كوخ (Koch 2006م)، الصفحات 218 - 219.
5. مجموعة دافيد (David)، رقم 15\1987

المصدر: الدكتور وليلم اهرنفلد (Dr. William K. Ehrenfeld)، سان فرانسسكو (حتّى حوالي 2002م لـ ماكنرني (McInerney) [تيرنس ماكنرني، نيويورك، حوالي 2002-2004م، بيع لبلوتنك (Plotnick)]؛ إليزابث وهارفي بلوتنك (Elizabeth and Harvey Plotnick) شيكاغو (2004 - 2009م).

260. لوحة بها صف من الزهور

الهند، منتصف القرن السابع عشر الميلادي
حرير، ومخمل ناعم ومقصوص بخصلات مسترسلة من الخيط المعدني
المقاسات: 167.4× 76سم إجمالا.
رصيد رودجرز، 1930.30.18 (القطعة العليا).
مجموعة أليس ونسلي هيرامنك، هبة أليس هيرامنك، 1991م 1991.347.2 (القطعة السفلى).

استُخدمت المخمليات المزّينة بصفوف من الأزهار في الهند منذ حوالي 1630م فصاعدا في علاقة بالفضاءات الداخلية للقصور، حيث لا تخلو هذه الأخيرة من الزهر أينما تجولت بنظرك، على اللوحات الحائطية واللوحات الرخامية وعناصر أخرى مزينة بتطعيم بالحجارة الصلبة، ولوحات الرخام المنقوشة على الأجزاء السفلى المزخرفة للجدران وأقمشة المفروشات.(1) وحتى الأشخاص الذين كانوا يمرون عبر هذه الفضاءات كانوا يرتدون أو يحملون أكسسوارات تمشيا مع الذوق السائد للأسلوب الزهري.
كانت المخمليات تحظى بتقدير كأقمشة مفروشات، وتُستخدم أساسا كستائر وستارات نوافذ ومفروشات أرضية.
وقد اشتهرت لاهور وغوجارات بكونها مراكز صناعة للمخمل منذ فترة حكم الإمبراطور أكبر (حكم ما بين 1556 - 1605م). (2) وقد يكون القماش صُنع أيضا في ورشات ملكية في العاصمتين دلهي وأغرة.

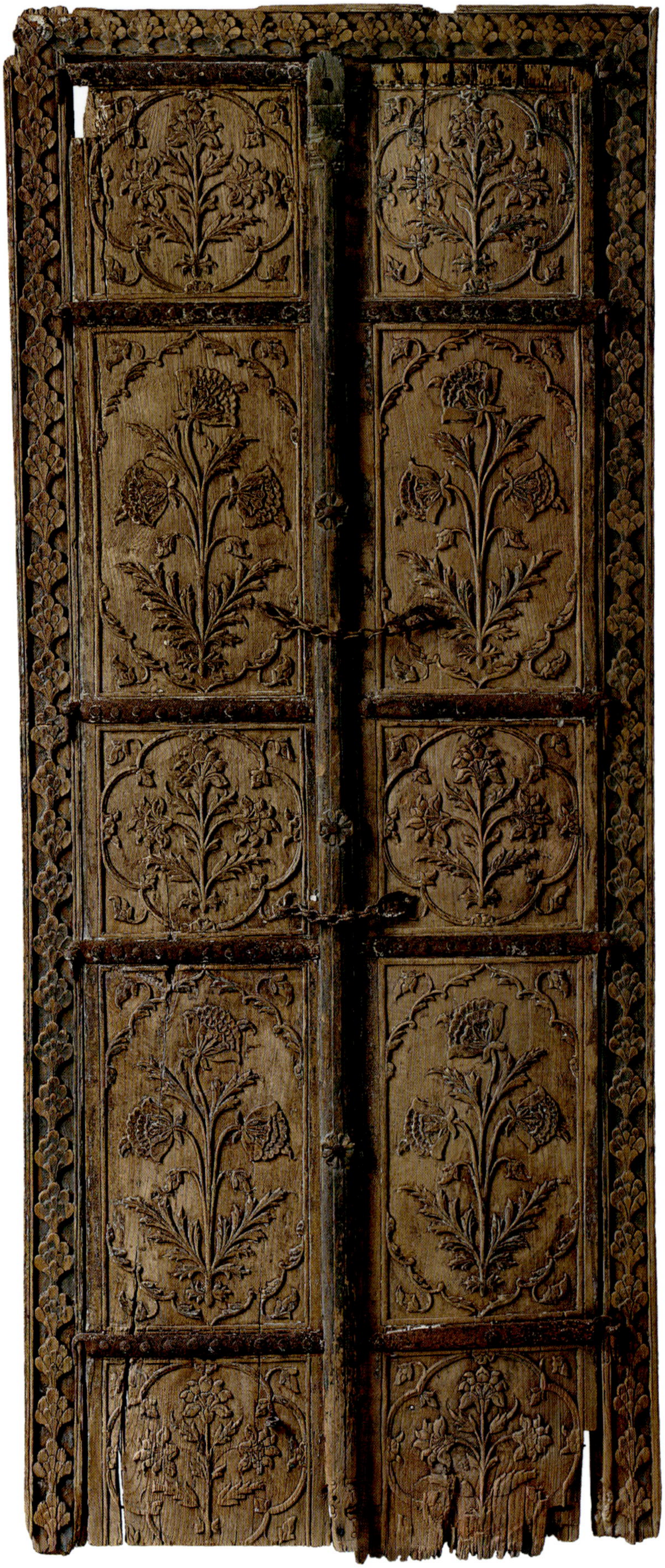

تحتوي هذه اللوحة على زينة من صفوف متناوبة من ورد وزنبقيات شبه طبيعية. وتنتمي قطعة إضافية من نفس القماش إلى متحف المنسوجات، واشنطن دي سي. (3) وعدد من تشكيلات مختلفة من هذا الطراز الزخرفي هي أيضا معروفة. (4). وتوجد على طول الجانب الأيسر العديد من المساحات الصغيرة المتبقية من الحاشية الأصلية تُظهر خطين أحمرين. وتتضمن أرضية الساتان في الأماكن التي تخلو من الوبر ممرات من شرائط مسطّحة فضية غير مطلية بالذهب تحوّل لونها الآن إلى لون أسود. وهي الآن ذات لون بني فاتح أو أصفر ذهبي باهت بينما قد يكون اللون الأصلي خوخي أو قرنفلي مستمدّا من القرطم. وقد نُسِجت الأشرطة مع ترك فراغ يفصل بعضها عن بعض، بحيث أن لون الأرضية قد يتكشّف. وتتضمّن وبرة المخمل درجتين من اللون الأبيض، واحد لمّاع والآخر ضارب إلى الزرقة استخدمتا بحيث جعلت خطوطا رقيقة قطرية تنحدر إلى اليمين تتشكّل في الزخرف. وتختلف قطعة المخمل هذه من عدة أوجه عن النماذج الفارسية، حتى تلك التي لها تصاميم مشابهة. (انظر الفهرس 175) أولا، من ناحية الأسلوب والجمالية، لا تُغيّر الأزهار هنا اتجاهها من صفّ إلى آخر على الرغم من أنّ أنواعها تتغيّر، وعليه فإن الأزهار في ذاتها هي أكثر طبيعية في حين أن التصميم هو ساكن غير متحرّك. وثانيا، فيما يتصل بالبنية، ما هو جدير بالملاحظة هنا هو استخدام الأشرطة المعدنية المسطحة عوضا عن الورقة المعدنية الرقيقة الملفوفة حول الحرير الخام والموجودة في النماذج الإيرانية. تُمرّر هذه الأشرطة من الطرف إلى الطرف مسترسلة خلف مساحات الزخرف لأن النساجين الهنديين وجدوا هذه الطريقة أكثر جدوى.

تتكون اللوحة من قطعتين من المخمل تتطابقان تماما. وبضربة حظ عجيبة وُهبت القطعة الثانية في 1991م من قبل أليس هيرامانك التي لم تكن تدري بوجود القطعة المحاذية المشتراة من قبل التاجر جوزيف برومر في 1930م والتي سبق وأن كانت في مجموعة المتروبوليتان للفنون.

DW

1. يمكن العثور على لوحتين تعودان إلى حوالي 1635م وتبينان تأثير الأسلوب الزهري على الفضاءات الداخلية للقصور المغولية في نيودلهي ومدن أخرى 1997 - 1998م، الصحائف 5 و 10.
2. أبو الفضل العلامي 1977م. المجلّد 1، الصفحات 98 - 99.
3. رقم OC6.150 . حصل عليها من قبل مؤسس المتحف جورج هبوت مايرز (George Hewitt Myers) في 1949 من نصلي هيراماناك.
4. نشر اختلاف تقليدي في سبهلر (Spuhler 1978م)، الصفحات 202 - 203، رقم 123. ويوجد نموذج مهم آخر يتمثّل في ستارة سكة مخملية في مكتبة تشستر باتي، دبلن، مرسومة في سمارت (Smart 1986م)، ص.19.الصورة 23. مخمليّة تشستر باتي تحمل نصّا يشير إلى أن القطعة جرى جردها للمرة الأولى في 'عنبر' (Amber) في فيفري 1648م.

المصدر:

حساب رقم 30.18: [أروقة برومر، المتحدة، (Brummer Gallery, Inc) نيويورك، حتى 1930م، بيعت لمتحف المتروبوليتان للفنون.]

حساب رقم 1991.347.2: مجموعة أليس ونصلي هيراماناك (The Alice and Nasli Heeramaneck Collection)، نيويورك (1963 - 1991م).

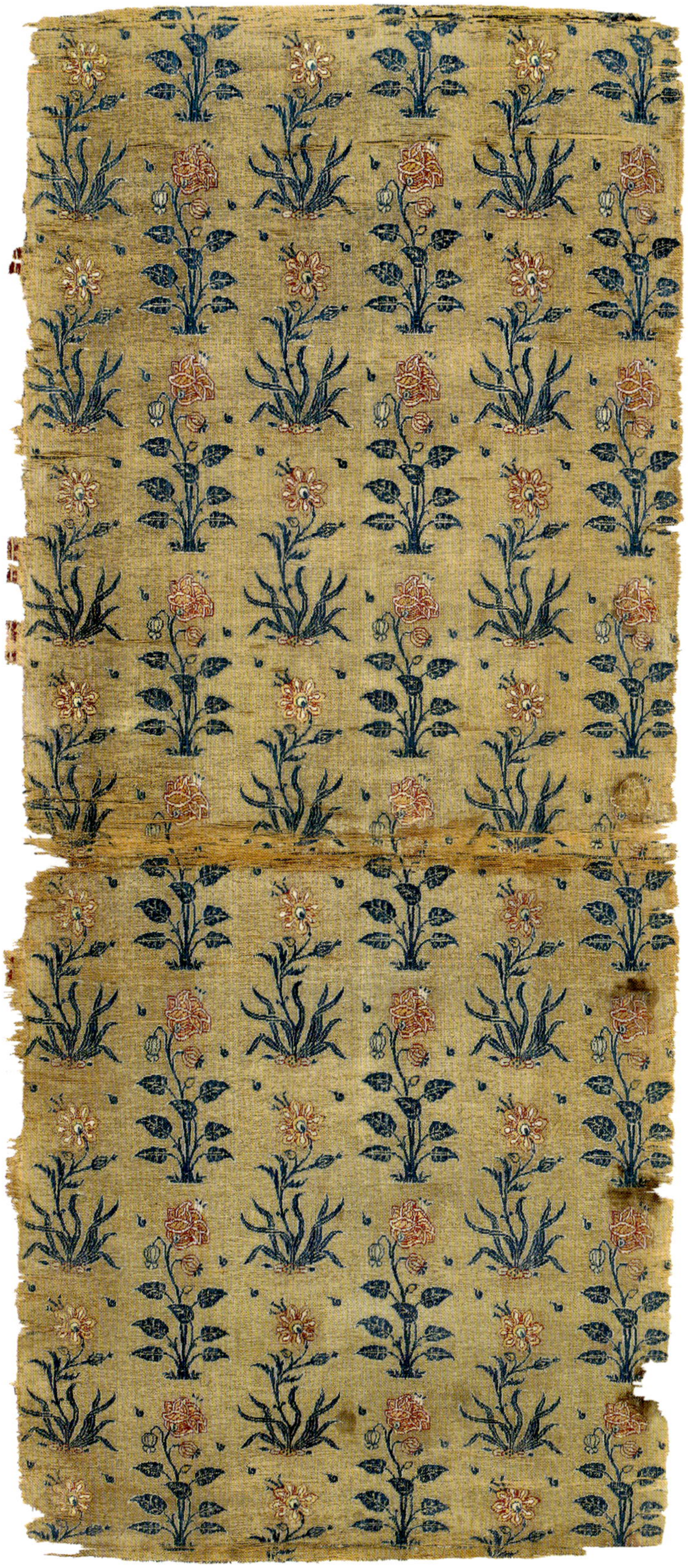

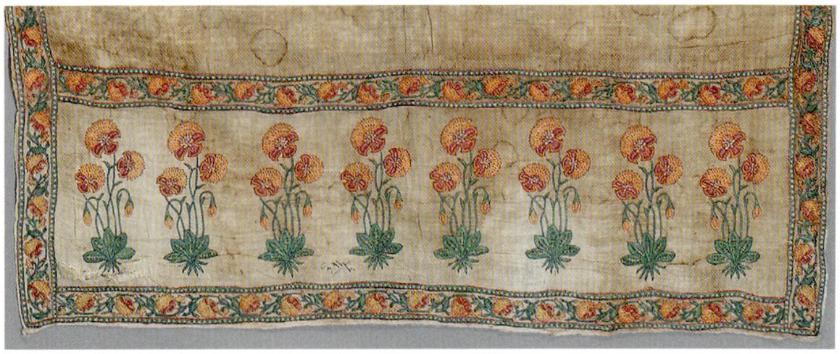

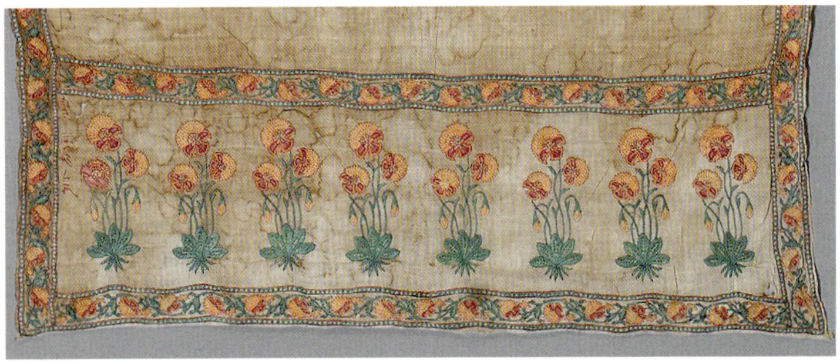

261. حزام (باتكا).

الهند في النصف الثاني من القرن السابع عشر الميلادي.
قطن وحرير ونسيج بسيط مطرز.
المقاسات: 375.5× 68.6 سم.
مجموعة أليس ونسلي هيرامانك، هدية أليس هيرامانك، 1983م 1983.494.9.

كان 'الباتكا' وهو زنّار محكم الصنع يُربط حول الخصر قطعة مميّزة من الثياب يلبسها الأباطرة المغوليون وأولئك الذين مُنحوا إيّاها من قبل الأباطرة. (1) ويعود المصطلح نفسه إمّا إلى الكلمة السنسكريتية "باتّا" والتي تعني "ضمادة أو رباط أو شريط أو عصابة" من القماش. وأمّا لفظ باتاكا، فيعني "حزام أو وشاح أو قطعة من القماش". (2) وبلغ تطوّر أيقنة زخرفة "الباتكا" أوجَه بعد زيارة الإمبراطور جاهنكير (حكم ما بين 1605 – 1627م) إلى كشمير في عام 1620م. ووصف الإمبراطور هذا المكان على أنه "حديقة ربيع أبدي". (3) وكانت الزهور الكشميرية مصدر إلهام للزّخارف التي أصبحت العنصر المميّز لتلك التعابير الفنية المغولية، بما في ذلك "الباتكا" (4) خلال فترة حكم ابنه الشاه جهان. (1627 – 1658م). ويُجسّد هذا الحزام إنتاج مثل هذه القطع خلال حكم الشاه جهان. فهو مميّز من حيث تركيز الزخرفة على اللوحات في طرفيه، (5) حيث يوجد تسلسل متكرّر لثماني زهرات متطابقة شبيهة بالخشخاش. ويتجلّى التفصيل الطبيعي بصفة واضحة في الجذور الرقيقة أسفل النبتة التي تنتشر تحت خمس أوراق مستدقّة الطرف ذات لون أخضر نعناعي وتعرّقات قشديّة اللّون. وترتفع من الأوراق خمس سويقات نحيلة متشابكة، ثلاث منها متفتّحة على تويجات حمراء ووردية وبرتقالية متألقة، لكل واحدة منها مدقّة خضراء صغيرة جدّا محاطة بسدادات بيضاء بينما تنحني الأخريان الباقيتان مغلّقة البراعم. وتحيط بالزهور الثمانية حاشية ذات موتيف متدفق يتكرّر على امتداد تخطيط الحزام بأكمله. وتتضمّن الزخرفة الأزهار نفسها ولكن بحجم أصغر بين شريطين ضيّقين مزيّنين بديكور صغير قشدي اللّون على خلفية خضراء محاط بخط أحمر. (6) ويوجد هذا الشريط الأبيض المصنوع من نسيج القطن البسيط على كامل طول الحزام. وطرّزت الزينة بخيوط الحرير مع غرزات من الساتان والنسيج النباتي والسلاسل. وتوجد أيضا 'الباتكا' المغولية من الطراز الشاه جهاني ذات اللوحات في طرفي الحزام المزينة بالنباتات المزهرة على خلفية بسيطة في سلطنة الدكن في فترة متأخرة من القرن السابع عشر الميلادي. وتصوّر العديد من اللوحات الدكنية المنجزة في هذه الفترة والآتية من بيجابور وحيدرباد شخصيات ترتدي هذا النوع من "الباتكا". (7) وقد حظي الأسلوب المغولي المعروض هنا بتقدير عظيم. وكان له تأثير فائق في البلاطات القريبة، ووصل بعيدا إلى بلاطات راجبون في راجستان ومشارف البنجاب.

EGM

1. أصبحت هذه الأحزمة أو الزنانير بالفعل عبارة عن علامة كما ذكر في هذه الفقرة المتعلقة باللباس من 'تُزُك' (قانون) جهانكير: "لأنني انتهجت لنفسي لباس أقمشة وملابس معيّنة، فإنني أعطيت الأوامر بأن لا يحملها أحد من الذين لم أمنحهم هذا الامتياز" (جهانكير 1909 – 1914م، ص.384).
2. (Goswamy and Jain 2002)، ص.7.
3. المصدر المذكور، ص44.
4. (Okada 1995)، الصفحات 5 – 6.
5. (Goswamy and Jain 2002)، ص.45.
6. يقدّم (Irwin and Hall) م1973 – أ، ص. 201، وصفا لصباغة الحرير في التطريز الهندي: "تسود صبغة النيلة بوصفها قاعدة للّون الأزرق. ولكن بصباغة المادة مرّتين أولا بالنيلة ثم بواحد من العديد من الألوان النباتية الصفراء، يُتحصّل على لون أخضر داكن لامع. تتأتّى تشكيلة الألوان الحمراء والوردية لا من نبات الفوّة الصبغي بل من الحشرة القرمزية التي تعطي خضابا قرمزي اللون ذا لمعان خافت".
7. وممّا لا شك فيه أن"البتكات" التي يرتديها محمد عديل شاه وإخلاص خان في رسميهما المزدوج العائد إلى القرن السابع عشر الميلادي (متحف الفن لمقاطعة لوس أنجلس) هي " شمالية" (م2002 Goswamy and Jain)، ص.60، الصورة 55). ويمكن مشاهدة "الباتكا" نفسها في رسوم شخصية الجولكاندا\حيدرباد (المصدر المذكور، الصفحات 62، 65، الصورة 56).

المصدر: مجموعة (The Alice and Nasli Heeramaneck Collection)، نيويورك، حتى 1983م).

262. بساط له تصميم تصويري

باكستان الحالية، لاهور في أواخر القرن السادس عشر- أوائل القرن السابع عشر الميلاديين.
قطن (سدو ولحمة) وقطن (وبرة) ووبرة معقودة على نحو غير تماثلي.
المقاسات: 833.1 × 274.3سم.
هدية ج. بياربونت مورغن، 1917. 17. 190. 858.

رغم أن وصول حرفة نسج البساط إلى الهند سبق تاريخ حكم الإمبراطور المغولي 'أكبر' (حكم ما بين 1556 – 1605م)، فإنه هو الذي أسّس ورشات إمبراطورية للبُسط وأقام نمطا من الرعاية الملكية للفنون. أُقيمت ورشات

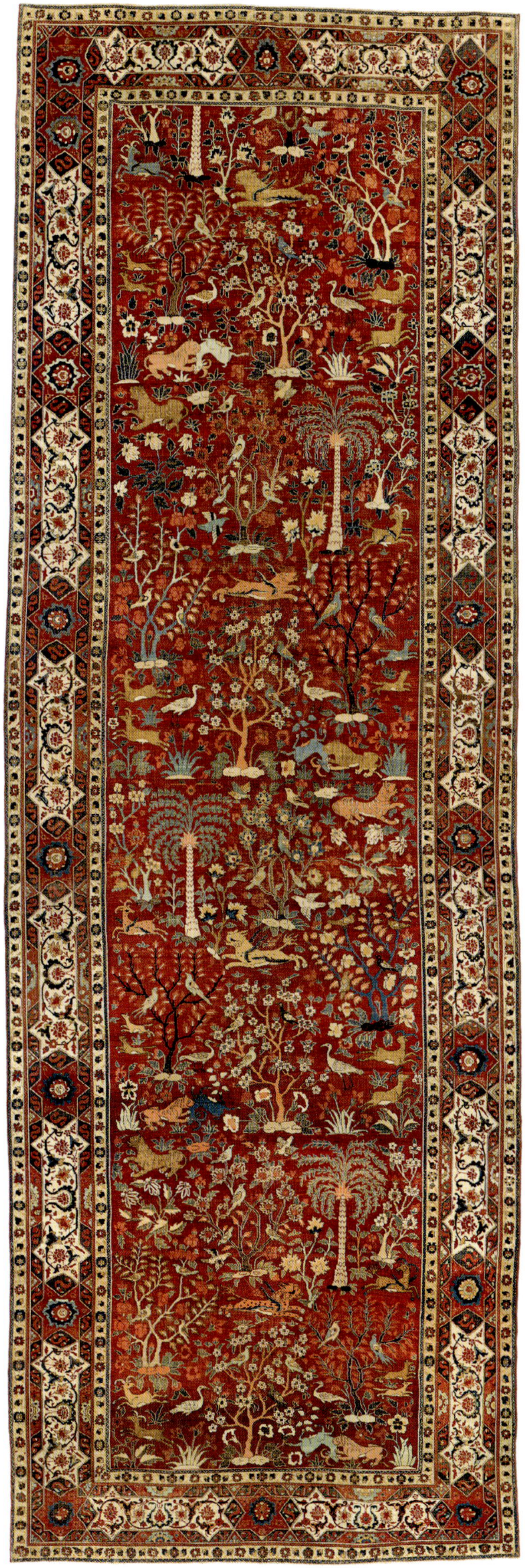

البُسط أوّلا بفاتح بور سيكري، العاصمة الإمبراطورية، فقط ما بين 1571 و1585م، ثم في لاهور وأغرة وبعدئذ، قبل 1640م بكشمير.(1) ولا توحي كل البُسط الهندية المتبقية من تلك الفترات المبكّرة بصنعها بالضرورة تحت رعاية إمبراطورية. ولذلك فإن ورشات تجارية قد تكون دخلت في طور الإنتاج أيضا. وقد عُرف أن أساتذة وحرفيين كثير منهم إيرانيون ولا ريب، قدموا إلى الهند للمساعدة في تأسيس الورشات. وقد تواصل أيضا استيراد البُسط الإيرانية بشكل واضح رغم جودة الإنتاج المحلّي. (2)

فلا غرو إذن أن يعكس هذا البساط الكبير الذي يمثل إنتاجا يعود إلى أواخر فترة حكم 'أكبر'، تأثيرا إيرانيا قويّا.

وقد تمثّل التقليد الإيراني الأكثر رواجا في الترتيب المتماثل للفائف دالية مع أزهار وأوراق. غير أنها كانت توجد مقاربة أخرى تمثلت في استعمال تصاميم تصويرية شبيهة بتلك المنجزة لرسوم في المخطوطات الملكية (يندمج التقليدان في بعض النماذج). ويمزج تصميم الأرضية هنا حيوانات وعصافير ونباتات في شكل تصويري إذ إنّ المراد هنا هو أن يُنظَر إليها كلّها من اتّجاه واحد ودون جدول تصميم لفائف الدالية لربط كل شيء. ويمكن العثور على التصاميم التصويرية في البُسط الفارسية في بضعة نماذج من البُسط الكاشانية الصغيرة، وبشكل أوضح في قطعتين من مجموعة "صانغسكو". كذلك يوحي استعمال بعض الألوان تلميحا بنوع ما من الاتصال المباشر. يمكن مشاهدة أمثلة مماثلة لعديد من الحيوانات المصوّرة هنا في واحد من البُسط الإيرانية التابعة للمتحف (الفهرس 182)، خاصة الوعل الوثاب والصراع بين الأسد والوعل والأسد المتوثب. وتوحي ألسنة اللهب عند الأكتاف، وهي تشير إلى خاصّيات خارقة للعادة، بالمصدر الصيني الأساسي لبعض هذه الأشكال التي نُقلت إلى إيران في القرون السابقة. ولكن يمكن الجزم بأنّ هذا البساط هنديّ. وذلك من عدّة نواح: فمن حيث البنية، السدو القطني هو من ثمانية ثنيات عوضا عن الأربعة ثنيات الموجودة عادة في البُسط الفارسية. أمّا من ناحية اللّون، فإن لتشكيلة الألوان ألمعيه خاصّة في اللون الأحمر، لا توجد في معظم القطع الفارسية. وهناك استخدام كثيف للتّلوين المتناسق الواضح جنبا إلى جنب مع ألوان متشابهة مثل الأحمر والوردي والأزرق الفاتح والداكن والمغرة والبني الفاتح أو الأبيض المائل إلى الصفرة. وتوجد صلة بين تصميم التقسيمات المتشابكة للحاشية الرئيسية هنا وبين حواشي موجودة في البُسط الفارسية، (انظر الفهرس 185) ولكنّه يتّخذ هنا خاصّة شكلا هنديّا في تقسيماته الهندوسية والأثر الظلّي الخاص للسعفات الحمراء والدّوالي غير المحاطة بخط المرسومة على خلفية بيضاء. ولأشجار النخيل طابع هندي كذلك. ورغم أنّ هذا البساط كبير الحجم، فإنه من المعروف أنّ بُسطا أكبر منه بكثير أُنجِزت على أنوال هندية، بما في ذلك زوج من بُسط للفراش الأرضي تعود إلى القرن السابع عشر الميلادي، يبلغ كل واحد منهما زهاء الثلاثة والستين قدما (حوالي تسعة عشر مترا). (3) وتكشف المعاينة الدقيقة خاصيّة قلّما وُجدت في بساط: يتكوّن تصميم الأرضية من وحدة زخرفية مربّعة الشكل تقريبا ومكررة أربع مرّات، كل مرة في اتجاه معاكس.

وتُشكّل النخلة الزاوية العليا لكل وحدة زخرفيّة. وأن تكون الوحدة الزخرفية في أعلى البساط غير مكتملة عندما كانت الحاشية تُحاك، فذلك أمر يوحي بأن

البساط نُسج حسب طول موصوف. والجدير بالملاحظة هو أن استخدام الوحدة الزخرفية المتكرّرة هي سمة من سمات النسيج المرسوم (انظر الفهرس 171) لأن الإعداد المعقد لطقم رسم الشكل على النول يمكن استخدامه مرّات ومرّات. ولكنّه يكون عديم الجدوى بوصفه إجراء لتوفير اليد العاملة عندما يتعلق الأمر بالحياكة بالوبرة، حيث لابدّ من عقد كل العقد يدويا. وهذا ما يعني أن اختيار هذا النمط من الزخرف كان يعتمد التفضيل الجمالي ولم يكن مبنيّا على اعتبارات تتعلق باليد العاملة أو الوقت أو التكلفة.

DW

1. نيويورك 1997 – 1998م، الصفحات 7، 12.
2. أبو الفضل علامي 1977م، المجلد 1، ص 57.
3. نيويورك 1997 – 1998م، ص 120، الصورة 118.

المصدر: (Lady Sackville) نول بارك، كنت، إنكلترا، (Morgan J. Pierpont) نيويورك (حتى 1917م).

263. قطعة من بساط بشمين

شمال الهند، النصف الأول من القرن السابع عشر الميلادي
حرير (سدو ولحمة) وصوف بشمين (وبرة) معقودة بشكل غير تماثلي
المقاسات: 34.3× 13.3سم
رصيد رودجرز. 1908. 08.109.20.

البشمين نوع من الصوف الرّقيق المصنوع من الوبر التحتي لماعز جبال الهيملايا. ولاقت البُسط فائقة الجودة المنسوجة من هذا الصوف في شمال الهند خلال القرن السابع عشر الميلادي تقديرا عاليا، ليس في الهند فحسب بل أيضا في إيران. وعلى سبيل المثال، يُحتفظ بنموذجين يعودان إلى هذه الفترة بمزار الإمام رضا في مشهد. (1) وإجماليا فإنه يُعتقد أن نحو أربعين بساطا من البشمين لا تزال موجودة عبر العالم، وعلى الأرجح فإن نصف هذا العدد يعود إلى فترة حكم شاه جهان (1627 – 1658م). (2) يتعلّق الأمر هنا بقطعة من مثل هذه البُسط الفاخرة. وحتى في حالتها الراهنة، فإن النوعية التصويرية الرقيقة للأوراق جليّة، إذ يتحقّق أثر تدريجي من خلال استخدام درجتَي اللونين الأزرق والأخضر لوبرة البشمين على خلفية الحرير المنسوج برقة متناهية، والتي تتكوّن من أشرطة لحمة متناوبة من الألوان البيضاء والبيضاء الضاربة إلى الصفرة والخضراء والزرقاء. ويجعل الخضاب الأحمر الساطع المشتق من الحشرات المستعمل لتلوين الخلفية القطعة أكثر جاذبية.

وكانت القطعة في وقت ما تنتمي إلى بساط شهير موجود الآن في مجموعة فريك في نيويورك. وجرى حديثا إعادة بناء التصميم الكامل الأصلي للعمل. ويظهر أنه عندما كان البساط في وقت ما كبير الحجم على نحو استثنائي كانت له صفوف متناوبة من أشجار مزهرة وأشجار مورقة. وما يثير الاستغراب، هو أنّه رغم التصميم المتكرّر والترتيب التماثلي، فإن الناسجين حرصوا على تجنّب إحداث تفاصيل متطابقة. (3) وبالنظر إلى جودته والمواد الفاخرة التي استعملت في إنتاجه، يرجّح أن يكون البساط قد نُسج في واحدة من الورشات الملكية المغولية.

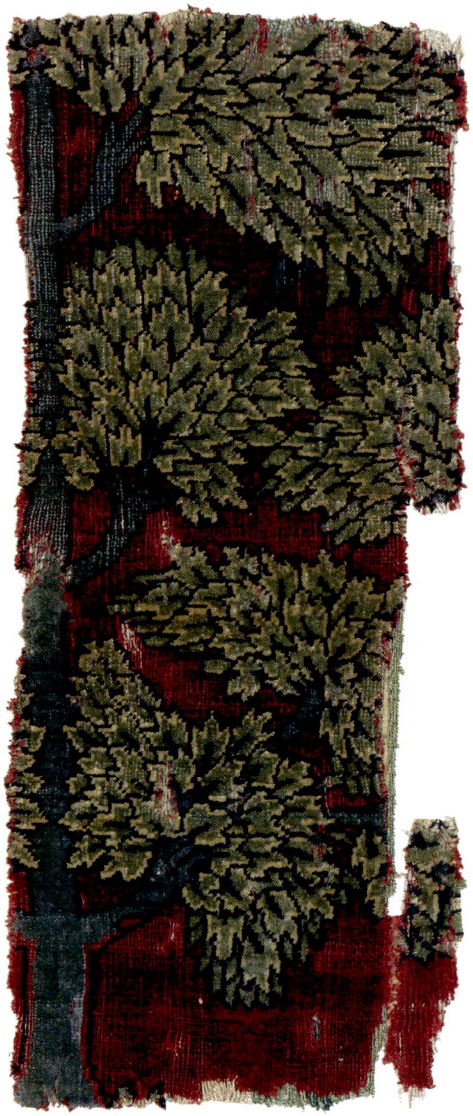

جرى تقسيم هذا البساط الرائع قبل 1889م. وتناثرت بعدئذ العديد من قطعه. وقد اشتُريت القطعة الحالية من قبل المتحف في 1908م. وفي 1918م اقتنى هنري كلاي فريك قطعة فريك من التاجر جوزيف دفين. وتوجد قطع أخرى في متحف فيكتوريا وألبرت بلندن ومتحف بروكلين ومتحف كونست للفنون الإسلامية ومتحف ستاليش ميوزين سو برلين والمجموعات الخاصة. (4)

YK

1. انظر (Gans-Ruedin 1984)، الصفحات: 130 – 133؛ (Cohen and Kajitani 2006)، ص.15.
2. نيويورك 1997 – 1998م ص. 80.
3. (Cohen and Kajitani 2006)، الصفحات: 9،10،35.
4. المصدر المذكور، الصفحات: 9،11،15،19،26 الحاشية 2.

المصدر: [الهند ثمانينات القرن التاسع عشر الميلادي] (Dikran G. Kelekian)، نيويورك، حتى 1908م بيع لمتحف المتروبوليتان للفنون].

264. بساط بتصميم زهري

الهند أو باكستان الحالية، كشمير أو لاهور حوالي 1650م
قطن (سدو ولحمة) وصوف (وبرة) ووبرة معقودة على نحو غير تماثلي
المقاسات: 431.8×207.6 سم.
شراء، وصية فلورنس واتربري ورصيد رودجرز، 1970. 1970.321.

عندما أدّى الإمبراطور جهانكير (حكم بين 1605 – 1627م) زيارته الربيعية الأولى إلى كشمير في 1620م، استحوذ على لبّه جمال الزهور التي كانت على وشك الإزهار. وأراد جهانكير، وهو رجل يمتاز بعين ثاقبة وروح مرهفة الحسّ، أن يُخلّد التجربة، فأمر رسامه الأساسي لتاريخ الطبيعة، وهو فنان موهوب يُدعى منصور، برسم مئة "بورتريه" زهري. (1) وقد يكون اهتمام جهانكير بجمالية الأزهار ازداد عمقا جرّاء ظهور أعشاب أوروبية بالبلاط. ووجدت بعض عناصر هذه الأعمال طريقها إلى الصّور الهندية، بما في ذلك عروض رسمية لمظاهر جانبية وفراشات ويعسوبات. ومع حلول 1630م تقريبا، تحت حكم ابن جهانكير وخليفته، شاه جهان (حكم ما بين 1627 – 1658م)، أصبح الأسلوب الزهري الموضة الجديدة بالبلاط. وظهر في كل مظاهر الفنون التزويقية – الزخرفة المعمارية، تسفير وتذهيب المخطوطات كما ظهرت المنسوجاتُ والتحف على وسائط مختلفة. وأصبح الأسلوب الزهري سائدا في البُسط بعد فترة قليلة لاحقة مع حلول 1650م تقريبا. وحلّت بشكل كبير محلّ الذوق الفارسي لفائفُ الدوالي والأرابيسك التي طغت في السابق على دوائر البلاط في الهند. ويمثّل هذا البساط نموذجا جيّدا لهذا النوع. فهو يتضمن تصميما تقليديا للأرضية يتكون من صفوف من أزهار رُسمت من الجانب، يمكن التعرف على بعضها (سوسن، زنبق) ولا يمكن التعرف على بعضها الآخر. ولكنّها رُسمت كلها بروح من التفرّد والتفصيل الطبيعي. وتعتبر الحاشية غير مألوفة لأنها تُمثّل نسخة مرسومة رسما طبيعيا ولأنها تبدو نوعا ما هندية من النمط الفارسي الكلاسيكي عوضا عن اعتماد الأزهار المرسومة من الجانب كما هو متوقّع. ويفوق عدد البُسط الزهرية ذات الأشكال المقوّسة البُسط ذات الأشكال المستطيلة. وقد صُنع بعض البُسط ذات الأشكال المقوّسة في ثنائيات قد تكون لاصقت ذات مرة منضدة مرتفعة. ويُعرف أيضا وجود نموذجين، أحدهما دائري والآخر ثُماني الأضلاع. ولا يزال يوجد أكثر من خمسين نموذجا من هذه البُسط.(2) وبقي عدد لا يُستهان به في جايبور، وقد اقتُنيت في الأصل بغرض الاستخدام في حصن عمبر، مسكن أسلاف الأمراء الهنديين في جايبور بينما اشتُريت الأخرى خلال المئة عام السابقة من قبل مؤسسات ومجموعات في الغرب. ويمكن إسناد بعض النماذج الموجودة الآن في الغرب إلى جايبور. فهذا البساط مثلا، شوهد في جايبور في 1929م عندما كان يحتفظ بعلامة جرد تُشير إلى أنّه اقتُني في لاهور في 1656م. (3) مع ذلك، فمن الممكن أن تكون المحلات الملكية في الولايات الأميرية غير جايبور قد تضمّنت مثل هذه المادة.

DW

1. جهانكير 1966م، المجلّد 2، الصفحات 143 – 145.
2. نيويورك، 1991 – 1998م، الصفحات 86 – 117. مع العديد من الرسوم التصويرية.
3. المصدر المذكور، ص 95.

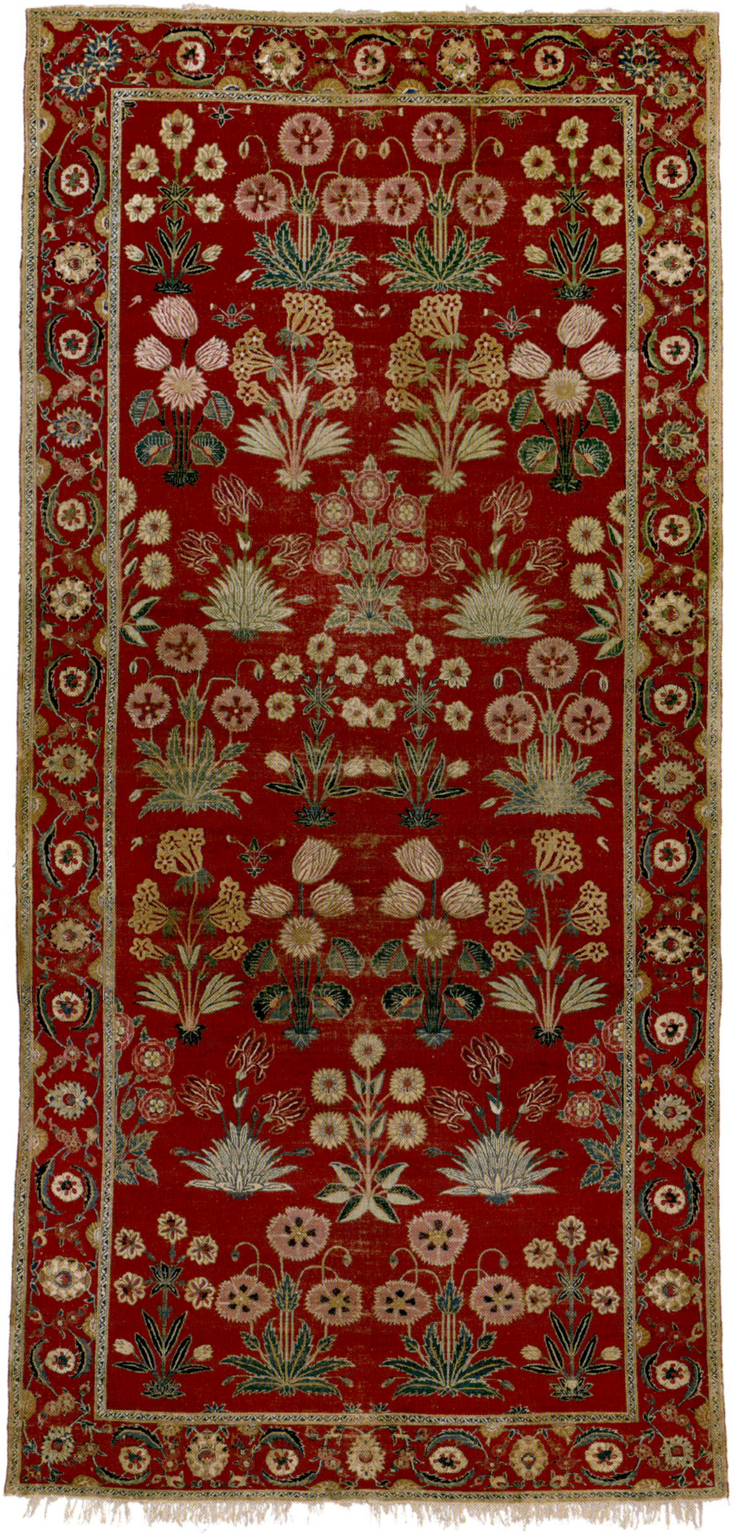

المصدر: مهراجا جايبور، الهند (1656 – على الأقل 1929م)؛ (Hagop Kevorkian)، نيويورك (حتى وفاته سنة 1962م، شراء ورثته، (Sotheby's) لندن، 11 ديسمبر 1970م، الرزمة 8 لمتحف المتروبوليتان للفنون).

265. قطع من بساط ذي تصميم مشبك وأزهار

الهند أو باكستان الحالية، كشمير أو لاهور حوالي 1650م.
حرير (سدو ولحمة) صوف بشمين (وبرة) ووبرة معقودة على نحو غير تماثلي.
المقاسات: 395.6× 140.3سم.
وصيّة بنجامين آلتمان، 1913. 14.40.723.

من ضمن جميع مجتمعات حياكة البُسط التقليدية، كانت منطقة شمال الهند خلال القرنين السابع عشر والثامن عشر الميلاديين فريدة في استعمال الوبر التحتي الناعم لسلالة من الماعز الأليف على الحرير كمادة الوبرة المفضّلة لحياكة أرفع نوع من البُسط. (1) وللبشمين عدّة مزايا مقارنة بالحرير مستخدما خيط وبرة. فقد كان قويّا يُمكّن من نسيج رقيق لا يُضَاهَى. وكان يمتصّ ويعكس اللّون بدرجة تُضاهي على الأقل صوف الخرفان. ويبدو أن فكرة استعمال البشمين لصناعة البُسط وليس فقط للشالات رأت النور في إيران خلال النصف الثاني من القرن السادس عشر الميلادي. (2) ويعود النموذج الهندي المتبقّي إلى الفترة الممتدّة من حوالي 1620 إلى 1625م، أي حوالي الفترة التي سُحر فيها جهانكير لأول مرّة بزهور كشمير (انظر الفهرس 264). وهكذا، فإن معظم النماذج العائدة للقرن السابع عشر الميلادي تعكس اختلافات في الأسلوب الزهري الذي يحبّذه البلاط بعد 1630م. وفي فترة متأخرة من القرن وخلال القرن الموالي، أصبح أسلوب "الألف زهرة" الأكثر تنميقا الموضة السائدة. وأصبحت العناصر الزهرية أكثر رقّة من حيث الحجم وأحيانا متجمّعة في وحدات متكرّرة. (3) ويُمثّل تصميم الأرضية لهذه القطع اختلافا أصبح مألوفا عن الأسلوب الزهري التقليدي الذي تظهر فيه صفوف الأزهار من الجانب. تُقسّم هنا الأرضية إلى شبكة تتكوّن من دوالي مسنّنة متناوبة. ووُضعت أزهار غريبة كبيرة في النقاط التي تلتقي فيها الدوالي. وتظهر أزهار أصغر في التقسيمات بوصفها جزءا من زخرف دوال ثان.

وتُمكّن الحياكة المتناهية الرقة (أكثر بقليل من ألف عقدة بالبوصة المربّعة) من الحصول على تنميق فائق في الرسم والتفصيل. وقد توصّل الأساتذة النسّاجون إلى استعمال نسيج الوبرة بالطريقة نفسها التي توصّل بها الرسّامون إلى استخدام الخضاب بمزج الألوان المختلفة أو تصفيفها مثلما هو شأن أوراق بعض الأزهار الكبيرة أو البُسط الصغيرة أو كتلات السحب الصغيرة المتدفّقة في الحاشية. وتُمكّننا عناصر من الزخارف من تقدير الطول الأصلي بأكثر من ثلاث وعشرين قدما (تسعة أمتار). وهو حجم كبير بالنسبة إلى بساط من هذا الصنف. ويجب أن نتذكّر كذلك بنجامين آلتمان، مالك سلسلة المحلات الذي خلّف لمتحف المتروبوليتان مجموعاته الرائعة من الرسوم القيّمة والخزف الصيني، لما أبداه من رهافة حسّ وذوق فيما يتعلق بالبُسط، فهو لم يمتلك ثلاثة من بُسط كشان الحريرية الصغيرة فحسب (من ضمن ستة عشر بساطا معروفا عالميا، انظر الفهرس 182، 183 لاثنين منهما) ولكنه جمع أيضا تسعة نماذج رائعة من بُسط البشمين الهندية. وهو أكبر عدد في أيّة مجموعة.

DW

1. نيويورك 1997 – 1998م، الصفحات 22 – 23.
2. الموقع نفسه الصفحات 90 – 92.
3. الموقع نفسه الصفحات 119 – 129.

المصدر: (Benjamin Altman)، نيويورك (حتى وفاته 1913).

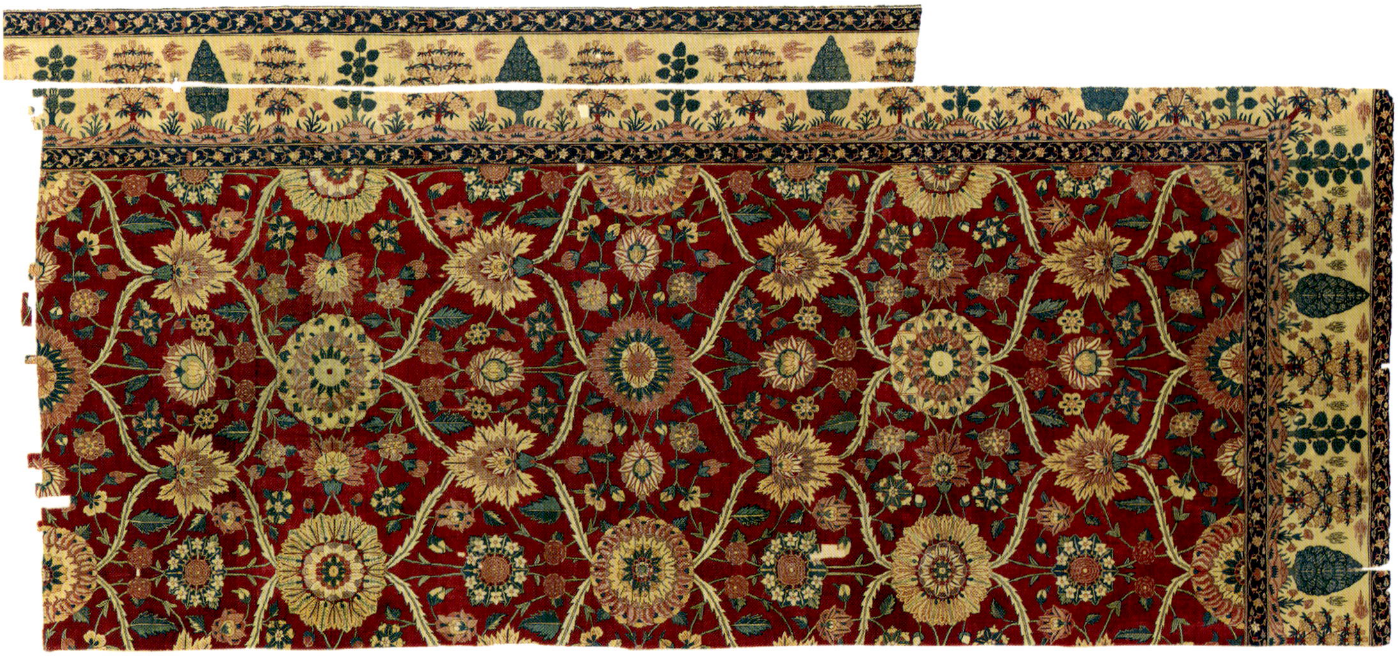

266. غطاء فراش أو ستارة حائطية (قطعة)

الهند، غوجارات، القرن السابع عشر الميلادي.
قطن وحرير ونسيج بسيط مطرّز مبطّن في الأصل.
المقاسات: 1943× 114.3سم.
هدية متحف فيكتوريا وألبرت 1954.54.21.

أنتجت ولاية غوجارات عبر العصور مطرّزات رائعة وذلك للبيع داخل الهند أو للتصدير. ومنذ أوائل القرن السادس عشر الميلادي، تداول التجّار الهولنديون والإنكليز والفرنسيون والبرتغاليون الأقمشة الهندية في أسواق أوروبا حيث تواصلت موضة هذه الأقمشة للقرون الثلاثة التالية (1).

وكانت بعض نماذج المطرّزات الغوجاراتية الأكثر رقة من عمل المجموعة السكانية المسماة موشي. وبرعت على وجه الخصوص منطقة كامبي في فن التطريز بالغرزة المسترسلة. (2) ومن ضمن الألواح المطرّزة المتبقّية الأكثر قدما المنسوبة إلى القرن السابع عشر الميلادي، نجد تلك الألواح المحفوظة الآن بمتحف فيكتوريا وألبرت بلندن. (3) وتوجد ألواح أخرى منسوبة إلى المصدر المذكور. (4) وتحمل إحداها نصّا باللّغة الغوجاراتية على الحاشية ممّا يؤكّد بقوّة منشأ المجموعة. (5)

وجاءت الموتيفات الزخرفية الموجودة على هذه الأقمشة نتيجة لعملية بدأت بطلب من المصدّرين الذين كانوا يرسلون مطبوعات ورسوما من أوروبا. ثمّ استعملت هذه الأعمال الفنيّة من قبل فنّانين هنود تولّوا أحيانا تغيير التصميم الأصلي إلى درجة أن التعرّف على النتائج النّهائية لهذه الأعمال لم يكن بالأمر الهيّن. وعندما أعيد إرسال هذه القطع المنجزة إلى أوروبا، استحسن الزبائن هذه القطع للجاذبية غير المألوفة التي اكتستها. (6) وهذه هي الحال مع الموتيفات الزخرفية على لوحة المتحف التي تتضمن أزهارا وطيورا وقططا وقردة. هذه الحيوانات الغريبة تشبه مثيلاتها الحقيقية مشابهة ضعيفة. وتنتشر الزهور انتشارا طبيعيا عبر مساحة النسيج. وكانت الحيوانات، وهي أحيانا وهميّة غير واقعية، تبدو كأنّها جاثمة على أغصان رقيقة.

ويعدّ تطريز الحرير بالغرزة المسترسلة المنجز بخطوط الحرير الحمراء والورديّة والصفراء والزرقاء والخضراء على خلفية من النسيج القطني البسيط الأبيض من النوع الذي يُنتِجه سكان موشي. أُنجز هذا التطريز باستعمال أداة خاصّة تُعرف ب ''آري''، وهي إبرة رقيقة معقوفة من طرف واحد مركّب في مقبض خشبي مستدير. وكانت ''الآري'' سهلة الاستعمال. وبواسطتها، يمكن للمطرّز إنتاج حلقات رقيقة للتحكّم في مسار التصميم، (7) ممّا يسمح بدرجة أكبر من التفصيل والتهذيب.

EGM

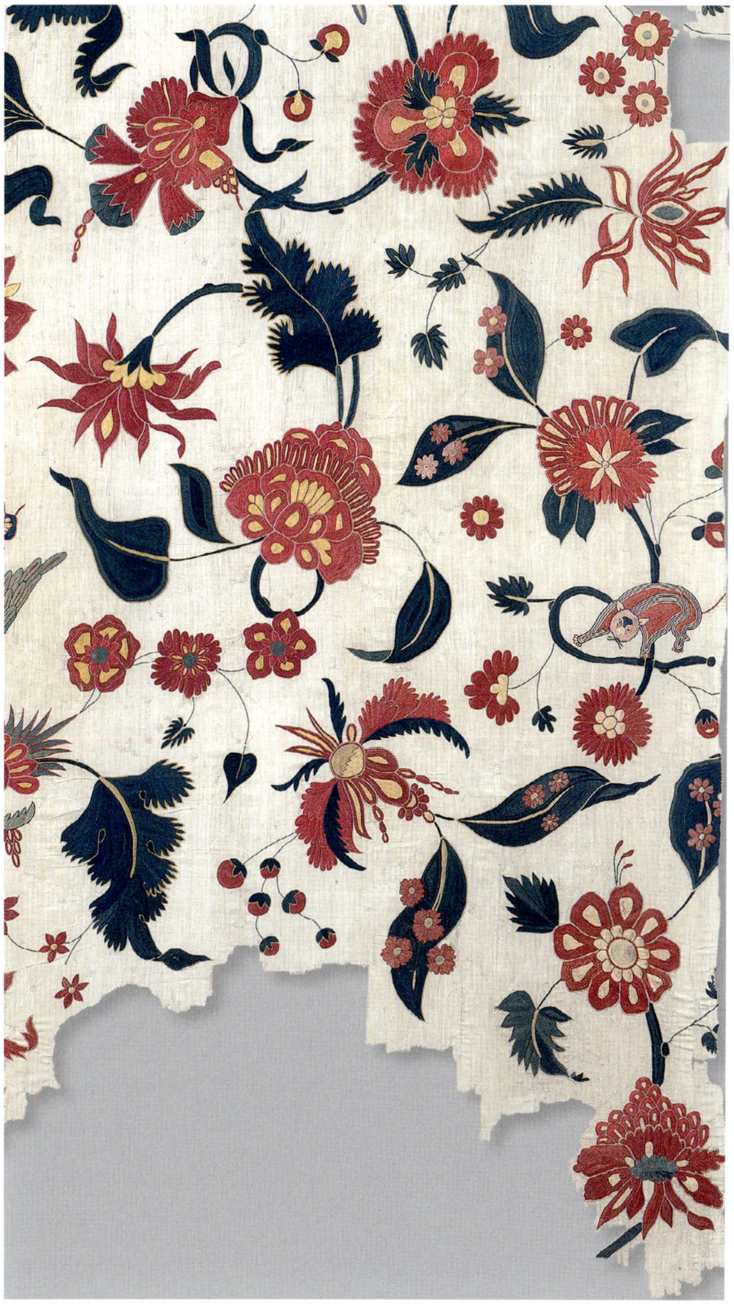

تفاصيل

1. (Irwin 1949)، ص. 51.
2. يربط (Crill 1999)، ص. 8. ما قاله (Duarte Barbosa) في 1518م بخصوص ''أغطية السرير الجميلة جدّا واللوحات المستطيلة التي تعلو الأسرّة ذات الأربعة أعمدة المنجزة برقة'' بإنتاج غوجارات من المطرّزات بالغرزة المسترسلة من قبل سكان موشي المرسلة من مرفإ كامبي.
3. شكّلت هذه القطع جزءا من مجموعة (Lady Ashburnham Collection) في 'دليل الأثاث الإنكليزي المهمّ، إلخ' والذي بيع بالمزاد العلني من قبل(Sotheby and Co) يوم الثلاثاء 7 يوليو 1953م. والجدير بالملاحظة أنّ إحدى القطع أُشتريت من قبل متحف فنون الزخارف (Cooper Union 1954)، ص. 184.
4. تعرّف (John Irwin 1949) ص.54)، على ألواح أخرى كانت دون شك تنتمي إلى مكان الإنتاج هذا نفسه.
5. كان النص الغوجاراتي مكتوبا بأحرف القرن السابع عشر الميلادي. وحسب (Moti Chandra) جاء في النص ما يلي: (Astar jhahmamak na patar ga 9. Khulat

ga. 1 1/4). أستار جها ماما كنا باتا رقا. 9. خولات 1 4 / 1 (تصفيف جهاهمام [؟]. الطول 9 قاز العرض 1 1/ 4 قاز) (من أرشيف ديوان الهند، كتاب البلاط، 135 [لندن] كما نُشر في (Irwin 1949)، الصفحات 55 - 56، الحاشية 10، لوحة 8).

6. وُثقت الطّلبية الخاصّة من الزبون الأوروبي الذي طلب هذه القطعة في مذكرة أُلصِقت بالقطعة من قبل (Sir Leigh Ashton) والذي أشرف في 1954 على إهدائها إلي متحف المتروبوليتان للفنون من قبل متحف فيكتوريا وألبرت بلندن "أحد الألواح المحتفظ بها بمتحف فيكتوريا وألبرت تضمّنت نصّا بالغوجارتي. وهذه هي أول مرّة يُعتقد فيها أن هذا النوع الخاص من المطرّزات المعدّة للسوق الأوروبية صُنع في هذه المنطقة في أقصى الشمال. وتُعدّ هذه الستائر غير هندية تماما حيث إنّ الهند لم تستخدم أبدا مثل هذا الشيء. هي نموذج ممّا كان الإنكليز يطلبونه من الشرق عبر شركة الهند الشرقية". (قسم الفن الإسلامي، ملفات أمانة المتحف، وصل هدية رقم 5947).

7. للاطلاع على وصف دقيق للطريقة التي يتّبعها سكّان موشي في استخدام" الآري"(ari) لإنجاز الغرزة المسترسلة، انظر (أ Irwin and Hall 1973) - ، الصفحات 201.

المصدر: (Lord Ashburnham)، سسّكس، إنكلترا (بالوراثة من أواخر القرن السابع عشر الميلادي1953-، بيع قصر آشبيرنهم، سسّكس، عن طريق (Sotheby's)، لندن، 7 - 9 يوليو 1953م الرزمة 479؛ إلى (V&A)؛ متحف فيكتوريا وألبرت بلندن (1953 - 1954م)، مهداة إلى متحف المتروبوليتان للفنون عن طريق (Sir Leigh Ashton).

267. علبة تتضمّن درجا

الهند، على الأرجح أحمد باد، غوجارات، حوالي 1600م.
خشب (ساج) مكسوّ بالأبنوس مطعّم بالعاج واللّك.
المقاسات: 8.3× 34× 14.5سم.
رصيد سينثيا هزين بولسكي وليون ب. بولسكي 2000. 2000.301.

لاستنباط الزخارف الرشيقةّ التي تزيّن هذه العلبة، قُطّع العاج إلى شرائح رقيقة جدّا وشُكّل في هيئة أزهار وأوراق بالغة الصّغر اصطبغ بعضها بالألوان، ثمّ طُعّم بقشرة خشب الأبنوس. ورُسم على أعلى العلبة وجوانبها صيّادون برتغاليون يركبون فيلة وخيلا في إطار غابي بينما امتلأت الحواف بلفائف ودوائر ورؤوس حيوانات وطيور منمنمة. وقد استُنبطت مشاهد الصيد هذه من فن الرسم الهندي والفارسي لزخرفة الأثاث المصدّر حيث رُسِم زبائن أوروبيون على شكل أمراء هنديّين. في هذا النموذج، تُسبغ المعالجة الفيّاضة للزخرفة الورقية الشكل المتضمّنة لفائف دوال متكرّرة نابعة من أغصان أشجار وأزهار على نظام البساط مسحة من الغنائيّة الخصوصيّة. وأن يكون الإفريز الشكلي على طول الحافة السفلى مطعّما باللّك عوضا عن الخشب لأمر غير مألوف نوعا ما، مشيرا إلى تاريخ صُنْع عندما كان الحرفيون بصدد التّحول من استخدام تقنية التطعيم باللّك القديمة الرائجة في السوقين العثمانية والفارسية إلى التطعيم بالخشب الصلب، ففي ذلك استجابة لرغبة المستهلك الأوروبي. خلال أواخر القرن السادس عشر وأوائل القرن السابع عشر الميلاديين، صُنّعت مثل هذه القطع المطعّمة بالخشب الصلب للسوق البرتغالية. وكان ذلك على الأرجح في غوجارات والسّند. وقد صُدّرت من غوا ومدن ساحلية أخرى في غرب هند.

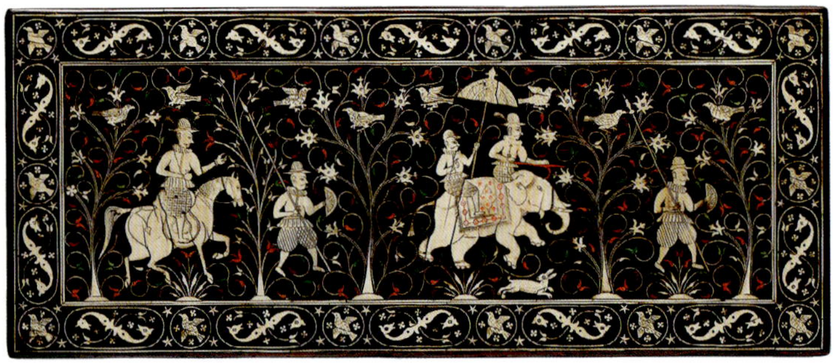

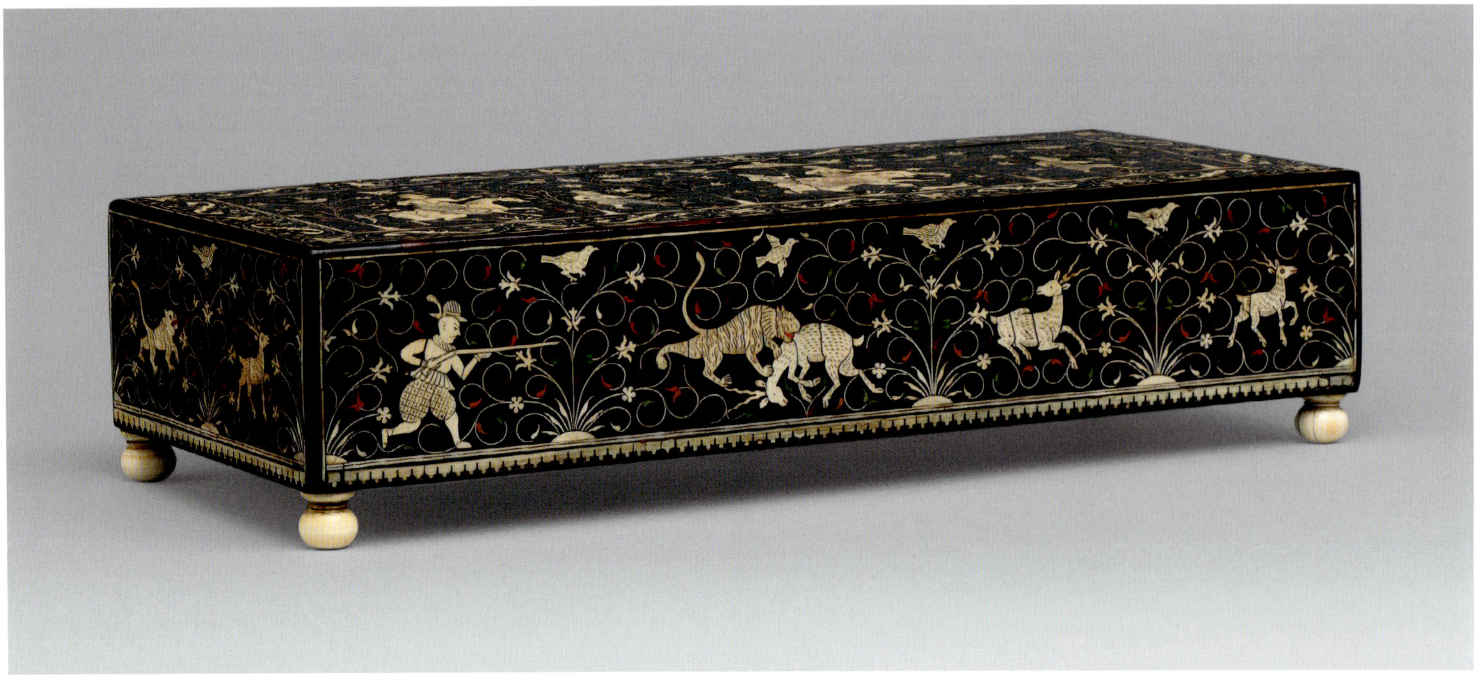

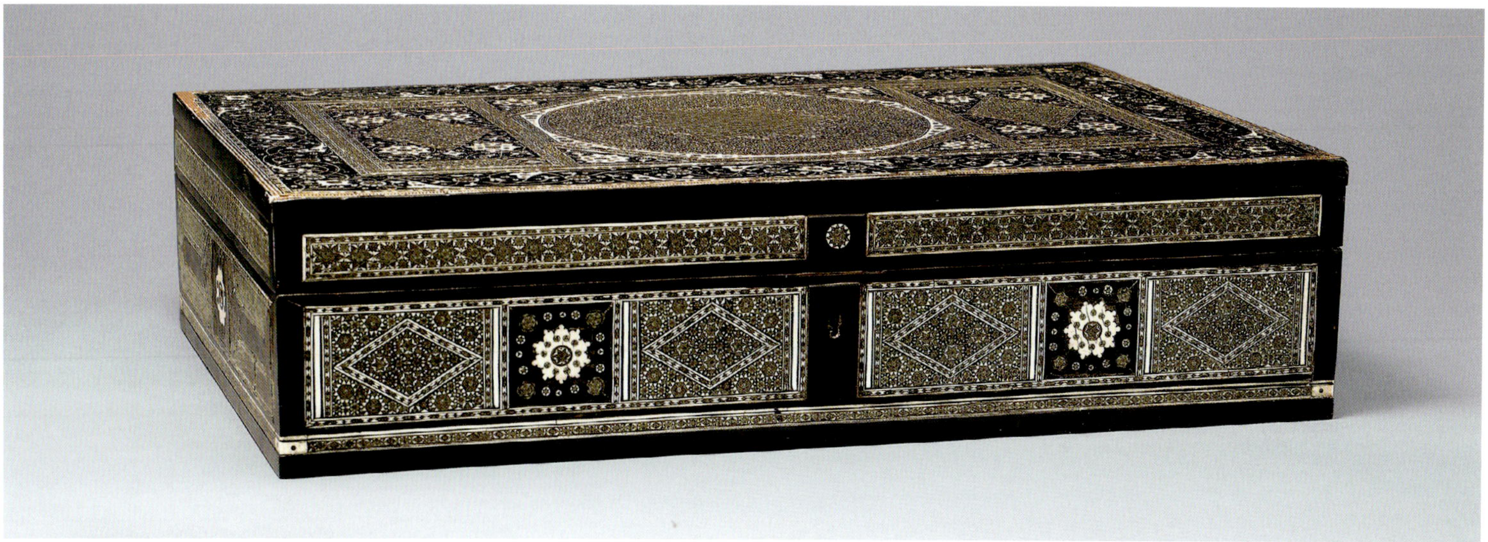

يمكن ربط هذه العلبة بمجموعة من الصناديق والأثاث من الخشب الصلب المطعّم بالعاج قد تكون جميعها صُنعت في ورشة واحدة. ومن بين هذه النماذج وأكثرها بروزا، خزانة صغيرة موجودة بمتحف سنسيناتي للفنون (1) وأخرى بالمتحف الوطني الكويتي بمدينة الكويت (2) تحملان مشاهد صيد شبيهة تبرز شخصيات هندية وأوروبية في غابة. ويُظهر الجزء الأعلى من خزانة في المتحف الوطني للفنّ العتيق بلشبونة (3) برنامج أيقنة مماثل لبرنامج علبة المتروبوليتان، وإن كانت الأيقنة الشاملة لخزانة لشبونة أكثر تعقيدا. ويتضمّن مذبح حُوّل إلى سطح منضدة في متحف فيكتوريا وألبرت بلندن (4) موتيفات حيوانية الشكل وعلى هيئة الحرف اللاتيني S تكاد تكون متطابقة في تصميم الحافة. وفي العموم، فإنّ هذه المجموعة من الأعمال ذات الصلة بعضها ببعض تكشف عن وجود مبادئ وتفاصيل زخرفية متّسقة. لكن يُعتبر الدرج الطويل وشكل العلبة البسيط نسبيا أمرين نادرين يوحيان بأنّ هذه العلبة قد تكون تضمّنت لوازم كتابة (وذلك كشكل مختزل لطاولات الكتابة المتداولة الأكبر حجما والأكثر تنميقا) أو حُليّا ثمينة وممتلكات خاصّة. وقد تكون علب مشابهة استُخدمت في البلاط المغولي أوعيةً لاحتواء القطع النفيسة. ولكن عادة ما كانت تُصنّف علب مطعّمة من هذا الصنف ضمن زخارف المسافرين الأوروبيين الأثرياء. ويوجد هذا الشكل الخاص بالعلبة الطويلة المتضمّنة درجا في طرف من أطرافها منجزا باللّك المطعّم بعرق اللؤلؤ. ولا يوجد نموذج صنّع من الخشب المطعم بالعاج باستثناء هذا العمل. (5)

NNH

1. سنسيناتي (Cincinatti 1985)، ص. 81؛ رقم 58.
2. (Jenkins, ed) ناشر، 1983م، ص. 123.
3. بركسل 1991م، ص. 145.
4. لشبونة 2004م، ص. 115، رقم S 84؛ وأيضا في (Jaffer 2002)، الصفحات 34 – 35.
5. يعرض (Digby 1986)، ص. 221، الصورة 12 علبة من عرق لؤلؤ تعود إلى أواخر القرن السادس عشر الميلادي تتضمن مشهدا ذات عمل شبيه جدّا. 1982د، ص 162، رقم 549.

المصدر: مجموعة خاصّة، لشبونة، البرتغال؛ [(Antiques Manuel Castilho) لندن، حتّى 2000م، بيع لمتحف المتروبوليتان للفنون].

268. علبة كتابة

الهند، غوجارات أو الباكستان، السند في أواخر القرن السادس عشر – أوائل القرن السابع عشر الميلاديين.
خشب مكسوّ بخشب السّاج مطعّم بالعاج والعظم مصبوغ جزئيا).
نحاس أصفر (تقنية سادلي).
المقاسات: 13× 53× 343سم.
اقتناء، هبة بات وجون روزنوالد، 2004. 2004.439.

يُحقّق التصميم على هذه العلبة المكسوّة بخشب الأبنوس المطُعّمة بالعاج والعظم والسادلي (فسيفساء صغيرة جدّا) توازنا بهيجا بين أشكال العنب النباتية في الحواف والميداليات الزهرية المتناثرة في الأرضية الوسطى. وتتضمن زخارفها الهندسية الفاخرة موتيف نجمة مركزي يطغى على الموضوع الرئيسي.
إنّ طبيعة الزينة على هذه العلبة، لاسيّما ما استُخدم من أشكال هندسية قويّة وأرابيسك وتقنية السادلي، تربطها بالعالم الإسلامي الأوسع من حيث الأسلوب والذوق، بينما تجسّد في الآن نفسه التقاليد البارعة التي اكتسبتها الهند الغربية في

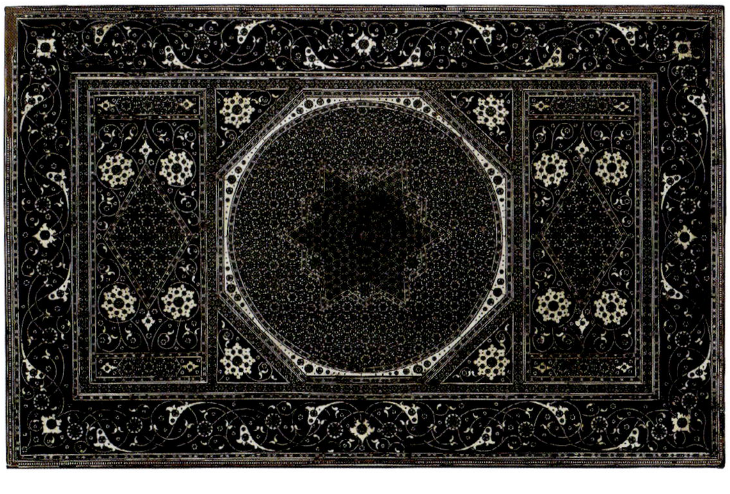

مجال صناعة الأثاث الفاخر الذي كان في أواخر القرن السادس عشر الميلادي معدًا، في أغلب الأحيان، للتصدير إلى أوروبا أو غرب آسيا.

ورغم أن جوف العلبة لم يتبقّ بأكمله كما كان في الأصل، فإنه من المرجّح أن تكون القطعة قد استُخدمت علبة كتابة ومن المفترض أنها كانت تحتوي بداخلها عددا من الأجزاء أو الأقسام لحفظ أدوات وأوراق شتّى. وترتبط تقنية السادلي، التي كانت متداولة منذ العصور الغابرة، ببلدان شرقي المتوسّط على وجه الخصوص. ومن ثَمّ انتشرت لتصل إلى إيران والهند. وتتمثّل الطريقة في إلصاق قضبان أو شرائح رقيقة ذات أشكال تتأتّى من مواد مختلفة (مثل القصدير والخشب والعاج والقرن والنحاس)؛ وتشريح الحزمات بالعرض إلى صفائح رقيقة ذات أشكال متكرّرة وإلصاقها بدعامة خشبية. وسَبقت طريقة السادلي في الهند الغربية طريقة تتمثّل في تطعيم القطع الخشبية بعرق اللّؤلؤ. وقد كانت في القرن السادس عشر الميلادي تُعتمد في المنتجات المعدّة أساسا للسوق التركية.

تُعدّ هذه العلبة جزءا من مجموعة أكبر من الأثاث المطعّم المُشابه، وقد تكون نماذج منه صُنعت في الورشة نفسها. وتُظهر خزانة موضوعة على قاعدة منضدة بمتحف فيكتوريا وألبرت بلندن يُعتقد أنها من أهم الأعمال في هذا الصنف، على أبوابها وأدراجها الدّاخلية أشكال نجمة مشعّة شبيهة بالسّادلي مع نظام زينة نباتي وشكلي محكم في أجزائها الخارجية. (1) كما يوجد في متحف فنون التزويق في باريس نموذج نجمة مماثلة بالسادلي في جزئها الداخلي. (2) ولكن انحصر في هذه النماذج استخدام الأشكال المعتمدة على الميداليات في السادلي إلى حدّ كبير، على المساحات الداخلية (ربّما بسبب هشاشة هذه التقنية)، مع تغطية الأجزاء الخارجية بدلا من ذلك بشخصيات ونباتات مزهرة. وفي المقابل، جرى هنا رفع أسلوب الميداليات وتقنيتها إلى المساحة الرئيسية. وهكذا فإن العُلبة تتميّز عن باقي القطع بطبيعتها العتيقة الإسلامية.

NNH

1. تزيّن (Jaffer 2002)، الصفحات 30 – 32، رقم 8. أيضا الصفحات 20 – 21، رقم 4، لوحة لعب قابلة للعكس بمزيج مماثل من السادلي وأشكال العنب المقوّسة إلى الخلف، غير أن مساحات السادلي في تلك الحالة أكثر تقيّدا وأقلّ تنوّعا.
2. بوردو 1998 – 1999م، الصفحات 10 – 11، 126، رقم 83.

المصدر: مجموعة خاصّة، أسكتلندا (بالوراثة على الأقل 1900 – 2003م)؛ رزمة 143 لـ ماكنرني [(Terence McInerney)، نيويورك 2003 – 2004م؛ بيع لمتحف المتروبوليتان للفنون].

269. منزل بيجابور

الرّسامون: كمال محمّد (نشط في ثمانينات القرن السابع عشر الميلادي) وجاند محمّد جاند (نشط في ثمانينات القرن السابع عشر الميلادي)
الهند؛ الدكن، بيجابور، حوالي 1680م
حبر وألوان مائية معتّمة وذهب وفضّة على ورق
المقاسات: 41.3×32.5سم

اقتناء هبات تخليدا لذكرى ريتشارد أتنغهاوزن، هبات مؤسّسة شمال المتحدة، إحسان يار شاطر وكاركين بشير المحدودة ومارغريت موشكيان والسيد والسيدة إدوارد أبلات والسيد والسيدة جروم أ. ستراكا؛ رصيد أصدقاء القسم الإسلامي؛ هبات السيدة أ. لنكلن سكوت وجورج بلومنتان وصايا فلورنس ل. قولدمارك وشارلز ر. جيرث وميلي بروهل فردريك وأرصدة من مانحين شتّى عن طريق التبادل ورصيد شراء لويس إ. وتيريزا س. سايلي للفن الإسلامي ورصيد رُودجرز، 1982. 213. 1982.

نص بالفارسية بخط النسخي في محاذاة الحاشية العليا:
شاه عباس، ملك إيران.

نص بالفارسية بخط النسخي عموديا بالقرب من الإطار الأيسر:
عمل كمال محمّد وجاند محمّد جاند.

أُنجِزت هذه الصورة من بيجابور لآخر حُكامّها، سِكَندر (حكم ما بين 1672 – 1686م) الذي يظهر فيها إلى أقصى اليمين طفلا، قبل سقوط المملكة على يد الغزاة المغوليين في 1686م بفترة وجيزة. وتَجمع هذه الصورة بين جميع سلاطين عادل شاهي التسعة في اجتماع خاص بالسلالة الحاكمة. وقد يكون ذلك مستُلهما من الرسوم المغولية المجسّدة للفكرة نفسها.

أدمج الفنانان كمال محمد وجاند محمد جاند السمات المميّزة لمدرسة بيجابور في هذه الفترة: تحوّلات كبيرة في الحجم ورؤى من زوايا مختلفة وتشكيلة ألوان غنية باللون الوردي المميّز. (1) وتنساب حالة مزاجيّة 'أُخروية' (وهي عبارة غالبا ما تُستخدم لتوصيف الرسم الدكني) من خلال عرض أشياء جنبا إلى جنب بشكل مبتدع وأحيانا غير منطقي، مثل السلّم الذي يؤدّي إلى بساط دون وجود عناصر معمارية تدعم هذا السّلم، والجبال المرتفعة في الخلفية المستلهمة من الصفويين. وتوحي مشاهد الماء البعيدة بضخامة ما كانت عليه بيجابور سابقا من اتّساع. وقد امتدّت المملكة ليصل مداها بحر العرب وغوا المدينة الساحلية التي جرى التنازع عليها عديد المرّات مع البرتغاليين خلال القرن السادس عشر الميلادي. وتسعى اللوحة إلى إقناع المشاهد بأنّ مفتاح الشرعية المسلّم من قبل إسماعيل (حكم ما بين 1501 و1524م) مؤسس السلالة الصفوية بإيران (وهو معرّف على وجه الخطأ بشاه عبّاس في نصّ لاحق) إلى يوسف (حكم مابين 1489 – 1510م) مؤسّس سلالة بيجابور يرمز إلى الولاء التام لأسرة عادل شاه للمذهب الشيعي. لكن

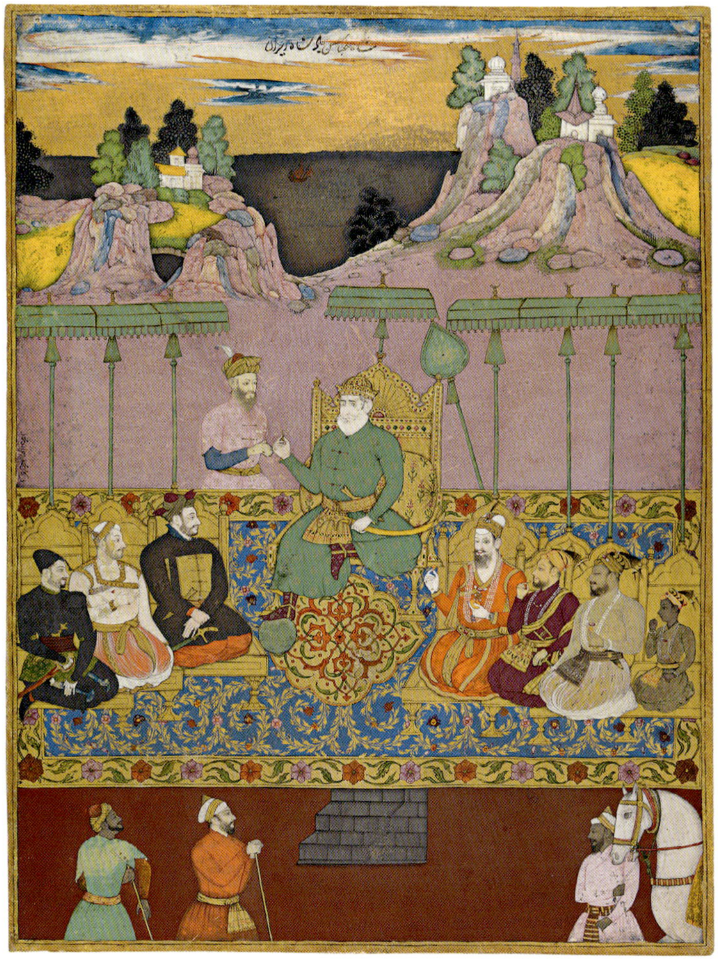

بيجابور كانت تُحكم خلال فترتها الذهبيّة من قبل إبراهيم الثاني (حكم ما بين 1579 و1626م)؛ يظهر هنا جالسا في المكان الثالث من اليمين) وهو مفكّر حرّ حسب زعمه، جعله تسامحه مع الهندوسية والصوفية وكذلك إقراره المذهب السنّي دينا للدولة في 1583م يحيد عن التقاليد المتّبعة. تعكس بعض التفاصيل في العمل، وهي ذات طبيعة تاريخية مدّة المئتي سنة التي قضّتها الأسرة في الحكم. فيمتشق اثنان من الحكام الأوائل إلى اليسار من الصورة خناجر ذات مقابض- وهي ذات أطراف مشقوقة مستقيمة على الطريقة الآسيوية الغربية ومقوّسة ذات ورقتين مزدوجتين على الطريقة الهندية الجنوبية تنتمي إلى أسلوب سابق مقارنة بخناجر القبضة التي كانت تُشاهد على أحزمة الحكام اللاحقين (إلى يمين اللوحة). وتبدو الأذواق المحلية من خلال البساط الأزرق الدوّام وأسلوب المظلات الاحتفالية المسطّحة. وهي تشبه تلك التي وُجدت سابقا في فن نحت 'إندرا' المبكّر. (2) يبقى كمال محمد وجاند محمد جاند، شأنهما شأن أغلب الرسّامين الذين كانوا نشطين في سلطنة الدكن غير معروفَين نسبيا بسبب وجود القليل فقط من الأعمال الموثّقة، رغم أنّ مثل هذا التعاون الذي نشاهده بينهما في هذا العمل كان حاضرا في وقائع أخرى في الرسم البيجابوري وأنّه كان هو القاعدة المتّبعة في الرسم المغولي. (3) وتقف النسخ الأخيرة من هذه الصورة التي وجدت طريقها إلى مجموعات وكتب مرموقة شاهدا على أهمّيتها المتزايدة. (4) NNH

1. استخدم الفنان الصفوي معين مصوّر (نشط حوالي 1638 – 1697م) أيضا هذا اللّون في عمله.
2. ستنشر قريبا دراسة جديدة حول البُسط الدكنية؛ انظر (Cohen 2011) في مجلّد مؤتمر متحف المتروبوليتان للفنون 'سلاطين الجنوب'؛ ((Haidar and Sardar) ناشرين، 2011م). انظر أيضا أطروحة دكتوراه أنجزها(Yumiko Kamada) بمعهد الفنون الجميلة، جامعة نيويورك (Kamada 2011) شكرا إلى (Kurt Behrendt) من قسم الفن الآسيوي بمتحف المتروبوليتان للمعلومات حول فن النحت المبكّر بالمنطقة.
3. (Robbins and McLeod) ناشرين 2006م. ص. 34 رقم 26؛ (Falk and Archer 1981)، رقم 404، يزيّن صورة شخصية لإخلاص خان موقّعة من قبل جاند محمد جاند بيد مماثلة وإن بَدتْ أقل براعة. انظر أيضا، المصدر المذكور. ص. 114، رقم 101، يزيّن رسما يحمل توقيع حيدر علي ومحمد خان. وهذا مثال آخر حول التعاون بين الرسّامين.
4. وتتضمّن نسخ لاحقة نسخة (Sotheby's) لندن مخطوطات ومنمنمات شرقية جميلة؛ 21 و22 نوفمبر 1985م، الرزمة 71 (نسخة من رسم متحف المتروبوليتان مؤرخة في حوالي 1750م). انظر أيضا (Strzygowski et al 1933)، الصفحات 42 – 43، الصورة 37) (لاحقا، نسخة مختزلة من رسم متحف المتروبوليتان، موجودة الآن في المكتبة الوطنية النمساوية (Österreichische Nationalbibliothek) بفيينا؛ (Duda 1983)، ص. 266، صحيفة 20، الصورة 458؛ (Taylor 1866) (الصورة المصدّرة، نسخة متأخرة من رسم متحف المتروبوليتان)؛ (م1908 –1906 Manucci)، المجلّد 3، لوح 34.

المصدر: (Kevork Essayan)، باريس (حتى وفاته 1980؛ بيع التركة، Nouveau Drouot) باريس، 24 يونيو 1982م، الرزمة 67، (John R. Alderman) لمتحف المتروبوليتان للفنون).

270. البُراق – الدابة السماوية

الهند، الدكّن على الأرجح جولكندا حوالي 1660 – 1680م
ألوان مائية معتّمة وذهب على ورق
المقاسات: 21.9×27.6سم.
اقتناء رصيد رودجرز، هديّة إليزابيث س. آتنغهاوسن، تخليدا لذكرى هدية ريتشارد آتنغهاوسن وإحسان يارشاطر. 1922. 1992.17.

يتضمّن القرآن أوصافا للبُراق المطيّة الأسطورية التي ركبها النبيّ محمد ليلة المعراج إلى الجنّة. رُسم البراق هنا دون راكبه. وهو عبارة عن دابة هجينة لها وجه امرأة جميلة تحمل جواهر وجسم حصان ذي أجنحة وذيل معقود ينتهي برأس تنّين. أمّا جسم البراق فقد امتلأ بتشكيلة من الحيوانات تتضمّن فيلة وأسودا وسمكا وطيورا. وتقضم مجموعة من الوحوش ذات رؤوس أسود حيوانات أخرى بينما يقرض التنّين جناحي البراق.

وقد جاءت الصورة بتشكيلة ألوان خافتة من البنّي الفاتح والأخضر وبخطوط محيطة بالذهب تُظهر نباتات متفرّقة باللون الذهبي على خلفية من الأخضر الغامق. وكان استعمال مزيج من تشكيلة داكنة اللون مع لون طبيعي برّاق في رسم وجه البراق أمر دراميا فعلا. وترتبط الزخارف الذهبية المحيطة بحاشية ألبوم من جولكندا يعود إلى أواخر القرن السادس عشر الميلادي. (1)

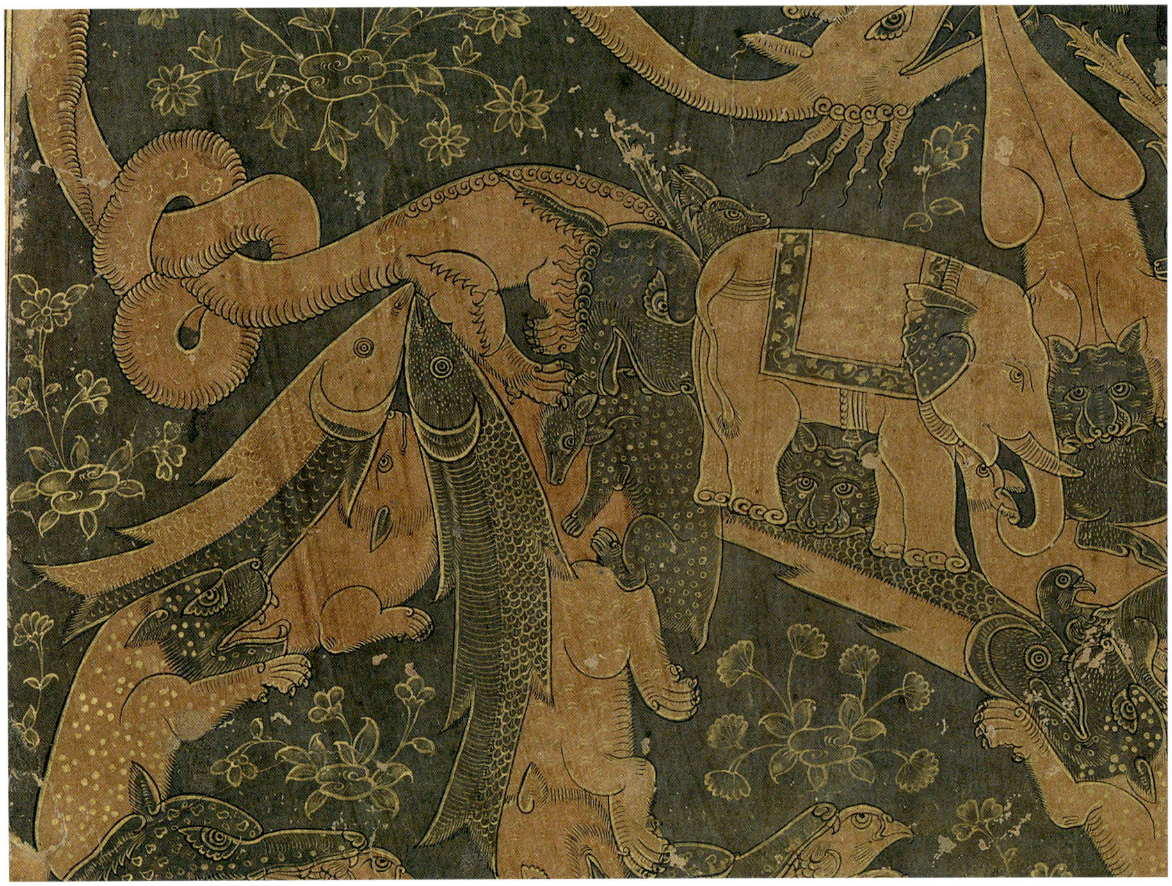

تفصيل 381

يشبه التصوير الفعلي للبراق من حيث الأسلوب والتقنية رسمَ الحصان المركّب الذي غمرته أشكال آدمية وحيوانية ويعود إلى أوائل القرن السابع عشر الميلادي ويوجد في متحف الفن الإسلامي بالمتحف الوطني ببرلين. وهو يُظهر درجات من اللون الداكن شبيهة من حيث الحسّ بهذا العمل. (2) ولكن من حيث البنية، يبدو الرسم الحالي أقرب إلى البراق المغولي المركّب الذي يعود إلى القرن السابع عشر الميلادي، ويبدو فيه البراق مرتدّ الرّأس إلى الوراء، (مكتبة البولين بأكسفورد) (3) رغم أن هذا النموذج المغولي يختلف معالجةً وتشكيلةَ ألوان عن براق المتحف. وبينما توجد تقاليد عريقة في مجال رسم الحيوانات المركّبة في الفنّين الإيراني والهندي كما توجد نماذج أخرى معروفة في الدكن، فإنّ عدد مثل هذه الرسوم للبراق قليل. فأغلب هذه الرسوم المركّبة تتعلّق بالفيلة والخيل والجمال والأسود (4) مرسومة مع راكبيها. ويبقى مصدر هذه الصّور مجهولا، رغم أن بعض الناحتين يعتقدون أن المفهوم نشأ في آسيا الوسطى القديمة. (5) ويُنسب العديد من الرسوم المركّبة للجمال والأمراء الشباب والأميرات الشابات المغمورة بأشكال بشرية لإيران وآسيا الوسطى خلال القرن السادس عشر الميلادي. (انظر الفهرس 142). (6) ويُوجد في الهند تاريخ طويل للتصوير المماثل حسب التقاليد المغولية والدكنية والهندوسية. لكن الرسوم المركّبة للبراق من الدكن المنجزة بهذا الأسلوب المميّز هي التي أُعتُمدت نماذج لأمثلة هندية ودكنية لاحقة. (7) وإذ حاول العلماء تأويل هذه الصور، أشار بعضهم إلى أنها تعكس سيطرة العالم السماوي على العالم الطبيعي وضمنيا سلطة الحاكم على أرضه وشعبه. (8) ولكنّ هذا يبقى من باب الافتراضات ويبقى معنى هذه الرسوم المثيرة للفضول مبهما. والأكيد هو أن خصائصها غير الجادّة الغامضة مثّلت مصدر تسلية لزبائنها ومالكيها، تماما مثلما هي تفتننا اليوم.

ME

1. (Zebrowski 1983)، الصفحات 170 – 172.
2. المصدر المذكور، ص. 146، اللّوحة 18.
3. مخطوط لراني ب، ت، ق 10ر. انظر (Topsfield 2008)، اللّوحة 59.
4. يوجد رسم مركّب لأسد منسوب إلى الدكن في ألبوم (Dorn) في المكتبة الوطنيّة بروسيا Saltykov Shchedrin Library سابقا بسانت بيترسبرغ. أودّ أن أشكر نافينا حيدر لجلب انتباهي إلى هذا العمل.
5. (Del Bontà 1999)، ص. 70.
6. يوجد رسم مركّب لأميرة أنجزه محمد شاري مصوّر بحافات رسمت من قبل محمد مراد سمرقندي في رواق آرثر م ساكلر بواشنطن (رقم 0304. 586) أعيد إنتاجه في (Lowry and Nemazee 1988)، اللوحة 67. مُعلقها، وهو رسم مركّب لأمير جالس موجود في متحف اللوفر بباريس (رقم 7109). انظر أيضا الفهرس 142.
7. دسلدورف 2003م، الصفحات 153 – 163.
8. (Del Bontà 1999)، ص. 81.

المصدر: (Richard Colley)، أحد نبلاء والزلي (حتى وفاته 1842م)؛ بالوراثة لابنة زوجة ابنه، (Mrs. Colley Wellesley) (حتى وفاتها 1941م)، بالوراثة للدوق السابع لولّنغتون (1947 – وفاته في 1972م)؛ [(Terence McInerney)] نيويورك، حتى 1992م. وبيع لمتحف المتروبوليتان للفنون].

271. "الخبز والحلوى" (نان فاحلوى) لمحمد بهاء الدين العميلي

الهند، سلطنة الدكن، أورنجباد في حوالي 1690م
حبر وألوان مائية معتّمة وذهب على ورق وتسفير جلدي.
المقاسات: 23.5× 14سم.
شراء، أصدقاء هدايا الفنّ الإسلامي، 1999. 157. 1999.

كُتب نص هذا المخطوط من قبل محمد بهاء الدين العميلي، (1547 – 1621م) المعروف أيضا بالشيخ بهائي. وهو قصيد مثنوي (مزدوج) حول محاسن حياة التزهّد. فبعدما شغل منصب شيخ الإسلام بأصفهان، تخلّى عن منصبه للسفر والكتابة وإنتاج تفاسير للقرآن والنحو والفقه وعلم الفلك علاوة على عديد المواضيع الأخرى. (1) ومن بين الأعمال المؤلَفَة خلال هذه الفترة "الخبز والحلوى" الذي قد يُمثّل هذا المخطوط النسخة المصوّرة الوحيدة منها. كُتبت مقدمة المؤلف باللغة العربية بالخط الأسود وكُتِبت الترجمة باللغة الفارسية بالأحمر بين الخطوط. وأمّا القصيد فقُدِّم باللغة الفارسية بالخط الأسود مع عناوين بالعربية باللّون الأحمر. أُحيط النّص بسحب من الذهب. وتتضمّن عديد الصفحات حواشي بها أزهار لوتس ذهبيّة في شبكة على خلفية فضيّة. وتتضمّن حواش أخرى طيورا وحيوانات خيالية في منظر طبيعي كثير الصخور. وتُلاصق نباتات مزهرة زاهية كثيرا من العناوين.

وكان موضوع القصيد من المواضيع التي تستدعي التزيين بسهولة. ولكن هذا الفنان المغمور وجد ما يكفي من المسحة المرحة في الأمثال الاستعارية التي وضعها المؤلف. ومن ضمن الرسوم الجذابة الأربعة، يرافق الرسم الأول فصلا يتعلّق بالأسف على حياة أُهدرت في تعلم أشياء غير مفيدة ليوم البعث. ويعرض الفنان مدرسة لا تُدرس فيها إلا العلوم، ومدرّسوها في غفوة، يتأملون ويشربون (الصفحة المقابلة). أما الرسمان الثاني والثالث فيُزيّنان فصلا يتعلق بقصّة زاهد لا يتحصّل على خبزه اليومي المعتاد. وعندما يذهب إلى المدينة تائها ويقبل من

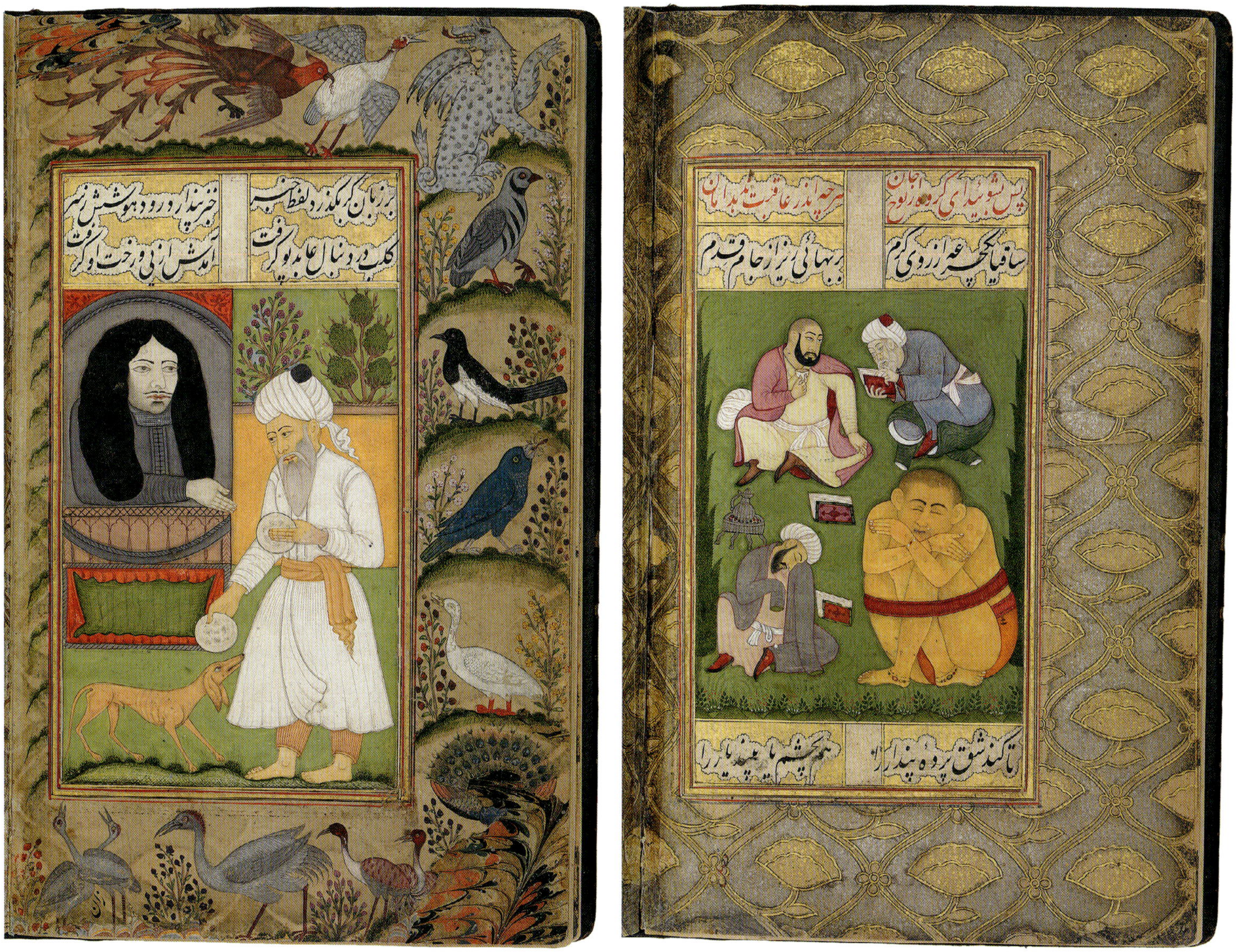

فرط الجوع خبزا مقدّما له من كافر، يؤنّبه كلب على عدم امتلاكه الإيمان والصبر لرؤية ما إذا كان الله سيرزقه. ويصوّر رسم الزاهد وهو يصلّي في البريّة ويظهر الثاني الكلب وهو يجزره. ويظهر الكافر في الخلفية على هيئة الملك الإنكليزي شارلز الثاني (أعلاه). وفي الرسم الأخير تجلس الأرملة بيبي تاميز على سجّادة معرضة برأسها مشغولة البال. وهذا الرسم يرافق فصلا حول النفاق. فرغم أنّ بيبي تاميز تبدو ورعة ظاهريا فإنّ حرفتها الحقيقية هي الدّعارة.

أُنجز المخطوط على الأرجح في أورنجباد بعد غزو المغول للدكن بفترة وجيزة، عندما انتقل العديد من الشماليّين إلى هذه المقاطعة التي ضُمّت وقتئذ إلى الإمبراطورية. ولئن لم يكن يُعرف سوى القليل حول الفن البلاطي في هذه المرحلة، فإنّ الاعتقاد السائد هو أنّ رعاية كثير من النبلاء خارج البلاط هي التي دفعت إلى انبعاث مرحلة جديدة في الفنّ الدكني الذي كان قد بدأ في استيعاب عناصر من الرسمين المغولي والراجبوتي.

MS

1. حول بهاء الدين العميلي، انظر (Kohlberg 1989)؛ (Stewart 1991)، الصفحات 563 – 567؛ (أ Stewart 1996)؛ (ب Stewart 1996).

المصدر: [(Sam Fogg) لندن، حتى 1999م؛ بيع لمتحف المتروبوليتان للفنون].

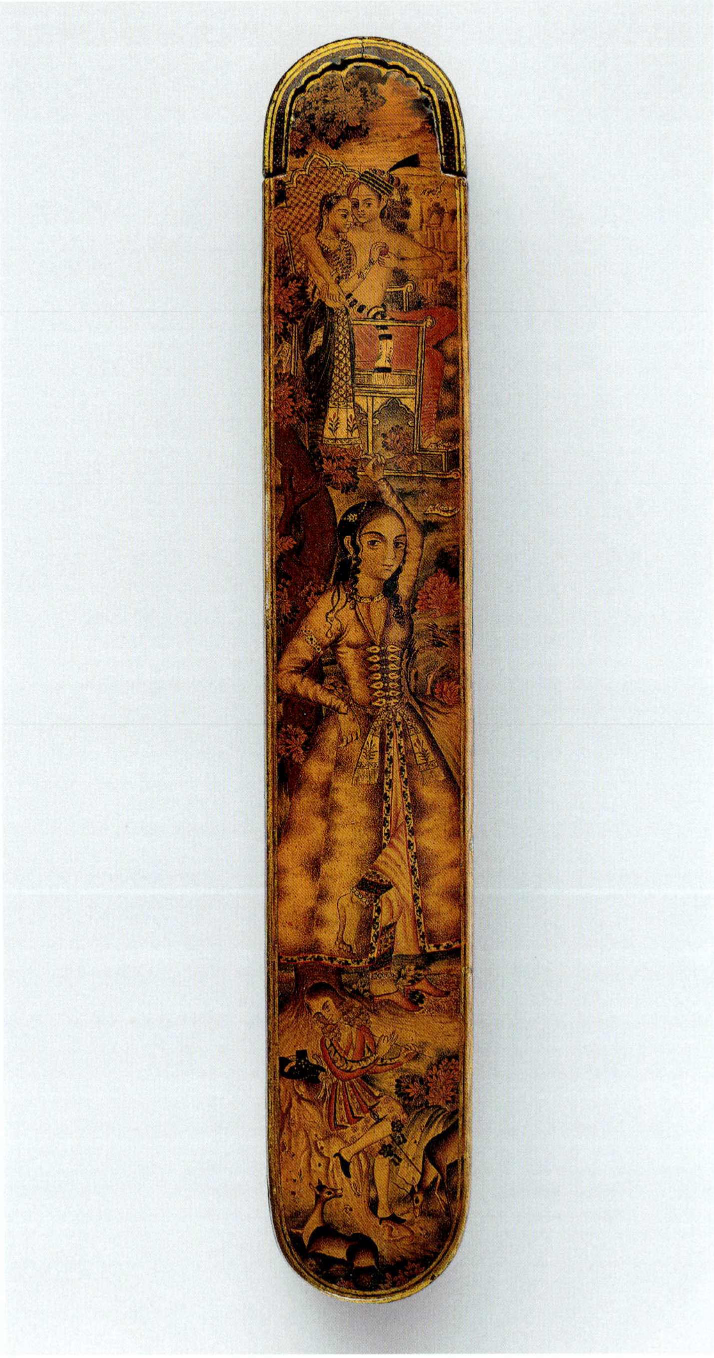

272. مقلمة

الرسام منوهر (نشط حوالي 1582 – 1624م).
الهند، على الأرجح الدكن أو الهند الشمالية في أواخر القرن السابع عشر الميلادي – أوائل القرن الثامن عشر الميلادي.
ورق معجّن ملوّن مطعّم بالذهب وباللّك.
المقاسات: 3× 23.3× 3.8سم.
رصيد سينثيا هيزن بولسكي وليون ب. بولسكي، 2002. 416.2002 أ- ب.
نص بالفارسية بخط النستعليق في الزاوية العليا اليمنى من الغطاء:
[عمل] المتواضع جدّا منوهر.

تمزج الزينة على هذه المقلمة المغطاة باللّك بين موتيفات هندية وفارسية وأوروبية حسب أسلوب هجين شوهد لأول مرّة في إيران في أواخر القرن السابع عشر الميلادي وبعدئذ في الهند، خاصّة في الدّكن. تَظهر في الصورة المركزية امرأة شابة ترتدي لباسا فارسيا وتمسك بغصن فوق رأسها في وضعية "البنت التي تُخصّب شجرة"، هذه الوضعية المعهودة من فترة الفنّ الهندي القديم. ويوجد فوقها زوجان عاشقان يرتديان ثيابا هنديّة. وتقف المرأة إلى جانب أمير جالس على كرسي ذي مسند صدفي أو عرش. وأسفل الشخصية الرئيسية يعزف نبيل أوروبي الناي جاثما على صخرة على مقربة من ظبي يرعى. ورُسمت جوانب العلبة بمشاهد رعويّة منسوخة من أساتذة أوروبيين، تتضمّن مجموعات من المسافرين والصيّادين وزوج من العاشقين ومناظر معمارية تتراءى في الأفق- وهي أعراف كانت أيضا معهودة في الرسم الصفوي المعاصر. ومن بين النقوش الصغيرة، يوجد واحد على طرف العلبة الأسفل لرجلين يحملان عنقود عنب ضخما جدّا على عمود. وقد رُسم هذا الموتيف اعتمادا على قصّة الخريف الرمزية لنيكولاس بوسّن (حوالي 1660م). (1) ويمكن التّعرّف على رسّام هذه المقلمة منوهر الذي لم يكن معروفا في السابق، من خلال نص بالفارسية موجود بالقرب من الزّوجين العاشقين على الغطاء في الجهة العليا على اليمين. أسند منوهر الموتيفات الفردية في الزخرفة إلى موتيفات علبة مجوهرات مطلية باللّك موجودة في متحف فيكتوريا وألبرت بلندن، منسوبة إلى الفنان رحيم الدكني. (2) وتُرى الشخصية العازفة للناي في رسم ملوّن تلوينا خفيفا في مكتبة تشستر باتي بدبلن يحمل نصّا يُسند فيه العمل إلى رحيم الدكني. (3)

ومن الأكيد إذن أن منوهر وجد سبيله إلى أعمال رحيم إن لم يكن إلى الرسام نفسه. ورغم أن المكان الذي أُنتجت فيه هذه الأعمال لا يزال مجهولا، فإن نسبة ''الدكني'' التي تلي اسم رحيم، أدّت بالباحثين إلى تداول فرضية أن يكون الرّسام قد نشط خارج الدكن، ولو أنّ أعمالا أخرى تعود إلى الفترة نفسها منسوبة إلى الدكن تشير إلى أنّ هذا الأسلوب المميّز كان متداولا هناك. (4)

أدخل العديد من الرسّامين في الفترة الصفوية المتأخرة موتيفات وأساليب هندية وأوروبية على حدّ سواء في أعمالهم، ولكن دون أن تكون بالضرورة مقترنة. (5) وقد جرى التعبير عن هذه العناصر بتقنية رسم ملوّنة تبدو جليّة خاصّة في الأعمال المنجزة على اللّك من قبل الشيخ عباسي وأبنائه، علي ناقي ومحمد تاقي. (6) ويُبدي الرسم المعاصر وذلك المتأخر قليلا نزوعا إلى الرسوم المظللة في أسلوب مماثل وكذلك إلى تحوّلات غير اعتيادية في الحجم كما يتبيّن ذلك في عمل الرسام الفارسي 'بهرام سفركيش'. وتُظهر مقلمة منوهر المزيج الغريب نفسه بين الموتيفات وتقنية الرسوم المظللة.

NNH

1. حيدر هيكل 2004م، ص. 183، الصورة 10.
2. المصدر المذكور، الصفحات 179 – 180، الصور 5،6،7.
3. المصدر المذكور، ص. 181، الصورة 8.
4. يعطي (Jaffer 2002)، ص. 61، مصدرا إيرانيا لعلبة متحف فيكتوريا وألبرت من عمل رحيم الدكني، مشيرا إلى إمكانية أنه قد يكون نشط في إيران.
5. الرسامون الصفويون المعنيون هم شيخ عبّاسي وعلي ناقي ومحمد تاقي وبهرام سفركيش ومحمد زمان وعلي قولي جبّدار.
6. (Skelton 1985).

المصدر: مجموعة خاصّة، فرنسا، [(Francesca Galloway) لندن، حتى 2002؛ بيع لمتحف المتروبوليتان للفنون].

273. علبة لحمل مضغة التنبول

الهند، سلطنة الدكن، بيدار في أواخر القرن السادس عشر الميلادي
سبيكة الزنك مصبوب محفور مطعم بالفضّة والنحاس، (أدوات بدري)
المقاسات، 9.9× 13.6سم.
رصيد لويس إ. وتيريزا س. سايلي لمقتنيات الفن الإسلامي ورصيد رودجرز،1996. 3. 1996أ– ب.

تنتمي هذه العلبة ذات الجوانب المنحدرة التي زُخرفت بأزهار فضيّة مرتبطة بشبكة لفائف نحاسية صفراء إلى مجموعة من العُلب الهندية ثمانية الأضلاع، كانت الغاية من صنعها حمل مضغة التنبول المتكوّنة من ورقة تنبول ملفوفة ومملوءة بعجين الجير المُطفّى والتوابل. وحيث أن علبة المتحف هذه لا تتضمّن أقساما داخلية، فإنّه يُعتقد أنها كانت تحمل مضغة التنبول الجاهزة عوضا عن المكوّنات المستخدمة لصنعها. (1) ويُعتقد أن عملية زخرفة هذه القطعة المعروفة بـ 'بِدري' قد ابتُكرت في مدينة بيدار في سلطنة الدكن بالهند. (2) حسب هذه الطريقة، تُصنع القطعة من سبيكة تتضمّن الزنك والنحاس الأصفر مكوّناتٍ أساسية وتُطعّم بالفضّة و\أو بالنحاس الأصفر. (3) ثمّ توضع بعدئذ عجينة

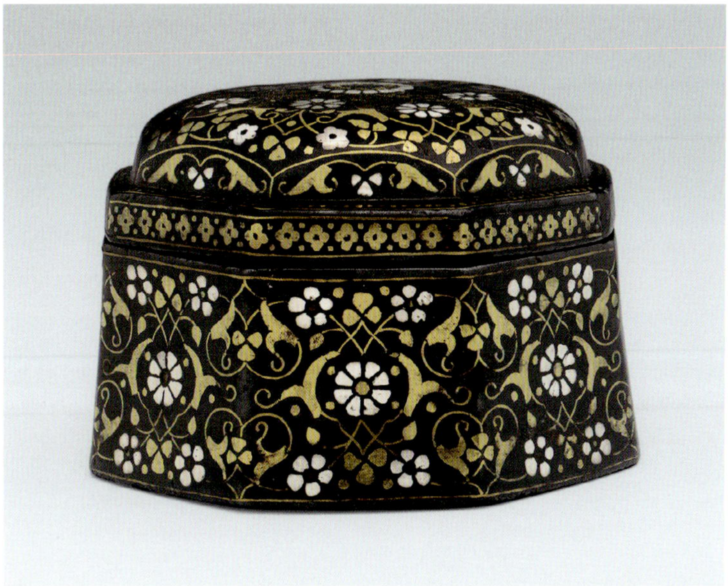

خاصّة على القطعة لجعل المادّة الأساسية داكنة جدّا، وفي الآن نفسه لتعميق الألوان المتباينة للمعادن المطعّمة. ناقش الباحثون لمدّة طويلة مسألة كيف ومتى تبلورت هذه التقنية.، وهي مسألة لن تجد إجابة شافية هنا. ولكن الأشكال الزخرفية الموجودة على هذه العلبة توحي بأنها قد تكون أحد النماذج المتبقية من أقدم أدوات بدري. (4)

وقد جرت مقارنة الجدران المنحدرة والسقف المقبّب المتدلي إلى أسفل بالطّراز المعماري السائد في عصر السلطنات وبالطّراز المعماري البهماني المبكّر. وتختلف الشبكة النباتية زخرفة الملفوفة، وهي ذات نَفس إيراني، عن الإفريزات المتكوّنة من النباتات المزهرة الموجودة على عديد قطع ''بدري'' الأخرى التي تُفهم على أنها تبنّ للأسلوب الزهري المغولي في الدكن نتيجة الاتصالات التي جرت خلال منتصف القرن السابع عشر الميلادي بين المنطقتين. (5) وتوجد بمتحف فيكتوريا وألبرت بلندن قطعة مبكرة أخرى من نوع بدري، (6) وهي صحفة ذات ساق وزخرفة شبيهة بتلك الموجودة على هذه العلبة، وتتضمن أزهارا على لفائف ضمن خراطيش توحي بها أوراق مسنّنة ونصف سعيفات ذات فصيّن. وقد يسبُق تاريخ هذين النموذجين تاريخَ أقدم قطعة بدري مؤرخة، وهي قاعدة نارجيلة مطعمّة بالفضة والنحاس موجودة الآن بمتحف 'جقديش وكاملة متّال' للفن الهندي بحيدرباد. وهي تمزج بين الموتيف الزهري الملفوف والنباتات المزهرة الطويلة المألوفة جدّا في الفنون الهندية المحمولة. (7)

MS

1. توجد علب مضغة التنبول ثمانيّة الأضلاع مصوّرة في لندن 1982م، ص143، (Zebrowski 1997)، الصفحات 265 و269.
2. تعتمد أغلب الحجج المقدمة بهذا الخصوص على اسم التقنية. وخريطة بيدار تعود إلى القرن الثامن عشر الميلادي. وهي تُظهر هذه القطع بوصفها أحد منتجات هذه المقاطعة (مصوّر في لندن 1982د، ص.49).
3. اكتشف كل من (Susan La Niece) و (Graham Martin) أهمية النحاس في سبيكة للحصول على خليط أكسيدي أسود. انظر (La Niece and Martin 1987).
4. اقتُرح هذا التاريخ لأول مرّة في (Zebrowski 1984)، ص.39.

5. انظر مثلا قاعدة نارجيلة بدري (الفهرس274) مناقشة ومصورة أيضا في هذا المجلّد.
6. متحف فيكتوريا وألبرت بلندن، رقم 10 – 1973، منسوبة إلى تاريخ في أوائل القرن السابع عشر الميلادي، مصورة في (Stronge 1985)، ص 39.
7. تحمل نصّا يعود إلى 1044هجري الموافق لـ1634، نُشرت في (Zebrowski 1997)، ص.232، رقم 384.

المصدر : مجموعة خاصة، إنكلترا، [John Lawrence Fine Arts Inc)] لندن حتى 1996م؛ بيع لمتحف المتروبوليتان للفنون].

274. قاعدة نارجيلة

الهند، سلطنة الدكن، بيدار في أواخر القرن السابع عشر الميلادي
سبيكة الزنك مصبوب محفور مطعم بالنحاس (معدن بدري)
المقاسات: الارتفاع: 17.5سم. القطر: 16.5سم
رصيد لويس إ. وتيريزا س. سايلي لشراء الفن الإسلامي ورصيد رودجرز، 1984– 1948.221.

تمثل هذه القطعة قاعدة لنارجيلة أو 'حقة'. وفي هيئتها الأصلية، كانت ربّما تتضمّن أنبوبا للاستنشاق وساقا طويلة لحمل الرّأس (ومجمرة) قد كانا ربّما متّصلين بعنقها. وقد تكون القاعدة تستكنّ على حلقة مكّنتها من المكوث في وضعية مستقرة على الأرضية. لم يتبقّ إلاّ القليل من النارجيلات الكاملة التي تعود إلى هذه الفترة بل تكاد تكون مفقودة تماما. وما هو مُحتفظ به في المتاحف اليوم هو القواعد (القليل منها لها حلقات متجانسة معها). ولا يمكن إعادة تركيب القطعة الكاملة على هيئتها الأصلية إلا بالاعتماد على الرسوم. وصُنّع العديد من قواعد النارجيلات المعروفة العائدة إلى القرنين السابع عشر والثامن عشر الميلاديين في الدكن. وزُيّنت بنوع من معدن التطعيم المعروف بـ"بدري". وتُعدّ هذه القطعة بشكلها الكروي تقريبا وعنقها القصير وحافتها المقلوبة نموذجيّة فيما يتعلق بقواعد نارجيلة 'بدري' العائدة إلى أواخر القرن السابع عشر الميلادي. (1) ولكن الإفريز الرقيق من النباتات المزهرة المرشوشة قليلا بالبراعم ممّا يميّزها عن النماذج الأخرى المزخرفة زخرفة أكثر غزارة. ويمكن للمرء أن يرى تأثير الجمالية المغولية في رسم العناصر وترتيبها هنا. وقد كانت الأزهار والنباتات هي الأنواع الأكثر استعمالا لتزيين قواعد النارجيلات، ولو أن العديد من النماذج المُصوِّرة معهودة أيضا، وعليها مشاهد معمارية خيالية، ولاحقا في القرن الثامن عشر الميلادي موتيفات كلاسيكية جديدة.

MS

1. انظر النقاش في (Zebrowski 1997)، الصفحات 225 – 245.

المصدر: [بشير محمد، لندن، حتى 1984م؛ بيع لمتحف المتروبوليتان للفنون].

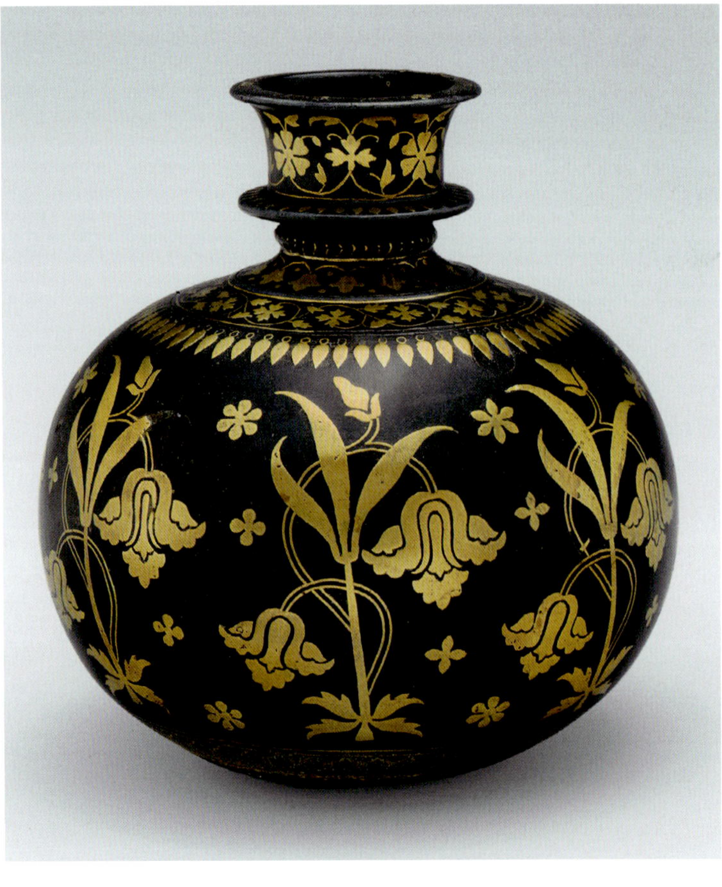

275. نافورة

الهند، الدكن، أوائل القرن السابع عشر الميلادي.
نحاس أصفر مصبوب في أجزاء مدموج ومحفور.
المقاسات: 97.7× 93.2 × 67.6سم.
شراء هدية ليلى أكسون ولاس، 1997 1997.150.

يتحوّل شكل الساعة الرملية ذات الترتيب الإيقاعي للأضلاع والقوالب والتصاميم المنقوشة إلى دليل يوجّه العين من أعلى إلى أسفل. هذه النافورة النحاسية في حركة واحدة مسترسلة. زُيّن الأنبوب الناتئ بقناع أسد معروف بـ"كيرتيموخا" (حرفيا، وجه المجد). ولعلّ هذا الامتداد كان موصولا بأنبوب آخر يضخّ الماء تحت الضغط إلى داخل النافورة ثمّ إلى أعلاها من خلال قمّتها حيث ينبع السائل. تكوّنت النافورة من سبعة أجزاء مصبوبة كل واحد على حدة لُحمت جميعا بطريقة تُذكّر بصناعة المدفع المعاصر. ولن نجانب الصواب إذا ما افترضنا أن هؤلاء الأخصائيين كانوا على علاقة بصبّ مثل هذه القطعة الكبيرة الثقيلة. (1) وتدمج موتيفات النافورة الزخرفية أهمّ الجوانب المميّزة لصناعة المعادن في الدكن وانصهار الأشكال المعمارية القويّة الأضلاع الواضحة والموتيفات الحيوانية. وكلّها معهودة في عديد الأباريق والمباخر على شكل أسد أو طاووس أو إوزّة، أو مجموعات غريبة منها. ورغم أنّه لم تتبق إلى حدّ الآن أيّة حديقة دكنية في هيئتها التي كانت عليها في القرن السادس عشر أو السابع عشر الميلاديين، فإنّ دراسة بقاياها الماديّة والسجلاّت التاريخية والشعر المعاصر

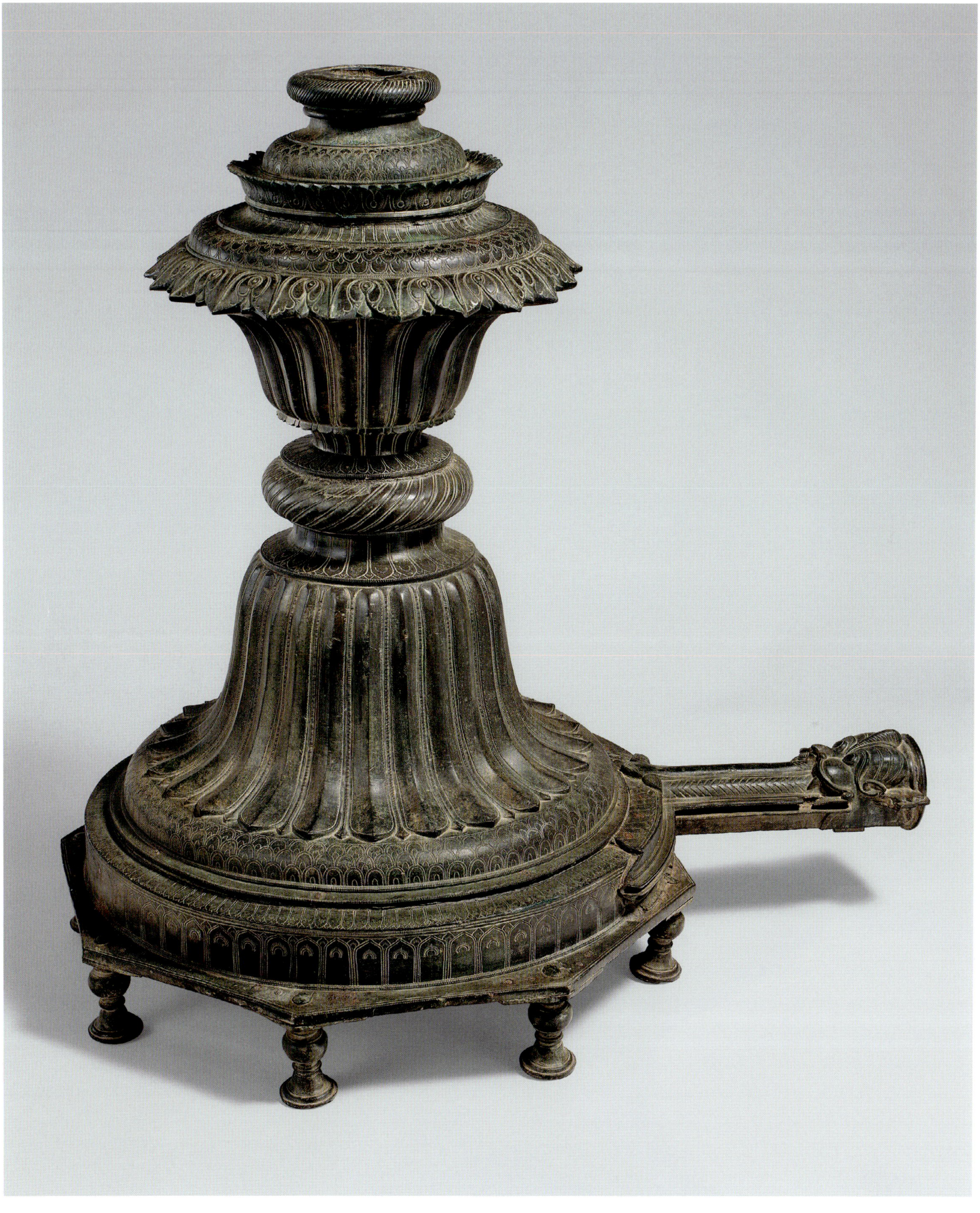

تكشف عن أنّها سمة هامّة من سمات المعمار البلاطي في منطقة الهند. (2) وتشير جميع هذه المصادر إلى أهميّة الماء بصريًا وسمعيًا على حدّ سواء في حدائق تلك الفترة التي تُنسب إليها هذه النافورة. وهي فكرة تأكّدت من خلال دراسات حول أنظمة المياه المتطوّرة التي زوّدت عاصمتي جلكندا وبيجابور. (3) ويبدو أنّ نافورتين أخرتين، وهما حوضان يعودان إلى حديقة واحدة، تتضمّنان بدورهما بتلات ذات تفاصيل محزّزة وقطعا تزيينية متدلّية حول القاعدة وفوهة 'كرتيموخا'. (4) ويُرجّح أن تكون تخلّلت هذه الحديقة نافورات بمظاهر مختلفة أو في صفّ على طول قناة المياه لتقديم ترتيب يَسرّ الناظرين.

MS

1. كما لاحظ ذلك الأمين (Richard Stone)، انظر تقريرا في ملفّات أمانة قسم الفنّ الإسلامي.
2. انظر مثلا، حسين 2000م.
3. ضمن دراسات أخرى انظر (Rötzer 2010).
4. واحدة موجودة بمجموعة دافيد (David Collection) كوبنهاغن رقم 1998/ 53، منشورة في (Folsach 2001)، ص.336، والأخرى موجودة في مجموعة خاصّة.

المصدر: مجموعة خاصّة، أوروبا، [(Terence McInerney)، نيويورك، حتّى 1997م، بيع لمتحف المتروبوليتان للفنون].

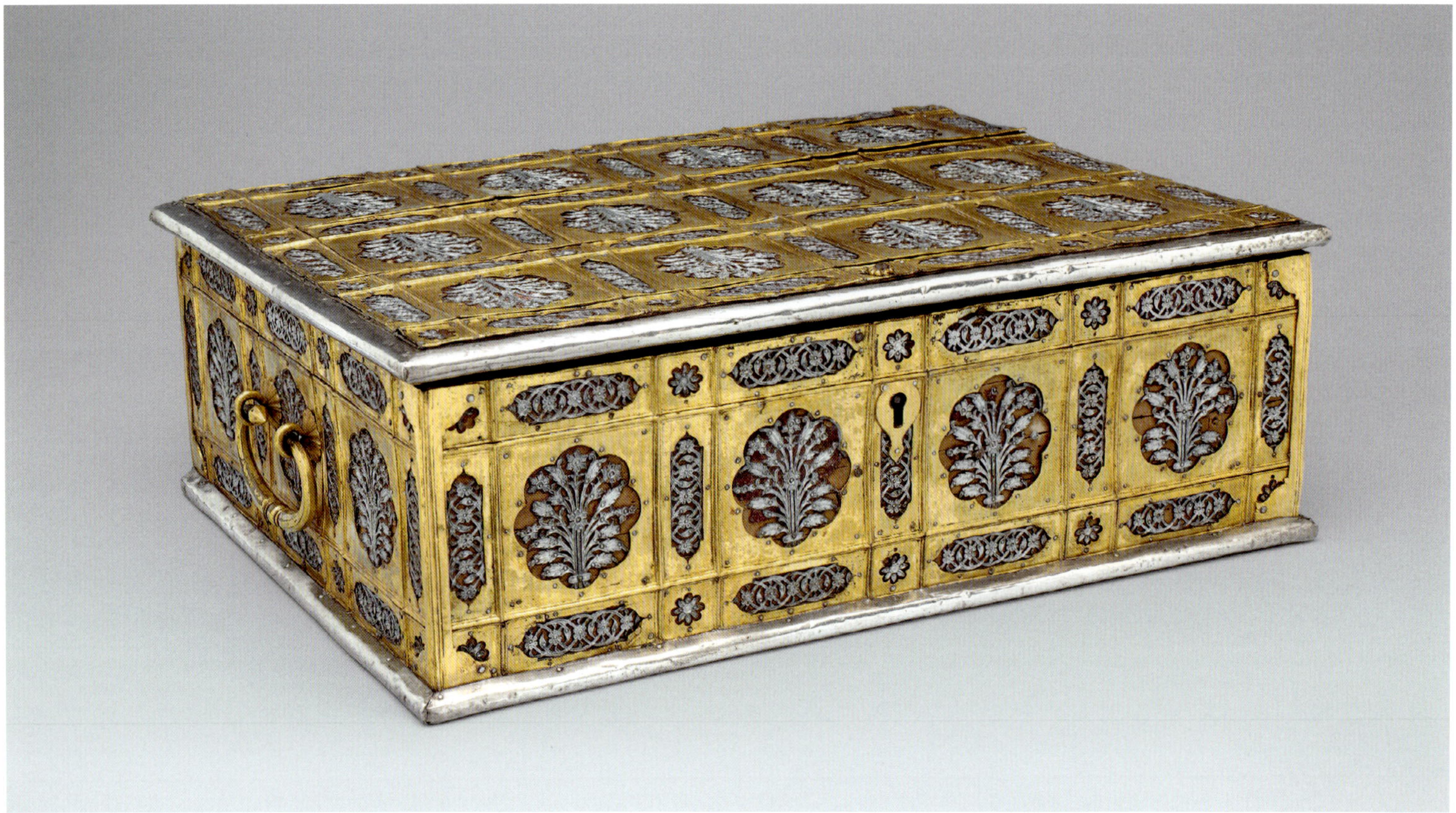

276. علبة كتابة

الهند، المغول أو الدكن، على الأرجح برهان بور في منتصف القرن السابع عشر الميلادي.
خشب مغشي بصوف مصبوغ وصفائح فضة مسحوقة ونحاس مطلي بالذهب.
المقاسات: 13.6 × 41.5 × 32سم.
اقتناء، هبة الدكتور مرتيمر د ساكلر وتيريزا ساكلر والأسرة 1988 – 1988.434.

يُرجّح أن تكون هذه العلبة النّقالة التي تتضمن أقساما داخليّة ودروجا قد حملت في الأصل أدوات كتابة أو أية قطع أخرى لاستعمال أحد النبلاء الهنديين ولو أن وجود آثار عجين خشب الصندل داخلها يشير إلى استعمال شعائري في مرحلة لاحقة.

صُنع جسم العلبة من عدة قطع من الخشب الصلب، يُحتمل أن يكون من الشجرة المحلية 'ساسم'، وجُهّز بمفصلات من النحاس الأصفر ومقابض أدراج. وعلى عكس الداخل الخالي من الزينة، فإن خارج العلبة مغشّى على نحو فاخر بلوحات نحاسية مطلية بملغم مذهّب وبصفائح فضيّة مخرومة مختومة بزينة "المشبك والزهرة" التي أصبحت رائجة في الفنون الزخرفية المغولية منذ حوالي 1640م. وثُبّتت الصفائح الفضية بمسامير فضية ذات رؤوس مقبّبة على سند صوفي من النسيج البسيط، فُقد أغلبه الآن، صُبغ بالأليزازين، الصبغ المستخرج من عروق نبتة من الفصيلة الفويّة الموجودة في المنطقة. (1)

والتقنية المُشاهدة هنا مألوفة في الصناديق الخشبية الغوجاريتية المغشّاة بقطع صغيرة من عرق اللؤلؤ تعود إلى القرن السادس عشر الميلادي. ولكن استعمال

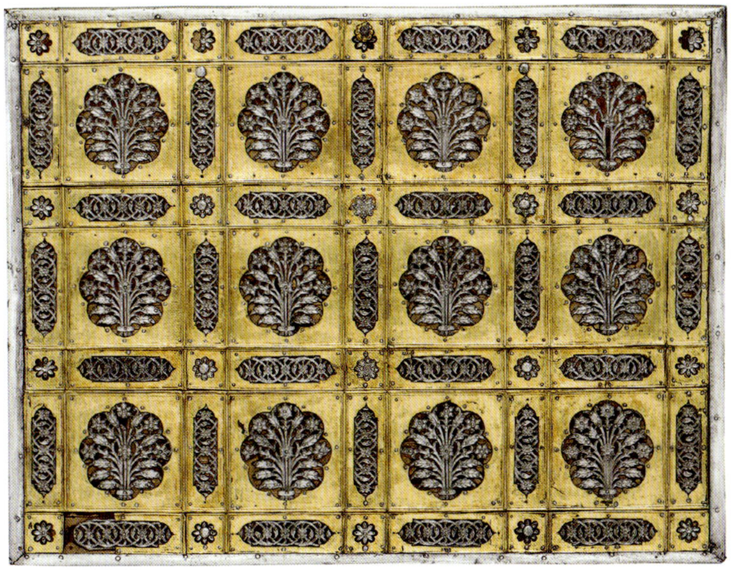

مثل هذه التقنية في صنع الأدوات المعدنية هو أقلّ بكثير. (2)

وقد لوحظ أن تقليدا في مجال التّغشية بالمعادن وجد في تركيا العثمانية خلال القرن السادس عشر الميلادي ممثّلا بعرش مغطى بصفائح من ذهب مثبّتة بمسامير. (3) وقد وجد مثل هذا التقليد في إيران أيضا. ولكن النماذج المتبقية تعود كلها إلى تاريخ لاحق، ومن بينها صفيحة من الفولاذ المقصوص تعود إلى حوالي 1700م مسنودة بلوحة من النحاس المطلي بالذهب. (4) وتقدّم أبواب مغلّقة بالنحاس الأصفر ومُزيّنة بنقوش الزهرة والنجمة النافرة على مقبرة بيبي كافي 1961م في أورنجباد، وهو مركز مغولي آخر قريب، دليلا على التغشية بالمعادن في الفن المعماري الدكني المحلي. (5) وبذلك، اعتبارا لهذه النقاط، فإنّه لا يجب أن نُفاجأ بوجود تقنية التغشية بالمعادن في صناعة الأثاث رغم أن العلبة المعروضة تبدو على الأرجح النموذج الوحيد المتبقي.

وقد قورنت زينة العلبة وشكلها بالنماذج المعمارية الهنديّة خاصّة فيما يتعلق بدمج المساحة والشكل من خلال شبكة من أشرطة معدنية. (6) ويُذكّر سقف العلبة المسطح وجوانبها المجوّفة بهيئة المباني المغولية الكلاسيكية ذات السقف المسطح والكورنيش المتدلّي والقاعدة المرتفعة والأعمدة المتماثلة وبارتفاعها. رغم أن طبيعة الزينة مغولية إلى حدّ كبير، فإن الميل إلى القطع المطلية بالذهب المترفة مرتبط بجنوب الهند. وقد نُسبت العلبة إلى برهان بور في جنوب الدكن. وبرهان بور مركز هام لالتقاء التقاليد المغولية والدكنية خاصة في مجال إنتاج منسوجات القماش القطني (شينتز) التي تتقاسم استعمالا مماثلا لأزهار شكلية متكررة موجودة في فصوص فجوات.

NNH/JFI

1. (Lapérouse 2003)، الصفحات 1 – 3.
2. (Folsach 1990)، الصورة 298 لمقلمة غوجاراتية بتقنية مماثلة.
3. (Rogers and Köseoğlu 1987)، لوحة2. ويمكن اعتبار تركيا العثمانية بفضل علاقاتها المتينة بالدكن، مصدرا ممكنا لهذه التقنية في الهند. هذه مجرد تخمينات وتعكس البحوث المجراة من قبل (Daniel Walker) الذي اقتنى هذا العمل لفائدة المتحف.
4. (Christie's London 23 أفريل 1996)، الرزمة 224.
5. (Michell and Zebrowski 1999)، ص.134، الصورة 99.
6. (Loukonine and Ivanov 1996)، رقم 223ـ يتضمن نسخة مصورة لعلبة صفوية ذات شكل مشابه.

المصدر: مجموعة خاصّة، إنكلترا؛ [(Terence McInerney) نيويورك حتى 1998م؛ بيع لمتحف المتروبوليتان للفنون].

277. حجر غوا ووعاء

الهند، غوا في أواخر القرن السابع عشر – أوائل القرن الثامن عشر الميلاديين
الوعاء: ذهب مخروم مطرّق ذو سيقان وقمم مصبوبة
المقاسات: الارتفاع: 67سم، القطر: 14.4سم
حجر غوا: مركّب من مواد عضوية وغير عضوية
المقاسات :القطر: 3سم
رصيد رودجرز 2004 2004.244 أ– د

هذا الوعاء الذهبي الفاخر قطعة تعويذة مُتأتّية من الساحل الغربي للهند، وقد سُميّ حجر غوا باسم المكان الذي يُعتقد أن مثل هذه القطع صُنعت فيه على أيدي اليسوعيّين في أواخر القرن السابع عشر الميلادي. ومثلما هو الشأن فيما يتعلق بأحجار البازهر (حصى طبيعية في معدة الحيوانات المجترّة)، التي يوجد نوعان منها صنعهما الإنسان، عُرفت أحجار الغوا بقدرتها التطبيبية والوقائية. وغالبا ما كانت هذه القطع المثمّنة والمعلّبة في أوعية مُنمّقة مصنوعة من الذهب والفضة تُقتنى من قبل طبقة النبلاء الأوروبيين. ويقال إنّ الملكة إليزابيث الأولى حملت واحدة منها خاتمَ إصبع. وفي رسالة مؤرخة في 1580م أوضح فيليبو ساسيتي، وهو تاجر من فلورنسا، أن أحجار غوا عادة ما كانت تُركّب من الذهب من أجل تعزيز قدرتها. وهكذا فغالبا ما يوجد بعض الذهب أو قشرة من الذهب حتى في أبسط النماذج. (1) ويتكون الحجر نفسه من عجين البازهر والصلصال والغرين والصدف المسحوق والكهرمان والمسك والراتينج وناب كركدن البحر (يُعتقد أنه قرن وحيد القرن) وأحجار كريمة وشبه كريمة، تُرصُّ جميعها وتُضغط في شكل كرة وتُطلى بالذهب. تُبتلع قراضة تُقَشّط من الكرة كترياق مضاد للسّم.

ويُبرز الوعاء الذهبي المزخرف في هذا النموذج مزيجا مُنمّقا من العناصر الأسلوبية من مصادر غربية وآسيوية وأوروبية وهندية. فجسمه الكروي يتألف من نصفي كرة ذهبيّين يتضمن كل واحد منها طبقة خارجية بشكل تخريم ورقي مثقوب ومُحزّز ومنقوش. وعلى القاعدة أضيف أرابيسك لفائف عنب بزينة تعريشة في شكل القوس القوطي. وقد مُلئت خراطيشها بحيوانات هندية وأوروبية تتضمن وحوشا أسطورية كوحيد القرن والعنقاء وكذلك أيضا الأيائل والقردة والغزلان والثعالب. وتُشير مثل هذه العناصر إلى تأثير إيبيري خفيف، ربما بسبب الوجود البرتغالي على امتداد الساحل الغربي للهند، كما توحي كذلك برعاية أوروبية.

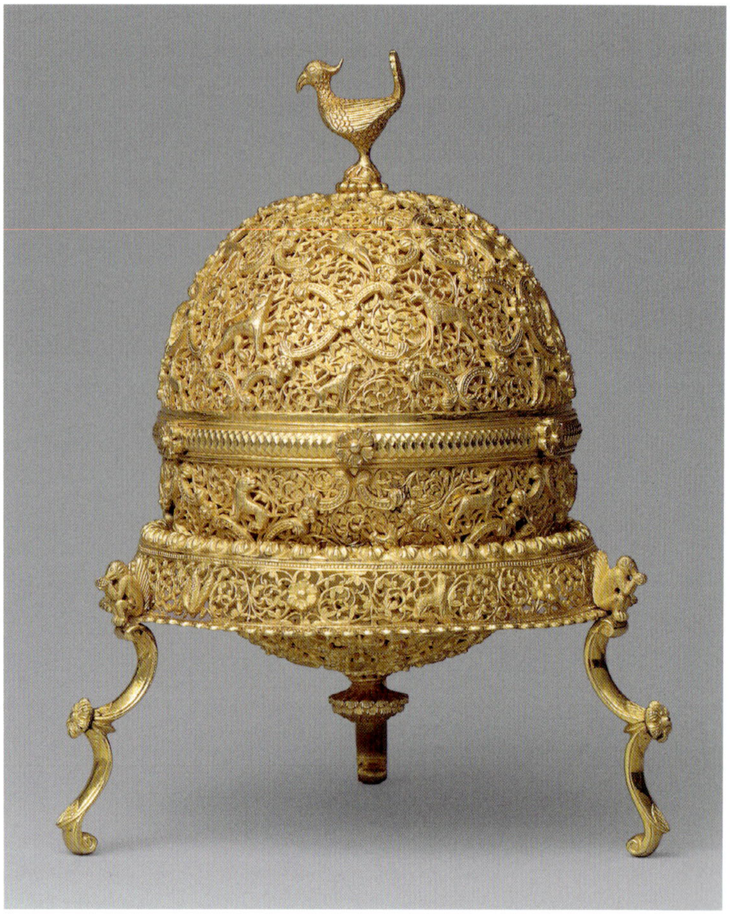

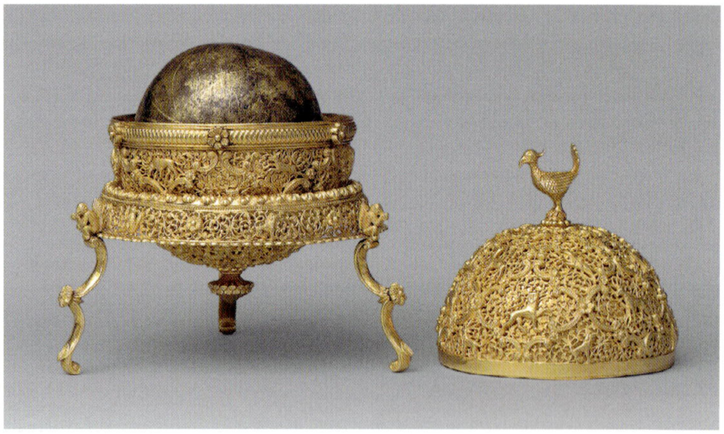

ويمكن ربط الدعامة ثلاثية القوائم بنماذج صنع الأدوات المعدنية الهندية في القرن الرابع عشر الميلادي وما قبله.

سُجّلت حوامل حجر الغوا ضمن النّفائس الأوروبية منذ حوالي 1750م فصاعدا. ونُسب أحد الأوعية المُعدّة للتعليق إلى الربع الأخير من القرن السادس عشر الميلادي، (2) وهو من الذهب ويتضمن لفائف مُخرّمة ومُزخرفة بزهر لحجر بازهر بكل دقّة.

وجدت أسرة فان غوخ التي تقترن بها القطعة الحالية في غربي الهند في أوائل القرن الثامن عشر الميلادي. وبذلك فإنّه يُمكن نسبتها إلى تلك الفترة على الأقل، رغم أنّه يُرجّح أن تكون قد صُنعت قبل ذلك عندما كانت لاتزال توجد صناعة نشيطة لمثل هذه الأعمال. (3)

يمتلك المتحف البريطاني بلندن ثلاثة حوامل حجر غوا بما في ذلك واحد مُشابه من حيث الشكل والزينة للقطعة الحالية (4).

ويُوجد نموذجان آخران في مجموعة 'هنري ويلكلم' بلندن، أحدهما من الفضّة يحمل أشكالا حيوانيّة والآخر مُنجز بتخريم من ذهب. (5) يُوجد نموذج آخر أصغر مطلي بالفضّة في متحف المتروبوليتان للفنون. (6)

NNH

1. لشبونة وفينا 2001 – 2002م، ص. 154.
2. المصدر المذكور، ص151، رقم 47، نموذج يُصوّر في متحف تاريخ الفنّ بفيينا أُنجز لفائدة دوق ألبا في الربع الأخير من القرن السادس عشر الميلادي، أيضا ص154، رقم 49، تُبرز حجر بازهر في شكل بيضة تحمل رقم 1740م من (Schatzkammer) فيينا.
3. تلاشى الاهتمام بهذه القطع خلال القرن الثامن عشر الميلادي حيث أنّه بصعود ممارسات طبّية أكثر حداثة، أصبح يُنظر إلى أحجار غوا على أنها أحجار خُرافية.
4. (Tait, ed) ناشر 1984، أرقام 407 – 410.
5. (Arnold and Olsen, eds) ناشرين 2003، أرقام A 642467 A 642470 SM
6. يمتلك قسم الفنّ الإسلامي حامل حجر غوا مماثلا (الحساب لأرقام 1980.2281–1980.228:2، 1980.228.3). ولكنه أصغر بكثير، مع علبة تتكون أساسا من الفضّة. ويمكن أن يُرى نموذج آخر في فهرس مبيعات من (Bonhams) بلندن 25. يوليو؛ الرزمة 60.

المصدر : أُسرتَي (Gough and Hall)، إنكلترا، بالوراثة (منذ بداية القرن الثامن عشر الميلادي؛ (Humphrey Farran Hall) إنكلترا بالوراثة (حتى وفاته 1910م)؛ (George William Marshall)، إنكلترا (من 1910م)؛ بيع ل (Bonhams) لندن 16 أكتوبر 2003م، الرزمة 349؛ [(SamFogg) لندن حتى 2004م؛ بيع لمتحف المتروبوليتان للفنون].

278. أ- ب : مدوّرتان مخطوطتان بالعربية

أ- الهند، سلطنة الدكن، على الأرجح حيدرباد في أواخر القرن السادس عشر – أوائل القرن السابع عشر الميلاديين
حجر رملي منحوت وآثار صبغ.
المقاسات: القطر: 47سم.
رصيد إدوارد بيرس كيسي، 1985. 1985.240.1
نصّ باللغة العربية بخط الثلث مُكرّر ثماني مرّات:
يا عزيز.

ب- الهند، سلطنة الدكن، على الأرجح حيدرباد في النصف الأول من القرن السابع عشر الميلادي
خشب وجبس مُلوّن ومكسوٌّ بصفائح معدنية من الذهب والفضة
المقاسات: القطر: 50.5سم
اقتناء، هبات ريتشارد س بريكنز وأليستر ب. مارتن ورصيد رودجرز 1991.233 .1991

نصّ باللغة العربية بخطّ النسخي مُكرّر ثماني مرّات أربعة منها تظهر بصورة معكوسة:
يا حيّ، يا قيّوم.

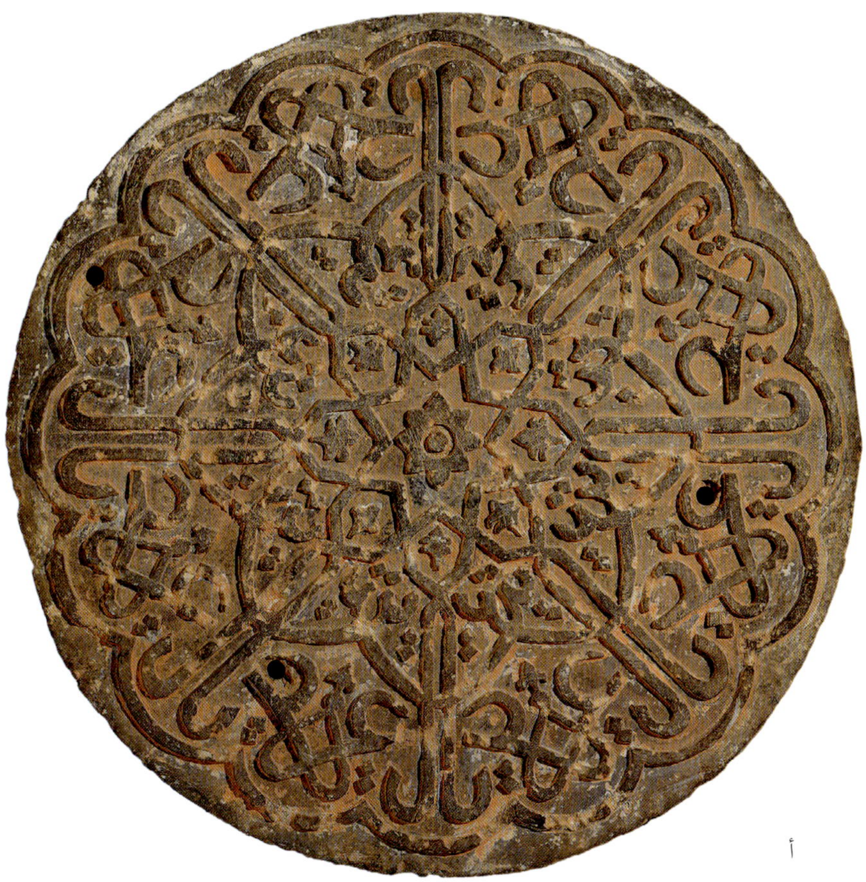

أ

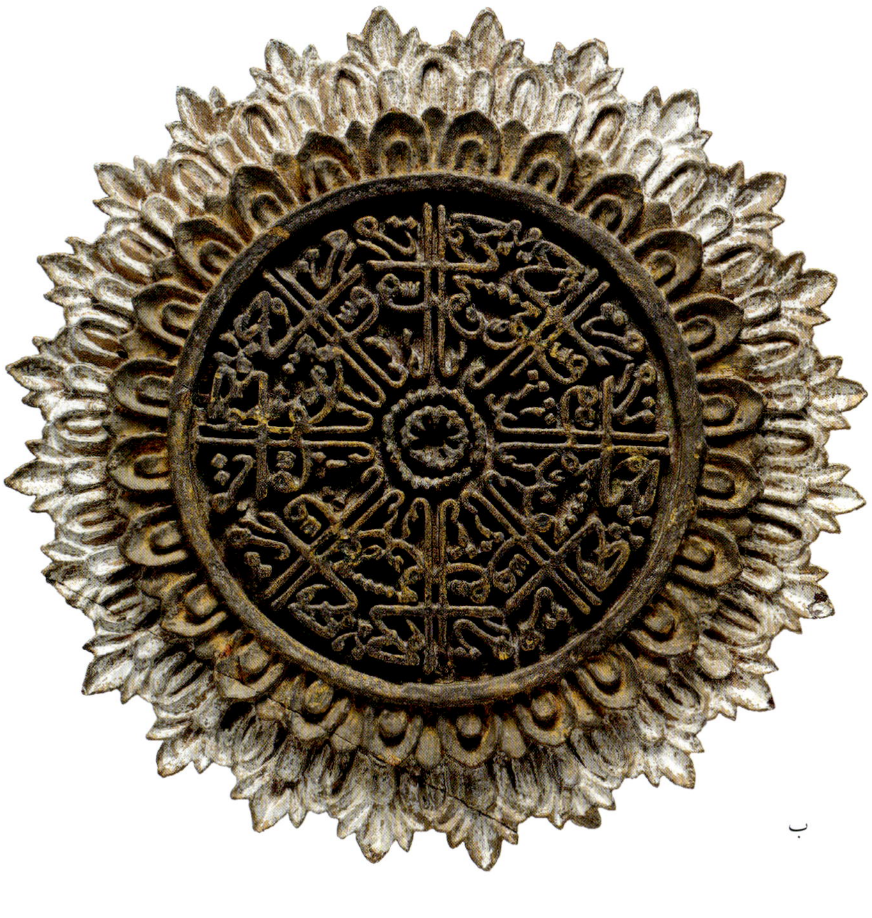

ب

توجدُ إجمالا مُدوّرات مخطوطة من الحجر الرملي المنحوت والخشب المطلي مثل هذه النماذج على المساحات الفاصلة بين أقواس البوابات المقوّسة والفجوات والجدران الداخلية للمباني العائدة إلى القرنين السادس عشر والسابع عشر الميلاديين في منطقة الدكن والهند.

يُكرّر النص المنحوت بخطّ الثلث على الفهرس "278 -أ" "يا عزيز" أحد الأسماء الحسنى (من أسماء الله الحسنى التسعة والتسعون) ثماني مرّات في صورة معكوسة. ترتبط المدوّرة من حيث الأسلوب بعدّة نماذج من حجر البازلت الأسود المنقوش على سبندلات بيت ضيافة شيخ بات سراي بقطب شاهي بحيدرباد العائدة إلى أواخر القرن السادس عشر الميلادي المُشيّدة خلال فترة محمد قولي قطب شاه (1580 – 1611م). (1) وتُوجد أيضا مُدوّرات شبيهة في اللون القرمزي والبني والذهبي مُحاطة باللون الأسود في المدخل الرئيسي الجنوبي للضريح البهمني لأحمد صالح والي (حكم مابين 1422 – 1436م) بأشطور بالقرب من بيدار. ويُرجّح أن تكون هذه المدورات قد اُستُخدمت مصدر إلهام لنماذج لاحقة. (2) ويوحي وجود آثار خضوب حمراء على نموذج متحف المتروبوليتان من الحجر الرملي أنّه كان في وقت ما ملوّنا بتشكيلة ألوان مُماثلة لتلك المدوّرات على الضريح البهمني.

وتتضمن مُدوّرة من الخشب المنقوش (الفهرس 278 – ب) تعود إلى النصف الأول من القرن السابع عشر الميلادي اثنين من أسماء الله الحسنى، كُتبا أوّلا عموديّا، ثمّ في صورة معكوسة وكُرّرا ثماني مرّات حول المُدوّرة. وينبثق العمل من صفّين من القطع التزينية المُتدليّة على شكل شعلات. وتُوحي بقايا من الطلاء الأحمر والأزرق والأصفر والأخضر على هذه المُدوّرة وكذلك من رقاقات ذهبيّة وربّما أيضا فضيّة باستعمال تشكيلة ألوان تزيينيّة كانت في الأصل مليئة بالحيوية. ويُرجّح أن تكون هذه المدوّرة قد أُعيد طلاؤها دوريا. رغم أنه لم يتبقّ عدد كبير من المدوّرات الخشبيّة، فإن هذه المدوّرة مرتبطة بمجموعة من النماذج التي أُعيد الآن دهنها دهنا غزيرا. وهي تلك المُثبتة بالجدران العليا لباد شاهي عاشورخانا بحيدرباد (مزار شيعي يُخلّد ذكرى استشهاد الحسين حفيد النبي بكربلاء، شُيّد في الفترة الواقعة ما بين 1539 – 1596م، وأضيفت إليه بلاطات في 1611م). وقد أنجز هذا المزار برعاية محمد قولي قطب شاه. (3) واشتهر المبنى بزخرفته الخزفية الكبيرة الرّاقية، وخاصّة الميداليات على شكل دموع وصور أعلام (الرايات الشعائرية الشيعية) في تشكيلة دكنية مُميزة تُغطي جدرانه الداخليّة. وفي الواقع، فإن عديدا من الميداليات الخطوطية الخزفية على جانبي المشكاة المركزية التي تتضمن الأعلام تشبه المدورتين من الحجر الرملي والبازلت المنحوتتين المذكورتين هنا.

ورغم أنّ المدوّرات من الخط العربي في صورة معكوسة توجد بالأساس على المباني، فإنها تُرى أيضا في وسائط أخرى كالأعلام المعدنية التي يُحتفظ بعدد كبير منها في باد شاهي عاشور خانا. وفي بعض الحالات النادرة المنعزلة، تظهر هذه المدوّرات بوصفها زخارف على صفحات الألبومات كما نرى ذلك في مُدوّرة خطوطيّة ذهبيّة منجزة في صورة معكوسة مُحاطة باللّون الأسود وبإطار من النصوص تتضمن حديثا للإمام علي في مدح فنّ الخط. (4)

والمدوّرات الخطوطية ليست حكرا على مناطق الدكن وشمال الهند، بل توجد أيضا على المساحات الخارجية والداخلية للمباني منذ القرن الرابع عشر الميلادي وفي أماكن تمتدّ غربا إلى مصر وتركيا (5) وشرقا إلى إيران. لكن الخصائص التركيبية للنماذج الدكنية تتميّز عن الأخرى من حيث استعمالها المتواصل للخطوطية في صورة معكوسة (مُثنى). (6)

ورغم أن مصادر هذا الشكل تبقى غير واضحة، فإن هذا الطراز قد يكون دخل الدكن آتيا من إيران وتركيا العثمانية في القرن الخامس عشر الميلادي مع تدفق الخطاطين والرّسامين والفنانين الإيرانيين والعثمانيين الموهوبين إليها. وقد جرى استيعاب عمل هؤلاء الفنانين في النهاية ضمن منسوب الجمالية المحلّي مفضيا إلى فترة مُطوّلة من الإبداع والتبادل الثقافي الكثيف الذي تواصل حتى القرن السابع عشر الميلادي كما يُرى في هاتين المدورتين المنسوبتين إلى قطب شاهي من حيدرباد.

ME

1. أوّد أن أشكر (Marika Sardar) لتقاسم صور هذا المبنى معي.
2. انظر (Yazdani 1947). ومن أجل مناقشة مُستفيضة لهذه البنية، انظر (Philon 2000).
3. انظر مثلا، (Michell) ناشر 1986م، فصل حول كلبيركة، الصورة 17، حول يدار، الصورة 11 وفصل حول بيجابور، الصورة 10. أنا مدين إلى زميلتي نافينا حيدر لتقاسم صور هذه المباني معي ولخبرتها.
4. (Sotheby's)الدوحة،حروف:فنّالكلمة(Hurouf: The Art of the Word 16 ديسمبر 2010م) / ص116، الرزمة 180.
5. شُوهدت المُدوّرات الخطوطية والعناصر المعمارية في صورة معكوسة منذ 1385م في المباني الأرتقيونية بتركيا ولاحقا في الهندسة المعمارية العثمانية للمساجد مثل مسجد (Uç Serefeli) (1438 – 1447) بإيدرنا (Edirne). للمزيد من الاطّلاع على النماذج العثمانية انظر لوحة من المرمر المنحوت من جدار القبلة لسبيل، أو نافورة ولوحة من القماش الحريري المنسوج مع فجوات وفوانس مسجد مُعلّقة في (O'Kane) ناشر، 2006م، ص. 217، الصورة 184، والصفحات 212 – 213.
6. انظر (Yazdani 1947).

المصدر:
الفهرس 278 أ؛[(Vipasha, Ltd) لندن، حتى 1985م، بيع لمتحف المتروبوليتان للفنون].
278 – ب: [(John Lawrence Fine Arts, Inc) لندن، حتى 1991م، بيع لمتحف المتروبوليتان للفنون].

279. ستارة

الهند، سلطنة الدكن، حوالي 1640 – 1650م
قطن ونسيج بسيط مُلوّن بمثبّت مصبوغ بصبغة مقاومة
المقاسات: 254×198.1سم
هبة السيدة ألبرت بلوم 1920.20.79

يبدو أن التركيبة التشخيصية المثيرة للإعجاب على هذه الستارة المتضمّنة صفّين من الشخصيات كبيرة الحجم الواقفة ضمن إطار معماري به بلكونات وقبوات تتضمّن شخصيات أصغر حجما تحيط بها. قد تكون رُسمت على سطح سندها القطني. ولكن كل عنصر ثُبتّ بالفعل على القماش بصبغة مقاومة. فمثلا ثُبتّ

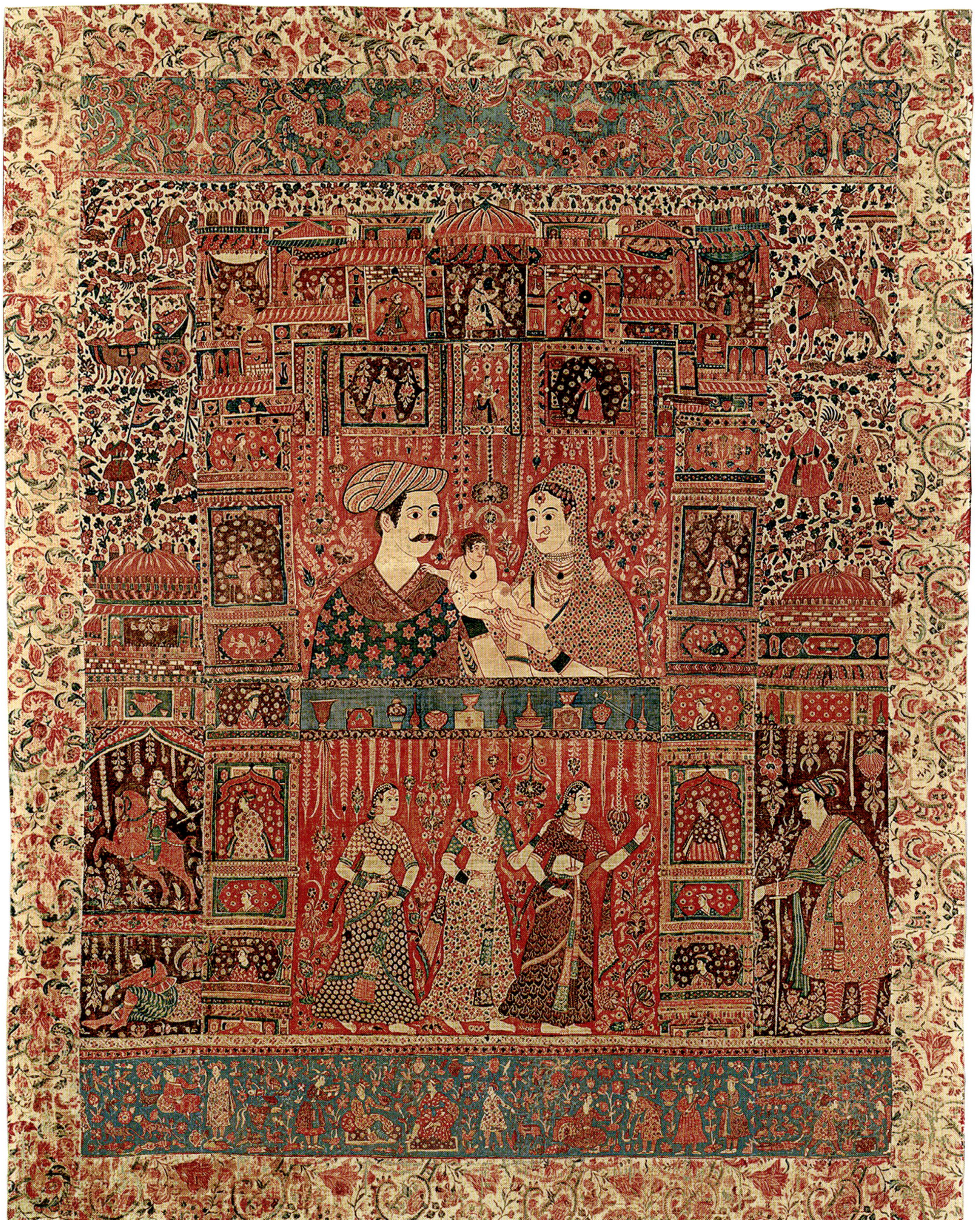

اللونان الأحمر والأرجواني بتغطية تلك المساحات أوّلا بمُثبّت أو مرسّخ، ثم وُضعت الصبغة على المثبت. أنتجت الألوان الزرقاء من خلال تغطية كل المساحات التي لم يُرد لها أن تكون بذلك اللّون، بطلاء من الشمع. ثم جرى تغطيس القماش كاملا في حمام من الأزرق النيلي. وللحصول على الألوان الخضراء، وُضع الأصفر فوق المساحات الزرقاء. وتتكون الستارة حاليا من ستة أجزاء منفصلة خِيط بعضها إلى بعض، مع حاشية متكونة من تسعة أجزاء إضافية من قطعة من قماش مختلف تماما. ويشير هذا الدمج إلى عديد من القطع المختلفة إلى أن الستارة قد أُجتُزِئت من عمل أكبر. وفعلا، توجد قطعة مماثلة في متحف ألبرت وفيكتوريا بلندن، (1) يُعتقد أنّها كانت مرتبطة في وقت ما بستارة متحف المتروبوليتان للفنون. ومن المحتمل أنّهما كانتا مقترنتين بعديد من اللوحات الأخرى لتشكيل ستارة كتلك الموجودة في متحف كاليكو للمنسوجات بأحمد باد. (2) تبلغ هذه السّتارة التي تُظهر ترتيبا مماثلا من الشخصيات في محيط معماري، في حالتها الراهنة المختزلة تقريبا، سبعة على أربعة عشر قدما (213× 426 سم)، ممّا يشير إلى أن طولها الأصلي كان على الأقل ثمانية وعشرين قدما (حوالي 853 سنتيمترا). (3)

ولفهم تركيبة هذه الستارة، يتوجّب علينا النّظر إلى الممارسة المحلية في مجال رسم الجدران التي مزجت بطريقة مماثلة بين مواضيع عدّة بأحجام مختلفة على السّطح الواحد. (4) ويُرجّح أن تكون هذه الستارة صُنعت لمحاكاة الجداريات الضخمة التي وُجدت في وقت ما بالقصور والبيوت الأرستقراطية بالدكن. وتجدر الإشارة أيضا إلى أن هذا العمل يتضمّن بوضوح شخصيات أوروبية. وهو موضوع كان يحظى برواج خلال الفترة المغولية. (5)

MS

1. رقم 1898 – 687. انظر (Crill 2008)، ص. 20.
2. متحف (Calico Museum of Textiles)، أحمد باد، رقم 403. وتشير على الأرجح لوحة من قماش مزخرفة بقماش من لون آخر موجودة بمتحف فيكتوريا وألبرت (رقم IS 16 – 1956) متضمّنة شخصيات شبيهة جدّا بالشخصيات الأصغر حجما في هذه الستارة كيف أن الأجزاء الأخرى قصّت أو جرى التخلّص منها. انظر المصدر المذكور، ص. 69.
3. انظر المناقشة في (Irwin 1959)، الصفحات 19 – 27.
4. نظام الدين أحمد 1961م، الصفحات 60 – 65. يصف هذا السجل الذي يعود إلى القرن السابع عشر الميلادي الجدران في القصور الملكية لقطب شاهي بحيدر باد بكونها مغطاة بصور السلطان والملوك من أنحاء العالم وشخصيات من الأدب الفارسي.
5. ما يقدم دلالة على رواج هذه الصور هو ما ذكره السفير البريطاني السيد طوماس رُو أنه "يمكن رؤية صور ملك إنكلترا والملكة سيدتي إليزابيث وكونتيسة سامرست وسالزبري "التي أعطيت للشاه جهانكير من قبل سلف رو ووليام إدواردز، في بهو الإقامة الملكية بماندو الذي زيّن للاحتفال بالسنة الفارسية الجديدة. ذكر في جافر ومن معه (Jaffer et al 2001)، ص. 111.
6. المصدر: السيدة (Mrs. Albert Blum)، نيويورك (حتى 1920م).

280. رقعة خيمة

الهند، سلطنة الدكن في القرن السابع عشر الميلادي
قطن نسيج بسيط مصبوغ ومثبّت وصبغة مقاومة
المقاسات، 261.6× 127سم
رصيد رودجرز 1931. 31.82.1.

تُشكّل الموتيفَ المركزي لهذه اللوحة النسيجية نبتةٌ طويلة ذات أزهار أرجوانية وحمراء وأوراق خضراء مؤطرة بقوس مستدق الرأس محاطة بنباتات أصغر منها حجما، وهي تظلل خلفية بيضاء. وتحوم فوق النبتة وخلفها سحب منمنمة غاية في الصغر. ويُشير حجم اللوحة وشكلها وتصميمها إلى أنّها قد تكون في وقت ما قُرنت بسلسلة من الوحدات المماثلة واستُعملت لتطويق فضاء خارجي. ويدعم هذا التأويل وجود قطعة مطابقة تمتلكها مؤسسة دوريس ديوك للفن الإسلامي بهونولولو(1) مثلما هو شأن عدد كبير من الرسوم المعاصرة التي تصوّر مثل هذه السياجات التي كانت غالبا ما تُصنع من المنسوجات المتضمّنة لهذا المخطط المتكون من إطار على هيئة قوس قوطي الشكل ومن نبتة مزهرة.

تُستخدم هذه المنسوجات المعروفة بـــ" قناتات" في فضاءات الحدائق ضمن مركّب القصر أو في مخيّمات عند السّفر. ويذكر السّجلّ المغولي عينى أكباري أنّ الإمبراطور أكبر (حكم ما بين 1556 و1605م) كان يمتلك عدّة مجموعات من 'القناتات' كانت تُنصبُ مسبقا قبل وصوله في كل أرض يخيّم فيها. (2)

نُسب إنتاج قطعة النسيج هذه إلى منطقة الدكن بالهند المعروفة بامتلاكها تقنية الصبغ المعقّدة المسماة بـ 'كلمكاري' المستعملة لصبغه. تشير عناصر الرسم وتشكيلة الألوان إلى هذا المكان كمنشأ للّوحة. إلاّ أنها وجدت طريقها لاحقا إلى الجزء الشمالي من البلد. ويشير إلى ذلك أيضا ختم على القفا مطابق لتلك الأختام على منسوجات من خزينة حكام 'كاشهواها' في قصر عمبر في راجستان. (3) ومن خلال دراسة الأختام والعلامات على عشرات من المنسوجات تمكّن الباحثون من إعادة بناء أجزاء من مجموعة كاشهواها التي تناثرت عبر العالم في أوائل القرن العشرين الميلادي، ومن تأريخ كثير من المنسوجات الذي لولاهُ لفقدت سياقها. (4) وقد كشفت هذه البحوث أمرين يتعلّقان بلوحة المتحف: أوّلهما أن خزينة كاشهواها تضمّنت كثيرا من المنسوجات المصبوغة من الدكن تُقدّم البرهان على وجود سوق هندية لأعمال كانت خلافا لذلك معروفة أكثر في سياق التجارة مع أوروبا وإيران، وثانيهما أنّه يمكن نسبة هذه المنسوجات إلى القرن السابع عشر الميلادي أو إلى ما قبل ذلك، لأن ذلك هو التاريخ الذي سُجّلت فيه بالخزينة.

MS

1. (Doris Duke Foundation for Islamic Art) هنولولو، رقم 83.13.
2. أبو الفضل علامي 1977م، مجلد 1، ص. 47.
3. يمتلك المتحف ثلاثة منسوجات مرسومة من هذه المجموعة ولكنها كلّها 'رومال'، مزخرفة بمشاهد تشخيصية. الحسابات أرقام 28.159.1، 28.159.2، 28.159.3).
4. (Smart 1986) و (Thompson 1989)، الصفحات 48 – 51.

المصدر: (Kachhwaha Royal Treasury) قصر عمبر، راجستان، الهند (في القرن السابع عشر الميلادي)؛[(Imre Schwaiger)، لندن، حتى 1931م؛ بيع لمتحف المتروبوليتان للفنون].

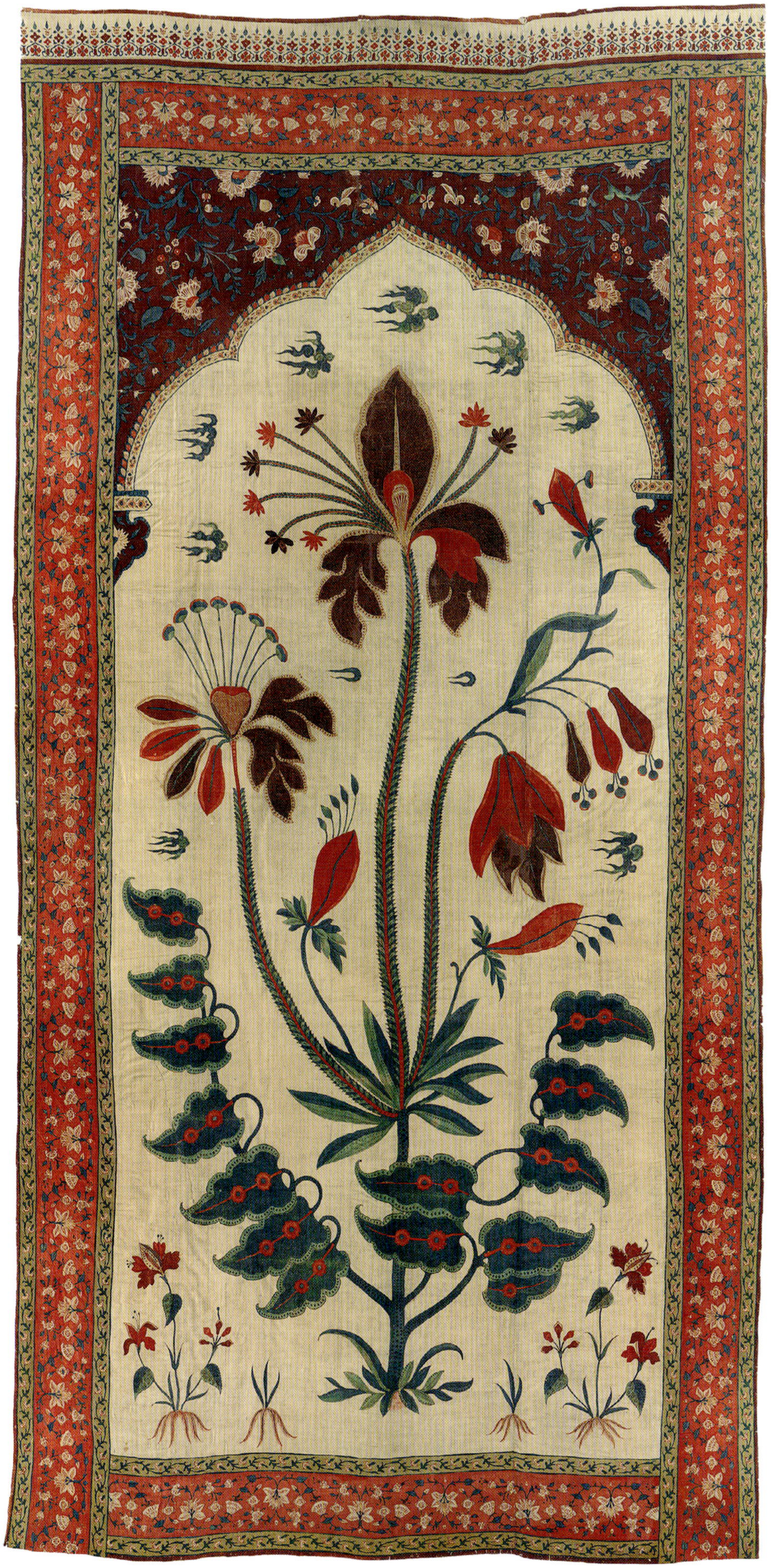

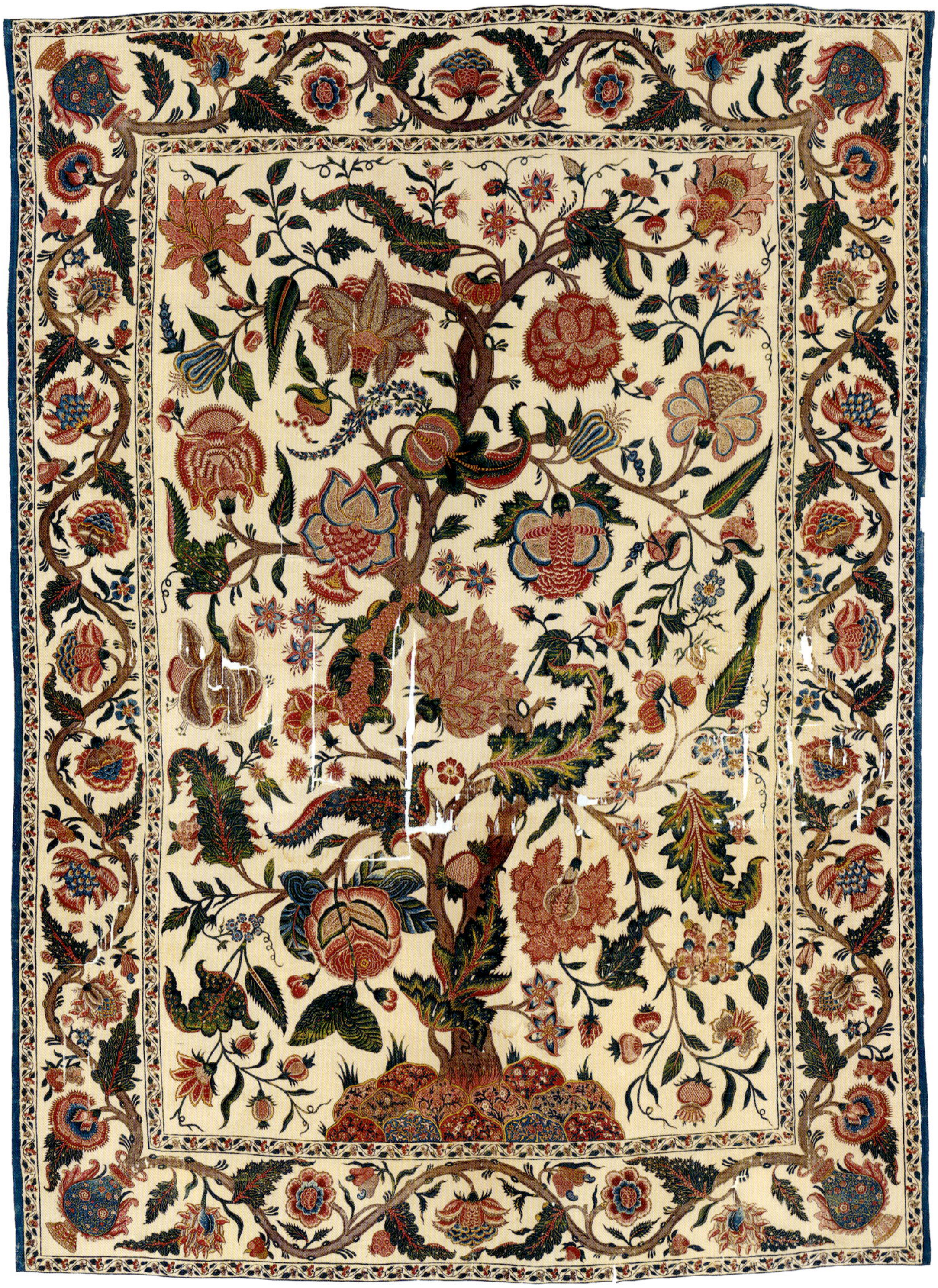

281. غطاء (بالامبور: ويعني قماشا قطنيا مطليّا باليد مطبوعا ومثبّتا يُستخدم غطاء للفراش)

الهند، ساحل الكروموندال، القرن الثامن عشر الميلادي
قطن ونسيج بسيط مصبوغ مثبّت بصبغة مقاومة
المقاسات: 8.271× 5.195سم.
اقتناء، وصيّة جورج بلومنتال وهبة الأخوة إندجودجيان بالمبادلة ورصيد أصدقاء القسم الإسلامي 1982. 66.1982.

في وسط هذه اللوحة المستطيلة، تنمو شجرة من هضبة تنقسم إلى ثلاثة عشر قسما، كل واحد منها يُؤطّر نبتة مزهرة.

ويبدو أنّ كل واحدة من الأزهار الكبيرة المتدلية من الأغصان الملتوية تمثّل صنفا مختلفا. وتوجد في كل زاوية من الحاشية مزهرية زرقاء يخرج منها غصنان لهما ملاحق وأوراق مسنّنة وأزهار ورديّة ذات وسط أزرق.

عُرف هذا الصنف من القماش القطني المصبوغ بـ' بلامبور' من اللفظ الهندي

لغطاء الفراش، وقد أنتج بالمئات في أواخر القرنين السابع عشر والثامن عشر الميلاديين للسوق الأوروبية. وقد ساير هذا الغطاء، من حيث الحجم والشكل العامّ أذواق الأسرّة في أوروبا وأحجامها. (1) ومزجت الزينة أنماطا من التطريز الإنكليزي والقطع الزخرفية الصينية والمنسوجات الهندية حُوّلت لتتناسب مع السوق المقصودة. (2) ويُعتبر التصوير المُكتمل، على وجه الخصوص تصوير الأزهار على نموذج المتحف، وحس حركة الأوراق المسنّنة والتباينات الواضحة في الألوان في كل أرجائها خصائص فريدة. وهذا ما يجعل منها عيّنة مثالية لتجسيد هذا الصنف.

MS

1. انظر (Garrick bed) في متحف فيكتوريا وألبرت بلندن (رقم W. 70 - 1916) مثلا لعرض مثل هذه الأقمشة كما استعملت في القرن الثامن عشر الميلادي.
2. عادة ما يسمّى الموتيف المركزي على هذه " البلامبورات" " شجرة الحياة". وقد جرت تسميته بذلك أوّل مرّة على يديْ (John Irwin) و (Katharine Brett) على أنّه تركيبة من مصادر كثيرة، (Irwin and Brett 1970)، الصفحات، 16 - 21.

المصدر: [(Cora Ginsburg)، نيويورك، حتى 1982م، بيع لمتحف المتروبوليتان للفنون].

282. مخطوط قرآن

الهند، كشمير في أواخر القرن الثامن عشر – أوائل القرن التاسع عشر الميلاديين
حبر وألوان مائية مُعتّمة وذهب على ورق وتسفير جلدي
المقاسات: 17.1×11.7×5.7 مم
رصيد لويس إ. وتريزا سايلي لمقتنيات الفن الإسلامي 2009.2009 - 294.

برزت كشمير، وهي مقاطعة ذات أغلبية مسلمة في شمال الهند، خلال القرن الثامن عشر الميلادي من جديد مركزا فنيّا أساسيّا في شبه القارة الهنديّة بعد فترة من الانحطاط. وبعد ضمّ المقاطعة في 1586م، هاجر الفنانون الكشميريون الموهوبون إلى البلاط المغولي. ثمّ بعد ذلك، في القرن الثامن عشر الميلادي أدّى، على ما يبدو، غزو كشمير من قبل الأفغان الدورانيّين إلى انتعاش كبير في الفنون. (1)

وقد انبرى فنّانو تلك الفترة بكل نشاط في إنتاج نسخ رائعة من القرآن ومخطوطات مُصوّرة، ومنسوجات وتشكيلة كبيرة من التحف الفنيّة لمجموعة مختلفة من الزبائن للسّوق التجارية، بما في ذلك التصدير إلى مناطق في بقية القارة وما وراءها. (2) وقد ألهم أسلوبهم المميّز وعبقريتهم الفنيّة الفنانين في الأماكن الأخرى في شبه القارّة الهندية وفي إيران.

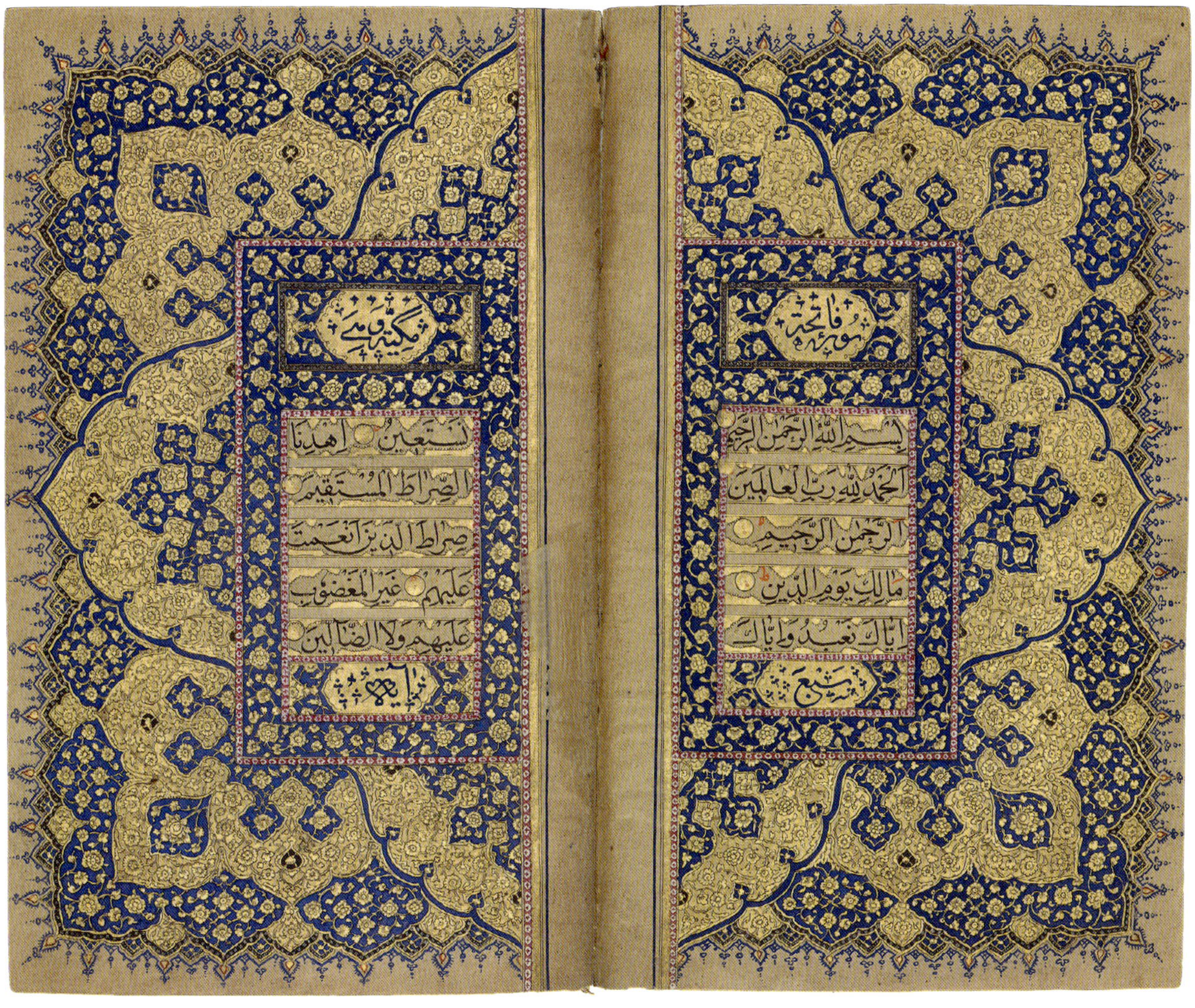

يُعدّ هذا المخطوط نموذجا ممتازا لمصحف قرآن كشميري أُنتج في أواخر القرن الثامن عشر أو أوائل القرن التاسع عشر الميلاديين، وتضمّن الأسلوب الكشميري المألوف للتذهيب باللّونين الذهبي والأزرق ضمن إطار واسع مُغطّى بمشابك نافرة ذات فصوص قوسيّة الشكل (موتيف المشبك) التي تمتدّ لتصل حواشي الصفحة. يتضمن هذا المصحف للقرآن ثمانية أزواج من صفحتين متقابلتين مُذهّبتين تذهيبا مفرطا، أُدرِجت في مُفتتح ثماني سُور هي: الفاتحة والمائدة ويونس والإسراء والشعراء وق والفلق والناس. كُتب المخطوط بخط النّسخي الرقيق الذي اتّسم بالانتظام من حيث الجودة والاتساق على امتداد المخطوط. ويتضمّن النّص بين السطور ترجمات إلى الفارسية بالنستعليق الأحمر.

رغم أن مخطوطات قرآنية من هذا القبيل أُنجزت قبل منتصف القرن السابع عشر الميلادي، (3) فإنّ إنتاجها تزايد بصفة ملحوظة في أواخر القرن الثامن عشر وأوائل القرن التاسع عشر الميلاديين. ومثلما هو شأن المخطوطات القرآنية الأخرى، فإن هذه النماذج نادرا ما كانت موقّعة، وكثير منها (يُفترَض أنّه موجّه إلى السّوق المحلية) أُنجز بصفة غير محكمة. وفي مُقابل ذلك، فإن العمل الحالي لافت للانتباه لما اتّسم به من تذهيب مُنمّق وخطوطيّة ممتازة. وتُوجد نماذج أخرى جميلة ضمن مجموعة المتحف الوطني بنيودلهي ومجموعة الخليلي بلندن.

ME

1. (Bayani and Stanley 1999م). انظر أيضا (Adamova and Grek 1976م).
2. نيويورك وسنسناتي 2007 – 2008م.
3. (Bayani and Stanley 1995م)، الصفحات 230 – 231.

المصدر: مجموعة خاصّة، إنكلترا (منذ أربعينات القرن العشرين الميلادي)؛ [(Ltd Brendan Lynch, and Oliver Forge) لندن، حتى 2009م؛ بيع لمتحف المتروبوليتان للفنون].

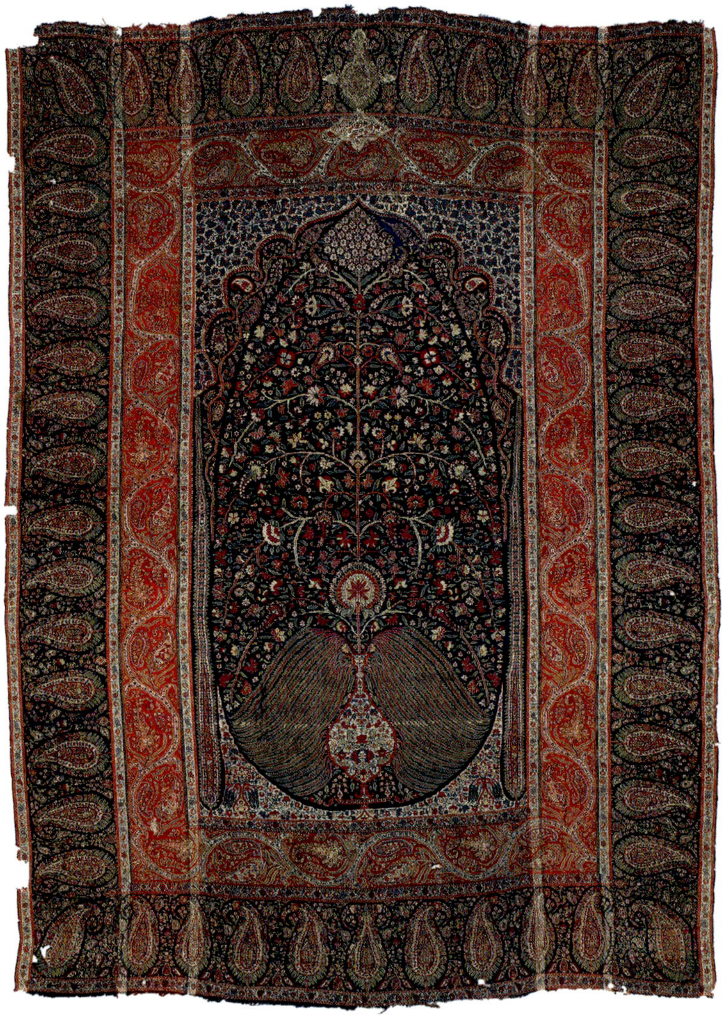

283. ستارة عليها تصميم محراب

الهند، كشمير في حوالي 1820 – 1830م
صوف وخيط ملفوف بالمعدن ونسيج مبرد؛ نسيج نجود مُطرّز
المقاسات: 182.9×131.4سم
الرقم المتحفي × 103.4.
نص بالفارسية بخطّ النستعليق في خرطوشة في وسط الإطار الأعلى:
يا حسين، بأمر من أشرف الولاة، محمد عزيم خان.
وفي الأسفل في الزاوية اليسرى:
بركاتك يا ملك النجف. (1)

من بين إنتاج كشمير المتنوّع الغزير من المنسوجات، تُعدّ الستارة ذات تصميم قوس أو محراب أرقّ أنواع المنسوجات وأقلّها شهرة وتداولا. (2)

نُسج هذا النموذج باستخدام طريقة شال 'كاني' التقليدية والتي تضمّنت ثلاث تركيبات حياكة مختلفة: نسيج مبرد، نسيج نجود واللحمة المزدوجة التشابك. (3) وتعود هذه السّتارة إلى الفترة المعروفة بفترة السّيخ، عندما تمكنت الهند من السيطرة على كشمير على يدي المهراجا رانجيت سنغ (حكم ما بين 1801 و1839م). (4) وتغيّرت خلال هذه الفترة الموتيفات الزخرفية التي كانت سائدة في الستارات والشالات الكشميرية تغيّرا سريعا. وقد سبق أن غُيّر تسلسل انتظام الأزهار الطبيعية الفردية المألوفة خلال الفترة المغولية في كشمير وحلّت محلّه خلال الاحتلال الأفغاني باقات ضخمة لم تعد تنمو من جذور طبيعية بل من مزهرية موضوعة على منصّة. خلال فترة السّيخ، تطوّر الشكل الشعاعي للتوليف الزهري وأصبح على شكل دمعة لها طرف معقوف يعرف بـ "بوتا". (5) وكان ذلك الشكل رائجا على وجه الخصوص في إيران خلال فترة السلالة القاجرية. (6) وتُعيد زينة 'الألف زهرة' الموجودة على هذه الستارة من البشمين مباشرة إلى الأذهان شكل محراب. وقد تكون الستارة وضعت على حائط لتدلّ على اتّجاه مكّة. وتوجد في المساحة المركزيّة قوس متعدّدة الفصوص على خلفية زرقاء بسيطة ذات زينة متراصّة، معقّدة غنيّة بالألوان. وتحمل منصّة صغيرة مزهريّةً تنسكب منها أزهار سرخس خضراء وحمراء بطريقة توحي بمنظر الشلاّلات. وترتفع شجرة حياة نحيلة من فوهة المزهريّة، بينما ينشأ تأثير متعدد الألوان بفعل أغصان رقيقة مغطّاة بعدد لا يحصى ولا يعدّ من أوراق وبتلات

ملوّنة تلوينا برّاقا تطلع من الجذع المركزي. وتحيط بالأرضية المستطيلة حاشية متموّجة من الكروم الحمراء التي تحيط بها أيضا حافّة من "البوتا" كبيرة الحجم. وباستعماله أربعة أشرطة من السدو الأبيض عوضا عن الأزرق، إثنين من كل جانب، تمكّن الحائك من الحصول على مفعول شريط يلفت الانتباه إلى الأرضية المركزيّة. وتتضمّن ميداليّة من العقد والأرابيسك مطرّزة بخيط 'زاري' الفضّي الملَويّ قليلا، (7) موجودة مباشرة فوق المحراب في الحاشية الخارجيّة نصّا بالحرير الأبيض يحمل اسم عزيم خان الذي أمر بإنجاز الستارة. ويمتدّ نصّ ثان مطرّز بالحرير الأبيض بغرز مسترسلة في الزاوية اليسرى السفلى بين الشريطين الأبيضين يعلن عليا بن أبي طالب ملكا للنجف.

EGM

1. يشير هذا التبريك إلى الإمام علي، الإمام الشيعي الأول الذي دُفن في مدينة النجف المقدّسة في العراق.
2. يمتلك متحف المتروبوليتان أيضا حصيرَ صلاة نادر (الحساب رقم 17. 123.3) يمكن إسناده إلى الفترة الأفغانية. لمزيد الاطّلاع على البُسط وحصر الصلاة الأخرى من الفترتين السيخيّة والأفغانية، انظر أيضا (Ames 1997)، الصفحات 310 – 312؛ اللوحات 179 – 181؛ (Nemati 2003)، الصفحات 215–212، الألواح 46،45؛ (Ames 2007–2008)، ص.195.
3. (Vial 1987)، الصفحات 41 – 42.
4. بسط (Ranjit Singh) نفوذه على كشمير من 1819 إلى 1839م.
5. (Irwin 1973)، الصفحات 11 – 14. حسب "مُسرد مصطلحات مستعملة في حياكة الشال في كشمير" (Irwin)، الـ"بوتا" هو لفظ مطلق لكوز البوظه ويعني حرفيا "زهرة"، المرجع نفسه، ص41.
6. (Ames 2010م)؛ ص69.
7. "الزاري" خيط معدني مُلتوي (ذهب أو فضة) ملفوف حول خيط حريري؛ (Pathak 2002)، ص.142.

المصدر: حصل المتحف عليها، المصدر وتاريخ الحصول عليها مجهولان.

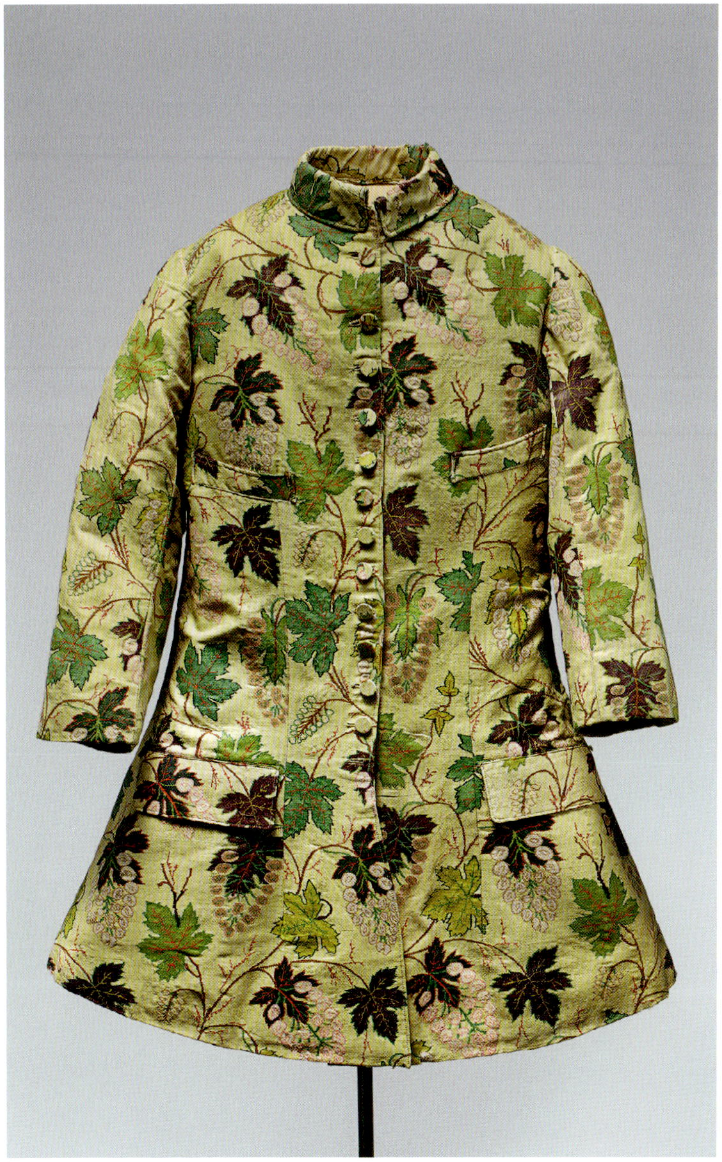

284. معطف طفل

الهند، كشمير أو أمريتسار في أواخر القرن التاسع عشر الميلادي
صوف؛ نسيج مبرد ونسيج نجود
المقاسات: 72.7×54.1سم.
مجموعة أليس ونسلي هيرامانك، هدية أليس هيرامانك 1983.1983.494.101.

للهند تاريخ طويل ثري في مجال نسج الثياب الرجالية. وتقدّم المخطوطات المصوّرة وصفحات الألبومات المغولية والدكنية نماذج مثل المعاطف ذات الأكمام والتنورات الواسعة. وقد أضاف لاحقا خلال القرن التاسع عشر الميلادي استيعاب أساليب اللباس الإنكليزية السترات والمعاطف المُركبة إلى مخزون الأزياء الهندية. (1) كانت هذه المعاطف، في تطابق مع الشكل الغربي، تحمل مزيدًا من التصاميم مقارنة بالملابس الرجالية الخارجية التقليدية السابقة. (2) وما هذا المعطف المُعدّ لطفل إلاّ نموذج من ذلك. تُمثل صفوف الأزرار والعروات تحوّلا ملحوظا في اللباس الهندي. فضلا عن ذلك، بدلا من محاكاة الأكمام المُسطّحة المُربّعة المُلحقة بالجسم الرئيسي، فإنّ أكمام هذا المعطف ضُمَّت إلى تقويرات الذراع المَستديرة بالاستعانة بآلة الخياطة. وهو اختراع قلَب أسلوب الملابس الهندية رأسا على عقب. (3) وتُمثل الياقة على الطريقة الغربية والجيوب المُضافة إلى المعطف مزيدا من التطورات في الأزياء الهندية. ويُبَطنّ كامل الثوب بعناية بقماش مصنوع من الحرير والقطن.

ودُمج الأسلوب والطريقة التجديدية للخياطة بطريقة نسج تقليديّة. فباستخدام الحائك تقنية نسيج نجود والنسيج المبرد، ملأ الأرضية ذات اللون الأصفر الفاتح بسيقان تحمل أوراق كروم وعنب على الشكل الأوروبي. اشتهرت كشمير بإنتاج هذا الصنف من المنسوجات. ولكن خلال ثلاثينات القرن التاسع عشر، أدّت المصاعب والنظام الضريبي القاسي بنسّاجي كشمير إلى مغادرة المحافظة والاستيطان بهضاب بنجاب المجاورة. (4) وهذا ما قد يُفسِّر سبب

صُنع الصنف نفسه من المنسوجات أيضا في أمريتسار بالبنجاب على أيدي حرفيّين كشميريّين. (5) وتوجد ضمن مجموعات متحف الثقافة ببازل ومتحف فرجينيا للفنون الجميلة بريتشموند معاطف رجالية وفق الأسلوب نفسه ومن الأقمشة نفسها. (6)

YK

1. (Kumar 1999)، ص.201.
2. المرجع نفسه.
3. المرجع نفسه.
4. (Mikosch 1985م)، ص.8.
5. نيويورك 1985 – 1986م، ص.445.
6. (Nabholz-Kartaschoff 1986م)، ص.24؛
7. (Dye 2001م)، ص.463، رقم 222.

المصدر: (The Alice and Nasli Heeramaneck Collection) نيويورك (حتى 1983م).

285. خفاش الفواكه

الرسام: منسوبة لدائرة ابْهَواني داس
الهند، كلكتا في حوالي 1777 – 1782م
قلم رصاص وحبر وألوان مائية معتّمة على ورق
المقاسات: 59.75×83.2سم.
اقتناء، هبة مجهولة الهوية، وهبة سنثيا هازن بولسكي، ووصيّة فيرجينا ج. لوكاونت تخليدا لذكرى أسرة لوكاونت. رصيد بنفت لـ2007م، وأرصدة لويس الخامس بال وهاريس بريسباين ديك وفليتشر ورودجرز، ووصية جوزيف بوليتزر، وهبة الدكتور مورتمر د.ساكلر وتيريزا ساكلر وأسرتها 2008، 2008.312.

تمكّن هذا الرّسم الأخّاذ ذو التركيبة الصّارمة والتلوين المتقن من تخطّي هدفه الأصلي المعلن كسجل علميّ ليصبح عملا فنيّا مستقلا بذاته. يتمثّل موضوعه في خفاّش الفواكه الهندي العملاق (بيتروبيس جقنتس)، المعروض من الأمام بجناح ممدود وآخر مطوي. رُسم الجسم رسما كثير التفاصيل مع إبراز الوبر والمخالب والعروق والأعضاء التناسلية بدرجات من اللّونين البنّي والرمادي. ورغم أن الفنان مجهول الهويّة، فإنّه يُعتقد أنّه قد يكون ضمن دائرة الرسامين الذين عملوا لفائدة السّير إليجاه إمبي، قاضي قضاة البنغال من 1774 إلى 1782م وزوجته

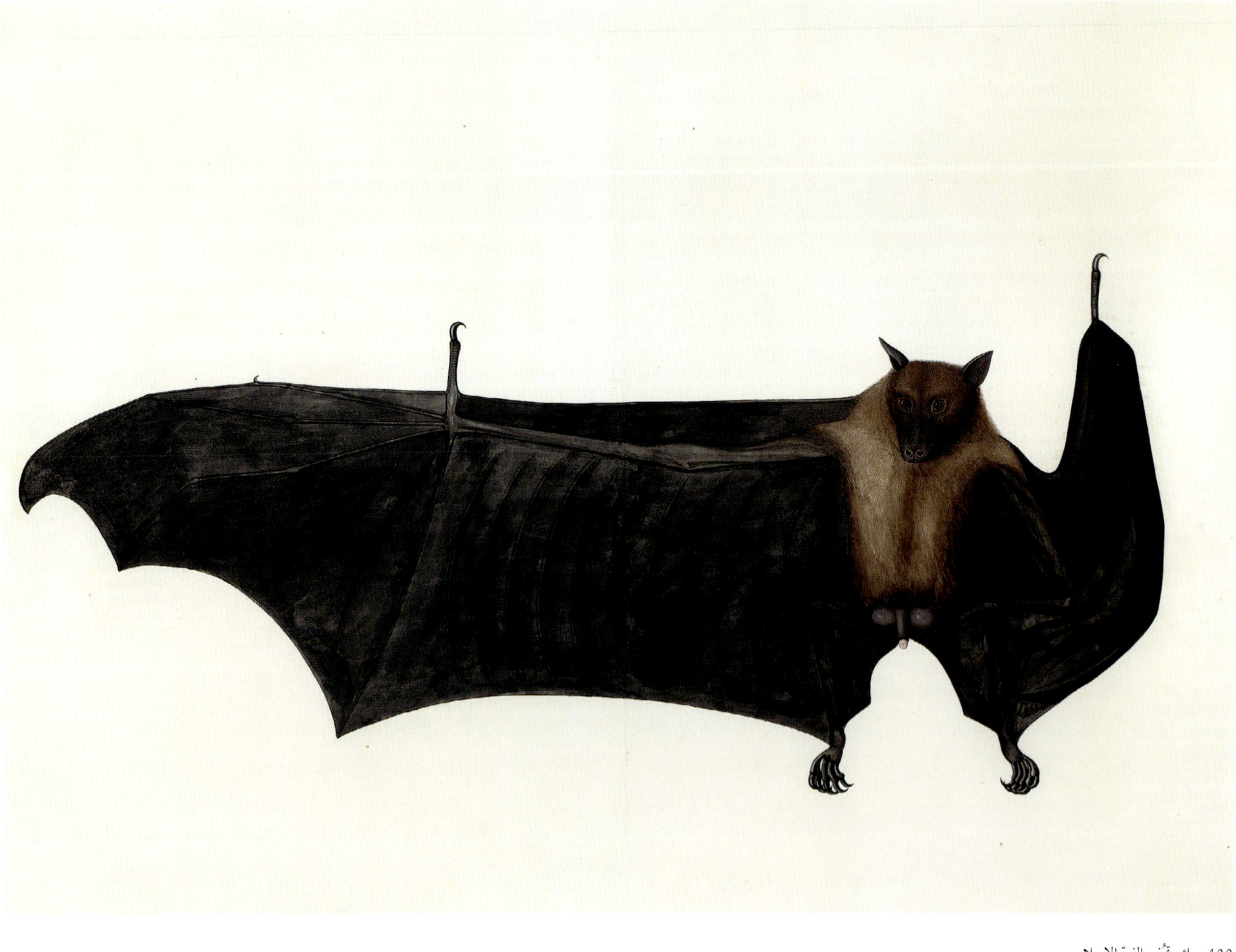

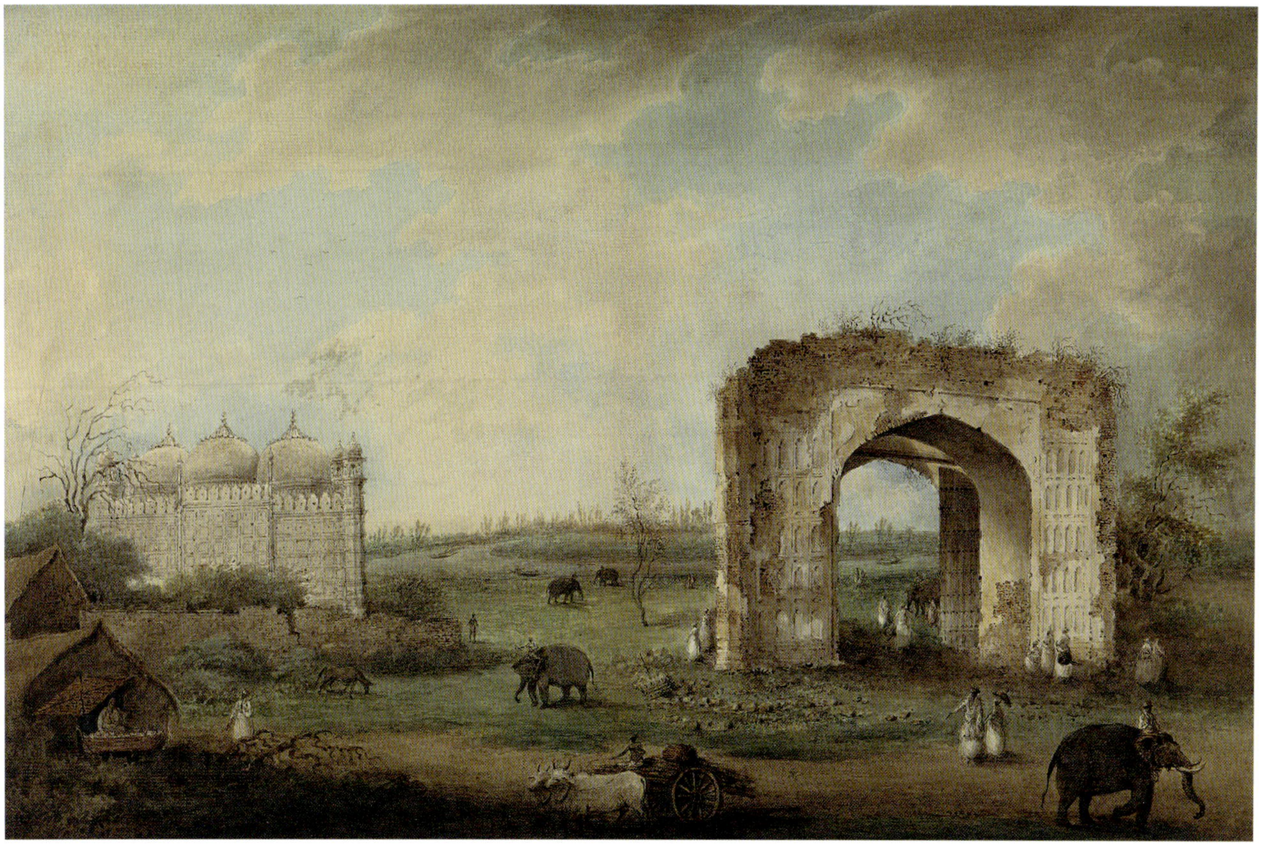

اللّيدي ماري. في 1777م، استأجر آل إمبي رسامين لإنجاز سجلاّت لعيّنات من الحياة النباتية والثروة الحيوانية التي جمعوها بمنزلهم بكلكتا. وعلى امتداد الخمس سنوات الموالية، أُنجِز لهم 326 رسما لنباتات وحيوانات وطيور مختلفة. (1) وتميل الأعمال إلى تصوير مواضيعها برمّتها قدر الإمكان وبتوفير قدر كبير من التفاصيل على خلفيّة خالية. ويعرف ثلاثة من بين الرسامين الذين عملوا لفائدة آل إمبي، وهم أبهاواني داس وشيخ زيد الدين ورام داس. وتظهر أسماؤهم مباشرة على رسومهم جنبا إلى جنب مع التعريف بالموضوع. لم يحمل إذن هذا الرّسم أي نص، ولكنّه على صلة وثيقة برسم آخر لخفّاش من إنجاز أبهاواني داس. (2) وهو أيضا منجز بدعم من إمبي. وللمرء أن يتخيّل أبهاواني داس والرسام مجهول الهوية وهما يعملان جنبا إلى جنب ويراقبان الحيوانات. ولكن بينما يصوّر عمل أبهاواني داس خفاشا أنثى سمراء مصفرّة تتمركز في وسط الصفحة وجناحاها ممتدّان، فإن زميله الفنان خلق تركيبة غير متناغمة لخفّاش ذكر لاشكّ في ذلك، بدرجات من اللونين الأسود والرمادي وبجناح منشور بطريقة استعراضية.

MS

1. (1992 (Archer, M، ص. 97، تشتّت مجموعة (The Impeys' collection) في مزاد علني سنة 1810م.
2. لندن 2001 – أ، رقم 1؛ بيع، (Christie's London) ، 22 مايو 2008م، الرزمة 7.

المصدر: (Niall Hobhouse)، لندن (2001 – 2008، الفهرس2001م، رقم2). بيع (Christie's London) (Hobhouse) لندن، 22 مايو 2008م، الرزمة 8، لمتحف المتروبوليتان للفنون.

286. منظر لمسجد بموتيجهيل وبوابته، البنغال

الرسام: منسوبة لـ"سيتا رام" (نشط ما بين 1814 – 1823م)
الهند، البنغال في حوالي 1814 – 1823م
ألوان مائية مُعتمة على ورق
المقاسات: 33×48.9سم.
رصيد سنثيا هيزن بولسكي وليون ب. بولسكي 2002.461.

بعد أن جرى تحديده حديثا، تبيّن أن موضوع هذا الرسم هو مسجد وبوابة قصر سانقي دالان بموتيجهيل، خارج مرشد باد. وقد شُيّد في عام 1743م من قبل 'نوازيش محمد خان'. (1)

ويُرجّح أن يكون الرسام هو سيتا رام، وهو رسّام بنغالي مُتفوّق، حظي عمله بالإعجاب منذ سبعينات القرن العشرين الميلادي، عندما بيعت ثلاثة ألبومات من رسومه المائية في مزاد علنيّ. (2) ولكن لم يجر التحقّق من هوية زبون الرسوم المائية وظروف إنجازها إلاّ في 1995م. وتوضح نصوص مدرجة في مجموعة من ثماني ألبومات حصلت عليها المكتبة البريطانية بلندن أنّ الرسوم المائية كانت بمعيّة ألبومين صدرا في 1974م أُنجزت لحساب فرنسيس رودن (الإيرل الثاني لمويرا، لاحقا المركيزة الأولى لهايستينغز الحاكم العام للبنغال من 1813 إلى 1823م) خلال جولة لشمال الهند في 1814 و1815م. وذكرت هايستينغز في يومياتها أنه في نقطة ما من الجولة، "أُمِر رسام بنغالي كان يرافقنا بإنجاز رسم تخطيطي مُلوّن للمشهد،" (3) لكن "الرسام" المشار إليه هنا لم يُحدّد من قبل بأنّه

ستيا رام و"الرسم التخطيطي الملوّن" لم يُربط برسومه المائية الفائقة. (4) ولا يمكن متابعة حياة سيتا رام المهنية إلاّ لفترة قصيرة ولكنّها مكثّفة، عندما كان يعمل لحساب آل هايستينغز من حوالي 1814 إلى 1823م. (5) خلال تلك الفترة، أَنجز عشرة ألبومات لرحلة 1814 – 1815م، وعلى الأقل اثنين آخرين معتمدين على جولات 1817 و1820 – 1821م. وساهم في إنجاز ألبومات رسوم للتاريخ الطبيعي. وقام بدراسات أخرى وُضعت لاحقا في سجلات القصاصات. (6) ومن خلال هذا الكم من العمل، يتجلّى وجهان لعمل سيتا رام. تتسم رسومه للتاريخ الطبيعي بتفاصيلها الدقيقة، ولكنه فيما رسمه من مناظر طبيعية، استخدم آفاقا منخفضة وضوءا دافئا وتلاعب بالحجم والمنظور للحصول على تأثير أعظم. وكسائر الأعمال الأخرى المنجزة لهايستينغز، يلتقط هذا الرسم دون شك ما رآه الفريق المسافر. ولكنه يملأ أيضا المظهر الطبيعي والمعمار معا بروح من الاسترخاء تستدعي حالة من السرمدية عوضا عن لحظة خاطفة من رحلة. يزداد هذا الانطباع تأكّدا بقرار الفنان رسم موقع موتيجهيل من الخلف، مستثنيا القصر الرئيسي مبرزا حالة الخراب المتبقية.

MS

1. قام بهذا التعريف (J. P. Losty) بالاعتماد على رسم مائي لمنظر يكاد يكون مطابقا في ألبوم الرسوم البنغالية على ملك بائعي الكتب بلندن الإخوة ماكز في 2009م. مراسلة شخصية لنافينا حيدر، في 21 فبراير 2010م (ملفات الأمانة، قسم الفن الاسلامي). وقبل هذا التعريف، أشار (Joachim Bautze) (في سان فرنسيسكو ومدن أخرى 1998 – 1999م الصفحات 308 – 309) ونافينا حيدر (في نيويورك 2004 – 2005م، ص.218) أنّ هذا الرسم كان من جولة إلى إقليم 'قور' في 1820 – 1821م. لمزيد الإطّلاع حول موتيجهيل، انظر (Dani) (1961م، الصفحات 276 – 277.
2. بيع ألبوم لرسوم الفواكه والنباتات (Sotheby's) لندن في 15 يوليو 1970م. وبيع ألبومان لمناظر من مرشداباد إلى (Patna) ومن سيكندرا إلى أغرة في (Sotheby's) لندن في 9 يوليو 1994م.
3. (Hastings 1907)، ص. 133.
4. (Losty 1995).
5. ومنذ ذلك الوقت أعاد (Losty) النظر في إشارته (المرجع نفسه، ص 48، الحاشية 2) بان سيتا رام قد يكون عمل لحساب الدكتور جون فلمينغ قبل الدخول في خدمة هايستينغز؛ مراسلة شخصية في 1 سبتمبر 2010م.
6. حصلت أيضا المكتبة البريطانية في 1995م على الألبومات من البنغال، ألبومات التاريخ الطبيعي وسجلات القصاصات. انظر لوستي (Losty 1955م)، ص81. نُشرت رسوم مُختارة من جولة 1817م في لوستي (Losty 1996م).

المصدر: على الأرجح (Francis Rawdon)، الإيرل الثاني بمويرا، لاحقا المركيزة الأولى (Hastings) الحاكم العام للبنغال (1813 – 1823)؛ مجموعة خاصة، إنكلترا (.Dr William K. Ehrenfeld) سان فرنسيسكو (في 1998)؛ [(Oliver Forge) و (Brendan Lynch, Ltd) حتى 2002م، بيع لمتحف المتروبوليتان للفنون].

287. سائس يمسك بحصاني عربة

منسوبة إلى الشيخ محمد أمير من كراية (نشط بين ثلاثينات وأربعينات القرن التاسع عشر الميلادي)
الهند، كلكتا في حوالي 1845م
ألوان مائية معتمة على ورق
المقاسات: 30.5×50.8سم.
رصيد لويس إ. وتيريزا س. سايلي لاقتناءات الفن الإسلامي ورصيد رودجرز 1994
.1994.280

يُصوّر هذا الرسم المائي سائسا هنديا معروفا بـ"سايس"، يرتدي ثيابا زرقاء ويُمسك بكمامات حصانين أبيضين طويلي القامة. ويَظهر ثلاثتهم وسط منظر طبيعي يكاد يكون أجردا، على ضفة نهر؛ وعلى الضفة المقابلة يوجد صفّ من

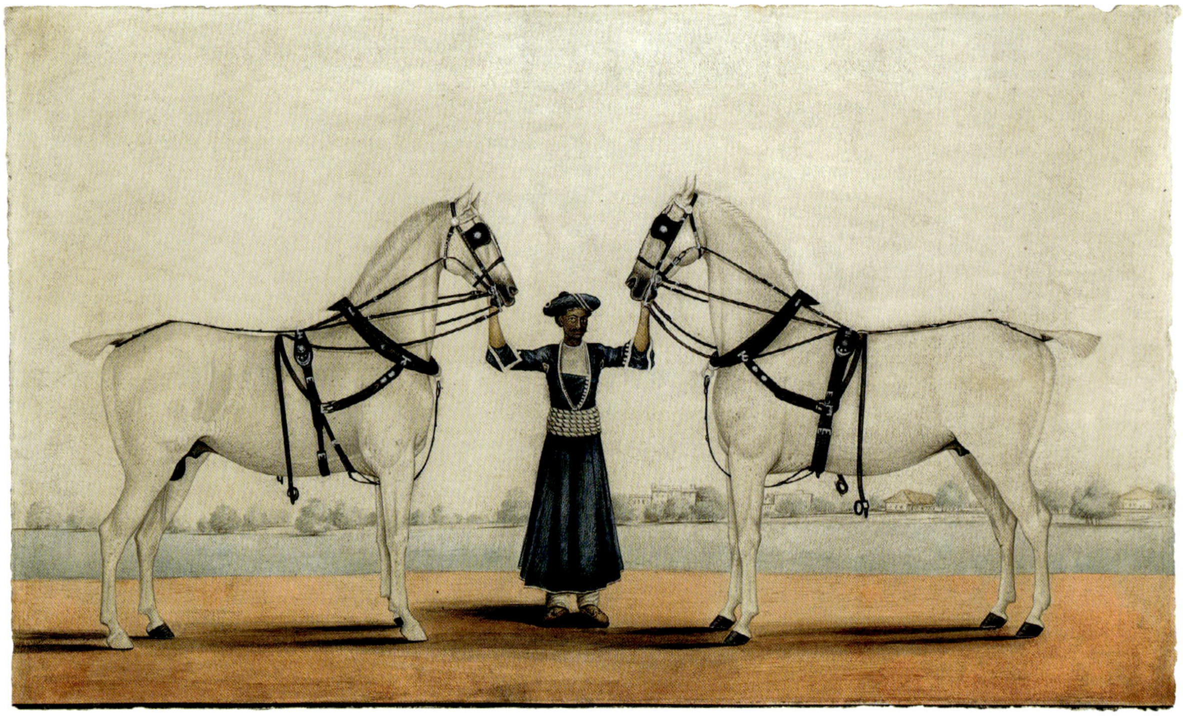

الشجيرات والأحراش المنخفضة تتخللّها بناءات بيضاء صغيرة. ولكن هذه التفاصيل هي متناهية الصغر بينما تُشكّل سماء واسعة فارغة أغلب الخلفية.

كان الغرض المعلن لهذا الرسم (صنف معروف من نماذج أخرى) هو تسجيل ممتلكات مُقيم بريطانيي في الهند. ولكن يبدو أن للعمل دلالة خاصة على ضوء الطريقة المرتبكة التي ينظر بها السائس إلينا بعين مرفوعة، وحصاناه مغمّيان.

نُسب الرسم إلى الشيخ محمد أمير من كرّاية، وهو أحد أشهر ثلاثة رسامين كانوا يعملون بكلكتا في القرن التاسع عشر الميلادي، عندما كانت المدينة عاصمة الحكومة البريطانية ومركز إنتاج عديد الأعمال المنجزة لزبائن بريطانيين. وبينما كان الفنان زين الدين لافتا للنظر لدراساته النباتية والحيوانية المؤلفة للسير إليا والليدي ماري إمبي، وكان سيتا رام يرسم أساسا مناظر طبيعية وأنصابا، فإنّ الشيخ محمد كان يرسم صورا لأعضاء أسر بريطانية وممتلكاتها.

ورغم أن هذا الرّسم لا يحمل النسبة الفارسية الموجودة على أغلب أعمال الشيخ محمد أمير، فإنّه يماثل مباشرة الرسوم المتعددة التي أنجزها وتتناول الموضوع نفسه أي السوّاس والخيل. (1) وقد كان الفنان نشطا في اجتذاب الزبائن وصنع عشرات من مثل هذه الأعمال. (2) أخيرا، تربط الطريقة التي قدّحت بها عين السائس اليمنى- وهذه إحدى التفاصيل الموجودة في رسم آخر للرسّام موضوعه حامل نرجيلة – هذا العمل بإبداعاته الأخرى. (3)

MS

1. في مجموعة مكتبة ديوان الهند ومركيز (Dufferin) و (Ava) (مصوّر في نيويورك ومدن أخرى، 1978 – 1979م، الصفحات 69 و71) و(.Mildred and W. G Archer) مصور في واشنطن دي سي ومدن أخرى 1936م رقم 179)؛ من ضمن آخرين.
2. (Pal) ناشر، 1990م، ص. 136.
3. متحف فيكتوريا وألبرت بلندن (رقم 1957 – I S 5)، مصوّر في (Archer, Mم 1992)، ص 103.

المصدر: (Robert Edward Master, Esq)، إنكلترا، [(McInerney Terence)، نيويورك، حتّى 1994م، بيع لمتحف المتروبوليتان للفنون].

288. خنجر

الهند، على الأرجح جايبور في القرنين الثامن عشر – التاسع عشر الميلاديين.
المقبض: ذهب مطلي بالمينا مُرصّع بأحجار كريمة؛ تقنية 'الكوندان'.
النصل: فولاذ.
المقاسات الإجمالية: 31×5.7سم.
رصيد رودجرز 1970. 1970.180

تضمن ناموس اللباس الذي اتّبعته طبقة النبلاء في الهند حمل خناجر مزركشة زركشة فائقة تدلّ على المرتبة الاجتماعية وهيئة حاملها. (2)

انطلقت في منتصف القرن السابع عشر الميلادي موجة تزيين مقابض الخناجر برؤوس حيوانات كانت تُنحت من مواد مثل اليشم والعاج والعَظم. وقد أخذت أشكالا تزايدت غرابة وتلوّنا بمرور الزمن. وقد شاع هذا التوجه أكثر في منطقة شمال الهند خلال القرنين الثامن عشر والتاسع عشر الميلاديين.

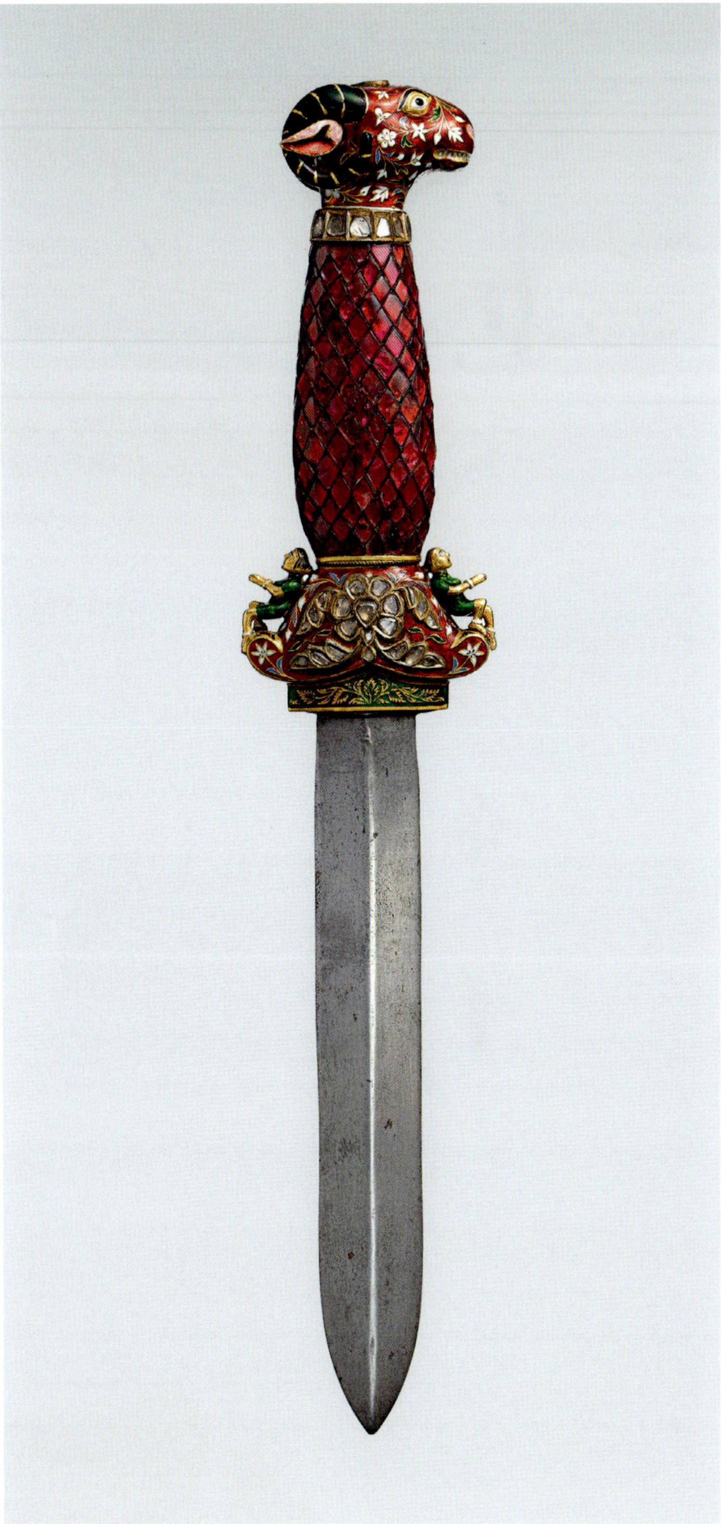

وصيغ مقبض هذا الخنجر الذي يُمثل نموذجا يُجسّد الفترة اللاحقة في صورة رأس كبش. (2) وقد استُعملت تقنيات مختلفة في صنعه. واستُخدمت طريقة المساحة المرفوعة في طلاء المينا (تُحزّز وتُجوّف خلايا على سطح الجسم المعدّ للطلاء وهو من المعادن ثم تُملأ بمينيا زجاجية). وجرى تلبيس الأحجار حسب طريقة الكوندان، وذلك لتزيين القائم والقبّيعة، بينما رصّع القتير بأحجار

مُسطّحة مرصوفة على راتينج أحمر لتُكوّن شكل معيّن. ترسّخ فن الطلي بالمينا خلال الفترة المغولية المبكّرة، على الأرجح، نتيجة التواصل مع التجار والجواهريين الأوروبيين. وسرعان ما انتشر عبر شبه القارة الهندية خلال القرون الموالية. وتُبرز الموتيفات الزهرية المطلية بالمينا التي تُزيّن هذا الخنجر تلوينا وتصميما يعيدان إلى الأذهان بصفة جليّة النماذج المنسوبة إلى جايبور القرن التاسع عشر الميلادي، (3) وهي أحد مراكز الطلي بالمينا الأكثر شهرة. لذلك، فإن المصدر والتاريخ الأكثر احتمالا للمقبض هما شمال الهند في الفترة الممتدّة من القرنين الثامن عشر إلى التاسع عشر الميلاديين. ويبدو أن النصل، وهو مصنوع من الفولاذ، كان بديلا حلّ لاحقا محلّ النصل الأصلي. ووُجد في مجموعة جيمس ومارلين آلزدورف خنجر يكاد يكون مطابقا لخنجر المتروبوليتان. ومن المحتمل جدّا أن يكون صُنع في الورشة نفسها. وهو الآن ينتمي إلى معهد الفن بشيكاغو. (4)

MAB

1. لوس أنجلس ومدن أخرى 1989 – 1991م، ص515.
2. لمزيد الاطّلاع حول نماذج أخرى من الخناجر في شكل رؤوس كباش تعود إلى الفترة نفسها، انظر (Pant) م1978 – 1983، المجلد2، الألواح 97،117،174.
3. انظر (Bala Krishnan and Kumar 1999م)، الصورة 159؛ أنتويرب 1997م، رقم87 .
4. شيكاغو 1997م، رقم 331.

المصدر: (Peter Marks) نيويورك (حتى 1970م؛ بيع لمتحف المتروبوليتان للفنون).

289. إزار (سارُنغ)

أندونيسيا، جاوة وباسيسير (منطقة الساحل الشمالي)، منتصف – أواخر القرن التاسع عشر الميلادي
قطن ونسيج بسيط وصبغة مقاومة ملونة
المقاسات: 111.8×213.4سم
اقتناء، رصيد رودجرز 1930. 30.88.2

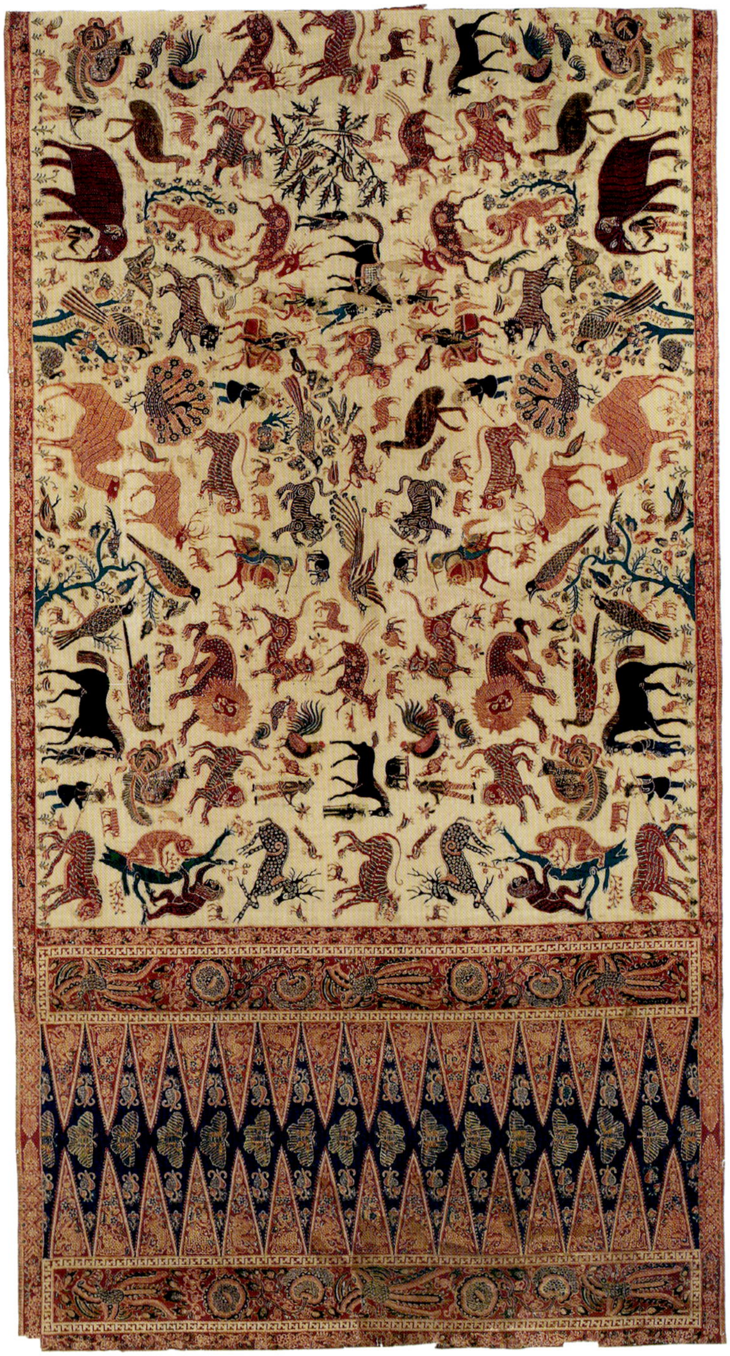

شكّلت أندونيسيا، التي قطنها اليوم أكبر عدد من المسلمين، مفترق طرق بين التقاليد الثقافية والدينية والفنية. وكان مركز هذه التفاعلات هو جزيرة جاوة، خاصة منطقة الساحل الشمالي المعروفة بـ' بساسير'.

تعاقبت على مرّ القرون الديانات البوذية والهندوسية وأخيرا الإسلام لتصبح تباعا الديانات السائدة على الجزيرة وذلك بتواتر مجيء موجات من التجار أو المستوطنين الهنديّين والعرب والفرس والصينيين ولاحقا الأوروبيين إليها للزيارة أو الاستقرار على ضفافها. في باسسير، أدّى هذا التنوّع إلى نموّ مجتمع متعدد الأعراق له فنون تعكس تعدديّة التأثيرات الثقافية. (1)

وتتجلّى التأثيرات الثقافية المتعددة في الفنّ الجاوي من خلال التصاميم الملوّنة الموجودة على أقمشة " الباتيك" المميّزة المصنوعة في الجزيرة. ويشير لفظ "باتيك" إلى التقنية المستعملة للحصول على صور على الأقمشة. وهي طريقة مقاومة للصبغة توضع بموجبها التصاميم على جانبي القماش من خلال تغطيتها بطبقة من الشمع تمنع امتصاص الصبغة. للحصول على مختلف الألوان التي تظهر في العمل النهائي، يُغمس عندئذ القماش في حمامات متعاقبة من الصبغة وبين كل حمام صباغة وآخر تُترك الأجزاء من التصاميم المراد صبغها، أو وقايتها من كل لون متعاقب بطبقة الشّمع حسبما هو مطلوب. (2)

خِيطت في الأصل أطراف هذا العمل، وهو إزار، للحصول على ثوب أنبوبي (سارُنغ) ثم فتّقت الخياطة لاحقا لكشف التصميم كاملا. ويُشير تصوير الإزار وتصميمه إلى مصدره، وهو باسيسير. وقد يكون صُنع في ورشة هندية أوروبية.

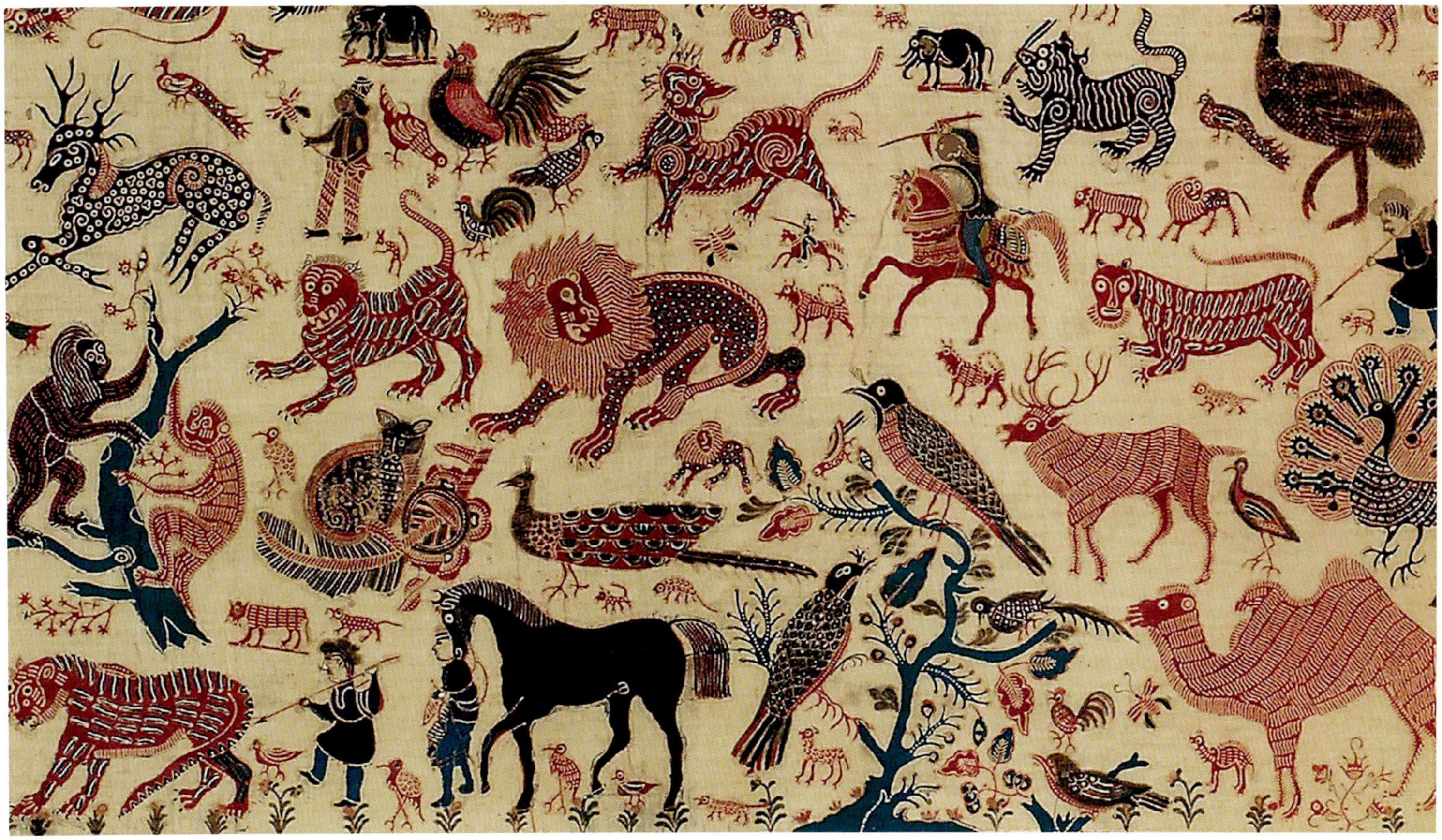

وأنتَجت الورشات الهنديّة والأوروبية، وكانت تُسَيِّر من نساء ينحدرن من سلالات جاويّة وأوروبية، 'باتيك' بصور مأخوذة من مصادر شتّى. (3) وتعكس التصاميم على الشريط العريض، المسمّى 'كبالة' (رأس) القماش، كما يظهر في أسفل الصورة إلى اليسار، تأثير تجارة الأقمشة الهنديّة من ساحل كرومندال. ويزيّن بدن السارنغ مجموعة مدهشة من الوحوش والحيوانات تتضمّن موتيفات من أصل هندي وفارسي مثل طيور جاثمة في شجرة مزهرة وطواويس راقصة وكذلك صور حيوانات مفترسة وأيل يقفز، من مصادر صينيّة. تُرافق هذه الكائنات صورا أكثر طبيعية للجمال مزدوجة السّنام والأسود والنمور والقردة. (قد تكون أورنجوتان إندونيسيا الأصلية). ولعلّ أكثر الحيوانات ندرة هنا هو طائر الشبنم. وهو طائر يشبه النعامة ذو عرف موجود فقط في غينيا الجديدة والجزر المجاورة لها وشمالي شرقي أستراليا. وتتخلل الحيوانات صور لأوروبيين يركبون ويقودون خيلهم ويصطادون برماح. يوجد أيضا جنود يحملون حرابا وأشخاص آخرون يرافقون الفيلة. ومثلما هو شأن الثقافة الجاوية نفسها، يدمج هذا العمل الانتقائي مزيجًا من التأثيرات الثقافية والفنيّة المتعددة في سياق إطار إسلامي شامل. EPK

1. من أجل خلاصة للتاريخ المعقّد للهجرة والتأثيرات الثقافية على الساحل الشمالي لجاوة، انظر (Carey, P) م1996 – 1997.

كشف تحليل مفصّل للعمل الحالي من قبل (Christine Giuntini) أمين قسم فنون إفريقيا وأوقيانوسيا والأمريكيتين، أن التصاميم أُنجزت على الأرجح بمساعدة أدلة بقلم الرصاص، رُسمت على القماش قبل تغطيته بطبقة من الشمع. ويرجّح أن تكون الموتيفات المتكرّرة المتشابهة ولكنّها ليست متطابقة، أُنجزت بفضل رسوم تخطيطية على ورق شفّاف ودُبّست بقفا القماش والتي رفعت بعدئذ بالقرب من مصدر ضوء لتمكين التصاميم من أن تُنسخ في الشمع. يُوصف استعمال هذه الطريقة في ورشات على الساحل الشمالي بجاوة من قبل (أ 1997 – 1996 Heringa) – ص. 227. رُسمت لاحقا المزيد من تفاصيل التصاميم والبعض من الموتيفات الأصغر مباشرة على المساحة عندما جرى الانتهاء من الصباغة.

2. لمناقشة تطوّر 'الباتك' الهندي والأوروبي وتصويره وإنتاجه ودور نساء الأعمال، انظر (Legêne and Waaldijk 2001)، الصفحات 43 – 45؛ (Hout 2001)، الصفحات 143 – 145؛ (ب 1997 – 1996 Heringa)؛ (-Veldhuisen 1996 1997).

المصدر: [(Aalderink & Co)، أمستردام حتى 1930م، بيع لـ (Vecht A.) لمتحف المتروبوليتان للفنون].

Glossary of English words in Arabic

مسرد للكلمات الإنكليزية بالعربية

English	عربية
aniconic	تحريم الصور والتمثيلات
ansa	تعشيقة زخرفية
architectural decoration	الزخرف المعماري
architecture	المعمار، الهندسة المعمارية
beaker	دورق
bevel-cut decoration	زينة مائلة الحواف
calligraphic designs	تصاميم حروفية
carpet	بساط
champlevé	المساحة المرفوعة
chasing and engraving metalwork	المعدن المحزّز والمحفور
coil trailing	الخيط المتجرجر
cut glass and cut stone	صقل الزجاج وصقل الأحجار الكريمة وشبه الكريمة
enameled	مطعّم بالمينا
enclosure	حوزة
floral element	العنصر الزهري
garland	لفيفة الزهور
gilded silver	الفضة المطلية
glass bubble	فقاعة الزجاج
glazed	مزجّج
iconoclasm	تدمير الصور والتماثيل
iconographic and stylistic features	سمات أيقونية وأسلوبية
jewelled objects	التحف المجوهرة
lower relief	النقش النافر قليل البروز

lustre-painted pottery	الفخاريات ذات البريق المعدني
marquetry	تطعيم الخشب وترصيعه
miniature	المنمنمات
molten glass	الزجاج المنصهر
mould blowing	النفخ في القالب
non-figural terms	المفردات غير التشخيصية
opaque glass	زجاج غير شفّاف، معتّم
outlining, notching, and dotting	التسطير والثلم التنقيط
pigments	خضوب
pyxis	علبة، حُقّة.
repoussé bronze plaque	لوحة برنزية ذات تصاميم نافرة
rock crystal	البلّور
rug	نجد، بساط
spandrel	سبندل، المساحة شبه المثلثة الفاصلة بين الأقواس
splash-decorated	المرشوشة بالألوان
stucco ornament	الزينة الجصية
style of the rinceau	شكل غصني
tie-beam	حيز الربط، جائز الربط
turquoise-blue glass	الزجاج الأزرق الفيروزي
vegetal and geometric motifs	موتيفات نباتية وهندسية
vessel(s)	إناء، آنية، أواني
vine scrolls	ورقات الدالية
wall and ceiling painting	الرسومات الجدارية والسقفية
whitewashed	مطلي بالجير المائي

قائمة المراجع

Abdullayev, Fakhretdinova, and Khakimov 1986 Abdullayev, T., D. Fakhretdinova, and A. Khakimov. *Pesn' v metalle: Narodnoe iskusstvo Uzbekistana/A Song in Metal: Folk Art of Uzbekistan*. Tashkent, 1986.

Abu'l Fazl 'Allami 1977 Abu'l Fazl 'Allami. *The A'in-i Akbari by Abu'l Fazl 'Allami*. Translated by H[enry F.] Blochmann and H[enry] S. Jarrett; edited by D[ouglas] C[raven] Phillott. 3rd ed. 3 vols. 1927–49. Calcutta, 1977.

Abu Mansur al-Tha'alibi 1956 Abu Mansur al-Tha'alibi. *Yatimat al-dahr fi mahasin ahl al-'asr*. Edited by Muhammad Muhyi al-Din 'Abd al-Hamid. 2nd ed. 4 vols. in 2. Cairo, 1956.

Acar 1999 Acar, M. Şinası. *Türk hat sanatı (araç, gereç ve formlar)/Turkish Calligraphy (Materials, Tools and Forms)*. Istanbul, 1999.

Ackerman 1938–39a Ackerman, Phyllis. "Standards, Banners and Badges." In Pope, A. U., and Ackerman, eds. 1938–39, vol. 3, pp. 2766–82.

Ackerman 1938–39b Ackerman, Phyllis. "Textiles of the Islamic Periods. A. History." In Pope, A. U., and Ackerman, eds. 1938–39, vol. 5, pp. 1995–2162; vol. 6, pls. 981–1106.

"Acquisitions [MFA]" 1931 "A[c]quisitions, July 3 through September 3, 1931." *Bulletin of the Museum of Fine Arts[, Boston]* 29, no. 175 (October 1931), pp. 94–96.

Adamjee forthcoming Adamjee, Qamar. "The Sultanate Chandayana: An Exemplar of Cultural and Artistic Interaction in Sixteenth Century India." Ph.D. diss., Institute of Fine Arts, New York University, forthcoming.

Adamova 1999 Adamova, Adel T. "Permanent Exhibitions: A Variety of Approaches." *Museum International* (Unesco, Paris) 51, no. 3 (July–September 1999), pp. 4–10.

Adamova 2000 Adamova, Adel T. "On the Attribution of Persian Paintings and Drawings of the Time of Shah 'Abbas I: Seals and Attributory Inscriptions." In *Persian Painting from the Mongols to the Qajars: Studies in Honour of Basil W. Robinson*, edited by Robert Hillenbrand, pp. 17–38. London and New York, 2000.

Adamova and Grek 1976 Adamova, A[del Tigranova], and T[atiana Vladimirovna] Grek. *Miniatiury kashmirskikh rukopiseii/Miniatures from Kashmirian Manuscripts*. Leningrad, 1976.

Adle 1980 Adle, Chahryar. *Écriture de l'union reflets de temps des troubles: Oeuvre picturale (1083–1124/1673–1712) de Haji Mohammad*. Paris, 1980.

Afshar 1969 Afshar, Iraj. *Yadgarha-yi Yazd*. Tehran, 1969.

Afshar 1973 Afshar, Iraj. "Two Twelfth-Century Gravestones of Yazd in Mashad and Washington." *Studia Iranica* 2, no. 2 (1973), pp. 203–11, pls. 41–43.

Afshar 1975 Afshar, Iraj. *Yadgarha-yi Yazd*. Tehran, 1975.

Aga-Oğlu 1935 Aga-Oğlu, Mehmet. *Persian Bookbindings of the Fifteenth Century*. Ann Arbor, 1935.

Aga-Oğlu 1945 Aga-Oğlu, Mehmet. "About a Type of Islamic Incense Burner." *The Art Bulletin* 27, no. 1 (March 1945), pp. 28–45.

Ahmad ibn Mir Munshi 1959 Ahmad ibn Mir Munshi al-Husaini. *Calligraphers and Painters: A Treatise by Qadi Ahmad, Son of Mir-Munshi (circa A.H. 1015/A.D. 1606)*. Translated by V[ladimir] Minorsky. Smithsonian Institution Publication 4339. Freer Gallery of Art Occasional Papers, vol. 3, no. 2. Washington, D.C., 1959.

Akhrarov and Rempel 1971 Akhrarov, I. A., and L. Rempel. *Reznoi shtuk Afrasiaba* (Relief sculpture in Afrasiab). Tashkent, 1971.

Alam and Subrahmanyam 2007 Alam, Muzaffar, and Sanjay Subrahmanyam. *Indo-Persian Travels in the Age of Discoveries, 1400–1800*. Cambridge and New York, 2007.

Ali forthcoming Ali, Daud. *Garden and Landscape Practices in Precolonial India Histories from the Deccan*. London, forthcoming.

Ali-de-Unzaga 2007 Ali-de-Unzaga, Miriam. "Qur'anic Inscriptions on the So-called 'Pennon of Las Navas de Tolosa' and Three Marinid Banners." In *Word of God, Art of Man: The Qur'an and Its Creative Expressions; Selected Proceedings from the International Colloquium, London, 18–21 October 2003*, edited by Fahmida Suleman, pp. 239–70. The Institute of Ismaili Studies, Qur'anic Studies Series, 4. London, 2007.

Allan 1970 Allan, J[ames] W. "Mamluk Sultanic Heraldry and the Numismatic Evidence: A Reinterpretation." *Journal of the Royal Asiatic Society of Great Britain and Ireland*, 1970, no. 2 [*Studies in Honour of Sir Mortimer Wheeler*], pp. 99–112.

Allan 1973 Allan, J[ames] W. "Abu'l-Qasim's Treatise on Ceramics." *Iran* 11 (1973), pp. 111–20.

Allan 1986 Allan, James W. *Metalwork of the Islamic World: The Aron Collection*. London, 1986.

Allan 1991a Allan, James [W]. *Islamic Ceramics*. Ashmolean–Christie's Handbooks. Oxford, 1991.

Allan 1991b Allan, James W. "Metalwork of the Turcoman Dynasties of Eastern Anatolia and Iran." *Iran* 29 (1991), pp. 153–59.

Allan 1995 Allan, J[ames] W. "Silver Door Facings of the Safavid Period." *Iran* 33 (1995), pp. 123–37.

Allan 2003–4 Allan, James W. "Early Safavid Metalwork." In New York and Milan 2003–4, pp. 202–39.

Allan 2004 Allan, James W. *Persian Steel: Masterpieces of Iranian Art*. London, 2004.

Allan and Gilmour 2000 Allan, James [W.], and Brian Gilmour. *Persian Steel: The Tanavoli Collection*. Oxford Studies in Islamic Art, 15. Oxford, 2000.

Allan and Roberts, eds. 1987 Allan, James [W.], and Caroline Roberts, eds. *Syria and Iran: Three Studies in Medieval Ceramics*. Oxford Studies in Islamic Art, 4. Oxford, 1987.

Allan et al. 1979 Allan, James W., et al. *Persian Metal Technology, 700–1300 A.D.* Oxford Oriental Monographs, 2. London, 1979.

Allen 1988 Allen, Terry. *Five Essays on Islamic Art*. [Manchester, Mich.], 1988.

Allgrove McDowell 1989 Allgrove McDowell, Joan. "Textiles." In Ferrier, ed. 1989, pp. 151–70.

Allsen 1997 Allsen, Thomas T. *Commodity and Exchange in the Mongol Empire: A Cultural History of Islamic Textiles*. Cambridge Studies in Islamic Civilization. New York and Cambridge, 1997.

Almagro Gorbea 2007 Almagro Gorbea, Antonio. "Los Palacios de tradición andalusí en la corona de Castilla: Las empresas de Pedro I." In *Simposio Internacional: El legado de al-Andalus; El arte andalusí en los reinos de León y Castilla durante la Edad Media*, edited by Manuel Valdés Fernández, pp. 243–81. Valladolid, 2007.

Alsayyad, Bierman, and Rabbat, eds. 2005 Alsayyad, Nezar, Irene A. Bierman, and Nasser O. Rabbat, eds. *Making Cairo Medieval*. Transnational Perspectives on Space and Place. Lanham, Md., and Oxford, 2005.

Alvi and Rahman 1968 Alvi, M. A., and A. Rahman. *Jahangir: The Naturalist*. The National Institute of Sciences of India Monograph, 3. New Delhi, 1968.

Ames 1997 Ames, Frank. *The Kashmir Shawl and Its Indo-French Influence*. 3rd ed. 1986. Woodbridge, Suffolk, 1997.

Ames 2007–8 Ames, Frank. "Woven Legends: Carpets and Shawls of Kashmir (1585–1870)." In New York and Cincinnati 2007–8, pp. 192–209.

Ames 2010 Ames, Frank. *Woven Masterpieces of Sikh Heritage: The Stylistic Development of the Kashmir Shawl under Maharaja Ranjit Singh (1780–1839)*. Woodbridge, Suffolk, 2010.

Amsterdam 1999–2000 *Earthly Beauty, Heavenly Art: Art of Islam*. Exhibition, De Nieuwe Kerk, Amsterdam. Catalogue by Mikhail B. Piotrovsky, John Vrieze, and others. Amsterdam, 1999.

Amsterdam 2001 *Batik, Drawn in Wax: 200 Years of Batik Art from Indonesia*. Exhibition, Tropenmuseum, Amsterdam. Catalogue by Itie van Hout and others. Amsterdam, 2001.

An 1991 An Jiayao. "Dated Islamic Glass in China." *Bulletin of the Asia Institute*, n.s., 5 (1991), pp. 123–37.

Anderson forthcoming Anderson, Glaire D. "Concubines, Eunuchs and Patronage in Early Islamic Córdoba." In *Reassessing Women's Roles as "Makers" of Medieval Art and Architecture*, edited by Therese Martin. Leiden, forthcoming.

Andrews et al., eds. 1997 Andrews, Walter G., et al., eds. *Ottoman Lyric Poetry: An Anthology*. Austin, 1997.

Anglade 1988 Anglade, Elise. *Catalogue des boiseries de la section islamique, Musée du Louvre*. Paris, 1988.

Angustias Cabrera et al. 2007 Angustias Cabrera, Maria, et al. *7 Paseos por la Alhambra*. Granada, 2007.

Ann Arbor 1967 *Sasanian Silver: Late Antique and Early Mediaeval Arts of Luxury From Iran*. Exhibition, The University of Michigan Museum of Art, Ann Arbor. Catalogue by Oleg Grabar. Ann Arbor, Mich., 1967.

Ann Arbor 1978 *Islamic Art from the University of Michigan Collections*. Exhibition, Kelsey Museum of Archaeology, The University of Michigan, Ann Arbor. Catalogue by Priscilla Parsons Soucek. Ann Arbor, 1978.

al-Ansari 1985 al-Ansari, 'Abd al-Quddus. *Athar al-Madina al-munawwara*. 4th ed. 1935. Medina, 1985.

Antwerp 1997 *Een streling voor het oog: Indische Mogoljuwelen van de 18de en 19de eeuw/Kaleidoscope of Colours: Indian Mughal Jewels from the Eighteenth and Nineteenth Centuries*. Exhibition, Provinciaal Diamantmuseum, Antwerp. Antwerp, 1997.

Arberry 1955 Arberry, Arthur J. *The Koran Interpreted*. New York, 1955.

Arberry 1967 Arberry, Arthur J. *The Koran Illuminated: A Handlist of the Korans in the Chester Beatty Library*. Dublin, 1967.

Arberry et al. 1959–62 Arberry, A[rthur] J., et al. *The Chester Beatty Library: A Catalogue of the Persian Manuscripts and Miniatures*. 3 vols. in 5. Dublin, 1959–62.

Archer, M. 1992 Archer, Mildred. *Company Paintings: Indian Paintings of the British Period*. Victoria and Albert Museum, Indian Art Series. London, 1992.

Archer, W. 1960 Archer, W[illiam] G[eorge]. *Indian Miniatures*. London, 1960.

Arnold and Olsen, eds. 2003 Arnold, Ken, and Danielle Olsen, eds. *Medicine Man: The Forgotten Museum of Henry Wellcome*. London, 2003.

Arslanoglu and Schultz 2009 Arslanoglu, Julie, and Julia Schultz. "Immunology and Art: Using Antibody-based Techniques to Identify Proteins and Gums in Binding Media and Adhesives." *The Metropolitan Museum of Art Bulletin*, n.s., 67, no. 1 [*Scientific Research in The Metropolitan Museum of Art*] (Summer 2009), pp. 40–48.

Aslanapa 1954 Aslanapa, Oktay. "Türkische Miniaturmalerei am Hofe Mehmet des Eroberers in Istanbul." *Ars Orientalis* 1 (1954), pp. 77–82, pls. 1–6.

Atasoy and Raby 1989 Atasoy, Nurhan, and Julian Raby. *Iznik: The Pottery of Ottoman Turkey*. London, 1989.

Atasoy et al. 2001 Atasoy, Nurhan, et al. *Ipek: The Crescent and the Rose; Imperial Ottoman Silks and Velvets*. London, 2001.

Auld 2004 Auld, Sylvia. *Renaissance Venice, Islam and Mahmud the Kurd: A Metalworking Enigma*. London, 2004.

Auld 2009 Auld, Sylvia. "Cross-currents and Coincidences: A Perspective on Ayyubid Metalwork." In *Ayyubid Jerusalem: The Holy City in Context, 1187–1250*, edited by Robert Hillenbrand and Sylvia Auld, pp. 45–71. London, 2009.

Austin 1970 *Treasures of Persian Art after Islam: The Mahboubian Collection*. Exhibition, University Art Museum of The University of Texas at Austin. Catalogue by Mehdi Mahboubian. Austin, 1970.

Ávila 1989 Ávila, Maria Luisa. "Las mujeres 'sabias' en al-Andalus." In *La mujer en al-Andalus*, edited by Maria J. Viguera, pp. 139–84. Madrid and Seville, 1989.

Ávila 2002 Ávila, Maria Luisa. "Women in Andalusi Biographical Sources." In *Writing the Feminine: Women in Arab Sources*, edited by Manuela Marín and Randi Deguilhem, pp. 149–63. The Islamic Mediterranean, 1. London and New York, 2002.

Babaie 2008 Babaie, Sussan. *Isfahan and Its Palaces: Statecraft, Shi'ism and the Architecture of Conviviality in Early Modern Iran*. Edinburgh, 2008.

Bacharach 2010 Bacharach, Jere L. "Signs of Sovereignty: The *Shahada*, Qur'anic Verses, and the Coinage of 'Abd al-Malik." *Muqarnas* 27 (2010), pp. 1–30.

Badr 1993 Badr, 'Abd al-Basit. *Al-Tarikh al-shamil lil-Madina al-munawwara*. 3 vols. Medina, 1993.

Baer 1983 Baer, Eva. *Metalwork in Medieval Islamic Art*. Albany, 1983.

Baer 1989 Baer, Eva. *Ayyubid Metalwork with Christian Images*. Studies and Sources in Islamic Art and Architecture, 4. Leiden, 1989.

Bahari 1996 Bahari, Ebadollah. *Bihzad: Master of Persian Painting*. London and New York, 1996.

Baiqara 1968 Sultan Husain Baiqara. *Divan-i ba-indimam-i risala-yi u*. Edited by Muhammad Ya'qub Vahidi Juzjani. Kabul, 1968.

Baker, C. 2007 Baker, Colin F. *Qur'an Manuscripts: Calligraphy, Illumination, Design*. London, 2007.

Baker, P. 1995 Baker, Patricia L. *Islamic Textiles*. London, 1995.

Bala Krishnan and Kumar 1999 Bala Krishnan, Usha R., and Meera Sushil Kumar. *Dance of the Peacock: Jewellery Traditions of India*. Mumbai, 1999.

Ballard 1916 Ballard, James F. *Illustrated Catalogue and Descriptions of Ghiordes Rugs of the Seventeenth and Eighteenth Centuries from the Collection of James F. Ballard, St. Louis, Mo., U.S.A.* St. Louis, 1916.

Baltimore 2001 *Pearls of the Parrot of India: The Walters Art Museum Khamsa of Amir Khusraw of Delhi*. Exhibition, The Walters Art Museum, Baltimore. Catalogue by John Seyller. *The Journal of the Walters Art Museum*, 58. Baltimore, 2001.

Barbaro and Contarini 1873 Barbaro, Josafa, and Ambrogio Contarini. *Travels to Tana and Persia*. Translated by William Thomas. Works Issued by the Hakluyt Society, 49. London, 1873.

Barcelona 2004 *Mediterraneum: Splendour of the Medieval Mediterranean, Thirteenth–Fifteenth Centuries*. Exhibition, History Museum of Catalunya and Maritime Museum, Barcelona. Catalogue by Joan Alemany, Xavier Barral i Altet, and Joan E. Garcia Biosca. Barcelona, 2004.

Barkan 1972–79 Barkan, Ömer L[ûtfi]. *Süleymaniye Cami ve Imareti Inşaatı (1550–1557)* (The building of the Süleymaniye mosque and its dependencies). Türk Tarih Kurumu yayinlarindan, ser. 6, no. 10. Ankara, 1972–79.

Barrett 1949 Barrett, Douglas [E]. *Islamic Metalwork in the British Museum*. London, 1949.

Bates 1982 Bates, Michael. *Islamic Coins*. A[merican] N[umismatic] S[ociety] Handbook, 2. New York, 1982.

Bates 1986 Bates, Michael. "History, Geography and Numismatics in the First Century of Islamic Coinage." *Revue suisse de numismatique* 65 (1986), pp. 231–62.

Baumeister et al. 2010 Baumeister, Mechthild, et al. "A Splendid Welcome to the 'House of Praises, Glorious Deeds and Magnanimity.'" In *Conservation and the Eastern Mediterranean: Contributions to the 2010 IIC Congress, Istanbul*, pp. 126–33. [London, 2010].

Bayani 1964 Bayani, Mehdi. *Ahval wa athar-i khushnivisan: Nasta'liq nivisan*. Tehran, 1964.

Bayani and Stanley 1999 Bayani, Manijeh, and Tim Stanley. "The 'Kashmiri' Style." In *The Decorated Word: Qur'ans of the Seventeenth to Nineteenth Centuries*, by Manijeh Bayani, Anna Contadini, and Tim Stanley, pp. 228–57. The Nasser D. Khalili Collection of Islamic Art, edited by Julian Raby, vol. 4, pt. 1. London, 1999.

Beach, Fischer, and Goswamy, eds. 2011 Beach, Milo C[leveland], Eberhard Fischer, and B[rijindra] N[ath] Goswamy, eds. *Masters of Indian Painting*. 2 vols. Artibus Asiae Supplementum 48. [Zurich], 2011.

Beg Monshi 1978 Beg Monshi, Iskandar. *History of Shah 'Abbas the Great (Tarik-e 'Alamara-ye 'Abbasi)*. Translated by Roger M. Savory. 2 vols. Persian Heritage Series, 28. Boulder, Colo., 1978.

Behrens-Abouseif 2007 Behrens-Abouseif, Doris. *Cairo of the Mamluks: A History of the Architecture and Its Culture*. London and New York, 2007.

Behrens-Abouseif, ed. 2000 Behrens-Abouseif, Doris, ed. *The Cairo Heritage: Essays in Honor of Laila Ali Ibrahim*. Cairo and New York, 2000.

Ben-Dov 2009 Ben-Dov, Meir. *The Golden Age: Synagogues of Spain in History and Architecture*. Jerusalem, 2009.

Bennett 1987a Bennett, Ian. "Splendours in the City of Silk, Part 3: The Safavid Masterpieces." *Hali*, no. 34 (April–June 1987), pp. 42–50, 103–4.

Bennett 1987b Bennett, Ian. "The Marcy Indjoudjian Cope." *Hali*, no. 35 (July–September 1987), pp. 22–23, 124.

Berchem 1894 Berchem, Max van. *Matériaux pour un corpus inscriptionum Arabicarum*. Part 1, *Égypte*. Vol. 1, *Le Caire*. Mémoires publiés par les membres de la Mission Archéologique Française au Caire, 19; Mémoires publiés par les membres de l'Institut Français d'Archéologie Orientale du Caire, 25, 29, 43–45 (plates), 52. Paris, 1894.

Beresneva 1976 Beresneva, L. *The Decorative and Applied Art of Turkmenia/Dekorativno-prikladnoe iskusstvo Turkmenii*. Leningrad, 1976.

Berlin 1981 *Islamische Kunst: Meisterwerke aus dem Metropolitan Museum of Art, New York/The Arts of Islam: Masterpieces from The Metropolitan Museum of Art New York*. Exhibition, Museum für Islamische Kunst, Berlin. Catalogue by Stuart Cary Welch and others. Berlin, 1981.

Berlin 2007–8 *A Collector's Fortune: Islamic Art from the Collection of Edmund de Unger*. Exhibition, Pergamonmuseum, Berlin. Catalogue by Claus-Peter Haase. Munich, 2007.

Biedrońska-Słota 2010a Biedrońska-Słota, Beata. "Classical Carpets in Poland." *Hali*, no. 163 (Spring 2010), pp. 74–82.

Biedrońska-Słota 2010b Biedrońska-Słota, Beata. "Persian Sashes Preserved in Polish Collections." In Thompson, Shaffer, and Mildh, eds. 2010, pp. 176–85.

Bier and Bencard 1995 Bier, Carol, and Mogens Bencard. *The Persian Velvets at Rosenborg*. Copenhagen, 1995.

Binghamton 1975 *Islam and the Medieval West: A Loan Exhibition at the University Art Gallery, April 6–May 4, 1975*. Catalogue and Papers of the Ninth Annual Conference of the Center for Medieval and Early Renaissance Studies, State University of New York at Binghamton, May 2–4, 1975. Exhibition, University Art Gallery, SUNY, Binghamton. Catalogue by Stanley Ferber and others. Binghamton, 1975.

Binney 1972 Binney, Edwin. "Later Mughal Painting." In *Aspects of Indian Art: Papers Presented in a Symposium at the Los Angeles County Museum of Art, October, 1970*, edited by Pratapaditya Pal, pp. 118–23. Leiden, 1972.

al-Biruni 1936 al-Biruni. *Kitab al-jamahir fi ma'rifat al-jawahir*. Edited by F[ritz] Krenkow. Hyderabad, 1936.

***Bishop Collection* 1909** *The Heber R. Bishop Collection of Jade and other Hard Stones*. The Metropolitan Museum of Art. New York, 1909.

Blair 1984 Blair, Sheila S. "Ilkhanid Architecture and Society: An Analysis of the Endowment Deed of the Rab'-i Rashidi." *Iran* 22 (1984), pp. 67–90.

Blair 1986a Blair, Sheila [S]. "A Medieval Persian Builder." *Journal of the Society of Architectural Historians* 45, no. 4 (December 1986), pp. 389–95.

Blair 1986b Blair, Sheila S. *The Ilkhanid Shrine Complex at Natanz, Iran*. Harvard Middle East Papers, Classical Series, 1. 1980. Cambridge, Mass, 1986.

Blair 1989 Blair, Sheila S. "On the Track of the 'Demotte' Shahnama Manuscript." In *Les manuscrits du Moyen-Orient: Essais de codicologie et de paléographie; Actes du Colloque d'Istanbul (Istanbul, 26–29 mai 1986)*, edited by François Déroche, pp. 125–31. Varia Turcica VIII. Istanbul and Paris, 1989.

Blair 1998 Blair, Sheila S. *Islamic Inscriptions*. Edinburgh, 1998.

Blair 2000 Blair, Sheila S. "Color and Gold: The Decorated Papers Used in Manuscripts in Later Islamic Times." *Muqarnas* 17 (2000), pp. 24–36.

Blair 2002–3 Blair, Sheila [S]. "The Religious Art of the Ilkhanids." In New York and Los Angeles 2002–3, pp. 104–33.

Blair 2004 Blair, Sheila S. "Rewriting the History of the Great Mongol *Shahnama*." In *Shahnama: The Visual Language of the Persian Book of Kings*, edited by Robert Hillenbrand, pp. 35–50. Aldershot, 2004.

Blair 2005 Blair, Sheila S. "Islamic Art as a Source for the Study of Women in Premodern Societies." In *Beyond the Exotic: Women's Histories in Islamic Societies*, edited by Amira el-Azhary Sonbol, pp. 336–46, 448–51. Syracuse, 2005.

Blair 2006 Blair, Sheila S. *Islamic Calligraphy*. Edinburgh, 2006.

Blair 2008 Blair, Sheila S. "A Brief Biography of Abu Zayd." *Muqarnas* 25 [*Frontiers of Islamic Art and Architecture: Essays in Celebration of Oleg Grabar's Eightieth Birthday*, edited by Gülru Necipoğlu and Julia Bailey] (2008), pp. 155–76.

Blair and Bloom 1994 Blair, Sheila S., and Jonathan M. Bloom. *The Art and Architecture of Islam, 1250–1800*. New Haven and London, 1994.

Blair and Bloom 1995 Blair, Sheila [S.], and Jonathan M. Bloom. *The Art and Architecture of Islam, 1250–1800*. Reprint ed. with corrections. 1994. New Haven and London, 1995.

Blair and Bloom 2003 Blair, Sheila S., and Jonathan M. Bloom. "The Mirage of Islamic Art: Reflections on the Study of an Unwieldy Field." *The Art Bulletin* 85, no. 1 (March 2003), pp. 152–84.

Blair and Bloom 2006 Blair, Sheila S., and Jonathan M. Bloom. "Timur's Qur'an: A Reappraisal." In *Sifting Sands, Reading Signs: Studies in Honour of Professor Géza Fehérvári*, edited by Patricia L. Baker and Barbara Brend, pp. 5–13. London, 2006.

Bloom 1989 Bloom, Jonathan M. "The Blue Koran: An Early Fatimid Kufic Manuscript from the Maghrib." In *Les manuscrits du Moyen-Orient: Essais de codicologie et de paléographie; Actes du Colloque d'Istanbul (Istanbul, 26–29 mai 1986)*, edited by François Déroche, pp. 95–99. Varia Turcica VIII. Istanbul and Paris, 1989.

Bloom 2007 Bloom, Jonathan M. *Arts of the City Victorious: Islamic Art and Architecture in Fatimid North Africa and Egypt*. New Haven and London, 2007.

Bloom and Blair 2009 Bloom, Jonathan M., and Sheila S. Blair. "A Global Guide to Islamic Art." *Saudi Aramco World* 60, no. 1 (January–February 2009), pp. 32–43.

Bloom and Blair, eds. 2009 Bloom, Jonathan M., and Sheila S. Blair, eds. *The Grove Encyclopedia of Islamic Art and Architecture*. 3 vols. Oxford and New York, 2009.

Blunt 1948 Blunt, Wilfred. "The Mughal Painters of Natural History." *The Burlington Magazine* 90, no. 539 (February 1948), pp. 48–50.

Bol'shakov 1958–66 Bol'shakov, O. G. "Arabskie nadpisi na polivnoi keramike Srednei Azii." *Epigrafika Vostoka* 12 (1958), pp. 23–38; 15 (1963), pp. 73–87; 16 (1963), pp. 35–55; 17 (1966), pp. 54–62.

Bordeaux 1998–99 *La route des Indes: Les Indes et l'Europe, échanges artistiques et héritage commun, 1650–1850*. Exhibition, Musée des arts décoratifs à Bordeaux; Musée d'Aquitaine de la ville de Bordeaux. Catalogue by Thierry-Nicolas Tchkaloff and others. Paris, 1998.

Borrego Díaz 2005 Borrego Diaz, Pilar. "Análisis técnico del ligamento en los tejidos hispanoárabes." *Bienes culturales*, no. 5 [*Tejidos hispanomusulmanes*] (2005), pp. 75–121.

Boston and Chicago 2006–7 *Cosmophilia: Islamic Art from the David Collection, Copenhagen*. Exhibition, McMullen Museum of Art, Boston College; Alfred and David Smart Museum of Art, University of Chicago. Catalogue by Sheila S. Blair, Jonathan M. Bloom, and others. Chestnut Hill, Mass., 2006.

Bosworth 1996 Bosworth, Clifford Edmund. *The New Islamic Dynasties: A Chronological and Genealogical Manual*. Enl. and updated ed. 1967. Edinburgh, 1996.

Bowersock 2006 Bowersock, G[len] W. *Mosaics as History: The Near East from Late Antiquity to Islam*. Revealing Antiquity, 16. Cambridge, Mass., and London, 2006.

Bowersock 2007 Bowersock, G[len] W. "Hellenism and Islam." In *Late Antique and Medieval Art of the Mediterranean World*, edited by Eva R. Hoffman, pp. 85–96. Malden, Mass., and Oxford, 2007.

Brac de la Perrière 2008 Brac de la Perrière, Éloïse. *L'art du livre dans l'Inde des sultanats*. Paris, 2008.

Bradford and London 1988–89 *A Golden Treasury: Jewellery from the Indian Subcontinent*. Exhibition, Cartwright Hall, Bradford Art Galleries and Museums, Bradford; Zamana Gallery, London. Catalogue by Susan Stronge, Nima Smith, and J. C. Harle. New York, 1988.

Breck 1920 B[reck], J[oseph]. "The William Milne Grinnell Bequest." *The Metropolitan Museum of Art Bulletin* 15, no. 12, pt. 1 (December 1920), pp. 273–75.

Breck 1932 Breck, Joseph. "The Department of Near Eastern Art." *The Metropolitan Museum of Art Bulletin* 27, no. 1 (January 1932), pp. 18–19.

Brend 1986 Brend, Barbara. "The British Library's *Shahnama* of 1438 as a Sultanate Manuscript." In *Facets of Indian Art: A*

Symposium Held at the Victoria and Albert Museum on 26, 27, 28 April and 1 May 1982, edited by Robert Skelton et al., pp. 87–93. London, 1986.

Brend 1988–89 Brend, Barbara. "Akbar's *Khamsah* of Amir Khusrau Dihlavi: A Reconstruction of the Cycle of Illustration." *Artibus Asiae* 49, no. 3–4 (1988–89), pp. 281–315.

Brend 1991 Brend, Barbara. *Islamic Art*. Cambridge, Mass., 1991.

Brend 2002 Brend, Barbara. *Perspectives on Persian Painting: Illustrations to Amir Khusrau's Khamsah*. New York, 2002.

Brend 2004 Brend, Barbara. "On the Borders: A Possible Source for Naturalistic Floral Decoration at the Mughal Court." In *Arts of Mughal India: Studies in Honour of Robert Skelton*, edited by Rosemary Crill, Susan Stronge, and Andrew Topsfield, pp. 138–40. London and Ahmedabad, 2004.

Bretanitskii and Veimarn 1976 Bretanitskii, L[eonid] S[emenovich], and B[oris] V[ladimirovich] Veimarn. *Iskusstvo Azerbaidzhana, IV–XVIII vekov*. Ocherki istorii i teorii izobrazitel'nykh iskusstv. Moscow, 1976.

Brooklyn 1987 *The Collector's Eye: The Ernest Erickson Collections at The Brooklyn Museum*. Exhibition, The Brooklyn Museum. Catalogue by Linda S. Ferber and others. Brooklyn, 1987.

Brooklyn 1998–99 *Royal Persian Paintings: The Qajar Epoch, 1785–1925*. Exhibition, The Brooklyn Museum of Art. Catalogue by Layla S. Diba, Maryam Ekhtiar, and others. Brooklyn, 1998.

Brown 1989 Brown, Peter. *The World of Late Antiquity, AD 150–750*. Rev. ed. 1971. New York, 1989.

Brussels 1991 *Via Orientalis*. Exhibition, Galerie de la CGER, Brussels. Catalogue by Ezio Bassani and others. Brussels, 1991.

Buffalo 1926 *Catalog of Oriental Rugs in the Collection of James F. Ballard*. Exhibition, Buffalo Fine Arts Academy, Albright Art Gallery. Buffalo, 1926.

Bulliet 1976 Bulliet, Richard W. "Medieval Nishapur: A Topographic and Demographic Reconstruction." *Studia Iranica* 5, no. 1 (1976), pp. 67–89, pls. 1–2.

Burckhardt 1976 Burckhardt, Titus. "Introduction to Islamic Art." In London 1976c, pp. 31–38.

Burgoyne 1987 Burgoyne, Michael Hamilton. *Mamluk Jerusalem: An Architectural Study*. London, 1987.

Busbecq 1927 Busbecq, Ogier Ghiselin de. *The Turkish Letters of Ogier Ghiselin de Busbecq, Imperial Ambassador to Constantinople, 1554–1562*. Translated by Edward Seymour Forster. Oxford, 1927.

Bush 2006 Bush, Olga. "'When My Beholder Ponders': Poetic Epigraphy in the Alhambra." *Artibus Asiae* 66, no. 2 [*Pearls from Water, Rubies from Stone: Studies in Islamic Art in Honor of Priscilla Soucek, Part 1*, edited by Linda Komaroff and Jaclynne J. Kerner] (2006), pp. 55–67.

Bush 2009 Bush, Olga. "The Writing on the Wall: Reading the Decoration of the Alhambra." *Muqarnas* 26 (2009), pp. 119–47.

Bussagli and Chiappori 1991 Bussagli, Mario, and Maria Grazia Chiappori. *Arte del vetro*. Rome, 1991.

Çağman 1981 Çağman, Filiz. "On the Contents of the Four Istanbul Albums H. 2152, 2153, 2154, 2160." *Islamic Art* 1 (1981), pp. 31–36, figs. 1–490 passim.

Çağman and Tanındı 1979 Çağman, Filiz, and Zeren Tanındı. *Topkapı Sarayı Müzesi İslâm Minyatürleri*. Tercüman sanat ve kültür yayınları, 1. Istanbul, 1979.

Çağman, Tanındı, and Rogers 1986 Çağman, Filiz, and Zeren Tanındı. *The Topkapi Saray Museum: The Albums and Illustrated Manuscripts*. Translated and expanded by J. M[ichael] Rogers. 1979. Boston, 1986.

Cairo 1931 *L'exposition persane de 1931*. Exhibition, Musée arabe du Caire. Catalogue by Gaston Wiet. Cairo, 1933.

Cambridge, Mass., and New York 1973–74 *Shah 'Abbas and the Arts of Isfahan*. Exhibition, Asia House Gallery, New York; Fogg Art Museum, Harvard University, Cambridge, Mass. Catalogue by Anthony Welch. New York, 1973.

Cammann 1972 Cammann, Schuyler V. R. "Symbolic Meanings in Oriental Rug Patterns." *Textile Museum Journal* 3, no. 3 (December 1972), pp. 5–54.

Canby 1993 Canby, Sheila R. *Persian Painting*. New York, 1993.

Canby 1996a Canby, Sheila [R]. "Farangi Saz: The Impact of Europe on Safavid Painting." In *Silk and Stone: The Art of Asia*, pp. 46–59. The Third Hali Annual. London, 1996.

Canby 1996b Canby, Sheila R. *The Rebellious Reformer: The Drawings and Paintings of Riza-yi 'Abbasi of Isfahan*. London, 1996.

Canby 1999a Canby, Sheila [R]. "The Curator's Dilemma: Dispelling the Mystery of Exotic Collections." *Museum International* (Unesco, Paris) 51, no. 3 (July–September 1999), pp. 11–15.

Canby 1999b Canby, Sheila R. *The Golden Age of Persian Art, 1501–1722*. London, 1999.

Canby 2000 Canby, Sheila [R]. "Islamic Archaeology: By Accident or Design?" In *Discovering Islamic Art: Scholars, Collectors and Collections, 1850–1950*, edited by Stephen Vernoit, pp. 128–37. London, 2000.

Canby 2007 Canby, Sheila R. "Royal Gifts to Safavid Shrines." In *Muraqqa'e Sharqi: Studies in Honor of Peter Chelkowski*, edited by Soussie Rastegar and Anna Vanzan, pp. 57–68, 220–29. Dogana and Serravalle, Republic of San Marino, 2007.

Canby 2010 Canby, Sheila R. "An Illustrated *Shahnameh* of 1650: Isfahan in the Service of Yazd." *The Journal of the David Collection* 3 (2010), pp. 54–113.

Canby, ed. 1990a *Marg* 41, no. 3 [*Painters of Persia and Their Art*, edited by Sheila R. Canby] ([1990]).

Canby, ed. 1990b Canby, Sheila R., ed. *Persian Masters: Five Centuries of Painting*. Bombay, 1990.

Canepa 2009 Canepa, Matthew P. *The Two Eyes of the Earth: Art and Ritual of Kingship between Rome and Sasanian Iran*. The Transformation of the Classical Heritage, 45. 2004. Berkeley and Los Angeles, 2009.

Carboni 1987 Carboni, Stefano. "Two Fragments of a Jalayirid Astrological Treatise in the Keir Collection and in the Oriental Institute in Sarajevo." *Islamic Art* 2 (1987), pp. 149–86, pl. 9.

Carboni 1994 Carboni, Stefano. "The Illustrations in the *Mu'nis al-ahrar*." In New York 1994, pp. 8–47.

Carboni 1999 Carboni, Stefano. "Glass Production in the Fatimid Lands and Beyond." In *L'Égypte fatimide, son art et son histoire: Actes du colloque organizé à Paris les 28, 29 et 30 mai 1998*, edited by Marianne Barrucand, pp. 169–77, pls. 7–8. Paris, 1999.

Carboni 2000 Carboni, Stefano. "Panel of Four Calligraphic Tiles." *The Metropolitan Museum of Art Bulletin*, n.s., 58, no. 2 (Fall 2000), p. 16.

Carboni 2001 Carboni, Stefano. *Glass from Islamic Lands*. The al-Sabah Collection, Kuwait National Museum. New York, 2001.

Carboni 2002–3 Carboni, Stefano. "Synthesis: Continuity and Innovation in Ilkhanid Art." In New York and Los Angeles 2002–3, pp. 196–225.

Carboni 2004 Carboni, Stefano. "Fifteenth-Century Enameled and Gilded Glass Made for the Mamluks: The End of an Era, the Beginning of a New One." *Orient: Reports of the Society for Near Eastern Studies in Japan* 39 (2004), pp. 69–78.

Carboni, Walker, and Moore 1998 Carboni, Stefano, Daniel Walker, and J. Kenneth Moore. "Recent Acquisitions: A Selection, 1997–1998; Islam." *The Metropolitan Museum of Art Bulletin*, n.s., 56, no. 2 (Fall 1998), pp. 11–13.

Carboni, Walker, and Swietochowski 1999 Carboni, Stefano, Daniel Walker, and Marie Lukens Sw[ie]tochowski. "Recent Acquisitions: A Selection, 1998–1999; Islam." *The Metropolitan Museum of Art Bulletin*, n.s., 57, no. 2 (Fall 1999), pp. 10–13.

Carey, M. 2001 Carey, Moya. "Painting the Stars in a Century of Change: A Thirteenth-Century Copy of al-Sufi's Treatise on the Fixed Stars (British Library, Or. 5323)." Ph.D. diss., School of Oriental and African Studies, University of London, 2001.

Carey, P. 1996–97 Carey, Peter. "The World of the Pasisir." In Los Angeles 1996–97, pp. 20–29.

Carswell 1972a Carswell, John. *Kütahya Tiles and Pottery from the Armenian Cathedral of St. James, Jerusalem*. 2 vols. Oxford, 1972.

Carswell 1972b Carswell, John. "Six Tiles." In Ettinghausen, ed. 1972, pp. 99–123.

Carswell 1998 Carswell, John. *Iznik Pottery*. London, 1998.

Casal 1978 Casal, Geneviève. "Description des peintures de la grande salle d'audience du château du sud à Lashkari Bazar (automne 1949)." In *Lashkari Bazar: Une résidence royale ghaznévide et ghoride*, vol. 1A, *L'architecture*, edited by Daniel Schlumberger, pp. 101–8; pls. 13–15, 121–24. Mémoires de la Délégation Archéologique Française en Afghanistan. Paris, 1978.

Cassavoy 2004 Cassavoy, Kenneth. "The Gaming Pieces." In *Serçe Limanı: An Eleventh-Century Shipwreck*, vol. 1, *The Ship and Its Anchorage, Crew, and Passengers*, by George F. Bass et al., pp. 328–43. College Station, Tex., 2004.

Castéra 1999 Castéra, Jean-Marc. *Arabesques: Decorative Art in Morocco*. Courbevoie, 1999.

Chamberlain 1994 Chamberlain, Michael. *Knowledge and Social Practice in Medieval Damascus, 1190–1350*. Cambridge Studies in Islamic Civilization. Cambridge and New York, 1994.

Chandra, M. 1949 Chandra, Moti. *The Technique of Mughal Painting*. Lucknow, 1949.

Chandra, P. 1957–59 Chandra, Pramod. "A Series of Ramayana Paintings of the Popular Mughal School." *Prince of Wales Museum Bulletin*, no. 6 (1957–59), pp. 64–70, figs. 18–27.

Chandra, P. 1960 Chandra, Pramod. "Ustad Salivahana and the Development of Popular Mughal Art." *Lalit Kala*, no. 8 (October 1960), pp. 25–46, pls. 5–18.

Charleston 1974 Charleston, R. "Glass in Persia in the Safavid Period and Later." *Art and Archeology Research Papers* 5 (June 1974), pp. 12–27.

Chelkowski and Soucek 1975 Chelkowski, Peter J., and Priscilla P. Soucek. *Mirror of the Invisible World: Tales from the Khamseh of Nizami*. New York, 1975.

Chicago 1922–23 *Descriptive Catalogue of an Exhibition of Oriental Rugs from the Collection of James Franklin Ballard, Exhibited in Gallery Fifty and on the Main Staircase from November 28, 1922 to February 1923*. Exhibition, The Art Institute of Chicago. Chicago, 1922.

Chicago 1997 *A Collecting Odyssey: Indian, Himalayan, and Southeast Asian Art from the James and Marilynn Alsdorf Collection*. Exhibition, The Art Institute of Chicago. Catalogue by Pratapaditya Pal, with Stephen Little. Chicago, 1997.

Chicago 2007 *Perpetual Glory: Medieval Islamic Ceramics from the Harvey B. Plotnick Collection*. Exhibition, The Art Institute of Chicago. Catalogue by Oya Pancaroğlu with Manijeh Bayani. Chicago, 2007.

Cilento and Vanoli 2007 Cilento, Adele, and Alessandro Vanoli. *Arabs and Normans in Sicily and the South of Italy*. New York, 2007.

Cincinnati 1985 *Pride of the Princes: Indian Art of the Mughal Era in the Cincinnati Art Museum*. Exhibition, Cincinnati Art Museum. Catalogue by Ellen S. Smart, Daniel S. Walker and others. Cincinnati, 1985.

Cleveland and New York 1997–98 *When Silk was Gold: Central Asian and Chinese Textiles*. Exhibition, Cleveland Museum of Art; The Metropolitan Museum of Art, New York. Catalogue by James C. Y. Watt, Anne E. Wardwell, and Morris Rossabi. New York, 1997.

Codrington 1904 Codrington, O[liver]. *A Manual of Musalman Numismatics*. Asiatic Society Monographs, 7. London, 1904.

Cohen 1995 Cohen, Steven. "A Group of Early Silks: A Tree Motif." In *The Woven Silks of India*, edited by J. Dhamija, pp. 17–36. Bombay, 1995.

Cohen 2001 Cohen, Steven. "Safavid and Mughal Carpets in the Gulbenkian Museum, Lisbon." *Hali*, no. 114 (January–February 2001), pp. 75–88, 99.

Cohen 2011 Cohen, Steven. "Deccani Carpets: Creating a Corpus." In Haidar and Sardar, eds. 2011, pp. 112–31.

Cohen and Kajitani 2006 Cohen, Steven, and Nobuko Kajitani. *Gardens of Eternal Spring: Two Newly Conserved Seventeenth-Century Mughal Carpets in the Frick Collection*. New York, 2006.

Combe 1939 Combe, Étienne. "Natte de Tibériade au Musée Benaki à Athènes." In *Mélanges Syriens offerts à Monsieur René Dussaud*, vol. 2, pp. 841–44. 2 vols. Bibliothèque archéologique et historique, 30. Paris, 1939.

Contadini 1995 Contadini, Anna. "Islamic Ivory Chess Pieces, Draughtsmen and Dice." In *Islamic Art in the Ashmolean Museum, Part 1*, edited by James [W.] Allen, pp. 111–54. Oxford Studies in Islamic At, 10. Oxford, 1995.

Contadini 1998 Contadini, Anna. *Fatimid Art at the Victoria and Albert Museum*. London, 1998.

Coomaraswamy 1929 Coomaraswamy, Ananda K. *Les miniatures orientales de la collection Goloubew au Museum of Fine Arts de Boston*. Ars Asiatica, 13. Paris and Brussels, 1929.

Cooper Union 1954 "Recent Additions to the Museum Collections." *Chronicle of the Museum for the Arts of Decoration of the Cooper Union* 2, no. 6 (June 1954), pp. 180–93.

Copenhagen 1993 *Woven Treasures: Textiles from the World of Islam*. Exhibition, The David Collection, Copenhagen. Catalogue by Kjeld von Folsach and Anne-Marie Keblow Bersted. Copenhagen, 1993.

Copenhagen 1996 *Sultan, Shah, and Great Mughal: The History and Culture of the Islamic World*. Exhibition, National Museum, Copenhagen. Catalogue by Kjeld von Folsach, Torben Lundbaek, Peder Mortensen, and others. Copenhagen, 1996.

Corning, London, and Cologne 1987 *Glass of the Caesars*. Exhibition, The Corning Museum of Glass; British Museum, London; Römisch-Germanisches Museum, Cologne. Catalogue by Donald B. Harden and others. Milan, 1987.

Corning, New York, and Athens 2001–2 *Glass of the Sultans*. Exhibition, The Corning Museum of Glass; The Metropolitan Museum of Art, New York; The Benaki Museum, Athens. Catalogue by Stefano Carboni, David Whitehouse, and others. New York, 2001.

Cornu et al. 1992 Cornu, Georgette, et al. *Tissus Islamiques de la collection Pfister*. Vatican City, 1992.

Cortese and Calderini 2006 Cortese, Delia, and Simonetta Calderini. *Women and the Fatimids in the World of Islam*. Edinburgh, 2006.

Crane 1940 Crane, Mary E. "Notes: A Fourteenth-Century Mihrab from Isfahan." *Ars Islamica* 7, pt. 1 (1940), pp. 96–100.

Cressier 1995 Cressier, Patrice. "Los capiteles del Salón Rico: Un aspecto del discurso arquitectónico califal." In *Madinat al-Zahra: El Salón de 'Abd al-Rahman III*, edited by Antonio Vallejo Triano, pp. 83–106. Cordoba, 1995.

Creswell 1959 Creswell, K[eppel] A[rchibald] C[ameron]. *The Muslim Architecture of Egypt*. Vol. 2. Oxford, 1959.

Crill 1999 Crill, Rosemary. *Indian Embroidery*. Victorian and Albert Museum. London, 1999.

Crill 2008 Crill, Rosemary. *Chintz: Indian Textiles for the West*. Victorian and Albert Museum. London, 2008.

Crill and Stanley 2006 Crill, Rosemary, and Tim Stanley. *The Making of the Jameel Gallery of Islamic Art at the Victoria and Albert Museum*. London, 2006.

Crowe 1996 Crowe, Yolande. "The Chiselled Surface: Chinese Lacquer and Islamic Design." In *Silk and Stone: The Art of Asia*, pp. 60–69, 189. The Third Hali Annual. London, 1996.

Crowe 2002 Crowe, Yolande. *Persia and China: Safavid Blue and White Ceramics in the Victoria and Albert Museum, 1501–1738*. [Geneva], 2002.

Cutler 1994 Cutler, Anthony. *The Hand of the Master: Craftsmanship, Ivory, and Society in Byzantium (Ninth–Eleventh Centuries)*. Princeton, N.J., 1994.

Cutler 2001 Cutler, Anthony. "Gifts and Gift Exchange as Aspects of the Byzantine, Arab, and Related Economies." *Dumbarton Oaks Papers* 55 (2001), pp. 247–78.

Cutler 2009 Cutler, Anthony. *Image Making in Byzantium, Sasanian Persia and the Early Muslim World: Images and Cultures*. Variorum Collected Studies. Farnham, Surrey, 2009.

Daggett 1910 Daggett, William G. *A History of the Class of Eighty, Yale College, 1876–1910*. [New Haven], 1910.

Daiber and Becker, eds. 2004 Daiber, Verena, and Andrea Becker, eds. *Raqqa III: Baudenkmäler und Paläste I*. Deutsches Archäologisches Institut. Mainz am Rhein, 2004.

Daneshvari 1981 Daneshvari, Abbas. "Symbolism of the Rabbit in the Manuscript of Warqa wa Gulshah." In *Essays in Islamic Art and Architecture in Honor of Katharina Otto-Dorn*, edited by Abbas Daneshvari, pp. 21–28, figs. 1–10. Malibu, 1981.

Dani 1961 Dani, Ahmad Hasan. *Muslim Architecture in Bengal*. Asiatic Society of Pakistan Publications, 7. Dacca, 1961.

Danishpazhuh 1988 Danishpazhuh, M.-T. "Bayaz." In *Encyclopaedia Iranica, Online Edition*, December 15, 1988, available at http://www.iranicaonline.org/articles/bayaz.

Das 1998 Das, Asok Kumar. "Farrukh Beg: Studies of Adorable Youths and Venerable Saints." In Das, ed. 1998a, pp. 20–35, and/or Das, ed. 1998b, pp. 96–111.

Das 1999 Das, Asok Kumar. "The Elephant in Mughal Painting." In *Flora and Fauna in Mughal Art*, edited by Som Prakash Verma, pp. 36–54. Mumbai, 1999.

Das, ed. 1998a *Marg* 49, no. 4 [(Mughal Masters issue), edited by Asok Kumar Das] (June 1998).

Das, ed. 1998b Das, Asok Kumar, ed. *Mughal Masters: Further Studies*. Mumbai, 1998.

Daskalakis-Mathews 1997 Daskalakis-Mathews, Annie-Christine. "A Room of 'Splendor and Generosity' from Ottoman Damascus." *Metropolitan Museum Journal* 32 (1997), pp. 111–39.

Daskalakis-Mathews 2004 Daskalakis-[Mathews], Annie-Christine. "Damascus Eighteenth- and Nineteenth-Century Houses in the *Ablaq-'Ajami* Style of Decoration: Local and International Significance." Ph.D. diss., Institute of Fine Arts, New York University, 2004.

Daskalakis-Mathews 2006 Daskalakis-Mathews, Annie-Christine. "Mamluk Elements in the Damascene Decorative System of the Eighteenth and Nineteenth Centuries." *Artibus Asiae* 66, no. 2 [*Pearls from Water, Rubies from Stone: Studies in Islamic Art in Honor of Priscilla Soucek, Part 1*, edited by Linda Komaroff and Jaclynne J. Kerner] (2006), pp. 69–96.

Da'vidar Qummi 1986 Da'vidar Qummi, Rukn al-Din. *Divan-i Rukn al-Din Da'vadar Qummi*. Edited by 'Ali Muhaddith. Tehran, 1986.

Davidovich 1960 Davidovich, E. A. "Dva Samarkandskikh kuvshina s datoi i imenem mastera i nadpisi." *Kratkie soobshcheniya i dokladakh i polevyikh issledovaniyakh Instituta Istorii Material'noi Kultury* 80 (1960), pp. 109–13.

Day 1950 Day, Florence E. "Silks of the Near East." *The Metropolitan Museum of Art Bulletin*, n.s., 9, no. 4 (December 1950), pp. 108–17.

Day 1952 Day, Florence E. "The Tiraz Silk of Marwan." In *Archaeologica Orientalia in Memoriam Ernst Herzfeld*, edited by George C[arpenter] Miles, pp. 39–61, pl. 6. Locust Valley, N.Y., 1952.

Degeorge and Porter 2002 Degeorge, Gérard, and Yves Porter. *The Art of the Islamic Tile*. 2001. Paris, 2002.

DeJong 1992 DeJong, Frederick, "Pictorial Art of the Bektashi Order." In *The Dervish Lodge: Architecture, Art, and Sufism in Ottoman Turkey*, edited by Raymon Lifchez, pp. 228–41. Berkeley, 1992.

Del Bontà 1999 Del Bontà, Robert J. "Reinventing Nature: Mughal Composite Animal Painting." In *Flora and Fauna in Mughal Art*, edited by Som Prakash Verma, pp. 69–82. Mumbai, 1999.

Denamur 2003 Denamur, Isabelle. *Moroccan Textile Embroidery*. Paris, 2003.

Denamur 2010 Denamur, Isabelle. "A Stitch in Good Time." *Hali*, no. 164 (Summer 2010), pp. 57–59.

Denny 1972 Denny, Walter B. "Ottoman Turkish Textiles." *Textile Museum Journal* 3, no. 3 (December 1972), pp. 55–66.

Denny 1974a Denny, Walter B. "A Group of Silk Islamic Banners." *Textile Museum Journal* 4, no. 1 (December 1974), pp. 67–81.

Denny 1974b Denny, Walter B. "Blue-and-White Islamic Pottery on Chinese Themes." *Boston Museum Bulletin* 72, no. 368 (1974), pp. 76–99.

Denny 1977 Denny, Walter B. *The Ceramics of the Mosque of Rüstem Pasha and the Environment of Change*. [Garland] Outstanding Dissertations in the Fine Arts. 1970. New York and London, 1977.

Denny 1983 Denny, Walter B. "Dating Ottoman Turkish Works in the Saz Style." *Muqarnas* 1 (1983), pp. 103–21.

Denny 1996 Denny, Walter B. "Mirror. IV. Islamic Lands." In *The Dictionary of Art*, edited by Jane [S.] Turner, vol. 21, pp. 717–18. 34 vols. London and New York, 1996.

Denny 1998 Denny, Walter [B]. *Gardens of Paradise: Sixteenth Century Turkish Ceramic Tile Decoration*. [Istanbul], 1998.

Denny 2004 Denny, Walter B. *Iznik: The Artistry of Ottoman Ceramics*. London and New York, 2004.

Denny 2006–7 Denny, Walter B. "Oriental Carpets and Textiles in Venice." In *Venice and the Islamic World, 828–1797*, pp. 174–91. Exhibition, Institut du Monde Arabe, Paris; The Metropolitan Museum of Art, New York. Catalogue by Stefano Carboni and others. New York, 2007.

Déroche 1988–89 Déroche, François. "Les origines de la calligraphie islamique." In Geneva and other cities 1988–89, pp. 21–29.

Déroche 1992 Déroche, François. *The Abbasid Tradition: Qur'ans of the Eighth to the Tenth Centuries A.D.* The Nasser D. Khalili Collection of Islamic Art, edited by Julian Raby, vol. 1. London, 1992.

Déroche 1999 Déroche, François. "Notes sur les fragments coraniques anciens de Katta Langar (Ouzbékistan)." *Cahiers d'Asie Centrale* 7 (1999), pp. 65–73, pl. 7. http://www.asiecentrale.revues.org/index557.html.

Déroche 2004a Déroche, François. "Colonnes, vases et rinceaux sur quelques enluminures d'époque omeyyade." *Comptes-rendus des séances de l'Académie des Inscriptions et Belles-Lettres* 148, no. 1 (2004), pp. 227–64. http://www.persee.fr/web/revues/home/prescript/article/crai_0065-0536_2004_num_148_1_22702.

Déroche 2004b Déroche, François. *Le livre manuscrit arabe: Préludes à une histoire*. Conférences Léopold Delisle, Bibliothèque nationale de France [November 2001]. Paris, 2004.

Déroche and Gladiss 1999 Déroche, François, and Almut von Gladiss. *Der Prachtkoran im Museum für Islamische Kunst: Buchkunst zur Ehre Allahs*. Veröffentlichungen des Museums für Islamische Kunst, 3. Berlin, 1999.

DeShazo and Bates 1974 DeShazo, A. S., and Michael Bates. "The Umayyad Governors of al-'Iraq and the Changing Annulet Patterns on Their Dirhams." *Numismatic Chronicle*, ser. 7, 14 (August 1974), pp. 110–18, pl. 11.

Dhaky 1965 Dhaky, Madhusudan A. *The Vyala Figures on the Mediaeval Temples of India*. Indian Civilization Series, 2. Varanasi, 1965.

Diba 1983 Diba, Layla Soudavar. "Glass and Glassmaking in the Eastern Islamic Lands: Seventeenth to Nineteenth Century." *Journal of Glass Studies* 25 (1983), pp. 187–93.

Diba 1989 Diba, Layla S[oudavar]. "Persian Painting in the Eighteenth Century: Tradition and Transmission." *Muqarnas* 6 (1989), pp. 147–60.

Diba 1994 Diba, Layla S[oudavar]. "Lacquerwork of Safavid Persia and Its Relationship to Persian Painting." Ph.D. diss., [Institute of Fine Arts], New York University, 1994.

Diba et al. 2011 Diba, Layla S[oudavar], et al. *Turkmen Jewelry: Silver Ornaments from the Marshall and Marilyn R. Wolf Collection*. New York, 2011.

Dickinson 1949 Dickinson, Eric. "'The Way of Pleasure': The Kishangarh Paintings." *Marg* 3, no. 4 (1949), pp. 29–35.

Dickinson and Khandalavala 1959 Dickinson, Eric, and Karl Khandalavala. *Kishangarh Painting*. Lalit Kala Series of Indian art, 4. [New Delhi], 1959.

Dickson and Welch 1981 Dickson, Martin Bernard, and Stuart Cary Welch. *The Houghton Shahnameh*. 2 vols. Cambridge, Mass., 1981.

Digby 1973 Digby, Simon. "The Fate of Daniyal, Prince of Bengal, in the Light of an Unpublished Inscription." *Bulletin of the School of Oriental and African Studies, University of London* 36, no. 3 (1973), pp. 588–602.

Digby 1986 Digby, Simon."The Mother-of-Pearl Overlaid Furniture of Gujarat: The Holdings of the Victoria and Albert Museum." In *Facets of Indian Art: A Symposium Held at the Victoria and Albert Museum on 26, 27, 28 April and 1 May 1982*, edited by Robert Skelton et al., pp. 213–22. London, 1986.

Dimand 1924 Dimand, M[aurice S]. *Die Ornamentik der ägyptischen Wollwirkereien: Stilprobleme der spätantiken und koptischen Kunst*. Leipzig, 1924.

Dimand 1926 Dimand, M[aurice] S. "Near Eastern Metalwork." *The Metropolitan Museum of Art Bulletin* 21, no. 8 (August 1926), pp. 193–99.

Dimand 1927 Dimand, M[aurice] S. "Persian Velvets of the Sixteenth Century." *The Metropolitan Museum of Art Bulletin* 22, no. 4 (April 1927), pp. 108–11.

Dimand 1930 Dimand, M[aurice] S. *A Handbook of Mohammedan Decorative Arts*. The Metropolitan Museum of Art. New York, 1930.

Dimand 1932a Dimand, M[aurice] S. "Arabic Woodcarvings of the Ninth Century." *The Metropolitan Museum of Art Bulletin* 27, no. 5 (May 1932), pp. 135–37.

Dimand 1932b Dimand, M[aurice] S. "A Recent Gift of Egypto-Arabic Textiles." *The Metropolitan Museum of Art Bulletin* 27, no. 4 (April 1932), pp. 92–96.

Dimand 1933a D[imand], M[aurice] S. "A Gift of Early Egypto-Arabic Textiles." *The Metropolitan Museum of Art Bulletin* 28, no. 6 (June 1933), p. 112.

Dimand 1933b Dimand, M[aurice] S. "Eighth-Century Arabic Woodcarvings." *The Metropolitan Museum of Art Bulletin* 28, no. 8 (August 1933), pp. 134–35.

Dimand 1936 Dimand, M[aurice] S. "Three Syrian Capitals of the Eighth Century." *The Metropolitan Museum of Art Bulletin* 31, no. 8 (August 1936), pp. 153, 155–57.

Dimand 1937 Dimand, Maurice S. "Studies in Islamic Ornament: I. Some Aspects of Omaiyad and Early 'Abbasid Ornament." *Ars Islamica* 4 (1937), pp. 293–337.

Dimand 1940a Dimand, M[aurice] S. "Notes; A Persian Garden Carpet in the Jaipur Museum." *Ars Islamica* 7, pt. 1 (1940), pp. 93–96.

Dimand 1940b Dimand, M[aurice] S. "Two Iranian Silk Textiles." *The Metropolitan Museum of Art Bulletin* 35, no. 7 (July 1940), pp. 142–44.

Dimand 1944a Dimand, M[aurice] S. *A Handbook of Muhammadan Art*. 2nd ed. 1930. New York, 1944.

Dimand 1944b Dimand, M[aurice] S. "An Enameled-Glass Bottle of the Mamluk Period." *The Metropolitan Museum of Art Bulletin*, n.s., 3, no. 3 (November 1944), pp. 73–77.

Dimand 1952 Dimand, Maurice S. "A Saljuk Incense Burner." *The Metropolitan Museum of Art Bulletin*, n.s., 10, no. 5 (January 1952), pp. 150–53.

Dimand 1955 Dimand, Maurice S. "Rugs in the Altman Collection." *The Metropolitan Museum of Art Bulletin*, n.s., 13, no. 5 (January 1955), pp. 177–80.

Dimand 1957 Dimand, Maurice S. "The Horace Havemeyer Bequest of Islamic Art." *The Metropolitan Museum of Art Bulletin* 15, no. 9 (May 1957), pp. 208–12.

Dimand 1971 Dimand, Maurice S. "Persian Hunting Carpets of the Sixteenth Century." *Boston Museum Bulletin* 69, no. 355–56 [Persian Carpet Symposium] (1971), pp. 15–20, 46–53.

Dimand and Mailey 1973 Dimand, M[aurice] S., and Jean Mailey. *Oriental Rugs in The Metropolitan Museum of Art*. New York, 1973.

Dodd 1972 Dodd, Erica Cruikshank. "On a Bronze Rabbit from Fatimid Egypt." *Kunst des Orients* 8, nos. 1–2 (1972), pp. 60–76.

Dodds 1990 Dodds, Jerrilynn D. *Architecture and Ideology in Early Medieval Spain*. University Park, Pa., 1990.

Dodds 1992 Dodds, Jerrilynn D. "The Great Mosque of Córdoba." In Granada and New York 1992, pp. 10–25.

Dodds, Menocal, and Krasner Balbale 2008 Dodds, Jerrilynn D., María Rosa Menocal, and Abigail Krasner Balbale. *The Arts of Intimacy: Christians, Jews, and Muslims in the Making of Castilian Culture*. New Haven and London, 2008.

Doha 2004 *Silk, Thirteenth to Eighteenth Centuries: Treasures from the Museum of Islamic Art, Qatar*. Exhibition, Sheraton Doha Hotel, Doha, Qatar. Catalogue by Jon Thompson. Doha, 2004.

Duda 1971 Duda, Dorothea. *Innenarchitektur syrischer Stadthäuser des 16. bis 18. Jahrhunderts: Die Sammlung Henri Pharaon in Beirut*. Beiruter Texte und Studien, 12. Beirut, 1971.

Duda 1983 Duda, Dorothea. *Islamische Handschriften*. Vol. 1. *Persische Handschriften*. Veröffentlichungen der Kommission für Schrift- und Buchwesen des Mittelalters. Ser. 1, Die Illuminierten Handschriften und Inkunabeln der Österreichischen National-bibliothek, 4. Vienna, 1983.

Düsseldorf 2003 *Das endlose Rätsel: Dali und die Magier der Mehrdeutigkeit*. Exhibition, Museum Kunst Palast, Düsseldorf. Catalogue by Jean-Hubert Martin, Stephan Andreae, and Uta Husmeier. Düsseldorf, 2003.

Dye 2001 Dye, Joseph M., III. *The Arts of India: Virginia Museum of Fine Arts*. Richmond, 2001.

Eaton 2005 Eaton, Richard M. *A Social History of the Deccan, 1300–1761: Eight Indian Lives*. The New Cambridge History of India, 1, 8. Cambridge and New York, 2005.

Edinburgh 1977 *Imperial Images in Persian Painting*. Exhibition, Scottish Arts Council Gallery, Edinburgh. Catalogue by Robert Hillenbrand and others. Edinburgh, 1977.

***EI2* 1960–2009** *The Encyclopaedia of Islam*. New ed. 11 vols.; supplements 1–6; index. 1913–36. Leiden, London, and Boston, 1960–2009.

Ekhtiar 2006 Ekhtiar, Maryam. "Innovation and Revivalism in Later Persian Calligraphy: The Visal Family of Shiraz." In *Islamic Art in the Nineteenth Century: Tradition, Innovation and Eclecticism*, edited by Doris Behrens-Abouseif and Stephen Vernoit, pp. 257–79. Islamic History and Civilization, Studies and Texts, 60. Leiden and Boston, 2006.

Ellis, C. 1965 Ellis, Charles Grant. "Some Compartment Designs for Carpets, and Herat." *Textile Museum Journal* 1, no. 4 (December 1965), pp. 42–56.

Ellis, C. 1972 Ellis, Charles Grant. "The Portuguese Carpets of Gujarat." In Ettinghausen, ed. 1972, pp. 267–89.

Ellis, C. 1982 Ellis, Charles Grant. "Garden Carpets and Their Relation to Safavid Gardens." *Hali* 5, no. 1 [no. 17] (1982), pp. 10–17.

Ellis, M., and Wearden 2001 Ellis, Marianne, and Jennifer Wearden. *Ottoman Embroidery*. London, 2001.

***Encyclopaedia Iranica* 1985–** Yarshater, Ehsan, ed. *Encyclopaedia Iranica*. London, Costa Mesa, Calif., and New York, 1985– ; and/or *Encyclopaedia Iranica, Online Edition*, n.d., available at http://www.iranica.com.

Erdmann 1970 Erdmann, Kurt. *Seven Hundred Years of Oriental Carpets*. 1966. Berkeley and Los Angeles, 1970.

Erdmann 1976 Erdmann, Kurt. *Oriental Carpets: An Account of Their History*. 1960. Fishguard, Wales, 1976.

Erdmann, with Grabar and Hahnloser 1971 Erdmann, Kurt, with André Grabar and Hans R. Hahnloser. "Opere islamiche." In *Il tesoro di San Marco*, vol. 2, *Il tesoro e il museo*, edited by H. R. Hahnloser, pp. 103–8. Florence, 1971.

Errera 1927 Errera, Isabelle. *Catalogue d'étoffes anciennes et modernes*. 3rd ed. Musées Royaux d'Art et d'Histoire, 3. Brussels, 1927.

Ettinghausen 1936 Ettinghausen, Richard. "Evidence for the Identification of Kashan Pottery." *Ars Islamica* 3, pt. 1 (1936), pp. 44–75.

Ettinghausen 1938–39 Ettinghausen, Richard. "Dated Faience." In Pope, A. U., and Ackerman, eds. 1938–39, vol. 2, pp. 1667–96; vol. 5, pt. 1, pls. 734–35, 738.

Ettinghausen 1952 Ettinghausen, Richard. "The 'Beveled Style' in the Post-Samarra Period." In *Archaeologica Orientalia in Memoriam Ernst Hertzfeld*, edited by George C[arpenter] Miles, pp. 72–83, pls. 9–16. Locust Valley, N.Y., 1952.

Ettinghausen 1954 Ettinghausen, Richard. "Some Paintings in Four Istanbul Albums." *Ars Orientalis* 1 (1954), pp. 91–103, pls. 24–26.

Ettinghausen 1955 Ettinghausen, Richard. "An Illuminated Manuscript of Hafiz-i Abru in Istanbul, Part 1." *Kunst des Orients* 2 (1955), pp. 30–44.

Ettinghausen 1959 Ettinghausen, Richard. "New Light on Early Animal Carpets." In *Aus der Welt der islamischen Kunst: Festschrift für Ernst Kühnel zum 75. Geburtstag am 26.10.1957*, edited by Richard Ettinghausen, pp. 93–116. Berlin, 1959.

Ettinghausen 1970a Ettinghausen, Richard. "Islamic Carpets: The Joseph V. McMullan Collection." *The Metropolitan Museum of Art Bulletin*, n.s., 28, no. 10 (June 1970), pp. [400–433].

Ettinghausen 1970b Ettinghausen, Richard. "The Flowering of Seljuq Art." *Metropolitan Museum Journal* 3 (1970), pp. 113–31.

Ettinghausen 1971 Ettinghausen, Richard. "The Boston Hunting Carpet in Historical Perspective." *Boston Museum Bulletin* 69, no. 355–56 [Persian Carpet Symposium] (1971), pp. 35–41, 54–81.

Ettinghausen 1979 Ettinghausen, Richard. "The Taming of the Horror Vacui in Islamic Art." *Proceedings of the American Philosophical Society* 123, no. 1 (February 20, 1979), pp. 15–28.

Ettinghausen 1984 Ettinghausen, Richard. "Decorative Arts and Painting: Their Character and Scope [1974]." In *Islamic Art and Archaeology: Collected Papers*, edited by Myriam Rosen-Ayalon, pp. 22–48. Berlin, 1984.

Ettinghausen and Grabar 1987 Ettinghausen, Richard, and Oleg Grabar. *The Art and Architecture of Islam, 650–1250*. The Pelican History of Art. Harmondsworth, Middlesex, 1987.

Ettinghausen and Yarshater, eds. 1979 Ettinghausen, Richard, and Ehsan Yarshater, eds. *Highlights of Persian Art*. Boulder, Colo., 1979.

Ettinghausen, ed. 1972 Ettinghausen, Richard, ed. *Islamic Art in The Metropolitan Museum of Art*. New York, 1972.

Ettinghausen et al. 1975a Ettinghausen, Richard, et al. "Islamic Art." *The Metropolitan Museum of Art Bulletin*, n.s., 33, no. 1 (Spring 1975), pp. 2–53.

Ettinghausen et al. 1975b Ettinghausen, Richard, et al. *Notes on Islamic Art in Its Historical Setting*. The Metropolitan Museum of Art. New York, 1975.

Ettinghausen, Grabar, and Jenkins-Madina 2001 Ettinghausen, Richard, Oleg Grabar, and Marilyn Jenkins-Madina. *Islamic Art and Architecture, 650–1250*. 2nd ed. Pelican History of Art. 1987. New Haven and London, 2001.

Falk and Archer 1981 Falk, Toby, and Mildred Archer. *Indian Miniatures in the India Office Library*. London, 1981.

Farhad 1990 Farhad, Massumeh. "The Art of Mu'in Musavvir: A Mirror of His Times." In Canby, ed. 1990b, pp. 113–28.

Farhad 2004 Farhad, Massumeh. "Military Slaves in the Provinces: Collecting and Shaping the Arts." In *Slaves of the Shah: New Elites of Safavid Iran*, by Sussan Babaie et al. London, 2004.

Fehérvári 1972 Fehérvári, Géza. "Tombstone or Mihrab? A Speculation." In Ettinghausen, ed. 1972, pp. 241–54.

Fehérvári 1976 Fehérvári, Géza. *Islamic Metalwork of the Eighth to the Fifteenth Century in the Keir Collection*. London, 1976.

Fehérvári 2000 Fehérvári, Géza. *Ceramics of the Islamic World in the Tareq Rajab Museum*. London and New York, 2000.

Feliciano 2005 Feliciano, María Judith. "Muslim Shrouds for Christian Kings?: A Reassessment of Andalusi Textiles in Thirteenth-Century Castilian Life and Ritual." In Robinson, C., and Rouhi, eds. 2005, pp. 101–31.

Feliciano, Rouhi, and Robinson, eds. 2006 *Medieval Encounters* 12, no. 3 [*Interrogating Iberian Frontiers*, (edited by María Judith Feliciano, Leyla Rouhi, and Cynthia Robinson)] (2006).

Fendall 2003 Fendall, Ramsey. *Islamic Calligraphy*. London, 2003.

Feng 2004–5 Feng Zhao. "The Evolution of Textiles Along the Silk Road." In *China: Dawn of a Golden Age, 200–750 A.D.*, pp. 66–77. Exhibition, The Metropolitan Museum of Art, New York. Catalogue by James C. Y. Watt and others. New York, 2004.

Ferdowsi 1997 Ferdowsi, Abu'l-Qasem. *The Shahnameh (The Book of Kings)*. Vol. 5. Edited by Djalal Khaleghi-Motlagh. Bibliotheca Persica. Costa Mesa, Calif., and New York, 1997.

Ferdowsi 2006 Ferdowsi, Abolqasem. "The Discovery of Fire and the Establishment of the Feast of Sadeh." In *Shanameh: The Persian Book of Kings*, pp. 3–4. Translated by Dick Davis. New York, 2006.

Fernández González 2007 Fernández González, Etelvina. "Que los reyes vestiessen paños de seda, con oro, e con piedras preciosas." In *Simposio Internacional: El legado de al-Andalus; El arte andalusí en los reinos de León y Castilla durante la Edad Media*, edited by Manuel Valdés Fernández, pp. 365–408. Valladolid, 2007.

Fernández-Puertas 1973 Fernández-Puertas, Antonio. "Un paño decorativo de la Torre de las Damas." *Cuadernos de La Alhambra* 9 (1973), pp. 37–52.

Fernández-Puertas 1997 Fernández-Puertas, Antonio. *The Alhambra*. Vol. 1. London, 1997.

Ferrier, ed. 1989 Ferrier, R[onald] W., ed. *The Arts of Persia*. New Haven, 1989.

Fierro 2004 Fierro, Maribel. "Madinat al-Zahra, el paraíso y los Fatimíes." *Al-Qantara* 25, no. 2 (2004), pp. 299–327.

Fino 2010 Fino, Elizabeth V. "Ctesiphon." In *Discovering the Art of the Ancient Near East: Archaeological Excavations Supported by The Metropolitan Museum of Art, 1931–2010*, edited by Yelena Rakic, pp. 12–15. New York, 2010.

Fletcher 1968 Fletcher, Joseph F. "China and Central Asia, 1368–1884." In *The Chinese World Order: Traditional China's Foreign Relations*, edited by John King Fairbank, pp. 206–24, 345–68. Harvard East Asian Series, 32. Cambridge, Mass., 1968.

Flood 2001 Flood, Finbarr Barry. *The Great Mosque of Damascus: Studies on the Makings of an Umayyad Visual Culture*. Islamic History and Civilization, Studies and Texts, 33. Leiden, 2001.

Flood 2009 Flood, Finbarr B[arry]. *Objects of Translation: Material Culture and Medieval "Hindu-Muslim" Encounter*. Princeton, N.J., 2009.

Floor 1999 Floor, Willem M. *The Persian Textile Industry in Historical Perspective, 1500–1925*. Moyen Orient et Océan Indien, XVIe–XIXe s., 11. Paris, 1999.

Flury 1925 Flury, S[amuel]. "Le décor épigraphique des monuments de Ghazna." *Syria* 6, no. 1 (1925), pp. 61–90.

Folsach 1990 Folsach, Kjeld von. *Islamic Art: The David Collection*. Copenhagen, 1990.

Folsach 1993 Folsach, Kjeld von. "Dating and Localizing Islamic Textiles: Some Methods and Problems." In Copenhagen 1993, pp. 26–64.

Folsach 2001 Folsach, Kjeld von. *Art from the World of Islam in the David Collection*. Rev. and enl. ed. 1990. Copenhagen, 2001.

Folsach 2006–7 Folsach, Kjeld von. "The David Collection: The Museum's History, Character, and Various Reflections on the Reinstallation of the Islamic Collection." In Boston and Chicago 2006–7, pp. 31–38.

Folsach 2011 Folsach, Kjeld von. *Art from the World of Islam in the David Collection*. Copenhagen, 2011.

Folsach and Meyer, eds. 2005 *Journal of the David Collection* 2, pts. 1–2 [*The Ivories of Muslim Spain: Papers from a Symposium held in Copenhagen from the 18th to the 20th of November 2003*, edited by Kjeld von Folsach and Joachim Meyer] (2005).

Fowden 1993 Fowden, Garth. *Empire to Commonwealth: Consequences of Monotheism in Late Antiquity*. Princeton, N.J., 1993.

Fowden 2004 Fowden, Garth. *Qusayr 'Amra: Art and the Umayyad Elite in Late Antique Syria*. The Transformation of the Classical Heritage, 36. Berkeley and Los Angeles, 2004.

Fraad and Ettinghausen 1971 Fraad, Irma L., and Richard Ettinghausen. "Sultanate Painting in Persian Style, Primarily from the First Half of the Fifteenth Century: A Preliminary Study." In *Chhavi, Golden Jubilee Volume*, edited by Anand Krishna, pp. 48–66, figs. 133–67. Banaras, 1971.

Franses 1993a Franses, Michael. "The Caucasus or North-East Persia: A Question of Attribution." In Hamburg and Stuttgart 1993, pp. 94–102.

Franses 1993b Franses, Michael. "The 'Historical' Carpets from Anatolia." In Hamburg and Stuttgart 1993, pp. 266–69, 373.

Frelinghuysen 1993 Frelinghuysen, Alice Cooney. "The Forgotten Legacy: The Havemeyers' Collection of Decorative Arts." In *Splendid Legacy: The Havemeyer Collection*, pp. 98–113. Exhibition, The Metropolitan Museum of Art, New York. Catalogue by Alice Cooney Frelinghuysen, Gary Tinterow, and others. New York, 1993.

Frembgen 2010–11 Frembgen, Jürgen Wasim. "Harmony of Line, Islamic Calligraphy from Ottoman Dervish Lodges." In Munich 2010–11, pp. 79–89.

Froom 2008 Froom, Aimée. *Persian Ceramics from the Collections of the Asian Art Museum*. San Francisco, 2008.

Frothingham 1951 Frothingham, Alice Wilson. *Lustreware of Spain*. Hispanic Notes and Monographs. New York, 1951.

Frye, ed. 1973 Frye, Richard N., ed. *Sasanian Remains from Qasr-i Abu Nasr: Seals, Sealings, and Coins*. Harvard Iranian Series, 1. Cambridge, Mass., 1973.

Fukai and Horiuchi 1984 Fukai, Shinji, and Kiyoharu Horiuchi. *Taku-i Busutan/Taq-i-bustan*. Vol. 4. Report, Tokyo University Iraq-Iran Archaeological Expedition, 20. Tokyo, 1984.

Gadon 1986 Gadon, Elinor W. "Dara Shikuh's Mystical Vision of Hindu–Muslim Synthesis." In *Facets of Indian Art: A Symposium Held at the Victoria and Albert Museum on 26, 27, 28 April and 1 May 1982*, edited by Robert Skelton et al., pp. 153–57. London, 1986.

Gairola 1970 Gairola, C. Krishna. "Paintings from India, Nepal and Tibet." *Arts in Virginia* 2, no. 1 (Fall 1970), pp. 4–23.

Galán y Galindo 2005 Galán y Galindo, Ángel. *Marfiles medievales del Islam*. 2 vols. Cordoba, 2005.

Galloway 2009 Galloway, Francesca. *Global India: Court, Trade and Influence, 1300–1900*. Dealer catalogue. London, 2009.

Galloway 2011 Galloway, Francesca. *Islamic Courtly Textiles and Trade Goods, Fourteenth–Nineteenth Century*. Dealer catalogue. London, 2011.

Gans-Ruedin 1978 Gans-Ruedin, E[rwin]. *The Splendor of Persian Carpets*. New York, 1978.

Gans-Ruedin 1984 Gans-Ruedin, E[rwin]. *Indian Carpets*. New York, 1984.

García Gómez 1996 Garcia Gómez, Emilio. *Poemas árabes en los muros y fuentes de la Alhambra*. Publicaciones del Instituto Egipcio de Estudios Islámicos. 2nd ed. 1985. Madrid, 1996.

Gaube 1994 Gaube, Heinz. "Das Mausoleum des Yusuf Gardizi in Multan." *Oriens* 34 (1994), pp. 330–47.

de Gayangos 1840–43 de Gayangos, Pascual. *The History of the Muhammedan Dynasties in Spain*. 2 vols. London, 1840–43.

Gayraud 1995 Gayraud, Roland-Pierre. "Istabl 'Antar (Fostat) 1994: Rapport de fouilles." *Annales Islamologiques* 29 (1995), pp. 1–24.

Genequand 2008 Genequand, Denis."An Early Islamic Mosque in Palmyra." *Levant* 40, no. 1 (April 2008), pp. 3–15.

Geneva 1985 *Treasures of Islam*. Exhibition, Musée Rath, Geneva. Catalogue by Toby Falk and others. London, 1985.

Geneva 1995 *Empire of the Sultans: Ottoman Art from the Collection of Nasser D. Khalili*. Exhibition, Musée Rath, Geneva. Catalogue by J. M[ichael] Rogers. Geneva, 1995.

Geneva and other cities 1988–89 *Calligraphie islamique: Textes sacrés et profanes/ Islamic Calligraphy: Sacred and Secular Writings*. Exhibition, Musée d'Art et d'Histoire, Geneva, and other venues. Catalogue by David [Lewis] James and others. Geneva, 1988.

Geneva and Paris 1993–94 *Tissus d'Égypte: Témoins du monde arabe VIIIe–XVe siècles: Collection Bouvier*. Exhibition, Musée d'Art et d'Histoire, Geneva; Institut du Monde Arabe, Paris. Geneva and Paris, 1993.

George 2010 George, Alain. *The Rise of Islamic Calligraphy*. London, 2010.

Gerspach 1885 Gerspach, É[douard]. *L'art de la verrerie*. Bibliothèque de l'enseignement des beaux-arts. Paris, [1885].

al-Ghazali 1989 al-Ghazali. *The Remembrance of Death and the Afterlife/Kitab dhikr al-mawt wa-ma ba'dahu*. Translated by T. J. Winter. Cambridge, 1989.

Ghouchani 1986 Ghouchani, A[bdullah]. *Katibaha-yi sufal-i Nishabur/Inscriptions on Nishabur Pottery*. Tehran, 1986.

Ghouchani 2004 Ghouchani, Abdullah. *Research on Inscriptions of Architectural Structures of Yazd/Barrasi-i katibaha-yi binaha-yi Yazd*. Tehran, 2004.

Gibb 1901 Gibb, E[lias] J[ohn] W[ilkinson]. *Ottoman Literature: The Poets and Poetry of Turkey*. New York and London, 1901.

Gibson forthcoming Gibson, Melanie. "A Symbolic *Khassakiyah*: Representations of the Palace Guard in Murals, Stucco, and Ceramic Sculpture." In *Art, Architecture and Material Culture, New Perspectives: Proceedings from a Workshop held at the Centre for the Advanced Study of the Arab World*, edited by Margaret S. Graves. British Archaeological Reports. Oxford, forthcoming.

Gildemeister 1885 Gildemeister, J[ohann]. *Idrisi's Palaestina und Syrien im arabischen Text*. Beilage zu der *Zeitschrift des Deutschen Palaestina-Vereins* 8. Bonn, 1885.

Gillow 2010 Gillow, John. *Textiles of the Islamic World*. New York, 2010.

Gilmartin and Lawrence, eds. 2000 Gilmartin, David, and Bruce B. Lawrence, eds. *Beyond Turk and Hindu: Rethinking Religious Identities in Islamicate South Asia*. Gainesville, Fla., 2000.

Glidden and Thompson 1989 Glidden, Harold W., and Deborah Thompson. "*Tiraz* in the Byzantine Collection, Dumbarton Oaks. Parts Two and Three: *Tiraz* from the Yemen, Iraq, Iran, and an Unknown Place." *Bulletin of the Asia Institute*, n.s., 3 (1989), pp. 89–105.

Goitein 1967–93 Goitein, S[olomon] D. *A Mediterranean Society: The Jewish Communities of the Arab World as Portrayed in the Documents of the Cairo Geniza*. 6 vols. Berkeley and Los Angeles, 1967–93.

Goitein 1983a Goitein, S[olomon] D. *A Mediterranean Society: The Jewish Communities of the Arab World as Portrayed in the Documents of the Cairo Geniza*. Vol. 4, *Daily Life*. Berkeley and Los Angeles, 1983.

Goitein 1983b Goitein, S[olomon] D. "Clothing and Jewelry." In Goitein 1983a, pp. 150–226.

Goldin 1976 Goldin, Amy. "Islamic Art: The Met's Generous Embrace." *Artforum* 14, no.7 (March 1976), pp. 44–51.

Golombek 1991 Golombek, Lisa. "Golden Garlands of the Timurid Epoch." In *Jewellery and Goldsmithing in the Islamic World: International Symposium, The Israel Museum, Jerusalem 1987*, edited by Na'ama Brosh, pp. 63–71. [Jerusalem], 1991.

Golombek 2003 Golombek, Lisa. "The Safavid Ceramic Industry at Kirman." *Iran* 41 (2003), pp. 253–70.

Golombek et al. 1988 Golombek, Lisa, et al. *The Timurid Architecture of Iran and Turan*. 2 vols. Princeton Monographs in Art and Archaeology, 46. Princeton, N.J., 1988.

Golombek, Mason, and Proctor 2001 Golombek, Lisa, Robert B. Mason, and Patty Proctor. "Safavid Potters' Marks and the Question of Provenance." *Iran* 39 (2001), pp. 207–36.

Gonosovà 1989 Gonosovà, Anna. "Textiles." In *Beyond the Pharaohs: Egypt and the Copts in the Second to the Seventh Centuries A.D.*, pp. 65–72. Exhibition, Museum of Art, Rhode Island School of Design, Providence, R.I. Catalogue by Florence D. Friedman and others. Providence, R.I., 1989.

Gonzalez 1999 Gonzalez, Valérie. "Pratique d'une technique d'art Byzantine chez les Fatimides: L'émaillerie sur métal." In *L'Égypte fatimide, son art et son histoire: Actes du colloque organizé à Paris les 28, 29 et 30 mai 1998*, edited by Marianne Barrucand, pp. 197–217, pl. 10. Paris, 1999.

Goodwin 1977 Goodwin, Godfrey. "The Reuse of Marble in the Eastern Mediterranean in Medieval Times." *Journal of the Royal Asiatic Society of Great Britain and Ireland*, 1977, no. 1, pp. 17–30.

Goswamy and Bhatia 1999 Goswamy, B[rijindra] N[ath], with Usha Bhatia. *Painted Visions: The Goenka Collection of Indian Paintings*. New Delhi, 1999.

Goswamy and Jain 2002 Goswamy, B[rijindra] N[ath], and Rahul Jain. *Patkas: A Costume Accessory in the Collection of the Calico Museum of Textiles*. Indian Costumes, 2. Ahmedabad, 2002.

Grabar 1975 Grabar, Oleg. "The Visual Arts. I. Architecture and Its Decoration." In *The Cambridge History of Iran*, vol. 4, *The Period from the Arab Invasion to the Saljuqs*, edited by R. N. Frye, pp. 331–51, figs. 1–13. Cambridge, 1975.

Grabar 1976 Grabar, Oleg. "An Art of the Object." *Artforum* 14, no. 7 (March 1976), pp. 36–44.

Grabar 1978 Grabar, Oleg. *The Alhambra*. Cambridge, Mass., 1978.

Grabar 1987a Grabar, Oleg. *The Formation of Islamic Art*. Rev. ed. 1973. New Haven and London, 1987.

Grabar 1987b Grabar, Oleg. "The Symbolic Appropriation of the Land." In Grabar 1987a, pp. 41–73.

Grabar 1998 Grabar, Oleg. "The Shared Culture of Objects." In *Byzantine Court Culture, 829 to 1204*, edited by Henry Maguire, pp. 115–29. Cambridge, Mass, 1998.

Grabar and Blair 1980 Grabar, Oleg, and Sheila [S.] Blair. *Epic Images and Contemporary History: The Illustrations of the Great Mongol Shahnama*. Chicago, 1980.

Granada and New York 1992 *Al-Andalus: The Art of Islamic Spain*. Exhibition, Alhambra, Granada; The Metropolitan Museum of Art, New York. Catalogue by Jerrilynn D. Dodds and others. New York, 1992.

Gray 1977 Gray, Basil. *Persian Painting*. New York, 1977.

Grube 1963a Grube, Ernst J. "Four Pages from a Turkish Sixteenth-Century Shahnama in the Collection of the Metropolitan Museum of Art in New York." In *Beiträge zur Kunstgeschichte Asiens: In Memoriam Ernst Diez*, edited by Oktay Aslanapa, pp. 237–55. Istanbul, 1963.

Grube 1963b Grube, Ernst J. "The Miniatures of Shiraz." *The Metropolitan Museum of Art Bulletin*, n.s., 21, no. 9 (May 1963), pp. 285–95.

Grube 1963c Grube, Ernst J. "Three Miniatures from Fustat in the Metropolitan Museum of Art in New York." *Ars Orientalis* 5 (1963), pp. 89–95, pls. 1–6.

Grube 1978 Grube, Ernst J. *Persian Painting in the Fourteenth Century: A Research Report*. Istituto Universitario Orientale, Supplemento, no. 17, agli Annali, 38 (1978), no. 4. Naples, 1978.

Grube 1981 Grube, Ernst J. "The Problem of the Istanbul Album Pantings." *Islamic Art* 1 (1981), pp. 1–30, addenda [n.p.], figs. 1–490 passim.

Grube and Tonghini 1988–89 Grube, Ernst J., and Cristina Tonghini. "Towards a History of Syrian Islamic Pottery before 1500." *Islamic Art* 3 (1988–89), pp. 59–93, pls. 10–12.

Grube et al. 1968 Grube, Ernst J., et al. "The Ottoman Empire." *The Metropolitan Museum of Art Bulletin*, n.s., 26, no. 5 (January 1968), pp. 204–24.

Grube et al. 1994 Grube, Ernst J., et al. *Cobalt and Lustre: The First Centuries of Islamic Pottery*. The Nasser D. Khalili Collection of Islamic Art, edited by Julian Raby, vol. 9. Oxford and New York, 1994.

Guérard 1974 Guérard, Martha. "Contribution à l'étude de l'art de la broderie au Maroc: Les Broderies de Chéchaouen." *Hespéris Tamuda* 15 (1974), pp. 225–50, pls. 68–91.

Guest and Kendrick 1932 Guest, Rhuvon, and A[lbert] F[rank] Kendrick. "The Earliest Dated Islamic Textiles." *The Burlington Magazine for Connoisseurs* 60, no. 349 (April 1932), pp. 185–87, 191.

Guha-Thakurta 2004 Guha-Thakurta, Tapati. *Monuments, Objects, Histories: Institutions of Art in Colonial and Postcolonial India*. Calcutta, 2004.

Guidetti 2010 Guidetti, Mattia. "Churches and Mosques in the Cities of Bilad al-Sham: Coexistence and Transformation of the Urban Fabric." In *Islamic Cities in the Classical Age*, edited by Nasser Rabbat. Boston, 2010.

Gunter 2004–5 Gunter, Ann C. "Chess and Its Visual Culture in West, South, and Southeast Asia." In *Asian Games: The Art of Contest*, pp. 136–67. Exhibition, Asia Society Museum, New York; Arthur M. Sackler Gallery, Smithsonian Institution, Washington, D.C. Catalogue by Colin Mackenzie, Irving Finkel, and others. New York, 2004.

Gunter and Hauser, eds. 2004 Gunter, Ann C., and Stefan R. Hauser, eds. *Ernst Herzfeld and the Development of Near Eastern Studies, 1900–1950* [Papers originally delivered at the symposium . . . held from 3–5 May 2001 at the Freer Gallery of Art and Arthur M. Sackler Gallery, Smithsonian Institution, Washington, D.C.]. Leiden, 2004.

Gutas 1998 Gutas, Dimitri. *Greek Thought, Arabic Culture: The Graeco-Arabic Translation Movement in Baghdad and Early 'Abbasid Society (Second–Fourth/Eighth–Tenth Centuries)*. London and New York, 1998.

Guy 1998 Guy, John. *Woven Cargoes: Indian Textiles in the East*. New York, 1998.

Haase 2007 Haase, Claus-Peter. "The Development of Stucco Decoration in Northern Syria of the Eighth and Ninth Centuries and the Bevelled Style of Samarra." In *Facts and Artefacts, Art in the Islamic World: Festschrift for Jens Kröger on His 65th Birthday*, edited by Annette Hagedorn and Avinoam Shalem, pp. 439–60. Leiden and Boston, 2007.

Haidar 1995 Haidar, Navina [Najat]. "The Kishangarh School of Painting, c. 1680–1850." Ph.D. diss., University of Oxford, 1995.

Haidar and Sardar, eds. 2011 Haidar, Navina Najat, and Marika Sardar, eds. *Sultans of the South: The Arts of India's Deccan Courts, 1323–1687*. The Metropolitan Museum of Art Symposia. New York, 2011.

Haidar Haykel 2004 Haidar Haykel, Navina N[ajat]. "A Lacquer Pen-box by Manohar: An Example of Late Safavid-style Painting in India." In *Arts of Mughal India: Studies in Honour of Robert Skelton*, edited by Rosemary Crill, Susan Stronge, and Andrew Topsfield, pp. 176–89. London and Ahmedabad, 2004.

***Hali* 1990** "An Early Animal Rug at The Metropolitan Museum." Hali, no. 53 (October 1990), pp. 154–55.

Hallett 2010 Hallett, Jessica. "From the Looms of Yazd and Isfahan: Persian Carpets and Textiles in Portugal." In Thompson, Shaffer, and Mildh, eds. 2010, pp. 90–123.

Hamburg and Stuttgart 1993 *Orient Stars, A Carpet Collection*. Exhibition, Deichtorhallen, Hamburg; Linden-Museum, Stuttgart. Catalogue by Heinrich Kirchheim and others. London and Stuttgart, 1993.

Hamm and other cities 1996–98 *Ägypten, Schätze aus dem Wüstensand: Kunst und Kulture der Christen am Nil*. Exhibition, Gustav-Lübcke-Museum der Stadt Hamm and other venues. Catalogue by Arne Effenberger and others. Wiesbaden, 1996.

Hanover and other cities 1991–92 *Images of Paradise in Islamic Art*. Exhibition, Hood Museum of Art, Dartmouth College, Hanover, N.H., and other venues. Catalogue by Sheila S. Blair, Jonathan M. Bloom, and others. Hanover, N.H., 1991.

Hansford 1950 Hansford, S. Howard. *Chinese Jade Carving*. London, 1950.

Hansford 1968 Hansford, S. Howard. *Chinese Carved Jades*. Greenwich, Conn., 1968.

Harari 1938–39 Harari, Ralph. "Metalwork after the Early Islamic Period." In Pope, A. U., and Ackerman, eds. 1938–39, vol. 3, pp. 2466–529; vol. 6, pt. 2, pls. 1276–404.

Hardie 1998 Hardie, Peter. "Mamluk Glass from China?" In Ward, ed. 1998, pp. 85–90, 193–96, pl. G.

Harper 1972 Harper, Prudence Oliver. "An Eighth Century Silver Plate from Iran with a Mythological Scene." In Ettinghausen, ed. 1972, pp. 153–68.

Harris 2005 Harris, Julie A. "Good Jews, Bad Jews, and No Jews at All: Ritual Imagery and Social Standards in the Catalan Haggadot." In *Church, State, Vellum, and Stone: Essays on Medieval Spain in Honor of John Williams*, edited by Therese Martin and Julie A. Harris, pp. 275–96. The Medieval and Early Modern Iberian World, 26. Leiden, 2005.

Hasan 2007 Hasan, Perween. *Sultans and Mosques: The Early Muslim Architecture of Bangladesh*. London and New York, 2007.

Hasson 1998 Hasson, Rachel. "An Enamelled Glass Bowl with 'Solomon's Seal': The Meaning of a Pattern." In Ward, ed. 1998, pp. 41–44, 174–75, pl. F.

Hastings 1907 Hastings, Francis Rawdon-Hastings, Marquess of. *The Private Journal of the Marquess of Hastings, edited by His Daughter the Marchioness of Bute*. Reprint of 2nd ed. 1858. Allahabad, 1907.

Hauser and Wilkinson 1942 Hauser, Walter, and Charles K. Wilkinson. "The Museum's Excavations at Nishapur." *The Metropolitan Museum of Art Bulletin* 37, no. 4 (April 1942), pp. 83–119.

Havemeyer 1993 Havemeyer, Louisine W. *Sixteen to Sixty: Memoirs of a Collector*. Introduction by Gary Tinterow. Annotated by Susan Alyson Stein. 1961. New York, 1993.

Hawley 1979 Hawley, John Stratton. "Krishna's Cosmic Victories." *Journal of the American Academy of Religion* 47, no. 2 (June 1979), pp. 201–21.

Heckscher 1995 Heckscher, Morrison H. "The Metropolitan Museum of Art, An Architectural History." *The Metropolitan Museum of Art Bulletin*, n.s., 53, no. 1 (Summer 1995), pp. 1, 4–80.

Heidemann 1998 Heidemann, Stefan. "The Merger of Two Currency Zones in Early Islam: The Byzantine and Sasanian Impact of the Circulation in Former Byzantine Syria and Northern Mesopotamia." *Iran* 36 (1998), pp. 95–112.

Heidemann 2003 Heidemann, Stefan. "Die Geschichte von ar-Raqqa/ar-Rafiqa—ein Überblick." In Heidemann and Becker, eds. 2003, pp. 9–56, 259–76.

Heidemann 2010 Heidemann, Stefan. "The Evolving Representation of the Early Islamic Empire and Its Religion on Coin Imagery." In *The Qur'an in Context: Historical and Literary Investigations into the Qur'anic Milieu*, edited by Angelika Neuwirth, Nicolai Sinai, and Michael Marx, pp. 149–95. Leiden and Boston, 2010.

Heidemann and Becker, eds. 2003 Heidemann, Stefan, and Andrea Becker, eds. *Raqqa II: Die Islamische Stadt*. Deutsches Archäologisches Institut. Mainz am Rhein, 2003.

d'Hennezel 1930 d'Hennezel, Henri. *Decorations and Designs of Silken Masterpieces Ancient and Modern: Original Specimens in Colours Belonging to the Textile Historical Museum of Lyon*. Musée Historique des Tissus de Lyon. New York, 1930.

Herbert 1928 Herbert, Thomas. *Travels in Persia, 1627–1629*. London, [1928].

Heringa 1996–97a Heringa, Rens. "Appendix 3: Materials and Techniques." In Los Angeles 1996–97, pp. 224–30.

Heringa 1996–97b Heringa, Rens. "Batik Pasisir as Mestizo Costume." In Los Angeles 1996–97, pp. 46–69.

Herrmann 1987 Herrmann, Eberhart. "A Great Discovery." Hali, no. 36 (October–December 1987), pp. 48–51, 105–6.

Herzfeld 1923 Herzfeld, Ernst. *Der Wandschmuk der Bauten von Samarra und seine Ornamentik*. Forschungen zur islamischen Kunst, 2. Ausgrabungen von Samarra, 1. Berlin, 1923.

Herzig 1992 Herzig, Edmund M. "The Volume of Iranian Raw Silk Exports in the Safavid Period." *Iranian Studies* 25, nos. 1–2 [*The Carpets and Textiles of Iran: New Perspectives in Research*] (1992), pp. 61–79.

Hewitt 1907 H[ewitt], C[onrad]. "The Edward C. Moore Collection." *The Metropolitan Museum of Art Bulletin* 2, no. 6 (June 1907), pp. 105–6.

Hillenbrand, C. 2000 Hillenbrand, Carole. *The Crusades, Islamic Perspectives*. 1999. New York, 2000.

Hillenbrand, R. 1992 Hillenbrand, Robert. "'The Ornament of the World': Medieval Córdoba as a Cultural Centre." In *The Legacy of Muslim Spain*, edited by Salma Khadra Jayyusi, pp. 113–35. Handbuch der Orientalistik/Handbook of Oriental Studies, 12. Leiden, 1992.

Hillenbrand, R. 1996 Hillenbrand, Robert. "The Iconography of the Shah-nama-yi Shahi." In *Safavid Persia: The History and Politics of an Islamic Society*, edited by Charles Melville. London, 1996.

Hillenbrand, R. 1998 Hillenbrand, Robert. "The Sarcophagus of Shah Isma'il at Ardabil." In *Society and Culture in the Early Modern Middle East: Studies on Iran in the Safavid Period*, edited by Andrew J. Newman, pp. 165–90. Edinburgh, 1998.

Hillenbrand, R. 1999 Hillenbrand, Robert. *Islamic Art and Architecture*. London, 1999.

Hoffman 1999 Hoffman, Eva R. "A Fatimid Book Cover: Framing and Re-framing Cultural Identity in the Medieval Mediterranean World." In *L'Égypte fatimide, son art et son histoire: Actes du colloque organizé à Paris les 28, 29 et 30 mai 1998*, edited by Marianne Barrucand, pp. 403–19, pls. 29–31. Paris, 1999.

Hoffman 2000 Hoffman, Eva R. "The Beginnings of the Illustrated Arabic Book: An Intersection between Art and Scholarship." *Muqarnas* 17 (2000), pp. 37–52.

Hoffman 2001 Hoffman, Eva R. "Pathways of Portability: Islamic and Christian Interchange from the Tenth to the Twelfth Century." *Art History* 24, no. 1 (February 2001), pp. 17–50.

Hoffman 2004 Hoffman, Eva R. "Christian-Islamic Encounters on Thirteenth-Century Ayyubid Metalwork: Local Culture, Authenticity, and Memory." *Gesta* 43, no. 2 (2004), pp. 129–42.

Hoffman 2007 Hoffman, Eva R. "Introduction: Remapping the Art of the Mediterranean." In *Late Antique and Medieval Art of the Mediterranean World*, edited by Eva R. Hoffman, pp. 1–8. Malden, Mass., and Oxford, 2007.

Hoffman 2008 Hoffman, Eva R. "Between East and West: The Wall Paintings of Samarra and the Construction of Abbasid Princely Culture." *Muqarnas* 25 [*Frontiers of Islamic Art and Architecture: Essays in Celebration of Oleg Grabar's Eightieth Birthday*, edited by Gülru Necipoğlu and Julia Bailey] (2008), pp. 107–32.

Holod 1992 Holod, Renata. "Luxury Arts of the Caliphal Period." In Granada and New York 1992, pp. 40–47.

Hoskins 2004 Hoskins, Nancy Arthur. *The Coptic Tapestry Albums and the Archaeologist of Antinoé, Albert Gayet*. Seattle, 2004.

Housego 1989 Housego, J. "Carpets." In Ferrier, ed. 1989, pp. 118–49.

Houston 2010 *Light of the Sufis: The Mystical Arts of Islam*. Exhibition, Museum of Fine Arts, Houston. Catalogue by Ladan Akbarnia with Francesca Leoni. Houston, 2010.

Hout 2001 Hout, Itie van. "Batik on Batik: A Wayang Story as a Record of Batik Design." In Amsterdam 2001, pp. 143–45.

Howe 1913 Howe, Winifred E. *A History of the Metropolitan Museum of Art, with a Chapter on the Early Institutions of Art in New York*. Vol. 1. New York, 1913.

Humlebaek 2007–8 *For the Privileged Few: Islamic Miniature Painting from the David Collection*. Exhibition, Louisiana Museum of

Modern Art, Humlebaek. Catalogue by Kjeld von Folsach. Copenhagen, 2007.

Humphreys 1977 Humphreys, R. Stephen. *From Saladin to the Mongols: The Ayyubids of Damascus, 1193–1260*. Albany, N.Y., 1977.

Hunarfar 1971 Hunarfar, Lutfullah. *Ganjina-yi asar-i tarikhi-yi Isfahan*. Isfahan, 1971.

Husain 2000 Husain, Ali Akbar. *Scent in the Islamic Garden: A Study of Deccani Urdu Literary Sources*. Oxford, 2000.

Ibn Silm 1993 Ibn Silm, Ahmad Sa'id. *Al-Madina al-munawwara fi al-qarn al-rabi' 'ashar al-hijri*. Heliopolis, 1993.

Indictor, Koestler, Blair, and Wardwell 1988 Indictor, Norman, R. J. Koestler, C. Blair, and Anne Wardwell. "The Evaluation of Metal Wrappings from Medieval Textiles Using Scanning Electron Microscopy–Energy Dispersive X-Ray Spectrometry." *Textile History* 19, no. 1 (1988), pp. 3–22.

Inner Mongolia Institute 1993 Nei Menggu zizhiqu wen wu kao gu yan jiusuo (Inner Mongolia Institute of Cultural Relics and Archaeology), and Zhelimu meng bo wuguan (Zhelimu League Museum). *Liao Chen guo gong zhu mu* (Tomb of the Princess of the Chen State). Beijing, 1993.

Irvine 1903 Irvine, William. *The Army of the Indian Moghuls, Its Organization and Administration*. London, 1903.

Irwin 1949 Irwin, John. "The Commercial Embroidery of Gujarat in the Seventeenth Century." *Journal of the Indian Society of Oriental Art* 17 (1949), pp. 51–56, pls. 7–10.

Irwin 1959 Irwin, John. "Golconda Cotton Paintings of the Early Seventeenth Century." *Lalit Kala*, no. 5 (April 1959), pp. 11–48, pls. 1–20.

Irwin 1973 Irwin, John. *The Kashmir Shawl*. [Victoria and Albert] Museum Monograph, no. 29. London, 1973.

Irwin and Brett 1970 Irwin, John, and Katharine B. Brett. *Origins of Chintz, with a Catalogue of Indo-European Cotton-Paintings in the Victoria and Albert Museum, London, and the Royal Ontario Museum, Toronto*. London, 1970.

Irwin and Hall 1973a Irwin, John, and Margaret Hall. "Glossary of Embroidery Stitches." In Irwin and Hall 1973b, pp. 201–15.

Irwin and Hall 1973b Irwin, John, and Margaret Hall. *Indian Embroideries*. Historic Textiles of India at the Calico Museum, Ahmedabad, vol. 2. Ahmedabad, 1973.

***Islamic Art* 1981** "Concordance of Figures and Folio Numbers in the Istanbul Albums." *Islamic Art* 1 (1981), pp. 164–65, figs. 1–490 passim.

Issa 1994 Issa, Ahmad Mohammed. *Islamic Art Terms (Lexicon Explained and Illustrated)*. Research Centre for Islamic History, Art and Culture, Islamic Arts and Crafts Series, 8. Istanbul, 1994.

Istanbul 1998a *Osmanli sanatinda hat*. Exhibition, Topkapı Palace Museum, Istanbul. Catalogue by Filiz Çağman and and Sule Aksoy. Istanbul, 1998.

Istanbul 1998b *Sultanlarin Aynaları/The Sultans' Mirrors*. Exhibition, Topkapı Palace Museum, Istanbul. Catalogue by Filiz Çağman and others. Istanbul, 1998.

Istanbul 2008 *Three Capitals of Islamic Art, Istanbul, Isfahan, Delhi: Masterpieces from the Louvre Collection*. Exhibition, Sabancı University, Sakıp Sabancı Museum, Istanbul. Istanbul, 2008.

Ivanov 1979 Ivanov, A. A. "The Life of Muhammed Zaman: A Reconsideration." *Iran* 17 (1979), pp. 65–70.

Jaffer 2002 Jaffer, Amin. *Luxury Goods from India: The Art of the Indian Cabinet Maker*. London, 2002.

Jaffer et al. 2001 Jaffer, Amin, et al. *Furniture from British India and Ceylon: A Catalogue of the Collections in the Victoria and Albert Museum and the Peabody Essex Museum*. London, 2001.

Jahangir 1909–14 Jahangir. *The Tuzuk-i Jahangiri*. Translated by Alexander Rogers and edited by Henry Beveridge. 2 vols. London, 1909–14.

Jahangir 1968 Jahangir. *The Tuzuk-i Jahangiri or Memoirs of Jahangir*. Translated by Alexander Rogers and edited by Henry Beveridge. Reprint ed. 2 vols. 1909–14. Delhi, 1968.

Jahangir 1999 Jahangir. *The Jahangirnama: Memoirs of Jahangir, Emperor of India*. Translated, edited, and annotated by Wheeler M. Thackston. Washington, D.C., New York, and Oxford, 1999.

James 1988 James, David Lewis. *Manuscripts of the Holy Qur'an from the Mamluk Era*. King Faisal Centre for Research and Islamic Studies. London, 1988.

James 1992a James, David [Lewis]. *After Timur: Qur'ans of the Fifteenth and Sixteenth Centuries*. The Nasser D. Khalili Collection of Islamic Art, edited by Julian Raby, vol. 3. London, 1992.

James 1992b James, David [Lewis]. *The Master Scribes: Qur'ans of the Tenth to Fourteenth Centuries, A.D.* The Nasser D. Khalili Collection of Islamic Art, edited by Julian Raby, vol. 2. London, 1992.

James 1999 James, David [Lewis]. *Manuscripts of the Holy Qur'an from the Mamluk Era*. King Faisal Centre for Research and Islamic Studies. 1988. Riyadh, 1999.

James 2009 James, David [Lewis]. "Qur'ans and Calligraphers of the Ayyubids and Zangids." In *Ayyubid Jerusalem: The Holy City in Context, 1187–1250*, edited by Robert Hillenbrand and Sylvia Auld, pp. 348–59. London, 2009.

James and Ettinghausen 1977 James, David Lewis, and Richard Ettinghausen. *Arab Painting*. New York, 1977.

al-Janabi 1983 al-Janabi, Tariq. "Islamic Archaeology in Iraq: Recent Excavations at Samarra." *World Archaeology* 14, no. 3 [*Islamic Archaeology*] (February 1983), pp. 305–27.

Jarrar 1999 Jarrar, Salah. *Diwan al-hamra': al-ash'ar al-'arabiyya al-manqutha fi mabani Qasr al-Hamra' wa-Jannat al-'Arif bi-Gharnata*. Beirut, 1999.

Jaubert, ed. 1936–40 Jaubert, P. Amédée, trans. and ed. *Géographie d'Édrisi traduite de l'arabe en français d'après deux manuscrits de la Bibliothèque du roi et accompagnée de notes*. 2 vols. in 4. Paris, 1936–40.

al-Jawhari 1954 Mansur al-Katib al-'Azizi al-Jawhari. *Sirat al-ustadh Jawhar wa-bihi tawqi 'at al-a'immat al-fatimiyyin*. Edited by Muhammad Kamil Husayn and Muhammad 'Abd al-Hadi Shu'aira. Cairo, 1954.

al-Jawhari 1958 Mansur al-Katib al-'Azizi al-Jawhari. *Vie de l'Ustadh Jaudhar (contenant sermons, lettres et rescrits des premiers califes fâtimides) écrite par Mansûr le secrétaire à l'époque du calife al-'Aziz billâh (365–386/975–996)*. Translated by Marius Canard. Publications de l'Institut d'Études Orientales de la Faculté des Lettres d'Alger, ser. 2, vol. 20. Algiers, 1958.

al-Jazari 1974 al-Jazari, Isma'il ibn al-Razzaz. *The Book of Knowledge of Ingenious Mechanical Devices*. Translated and annotated by Donald R. Hill. Dordrecht and Boston, 1974.

Jenkins 1968a Jenkins, Marilyn. "Muslim: An Early Fatimid Ceramist." *The Metropolitan Museum of Art Bulletin*, n.s., 26, no. 9 (May 1968), pp. 359–69.

Jenkins 1968b Jenkins, Marilyn. "The Palmette Tree: A Study of the Iconography of Egyptian Lustre Painted Pottery." *Journal of the American Research Center in Egypt* 7 (1968), pp. 119–26, pls. 1–9.

Jenkins 1972 Jenkins, Marilyn. "An Eleventh-Century Woodcarving from a Cairo Nunnery." In Ettinghausen, ed. 1972, pp. 227–40.

Jenkins 1984 Jenkins, Marilyn. "Mamluk Underglaze-Painted Pottery: Foundations for Future Study." *Muqarnas* 2 [*The Art of the Mamluks*] (1984), pp. 95–114.

Jenkins 1986 Jenkins, Marilyn. "Islamic Glass: A Brief History." *The Metropolitan Museum of Art Bulletin*, n.s., 44, no. 2 (Fall 1986), pp. 1–56.

Jenkins 1988 Jenkins, Marilyn. "Mamluk Jewelry: Influences and Echoes." *Muqarnas* 5 (1988), pp. 29–42.

Jenkins 1992 Jenkins, Marilyn. "Early Medieval Islamic Pottery: The Eleventh Century Reconsidered." *Muqarnas* 9 (1992), pp. 56–66.

Jenkins, ed. 1983 Jenkins, Marilyn, ed. *Islamic Art in the Kuwait National Museum: The al-Sabah Collection*. London, 1983.

Jenkins-Madina 2000 Jenkins-Madina, Marilyn. "Collecting the 'Orient' at the Met: Early Tastemakers in America." *Ars Orientalis* 30 [*Exhibiting the Middle East: Collections and Perceptions of Islamic Art*] (2000), pp. 69–89.

Jenkins-Madina 2006 Jenkins-Madina, Marilyn. *Raqqa Revisited: Ceramics of Ayyubid Syria*. New York, 2006.

Jenyns 1988 Jenyns, Soame. *Ming Pottery and Porcelain*. The Faber Monographs on Pottery and Porcelain. 2nd ed. 1953. London, 1988.

Jerusalem 1987 *Early Islamic Jewellery*. Exhibition, L.A. Mayer Memorial Institute for Islamic Art, Jerusalem. Catalogue by Rachel Hasson. Jerusalem, 1987.

Jesús Fuente 2009 Jesús Fuente, Maria. "Christian, Muslim and Jewish Women in Late Medieval Iberia." *Medieval Encounters* 15 (2009), pp. 319–33.

Kahil 2008 Kahil, Abdallah. *The Sultan Hasan Complex in Cairo, 1357–1364: A Case Study in the Formation of Mamluk Style*. Beiruter Texte und Studien, 98. Würzburg and Beirut, 2008.

Kalter and Pavaloi 1987 Kalter, Johannes, and Margareta Pavaloi. *Linden-Museum Stuttgart, Abteilungsführer Islamischer Orient*. Stuttgart, 1987.

Kamada 2010 Kamada, Yumiko. "A Taste for Intricacy: An Illustrated Manuscript of *Mantiq al-Tayr* in the Metropolitan Museum of Art." *Orient: Reports of the Society for Near Eastern Studies in Japan* 45 (2010), pp. 129–75.

Kamada 2011 Kamada, Yumiko. "Flowers on Floats: The Production, Circulation, and Reception of Early Modern Indian Carpets." Ph.D. diss., Institute of Fine Arts, New York University, 2011.

Karev 2005 Karev, Yuri. "Qarakhanid Wall Paintings in the Citadel of Samarqand: First Report and Preliminary Observations." *Muqarnas* 22 (2005), pp. 45–84.

Karim 2002 Karim, Chahinda. "The Mosque of Amir Qawsun in Cairo (730/1330)." In *Historians in Cairo: Essays in Honor of George Scanlon*, pp. 29–48. Cairo and New York, 2002.

Karimzada Tabrizi 1990 Karimzada Tabrizi, Muhammad Ali. *Ahval va Asar-i Naqqashan-i Qadim-i Iran*. Vol. 2. London, 1990.

Karnouk 1981 Karnouk, Gloria S. "Form and Ornament of the Cairene Bahri Minbar." *Annales islamologiques* 17 (1981), pp. 113–39, pls. 1–6.

al-Kashani 1966 Abu 'l-Qasim 'Abdallah al-Kashani. *'Arayis al-jawahir wa nafayis al-atayib*. Edited by Iraj Afshar. Tehran, 1966.

Katzenstein and Lowry 1983 Katzenstein, Ranee A., and Glenn D. Lowry. "Christian Themes in Thirteenth-Century Islamic Metalwork." *Muqarnas* 1 (1983), pp. 53–68.

Kayaoğlu 2000 Kayaoğlu, I. Gundag. "Divitler." In *M. Uğur Derman Festschrift: Papers Presented on the Occasion of His Sixty-fifth Birthday*, edited by Irvin Cemil Schick, pp. 354–68. Istanbul, 2000.

Keene 2004 Keene, Manuel. "The *Kundan* Technique: The Indian Jeweller's Unique Artistic Treasure." In *Arts of Mughal India: Studies in Honour of Robert Skelton*, edited by Rosemary Crill, Susan Stronge, and Andrew Topsfield, pp. 190–202. London and Ahmedabad, 2004.

Keene 2008 Keene, Manuel. "Jade. iii. Jade Carving, Fourth Century B.C.E. to Fifteenth Century C.E." In *Encyclopaedia Iranica* 1985– , vol. 14 (2008), pp. 326–39; or in *Encyclopaedia Iranica, Online Edition*, n.d., available at http://www.iranica.com/articles/jade-iii.

Kendrick 1924 Kendrick, A[lbert] F[rank]. *Catalogue of Muhammadan Textiles of the Medieval Period*. Victoria and Albert Museum, Department of Textiles. London, 1924.

Kennedy 1993 Kennedy, H[ugh]. "Al-Mu'tamid 'ala 'llah." In *EI2* 1960–2009, vol. 7 (1993), pp. 765–66.

Kennedy, ed. 2001 Kennedy, Hugh, ed. *The Historiography of Islamic Egypt (c. 950–1800)*. The Medieval Mediterranean, 31. Leiden, 2001.

Kenney 2004 Kenney, Ellen [V]. "Power and Patronage in Mamluk Syria: The Architecture and Urban Works of Tankiz al-Nasiri, 1312–1340." Ph.D. diss., Institute of Fine Arts, New York University, 2004.

Kenney 2009 Kenney, Ellen V. *Power and Patronage in Medieval Syria: The Architecture and Urban Works of Tankiz al-Nasiri*. Chicago Studies on the Middle East. Chicago, 2009.

Keyvani 1982 Keyvani, Mehdi. *Artisans and Guild Life in the Later Safavid Period: Contributions to the Socio-Economic History of Persia*. Islamkundliche Untersuchungen, 65. Berlin, 1982.

Khalili, Robinson, and Stanley 1996–97 Khalili, Nasser D., B[asil] W. Robinson, and Tim Stanley with Manijeh Bayani. *Lacquer of the Islamic Lands*. 2 parts. The Nasser D. Khalili Collection of Islamic Art, edited by Julian Raby, vol. 22. London, 1996–97.

Khan 1983 Khan, Ahmad Nabi. *Multan, History and Architecture*. Islamabad, 1983.

Khoury 1992 Khoury, Nuha N. N. "The Mihrab Image: Commemorative Themes in

Medieval Islamic Architecture." *Muqarnas* 9 (1992), pp. 11–28.

Khoury 1998 Khoury, Nuha N. N. "The Mihrab: From Text to Form." *International Journal of Middle East Studies* 30, no. 1 (February 1998), pp. 1–27.

Khusifi Birjandi 2002 Khusifi Birjandi, Ibn Hisham. *Khavaran nama: Nigara-ha, va tadhhib-ha-yi Farhad-i Naqqash-i sada-yi nuhum-i hijri*. Tehran, 2002.

Kia 2006 Kia, Chad. "Is the Bearded Man Drowning?: Picturing the Figurative in a Late-Fifteenth-Century Painting from Herat." *Muqarnas* 23 (2006), pp. 85–105.

King 1983 King, David A. *Mathematical Astronomy in Medieval Yemen: A Biobibliographical Survey*. Catalogs (American Research Center in Egypt), 4. Malibu, 1983.

King 1985 King, David A. "The Medieval Yemeni Astrolabe in the Metropolitan Museum of Art in New York City." *Zeitschrift für Geschichte der arabisch-islamischen Wissenschaften* 2 (1985), pp. 99–122; 4 (1987–88), pp. 268–69 [errata].

King 2005 King, David A. *In Synchrony with the Heavens: Studies in Astronomical Timekeeping and Instrumentation in Medieval Islamic Civilization*. Vol. 2, *Instruments of Mass Calculation: Studies X–XVIII*. Islamic Philosophy, Theology, and Science, 55. Leiden, 2005.

Klose 1978 Klose, Christine. "Betrachtungen zu nordwestpersischen Gartenteppichen des 18. Jahrhunderts." *Hali* 1, no. 2 [no. 2] (Summer 1978), pp. 112–21.

Klose 2010 Klose, Christine. "Traces of Timurid Carpets in Contemporary and Later Carpets from the Near East." In Thompson, Shaffer, and Mildh, eds. 2010, pp. 72–89.

Koch 2006 Koch, Ebba. *The Complete Taj Mahal and the Riverfront Gardens of Agra*. London, 2006.

Kogman-Appel 2004 Kogman-Appel, Katrin. *Jewish Book Art between Islam and Christianity: The Decoration of Hebrew Bibles in Medieval Spain*. The Medieval and Early Modern World, 19. Leiden, 2004.

Kohlberg 1989 Kohlberg, Etan. "Baha'-al-Din 'Ameli, Shaikh Mohammad." In *Encyclopaedia Iranica* 1985– , vol. 3 (1989), pp. 429–30.

Komaroff 1979–80 Komaroff, Linda. "Timurid to Safavid Iran: Continuity and Change." *Marsyas* 20 (1979–80), pp. 11–16, pls. 9–12.

Komaroff 1992a Komaroff, Linda. *Islamic Art in The Metropolitan Museum of Art: The Historical Context*. New York, 1992.

Komaroff 1992b Komaroff, Linda. *The Golden Disk of Heaven: Metalwork of Timurid Iran*. Costa Mesa, Calif., 1992.

Komaroff 2000 Komaroff, Linda. "Exhibiting the Middle East: Collections and Perceptions of Islamic Art." *Ars Orientalis* 30 [*Exhibiting the Middle East: Collections and Perceptions of Islamic Art*, edited by Linda Komaroff] (2000), pp. 1–8.

Komaroff 2002–3 Komaroff, Linda. "The Transmission and Dissemination of a New Visual Language." In New York and Los Angeles 2002–3, pp. 168–95.

Krachovskaya 1949 Krachovskaya, V. A. "Evolyutsiya kuficheskogo pis'ma v Srednei Azii." *Epigrafika Vostoka* 3 (1949), pp. 3–27.

Krachovskaya 1955 Krachovskaya, V. A. "Arabskoe pis'mo na pamyatnikakh Srednei Azii i Zakavkaz'ya IX–XI VV." *Epigrafika Vostoka* 10 (1955), pp. 38–60.

Kröger 1993 Kröger, Jens. "Crystal, Rock. ii. In the Islamic Period." In *Encyclopaedia Iranica* 1985– , vol. 6 (1993), pp. 440–41; or in *Encyclopaedia Iranica, Online Edition*, December 15, 1993, available at http://www.iranica.com/articles/crystal-rock-bolur-bolur-e-kuhi.

Kröger 1995 Kröger, Jens. *Nishapur: Glass of the Early Islamic Period*. New York, 1995.

Kröger 2005 Kröger, Jens. "Scratched Glass." In *Glass: From Sasanian Antecedents to European Imitations*, edited by Sidney M. Goldstein, pp. 140–47. The Nasser D. Khalili Collection of Islamic Art, edited by Julian Raby, vol. 15. London, 2005.

Kronk 1998 Kronk, Gary W. *Comets: A Descriptive Catalogue*. 1984. Hillside, N.J., 1998.

Kühnel 1934 Kühnel, Ernst. "Die 'abbasidischen Lüsterfayencen." *Ars Islamica* 1, pt. 2 (1934), pp. 148–59.

Kühnel 1938 Kühnel, Ernst. *Die Sammlung türkischer und islamischer Kunst im Tschinili Köschk*. Meisterwerke der archäologischen Museen in Istanbul, vol. 3. Berlin and Leipzig, 1938.

Kühnel 1952 Kühnel, Ernst. "Neue Beiträge zur Tiraz-Epigraphik." In *Documenta Islamica Inedita*. pp. 163–71, figs. 1–9. Berlin, 1952.

Kühnel 1971 Kühnel, Ernst. *Die islamischen Elfenbeinskulpturen, VIII.–XIII. Jahrhundert*. Berlin, 1971.

Kühnel and Bellinger 1952 Kühnel, Ernst, and Louisa Bellinger. *The Textile Museum Catalogue of Dated Tiraz Fabrics: Umayyad, Abbasid, Fatimid*. Washington, D.C., 1952.

Kühnel and Bellinger 1953 Kühnel, Ernst, and Louisa Bellinger. *Catalogue of Spanish Rugs: Twelfth Century to Nineteenth Century*. The Textile Museum, Catalogue raisonné. Washington D.C., 1953.

Kulkarni 2004 Kulkarni, Prashant P. "Die Linkage of the Zodiacal Mohurs of Jahangir." *The Journal of the Numismatic Society of India* 66 (2004), pp. 68–84.

Kumar 1999 Kumar, Ritu. *Costumes and Textiles of Royal India*. London, 1999.

Kunz 1903 Kunz, George Frederick. "Heber Reginald Bishop and His Jade Collection." *American Anthropologist*, n.s., 5, no. 1 (January–March 1903), pp. 111–17.

Kuwait 1990 *Bada'i' al-fann al-islami fi Mathaf al-Hirmitaj bil-Ittihad al-Sufyiti / Shedevry islamskogo iskusstva v Ërmitazha SSSR* (Masterpieces of islamic art in the Hermitage Museum). Exhibition, Dar al-Athar al-Islamiyya, Kuwait. Kuwait, 1990.

Labarta and Barceló 1987 Labarta, Ana, and Carmen Barceló. "Las fuentes árabes sobre al-Zahra: Estado de la cuestión." *Cuadernos de Madinat al-Zahra* 1 (1987), pp. 93–106.

Labatt and Appleyard 2004 Labatt, Annie, and Charlotte Appleyard. "Byzantine Art under Islam." In *Heilbrunn Timeline of Art History*. The Metropolitan Museum of Art. New York, 2000– . http://www.metmuseum.org/toah/hd/bzis/hd_bzis.htm (October 2004).

Lace 2006 Lace, William W. *The Unholy Crusade: The Ransacking of Medieval Constantinople*. San Diego, 2006.

Lafontaine-Dosogne 1981 Lafontaine-Dosogne, Jacqueline. *Textiles islamiques*. Vol. 1, *Iran et Asie Centrale*. Brussels, 1981.

Lamm 1928 Lamm, Carl Johan. *Das Glas von Samarra*. Forschungen zur islamischen Kunst, 2; Die Ausgrabungen von Samarra, 4. Berlin, 1928.

Lamm 1936 Lamm, Carl Johan. "Fatimid Woodwork, Its Style and Chronology." *Bulletin de l'Institute d'Égypte* 18 (1936), pp. 59–91.

Lamm 1937 Lamm, Carl Johan. *Cotton in Mediaeval Textiles of the Near East*. Paris, 1937.

Lamm 1985 Lamm, Carl Johan. *Carpet Fragments: The Marby Rug and some Fragments of Carpets Found in Egypt*. Stockholm: Nationalmuseum, 1985.

Landau 2006 Landau, Amy S. "Farangi-Sazi at Isfahan: The Court Painter Muhammad Zaman, the Armenians of New Julfa and Shah Sulayman (1666–1694)." Ph.D. diss., University of Oxford, 2006.

Landau 2011 Landau, Amy S. "From Poet to Painter: Allegory and Metaphor in a Seventeenth Century Painting by Muhammad Zaman, Master of *Farangi-sazi*'." *Muqarnas* 28 (2011), forthcoming.

Lane 1946 Lane, Arthur. "Early Hispano-Moresque Pottery: A Reconsideration." *The Burlington Magazine for Connoisseurs* 88, no. 523 (October 1946), pp. 246, 248–53.

Lane 1957 Lane, Arthur. "The Ottoman Pottery of Isnik." *Ars Orientalis* 2 (1957), pp. 247–81, pls. 1–14.

Lane 1971 Lane, Arthur. *Later Islamic Pottery: Persia, Syria, Egypt, Turkey*. Revised by Ralph Pinder-Wilson. 2nd ed. 1957. London, 1971.

La Niece and Martin 1987 La Niece, Susan, and Graham Martin. "The Technical Examination of Bidri Ware." *Studies in Conservation* 32, no. 3 (August 1987), pp. 97–101.

Lapérouse 2003 Lapérouse, Jean-François de. "Mixed Media: An Islamic Writing Cabinet." *Met Objectives: The Sherman Fairchild Center for Objects Conservation, Treatment and Research Notes* 4, no. 2 (2003), pp. 1–3.

Lassikova 2010 Lassikova, Galina. "Hushang the Dragon-Slayer: Fire and Firearms in Safavid Art and Diplomacy." *Iranian Studies* 43, no. 1 (February 2010), pp. 37–40.

Lawrence, Kans., and San Francisco 1994 *Latter Days of the Law: Images of Chinese Buddhism, 850–1850*. Exhibition, Spencer Museum of Art, University of Kansas, Lawrence; Asian Art Museum of San Francisco. Catalogue by Marsha Weidner and others. Lawrence, Kans., 1994.

Leach 1995 Leach, Linda York. *Mughal and Other Indian Paintings from the Chester Beatty Library*. Vol. 1. London, 1995.

Leach 1998 Leach, Linda York. "Mir Kalan Khan and Provincial Mughal Painting of the Later Eighteenth Century." In *Paintings from India*, by Linda York Leach, pp. 166–87. The Nasser D. Khalili Collection of Islamic Art, edited by Julian Raby, vol. 8. London, 1998.

Leatham 2000 Leatham, Victoria. *Burghley: The Life of a Great House*. 1992. London, 2000.

Lefevre and Thompson 1977 Lefevre, Jean, and Jon Thompson. *The Persian Carpet*. London, 1977.

Legêne and Waaldijk 2001 Legêne, Susan, and Berteke Waaldijk. "Reverse Images—Patterns of Absence: Batik and the Representation of Colonialism in the Netherlands." In Amsterdam 2001, pp. 43–45.

Leisten 2003 Leisten, Thomas. *Excavation of Samarra*. Vol. 1, *Architecture: Final Report of the First Campaign, 1910–1912*. Mainz am Rhein, 2003.

Leithe-Jasper and Distelberger 1998 Leithe-Jasper, Manfred, and Rudolf Distelberger. *The Kunsthistorisches Museum, Vienna: The Imperial and Ecclesiastical Treasury*. London, 1998.

Lentz 1990 Lentz, Thomas W. "Changing Worlds: Bihzad and the New Painting." In Canby, ed. 1990a and/or Canby, ed. 1990b, pp. 39–54.

Lev 1999 Lev, Yaacov. *Saladin in Egypt*. Medieval Mediterranean, 21. Leiden, 1999.

Levanoni 1995 Levanoni, Amalia. *A Turning Point in Mamluk History: The Third Reign of al-Nasir Muhammad ibn Qalawun, 1310–1341*. Leiden, 1995.

Lings 2005 Lings, Martin. *Splendours of Qur'an Calligraphy and Illumination*. 2004. Vaduz, Liechtenstein, 2005.

Lisbon 2004 *Goa and the Great Mughal*. Exhibition, Museu Calouste Gulbenkian, Lisbon. Catalogue by Nuno Vassallo e Silva and Jorges Flores. London, 2004.

Lisbon and Vienna 2001–2 *Exotica: The Portuguese Discoveries and the Renaissance Kunstkammer*. Exhibition, Museu Calouste Gulbenkian, Lisbon; Kunsthistorisches Museum, Vienna. Catalogue by Nuno Vassallo e Silva, Helmut Trnek, and others. Lisbon, 2001.

Llewellyn-Jones, ed. 2003 Llewellyn-Jones, Rosie, ed. *Lucknow, Then and Now*. Mumbai, 2003.

Loehr 1954 Loehr, Max. "The Chinese Elements in the Istanbul Miniatures." *Ars Orientalis* 1 (1954), pp. 85–89, pls. 20–23.

London 1967 *Persian Miniature Painting from Collections in the British Isles*. Exhibition, Victoria and Albert Museum, London. Catalogue by B[asil] W[illiam] Robinson. London, 1967.

London 1976a *Islamic Metalwork from Iranian Lands (Eighth–Eighteenth Centuries)*. Exhibition, Victoria and Albert Museum, London. Catalogue by A[ssadullah] S[ouren] Melikian-Chirvani. London, 1976.

London 1976b *Persian and Mughal Art*. Exhibition, P. and D. Colnaghi, London. Catalogue by B[asil] W[illiam] Robinson. London, 1976.

London 1976c *The Arts of Islam*. Exhibition, Hayward Gallery, London. London, 1976.

London 1980 *Qur'ans and Bindings from the Chester Beatty Library: A Facsimile Exhibition*. Exhibition, Leighton House Gallery, London. Catalogue by David [Lewis] James. London, 1980.

London 1982a *Indian Painting, 1525–1825*. Exhibition, David Carritt Limited, London. Catalogue by Terence McInerney. London, 1982.

London 1982b *In the Image of Man: The Indian Perception of the Universe through 2000 Years of Painting and Sculpture*. Exhibition, Hayward Gallery, London. Catalogue by George Michell, Catherine Lampert, and Tristram Holland. London, 1982.

London 1982c *The Art of the Book in India*. Exhibition, British Library, Reference Division, London. Catalogue by Jeremiah P. Losty. London, 1982.

London 1982d *The Indian Heritage: Court Life and Arts under Mughal Rule*. Exhibition, Victoria and Albert Museum, London.

[Catalogue by Robert Skelton.] London, 1982.

London 1983 *The Eastern Carpet in the Western World from the Fifteenth to the Seventeenth Century*. Exhibition, Hayward Gallery, London. Catalogue by Donald King and David Sylvester. London, 1983.

London 1990–91 *The Raj, India and the British, 1600–1947*. Exhibition, National Portrait Gallery, London. Catalogue by C[ristopher] A[lan] Bayly. London, 1990.

London 2001a *Indian Painting for the British, 1780–1889*. Exhibition Walpole Gallery, London. Catalogue by Niall Hobhouse. London, 2001.

London 2001b *The Lucknow Menagerie: Natural History Drawings from the Collection of Claude Martin (1735–1800)*. Exhibition, Walpole Gallery, London. Catalogue by William Chubb. London, 2001.

London 2004 *Encounters: The Meeting of Asia and Europe, 1500–1800*. Exhibition, Victoria and Albert Museum, London. Catalogue by Anna Jackson, Amin Jaffer, and others. London, 2004.

London 2005 *Turks: A Journey of a Thousand Years, 600–1600*. Exhibition, Royal Academy of Arts, London. Catalogue by David J. Roxburgh and others. London, 2005.

London 2009 *Shah 'Abbas: The Remaking of Iran*. Exhibition, The British Museum, London. Catalogue by Sheila R. Canby and others. London, 2009.

London 2009–10 *Maharaja: The Splendour of India's Royal Courts*. Exhibition, Victoria and Albert Museum, London. Catalogue by Amin Jaffer, Anna Jackson, and others. London, 2009.

London and Lisbon 2008 *Kraak Porcelain: The Rise of Global Trade in the Late Sixteenth Century and Early Seventeenth Centuries*. Exhibition, Jorge Welsh, London; Jorge Welsh, Lisbon. Catalogue by Luisa Vinhais and Jorge Welsh. London, 2008.

London and other cities 1983 *Indian Drawing*. Exhibition, Hayward Gallery, London, and other English venues. Catalogue by Howard Hodgkin and Terence McInerney. London, 1983.

London and other cities 2001 *Treasury of the World: Jewelled Arts of India in the Age of the Mughals*. Exhibition, British Museum, London, and other cities. Catalogue by Manuel Keene with Salam Kaoukji. London, 2001.

London, Cambridge, Mass., and Zurich 1998–99 *Princes, Poets and Paladins: Islamic and Indian Paintings from the Collection of Prince and Princess Sadruddin Aga Khan*. Exhibition, The British Museum, London; Arthur M. Sackler Museum, Harvard University Art Museums, Cambridge; Museum Rietberg Zürich. Catalogue by Sheila R. Canby. London, 1998.

London, Washington, D.C., and Cambridge, Mass. 1979–80 *Wonders of the Age: Masterpieces of Early Safavid Painting, 1501–1576*. Exhibition, British Library, London; National Gallery of Art, Washington, D.C.; Fogg Art Museum, Cambridge, Mass. Catalogue by Stuart Cary Welch and others. Cambridge, Mass., 1979.

London, Washington, D.C., Zurich, and Oxford 1991–93 *Indian Paintings and Drawings from the Collection of Howard Hodgkin*. Exhibition, British Museum, London; Arthur M. Sackler Gallery, Smithsonian Institution, Washington, D.C.; Museum Rietberg Zürich; Ashmolean Museum, Oxford. Catalogue by Andrew Topsfield and Milo Cleveland Beach. New York and London, 1991.

Loring 2001 Loring, John. *Magnificent Tiffany Silver*. New York, 2001.

Los Angeles 1996–97 *Fabric of Enchantment: Batik from the North Coast of Java from the Inger McCabe Elliot Collection at the Los Angeles County Museum of Art*. Exhibition, Los Angeles County Museum of Art. Catalogue by Rens Heringa and others. Los Angeles and New York, 1996.

Los Angeles and other cities 1989–91 *Romance of the Taj Mahal*. Exhibition, Los Angeles County Museum of Art and other venues. Catalogue by Pratapaditya Pal and others. Los Angeles and London, 1989.

Losty 1995 Losty, J[eremiah] P. "The Governor-General's Draughtsman: Sita Ram and the Marquess of Hastings' Albums." *Marg* 47, no. 2 (1995), pp. 80–84.

Losty 1996 Losty, J[eremiah] P. "Early Views of Gaur and Pandua by the Indian Artist Sita Ram." *Journal of Bengal Art* 1 (1996), pp. 189–203.

Losty 2002 Losty, J[eremiah] P. "Towards a New Naturalism: Portraiture in Murshidabad and Avadh, 1750–80." In *After the Great Mughals: Painting in Delhi and the Regional Courts in the Eighteenth and Nineteenth Centuries*, edited by Barbara Schmitz, and/or *Marg* 53, no. 4 (June 2002), pp. 34–55. Mumbai, 2002.

Loukonine and Ivanov 1996 Loukonine, Vladimir, and Anatoli Ivanov. *Lost Treasures of Persia: Persian Art in the Hermitage Museum*. Washington, D.C., 1996.

Lowry and Nemazee 1988 Lowry, Glenn D., with Susan Nemazee. *A Jeweler's Eye: Islamic Arts of the Book from the Vever Collection*. Washington D.C., 1988.

Lowry et al. 1988 Lowry, Glenn D., et al. *An Annotated and Illustrated Checklist of the Vever Collection*. Washington, D.C., 1988.

Lugano 1994 *The St. Petersburg Muraqqa' Album of Indian and Persian Miniatures of the Sixteenth–Eighteenth Centuries and Specimens of Persian Calligraphy of 'Imad al-Hasani*. Exhibition, ARCH Foundation, Villa Favorita, Lugano. Catalogue by Oleg F. Akimushkin. Lugano, 1994.

Luschey-Schmeisser 1978 Luschey-Schmeisser, Ingeborg. *The Pictorial Tile Cycle of Hast Behest in Isfahan and Its Iconographic Tradition*. Centro studi e scavi archeologici in Asia: Reports and Memoirs, 14. Rome, 1978.

MacKenzie 1992 MacKenzie, Neil D. *Ayyubid Cairo: A Topographical Study*. Cairo, 1992.

Mackie 1984 Mackie, Louise W. "Toward an Understanding of Mamluk Silks: National and International Considerations." *Muqarnas* 2 [*The Art of the Mamluks*] (1984), pp. 127–46.

MacWilliam 2006 MacWilliam, Ian. "Tashkent's Hidden Islamic Relic." BBC News, London, January 5, 2006. http://www.news.bbc.co.uk/2/hi/asia-pacific/4581684.stm.

Maddison and Savage-Smith 1997 Maddison, Francis, and Emilie Savage-Smith. *Science, Tools and Magic*. Pt. 1, *Body and Spirit, Mapping the Universe*. The Nasser D. Khalili Collection of Islamic Art, edited by Julian Raby, vol. 12. [London], 1997.

Madinat al-Zahra' 2001 *El esplendor de los Omeyas cordobeses: La civilización musulmana de Europa Occidental; Catálogo de piezas*. Exhibition, Madinat al-Zahra' and Cordoba. Catalogue by María Jesús Viguera Molins and Concepción Castillo. 2 vols. Granada, 2001.

Madrid 2005 *Vestiduras ricas: El Monasterio de las Huelgas y su época, 1170–1340*. Exhibition, Palacio Real de Madrid. Catalogue by Rafael López Guzmán, Antonio Vallejo Triano, and others. Madrid, 2005.

Maguire 1990 Maguire, Henry. "Garments Pleasing to God: The Significance of Domestic Textile Designs in the Early Byzantine Period." *Dumbarton Oaks Papers* 44 (1990), pp. 215–24, figs. 1–36.

Makariou, ed. 2002 Makariou, Sophie, ed. *Nouvelles acquisitions, arts de l'Islam, 1988–2001*. Musée du Louvre, Département des Antiquités Orientales; Catalogue. Paris, 2002.

***Mamluk Studies Review* 1997–** *Mamluk Studies Review/Majallat al-dirasat al-Mamlukiyya*. Middle East Documentation Center, University of Chicago, 1997– .

Manucci 1906–8 Manucci, Niccolao. *Storia do Mogor*. Translated and annotated by William Irvine. 4 vols. London, 1906–8.

al-Maqrizi 1853–54 Taqi al-Din Ahmad al-Maqrizi. *Al-Mawa'iz wal-i'tibar bi-dhikr al-khitat wal-athar* (Exhortations and instructions on the districts and antiquities). 2 vols. Cairo, 1853–54.

al-Maqrizi 1967–73 Taqi al-Din Ahmad al-Maqrizi. *Itti'az al-hunafa' bi-akhbar al-a'imma al-fatimiyyin al-khulafa'* (Admonitions of the orthodox on the most important information about the Fatimid caliphate). Cairo, 1967–73.

al-Maqrizi 2003–4 Taqi al-Din Ahmad al-Maqrizi. *Al-Mawa'iz wal-i'tibar bi-dhikr al-khitat wal-athar* (Exhortations and instructions on the districts and antiquities). Edited by Ayman Fu'ad Sayyid. 1853. London, 2003–4.

Marçais and Poinssot 1948–52 Marçais, Georges, and Louis Poinssot. *Objets kairouanais, IXe au XIIIe siècle*. 2 vols. Tunis, 1948–52.

Marefat 1991 Marefat, Roya. "Beyond the Architecture of Death: The Shrine of the Shah-i Zinda in Samarqand." Ph.D. diss., Harvard University, Cambridge, Mass., 1991.

Marek and Knízková 1963 Marek, J[iri], and H[ana] Knízková. *The Jenghiz Khan Miniatures from the Court of Akbar the Great*. London, 1963.

***Marg* 1965** "II. Historical Carpets. 3. Important Carpets in U.S.S.R." *Marg* 18, no. 4 [*Carpets of India*] (September 1965), p. 20.

Marín 2000 Marín, Manuel[a]. *Mujeres en Al-Ándalus*. Estudios onomástico-biográficos de Al-Andalus, 11. Madrid, 2000.

Markel 1991 Markel, Stephen. "Indian and 'Indianate' Glass Vessels in the Los Angeles County Museum of Art." *Journal of Glass Studies* 33 (1991), pp. 82–92.

Marshak 1971 Marshak, Boris I. *Sogdiiskoe serebro: Ocherki po vostochnoi torevtike*. Moscow, 1971.

Marshak 1986 Marshak, Boris I. *Silberschätze des Orients: Metallkunst des 3.–13. Jahrhundert und ihre Kontinuität*. Leipzig, 1986.

Martin 1908 Martin, Fredrik R. *A History of Oriental Carpets before 1800*. Vienna, 1908.

Martin 1912 Martin, F[redrik] R. *The Miniature Painting and Painters of Persia, India and Turkey, from the Eighth to the Eighteenth Century*. 2 vols. London, 1912.

Martínez Núñez 1995 Martínez Núñez, Ma[ria] Antonia. "La epigrafía del Salón de 'Abd al-Rahman III." In *Madinat al-Zahra: El Salón de 'Abd al-Rahman III*, editied by Antonio Vallejo Triano, pp. 107–52. Cordoba, 1995.

Martinovich 1925 Martinovich, Nicholas N. "The Life of Mohammad Paolo Zaman, the Persian Painter of the Seventeenth Century." *Journal of the American Oriental Society* 45 (1925), pp. 106–9.

Mason 2003 Mason, Robert B. "Petrography of Pottery from Kirman." *Iran* 41 (2003), pp. 271–78.

Mason 2004 Mason, Robert B. J. *Shine Like the Sun: Lustre-Painted and Associated Pottery from the Medieval Middle East*. Bibliotheca Iranica: Islamic Art and Architecture Series, 12. Costa Mesa, 2004.

Masuya 1997 Masuya, Tomoko. "The Ilkhanid Phase of Takht-i Sulaiman." Ph.D. diss., Institute of Fine Arts, New York University, 1997.

Masuya 2000 Masuya, Tomoko. "Persian Tiles on European Walls: Collecting Ilkhanid Tiles in Nineteenth-Century Europe." *Ars Orientalis* 30 [*Exhibiting the Middle East: Collections and Perceptions of Islamic Art*, edited by Linda Komaroff] (2000), pp. 39–54.

Masuya 2002–3 Masuya, Tomoko. "Ilkhanid Courtly Life." In New York and Los Angeles 2002–3, pp. 74–103.

Matthee 1994 Matthee, Rudi. "Coffee in Safavid Iran: Commerce and Consumption." *Journal of the Economic and Social History of the Orient* 37, no. 1 (1994), pp. 1–32.

May 1957 May, Florence Lewis. *Silk Textiles of Spain, Eighth to Fifteenth Century*. Hispanic Notes and Monographs. New York, 1957.

Mayer, C. 1969 Mayer, Christa Charlotte. *Masterpieces of Western Textiles from the Art Institute of Chicago*. Chicago, 1969.

Mayer, L. 1933 Mayer, L[eo] A[ry]. *Saracenic Heraldry: A Survey*. Oxford, 1933.

Mayer, L. 1952 Mayer, L[eo] A[ry]. *Mamluk Costume: A Survey*. Geneva, 1952.

Mayer, L. 1956 Mayer, L[eo] A[ry]. *Islamic Astrolabists and Their Works*. Geneva, 1956.

McAllister 1939 McAllister, Hannah E. "Tughras of Sulaiman the Magnificent." *The Metropolitan Museum of Art Bulletin* 34, no. 11 (November 1939), pp. 247–48.

McChesney 1988 McChesney, R. D. "Four Sources on Shah 'Abbas's Building of Isfahan." *Muqarnas* 5 (1988), pp. 103–34.

McMullan 1965 McMullan, Joseph V. *Islamic Carpets*. New York, 1965.

McWilliams 1987 McWilliams, Mary Anderson. "Prisoner Imagery in Safavid Textiles." *Textile Museum Journal* 26 (1987), pp. 4–23.

Meinecke 1972 Meinecke, Michael. "Zur mamlukischen Heraldik." *Mitteilungen des Deutschen Archäologischen Instituts: Abteilung Kairo* 28 (1972), pp. 213–87, pls. 52–67.

Meinecke 1988 Meinecke, Michael. "Syrian Blue-and-White Tiles of the Ninth/Fifteenth Century." *Damaszener Mitteilungen* 3 (1988), pp. 203–14, pls. 37–44.

Meinecke 1991 Meinecke, Michael. "Materialien zu fatimidischen Holzdekorationen in Kairo II: Die Holzpaneele der Moschee des Ahmad Bay Kuhya." *Mitteilungen des Deutschen Archäologischen Instituts: Abteilung Kairo* 47 (1991), pp. 235–42, pls. 25–26.

Meinecke 1992 Meinecke, Michael. *Die mamlukische Architektur in Ägypten und Syrien (648/1250 bis 923/1517)*. 2 vols. Abhandlungen des Deutschen Archäologischen

Instituts Kairo. Islamische Reihe, 5. Glückstadt, 1992.

Meinecke 1998 Meinecke, Michael. "'From Mschatta to Samarra': The Architecture of ar-Raqqa and Its Decoration." In *Colloque international d'archéologie islamique, IFAO, Le Caire, 3–7 février 1993*, edited by Roland-Pierre Gayraud, pp. 141–48. Cairo, 1998.

Meinecke 1999 Meinecke, Michael. "'Abbasidische Stuckdekorationen aus ar-Raqqa." In *Rezeption in der islamischen Kunst: Bamberger Symposium vom 26.6–28.6.1992*, edited by Barbara Finster, Greta Fragner, and Herta Hafenrichter, pp. 247–67, pls. 32–34. Beiruter Texte und Studien, 61. Stuttgart, 1999.

Meinecke and Schmidt-Colinet 1993 Meinecke, Michael, and Andreas Schmidt-Colinet. "Palmyra und die frühislamische Architekturdekoration von Raqqa." In *Syrien von den Aposteln zu den Kalifen*, edited by Erwin M. Ruprechtsberger, pp. 352–59. Linz, 1993.

Meinecke-Berg 1980 Meinecke-Berg, Viktoria. "Die Vervendung von Spolien in der mamlukischen Architektur von Kairo." In *XX. Deutscher Orientalistentag vom 3. bis 8. Oktober 1977 in Erlangen: Vorträge*, edited by Wolfgang Voigt, pp. 530–32. Zeitschrift der Deutschen Morgenländischen Gesellschaft, Supplement 4. Wiesbaden, 1980.

Meinecke-Berg 1991 Meinecke-Berg, Viktoria. "Materialien zu fatimidischen Holzdekorationen in Kairo I: Holzdecken aus dem fatimidischen Westpalast in Kairo." *Mitteilungen des Deutschen Archäologischen Instituts: Abteilung Kairo* 47 (1991), pp. 227–33, pls. 23–24.

Melikian 2001 Melikian, Souren. "Illusion and Delusion." *Art and Auction* 23, no. 3 (March 2001), pp. 94–101.

Melikian-Chirvani 1969 Melikian-Chirvani, A[ssadullah] S[ouren]. "L'école de Shiraz et les origins de la miniature Moghole." In *Paintings from Islamic Lands*, pp. 124–41. Oxford, 1969.

Melikian-Chirvani 1973 Melikian-Chirvani, A[ssadullah] S[ouren]. *Le bronze iranien*. Musée des arts décoratifs. Paris, 1973.

Melikian-Chirvani 1974 Melikian-[C]hirvani, A[ssadullah] S[ouren]. "Safavid Metalwork: A Study in Continuity." *Iranian Studies* 7, nos. 3–4 [*Studies on Isfahan: Proceedings of The Isfahan Colloquium, Part 2*] (Summer–Autumn 1974), pp. 543–95.

Melikian-Chirvani 1982a Melikian-Chirvani, A[ssadullah] S[ouren]. "Essais sur la sociologie de l'art islamique—L'argenterie et la féodalité dans l'Iran médiéval." In *Art et société dans le monde iranien*, edited by Chahryar Adle, pp. 143–76. Paris, 1982.

Melikian-Chirvani 1982b Melikian-Chirvani, A[ssadullah] S[ouren]. *Islamic Metalwork from the Iranian World, Eighth–Eighteenth Centuries*. London, 1982.

Melikian-Chirvani 1984 Melikian-Chirvani, A[ssadullah] S[ouren]. "Le Shah-name: La Gnose soufie et le Pouvoir mongol." *Journal asiatique* 277, no. 3–4 (1984), pp. 249–337.

Melikian-Chirvani 1987a Melikian-Chirvani, A[ssadullah] S[ouren]. "The Lights of Sufi Shrines." *Islamic Art* 2 (1987), pp. 117–47, pls. 6–8.

Melikian-Chirvani 1987b Melikian-Chirvani, A[ssadullah] S[ouren]. "The Transition to the Safavid Period: The Evidence of Metalwork and Its Epigraphy." In *Transition Periods in Iranian History: Actes du Symposium de Fribourg-en-Brisgau (22–24 Mai 1985) Studia Iranica. Cahier 5*, 1987, pp. 181–203. Paris, 1987.

Melikian-Chirvani 1988 Melikian-Chirvani, A[ssadullah] S[ouren]. "Banners." In *Encyclopaedia Iranica, Online Edition*, December 15, 1988, available at http://www.iranicaonline.org/articles/banners-alam-derafs.

Melikian-Chirvani 1990–91 Melikian-Chirvani, A[ssadullah] S[ouren]. "From the Royal Boat to the Beggar's Bowl." *Islamic Art* 4 (1990–91), pp. 3–111, pl. 1.

Melikian-Chirvani 1991 Melikian-Chirvani, A[ssadullah] S[ouren]. "Le livre des rois, miroir du destin." *Studia Iranica* 20, no. 1 (1991), pp. 33–148, pls. 1–16.

Melikian-Chirvani 2002 Melikian-Chirvani, Assadullah Souren. "Of Prayers and Poems on Safavid Bronzes." In *Safavid Art and Architecture*, edited by Sheila R. Canby, pp. 86–94, figs. 16.1–16.8. London, 2002.

Menocal 2002 Menocal, Maria Rosa. *The Ornament of the World: How Muslims, Jews, and Christians Created a Culture of Tolerance in Medieval Spain*. Boston, 2002.

Menshikova 2006 Menshikova, Maria L. "Chinese Textiles for Islamic Countries." In *Beyond the Palace Walls: Islamic Art from the State Hermitage Museum*, pp. 94–97. Exhibition, National Museums of Scotland, Edinburgh. Catalogue by Mikhail B. Piotrovsky, Anton D. Pritula, and others. St. Petersburg, 2006.

Mexico City 1994–95 *Arte islámico del Museo Metropolitano de Arte de Nueva York*. Exhibition, Colegio de San Ildefonso, Mexico City. Catalogue by Daniel Walker, Arturo Ponce Guadián, and others. Mexico City, 1994.

Michell 2011 Michell, George. "Indic Themes in the Design and Decoration of the Ibrahim Rauza in Bijapur." In Haidar and Sardar, eds. 2011, pp. 236–51.

Michell and Zebrowski 1999 Michell, George, and Mark Zebrowski. *The Architecture and Art of the Deccan Sultanates*. The New Cambridge History of India, 1, no. 7. Cambridge and New York, 1999.

Michell, ed. 1986 Michell, George, ed. *Islamic Heritage of the Deccan*. Bombay, 1986.

Mikosch 1985 Mikosch, Elisabeth. "The Scent of Flowers: Kashmir Shawls in the Collection of The Textile Museum." *Textile Museum Journal* 24 (1985), pp. 6–22.

Milan 1982 *Il tappeto orientale dal XV al XVIII secolo*. Exhibition, Eskenazi, Milan. Milan, 1982.

Milan 2006 *Milestones in the History of Carpets*. Exhibition, Gallery Moshe Tabibnia, Milan. Catalogue by Jon Thompson. Milan, 2006.

Miles 1974 Miles, George C. "The Inscriptions of the Masjid-i Jami' at Ashtarjan." *Iran* 12 (1974), pp. 89–98.

Mills 1978 Mills, John. "Early Animal Carpets in Western Paintings: A Review." *Hali* 1, no. 3 [no. 3] (Autumn 1978), pp. 234–43.

Milwright 2001 Milwright, Marcus. "Fixtures and Fittings: The Role of Decoration in Abbasid Palace Design." In *A Medieval Islamic City Reconsidered: An Interdisciplinary Approach to Samarra*, edited by Chase F. Robinson, pp. 79–109. Oxford Studies in Islamic Art, 14. Oxford, 2001.

Minneapolis 1922 *Loan Exhibition of Oriental Rugs from the Collection of James F. Ballard*. Exhibition. Minneapolis, 1922.

Minorsky 1958 Minorsky, Vladimir. *The Chester Beatty Library: A Catalogue of the Turkish Manuscripts and Miniatures*. Dublin, 1958.

Mirtaheri 2005 Mirtaheri, Fatemeh. "La cérémonie du henné en Iran central: Le chant des femmes." *Cahiers de musiques traditionnelles* 18 [*Entre femmes*] (2005), pp. 67–78.

Mittal 1963 Mittal, Jagdish. "Paintings of the Hyderabad School." *Marg* 16, no. 2 (March 1963), pp. 43–56.

***MMA Annual Report* 1871–** *Annual Report of the Trustees of The Metropolitan Museum of Art* 1– (1871–). [The annual report ran within the *MMA Bulletin* series from the 77th report, for 1946, to the 100th, for 1969–70, first in the no. 1 (Summer) issue and then, beginning in 1956, in the no. 2 (October) issue. Separate publication resumed with the 101st report for 1970–71.]

***MMA Bulletin* 1905–** *The Metropolitan Museum of Art Bulletin* 1– (1905–).

***MMA Bulletin* 1930** "The Bequest of Theodore M. Davis." *The Metropolitan Museum of Art Bulletin* 25, no. 11 (November 1930), pp. 230–31.

Moraitou 2001 Moraitou, Mina. "Umayyad Ornament on Early Islamic Woodwork: A Pair of Doors in the Benaki Museum." *Mouseio Benake* 1 (2001), pp. 159–71.

Morris 1914 M[orris], F[rances]. "An Early Seventeenth-Century Cope." *The Metropolitan Museum of Art Bulletin* 9, no. 6 (June 1914), pp. 147–48.

Mortel 1998 Mortel, Richard T. "Ribats in Mecca during the Medieval Period: A Descriptive Study Based on Literary Sources." *Bulletin of the School of Oriental and African Studies, University of London* 61, no. 1 (1998), pp. 29–50.

Mouawad and Carswell 2004 Mouawad, Robert, and John Carswell. *The Future of the Past: The Robert Mouawad Private Museum*. Beirut, 2004.

Munich 1910–12 *Die Ausstellung von Meisterwerken muhammedanischer Kunst in München*, 1910. Exhibition, Munich. Catalogue by Friedrich Sarre and F[redrik] R. Martin. 3 vols. Munich, 1912.

Munich 1987–88 *Yemen: 3000 Years of Art and Civilization in Arabia Felix*. Exhibition, Staatliches Museum für Völkerkunde München. Catalogue by Werner Daum. Innsbruck and Frankfurt/Main, [1987].

Munich 2010–11 *The Aura of Alif: The Art of Writing in Islam*. Exhibition, Staatliches Museum für Völkerkunde München. Catalogue by Jürgen Wasim Frembgen and others. Munich and London, 2010.

al-Muqaddasi 1906 al-Muqaddasi. *Ahsan at-taqasim fi ma'rifat al-aqalim/Descriptio imperii Moslemici*. Edited by M[ichael] J[an] de Goeje. Bibliotheca geographorum Arabicorum, 3. Leiden, 1906.

Murphy 1987 Murphy, Veronica. *Vastra, the Fabric of Indian Art: Origins of the Mughal Flowering Plant Motif*. London, 1987.

Nabholz-Kartaschoff 1986 Nabholz-Kartaschoff, Marie-Louise. *Golden Sprays and Scarlet Flowers: Traditional Indian Textiles from The Museum of Ethnography, Basel, Switzerland/Indo no dentō senshoku: Suisu/Bāzeru Minzokugaku Hakubutsukan zō*. Museum für Völkerkunde und Schweizerisches Museum für Volkskunde, Basel. Kyoto, 1986.

Nasir al-Din Khusrau 1881 Nasir al-Din Khusrau. *Sefer Nameh/Relation du Voyage de Nassiri Khosrau en Syrie, en Palestine, en Égypte, en Arabie et en Perse, pendant les années de l'hégire 437–444 (1035–1042)*. Edited and translated by Charles Henri Auguste Schefer. 2 vols. Publications de l'École des Langues Orientales Vivantes, ser. 2, vol. 1. Paris, 1881.

Nasir al-Din Tusi 1969 Nasir al-Din Tusi. *Tansukhnama-yi Ilkhani*. Tehran, 1969.

Necipoğlu 1990 Necipoğlu, Gülru. "From International Timurid to Ottoman: A Change of Taste in Sixteenth-Century Ceramic Tiles." *Muqarnas* 7 (1990), pp. 136–70.

Nemati 2003 Nemati, Parviz. *Shawls of the East from Kerman to Kashmir*. New York, 2003.

Neumann and Murza 1988 Neumann, Reingard, and Gerhard Murza. *Persische Seiden: Die Gewebekunst der Safawiden und ihrer Nachfolger*. Leipzig, 1988.

Neumeier 2006 Neumeier, Emily. "Early Koranic Manuscripts: The Blue Koran Debate." *Elements: Boston College Undergraduate Research Journal* 2, no. 1 (Spring 2006), pp. 10–19.

New Delhi and other cities 1997–98 *King of the World: The Padshahnama, an Imperial Mughal Manuscript from the Royal Library, Windsor Castle*. Exhibition, National Museum of India, New Delhi, and other venues. Catalogue by Milo Cleveland Beach and Ebba Koch with Wheeler [M.] Thackston. London and Washington, D.C., 1997.

New Haven 1981 *A Sense of Pattern: Textile Masterworks from the Yale University Art Gallery*. Exhibition, Yale University Art Gallery, New Haven. Catalogue by Loretta N. Staples. New Haven, 1981.

New York 1921 *Loan Exhibition of Oriental Rugs from the Collection of James F. Ballard, Saint Louis, Mo.* Exhibition, The Metropolitan Museum of Art, New York. Catalogue by Joseph Breck. New York, 1921.

New York 1930 *Loan Exhibition of Persian Rugs of the So-called Polish Type*. Exhibition, The Metropolitan Museum of Art, New York. Catalogue by Maurice S. Dimand. New York, 1930.

New York 1935 *A Guide to an Exhibition of Oriental Rugs and Textiles*. Exhibition, The Metropolitan Museum of Art, New York. Catalogue by M[aurice] S. Dimand. New York, 1935.

New York 1961 *Peasant and Nomad Rugs of Asia: Catalogued with an Introductory Text*. Exhibition, The Metropolitan Museum of Art, New York. Catalogue by Maurice S. Dimand. New York, 1961.

New York 1963–64 *The Art of Mughal India: Paintings and Precious Objects*. Exhibition, The Asia House Gallery, New York. Catalogue by Stuart C[ary] Welch. New York, 1963.

New York 1966 *The Kevorkian Foundation Collection of Rare and Magnificent Oriental Carpets: Special Loan Exhibition, a Guide and Catalog*. Exhibition, The Metropolitan Museum of Art, New York. Catalogue by Maurice S. Dimand. New York, 1966.

New York 1972 *A King's Book of Kings: The Shah-nameh of Shah Tahmasp*. Exhibition, The Metropolitan Museum of Art, New York. Catalogue by Stuart Cary Welch. New York, 1972.

New York 1978 *The Royal Hunter: Art of the Sasanian Empire*. Exhibition, Asia House Gallery, New York. Catalogue by Prudence Oliver Harper and others. New York, 1978.

New York 1979 *Calligraphy in the Arts of the Muslim World*. Exhibition, Asia House Gallery,

New York. Catalogue by Anthony Welch. Austin, 1979.

New York 1983 *Islamic Jewelry in the Metropolitan Museum of Art.* Exhibition, The Metropolitan Museum of Art, New York. Catalogue by Marilyn Jenkins and Manuel Keene. New York, [1983].

New York 1985–86 *India: Art and Culture, 1300–1900.* Exhibition, The Metropolitan Museum of Art, New York. Catalogue by Stuart Cary Welch. New York, 1985.

New York 1987–88 *The Emperors' Album: Images of Mughal India.* Exhibition, The Metropolitan Museum of Art, New York. Catalogue by Stuart Cary Welch, Annemarie Schimmel, Marie L[ukens] Swietochowski, and Wheeler M. Thackston. New York, 1987.

New York 1989 *Persian Drawings in The Metropolitan Museum of Art.* Exhibition, The Metropolitan Museum of Art, New York. Catalogue by Marie Lukens Swietochowski and Sussan Babaie. New York, 1989.

New York 1992–93 *Tiraz: Inscribed Textiles from Islamic Workshops.* Exhibition, The Metropolitan Museum of Art, New York. Exhibition pamphlet by Daniel Walker and Aimée Froom. New York, 1992.

New York 1993 *Persian Tiles.* Exhibition, The Metropolitan Museum of Art, New York. Catalogue by Stefano Carboni and Tomoko Masuya. New York, 1993.

New York 1994 *Illustrated Poetry and Epic Images: Persian Painting of the 1330s and 1340s.* Exhibition, The Metropolitan Museum of Art, New York. Catalogue by Marie Lukens Swietochowski, Stefano Carboni, and others. New York, 1994.

New York 1995–96 *Textiles of Late Antiquity.* Exhibition, The Metropolitan Museum of Art, New York. Catalogue by Annemarie Stauffer, Marsha Hill, Helen C. Evans, and Daniel Walker. New York, 1995.

New York 1997a *Following the Stars: Images of the Zodiac in Islamic Art.* Exhibition, The Metropolitan Museum of Art, New York. Catalogue by Stefano Carboni. New York, 1997.

New York 1997b *Indian Court Painting: Sixteenth–Nineteenth Century.* Exhibition, The Metropolitan Museum of Art, New York. Catalogue by Steven [M.] Kossak. New York, 1997.

New York 1997c *The Glory of Byzantium: Art and Culture of the Middle Byzantine Era, A.D. 843–1261.* Exhibition, The Metropolitan Museum of Art, New York. Catalogue by Helen C. Evans, William D. Wixom, and others. New York, 1997.

New York 1997–98 *Flowers Underfoot: Indian Carpets of the Mughal Era.* Exhibition, The Metropolitan Museum of Art, New York. Catalogue by Daniel Walker. New York, 1997.

New York 2004–5 *In the Realm of Gods and Kings: Arts of India.* Exhibition, The Metropolitan Museum of Art, New York; Asia Society Museum, New York. Catalogue by Andrew Topsfield and others. London, 2004.

New York and Cincinnati 2007–8 *The Arts of Kashmir.* Exhibition, Asia Society and Museum, New York; Cincinnati Art Museum. Catalogue by Pratapaditya Pal and others. New York and Milan, 2008.

New York and Los Angeles 1998–99 *Letters in Gold: Ottoman Calligraphy from the Sakıp Sabancı Collection, Istanbul.* Exhibition, The Metropolitan Museum of Art, New York; Los Angeles County Museum of Art. Catalogue by M. Uğur Derman and others. New York, 1998.

New York and Los Angeles 2002–3 *The Legacy of Genghis Khan: Courtly Art and Culture in Western Asia, 1256–1353.* Exhibition, The Metropolitan Museum of Art, New York; Los Angeles County Museum of Art. Catalogue by Linda Komaroff, Stefano Carboni, and others. New York, 2002.

New York and Milan 2003–4 *Hunt for Paradise: Court Arts of Safavid Iran, 1501–1576.* Exhibition, Asia Society Museum, New York; Museo Poldi Pezzoli and Palazzo Reale, Milan. Catalogue by Jon Thompson, Sheila R. Canby, and others. New York, 2003.

New York and other cities 1978–79 *Room for Wonder: Indian Painting During the British Period, 1760–1880.* Exhibition, The American Federation of Arts, New York, and other venues. Catalogue by Stuart Cary Welch. New York, 1978.

New York and other cities 1984–87 *Indian Miniatures: The Ehrenfeld Collection.* Exhibition, American Federation of Arts, New York, and other venues. Catalogue by Daniel J. Ehnbom, with Robert Skelton and Pramod Chandra. New York, 1985.

New York and Venice 1962 *Muslim Miniature Paintings from the XIII to XIX Century from Collections in the United States and Canada.* Exhibition, The Asia Society, New York; Giorgio Cini, Venice. Catalogue by Ernst J. Grube. Venice, 1962.

New York and Washington, D.C. 2004–5 *Asian Games: The Art of Contest.* Exhibition, Asia Society Museum, New York; Arthur M. Sackler Gallery, Smithsonian Institution, Washington, D.C. Catalogue by Colin Mackenzie, Irving Finkel, and others. New York, 2004.

New York and Washington, D.C. 2008–9 *Timbuktu to Tibet: Exotic Rugs and Textiles from New York Collectors.* Exhibition, New-York Historical Society; The Textile Museum, Washington, D.C. Catalogue by Jon Thompson. New York, 2008.

***New York Times* 1901** "Mrs. Osgood Field Dead: Husband's Bric-a-Brac Collection Now Goes to the Metropolitan Museum of Art." *The New York Times,* August 19, 1901, p. 7.

***New York Times* 1902a** "Death of Heber R. Bishop: He Was Interested in Management of Many Important Corporations." *The New York Times,* December 11, 1902, p. 9.

***New York Times* 1902b** "Will of Heber R. Bishop: Provision for Preservation of Famous Jade Collection; Now in Metropolitan Museum—Estate of $3,500,000 Goes to Family of Testator." *The New York Times,* December 18, 1902, p. 9.

***New York Times* 1921** "Rare Oriental Rugs Loaned to Museum: Sixty-nine From James F. Ballard's Noted Collection; Early Spanish Weaves . . . Among Features." *The New York Times,* October 7, 1921, p. 17.

de la Nézière 1921 de la Nézière, J[oseph]. *Les monuments mauresque du Maroc.* Paris, [1921].

de la Nézière 1924 de la Nézière, J[oseph]. *La décoration marocaine.* Paris, [1924].

Nizam al-Din Ahmad 1961 Nizam al-Din Ahmad, Mirza. *Hadiqat al-Salatin Qutbshahi.* Hyderabad, 1961.

Nizam al-Mulk 1891–97 Nizam al-Mulk. *Siasset namèh, traité de gouvernement.* Edited and translated by Charles Scheffer. 3 vols. Paris, 1891–97.

Nora 1989 Nora, Pierre. "Between Memory and History: *Les lieux de mémoire.*" Translated by Marc Roudebush. *Representations,* no. 26 [*Memory and Counter-Memory*] (Spring 1989), pp. 7–24.

Norman 1982 Norman, A. V. B. "Some Princely Arms from India and Persia in the Wallace Collection." In *Islamiske våben i dansk privateje/Islamic Arms and Armour from Private Danish Collections.* Exhibition, Davids Samling, Copenhagen. Copenhagen, 1982.

Northedge 2005 Northedge, Alastair. *The Historical Topography of Samarra.* Samarra Studies, 1. London, 2005.

Okada 1995 Okada, Amina. "À propos du motif floral dans l'art moghol." In *Le motif floral dans les tissus moghols: Inde XVIIe et XVIIIe siècles,* by Krishna Riboud, Amina Okada, and Marie-Hélène Guelton, pp. 5–6. Paris, 1995.

O'Kane 1987 O'Kane, Bernard. *Timurid Architecture in Khurasan.* Costa Mesa, Calif., 1987.

O'Kane, ed. 2006 O'Kane, Bernard, ed. *The Treasures of Islamic Art in the Museums of Cairo.* Cairo and New York, 2006.

Olagnier Bey 1961 Olagnier Bey, Riottot. "Influence turque dans la broderie de Tétouan au Maroc." *First International Congress of Turkish Art: Communications Presented to the Congress . . . (Nineteenth–24th October, 1959),* pp. 291–96. Institute of History of Turkish and Islamic Arts, Publication No. 6. Ankara, 1961.

Ölçer and Denny 1999 Ölçer, Nazan, and Walter [B.] Denny. *Anatolian Carpets: Masterpieces from the Museum of Turkish and Islamic Arts, Istanbul.* 2 vols. Bern, 1999.

Orbeli 1938–39 Orbeli, Josef. "Sassanian and Early Islamic Metalwork." In Pope, A. U., and Ackerman, eds. 1938–39, vol. 1, pp. 716–70; vol. 4, pt. 1, pls. 204–46.

Orihuela Uzal 1995 Orihuela Uzal, Antonio. *Casas y palacios nazaries, siglos XIII–XV.* Barcelona, 1995.

Otto-Dorn 1941 Otto-Dorn, Katharina. *Das islamische Iznik.* Archäologisches Institut des Deutschen Reiches, Istanbuler Forschungen 13. Berlin, 1941.

Owen 2002 Owen, Antoinette. "Technical Aspects of the *Hamzanama* Manuscript." In Washington, D.C. 2002, pp. 280–84.

Pal 1993 Pal, Pratapaditya. *Indian Painting.* Vol. 1, 1000–1700. A Catalogue of the Los Angeles County Museum of Art Collection. Los Angeles, 1993.

Pal 1997 Pal, Pratapaditya. *Divine Images, Human Visions: The Max Tanenbaum Collection of South Asian and Himalayan Art in the National Gallery of Canada.* Ottowa, 1997.

Pal, ed. 1990 Pal, Pratapaditya, ed. *Changing Visions, Lasting Images: Calcutta Through 300 Years.* Bombay, 1990.

Pal, ed. 1991a *Marg* 42, no. 4 [*New Studies in Mughal Painting,* edited by Pratapaditya Pal] (June 1991).

Pal, ed. 1991b Pal, Pratapaditya, ed. *Master Artists of the Imperial Mughal Court.* Bombay, 1991.

Pancaroğlu 2002 Pancaroğlu, Oya. "Serving Wisdom: The Contents of Samanid Epigraphic Pottery." In *Studies in Islamic and Later Indian Art from the Arthur M. Sackler Museum, Harvard University Art Museums,* pp. 58–75. Cambridge, Mass., 2002.

Pant 1978–83 Pant, G[ayatri] N[ath]. *Indian Arms and Armour.* 3 vols. New Delhi, 1978–83.

Paquin 1992 Paquin, Gerard. "Çintamani." *Hali,* no. 64 (August 1992), pp. 104–19, 143–44.

Paret 1960 Paret, R. "Ashab al-Kahf." In *EI2* 1960–2009, vol. 1 (1960), p. 691.

Paris 1878 *Livret-guide du visiteur à l'exposition historique du Trocadéro, 1878.* Exhibition, Salle Polonaise, Palais de Trocadéro, Exposition Universelle de 1878, Paris. Catalogue by Philibert Breban. Paris, 1878.

Paris 1982–83 *De Carthage à Kairouan: 2000 ans d'art et d'histoire en Tunisie.* Exhibition, Musée du Petit Palais de la Ville de Paris. Catalogue by Adeline C. Bissy, Judith Petit, and others. Paris, 1982.

Paris 2000 *Les Andalousies de Damas à Cordue.* Exhibition, Institut du Monde Arabe, Paris. Catalogue by Marthe Bernus-Taylor and others. Paris, 2000.

Paris 2001a *L'étrange et le merveilleux en terres d'Islam.* Exhibition, Musée du Louvre, Paris. Catalogue by Marthe Bernus-Taylor and others. Paris, 2001.

Paris 2001b *L'orient de Saladin: L'art des Ayyoubides.* Exhibition, Institut du Monde Arabe, Paris. Paris, 2001.

Paris 2001–2 *L'art du livre arabe: Du manuscrit au livre d'artiste.* Bibliothèque nationale de France, Paris. Catalogue by Marie-Geneviève Guesdon, Annie Vernay-Nouri, and others. Paris, 2001.

Paris 2002–3 *Chevaux et cavaliers arabes dans les arts d'Orient et d'Occident.* Exhibition, Institut du Monde Arabe, Paris. [Paris], 2002.

Paris 2007 *Chefs-d'oeuvre islamiques de l'Aga Khan Museum.* Exhibition, Musée du Louvre, Paris. Catalogue by Sophie Makariou and others. Paris and Milan, 2007.

Paris 2007–8 *Le chant du monde: L'art de l'Iran safavide, 1501–1736.* Exhibition, Musée du Louvre, Paris. Catalogue by Assadullah Souren Melikian-Chirvani. Paris, 2007.

Paris, Caen, and Toulouse 1992–93 *Terres secrètes de Samarcande: Céramiques du VIIIe au XIIIe siècle.* Exhibition, Institut du Monde Arabe, Paris; Musée de Normandie, Caen; Musée des Augustins, Toulouse. Paris, 1992.

Parodi, ed. forthcoming Parodi, Laura E., ed. *Art Patronage and Society in the Muslim Deccan from the Fourteenth Century to the Present Day* [Proceedings of a symposium, Oxford, July 4–6, 2008]. Oxford, forthcoming.

Partearroyo Lacaba 1992 Partearroyo [Lacaba], Cristina. "Almoravid and Almohad Textiles." In Granada and New York 1992, pp. 104–13.

Partearroyo Lacaba 1995 Partearroyo Lacaba, Cristina. "Los tejidos nazaries." In *Arte islámico en Granada: Propuesta para un Museo de la Alhambra,* pp. 116–31. Exhibition, Museo de La Alhambra, Granada. Catalogue by Jesús Bermúdez López and others. Granada, 1995.

Partearroyo Lacaba 2005 Partearroyo Lacaba, Cristina. "Estudio histórico-artístico de los tejidos de al-Andalus y afines." *Bienes culturales,* no. 5 [*Tejidos hispanomusulmanes*] (2005), pp. 37–74.

Pathak 2003 Pathak, Anamika. *Pashmina.* New Delhi, 2003.

Pauty 1931a Pauty, Edmond. *Les bois sculptés jusque'a l'époque ayyoubide.* Catalogue général du Musée Arabe du Caire; Musée National de l'Art Arabe. Cairo, 1931.

Pauty 1931b Pauty, Edmond. "Sur une porte en bois sculpté provenant de Bagdad [*sic*]." *BIFAO: Bulletin de l'Institut français d'archéologie orientale* 30 (1931), pp. 77–81, pls. 1–6.

Peck et al. 1996 Peck, Amelia, et al. *Period Rooms in The Metropolitan Museum of Art*. New York, 1996.

Petersen 1954 Petersen, Theodore C. "Early Islamic Bookbindings and Their Coptic Relations." *Ars Orientalis* 1 (1954), pp. 41–64 and errata.

Petry 2001 Petry, Carl F. "Robing Ceremonials in Late Mamluk Egypt: Hallowed Traditions, Shifting Protocols." In *Robes and Honor: The Medieval World of Investiture*, edited by Stewart Gordon, pp. 353–77. New York, 2001.

Philadelphia 2001 *Intimate Worlds: Indian Paintings from the Alvin O. Bellak Collection*. Exhibition, Philadelphia Museum of Art. Catalogue by Darielle Mason and others. Philadelphia, 2001.

Phillips 2004 Phillips, Jonathan. *The Fourth Crusade and the Sack of Constantinople*. New York, 2004.

Philon 1980 Philon, Helen. *Early Islamic Ceramics: Ninth to Late Twelfth Centuries*. Mouseio Benake Catalogue of Islamic Art, vol. 1. London, 1980.

Philon 2000 Philon, Helen. "The Murals in the Tomb of Ahmad Shah near Bidar." *Apollo* 152, no. 465 (2000), pp. 3–10.

Philon, ed. 2010 Philon, Helen, ed. *Silent Splendour: Palaces of the Deccan, Fourteenth–Nineteenth Centuries*. Mumbai, 2010.

Phipps 2010 Phipps, Elena. "Cochineal Red: The Art History of a Color." *The Metropolitan Museum of Art Bulletin*, n.s., 67, no. 3 (Winter 2010), pp. 1–48.

Pickett 1984 Pickett, Douglas. "Inscriptions by Muhammad Rida al-Imami." *Iran* 22 (1984), pp. 91–102.

Pinder-Wilson 1959 Pinder-Wilson, Ralph. "An Early Fatimid Bowl Decorated in Lustre." In *Aus der Welt der islamischen Kunst: Festschrift für Ernst Kühnel zum 75. Geburtstag am 26.10.1957*, edited by Richard Ettinghausen, pp. 139–43. Berlin, 1959.

Pires 1944 Pires, Tomé. *The Suma Oriental of Tomé Pires, an Account of the East, from the Red Sea to Japan, Written in Malacca and India in 1512–1515, and the Book of Francisco Rodrigues, Rutter of a Voyage in the Red Sea, Nautical Rules, Almanack and Maps: Written and Drawn in the East Before 1515, Transl. from the Portuguese Ms in the Bibliothèque de la Chambre des Députés, Paris*. Edited by Armando Cortesão. Hakluyt Society, Works Ser. 2, 89–90. London, 1944.

Pisarev 1905 Pisarev, S[tepan] I[vanovic]. *Samarkandskii kuficheskii Koran, po predaniiu pisannyi sobstvennoruchno tret'im khalifom Osmanom (644–656)/Coran coufique de Samarcand, écrit d'après la tradition de la propre main du troisième calife Osman (644–656) qui se trouve dans la Bibliothèque Impériale Publique de St. Petersbourg*. St. Petersburg, 1905.

Pittsburgh 1923 *An Exhibition of Oriental Rugs Lent by James Franklin Ballard*. Exhibition. Pittsburgh, 1923.

Polo 1875 Polo, Marco. *The Book of Ser Marco Polo, the Venetian, Concerning the Kingdom and Marvels of the East*. Translated by Henry Yule. 2nd ed. 2 vols. 1871. London, 1875.

Pope, A. U., and Ackerman, eds. 1938–39 Pope, Arthur Upham, and Phyllis Ackerman, eds. *A Survey of Persian Art from Prehistoric Times to the Present*. 6 vols. in 9. London and New York, 1938–39.

Pope, J. A. 1956 Pope, John Alexander. *Chinese Porcelains from the Ardebil Shrine*. Smithsonian Institution Publication 4231. Washington, D.C., 1956.

Pope, J. A. 1972 Pope, John A[lexander]. "Chinese Influences on Iznik Pottery: A Re-Examination of an Old Problem." In Ettinghausen, ed. 1972, pp. 124–39.

Porter, V. 1981 Porter, Venetia. *Medieval Syrian Pottery (Raqqa Ware)*. Oxford, 1981.

Porter, V. 1987–88 Porter, Venetia. "The Art of the Rasulids." In Munich 1987–88, pp. 232–53.

Porter, V. 1995 Porter, Venetia. *Islamic Tiles*. New York, 1995.

Porter, V. 1998 Porter, Venetia. "Enamelled Glass Made for the Rasulid Sultans of the Yemen." In Ward, ed. 1998, pp. 91–95, 197–99.

Porter, V. 2007 Porter, Venetia. "Amulets Inscribed with the Names of the 'Seven Sleepers' of Ephesus in the British Museum." In *Word of God, Art of Man: The Qur'an and Its Creative Expressions; Selected Proceedings from the International Colloquium, London, 18–21 October 2003*, edited by Fahmida Suleman, pp. 123–34. The Institute of Ismaili Studies, Qur'anic Studies Series, 4. Oxford, 2007.

Porter, V., and Watson 1987 Porter, Venetia, and Oliver Watson, "'Tell Minis' Wares." In *Syria and Iran: Three Studies in Medieval Ceramics*, edited by James [W.] Allan and Caroline Roberts, pp. 175–248. Oxford Studies in Islamic Art, 4, pt. 2. Oxford, 1987.

Porter, Y. 1994 Porter, Yves. *Painters, Paintings and Books: An Essay on Indo-Persian Technical Literature, Twelfth–Nineteenth Centuries*. New Delhi, 1994.

Portland and other cities 1973–74 *Indian Miniature Painting from the Collection of Edwin Binney, 3rd. Vol. 1, The Mughal and Deccani Schools with Some Related Sultanate Material*. Exhibition, Portland Art Museum and other venues. Catalogue by Edwin Binney, 3rd. Portland, Ore., 1973.

Portland and other cities 1979 *Turkish Treasures from the Collection of Edwin Binney, 3rd*. Exhibition, Portland Art Museum and other venues. Catalogue by Edwin Binney, 3rd, and Walter [B.] Denny. Portland, 1979.

Poullada 2006 Poullada, S. Peter. "Kizil Ayak and Ali Eli Chuvals: Turkmen Weavings of the Middle Amu Darya." *Hali*, no. 148 (September–October 2006), pp. 66–73.

Prado-Vilar 1997 Prado-Vilar, Francisco. "Circular Visions of Fertility and Punishment: Caliphal Ivory Caskets from al-Andalus." *Muqarnas* 14 (1997), pp. 19–41.

Prado-Vilar 2005 Prado-Vilar, Francisco. "Enclosed in Ivory: The Miseducation of al-Mughira." In Folsach and Meyer, eds. 2005, pt. 1, pp. 138–63.

Prisse d'Avennes 1877 Prisse d'Avennes, [Achille-Constant-Théodore-Émile]. *L'art arabe d'après les monuments du Kaire depuis le VIIe siècle jusqu'a la fin du XVIIIe*. Paris, 1877.

Pruitt 1998 Pruitt, Bettye Hobbs. *Timken: From Missouri to Mars—A Century of Leadership in Manufacturing*. Boston, 1998.

Puerta Vílchez 1990 Puerta Vílchez, José Miguel. *Los códigos de utopia de la Alhambra de Granada*. Biblioteca de ensayo, 20. Granada, 1990.

Puerta Vílchez 2007 Puerta Vílchez, José Miguel. "La Alhambra de Granada o la caligrafía elevada al rango de arquitectura." In Angustias Cabrera et al. 2007, pp. 301–86.

al-Qaddumi 1990 [al-]Qaddumi, Ghada al-Hijjawi. "A Medieval Islamic Book of Gifts and Treasures: Translation, Annotation, and Commentary on the 'Kitab al-Hadaya wa al-Tuhaf.'" Ph.D. diss., Harvard University, 1990.

al-Qaddumi, ed. 1996 al-Qaddumi, Ghada al-Hijjawi, ed. and trans. *Book of Gifts and Rarities (Kitab al-Hadaya wa al-Tuhaf): Selections Compiled in the Fifteenth Century from an Eleventh-Century Manuscript on Gifts and Treasures*. Cambridge, Mass., 1996.

Qaisar 1996 Qaisar, Ahsan Jan. "Muhammad Zaman: A Seventeenth Century Controversial Artist." In *Art and Culture: Endeavours in Interpretation*, edited by Ahsan Jan Qaisar and Som Prakash Verma, pp. 79–92. New Delhi, 1996.

Rabbat 1993 Rabbat, Nasser [O]. "The Dome of the Rock Revisited: Some Remarks on al-Wasiti's Accounts." *Muqarnas* 10 [*Essays in Honor of Oleg Grabar, Contributed by His Students*] (1993), pp. 66–75.

Rabbat 1995 Rabbat, Nasser O. *The Citadel of Cairo: A New Interpretation of Royal Mamluk Architecture*. Islamic History and Civilization, Studies and Texts, 14. Leiden and New York, 1995.

Raby 1977–78 Raby, Julian. "Diyarbekir: A Rival to Iznik." *Istanbuler Mitteilungen* 27–28 (1977–78), pp. 429–59.

Raby 1986 Raby, Julian. "Looking for Silver in Clay: A New Perspective on Samanid Ceramics." In *Pots and Pans: A Colloquium on Precious Metals in the Muslim, Chinese and Graeco-Roman Worlds, Oxford, 1985*, edited by Michael Vickers, pp. 179–204. Oxford, 1986.

Raby and Johns, eds. 1992 Raby, Julian, and Jeremy Johns, eds. *Bayt-al-Maqdis: 'Abd-al-Malik's Jerusalem*. Part 1. Oxford Studies in Islamic Art, 9. Oxford, 1992.

Raby and Tanındı 1993 Raby, Julian, and Zeren Tanındı. *Turkish Bookbinding in the Fifteenth Century: The Foundation of an Ottoman Court Style*. London, 1993.

Raemdonck 2006 Raemdonck, Mieke van. "Isabella Errera and the Brussels Royal Museum." *Hali*, no. 148 (September–October 2006), pp. 74–79.

Rageth 2004 Rageth, Jürg. "Dating the Dragon and Phoenix Fragments: A Newcomer Unmasked and a Genuine New Discovery." *Hali*, no. 134 (May–June 2004), pp. 106–9.

Rawson 1984 Rawson, Jessica. *Chinese Ornament: The Lotus and the Dragon*. London, 1984.

Reath and Sachs 1937 Reath, Nancy Andrews, and Eleanor B. Sachs. *Persian Textiles and Their Technique from the Sixth to the Eighteenth Centuries Including a System for General Textile Classification*. Florence House Memorial Collection. New Haven and London, 1937.

Renda 2008 Renda, Günsel. "The Decorative Program of the Ottoman House and Reflections of the Provinces: The Aleppo Room." In *Angels, Peonies, and Fabulous Creatures: The Aleppo Room in Berlin*, edited by Julia Gonella and Jens Kröger, pp. 119–26. Berlin, 2008.

***Repèrtoire chronologique d'épigraphie arabe* 1932** Institut français d'archéologie orientale du Caire. *Repèrtoire chronologique d'épigraphie arabe* 2 (1932).

Ribeiro 2009 Ribeiro, Maria Queiroz. *Iznik Pottery and Tiles in the Calouste Gulbenkian Collection*. Lisbon, 2009.

Riboud et al. 1998 Riboud, Krishna, et al. *Samit et lampas: Motifs indiens/Indian Motifs*. Association pour l'étude et la documentation des textiles d'Asie. Calico Museum of Textiles. Paris and Ahmedabad, 1998.

Rice, D. S. 1949 Rice, D. S. "The Oldest Dated 'Mosul' Candlestick, A.D. 1225." *The Burlington Magazine* 91, no. 561 (December 1949), pp. 334, 336–41.

Rice, D. S. 1957 Rice, D. S. "Inlaid Brasses from the Workshop of Ahmad al-Dhaki al-Mawsili." *Ars Orientalis* 2 (1957), pp. 283–326, pls. 1–16.

Rice, D. T. 1934 Rice, D[avid] Talbot. "The Oxford Excavations at Hira." *Ars Islamica* 1, pt. 1 (1934), pp. 51–73, figs. 1–24.

Rich 1987 Rich, Vivian A. "Mughal Floral Painting and Its European Sources." *Oriental Art*, n.s., 33, no. 2 (Summer 1987), pp. 183–89.

Riefstahl 1916 Riefstahl, R[udolf] Meyer. "Oriental Carpets in American Collections: Part One, Three Silk Rugs in the Altman Collection." *Art in America* 4 (1916), pp. 147–61.

Riefstahl 1931 Riefstahl, Rudolf Meyer. "Persian Islamic Stucco Sculptures." *The Art Bulletin* 13, no. 4 (December 1931), pp. 438–63.

Riefstahl 1937 Riefstahl, Rudolf Meyer. "Early Turkish Tile Revetments in Edirne." *Ars Islamica* 4 (1937), pp. 249–81.

Rieu 1966 Rieu, Charles. *Catalogue of the Persian Manuscripts in the British Museum*. Reprint ed. 3 vols. 1879. London, 1966.

Riis and Pousen 1957 Riis, P. J., and Vagn Pousen. *Les verreries et poteries médiévales*. Hama: Fouilles et recherches de la Fondation Carlsberg 1931–38, vol. 4, pt. 2. Copenhagen, 1957.

Riyadh 1985 *The Unity of Islamic Art: An Exhibition to Inaugurate the Islamic Art Gallery of the King Faisal Center for Research and Islamic Studies, Riyadh, Saudi Arabia, 1405AH/1985AD*. Exhibition, Islamic Art Gallery, Riyadh. Catalogue by Oliver Hoare and Esin Atil. Riyadh, 1985.

Rizzo et al. 2011 Rizzo, Adriana, et al. "A Multi-Analytical Approach for the Identification of Aloe as a Colorant in Oil-Resin Varnishes." *Analytical and Bioanalytical Chemistry* 399 (March 2011), pp. 3093–107.

Rizzo et al. forthcoming Rizzo, Adriana, et al. "A Rediscovered Opulence: The Surface Decoration of an Early Eighteenth Century Damascene Reception Room at The Metropolitan Museum of Art." In *Post Prints of the 4th International Architectural Paint Research Conference, Sharing Information, Sharing Decisions [August 3–6, 2010]*, forthcoming.

Robbins and McLeod, eds. 2006 Robbins, Kenneth X., and John McLeod, eds. *African Elites in India: Habshi Amarat*. Ahmedabad, 2006.

Robinson, B. 1957 Robinson, B[asil] W[illiam]. "Prince Baysonghor's Nizami: A Speculation." *Ars Orientalis* 2 (1957), pp. 383–91, pls. 1–7.

Robinson, B. 1958 Robinson, B[asil] W[illiam]. *A Descriptive Catalogue of the Persian Paintings in the Bodleian Library*. Oxford, 1958.

Robinson, B. 1976 Robinson, B[asil] W[illiam]. "Isma'il II's Copy of the *Shahnama*." *Iran* 14 (1976), pp. 1–8.

Robinson, B. 1991 Robinson, B[asil] W[illiam]. *Fifteenth Century Persian Painting: Problems and Issues*. Hagop Kevorkian Series on Near Eastern Art and Civilization. New York, 1991.

Robinson, B. 1992 Robinson, B[asil] W[illiam]. "Muhammadi and the Khurasan Style." *Iran* 30 (1992), pp. 17–29.

Robinson, B. 1993 Robinson, B[asil] W[illiam]. "The Dunimarle Shahnama: A Timurid Manuscript from Mazandaran." In *Studies in Persian Art*, by B[asil] W[illiam] Robinson, vol. 2, pp. 193–204. 2 vols. London, 1993.

Robinson, B. 2005 Robinson, B[asil] W[illiam]. "Shah Isma'il II's Copy of the *Shah-Nama*: Additional Material." *Iran* 43 (2005), pp. 291–99.

Robinson, B., and Sims 2007 Robinson, B[asil] W[illiam], and Eleanor Sims. *The Windsor Shahnama of 1648*. London, 2007.

Robinson, B., ed. 1988 Robinson, B[asil] W[illiam], ed. *Islamic Art in the Keir Collection*. Keir Collection, vol. 5. London, 1988.

Robinson, C. 2003 Robinson, Cynthia. "Mudéjar Revisited: A Prolegoména to the Reconstruction of Perception, Devotion, and Experience at the Mudéjar Convent of Clarisas, Tordesillas, Spain (Fourteenth Century A.D.)." *RES: Anthropology and Aesthetics*, no. 43 [*Islamic Arts*] (Spring 2003), pp. 51–77.

Robinson, C. 2008 Robinson, Cynthia. "Marginal Ornament: Poetics, Mimesis, and Devotion in the Palace of the Lions." *Muqarnas* 25 [*Frontiers of Islamic Art and Architecture: Essays in Celebration of Oleg Grabar's Eightieth Birthday*, edited by Gülru Necipoğlu and Julia Bailey] (2008), pp. 185–214.

Robinson, C., and Pinet, eds. 2008 Robinson, Cynthia, and Simone Pinet, eds. *Courting the Alhambra: Cross-Disciplinary Approaches to the Hall of Justice Ceilings*. Special offprint of *Medieval Encounters* 14, nos. 2–3 (2008). Leiden, 2008.

Robinson, C., and Rouhi, eds. 2005 Robinson, Cynthia, and Leyla Rouhi, eds. *Under the Influence: Questioning the Comparative in Medieval Castile*. The Medieval and Early Modern Iberian World, 22. Leiden, 2005.

de Roddaz 1882 de Roddaz, Camille. *L'art ancien à l'exposition nationale belge*. Brussels, 1882.

Rogers 1989 Rogers, J. M[ichael]. "Exhibition Reviews; Washington and Los Angeles, Timurid Art." *The Burlington Magazine* 131, no. 1036 (July 1989), pp. 509–10.

Rogers 1992 Rogers, J. Michael. "Chinese-Iranian Relations. iv. The Safavid Period, 907–1145/1501–1732." In *Encyclopaedia Iranica* 1985– , vol. 5 (1992), pp. 436–38.

Rogers and Köseoğlu 1987 Rogers, J. M[ichael], and Cengiz Köseoğlu. *The Topkapi Saray Museum, The Treasury*. Boston, 1987.

Rome 1956 *Mostra d'arte iranica: Catalogo/Exhibition of Iranian Art: Catalogue*. Exhibition, Palazzo Brancaccio, Rome. Catalogue by Mario Bussagli and others. Milan, 1956.

Rosen-Ayalon 1991 Rosen-Ayalon, Myriam. "The Islamic Jewellery from Ashkelon." In *Jewellery and Goldsmithing in the Islamic World: International Symposium, The Israel Museum, Jerusalem 1987*, edited by Na'ama Brosh, pp. 9–19. [Jerusalem], 1991.

Rosenthal 1975 Rosenthal, Franz. *Gambling in Islam*. Leiden, 1975.

Rosenthal 1997 Rosenthal, F[ranz]. "Shatrandj." In EI2 1960–2009, vol. 9 (1997), pp. 366–68.

Rosser-Owen 2010 Rosser-Owen, Mariam. *Islamic Arts from Spain*. London, 2010.

Rötzer 2010 Rötzer, Klaus. "Hydraulic Works and Gardens." In Philon, ed. 2010, pp. 106–13.

Roxburgh 1998 Roxburgh, David J. "Disorderly Conduct?: F. R. Martin and the Bahram Mirza Album." *Muqarnas* 15 (1998), pp. 32–57.

Roxburgh 2000 Roxburgh, David J. "Kamal al-Din Bihzad and Authorship in Persianate Painting." *Muqarnas* 17 (2000), pp. 119–46.

Roxburgh 2005a Roxburgh, David. "Reinventions of the Book." In Roxburgh 2005b, pp. 148–79, 339–42.

Roxburgh 2005b Roxburgh, David J. *The Persian Album, 1400–1600: From Dispersal to Collection*. New Haven and London, 2005.

Roxburgh 2005c Roxburgh, David J. "The Timurids and Turkmen." In London 2005, pp. 190–259.

Roxburgh 2007 Roxburgh, David J. *Writing the Word of God: Calligraphy and the Qur'an*. Houston, 2007.

Rubiera Mata 1970 Rubiera Mata, Maria Jesús. "Los poemas epigráficas de Ibn al-Yayyab en la Alhambra." *Al-Andalus* 35 (1970), pp. 453–73.

Rubiera Mata 1981 Rubiera [Mata], Maria Jesús. "Poesia epigráfica en la Alhambra y Generalife." *Poesia*, no. 12 (Fall 1981), pp. 17–76.

Rubiera Mata 1994 Rubiera Mata, Maria Jesús. *Ibn al-Yayyab: El otro poeta de la Alhambra*. Publicaciones del Patronato de la Alhambra, 4. 1982. Granada, 1994.

Ruggles 1997 Ruggles, D. Fairchild. "The Eye of Sovereignty: Poetry and Vision in the Alhambra's Lindaraja Mirador." *Gesta* 36, no. 2 (1997), pp. 180–89.

Ruggles 2000 Ruggles, D. Fairchild. *Gardens, Landscape, and Vision in the Palaces of Islamic Spain*. University Park, Pa., 2000.

Ruggles 2004a Ruggles, D. Fairchild. "Mothers of a Hybrid Dynasty: Race, Genealogy, and Acculturation in al-Andalus." *The Journal of Medieval and Early Modern Studies* 34, no.1 (Winter 2004), pp. 65–94.

Ruggles 2004b Ruggles, D. Fairchild. "The Alcazar of Seville and Mudejar Architecture." *Gesta* 43, no. 2 (2004), pp. 87–98.

Rührdanz 1995 Rührdanz, Karin. "Zur Ikonographie der Wandmalereien in Tepe Madraseh (Nishapur)." In *Proceedings of the Second European Conference of Iranian Studies held in Bamberg, 30th September to 4th October 1991, by the Societas Iranologica Europaea*, edited by Bert G. Fragner, pp. 589–95. Serie orientale Roma, 73. Rome, 1995.

Ruiz Souza 1998 Ruiz Souza, Juan Carlos. "El Patio del Vergel del real monasterio de Santa Clara de Tordecillas y la Alhambra de Granada: Reflexiones para su estudio." *al-Qantara* 19, no. 2 (1998), pp. 315–37.

Ruiz Souza 2004 Ruiz Souza, Juan Carlos. "Castilla y Al-Andalus: Arquitecturas aljamiadas y otros grados de asimilación." *Anuario del Departamento de Historia y Teoria del Arte* [U.A.M.] 16 (2004), pp. 17–43.

Rumi 1984 Rumi, Jalal al-Din. *Kulliyat-i shams-i tabrizi ya divan-i kabir*. Edited and annotated by Badi' al-Zaman Furuzanfar. 8th ed. Tehran, 1984.

Sa'di 1974 Muslih al-Din Sa'di. *Morals Pointed and Tales Adorned: The Bustan of Sa'di*. Translated by G. M. Wickens. Toronto, 1974.

Sa'di 1989 Muslih al-Din Sa'di. *Bustan*. Edited by Ghulam Husayn Yusufi. Tehran, 1989.

Safadi 1981 Salah al-Din Khalil ibn Aybak al-Safadi. *Kitab al-wafi bil-wafayat/Das biographische Lexikon des Salahaddin Halil Ibn Aibak as-Safadi*. Edited by Shukir Faysal. Tamir bis al-Hasan, 11. Wiesbaden, 1981.

Safwat and Zakariya 1996 Safwat, Nabil F., and Mohamed Zakariya. *The Art of the Pen: Calligraphy of the Fourteenth to Twentieth Centuries*. The Nasser D. Khalili Collection of Islamic Art, edited by Julian Raby, vol. 5. London, 1996.

Şahin 2009 Şahin, Seracettin. *The Museum of Turkish and Islamic Arts: Thirteen Centuries of Glory from the Umayyads to the Ottomans*. New York, 2009.

Saint Laurent 1989 Saint Laurent, Beatrice. "The Identification of a Magnificent Koran Manuscript." In *Les manuscrits du Moyen-Orient: Essais de codicologie et de paléographie; Actes du Colloque d'Istanbul (Istanbul, 26–29 mai 1986)*, edited by François Déroche, pp. 115–24. Varia Turcica VIII. Istanbul and Paris, 1989.

Sakisian 1929 Sakisian, Arménag Bey. *La miniature persane du XIIe au XVIIe siècle*. Paris and Brussels, 1929.

Saliba 2002 Saliba, George. "Greek Astronomy and the Medieval Arab Tradition." *American Scientist* 90, no. 4 (July–August 2002), pp. 360–67.

Saliba 2004 Saliba, George. "The World of Islam and Renaissance Science and Technology." In *The Arts of Fire: Islamic Influence on Glass and Ceramic of the Italian Renaissance*, edited by Catherine Hess, pp. 55–73. Los Angeles, 2004.

Saliba 2007 Saliba, George. *Islamic Science and the Making of the European Renaissance*. Transformations. Cambridge, Mass., 2007.

Salmon 1971 Salmon, Larry. "Appendix: Description of the Boston Carpet." *Boston Museum Bulletin* 69, no. 355–56 [Persian Carpet Symposium] (1971), pp. 35–41, 82–87.

Samadi 1950 Samadi, H. *Museum of Meshed*. [Tehran, 1950].

Sana'i 1983–84 Abu l-Majd Majdud ibn Adam Sana'i. *Divan-i hakimi Abu l-Majd Majdud ibn Adam Sana'i Ghaznavi*. Edited by Muhammad Taqi Mudarris Razavi. N.p., 1983–84.

Sanders 1994 Sanders, Paula. *Ritual, Politics, and the City in Fatimid Cairo*. SUNY Series in Medieval Middle East History. Albany, N.Y., 1994.

San Francisco and Cambridge, Mass. 2004–5 *From Mind, Heart, and Hand: Persian, Turkish, and Indian Drawings from the Stuart Cary Welch Collection*. Exhibition, Asian Art Museum of San Francisco—Chong-Moon Lee Center for Asian Art and Culture; Arthur M. Sackler Museum, Harvard University Art Museums, Cambridge, Mass. Catalogue by Stuart Cary Welch and others. New Haven and London, 2004.

San Francisco and other cities 1998–99 *Interaction of Cultures: Indian and Western Painting 1780–1910, the Ehrenfeld Collection*. Exhibition, M. H. de Young Memorial Museum, San Francisco, and other venues. Catalogue by Joachim K. Bautze. Alexandria, Va., 1998.

Sarre 1934 Sarre, Friedrich. "Die Bronzekanne des Kalifen Marwan II im arabischen Museum in Kairo." *Ars Islamica* 1, pt. 1 (1934), pp. [6], 10–15.

Sarre and Herzfeld 1911–20 Sarre, Friedrich, and Ernst Herzfeld. *Archäologische Reise im Euphrat- und Tigris-Gebiet*. 4 vols. Forschungen zur islamischen Kunst, 1. Berlin, 1911–20.

Sarre and Trenkwald 1926–29 Sarre, Friedrich, and Hermann Trenkwald. *Old Oriental Carpets*. 2 vols. 1892; 1908. Vienna and Leipzig, 1926–29.

Sarre et al. 1925 Sarre, Friedrich, et al. *Die Keramik von Samarra*. Forschungen zur islamischen Kunst, 2. Die Ausgrabungen von Samarra, 2. Berlin, 1925.

Sarre, Schulz, and Krecker 1901–10 Sarre, Friedrich, Bruno Schulz, and Georg Krecker. *Denkmäler persischer Baukunst: Geschichtliche Untersuchung und Aufnahme muhammedanischer Backsteinbauten in Vorderasien und Persien*. 2 vols. Berlin, 1901–10.

Savory 1998 Savory, Roger. "Ebn Bazzaz, Darvis Tawakkoli." In *Encyclopaedia Iranica* 1985– , vol. 8 (1998), p. 8.

Scanlon and Pinder-Wilson 2001 Scanlon, George T., and Ralph Pinder-Wilson. *Fustat Glass of the Early Islamic Period: Finds Excavated by The American Research Center in Egypt, 1964–1980*. London, 2001.

Scarce 1996 Scarce, Jennifer [M]. *Domestic Culture in the Middle East: An Exploration of the Household Interior*. Edinburgh, 1996.

Scharrahs 2008 Scharrahs, Anke. "Ajami Rooms—Polychrome Wooden Interior Decorations from Syria of the Seventeenth to the Nineteenth Centuries: A View into Art Technology and Conservation Problems." *ICOM Committee for Conservation* 2 (2008), pp. 918–23.

Scharrahs 2011 Scharrahs, Anke. *Ajami Interiors: Forgotten Jewels of Interior Design*. London, 2011.

Schimmel 1992 Schimmel, Annemarie. "Calligraphy and Sufism in Ottoman Turkey." In *The Dervish Lodge: Architecture, Art, and Sufism in Ottoman Turkey*, edited by Raymon Lifchez, pp. 242–52. Berkeley, 1992.

Schimmel and Rivolta 1992 Schimmel, Annemarie, and Barbara Rivolta. "Islamic Calligraphy." *The Metropolitan Museum of Art Bulletin*, n.s., 50, no. 1 (Summer 1992), pp. 1, 3–56.

Schlumberger 1952 Schlumberger, Daniel. "Le palais ghaznévide de Lashkari Bazar." *Syria* 29, no. 3–4 (1952), pp. 251–70.

Schmitz et al. 1992 Schmitz, Barbara, et al. *Islamic Manuscripts in The New York Public Library*. New York and Oxford, 1992.

Schmoranz 1898 Schmoranz, Gustav. *Altorientalische Glas-Gefässe*. Ministerium für Cultus und Unterricht. K.K. Österreichisches Handelsmuseum. Vienna, 1898.

Schneider 1973 Schneider, Laura T. "The Freer Canteen." *Ars Orientalis* 9 [*Freer Gallery of Art Fiftieth Anniversary Volume*] (1973), pp. 137–56, pls. 1–13.

Serjeant 1972 Serjeant, R[orbert] B[ertram]. *Islamic Textiles: Materials for a History up to the Mongol Conquest.* 1942–51. Beirut, 1972.

Setton et al. 1985 Setton, Kenneth M., et al. *A History of the Crusades.* Vol. 5, *The Impact of the Crusades on the Near East.* Edited by Norman P. Zacour and Harry W. Hazard. Madison, Wisc., 1985.

Seyller 1985 Seyller, John. "Model and Copy: The Illustration of Three *Razmnama* Manuscripts." *Archives of Asian Art* 38 (1985), pp. 37–66.

Seyller 1990 Seyller, John. "Codicological Aspects of the Victoria and Albert Museum *Akbarnama* and Their Historical Implications." *Art Journal* 49, no. 4 (Winter 1990), pp. 379–87.

Seyller 1997 Seyller, John. "The Inspection and Valuation of Manuscripts in the Imperial Mughal Library." *Artibus Asiae* 57, no. 3–4 (1997), pp. 243–349.

Seyller 1999 Seyller, John. *Workshop and Patron in Mughal India: The Freer Ramayana and Other Illustrated Manuscripts of 'Abd al-Rahim.* Artibus Asiae Supplementum, 42. Zurich, 1999.

Shahbazi 1999 Shahbazi, A. Shapur. "Flags. i. Of Persia." In *Encyclopaedia Iranica, Online Edition,* December 15, 1999, available at http://www.iranicaonline.org/articles/flags-i.

Shalem 1996 Shalem, Avinoam. *Islam Christianized: Islamic Portable Objects in the Medieval Church Treasuries of the Latin West.* Ars faciendi: Beiträge und Studien zur Kunstgeschichte, 7. Frankfurt am Main, 1996.

Shalem 1997 Shalem, Avinoam. "Jewels and Journeys: The Case of the Medieval Gemstone Called al-Yatima." *Muqarnas* 14 (1997), pp. 42–56.

Shalem 1998 Shalem, Avinoam. *Islam Christianized: Islamic Portable Objects in the Medieval Church Treasuries of the Latin West.* 2nd ed. Ars faciendi, 7. 1996. Frankfurt am Main and New York, 1998.

Shalem 2004a Shalem, Avinoam. "Objects as Carriers of Real or Contrived Memories in a Cross-Cultural Context: The Case of Medieval Diplomatic Presents." In *Migrating Images: Producing . . . Reading . . . Transporting . . . Translating,* edited by Petra Stegmann and Peter C. Seel, pp. 36–52. Berlin, 2004.

Shalem 2004b Shalem, Avinoam. *The Oliphant: Islamic Objects in Historical Context.* Islamic History and Civilization, Studies and Texts, 54. Leiden, 2004.

Shani 2006 Shani, Raya Y. "Illustrations of the Parable of the Ship of Faith in Firdausi's Prologue to the *Shahnama.*" In *Shahnama Studies I,* edited by Charles Melville. Cambridge, 2006.

Sharaf al-din 'Ali Yazdi 1957 Sharaf al-din 'Ali Yazdi. *Zafarnamah: Tarikh-i 'umumi-yi mufassal-i Iran dar dawra-yi.* 2 vols. Tehran, 1957.

Sheffield and Birmingham 1976 *Carpets of Central Persia, with Special Reference to Rugs of Kirman.* Exhibition, Mappin Art Gallery, Sheffield; City Museum and Art Gallery, Birmingham. Catalogue by May H. Beattie. [London], 1976.

Shepherd 1943 Shepherd, Dorothy G. "The Hispano-Islamic Textiles in the Cooper Union Collection." *Chronicle of the Museum for the Arts of Decoration of the Cooper Union* 1, no. 10 (December 1943), pp. 356–401.

Shepherd 1957 Shepherd, Dorothy G. "A Dated Hispano-Islamic Silk." *Ars Orientalis* 2 (1957), pp. 373–82, pls. 1–10.

Sherrill 1996 Sherrill, Sarah B. *Carpets and Rugs of Europe and America.* New York, 1996.

Shillington, ed. 2005 Shillington, Kevin, ed. *Encyclopedia of African History.* 3 vols. New York, 2005.

Shirvani 1987 Shirvani, Jamal Khalil. *Nuz'hat al-majalis.* Edited by Muhammad Amin Riyahi. Tehran, 1987.

Shokoohy 2003 Shokoohy, Mehrdad. *Muslim Architecture of South India: The Sultanate of Ma'bar and the Traditions of the Maritime Settlers on the Malabar and Coromandal Coasts.* New York, 2003.

Shorter 1957 Shorter, Alfred H. *Paper Mills and Paper Makers in England, 1495–1800.* Monumenta chartae papyraceae historiam illustrantia, 6. Hilversum, 1957.

Shovelton 2009 Shovelton, Emily Phillida "Sultanate Painting from the North Indian Subcontinent: Three Fifteenth-Century Persian Illustrated Manuscripts." Ph.D. diss., School of Oriental and African Studies, University of London, 2009.

Shtrum et al. 2010 Shtrum, Batyah et al. "The Metropolitan Museum of Art's 'Spanish Ceiling' Project: Interpretation and Conservation." *Journal of Architectural Conservation* 16, no. 3 (November 2010), pp. 29–50.

Siddiq 2009 Siddiq, Mohammad Yusuf. *Historical and Cultural Aspects of the Islamic Inscriptions of Bengal: A Reflective Study of Some New Epigraphic Discoveries.* Studies of Bengal Art, 10. Dhaka, 2009.

Simon-Cahn 1993 Simon-Cahn, Annabelle. "The Fermo Chasuble of St. Thomas Becket and Hispano-Mauresque Cosmological Silks: Some Speculations on the Adaptive Reuse of Textiles." *Muqarnas* 10 *[Essays in Honor of Oleg Grabar, Contributed by His Students]* (1993), pp. 1–5.

Simpson 1979 Simpson, Marianna Shreve. *The Illustration of the an Epic: The Earliest Shahnama Manuscripts.* [Garland] Outstanding Dissertations in the Fine Arts. 1978. New York, 1979.

Simpson 1980 Simpson, Marianna Shreve. *Arab and Persian Painting in the Fogg Art Museum.* Fogg Art Museum Handbooks, 2. Cambridge, Mass., 1980.

Simpson 1981 Simpson, Marianna Shreve. "The Narrative Structure of a Medieval Iranian Beaker." *Ars Orientalis* 12 (1981), pp. 15–24, pls. 1–7.

Sims 1990–91 Sims, Eleanor. "Ibrahim-Sultan's Illustrated *Zafar-nameh* of 839/1436." *Islamic Art* 4 (1990–91), pp. 175–217, pls. 8–13.

Sims 2001 Sims, Eleanor. "Toward a Monograph on the Seventeenth-Century Iranian Painter Muhammad Zaman ibn Haji Yusuf." *Islamic Art* (2001), pp. 183–99.

Sims 2002 Sims, Eleanor. "A Dispersed Late-Safavid Copy of the *Tarikh-i Jahangusha-yi Khaqan Sahibqiran.*" In *Safavid Art and Architecture,* edited by Sheila R. Canby, pp. 54–57. London, 2002.

Sims, Marshak, and Grube 2002 Sims, Eleanor, Boris I. Marshak, and Ernst J. Grube. *Peerless Images: Persian Painting and Its Sources.* New Haven and London, 2002.

Skelton 1970 Skelton, Robert. "Mughal Painting from Harivamṣa Manuscript." *Victoria and Albert Museum Yearbook* 2 (1970), pp. 41–54.

Skelton 1972a Skelton, Robert. "A Decorative Motif in Mughal Art." In *Aspects of Indian Art: Papers Presented in a Symposium at the Los Angeles County Museum of Art, October 1970,* edited by Pratapaditya Pal, pp. 147–52. Leiden, 1972.

Skelton 1972b Skelton, Robert. "Migrations of Miniature Painters Between Iran and India During the Sixteenth and Seventeenth Centuries." Unpublished lecture, VIth International Congress of Iranian Art and Archaeology, Oxford, 1972.

Skelton 1985 Skelton, Robert. "'Abbasi, Sayk." In *Encyclopaedia Iranica* 1985– , vol. 1 (1985), pp. 86–88.

Skelton 1988 Skelton, Robert. "Imperial Symbolism in Mughal Painting." In *Content and Context of Visual Arts in the Islamic World: Papers from A Colloquium in Memory of Richard Ettinghausen, Institute of Fine Arts, New York University, 2–4 April 1980,* edited by Priscilla P. Soucek, pp. 177–91. University Park, Pa., and London, 1988.

Skelton 2000 Skelton, Robert. "Ghiyath al-Din 'Ali-yi Naqshband and an Episode in the Life of Sadiqi Beg." In *Persian Painting from the Mongols to the Qajars: Studies in Honour of Basil W. Robinson,* edited by Robert Hillenbrand, pp. 249–63. London and New York, 2000.

Smart 1986 Smart, Ellen S. "A Preliminary Report on a Group of Important Mughal Textiles." *Textile Museum Journal* 25 (1986), pp. 5–23.

Smith 1987–88 Smith, G. Rex. "The Political History of the Islamic Yemen Down to the First Turkish Invasion (1–945/622–1538)." In Munich 1987–88, pp. 129–39.

Snelders 2010 Snelders, Bas. *Identity and Christian-Muslim Interaction: Medieval Art of the Syrian Orthodox from the Mosul Area.* Leiden, 2010.

Sokoly 2002 Sokoly, Jochen A. "Tiraz Textiles from Egypt: Production, Administration and Uses of Tiraz Textiles from Egypt under the Umayyad, 'Abbasid and Fatimid Dynasties." Ph.D. diss., University of Oxford, 2002.

Sonday 1987–88 Sonday, Milton. "Pattern and Weaves: Safavid Lampas and Velvet." In Washington, D.C. 1987–88, pp. 57–84.

Soucek 1990 Soucek, Priscilla [P]. "Sultan Muhammad Tabrizi: Painter at the Safavid Court." In Canby, ed. 1990a and/or Canby, ed. 1990b, pp. 55–70.

Soucek 1997 Soucek, Priscilla [P]. "Byzantium and the Islamic East." In New York 1997b, pp. 402–11, 517.

Soucek 1999 Soucek, Priscilla [P]. "Ceramic Production as Exemplar of Yuan-Ilkhanid Relations." *RES: Anthropology and Aesthetics,* no. 35 *[Intercultural China]* (Spring 1999), pp. 125–41.

Soucek 2003–4 Soucek, Priscilla [P]. "Calligraphy in the Safavid Period, 1501–76." In New York and Milan 2003–4, pp. 48–71.

Soudavar 1996 Soudavar, Abolala. "The Saga of Abu Sa'id Bahador Khan: The Abu-Sa'idname." In *The Court of the Il-khans, 1290–1340,* edited by Julian Raby and Teresa Fitzherbert, pp. 95–218. Oxford Studies in Islamic Art, 12. Oxford, 1996.

Soudavar 2000 Soudavar, Abolala. "The Age of Muhammadi." *Muqarnas* 17 (2000), pp. 53–72.

Soudavar and Beach 1992 Soudavar, Abolala, with Milo Cleveland Beach. *Art of the Persian Courts: Selections from the Art and History Trust Collection.* New York, 1992.

Sourdel-Thomine 1978 Sourdel-Thomine, Janine. *Le décor non figuratif et les inscriptions.* Lashkari Bazar, une résidence royale ghaznévide et ghoride, 1B. Paris, 1978.

Sourdel-Thomine et al. 1973 Sourdel-Thomine, Janine, et al. *Die Kunst des Islam.* Propyläen-Kunstgeschichte, 4. Berlin, 1973.

Souto 2007 Souto, Juan A. "La Mezquita Aljama de Córdoba." *Artigrama,* no. 22 (2007), pp. 37–72.

Spallanzani 2009 Spallanzani, Marco. "Carpets at the Medici Court in the Second Half of the Sixteenth Century." *Oriental Art* 6 (2009), pp. 206–9.

Spuhler 1978 Spuhler, Friedrich. *Islamic Carpets and Textiles in the Keir Collection.* Translated by George and Cornelia Wingfield Digby. London, 1978.

Spuhler 1979 Spuhler, Friedrich. "Das Teppich-Museum in Tehran: Ein vorläufiger Bericht über seine Bestände an klassischen Orientteppichen." *Hali* 2, no. 2 [no. 5] (Summer 1979), pp. 97–100.

Spuhler 1987 Spuhler, Friedrich. *Oriental Carpets in the Museum of Islamic Art, Berlin.* Translated by Robert Pinner. Washington, D.C., 1987.

Spuhler, Mellbye-Hansen, and Thorvildsen 1987 Spuhler, Friedrich, Preben Mellbye-Hansen, and Majken Thorvildsen. *Denmark's Coronation Carpets.* The Royal Collections, Rosenborg Palace. Copenhagen, 1987.

Stanley 1999 Stanley, Tim. "North Africa: The Maintenance of a Tradition." In *The Decorated Word: Qur'ans of the Seventeenth to Nineteenth Centuries,* by Manijeh Bayani, Anna Contadini, and Tim Stanley, pp. 42–45. The Nasser D. Khalili Collection of Islamic Art, edited by Julian Raby, vol. 4, pt. 1. London, 1999.

Stchoukine 1954 Stchoukine, Ivan. *Les peintures des manuscrits timurides.* Institut Français d'Archéologie de Beyrouth, Bibliothèque archéologique et historique, 60. Paris, 1954.

Stchoukine 1964 Stchoukine, Ivan. *Les peintures des manuscrits de Shah 'Abbas Ier à la fin des Safavis.* Bibliothèque archéologique et historique, 76. Paris, 1964.

Stein 1986–87 Stein, Roger B. "Artifact as Ideology: The Aesthetic Movement in Its American Cultural Context." In *In Pursuit of Beauty: Americans and the Aesthetic Movement,* pp. 23–51. Exhibition, The Metropolitan Museum of Art, New York. Catalogue by Alice Cooney Frelinghuysen and others. New York, 1987.

Stevens 1974 Stevens, Roger. "European Visitors to the Safavid Court." *Iranian Studies* 7, no. 3–4 *[Studies on Isfahan: Proceedings of The Isfahan Colloquium, Part 2]* (Summer–Autumn 1974), pp. 421–57.

Stewart 1991 Stewart, Devin J. "A Biographical Notice on Baha' al-Din al-'Amili (d. 1030/1621)." *Journal of the American Oriental Society* 111, no. 3 (July–September 1991), pp. 563–71.

Stewart 1996a Stewart, Devin J. "Taqiyyah as Performance: The Travels of Baha' al-Din al-'Amili in the Ottoman Empire, 991–93/1583–85." *Princeton Papers in Near Eastern Studies* 4 (1996), pp. 1–70.

Stewart 1996b Stewart, Devin J. "The First *Shaykh al-Islam* of the Safavid Capital

Qazvin." *Journal of the American Oriental Society* 116, no. 3 (July–September 1996), pp. 387–405.

Stone 1985 Stone, Caroline. *The Embroideries of North Africa*. Burnt Mill, Harlow, Essex, 1985.

St. Petersburg 1996 *Persidskaia zhivopis' i risunok XV–XIX vekov v sobranii Ėrmitazha: Katalog vystavki/Persian Painting and Drawing of the Fifteenth–Nineteenth Centuries from the Hermitage Museum*. Exhibition, Hermitage Museum, Saint Petersburg. Catalogue by Adel T. Adamova. Saint Petersburg, 1996.

Stronge 1985 Stronge, Susan. *Bidri Ware: Inlaid Metalwork from India*. Victoria and Albert Museum. London, 1985.

Strzygowski et al. 1933 Strzygowski, Josef, et al. *Asiatische Miniaturenmalerei im Anschluss an Wesen und Werden der Mogulmalerei*. Arbeiten des I. Kunsthistorischen Institutes der Universität Wien (Lehrkanzel Strzygowski), 50. Klagenfurt, 1933.

Sumahendra 1995 Sumahendra [M. K. Sharma]. *Splendid Style of Kishangarh Painting*. Jaipur, 1995.

Sumi 2004 Sumi, Akiko Motoyoshi. *Description in Classical Arabic Poetry: Wasf, Ekphrasis, and Interarts Theory*. Brill Studies in Middle Eastern Literatures, 25. Leiden and Boston, 2004.

Sun 2010–11 Sun, Zhixin Jason. "Dadu: Great Capital of the Yuan Dynasty." In *The World of Khubilai Khan: Chinese Art in the Yuan Dynasty*, pp. 40–63. Exhibition, The Metropolitan Museum of Art, New York. Catalogue by James C. Y. Watt and others. New York, 2010.

Swietochowski 1978 Swietochowski, Marie Lukens. "Persian Painting." *The Metropolitan Museum of Art Bulletin*, n.s., 36, no. 2 (Autumn 1978), pp. 3, 6–33, frontispiece, cover ill.

Swietochowski 1994 Swietochowski, Marie Lukens. "The Metropolitan Museum of Art's Small *Shahnama*." In New York 1994, pp. 67–127.

Sychova 1981 Sychova, Natalya. *The Museum of Oriental Art, Moscow*. Leningrad, 1981.

Tabbaa 1997 Tabbaa, Yasser. *Constructions of Power and Piety in Medieval Aleppo*. University Park, Pa., 1997.

Taipei 1990 *Luohan hua/Bian ji zhe Guo li gu gong bo wu yuan bian ji wei yuan hui*. [On cover:] *Catalogue for Exhibition on Paintings of Lohans*. [Table of contents and introduction in English.] Exhibition, The Palace Museum, Taipei. Catalogue by Li Yumin and others. Taipei, 1990.

Tait, ed. 1984 Tait, Hugh, ed. *The Art of the Jeweller: A Catalogue of the Hull Grundy Gift to the British Museum: Jewelry, Engraved Gems and Goldsmiths' Work*. London, 1984.

Tanındı 1984 Tanındı, Zeren. *Siyer-i Nebi*. [Istanbul], 1984.

Tashköprüzade 1985 Ahmad Tashköprüzade. *Al-Shaqa'iq al-Nu'maniyya fi ulama' al-daula al-'uthmaniyya*. Edited by Ahmet Subhi Furat. Istanbul, 1985.

Tavernier 1889 Tavernier, Jean Baptiste. *Travels in India*. Translated by V[alentine] Ball. 2 vols. London and New York, 1889.

Taylor 1866 Taylor, Meadows. *Architecture at Beejapore*. London, 1866.

Teece 2006 [Teece, Denise-Marie.] "Storage Bag (Chuval) [Turkoman/Arabatchi, Central Asia] (22.100.40.a)." In *Heilbrunn Timeline of Art History*. The Metropolitan Museum of Art. New York, 2000– . http://www.metmuseum.org/toah/ho/10/nc/ho_22.100.40.a.htm (October 2006).

Teng 2004 Teng Shu-p'ing. "On the Eastern Transmission of Islamic-style Jades during the Ch'ien-lung and Chia-ch'ing Reigns." *National Palace Museum Bulletin* 37, no. 2 (September 2004), pp. 25–138.

Thackston 1989 Thackston, W[heeler] M. *A Century of Princes: Sources on Timurid History and Art*. Cambridge, Mass., 1989.

Thackston 2001 Thackston, W[heeler] M. *Album Prefaces and Other Documents on the History of Calligraphers and Painters*. Studies and Sources in Islamic Art and Architecture, 10. Leiden and Boston, 2001.

Thomas 2007 Thomas, Thelma K. "Coptic and Byzantine Textiles Found in Egypt: Corpora, Collections, and Scholarly Perspectives." In *Egypt in the Byzantine World, 300–700*, edited by Roger S. Bagnall, pp. 137–62. New York and London, 2007.

Thompson 1977 Thompson, Jon. "The Anatomy of a Carpet–3." In Lefevre and Thompson 1977, pp. 65–77.

Thompson 1989 Thompson, Jon. "Shaped Carpets Found in the Jaipur Treasury." In *In Quest of Themes and Skills: Asian Textiles*, edited by Krishna Riboud, pp. 48–51. Bombay, 1989.

Thompson 2003–4 Thompson, Jon. "Early Safavid Carpets and Textiles." In New York and Milan 2003–4, pp. 270–317.

Thompson 2010 Thompson, Jon. "Carpets in the Fifteenth Century." In Thompson, Shaffer, and Mildh, eds. 2010, pp. 30–57.

Thompson, Shaffer, and Mildh, eds. 2010 Thompson, Jon, Daniel Shaffer, and Pirjetta Mildh, eds. *Carpets and Textiles in the Iranian World 1400–1700: Proceedings of the Conference held at the Ashmolean Museum on 30–31 August 2003*. Oxford and Genoa, 2010.

Titley 1983 Titley, Norah M. *Persian Miniature Painting and Its Influence on the Art of Turkey and India: The British Library Collections*. London, 1983.

Tokatlian 2007 Tokatlian, Armen. *Falnamah: Livre royal des sorts*. Montreuil, 2007.

Tonghini 1994 Tonghini, Cristina. "The Fine Wares of Ayyubid Syria." In *Cobalt and Lustre: The First Centuries of Islamic Pottery*, edited by Ernst J. Grube, pp. 248–93. The Nasser D. Khalili Collection of Islamic Art, edited by Julian Raby, vol. 9. Oxford and New York, 1994.

Topsfield 2008 Topsfield, Andrew. *Paintings from Mughal India*. Bodleian Library, University of Oxford. Oxford, 2008.

Treadwell 2009 Treadwell, Luke. "'Abd al-Malik's Coinage Reforms: The Role of the Damascus Mint." *Revue numismatique* 165 (2009), pp. 357–81.

Turin 2010 *L'India dei Rajput: Miniature dalla Collezione Ducrot*. Exhibition, Museo d'Arte Orientale, Turin. Catalogue by Claudia Ramasso and others. Milan, 2010.

Uluç 1994 Ulu[ç], Lâle. "A Persian Epic, Perhaps for the Ottoman Sultan." *Metropolitan Museum Journal* 29 (1994), pp. 57–69.

Uluç 2006 Uluç, Lâle. *Turkman Governors, Shiraz Artisans, Ottoman Collectors: Sixteenth Century Shiraz Manuscripts*. Istanbul, 2006.

Uzunçarşılı 1984 Uzunçarşılı, I. Hakkı. *Anadolu Baylikieri ve Akkoyunlu, Karakoyunlu Devetleri*. 2nd ed. 1969. Ankara, 1984.

Valdés Fernández, ed. 2007 Valdés Fernández, Manuel, ed. *Simposio Internacional: El legado de al-Andalus; El arte andalusí en los reinos de León y Castilla durante la Edad Media*. Valladolid, 2007.

Valentiner 1913 V[alentiner], W[illiam] R. "The Cochran Collection of Persian Manuscripts." *The Metropolitan Museum of Art Bulletin* 8, no. 4 (April 1913), pp. 80–86.

Veldhuisen 1996–97 Veldhuisen, Harmen C. "The Role of Entrepreneurs in the Stylistic Development of *Batik Pasisir*." In Los Angeles 1996–97, pp. 70–81.

Venice 1993–94 *Eredità dell'Islam/Mirat al-Islam: Arte islamica in Italia*. Exhibition, Palazzo Ducale, Venice. Catalogue by Bianca Maria Alfieri, Giovanni Curatola, and others. Milan, 1993.

Ventrone 1974 Ventrone, G. "Iscrizioni inedite su ceramica samanide in collezioni italiane." In *Gururajamanjarika: Studi in onore do Giuseppe Tucci*, pp. 221–32. Instituto Universitario Orientale. Naples, 1974.

Verma 1994 Verma, Som Prakash. *Mughal Painters and Their Work: A Biographical Survey and Comprehensive Catalogue*. Delhi, 1994.

Vernoit 1998 Vernoit, Stephen [J]. "Islamic Gilded and Enamelled Glass in Nineteenth-Century Collections." In Ward, ed. 1998, pp. 110–15, 206–10, pl. E.

Vernoit, ed. 2000 Vernoit, Stephen, ed. *Discovering Islamic Art: Scholars, Collectors and Collections, 1850–1950*. London and New York, 2000.

Vial 1987 Vial, Gabriel. "La technique du châle indien." In *Quelques aspects du châle cachemire*, pp. 38–50, figs. 1–22. A.E.D.T.A. Paris, 1987.

Vivier 2002–3 Vivier, Marie-France. "Urban Textiles: Embroideries." In *The Fabric of Moroccan Life*, pp. 41–97. Exhibition, Indianapolis Museum of Art; National Museum of African Art, Smithsonian Institution, Washington, D.C. Catalogue by Niloo Imami Paydar, Ivo Grammet, and others. Indianapolis, 2002.

Völker 2001 Völker, Angela. *Die orientalischen Knüpfteppiche im MAK*. Österreichisches Museum für Angewandte Kunst. Vienna, Cologne, and Weimar, 2001.

Volov 1966 Volov, Lisa. "Plaited Kufic on Samanid Epigraphic Pottery." *Ars Orientalis* 6 (1966), pp. 107–33, pls. 1–6.

Wace 1935 Wace, A. J. B. *Mediterranean and Near Eastern Embroideries from the Collection of Mrs. F. H. Cook*. 2 vols. London, 1935.

Walker, D. 1990 Walker, Daniel. "Carpets. ix. Safavid Period." In *Encyclopaedia Iranica* 1985– , vol. 4 (1990), pp. 866–75.

Walker, D. 1993 Walker, Daniel. "Recent Acquisitions: A Selection, 1992–1993; Islam; Flask in the Shape of a Mango." *The Metropolitan Museum of Art Bulletin*, n.s., 51, no. 2 (Fall 1993), p. 23.

Walker, D. 1994 Walker, Daniel. "Metropolitan Quartet." *Hali*, no. 76 (August–September 1994), pp. 104–7, 120.

Walker, D. 1995–96 Walker, Daniel. "Textiles in The Metropolitan Museum of Art; Islamic." *The Metropolitan Museum of Art Bulletin*, n.s., 53, no. 3 (Winter 1995–96), pp. 28–34, ills. pp. 14–17.

Walker, D. 2006 Walker, Daniel. "Carpets of Khorasan." *Hali*, no. 149 (November–December 2006), pp. 72–77.

Walker, J. 1941 Walker, John. *A Catalogue of the Muhammadan Coins in the British Museum*. Vol. 1, *A Catalogue of the Arab-Sassanian Coins: Umaiyad Governors in the East, Arab-Ephthalites, 'Abbasid Governors in Tabaristan and Bukhara*. London, 1941.

Walker, J. 1956 Walker, John. *A Catalogue of the Muhammadan Coins in the British Museum*. Vol. 2, *A Catalogue of the Arab-Byzantine and Post-Reform Umaiyad Coins*. London, 1956.

Walker, P. 2002 Walker, Paul E. *Exploring an Islamic Empire: Fatimid History and Its Sources*. London, 2002.

Wallis 1904 Wallis, Henry. *Italian Ceramic Art: The Albarello; A Study in Early Renaissance Maiolica*. London, 1904.

Wannell 2011 Wannell, Bruce. "The Epigraphic Program of the Ibrahim Rauza in Bijapur." In Haidar and Sardar, eds. 2011, pp. 252–67.

Ward 1990–91 Ward, Rachel [M]. "Incense and Incense Burners in Mamluk Egypt and Syria." *Transactions of the Oriental Ceramic Society* 55 (1990–91), pp. 67–82.

Ward 1993 Ward, Rachel [M]. *Islamic Metalwork*. London, 1993.

Ward 2004 Ward, Rachel M. "Brass, Gold and Silver from Mamluk Egypt: Metal Vessels Made for Sultan Al-Nasir Muhammad: A Memorial Lecture for Mark Zebrowski, Given at the Royal Asiatic Society on 9 May 2002." *Journal of the Royal Asiatic Society* 14, no. 1 (April 2004), pp. 59–73.

Ward 2005 Ward, Rachel M. "Style versus Substance: The Christian Iconography on Two Vessels Made for the Ayyabid Sultan al-Sahik Ayyub." In *The Iconography of Islamic Art: Studies in Honour of Robert Hillenbrand*, edited by Bernard O'Kane, pp. 309–24. Edinburgh, 2005.

Ward, ed. 1998 Ward, Rachel [M]., ed. *Gilded and Enamelled Glass from the Middle East*. London, 1998.

Wardwell 1983 Wardwell, Anne E. "A Fifteenth-Century Silk Curtain from Muslim Spain." *The Bulletin of the Cleveland Museum of Art* 70, no. 2 (February 1983), pp. 58–72, and cover ill.

Wardwell 1987 Wardwell, Anne E. "Flight of the Phoenix: Crosscurrents in Late Thirteenth- to Fourteenth-Century Silk Patterns and Motifs." *The Bulletin of the Cleveland Museum of Art* 74, no. 1 (January 1987), pp. 2–35, cover ill.

Wardwell 1988–89 Wardwell, Anne E. "*Panni Tartarici*: Eastern Islamic Silks Woven with Gold and Silver (Thirteenth and Fourteenth Centuries)." *Islamic Art* 3 (1988–89), pp. 95–173, pls. 8–9.

Wardwell 1992 Wardwell, Anne E. "Two Silk and Gold Textiles of the Early Mongol Period." *The Bulletin of the Cleveland Museum of Art* 79, no. 10 (December 1992), pp. 354–78.

Warner 2005 Warner, Nicholas. *The Monuments of Historic Cairo: A Map and Descriptive Catalogue*. American Research Center in Egypt Conservation, 1. Cairo and New York, 2005.

Washington, D.C. 1973 *The Splendor of Turkish Weaving: An Exhibition of Silks and Carpets of the Thirteenth–Eighteenth Centuries*. Exhibition, The Textile Museum, Washington, D.C. Catalogue by Louise W. Mackie. Washington, D.C., 1973.

Washington, D.C. 1975 *Art of the Arab World*. Exhibition, Freer Gallery of Art, Smithsonian Institution, Washington, D.C. Catalogue by Esin Atil. Washington, D.C., 1975.

Washington, D.C. 1980 *Turkmen: Tribal Carpets and Traditions*. Exhibition, The Textile Museum, Washington, D.C. Catalogue by Louise W. Mackie and Jon Thompson. Washington, D.C., 1980.

Washington, D.C. 1981–82 *The Imperial Image: Paintings for the Mughal Court*. Exhibition, Freer Gallery of Art, Smithsonian Institution, Washington, D.C. Catalogue by Milo Cleveland Beach. Washington, D.C., 1981.

Washington, D.C. 1985–86 *Islamic Metalwork in the Freer Gallery of Art*. Exhibition, Freer Gallery of Art, Smithsonian Institution, Washington, D.C. Catalogue by Esin Atil and others. Washington, D.C., 1985.

Washington, D.C. 1987–88 *Woven from the Soul, Spun from the Heart: Textile Arts of Safavid and Qajar Iran Sixteenth–Nineteenth Centuries*. Exhibition, The Textile Museum, Washington, D.C. Catalogue by Carol Bier and others. Washington, D.C., 1987.

Washington, D.C. 2000 *Flowers of Silk and Gold: Four Centuries of Ottoman Embroidery*. Exhibition, The Textile Museum, Washington, D.C. Catalogue by Sumru Belger Krody. London and Washington, D.C., 2000.

Washington, D.C. 2002 *The Adventures of Hamza: Painting and Storytelling in Mughal India*. Exhibition, Arthur M. Sackler Gallery of Art, Smithsonian Institution, Washington, D.C. Catalogue by John Seyller, with Wheeler M. Thackston, Ebba Koch, Antoinette Owen, and Rainald Franz. Washington, D.C., and London, 2002.

Washington, D.C. 2002–3 *The Classical Tradition in Anatolian Carpets*. Exhibition, The Textile Museum, Washington, D.C. Catalogue by Walter B. Denny and Sumru Belger Krody. Washington, D.C., 2002.

Washington, D.C. 2004 *Caliphs and Kings: The Art and Influence of Islamic Spain; Selections from the Hispanic Society of America, New York*. Exhibition, Arthur M. Sackler Gallery, Smithsonian Institution, Washington, D.C. Catalogue by Heather Ecker. New York, 2004.

Washington, D.C. 2009–10 *Falnama: The Book of Omens*. Exhibition, Arthur M. Sackler Gallery, Smithsonian Institution, Washington, D.C. Catalogue by Massumeh Farhad, Serpil Bağci, and others. Washington, D. C., 2009.

Washington, D.C., and Los Angeles 1989 *Timur and the Princely Vision: Persian Art and Culture in the Fifteenth Century*. Exhibition, Arthur M. Sackler Gallery, Smithsonian Institution, Washington, D.C.; Los Angeles County Museum of Art. Catalogue by Thomas W. Lentz and Glenn D. Lowry. Los Angeles, 1989.

Washington, D.C., and other cities 1936 *Indian Miniatures from the Collection of Mildred and W. G. Archer, London*. Exhibition, Smithsonian Institution, Washington, D.C. Catalogue by Mildred and W. G. Archer. Washington, D.C., 1936.

Washington, D.C., and other cities 1981–82 *Renaissance of Islam: Art of the Mamluks*. Exhibition, National Museum of Natural History, Washington, D.C., and other venues. Catalogue by Esin Atil. Washington, D.C., 1981.

Washington, D.C., and other cities 2004–6 *Palace and Mosque: Islamic Art from the Victoria and Albert Museum*. Exhibition, National Gallery of Art, Washington, D.C.; Kimbell Art Museum, Fort Worth; Setagaya Art Museum, Tokyo; Millennium Galleries, Sheffield. Catalogue by Tim Stanley, Mariam Rosser-Owen, and Stephen Vernoit. London, 2004.

Washington, D.C., and other cities 2008–9 *Muraqqa': Imperial Mughal Albums from the Chester Beatty Library, Dublin*. Exhibition, Arthur M. Sackler Gallery, Smithsonian Institution, Washington, D.C.; Detroit Institute of Arts; Honolulu Academy of Arts; Nelson-Atkins Museum of Art, Kansas City, Mo.; Denver Art Museum, 2008–9. Catalogue by Elaine Wright, Susan Stronge, and Wheeler [M.] Thackston. Alexandria, Va., 2008.

Washington, D.C., Chicago, and New York 1987–88 *The Age of Sultan Süleyman the Magnificent*. Exhibition, National Gallery of Art, Washington, D.C.; The Art Institute of Chicago; The Metropolitan Museum of Art, New York. Catalogue by Esin Atil. Washington, D.C., 1987.

Watson 1983 Watson, O[liver]. "Abu Taher." In *Encyclopaedia Iranica, Online Edition*, December 15, 1983, available at http://www.iranica.com/articles/abu-taher-family-of-leading-potters-from-kasan-known-through-four-generations-602-734-1205-1333.

Watson 1985 Watson, Oliver. *Persian Lustre Ware*. The Faber Monographs on Pottery and Porcelain. London and Boston, 1985.

Watson 2004 Watson, Oliver. *Ceramics from Islamic Lands*. Kuwait National Museum, the al-Sabah Collection. New York, 2004.

Watson 2006 Watson, Oliver. "Pottery under the Mongols." In *Beyond the Legacy of Genghis Khan*, edited by Linda Komaroff, pp. 325–45, 527, 600–611. Islamic History and Civilization, Studies and Texts, 64. Leiden and Boston, 2006.

Watt and Wardwell 1997–98 Watt, James C. Y., and Anne E. Wardwell. "Luxury-Silk Weaving under the Mongols." In Cleveland and New York 1997–98, pp. 126–63.

Weber 2002 Weber, Stefan. "Images of Imagined Worlds: Self-Image and Worldview in Late Ottoman Wall Painting." In *The Empire in the City: Arab Provincial Capitals in the Late Ottoman Empire*, edited by J. Hanssen, T. Philipp, and S. Weber, pp. 145–71. Beirut, 2002.

Weber 2009 Weber, Stefan. *Damascus: Ottoman Modernity and Urban Transformation, 1801–1918*. Proceedings of the Danish Institute in Damascus, 5. [Aarhus and Copenhagen, 2009].

Weibel 1952 Weibel, Adèle Coulin. *Two Thousand Years of Textiles: The Figured Textiles of Europe and the Near East*. Detroit Institute of Arts. New York, 1952.

Weill 1931–36 Weill, Jean David. *Les bois à épigraphes*. 2 vols. Catalogue général du Musée Arabe du Caire; Musée National de l'Art Arabe. Cairo, 1931–36.

Welch, A. 1974 Welch, Anthony. "Painting and Patronage under Shah 'Abbas I." *Iranian Studies* 7, nos. 3–4 [*Studies on Isfahan: Proceedings of The Isfahan Colloquium, Part 2*] (Summer–Autumn 1974), pp. 458–507.

Welch, A. 1976 Welch, Anthony. *Artists for the Shah: Late Sixteenth-Century Painting at the Imperial Court of Iran*. New Haven and London, 1976.

Welch, A. 1996 Welch, Anthony. "A Medieval Center of Learning in India: The Hauz Khas Madrasa in Delhi." *Muqarnas* 13 (1996), pp. 165–90.

Welch, S. C. 1963 Welch, Stuart C[ary]. "Mughal and Deccani Miniature Paintings from a Private Collection." *Ars Orientalis* 5 (1963), pp. 221–33, pls. 1–15.

Welch, S. C. 1971 Welch, Stuart C[ary]. "Two Shahs, Some Miniatures, and the Boston Carpet." *Boston Museum Bulletin* 69, no. 355–56 [Persian Carpet Symposium] (1971), pp. 6–14, 35–45.

Welch, S. C. 1987 Welch, Stuart Cary. "Islamic Art; A Safavid Pierced-Steel Plaque." In *Recent Acquisitions: A Selection, 1986–1987; The Metropolitan Museum of Art*, p. 11. New York, [1987].

Welch, S. C. 1995 Welch, Stuart Cary. "The Two Worlds of Payag—Further Evidence on a Mughal Artist." In *Indian Art and Connoisseurship: Essays in Honour of Douglas Barrett*, edited by John Guy, pp. 320–41. New Delhi, 1995.

Welch, S. C., et al. 1987 Welch, Stuart Cary, et al. *The Islamic World*. The Metropolitan Museum of Art Series, 11. New York, 1987.

Welch, S. C., Jenkins, and Kane 1983–84 Welch, Stuart Cary, Marilyn Jenkins, and Carolyn Kane. "Islamic Art." In *Notable Acquisitions [The Metropolitan Museum of Art], 1983–1984*, pp. 4–8. New York, 1984.

Wellesz 1959 Wellesz, Emmy. "An Early al-Sufi Manuscript in the Bodleian Library in Oxford: A Study in Islamic Constellation Images." *Ars Orientalis* 3 (1959), pp. 1–26, pls. 1–27.

Wenzel 1993 Wenzel, Marian. *Ornament and Amulet: Rings of the Islamic Lands*. The Nasser D. Khalili Collection of Islamic Art, edited by Julian Raby, vol. 16. London, 1993.

Weyl et al. 1995 Weyl, Martin, et al. *The Israel Museum, Jerusalem*. London, 1995.

Whelan 1986 Whelan, Estelle. "The Origins of the *Mihrab Mujawwaf*: A Reinterpretation." *International Journal of Middle East Studies* 18, no. 2 (May 1986), pp. 205–23.

Whelan 1990a Whelan, Estelle. "Early Islam: Emerging Patterns (622–1050)." In *Islamic Art and Patronage: Treasures from Kuwait* [The al-Sabah Collection], pp. 40–93. Exhibition, The State Hermitage Museum, St. Petersburg, and other venues. Catalogue edited by Esin Atil. New York, 1990.

Whelan 1990b Whelan, Estelle. "Writing the Word of God: Some Early Qur'an Manuscripts and Their Milieux, Part I." *Ars Orientalis* 20 (1990), pp. 113–47.

Whelan 1998 Whelan, Estelle. "Forgotten Witness: Evidence for the Early Codification of the Qur'an." *Journal of the American Oriental Society* 118, no. 1 (January–March 1998), pp. 1–14.

Whitcomb 1985 Whitcomb, Donald S. *Before the Roses and Nightingales: Excavations at Qasr-i Abu Nasr, Old Shiraz*. New York, 1985.

Whitehouse 2001–2 Whitehouse, David. "Imitations of Islamic Glass." In Corning, New York, and Athens 2001–2, pp. 297–311.

Wiet 1929 Wiet, Gaston. *Lampes et bouteilles en verre emaillé*. Catalogue général du Musée Arabe du Caire; Musée National de l'Art Arabe. Cairo, 1929.

Wilber 1939 Wilber, Donald N. "The Development of Mosaic Faïence in Islamic Architecture in Iran." *Ars Islamica* 6, pt. 1 (1939), pp. 16–47.

Wilber 1955 Wilber, Donald [N]. *The Architecture of Islamic Iran: The Il Khanid Period*. Princeton Monographs in Art and Archaeology, 29. Princeton, N.J., 1955.

Wilckens 1992 Wilckens, Leonie von. *Mittelalterliche Seidenstoffe: Seidenstoffe des 5.–14. Jahrhunderts im Berliner Kunstgewerbemuseum*. Bestandskatalog des Kunstgewerbemuseum, 18. Berlin, 1992.

Wilkinson 1943 Wilkinson, Charles K. "A Thirteenth-Century Morality." *The Metropolitan Museum of Art Bulletin*, n.s., 2, no. 1 (Summer 1943), pp. 47–55.

Wilkinson 1973 Wilkinson, Charles K. *Nishapur: Pottery of the Early Islamic Period*. New York, [1973].

Wilkinson 1986 Wilkinson, Charles K. *Nishapur: Some Early Islamic Buildings and Their Decoration*. New York, 1986.

Williams Jackson and Yohannan 1914 Williams Jackson, A[braham] V[alentine], and Abraham Yohannan. *A Catalogue of the Collection of Persian Manuscripts, Including Also Some Turkish and Arabic, Presented to the Metropolitan Museum of Art, New York, by Alexander Smith Cochran*. Columbia University Indo Iranian Series, 1. New York, 1914.

Williamstown, Mass., Baltimore, Boston, and New York 1978–79 *The Grand Mogul: Imperial Painting in India, 1600–1660*. Exhibition, Sterling and Francine Clark Art Institute, Williamstown, Mass.; Walters Art Gallery, Baltimore; Museum of Fine Arts, Boston; Asia House Gallery, New York. Catalogue by Milo Cleveland Beach, with Stuart Cary Welch and Glenn D. Lowry. Williamstown, Mass., 1978.

Wilson 2005 Wilson, Verity. *Chinese Textiles*. London, 2005.

Winter 1986 Winter, H. J. J. "Persian Science in Safavid Times" In *The Cambridge History of Iran*, vol. 6, *The Timurid and Safavid Periods*, edited by Peter Jackson and Laurence Lockhart, pp. 581–609. London and New York, 1986.

Wolfe 1990 Wolfe, Richard J. *Marbled Paper: Its History, Techniques, and Patterns with Special Reference to the Relationship of Marbling to Bookbinding in Europe and the Western World*. A Publication of the A. S. W. Rosenbach Fellowship in Bibliography. Philadelphia, 1990.

Yazdani 1947 Yazdani, G[hulam]. *Bidar: Its History and Monuments*. London, 1947.

Yoltar-Yildirim 2005 Yoltar-Yildirim, Ayşin. "A 1498–99 *Khusraw va Shirin*: Turning the Pages of an Ottoman Illustrated Manuscript." *Muqarnas* 22 (2005), pp. 95–109.

Zebrowski 1983 Zebrowski, Mark. *Deccani Painting*. London and Berkeley and Los Angeles, 1983.

Zebrowski 1984 Zebrowski, Mark. "Ornamental Pandans of the Mughal Age." In *Symbols and Manifestations of Indian Art*, edited by Saryu Doshi, pp. 32–40. Bombay, 1984.

Zebrowski 1997 Zebrowski, Mark. *Gold, Silver and Bronze from Mughal India*. London, 1997.

Zuka 1962 Zuka, Yahya. "Muhammad Zaman: Avvalin naqqashi-i Irani ki ba-urupa raft'." *Sukhan* 12, no. 9–10 (1962), n.p.

Zuka 1963 Zuka, Yahya. "Khawaran Nama." *Hunar va Mardum*, no. 20 (1963), pp. 17–29.

Zurich and New York 2011–12 *Wonder of the Age: Master Painters of India, 1100–1900*. Exhibition, Museum Rietberg Zürich; The Metropolitan Museum of Art, New York. Catalogue by John Guy and Jorrit Britschgi. New York, 2011.

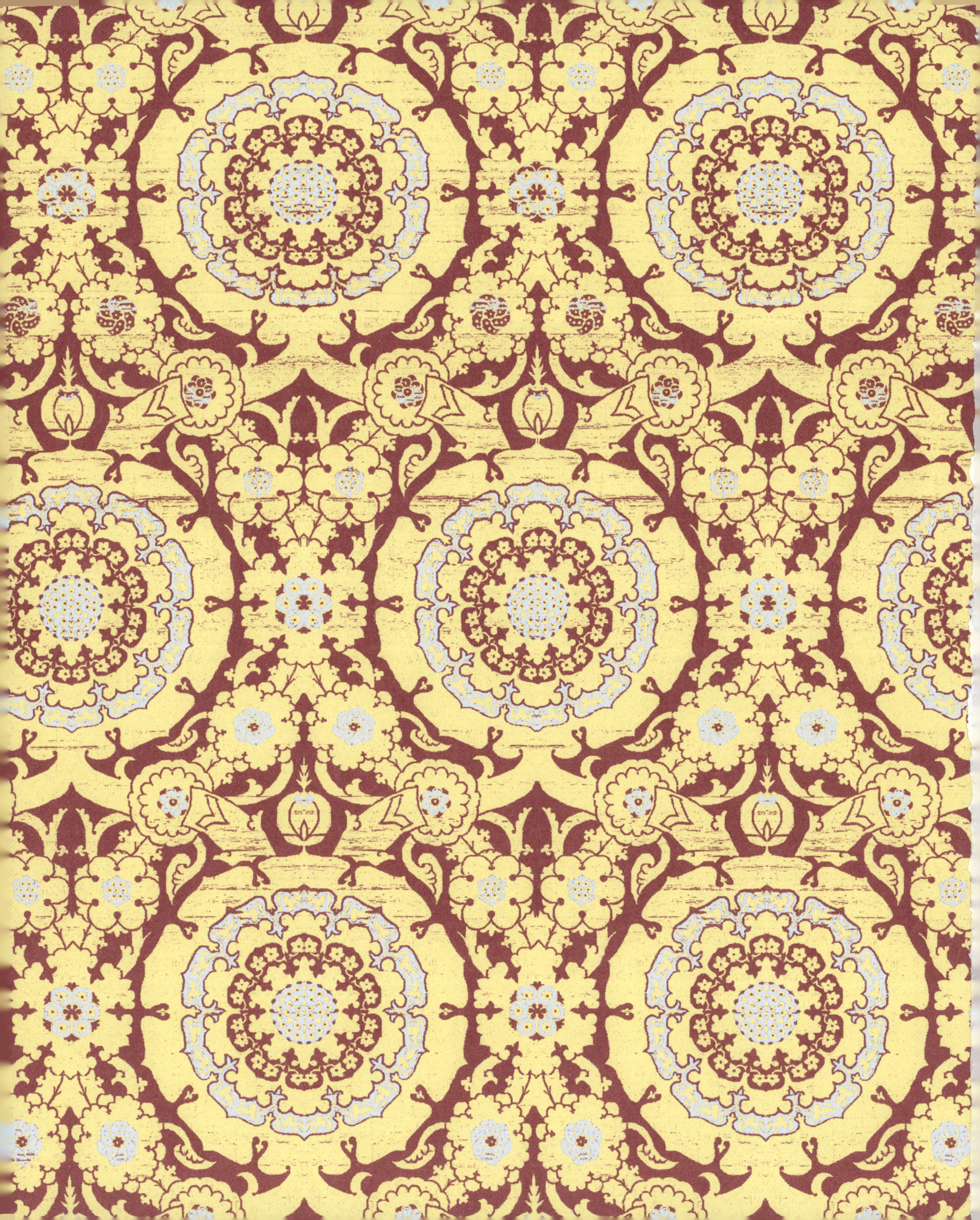

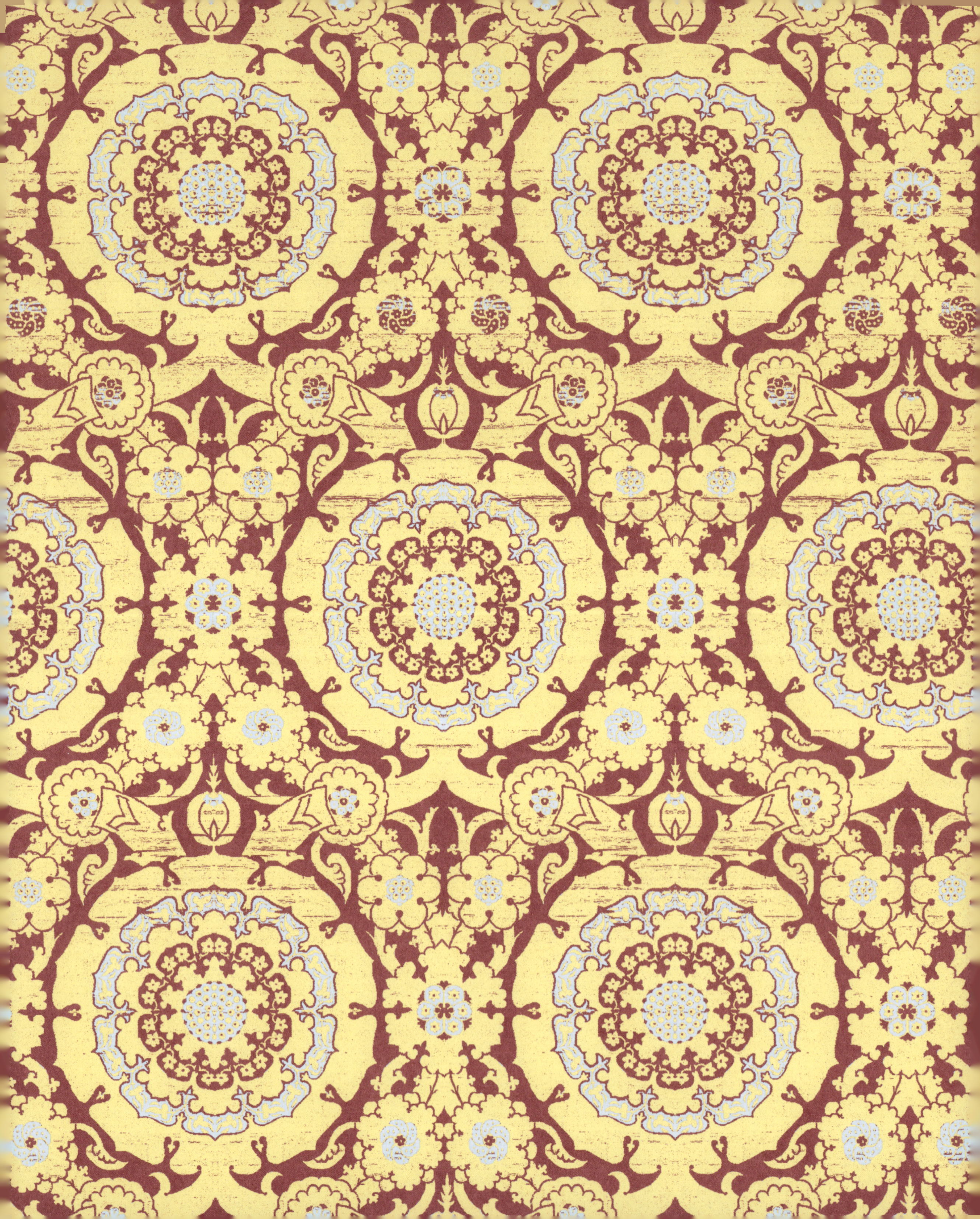